BECK'SCHE SONDERAUSGABEN

ARNOLD HAUSER

# SOZIALGESCHICHTE DER KUNST UND LITERATUR

VERLAG C. H. BECK MÜNCHEN

*Ungekürzte Sonderausgabe in einem Band*

ISBN 3 406 02515 3

20.–24. Tausend der Gesamtauflage. 1972

Umschlagentwurf von Christl Kreutner, Landshut

Umschlagbild: Bertoldo, Bellerophon und Pegasus (15. Jahrhundert, florentinisch)



Druck der C. H. Beck'schen Buchdruckerei Nördlingen

Printed in Germany

# INHALT

## I. VORGESCHICHTLICHE ZEITEN

### *1. Ältere Steinzeit. Magie und Naturalismus*



### *2. Jüngere Steinzeit. Animismus und Geometrismus*



### *3. Der Künstler als Zauberer und Priester. Kunst als Beruf und Hausfleiß*



## II. ALTORIENTALISCHE STADTKULTUREN

### *1. Statik und Dynamik in der altorientalischen Kunst*



### *2. Die Stellung des Künstlers und die Organisation der künstlerischen Arbeit in Ägypten*



### *3. Die Stereotypisierung der Kunst im Mittleren Reich*

*4. Der Naturalismus der Zeit Echnatons*



*5. Mesopotamien*



*6. Kreta*



III. ANTIKE

*1. Das heroische und das homerische Zeitalter*



*2. Der Archaismus und die Kunst der Tyrannenhöfe*



*3. Klassik und Demokratie*



*4. Die griechische Aufklärung*



*5. Der Hellenismus*

### *6. Die Organisation der künstlerischen Arbeit in den Klöstern*



### *7. Feudalismus und romanischer Stil*



### *8. Die höfisch-ritterliche Romantik*



### *9. Der Dualismus der Gotik*



### *10. Bauhütte und Zunft*

### *11. Die bürgerliche Kunst der Spätgotik*



## V. RENAISSANCE, MANIERISMUS, BAROCK

### *1. Der Begriff der Renaissance*



### *2. Das Publikum der bürgerlichen und der höfischen Kunst des Quattrocento*



### *3. Die gesellschaftliche Stellung des Künstlers in der Renaissance*

### *4. Die Klassik des Cinquecento*



### *5. Der Begriff des Manierismus*



### *6. Das Zeitalter der Realpolitik*



### *7. Die zweite Niederlage des Rittertums*



### *8. Der Begriff des Barocks*

### *9. Höfisch-katholischer Barock*



### *10. Bürgerlich-protestantischer Barock*



## VI. ROKOKO, KLASSIZISMUS UND ROMANTIK

### *1. Die Auflösung der höfischen Kunst*



### *2. Das neue Lesepublikum*

*3. Die Entstehung des bürgerlichen Dramas*



*4. Deutschland und die Aufklärung*



*5. Revolution und Kunst*



*6. Die deutsche und die westeuropäische Romantik*

## VII. NATURALISMUS UND IMPRESSIONISMUS

### *1. Die Generation von 1830*



### *2. Das Zweite Kaiserreich*



### *3. Der soziale Roman in England und Rußland*

I

# VORGESCHICHTLICHE ZEITEN

## 1. ÄLTERE STEINZEIT. MAGIE UND NATURALISMUS

Die Legende vom Goldenen Zeitalter ist uralt. Wir wissen nicht genau, was die soziologische Ursache der Ehrfurcht vor dem Alten ist; sie mag in der Stammes- und Familiensolidarität wurzeln oder im Bestreben privilegierter Gruppen, ihre Vorrechte auf Herkunft zu begründen. Wie dem auch sei, das Gefühl, daß das Bessere auch das Ältere sein muß, ist noch heute so stark, daß Kunsthistoriker und Archäologen auch vor Geschichtsfälschung nicht zurückschrecken, wenn es ihnen nur gelingt, den sie am meisten ansprechenden Kunststil als den ursprünglichen darzustellen. Die einen erklären die formstrengen, das Leben stilisierenden und idealisierenden, die anderen die naturalistischen, die Dinge in ihrem naturhaften Sein erfassenden und bewahrenden Darstellungen als die frühesten Zeugnisse künstlerischer Tätigkeit, je nachdem ob sie in der Kunst ein Mittel der Beherrschung und der Unterjochung der Wirklichkeit erblicken oder sie als ein Organ der Hingabe an die Natur erleben. Sie verehren, mit anderen Worten, ihren bald autokratischen und konservativen, bald liberalen und progressiven Neigungen entsprechend, entweder die geometrisch-ornamentalen Schmuck- und Zierformen oder die naturalistisch-imitativen Ausdrucksformen als die älteren.[1] Die Denkmäler weisen jedenfalls eindeutig, und mit der fortschreitenden Forschung immer zwingender, auf die Priorität des Naturalismus hin, so daß es immer schwieriger wird, die Doktrin von der Ursprünglichkeit der naturfernen, die Wirklichkeit stilisierenden Kunst aufrechtzuerhalten.[2]

Das Merkwürdigste am vorgeschichtlichen Naturalismus ist aber nicht, daß er älter ist als der um so viel primitiver wirkende geometrische Stil, sondern daß er bereits alle die typischen Entwicklungsstadien erkennen läßt, die die Geschichte der modernen Kunst aufweist, und keineswegs die bloß instinktive, entwicklungsunfähige, ahistorische Erscheinung ist, als welche ihn die auf den Geometrismus und Formrigorismus eingeschworenen Forscher darzustellen pflegen.

Wir haben es hier mit einer Kunst zu tun, die von einer linearen, die Einzelformen noch etwas steif und umständlich gestaltenden Naturtreue zu einer flotten und witzigen, fast impressionistischen Technik schreitet und dem darzustellenden optischen Eindruck eine immer malerischer, momentaner und improvisierter wirkende Form zu geben versteht. Die Korrektheit der Zeichnung steigert sich zu einer Virtuosität, die die Bewältigung von immer schwierigeren Stellungen und Ansichten, immer flüchtigeren Körperbewegungen und Wendungen, immer gewagteren Verkürzungen und Überschneidungen sich zur Aufgabe macht. Dieser Naturalismus ist durchaus keine starre und stationäre Formel, sondern eine bewegliche und lebendige Form, die die Wirklichkeitswiedergabe mit den verschiedensten Mitteln in Angriff nimmt und sich ihrer Aufgabe bald mit mehr, bald mit weniger Geschick entledigt. Der wahllos triebhafte Naturzustand ist hier bereits längst verlassen, der starre und feste Formeln schaffende Zivilisationszustand noch bei weitem nicht erreicht.

Wir stehen dieser wohl wunderlichsten Erscheinung der Kunstgeschichte um so ratloser gegenüber, als die Parallele zu ihr sowohl in den Kinderzeichnungen wie auch in der Kunst der meisten Naturvölker vollständig fehlt. Die Zeichnungen der Kinder und die künstlerischen Darstellungen der Primitiven sind rationalistisch, nicht sensorisch, sie zeigen, was das Kind und der Primitive wissen, nicht, was sie tatsächlich sehen; sie geben ein theoretisch-synthetisches, nicht ein optisch-organisches Bild vom Gegenstand. Sie kombinieren die Ansicht von vorn mit der von der Seite oder von oben, lassen nichts weg von dem, was sie als wissenswertes Attribut des Gegenstandes erachten, vergrößern im Maßstab das biologisch oder motivisch Wichtige, vernachlässigen dagegen alles, auch das an und für sich noch so Eindrucksvolle, wenn es im gegenständlichen Zusammenhang keine direkte Rolle spielt. Das Eigentümliche an den naturalistischen Darstellungen der älteren Steinzeit ist dagegen, daß sie den visuellen Eindruck in einer so unmittelbaren, ungemischten, von jeder intellektuellen Zutat oder Beschränkung freien und unbelasteten Form geben, wie wir dafür bis zum modernen Impressionismus kaum Beispiele kennen. Wir begegnen hier Bewegungsstudien, die bereits an unsere photographischen Momentaufnahmen erinnern und die wir erst in den Bildern eines Degas oder Toulouse-Lautrec wiederfinden, so daß dem impressionistisch ungeschulten Auge in diesen Malereien wohl so manches als verzeichnet und unverständlich erscheinen muß. Nuancen, die wir erst mit der Hilfe von komplizierten Instrumenten entdeckt haben, konnten die Maler des Paläolithikums noch unmittelbar sehen. Der jüngern Steinzeit gingen sie bereits verloren, und der Mensch hatte schon auf dieser Stufe die Unmittelbarkeit der sinnlichen Eindrücke durch die Stabilität der Begriffe ersetzt. Der Paläolithiker aber malt noch, was er wirklich sieht, und nicht mehr, als er in einem bestimmten Moment mit einem einzigen Blick erfassen kann. Die optische Heterogeneität der Bildelemente und den Rationalismus ihrer Zusammenfügung, Stilmerkmale, die uns aus den Kinderzeichnungen und der Kunst der Naturvölker so bekannt sind, die Praxis vor allem, die ein Gesicht aus der Silhouette im Profil und den Augen en face zusammensetzt, kennt er noch nicht. Die Einheitlichkeit der sinnlichen Anschauung, die die neuzeitliche Entwicklung erst nach einem jahrhundertelang geführten Kampf erringt, nimmt die paläolithische Malerei anscheinend kampflos in Besitz; sie verbessert wohl ihre Methoden, ändert sie aber nicht, und der Dualismus des Sichtbaren und des Unsichtbaren, des Gesehenen und des Gewußten bleibt ihr vollkommen fremd.

Aus welchem Anlaß und zu welchem Zweck ist diese Kunst geschaffen worden? War sie der Ausdruck der Freude am Sein, die zur Bewahrung und Wiederholung drängte? Oder die Befriedigung des Spieltriebs und der Dekorationslust

– des Dranges, leere Flächen mit Linien und Formen, Muster und Zierat zu bedecken? War sie die Frucht der Muße oder hatte sie einen bestimmten praktischen Zweck? Haben wir in ihr ein Spielzeug oder ein Werkzeug, ein Opiat und ein Genußmittel oder eine Waffe im Kampf um den Lebensunterhalt zu erblicken? Wir wissen, daß sie die Kunst von primitiven Jägern war, die auf einer unproduktiven, parasitischen Wirtschaftsstufe standen, ihre Lebensmittel sammelten oder erbeuteten, nicht erzeugten; allem Anschein nach in lockeren, kaum gegliederten Gesellschaftsformen, in kleinen isolierten Horden, im Stadium eines primitiven Individualismus lebten; vermutlich an keine Götter, kein Jenseits und kein Dasein nach dem Tode glaubten. In dieser Zeit der reinen Praxis drehte sich offenbar alles noch um die Lebensfürsorge, und nichts berechtigt uns, anzunehmen, daß die Kunst einem anderen Zweck gedient hätte als der direkten Lebensmittelbeschaffung. Alle Zeichen weisen darauf hin, daß sie das Mittel einer magischen Praxis war und als solches eine durchaus pragmatische, ganz und gar auf unmittelbare wirtschaftliche Ziele gerichtete Funktion hatte. Diese Magie hatte jedenfalls nichts mit dem, was wir unter Religion verstehen, zu tun; sie kannte anscheinend keine Gebete, verehrte keine heiligen Mächte und war durch keinen wie immer gearteten Glauben mit jenseitigen geistigen Wesen verbunden, entsprach also nicht einmal der Bedingung, die als das Mindestmaß einer Religion bezeichnet worden ist.[3] Sie war eine geheimnislose Technik, eine nüchterne Methodik, die sachliche Anwendung von Mitteln und Verfahren, die mit Mystik und Esoterik ebenso wenig zu tun hatten, wie wenn wir zum Beispiel Mausefallen aufstellen, den Boden düngen oder ein Schlafmittel einnehmen. Die bildlichen Darstellungen gehörten zum Apparat dieser Magie; sie waren die „Falle“, in die das Wild gehen mußte, oder vielmehr die Falle mit dem bereits eingefangenen Tier – denn das Bild war Darstellung und Dargestelltes, Wunsch und Wunscherfüllung in einem. Der paläolithische Jäger und Maler dachte in dem Bild das Ding selbst zu besitzen, mit der Abbildung Gewalt über das Abgebildete zu gewinnen. Er glaubte, daß das wirkliche Tier die am abgebildeten Tier vollzogene Tötung selber erleidet. Die bildliche Darstellung war seiner Vorstellung nach nichts als die Vorwegnahme des erwünschten Effektes; das wirkliche Ereignis mußte der magischen Musterhandlung folgen, oder vielmehr in ihr bereits enthalten sein, da doch die beiden nur durch das vermeintlich wesenlose Medium des Raumes und der Zeit voneinander getrennt waren. Es handelte sich hier also keineswegs um symbolische Ersatzfunktionen, sondern um richtige Zweckhandlungen, um wirkliches Tun, wirkliches Verursachen. Nicht der Gedanke tötete, nicht der Glaube vollbrachte das Wunder, die faktische Tat, das konkrete Bild, das tatsächliche Anschießen des Bildes bewirkte den Zauber. Wenn der Paläolithiker ein Tier an den Felsen malte, so schaffte er ein wirkliches Tier herbei. Für ihn bedeutete die Welt der Fiktionen und Bilder, die Sphäre der Kunst und der bloßen Nachahmung noch keinen eigenen, von der Erfahrungswirklichkeit verschiedenen und geschiedenen Bezirk; er konfrontierte die beiden noch nicht miteinander, sondern sah in der einen die unmittelbare, abstandslose Fortsetzung der anderen. Er wird zur Kunst die gleiche Einstellung gehabt haben wie der Sioux-Indianer Lévy-Bruhls, der von einem Forscher, den er Skizzen anfertigen sah, sagte: „Ich weiß, daß dieser Mann in seinem Buch viele von unseren Bisons getan hat, ich war da, als er es machte, seitdem haben wir keine Bisons mehr.“[4] Die Vorstellung dieser, die gewöhnliche Wirklichkeit unmittelbar fortsetzenden Kunstsphäre verschwindet, trotz der späteren Vorherrschaft des sich der Welt entgegensetzenden Kunstwollens, nie zur Gänze. Die Legende des Pygmalion, der sich in die Statue, die er geschaffen, verliebt, stammt aus dieser Gedankenwelt. Von einer ähnlichen Einstellung zeugt, wenn der Chinese oder Japaner einen Zweig oder eine Blume malt und das Bild keine Zusammenfassung und Idealisierung, keine Aufhebung oder Korrektur des Lebens sein will, wie die Werke der abendländischen Kunst, sondern einfach ein Reis oder eine Blüte mehr am Baume der Wirklichkeit. Diese Auffassung vermitteln auch die Künstleranekdoten und Märchen, in denen etwa erzählt wird, wie die Gestalten eines Bildes durch ein Tor in die wirkliche Landschaft, das wirkliche Leben hinüberspazieren. In allen diesen Beispielen sind die Grenzen zwischen Kunst und Realität verwischt, nur ist die Abstandslosigkeit der beiden Gebiete in den Kunstwerken der historischen Zeit eine Fiktion in der Fiktion, in der Malerei der älteren Steinzeit aber ein einfaches Faktum und ein Beweis dafür, daß die Kunst hier noch ganz im Dienste des Lebens steht.

Jede andere Erklärung der paläolithischen Kunst, ihre Deutung etwa als dekorative oder expressive Form, ist unhaltbar. Gegen eine solche Interpretation spricht eine ganze Reihe von Zeichen, vor allem die Lage der Malereien in oft vollkommen versteckten, schwer zugänglichen, gänzlich unbeleuchteten Winkeln der Höhlen, wo sie als „Dekoration" nie zur Geltung kommen konnten. Dagegen spricht auch ihre palimpsestartige, jede dekorative Wirkung von vornherein zerstörende Übereinanderschichtung, wo doch den Malern Raum genug zur Verfügung stand. Diese Lagerung weist eben darauf hin, daß die Bilder nicht mit der Absicht geschaffen wurden, dem Auge ästhetische Freude zu bereiten, sondern einen Zweck verfolgten, bei dem es das Wichtigste war, daß sie in gewissen Höhlen und in gewissen Teilen dieser Höhlen – offenbar an bestimmten, für den Zauber besonders geeigneten Orten – untergebracht wurden. Von einer dekorativen Absicht oder einem ästhetischen Ausdrucks- und Mitteilungsbedürfnis konnte hier, wo die Darstellungen eher verborgen als zur Schau gestellt waren, keine Rede sein. Es gibt, wie richtig bemerkt wurde, zwei verschiedene Motive, von welchen Kunstwerke sich herleiten: die einen werden geschaffen, um einfach da zu sein, die anderen, um gesehen zu werden.[5] Die religiöse Kunst, die rein zur Ehre Gottes geschaffen wird, und mehr oder weniger jede Kunstschöpfung, mit welcher der Künstler nur sein Herz erleichtern will, hat mit der magischen Kunst der älteren Steinzeit das Wirken im Verborgenen gemein. Der paläolithische Künstler, der wohl nichts als die Wirksamkeit des Zaubers vor Augen hatte, wird bei seiner Arbeit nichtsdestoweniger eine gewisse ästhetische Befriedigung empfunden haben, wenn er auch die ästhetische Qualität nur als Mittel zum Zweck betrachtete. Das Verhältnis des Mimischen und des Magischen in den kultischen Tänzen der

Naturvölker spiegelt am klarsten den Sachverhalt: so wie bei diesen Tänzen die Freude an der Verstellung und Nachahmung mit der magischen Zweckhandlung unlösbar verquickt ist, wird auch der Maler der Vorzeit, trotz seiner Hingabe an den magischen Zweck, die Tiere in ihren charakteristischen Attitüden mit Gusto und Genugtuung geschildert haben.

Der beste Beweis dafür, daß diese Kunst bewußter- und vorsätzlicherweise eine magische und keine ästhetische Wirkung verfolgte, ist, daß die Tiere auf den Bildern oft von Speeren und Pfeilen durchbohrt dargestellt oder nach Fertigstellung der Werke mit solchen angeschossen wurden. Es handelte sich dabei zweifellos um eine Tötung in effigie. Daß die paläolithische Kunst mit magischen Handlungen in Zusammenhang gestanden ist, bezeugen auch die Darstellungen der als Tiere verkleideten menschlichen Figuren, von welchen die meisten offenbar mit der Aufführung von magisch-mimischen Tänzen beschäftigt sind. Wir finden auf diesen Bildern – so vor allem in Trois-Frères – kombinierte Tiermasken, die ohne einen magischen Zweck einfach unverständlich wären.[6] Der Zusammenhang der paläolithischen Malerei mit der Magie hilft uns auch am besten, den Naturalismus dieser Kunst zu erklären. Eine Darstellung, deren Ziel darin bestand, ein alter ego des Modells zu schaffen, das heißt, den Gegenstand nicht bloß anzudeuten, nachzuahmen, vorzutäuschen, sondern buchstäblich zu ersetzen, konnte gar nicht anders als naturalistisch sein. Das herbeizuzaubernde Tier sollte als das Gegenstück des abgebildeten sich einfinden – es konnte nur zum Vorschein kommen, wenn das Abbild treu und echt war. Schon wegen ihres magischen Zweckes mußte also diese Kunst naturgetreu sein. Das unähnliche Bild war nicht nur fehlerhaft, es war irreal, sinn- und zwecklos.

Man nimmt an, daß dem magischen Zeitalter, dem ersten, in welchem wir Kunstwerke nachweisen können, ein prämagisches Stadium vorhergegangen sei.[7] Die Zeit der vollentwickelten Magie, mit ihrer bereits formelhaft gewordenen Zaubertechnik und ihrem festen Ritual, muß von einer Epoche der ungeregelten, tastenden Praxis und des bloßen Experimentierens vorbereitet worden sein. Die Zauberformeln der

Magie hatten sich erst zu bewähren, sich erst wirksam zu erweisen, bevor sie schematisiert werden konnten. Sie können nicht das Ergebnis der bloßen Spekulation gewesen sein, sie mußten indirekt gefunden und schrittweise entwickelt werden. Der Mensch hat den Zusammenhang zwischen Original und Abbild wohl zufällig entdeckt, diese Entdeckung aber mußte auf ihn überwältigend gewirkt haben. Vielleicht war die Magie mit ihrem Axiom von der wechselseitigen Abhängigkeit der Ähnlichen überhaupt erst aus diesem Erlebnis erwachsen. Wie dem aber auch sei, die beiden Urideen, die, wie bemerkt wurde,[8] die ersten Voraussetzungen der Kunst sind: die eine, die Idee der Ähnlichkeit und der Imitation, und die andere, die des Hervorbringens, des Aus-dem-Nichts-Produzierens, der Schaffensmöglichkeit schlechthin, werden sich in der Zeit der prämagischen Experimente und Entdeckungen geformt haben. Die Handsilhouetten, die man vielerorts neben den Höhlenmalereien gefunden hat und die offenbar durch Abklatschen entstanden sind, werden wohl zum erstenmal dem Menschen die Idee des Gestaltens – des *poiein* – zum Bewußtsein gebracht und den Gedanken eingegeben haben, daß ein Lebloses und Künstliches einem Belebten und Echten durchaus ähnlich sein könne. Diese Spielerei hatte zunächst freilich weder mit Kunst noch mit Magie etwas zu tun; sie mußte aber wohl zuerst ein Mittel der Magie und konnte erst dann eine Form der Kunst werden. Denn der Sprung zwischen jenen Händeabdrücken und auch den primitivsten Tierdarstellungen erscheint so unermeßlich, und es fehlen so vollkommen die Denkmäler, die wir als Übergangsformen zwischen die beiden einfügen könnten, daß wir kaum eine direkte und kontinuierliche Entwicklung der Kunstformen aus den Spielformen annehmen können, sondern auf ein fremdes, von außen hinzutretendes Zwischenglied schließen müssen – und dieses wird wohl die magische Funktion des Abbildes gewesen sein. Doch haben auch jene spielerischen, vormagischen Formen bereits eine naturalistische, die Wirklichkeit, wenn auch noch so mechanisch nachahmende Tendenz gehabt und können keineswegs als die Äußerung eines abstrakten dekorativen Prinzips betrachtet werden.

## 2. JÜNGERE STEINZEIT. ANIMISMUS UND GEOMETRISMUS

Der naturalistische Stil bleibt bis zum Ende der paläolithischen Zeit, das heißt, während einer Periode von vielen tausend Jahren, in Geltung; eine Wendung – der erste Stilwandel der Kunstgeschichte – tritt erst mit dem Übergang von der älteren zur jüngeren Steinzeit ein. Jetzt erst weicht die naturalistische, den Erlebnissen und der Erfahrung aufgeschlossene Einstellung einem geometrisch stilisierenden, sich vor dem Reichtum der Erfahrungswirklichkeit verschliessenden Kunstwollen. Statt der naturgetreuen, auf die Einzelheiten des jeweiligen Modells mit Liebe und Geduld eingehenden Darstellungen finden wir von nun an überall schematische und konventionelle, den Gegenstand eher nur andeutende als wiedergebende, bildschriftartige Zeichen. Statt der konkreten Lebensfülle trachtet die Kunst nunmehr die Idee, den Begriff, die Substanz der Dinge festzuhalten – statt Abbilder Symbole zu schaffen. Die neolithischen Felsenzeichnungen deuten die menschliche Figur durch zwei bis drei einfache geometrische Formen an, etwa durch eine senkrechte Gerade für den Rumpf und zwei Halbkreise, einen nach oben und einen nach unten gekehrten, für die Arme und Beine. Die Menhire, in denen man die abbreviierten Bildnisse von Verstorbenen erkennen wollte,[9] weisen eine ebenso weitgehende Abstraktion in der Plastik auf. Auf der flachen Steinplatte dieser „Grabmäler" ist der Kopf, der mit der Natur nicht einmal die minimale Ähnlichkeit der Rundung besitzt, von dem Rumpf, das heißt dem Oblong des Steines selbst, nur durch einen Strich getrennt; die Augen sind durch zwei Punkte angedeutet, die Nase ist entweder mit dem Mund oder den Augenbrauen zu einer einfachen geometrischen Form zusammengefaßt. Ein Mann ist durch die Beigabe von Waffen, eine Frau durch zwei Halbkugeln, für die Brüste, charakterisiert.

Der Stilwandel, der zu diesen vollkommen abstrakten Formen der Kunst führt, ist von einer allgemeinen Kulturwende abhängig, die vielleicht den tiefsten Einschnitt in der

Geschichte der Menschheit darstellt. Mit ihr verändert sich die materielle Umwelt und die innere Verfassung des prähistorischen Menschen so gründlich, daß alles, was vor ihr liegt, leicht als bloß tierisch und triebhaft, alles, was sich nachher zuträgt, als eine kontinuierliche, zielbewußte Entwicklung erscheint. Der ausschlaggebende, revolutionäre Schritt besteht darin, daß der Mensch, statt an den Gaben der Natur parasitisch zu zehren, statt seine Lebensmittel zu sammeln und zu erbeuten, diese nunmehr selber erzeugt. Mit der Domestizierung der Tiere und Pflanzen, der Viehzucht und dem Ackerbau, beginnt er seinen Siegeszug über die Natur, macht sich von den Launen des Schicksals, von Glück und Zufall mehr oder weniger unabhängig. Es beginnt die Zeit der organisierten Lebensfürsorge; der Mensch beginnt zu arbeiten und zu wirtschaften; er schafft sich einen Lebensmittelvorrat, übt Vorsorge, bildet die Urformen des Kapitals aus. Mit diesen Rudimenten – dem Besitz von gerodetem Land, domestizierten Tieren, Werkzeugen und Lebensmittelvorräten – beginnt auch die Differenzierung der Gesellschaft in Schichten und Klassen, Bevorrechtete und Minderberechtete, Ausbeuter und Ausgebeutete. Es setzt die Organisierung der Arbeit, die Teilung der Funktionen, die Berufsdifferenzierung ein: Viehzucht und Anbau, Urproduktion und Handwerk, fachmäßiges Gewerbe und Hausfleiß, Männer- und Frauenarbeit, die Bestellung und die Verteidigung des Ackers gehen allmählich auseinander.

Mit dem Übergang von der Stufe der Sammler und Jäger zu der der Viehzüchter und Pflanzer verändert sich aber nicht nur der Inhalt, es verändert sich der ganze Rhythmus des Lebens. Die herumschweifenden Horden verwandeln sich in seßhafte Gemeinden; die sozial ungegliederten und desintegrierten Gruppen weichen organisierten, sich schon infolge der Seßhaftigkeit zusammenschließenden Gemeinschaften. V. Gordon Childe warnt zwar mit Recht davor, diese Wendung zur Seßhaftigkeit als eine allzu scharf markierte anzusehen, und meint, daß einerseits auch der paläolithische Jäger, oft wohl über Generationen, eine und dieselbe Höhle bewohnte, andererseits die primitive Bodenwirtschaft und die Viehzucht im

Anfang, da Acker und Weide sich nach einer gewissen Zeit erschöpften, mit der periodischen Änderung des Wohnsitzes verbunden waren.[10] Man darf nur nicht vergessen, daß erstens die Erschöpfung des Bodens mit der Verbesserung der agrarwirtschaftlichen Methoden immer seltener eintrat, und daß zweitens der Ackerbauer und Viehzüchter, wie kurz oder lang er auch an dem gleichen Fleck blieb, zu seinem Wohnort, zu dem Stück Land, von dessen Ertrag er lebte, eine ganz andere Beziehung haben mußte als der herumschweifende, wenn auch zu seiner Höhle immer wieder zurückkehrende Jäger. Mit dieser Verbundenheit entwickelte sich ein von der unruhigen, unsteten, freibeuterischen Existenz des Paläolithikers vollkommen verschiedener Lebensstil. Die neue Wirtschaftsform brachte, im Gegensatz zu der anarchischen Unregelmäßigkeit des Sammler- und Jägertums, eine gewisse Statik der Lebensführung mit sich; an die Stelle der planlosen Raubwirtschaft, der Lebensfristung von einem Tag zum andern, des Von-der-Hand-in-den-Mund-Lebens, tritt das planmäßige, auf längere Zeit hinaus im vorhinein geregelte, verschiedene Eventualitäten vorsehende Wirtschaften; von der Stufe der sozialen Zersplitterung und Anarchie schreitet die Entwicklung zur Kooperation, von der „Stufe der individuellen Nahrungssuche“[11] zu einer kollektivistischen – wenn auch nicht unbedingt kommunistischen – Arbeitsgemeinschaft, zu einer Sozietät mit gemeinsamen Interessen, gemeinsamen Aufgaben, gemeinsamen Unternehmungen; von dem Zustand ungeregelter Herrschaftsverhältnisse entwickeln sich die einzelnen Gruppen zu mehr oder minder zentralisierten, mehr oder minder einheitlich geleiteten Gemeinwesen, von einer mittelpunktlosen, keine wie immer gearteten Institutionen kennenden Existenz zu einem Leben, das sich um Haus und Hof, Acker und Weide, Siedlung und Heiligtum dreht.

An die Stelle der Magie und Zauberei sind Riten und Kulthandlungen getreten. Das Paläolithikum stellte eine Entwicklungsstufe der Kultlosigkeit dar; der Mensch war von Todesfurcht und Angst vor Hunger erfüllt, trachtete sich gegen Feind und Entbehrung, gegen Schmerz und Tod durch magische Praktiken zu schützen, brachte aber das Glück oder das

Unglück, das ihm widerfuhr, mit keiner hinter den Geschehnissen stehenden, Glück und Unglück austeilenden Gewalt in Verbindung. Erst mit der Pflanzer- und Viehzüchterkultur beginnt er sein Schicksal von einsichtigen, einen Ratschluß befolgenden Mächten gelenkt zu fühlen. Mit dem Bewußtsein der Abhängigkeit von Wetter und Unwetter, Regen und Sonnenschein, Blitz und Hagel, Seuche und Dürre, Segen und Unfruchtbarkeit der Erde, Ausgiebigkeit und Notdürftigkeit der Würfe entsteht die Vorstellung von allerhand Dämonen und Geistern – wohlwollenden und bösartigen –, die Segen und Fluch austeilen, entsteht die Idee des Unbekannten und Geheimen, des Übermächtigen und Ungeheuern, des Überweltlichen und Numinosen. Die Welt teilt sich in zwei Hälften, der Mensch erscheint sich selber zweigeteilt. Die Kulturstufe des Animismus, der Geisterverehrung, des Seelenglaubens und des Totenkults ist erreicht. Mit dem Glauben und dem Kult entsteht aber auch der Bedarf an Idolen, Amuletten, heiligen Zeichen, Votivgaben, Grabbeigaben und Grabmonumenten. Es tritt die Scheidung ein zwischen einer sakralen und einer profanen, einer religiös figuralen und einer weltlich dekorativen Kunst. Wir finden auf der einen Seite die Überreste einer Idolplastik und einer heiligen Sepulkralkunst, auf der anderen die einer profanen Keramik, mit spielerischen, zum größten Teil tatsächlich, wie Semper es wollte, aus dem Geiste des Handwerks und seiner Technik entwickelten Formen.

Für den Animismus teilt sich die Welt in eine Wirklichkeit und eine Überwirklichkeit, eine sichtbare Erscheinungswelt und eine unsichtbare Geisterwelt, einen sterblichen Körper und eine unsterbliche Seele. Die Bestattungsbräuche und -riten lassen keinen Zweifel darüber zu, daß der Mensch des Neolithikums sich die Seele bereits als eine vom Körper sich loslösende Substanz vorzustellen begann. Die magische Weltanschauung ist monistisch, sie sieht die Wirklichkeit in der Form eines einfachen Ineinanders, eines lücken- und sprunglosen Kontinuums; der Animimus ist dualistisch, er baut sein Wissen und Glauben in ein Zweiweltensystem ein. Die Magie ist sensualistisch und hält am Konkreten fest, der Animismus ist dualistisch und neigt zur Abstraktion. Dort ist das Denken auf das diesseitige, hier auf ein jenseitiges Leben gerichtet. Damit hängt es vor allem zusammen, daß die Kunst des Paläolithikums die Dinge lebenswahr und wirklichkeitsgetreu wiedergibt, die Kunst des Neolithikums dagegen der gewöhnlichen Erfahrungswirklichkeit eine stilisierte und idealisierte Überwelt entgegenstellt.[12] Damit beginnt aber auch der Prozeß der Intellektualisierung und Rationalisierung der Kunst: das Einsetzen von Symbolen und Siegeln, Abstraktionen und Abbreviaturen, generellen Typen und konventionellen Zeichen für konkrete Bilder und Formen, das Verdrängen der sinnfälligen Erscheinungen und Erlebnisse durch Denken und Deuten, Ordnen und Formen, Betonen und Übertreiben, Entstellen und Entnaturalisieren. Das Kunstwerk ist nicht mehr nur Gegenstandsbild, sondern auch Gedankenbild, nicht nur Erinnerungsbild, auch Sinnbild; das heißt mit anderen Worten: die nicht sensorischen und begrifflichen Elemente der Vorstellungen verdrängen die sinnlichen und irrationalen. Und so verwandelt sich das Abbild allmählich in ein piktographisches Zeichen, die Fülle der Bilder in eine bildlose oder bildarme Kurzschrift.

In letzter Analyse bestimmen zwei Motive den neolithischen Stilwandel: das eine ist der Übergang von der parasitischen, rein konsumtiven Wirtschaft der Jäger und Sammler zu der produktiven und konstruktiven Wirtschaft der Viehzüchter und Ackerbauer; das andere die Ersetzung des monistischen Weltbildes der Magie durch das dualistische Lebensgefühl des Animismus, das heißt eine Weltanschauung, die selber durch die neue Wirtschaftsweise bedingt ist. Der paläolithische Maler war Jäger und mußte als solcher ein guter Beobachter sein, er mußte die Tiere und ihre Eigenheiten, ihren jeweiligen Aufenthalt und ihre Wanderungen aus den geringsten Spuren und Fährten erkennen, mußte ein scharfes Auge für Ähnlichkeiten und Verschiedenheiten, ein feines Ohr für Zeichen und Laute haben; alle seine Sinne mußten nach außen gerichtet, der konkreten Wirklichkeit zugewendet sein. Die gleiche Einstellung und die gleichen Fähigkeiten kommen auch im Naturalismus zur Geltung. Der neolithische Ackerbauer braucht die scharfen Sinne des Jägers nicht mehr;

seine sinnliche Empfindlichkeit und Beobachtungsgabe entwickeln sich zurück; es sind andere Talente – vor allem die Begabung zur Abstraktion und zum rationalen Denken –, die sowohl in seiner wirtschaftlichen Produktionsweise als auch in seiner formalistischen, streng zusammenfassenden und stilisierenden Kunst zur Geltung kommen. Diese Kunst unterscheidet sich am wesentlichsten darin von der naturalistisch-imitativen, daß sie die Wirklichkeit nicht als das lückenlose Abbild eines homogenen Seins, sondern als die *Konfrontation* zweier Welten darstellt. Sie stemmt sich mit ihrem Formwillen gegen die gewöhnliche Erscheinungsweise der Dinge; sie ist nicht mehr die Nachahmerin, sondern die Gegenspielerin der Natur; sie fügt zu der Wirklichkeit nicht eine Fortsetzung hinzu, sie setzt ihr eine seinsollende Gestalt entgegen. Es ist der Dualismus, der mit dem animistischen Glauben entstanden war und seither in hundert philosophischen Systemen neue Gestalt gewonnen hat, der in diesem Gegensatz von Idee und Wirklichkeit, Geist und Körper, Seele und Form zum Ausdruck gelangt und von dem Begriff der Kunst nicht mehr zu trennen ist. Die gegensätzlichen Momente dieses Antagonismus mögen von Zeit zu Zeit ins Gleichgewicht kommen, ihre Spannung bleibt in allen Stilperioden der abendländischen Kunst – sowohl in den formrigoristischen als auch den naturalistischen – fühlbar.

Der formalistische, geometrisch-ornamentale Stil tritt mit dem Neolithikum eine so lange und so unbestrittene Herrschaft an, wie sie keine Kunstrichtung der geschichtlichen Zeit, am wenigsten der Formrigorismus selber, wieder errungen hat. Wenn wir von der kretisch-mykenischen Kunst absehen, so beherrscht dieser Stil die ganze bronze- und eisenzeitliche, die ganze altorientalische und griechich-archaische Kulturperiode, das heißt ein Weltzeitalter, das ungefähr von 5000 bis 500 v. Chr. reicht. Im Verhältnis zu dieser Zeitspanne erscheinen alle späteren Zeitstile als kurzlebig und namentlich alle Geometrismen und Klassizismen als bloße Episoden. Was erhält nun aber diese streng gebundene, von den Prinzipien der abstrakten Form beherrschte Kunstauffassung so lange in Geltung? Wie konnte sie so verschiedenartige wirtschaftliche, soziale und politische Systeme überdauern? Der im großen und ganzen einheitlichen Kunstauffassung der geometrischen Stilperiode entspricht, bei allen Verschiedenheiten im einzelnen, ein einheitlicher soziologischer Grundzug, der das ganze Zeitalter entscheidend beherrscht, nämlich die Tendenz zur straffen, konservativen Organisierung der Wirtschaft, zur autokratischen Gestaltung der Herrschaftsverhältnisse und zur hieratischen, von Kult und Religion durchdrungenen geistigen Einstellung der ganzen Gesellschaft, im Gegensatz sowohl zu dem unorganisierten primitiv-individualistischen Hordendasein der Jäger als zu dem differenzierten, bewußt individualistischen, von dem Konkurrenzgedanken erfüllten Sozialleben des antiken und des neuzeitlichen Bürgertums. Das Lebensgefühl des freibeuterischen, sein Dasein von einem Tag zum anderen fristenden Jägertums war dynamisch und anarchisch, und dementsprechend war auch seine Kunst auf Expansion, auf Ausdehung und Differenzierung der Erfahrung gerichtet. Die Weltanschauung des produktiven, die Bewahrung, Festigung und Sicherung der Produktionsmittel anstrebenden Bauerntums ist statisch und traditionalistisch, seine Lebensformen sind unpersönlich und stationär, die Kunstformen, die diesen Lebensformen entsprechen, konventionell und unveränderlich. Nichts ist natürlicher, als daß sich mit den wesentlich kollektiven und tradierten Arbeitsmethoden der Bauerngesellschaften auf allen Gebieten des Kulturlebens feste, unelastische, stabile Formen entwickeln. Hörnes betont schon den hartnäckigen Konservatismus, der „sowohl dem Stil an sich, als dem wirtschaftlichen Wesen des niederen Bauerntums eigentümlich ist“,[13] und Gordon Childe weist zur Charakterisierung dieses Geistes auf die merkwürdige Erscheinung hin, daß die Tongefäße eines neolithischen Dorfes alle gleich sind.[14] Die ländliche Kultur des Bauerntums, die sich von dem fluktuierenden Wirtschaftsleben der Städte entfernt entwickelt, bleibt den streng geregelten und von Generationen zu Generation überlieferten Lebensformen auch weiter treu und weist noch in der Bauernkunst der neuern Zeit gewisse, mit dem vorgeschichtlichen geometrischen Stil verwandte, formalistische Züge auf.

Der Stilwandel vom paläolithischen Naturalismus zum neolithischen Geometrismus vollzieht sich nicht ganz ohne vermittelnde Übergänge. Schon in der Blütezeit des naturalistischen Stils finden wir neben der südfranzösischen und nordspanischen, dem Impressionismus zustrebenden Richtung eine spanische Gruppe von Darstellungen, die eher einen expressionistischen als impressionistischen Charakter tragen. Die Schöpfer dieser Werke scheinen ihre ganze Aufmerksamkeit auf die körperlichen Bewegungen und ihre Dynamik gerichtet zu haben, und um diese intensiver und suggestiver zum Ausdruck zu bringen, entstellen sie geflissentlich die Größenverhältnisse der Glieder, zeichnen karikaturenhaft lange Beine, unwahrscheinlich dünne Oberkörper, verzerrte Arme und verrenkte Gelenke.

Trotzdem vertritt dieser Expressionismus ebensowenig wie je ein späterer ein dem Naturalismus prinzipiell gegensätzliches Kunstwollen. Die übertriebenen Akzente und die durch diese Übertreibung simplifizierten Züge bieten nur der Stilisierung und Schematisierung einen bequemeren Ansatzpunkt als die ganz und gar korrekten Proportionen und Formen. Den eigentlichen Übergang zum neolithischen Geometrismus bildet aber erst jene allmähliche Vereinfachung und Sterotypisierung der Konturen, die Henri Breuil in der letzten Phase der paläolithischen Entwicklung feststellt und als die „Konventionalisierung“ der naturalistischen Formen bezeichnet.[15] Er beschreibt den Prozeß, wie die naturalistische Zeichnung immer unsorgfältiger ausgeführt, immer abstrakter, steifer und stilisierter wird, und gründet auf diese Beobachtung seine Lehre von der Entstehung der geometrischen Formen aus dem Naturalismus, einem Vorgang, der, wenn er auch innerlich noch so lückenlos abgelaufen sein mag, von äußeren Bedingungen nicht unabhängig sein konnte. Die Schematisierung geht in zwei Richtungen: die eine verfolgt die Findung von eindeutigen und leichtfaßlichen Verständigungsformrn, die andere die Schaffung von einfachen und ansprechenden Dekorationsformen. Und so finden wir am Ende des Paläolithikums bereits alle drei Grundformen der bildlichen Darstellung entwickelt: die *imitative*, die *informative* und die *dekorative*, mit anderen Worten, das naturalistische Abbild, das piktographische Zeichen und das abstrakte Ornament.

Die Übergangsformen zwischen Naturalismus und Geometrismus entsprechen den Zwischenstufen, die von der okkupatorischen zur produktiven Lebensfürsorge hinüberleiten. Die Anfänge des Ackerbaus und der Viehzucht haben sich wahrscheinlich schon bei gewissen Jägerstämmen aus der Aufbewahrung von Knollen und der Schonung von Lieblingstieren – später vielleicht Totemtieren – entwickelt.[16] Die Wendung stellt demnach weder in der Kunst noch in der Wirtschaft einen plötzlichen Umschwung dar, sie wird vielmehr hier wie dort als ein allmählicher Umbau vor sich gegangen sein.

Und zwischen den Übergangserscheinungen der beiden Gebiete wird dieselbe Abhängigkeit bestanden haben wie zwischen dem parasitischen Jägertum und dem Naturalismus auf der einen, dem produktiven Bauerntum und dem Geometrismus auf der andern Seite. Wir besitzen übrigens aus der Wirtschafts- und Sozialgeschichte der neueren Naturvölker ein Analogon, das darauf schließen läßt, daß dieser Zusammenhang ein typischer ist. Die Buschmänner, die wie die Paläolithiker Jäger und Nomaden sind, auf der Entwicklungsstufe der „individuellen Nahrungssuche" stehen, keine gesellschaftliche Kooperation kennen, an keine Geister und Dämonen glauben, der rohen Zauberei und der Magie ergeben sind, produzieren eine der paläolithischen Malerei überraschend ähnliche naturalistische Kunst; die Neger der afrikanischen Westküste wieder, die produktiven Ackerbau treiben, in Dorfgemeinden leben und an den Animismus glauben, sind strenge Formalisten und haben eine abstrakte, geometrisch gebundene Kunst, so wie die Neolithiker.[17]

Über die wirtschaftlichen und sozialen Bedingungen dieser Stile wird man in konkreter Form kaum mehr aussagen können, als daß der Naturalismus mit individualistisch-anarchischen Lebensformen, einer gewissen Traditionslosigkeit, dem Mangel an festen Konventionen und einer Diesseitigkeit der Weltanschauung, der Geometrismus dagegen mit einer Tendenz zur einheitlichen Organisation, mit bleibenden Einrichtungen und einem im großen und ganzen jenseitig orientierten Weltbild zusammenhängt; was über die Feststellung dieser Beziehungen hinausgeht, beruht zumeist auf Äquivokationen. Solche zweideutig verwendete Begriffe liegen auch der Korrelation zugrunde, die Wilhelm Hausenstein zwischen dem geometrischen Stil und der kommunistischen Wirtschaft der frühen „Agrardemokratien" herzustellen sucht.[18] Er stellt in beiden Erscheinungen eine autoritäre, egalitäre und planende Tendenz fest, übersieht jedoch, daß diese Begriffe im Gebiete der Kunst und der Gesellschaft nicht die gleiche Bedeutung haben und daß – wenn man die Begriffe so locker faßt – einerseits der gleiche Stil mit sehr verschiedenen Gesellschaftsformen, andererseits das gleiche soziale System mit den verschiedensten Kunststilen in Verbindung gebracht werden kann. Das, was man im politischen Sinn unter „autoritär" versteht, kann sowohl auf autokratische als auch auf sozialistische, auf feudale wie auf kommunistische Gesellschaftsordnungen bezogen werden, die Grenzen des geometrischen Stils sind dagegen viel enger; nicht einmal die Kunst der autokratischen Kulturen umfassen sie zur Gänze, geschweige denn die des Sozialismus. Der Begriff der „Egalität" ist wieder in bezug auf die Gesellschaft enger als in bezug auf die Kunst. In politisch-sozialer Hinsicht steht er mit autokratischen Prinzipien jeder Art in Widerspruch, im Gebiete der Kunst aber, wo er bloß den Sinn des Überpersönlichen und Antiindividuellen haben kann, ist er mit den verschiedensten Gesellschaftsordnungen vereinbar – gerade dem Geist der Demokratie und des Sozialismus entspricht er jedoch am wenigsten. Zwischen gesellschaftlichem und künstlerischem „Planen" schließlich besteht überhaupt keine direkte Beziehung. Planen als die Ausscheidung der freien, unkontrollierten Konkurrenz im Gebiete der Wirtschaft und Gesellschaft und Planen als die Bindung an einen streng zu befolgenden, bis ins letzte Detail ausgearbeiteten künstlerischen Entwurf können miteinander höchstens in einen metaphorischen Zusammenhang gebracht werden; an und für sich stellen sie zwei vollkommen verschiedene Prinzipien dar, und es ist durchaus denkbar, daß in einer geplanten Wirtschaft und Gesellschaft eine formal ungebundene, in individuellen und improvisierten Formen schwelgende Kunst zur Führung gelangt. Es gibt kaum eine größere Gefahr für die soziologische Deutung geistiger Gebilde als solche Äquivokationen, und keine, der man öfter zum Opfer fällt. Nichts ist leichter, als zwischen den verschiedenen Kunststilen und den jeweiligen sozialen Seinsformen frappante Zusammenhänge zu konstruieren, die letzten Endes auf einer Metapher beruhen, und nichts ist verführerischer, als mit solchen gewagten Analogien zu glänzen. Sie sind aber ebenso verhängnisvolle Fallen für die Wahrheit wie jene Trugbilder, die Bacon aufzählt, und sie verdienen, als *idola aequivocationis*, auf seine Warnungsliste gesetzt zu werden.

## 3. DER KÜNSTLER ALS ZAUBERER UND PRIESTER KUNST ALS BERUF UND HAUSFLEISS

Die Schöpfer der paläolithischen Tierdarstellungen waren allem Anschein nach selber „berufstätige" Jäger – nach ihrer intimen Kenntnis der Tiere kann man das fast mit Sicherheit annehmen –, und es ist nicht wahrscheinlich, daß sie als „Künstler," oder als was sie immer galten, von den Pflichten der Lebensmittelbeschaffung vollkommen befreit gewesen wären.[19] Gewisse Zeichen weisen aber entschieden darauf hin, daß eine Berufsdifferenzierung – wenn auch vielleicht nur in diesem Fach – bereits eingetreten war. Hat die Darstellung der Tiere, wie wir es annehmen, tatsächlich magischen Zwecken gedient, so ist es kaum zweifelhaft, daß die Personen, die solche Werke zu produzieren fähig waren, gleichzeitig als magisch begabt angesehen und als Zauberer verehrt wurden, womit aber fraglos eine gewisse Sonderstellung und wenigstens die teilweise Befreiung von den Pflichten der Nahrungssuche verbunden gewesen sein mag. Übrigens spricht auch die entwikkelte Technik der paläolithischen Malereien dafür, daß diese nicht von Dilettanten, sondern von geschulten Fachleuten stammen, die einen beträchtlichen Teil ihres Lebens mit der Erlernung und Ausübung ihrer Kunst verbracht hatten und einen Berufsstand für sich bildeten. Die vielen „Skizzen",

„Entwürfe“ und korrigierten „Schülerzeichnungen“, die man neben den übrigen Denkmälern gefunden hat, lassen sogar auf so etwas wie einen spezialisierten Kunstbetrieb mit Schulen, Meistern, lokalen Richtungen und Überlieferungen schließen.[20] Der Künstler-Magier scheint demnach der erste Vertreter der Spezialisierung und Arbeitsteilung gewesen zu sein. Er tritt neben dem gewöhnlichen Zauberer und Medizinmann jedenfalls als erster aus der undifferenzierten Masse hervor und ist, als der Besitzer von besonderen Gaben, der Wegbereiter des eigentlichen Priesterstandes, der neben dem Anspruch auf außergewöhnliche Fähigkeiten und Kenntnisse auch den auf eine Art Charisma erheben und sich jeder gewöhnlichen Arbeit entziehen wird. Aber auch schon die teilweise Befreiung eines Standes von den Aufgaben der direkten Lebensmittelbeschaffung spricht für verhältnismäßig fortgeschrittene Zustände; sie bedeutet, daß die Gruppe sich bereits den Luxus der Existenz von Müßigen leisten kann. In bezug auf die noch ganz von der Lebensfürsorge abhängigen Verhältnisse besitzt die Doktrin von der künstlerischen Produktivität des Reichtums volle Geltung; auf dieser Stufe der Entwicklung ist das Vorhandensein von Kunstwerken tatsächlich das Zeichen eines gewissen Überflusses an Subsistenzmitteln und einer relativen Freiheit von unmittelbaren Nahrungssorgen. Auf entwickeltere Verhältnisse läßt sie sich allerdings nicht mehr ohne weiteres anwenden, denn wenn es auch richtig ist, daß die Existenzmöglichkeit von Malern und Bildhauern stets auf einen gewissen Überfluß schließen läßt, den die Gesellschaft mit diesen „unproduktiven“ Spezialisten zu teilen bereit sein muß, so darf dieses Prinzip keineswegs im Sinne jener primitiven Soziologie angewendet werden, die die Blütezeiten der Kunst einfach mit den Perioden des wirtschaftlichen Gedeihens gleichsetzt.

Mit der Scheidung der sakralen und der profanen Kunst dürfte die Kunsttätigkeit im Neolithikum in geteilte Hände übergegangen sein. Die Aufgaben der sepulkralen Kunst und der Idolplastik, so wie auch die Aufführung der kultischen Tänze, die – wenn man aus den Forschungsergebnissen der Anthropologie auf die Vorgeschichte Schlüsse ziehen darf –

jetzt, im Zeitalter des Animismus, die führende Kunst geworden ist,[21] waren wohl ausschließlich Männern, vor allem Zauberern und Priestern, anvertraut. Die profane Kunst dagegen, die auf das Kunsthandwerk beschränkt war und rein dekorative Aufgaben zu lösen hatte, dürfte vollständig in den Händen der Frauen gelegen sein und einen Teil der Hausindustrie gebildet haben. Hörnes bringt den geometrischen Charakter der neolithischen Kunst überhaupt mit dem weiblichen Element in Zusammenhang. „Der geometrische Stil ist zunächst ein Frauenstil – meint er –, trägt weiblichen Charakter und zugleich die Merkmale der Zähmung und Züchtung."[22] Die Beobachtung selber mag richtig sein, die Erklärung beruht jedoch auf einer Äquivokation. „Das geometrische Ornament erscheint" – heißt es an anderer Stelle – „dem häuslichen, pedantisch-ordnungsliebenden und dabei abergläubisch-fürsorglichen Geist der Frau angemessener als dem des Mannes. Er ist, rein ästhetisch betrachtet, eine kleinliche, geistlose, bei aller Prachtentwicklung und Buntheit doch an gewisse Grenzen gebundene, aber in ihrer Beschränktheit gesunde und tüchtige, durch Fleiß und äußere Zierlichkeit gefällige Kunstweise, der Ausdruck des weiblichen Wesens in der Kunst."[23] Wenn man sich in dieser metaphorischen Art ausdrücken will, kann man den geometrischen Stil ebenso gut mit der Strenge und der Zucht, dem asketischen und herrschsüchtigen Geist des Mannes in Verbindung bringen.

Das teilweise Aufgehen der Kunst in der Hausindustrie und im Hausfleiß, das heißt das Zusammenlegen der Kunsttätigkeit mit anderen Arbeiten, bedeutet vom Standpunkt der Arbeitsteilung und Berufsdifferenzierung einen Rückschritt. Denn eine Teilung der Funktionen findet jetzt höchstens zwischen den Geschlechtern, nicht aber zwischen den Berufsständen statt. Wenn also die Pflanzenkulturen die Spezialisierung im allgemeinen auch fördern, dem berufsmäßigen Künstlertum bereiten sie ein vorläufiges Ende. Und dieser Wandel vollzieht sich um so restloser, als ja nicht nur jene Zweige der Kunstübung, die die Frau betreibt, sondern auch diejenigen, die der Mann beibehält, als Nebenbeschäftigung geübt werden. Zwar ist auf dieser Stufe noch die gesamte Gewerbetätigkeit – vielleicht mit der Ausnahme der Kunst der Waffenschmiede – eine solche „Nebenbeschäftigung“,[24] man darf aber nicht vergessen, daß die künstlerische Tätigkeit, im Gegensatz zum übrigen Handwerk, bereits eine eigene Entwicklung hinter sich hat und erst jetzt zu einer mehr oder weniger dilettantischen Mußebeschäftigung wird. Ob nun das Aufhören des selbständigen Künstlertums mit ein Grund der Vereinfachung und Schematisierung der Formen oder eine Folge davon ist, ist schwer zu sagen. Gewiß erfordert der geometrische Stil, mit seinen einfachen und konventionellen Motiven, keine so spezifische Begabung und keine so gründliche Vorbereitung wie der naturalistische; der Dilettantismus, den er ermöglicht, trägt dann aber wohl zur Vergröberung der Formen selber viel bei.

Der Ackerbau und die Viehzucht bringen lange Perioden der Muße mit sich. Die landwirtschaftliche Arbeit ist auf gewisse Jahreszeiten beschränkt; der Winter ist lang und ohne besondere Aufgaben. Die neolithische Kunst trägt den Charakter einer „Bauernkunst“, nicht nur weil sie mit ihren unpersönlichen und zur Beharrung neigenden Formen dem konventionellen und konservativen Geist des Bauerntums entspricht, sondern auch weil sie das Produkt dieser Muße ist. Sie ist aber keineswegs zugleich eine „Volkskunst“, wie die Bauernkunst von heute. Sie ist es jedenfalls insolange nicht, als die Differenzierung der Bauerngesellschaften in Klassen noch nicht vollzogen erscheint, – denn „Volkskunst“ hat, wie bemerkt wurde, nur als der Gegensatz von „Herrnkunst“ einen Sinn; die Kunst einer Volksmasse dagegen, die sich noch nicht in „herrschende und dienende Klassen, hohe, anspruchsvolle und niedere, bescheidene Stände“ geteilt hat, kann nicht als „Volkskunst“ bezeichnet werden, schon weil es außer ihr keine andere gibt.[25] Und sie – die Bauernkunst des Neolithikums – ist, nachdem diese Differenzierung sich bereits vollzogen hat, keine „Volkskunst“ mehr, denn die Werke der bildenden Kunst sind dann für die besitzende Oberschicht bestimmt und werden von diesen selbst, das heißt zumeist von ihren Frauen, hergestellt. Wenn Penelope neben ihren Mägden am Webstuhl sitzt, so ist sie gewissermaßen noch die reiche Bäuerin und die Erbin der neolithischen Frauenkunst. Die manuelle Arbeit, die später als diffamierend gilt, ist hier noch, wenigstens insofern sie von Frauen und als Hausfleiß verrichtet wird, durchaus ehrenvoll.

Die Kunstdenkmäler des vorgeschichtlichen Zeitalters sind für die Soziologie der Kunst von ganz besonderer Bedeutung, und zwar nicht nur, weil sie etwa von gesellschaftlichen Bedingungen in höherem Maße abhängig wären, sondern weil sie die Beziehungen zwischen dem sozialen Sein und den künstlerischen Formen deutlicher erkennen lassen als die Kunstprodukte späterer Zeiten. Es gibt in der ganzen Geschichte der Kunst jedenfalls kein Beispiel, das den Zusammenhang zwischen einem Stilwandel und der gleichzeitigen Veränderung der wirtschaftlichen und gesellschaftlichen Bedingungen schärfer hervortreten ließe, als der Übergang von der älteren zur jüngeren Steinzeit. Die vorgeschichtlichen Kulturen zeigen noch die Merkmale ihrer Herkunft aus den sozialen Seinsbedingungen deutlicher als die späteren, in denen die aus früherer Zeit mitgeschleppten und zum Teil bereits verknöcherten Formen sich mit den neuen und noch lebendigen oft ununterscheidbar verquicken. Je entwickelter die Stufe ist, deren Kunst wir untersuchen, um so komplizierter ist das Netz der Beziehungen und um so undurchsichtiger ist der soziale Hintergrund, mit dem sie im Zusammenhang stehen. Je höher das Alter einer Kunstart, eines Stils, einer Gattung ist, um so länger sind auch die Strecken, auf welchen die Entwicklung sich nach eigenen, immanenten, von außen „ungestörten" Gesetzen vollzieht, und je länger diese mehr oder weniger autonomen Entwicklungsphasen sind, um so schwieriger ist es, die einzelnen Elemente des jeweiligen Formkomplexes soziologisch zu deuten. So zeigt schon das nächste, auf das Neolithikum folgende Weltzeitalter, in dem die Bauernkulturen sich in dynamischere, auf Industrie und Handel sich stützende Stadtkulturen verwandeln, eine verhältnismäßig so verwickelte Struktur, daß die soziologische Interpretation gewisser Erscheinungen nicht mehr ganz zufriedenstellend ausfällt. Die Tradition der geometrisch-ornamentalen Kunst ist hier bereits so gefestigt, daß sie kaum entwurzelt werden kann, und bleibt lange in Geltung, ohne daß dafür ein besonderer soziologischer Grund angegeben werden könnte. Wo aber, wie in der Vorgeschichte, alles noch unmittelbar mit dem Leben zusammenhängt, wo es noch keine autonom gewordenen Formen und keinen prinzipiellen Unterschied zwischen Alt und Neu, Überlieferung und Neuschöpfung gibt, da ist die soziologische Begründung der Kulturerscheinungen noch verhältnismäßig einfach und eindeutig durchführbar.

II

# ALTORIENTALISCHE STADTKULTUREN

## 1. STATIK UND DYNAMIK IN DER ALTORIENTALISCHEN KUNST

Das Ende des Neolithikums bedeutet eine fast ebenso allgemeine Neuorientierung des Lebens, eine fast ebenso tiefe Umwälzung der Wirtschaft und der Gesellschaft, wie sein Anfang. Dort ist die Zäsur durch den Übergang von der bloßen Konsumtion zur Produktion, vom primitiven Individualismus zur Kooperation, hier durch den Beginn des selbständigen Handels und Handwerks, die Entstehung der Städte und Märkte, die Zusammenhäufung und Differenzierung der Bevölkerung bezeichnet. In beiden Fällen haben wir das Bild eines vollständigen Umschwungs vor uns, wenn auch die Veränderung sich hier wie dort eher in der Form eines allmählichen Umbaus als in der eines plötzlichen Umsturzes vollzieht. In den meisten Einrichtungen und Gewohnheiten der altorientalischen Welt, den autoritären Herrschaftsformen, der teilweisen Aufrechterhaltung der Naturalwirtschaft, der kultisch-religösen Durchdringung des Alltags und der formrigoristischen Grundtendenz der Kunst, bestehen neben den neuen städtischen Lebensformen die neolithischen Sitten und Bräuche weiter. In Ägypten und Mesopotamien setzt das Bauerntum auf seinen dörflichen Siedlungen im Rahmen seiner Hauswirtschaft sein eigenes, von alters her festgefügtes, vom unruhigen Treiben der Städte unabhängiges Dasein fort, und obgleich sein Einfluß in beständigem Abnehmen begriffen ist, der Geist seiner Traditionen bleibt noch in den spätesten, städtisch differenziertesten Kulturschöpfungen dieser Länder erkennbar.

Die für den neuen Lebensstil entscheidende Veränderung kommt vor allem darin zum Ausdruck, daß die Urproduktion nicht mehr die führende, geschichtlich progressivste Beschäftigung ist, sondern in den Dienst des Handels und Handwerks tritt. Das Anwachsen der Vermögen, die Akkumulation von gerodetem Land und frei verfügbaren Lebensmittelvorräten in verhältnismäßig wenigen Händen, schafft neue, intensivere und vielfältigere Bedürfnisse nach gewerblichen Erzeugnissen und führt eine gesteigerte Arbeitsteilung herbei. Der Schöpfer der Geister-, Götter- und Menschenbilder, der dekorierten Geräte und Schmuckgegenstände tritt aus dem Rahmen des Hausfleißes heraus und wird zum Spezialisten, den sein Gewerbe ernährt. Er ist weder der begnadete Zauberer, noch der bloß fingerfertige Hausgenosse mehr, sondern der Handwerker, der Bildwerke meißelt, Bilder malt, Gefäße formt, so wie andere Äxte und Schuhe machen, und auch kaum höher geschätzt wird als der Schmied oder der Schuster. Die handwerksmäßige Vollendung der Werke, die sichere Bewältigung des widerspenstigen Materials und die makellose Sorgfalt der Ausführung, die der genialischen oder dilettantischen Sorglosigkeit der früheren Kunstübung gegenüber an der ägyptischen Kunst besonders auffällt,[1] ist eine Folge der beruflichen Spezialisierung des Künstlers und ein Ergebnis des städtischen Lebens mit der wachsenden Konkurrenz der Kräfte und der in den Kulturzentren der Stadt, im Tempelbezirk und am königlichen Hof, stattfindenden Ausbildung eines erfahrenen und anspruchsvollen Kennertums.

Die Stadt, mit ihrer Konzentration der Bevölkerung und der geistigen Anregung, die die nahe Berührung der verschiedenen Schichten mit sich bringt, ihrem fluktuierenden Markt und dem antitraditionalistischen Geist, den die Eigenart des Marktes bedingt, ihrem Fernhandel und der Bekanntschaft ihrer Händler mit fremden Ländern und Völkern, ihrer wenn auch zunächst noch rudimentären Geldwirtschaft und den Vermögensverschiebungen, die die Natur des Geldes herbeiführt, mußte in jedem Gebiet der Kultur revolutionierend wirken und auch in der Kunst einen dynamischeren und individualistischeren, von den herkömmlichen Formen und Typen freieren Stil ins Leben rufen, als es der frühere Geometrismus war. Der bekannte und oft übermäßig betonte Traditionalismus der altorientalischen Kunst, die Langsamkeit ihrer Gesamtentwicklung und die Langlebigkeit ihrer einzelnen Richtungen, schränkte die mobilisierende Wirkung der städtischen Lebensformen nur ein, hob sie aber nicht auf. Denn wenn man den Gang der ägyptischen Kunst mit jenen Verhältnissen vergleicht, bei welchen „alle Tongefäße eines Dorfes noch gleich waren" und die einzelnen Entwicklungsphasen der Kultur nur in Tausenden von Jahren ausgedrückt werden konnten, wird man Stilerscheinungen gewahr, deren Differenziertheit oft nur infolge ihrer fremdartigen und daher schwerer voneinander unterscheidbaren Zügen übersehen wird. Man verfälscht aber die Wesensart dieser Kunst, wenn man sie aus einem einzigen Prinzip ableiten will und außer acht läßt, daß sie den Gegensatz von statischen und dynamischen, konservativen und progressiven, formrigoristischen und formsprengenden Tendenzen in sich trägt. Man muß, um sie richtig zu verstehen, hinter den starren Formen der Tradition die lebendigen Kräfte des experimentierenden Individualismus und des expansiven Naturalismus fühlen, Kräfte, die aus dem städtischen Lebensgefühl fließen und die stationäre Kultur des Neolithikums auflösen; man darf sich aber wieder durch diesen Eindruck keineswegs dazu verleiten lassen, den Geist der Beharrung, der in der Geschichte des Alten Orients wirksam ist, zu unterschätzen. Denn abgesehen davon, daß der schematisierende Formwille der neolithischen Bauernkultur, wenigstens in den früheren Phasen des altorientalischen Zeitalters, nicht nur nachwirkt, sondern immer noch neue Varianten der alten Schablonen zeitigt, wirken auch die führenden Gesellschaftsmächte, vor allem das Königtum und die Priesterschaft, dahin, die bestehenden Verhältnisse aufrechtzuerhalten und mit diesen die überkommenen Formen des Kultes und der Kunst so unverändert wie nur möglich zu bewahren.

Der Zwang, unter welchem der Künstler hier zu arbeiten hat, ist so unerbittlich, daß er nach den Lehren der heute landläufigen liberalistischen Kunsttheorie jede echte geistige Leistung von vornherein vereiteln müßte. Und doch entstehen gerade hier, im Alten Orient, unter dem ärgsten Druck manche der großartigsten Werke der Kunst. Sie beweisen, daß die persönliche Freiheit des Künstlers auf die ästhetische Qualität seiner Schöpfungen keinen direkten Einfluß hat. Jedes künstlerische Wollen hat sich zwischen den Maschen eines enggeknüpften Netzes durchzusetzen; jedes Kunstwerk geht aus der Spannung zwischen einer Reihe von Zielsetzungen und einer Reihe von Widerständen hervor – Widerständen der unzulässigen Motive, der gesellschaftlichen Vorurteile, der mangelhaften Urteilskraft des Publikums, und Zielsetzungen, die diese Widerstände entweder bereits in sich aufgenommen und innerlich ausgeglichen haben, oder zu ihnen in einem offenen und ungeschlichteten Gegensatz stehen. Sind die Widerstände in der einen Richtung unüberwindlich, so wendet sich die Erfindung, der Ausdrucks- und Gestaltungswille des Künstlers einem Ziele zu, das in einer unverbauten Richtung liegt, ohne daß es ihm in den meisten Fällen auch nur zum Bewußtsein käme, daß er eine Ersatzleistung vollzieht. Vollkommen frei und ungehemmt bewegt er sich nicht einmal in der liberalsten Demokratie; es binden ihn auch da noch unzählige kunstfremde Rücksichten. Persönlich mag das verschiedene Maß der Freiheit für ihn von größter Bedeutung sein, grundsätzlich besteht zwischen dem Diktat eines Despoten und den Konventionen auch der liberalsten Gesellschaftsordnung kein Unterschied. Wenn der Zwang an und für sich gegen den Geist der Kunst ginge, könnten vollkommene Kunstwerke nur in vollkommener Anarchie entstehen. In Wirklichkeit aber liegen die Voraussetzungen, von welchen die ästhetische Qualität eines Werkes abhängt, jenseits der Alternative von politischer Freiheit und Unfreiheit. Ebenso falsch wie der anarchistische Standpunkt ist darum auch das andere Extrem, die Annahme nämlich, daß die Bindungen, die die Bewegungsfreiheit des Künstlers beschränken, an und für sich förderlich und fruchtbar seien, daß also an den Unzulänglichkeiten der neuern Kunst zum Beispiel die Ungebundenheit des modernen Künstlers schuld sei, und daß man Zwang und Bindung, als die vermeintlichen Garantien des echten „Stils", künstlich erzeugen könnte und sollte.

## 2. DIE STELLUNG DES KÜNSTLERS UND DIE ORGANISATION DER KÜNSTLERISCHEN ARBEIT IN ÄGYPTEN

Die ersten und für lange Zeit die einzigen Brotherren der Künstler sind die Priester und die Fürsten, und ihre wichtigsten Arbeitsstätten während der ganzen altorientalischen Kulturepoche die Tempel- und Palastwirtschaften. In den Werkstätten dieser Haushalte arbeiten sie als freie oder unfreie Angestellte, als freizügige Lohnarbeiter oder lebenslängliche Sklaven. Hier wird der weitaus größte und wertvollste Teil der künstlerischen Produktion bewältigt. Die erste Akkumulation von Grund und Boden fand in den Händen von Kriegern und Räubern, Eroberern und Unterdrückern, Häuptlingen und Fürsten statt; die ersten rational verwalteten Vermögen dürften aber die Tempelgüter, das heißt die von den Fürsten gestifteten und den Priestern in Verwaltung genommenen Besitztümer der Götter gewesen sein. Und so waren wohl auch die Priester die ersten regelmäßigen Auftraggeber für Kunstwerke; die Könige werden erst ihrem Beispiel gefolgt sein. Die altorientalische Kunst beschränkte sich außerhalb der Hausindustrie zunächst auf die Lösung der Aufgaben, die von diesen Auftraggebern herrührten. Ihre Schöpfungen bestanden zum größten Teil aus Weihgaben an die Götter und Denkmälern der Könige, aus Requisiten entweder des Götter- oder des Herrscherkults, aus Propagandamitteln, die entweder dem Ruhm der Unsterblichen oder dem Nachruhm ihrer irdischen Statthalter dienten. Beide, sowohl die Priesterschaft als auch das Königtum, waren in das gleiche hieratische System eingegliedert, und die Aufgaben, die sie der Kunst stellten, die der Heilssicherung und der Ruhmverleihung, vereinigten sich im Inbegriff aller primitiven Religion, im Totenkult. Beide verlangten von ihr feierliche, repräsentative, abstandsvoll stilisierte Darstellungen, beide wirkten auf sie im Geiste der sozialen Statik und stellten sie in den Dienst ihrer konservativen Ziele. Beide trachteten künstlerische Neuerungen, so wie Reformen jeder Art, zu verhüten, denn sie befürchteten jede Änderung des Bestehenden, und erklärten die überlieferten Regeln der Kunst für ebenso heilig und unantastbar wie die überkommenen Glaubenssätze der Religion und die althergebrachten Formen des Kultes. Die Priester ließen die Könige für Götter gelten, um sie in ihren Machtbereich einzubeziehen, und die Könige ließen den Göttern und Priestern Tempel bauen, um ihren eigenen Ruhm zu mehren. Jeder von ihnen wollte vom Prestige des anderen Nutzen ziehen; jeder suchte im Künstler einen Helfer im Kampfe um die Erhaltung der Macht. Von einer autonomen, aus rein ästhetischen Motiven und zu rein ästhetischen Zwecken geschaffenen Kunst konnte unter solchen Umständen ebensowenig die Rede sein, wie unter den prähistorischen Bedingungen. Die Werke der großen Kunst, der monumentalen Plastik und der Wandmalerei, wurden nicht nur um ihrer selbst willen und ihrer Schönheit wegen geschaffen. Die Bildwerke wurden nicht zu dem Zwecke bestellt, um – wie in der klassischen Antike oder der Renaissance – vor den Tempeln und auf dem Markt aufgestellt zu werden; die meisten von ihnen standen im Dunkel der Heiligtümer und in den Tiefen der Gräber.[2]

Die Nachfrage nach bildlichen Darstellungen, nach Werken der Sepulkralkunst im besonderen, ist in Ägypten von Anfang an so groß, daß man für die Verselbständigung des künstlerischen Berufs einen ziemlich frühen Zeitpunkt annehmen muß. Die dienende Rolle der Kunst ist aber so stark betont, ihr Aufgehen in den praktischen Aufgaben so restlos, daß die Person des Künstlers hinter dem Werk fast vollkommen verschwindet. Der Maler und der Bildhauer sind und bleiben anonyme Handwerker, die persönlich in keiner Weise hervortreten. Wir kennen überhaupt nur wenige Künstlernamen aus Ägypten, und da die Meister ihre Werke nicht signierten,[3] können wir auch diese wenigen Namen mit keinem geschlossenen Oeuvre in Verbindung bringen.[4] Wir besitzen wohl Darstellungen von Bildhauerwerkstätten, namentlich aus Amarna, und sogar die Darstellung eines Bildhauers, der an einem identifizierbaren Werk, einem Porträt der Königin Teje, arbeitet,[5] die Person des Künstlers und die Attributierung der vorhandenen Kunstwerke ist aber in jedem Fall zweifelhaft. Denn wenn die Wanddekoration eines Grabes gelegentlich auch einen Maler oder Bildhauer darstellt und seinen Namen anführt, so ist es wohl anzunehmen, daß der Künstler mit einer solchen Darstellung sich selbst verewigen wollte,[6] dies ist aber weder ganz sicher, noch können wir aus der Nachricht, bei der Spärlichkeit der übrigen Daten der ägyptischen Kunstgeschichte, viel Nutzen ziehen. Nirgends gelingt es, die Umrisse einer Künstlerpersönlichkeit festzustellen. Nicht einmal darüber geben diese vermutlichen Selbstdarstellungen befriedigende Auskunft, was der betreffende Künstler eigentlich von sich und dem Wert seiner Arbeit hielt. Ob wir sie einfach so zu deuten haben, daß der Meister die Umstände seines Tagewerks genrehaft darstellen wollte, oder ob er sich, wie die Könige und die Großen des Reiches, vom Nachlebens- und Ruhmesverlangen getrieben, im Schatten ihres Ruhmes ein Monument zu errichten wünschte, um im Gedächtnis der Menschen weiterzuleben, ist schwer zu sagen.

Wir lernen in Ägypten zwar die Namen von Oberbaumeistern und Oberbildhauern kennen, und diesen werden als hohen Hofbeamten besondere gesellschaftliche Ehren zuteil geworden sein, im allgemeinen bleibt aber der Künstler ein unangesehener Handwerker und wird höchstens als der Verfertiger seiner Werke, nicht als Persönlichkeit geschätzt. Nur beim Baumeister kann von einer Trennung der geistigen und der handwerklichen Arbeit gesprochen werden; der Bildhauer und der Maler sind nichts als Handarbeiter. Wie untergeordnet die gesellschaftliche Stellung des bildenden Künstlers in Ägypten ist, davon geben die Schulbücher der gelehrten Schreiber, die von seinem Banausentum mit Verachtung sprechen, die beste Vorstellung.[7] Mit dem Ansehen dieser Schreiber verglichen, erscheint die Stellung des Malers und Bildhauers, besonders in den früheren Epochen der ägyptischen Geschichte, nicht sehr ehrenvoll. Wir erkennen schon hier jene Unterschätzung der bildenden Kunst zugunsten der Literatur, deren Zeugnisse uns aus dem klassischen Altertum so bekannt sind. Und hier, im Alten Orient, wird die Abhängigkeit der sozialen Geltung von dem primitiven Prestigebegriff, nach welchem die manuelle Arbeit als entehrend betrachtet wurde,[8] noch strenger gewesen sein als bei den

Griechen und Römern. Jedenfalls war das Ansehen des Künstlers mit der fortschreitenden Entwicklung im Wachsen. Im Neuen Reich gehören bereits viele Künstler den höheren Gesellschaftsklassen an, und in manchen Familien wird am Künstlerberuf mehrere Generationen hindurch festgehalten, was schon an und für sich als das Zeichen eines verhältnismäßig gehobenen Standesbewußtseins angesehen werden darf. Auch jetzt ist aber noch die Rolle des Künstlers im Leben der Gesellschaft, mit der Funktion des vorzeitlichen Künstler-Magiers verglichen, eine ziemlich untergeordnete.

Die Tempel- und Palastmanufakturen waren zwar die größten und wichtigsten, doch nicht die alleinigen handwerklichen Arbeitsstätten; es gab auch Werkstätten auf den großen Privatgütern und in den Bazaren der größeren Städte.[9] Diese letzteren vereinigten mehrere selbständige und – im Gegensatz zum Betrieb der Tempel-, Palast- und Grundherrnhaushalte – ausschließlich freie Arbeit verwendende Kleinwerkstätten in sich. Das Ziel ihrer Vereinigung war einerseits, die Zusammenarbeit der verschiedenen Handwerker zu erleichtern, andererseits, die Waren an ein und demselben Ort herzustellen und zu verkaufen, um sich auf diese Weise von dem Kaufmann unabhängig zu machen.[10] In den Tempel-, Palast- und Privatmanufakturen arbeiten die Handwerker noch im Rahmen von geschlossenen, autarken Haushalten, die sich von den Bauernwirtschaften des Neolithikums nur darin unterscheiden, daß sie unvergleichlich größer sind und ganz auf fremder, oft unfreier Arbeit beruhen; strukturell besteht zwischen ihnen kein wesentlicher Unterschied. Beiden gegenüber bedeutet das Bazarsystem, mit seiner Trennung des Betriebs vom Haushalt, eine umwälzende Neuerung; es enthält den Keim der selbständigen, regelmäßig produzierenden Industrie, die sich nicht mehr auf Gelegenheitsarbeiten beschränkt, sondern einerseits als ausschließlicher Beruf betrieben wird, andrerseits ihre Waren für den freien Markt herstellt. Dieses System verwandelt den Urproduzenten nicht nur in einen Handwerker, sondern hebt ihn aus dem Rahmen des Haushalts heraus. Den gleichen Effekt hat auch das wohl ebenfalls sehr alte Verlagssystem, das den Gewerbetreibenden zwar in seinem Heim beläßt, ihn aber – indem er aus ihm einen nicht mehr für sich selber, sondern für einen Abnehmer produzierenden Arbeiter macht – von seinem Haushalt innerlich lostrennt. Das Prinzip der Oikoswirtschaft, deren Wesen in der Beschränkung der Produktion auf die Deckung des Eigenbedarfs besteht, ist damit durchbrochen.

Im Laufe dieser Entwicklung übernimmt der Mann allmählich auch jene Zweige des Handwerks und der Kunstübung, die früher der Frau vorbehalten waren; so zum Beispiel die Herstellung von keramischen Erzeugnissen, Schmuckgegenständen und sogar Textilien.[11] Herodot bemerkt staunend, daß in Ägypten Männer – wenn auch unfreie – am Webstuhl sitzen; diese Erscheinung aber entsprach nur der allgemeinen Tendenz der Entwicklung, die schließlich zu der vollständigen Besetzung des Handwerks durch die Männer führte. Keineswegs drückt sich darin – wie etwa in der Parabel des Herakles am Spinnrad der Omphale – die Versklavung des Mannes aus, sondern vor allem die Trennung des Handwerks vom Haushalt und die immer schwierigere Handhabung der Werkzeuge.

Die großen, an den königlichen Palast und die Tempel angeschlossenen Werkstätten sind auch die Schulen gewesen, in denen der künstlerische Nachwuchs herangebildet wurde. Man pflegt insbesondere die mit den Tempeln in Verbindung stehenden Werkstätten als die wichtigsten Träger der Überlieferung anzusehen – eine Annahme, deren Berechtigung allerdings nicht allgemein anerkannt wird, wie man ja zuweilen den überragenden Einfluß der Priesterschaft auf die Kunstübung überhaupt bezweifelt.[12] Jedenfalls war die kunstpädagogische Bedeutung einer Werkstatt um so größer, je länger ihre Tradition sich behaupten konnte, und in dieser Hinsicht werden wohl manche Tempelwerkstätten der Palastwerkstatt überlegen gewesen sein, wenn auch andererseits der Hof, als der geistige Mittelpunkt des Landes, eine Art Geschmacksdiktatur auszuüben in der Lage war. Der ganze Kunstbetrieb hatte übrigens sowohl in den Tempel- wie in den Palastwerkstätten den gleichen akademisch-schulmäßigen Charakter. Der Umstand, daß es von Anfang an allgemein verbindliche Regeln, allgemeingültige Modelle und einheitliche

Arbeitsmethoden gab, weist auf einen solchen, aus wenigen Mittelpunkten geleiteten Kunstbetrieb hin. Diese akademische, etwas verknöcherte und engherzige Tradition führte einerseits das Übermaß an mittelmäßigem Gut herbei, sicherte aber zugleich der Produktion jenes verhältnismäßig hohe Durchschnittsniveau, das für die ägyptische Kunst so bezeichnend ist.[13] Wieviel Sorgfalt und pädagogisches Geschick die Ägypter auf die Erziehung des künstlerischen Nachwuchses wandten, zeigen schon die erhaltenen Unterrichtsmittel, die Gipsabgüsse nach der Natur, die für Lehrzwecke bestimmten anatomischen Darstellungen der einzelnen Körperteile und vor allem jene Schaustücke, die den Schülern die Entstehung eines Bildwerkes in allen Phasen der Arbeit vor die Augen führten.

Die Organisation der künstlerischen Arbeit, die Heranziehung und die verschiedenartige Verwendung der Hilfskräfte, die Spezialisierung und die Zusammenfassung der einzelnen Leistungen, war in Ägypten so hoch entwickelt, daß sie geradezu an die Methoden der mittelalterlichen Bauhütten erinnert und in mancher Hinsicht jeden späteren, individualistisch geregelten Kunstbetrieb in den Schatten stellt. Die ganze Entwicklung strebte von Anfang an einer Standardisierung der Produktion zu, und diese Tendenz kam einem werkstattmäßigen Betrieb von vornherein entgegen. Vor allem übte die allmähliche Rationalisierung der handwerklichen Verfahren auch auf die Kunstproduktion eine nivellierende Wirkung aus. Bei steigender Nachfrage gewöhnte man sich daran, nach Entwürfen, Modellen Einheitstypen zu arbeiten, und entwickelte eine fast mechanische, rezeptmäßig befolgbare Herstellungstechnik, mit deren Hilfe die verschiedenen Kunstgegenstände aus einzelnen stereotypen Bestandteilen einfach zusammengesetzt werden konnten.[14] Die Anwendung einer solchen rationalistischen Arbeitsmethode im Kunstbetrieb war freilich nur bei der Gepflogenheit möglich, daß man den Künstlern im großen und ganzen immer wieder die gleichen Aufgaben stellte, daß immer wieder die gleichen Votivgaben, die gleichen Idole und Grabmonumente, die gleichen Typen von Königsbildern und Privatporträts bestellt wurden. Und da in Ägypten die Originalität der Motivenfindung nie besonders hochgeschätzt, ja, zumeist verpönt war, richtete sich der ganze Ehrgeiz der Künstler auf die Gediegenheit und Präzision der Ausführung, die auch in den geringeren Werken auffällt und für die fehlende Apartheit der Erfindung entschädigt. Der Anspruch auf eine solche saubere, abgerundete, feinpolierte Endform erklärt auch, daß die Leistungsfähigkeit der ägyptischen Kunstbetriebe, trotz ihrer rationalistischen Arbeitsorganisation, verhältnismäßig gering war. Die Vorliebe der Bildhauerei für Arbeiten in Stein, bei welchen den Gehilfen nur das grobe Herausholen der Figur aus dem Block überlassen werden konnte, die feinere Detailarbeit und die letzte Vollendung jedoch dem Meister vorbehalten blieb, setzte der Produktion von vornherein enge Grenzen.[15]

### 3. DIE STEREOTYPISIERUNG DER KUNST IM MITTLEREN REICH

Wie wenig der Konservativismus und Konventionalismus zu den rassenmäßigen Anlagen des ägyptischen Volkes gehört, wie vielmehr auch dieser Zug eine historische, mit der Gesamtentwicklung sich verändernde Erscheinung ist, geht am klarsten daraus hervor, daß gerade die Kunst der früheren Perioden weniger „archaisch" und stilisiert ist, als die der späteren. In den Reliefdarstellungen der letzten vordynastischen und der ersten dynastischen Epoche waltet noch eine Freiheit der Formgebung und der Komposition, die nachher verlorengeht und erst im Zuge einer allgemeinen geistigen Revolution wieder errungen wird. Noch die Meisterwerke aus der späteren Zeit des Alten Reiches, wie etwa der „Schreiber" im Louvre oder der „Dorfschulze" in Kairo, wirken so frisch und lebendig, daß wir bis zu den Tagen Amenophis IV. nicht ihresgleichen finden. Es ist in Ägypten vielleicht überhaupt nie wieder so frei und spontan geschaffen worden, wie auf dieser frühen Entwicklungsstufe. Hier wirkten sich offenbar die besonderen Lebensbedingungen der neuen städtischen Kultur, die differenzierteren sozialen Verhältnisse, die Spezialisierung des Handwerks und der emanzipierte Geist des Handels in der Richtung des Individualismus noch ungebrochener und unmittelbarer aus als später, als diese Wirkung durch die konservativen, um die Aufrechterhaltung ihrer Herrschaft kämpfenden Mächte gehemmt und oft vereitelt wurde. Erst im Mittleren Reich, als die Lehnsaristokratie mit ihrem stark betonten Standesbewußtsein in den Vordergrund tritt, entwickeln sich die starren Konventionen der höfisch-religiösen Kunst, die keine spontane Ausdrucksform mehr aufkommen lassen. Den schablonenhaften Stil der kultischen Darstellungen kannte schon das Neolithikum, vollkommen neu sind dagegen die steif zeremoniellen Formen der höfischen Kunst, die in der Geschichte der menschlichen Kultur hier zum erstenmal hervortreten. Es spiegelt sich in ihnen die Idee einer höheren, überindividuellen gesellschaftlichen Ordnung, einer Welt, die ihre Größe und ihren Glanz der Huld des Königs verdankt. Sie sind antiindividualistisch, statisch und konventionell, weil sie die Ausdrucksformen einer Weltanschauung sind, für die die Herkunft, der Stand, die Zugehörigkeit zu einer Sippe oder Gruppe einen höheren Grad von Realität besitzt als das Sein und Sosein des einzelnen Individuums, und die abstrakten Anstandsregeln und Sittengesetze eine viel unmittelbarere Evidenz haben, als was immer der Einzelne fühlen, denken oder wollen mag. Alle Güter und Reize des Lebens verbinden sich für die Privilegierten dieser Gesellschaft mit ihrer Absonderung von den übrigen Schichten, und alle Maximen, die sie befolgen, nehmen mehr oder weniger den Charakter von Anstands- und Etikettsregeln an. Dieser Anstand und diese Etikette und die ganze Selbststilisierung der Oberschicht erfordern es, daß man sich nicht so porträtieren läßt, wie man wirklich ist, sondern wie man nach gewissen, der Tradition entsprechenden, der Realität und der Gegenwart entrückten, altehrwürdigen Mustern zu erscheinen hat. Sie, die Etikette, ist höchstes Gesetz nicht nur für den gewöhnlichen Sterblichen, sondern auch für den König, und in der Vorstellung dieser Gesellschaft nehmen selbst die Götter die Formen des höfischen Zeremoniells an.[16]

Die Königsbilder werden vollends zu Repräsentationsbildern; die individuellen Merkmale der Frühzeit verschwinden fast spurlos aus ihnen. Es gibt schließlich keinen Unterschied mehr zwischen den unpersönlichen Wendungen ihrer eulogischen Aufschriften und der Stereotypik ihrer Züge. Die selbstverherrlichenden autobiographischen Texte, mit denen die Könige und die großen Herren ihre Standbilder und die Darstellungen der Ereignisse aus ihrem Leben versehen lassen, sind von allem Anfang an von einer unendlichen Eintönigkeit; wir suchen in ihnen, trotz der Fülle der erhaltenen Denkmäler, vergebens nach individuellen Motiven und dem Ausdruck persönlichen Lebens.[17] Daß die Bildwerke des Alten Reiches an individuellen Zügen reicher sind als die gleichzeitigen biographischen Aufzeichnungen, erklärt sich unter anderem aus dem Umstand, daß sie noch eine an die paläolithische Kunst erinnernde magische Funktion haben, die den schriftlichen Werken fehlt. Im Porträt sollte nämlich der Ka, das heißt der Schutzgeist des Verstorbenen, den Leib, dem er einst innewohnte, in seiner wahren, lebenstreuen Gestalt wiederfinden; die Natürlichkeit der Darstellung hat vor allem in diesem magisch-religiösen Zweck ihre Erklärung. Im Mittleren Reich aber, wo der repräsentative Zweck der Werke über ihre religiöse Bedeutung die Oberhand gewinnt, verlieren die Porträts ihren magischen und damit auch ihren naturalistischen Charakter. Das Königsbild ist vor allem das Monument eines Königs und erst dann das Porträt eines Individuums. Denn so wie die autobiographischen Aufschriften in erster Reihe die traditionellen Formen widerspiegeln, in welchen ein König sich ausdrückt, wenn er von sich redet, bringen auch die Porträtskulpturen aus dem Mittleren Reich hauptsächlich das Ideal zum Ausdruck, wie ein König nach der höfischen Konvention auszusehen hat. Ebenso feierlich, ruhe- und maßvoll wie der Herrscher trachten nun aber auch seine Minister und Höflinge zu wirken. Und wie die Autobiographien aus dem Leben eines treuen Untertans nur das erwähnen, was auf den König Bezug hat, nur was an Licht aus seiner Gnade auf ihn fällt, so dreht sich auch auf den bildlichen Darstellungen, wie in einem Sonnensystem, alles um die Person des Königs.

Der Formalismus des Mittleren Reiches kann als natürliche, aus dem gegebenen Ausgangspunkt kontinuierlich sich entwickelnde Stufe kaum erklärt werden; daß die Kunst zum Archaismus der primitiven, aus dem Neolithikum stammenden Formen zurückkehrt, hat äußere, nicht kunstgeschichtlich, nur soziologisch erklärbare Gründe.[18] Bei den naturalistischen Errungenschaften der Frühzeit und der stets vorhandenen Fähigkeit der Ägypter zur richtigen Beobachtung und zur treuen Naturwiedergabe müssen wir in ihrer Abweichung von dem Bild der Erfahrung eine ganz bestimmte Absicht erblicken. In keiner Epoche der Kunstgeschichte ist die Wahl zwischen Naturalismus und Abstraktion ausgesprochener eine Frage des Wollens und nicht des Könnens als hier, – des Wollens nämlich in dem Sinne, daß die künstlerische Zielsetzung sich nicht nur nach ästhetischen Gesichtspunkten richtet, und daß man in der Kunst so wollen muß, wie man in der Praxis handeln will. Die bekannten Gipsabgüsse – möglicherweise leicht übergangene Totenmasken –, die man in der Werkstatt des Bildhauers Thutmosis in Amarna entdeckt hat, beweisen, daß der ägyptische Künstler die Dinge auch anders zu sehen imstande war, als er sie darzustellen pflegte; und da wir wissen, daß er durchaus fähig war, nachzubilden, was er sehen konnte, dürfen wir annehmen, daß er von dem Naturbild, das er offenbar so sah, wie es diese Masken zeigen, bewußter- und vorsätzlicherweise abging.[19] Man braucht nur die Gestaltung der verschiedenen Körperteile miteinander zu vergleichen, um klar zu sehen, daß hier ein Antagonismus der Ziele bestand und daß der Künstler sich gleichzeitig in zwei verschiedenen Welten – einer künstlerischen und einer außerkünstlerischen – bewegte.

Der auffallendste Charakterzug der ägyptischen Kunst – und zwar nicht nur in ihrer streng stilisierenden, sondern mehr oder weniger auch in ihren naturalistischen Entwicklungsphasen – ist der Rationalismus der Darstellungsweise. Die Ägypter haben sich nie vollkommen freigemacht von dem „Gedankenbild“ der neolithischen Kunst, der Bildnerei der Primitiven und der Kinderzeichnungen, und haben die „komplettierende“ Darstellungsweise, die das Bild eines Gegenstandes aus mehreren, gedanklich miteinander wohl verbundenen, optisch jedoch unzusammenhängenden, ja, oft einander widersprechenden

Elementen zusammensetzt, nie überwunden. Sie verzichten auf den Illusionismus, der in der bildlichen Darstellung die Einheitlichkeit und Einmaligkeit des visuellen Eindrucks festzuhalten sucht; verzichten im Interesse der Klarheit auf Perspektive, Verkürzungen und Überschneidungen, und entwickeln aus diesem Verzicht ein starres Tabu, das stärker ist als ihr Wille zur Naturtreue. Wie nachhaltig die Wirkung eines solchen äußerlich und abstrakt gewordenen Verbots sein kann, und wie leicht es zuweilen auch mit einem an und für sich ungebundeneren Kunstwollen vereinbart wird, zeigt die unserer Kunstauffassung in vieler Hinsicht näherstehende ostasiatische Malerei, die zum Beispiel die Schatten, als ein allzu brutales Wirkungsmittel, noch heute verpönt. Und dieses Gefühl, daß jeder Illusionismus, jeder Versuch, den Beschauer zu täuschen, etwas Brutales und Vulgäres an sich hat, daß die Mittel der abstrakten, stilisierenden, formstrengen Kunst „vornehmer" sind als die illusionistischen Effekte des Naturalismus, müssen auch die Ägypter gehabt haben.

Von allen rationalistischen Formprinzipien der altorientalischen und insbesondere der ägyptischen Kunst ist das Prinzip der *Frontalität* das hervorstechendste und eigentümlichste. Wir verstehen darunter jenes von Julius Lange und Adolf Erman entdeckte Gesetz der Darstellung der menschlichen Figur, nach dem diese in jeder Stellung dem Beschauer die ganze Brustfläche zuwendet, so daß der Oberkörper durch eine Vertikale in zwei gleiche Hälften teilbar ist. Die axiale, die breiteste Ansicht des Körpers darbietende Einstellung sucht offensichtlich den möglichst klarsten und unkompliziertesten Eindruck festzuhalten, um jedes Mißverständnis, jede Verwirrung, jede Verschleierung der Bildelemente zu verhüten. Die Zurückführung der Frontalität auf eine anfängliche Ungeschicklichkeit mag gewissermaßen berechtigt sein, das zähe Festhalten aber an dieser Darstellungsweise auch in Stilperioden, wo von einer solchen unfreiwilligen Begrenzung der künstlerischen Ziele keine Rede mehr sein kann, erfordert eine andere Erklärung.

In der frontalen Darstellung der menschlichen Figur kommt durch die Wendung des Oberkörpers nach vorn eine betonte

Beziehung zum Beschauer zum Ausdruck. Die paläolithische Kunst, die von einem Publikum keine wie immer geartete Kenntnis nimmt, kennt auch die Frontalität nicht; ihr Naturalismus ist nur eine andere Form ihrer Ignorierung des Beschauers. Die altorientalische Kunst wendet sich hingegen direkt dem Rezeptiven zu; sie ist repräsentative, respektheischende und respektzollende Kunst. Ihr Sich-dem-Beschauer-Zuwenden ist ein Akt der Ehrerbietung, der Höflichkeit, der Etikette. Jede höfische, ruhmverleihende und lobpreisende Kunst enthält etwas vom Prinzip der Frontalität – des Frontmachens vor dem Beschauer, dem Auftraggeber, dem zu ergötzenden und zu bedienenden Herrn.[20] Das Kunstwerk wendet sich ihm als einem Wissenden und Mitwissenden zu, dem gegenüber die vulgären Illusionskünste nicht am Platze wären. Ihren späten, aber immer noch deutlichen Ausdruck findet diese Attitüde in den Konventionen des klassischen Hoftheaters, auf dem der Schauspieler, ohne jede Rücksicht auf die Erfordernisse der Bühnenillusion, sich unmittelbar an den Zuschauer wendet, ihn sozusagen mit jedem Wort und jeder Geste apostrophiert, und nicht bloß vermeidet, ihm „den Rücken zu kehren", sondern mit allen möglichen Mitteln betont, daß es sich hier nur um eine Fiktion, eine nach vereinbarten Spielregeln veranstaltete Unterhaltung handelt. Das naturalistische Theater bildet den Übergang zu dem polaren Gegensatz dieser „frontalen" Kunst, dem Film, der mit seiner Aktivierung des Zuschauers, den er zu den Ereignissen *hinführt*, statt diese ihm *vorzuführen*, und seinem Bestreben, die Geschehnisse so darzustellen, als ob er sie zufällig erhascht und die Handelnden auf frischer Tat ertappt hätte, die Fiktionen und Konventionen des Theaters auf ein Mindestmaß reduziert. In seinem handfesten Illusionismus, seiner unfeierlichen und indiskreten Unmittelbarkeit, seiner Überrumpelung und Vergewaltigung des Zuschauers, kommt die Kunstauffassung der Demokratien, der liberalen, autoritätsfeindlichen, die weltanschaulichen Unterschiede nivellierenden Gesellschaftsordnungen ebenso klar zum Ausdruck, wie es in der Kunst der Autokratien und Aristokratien – schon durch die Betonung des Rahmens, der Rampe, des Podiums, des Sockels – unverkennbar ist, daß es sich um auftragsmäßige Artefakte handelt, und daß der Auftraggeber ein Eingeweihter und Kenner ist, der nicht getäuscht zu werden braucht.

Die ägyptische Kunst weist außer der Frontalität noch eine ganze Reihe von stehenden Formeln auf, die, wenn sie auch weniger auffallen, die Konventionalität der meisten, besonders für das Mittlere Reich maßgebenden Stilprinzipien dieser Kunst ebenso scharf zum Ausdruck bringen. Zu diesen gehört vor allem die Regel, daß die Beine einer Figur immer in Profilansicht gezeichnet und *beide* von der Innenseite, das heißt von der großen Zehe her gezeigt werden; dann die Vorschrift, daß das ausschreitende Bein und der ausgestreckte Arm – wohl um störende Überschneidungen zu verhüten – die dem Beschauer entfernteren sein müssen; schließlich die Konvention, daß dem Beschauer immer die rechte Seite der dargestellten Figuren zugekehrt wird. Diese Überlieferungen, Gesetze und Regeln wurden in ihrem starren Formalismus durch die Priesterschaft und den Hof, die Feudalität und die Bürokratie des Mittleren Reiches aufs strengste beobachtet. Die feudalen Herren waren lauter kleine Könige, die in Formalitäten den wirklichen Pharao womöglich zu überbieten suchten, und die höhere Bürokratie, die sich gegen die Mittelklasse noch streng verschlossen hielt, war vom Geiste der Hierarchie tief durchdrungen und fühlte durchaus konservativ. Erst im Neuen Reich, das aus den Wirren der Hyksosinvasion ersteht, ändern sich die sozialen Verhältnisse. Das nach außen isolierte, mit seinen nationalen Überlieferungen in sich abgeschlossene Ägypten wird nicht nur zu einem materiell und geistig aufblühenden, sondern auch zu einem weitblickenden, die Anfänge einer übernationalen Weltkultur schaffenden Land. Die ägyptische Kunst zieht nicht nur alle Randgebiete des Mittelmeeres und den ganzen Osten in ihren Bann, sie nimmt selber von überall her Anregungen auf und entdeckt, daß es auch jenseits ihrer Grenzen, auch außerhalb ihrer Traditionen und Konventionen, eine Welt gibt.[21]

## 4. DER NATURALISMUS DER ZEIT ECHNATONS

Amenophis IV., an dessen Namen sich der große geistige Umschwung knüpft, ist nicht nur der Religionsstifter, nicht nur der Entdecker der monotheistischen Idee, für den man ihn allgemein kennt, nicht nur der „erste Prophet“ und der „erste Individualist“ der Weltgeschichte, wie er genannt wurde,[22] sondern auch der erste bewußte Erneuerer der Kunst: der erste Mann, der aus dem Naturalismus ein Programm macht und ihn dem archaischen Stil als eine Errungenschaft entgegensetzt. Bek, sein Oberbildhauer, fügt zu den Titeln, die er führt, die Worte hinzu: „der Schüler Seiner Majestät“.[23] Das, was die Kunst ihm zu verdanken hat und die Künstler von ihm gelernt haben, ist offenbar die neue Wahrheitsliebe, die neue Sensibilität und Nervosität, die zu so etwas wie einem Impressionismus der ägyptischen Kunst führt. Seinem Kampf gegen die verknöcherten, leer und sinnlos gewordenen Traditionen der Religion entspricht die Überwindung des steifen, akademischen Stils durch seine Künstler. Der Formalismus des Mittleren Reichs weicht unter seinem Einfluß, sowohl in der Religion wie in der Kunst, einer lebendigen, naturnahen, entdeckungsfreudigen Einstellung. Man wählt neue Motive, sucht nach neuen Typen, begünstigt die Darstellung von neuen, ungewohnten Situationen, man ist bestrebt, intimes, individuelles Seelenleben zu schildern, ja, mehr als das, man trachtet, in die Porträts eine geistige Spannung, eine gesteigerte Feinfühligkeit der Sinne und eine fast abnormale Munterkeit der Nerven zu tragen. Es zeigen sich Ansätze zur perspektivischen Zeichnung, Versuche von einheitlicheren Gruppenkompositionen, ein lebhafteres Interesse für die Landschaft, eine gewisse Vorliebe für genrehafte Darstellungen und, als Folge der Abneigung gegen den alten, monumentalen Stil, ein ausgesprochenes Wohlgefallen an den zarten und zierlichen Formen der Kleinkunst. Überraschend ist nur, wie durchaus höfisch, zeremoniell und formelhaft diese Kunst trotz all der Neuerungen bleibt. In den Motiven kommt eine neue Welt zum Ausdruck, in den Physiognomien spiegelt sich ein neuer

Geist, eine neue Empfindlichkeit, doch die Frontalität, die kompletticrende Darstellungsweise, die nach dem sozialen Rang der Gestalten sich richtenden, der wirklichen Erfahrung kraß widersprechenden Größenverhältnisse, sind mit den meisten übrigen Regeln der korrekten Form auch jetzt noch in Geltung. Wir haben es – trotz der naturalistischen Geschmacksrichtung der Zeit – noch immer mit einer ganz und gar höfischen Kunst zu tun, deren Struktur in mancher Hinsicht an das Rokoko erinnert, das bekanntermaßen ebenfalls von antiformalistischen, individualistischen, formzertrümmernden Tendenzen durchsetzt ist und dennoch eine durch und durch höfische, zeremonielle und konventionelle Kunst bleibt. Wir sehen Amenophis IV. im Kreise seiner Familie, in Szenen und Situationen des täglichen Lebens, aus einer menschlichen Nähe, deren Intimität über alle vorherigen Begriffe geht, aber er bewegt sich noch immer in rechtwinkligen Ebenen, dreht die ganze Brustfläche dem Beschauer zu und ist doppelt so groß wie die gewöhnlichen Sterblichen; die Darstellung ist eben noch immer Herrenkunst, Königsdenkmal, Repräsentationsbild. Der Herrscher ist zwar nicht mehr als ein Gott, von jedem Erdenrest befreit, geschildert, er ist aber noch immer der Etikette des Hofes unterworfen. Es gibt wohl Beispiele, in welchen eine Gestalt den vorderen und nicht den von dem Beschauer entfernteren Arm ausstreckt, wir finden auch allenthalben anatomisch korrekter gezeichnete Hände und Füße, natürlicher sich bewegende Gelenke, in anderen Beziehungen scheint jedoch die Kunst womöglich noch preziöser geworden zu sein, als sie es vor der großen Reform war.

Die Ausdrucksmittel des Naturalismus sind zur Zeit des Neuen Reiches so reich und subtil, daß sie eine lange Vergangenheit, einen langen Weg der Vorbereitung und der Vervollkommnung hinter sich haben müssen. Woher stammen sie? In welcher Form erhielten sie sich am Leben, bevor sie unter Echnaton zum Durchbruch kamen? Was rettete sie während des Formrigorismus des Mittleren Reiches vor dem Untergang? Die Antwort ist einfach: der Naturalismus war als Unterströmung in der ägyptischen Kunst stets latent gewesen und hat neben dem offiziellen Stil wenigstens im Beiwerk der großen, repräsentativen Kunst unverkennbare Spuren hinterlassen. Der Ägyptologe W. Spiegelberg sondert diese Strömung von der übrigen Kunstpraxis ab, konstruiert für sie eine eigene Kategorie und nennt sie ägyptische „Volkskunst". Es bleibt nur leider unklar, ob er darunter eine Kunst durch oder für das Volk, eine Bauernkunst oder eine für das Volk bestimmte städtische Kunst versteht, und ob er überhaupt, wenn er vom „Volk" spricht, die breiten Massen der Bauern und Handwerker oder den städtischen, handeltreibenden und beamteten Mittelstand meint. Das Volk, das bei der Urproduktion und im Rahmen der Bauernwirtschaft verblieben ist, kommt in den späteren Phasen der ägyptischen Geschichte als schöpferisches Element höchstens für das Kunsthandwerk in Frage, das heißt für einen Kunstzweig, dessen Einfluß auf die Stilentwicklung sich fortwährend verringert und wahrscheinlich schon im Alten Reich nicht sehr bedeutend war. Die Handwerker und Künstler der Palast- und Tempeloiken stammen zwar aus dem Volke, haben aber, als die Kunstproduzenten der Oberschicht, mit der Weltanschauung der eigenen Gesellschaftsklasse kaum etwas gemein. Als Kunstpublikum zählt das von den Privilegien des Besitzes und der Macht ausgeschlossene Volk in den altorientalischen Despotien ebenso wenig oder noch weniger als in den späteren Epochen der Geschichte. Die kostspielige Kunstgattung der Malerei und der Skulptur war immer und überall den privilegierten Schichten vorbehalten, im Alten Orient wohl noch ausschließlicher als späterhin. Das Volk war bei weitem nicht kaufkräftig genug, um Künstler zu beschäftigen und Kunstwerke zu erwerben. Es hatte seine Toten im Sande verscharrt, ohne ihnen bleibende Grabmäler zu errichten. Selbst die kaufkräftigere Mittelklasse fiel als Kunstkonsumentin neben den großen feudalen Herren und der hohen Bürokratie nicht entscheidend in die Waage; keineswegs war sie ein Faktor, der das Schicksal der Kunst gegen den Geschmack und die Wünsche der Oberschicht zu beeinflussen in der Lage gewesen wäre.

Einen gewerbe- und handeltreibenden Mittelstand dürfte es neben dem Adel und dem Bauerntum schon im Alten Reich gegeben haben. Im Mittleren Reich erstarkt diese Schicht sehr bedeutend.[24] Die Beamtenlaufbahn, die sich ihr jetzt öffnet, bietet gute, wenn auch im Anfang noch verhältnismäßig bescheidene Aufstiegschancen. Im Handel und Gewerbe wird es Sitte, daß der Sohn den Beruf des Vaters ergreift, was zur Bildung einer schärfer umrissenen Mittelklasse wesentlich beiträgt.[25] Flinders Petrie bezweifelt zwar, daß es schon im Mittleren Reich eine wohlhabende Mittelklasse gegeben habe, nimmt aber für das Neue Reich eine bereits sehr kaufkräftige Bürokratie an.[26] Ägypten ist nämlich inzwischen nicht nur ein Militärstaat geworden, der im Heer den neuen, von unten aufsteigenden Elementen eine vielversprechende Karriere bot, sondern auch ein sich immer straffer zentralisierender Beamtenstaat, der in der Administration den verschwindenden Feudaladel durch eine Unzahl von Kronbeamten zu ersetzen und aus den Reihen der alten handel- und gewerbetreibenden Bevölkerung einen mittleren Beamtenstand zu bilden hatte. Aus diesem subalternen Soldaten- und Beamtentum ging zum großen Teil die neue städtische Mittelklasse hervor, die nunmehr auch als Kunstinteressentin eine gewisse Rolle zu spielen begann. Sie wird aber, wenn sie auch bereits mit Kunstgegenständen geschmückte Häuser und Gräber besaß, kaum einen wesentlich anderen Geschmack und andere Ansprüche gehabt haben als die Oberschicht, der sie nacheiferte; sie wird sich nur mit bescheideneren Werken begnügt haben müssen. Wir besitzen aus der dynastischen Zeit jedenfalls keine Denkmäler, die wir als Beispiele einer eigenständigen, von der Kunstproduktion des Hofes, der Tempel und der Adelssitze unabhängigen volkstümlichen Kunst betrachten könnten. Die städtische Mittelklasse wird wohl, trotz der geistigen Abhängigkeit, in der sie sich befand, die Kunstauffassung der kulturtragenden Oberschicht auch ihrerseits beeinflußt haben – vielleicht darf man sogar den Individualismus und Naturalismus Echnatons mit diesem von unten kommenden Einfluß in Zusammenhang bringen –, eine selbständige, von dem offiziellen Stil der höheren Stände abgesonderte Kunst hat aber das Volk und der Mittelstand weder produziert noch konsumiert.

Es gibt also keineswegs zwei verschiedene Künste in Ägypten; es gibt keine „Volkskunst" neben der Herrnkunst. Es zieht sich wohl ein Riß durch die ganze ägyptische Kunstproduktion, dieser klafft aber nicht zwischen zwei verschiedenen Gruppen von Werken, sondern geht durch die einzelnen Werke. Wir finden neben dem streng konventionellen, steif zeremoniellen, feierlich monumentalen Stil überall die Züge einer ungebundeneren, spontaneren, natürlicheren Einstellung. Am schärfsten kommt dieser Dualismus dort zum Ausdruck, wo zwei Figuren einer und derselben Komposition in den zwei verschiedenen Stilen gebildet sind. Und Darstellungen dieser Art, wie zum Beispiel auch jene bekannte Interieurszene, die die Herrin im konventionellen Hofstil, das heißt in strenger Frontalität, eine Dienerin dagegen in ganz ungezwungener Haltung, von der Seite, unter teilweiser Preisgabe der frontalen Symmetrie zeigt, lassen zugleich am klarsten erkennen, daß die Verwendung der Stile sich einzig und allein nach der Natur des jeweiligen Gegenstandes richtet. Die Angehörigen der Herrenklasse werden stets im höfisch repräsentativen, die der Unterschicht oft im vulgär naturalistischen Stil geschildert. Die Kunststile differenzieren sich also weder nach dem Klassenbewußtsein der Künstler, die ein solches Bewußtsein, selbst wenn sie es hatten, keineswegs zum Ausdruck bringen konnten, noch nach dem Standesbewußtsein des Publikums, das ganz unter dem Banne des Hofes, des Adels und der Priesterschaft stand, sondern, wie gesagt, ausschließlich nach der Art der darzustellenden Motive. Die kleinen Arbeitsszenen, die Handwerker, Diener und Sklaven bei ihrer täglichen Beschäftigung zeigen und die zu den Gräberbeigaben der vornehmen Leute gehören, werden in durchaus naturalistischen, unmonumental genrehaften Formen gehalten, die Götterstatuen hingegen, auch wenn sie den bescheidensten Ansprüchen dienen, sind im Stil der offiziellen, höfischen Kunst gearbeitet. Dieser Differenzierung der Stile nach den Gegenständen begegnen wir wiederholt im Laufe der Kunst- und Literaturgeschichte. So entspricht zum Beispiel die verschiedene Art der Charakterisierung bei Shakespeare, das Prinzip nämlich, daß er seine Diener und Clowns in gemeiner Prosa, seine Helden und großen Herren aber in kunstvollen Versen sprechen läßt, diesem „ägyptischen", motivisch bedingten Stilunterschied. Denn die

Charaktere Shakespeares sprechen nicht die verschiedene Sprache der einzelnen Klassen und Stände der Wirklichkeit, wie etwa die Figuren des modernen Dramas, die alle, sowohl die hoch- als auch die niedriggestellten, naturalistisch gezeichnet sind; sondern die Angehörigen der Herrenklasse sind stilisiert dargestellt und drücken sich in einer Sprache aus, die es in der Wirklichkeit gar nicht gibt, die Vertreter des Volkes werden hingegen genrehaft geschildert und sprechen das Idiom der Straße, der Wirtshäuser und der Werkstätten.

Heinrich Schäfer meint, daß die Befolgung oder die Übertretung des Frontalitätsprinzips davon abhänge, ob die dargestellten Figuren handelnd oder ruhend erscheinen.[27] Wenn diese Beobachtung im großen und ganzen auch richtig ist, so darf man doch nicht vergessen, daß die Könige und großen Herren eben zumeist in feierlicher Ruhe, die Leute des Volkes dagegen fast immer in Bewegung, tuend und schaffend, dargestellt werden. Die Repräsentanten des Herrentums aber bewahren – und das entkräftet diese Theorie – auch wenn sie, wie in den Schlacht- und Jagdszenen, handelnd erscheinen, die Formen der Frontalität.

Mit viel mehr Berechtigung als von einer Volkskunst neben der Hofkunst kann in Ägypten von einer Provinzkunst neben der Kunst der Hauptstadt gesprochen werden. Die bedeutenden künstlerischen Leistungen entstehen immer wieder, und mit der fortschreitenden Entwicklung immer ausschließlicher, am königlichen Hof oder in der Nähe des Hofes – zuerst in Memphis, dann in Theben, schließlich in Amarna. Das, was in der Provinz, fern von der Hauptstadt und den großen Tempeln, zustande kommt, ist verhältnismäßig belanglos und hinkt der Entwicklung nur langsam und mühsam nach.[28]. Es stellt ein „gesunkenes", keineswegs ein von unten, aus dem Volke aufsteigendes Kulturgut dar. Auch diese Provinzkunst, die man also nicht als die Fortsetzung der alten Bauernkunst betrachten darf, ist für den grundbesitzenden Adel bestimmt und verdankt ihr Dasein der bereits seit der 6. Dynastie sich vollziehenden Lostrennung der feudalen Aristokratie vom Hof. Aus diesen von der Hauptstadt abgefallenen Elementen bildet sich der neue Provinzadel mit seiner zurückgebliebenen regionalen Kultur und seiner abgeleiteten Provinzkunst.

## 5. MESOPOTAMIEN

Das Problem der mesopotamischen Kunst besteht darin, daß sie, trotz der überwiegend auf Handel und Gewerbe, Geld und Kredit gestellten Wirtschaft des Landes, einen strenger gebundenen, unveränderlicheren, unlebendigeren Charakter trägt, als die Kunst des mit der Land- und Naturalwirtschaft viel tiefer verwachsenen Ägyptens. Das aus dem dritten Jahrtausend v. Chr. stammende Gesetzbuch Hammurabis zeigt, daß in Babylonien schon damals Handel und Handwerk, Buchführung und Kreditgebarung sehr entwickelt waren, und daß verhältnismäßig komplizierte bankmäßige Transaktionen, wie Zahlungen an dritte und der Ausgleich der Forderungen von Kunden untereinander, durchgeführt wurden.[29] Handelsverkehr und Finanzwesen standen hier auf einer um so viel höheren Entwicklungsstufe als in Ägypten, daß man den alten Babylonier dem Ägypter gegenüber als den „ökonomischen Menschen" schlechthin bezeichnen konnte.[30] Die größere formale Gebundenheit der babylonischen Kunst, bei der beweglicheren, mit dem städtischen Wesen inniger verbundenen Wirtschaft, widerspricht jedoch jener sonst stets sich bewährenden These der Soziologie, die den strengen geometrischen Stil mit der traditionalistischen Landwirtschaft und den ungebundenen Naturalismus mit der dynamischeren Stadtwirtschaft in Zusammenhang bringt. Vielleicht beeinträchtigten in Babylonien die strengeren Formen der Despotie und der unduldsamere Geist der Religion die befreiende Wirkung der Stadt, wenn nicht schon der bloße Umstand, daß es hier nur eine Königs- und Tempelkunst gab, außer dem Herrscher und der Priesterschaft aber niemand auf die Kunstübung Einfluß nehmen konnte, alle individualistischen und naturalistischen Bestrebungen im Keime erstickte. Das bäuerliche Kunsthandwerk und die volkstümlichere Kleinplastik spielten im Zweistromland jedenfalls noch eine geringere Rolle als in den übrigen Kulturgebieten des Alten Orients,[31] und der Kunstbetrieb war hier noch unpersönlicher als zum Beispiel in Ägypten. Wir kennen fast gar keine Künstlernamen aus Babylonien und orientieren die Entwicklung seiner Kunst einzig und allein an der Regierungszeit der Könige.[32] Zwischen Kunst und Handwerk wurde hier weder sprachlich noch sachlich unterschieden; das Gesetzbuch Hammurabis nennt den Baumeister und den Bildhauer neben dem Schmied und dem Schuster.

Der abstrakte Rationalismus der Darstellung ist in der babylonischen und assyrischen Kunst noch konsequenter durchgeführt als in der ägyptischen. Die menschliche Gestalt wird nicht nur in strenger Frontalität gezeigt und der Kopf in die aufschlußreiche Seitenansicht gedreht, die charakteristischen Teile des Gesichtes, die Nase und das Auge, werden auch noch bedeutend vergrößert, die weniger interessierenden Züge dagegen, wie die Stirn und das Kinn, stark zurückgebildet.[33] Am schärfsten kommt das antinaturalistische Prinzip der Frontalität überhaupt erst an den sogenannten „Portalwächtern" – den geflügelten Löwen und Stieren – der assyrischen Bauplastik zur Geltung. Es gibt kaum eine Gattung der ägyptischen Kunst, in der die souverän stilisierende, auf jeden Illusionismus verzichtende Kunstauffassung so zugeständnislos durchgeführt wäre wie in diesen Figuren, die in der Längsansicht vier schreitende, in der Vorderansicht zwei stehende, also insgesamt fünf Beine haben, und eigentlich die Kontamination von zwei Tieren darstellen. Der eklatante Verstoß gegen das Naturgesetz erfolgt hier aus rein rationalen Gründen: der Schöpfer dieses Genres wollte offenbar, daß der Beschauer von jeder Seite her ein in sich abgeschlossenes, sinnvollständiges, formvollendetes Bild zu sehen bekomme.

Die assyrische Kunst macht sehr spät, erst im 8. und 7. Jahrhundert v. Chr., so etwas wie eine naturalistische Entwicklung durch. Die Schlacht- und Jagdreliefs Assurbanipals sind, wenigstens insoweit als es sich um die dargestellten Tiere handelt, von einer packenden Natürlichkeit und Lebendigkeit; die menschlichen Gestalten sind allerdings noch ebenso starr und stilisiert gebildet und erscheinen noch in der gleichen steifen, gezierten, altertümlichen Haar- und Barttracht wie vor zweitausend Jahren. Wir stehen hier einem ähnlichen Dualismus der Stilelemente gegenüber, wie in Ägypten zu Echnatons Zeiten, und haben es mit dem gleichen Unterschied in der Behandlung der menschlichen und der tierischen Figuren zu tun, der schon in der älteren Steinzeit zu beobachten war und im Laufe der Kunstgeschichte wiederholt wahrzunehmen sein wird. Das Paläolithikum bildete das Tier naturalistischer als den Menschen, weil in seiner Welt sich alles um das Tier drehte; spätere Zeiten tun oft dasselbe, weil sie das Tier der Stilisierung nicht für würdig erachten.

## 6. KRETA

Die kretische Kunst bedeutet für die Soziologie im ganzen Umkreis der altorientalischen Kunst das schwierigste Problem. Sie nimmt nicht nur gegenüber der ägyptischen und der mesopotamischen Kunst eine Sonderstellung ein, sondern bildet in der ganzen Entwicklungsperiode vom Ende des Paläolithikums bis zum Anfang der griechischen Klassik eine Ausnahme. In diesem fast unübersehbaren Zeitraum des abstrakten geometrischen Stils, in dieser unwandelbaren Welt der strengen Traditionen und starren Formen, eröffnet sich uns auf Kreta ein Bild des farbigen, unbändigen, übermütigen Lebens, ohne daß wir hier andere wirtschaftliche und soziale Verhältnisse vorfinden würden, als in der Welt ringsumher. Auch hier herrschen Despoten und feudale Grundherren, auch hier steht die ganze Kultur im Zeichen einer autokratischen Gesellschaftsordnung, genau wie in Ägypten und Mesopotamien – und doch welcher Unterschied der Kunstauffassung! Welche Ungebundenheit der künstlerischen Bestrebungen gegenüber dem drückenden Zwang der Konventionen in der übrigen altorientalischen Welt! Wie kann dieser Unterschied erklärt werden? Es gibt so manche möglichen Erklärungen, es gibt aber – sicher auch infolge der Unentziffertheit der kretischen Schrift – keine vollwertige, zwingende Erklärung. Vielleicht liegt der Unterschied teilweise an der verhältnismäßig untergeordneten Rolle, die die Religion und der Kult im öffentlichen Leben der Kreter spielten. Es sind auf Kreta keine wie immer gearteten Tempelbauten und keine monumentalen Götterbilder gefunden worden; die kleinen Idole und die kultischen Symbole, die vorkommen, lassen auf einen viel weniger tiefen und umfassenden Einfluß der Religion schließen, als er im Alten Orient sonst festzustellen ist. Die Ungebundenheit der kretischen Kunst erklärt sich aber teilweise auch aus der außerordentlich wichtigen Funktion, die Stadt und Handel im Wirtschaftsleben der Insel führten. Eine ähnliche Vorherrschaft des Handels finden wir zwar auch in Babylonien, ohne in der Kunst die entsprechenden Auswirkungen beobachten zu können, das Städtesystem dürfte aber im Alten Orient nirgends so entwickelt gewesen sein wie auf Kreta. Es gab hier eine ganze Anzahl verschiedenartiger Munizipalbildungen: neben den Haupt- und Residenzstädten Knossos und Phaistos ausgesprochene Industriestädte, wie Guernia, und kleine Marktflecken, wie Praisos.[34] Die Sonderart der kretischen Kunst muß aber vor allem damit im Zusammenhang stehen, daß in der Ägäis der Handel – hauptsächlich der Fernhandel –, im Gegensatz zu den übrigen Gebieten in den Händen der Herrenschicht selbst sich befand. Der unstete, neuerungssüchtige Geist der Händler konnte sich hier infolgedessen ungehemmter durchsetzen als in Ägypten oder Babylonien.

Freilich ist auch diese Kunst noch durchaus Königs- und Herrnkunst. Sie drückt die Lebensfreude, das Wohlleben, den Luxus von Autokraten und einer dünnen Oberschicht aus. Ihre Denkmäler zeugen von herrschaftlichen Lebensformen, einem prunkvollen Hofhalt, glänzenden Herrensitzen, reichen Städten, großen Latifundien und der bitteren Existenz einer breiten, sich in Knechtschaft befindenden Bauernbevölkerung. Sie hat, so wie in Ägypten und Babylon, einen durchaus höfischen Charakter; das Rokokohafte, der Geschmack am Raffinierten und Spielerischen, am Zarten und Zierlichen, gelangt aber hier stärker zur Geltung. Hörnes betont mit Recht die ritterlichen Züge der minoischen Kultur, indem er auf die Rolle hinweist, die die Festzüge und Festspiele, die Schaukämpfe und Turniere, die Frauen und ihr kokettes Gehaben im Leben der Kreter spielen.[35] Dieses höfisch-ritterliche Wesen begünstigt gegenüber dem strengen Lebensstil der alten, landerobernden und landbesitzenden Barone – so wie später im Mittelalter – die ungebundeneren, spontaneren, elastischeren Lebensformen und bringt, in Übereinstimmung mit diesen Formen, eine individualistischere, stilistisch freiere und naturfreudigere Kunst hervor.

Einer anderen Deutung nach ist aber die kretische Kunst eigentlich nicht naturalistischer als zum Beispiel die ägyptische; wenn sie natürlicher wirkt, so liegt das angeblich weniger an den Stilmitteln als an der Kühnheit der Themenwahl, dem Verzicht auf die repräsentative Feierlichkeit und der Vorliebe für das Profane und Episodische, das Lebendige und Bewegte.[36] Die „zufällige Anordnung" der Kompositionselemente, von der, als einem wesentlichen Stilmerkmal der kretischen Kunst, im gleichen Zusammenhang gesprochen wird, zeigt jedoch, daß es sich hier doch nicht nur um Kennzeichen der Themen- und Motivenwahl handelt. In dieser „zufälligen Anordnung", dieser freieren, loseren, malerischeren Komposition, äußert sich, gegenüber der orientalischen Bindung der ägyptischen und babylonischen Kunst, eine wohl am besten als „europäisch" zu bezeichnende Freiheit der Erfindung und, im Gegensatz zum Stilprinzip der Konzentration und Subordination, eine die Häufung und Abwechslung der Motive begünstigende Kunstauffassung.[37] Die Vorliebe für die bloße Juxtaposition geht in der kretischen Kunst so weit, daß wir nicht nur in den figuralen und szenischen Kompositionen, sondern auch in der ornamentalen Bemalung der Vasen statt geometrisch geschlossener Dekorationen allenthalben wildwuchernde Streumuster finden.[38] Und diese ungebundene Formgebung ist um so bezeichnender, als die Kreter, wie wir wissen, die Schöpfungen der ägyptischen Kunst sehr gut kannten; wenn sie also auf ihre Monumentalität, Feierlichkeit und Strenge verzichteten, so ist das ein Beweis dafür, daß die ägyptische Größe ihrem Geschmack und Kunstwollen nicht entsprach.

Trotzdem hat auch die kretische Kunst ihre antinaturalistischen Konventionen und abstrakten Formeln: die Perspektive vernachlässigt sie fast immer, die Schatten fehlen in ihren Darstellungen vollkommen, die Farben sind zumeist in den Lokaltönen gehalten und die Formen der menschlichen Figur stets stilisierter gebildet als die der Tiere. Das Verhältnis der naturalistischen und antinaturalistischen Elemente ist aber auch hier durchaus keine von vornherein feststehende, sondern eine mit der historischen Entwicklung sich wandelnde Beziehung.[39] Die Kunst kehrt – bei stets vorherrschender Naturnähe – von einer im großen und ganzen geometrischen, wohl noch neolithisch bedingten Formgebung über einen extremen Naturalismus zu einer archaisierenden und etwas akademischen Stilisierung zurück. Erst um die Mitte des 2. Jahrtausends, am Ende der mittelminoischen Zeit, findet Kreta seine naturalistische Eigenart und erreicht den Höhepunkt seiner Kunstentwicklung. In der zweiten Hälfte des Jahrtausends verliert die kretische Kunst dann wieder viel von ihrer Frische und Natürlichkeit; ihre Formen werden immer schematischer und konventioneller, steifer und abstrakter. Diejenigen Forscher, die zu einer rassenmäßigen Erklärung der historischen Erscheinungen neigen, pflegen diese Geometrisierung auf den Einfluß der auf dem griechischen Festland von Norden eindringenden hellenischen Stämme zurückzuführen, das heißt derselben Volkselemente, die auch den späteren griechischen Geometrismus schufen.[40] Andere bestreiten die Notwendigkeit einer solchen Erklärung und suchen den Stilwandel formgeschichtlich zu begründen.[41]

Man pflegt, um die Eigenart der kretischen Kunst der ägyptischen und der mesopotamischen gegenüber zu betonen, auf ihre „Modernität“ hinzuweisen; was man aber darunter versteht, ist vielleicht das Problematischeste an ihr. Der Geschmack der Kreter war, bei all ihrer Originalität und Virtuosität, nicht gerade wählerisch und sicher. Ihre künstlerischen Mittel sind, um einen tiefen und nachhaltigen Eindruck zu hinterlassen, allzu entgegenkommend und evident. Ihre Fresken erinnern mit ihren wässerigen Farben und ihrer nüchternen Zeichnung an moderne Luxusdampfer- und Schwimmhallendekorationen.[42] Denn nicht nur die „Moderne“ hat Anregungen aus Kreta empfangen, im Kretischen selbst ist schon so manches von der modernen „Werkkunst“ vorweggenommen. Diese „Modernität“ der kretischen Kunst wird wohl mit dem fabrikmäßigen Kunstbetrieb und der kunstgewerblichen Massenproduktion für den ungeheueren Export zusammenhängen. Die Griechen haben allerdings bei einer ebenso weitgehenden Industrialisierung des Kunsthandwerks die Gefahr der Schematisierung vermieden – das beweist aber nur, daß in der Geschichte der Kunst die gleichen Ursachen nicht immer die gleichen Wirkungen haben, oder daß die Ursachen wohl allzu zahlreich und für die wissenschaftliche Analyse oft unerschöpflich sind.

III

# ANTIKE

## 1. DAS HEROISCHE UND DAS HOMERISCHE ZEITALTER

Die homerischen Epen sind die älteste Dichtung in griechischer Sprache, die wir besitzen, sie können aber keineswegs als die ältesten griechischen Gedichte überhaupt betrachtet werden, und zwar nicht nur weil ihr Aufbau für einen Anfang zu verwickelt und ihr Inhalt zu widerspruchsvoll ist, sondern auch weil die Legende Homers selbst noch so manche Züge enthält, die mit dem Bilde des Dichters, dem man die aufgeklärte, skeptische und oft frivole Weltanschauung der Epen zuschreiben könnte, unvereinbar sind. Die Vorstellung von dem blinden alten Sänger von Chios setzt sich zum großen Teil aus Erinnerungen zusammen, die auf den Dichter als Vates, als priesterlichen und gottbegeisterten Seher, zurückgehen. Seine Blindheit ist nur das äußere Zeichen des inneren Lichts, das ihn erfüllt und ihn Dinge sehen läßt, die andere nicht sehen können. In diesem körperlichen Gebrechen kommt allerdings – wie übrigens auch im Hinken des göttlichen Schmiedes Hephaistos – noch ein anderer Gedanke der Vorzeit zum Ausdruck, der nämlich, daß die Verfertiger von Gedichten, Bildwerken und sonstigen Artefakten aus den Reihen der für den Krieg und Kampf Untauglichen hervorgehen müssen. Im übrigen deckt sich die Legende Homers fast gänzlich mit dem Mythos des Dichters, der noch eine halbgöttliche Erscheinung, ein Wundertäter und Prophet war und uns am greifbarsten in der Gestalt des Orpheus entgegentritt, – des Sängers, der seine Harfe von Apollo und die Unterweisung in der Kunst des Gesanges von der Muse selbst erhielt, der nicht nur Menschen und Tiere, sondern auch Bäume und Felsen bewegen konnte, und mit seiner Musik Eurydike sich aus den Banden des Todes zurückgewann. „Homer“ besitzt solche Zauberkraft nicht mehr, bewahrt aber die Züge des inspirierten Sehers und das Bewußtsein der heilig-geheimnisvollen Verbundenheit mit der Muse, die er in zutraulichen Invokationen anruft.

Die Dichtung der griechischen Vorzeit bestand wohl, so wie die aller primitiven Zeiten, aus Zauber- und Orakelsprüchen, Segens- und Gebetformeln, Kriegs- und Arbeitsliedern. Alle diese Gattungen hatten einen gemeinsamen Zug: sie waren sakrale Massenpoesie. Den Zauberspruch- und Orakelsängern, den Erfindern der Totenklagen und Kriegslieder war jede individuelle Differenzierung fremd; ihre Dichtung war anonym und für die ganze Gemeinschaft bestimmt, sie drückte Vorstellungen und Gefühle aus, die allen gemeinsam waren. In der bildenden Kunst entsprechen der Stufe dieser unpersönlichen, sakralen Dichtung jene kaum noch als Skulpturen bezeichenbaren, auf die sparsamste Andeutung menschlicher Formen sich beschränkenden Fetische, Steine, Baumstämme, die die Griechen in ihren Tempeln von alters her verehrten. Sie sind, wie die ältesten Zaubersprüche und Kultgesänge, primitive Gemeinschaftskunst: die noch sehr rohe und unbeholfene künstlerische Ausdrucksweise einer klassenmäßig fast undifferenzierten Gesellschaft. Von der sozialen Lage ihrer Verfertiger, der Rolle, die sie im Leben der Gruppe spielten, und dem Ansehen, in dem sie bei ihren Zeitgenossen standen, wissen wir nichts; wahrscheinlich waren sie weniger hochgeschätzt als die Künstler-Magier der älteren oder die Priester und priesterlichen Sänger der jüngeren Steinzeit. Übrigens hatten auch die bildenden Künstler ihre mythischen Ahnen. Dädalus konnte, wie es heißt, das Holz zum Leben erwecken und den Stein aufstehen und wandeln lassen; daß er für sich und seinen Sohn Flügel baute, um übers Meer zu fliegen, erscheint der Sage nicht wunderbarer, als daß er sich auf das Schnitzen von Bildwerken und das Entwerfen von Labyrinthen verstand. Er ist aber keineswegs der einzige, vielleicht nur der letzte große Zauberkünstler. Das Motiv, daß dem Ikarus die Flügel schmolzen und er ins Meer stürzte, scheint jedenfalls den symbolischen Sinn zu haben, daß mit Dädalus das Zeitalter der Magier zu Ende ging.

Mit dem Beginn der Heldenzeit verändert sich die soziale Funktion der Dichtung und die soziale Stellung des Dichters von Grund aus. Die profane und individualistische Weltanschauung der kriegerischen Oberschicht erfüllt die Dichtung mit neuem Inhalt und weist dem Dichter neue Aufgaben zu. Dieser tritt aus der Anonymität und Unnahbarkeit des Priesterstandes hervor, die Dichtung aber verliert ihren sakralen und kollektiven Charakter. Die Könige und die Edlen der achäischen Fürstentümer des 12. Jahrhunderts, die „Helden", nach denen das Zeitalter benannt ist, sind Räuber und Piraten – sie bezeichnen sich stolz als „Städteplünderer" –, ihre Lieder sind weltlich und unfromm, und die trojanische Sage, die Krone ihres Ruhmes, ist nichts als die dichterische Verklärung ihrer Raub- und Piratenzüge. Ihre ungebundene und pietätlose Weltanschauung folgt aus dem beständigen Kriegszustand, in dem sie sich befinden, den fortgesetzten Siegen, die sie erringen, und dem jähen Wechsel der Kulturbedingungen, den sie durchmachen. Als Sieger über ein kultivierteres Volk als sie selber sind, und als die Nutznießer einer weit fortgeschritteneren Kultur als ihre eigene ist, emanzipieren sie sich von den Bindungen der Religion ihrer Väter, mißachten aber auch die religiösen Vorschriften und Verbote des besiegten Volkes, – schon weil es besiegt werden konnte.[1] Alles treibt diese unsteten Kriegsleute zu einem unbändigen, über jede Tradition und jedes Recht sich hinwegsetzenden Invidualismus. Alles wird für sie zum Streitobjekt und zum Gegenstand persönlicher Abenteuer, denn alles kommt in ihrer Welt auf persönliche Körperkraft, Tapferkeit, Geschicklichkeit und List an.

Der soziologisch entscheidende Schritt des Zeitalters besteht in der Wendung von der unpersönlichen Sippenorganisation der Urzeit zu einer Art von feudalem Königtum, das auf der persönlichen Treue der Vasallen zu ihrem Lehensherrn beruht und von Familienbanden nicht nur unabhängig ist, sondern die Verwandtschaftsbeziehungen durchkreuzt und die Pflichten Blutsverwandten gegenüber grundsätzlich aufhebt. Die Sozialethik des Feudalismus richtet sich gegen die Solidarität des Blutes und des Geschlechts; sie individualisiert und rationalisiert die moralischen Beziehungen.[2] Die allmähliche Auflösung der Sippengemeinschaft kommt in den seit der Heldenzeit sich anscheinend immer häufiger ereignenden Konflikten zwischen Blutsverwandten am deutlichsten zum Ausdruck. Vasallen-, Untertanen- und Staatsbürgertreue entwickeln sich nach und nach und werden schließlich stärker als die Stimme des Blutes. Dieser Prozeß zieht sich wohl über mehrere Jahrhunderte hin und findet seinen Abschluß nach den Rückschlägen, die die Entwicklung seitens der geschlechterfreundlichen Aristokratien erleidet, erst mit dem Sieg der Demokratie. Noch die Tragödie der griechischen Klassik ist von dem Konflikt zwischen dem Geschlechter- und dem Volksstaat erfüllt, und die *Antigone* des Sophokles dreht sich um das gleiche Problem der Treue, das schon im Mittelpunkt der *Ilias* steht. Im heroischen Zeitalter selbst kommt es aber noch zu keinen tragischen Konflikten, da das Problem noch mit keiner Krise der herrschenden Gesellschaftsordnung verbunden ist. Es kommt jedoch zu einer Umwertung der moralischen Maßstäbe und schließlich zum Sieg eines hemmungslosen, nur mehr die Gebote einer Räuberehre respektierenden Individualismus.

Die Dichtung der Heldenzeit ist, dieser Entwicklung entsprechend, keine Volks- und Massenpoesie mehr, keine Gruppen- und Chorlyrik, sondern Einzelgesang über Einzelschicksale. Sie hat nicht mehr die Aufgabe, zum Kampf anzueifern, sondern den Zweck, die Helden nach bestandenem Kampf zu unterhalten, sie mit dem Namen zu nennen und zu preisen, ihren Ruhm zu verkünden und zu verewigen. Der Heldengesang verdankt seinen Ursprung der Ruhmsucht des kriegerischen Adels; diese hat er vor allem zu befriedigen, – was sonst an ihm auch sein mag, ist für sein Publikum von sekundärer Bedeutung. Und gewissermaßen ist die ganze Kunst der Antike von dem Verlangen nach Ruhm, dem Wunsch, von der Mit- und Nachwelt gerühmt zu werden, abhängig.[3] Die Geschichte Herostrats, der den Dianatempel zu Ephesos in Brand steckt, um seinen Namen unsterblich zu machen, gibt eine Vorstellung von der auch späterhin noch unverminderten

Macht dieser Leidenschaft, die allerdings nie wieder so produktiv wird, wie sie in der Heldenzeit gewesen ist. Die Dichter des Heldengesangs sind Lobredner und Ruhmspender – auf diese Funktion gründet sich ihre Existenz und aus dieser schöpfen sie ihre Inspiration. Den Gegenstand ihrer Dichtung bilden nicht mehr Wünsche und Hoffnungen, magische Zeremonien und animistische Kulthandlungen, sondern Erzählungen von bestandenen Kämpfen und errungener Beute. Die Gedichte verlieren mit ihrer sakralen Bestimmung auch ihren lyrischen Charakter; sie werden episch und sind in dieser Gestalt die älteste profane, vom Kult losgelöste Dichtung, von der wir in Europa wissen. Sie gehen aus einer Art Kriegsberichterstattung, einer chronikartigen Darstellung der Kriegsereignisse hervor, und beschränken sich wohl zunächst auf die „letzten Nachrichten" über die erfolgreichen kriegerischen Unternehmungen und die beuterischen Raubzüge des Stammes. „Den neuesten Gesang ehret das lauteste Lob" – meint auch Homer (Od. I. 351/2), und läßt seinen Demodokos und Phemios von den aktuellsten Begebenheiten singen. Seine Sänger sind aber keine bloßen Chronisten mehr; der Kampfbericht hat sich inzwischen in eine halb historische, halb sagenhafte Gattung verwandelt und balladenhafte, aus epischen, dramatischen und lyrischen Elementen gemischte Züge angenommen. Die Heldenlieder, die die Bausteine des Epos bilden, müssen bereits diese Zwittergestalt gehabt haben, wenn auch das epische Element in ihnen das Ausschlaggebende blieb.

Der Heldengesang handelt nicht nur von Einzelpersonen, er wird auch von einer Einzelperson – nicht mehr von einer Gemeinde und einem Chor – vorgetragen.[3] Im Anfang sind seine Dichter und Darsteller wohl die Krieger und Helden selber; das heißt: nicht nur das Publikum, auch die Schöpfer der neuen Dichtung gehören der Herrenschicht an, – sie sind adelige, zuweilen fürstliche Dilettanten. Die im *Beowulf* geschilderte Szene, in der der Dänenkönig einen seiner Recken auffordert, ein Lied über den eben bestandenen Kampf zu singen, dürfte im großen und ganzen auch den Verhältnissen der griechischen Heldenzeit entsprechen.[4] An die Stelle der ritterlichen Dilettanten treten aber bald berufsmäßige Hofdichter und Hofsänger – die Barden –, die den Heldengesang in einer nunmehr wohl kunstvolleren, durch die Übung abgeschliffeneren und wirkungsvolleren Form darbieten. Sie singen ihre Lieder bei den gemeinsamen Mahlzeiten der Könige und ihrer Heerführer, in der Art, wie es Demodokos am Hofe des Phäakenkönigs und Phemios im Palast des Odysseus auf Ithaka tut. Sie sind Berufssänger, doch sind sie zugleich Gefolgsleute und Vasallen des Königs und gelten trotz ihrer gewerbsmäßigen Beschäftigung als respektable Herren; sie gehören der Hofgesellschaft an, und die Helden behandeln sie als ihresgleichen. Sie führen das profane Leben der Hofleute, und wenn ihnen auch „ein Gott die Lieder in die Seele gepflanzt" (Od. XXII. 347/8) und sie die Erinnerung an die göttliche Herkunft ihrer Kunst bewahren, sind sie im rauhen Kriegshandwerk ebenso bewandert wie ihr Publikum und haben mit diesem mehr gemein als mit ihren eigenen geistigen Ahnen, den Sehern und Magiern der Vorzeit.

Das Bild des homerischen Epos von der sozialen Lage der Dichter und Sänger ist nicht einheitlich. Der eine gehört zum fürstlichen Haushalt, der andere steht zwischen einem Hofsänger und einem Volkssänger in der Mitte.[5] Anscheinend vermengen sich auch in diesem Bilde die Verhältnisse der Heldenzeit mit jenen der Abfassung und der letzten Redaktion der Epen, das heißt des homerischen Zeitalters selber. Man wird jedenfalls annehmen dürfen, daß es schon in der Frühzeit neben den Barden der vornehmen Hofgesellschaft auch fahrende Leute gab, die ihr Publikum auf den Märkten und in den Wärmestuben wohl mit weniger heroischen und würdevollen Geschichten unterhielten, als es die Abenteuer des Heldengesanges gewesen sind.[6] Wir können uns von diesen Geschichten aus dem Epos keine richtige Vorstellung machen, wenn wir nur Anekdoten, wie zum Beispiel die vom Ehebruch der Aphrodite, nicht auf solche volkstümlichen Erzählungen zurückführen.[7]

In der bildenden Kunst setzen die Achäer die kretisch-mykenische Tradition fort, und auch die gesellschaftliche Stellung des Künstlers wird bei ihnen von der des Künstler-Handwerkers auf Kreta nicht sehr verschieden gewesen sein. Es ist jedenfalls unvorstellbar, daß ein Bildhauer oder Maler je aus ihrem Adel hervorgegangen wäre und ihrer Hofgesellschaft angehört hätte. Mit dem Dilettieren der Fürsten und Adeligen in der Dichtung und der Bewandertheit der Berufsdichter im Kriegshandwerk tritt sogar ein Motiv auf, das den Abstand zwischen dem manuell arbeitenden Künstler und dem geistig schaffenden Dichter noch zu vergrößern geeignet ist, und dieser neue Zug erhöht die soziale Geltung des Dichters der Heldenzeit über die des Schreibers im Alten Orient wohl am meisten.

Die dorische Invasion bedeutet das Ende des Zeitalters, das seine kriegerischen Unternehmungen und Abenteuer sogleich in Lied und Mär umgesetzt hatte. Die Dorier sind ein rohes und nüchternes Bauernvolk, das seine Siege nicht besingt, und die von ihnen vertriebenen Heroenvölker ziehen, nachdem sie sich an der kleinasiatischen Küste angesiedelt haben, auf keine Abenteuer mehr aus. Sie verwandeln vielmehr ihre militärischen Monarchien in friedliche landwirtschaftliche und handeltreibende Aristokratien, in welchen auch die früheren Könige nur mehr Großgrundbesitzer sind. Und wenn bisher die Fürstenhäuser und ihr unmittelbarer Anhang auf Kosten der ganzen übrigen Bevölkerung ihren Aufwand trieben, verteilen sich jetzt die Güter auf mehrere Hände, und es verringert sich dementsprechend die Prachtentfaltung der oberen Schichten.[8] Ihre Lebensführung wird anspruchsloser und die Aufträge, die sie den Bildhauern und Malern in der neuen Heimat erteilen, sind im Anfang wohl sehr gering und bescheiden. Um so großartiger ist die dichterische Produktion der Zeit. Die Flüchtlinge nehmen ihre Heldenlieder mit nach Ionien, und hier, inmitten fremder Völker und unter dem Einfluß von fremden Kulturen, entsteht das Epos in einem Werdegang von drei Jahrhunderten. Wir können unter der endgültigen ionischen Form noch den alten äolischen Stoff erkennen, die Verschiedenheit der Quellen feststellen, die ungleiche Qualität der einzelnen Teile und die Unebenheit der Übergänge wahrnehmen, wir wissen aber weder genau, was das Epos in künstlerischer Hinsicht dem Heldengesang verdankt, noch wie sich das Verdienst um das unvergleichliche Gelingen auf die verschiedenen

Dichter, Dichterschulen und Dichtergenerationen verteilt. Wir wissen vor allem nicht, ob die eine oder die andere Persönlichkeit selbständig und für die schließliche Gestalt des Werkes entscheidend in die kollektive Arbeit eingegriffen hat, oder ob das Eigentümliche und Einzigartige der Gedichte gerade als das Ergebnis von vielen besonderen und heterogenen Einfällen, von immer wieder aufgegriffenen und beständig verbesserten Überlieferungen anzusehen und dem „Genie des Kollektivs" zu verdanken ist.

Die dichterische Produktion, die mit der Differenzierung des Dichters vom Priester während der Heldenzeit persönlichere Formen annahm und von einzelnen unabhängigen Individualitäten geleistet wurde, zeigt wieder eine kollektivistische Tendenz. Das Epos ist nicht mehr das Werk von einzelnen individuellen Dichtern, sondern von ganzen Dichterschulen und – wie man annehmen darf – von ganzen Dichtergilden. Es ist die Schöpfung wenn nicht einer Volksgemeinschaft, so doch einer Arbeitsgemeinschaft, das heißt einer Gruppe von geistig solidarischen, durch gemeinsame Traditionen und Arbeitsmethoden miteinander verbundenen Künstlern. Es beginnt damit eine neuartige, in der älteren Dichtung vollkommen unbekannte Organisation der künstlerischen Arbeit, eine Produktionsweise, die bisher nur in der bildenden Kunst üblich war und die nunmehr auch in der Literatur eine Arbeitsteilung zwischen Lehrern und Schülern, Meistern und Gehilfen ermöglicht.

Der Barde sang seine Lieder in Königshallen vor einem fürstlichen und adeligen Publikum, der Rhapsode rezitiert aus dem Epos auf Adelssitzen und in Herrschaftshäusern, aber auch bei Volksfesten, auf Jahrmärkten, in Werkstätten und Wärmestuben. In dem Grade, wie die Dichtung volkstümlicher wird und sich an breitere Volksschichten wendet, wird ihr Vortrag immer weniger stilisiert und nähert sich immer mehr der gewöhnlichen Verständigungssprache; Stab und Rezitation lösen Harfe und Gesang ab. Dieser Popularisierungsprozeß findet seinen Abschluß erst im Mutterlande, wohin die Sage in ihrer neuen epopöischen Form zurückkehrt und wo das Epos von den Rhapsoden verbreitet, den Epigonen weitergesponnen und den Tragikern umgestaltet wird. Die Darbietung der Epen bei Volksfesten wird seit der Tyrannis und dem Anfang der Demokratie zur Regel. Im 6. Jahrhundert verfügt bereits ein Gesetz den Vortrag der ganzen homerischen Gedichte – wohl durch einander ablösende Rhapsoden – an dem vierjährlich wiederkehrenden Fest der Panathenäen. Der Barde war der Ruhmverkünder der Könige und ihrer Vasallen, der Rhapsode wird zum Panegyriker der nationalen Vergangenheit. Der Barde besang die Ereignisse des Tages, der Rhapsode erinnert an historisch-sagenhafte Begebenheiten. Dichten und Gedichte vortragen sind auch jetzt noch keine voneinander geschiedene und spezialisierte Berufe; der Rezitator der Gedichte muß aber nicht unbedingt auch ihr Dichter sein.[9] Der Rhapsode ist eine Übergangserscheinung zwischen dem Dichter und dem Schauspieler. Die vielen Dialoge, die das Epos seinen Gestalten in den Mund legt und die den Vortragenden an und für sich auf schauspielerische Wirkungen verweisen, bilden die Brücke zwischen der Rezitation des Epos und der Darstellung des Dramas.[10] Der Homer der Legende steht zwischen Demodokos und den Homeriden, dem Barden und den Rhapsoden, in der Mitte. Er ist priesterlicher Seher und fahrender Spielmann, Musensohn und Bettelsänger in einem. Seine Person hat keine historische Bestimmtheit und ist nichts als die Zusammenfassung und die Personifikation der Entwicklung, die von dem Heldengesang der achäischen Fürstenhöfe zu dem ionischen Epos führt.

Die Rhapsoden waren aller Wahrscheinlichkeit nach bereits schreibkundig; denn wenn es auch in sehr später Zeit noch Rezitatoren gab, die ihren Homer auswendig wußten, der ununterbrochene Vortrag ohne schriftliche Unterlage hätte die Epen mit der Zeit vollkommen zersetzt. Die Rhapsoden haben wir uns als geschulte und versierte Literaten vorzustellen, deren zunftmäßigem Kunstbetrieb es eher um die Wahrung als die Mehrung der überlieferten Gedichte zu tun war. Schon daß sie sich als Homeriden bezeichneten und an der Legende ihrer Abstammung von dem Meister festhielten, beweist den konservativen, clanartigen Charakter ihrer Vereinigung. Dieser Auffassung gegenüber wurde allerdings betont, daß man die

Bezeichnungen der Gilden, wie „Homeridai“, „Asklepiadai“, „Daidalidai“ usw., als willkürlich gewählte Symbole zu betrachten habe, deren Träger an eine gemeinsame Abstammung weder selber glaubten, noch eine solche glauben machen wollten[11]; von anderer Seite aber ist wieder daran erinnert worden, daß die einzelnen Berufe im Anfang das Monopol der verschiedenen Stämme gewesen seien.[12] Wie dem aber auch sei, die Rhapsoden bildeten einen geschlossenen, sich von anderen Gruppen absondernden Berufsstand hochspezialisierter, in alten Traditionen erzogener Literaten, die mit so etwas wie „Volksdichtung“ nichts zu tun hatten. Das griechische „Volksepos“ ist eine Erfindung der romantischen Philologie; die homerischen Gedichte sind nichts weniger als volkstümlich – und zwar nicht erst in ihrer ausgereiften Form, sondern schon in ihren Anfängen. Sie selbst sind zwar keine höfische Dichtung mehr, der Heldengesang war es aber noch ganz und gar; seine Motive, sein Stil, sein Publikum, alles an ihm hatte einen höfisch-ritterlichen Charakter. Man bezweifelt sogar, daß der griechische Heldengesang je zur Volksdichtung geworden sei, und verneint die Analogie mit dem Nibelungenlied das, nach einer ersten höfischen Entwicklungsstufe, durch fahrende Spielleute unter das Volk gebracht wurde und eine volksdichtungsartige Periode durchgemacht hatte, bevor es seine endgültige, abermals höfische Form erhielt.[13] Dieser Anschauung nach waren die homerischen Epen die unmittelbare Fortsetzung der Hofdichtung der Heroenzeit.[14] Die Achäer und Äolier sollen nicht nur ihre Heldenlieder, sondern auch ihre Sänger mit sich in die neue Heimat gebracht haben, und diese überlieferten die Lieder, die sie einst an den Fürstenhöfen gesungen hatten, selber den Dichtern des Epos. Nicht thessalische Volksballaden, sondern höfische Loblieder, die nicht für die Massen, sondern für das verwöhnte Ohr von Kennern bestimmt waren, bildeten demnach den Kern der homerischen Dichtung. Die Heldensage soll erst sehr spät, in der Form des bereits voll entwickelten Epos, volkstümlich geworden und überhaupt erst in dieser Form unter das hellenische Volk gekommen sein.

Es stößt alle romantischen Vorstellungen von der Natur der Kunst und des Künstlers um – Vorstellungen, die zu den

Grundlagen der Ästhetik des 19. Jahrhunderts gehören –, daß das homerische Epos, dieses unerreichte Paradigma der Dichtung, weder als die Schöpfung eines Individuums noch als ein Produkt der Volksdichtung gelten kann, sondern als anonyme Kunstpoesie, als das kollektive Werk eleganter Hofdichter und gelehrter Literaten angesehen werden muß, bei welcher die Grenzen zwischen den Beiträgen der verschiedenen Persönlichkeiten, Schulen und Generationen durchaus fließend sind. Die Gedichte zeigen sich uns im Lichte dieser Erkenntnis von einer neuen Seite, ohne jedoch ihr Geheimnis preiszugeben. Die Romantiker bezeichneten das Rätselhafte an ihnen als „naive Volksdichtung"; für uns besteht ihre Rätselhaftigkeit in der schlechthin undefinierbaren dichterischen Kraft, die aus lauter disparaten Elementen, aus Vision und Gelehrsamkeit, Inspiration und Überlieferung, Eigenem und Fremdem, ihre ununterbrochen dahinfließende süße Kadenz, die dichte und homogene Welt ihrer Bilder, die vollkommene Einheit des Sinnes und des Seins ihrer Gestalten entstehen ließ.

Die Weltanschauung der homerischen Dichtung ist noch durchaus aristokratisch, wenn auch nicht mehr gerade feudalistisch; der feudalen Welt gehören nur mehr ihre älteren Motive an. Der Heldengesang wandte sich noch ausschließlich an Fürsten und Adelige, fand nur an ihnen, ihren Sitten, Normen und Lebenszielen Interesse. Die Welt ist im Epos zwar nicht mehr so eng begrenzt, der gewöhnliche Mann aus dem Volke aber hat noch immer keinen Namen, der gewöhnliche Krieger noch immer keine Geltung in ihr. Im ganzen Homer kommt kein einziger Fall vor, in dem ein Nichtadeliger sich über seinen Stand erheben würde.[15] Das Epos übt weder am Königtum noch an der Aristokratie wirkliche Kritik; Thersites, der einzige, der gegen die Könige aufbegehrt, ist der Prototyp des unzivilisierten, jeder Urbanität der Sitten und der Umgangsformen entbehrenden Menschen. Wenn aber auch dem „bürgerlichen" Zug, auf den man in den Gleichnissen Homers hingewiesen hat,[16] noch keine bürgerliche Gesinnung entspricht, so spiegelt das Epos die heroischen Ideale der Sage doch nicht mehr ganz ungebrochen. Es besteht vielmehr bereits eine empfindliche Spannung zwischen der Weltanschauung seiner humanisierten Dichter und der Lebensweise seiner rauhen Helden. Und der „unheroische Homer“ tritt uns nicht etwa erst aus der Odyssee entgegen. Nicht erst Odysseus gehört einer anderen, dem Dichter näherstehenden Welt an als Achilles, schon der edle, milde, generöse Hektor beginnt den ungestümen Helden aus dem Herzen des Dichters zu verdrängen.[17] All das beweist aber nur, daß die Weltanschauung des Adels selber in einem Wandel begriffen ist, und nicht etwa, daß die Dichter des Epos ihre moralischen Maßstäbe an der Weltanschauung eines neuen, nichtadeligen Publikums orientieren. Es ist jedenfalls nicht mehr der militärische Landadel, sondern eine unkriegerische städtische Aristokratie, an die sie sich wenden.

Eine wirklich volkstümliche, in der Lebenssphäre der Bauern sich bewegende Dichtung ist erst die hesiodische. Auch diese ist zwar keine Volksdichtung, das heißt keine Dichtung, die durch den Volksmund geht, wohl auch keine, die in den Wärmestuben jenen lockeren Anekdoten Konkurrenz machen könnte, ihre Motive, Maßstäbe und Ziele sind aber die der Bauern – die des durch den grundbesitzenden Adel bedrückten Volkes. Die welthistorische Bedeutung des hesiodischen Werkes besteht darin, daß es der erste dichterische Ausdruck einer sozialen Spannung, eines Klassengegensatzes ist. Es spricht zwar das Wort der Vermittlung, der Beschwichtigung und der Tröstung – die Zeit der Klassenkämpfe und der Revolten ist noch fern –, es ist aber jedenfalls die erste lautwerdende Stimme des arbeitenden Volkes in der Literatur, die erste Stimme, die sich für soziale Gerechtigkeit und gegen Willkür und Gewalt erhebt. Es geschieht hier zum erstenmal, daß der Dichter statt der kultisch-religösen und höfisch-panegyrischen Aufgaben, die ihm bisher zugefallen sind, eine politisch-erzieherische Mission übernimmt und zum Lehrer, Mahner und Vorkämpfer einer unterdrückten Klasse wird.

Es ist schwierig, zwischen der homerischen Dichtung und dem gleichzeitigen Geometrismus eine stilgeschichtliche Beziehung herzustellen. Die feine, elegante Formsprache des Epos hat mit der nüchternen, schematischen Darstellungsweise der geometrischen Kunst keine augenscheinliche Ähnlichkeit. Der Versuch, die Prinzipien dieser Kunst bei Homer nachzuweisen,[18] ist auch bisher keineswegs gelungen; denn abgesehen davon, daß die Formen der Symmetrie und der Wiederholung, auf die sich das Geometrische in der Dichtung reduziert, nur in vereinzelten Episoden der homerischen Gedichte festzustellen sind, bilden sie auch da nur die äußerste Schicht der Formstruktur, im Gegensatz zu den geometrischen Darstellungen der bildenden Kunst, in welchen sie den innersten Kern der Komposition darstellen. Die Erklärung dieser Diskrepanz besteht einfach darin, daß das Epos in Kleinasien, im Schmelztiegel der ägäischen und der orientalischen Kulturen, im Mittelpunkt des damaligen Welthandels sich entwickelt, der Geometrismus der bildenden Kunst aber in Griechenland, bei den dorischen und böotischen Bauern heimisch ist. Der Stil der homerischen Gedichte ist die Sprache einer städtischen, international gemischten Bevölkerung, der Geometrismus hingegen die Ausdrucksweise eines ländlichen, sich vor allem Fremden verschließenden Bauern- und Hirtenvolkes. Die Synthese der beiden Tendenzen, aus der sich die spätere griechische Kunst ergibt, erfolgt erst nach der wirtschaftlichen Verschmelzung der Küstengebiete der Ägäis, das heißt erst auf einer Entwicklungsstufe, die während der geometrischen Epoche nicht erreicht wird.

Mit dem frühgeometrischen Stil beginnt im Westen um das Ende des 10. Jahrhunderts, nach einer etwa zweihundertjährigen Periode der Stagnation und der Verrohung, eine neue Kunstentwicklung. Zunächst finden wir überall die gleichen schwerfälligen, ungelenken, unschönen Formen, die gleiche summarische und schematische Ausdrucksweise, bis sich dann langsam allenthalben die differenzierteren Lokalstile ausbilden. Der bekannteste und künstlerisch bedeutendste von diesen ist der zwischen 900 und 700 blühende attische Dipylonstil – eine bereits verfeinerte, fast schon manierierte Kunstsprache mit zierlichen, glatten, routinierten Wendungen. Sie zeigt, wie sogar eine Bauernkunst durch lange und ununterbrochene Übung eine gewisse Preziosität des Ausdrucksweise annehmen kann, und wie eine organische, durch die Struktur des zu verzierenden Gegenstandes bestimmte Ornamentik sich mit der Zeit in einen „pseudotektonischen Dekorationsstil" zu verwandeln vermag,[19] bei dem die Abstraktion von der Wirklichkeit – die gewaltsame und oft spielerische Entstellung der Naturformen – ihren Ursprung aus der Gegenstandsform nicht einmal mehr vorzutäuschen sucht. Da gibt es zum Beispiel auf den Scherben einer Dipylonvase im Louvre eine „Totenklage", mit der aufgebahrten Leiche, den Klagefrauen um das Totenbett, das heißt über dem Bett, wo sie eine Bordüre zu bilden haben, mit trauernden Männern zu beiden Seiten und unterhalb des rechtwinkligen, von der runden Gefäßform tektonisch unabhängigen Hauptmotivs, die wieder, je nachdem wie man will, zur Szene gehören oder bloßes Ornament sind, – alles in das Netz eines Häkelmusters eingezwängt. Die Gestalten sind alle gleich in der Form, alle machen sie mit den Armen die gleiche Bewegung und bilden mit ihnen ein Dreieck, dessen nach unten gekehrte Spitze die Wespentaille der langbeinigen Figuren darstellt. Da gibt es keine Raumtiefe und keine Raumordnung, kein Volumen und kein Gewicht der Körper, alles ist Flächenmuster und Linienspiel, alles in Streifen und Bänder, Felder und Friese, Quadrate und Triangel gebannt. Damit ist seit dem Neolithikum wohl die gewaltsamste und zugeständnisloseste Stilisierung der Wirklichkeit erreicht, jedenfalls eine viel einheitlicher und konsequenter durchgeführte als die der ägyptischen Kunst.

## 2. DER ARCHAISMUS UND DIE KUNST DER TYRANNENHÖFE

Erst um 700 v. Chr., als die bäuerliche Lebensführung sich auch in Griechenland in eine städtische zu verwandeln beginnt, löst sich die Starrheit der geometrischen Formen. Der neue, den Geometrismus ablösende *archaische* Stil entsteht bereits aus der Synthese der Kunst des Ostens und des Westens, des stadtwirtschaftlichen Ioniens und des fast noch völlig landwirtschaftlichen Mutterlandes. In der Zeit zwischen dem Ende der mykenischen und dem Beginn der archaischen Periode gibt es in Griechenland keine Paläste, keine Tempel und keine wie immer geartete Monumentalkunst; wir besitzen aus dieser Epoche nichts als die Überbleibsel einer nur in der Keramik produktiven Kunstübung. Mit dem Archaismus, dem Stil des aufblühenden Handels, der reichgewordenen Städte und der erfolgreichen Kolonisierungen, beginnt eine neue Periode der repräsentativen Architektur und der monumentalen Plastik. Es ist dies die Kunst einer Gesellschaft, deren Elite von dem Niveau des ländlichen Bauerntums zu dem des städtischen Herrentums emporsteigt, einer Aristokratie, die ihre Rente in der Stadt zu verzehren und sich mit Industrie und Handel zu beschäftigen anfängt. Diese Kunst hat nichts bäuerlich Beengtes und Stationäres mehr an sich; sie ist städtisch sowohl in ihren monumentalen Aufgaben als auch in ihrem Antitraditionalismus und ihrer Abhängigkeit von fremden Einflüssen. Auch sie ist freilich noch an eine Reihe von abstrakten Formprinzipien gebunden, vor allem an die der Frontalität, der Symmetrie, der kubischen Grundform und der „vier Grundansichten" (E. Löwy), so daß von der endgültigen Überwindung des Geometrismus vor dem Anfang der Klassik kaum gesprochen werden kann. Innerhalb dieser Bindungen jedoch weist der Archaismus sehr abwechslungsreiche und in naturalistischer Hinsicht oft sehr fortschrittliche Tendenzen auf. Denn sowohl der elegante, gewandte, artistische Stil der ionischen Koren als auch die schweren, energischen, dynamischen Formen der frühen dorischen Skulpturen sind, trotz ihrer altertümlichen Befangenheit, auf die Expansion und Differenzierung der Ausdrucksmittel gerichtet.

Im Osten behält das ionische Element die Oberhand; die Entwicklung strebt zur Verfeinerung, zur Formelhaftigkeit und Virtuosität, und verfolgt ein Stilideal, das in der höfischen Kunst der Tyrannenzeit seine Erfüllung findet. Das Weibliche ist hier, so wie einst auf Kreta, das Hauptthema der Darstellungen, und in keiner Form drückt sich die ionische Küsten- und Inselkunst adäquater aus als in jenen elegant gekleideten, sorgfältig frisierten, reich geschmückten und fein lächelnden Mädchenstatuen, die als Votivgaben, nach dem Reichtum der Funde zu urteilen, die Tempel gefüllt haben müssen. Die archaischen Künstler stellen übrigens, ebenso wie ihre kretischen Vorläufer, die Frau nie nackt dar; sie suchen statt der unverhüllten Formen dem Kostüm und dem unter der schmiegsamen Kleidung sich abzeichnenden Körper plastischen Reiz abzugewinnen. Die Aristokratie ist der Darstellung des Nackten, das, „wie der Tod, demokratisch ist" (Julius Lange), abgeneigt und duldet im Anfang auch den männlichen Akt wohl nur als Werbemittel für ihre athletischen Spiele, ihren Körperkult und ihren Mythos vom Blute. Olympia, wo diese Jünglingsstatuen aufgestellt werden, ist die wichtigste Propagandastelle der Griechen, der Ort, wo die öffentliche Meinung des Landes und das nationale Einheitsbewußtsein der Aristokratie geformt werden.

Der Archaismus des 7. und 6. Jahrhunderts ist die Kunst des noch sehr reichen und den Staatsapparat noch vollkommen beherrschenden, in seiner politischen und wirtschaftlichen Machtstellung aber bereits bedrohten Adels. Der Prozeß seiner Verdrängung aus der Führung der Wirtschaft durch das städtische Bürgertum und der Entwertung seiner Naturalrenten durch die großen Gewinne der neuen Geldwirtschaft ist seit dem Anfang der archaischen Epoche im Gange. In dieser kritischen Situation beginnt erst die Aristokratie sich auf ihre Wesensart zu besinnen;[20] jetzt erst fängt sie an, ihre besonderen Charaktereigenschaften zu betonen und damit ihre Unzulänglichkeit im Konkurrenzkampf gegen die unteren Schichten zu kompensieren. Rassen- und Standesmerkmale, deren sie sich früher kaum bewußt war, die sie als selbstverständlich erachtete, werden jetzt als besondere Tugenden und Vorzüge, als ein Rechtsgrund für besondere Privilegien geltend gemacht. Und jetzt, in der Stunde der Gefahr, entsteht erst das Programm einer Lebensführung, deren Prinzipien zur Zeit des noch ungefährdeten, materiell gesicherten Daseins nie festgelegt und vielleicht auch nicht gar so streng befolgt wurden. Jetzt werden erst die Grundlagen der Adelsethik ausgebaut; der Aretebegriff mit seinen auf Herkunft, Rasse und Tradition gegründeten, aus körperlicher Tüchtigkeit und militärischer Zucht sich zusammensetzenden Zügen; die Kalokagathie mit ihrer Idee des Gleichgewichts der körperlichen und der geistigen, der physischen und der moralischen Eigenschaften; die Sophrosyne mit ihrem Ideal der Selbstbeherrschung, der Disziplin und des Maßes.

Das Epos findet zwar auch in Griechenland allenthalben dankbare Zuhörer und fleißige Nachahmer, die einheimische Chor- und Gedankenlyrik, die auf die Probleme der Stunde unmittelbareren Bezug nimmt, erweckt aber bei dem um sein Fortbestehen kämpfenden Adel mehr Interesse als die antiquierte Heldensage. Sentenzendichter wie Solon, Elegiker wie Tyrtaios und Theognis, Chorlyriker wie Simonides und Pindar wenden sich von Anfang an nicht mit amüsanten Abenteuergeschichten, sondern mit ernsten moralischen Unterweisungen, Ratschlägen und Mahnungen an den Adel. Ihre Dichtung ist subjektiver Gemütsausdruck, politische Propaganda und Moralphilosophie in einem, und sie selber sind die Erzieher und geistigen Führer, nicht mehr die Lustigmacher ihrer Volks- und Standesgenossen. Ihre Aufgabe ist, das Bewußtsein der Gefahr im Adel wachzuhalten und die Erinnerungen an seine Größe ihm wieder ins Gedächtnis zu rufen. Theognis, der begeisterte Panegyriker der Adelsethik, wendet sich wohl noch mit tiefster Verachtung gegen die neue Plutokratie und rühmt ihrem plebejischen Wirtschaftsgeist gegenüber die adeligen Tugenden der Freigebigkeit und der Grandezza, die Krise des Aretebegriffes aber macht sich schon bei ihm bemerkbar, denn er rät, trotz seines Widerwillens, Anpassung an die neuen, durch die Geldwirtschaft geschaffenen Verhältnisse, und bringt damit das ganze Moralsystem der Aristokratie ins Wanken. Aus der Krise, die hier zutage tritt, geht auch die tragische Weltanschauung Pindars, des größten Adelsdichters, hervor. Diese Krise ist die Quelle seiner Dichtung, wie sie eigentlich auch die Quelle der Tragödie ist. Die Tragiker haben allerdings das pindarsche Vermächtnis, bevor sie es in Besitz nehmen, von seinen Schlacken – dem beschränkten Familienkult, den einseitigen Sportidealen, den „Komplimenten an Turnlehrer und Reitknechte“[21] – zu reinigen und die tragische Konzeption des Lebens, im Sinne ihres breiteren und gemischter zusammengesetzten Publikums, aus der Enge der pindarischen Weltanschauung zu befreien.

Pindar schreibt noch für den geschlossenen Kreis seiner adeligen Standesgenossen, die er, obgleich er selber Berufsdichter ist und seinen Beruf durchaus gewerbsmäßig betreibt, als seinesgleichen betrachtet. Und da er in seinen Dichtungen nur die eigene Meinung auszusprechen vorgibt und für eine Betätigung belohnt sein will, die er auch unbelohnt ausüben würde, erweckt er den Eindruck des Amateurs, der ausschließlich zu seinem eigenen Vergnügen und zum Wohle seiner Adelsgenossen dichtet. Dieses fiktive Amateurtum wirkt auf den ersten Blick, als ob sich damit die Berufsmäßigkeit der dichterischen Praxis zurückbilden wollte, in Wirklichkeit wird aber gerade jetzt der entscheidende Schritt zum Berufsliteratentum getan. Simonides dichtet schon auf Bestellung, und zwar für beliebige Auftraggeber, ganz in der Art, wie später die Sophisten ihre Argumente feilbieten; er ist also gerade darin, wofür diese am meisten verachtet werden,[22] ihr Vorläufer. Es gibt zwar unter den Aristokraten auch wirkliche Dilettanten, die an der Komposition und Aufführung der Chöre gelegentlich teilnehmen, die Regel ist aber, daß sowohl die Dichter als auch die Ausführenden der Chorlyrik berufsmäßige Künstler sind, die gegenüber den früheren Zuständen eine weitere Berufsdifferenzierung vollziehen. Der Rhapsode war noch Dichter und Vortragender in einem; jetzt trennen sich die Funktionen – der Dichter ist kein Sänger mehr und der Sänger kein Dichter. Diese Arbeitsteilung betont vielleicht am stärksten die Handwerksmäßigkeit ihrer Kunst, die beim Sänger sogar jenen Schein des Amateurtums vermissen läßt, der dem gesinnungsmäßig gebundenen Dichter noch anhaftet. Die Chorsänger bilden einen weitverbreiteten und wohlorganisierten Berufsstand, so daß die Dichter die bestellten Gesänge in der sicheren Annahme aussenden können, daß ihrer Ausführung nirgends technische Schwierigkeiten im Wege stehen. Denn wie ein Dirigent heutzutage in jeder Großstadt ein brauchbares Orchester vorfindet, so konnte man damals bei öffentlichen und privaten Festlichkeiten überall auf einen geschulten Chor rechnen. Diese Chöre wurden von den Angehörigen des Adels erhalten und bildeten ein Instrument, über das sie unbeschränkt verfügten.

Die Adelsethik und das geistig-körperliche Schönheitsideal der Aristokratie bestimmen auch die Formen der gleichzeitigen Plastik und Malerei, wenn sie auch in diesen vielleicht nicht so deutlich zum Ausdruck kommen wie in der Dichtung. Die gewöhnlich als „Apollofiguren“ bezeichneten Standbilder von jugendlichen Adeligen, die in Olympia einen Sieg errungen hatten, oder Werke wie die Figuren der Giebel von Ägina in ihrer selbstgenügsamen Körperlichkeit und ihrer ritterlichen Haltung, entsprechen vollkommen dem aristokratisch-heroisierenden, altertümlich distanzierten Stil der pindarischen Oden. Der Gegenstand der Skulptur und der Dichtung ist dasselbe agonale Mannesideal, derselbe aristokratisch hochgezüchtete, athletisch durchgebildete Menschentypus. Die Teilnahme an den Olympischen Spielen ist ein Reservat des Adels; nur dieser verfügt über die Mittel, sich auf sie vorzubereiten und bei ihnen mitzutun. – Die erste Siegerliste stammt aus dem Jahre 776 v. Chr., die erste Siegerstatue wurde, nach Pausanias, 536 v. Chr. aufgestellt. Zwischen diese zwei Daten fällt die beste Zeit der Aristokratie. Sollten die Siegerstatuen bereits zur Aneiferung einer schwächeren, ehrgeizloseren, kleinmütigeren Generation geschaffen worden sein?

Die Athletendenkmäler strebten keine Ähnlichkeit an; sie waren Idealporträts, die einzig und allein der Erinnerung an die Siege und der Propagierung der Spiele gedient zu haben scheinen. Der Künstler hat wohl den Sieger nicht einmal immer zu Gesicht bekommen und das Ebenbild zuweilen nach einer beiläufigen Beschreibung des Modells verfertigen müssen.[23] Die Bemerkung bei Plinius, daß Athleten nach ihrem dritten Sieg auf die Porträtähnlichkeit ihrer Standbilder Anspruch hatten, muß sich auf eine spätere Zeit bezogen haben. In der archaischen Epoche wird keine der Statuen „ähnlich“ gewesen sein; später jedoch ist es leicht möglich, daß der gleiche Unterschied gemacht worden ist, wie man ihn heute macht, wo ein kleiner Preis ganz unpersönlich gehalten, ein großer aber mit dem Namen des Siegers und mit Angaben über die Einzelheiten der Konkurrenz versehen wird. Der archaischen Zeit war die Idee des Porträts in unserem Sinne jedenfalls unbekannt, wie groß auch sonst die Fortschritte gewesen sein mögen, die die Geschichte des Individualismus in ihr zu verzeichnen hat.

Mit der Ausbildung der städtischen Lebensformen, dem Ausbau der Verkehrswirtschaft und dem Sieg des Konkurrenzgedankens rückt die individualistische Weltanschauung in allen Gebieten des Geisteslebens in den Vordergrund. Auch die Wirtschaft des Alten Orients entwickelte sich zwar in einem städtischen Rahmen und war zum großen Teil gleichfalls auf Handel und Industrie gestellt, sie war aber entweder das Monopol der Königs- und Tempeloiken oder war jedenfalls so beschaffen, daß sie dem individuellen Wettbewerb wenig Spielraum ließ. In Ionien und Griechenland herrscht demgegenüber, wenigstens unter den freien Bürgern, wirtschaftliche Konkurrenzfreiheit. Mit dem Anfang des wirtschaftlichen Individualismus findet die Redaktion der Epen ihren Abschluß, und mit dem gleichzeitigen Hervortreten der Lyriker beginnt der Subjektivismus sich auch in der Dichtung durchzusetzen; und nicht nur etwa in motivischer Hinsicht, nicht nur darin, daß die Lyrik an und für sich persönlichere Gegenstände behandelt als die Epik, sondern auch in dem Anspruch der Dichter, als die Verfasser ihrer Gedichte zu gelten. Die Idee des geistigen Privateigentums meldet sich und faßt Wurzel. Die Dichtung der Rhapsoden war kollektive Leistung und der gemeinsame, ungeteilte Besitz der Schule, der Gilde, der Gruppe; keiner von ihnen betrachtete die Gedichte, die er vortrug, als sein persönliches Eigentum. Die Dichter der archaischen Zeit, und zwar nicht nur die subjektiven Gefühlslyriker, wie Alkaios und Sappho, sondern auch die Autoren der Reflexions- und Chorlyrik sprechen in erster Person zum Hörer. Die Gattungen der Dichtung verwandeln sich in mehr oder weniger individuelle Ausdrucksformen, in allen spricht sich der Dichter direkt aus oder spricht sein Publikum direkt an.

Aus dieser Zeit um 700 v. Chr. stammen auch die ersten signierten Werke der bildenden Kunst – an der Spitze mit der Vase des „Aristonothos", dem ältesten signierten Kunstwerk überhaupt. Im 6. Jahrhundert treten bereits die ersten individuell betonten Künstlerpersönlichkeiten hervor – eine bisher unbekannte Spezies.[24] Weder das prähistorische noch das altorientalische oder auch das geometrische Zeitalter der Griechen hatten so etwas wie einen individuellen Stil, private künstlerische Ziele und persönlichen Künstlerehrgeiz gekannt; sie hatten jedenfalls kein Zeichen von solchen Neigungen gegeben. Selbstgespräche, wie die Gedichte des Archilochos oder der Sappho, der Anspruch, von anderen Künstlern unterschieden zu werden, wie ihn Aristonothos bekundet, Versuche, das einmal Gesagte anders, wenn auch nicht immer besser zu sagen, sind vollkommen neue Erscheinungen, – die Vorboten einer Entwicklung, die, vom frühen Mittelalter abgesehen, bis zum heutigen Tage keine wesentliche Unterbrechung erlitten hat. Diese Tendenz kann sich aber, besonders im dorischen Kulturgebiet, nur gegen starke Widerstände durchsetzen. Die Aristokratie neigt an und für sich zum Antiindividualismus, sie gründet ihre Privilegien auf Eigenschaften, die dem ganzen Stand, oder ganzen Stämmen, gemeinsam sind. Der dorische Adel der archaischen Epoche aber ist für individualistische Ideen und Bestrebungen noch weniger zugänglich, als der Adel es im allgemeinen zu sein pflegt und der des heroischen Zeitalters oder der ionischen Handelsstädte es im besonderen gewesen ist. Auf den Helden wirkt der Stachel des Ruhmes, auf den Händler der des Erwerbs, beide sind Individualisten; für den dorischen Landadel aber haben einerseits die ehemaligen heroischen Ideale ihre Geltung bereits längst verloren, andererseits die Geld- und Erwerbswirtschaft eher eine Gefahr als eine Chance dargestellt. Es ist durchaus verständlich, daß er sich hinter die Traditionen seines Standes verschanzt und die individualistische Entwicklung in ihrem Fortschritt aufzuhalten trachtet.

Die Tyrannis, die am Ende des 7. Jahrhunderts zuerst in den führenden ionischen Städten, dann auch in Griechenland überall die Gewalt an sich reißt, bedeutet den entscheidenden Sieg des Individualismus über die Geschlechterideologie und bildet auch in dieser Hinsicht den Übergang zur Demokratie, von deren Errungenschaften sie, trotz ihres eigenen undemokratischen Wesens, so viel vorwegnimmt. Sie greift zwar mit ihrem System monarchischer Zentralgewalt auf eine noch voraristokratische Entwicklungsstufe zurück, nimmt aber gleichzeitig die Zersetzung des Geschlechterstaates in Angriff, setzt der Ausbeutung des Volkes durch den grundbesitzenden Adel Schranken und vollendet den Umbau der haus- und naturalwirtschaftlichen Produktion in die Verkehrs- und Geldwirtschaft, führt also den Sieg des Kaufmannstandes über die Grundrentner herbei. Die Tyrannen selber sind vermögende, zumeist adelige Kaufleute, die die immer häufiger sich ereignenden Konflikte zwischen den besitzenden und besitzlosen Klassen, der Oligarchie und dem Bauerntum, dazu benützen, um mit Hilfe ihres Vermögens von den politischen Machtmitteln Besitz zu ergreifen. Sie sind Handelsfürsten, die einen ebenso prunkvollen, an künstlerischen Attraktionen wohl noch reicheren Hofhalt führen als die Piratenfürsten der Heroenzeit. Sie sind aber auch Kenner, die man mit Recht als die Vorläufer der Renaissancefürsten und als die ersten Mediceer bezeichnet hat.[25] Sie müssen, wie die Usurpatoren der Macht in der italienischen Renaissance, durch Gewährung von greifbaren Vorteilen und äußeren Glanz die Illegitimität ihrer Herrschaft vergessen machen;[26] das erklärt den wirtschaftlichen Liberalismus und die Kunstfreundlichkeit ihrer Regierung. Sie benützen die Kunst nicht nur als Mittel der Ruhmesgewinnung und als Propagandainstrument, sondern auch als Opiat zur Betäubung ihrer Untertanen. An diesem Ursprung ihres Mäzenatentums ändert der Umstand, daß sie ihre Kunstpolitik oft mit wirklicher Kunstliebe und echtem Kunstverständnis verbinden, nicht das Geringste. Die Tyrannenhöfe sind die wichtigsten Kulturzentren und die größten Sammelstellen der künstlerischen Produktion der Zeit. Die bedeutenderen Dichter stehen fast alle in ihrem Dienste: Bacchylides, Pindar, Epimarchos, Aischylos finden wir am Hofe Hieros in Syrakus, Simonides bei Peisistratos in Athen, Anakreon ist der Hofdichter des Polykrates auf Samos, Arion der des Periandros in Korinth. Trotz dieses an den Höfen sich entwickelnden Betriebes weist die Kunst der Tyrannenzeit keine besonders hervorstechenden höfischen Stilmerkmale auf. Der rationalistische und individualistische Geist des Zeitalters läßt die repräsentativ-feierlichen und steif-konventionellen Formen, die für den Stil der Hofkunst sonst bezeichnend sind, nicht recht aufkommen. Höfisch ist an der Kunst dieser Epoche höchstens der lebensfreudige Sensualismus, der raffinierte Intellektualismus und die gekünstelte Eleganz der Ausdrucksweise, lauter Züge, die schon an der älteren ionischen Tradition zu beobachten waren und an den Höfen der Tyrannen nur weitergebildet zu werden brauchten.[27]

Wenn wir die Kunst der Tyrannenzeit mit der Kunst früherer Epochen vergleichen, fällt an ihr am meisten die Geringfügigkeit der sakralen Züge auf. Ihre Schöpfungen scheinen von hieratischen Bindungen fast ganz frei zu sein und zur Religion bloß äußerliche Beziehungen zu haben. Sie mögen Götterbild, Grabmonument, Weihgeschenk heißen, ihre kultische Verwendung ist nur der Vorwand ihrer Existenz; ihr wirklicher Zweck und Sinn ist die möglichst vollkommene Wiedergabe des menschlichen Körpers, die Interpretation seiner Schönheit, die Erfassung seiner sinnfälligen, von magischen und symbolischen Beziehungen unberührten Gestalt. Die Aufstellung der Athletenstandbilder mag mit Kulthandlungen verbunden gewesen sein, die ionischen Mädchenstatuen mögen als Votivgaben gedient haben, man braucht sie aber nur anzuschauen, um sich zu überzeugen, daß sie mit religiösen Gefühlen nichts und auch mit kultischen Überlieferungen nur wenig zu tun haben konnten. Man hat sie nur mit irgend einem Werk der altorientalischen Kunst zu vergleichen, um sich bewußt zu werden, wie frei, ja willkürlich sie gestaltet sind. Im Alten Orient ist das Kunstwerk, sei es Götterbild oder Menschenbildnis, ein Requisit des Kultes. Die Darstellungen aus dem trivialsten Alltag stehen noch mit dem Unsterblichkeitsglauben und dem Totenkult im Zusammenhang. Diese Beziehung zwischen Kult und Kunst besteht – wenn auch von vornherein lockerer gefügt – eine Zeitlang auch bei den Griechen, und die Bildwerke ihrer Frühzeit dürften tatsächlich bloß Weihgeschenke gewesen sein, was Pausanias merkwürdigerweise von den Kunstdenkmälern der Akropolis im allgemeinen behauptet.[28] Gerade im Zeitalter des Spätarchaismus aber löst sich das frühere innige Verhältnis zwischen Kunst und Religion, und die Produktion von profanen Kunstwerken nimmt von nun an, auf Kosten der sakralen, beständig zu. Die Religion hört indessen nicht auf zu leben und zu wirken, obgleich die

Kunst nicht mehr ihre Dienerin ist. In der Zeit der Tyrannis bereitet sich sogar eine religiöse Renaissance vor, die überall neue ekstatische Glaubensbekenntnisse, neue Geheimkulte, neue Sekten entstehen läßt. Diese entwickeln sich aber zunächst unterirdisch und dringen nicht zur Oberfläche der Kunst durch. Und so ist es nicht mehr die Kunst, die von der Religion Aufgaben und Anregungen empfängt, sondern es ist, im Gegenteil, der Religionseifer, der von der größern Kunstfertigkeit des Zeitalters angeregt wird. Die Sitte, den Göttern Abbildungen lebender Wesen als Votivgaben darzubringen, gewinnt durch das Geschick, diese Abbildungen imposanter, naturgetreuer, anziehender und den Göttern gefälliger auszuführen, neuen Antrieb, und die Heiligtümer füllen sich mit Skulpturen.[29] Der Künstler aber ist nicht mehr von der Priesterschaft abhängig, steht nicht unter ihrer Vormundschaft und bekommt seine Aufträge nicht von ihr zugeteilt. Seine Auftraggeber sind jetzt die Stadtgemeinden, die Tyrannen und für bescheidenere Arbeiten die reichen Privatleute; die Werke, die er für sie ausführt, haben nicht die Aufgabe, magisch oder heilbringend zu wirken, und treten, auch wenn sie heiligen Zwecken dienen, keineswegs mit dem Anspruch auf, selber heilig zu sein.

Wir stehen hier einer vollkommen neuen Idee der Kunst gegenüber; sie ist nicht mehr Mittel zum Zweck, sie ist Zweck und Ziel in sich. Im Anfang erschöpft sich jede geistige Form in ihrer praktischen Nützlichkeit; die Formen des Geistes aber haben die Fähigkeit und die Tendenz, sich von ihrer ursprünglichen Bestimmung loszulösen und sich zu verselbständigen, das heißt, zweckfrei und autonom zu werden. Der Mensch beginnt, sobald er sich in Sicherheit und von den unmittelbaren Sorgen des Lebens befreit fühlt, mit den geistigen Mitteln, die er sich in seiner Not als Waffe und Werkzeug geschaffen hat, zu spielen. Er fängt an, nach Ursachen zu fragen, Erklärungen zu suchen, nach Zusammenhängen zu forschen, die mit seinem Kampf ums Dasein nichts oder nur wenig zu tun haben. Aus praktischem Wissen wird zweckfreie Forschung; aus Mitteln zur Bekämpfung der Natur werden Methoden der Findung einer abstrakten Wahrheit. Und so wird auch aus der Kunst, die nur ein Requisit der Magie und des Kultes, ein Instrument der Propaganda und der Panegyrik, ein Mittel der Beeinflussung der Götter, Dämonen und Menschen war, reine, autonome, „interesselose“ Form, – Kunst um ihrer selbst und der Schönheit willen. So werden schließlich aus den Geboten und Verboten, den Pflichten und Tabus, die ursprünglich nur das gesellschaftliche Zusammenleben der Menschen ermöglichen und ihr Auskommen miteinander sichern sollten, die Imperative der „reinen“ Ethik, die Anleitung zur Vollendung und Verwirklichung der sittlichen Persönlichkeit. Dieser Schritt von der praktischen zur idealen, von der seinsverbundenen zur abstrakten Form wird sowohl in der Wissenschaft als auch in der Kunst und der Moral erst durch das Griechentum vollzogen; wie es vorher keine reine Erkenntnis, keine theoretische Forschung, keine rationale Wissenschaft gibt, so gibt es auch keine Kunst in unserem Sinne – in dem Sinne nämlich, der es zuläßt, die Schöpfungen der Kunst stets auch als bloße Form zu nehmen und zu genießen. Dieser Wandel aber von der Anschauung, nach welcher die Kunst nur eine Waffe im Lebenskampf ist und nur als solche Sinn und Wert hat, zu der Einstellung, für die sie von jedem praktischen Zweck, jeder Nützlichkeit, jedem außerästhetischen Interesse unabhängig, als bloßes Linien- und Farbenspiel, bloßer Rhythmus und Zusammenklang, bloße Nachahmung und Abwandlung der Wirklichkeit erscheint, bedeutet wohl die tiefgreifendste Veränderung, die in der Geschichte der Kunst je vor sich gegangen ist.

Im 7. und 6. Jahrhundert v. Chr., zur selben Zeit, als die Griechen in Ionien die Idee der Wissenschaft als reiner Forschung entdeckten, schaffen sie auch die ersten Werke einer reinen, zweckfreien Kunst – den ersten Anklang an „l'art pour l'art“. So ein Wandel vollzieht sich freilich nicht in der Lebenszeit einer Generation, nicht einmal in einer Zeitspanne, die mit der Lebensdauer der ganzen Tyrannis und des ganzen Archaismus abgemessen werden könnte; vielleicht ist einer solchen Veränderung mit historischen Zeitmaßstäben überhaupt nicht beizukommen. Es gelangt hier möglicherweise nur eine Tendenz zum Durchbruch, deren Anfänge so alt sind wie die der Kunst selber. Denn der eine oder der andere Zug dürfte schon in den frühesten künstlerischen Schöpfungen „reine“, von jedem Zweck und jeder Absicht unabhängige Form gewesen sein; die eine oder die andere Skizze, die eine oder die andere Variante wurde vielleicht schon bei den ältesten magischen, kultischen und politisch-propagandistischen Kunsterzeugnissen als reine Spielform geschaffen, die die praktische Aufgabe für einen Augenblick außer acht ließ. Wer vermag denn schließlich zu sagen, was an einem ägyptischen Götter- oder Königsbild noch Magie, Propaganda, Totenkult, und was schon reine, vom Kampf mit Leben und Tod losgelöste, autonome ästhetische Form war? Wie groß oder gering aber auch der Anteil dieses Autonom-Ästhetischen an den Kunstschöpfungen der Vor- und Frühzeit sein mochte, bis zum griechischen Archaismus war im wesentlichen jede Kunst Zweckkunst. Das sorglose Spielen mit den Formen, die Fähigkeit, aus den Mitteln einen Zweck zu machen, die Möglichkeit, die Kunst auch zur bloßen Schilderung, nicht nur zur Beherrschung und Beeinflussung der Wirklichkeit zu verwenden, ist die Entdeckung der Griechen dieser Epoche. Und wenn damit auch nur eine uralte Tendenz zum Durchbruch kommt, die Tatsache, daß sie sich durchsetzt, und daß Kunstwerke nunmehr um ihrer selbst willen geschaffen werden, ist an und für sich von größter Bedeutung, obgleich auch die so entstehenden, vermeintlich autonomen Formen soziologisch bedingt sein und einem verkappten praktischen Zweck dienen mögen.

Das Autonomwerden der einzelnen schöpferischen Fähigkeiten setzt die Formalisierung der geistigen Funktionen voraus; diese aber beginnt damit, daß man die Leistungen nicht mehr nur nach ihrer Nützlichkeit im Leben, sondern auch nach ihrer eigenen inneren Vollkommenheit beurteilt. Wenn man zum Beispiel den Feind wegen seiner Tüchtigkeit oder Tapferkeit bewundert, statt den Wert einer Eigenschaft, die einem verderblich werden kann, von vornherein zu verneinen, so ist dies der erste Schritt zur Neutralisierung und Formalisierung der Werte, wie sie am klarsten im Sport – der paradigmatischen Spielform des Kampfes – durchgeführt erscheint. Solche Spielformen aber sind auch die Kunst, die „reine“ Wissenschaft und in einem gewissen Sinne sogar die Sittlichkeit, wenn sie als pure, auf sich beruhende Leistung, von jeder Beziehung nach außen unabhängig, geübt werden. Mit ihrer Lostrennung voneinander und vom Lebensganzen zerfällt die einheitliche Weltweisheit, das undifferenzierte Weltwissen, das geschlossene Weltbild der früheren Kulturen in eine ethisch-religiöse, eine wissenschaftliche und eine künstlerische Sphäre. Am auffallendsten tritt uns diese Autonomie der Sphären in der ionischen Naturphilosophie des 7. und 6. Jahrhunderts v. Chr. entgegen. Hier begegnen wir zum erstenmal geistigen Formen, die von praktischen Überlegungen, Rücksichten und Zielen mehr oder weniger frei sind. Auch die vorgriechischen Kulturvölker hatten zwar ihre richtigen wissenschaftlichen Beobachtungen, Folgerungen und Berechnungen, all ihr Wissen und Können war aber von magischen Beziehungen, mythischen Erfindungen, religiösen Dogmen durchsetzt und stets mit dem Gedanken eines Nutzens verbunden. Bei den Griechen finden wir zum erstenmal eine nicht nur von Religion, Glauben und Aberglauben freie, rationalistisch organisierte, sondern auch von der Rücksicht auf die Praxis gewissermaßen unabhängige Wissenschaft. In der Kunst ist die Grenze zwischen praktischer und reiner Form weniger scharf gezogen und der Umschwung nicht so genau lokalisierbar, aber auch hier dürfte die Wendung im ionischen Kulturgebiet des 7. Jahrhunderts eingetreten sein. Streng genommen gehören schon die homerischen Gedichte der Welt der autonomen Formen an, denn auch sie sind keineswegs mehr Religion, Wissenschaft und Dichtung in einem, auch sie enthalten nicht mehr alles Wissens-, Sehens- und Erfahrenswerte ihrer Zeit, sondern sind eben nur oder fast nur Dichtung. Zum Durchbruch kommt jedenfalls die Tendenz zur Autonomie auch in der Kunst, wie in der Wissenschaft, erst um die Wende des 7. Jahrhunderts.

Die nächstliegende Antwort auf die Frage, warum die Wendung zur Selbständigkeit der Formen gerade um diese Zeit und in diesem Gebiet eingetreten sei, finden wir im Faktum der Kolonisation und in den Rückwirkungen, die das Leben inmitten von fremden Völkern und Kulturen auf die Griechen gehabt haben muß. Das Fremde, das sie in Kleinasien von allen Seiten umgibt, bringt sie zum Bewußtsein ihrer Eigenart; dieses Selbstbewußtsein aber und die damit verbundene Selbstbetonung, die Entdeckung und die Zuspitzung der eigenen individuellen Charaktereigenschaften, führt unwillkürlich zu dem Gedanken der Spontaneität und der Autonomie. Der an den Unterschieden der Denkart der verschiedenen Völker geschärfte Blick entdeckt allmählich auch den Unterschied der Elemente, aus denen das Weltbild jedes einzelnen dieser Völker zusammengesetzt ist. Wenn die Göttin der Fruchtbarkeit, der Gott des Donners oder der Genius des Krieges bei jedem von ihnen anders dargestellt wird, so wird man allmählich auf die Darstellung selber aufmerksam und versucht sich früher oder später in der Art der anderen, ohne den Glauben der anderen, ja, ohne einen Glauben überhaupt mit der Darstellung zu verbinden. Von hier ist es dann nur mehr ein Schritt zur Konzeption der eigenständigen, vom einheitlichen Weltbild losgetrennten Form. Das Ichbewußtsein – das integrierende, über die aktuelle Gelegenheit hinausgehende Wissen um sich selbst – ist die erste große Leistung der Abstraktion; die Emanzipierung der einzelnen geistigen Formen von ihrer Funktion im Ganzen des Lebens und in der Einheit des Weltbildes ist eine weitere.

Die Abstraktionsfähigkeit des Denkens, die zur Autonomie der Formen führt, erfährt neben diesen, mit den Umständen der Kolonisation zusammenhängenden Erfahrungen und Erlebnissen durch die Mittel und Methoden der Geldwirtschaft die wesentlichste Förderung. Die Abstraktheit der Tauschmittel, die Beziehung der verschiedenen Güter auf einen gemeinsamen Nenner, die Scheidung des Güteraustausches in die beiden selbständigen Akte des Einkaufes und des Verkaufes sind lauter Momente, die den Menschen an das abstrakte Denken gewöhnen und mit der Vorstellung von einer gleichen Form bei verschiedenen Inhalten und einem gleichen Inhalt bei wechselnden Formen vertraut machen. Wenn man einmal Inhalt und Form voneinander unterscheiden kann, ist man von der Idee, Inhalt und Form voneinander unabhängig zu denken und in der Form ein selbständiges Prinzip zu erblicken, nicht mehr fern. Auch die Auswertung dieser Idee ist von der mit der Geldwirtschaft verbundenen Vermögensakkumulation und Berufsdifferenzierung abhängig. Die Freisetzung von gewissen Elementen der Gesellschaft für die Schaffung von autonomen – das heißt „nutzlosen“ und „unproduktiven“ – Formen ist ein Zeichen des Reichtums, des Überflusses an Arbeitskraft und Muße. Die Kunst wird von Zauber und Religion, von Wissenschaft und Praxis erst unabhängig, wenn die Herrenschicht sich bereits den Luxus einer zwecklosen Kunst leisten kann.

## 3. KLASSIK UND DEMOKRATIE

Die griechische Klassik stellt auf den ersten Blick ein ungemein schwieriges soziologisches Problem dar. Die Demokratie, mit ihrem Liberalismus und Individualismus, und der klassische Stil, mit seinem Rigorismus und Schematismus, scheinen zunächst unvereinbar zu sein. Bei näherer Untersuchung aber stellt es sich heraus, daß weder die Demokratie des klassischen Athens so kompromißlos demokratisch, noch die Klassik der athenischen Demokratie so rigoros „klassisch“ ist, wie es zuerst erscheint. Das 5. vorchristliche Jahrhundert gehört vielmehr zu jenen Epochen der Kunstgeschichte, die die bedeutendsten und fruchtbarsten naturalistischen Errungenschaften zeitigten. Und zwar ist nicht nur die Frühklassik der Olympiaskulpturen und der myronischen Kunst, sondern, von kurzen Ruhepausen abgesehen, das ganze Jahrhundert in einem stetigen naturfreudigen Fortschritt begriffen. Die griechische Klassik unterscheidet sich eben darin von den späteren abgeleiteten klassizistischen Stilen, daß die Tendenz zur Naturtreue in ihr fast ebenso stark ist wie das Streben nach Maß und Ordnung. Diese Gegensätzlichkeit der künstlerischen Formprinzipien aber entspricht nur der Spannung, die auch die Gesellschafts- und Herrschaftsformen der Zeit erfüllt, – vor allem der widerspruchsvollen Beziehung der demokratischen Idee zum Problem des Individualismus. Die Demokratie ist individualistisch, indem sie der Konkurrenz der Kräfte freien Lauf läßt, jeden nach seinem persönlichen Wert taxiert und zu

Höchstleistungen anspornt, sie ist aber zugleich antiindividualistisch, indem sie die Standesunterschiede nivelliert und die Privilegien der Geburt aufhebt. Wir befinden uns mit ihr auf einer bereits so differenzierten Kulturstufe, daß die Alternative von Individualismus und Genossenschaftsgedanke gar nicht mehr eindeutig gestellt werden kann; die beiden sind unauflösbar miteinander verbunden. Bei so verwickelten Verhältnissen gestaltet sich natürlich auch die soziologische Zurechnung der Stilelemente schwieriger als auf früheren Stufen. Die verschiedenen Schichten sind, was ihre Interessen und Ziele betrifft, bei weitem nicht mehr so eindeutig definierbar, wie es der frühere grundbesitzende Adel und das besitzlose Bauerntum in ihrem Verhältnis zueinander waren. Nicht nur die Sympathien des Mittelstandes sind geteilt, nicht nur das städtische Bürgertum nimmt eine Mittelstellung zwischen Ober- und Unterschicht ein und ist einerseits an dem demokratischen Nivellierungsstreben, andererseits an der Schaffung von neuen, kapitalistischen Privilegien interessiert, auch der Adel verliert infolge seiner plutokratischen Orientierung die alte Einheitlichkeit und Konsequenz der Richtlinien und nähert sich dem traditionslosen, rationalistisch gesinnten Bürgertum.

Weder den Tyrannen noch dem Volk ist es gelungen, die Adelsherrschaft zu brechen; der Geschlechterstaat wurde zwar aufgehoben und die grundlegenden demokratischen Einrichtungen kamen, wenigstens der Form nach, in Geltung, der Einfluß des Adels blieb aber, mit geringen Einschränkungen, weiterbestehen. Mit den orientalischen Despotien verglichen mag das Athen des 5. Jahrhunderts als demokratisch gelten, neben den modernen Demokratien wirkt es als eine Hochburg der Aristokratie. Es wird zwar im Namen des Bürgertums, aber im Geiste des Adels regiert. Die Siege und die politischen Errungenschaften der Demokratie werden größtenteils von Männern aristokratischer Herkunft erfochten; Miltiades, Themistokles, Perikles sind die Söhne alter Adelsgeschlechter. Erst im letzten Viertel des Jahrhunderts haben Angehörige des Mittelstandes wirklichen Anteil an der Leitung der öffentlichen Angelegenheiten; die Aristokratie aber behält auch dann noch ihr Übergewicht im Staate. Sie muß freilich ihre Vorherrschaft bemänteln und der Bourgeoisie immer neue, wenn auch zumeist nur formelle Zugeständnisse machen. Daß sie das tun muß, bedeutet jedenfalls einen gewissen Fortschritt, die politische Demokratie entwickelt sich aber nie – nicht einmal am Ende des Jahrhunderts – zu einer wirtschaftlichen; der Fortschritt besteht höchstens darin, daß an die Stelle des Geburtsadels eine Geldaristokratie tritt und daß der sippenmäßig organisierte Adelsstaat einem plutokratisch aufgebauten Rentnerstaat Platz macht. Athen ist zu all dem eine imperialistische Demokratie: sie führt eine Kriegspolitik, deren Vorteile seine Vollbürger und Kapitalisten auf Kosten der Sklaven und der vom Kriegsgewinn ausgeschlossenen Schichten genießen. Die Fortschritte der Demokratie bedeuten im besten Fall die Erweiterung der Rentnerklasse.

Die Dichter und Philosophen fühlen weder dem begüterten noch dem unbegüterten Bürgertum gegenüber Sympathien; sie halten es mit dem Adel, auch wenn sie von bürgerlicher Herkunft sind. Alle die bedeutenden Geister des 5. und 4. Jahrhunderts stehen, mit Ausnahme der Sophisten und von Euripides, im Lager der Aristokratie und der Reaktion. Pindar, Aischylos, Herakleitos, Parmenides, Empedokles, Herodotos, Thukydides sind selber Aristokraten, und die Bürgersöhne Sophokles und Platon sind mit dem Adel durchaus solidarisch. Selbst Aischylos, der der Demokratie noch am meisten zugetan ist, wendet sich in seinen letzten Jahren gegen die seiner Meinung nach allzu progressive Entwicklung.[30] Auch die Komödiendichter der Zeit sind – obgleich die Komödie eine an und für sich demokratische Gattung ist[31] – reaktionär gesinnt, und nichts ist für die Verhältnisse in Athen bezeichnender, als daß ein Gegner der Demokratie wie Aristophanes nicht nur erste Preise gewinnen, sondern auch große Publikumserfolge erzielen kann.[32] Diese konservativen Tendenzen verlangsamen den Fortschritt des Naturalismus, können ihn aber nicht aufhalten. Wie genau man übrigens den Zusammenhang zwischen Naturalismus und progressiver Politik einerseits, Formrigorismus und Konservativismus andererseits empfindet, beweist, daß Aristophanes an den Tragödien von Euripides die Verletzung der alten aristokratischen Lebensideale und die des alten künstlerischen „Idealismus“ in einem Atem und unter den gleichen Gesichtspunkten kritisiert. Nach Aristoteles soll schon Sophokles gesagt haben, daß er die Menschen so darstelle, wie sie sein sollten, Euripides so hingegen, wie sie tatsächlich sind (Poet. 1460b, 33–35). Diese Worte aber sind nur eine andere Formulierung des Gedankens, den Aristoteles selber so ausdrückt, daß die Gestalten Polygnots und die Charaktere Homers „besser seien als wir selber“ (Poet. 1448a, 5–15), so daß das angebliche Diktum des Sophokles vielleicht gar nicht authentisch ist. Wie dem aber auch sei, ob nun Sophokles, Aristophanes, Aristoteles oder ein anderer diesen Gedanken zuerst aussprach, die Idee, den klassischen Stil als „Idealismus“ und die klassische Kunst als die Darstellung einer seinsollenden, besseren Welt, eines gesinnungsmäßig höheren Menschentums, zu kennzeichnen, ist eine charakteristische Äußerung der aristokratischen Denkart, die dieses Zeitalter beherrscht. Der ästhetische Idealismus der Adelskultur kommt vor allem in der Wahl der darzustellenden Stoffe zur Geltung. Die Aristokratie bevorzugt oder wählt gar ausschließlich Gegenstände des althellenischen Götter- und Heldenmythos; die Motive der Gegenwart und des Alltags empfindet sie als gemein und nichtig. Der Naturalismus als Stil erregt zunächst nur mittelbar, nur als die übliche Darstellungsweise für Gegenwartsmotive, ihren Widerwillen; sie verabscheut ihn aber da, wo er sich, wie bei Euripides, an die großen historischen Stoffe heranwagt, noch mehr als in den volkstümlichen Gattungen, wo er wenigstens den trivialen Gegenständen adäquat ist.

Die Tragödie ist die charakteristischste künstlerische Schöpfung der athenischen Demokratie; in keiner Gattung kommen die inneren Gegensätze ihrer Gesellschaftsstruktur so unmittelbar und scharf zum Ausdruck wie hier. Ihre äußere Form, die Öffentlichkeit der Darbietung, ist demokratisch, ihr Inhalt, die Heldensage und das heroisch-tragische Lebensgefühl, aristokratisch. Sie wendet sich von vornherein an ein zahlreicheres und mannigfaltiger zusammengesetztes Publikum als der für vornehme Tischgesellschaften bestimmte Heldengesang oder auch das Epos; sie ist aber andererseits ganz an dem Ethos des großen Einzelnen, des ungewöhnlichen, vornehmen Menschen, der Verkörperung der aristokratischen Kalokagathie, orientiert. Sie verdankt ihren Ursprung der Konfrontierung des Chorführers mit dem Chor und der Umwandlung der kollektiven Form des Chorgesanges in die dialogische Form des Dramas – also wesentlich individualistischen Motiven; ihre Wirkung setzt aber andererseits ein starkes Gemeinschaftsgefühl, eine weitgehende Nivellierung verhältnismäßig breiter Schichten voraus und kann in ihrer wahren Gestalt nur als Massenerlebnis zustandekommen. Auch die Tragödie wendet sich freilich noch an ein ausgewähltes Publikum, das im besten Fall aus der Gesamtheit der Vollbürger der Stadt besteht und nicht viel demokratischer zusammengesetzt ist als die Schichten, die das Regiment über die Polis führen. Der Geist aber, in dem das offizielle Theater geleitet wird, ist noch weniger volkstümlich als die Zusammensetzung seines Publikums, denn auf die Auswahl der Stücke und die Zuteilung der Preise haben nicht einmal die schon von vornherein durchgesiebten Massen, die den Aufführungen beiwohnen, entscheidenden Einfluß. Die Kompetenz liegt ganz in den Händen der reichen Bürger, die für die Liturgie aufzukommen haben, und der Preisrichter, die nichts als Exekutivorgane des Magistrats sind und sich bei ihrem Urteil in erster Reihe von politischen Rücksichten leiten lassen. Der freie Zutritt aber und die Entschädigung des Publikums für die im Theater verbrachte Zeit, Begünstigungen, die man als den höchsten Triumph der Demokratie zu rühmen pflegt, sind gerade jene Momente, die den Einfluß der Massen auf das Schicksal des Theaters von vornherein verhindern; denn nur eine Bühne, deren Existenz von den Groschen, die an Eintrittsgeldern gezahlt werden, abhängt, kann ein wirkliches Volkstheater sein. Die durch den Klassizismus und die Romantik in Kurs gesetzte Auffassung vom attischen Theater als dem Prototyp einer Nationalbühne und von seinem Publikum als dem Ideal einer das ganze Volk in sich vereinigenden Kunstgemeinde ist eine Entstellung der historischen Wahrheit.[33] Das Festspieltheater der athenischen Demokratie war durchaus keine Volksbühne; die Klassizisten und Romantiker konnten es nur darum als eine solche darstellen, weil sie unter einem Theater vor allem ein Bildungsinstitut verstanden haben. Das wirkliche Volkstheater der Antike war der Mimus, der keine Subvention bezog, infolgedessen auch keine Weisungen von oben zu befolgen hatte und seine Richtlinien einzig und allein aus der eigenen unmittelbaren Erfahrung mit dem Publikum schöpfte. Er bot den Leuten keine kunstvoll gebauten Dramen mit tragisch-heroischen, vornehmen und erhabenen Sitten, sondern kurze, skizzenhafte, naturalistisch gezeichnete Lebensbilder mit Motiven und Typen aus dem trivialsten Alltag. Darin haben wir es erst mit einer Kunst zu tun, die nicht nur für das Volk, sondern gewissermaßen auch von dem Volk geschaffen wurde. Die Mimen mögen Berufsschauspieler gewesen sein, sie blieben Volksschauspieler und hatten mit der Bildungselite, wenigstens solange sie bei der vornehmen Gesellschaft nicht in Mode kamen, nichts zu tun. Sie stammten aus dem Volke, teilten den Geschmack des Volkes und schöpften aus der Lebensweisheit des Volkes. Sie wollten ihre Zuschauer weder belehren noch erziehen – sie wollten sie unterhalten. Dieses unprätentiöse naturalistische Volkstheater hatte eine viel längere und geschlossenere Entwicklung hinter sich und konnte eine viel reichere und mannigfaltigere Produktion aufweisen als das offizielle klassische Theater, nur gingen für uns seine Schöpfungen fast restlos verloren. Wären sie uns erhalten geblieben, so hätten wir wohl von der griechischen Literatur, und wahrscheinlich von der ganzen griechischen Kultur, eine andere Vorstellung. Der Mimus ist nicht nur viel älter als die Tragödie, er ist wahrscheinlich uralt und hängt entwicklungsgeschichtlich mit den magisch-mimischen Tanzchören, den Vegetationsriten, dem Jagdzauber und dem Totenkult unmittelbar zusammen. Die Tragödie, die aus dem Dithyrambus, einer an und für sich undramatischen Gattung, entsteht, hat allem Anschein nach die dramatische Form – die Verwandlung der Darsteller in die fiktiven Personen der Handlung und die Transponierung der epischen Vergangenheit in die Gegenwart – vom Mimus her. In der Tragödie bleibt allerdings das Dramatische dem lyrisch-didaktischen Element untergeordnet; daß der Chor sich behaupten kann, beweist schon, daß die Tragödie nicht ausschließlich auf das Dramatische gestellt ist und auch anderen Zwecken als der Unterhaltung des Publikums zu dienen hat.

Im Festspieltheater besitzt die Polis ihr wertvollstes Propagandainstrument; sie liefert es selbstverständlich nicht einfach der Willkür der Dichter aus. Die Tragiker sind Staatsstipendiaten und Staatslieferanten; der Staat entlohnt sie für die aufgeführten Stücke, läßt aber natürlich nur solche aufführen, die seiner Politik und den Interessen der herrschenden Schichten entsprechen. Die Tragödien sind Tendenzstücke und wollen auch nicht anders erscheinen; sie behandeln Fragen der Tagespolitik und drehen sich um Probleme, die mit der brennendsten Frage des Tages, dem Verhältnis des Geschlechter- und des Volksstaates, unmittelbar oder mittelbar zusammenhängen. Daß Phrynichos, wie es heißt, bestraft wurde, weil er die erst kurz zuvor stattgefundene Einnahme von Milet zum Gegenstand eines Stückes machte, geschah wahrscheinlich, weil seine Behandlung des Themas der offiziellen Auffassung nicht entsprach, nicht aber weil er etwa das Prinzip des „l'art pour l'art" verletzt hätte.[34] Nichts lag der damaligen Kunstanschauung ferner als die Idee eines Theaters, das von jeder Beziehung zum Leben und zur Politik frei gewesen wäre. Die griechische Tragödie war im engsten Sinne des Wortes „politisches Theater"; das Finale der *Eumeniden* mit dem inbrünstigen Gebet um das Gedeihen des attischen Staates zeigt, worum es ihr am meisten zu tun war. Mit dieser Politisierung des Theaters hängt es zusammen, daß der Dichter wieder als der Hüter einer höheren Wahrheit und als der Erzieher seines Volkes zu einem höheren Menschentum angesehen wird. Infolge der Verbindung der Tragödienaufführungen mit den staatlich eingesetzten Festen und durch den Umstand, daß die Tragödie die autoritäre Auslegung des Mythos geworden ist, rückt er sogar wieder in die Nähe des Priesters und des Magiers der Vorzeit.

Die Einsetzung des Dionysoskultes durch Kleisthenes in Sikyon ist zwar ein politischer Schachzug, womit der Tyrann den Adrastoskult der Adelsgeschlechter zu verdrängen sucht, und die durch Peisistratos eingeführten Dionysien in Athen sind politisch-religiöse Feste, bei welchen der politische Faktor ungleich wichtiger ist als der religiöse, die kultischen Einrichtungen und Reformen der Tyrannen stützen sich aber auf echte religiöse Gefühle und Bedürfnisse des Volkes und verdanken teilweise dieser Gefühlsdisposition ihren Erfolg. Die Demokratie benützt die Religion, ebenso wie die Tyrannis es getan hat, hauptsächlich dazu, um die Massen an den neuen Staat zu binden. Die Tragödie erweist sich bei dieser Verbindung von Religion und Politik als die beste Vermittlerin, indem sie zwischen Religion und Kunst, dem Irrationalen und dem Rationalen, dem „Dionysischen" und „Apollinischen" an und für sich in der Mitte steht. Das rationale Moment, das heißt der Kausalnexus der dramatischen Handlung, spielt in der Tragödie von Anfang an eine fast ebenso wichtige Rolle wie das irrationale Element, die tragisch-religiöse Erschütterung. Je reifer aber die Klassik wird, desto stärker tritt das rationale Prinzip hervor und desto wesenloser wird das irrationale. Schließlich wird alles Dumpfe und Dunkle, Mystische und Ekstatische, Unbeherrschte und Unbewußte in das Tageslicht der sinnfälligen Formen gerückt und überall die überprüfbare Gestalt, der kausale Zusammenhang, die logische Begründung gesucht. Das Drama, die rationalistischste Gattung, diejenige, in der die lückenlose und konsequente Motivation von der größten Bedeutung ist, ist zugleich die klassischste Form. Aus dieser geht am klarsten hervor, wie groß der Anteil des Rationalismus und Naturalismus an der Klassik war und wie kongruent diese beiden Prinzipien sein können.

In der bildenden Kunst sind die Elemente des Naturalismus und der Stilisierung noch inniger miteinander verbunden als im Drama, wo die zum Formrigorismus neigende Tragödie und der naturalistische Mimus zwei verschiedene Gattungen bilden und wo der Naturalismus der Tragödie sich auf die logische Wahrscheinlichkeit der Handlung und die psychologische Glaubwürdigkeit der Charaktere beschränkt. In der Plastik und Malerei des Zeitalters sind dagegen auch das Häßliche, das Gewöhnliche und Triviale wichtige Motive der Darstellung. Auf den Giebeln des Zeustempels von Olympia, des repräsentativen künstlerischen Denkmals der Frühklassik, finden wir einen Greis mit schlaffer, überhängender Haut am Bauch und einen Lapithen mit häßlichen negroiden Zügen dargestellt. Die Motivenwahl ist also durchaus nicht mehr ausschließlich von dem Prinzip der Kalokagathie beherrscht. Die gleichzeitige Vasenmalerei übt sich in der Perspektive und den Verkürzungen und befreit sich nunmehr auch von dem letzten Rest der archaischen Rechtwinkligkeit und Frontalität. Myrons Bestrebungen konzentrieren sich bereits auf die Schilderung der Vitalität und Spontaneität. Der Darstellung der Bewegung, des plötzlichen Schwunges, der dynamisch geladenen Pose gehört seine ganze Aufmerksamkeit. Er sucht das Transitorische der Bewegung, den Eindruck des dahingleitenden Augenblicks festzuhalten. In seinem Diskobolos wählt er den flüchtigsten, spannungsvollsten, zugespitztesten Moment zur Darstellung: den Augenblick unmittelbar vor dem Abschiessen der Scheibe. Hier wird seit dem Paläolithikum zum erstenmal der Wert des „fruchtbaren Moments" erfaßt. Es beginnt die Geschichte des abendländischen Illusionismus und es endet die der vorstelligen, gedankenmäßigen, nach Hauptansichten geordneten Darstellungsweise. Es wird, mit anderen Worten, eine Stufe erreicht, auf der die an und für sich noch so schöne, noch so ausgeglichene, dekorativ noch so wirkungsvolle Form keinen Verstoß mehr gegen die Gesetze der Erfahrung zu rechtfertigen vermag. Die naturalistischen Errungenschaften werden nicht mehr in ein System von unabänderlichen Traditionen eingebaut und durch diese begrenzt; die Darstellung hat unter allen Umständen „richtig" zu sein, und es sind die Traditionen, die weichen müssen, wenn die Richtigkeit der Darstellung mit ihnen als unvereinbar erscheint.

Die Lebensformen sind so dynamisch, so ungebunden, von starren Überlieferungen und Vorurteilen so frei geworden, wie sie es seit dem Ende des Paläolithikums nie gewesen sind. Alle äußerlichen und institutionsmäßigen Schranken der individuellen Freiheit sind gefallen; es gibt keine Despoten, keine Tyrannen, keinen erblichen Priesterstand, keine autonome Kirche, keine heiligen Bücher, keine geoffenbarten Dogmen, kein ausdrückliches Wirtschaftsmonopol und keine formelle Beschränkung der Konkurrenzfreiheit mehr; alles begünstigt die Entwicklung einer weltzugewandten diesseits- und gegenwartsfreudigen, den Wert des Augenblicks würdigenden

Kunst. Neben dieser dynamischen und progressiven Tendenz sind aber die alten konservativen Mächte noch immer wirksam; der Adel, der sich an seine Privilegien klammert und mit dem autoritären Geschlechterstaat die alte konkurrenzlose Monopolwirtschaft aufrechtzuerhalten strebt, trachtet auch in der Kunst, die Geltung der strengen, archaischen, statischen Formen zu bewahren. Und so gestaltet sich die ganze Geschichte der Klassik zu der abwechselnden Vorherrschaft der beiden gegensätzlichen Stile. Nach dem bewegten Anfang des Jahrhunderts tritt mit der polykletischen Formel ein Stillstand ein; in den Parthenonskulpturen entsteht dann eine Synthese der beiden Richtungen, die gegen Ende des Jahrhunderts wieder einer naturalistisch expansiven Tendenz weicht. Die allzu scharfe Abgrenzung der Stilrichtungen gegeneinander würde aber auch in den extremen Fällen eine unstatthafte Simplifizierung des wirklichen komplexen, feinverzweigten, historischen Sachverhalts bedeuten. Naturalismus und Stilisierung sind in der griechischen Klassik fast überall unzertrennlich miteinander verbunden, wenn auch ihr Gleichgewicht nicht immer so vollendet ist wie in dem Göttersymposion des Parthenonfrieses oder, um ein weniger anspruchsvolles Werk zu nennen, in jener „Trauernden Athena“ des Akropolismuseums, die in ihrer vollkommenen Entspanntheit bei vollkommener Beherrschung der Form, ihrer restlosen Überwindung alles Angestrengten, Krampfhaften und Maßlosen, ihrer Freiheit und Leichtigkeit, ihrer Gelassenheit und Zurückhaltung außer der klassischen Kunst kaum ihresgleichen hat. Es wäre indessen durchaus irrig, die sozialen Bedingungen im damaligen Athen als die notwendigen oder auch nur als die idealen Voraussetzungen für die Entstehung einer Kunst dieser Art und dieses Ranges anzusehen. Der künstlerische Wert hat kein einfaches soziologisches Äquivalent; die Soziologie kann höchstens die Elemente, aus welchen sich ein Kunstwerk zusammensetzt, auf ihren Ursprung zurückführen – diese Elemente können aber in Werken von verschiedenster Qualität die gleichen sein.

## 4. DIE GRIECHISCHE AUFKLÄRUNG

In dem Maße wie das Jahrhundert sich seinem Ende nähert, gewinnen die naturalistischen, individualistischen und subjektiv-emotionalen Faktoren der Kunst an Umfang und Gewicht. Die Entwicklung schreitet von der Typik zur Charakteristik, von der Konzentration zur Häufung der Motive, von der Zurückhaltung zum Überschwang. In der Literatur beginnt die Epoche der Biographie, in der bildenden Kunst die des Porträts. Der Stil der Tragödie nähert sich dem Konversationston der Alltagssprache und nimmt das impressionistische Kolorit der Lyrik an. Die Charaktere erscheinen interessanter als die Handlung, die differenzierten und die exzentrischen Naturen anziehender als die einfachen und die normalen. In der bildenden Kunst betont man die Dreidimensionalität und die Perspektive, bevorzugt die Dreiviertelansichten, Verkürzungen und Überschneidungen. Die Grabstelen stellen stimmungsvolle, intime, häusliche Szenen dar, die Vasenmalerei sucht das Idyllische, Zarte, Graziöse.

In der Philosophie entspricht dieser Entwicklung die geistige Revolution der Sophistik, die in der zweiten Hälfte des 5. Jahrhunderts das ganze, noch immer auf den Voraussetzungen der Adelskultur beruhende Weltbild der Griechen auf neue Grundlagen stellt. Diese Bewegung, die in denselben geldwirtschaftlichen, städtisch-bürgerlichen Verhältnissen wurzelt wie die Wendung der Kunst zum Naturalismus, setzt der adeligen Kalokagathie ein neues Bildungsideal entgegen und legt das Fundament einer Erziehung, die, statt die irrationalen Gegebenheiten der Physis zu pflegen, bewußte, urteilsfähige und redegewandte Polisbürger heranzubilden sich zur Aufgabe macht. Die neuen bürgerlichen Tugenden, die an die Stelle der ritterlich-agonalen Ideale des Adels treten, sind auf Wissen, logisches Denken, Bildung des Geistes und der Sprache gegründet. Zum erstenmal in der Geschichte der Menschheit ist das Ziel der Erziehung, Geistesmenschen auszubilden. Man braucht sich nur Pindars und seiner Verspottung der „Gelernten“ zu entsinnen, um den ganzen Abstand zu ermessen, der die Welt der Sophisten von der der spartanischen Turnlehrer trennt. Hier, in der Gedankenwelt der Sophisten, stehen wir zum erstenmal der Idee einer Intelligenz gegenüber, die kein abgegrenzter Berufsstand mehr ist wie die Priesterschaft der vorgeschichtlichen und der frühen geschichtlichen Zeiten, oder die Rhapsoden des homerischen Zeitalters, sondern ein Menschenreservoir, das weit genug ist, um den Nachwuchs der zum politischen Führertum Berufenen sicherzustellen.

Die Sophisten gehen von der unbeschränkten Erziehbarkeit des Menschen aus und glauben, im Gegensatz zu der alten mystischen Lehre vom Blute, an die Lehrbarkeit der „Tugend“. Mit ihrer Idee der Bildung nimmt der abendländische Kulturgedanke, der auf Bewußtheit, Kontrollfähigkeit und Kritik beruht, seinen Ursprung.[35] Mit ihnen beginnt die Geschichte des abendländischen Rationalismus, die Kritik der Dogmen, Mythen, Traditionen und Konventionen. Von ihnen stammt die Idee des historischen Relativismus, die Einsicht in die historische Bedingtheit der wissenschaftlichen Wahrheiten, ethischen Normen und religiösen Glaubenssätze. Sie sind die ersten, die in allen Geltungen und Ordnungen – in Wissenschaft, Recht, Moral, Mythos, Götterbild – historische Gebilde, Schöpfungen des Menschengeistes und der Menschenhand erblicken. Sie entdecken die Relativität von Wahr und Falsch, Recht und Unrecht, Gut und Böse, erkennen die pragmatischen Motive der menschlichen Wertungen und sind damit die Vorläufer aller humanistischen Aufklärungs- und Enthüllungsbestrebungen. Ihr Rationalismus und Relativismus ist übrigens von dem gleichen Wirtschaftsstil, den gleichen Tendenzen des freien Wettbewerbs und des Erwerbstrebens, abhängig, wie das naturwissenschaftliche Weltbild der Renaissance, die Aufklärung des 18. und der Materialismus des 19. Jahrhunderts. Der antike Kapitalismus eröffnet ihnen ähnliche Perspektiven wie der moderne Kapitalismus ihren Nachfolgern.

Die Kunst steht in der zweiten Hälfte des 5. Jahrhunderts unter der Wirkung der gleichen Erfahrungen, die die Ideen der Sophisten bestimmen; eine geistige Bewegung jedoch wie die

Sophistik mußte mit ihrem anregenden Humanismus die Weltanschauung der Dichter und Künstler auch unmittelbar beeinflussen. Im 4. Jahrhundert gibt es keine Kunstgattung mehr, in der dieser Einfluß nicht wahrzunehmen wäre. An keiner aber läßt sich der neue Geist deutlicher ablesen als an dem neuen Athletentypus, der bei Praxiteles und Lysippos das Männerideal des Polyklet ersetzt. Ihr Hermes und Apoxyomenos haben nichts Heroisches, nichts aristokratisch Strenges und Abweisendes mehr an sich und machen eher den Eindruck eines Tänzers als den eines Athleten. Ihre Geistigkeit drückt sich in ihrem ganzen Habitus aus, ihr ganzer Körper ist beseelt, ihre Nerven vibrieren an der Epidermis. Ihre ganze Erscheinung trägt die Züge jener Einmaligkeit an sich, die die Sophisten an den geistigen Gebilden beobachten und betonen. Ihr ganzes Wesen ist dynamisch geladen, voll latenter Kraft und Bewegung. Sie lassen den Beschauer bei keiner Ansicht verharren, denn sie richten sich nach keinen „Hauptansichten" mehr; sie unterstreichen dagegen die Unvollständigkeit und die Einstweiligkeit der einzelnen Aspekte und zwingen den Beschauer zur fortwährenden Änderung seines Standpunktes und zur allmählichen Umgehung der ganzen Figur, bis ihm schließlich die Relativität jedes einzelnen Aspektes bewußt wird. Auch das ist aber nur eine Parallele zu der Lehre der Sophisten, daß jede Wahrheit, jede Norm, jede Geltung eine perspektivische Struktur habe und sich mit der Änderung des jeweiligen Gesichtspunktes verändere. Die Kunst macht sich erst jetzt von den letzten Bindungen des Geometrismus frei; erst jetzt verschwinden die letzten Spuren der Frontalität. Der Apoxyomenos ist bereits ganz mit sich selbst beschäftigt, führt ein Dasein für sich und nimmt von dem Beschauer keine Notiz mehr. Im Individualismus und Relativismus der Sophistik und im Illusionismus und Subjektivismus der gleichzeitigen Kunst kommt der gleiche Geist des wirtschaftlichen Liberalismus und der Demokratie zum Ausdruck, die gleiche geistige Verfassung einer Generation, die auf die alte aristokratische Haltung, auf Feierlichkeit und Großartigkeit des Auftretens keinen Wert mehr legt, weil sie alles nur sich selber, nichts ihren Ahnen verdankt, und die ihre Gefühle und Leidenschaften mit einer ganz hemmungslosen Offenheit enthüllt, weil sie von der Idee des menschlichen Maßes aller Dinge durchdrungen ist.

Ihren umfassendsten und bedeutendsten künstlerischen Ausdruck findet die Gedankenwelt der Sophistik in Euripides, dem einzigen wirklichen Dichter der griechischen Aufklärung. Die mythischen Stoffe scheinen für ihn nur ein Vorwand zu sein, um die aktuellsten Fragen der Philosophie und die unmittelbarsten Probleme des bürgerlichen Lebens zu behandeln. Er diskutiert frank und frei das Verhältnis der Geschlechter, die Ehe, die Frauen- und Sklavenfrage, und aus der Sage der Medea macht er so etwas wie ein bürgerliches Ehedrama.[36] Seine gegen den Mann revoltierende Heldin steht den Frauengestalten Hebbels und Ibsens fast näher als den Heroinen der älteren Tragödie. Denn was hätten diese noch mit einem Frauenzimmer zu tun, das erklärt, daß man zum Kinderkriegen mehr Mut brauche als zu den kriegerischen Heldentaten! Die bevorstehende Auflösung der Tragödie aber verrät sich nicht nur in der unheroischen Weltanschauung, sondern auch in der skeptischen Deutung des Schicksals und der negativen Theodizee des Euripides. Aischylos und Sophokles glaubten noch an „die immanente Gerechtigkeit des Weltlaufs", bei Euripides ist der Mensch nur mehr der Spielball des Zufalls.[37] An Stelle der Erschütterung, die der Zuschauer über die Erfüllung des göttlichen Willens empfunden hat, tritt das Erstaunen über die Wunderlichkeit des menschlichen Schicksals und die Bestürzung über den jähen Wechsel des irdischen Glücks. Von dieser, mit dem Relativismus der Sophisten übereinstimmenden Anschauung rührt die Lust an allem Zufälligen und Wunderbaren her, die für Euripides und die ganze spätere Entwicklung so charakteristisch ist. Das Vergnügen an den Peripetien des Schicksals erklärt auch ihre Vorliebe für das *happy ending* in der Tragödie. Bei Aischylos ist der glückliche Ausgang noch ein Überbleibsel aus dem primitiven Passionsdrama, wo auf den Märtyrertod des Gottes seine Auferstehung folgt,[38] und ist als solches der Ausdruck eines tief religiösen Optimismus. Bei Euripides wirkt dagegen das glückliche Ende durchaus nicht erhebend, denn es ist ein Geschenk desselben blinden Zufalls, der den Helden ins Unglück gestürzt hat. Bei Aischylos ließ der versöhnliche Ausgang die Tragik der Ereignisse unberührt, bei Euripides hebt er sie zum Teil auf. Der psychologische Naturalismus, der die Dramatik des Euripides beherrscht, vollendet die Zersetzung des tragisch-heroischen Lebensgefühls. Schon die bloße Tatsache, daß die Frage von Schuld und Nichtschuld erörtert wird, verhindert das Aufkommen der tragischen Erschütterung. Die Helden von Aischylos sind schuldig im Sinne eines Fluches, der auf ihnen liegt,[39] – das ist etwas Objektives und Unstreitiges. Der Gedanke des Unschuldig-Leidens und der Ungerechtigkeit des Schicksals taucht hier gar nicht auf. Erst bei Euripides wird der subjektive Standpunkt diskutiert, erst hier wird beschuldigt und gerechtfertigt, um Recht und Zurechnung gefeilscht. Erst jetzt nehmen die tragischen Charaktere jenen pathologischen Zug an, der es dem Zuschauer erlaubt, sie gleichzeitig für schuldig und unschuldig zu halten. Das Pathologische erfüllt hier die doppelte Aufgabe, dem Geschmack der Zeit am Sonderbaren Rechnung zu tragen und der psychologischen Rechtfertigung des Helden zu dienen. In der Erörterung der Schuldfrage und der Motivierung der tragischen Handlung kommt übrigens noch ein weiterer von der Sophistik herrührender Zug des euripidischen Dramas zum Ausdruck: die Vorliebe für das Rhetorische. Diese verrät aber, ebenso wie die Lust an der philosophischen Sentenz, die für Euripides so bezeichnend ist, die eingetretene Senkung des ästhetischen Niveaus, oder vielmehr das allzu plötzliche Eindringen von neuem, künstlerisch unverarbeitetem Material in die Dichtung.

Euripides ist als Dichterpersönlichkeit eine im Verhältnis zu seinen Vorgängern durchaus modern anmutende Erscheinung und ist auch als sozialer Typus von der Sophistik abhängig. Er ist Literat und Philosoph, Demokrat und Volksfreund, Politiker und Reformer, ist aber gleichzeitig ein Klassenloser und sozial Entwurzelter, so wie es seine Lehrer sind. Schon im Zeitalter der Tyrannis begegneten wir Dichtern wie Simonides, die ihren Beruf gewerbsmäßig betrieben, ihre Dichtungen als Ware feilgeboten, ein Wanderleben ohne feste Stellung geführt haben und von ihren Brotherrn gleichzeitig als Gäste und Diener behandelt wurden, also wohl Berufsliteraten waren, aber bei weitem noch kein unabhängiges Berufsliteratentum bildeten. Es fehlte nicht nur ein dem Buchdruck entsprechendes Verbreitungsmittel für ihre Werke, es fehlte auch der allgemeine Bedarf an dichterischen Produkten, der zu so etwas wie einem freien Markt geführt hätte. Die Zahl der Interessenten war so gering, daß an eine wirtschaftliche Unabhängigkeit der Dichter gar nicht zu denken war. Die Sophisten sind in sozialer Beziehung die direkten Nachfolger der Dichter der Tyrannenzeit – auch sie sind beständig auf der Wanderschaft und führen eine ungeregelte, wirtschaftlich ungesicherte Existenz –, sie sind aber durchaus keine Parasiten mehr, stehen nicht mehr einer von vornherein beschränkten Anzahl von Brotherren, sondern einem verhältnismäßig breiten, unpersönlichen, neutralen Abnehmerkreis gegenüber. Sie bilden eine nicht nur an und für sich klassenlose, sondern sich auch an gar keine Klasse attachierende Schicht – eine soziale Gruppe, für die es bisher keine Analogie gab. Sie sind ihrer Weltanschauung nach Demokraten, ihre Sympathien gehören den Rechtlosen und Unterdrückten, sie verdienen sich aber ihr Brot als die Lehrer der vornehmen und wohlhabenden Jugend; die ärmere kann ihre Lehrerdienste weder bezahlen noch verwerten. So werden sie nun zu den ersten Repräsentanten jener „freischwebenden Intelligenz",[40] die sozial heimatlos ist, weil sie sich in den Rahmen keiner Klasse ganz einfügen kann, weil keine sie ganz in sich aufzunehmen vermag. Euripides gehört seinem ganzen sozialen Habitus nach dieser freien, wurzellosen, zwischen den verschiedenen Klassen haltlos schwebenden Intelligenzschicht an; er empfindet in sozialer Hinsicht höchstens Sympathien, keine Solidarität. Aischylos glaubt noch an die Vereinbarkeit der Demokratie mit seinem aristokratischen Persönlichkeitsideal, obgleich er gerade in der entscheidenden Phase der Entwicklung die Demokratie im Stich läßt; Sophokles opfert dagegen von vornherein die Idee des demokratischen Volksstaates den Idealen der Adelsethik und stellt sich in dem Streit zwischen partikularem Familienrecht und absoluter, egalitärer Staatsgewalt unbedingt auf die Seite der Geschlechteridee. Aischylos schildert in der *Oresteia* noch ein abschreckendes Beispiel der Selbsthilfe,[41] Sophokles ergreift in seiner *Antigone* schon die Partei der gegen den demokratischen Staat aufbegehrenden Heldin, und im *Philoktet* gibt er seinem Widerwillen gegen die skrupellose „bürgerliche" Schlauheit und Tüchtigkeit des Odysseus unumwunden Ausdruck.[42] Euripides ist seiner Überzeugung nach zwar Demokrat, das bedeutet aber praktisch nur, daß er eher gegen den alten aristokratischen, als daß er für den neuen bürgerlichen Staat ist. Seine unabhängige Denkart bekundet sich in einer skeptischen Stellung zum Staat überhaupt.[43]

Die Modernität des Dichtertypus, dessen erster Vertreter Euripides ist, äußert sich in zwei charakteristischen Zügen: in der künstlerischen Erfolglosigkeit und der genialischen Weltfremdheit des Dichters. Euripides gewann im Laufe von fünfzig Jahren mit einer Produktion, von der uns der vollständige Text von neunzehn, Fragmente von fünfundfünfzig und die Titel von zweiundneunzig Stücken überliefert sind, nicht mehr als vier Preise; er war also durchaus kein erfolgreicher Bühnenautor – als solcher zwar sicher nicht der erste und der einzige, aber jedenfalls der erste bedeutende Dichter, von dessen Erfolglosigkeit wir Kenntnis haben. Die Erklärung ist nicht etwa, daß es vor ihm so viele Kenner, sondern daß es so wenige Dichter gab; schon die handwerksmäßige Beherrschung der dichterischen Technik sicherte ihnen den Erfolg. Zur Zeit des Euripides ist dieser Zustand bereits überholt; es wird – wenigstens für das Theater – eher zu viel als zu wenig produziert. Das Theaterpublikum der Zeit aber besteht durchaus nicht aus lauter Kennern. Das unfehlbare Kunstverständnis dieses Publikums gehört zu den gleichen Fiktionen wie seine angeblich die ganze Bevölkerung der Polis umfassende, demokratische Zusammensetzung. Die Tyrannen von Sizilien und Makedonien, zu denen sich Euripides sowie auch der wohl erfolgreichere Aischylos vor den kunstverständigen Athenern flüchteten, erwiesen sich als besseres Publikum. Der andere modern anmutende Zug des Dichtertypus, den Euripides in die Geschichte der Literatur einführt, besteht in dem anscheinend freiwilligen Verzicht, im öffentlichen Leben eine

Rolle zu spielen. Euripides war kein Soldat wie Aischylos, kein priesterlicher Würdenträger wie Sophokles, dafür wird uns von ihm als dem ersten Dichter berichtet, daß er die Existenz eines von der Welt zurückgezogenen Gelehrten führte. Wenn sein Porträt mit den wirren Haaren, den müden Augen und dem bitteren Zug um den Mund nicht trügt und wir es richtig deuten, indem wir darin die Diskrepanz von Körper und Geist und den Ausdruck einer ruhelosen, unbefriedigten Seele erblicken, so war er vielleicht der erste unglückliche, der erste an seinem Dichtertum leidende Dichter.

Der Antike ist nicht nur die Vorstellung vom Genie im modernen Sinne fremd, ihre Dichter und Künstler haben auch nichts „Genialisches“ an sich. Die rationalen und handwerksmäßigen Elemente der Kunst wiegen bei ihnen schwerer als die irrationalen und inspirationsartigen. Die Enthusiasmuslehre Platons betont zwar, daß die Dichter ihre Werke einer göttlichen Eingebung und nicht etwa einem technischen Können verdanken, dieser Gedanke führt aber keineswegs zur Verklärung des Dichters, sondern vergrößert nur den Abstand zwischen ihm und seinem Werk und macht aus ihm selber ein bloßes Werkzeug der göttlichen Absicht.[44] Das Wesen des modernen Geniebegriffes besteht gegenüber dieser Auffassung in der Idee der Abstandslosigkeit des Künstlers zu seinem Werk, oder, wenn ein solcher Abstand zugegeben wird, in dem Gedanken, daß das Genie über sein Werk erhaben und in diesem nie zur Gänze enthalten ist. Daher der tragische Zug der Einsamkeit, der Unfähigkeit, sich restlos mitzuteilen, den wir mit dem Begriff des Genies verbinden. Aber nicht nur dieser, auch der andere tragische Zug des modernen Künstlertums, das Verkanntsein von der Mitwelt und das verzweifelte Appellieren an die ferne Nachwelt, ist der klassischen Antike so gut wie unbekannt;[45] vor Euripides findet sich jedenfalls von diesen Zügen keine Spur.

Die Erfolglosigkeit von Euripides lag hauptsächlich daran, daß es in der klassischen Antike so etwas wie einen gebildeten Mittelstand nicht gab. Der alte Adel fand an seinen Stücken kein Gefallen aus weltanschaulichen, das neue bürgerliche

Publikum aus bildungsmäßigen Gründen. Euripides ist mit seinem weltanschaulichen Radikalismus auch unter den Dichtern der Spätklassik eine alleinstehende Erscheinung; diese sind nämlich, ebenso wie die Dichter und Denker der hochklassichen Zeit, durchwegs konservativ gesinnt, obgleich der mit den städtischen und geldwirtschaftlichen Lebensformen sich entwickelnde Naturalismus in ihrer Kunst eine Stufe erreicht, die mit ihrem politischen Konservatismus schwer vereinbar ist. Als Politiker und Parteimänner halten sie an der konservativen Doktrin fest, als Künstler jedoch werden sie von der progressiven Tendenz der Entwicklung getragen und stellen damit eine vollkommen neuartige Erscheinung in der Sozialgeschichte der Kunst dar. Die ungemein verwickelte geistige Struktur des 4. Jahrhunderts findet in Platon – dem progressiven Charakter seiner Kunst und der konservativen Wesensart seiner Philosophie, dem Naturalismus seiner Darstellungsmittel, die er dem plebejischen Mimus entlehnt, und dem Idealismus seiner Lehre, die im aristokratischen Lebensgefühl wurzelt – ihren schärfsten Ausdruck. Es gibt wenige Vertreter der griechischen Literatur, die für die Ideale der Adelskultur mit so ungeteiltem Herzen eingetreten wären wie er; die Kalokagathie hat nicht einmal in Pindar, die Sophrosyne nicht einmal in Sophokles einen begeisterteren Panegyriker gefunden. Die geistige Elite, der er die Leitung des Staates übertragen möchte, gehört der alten privilegierten Oberschicht an, das gemeine Volk hat seiner Überzeugung nach nicht den geringsten Anspruch, daran teilzunehmen. Seine Ideenlehre ist der klassische philosophische Ausdruck des Konservativismus, das Schulbeispiel aller reaktionär gesinnten Idealismen. Jeder Idealismus, jede Absonderung der Welt der zeitlosen Ideen, der absoluten Werte, der reinen Geltungen von der Welt der Erfahrung und der Praxis, bedeutet gewissermaßen ein Sichzurückziehen auf die Linie der bloßen Kontemplation und schließt den Verzicht in sich, die Wirklichkeit zu verändern.[46] Eine solche Haltung wirkt sich letzten Endes immer zugunsten der herrschenden Minoritäten aus, die im Positivismus mit Recht eine für sie gefährliche Annäherung an die Realität erblicken. Die Majorität dagegen hat davon nichts zu befürchten. Platons Ideenlehre erfüllt im Athen des 4. Jahrhunderts die gleiche soziale Funktion wie die Philosophie des deutschen Idealismus im 18. und 19. Jahrhundert: sie liefert mit ihren Argumenten gegen den Realismus und Relativismus der Reaktion die wertvollsten Waffen. Mit dem politischen Konservativismus hängt auch die archaisierende Kunsttheorie Platons zusammen: seine Ablehnung der neuen illusionistischen Tendenz in der bildenden Kunst (Soph. 234 B), seine Vorliebe für die Klassik der perikleischen Zeit und seine Bewunderung der formbeherrschten, an scheinbar unwandelbare Gesetze gebundenen Kunst der Ägypter (Ges. II. 656 DE). Er sträubt sich gegen das Neue in der Kunst, so wie er sich gegen alles Neue sträubt und überall, wo sich Neues regt, Anarchie und Dekadenz wittert.[46a]

Platon verbannt den Dichter aus seinem Zukunftstaat, weil dieser an der empirischen Wirklichkeit, an dem sinnlichen Eindruck der Erscheinungswelt, an der Halb- und Scheinwahrheit also, hängen bleibt und die reinen Ideen, das rein Geistige und Seinsollende, vergröbert und verfälscht, sobald er sie mit seinen sinnfälligen Ausdrucksmitteln zu erfassen sucht. Dieser erste „Bildersturm" der Geschichte – vor Platon gibt es so etwas wie eine Kunstfeindlichkeit nicht –, dieses erste Bedenken gegen die möglichen Auswirkungen der Kunst gehört derselben Zeit an, die auch die ersten Zeichen jener ästhetisierenden Weltanschauung aufweist, in der die Kunst nicht nur ihren eigenen Platz hat, sondern bereits auf Kosten der anderen Formen der Kultur zu wachsen, die anderen zu verschlingen droht. Die beiden Erscheinungen hängen miteinander eng zusammen. Solange die Kunst ein an sich neutrales, beliebig verwendbares Propagandamittel und eine sich auf ihr eigenes Gebiet beschränkende Ausdrucksform bleibt, hat man von ihr nichts zu befürchten, erst als die ästhetische Kultur einen Umfang gewinnt, bei dem die Freude an den Formen eine vollkommene Indifferenz den Inhalten gegenüber mit sich bringt, erkennt man, daß sie zu einem von innen wirkenden geheimen Gift, einem Feind im eigenen Lager werden kann. Erst im 4. Jahrhundert, in dieser Zeit der Kriege und der Niederlagen, der Kriegs- und Nachkriegskonjunkturen, der privatwirtschaftlichen Prosperität und der Arrivierung von neuen kaufkräftigen Gesellschaftsschichten, die ihre Gewinne teilweise in Kunstwerken investieren und aus dem Besitz von Kunstwerken allmählich eine Prestigefrage machen, beginnt man die Kunst zu überschätzen, das Dasein an ästhetischen Werten zu orientieren, an die Fragen des Lebens mit ästhetischen Kriterien heranzutreten, und erst als Reaktion gegen diesen Ästhetizismus findet Platons ablehnende Haltung gegenüber der Kunst ihre Erklärung. Von der rein theoretischen Einsicht, daß die Ausdrucksmittel der Kunst an sinnliche Formen gebunden sind, wäre er wohl nie zu einer so scharfen Ablehnung gelangt.

Die Ausbreitung der ästhetischen Kultur auf neue Gesellschaftsschichten führt die Anerkennung von neuen, mit dem Leben unmittelbar verbundenen künstlerischen Werten herbei und setzt andere, aus der Bildungstradition der bis dahin konkurrenzlosen Oberschicht erwachsene Werte außer Kurs. Wilamowitz-Möllendorff bringt die ganze Furcht- und Mitleidstheorie des Aristoteles mit diesem Schichtwechsel im Publikum in Zusammenhang und deutet sie als ein Zeichen der beginnenden Herrschaft des Rührseligen im Drama und als den Ausdruck des „Philistergefühls", mit dem man ins Theater geht, „um sich aus der Misere des Tageslebens auf ein paar Stunden zu entrücken" und sich gut auszuweinen.[47] Die Ausbreitung der Stoffwahl auf neue Gebiete, das Aufkommen von neuen Motiven und Gattungen, diese für die Kunst des 4. Jahrhunderts so charakteristische Erscheinung, hängt hauptsächlich mit zwei Faktoren der neuen Zeitstimmung zusammen; einerseits mit dem neuen Emotionalismus, der in einem allgemeinen Bedürfnis nach gesteigerten Reizen zum Ausdruck kommt und sich mit den rührseligen Philistergefühlen des neuen Theaterpublikums nur teilweise deckt, andererseits mit der Aufhebung der Tabus, die die neuen Motive aus dem Kreis des Darstellbaren bisher ausgeschlossen haben. In die eine Kategorie dieser Motive gehören das Porträt und die Biographie, in die andere vor allem der Frauenakt. Mit dem Geschmackswandel, den die Arrivierung der neuen Publikumsschichten bedingt, hängt es auch zusammen, daß die

Darstellungen der jugendlicheren und impulsiveren Götter des Olymps, namentlich die des Apollo, der Aphrodite und der Artemis, zum Nachteil der älteren und würdevolleren, des Zeus, der Hera und der Athena, immer beliebter werden.[48] Auf das Auftreten einer neuen kapitalstarken Rentnerklasse kann schließlich eines der bemerkenswertesten Stilmerkmale des Jahrhunderts zurückgeführt werden: die Emanzipation der Plastik von der Architektur. Bis zum Ende des 5. Jahrhunderts ist der weitaus größte Teil der bildhauerischen Produktion an die Baukunst gebunden; die Bildwerke haben sich, auch wenn sie keine ausgesprochene Bauplastik sind, einem architektonischen Rahmen anzupassen. In dem Maße aber wie die private Initiative an die Stelle der staatlichen Kunstförderung tritt, entstehen immer mehr plastische Werke kleineren Formats, intimeren Charakters und mobilerer Beschaffenheit. Im 4. Jahrhundert wird in Athen kein einziger großer Tempel mehr gebaut; die Architektur stellt hier der Bildhauerei keine bedeutenden Aufgaben mehr. Die großen Bauwerke des Zeitalters entstehen im Osten, wo auch die Monumentalplastik ihre weitere Ausbildung erfährt.

## 5. DER HELLENISMUS

Im Zeitalter des Hellenismus, das heißt in den dreihundert Jahren nach Alexander dem Großen, verschiebt sich der Schwerpunkt der Entwicklung von Griechenland ganz nach dem Osten. Die Einflüsse sind aber wechselseitig, und wir stehen – zum erstenmal in der Geschichte der Menschheit – einer wirklich internationalen Mischkultur gegenüber. Diese Nivellierung der Nationalkulturen ist es vor allem, was dem Hellenismus den hervorstechend modernen Charakter verleiht. Ein Ausgleich der partikularen Tendenzen aber kommt nicht nur in dieser Richtung zustande, die allzu scharfen Zäsuren werden nicht nur zwischen Abendländisch und Orientalisch, Griechisch und Barbarisch, sondern auch zwischen den verschiedenen Ständen, wenn auch nicht Klassen, beseitigt. Es vollzieht sich, trotz der sich vergrößernden Vermögensunterschiede, der immer konzentrierteren Akkumulation des Kapitals und des beständigen Wachsens der Proletarierschichten,[49] mit einem Wort, trotz der sich verschärfenden Klassengegensätze, eine gewisse soziale Nivellierung, die die Privilegien der Geburt aufhebt. Dieser Prozeß vollendet erst die Entwicklung, die seit dem Ende des Stammeskönigtums auf den Abbau der Standesunterschiede gerichtet war. Den entscheidenden Schritt tun die Sophisten, indem sie einen vollkommen neuen, von Stand und Herkunft unabhängigen Begriff der Arete entwickeln, um daran jeden Griechen teilnehmen zu lassen. Die nächste Etappe im Nivellierungsprozeß gehört der Stoa, die die Menschenwerte auch von den Merkmalen der Rasse und der Nationalität zu befreien sucht. Sie bringt mit ihrer nationalen Vorurteilslosigkeit freilich nur eine durch das Diadochenreich bereits vollzogene Tatsache zum Ausdruck, ebenso wie die Sophistik mit ihrem Liberalismus nur ein Reflex der Lage war, die das handel- und gewerbetreibende städtische Bürgertum geschaffen hat.

Schon der Umstand, daß nun jeder Bewohner des Reiches durch die bloße Änderung seines Wohnsitzes der Bürger einer beliebigen Stadt werden kann, bedeutet das Ende der Idee der Polisbürgerschaft. Die Staatsbürger sind jetzt die Mitglieder eines wirtschaftlichen Gemeinwesens; Vorteile bietet ihnen ihre Bewegungsfreiheit, nicht ihre Zugehörigkeit zu einer traditionellen Gruppe. Die Interessengemeinschaften sind nicht mehr an gleicher Rasse und Nationalität, sondern an gleichen persönlichen Chancen orientiert. Die Wirtschaftsstufe des übernationalen Kapitalismus ist erreicht. Der Staat begünstigt die Selektion nach wirtschaftlicher Tüchtigkeit, weil die im Kampf ums Dasein sich bewährenden Elemente auch bei dem inneren Aufbau des Weltreiches sich als die brauchbarsten erweisen. Die alte Aristokratie ist bei ihrem Streben nach Absonderung, nach Wahrung ihrer Rassenreinheit und ihrer traditionellen Kultur der Organisation und Administration eines solchen Reiches durchaus nicht gewachsen. Der neue Staat überläßt sie ihrem Schicksal und beschleunigt die Bildung einer bürgerlichen, lediglich auf wirtschaftliche Machtmittel sich stützenden, rassen- und standesmäßig unvoreingenommenen Oberschicht. Diese steht mit ihrer wirtschaftlichen Beweglichkeit, ihrer Freiheit von starren und sinnlos gewordenen Traditionen, ihrem improvisationsfähigen Rationalismus dem alten Mittelstand weltanschaulich sehr nahe und erweist sich als der beste Kitt für die politische und wirtschaftliche Zusammenfassung der Völker des hellenistischen Weltreiches.

Der Rationalismus, auf den der Staat nunmehr die höchste Prämie setzt, kommt in allen Gebieten des Kulturlebens zur Geltung: nicht nur in der Nivellierung der Rassen und der Stände, nicht nur in der Aufhebung aller die wirtschaftliche Konkurrenzfreiheit hindernden Traditionen, sondern auch in der übernationalen Organisation des wissenschaftlichen und künstlerischen Betriebes, in jenem *commercium litterarum et artium*, das die Literaten und die Gelehrten der zivilisierten Welt in einer großen Arbeitsgemeinschaft zusammenfaßt, zentrale Forschungsinstitute, Museen und Bibliotheken schafft und die Prinzipien der Arbeitsteilung auch im Gebiete des Geistes voll zur Geltung bringt. Es entstehen, als Auswirkung dieses Rationalismus, statt der herkömmlichen Gruppen überall sachlich fundierte Arbeitsgemeinschaften, und auch die geistige Produktion ist jetzt, statt auf Haltung und Gesinnung, auf Konkurrenz und Leistung gestellt. Wie der hellenistische Großstaat seine Funktionäre ohne Rücksicht auf Herkunft und Überlieferung hin- und herschiebt,[50] wie die kapitalistische Verkehrswirtschaft ihre Subjekte von Geburtsort und Vaterland emanzipiert, so werden auch die Künstler und Forscher entwurzelt und in den großen internationalen Kulturzentren versammelt.

Schon die Sophisten des 5. Jahrhunderts, ja schon die Dichter und Künstler der Tyrannenzeit machten sich von der Stadt, in der sie geboren und erzogen wurden, unabhängig und führten eine durchaus freizügige Existenz. Das bedeutete aber nur, daß sie sich von gewissen Bindungen befreit hatten, ohne sie jedoch durch andere zu ersetzen. Erst im Hellenismus entwickelt sich an Stelle der alten Loyalität zur Polis eine neue, nunmehr die ganze gebildete Welt umfassende Solidarität. Dieses Gemeinschaftsgefühl ermöglicht im Gebiete der wissenschaftlichen Forschung eine vorher ungeahnte Zusammenarbeit der Gelehrten, eine Verteilung der Aufgaben und eine Integrierung der Ergebnisse, kurz, einen ausschließlich auf die Leistung gerichteten Rationalismus der Arbeitsmethoden, der unmittelbar von den Prinzipien des rationalen Wirtschaftens abgeleitet zu sein scheint. Julius Kärst bemerkt, daß jene „Verdinglichung" des geistigen Lebens, die wir als den charakteristischen Zug unseres technischen Zeitalters zu betrachten pflegen, sich schon hier geltend macht.[51] Schon hier werden die persönlichen Momente verdrängt, die Aufgaben zersplittert und unter dem Arbeitskollektiv ohne Rücksicht auf Eignung und Neigung verteilt. Mustergebend für diese technisierte, die individuellen Leistungen mechanisch zusammenfassende und einander unterordnende Organisation der geistigen Arbeit sind der Verwaltungsapparat, die zentralisierte Bürokratie und Beamtenhierarchie, die der Riesenstaat auszubauen und zu unterhalten hat.[52] Die unvermeidlichen Folgen einer solchen Spezialisierung und Entpersönlichung der Forschung sind die Neigung zur bloßen Gelehrsamkeit und die Gefahr des Eklektizismus. Beide werden im Hellenismus zum erstenmal in der Geschichte der abendländischen Bildung bemerkbar und erinnern vielleicht von allen seinen Zügen am meisten an den Geist unserer eigenen Zeit. Der Eklektizismus ist auch ein Grundzug der künstlerischen, nicht nur der wissenschaftlichen Produktion des Hellenismus. Der historisch orientierte Geschmack des Zeitalters, sein antiquarisches Interesse, sein Verständnis für die verschiedenen Kunstbestrebungen der Vergangenheit bringen ein wahlloses Aufgreifen der Anregungen mit sich, das durch die Gründung von Kunstsammlungen und Museen immer neue Impulse empfängt. Es gab zwar auch früher schon fürstliche und private Sammlungen, systematisch und planmäßig fängt man aber erst jetzt zu sammeln an. Erst jetzt trachtet man „vollständige", die ganze Entwicklung der griechischen Kunst veranschaulichende Glyptotheken zustande zu bringen und läßt dort, wo wichtige Originale fehlen, Kopien anfertigen, um die Lücken zu schließen. In dieser wissenschaftlichen

Planmäßigkeit sind die Sammlungen der hellenistischen Zeit die Vorläufer unserer modernen Museen und Galerien.

Der künstlerische Stil früherer Zeitalter war auch nicht immer ganz einheitlich, auch in früheren Stilperioden entstanden oft gleichzeitig eine formrigoristische Kunst der oberen und eine formlosere der unteren Gesellschaftsschichten, oder eine sakrale Kunst, die konservativ, und eine profane, die fortschrittlich war. Es gab aber vor dem Hellenismus kaum je eine Zeit, in der vollkommen verschiedene Stil- und Geschmacksrichtungen in derselben sozialen Sphäre ihren Ursprung gehabt hätten und Kunstwerke der verschiedensten Stilarten für eine und dieselbe Gesellschaftsklasse, eine und dieselbe Bildungsschicht hergestellt worden wären. Der „Naturalismus", der „Barock", das „Rokoko" und der „Klassizismus" der hellenistischen Epoche entwickeln sich zwar historisch nacheinander, bestehen aber zuletzt nebeneinander, und es teilen sich in der Gunst des Publikums schon von Anfang an das Pathetische und das Intime, das Feierliche und das Genrehafte, das Kolossale und das Kleine, Zarte, Zierliche. Aus der Autonomie der Kunst, die das 6. Jahrhundert entdeckt, das 5. konsequent durchführt, das 4. in einen Ästhetizismus verwandelt, wird jetzt ein virtuoses Spiel mit unverbindlichen Formen, ein Experimentieren mit abstrakten Ausdrucksmöglichkeiten, eine Freiheit, die, wenn sie auch an und für sich noch so ausgezeichnete Werke zeitigt, die an der klassischen Kunst orientierten Maßstäbe verwirrt und entwertet. Die Auflösung der klassischen Stilprinzipien hängt mit den Veränderungen in der sozialen Struktur der Kunstkonsumenten- und Geschmacksträgerschicht unmittelbar zusammen. Je uneinheitlicher diese Schicht wird, um so heterogener werden die Stilrichtungen, die nebeneinander entstehen. Die wichtigste Veränderung in der Zusammensetzung des Publikums vollzieht sich mit dem Auftreten des alten, im Gebiete der Kunst bisher aber nicht besonders einflußreichen Mittelstandes als neue, wirtschaftlich und gesellschaftlich konsolidierte Käuferschaft für Kunstwerke. Diese Schicht beurteilt die Kunst selbstverständlich nach anderen Maßstäben als der Adel, obwohl sie sich vielfach, und oft mit der größten Ambition, dem Geschmack dieser

Elite anzupassen strebt. Einen weiteren neuen, für die ganze Entwicklung maßgebenden Faktor in der Gesamtheit der Kunstkonsumenten bilden die Fürsten mit ihren Hofhaltungen; diese stellen an die Kunst wieder ganz andere Ansprüche als der Adel oder die Bourgeoisie, obgleich sowohl der Adel als auch die Bourgeoisie die fürstlichen Allüren sich anzueignen und den theatralisch-pompösen Stil der Höfe in den bescheideneren Grenzen ihrer eigenen Kunst nachzuahmen trachten. So vermischt sich die klassische Tradition der Kunst einerseits mit dem genrehaften Naturalismus des bürgerlichen, andererseits mit dem luxuriösen Barock des höfischen Geschmacks. Zur eklektizistischen Bereicherung des Formschatzes steuert schließlich der kapitalistisch organisierte Kunstbetrieb selber bei, indem er, sich auf den Ästhetizismus der Zeit stützend, einen modenhaft wechselnden, periodisch sich erneuernden Bedarf an Kunstwerken schafft. Neben den keramischen Werkstätten, die teilweise bereits ganz fabrikmäßig arbeiten, beginnt das Kopieren der Meisterwerke der Skulptur im großen. Dieser Kopierbetrieb wird sowohl lokal als auch personal mit der Produktion von Originalwerken verbunden gewesen sein. Die Künstler aber, denen diese Kopistentätigkeit oblag, ließen sich selbstverständlich leicht zum bloßen Spiel mit den verschiedenen Stilen verleiten.

Dem stilistischen Eklektizismus der Epoche entspricht auch die Mischung der Künste und Gattungen, eine weitere charakteristische Erscheinung der Spätzeit, deren Anfänge sich allerdings schon im 4. Jahrhundert bemerkbar machen. Sie kommt vor allem in dem malerischen Stil der Plastik bei Lysipp und Praxiteles zum Ausdruck, läßt sich aber auch in den anderen Kunstgattungen feststellen, so in erster Reihe im Drama, das schon bei Euripides von lyrischen und rhetorischen Elementen überwuchert ist. In diesen Grenzüberschreitungen äußert sich dasselbe expansive Kunstwollen, dem das Porträt, die Landschaft und das Stilleben, Motive, die früher gar nicht oder nur vereinzelt vorkamen, ihre Beliebtheit verdanken, wenn sie auch teilweise noch immer nur als Beiwerk verwendet werden. Es kommt in ihnen dieselbe Bindung an Sachen und Dinge zur Geltung, die den an die

Kategorien der Ware gebundenen Wirtschaftsgeist der Epoche beherrscht. Der Mensch, der bisher den fast ausschließlichen Gegenstand der künstlerischen Darstellung bildete, weicht jetzt überall den Motiven der dinglichen Welt. Die „Verdinglichung", die sich in der Organisation der geistigen Arbeit geltend macht, kommt damit auch in den Motiven der Kunst zum Ausdruck. Und nicht nur das Stilleben und die Landschaft, auch das naturalistische Porträt, das den Menschen als ein Stück Natur behandelt, ist ein Symptom dieser Tendenz.

Der hochentwickelten Porträtkunst des Zeitalters entspricht in der Literatur die immer beliebter werdende Gattung der Biographie und Autobiographie.[53] Der Wert des „menschlichen Dokuments" wächst in dem Maße, wie der psychologische Scharfblick zu einer immer unentbehrlicheren Waffe im wirtschaftlichen Konkurrenzkampf wird. Das erhöhte Interesse für das Biographische hängt allerdings auch mit dem Fortschritt der philosophischen Selbstbesinnung und der seit Alexander dem Großen sich belebenden Heldenverehrung zusammen, gewissermaßen sogar mit dem gesteigerten persönlichen Interesse, das die Mitglieder der neuen höfischen Gesellschaft aneinander haben.[54] Dem psychologischen Interesse des Zeitalters verdanken zwei weitere Gattungen, der Roman und das „bürgerliche" Lustspiel, ihren Ursprung. Erfundene Geschichten, und zwar hauptsächlich Liebesgeschichten, die in der Welt der Leute spielen, für die sie geschrieben werden, nicht aber in der fernen Welt der Sage, sind in der griechischen Literatur die Schöpfung des Hellenismus.[55] In dieser Gegenwartswelt spielt auch das menandrische Lustspiel, das so ziemlich alles enthält, was, nach Auflösung der Polisdemokratie und des Dionysoskultes, von der alten politischen Komödie und der euripideischen Tragödie noch lebendig ist. Seine Figuren gehören dem Mittelstand und den unteren Schichten an, seine Handlung dreht sich um Liebe, Geld, Erbschaften, geizige Väter, leichtsinnige Söhne, geldgierige Hetären, betrügerische Parasiten, spitzfindige Diener, ausgesetzte Säuglinge, verwechselte Zwillingsbrüder, verlorene und wiedergefundene Eltern. Das Liebesmotiv darf unter keinen Umständen fehlen. Auch darin ist Euripides der Wegbereiter des

Hellenismus. Vor ihm ist die Liebe als Motiv des dramatischen Konflikts unbekannt; er entdeckt sie für das Drama, obgleich sie zum Hebel der dramatischen Handlung erst im Hellenismus wird.[56] Das Liebesmotiv ist vielleicht das Bürgerlichste am bürgerlichen Lustspiel, in dem die Liebenden nicht mehr gegen Götter und Dämonen, sondern gegen den Mechanismus der bürgerlichen Welt, gegen opponierende Eltern, reiche Rivalen, verräterische Briefe, verklausulierte Testamente kämpfen. Dieses ganze Liebesintrigenspiel hängt unverkennbar mit der „Entzauberung“[57] und Rationalisierung des Lebens, der vollentwickelten Geldwirtschaft und dem vorherrschenden Handelsgeist der Zeit zusammen.

Jetzt erhält endlich auch das Bürgertum sein Theater. In jeder kleinen Stadt hat es seine bescheidene Heimstätte; in den großen Städten aber bezieht es jene neuerrichteten Prachtbauten aus Stein und Marmor, deren Überreste uns noch erhalten sind und an die wir vor allem denken, wenn wir vom griechischen Theater sprechen, die aber nicht etwa für Aischylos und Sophokles bestimmt waren, sondern für den einst verschmähten Euripides und seine späten Konkurrenten, – die bunte Gesellschaft, zu der nicht nur Menander und Herondas, sondern auch allerhand Akrobaten und Flötisten, Jongleure und Parodisten gehörten, nicht anders wie anderthalb Jahrtausende später zu den Konkurrenten Shakespeares.

## 6. DIE KAISERZEIT UND DIE SPÄTANTIKE

Das Zeitalter der hellenistischen Kunst wird von der Weltherrschaft der römischen abgelöst; seit der Kaiserzeit vollzieht sich in dieser, und nicht mehr in der griechischen, die für den Fortschritt maßgebende Entwicklung. Der schwulstige Barock und das zierliche Rokoko des Hellenismus sind auf einen toten Punkt gelangt und wiederholen zuletzt nur mehr ihre abgenutzten Formeln, Rom schafft dagegen unter den Cäsaren, mit der einheitlichen Reichsverwaltung gleichzeitig, seine mehr oder weniger einheitliche „Reichskunst“,[58] die, dank ihrer Modernität, allmählich überall die tonangebende wird. Nach dem noch stark gräzisierenden, wenn auch bereits etwas „bürgerlich" trockenen und nüchternen Stil der augusteischen Epoche tritt während der flavisch-trajanischen Zeit die römische Eigenart immer entschiedener in Erscheinung und gewinnt in der späteren Kaiserzeit die Oberhand. Die Anhängerschaft der griechischen Kunst war in Rom von allem Anfang an auf die vornehmen und gebildeten Kreise beschränkt; der Mittelstand hatte für sie wenig Verständnis, das Volk selbstverständlich noch weniger. In den letzten Jahrhunderten des Weströmischen Reiches, als die Aristokratie ihre dominierende Stellung verliert und die Städte verläßt, die Feldherren und Cäsaren oft aus den Tiefen des Heeres und der Provinzen emporsteigen, die wichtigste religiöse Bewegung der Zeit aus dem niedersten Volke in die höheren Stände dringt, macht sich auch in der Kunst ein volkstümlicher, provinzieller Geist geltend und verdrängt allmählich die klassischen Ideale.[58a] Die Entwicklung knüpft, namentlich in der Porträtplastik, an die alte etruskisch-italische Tradition an, die in den wächsernen Ahnenbildern der Atrien nie aufgehört hat fortzubestehen.[58b] Diese Porträts schlechthin als „volkstümlich" zu bezeichnen, ginge allerdings zu weit, denn wenn auch das Vorrecht der patrizischen Geschlechter, die Bilder ihrer Ahnen im Leichenzuge aufzuführen,[58c] in der letzten Zeit der Republik von den plebejischen Geschlechtern geteilt wurde,[58d] der Kult der Ahnenbilder blieb an die aristokratische Leichenfeier gebunden (Polyb., Hist. 6.53. – Plin., Ep. 3. 5. – Juvenal, Sat. 8.) und dürfte nie in die breiteren Schichten des Volkes gedrungen sein. Gleichviel, ob sie nun mehr oder minder verbreitet war, ausschlaggebend ist, daß die Porträtkunst bei den Römern größtenteils privaten Zwecken diente, im Gegensatz zu den Griechen, die die Herstellung von Bildnissen fast ausschließlich auf öffentliche Ehrenstatuen beschränkten. Dieser Umstand erklärt vor allem jenen unförmlichen, unmittelbaren Naturalismus der römischen Porträts, der schließlich auch in dem Stil der für öffentliche Zwecke bestimmten Kunstwerke zur Geltung kam. Die Entwicklung verläuft jedoch keineswegs einheitlich. Es bestehen bis zuletzt zwei Richtungen nebeneinander: der gräzisierend idealistische, klassizistisch typisierende, theatralisch pathetische Stil der höfischen Aristokratie und der einheimische, nüchtern naturalistische Stil der mittleren und solideren Schichten. Die volkstümliche Richtung verdrängt nicht in allen Gattungen gleichmäßig die Kunst der Elite, und diese nimmt noch zuletzt zu einer impressionistischen, für die unteren Schichten wohl vollkommen unverständlichen Kunstsprache ihre Zuflucht, bevor sie vor der plebejischen Einfachheit und der expressionistischen Direktheit der spätantiken Kunst die Waffen streckt.

In der augusteischen Zeit ist unter dem damals noch vorherrschenden griechischen Einfluß die Skulptur die führende Kunst; nach dem Ende dieser Epoche aber tritt die Malerei mehr und mehr in den Vordergrund, um schließlich wenigstens die Bau- und Monumentalplastik vollkommen zu verdrängen. Im 3. Jahrhundert hört bereits das Kopieren der griechischen Bildwerke auf, und in den nächsten zwei Jahrhunderten beherrscht die Malerei das Bild der Innenräume.[59] Sie ist die spätrömische und christliche Kunst schlechthin, so wie die Plastik die klassische *kat'exochen* gewesen ist. Sie ist aber zugleich die römische Volkskunst – die Kunst, die zu allen und in der Sprache von allen spricht. Nie hatte die Malerei vorher eine solche Massenproduktion aufzuweisen gehabt, nie ist sie zu so trivialen und ephemeren Zwecken benützt worden wie jetzt.[60] Wer immer sich nun an die Öffentlichkeit wenden, ihr über große Ereignisse berichten, sie von seinem Recht überzeugen und bei ihr für seine Sache Stimmung machen will, tut es am besten im Bilde. Der Feldherr läßt in seinem Triumphzug Bildplakate herumtragen, die über seine Kriegstaten berichten, die eroberten Städte darstellen, die Erniedrigung des Feindes dem Volke vor die Augen führen. Ankläger und Verteidiger bedienen sich bei Gerichtsverhandlungen bildlicher Darstellungen, die dem Richter und dem Auditorium den strittigen Fall, das Begehen der Missetat oder das Alibi des Angeklagten in drastischer Schilderung anschaulich machen. Gläubige opfern Votivbilder, die die Gefahr, der sie entronnen, mit allen für sie persönlich bedeutenden Einzelheiten veranschaulichen. Tiberius Sempronius Gracchus widmet der Göttin der Freiheit die bildliche Darstellung der Szenen, die sich bei der Bewirtung seiner sieghaften Soldaten in Benevent abspielten, Trajan läßt seine Eroberungszüge, der Bäckermeister Soundso seinen Geschäftsbetrieb mit aller Umständlichkeit in Stein aushauen.[61] Das Bild ist alles: Nachrichtendienst, Leitartikel, Propagandainstrument, Plakat, illustrierte Zeitschrift, Bilderchronik, Zeichenfilm, Filmjournal und Filmdrama in einem. Es äußert sich in dieser Bildfreudigkeit, außer dem Vergnügen an der Anekdote, außer dem Interesse am authentischen Bericht, an der Zeugenschaft, am Dokument, eine primitive, unersättliche Schaulust, eine kindliche Vorliebe für alles, was Illustration ist. Alle diese Darstellungen sind Blätter aus einem Bilderbuch für Erwachsene, zuweilen, wie die auf den ansteigenden Windungen der Trajanssäule, aus einem „rollbaren Bilderbuch",[62] das den Eindruck der Kontinuität des Geschehens vermitteln und das, was wir heute unter einem Film verstehen, ersetzen will. Es ist zweifellos etwas sehr Krudes und an und für sich Unkünstlerisches an dem Wunsch, dem diese Malereien und Reliefs zu entsprechen trachten. Es ist äußerst naiv, alles erfahren, alles mit den eigenen Augen sehen zu wünschen, als ob man selber dabeigewesen wäre, und höchst primitiv, nichts aus zweiter Hand empfangen, nichts in jener übertragenen Form vermitteln zu wollen, in der künstlerisch entwickeltere Epochen geradezu das Wesen der Kunst erblicken.

Aus diesem Wachsfigurenkabinett- und Filmstil aber, der ursprünglich sicher nur dem Geschmack der ungebildeten Gesellschaftschichten entsprach, aus dieser Freude am anekdotischen Einzelfall, der „interessiert, weil er wahr ist", aus diesem Bestreben, ein denkwürdiges Ereignis so anschaulich und vollständig wie nur möglich zu schildern, entwickelt sich der *epische* Stil der bildenden Kunst – der Stil des Christentums und des Abendlandes. Die Darstellungen der altorientalischen und der griechischen Kunst sind plastisch, monumental, denkmalartig, handlungslos oder arm an Handlung, unepisch und undramatisch; die der römischen und der christlich-abendländischen Kunst illustrativ, episch-illusionistisch, dramatisch und filmisch bewegt. Die altorientalische und griechische Kunst bestehen fast ausschließlich aus Repräsentationsbildern, Seinsschilderungen, Einzelfiguren, die römische und abendländische sind vorwiegend Historienmalerei, Bildererzählung, Szenendarstellung, bei der ein dem Wesen nach zeitliches Phänomen mit optisch-räumlichen Mitteln festgehalten wird. Die griechische und die gräzisierende römische Kunst lösen diese Aufgabe, wo sie ihr nicht aus dem Wege gehen können, durch eine Darstellungsweise, die sich, wie Lessing sie kennzeichnet, nach dem Prinzip des „fruchtbaren Moments" richtet und die die ganze in der Zeit ausgedehnte Handlung in eine einzige, an und für sich bewegungslose, doch von Bewegung geladene Situation zusammendrängt. Lessing erblickt in ihr die Methode der bildenden Kunst schlechthin, in Wirklichkeit aber ist sie bloß die Methode der klassisch-griechischen und der neuzeitlichen Kunst, der Franz Wickhoff in der spätrömischen und der mittelalterlich-christlichen eine vollkommen verschiedene Darstellungsweise gegenüberstellt, eine, die er im Gegensatz zu ihr – der *distinguierenden* – die *kontinuierende* nennt.[63] Im wesentlichen versteht er darunter jene aus dem epischen, illustrativen, „filmischen" Kunstwollen sich ergebende Erzählungsweise, die die verschiedenen sich nacheinander abspielenden Etappen einer Handlung in einem und demselben szenischen oder landschaftlichen Rahmen zäsurlos nebeneinandersetzt, und zwar mit der Wiederholung der Hauptfigur in jeder Phase, so daß die einzelnen Szenen wie die aufeinanderfolgenden Episoden der aus den illustrierten Witzblättern bekannten Bildererzählungen wirken und an die Kontinuität der Filmbilder erinnern. Nur daß die Bewegung im Film eine wirkliche, hier dagegen eine vorgetäuschte ist und die sukzessiven Eindrücke wohl mit den Kadern des Filmbandes, nicht aber mit dem bewegten Filmbild auf der Leinwand verglichen werden können. Trotzdem ist das Kunstwollen in beiden Fällen, sowohl in der kontinuierenden Darstellung als auch im Film, ein gleiches. Hier wie dort äußert sich das gleiche Verlangen nach Vollständigkeit und Unmittelbarkeit, vor allem aber nach dem *Bilde* als dem Ausdrucksmittel, das ausführlicher, unmittelbarer und voraussetzungsloser ist, als das Wort es je zu sein vermag.

Die andere wichtige Stilart der spätrömischen Kunst ist die impressionistische, die, im Gegensatz zum epischen Stil der kontinuierenden Darstellung, eher lyrisch gestimmt ist und den einheitlichen, einmaligen optischen Eindruck in seiner subjektiven Flüchtigkeit festzuhalten sucht. Wickhoff kennzeichnet diese Methode als die Voraussetzung und die organische Ergänzung der kontinuierenden Darstellung;[64] eine solche unmittelbare Verbindung der beiden Stile aber scheint kaum gerechtfertigt zu sein. Sie treten in verschiedenen Zeitpunkten und unter verschiedenen äußeren und inneren Bedingungen auf: der Impressionismus im 1. nachchristlichen Jahrhundert als der letzte überdifferenzierte Ausläufer der klassischen Kunst, die kontinuierende Darstellungsweise erst im 2. Jahrhundert als die zunächst ziemlich vulgäre und rohe Form eines an und für sich unantiken Kunstwollens. Sie haben ihren Ursprung in verschiedenen Gesellschaftsschichten und kommen fast nie in einem und demselben Kunstwerk vor. Als die kontinuierende Methode auftaucht, ist die beste Zeit des antiken Impressionismus bereits vorbei, und nur Äußerlichkeiten seiner Technik bleiben mit der Handwerkstradition der Malerei eine Zeitlang noch erhalten, bis schließlich auch diese verlernt und vergessen werden. Die kontinuierende Darstellungsweise und der ganze epische, auf den handlungsmäßigen Inhalt des Motivs gerichtete Stil ergänzen nicht, sondern verschlingen und vernichten vielmehr die impressionistische Maltechnik. Die kontinuierende Methode entspricht an und für sich einem antinaturalistischen Kunstwollen und verschwindet in den beiden großen naturalistischen Stilperioden der Kunstgeschichte, der griechischen und der neuzeitlichen, fast spurlos. Wickhoffs Behauptung, daß sie vom 2. bis zum 16. Jahrhundert die ganze abenländische Kunst beherrsche, ist unverständlich. Schon in der Spätgotik entspricht sie nicht mehr der Regel, und von der Frührenaissance an kommt sie nur mehr ausnahmsweise vor. Wie dem aber auch sei, der epische Illusionismus der kontinuierenden Methode kann mit dem optischen Illusionismus des impressionistischen Stils in keinen inneren Zusammenhang gebracht werden.

Aber auch der Impressionismus führt, wenn auch auf anderen Wegen als der epische Stil, zur Auflösung der antiken Kunst. Indem er die Figuren leichter, luftiger, flächiger und skizzenhafter bildet, entmaterialisiert er sie gewissermaßen; und indem diese zu bloßen Trägern von koloristischen und atmosphärischen Erscheinungen werden und ihr körperliches Gewicht, ihre tektonische Solidität, ihre physische Konsistenz verlieren, scheinen sie von vorherein etwas Ideelles und Transzendentes auszudrücken.[65] Der naturalistische und materialistische Impressionismus bereitet derart seinen eigenen stilistischen Gegensatz, den spiritualistischen Expressionismus vor[66] und erinnert an den Expressionismus der paläolithischen Malerei, der bekanntermaßen den ihm in stilistischer Hinsicht ebenfalls gegensätzlichen Geometrismus der neueren Steinzeit einleitet. Aus beiden Fällen geht mit gleicher Klarheit hervor, wie vieldeutig die einzelnen Stilformen sind und wie leicht sie zum Vehikel der verschiedensten Weltanschauungen werden. Der Impressionismus, so wie er etwa im 4. pompejanischen Stil zum Ausdruck kommt, ist mit seiner virtuosen Andeutungstechnik die raffinierteste künstlerische Ausdrucksweise, die die großstädtische römische Oberschicht entwickelt hat; er ist aber, so wie er in den christlichen Katakomben erscheint, mit seinen gewicht- und volumenlosen Formen, zugleich der repräsentative Stil des weltabgewandten, auf alles Irdische und Materielle verzichtenden Christen.

Die Figurendarstellung der Antike bewegt sich von Frontalität zu Frontalität; von der archaischen Einseitigkeit und Geradlinigkeit über die Bewegungsfreiheit der Klassik und die Konvulsionen des hellenistischen Barocks zu einer neuen flächigen, symmetrischen, feierlichen Vorderansicht.[67] Die Entwicklung führt vom Zustand einer hieratischen Abhängigkeit über Autonomie und Ästhetizismus zu einer neuen religiösen Gebundenheit, von der Darstellung einer autoritären Gesellschaftsordnung über Demokratie und Liberalismus zum Ausdruck einer neuen geistigen Autorität. Ob man nun diese letzte Phase der Entwicklung, als den Abschluß der antiken Kunstgeschichte, zu dieser selbst zählt und sich der Meinung Droysens anschließt, daß das Altertum sich und das

Heidentum aus eigener Kraft überwunden habe, oder gerade in ihr den Anfang eines neuen Weltzeitalters erblickt, ist eine Frage der Klassifizierung und Periodisierung. Zweifellos ist jedenfalls, daß man, ebenso wie etwa zwischen dem Kolonat und dem Feudalismus, auch zwischen der Kunst der Spätantike und der des christlichen Mittelalters eine gewisse Kontinuität feststellen kann.[68]

## 7. DICHTER UND KÜNSTLER IM ALTERTUM

Eins verändert sich kaum, oder kaum merkbar, vom Anfang bis zum Ende des klassischen Altertums: der Gesichtspunkt nämlich, nach dem der bildende Künstler beurteilt und im Verhältnis zum Dichter gewertet wird. Diesem erweist man zeitweise ganz besondere Ehren – er gilt als Seher und Prophet, Ruhmspender und Mythendeuter, der bildende Künstler ist und bleibt dagegen der banausische Handwerker, der mit seinem Lohn alles erhält, was ihm gebührt. Bei dem Unterschied, der hier gemacht wird, spielen verschiedene Motive mit; vor allem der Umstand, daß der bildende Künstler gegen Entlohnung arbeitet und daraus auch gar kein Hehl macht, der Dichter aber, auch zur Zeit seiner ärgsten Abhängigkeit, als der Gastfreund seines Brotherrn gilt; dann die Tatsache, daß der Bildhauer und der Maler eine schmutzige Arbeit zu verrichten haben, mit schmierigen Materialien und Werkzeugen manipulieren müssen, während der Dichter saubere Kleider trägt und reingewaschene Hände hat, ein Zug, der in den Augen dieses untechnischen Zeitalters schwerer wiegt, als man denken sollte; hauptsächlich aber das Faktum, daß dem bildenden Künstler eine manuelle Arbeit obliegt, daß er sich einer mühsamen Pflichterfüllung, einer körperlichen Anstrengung zu unterziehen hat, die Mühe des Dichters hingegen durchaus nicht ins Auge fällt. Die Geringschätzung der Leute, die für ihren Lebensunterhalt zu arbeiten haben, die Mißachtung jeder Erwerbstätigkeit, jeder produktiven Arbeit überhaupt, hat ihren Ursprung darin, daß eine solche Betätigung, im Gegensatz zu den ursprünglichen Herrenbeschäftigungen der Regierung, der Kriegsführung und des Sportes, nach Unterwerfung, nach Dienen und Gehorchen aussieht.[69] In der Zeit, als Ackerbau und Viehzucht bereits vollentwickelt sind und von der Frau besorgt werden, wird die Kriegführung zur Hauptbeschäftigung des Mannes und die Jagd zu seinem Hauptsport. Beide erfordern Körperkraft und Übung, Tapferkeit und Gewandtheit und sind darum höchst ehrenvoll; jede Betätigung hingegen, die in kleinlicher, geduldiger, aufreibender Arbeit besteht, gilt als ein Zeichen der Schwäche und ist als solche würdelos. Infolge eines Gedankensprunges wird dann jede produktive Betätigung, jede Beschäftigung, die dem Lebensunterhalt dient, als erniedrigend empfunden. Die Sklaven haben sie zu verrichten, weil sie verachtet ist, – sie wird aber nicht etwa, wie angenommen wurde, verachtet, weil sie den Sklaven obliegt. Die Assoziierung der körperlichen Arbeit mit dem Sklavendienst trägt höchstens zur Beharrung der primitiven Prestigebegriffe bei, diese selbst sind aber offenbar älter als das institutionsmäßige Sklaventum.

Die Antike, die den inneren Widerspruch zwischen der Geringschätzung der manuellen Arbeit und der hohen Bewertung der Kunst als Kultmittel und Propagandainstrument überbrücken will, findet die Lösung in der Trennung des Kunstprodukts von der Persönlichkeit des Künstlers, das heißt in der Verehrung des Werkes bei gleichzeitiger Verachtung seines Schöpfers.[70] Stellen wir diesem Standpunkt die moderne Auffassung gegenüber, die den Künstler über das Werk erhebt, wo sie die Fiktion der Abstandslosigkeit zwischen Künstler und Kunstwerk nicht aufrechterhalten kann, so sehen wir, wie verschieden die Arbeit im Altertum und in der Gegenwart bewertet wird. Der Unterschied ist ungeheuer, wenn auch die Menschen, wie Veblen behauptet, von dem primitiven Prestigebegriff des unproduktiven Zeitvertreibs bis auf den heutigen Tag nicht losgekommen sind.[71] Die Antike war darin jedenfalls tiefer befangen als unsere Gegenwart. Solange bei den Griechen die Herrschaft des kriegerischen Adels besteht, bleibt der Begriff der primitiven, parasitisch-freibeuterischen Berufsehre unverändert, und als diese Herrschaft aufhört, tritt sogleich ein ähnlicher Prestigebegriff an seine Stelle:

der des agonalen Sieges. Als die einzige edle, ehrenvolle Betätigung gilt jetzt, wo die Waffen ruhen, der sportliche Wettstreit. Das neue Lebensideal ist also wieder mit der Idee eines Kampfes verbunden, der das ganze Leben seiner Träger erfüllt und die Mittel einer Rentnerexistenz erfordert.

Für die griechische Herrenschicht und ihre Philosophen ist die „Fülle der Muße" die Voraussetzung alles Schönen und Guten – sie ist der Besitz, der das Leben erst lebenswert macht. Nur wer Muße hat, kann Weisheit erlangen, innere Freiheit erringen, das Leben meistern und genießen. Die Abhängigkeit dieses Lebensideals von der Lebensführung der Rentnerschicht ist offenbar. In ihrer Kalokagathie, ihrer allseitigen Ausbildung der körperlichen und geistigen Fähigkeiten, ihrer Verachtung jedes einseitigen Fachwissens und jedes beschränkten Spezialistentums kommt das Ideal der Berufslosigkeit eindeutig zum Ausdruck. Wenn aber Platon in den *Gesetzen* (643 E) den Gegensatz zwischen der den ganzen Menschen erfüllenden Paideia und den berufsmäßigen Fertigkeiten betont, so spielt dabei, außer der Idee der altgriechisch-aristokratischen Kalokagathie, offenbar auch sein Widerwille gegen das neue demokratische Bürgertum mit, das hinter dieser Berufsdifferenzierung steht. In den Augen Platons ist jedes Spezialfach, jede festumrissene Beschäftigung banausisch, die Banausie selbst aber ein charakteristischer Zug der demokratischen Gesellschaft.[72]

Der Sieg der bürgerlichen Lebensformen über die aristokratischen bringt zwar im Laufe des 4. Jahrhunderts und während des Hellenismus die teilweise Umwertung der alten Prestigebegriffe mit sich, die Arbeit wird aber auch jetzt nicht um ihrer selbst willen in Ehren gehalten, und es wird ihr keineswegs ein erzieherischer Wert im Sinne des modernen bürgerlichen Arbeitsethos beigemessen, sie wird nur entschuldigt und den Erwerbstüchtigen verziehen. Schon Burckhardt weist darauf hin, daß in Griechenland nicht nur die Aristokratie, sondern auch die Bourgeoisie die Arbeit verachtet, im Gegensatz zum mittelalterlichen Bürgertum, das sie von Anfang an hochhält und, statt sich die Ehrenbegriffe des Adels anzueignen, diesem seine eigene Idee der Berufsehre aufzwingt. Entscheidend für den Wert, den ein Volk der Arbeit beilegt, sind nach Burckhardt die Bedingungen, unter welchen es seine Lebensideale entwickelt. Die des jetzigen Abendlandes rühren vom Bürgertum des Mittelalters her, das dem Adel sowohl an geistigen als auch materiellen Gütern allmählich überlegen wird. Die der Griechen stammten dagegen aus ihrer Heldenzeit, „einer Welt ohne Nutzen“, und bildeten ein Vermächtnis, an dem sie noch jahrhundertelang festhielten.[73] Erst als die agonalen Ideale aufhören zu wirken, zu einem Zeitpunkt also, der mit dem Ende der Polis zusammenfällt, beginnt eine grundsätzlich neue Wertung der Arbeit und damit der bildenden Kunst; einen vollständigen Wandel in dieser Beziehung herbeizuführen war jedoch der Antike versagt.

Im klassischen Athen hat sich die wirtschaftliche und gesellschaftliche Lage der Maler und Bildhauer, trotz der unerhörten Bedeutung, die die Werke der bildenden Kunst für die sieghafte und ihre Macht stolz zur Schau tragende Polis gewinnen, seit der heroischen und homerischen Zeit kaum verändert. Noch immer wird die Kunst als bloße Handfertigkeit und der Künstler als gewöhnlicher Handwerker angesehen, der mit höheren geistigen Werten, mit Wissen und Bildung, nichts zu tun hat. Noch immer wird er schlecht bezahlt, noch immer ist er nicht seßhaft und führt das freizügige Leben der Fahrenden, bleibt zumeist fremd und rechtlos in der Stadt, die ihn beschäftigt. Bernhard Schweitzer erklärt die unveränderte Lage des bildenden Künstlers mit den gleichbleibenden, durchwegs ungünstigen wirtschaftlichen Bedingungen, unter welchen er während der ganzen Dauer der griechischen Freiheit arbeitet.[74] Der Stadtstaat ist und bleibt in Griechenland der einzige große Auftraggeber für Kunstwerke; er ist als solcher fast konkurrenzlos, denn kein Privater kann bei den verhältnismäßig hohen Herstellungskosten der Kunstprodukte gegen ihn oder auch nur neben ihm aufkommen. Unter den Künstlern selbst besteht dagegen eine scharfe Konkurrenz, die durch das Wetteifern der Städte miteinander keineswegs ausgeglichen wird. Eine Produktion für den freien Markt, die ihnen Geltung verschaffen könnte, kommt weder innerhalb der einzelnen Städte noch im Wettstreit zwischen ihnen in Frage.

Die Veränderung, die sich unter Alexander dem Großen in der Lebenslage der Künstler bemerkbar macht, hängt unmittelbar mit der Propaganda zusammen, die für den Eroberer ins Werk gesetzt wird. Der Persönlichkeitskult, der aus der neuen Heldenverehrung sich entwickelt, kommt dem Künstler sowohl als Ruhmspender wie auch als Ruhmempfänger zugute. Der Kunstbedarf der Diadochenhöfe und der in den Händen der Privaten sich akkumulierende Reichtum führen eine Steigerung der Konsumtion herbei und heben damit den Wert der Kunst und das Ansehen des Künstlers. Die philosophische und literarische Bildung dringt schließlich auch in die Kreise der bildenden Künstler ein; sie fangen an, sich vom Handwerk zu emanzipieren und den Gewerbetreibenden gegenüber einen Stand für sich zu bilden. Die Erinnerungen und Anekdoten aus dem Leben der Künstler zeigen am besten, wieviel sich seit der klassischen Epoche verändert hat. Der Maler Parrhasios rühmt sich in seinen Signaturen auf eine selbstgefällige Art, die noch kurz vorher ganz undenkbar gewesen wäre. Zeuxis erwirbt sich mit seiner Kunst ein Vermögen, wie es vor ihm kein Künstler besaß. Apelles ist nicht nur der Hofmaler, sondern auch der Vertraute Alexanders des Großen. Allmählich kommen auch Geschichten über exzentrische Maler und Bildhauer in Kurs, und zuletzt machen sich sogar Erscheinungen bemerkbar, die an die moderne Künstlerverehrung erinnern.[75] Zu all dem kommt, oder vielmehr hinter all dem steht das, was Schweitzer „die Entdeckung des bildnerischen Genies" nennt und auf die plotinische Philosophie zurückführt.[76] Plotin erblickt im Schönen einen Wesenszug des Göttlichen; das Stückwerk der Wirklichkeit gewinnt im Sinne seiner Metaphysik erst durch die Schönheit und in den Formen der Kunst jene Totalität zurück, die ihm infolge der Entfernung von der Gottheit verlorengegangen ist.[77] Es ist augenscheinlich, was der Künstler durch die Verbreitung einer solchen Lehre an Prestige gewinnen mußte. Es fällt auf ihn nun wieder der Schein des Sehertums und des Gottbegeistertseins, der seine Person in der Vorzeit umgab. Er erscheint wieder als der gottbesessene, um die geheimen Dinge wissende charismatische Mensch, der er in den magischen Zeiten gewesen war. Der Akt des Kunstschaffens nimmt die Züge der *unio mystica* an und wird der Welt der *ratio* immer mehr entzogen. Dio Chrysostomos vergleicht schon im 1. Jahrhundert den bildenden Künstler mit dem Welt-Demiurg; der Neuplatonismus baut diese Parallele weiter aus und betont das schöpferische Moment an der Leistung des Künstlers.

Diese Wendung der Dinge erklärt den Zwiespalt in der Haltung der späteren Epochen, besonders der römischen Kaiserzeit und der Spätantike, dem bildenden Künstler gegenüber. Im Rom der Republik und der ersten Kaiserzeit hatte man noch die gleichen Ansichten über den Wert der manuellen Arbeit und den Beruf des Künstlers wie im Griechenland der Heldenzeit, der Aristokratie und der Demokratie. Hier in Rom aber, wo die ältesten Erinnerungen auf eine landwirtschaftliche Bevölkerung zurückgingen, hing die Verachtung der Arbeit nicht unmittelbar mit dem Urkriegertum des Landes zusammen, sondern knüpfte, nach einer Periode, in der auch die reichen und führenden Römer auf dem Felde mitgearbeitet hatten,[78] wieder an Anschauungen an, deren historische Kontinuität längst abgerissen war. Das kriegerische Bauernvolk, das Rom im 3. und 2. Jahrhundert beherrscht, ist jedenfalls, trotz seiner engeren Verbundenheit mit der Arbeit, der Kunst und dem Künstler nicht sehr gewogen. Erst mit der geldwirtschaftlichen und städtischen Umgestaltung der Kultur und der Gräzisierung Roms tritt in der sozialen Geltung zunächst des Dichters, dann allmählich auch des bildenden Künstlers ein Wandel ein. Die Veränderung macht sich allerdings erst in der augusteischen Zeit stärker bemerkbar und bekundet sich alsdann einerseits in der Vates-Gestalt des Dichters, andererseits in dem Ausmaß und der Form, die das private Mäzenatentum neben der Gönnerschaft des Hofes annimmt. Noch immer ist aber das Ansehen der bildenden Kunst im Verhältnis zur Dichtung ein geringes.[79] Während der Kaiserzeit verbreitet sich zwar das Dilettieren im Malen unter den Vornehmen in beträchtlichem Maße – selbst unter den Kaisern findet die modische Liebhaberei Anhänger (Nero, Hadrian, Marc Aurel, Alexander Severus, Valentinian I. malen alle) –, die Bildhauerei wird aber, wohl wegen der größeren Mühsamkeit, mit der sie verbunden ist, und wegen des größeren technischen Apparats, den sie erfordert, auch weiterhin als eine unvornehme Betätigung angesehen. Und eigentlich zählt auch die Malerei nur solange zu den respektablen Beschäftigungen, als sie nicht für Geld ausgeübt wird. Arrivierte Maler nehmen für ihre Arbeiten keine Bezahlung mehr an, und Plutarch rechnet zum Beispiel Polygnot nur deshalb nicht zu den Banausen, weil dieser ein öffentliches Gebäude mit Fresken dekoriert hat, ohne auf Entlohnung Anspruch zu erheben.

Seneca vertritt noch die alte klassische Scheidung zwischen Kunstwerk und Künstler. „Die Götterbilder betet man an und opfert ihnen – meint er –, aber die Bildhauer, die sie geschaffen haben, verachtet man.“[80] Und bei Plutarch heißt es bekannterweise ganz ähnlich: „Kein Jüngling von edler Natur wird beim Anblick des Zeus von Olympia oder der Hera von Argos ein Phidias oder Polyklet zu werden wünschen.“ Das spricht deutlich genug gegen den bildenden Künstler; es heißt aber im weiteren, daß unser Jüngling auch kein Anakreon, Philemon oder Archilochos wird sein wollen; denn wenn wir uns auch – wie Plutarch sagt – der Werke freuen, sind ihre Verfertiger nicht unbedingt des Nacheiferns würdig.[81] Diese Gleichstellung des Dichters mit dem Bildhauer ist ein durchaus unklassischer Zug und zeigt, wie inkonsequent die Haltung der späteren Kaiserzeit in allen diesen Fragen war. Der Dichter teilt das Los des Bildhauers, weil er auch nur ein Spezialist ist und eine genau formulierbare Kunstlehre befolgt, das heißt, die göttliche Inspiration in eine rationalisierte Technik verwandelt. Und denselben Zwiespalt, der durch die Anschauungen Plutarchs geht, finden wir auch in Lukians *Traum*, wo die Bildhauerei zwar als ein gewöhnliches schmutziges Weib, die Redekunst dagegen als ein glänzendes ätherisches Wesen dargestellt ist, wo aber im Gegensatz zu Plutarch behauptet wird, daß man mit den Götterstatuen auch ihre Schöpfer verehre.[82] Die Anerkennung der künstlerischen Persönlichkeit, insoweit sie in diesen Lehrmeinungen zur Geltung kommt, hängt offenbar mit dem Ästhetizismus der Kaiserzeit und indirekterweise wohl auch mit dem Neuplatonismus und ähnlichen philosophischen Lehren zusammen, die gleichzeitige Ablehnung des bildenden Künstlers aber – eine Stimme, die neben der anderen nie ganz verstummt – beweist, daß die Antike auch in ihrer Spätzeit noch an den vorgeschichtlichen Prestigebegriff der „ostentativen Muße“ (Veblen) gebunden bleibt und trotz ihrer ästhetischen Kultur einen Gedanken wie den Geniebegriff der Renaissance und der Neuzeit zu konzipieren einfach nicht fähig ist. Denn erst für diesen Begriff wird es gleichgültig, in welcher Form und mit welchen Mitteln die Persönlichkeit sich ausdrückt, wenn es ihr nur gelingt, sich auszudrücken, oder auch nur anzudeuten, was sich an ihr dem Ausdruck versagt.

IV

# MITTELALTER

## 1. DER SPIRITUALISMUS DER ALTCHRISTLICHEN KUNST

Die entwicklungsgeschichtliche Einheit des Mittelalters ist eine künstliche; in Wirklichkeit zerfällt es in drei durchaus eigenartige Kulturperioden: in die des frühmittelalterlichen naturalwirtschaftlichen Feudalismus, des hochmittelalterlichen höfischen Rittertums und des spätmittelalterlichen städtischen Bürgertums. Die Einschnitte zwischen diesen Epochen sind jedenfalls tiefer als die am Anfang und am Ende des gesamten Zeitalters. Feudalismus, Rittertum und Bürgertum sind aber nicht nur schärfer voneinander getrennt als Antike und Mittelalter oder Mittelalter und Renaissance, die Wandlungen, durch die sie voneinander geschieden sind – die Geburt des ritterlichen Dienstadels und der Umbau der feudalen Naturalwirtschaft in die städtische Geldwirtschaft, das Erwachen der lyrischen Sensibilität und die Entwicklung des gotischen Naturalismus, die Emanzipation des Bürgertums und die Anfänge des neueren Kapitalismus –, sind für die Entstehung des modernen Lebensgefühls von größerer Bedeutung als die geistigen Errungenschaften der Renaissance selber.

Die meisten Züge, durch die man die Kunst des Mittelalters zu charakterisieren pflegt, so vor allem das Streben nach Vereinfachung und Stilisierung, der Verzicht auf den Tiefenraum und die Perspektive, die willkürliche Behandlung der Proportionen und Funktionen der Körper, sind nur für das Frühmittelalter bezeichnend und verlieren am Anfang der städtischen, geldwirtschaftlichen Periode ihre Geltung. Der einzige grundlegende Charakterzug, der für die Kunst und Kultur des Mittelalters auch über diese Zeitwende hinaus maßgebend bleibt, ist die metaphysische Fundierung des Weltbildes. Die Kunst verliert zwar in der Übergangszeit zwischen Früh- und Hochmittelalter ihre strenge Gebundenheit, bewahrt aber ihren tief religiösen, vergeistigten Charakter und bleibt auch fernerhin der Ausdruck einer durchaus christlich gesinnten, hieratisch organisierten Gesellschaft. Ihre Kontinuität ist gewährleistet durch die trotz allem Häretiker- und Sektierertum konkurrenzlose geistige Herrschaft des Klerus und das im wesentlichen unerschütterte Ansehen der von ihm eingesetzten Heilsanstalt, der Kirche.

Das transzendentale Weltbild des Mittelalters aber steht mit dem Christentum nicht von vornherein fertig da; die Kunst der altchristlichen Zeit hat noch nichts von der metaphysischen Transparenz, die für den romanischen und gotischen Stil wesentlich ist. Die Geistigkeit dieser Kunst, in der man bereits den Inbegriff der mittelalterlichen Kunstanschauung erkennen wollte,[1] ist in Wirklichkeit noch derselbe allgemeine, nicht genau festgelegte Spiritualismus, von dem schon das spätantike Heidentum erfüllt war. Sie enthält noch keinen in sich geschlossenen überweltlichen Zusammenhang, der die natürliche Ordnung der Dinge ersetzen könnte; es kommt in ihr höchstens ein gesteigertes Interesse und eine größere Feinfühligkeit für die Regungen der menschlichen Seele zum Ausdruck. Die Formen sowohl der spätantiken als auch der altchristlichen Kunst sind nur im psychologischen, nicht im metaphysischen Sinn aufschlußreich; sie sind expressionistisch, nicht divinatorisch. Die großen aufgerissenen Augen der spätrömischen Porträts drücken seelisch potenziertes, geistig angespanntes, affektbetontes Leben aus; dieses Seelenleben aber ist ohne metaphysischen Hintergrund und hat mit Christentum an und für sich nichts zu tun. Es ist von Verhältnissen abhängig, die nicht erst das Christentum geschaffen hat. Die Spannung, die in der christlichen Lehre ihre Auflösung findet, kam bereits mit dem Hellenismus in die Welt; die Antwort auf die Fragen, die die aufgeregte Zeit sich stellte, hat das Christentum bald gegeben, an der künstlerischen Gestaltung dieser Antwort aber mußten viele Generationen arbeiten – sie wurde mit der Lehre durchaus nicht auf einmal gefunden.

Die altchristliche Kunst der ersten Jahrhunderte ist nur eine entwickeltere Form, wenn nicht überhaupt nur eine Abart der spätrömischen Kunst. Die Ähnlichkeit der beiden Kunstrichtungen ist so groß, daß der entscheidende Stilwandel zwischen dem klassischen und dem nachklassischen, nicht aber zwischen dem heidnischen und dem christlichen Zeitalter stattgefunden haben muß. Die Werke der späteren Kaiserzeit, vor allem der konstantinischen Epoche, antizipieren bereits die wesentlichsten Stilmerkmale der altchristlichen Kunst; sie zeigen dieselbe Neigung zur Vergeistigung und Abstraktion, dieselbe Vorliebe für die flächige, unkörperliche, schattenhafte Formgebung, denselben Drang zur Frontalität, Repräsentation und Hierarchie, dieselbe Indifferenz dem organischen, vegetativen, lebendigen Leben gegenüber, dieselbe Interesselosigkeit für das bloß Charakteristische, Einmalige und Genrehafte, kurz, dasselbe unantike, auf das Ideelle statt auf das Sinnliche gerichtete Kunstwollen, das wir in den Katakombenmalereien, den römischen Kirchenmosaiken und den frühchristlichen Bilderhandschriften verwirklicht finden. Die Entwicklung, die von der umständlichen Situationsschilderung der Spätklassik zum bündigen Tatsachenbericht der Spätantike und den schematischen, siegelartigen Verständigungszeichen der altchristlichen Kunst führt, beginnt in der frühen Kaiserzeit. Von da an läßt es sich fast Schritt für Schritt beobachten, wie das Ideelle immer wichtiger wird als die Form und wie die Formen sich allmählich in eine Art von Bilderschrift umwandeln. Der Weg, der die christliche Kunst von der Existenzmalerei der klassischen Antike entfernt, führt in zwei Richtungen. Die eine verfolgt die Entwicklung einer Symbolik, der es nicht so sehr um die Abbildung als um die Beschwörung und die geistige Gegenwart der darzustellenden heiligen Wesen zu tun ist und die jede Einzelheit der Darstellung in die Chiffre einer Heilslehre verwandelt. Der Ideenwert, den die Elemente des Kunstwerkes durch diese Symbolik gewinnen, erklärt erst die meisten, an und für sich unverständlichen Eigentümlichkeiten der altchristlichen Kunst; so vor allem die Verstöße gegen die natürlichen Größenverhältnisse und die Anpassung der Proportionen an die geistige Bedeutsamkeit der dargestellten Gegenstände; die sogenannte „verkehrte Perspektive“[2], die die vom Beschauer entferntere Hauptgestalt größer erscheinen läßt als die Nebengestalten des Vordergrundes; die ostentative Vorderansicht der repräsentativen Figuren; die summarische Behandlung des dinglichen Beiwerks; usw. Die andere Richtung führt zu einem episch-illustrativen, auf die Vergegenwärtigung von Szenen, Handlungen, anekdotischen Vorfällen gerichteten Stil. Die Reliefs, die Malereien und die Mosaiken der altchristlichen Epoche wollen, wenn sie nicht Andachtsbilder sind, Erzählungen sein – biblische Geschichte in Bildern oder gemalte Hagiographie. Alles kommt dabei dem Künstler auf die Deutlichkeit des Berichts, die Klarheit der handlungsmäßigen Beziehungen an. In einer Miniatur des Rossano-Evangeliars mit der Szene, wie Judas die empfangenen Silberlinge zurückbringt, wird eine der vorderen Säulen des Baldachins, unter dem der Hohepriester sitzt, durch diesen teilweise verdeckt, obwohl er hinter der Säule sitzend gedacht ist. Dem Maler war es offenbar wichtiger, die abwehrende Handbewegung der Gestalt deutlich zu zeigen, als Dinge, die zu der eigentlichen Handlung keine Beziehung haben.[3]

Wir haben es hier mit einer, wenigstens in ihren Anfängen, einfachen volkstümlichen Kunst zu tun, die in mancher Hinsicht an die uns von der Trajanssäule her bekannten Bildererzählungen erinnert. Diesem ursprünglich populären Stil paßte sich auch die offizielle römische Kunst immer mehr an, so daß schließlich die altchristliche, in erster Reihe dem Geschmack der unteren Schichten entsprechende Kunst sich von der Kunst der Gesellschaftselite nicht so sehr der Richtung als der Qualität nach unterschied. Vor allem die Katakombenmalereien müssen zum größten Teil die Arbeiten von einfachen Handwerkern, Dilettanten und Pfuschern gewesen sein, deren Eignung für diese Aufgaben offenbar eher in ihrer Gesinnung als in ihrer Begabung lag. Die Entartung des Geschmacks und der Technik machte sich aber auch in der Kunst der alten kulturtragenden Schichten bemerkbar. Wir stehen hier vor einem ähnlichen Bruch in der Entwicklung, wie wir ihn bei der Wendung vom Impressionismus zum Expressionismus erlebten. Die Kunst der konstantinischen Epoche wirkt neben der früheren Kaiserzeit ebenso derb wie etwa ein Bild von Rouault neben einem Werk von Manet. In beiden Fällen ging der Stilwandel von dem Gesinnungswechsel einer großstädtischen, kosmopolitischen, kapitalistisch zerklüfteten Gesellschaft aus, die, von Untergangsbefürchtungen gequält, ihre Hoffnung in jenseitige Hilfe setzte, und der es in ihrer Katastrophenstimmung eher um die neuen seelischen Inhalte als um die alten formalen Feinheiten zu tun war. Diese Stimmung spiegelt sich in der heidnischen und der christlichen Kunst der spätrömischen Zeit mit gleicher Schärfe; der Unterschied bestand lediglich darin, daß die für die vornehmen und wohlhabenden Römer bestimmten Kunstwerke noch immer von wirklichen Künstlern stammten, die für die arme Christengemeinde zu arbeiten wohl nicht geneigt waren. Und zwar auch dann nicht, wenn sie den christlichen Ideen persönlich nahestanden und sich für ihre Arbeit mit einer geringen oder auch gar keiner Entlohnung abgefunden hätten; denn die Christen wünschten von ihnen, daß sie sich mit der Herstellung von heidnischen Götterbildern nicht weiter abgeben, ein Zugeständnis, zu dem sich ein Künstler, je angesehener und erfolgreicher er war, desto schwerer verstehen konnte.

Diejenigen Forscher, die das metaphysische Weltbild des Mittelalters schon in der altchristlichen Kunst erkennen wollen, deuten gewöhnlich alles, was an dieser Kunst der Klassik gegenüber mangelhaft ist, als bewußten und willkürlichen Verzicht und betrachten von der Theorie des „Kunstwollens" ausgehend jedes Manko der imitativen Ausdrucksmittel als eine geistige Errungenschaft und einen Gewinn. Sie fragen jedesmal, wenn ein künstlerischer Stil eine bestimmte Aufgabe zu lösen nicht imstande zu sein scheint, vor allem danach, ob dieser Stil wohl die betreffende Aufgabe zu lösen überhaupt bestrebt war, und diese Fragestellung gehört zweifellos zu den fruchtbarsten Ideen der Lehre vom Kunstwollen; sie hat aber doch nur den Wert einer Arbeitshypothese, an die man sich nicht klammern sollte. Jedenfalls ist es verfehlt, der Lehre eine Deutung zu geben, die jede Spannung zwischen Wollen und Können von vornherein aufhebt.[4] Das Vorhandensein einer solchen Spannung steht gerade in der altchristlichen Kunst außer Frage. Zumeist ist es nichts als Unzulänglichkeit und Armut, unwillkürlicher Verzicht auf die Wiedergabe der Naturform und primitives Verhauen der Zeichnung, was an ihr als absichtliche Vereinfachung und souveräne Zusammenfassung, zielbewußte Steigerung und ideelle Erhöhung der Wirklichkeit gepriesen wird.

Die altchristliche Kunst überwindet ihre Unförmigkeit und Schwerfälligkeit erst in der Zeit nach dem Toleranzedikt, als sie die offizielle Kunst des Staates und des Hofes, der vornehmen und gebildeten Kreise wird. Jetzt gewinnt sie sogar in Werken wie dem Apsismosaik der Sta. Pudenziana etwas von jener Kalokagathie zurück, von der sie in ihrem Widerwillen gegen den Sensualismus der Antike noch gar nicht so lange her nichts wissen wollte. Die Anschauung, daß nur die Seele schön sei, der Körper aber, wie alles Materielle, häßlich und verabscheuungswürdig, wird wenigstens auf einige Zeit nach der Anerkennung des Christentums in den Hintergrund gerückt. Die mächtig und reich gewordene Kirche läßt Jesus und seine Jünger großartig und würdevoll, gleichsam als vornehme Römer, als kaiserliche Statthalter und einflußreiche Senatoren darstellen. Diese Kunst ist der Antike gegenüber noch viel weniger ein neuer Anfang, als es die der ersten christlichen Jahrhunderte war. Man kann sie vielmehr als die erste jener Renaissancen bezeichnen, die im Mittelalter fast ohne Unterbrechung aufeinanderfolgen und von da an zu einem Leitmotiv der Kunstgeschichte werden.

Das Leben blieb im römischen Reiche in den ersten Jahrhunderten der christlichen Ära so gut wie unverändert; es bewegte sich in den gleichen Wirtschafts- und Gesellschaftsformen, knüpfte sich an die gleichen Traditionen und Institutionen wie früher. Die Formen des Besitzes und die Organisation der Arbeit, die Quellen der Bildung und die Methoden des Unterrichts haben sich kaum verändert, es wäre merkwürdig, wenn die Kunstauffassung sich plötzlich verändert hätte. Die Formen der antiken Kultur haben infolge der christlichen Neuorientierung des Lebens höchstens ihre ursprüngliche Kohärenz verloren, sie bildeten aber noch immer die einzigen Vehikel des Ausdrucks, deren man sich bedienen konnte, wenn man sich verständlich machen wollte. Auch der christlichen Kunst standen keine anderen zur Verfügung als diese; und sie bediente sich ihrer, wie man sich des Wortschatzes einer Sprache bedient, – nicht weil sie sie konservieren wollte, sondern „weil sie eben vorhanden waren“.[5] Die alten Ausdrucksmittel erhielten sich, wie es bei fest gewordenen Formen und Institutionen zu sein pflegt, länger intakt als der Geist, dem sie ihren Ursprung verdankten. Die seelischen Inhalte waren bereits längst christlich geworden, man drückte sich aber noch immer in den Formen der antiken Philosophie, Dichtung und Kunst aus. Damit kam in die christliche Kultur von vornherein ein Zwiespalt, den die altorientalische und die antike Welt nicht kannten. In diesen Kulturen entstanden und entwickelten sich die Formen mit den Inhalten auf einmal, die christliche Weltanschauung setzte sich dagegen zusammen aus einer neuen, noch undifferenzierten seelischen Einstellung und aus den Denk- und Gefühlsformen einer raffinierten, intellektuell und ästhetisch überreifen Kultur.

Das neue christliche Lebensideal verändert zunächst nicht die äußeren Formen, sondern die soziale Funktion der Kunst. Für die klassische Antike hatte das Kunstwerk vor allem einen ästhetischen, für das Christentum einen außerästhetischen Sinn. Die Autonomie der Formen war das, was von der geistigen Erbschaft der Antike zuerst verlorenging. Für das Mittelalter gibt es der Religion gegenüber ebensowenig eine für sich seiende, um den Glauben unbekümmerte Kunst wie eine autonome Wissenschaft. Und die Kunst ist sogar, wenigstens was die Wirkung in die Breite betrifft, das wertvollere Instrument des kirchlichen Erziehungswerkes. „*Pictura est quaedam litteratura illitterato*“ sagt schon Strabon, und „*Pictura et ornamenta in ecclesia sunt laicorum lectiones et scripturae*“ sagt noch Durandus. Die Kunst wäre nach der Auffassung des frühen Mittelalters vollkommen überflüssig, wenn jedermann lesen und abstrakten Gedankengängen folgen könnte; sie ist im Anfang nur ein Zugeständnis, das man der unwissenden, durch den sinnlichen Eindruck leicht beeinflußbaren Menge macht. Als „bloßes Vergnügen des Auges“, wie das Wort des heiligen Nilus lautet, wird man sie jedoch noch lange nicht gelten lassen. Der moralische Lehrzweck ist der eigentümlichste Zug der christlichen Kunstauffassung. Auch bei den Griechen und Römern war das Kunstwerk wohl oft nur ein Instrument der Propaganda, nie war es aber ein bloßes Lehrmittel. In dieser Beziehung trennen sich von allem Anfang an die Wege.

Die künstlerischen Formen selber beginnen sich erst im 5. Jahrhundert, gleichzeitig mit der Auflösung des Weströmischen Reiches, grundlegend zu verändern. Der spätrömische Expressionismus verwandelt sich erst jetzt in einen „transzendenten Ausdrucksstil".[6] Jetzt erst wird die Emanzipation der Kunst von der Realität vollzogen; jetzt allerdings so restlos, daß der Verzicht auf die imitative Darstellung der Wirklichkeit oft an den Geometrismus der griechischen Frühzeit erinnert. Der Bildzusammenhang wird auch hier einer dekorativen Ordnung unterstellt; diese Ordnung aber ist nicht mehr bloß der Ausdruck eines ornamentalen Wohlklangs, sondern der einer höheren Planmäßigkeit, einer Weltenharmonie. Und es bleibt auch nicht mehr bei der bloßen Ornamentalität, bei der gleichmäßigen Aneinanderreihung der Figuren, der symmetrischen Anordnung der Gruppen, der rhythmischen Abstimmung der Gebärden, der dekorativen Zusammenstellung der Farben; alle diese Ordnungsprinzipien sind nur die Voraussetzung des neuen Formsystems, so wie es uns schließlich in den Langhausmosaiken der Sta. Maria Maggiore entgegentritt. Wir haben hier Szenen vor uns, die sich in einer luft- und lichtlosen Ambiente abspielen, in einem Raum ohne Tiefe, ohne Perspektive, ohne Atmosphäre, mit flächigen, unmodellierten Figuren ohne Gewicht und Schatten. Die Illusion eines einheitlich zusammenhängenden Raumausschnittes wird überhaupt nicht mehr gesucht; die Figuren werden immer isolierter und treten nur mehr in ideelle, nicht in handlungsmäßige Beziehungen zueinander. Sie werden auch immer unbewegter und lebloser und wirken zugleich immer feierlicher, durchgeistigter, dem Leben und der Erde entrückter. Die meisten der Kunstmittel, mit denen dieser Effekt erzielt wird, vor allem die Reduktion der Raumtiefe, die Flächigkeit und die

Frontalität der Figuren, das Prinzip der Sparsamkeit und Einfachheit, waren schon in der spätrömischen und der frühesten christlichen Kunst vorhanden, aber sie schließen sich erst jetzt zu den Elementen eines eigenen „Stils" zusammen. Dort traten sie noch vereinzelt auf, suchten eine situationsmäßige Rechtfertigung[7] und befanden sich stets in einem offenen, ungeschlichteten Konflikt mit den naturalistischen Überlieferungen und Erinnerungen; hier ist die weltflüchtige Tendenz bereits vollkommen durchgedrungen, alles ist zur starren, leblosen, kalten Form, zugleich aber zum intensivsten, wesenhaftesten Leben geworden – zum Tod des alten fleischlichen und zum Leben des neuen geistigen Menschen. Alles spiegelt hier den Geist der Paulus-Worte: „Ich lebe, doch nicht ich, sondern Christus lebt in mir" (Gal. 2, 20). Die Antike und ihre Sinnenfreude sind abgetan. Die alte Herrlichkeit schwindet dahin, der römische Staat liegt in Trümmern; die Kirche feiert ihren Triumph nicht mehr im Geiste des römischen Herrentums, sondern im Zeichen einer Macht, die nicht von dieser Welt zu sein vorgibt. Und jetzt erst, als die Kirche völlig souverän geworden ist, schafft sie sich einen künstlerischen Stil, der mit der Antike so gut wie nichts mehr gemein hat.

## 2. DER KÜNSTLERISCHE STIL DES BYZANTINISCHEN CÄSAROPAPISMUS

Der griechische Orient hat während der Völkerwanderung keinen Kulturzusammenbruch erlitten, wie der Westen. Die Stadt- und Geldwirtschaft, die im Weströmischen Reich sich fast vollständig aufgelöst hatte, blühte im Osten weiter und war lebensfähiger als je. Die Einwohnerschaft Konstantinopels stieg schon im 5. Jahrhundert über eine Million, und das, was die Zeitgenossen sich von seinem Reichtum und seiner Pracht erzählten, klingt wie ein Feenmärchen. Für das ganze Mittelalter war Byzanz das Wunderland der bodenlosen Schätze, der goldfunkelnden Paläste und der endlosen Festlichkeiten; der ganzen Welt diente es als Muster der Eleganz und der Repräsentation. Die Mittel zu dieser Herrlichkeit flossen aus Handel und Verkehr. Konstantinopel war noch viel ausgesprochener als das ehemalige Rom eine Metropolis im modernen Sinne; eine Stadt mit international gemischter und kosmopolitisch gesinnter Bevölkerung, ein Zentrum der Industrie und des Exports, ein Knotenpunkt des Fernhandels und des Transitverkehrs,[8] – eine echt orientalische Stadt nebenbei, der die Auffassung des Abendlandes, daß Handel zu treiben herabwürdigend sei, unverständlich erschienen wäre. Der Hof selbst stellte mit seinen Monopolen eine große Industrie- und Handelsunternehmung dar. Und es lag hauptsächlich an der Beschränkung der Wirtschaftsfreiheit durch diese Monopole, daß die eigentliche Quelle des privaten Reichtums, trotz der kapitalistischen Struktur der byzantinischen Wirtschaft, nicht der Handel, sondern der Grundbesitz war.[9] Die großen Handelsgewinne kamen eben nicht den Privatpersonen, sondern dem Staate und dem kaiserlichen Haushalt zugute. Die der Privatwirtschaft auferlegten Beschränkungen bestanden übrigens nicht nur darin, daß man seit Justinian die Fabrikation gewisser Seidenstoffe und den Handel mit den wichtigsten Lebensmitteln dem Staate vorbehielt, sondern auch in der Gewerbeordnung, mit der die gesamte Regelung der Produktion und des Verkehrs der Stadtverwaltung und den Zünften überantwortet wurde.[10] Die Ansprüche des Fiskus aber waren damit, daß der Staat die einträglichsten Industrien und Handelszweige in eigener Regie führte, bei weitem nicht befriedigt; die Finanzverwaltung nahm den Privatunternehmern in Form von Steuern, Taxen, Zöllen, Patentgebühren usw. den größten Teil der Gewinne in bar ab. Das mobile Privatkapital konnte auf diese Art nie wirklich zu Kräften kommen. Die autokratische Wirtschaftspolitik der Krone ließ höchstens den Grundbesitzer auf seinem Gute in der Provinz frei gewähren, in der Stadt wurde von der Zentralgewalt alles aufs strengste überwacht und geregelt.[11] Byzanz arbeitete, dank seinen regelmäßigen Steuereinkünften und rational geführten Staatsunternehmungen, mit einem restlos ausbalancierten Budget und verfügte über einen Geldvorrat, der ihm, im Gegensatz zu den westlichen Staaten des Früh- und Hochmittelalters, ermöglichte, aller partikularistischen und liberalistischen Bestrebungen Herr zu werden. Die Macht des Kaisers stützte sich auf ein starkes Söldnerheer und einen gut funktionierenden Beamtenapparat, die ohne die regulären Einkünfte des Staates nicht aufrechtzuerhalten gewesen wären. Ihnen verdankte Byzanz seine Dauer und der Kaiser sowohl seine wirtschaftliche Bewegungsfreiheit als auch seine Unabhängigkeit von den großen Grundbesitzern.

Diese Verhältnisse erklären es, daß die dynamische, fortschrittliche, traditionsfeindliche Tendenz, die mit Handel und Verkehr, Stadt- und Geldwirtschaft verbunden zu sein pflegt, in Byzanz sich nicht durchsetzen konnte. Das städtische Leben, das sonst nivellierend und emanzipierend wirkt, war hier zum Ursprung einer streng gebundenen, konservativen Kultur geworden. Dank der städtefreundlichen Politik Konstantins nahm Byzanz von vornherein eine andere soziale Struktur an als die Städte der Antike oder die des Hoch- und Spätmittelalters. Das Gesetz vor allem, das den Landbesitz in gewissen Teilen des Reiches an den Besitz eines Hauses in Konstantinopel knüpfte, hatte den Zug der Grundbesitzer nach der Stadt zur Folge; und damit entwickelte sich eine eigene städtische Aristokratie, die sich dem Kaiser gegenüber von vornherein loyaler verhielt als der Adel im Westen.[12] Diese materiell saturierte, konservative Schicht hat auch die Mobilität der übrigen Bevölkerung abgeschwächt und wesentlich dazu beigetragen, daß in einer an und für sich so unruhigen Handelsstadt wie Konstantinopel die typische Kultur einer absoluten Monarchie mit ihrer uniformierenden, konventionellen und statischen Tendenz entstehen und sich behaupten konnte.

Die Herrschaftsform des byzantinischen Kaisertums war der Cäsaropapismus: die Vereinigung der weltlichen und der geistlichen Macht in der Hand eines Autokraten. Die Oberherrschaft des Kaisers über die Kirche gründete sich auf die von den Kirchenvätern entwickelte und von Justinian gesetzlich proklamierte Doktrin des Gottesgnadentums, die den alten, mit dem christlichen Glauben nicht mehr zu vereinbarenden Mythus von der göttlichen Abstammung des Königs ersetzen sollte. Denn wenn der Kaiser schon nicht „göttlich“ sein durfte, so konnte er doch Gottes Stellvertreter auf Erden oder, wie Justinian selbst sich gern nennen ließ, sein „Erzpriester“ sein. Nirgends im Abendland war der Staat so sehr Theokratie, nie in der neueren Geschichte der Herrendienst ein so wesentlicher Teil des Gottesdienstes wie hier. Im Westen waren die Kaiser immer nur weltliche Machthaber und hatten an der Kirche stets eine Rivalin, wenn nicht eine offene Gegnerin. Im Osten hingegen standen sie an der Spitze aller drei Hierarchien: der Kirche, der Armee und der Verwaltung,[13] und betrachteten auch die Kirche nur als ein „Staatsdepartement“.

Die geistlich-weltliche Autokratie des oströmischen Kaisers, die an die Loyalität der Untertanen oft die größten Zumutungen stellte, mußte sich auf eine die Phantasie der Leute anregende Art bekunden, in imposante Formen kleiden und hinter ein mystisches Zeremoniell verschanzen. Der hellenistisch-orientalische Hof war mit seiner unnahbaren Feierlichkeit und seiner starren, jede Improvisierung verbietenden Etikette der gegebene Rahmen für einen solchen Effekt. In Byzanz aber war der Hof noch ausschließlicher als zur Zeit des Hellenismus der Mittelpunkt des ganzen geistigen und gesellschaftlichen Lebens. Er war vor allem nicht nur der größte, sondern so gut wie der einzige Auftraggeber für anspruchsvollere künstlerische Arbeiten; denn auch die wichtigeren Aufträge für die Kirche gingen von ihm aus. Die Kunst ist erst in Versailles wieder so ganz und gar höfisch geworden. Nirgends aber war sie vielleicht so ausschließlich Königskunst und so wenig die Kunst der Aristokratie wie hier, nirgends ist sie so restlos zur starren, spannungslosen Form der kirchlichen und der politischen Devotion geworden. Nirgends war aber auch die Aristokratie so abhängig vom Monarchen, nirgends so ganz und gar eine Beamtenaristokratie, ein von dem Kaiser geschaffener und nur für seine Günstlinge zugänglicher Stand von Bürokraten und Funktionären; also durchaus keine nach außen abgeschlossene Kaste, kein Geburtsadel, ja eigentlich gar kein Adel im strengen Sinne des Wortes. Der Autokratismus des Kaisers ließ keine erblichen Privilegien aufkommen. Die

Klasse der Vornehmen und Einflußreichen war stets mit dem jeweiligen Beamtentum identisch; Vorrechte hatte man nur solange, als man im Amte war. Es sollte darum auch im Zusammenhang mit Byzanz immer nur von den Großen des Reiches statt von einem Adel gesprochen werden. Der Senat, die politische Vertretung der Oberschicht, rekrutierte sich anfänglich nur aus Beamten, und erst später, als der Grundbesitz bereits eine bevorrechtete Stellung erlangt hatte, auch aus Grundbesitzern.[14] Es kann aber, trotz der Begünstigungen, die die Grundbesitzer gegenüber den Industriellen und den Kaufleuten genossen hatten, von einem Landadel ebensowenig die Rede sein wie von einem erblichen Adel jeglicher Art.[15] Zwischen Reichtum und sozialer Geltung war die Amtsstellung das unerläßliche Band. Die reichen Grundbesitzer – und nur die Grundbesitzer waren wirklich reich – mußten sich einen Beamtentitel, wenn nicht anders, käuflich erwerben, um zu den Vornehmen zu zählen; die Beamten wieder mußten trachten, um sich wirtschaftlich zu sichern, zu einem Landgut zu kommen. Es vollzog sich derart eine so restlose Verschmelzung der beiden führenden Schichten, daß schließlich alle Großgrundbesitzer Beamte und alle Beamten Großgrundbesitzer waren.[16]

Nie hätte aber die byzantinische Hofkunst zur christlichen Kunst schlechthin werden können, wenn die Kirche selber nicht zu einer absoluten Autorität geworden wäre und sich nicht als die Herrin der Welt gefühlt hätte. Mit anderen Worten: der byzantinische Stil konnte nur darum überall, wo es eine christliche Kunst gab, Fuß fassen, weil die katholische Kirche im Westen zu der Macht werden wollte, die der Kaiser in Byzanz bereits war. Das künstlerische Ziel der beiden war das gleiche: der Ausdruck unbedingter Autorität, übermenschlicher Größe, mystischer Unnahbarkeit. Das Bestreben, Respekt und Ehrfurcht heischende Persönlichkeiten eindrucksvoll darzustellen, eine Tendenz, die sich seit der späteren Kaiserzeit in steigendem Maße geltend macht, erreicht in der byzantinischen Kunst ihren Höhepunkt. Das Kunstmittel, durch welches man dieses Ziel zu erreichen sucht, ist auch hier, wie einst in der altorientalischen Kunst, vor allem die Frontalität. Der seelische Mechanismus, der damit in Gang gesetzt wird, ist ein doppelter: einerseits veranlaßt die strenge Haltung der frontal dargestellten Figur den Beschauer zu einer dieser Haltung entsprechenden seelischen Einstellung; andererseits bekundet der Künstler durch diese Attitüde seine eigene Ehrfurcht dem Beschauer gegenüber, den er sich stets in der Gestalt des Kaisers, seines Auftraggebers und Gönners, vorstellt. Diese Ehrerbietung ist der Sinn der Frontalität auch dann, und – infolge der gleichzeitigen Funktionierung der beiden Mechanismen – dann erst recht, wenn die dargestellte Persönlichkeit der Herrscher selbst ist, wenn also, paradoxerweise, die respektvolle Haltung von derjenigen Person eingenommen wird, der sie eigentlich gilt. Die Psychologie dieser Selbstobjektivation ist die gleiche, wie wenn der König die Etikette, die sich um seine Person dreht, selber am strengsten befolgt. Durch die Frontalität nimmt jede figurale Darstellung gewissermaßen den Charakter eines Zeremonienbildes an. Der Formalismus des kirchlichen und des höfischen Rituals, der feierliche Ernst der asketisch und despotisch geregelten Lebensordnung, das Repräsentationsstreben der geistlichen und der weltlichen Hierarchie stimmen in ihren Anforderungen der Kunst gegenüber vollständig überein und finden in den gleichen Stilformen ihren Ausdruck. Christus wird in der byzantinischen Kunst wie ein König, Maria wie eine Königin dargestellt; sie haben kostbare königliche Gewänder an und sitzen reserviert, ausdruckslos und abweisend auf ihrem Thron. Der lange Zug der Märtyrer und der Heiligen nähert sich ihnen in langsamen, feierlichen Rhythmen, so wie das Gefolge des Kaisers und der Kaiserin bei den Hofzeremonien. Engel assistieren und bilden streng geordnete Prozessionen, so wie die geistlichen Würdenträger bei den kirchlichen Festlichkeiten. Alles ist hier groß und gewaltig, alles Menschliche, Subjektive und Willkürliche unterdrückt. Ein unantastbares Ritual verbietet diesen Figuren, sich frei zu bewegen, aus der gleichförmigen Reihe zu treten, ja auch nur zur Seite zu blicken. In den Widmungsmosaiken von S. Vitale ist dieses Zelebrieren des Lebens paradigmatisch geworden und künstlerisch unübertroffen geblieben. Keiner Klassik und keinem Klassizismus, keiner idealistischen und keiner abstrakten Kunst ist es seither gelungen, Form und Rhythmus so unmittelbar, so rein zum Ausdruck zu bringen. Alles Komplizierte, in Halbtönen Aufgelöste, im Zwielicht Schillernde ist ausgeschaltet; alles ist einfach, eindeutig und übersichtlich; alles in scharfe, ununterbrochene Konturen, in valeurlose, ungebrochene Farben gefaßt. Die episch-anekdotische Situation hat sich restlos in eine Repräsentationsszene verwandelt. Justinian und Theodora bringen mit ihrem Gefolge Weihgeschenke dar – ein als Hauptmotiv der Darstellung ungewohntes Thema für den Altarraum einer Kirche. So wie aber in dieser cäsaropapistischen Kunst die sakralen Szenen den Charakter der Hofzeremonien annehmen, fügen sich die Feierlichkeiten des Hofes ihrerseits ohne weiteres in den Rahmen des kirchlichen Rituals ein.

In der Architektur, namentlich in der Innenraumgestaltung der Kirchen, drückt sich derselbe „königliche", autoritäre und repräsentative Geist aus, der die Mosaiken der Wände beherrscht. Die christliche Kirche unterschied sich von Anfang an von dem antiken Tempel darin, daß sie vor allem Gemeindehaus, nicht Gotteshaus war und den Schwerpunkt der architektonischen Ausgestaltung vom Äußeren des Gebäudes nach innen verlegte. Es wäre aber unbegründet, darin schon den Ausdruck eines demokratischen Prinzips zu erblicken und die Kirche von vornherein für eine volkstümlichere Bauart zu erklären als den Tempel. Die Verschiebung der Aufmerksamkeit von außen nach innen vollzieht sich bereits in der römischen Architektur und sagt an und für sich nichts über die soziale Funktion des Bauwerks aus. Die basilikale Anlage, die die altchristliche Kirche vom römischen Amtsgebäude übernimmt, mit ihrer Abteilung des Innenraumes in Sektionen verschiedenen Ranges und Wertes, vor allem mit der Abtrennung des für die Geistlichkeit reservierten Chores von dem übrigen, gemeinsamen Raum, entspricht eher einer aristokratischen als einer demokratischen Gesinnung. Die byzantinische Architektur aber, die das Formsystem der altchristlichen Basilika durch die Kuppel ergänzt, führt eine weitere Steigerung des „undemokratischen", die verschiedenen Raumteile voneinander scharf trennenden Raumbildes herbei. Die Kuppel, gleichsam die Krone des ganzen Raumes, hebt hervor, distinguiert und betont die Zäsur zwischen den verschiedenen Teilen des Innenraumes.

Die Miniaturmalerei weist im großen und ganzen die Merkmale desselben feierlichen, pompösen und abstrakten Stils auf, wie die Mosaiken; sie ist aber im Ausdruck lebendiger und spontaner, in den Motiven freier und abwechslungsreicher als die monumentale Wanddekoration. Es lassen sich übrigens zwei verschiedene Richtungen in ihr feststellen: die der großen, ganzseitigen, luxuriösen Miniaturen, die sich nach dem Stil der eleganten hellenistischen Manuskripte richten, und die der anspruchsloseren, für den klösterlichen Gebrauch bestimmten Bücher, deren Illustrationen sich oft auf bloße Randzeichnungen beschränken und mit ihrem orientalischen Naturalismus dem einfacheren mönchischen Geschmack entsprechen.[17] Die verhältnismäßig bescheidenen Mittel, die die Buchmalerei erfordert, ermöglichen eine Produktion auch für weniger hochgestellte und künstlerisch liberalere Kreise, als es die Auftraggeber für die kostspieligen Mosaiken sind. Die schmiegsamere, handwerklich einfachere Technik erlaubt eine von vornherein freiere, individuellen Experimenten zugänglichere Behandlung als das komplizierte und schwerfällige musivische Verfahren. Der ganze Stil der Miniaturmalerei kann daher natürlicher und unbefangener sein als der der repräsentativen Kirchendekorationen;[18] das erklärt auch, warum die Schreibstuben während des Bilderstums die Zuflucht der orthodoxen und populären Kunst geworden sind.[19]

Es wäre jedenfalls eine irreführende Simplifizierung des wirklichen Sachverhalts, wenn man in der byzantinischen Kunst, und sei es auch nur in der Mosaikmalerei, jede Spur von Naturalismus leugnen wollte. Zumindest die Porträts, die sie in ihre starren Kompositionen einfügt, sind oft von einer frappanten Lebenswahrheit; und es ist vielleicht das Merkwürdigste an dieser Kunst, wie harmonisch sie diese Gegensätze miteinander vereinbart. Die Bildnisse des Kaiserpaares und des Bischofs Maximian in den Mosaiken von S. Vitale wirken ebenso überzeugend, sind ebenso lebhaft und sprechend wie die besten der spätrömischen Kaiserbilder. Auf die physiognomische Charakterisierung konnte man in Byzanz, trotz aller stilistischen Beschränkungen, anscheinend ebensowenig verzichten wie in Rom. Man konnte die Figuren frontal stellen, nach abstrakten Ordnungsprinzipien aneinanderreihen, in zeremonieller Feierlichkeit erstarren lassen, man konnte aber dort, wo es sich um die Porträts wohlbekannter Persönlichkeiten handelte, vom Charakteristischen nicht absehen. Wir stehen hier allerdings schon einer „Spätphase" der altchristlichen Kunst gegenüber,[20] die den Weg einer neuen Differenzierung beschreitet und ihren Weg in der Richtung des geringsten Widerstandes sucht.

## 3. URSACHEN UND FOLGEN DES BILDERSTURMS

Die verlustreichen Kriege des 6., 7. und 8. Jahrhunderts, die zu der fortwährenden Ergänzung des Heeres die Kooperation der Gutsherren erforderten, stärkten die Machtstellung dieses Standes und führten auch im Osten zu einer Art Feudalismus. Es fehlte hier zwar die gegenseitige Abhängigkeit der Feudalherren und der Vasallen, die das abendländische Lehnssystem kennzeichnete, der Kaiser wurde aber mehr oder weniger auch hier von den Grundbesitzern abhängig, sobald er nicht mehr über die Mittel verfügte, die zur Aufstellung eines Söldnerheeres nötig waren.[21] Das System der Verleihung von Grundbesitz als Entgelt für Militärdienste entwickelte sich aber im Oströmischen Reich nur im kleinen. Belehnt wurden hier, im Gegensatz zum Westen, nicht die Magnaten und die Ritter, sondern die Bauern und die gemeinen Soldaten. Die Latifundienbesitzer trachteten natürlich, die so entstandenen Bauern- und Soldatengüter aufzusaugen, so wie sie es im Westen mit dem freien bäuerlichen Grundbesitz getan hatten, und die Bauern begaben sich wegen der oft unerträglichen Steuerlast auch hier in den Schutz der großen Herren, so wie sie es im Abendlande wegen der Unsicherheit der Verhältnisse tun mußten. Die Kaiser boten ihrerseits, wenigstens im Anfang, alles auf, um die Akkumulierung des Grundbesitzes zu verhindern, vor allem freilich, um selber nicht in die Gewalt der großen Grundbesitzer zu geraten. Ihr Hauptbestreben während ihres langen, verzweifelten Kampfes gegen die Perser, Avaren, Slaven und Araber war die Erhaltung des Heeres; jede andere Rücksicht mußte diesem Interesse weichen. Das Verbot des Bilderdienstes stellte auch nur eine ihrer Kriegsmaßnahmen dar.

Der Bildersturm war eigentlich keine kunstfeindliche Bewegung; er verfolgte nicht die Kunst im allgemeinen, sondern nur eine bestimmte Art von Kunst; er richtete sich nur gegen Darstellungen religiösen Inhalts, dekorative Malereien wurden auch zur Zeit der wildesten Bilderverfolgung geduldet. Der Bilderstreit hatte in der Hauptsache politische Hintergründe; die kunstfeindliche Tendenz selbst war eine verhältnismäßig unbedeutende Unterströmung in der Gesamtheit der Motive – vielleicht überhaupt die unbedeutendste. Bei jenen Stellen, von denen die Bewegung ausging, spielte sie jedenfalls die geringste Rolle, wenn sie auch an der Verbreitung der ikonoklastischen Idee keinen ganz unbeträchtlichen Anteil hatte. Die Scheu vor der bildlichen Darstellung des Numinosen sowie die Abneigung gegen alles, was an den Götzendienst erinnerte, war für die Einstellung der späten, bilderfreudigen Byzantiner keinesfalls mehr so entscheidend wie für die alten Christen. Bis zur Zeit der staatlichen Anerkennung des Christentums hatte die Kirche die kultische Verwendung von Bildern grundsätzlich bekämpft und auch in den Zömeterien nur mit wesentlichen Einschränkungen geduldet. Bildnisse waren auch hier verpönt, Skulpturen wurden vermieden und die Malereien auf symbolische Darstellungen beschränkt. In den Kirchen wurde die Verwendung von Werken der bildenden Kunst überhaupt abgelehnt. Clemens von Alexandrien betont, daß das zweite Gebot sich gegen bildliche Darstellungen jeder Art richte; und das ist der maßgebende Standpunkt für die alte Kirche und die Kirchenväter. Nach dem Kirchenfrieden war aber kein Rückfall in den Götzendienst mehr zu befürchten, und die bildende Kunst konnte nun, wenn auch noch immer nicht ganz ohne Widerspruch und ohne jede Einschränkung, in den Dienst der Kirche gestellt werden. Eusebius bezeichnete die

Darstellung Christi im 3. Jahrhundert noch als schriftwidrig und götzendienerisch, und selbständige Christusbilder waren auch im folgenden Jahrhundert noch verhältnismäßig selten. Erst im 5. Jahrhundert setzt die Produktion in dieser Gattung stärker ein. Das Bild des Erlösers wird aber dann zum Kultbild schlechthin und stellt schließlich eine Art von magischem Schutz gegen den bösen Geist dar.[22] Eine andere, mit der Scheu vor dem Götzenbild indirekt zusammenhängende Wurzel der ikonoklastischen Idee war die frühchristliche Ablehnung der sinnlich-ästhetischen Kultur der Antike. Dieses spiritualistische Motiv fand bei den alten Christen unzählige Formulierungen, die charakteristischste vielleicht bei Asterius von Amasia, der jede bildliche Darstellung des Heiligen ablehnte, weil ein Bild, wie er meinte, gar nicht umhin könne, am Dargestellten das Materielle und Sinnfällige zu betonen. „Male Christum nicht ab“ – ermahnte er –, „es ist ihm genug an der einen Erniedrigung des Menschwerdens, welcher er sich freiwillig und unseretwillen unterzogen hat, trage vielmehr in deiner Seele das unkörperliche Wort geistig herum.“[23]

Eine viel größere Rolle als alle diese Momente spielte im Bilderstreit die Bekämpfung der Idolatrie, zu der sich die Bilderverehrung im Osten entwickelt hatte. Aber auch das war es nicht, worum es Leo III. eigentlich zu tun war; die Reinheit der Religion lag ihm viel weniger am Herzen als die aufklärerische Wirkung, die er sich vom Bilderverbot versprach. Und noch wichtiger als die Sache der Aufklärung selbst wird ihm die Rücksicht auf jene vornehmen, aufgeklärten Kreise gewesen sein, die er durch das Verbot des Bilderdienstes für sich zu gewinnen hoffte.[24] In diesen Kreisen hatte sich unter dem Einfluß der Paulikianer eine „reformatorische“ Gesinnung verbreitet, und es wurden in ihnen Stimmen laut, die das ganze sakramentale System, das „heidnische“ Ritual und die institutionsmäßig bestellte Geistlichkeit der Kirche, ablehnten. Nichts erschien ihnen aber heidnischer als der Götzendienst, der mit den Heiligenbildern getrieben wurde, und darin zumindest fühlte sich die puritanische Bauerndynastie der Isaurer mit den Vornehmen durchaus einig.[25] Ein weiterer Faktor, der die Verbreitung der bilderfeindlichen Bewegung außerordentlich förderte, waren die militärischen Erfolge der bilderlosen Araber. Der mohammedanische Standpunkt fand Anhänger, wie die erfolgreiche Sache sie immer findet. Die Bilderlosigkeit der Araber wurde Mode in Byzanz. Viele brachten die Erfolge des Feindes mit der Bilderfeindlichkeit seiner Religion in Zusammenhang und dachten ihm das Geheimnis einfach abgucken zu können. Andere wollten vielleicht den Gegner durch die Annahme seiner Sitten milder stimmen. Die meisten meinten wohl, daß die Aufgabe des Bilderdienstes keinesfalls schaden könne.

Das wichtigste und letzten Endes entscheidende Motiv des Bildersturms aber war der Kampf, den die Kaiser mit ihrem Anhang gegen die beständige Machtvergrößerung des Mönchtums führten. Die Mönche übten im Osten auf das geistige Leben der oberen Schichten bei weitem keinen so großen Einfluß aus wie im Abendlande. Die weltliche Bildung hatte in Byzanz ihre eigene, an die Antike unmittelbar anknüpfende Tradition; sie brauchte die Vermittlung der Mönche nicht. Um so inniger waren die Beziehungen zwischen Mönchtum und Volk. Diese bildeten eine gemeinsame Front, die für die Zentralgewalt unter Umständen gefährlich werden konnte. Die Klöster waren zu Wallfahrtsorten geworden, wohin die Leute mit ihren Fragen, Sorgen, Bitten kamen und ihre Gaben brachten. Die größte Anziehungskraft der Klöster waren die wundertätigen Ikone; ein berühmtes Heiligenbild wurde für das Kloster, das es besaß, zur unversiegbaren Quelle des Ruhmes und des Reichtums. Die Mönche nahmen sich der volkstümlichen religiösen Gebräuche, des Heiligenkults, der Reliquienverehrung und des Bilderdienstes bereitwillig an, – nicht nur um ihre Einnahmen, sondern auch um ihren Einfluß zu mehren.

Leo III. fühlte sich in seinem Vorhaben, einen starken Militärstaat zu gründen, am meisten durch die Kirche und das Mönchtum behindert. Die Kirchenfürsten und die Klöster gehörten zu den größten Grundbesitzern des Landes, und sie genossen Steuerfreiheit. Die Mönche aber entzogen auch, infolge der Popularität des klösterlichen Lebens, der Armee, dem zivilen Staatsdienst und der Landwirtschaft viele junge Kräfte, und dem Fiskus, infolge der fortwährenden Stiftungen und

Schenkungen, bedeutende Einnahmen.[26] Der Kaiser beraubte sie durch das Verbot des Bilderdienstes ihres wirkungsvollsten Propagandamittels.[27] Die Maßnahme betraf sie als die Verfertiger, die Besitzer und die Kustoden der Bilder, am meisten aber als die Hüter des Zauberkreises, den die heiligen Ikonen um sich zogen. Wollte der Kaiser mit seinen Totalitätsbestrebungen durchdringen, so mußte er vor allem diesen Zauber- und Dunstkreis zerstreuen. Das Hauptargument, das die „idealistische" Geschichtsforschung gegen eine solche Erklärung des Bilderstreites anführt, ist, daß die Verfolgung der Mönche erst drei bis vier Jahrzehnte nach dem Verbot des Bilderdienstes begonnen habe, und daß unter Leo III. gegen die Mönche selbst noch keine direkten Feindlichkeiten eröffnet wurden.[28] Als ob die Mönche durch das Bilderverbot selber nicht empfindlich genug betroffen worden wären! Zum unmittelbaren Angriff brauchte man und konnte man gar nicht übergehen, ehe sie sich dem Verbot widersetzten; sobald dies aber geschehen war, schritt man unverzüglich zu den persönlichen Verfolgungen.

Der Bildersturm war also durchaus keine puritanische, platonische oder tolstojanische Bewegung, die sich gegen die Kunst als solche richtete. Er führte auch zu keinem Stillstand, nur zu einer Neuorientierung der Kunstübung; und die Umstellung scheint auf die bereits sehr formalistisch gewordene und sich allzu abwechslungslos wiederholende Produktion sogar erfrischend gewirkt zu haben. Die ornamentalen Aufgaben, auf die die Maler sich nunmehr zu beschränken hatten, führten eine Rückkehr zu dem hellenistischen Dekorationsstil herbei und ermöglichten infolge der Freiheit von kirchlichen Rücksichten eine frischere Behandlung der Naturmotive, als vorher statthaft gewesen war.[29] Als diese Motive sich dann zu Jagd- und Gartenszenen entwickelten, wurde auch die menschliche Figur ungebundener, beweglicher, weniger flächenhaft und frontal gebildet. Die zweite Blütezeit der byzantinischen Kunst im 9. und 10. Jahrhundert, die die naturalistischen Errungenschaften dieser weltlichen Stilperiode beibehielt und auf die kirchliche Malerei übertrug, konnte daher mit Recht als eine Folge des Bildersturms bezeichnet werden.[30]

Die byzantinische Kunst verfiel allerdings bald in eine abermalige Stereotypisierung der Formen. Diesmal aber ging die konservative Bewegung nicht vom Hof, sondern von den Klöstern aus, also gerade von jenen Stätten, die ehemals der Ausgangspunkt der freieren, unkonventionelleren, populäreren Richtung waren. Früher bemühte sich die höfische Kunst um einen festen, einheitlichen, unter allen Umständen bindenden Kanon, jetzt tut es die klösterliche Kunst. Die Orthodoxie der Mönche hat im Bilderstreit gesiegt und ist infolge ihres Sieges konservativ geworden; so konservativ, daß die Ikonen der griechisch-orientalischen Klöster noch im siebzehnten Jahrhundert nicht wesentlich anders gemalt wurden als im elften.

## 4. VON DER VÖLKERWANDERUNG ZUR KAROLINGISCHEN RENAISSANCE

Die Völkerwanderungskunst ist im Vergleich mit der christlichen Antike eine rückständige Erscheinung; sie steht stilgeschichtlich noch auf der Stufe der Eisenzeit. Nie sind geographisch so nahe zueinander so tiefe Gegensätze der künstlerischen Auffassung wirksam gewesen wie in dieser Epoche, als in Byzanz eine wohl streng gebundene, in jeder technischen Hinsicht aber höchst virtuose figurale Kunst, in dem von den germanischen und keltischen Völkerstämmen besetzten Westen dagegen ein ganz und gar im Ornamentalen befangener, abstrakter Geometrismus in Übung war. Denn wie erfindungsreich und kompliziert auch diese Dekorationskunst mit ihren vielfach verschlungenen Band-, Flecht- und Spiralmustern, ihren verschränkten Tierleibern und verschnörkelten menschlichen Figuren gewesen sein mag, entwicklungsgeschichtlich ging sie über die La-Tène-Zeit nicht hinaus. Primitiv wirkt sie vor allem durch ihre außerordentliche Armut am Figuralen – die menschliche Gestalt kommt überhaupt nur in den irischen und angelsächsischen Miniaturen vor –, dann aber auch durch ihren Verzicht, den dargestellten Gegenständen eine auch noch so geringe körperliche Substantialität zu geben. Sie ist und bleibt, trotz der explosiven, oft sehr ausdrucksvoll wirkenden Dynamik ihrer Formen, Kleinkunst, kleinliches, verspieltes Kunstgewerbe. Ihre „geheime Gotik" hat mit der wirklichen Gotik höchstens die Spannung des abstrakten Kräftespiels, doch nichts Inhaltliches, nichts konkret Seelisches gemein. Ob nun in dieser spielerischen Linienkunst germanische Eigenart oder, was wahrscheinlicher zu sein scheint, ein durch die Germanen bloß vermittelter skythischer und sarmatischer Ornamentstil zum Ausdruck kommt,[31] wir stehen hier einer Erscheinung gegenüber, die die vollständige Auflösung der antiken Kunstanschauung bedeutet und den „schroffsten Gegensatz zu aller Kunstempfindung des Mittelmeerkreises" bildet.[32]

War die Kunst der Völkerwanderungszeit eine „Volkskunst", wie Dehio behauptet? Sie war eine *Bauernkunst:* die Kunst der den Westen überflutenden Bauernstämme – eines Volkes, das kulturell noch an die Urproduktion gebunden war. Will man jede Bauernkunst von vornherein als Volkskunst bezeichnen, oder unter Volkskunst eine verhältnismäßig einfache, für ein bildungsmäßig undifferenziertes Publikum bestimmte Kunst verstehen, so war die Kunst der Völkerwanderungszeit Volkskunst. Wenn man aber unter Volkskunst eine nicht berufsmäßig und nicht von Spezialisten geübte Tätigkeit versteht, so kann die Völkerwanderungskunst kaum als eine solche bezeichnet werden. Die meisten der auf uns gekommenen Produkte dieser Kunst setzen eine über jeden Dilettantismus weit hinausgehende künstlerische Fertigkeit voraus; es ist geradezu undenkbar, daß sie ohne gründliche Ausbildung und lange Übung von Leuten, die sich nicht gänzlich dieser Tätigkeit widmeten, zustande gebracht worden wären. Die Germanen hatten wohl noch nicht viele spezialisierte Handwerker, und das Handwerk wurde zweifellos zum großen Teil noch als Hausindustrie betrieben; die Herstellung von kunstvollen Schmuckgegenständen, in der Art der uns erhaltenen, konnte aber kaum eine Nebenbeschäftigung gewesen sein.[33]

Die Germanen waren größtenteils freie, ihre Felder selbst bestellende Ackerbauer, zum Teil allerdings auch schon Grundherren, die ihren Besitz durch Hörige bewirtschaften ließen.

Von einer Feldgemeinschaft konnte in der Völkerwanderungszeit keinesfalls mehr die Rede sein.[34] Die Verhältnisse können nur insofern als undifferenziert bezeichnet werden, als die ganze Kultur noch auf der Stufe der Landwirtschaft stand. Der Geometrismus entsprach auch hier, wie seit dem Neolithikum überall, einer bäuerlichen Lebensordnung, setzt aber hier ebensowenig wie sonst die geistige Verfassung einer Eigentumsgemeinschaft voraus. Die Völkerwanderungskunst bedeutet gegenüber der Bauernkunst anderer Zeiten und anderer Völker nichts Eigentümliches, merkwürdig ist aber, daß der Geometrismus der germanischen Bauern in der Miniaturmalerei der irischen Mönche sich nicht nur fortsetzt, sondern durch die Ausdehnung seiner ornamentalen Formprinzipien auf die menschliche Figur noch eine Steigerung erfährt. Die Naturferne dieser Malerei erreicht, ja, überbietet zuweilen die Abstraktion des frühgriechischen Geometrismus. Nicht nur das unorganische Ornament, nicht nur Pflanze und Tier, auch die Formen der menschlichen Gestalt werden ins Kalligraphische umgesetzt und verlieren alles, was an ihre Substantialität, ihre Körperhaftigkeit, ihr organisches Wesen erinnern könnte. Wie ist es nun aber zu erklären, daß eine so langgeübte und verfeinerte Kunst wie die der gelehrten und von einem gelehrten Publikum beschäftigten Mönche auf der Stufe der Völkerwanderungskunst stehenblieb? Der Hauptgrund wird wohl der sein, daß Irland nie eine römische Provinz gewesen ist und infolgedessen an der bildenden Kunst der Antike keinen unmittelbaren Anteil hatte. Plastische Werke aus Rom werden die meisten irischen Mönche wahrscheinlich nie zu Gesicht bekommen haben, und römische oder byzantinische Bilderhandschriften werden auch nicht allzuoft nach Irland gelangt sein – keinesfalls oft genug, um die Grundlage einer künstlerischen Tradition zu bilden. So stieß der abstrakte Formalismus der Völkerwanderungskunst hier nicht einmal auf so viel Widerstand, als ihm auf dem Kontinent aus der römischen Kunst erwachsen ist. Ein weiterer Faktor, der den „bäuerlichen" Geometrismus der irischen Miniaturen erklärt, hängt mit der spezifischen, von dem kontinentalen und besonders dem byzantinischen Mönchtum verschiedenen Wesensart des irischen Ordenslebens zusammen. Die griechischen Klöster befinden sich in der Nähe der Städte und nehmen an dem städtischen Leben, dem Verkehr, den internationalen geistigen Bewegungen, dem Wissenschafts- und Kunstbetrieb des Ostens regen Anteil; ihre Insassen verrichten nur leichte körperliche Arbeit und haben mit der Lebensführung des Landvolks nichts gemein. Die irischen Mönche sind dagegen noch halbe Bauern. Patrick selber war der Sohn eines mittleren Grundbesitzers, also eines *rusticus*, und befolgte bei seinen Klostergründungen die harte Benediktinerregel wörtlich. Das Merkwürdige aber ist, daß die ältere, mit der frühmittelalterlichen Miniaturmalerei auf der gleichen Kulturstufe stehende irische Dichtung ein so munteres Naturgefühl verrät, daß man bei ihr nicht nur von einem genau beobachtenden Naturalismus, sondern bereits von einem nervösen, die Eindrücke prompt registrierenden Impressionismus sprechen darf. Es ist kaum zu begreifen, daß zwei so verschiedene Erscheinungen ein und derselben Kultur angehören konnten wie jene Miniaturen, in denen jede Naturform sofort zum Schnörkel wird, und eine Naturschilderung wie etwa diese: „Kleines Getöse, liebliches Getöse, zarte Musik der Welten, ein Kuckuck mit süßer Stimme auf Wipfeln; Sonnenstäbchen spielen im Sonnenstrahl, die jungen Rinder haben . . . des Berges liebgewonnen".[35] Diese Diskrepanz läßt sich nicht anders erklären, als daß die Entwicklung auch hier, wie so oft, nicht in allen Formen der Kunst parallel verläuft und daß wir auch hier einer jener historischen Perioden gegenüberstehen, deren verschiedene künstlerische Manifestationen nicht unter den Generalnenner eines Stils gebracht werden können. Der Grad des Naturalismus in den verschiedenen Künsten und Gattungen einer Zeit ist nicht nur von der allgemeinen Kulturstufe dieser Zeit abhängig, nicht einmal, wenn ihre soziologische Struktur einheitlich ist, sondern auch von der Natur, dem Alter und der besonderen Tradition jeder einzelnen dieser Künste und Gattungen. Ein Naturerlebnis in Worten und Rhythmen oder in Linien und Farben zu schildern, bedeutet durchaus nicht ein und dasselbe. Ein Zeitalter mag in dem einen erfolgreich sein und bei dem anderen versagen; in der einen Kunstform noch eine verhältnismäßig unbefangene, frische Beziehung zur Natur haben, wo in der anderen diese Beziehung bereits ganz konventionell und schematisch geworden ist. Die Iren, die dichterische Bilder fanden wie diese: „Der kleine Vogel hat aus der Spitze des blanken gelben Schnabels einen Pfiff erschallen lassen; die Amsel sendet von dem gelbbuschigen Baum einen Ruf über Loch Laig"[36] und von Dingen wie der „Fußbekleidung der Schwäne" und den „Winterröcken der Raben" sprachen,[37] zeichneten und malten Vögel, von denen schwer zu sagen ist, ob sie Kücken oder junge Adler darstellen sollen. Die vollständige Parallelität der stilistischen Einstellung in den verschiedenen Künsten und Gattungen setzt eine Entwicklungsstufe voraus, auf der die Kunst nicht mehr um die Mittel des Ausdrucks zu ringen hat, sondern unter verschiedenen formalen Möglichkeiten gewissermaßen frei wählen kann. Im Paläolithikum wird dem hochentwickelten Naturalismus der Malerei in der gleichzeitigen Dichtung – wenn es eine solche überhaupt gegeben hat – nichts Ähnliches entsprochen haben. In der alten irischen Dichtung wieder hat die Metaphorik der Sprache Naturbilder hervorgebracht, zu denen der damals noch jungen, lediglich auf die Ornamentik der Völkerwanderungszeit zurückschauenden Malerei die Mittel fehlten. Die Iren waren in ihrer Dichtung von einer ganz anderen Tradition abhängig als in ihrer Malerei. Den Dichtern werden lateinische oder von der lateinischen Dichtung abhängige Naturgedichte vertraut gewesen sein, wo den Malern zumeist nur der Geometrismus der keltischen und germanischen Bauernstämme bekannt war. Dichter und Maler werden aber auch verschiedenen Gesellschafts- und Bildungsschichten angehört haben, und diese Verschiedenheit muß auch in ihrer Einstellung zur Natur zum Ausdruck gekommen sein. Wir wissen einerseits, daß die Maler der Miniaturen einfache Mönche waren, und dürfen andererseits annehmen, daß die Verfasser sowohl der epischen Dichtungen als auch der Naturgedichte sich als Berufsdichter betätigten, das heißt entweder dem Stande der hochangesehenen Hofpoeten oder dem der wohl weniger geachteten, aber infolge ihrer Gelehrtheit immer noch zur Oberschicht zählenden Barden angehörten.[38] Die Annahme, daß diese Gedichte einen volksdichtungsartigen Ursprung hatten,[39] geht auf die romantische Vorstellung zurück, daß „natürlich“ und „volkstümlich“ Wechselbegriffe sind, wo sie doch in Wirklichkeit eher gegensätzliche Begriffe darstellen. Die gleiche Unmittelbarkeit der Vision, die wir in der Naturlyrik der Iren finden, zeigt auch die folgende Stelle aus dem Leben eines Heiligen, also einem literarischen Werk, das mit Volksdichtung offenbar nichts zu tun hat. Die Stelle behandelt die Episode, wie ein Kind, am Meeresstrande spielend, ins Wasser fällt, durch den Heiligen jedoch gerettet wird, und beschreibt dann, wie es mitten in der See auf einer Sandbank sitzend mit den Wellen spielt. „Denn die Wellen reichten bis zu ihm hinauf und lachten ringsumher, und es lachte die Wellen an, und berührte mit der Hand den Schaum der Wellenkämme, und leckte den Wellenschaum, wie den Schaum frischgemolkener Milch.“[40]

Im Westen entsteht nach der Invasion der Barbaren eine neue Gesellschaft mit einer neuen Aristokratie und einer neuen kulturtragenden Schicht. Während der Zeit ihrer Ausbildung aber sinkt die Kultur auf einen in der Antike unbekannten Tiefstand und bleibt jahrhundertelang unproduktiv. Die alte Kultur endet nicht mit einem plötzlichen Riß; die römische Wirtschaft, Gesellschaft und Kunst verfallen und verschwinden erst nach und nach, und der Übergang zum Mittelalter erfolgt schrittweise, fast unmerklich. Die Kontinuität der Entwicklung kommt namentlich im Fortbestehen der spätrömischen Wirtschaftsformen zum Ausdruck;[41] das Fundament der Produktion bleibt die Landwirtschaft mit dem Großgrundbesitz und dem Kolonat.[42] Die alten Siedlungen bleiben bewohnt, und zum Teil werden sogar die verwüsteten Städte wiederhergestellt. Es bleibt der Gebrauch der lateinischen Sprache, die Geltung des römischen Rechts und vor allem die Autorität der katholischen Kirche, die mit ihrer Organisation zum Muster der politischen Verwaltung wird. Verschwinden muß allerdings das römische Heer und die alte Administration. Die Einrichtungen selber, die Finanzverwaltung, das Gerichts- und Polizeiwesen, trachtet man in den neuen Staat hinüberzuretten, die alten Posten, wenigstens die wichtigsten, müssen aber neu besetzt werden; aus dem neuen Beamtentum erwächst dann zum größten Teil die neue Aristokratie.

Die Eroberungen der Germanen zeitigten den Übergang von dem alten Geschlechterstaat zur absoluten Monarchie. Die neuen Staatsgründungen brachten Veränderungen mit sich, die es den siegreichen Königen ermöglichten, sich von der Volksversammlung der Freien unabhängig zu machen und nach dem Muster der römischen Imperatoren sich über Volk und Adel zu erheben. Sie betrachteten die eroberten Länder als ihren Privatbesitz und ihre Gefolgschaft als gewöhnliche Untertanen, über die sie nach Belieben verfügten. Ihre Autorität war aber keineswegs von Anfang an gesichert. Jeder einzelne der alten Stammeshäuptlinge konnte als Rivale auftreten, jedes Mitglied der alten Aristokratie gefährlich werden. Sie entledigten sich dieser Gefahr, indem sie den alten Geschlechteradel, der schon in den Eroberungskriegen ungeheure Verluste erlitten haben muß, zum großen Teil ausrotteten. Die Annahme, daß von dem alten Adel überhaupt nichts übrigblieb[43] und daß es außer den Merowingern selber keine adeligen Familien mehr gab, wird wohl übertrieben sein,[44] die Überlebenden waren aber für den König sicher nicht mehr gefährlich. Es muß nichtsdestoweniger schon unter den Merowingern wieder eine breite Herrenschicht gegeben haben. Wie kam sie zustande? Aus was für Elementen setzte sie sich zusammen? Außer dem Rest des germanischen Geburtsadels gehörten zu ihr vor allem die in den besetzten Gebieten lebenden, wohl ebenfalls nicht sehr zahlreichen Mitglieder der römischen Senatorenklasse. Jedenfalls haben von den alten gallorömischen Grundbesitzern viele ihre Güter und Vorrechte behalten, wenn auch die Gunst der Könige dem neuen Dienstadel gehörte. Dieser Beamten- und Militäradel bildete nicht nur den einflußreichsten, sondern auch den zahlenmäßig bedeutendsten Teil der fränkischen Oberschicht. Seit der Staatsgründung führte der einzige Weg zu neuen Ehren über den Dienst des Königs; wer dem König diente, zählte an und für sich mehr als die übrigen, gehörte von vornherein zur Aristokratie. Diese Aristokratie war aber noch kein wirklicher Adel, denn ihre Vorrechte waren verwirkbar und durchaus nicht erblich, gründeten sich nicht auf Geburt und Herkunft, sondern auf Amt und Besitz.[45] Auch war diese Aristokratie weit davon entfernt, eine ethnisch einheitliche Gruppe zu bilden; sie setzte sich vielmehr aus gallischen, römischen und germanischen Elementen zusammen und stellte eine Schicht dar, in der die Franken, zumindest den Römern gegenüber, nicht einmal bevorzugt waren. Die Vorurteilslosigkeit der Könige ging in dieser Hinsicht so weit, daß sie es zuließen, vielleicht begünstigten, daß Leute niedrigster Herkunft, so auch entflohene Sklaven, es zu den höchsten Ehren brachten.[46] Diese waren für die königliche Macht jedenfalls weniger gefährlich und zur Durchführung der neuen Aufgaben oft geeigneter als die Mitglieder der alten Geschlechter.

Schon seit dem 6. Jahrhundert wurden einzelne Funktionäre, vor allem die obersten Verwaltungsbeamten, die „Grafen", außer ihren Bezügen durch Zuweisungen aus dem königlichen Grundbesitz belohnt. Der Boden wurde zwar im Anfang sicher nur auf eine Anzahl von Jahren, dann wohl nur au Lebensdauer und erst zuletzt als vererblicher Besitz verliehen. Gregor von Tours, unser Gewährsmann bezüglich der sozialen Verhältnisse der Merowingerzeit, erwähnt noch keine Verleihungen gegen Militärdienste, das heißt keine Donationen, die einen feudalen Charakter gehabt hätten.[47] Das merowingische Benefizium hat noch die Natur einer Schenkung, und nicht die eines Unterpfandes. Bald wurden jedoch mit den Verleihungen des Bodens auch gewisse Privilegien und Immunitäten verbunden. In dem Maße nämlich, wie der Staat sich als unfähig erwies, das Leben und das Eigentum seiner Untertanen zu beschützen, übernahmen die großen Grundbesitzer diese Funktion, maßten sich aber dafür auf ihren Territorien die Machtvollkommenheiten des Staates an. So verringerte sich mit den zunehmenden Schenkungen nicht nur der Besitz des Königs, sondern auch das Gebiet, in dem der Staat etwas zu sagen hatte. Schließlich war der König nur noch der Herr über seine eigenen Güter, die oft geringer waren als die seiner mächtigsten Untertanen. Diese Gestaltung der Herrschaftsverhältnisse entsprach übrigens der allgemeinen Entwicklung, die den Schwerpunkt des sozialen Lebens von der Stadt auf das Land verlegte.

Das Land ist, im Gegensatz zur Stadt, für die Kunst, vor allem für die nicht rein auf dekorative Aufgaben sich beschränkende bildende Kunst, kein günstiges Gebiet. Es fehlen hier die entsprechenden Aufgaben, das Publikum und die nötigen Mittel. Der Hauptgrund der Stagnation der Kunst unter den merowingischen Königen besteht jedenfalls in der Dekadenz der Städte und dem Fehlen einer ständigen königlichen Residenz. Die Umwandlung der städtischen Kultur in eine ländliche, ein Prozeß, der sich schon in der späteren Kaiserzeit anzubahnen begann, gelangt jetzt, in der merowingischen Epoche, zu seinem Abschluß. Die Geldwirtschaft der antiken Städte hatte sich zurückentwickelt in die Haus- und Naturalwirtschaft der großen Güter, die sich nun von den fremden Wirtschaftskörpern, den Städten und Märkten, unabhängig zu machen bestrebt sind. Die grundherrschaftliche Autarkie aber ist nicht erst die Folge des Niedergangs der Städte, die Städte mit ihren Märkten verfielen vielmehr, weil die Grundbesitzer, die ihre Produkte infolge der Geldknappheit nicht verkaufen konnten, sich darauf einrichteten, nach Möglichkeit alles, was sie brauchten, selber zu erzeugen und nicht mehr zu erzeugen, als sie brauchten. Der Verfall der entvölkerten Städte ging schließlich so weit, daß die Könige auf ihre Güter ziehen mußten, da sie in den Städten die nötigen Lebensmittel für sich und ihre Gefolgschaft nicht auftreiben oder bestreiten konnten. Die Städte überdauerten diese Krise zumeist nur als Bischofssitze; wenn sie sich aber auch in dieser Eigenschaft mit Mühe und Not erhalten konnten, so ist es jedenfalls bezeichnend, daß im Westen während der ganzen fränkischen Epoche keine einzige bedeutende Stadt entstanden ist, wo die Araber in derselben Zeit Riesenstädte wie Bagdad und Cordova gründeten.[48] Auch die Orte, an welchen die Könige ab und zu residierten, wie Paris, Orléans, Soissons, Reims, waren verhältnismäßig klein und schwach bevölkert. An keinem entwickelte sich ein Hofleben. Nirgends entstand ein Bedarf an Bauten und Denkmälern. Auch die Klöster waren noch zu arm, um in dieser Hinsicht die Funktion des Hofes und der Stadt erfüllen zu können. Es gab also weder die Stadt noch den Hof noch das Kloster, wo sich eine regelmäßige künstlerische Produktion entfalten konnte.

Im 5. Jahrhundert fand sich noch allenthalben eine gebildete, literaturkundige und kunstverständige Aristokratie, im 6. Jahrhundert verschwindet sie fast gänzlich; der neue fränkische Adel ist um die Dinge der Bildung vollkommen unbekümmert. Aber nicht nur der Adel, auch die Kirche macht eine Periode der Verwahrlosung durch. Oft können auch höhere geistliche Würdenträger kaum lesen, und Gregor von Tours, der über diese Verhältnisse berichtet, schreibt selber ein ziemlich ungepflegtes Latein – ein Zeichen, daß die Sprache der Kirche im 7. Jahrhundert bereits tot ist.[49] Die Laienschulen verfallen und werden allmählich geschlossen. Bald gibt es überhaupt keine anderen Lehranstalten mehr als die Domschulen, die die Bischöfe unterhalten müssen, um den geistlichen Nachwuchs zu sichern. Damit erst erringt sich die Kirche jenes Monopol der Bildung, dem sie ihren überragenden Einfluß in der Gesellschaft des Abendlandes verdankt.[50] Der Staat wird klerikalisiert, schon indem ihm die Kirche die Beamten stellt und erzieht; und die gebildeten Laienschichten eignen sich unwillkürlich die kirchliche Gesinnung an, da die Dom- und später die Klosterschulen die einzigen Erziehungsinstitute sind, in die sie ihre Kinder schicken können.

Auch ist die Kirche noch immer die bedeutendste Auftraggeberin für Werke der bildenden Kunst. Die Bischöfe lassen noch immer Kirchen bauen, beschäftigen Baumeister, Zimmerleute, Tischler, Glaser, Dekorateure und wohl auch Bildhauer und Maler. Wir können uns von dieser Kunsttätigkeit mangels erhaltener Denkmäler keine richtige Vorstellung machen; wenn wir aber von den wenigen erhaltenen Bilderhandschriften allgemeine Schlüsse ziehen dürfen, so beschränkte sie sich auf die ziemlich unselbständige Fortsetzung der spätrömischen und die Wiederholung der Völkerwanderungskunst. Niemand ist zu dieser Zeit im Westen mehr fähig, einen Körper plastisch darzustellen; alles bleibt in Flächenornament, Linienspiel und Kalligraphie befangen. Die Motive der Dekoration sind, der allgemeinen Rustikalisierung entsprechend, die Formen der Bauernkunst: Kreis und Spirale, Band- und Riemengeflecht, Fische und Vögel, mitunter auch, und das ist der Völkerwanderungskunst gegenüber die einzige Neuerung, Blatt- und Rankenwerk. Das sind auch die Motive der Goldschmiedekunst, der die meisten der erhaltenen Denkmäler angehören. Ihre verhältnismäßig große Anzahl zeigt, wo die Kunstinteressen dieser primitiven Gesellschaft liegen. Kunst bedeutet für sie in erster Linie Schmuck und Aufputz, prunkvolle Geräte und kostbare Juwelen. Sie dient – was in sublimierter Form oft auch in viel entwickelteren Kulturen noch der Fall ist – zur bloßen Schaustellung der Macht und des Reichtums.

Mit der Kaiserkrönung Karls des Großen verändert sich der Charakter der fränkischen Monarchie von Grund auf. Die weltliche Herrschaft der Merowinger verwandelt sich in eine Theokratie und der Frankenkönig wird zum Schutzherrn der Christenheit.

Die Karolinger richten die geschwächte fränkische Königsgewalt wieder auf, die Macht der Aristokratie aber können sie um so weniger brechen, als sie ihre Herrschaft zum Teil dieser Klasse verdanken. Die Grafen und Magnaten werden zwar seit dem 9. Jahrhundert zu den Vasallen des Königs, ihre Interessen sind aber denen der Krone oft so entgegengesetzt, daß sie dem König die gelobte Treue auf die Dauer nicht halten können. Ihre Macht und ihr Reichtum wachsen nicht, sondern verringern sich mit dem Machtzuwachs des Staates. Die Zentralgewalt nimmt somit, indem sie ihnen die Verwaltung des Landes überantwortet, die Beamtendienste einer Schicht in Anspruch, die sich früher oder später als ihre Gegnerin entpuppen muß und die als solche um so freier schaltet und waltet, als eine Beamtenhierarchie, mit den Kategorien der unteren und mittleren Beamtenschaft, fast vollkommen fehlt. Der König kann gegen die eigenmächtigen Grafen nicht viel ausrichten, er kann sie vor allem nicht einfach entlassen, denn sie sind keine gewöhnlichen Beamten, sondern Leute, mit denen die Bauernschaft sich gewissermaßen verbunden fühlt, die seit Generationen die reichsten und angesehensten Leute der Gegend sind und denen gegenüber die neuen Beamten als Eindringlinge erscheinen würden.[51] König und Staat können es hauptsächlich nicht verhindern, daß die Bauern ihren Grundbesitz in steigendem Maße den Magnaten überlassen, um ihn von diesen, als ihren Schutzherren, zur Nutznießung wieder in Empfang zu nehmen. Der Zug der Entwicklung führt unaufhaltsam zur Bildung der Latifundien und der Territorialfürstentümer; und wenn auch die Zeit Karls des Großen vom Ziel dieser Entwicklung noch weit entfernt ist, so erscheint die königliche Gewalt doch schon so geschwächt, daß der Monarch abermals mehr Macht zeigen muß, als er eigentlich besitzt. Er muß namentlich als das Oberhaupt des neuen geistlich-weltlichen Staatsgebildes in erhöhtem Maße repräsentieren und seinen Hof zu dem Mode- und Kulturzentrum des Reiches machen.

In Aachen, wo eine Dichterakademie, eine künstlerische Palastwerkstatt und die besten Gelehrten der Zeit vereinigt sind, schafft Karl der Große, als das Urbild der europäischen Fürstenhöfe, ein Musenheim, das bei aller Kunstfreudigkeit des römischen und des byzantinischen Kaiserhofes ein Novum darstellt. Es geschieht seit Hadrian und Marcus Aurelius hier zum erstenmal, daß ein Fürst des Abendlandes an Wissenschaft, Kunst und Literatur nicht nur wirkliches Interesse nimmt, sondern ein eigenes Kulturprogramm befolgt. Mit den literarischen Bildungsanstalten, die der Kaiser errichtet, hat er allerdings die Erneuerung der geistigen Kultur nur mittelbar im Auge, sein eigentliches Ziel ist die Heranbildung eines geschulten Personals für die Administration. Man betrachtet in diesen Anstalten die römische Literatur vor allem als eine Sammlung lateinischer Stilmuster und studiert sie hauptsächlich mit Rücksicht auf die Übung in der Amtssprache. Was die Einrichtungen selbst betrifft, bezweifelt man neuerdings, daß es überhaupt eine „Palastschule" gegeben habe, in welcher, wie es früher hieß, die Kinder der vornehmen Familien erzogen wurden; man führt die Annahme einer solchen Schule auf ein Mißverständnis der erhaltenen Texte zurück, die mit *scholares*, wie nun behauptet wird, nicht die Zöglinge einer *schola palatina*, sondern die Schützlinge des Kaisers bezeichnen, junge Aristokraten, die als zukünftige Soldaten und Beamte am Hofe ihre praktische Erziehung erhalten.[52] Es steht dagegen außer

Zweifel, daß es am Hofe Karls des Großen eine literarische Vereinigung von Dichtern und Gelehrten gab, die mit ihren regelmäßigen Sitzungen und Konkurrenzen eine richtige Akademie bildeten; und wir dürfen es ebenfalls als gesichert betrachten, daß an den Hof eine Palastwerkstatt angeschlossen war, in der illustrierte Handschriften und kunstgewerbliche Gegenstände hergestellt wurden.

Das ganze Kulturprogramm Karls des Großen fügte sich in den Rahmen der Wiederbelebung der Antike, zu der er den Grundgedanken während seiner italienischen Feldzüge gefaßt haben muß und die, wenn sie auch von der politischen Idee der Erneuerung des römischen Imperiums abhängig war, nicht nur die erste umfassende, sondern auch die erste schöpferische Rezeption der antiken Kultur bedeutete. Die These, daß das Mittelalter sich seines Abstandes von der Antike nie bewußt geworden sei und sich stets als die unmittelbare Fortsetzung des Altertums gefühlt habe,[53] ist unhaltbar. Die karolingische Renaissance unterscheidet sich von der christlichen Antike gerade darin, daß sie die römische Tradition nicht einfach fortsetzt, sondern von neuem entdeckt. In ihr wird die Antike zum erstenmal zum Bildungserlebnis, das mit dem Bewußtsein, ein Verlorenes wiedergefunden, ja, wiedererrungen zu haben, verbunden ist. Mit diesem Erlebnis wird erst der abendländische Mensch geboren,[54] den nicht der Besitz, sondern der Kampf um den Besitz der Antike charakterisiert. Die Zeit Karls des Großen begnügt sich damit, die Erbschaft des Altertums aus zweiter Hand zu empfangen. Die spätrömische Kunst des 4. und 5. Jahrhunderts und die byzantinische Kunst der folgenden Jahrhunderte bilden den Motiven- und Formenschatz, aus dem sie ihre Muster und ihre Inspiration schöpft. Und wenn sie auch, ihrer munteren Renaissancestimmung entsprechend, mit Vorliebe die großen, schwungvollen, stolzen Attitüden der Römer nachzuahmen sucht, so findet sie zur Antike doch nur durch die gebrochene Form der christlichen Kunst Zugang. Das auffallendste Zeichen dieses Bruches ist, daß die monumentale Plastik der Römer, für die die alten Christen jedes Verständnis verloren hatten, auch für die karolingische Renaissance verschlossen bleibt. Darum meint Dehio, daß die karolingische Rezeption keine eigentliche Renaissance, sondern nur die Fortsetzung der Spätantike sei.[55] Eine epochemachende Neuerung aber vollbringt die karolingische Kunst jedenfalls damit, daß sie, wie Dehio selbst feststellt,[56] den ornamentalen Flächenstil der Völkerwanderungsepoche überwindet und den menschlichen Körper in seiner dreidimensionalen Raumhaftigkeit wieder in Erscheinung treten läßt. Dieser Zug erinnert schon an und für sich eher an die klassische als die christliche Antike. Wir haben es aber in der karolingischen Kunst, im Gegensatz zur kunstgewerblichen Einstellung der Völkerwanderungszeit, nicht nur mit einer figuralen, sondern, im Gegensatz zur frühchristlichen Kunst, auch mit einer teilweise illusionistischen Kunstauffassung zu tun. Es findet in ihr nicht nur das monumental-statuarische Empfinden, sondern auch das malerisch-impressionistische Sehen der Antike eine Erneuerung. Wir besitzen, neben den großzügig entworfenen und pompös ausgeführten Dedikationsbildern der Kaiser-Evangeliarien, die virtuos hingeworfenen, nervös vibrierenden Federzeichnungen des Utrechtpsalters, die, wenn sie stilistisch auch auf christlich-orientalische Vorbilder zurückgehen,[57] an impressionistischer Feinheit und expressionistischer Kraft in all den Jahrhunderten seit dem Hellenismus nicht ihresgleichen haben. Merkwürdig ist aber nicht nur, daß ein solcher Illusionismus mit dem kühlen, breiten, imposanten Hofstil gleichzeitig geübt werden konnte, sondern auch, daß er qualitativ so viel bedeutender war als die in ihrer Technik, ihren Mitteln und ihrem Format wesentlich anspruchsvollere Hofkunst. Es ist augenscheinlich, daß ein Manuskript wie der Utrechtpsalter mit seinen schlichten, improvisierten und unkolorierten Zeichnungen dem Luxusbedürfnis des Hofes, seinem Anspruch auf Prachthandschriften, nicht entsprechen konnte und für einen bescheideneren, eher auf das illustrative als das ornamentale Element achtenden Kreis bestimmt war. Die Differenzierung der Manuskripte je nach der Größe und der Technik der Miniaturen, die Unterscheidung von „aristokratischen", ganzseitig und vielfarbig illustrierten, und von „volkstümlichen", mit bloßen Randzeichnungen versehenen Bilderhandschriften, die schon bei der Analyse der byzantinischen Kunst gemacht werden mußte, drängt sich hier noch zwingender auf.[58] Die verschiedene Qualität der Werke kann freilich hier ebensowenig wie sonst aus den soziologischen Bedingungen der künstlerischen Arbeit abgeleitet werden, die größere Bewegungsfreiheit des Künstlers in der inoffiziellen Kunst mag aber jedenfalls die Spontaneität und die Unmittelbarkeit der Darstellung wesentlich gefördert haben. So wie die umständliche, gemäldehafte Ausführung zu einer gewissen Statik führt, begünstigt die flüchtige, skizzenhafte Manier der „billigen" Federzeichnungen die dynamische, impressionistische Auffassung.

Man pflegte den breiten, malerischen Stil der ganzseitigen, in satten Deckfarben ausgeführten Miniaturen als die Kunstrichtung der Palastschule von Aachen oder Ingelheim, oder wo immer sie war, zu bezeichnen und den sensitiven, beweglichen Impressionismus des Utrechtpsalters als den lokalen Stil der angelsächsisch beeinflußten Reimser Schule; erst seitdem nachgewiesen wurde, daß auch manche der mit der größten Sorgfalt hergestellten Luxusmanuskripte in den Schreibstuben von Reims oder seiner Umgebung entstanden sind,[59] hat die geographische Abgrenzung der Stile die ihr früher beigemessene Bedeutung verloren. Der Ursprung der verschiedenen Stile muß offenbar eher in der verschiedenen sozialen Stellung der Auftraggeber als in der verschiedenen Nationalität der Ausführenden und den verschiedenen lokalen Traditionen der Werkstätten gesucht werden. Von gewissen stilistischen Ähnlichkeiten abgesehen, sind wohl in einer und derselben Schreibstube Manuskripte der verschiedensten Art, solche in dem anspruchsvollen antikisierenden Hofstil und solche in der schlichten, skizzenhaft glossierenden mönchischen Manier entstanden.

Der Mittelpunkt der Kunsttätigkeit war zweifellos die Palastwerkstatt; von hier ist die Renaissancebewegung ausgegangen, und von hier aus scheinen die Skriptorien der Klöster organisiert worden zu sein.[60] Die Klosterwerkstätten reißen gewiß erst später die Führung an sich. In der Zeit Karls des Großen hatten wohl noch ebenso viele Mönche in der Palastwerkstatt gearbeitet, als nachher Laien in den Werkstätten der Klöster beschäftigt waren. Aber es müssen jedenfalls schon in der karolingischen Epoche zahlreiche Schreibstuben in Betrieb gewesen sein; darauf läßt nicht nur die verhältnismäßig große Anzahl der erhaltenen Manuskripte schließen, sondern auch ihre sehr verschiedene künstlerische Qualität. Es ist übrigens auffallend, um wieviel besser zum Beispiel der Durchschnitt der Elfenbeinschnitzereien ist als der der bekannten Miniaturen. Die schwierigere Technik bedingt ein höheres Niveau der Produktion; man vertraut offenbar den Dilettanten, die in den Schreibstuben Beschäftigung finden, die wertvolleren Materialien gar nicht an.[61] Einen gemeinsamen Zug haben aber die Produkte aller dieser Werkstätten, ob sie nun Malereien, Schnitzereien oder Metallarbeiten darstellen: sie beschränken sich auf ein verhältnismäßig kleines Format. Diese Eigenart scheint auf den ersten Blick mit der repräsentativen, nach antiker Monumentalität strebenden Tendenz der Hofkunst unvereinbar zu sein; denn eine solche Kunst trachtet sowohl nach äußerer als auch innerer Größe. Man brachte die Vorliebe für das kleine Format in der karolingischen Kunst mit dem noch unbefestigten, unsteten Charakter des damaligen Lebens, seinen zahlreichen nomadischen Zügen, in Zusammenhang und erinnerte daran, daß Nomadenvölker keine Monumentalkunst haben, sondern möglichst kleine, leicht tragbare Zier- und Schmuckgegenstände herstellen.[62] Der „nomadische“ Charakter der karolingischen Kultur beschränkt sich zwar auf die untergeordnete Bedeutung der Städte und die fortwährende Verschiebung der königlichen Residenz, diese Momente genügen aber, das Festhalten am kleinen Format in der Kunst wenn auch nicht restlos zu erklären, so doch dem Verständnis näherzubringen.

## 5. DICHTER UND PUBLIKUM DES HELDENGESANGS

Wie Einhart berichtet, ließ Karl der Große die „alten barbarischen Lieder“ von den ehemaligen Fehden und Kämpfen sammeln und aufzeichnen. Das waren offenbar Gesänge, die von den Helden der Wanderungszeit, von Theoderich,

Ermanerich, Attila und ihren Recken handelten und teilweise schon früher zu mehr oder weniger umfangreichen Epen verarbeitet wurden. In den Tagen Karls des Großen entsprach der Heldengesang nicht mehr dem Geschmack der vornehmen Leute; damals waren bereits klassische und gelehrte Dichtungen beliebt. Auch der König wird bloß ein historisches Interesse für die alten Heldenlieder gehabt haben; daß er sie aufschreiben ließ, bestätigt nur, daß sie vom Untergang bedroht waren. Aber auch die Sammlung Karls ist verlorengegangen. Die nächste Generation, Ludwig der Fromme und seine Zeitgenossen, wollten von dieser Dichtung nichts mehr wissen. Die epische Form mußte biblischen Stoffen sich anpassen und die klerikale Weltanschauung zum Ausdruck bringen, um aus der Literatur nicht ganz zu verschwinden. Wahrscheinlich wurde schon die für Karl angelegte Sammlung von Geistlichen redigiert, und nach dem *Beowulf* zu urteilen, haben sich die Kleriker auch früher schon mit der Bearbeitung von Heldengeschichten befaßt. Die Heldendichtung muß sich aber, neben der Literatur der Mönche, auch noch in einer anderen, ihrer ursprünglichen Gestalt ähnlicheren Form erhalten haben, ehe sie in der höfisch-ritterlichen Epik zu neuem Leben erwachte. Sie muß sich vor allem an ein breiteres Publikum gerichtet haben als die Buchpoesie der Geistlichen, und wohl auch an ein breiteres Publikum als der ursprüngliche Heldengesang. Vom Hof und den Herrensitzen ist sie verdrängt worden; wenn sie irgendwo fortbestanden hat, und fortbestanden hat sie, so kann es nur im Kreise der unteren Schichten gewesen sein. Sie ist aber jedenfalls jetzt erst, in den Jahrhunderten zwischen dem Ende der heroischen und dem Beginn der ritterlichen Epoche, volkstümlich geworden. In eine Volksdichtung im eigentlichen Sinne des Wortes aber hat sie sich auch jetzt nicht verwandelt; sie blieb in der Hand eines Berufsdichtertums, das trotz seiner Volkstümlichkeit mit dem spontan und unpersönlich dichtenden Volke so gut wie nichts gemein hatte.

Das „Volksepos“ der romantischen Literaturgeschichte unterhielt zum Volk ursprünglich überhaupt keine Beziehung. Die Preis- und Heldenlieder, auf die das Epos zurückgeht, waren die reinste Standesdichtung, die eine Herrenklasse je hervorgebracht hat. Sie waren weder vom Volk gedichtet noch vom Volk gesungen und verbreitet, noch auch für das Volk bestimmt oder nach der Sinnesart des Volkes orientiert. Sie waren ganz und gar Kunstdichtung und Adelskunst. Sie handelten von den Taten und Erlebnissen einer kriegerischen Oberschicht, schmeichelten ihrer Ruhmsucht, spiegelten ihr heroisches Selbstgefühl, ihre tragisch-heroischen Moralbegriffe, und wandten sich an sie nicht nur als das einzig in Frage kommende Publikum, sondern entlehnten ihr, wenigstens im Anfang, auch die Dichter. Die alten Germanen hatten freilich vor und noch gleichzeitig mit dieser Adelsdichtung auch eine Gemeinschaftspoesie – eine Poesie der Ritualformen, der Zaubersprüche, der Rätsel, der Gnomen und der geselligen Kleinlyrik, das heißt Tanz- und Arbeitslieder und Chorgesänge, die sie bei Gelagen und Leichenfeiern aufführten. Diese Formen bildeten den gemeinsamen, im großen und ganzen noch undifferenzierten Besitz des ganzen Volkes, ohne daß der gemeinsame Vortrag zu ihren unerläßlichen Kennzeichen gehört hätte.[63] Das Preis- und Heldenlied scheint dieser Gemeinschaftsdichtung gegenüber erst die Erfindung der Wanderungszeit gewesen zu sein; sein aristokratischer Charakter erklärt sich aus den sozialen Umwälzungen, die mit der erfolgreichen Invasion verbunden waren und die der relativen Einheitlichkeit der früheren Kulturverhältnisse ein Ende bereiteten. So wie sich die Struktur der Gesellschaft infolge der neuen Eroberungen, Besitzerweiterungen und Staatengründungen abgestufter gestaltete, entwickelte sich neben den Gemeinschaftsformen der Dichtung auch eine Standespoesie, zu der die Anregung wahrscheinlich von den neuen Elementen des Adels ausgegangen war. Diese Poesie aber war nicht nur der Sonderbesitz einer privilegierten, sich nach außen abschließenden und ihre ständische Eigenart betonenden Schicht, sie war, im Gegensatz zu der älteren Gemeinschaftsdichtung, auch eine gelernte, geübte, individuell differenzierte Kunst, die Schöpfung eines berufsmäßigen, in dem Dienst der herrschenden Klasse stehenden Dichtertums.

Die ersten persönlich hervortretenden Dichter der Wander- und Heldenzeit waren wohl selbst noch Krieger und gehörten zu der Gefolgschaft des Königs;[64] im *Beowulf* wenigstens nehmen die Fürsten und Helden an der Dichtung tätigen Anteil. Bald werden aber diese vornehmen Amateure und Gelegenheitspoeten durch die Berufsdichter ersetzt, die von nun an zum festen Bestand eines fürstlichen Hofhalts gehören und zumeist keine Krieger mehr sind. Der *Skop*, das heißt der Hofdichter der West- und Südgermanen, tritt uns von vornherein als spezialisierter Fachmann entgegen. Der *Hofskald* der Nordgermanen ist allerdings neben seinem Dichterberuf Krieger geblieben und hat als Vertrauensmann und Berater der Fürsten charakteristische Züge des weisen und wissenden Sängers der Vorzeit bewahrt. Um so merkwürdiger erscheint es, daß der Begriff der persönlichen Verfasserschaft bei dem letzteren entwickelter ist als bei dem Hofsänger der übrigen Germanen, der bald eigene, bald fremde Lieder vorträgt, ohne daß er den Unterschied betonen und ohne daß sein Publikum danach fragen würde, wer der Verfasser der Lieder sei. Das Lob der Zuhörer gilt hier immer dem Vortrag. Bei den Norwegern dagegen unterscheidet man den Dichter und den Vortragenden scharf voneinander; man kennt, ja, man überspannt den Autorenstolz und legt auf die Originalität der Erfindung großen Wert. Mit den Werken erhalten sich hier auch die Namen der Verfasser, eine Erscheinung, die anderswo erst seit dem Auftreten des schreibenden Klerikers zu beobachten ist und im Norden vielleicht mit dem Prestige zusammenhängt, das der Dichter infolge seines Kriegertums genießt.

Wahrscheinlich gab es schon bei den Ostgoten Berufsdichter. Cassiodor erwähnt, daß Theoderich dem Frankenkönig Chlodwig im Jahre 507 einen Sänger und Harfenspieler geschickt habe. Daß solche Sänger am Hofe Attilas tätig waren, wissen wir aus der Darstellung des Priscus. Ob sie bereits ein richtiges Dichteramt bekleideten, geht allerdings aus dem Bericht nicht hervor. Auch über das Ansehen, das mit dem Dichterberuf bei den Germanen der Heldenzeit verbunden war, wissen wir nichts Bestimmtes. Einerseits wird behauptet, daß die Dichter und Sänger zur Hofgesellschaft gehörten und zum Fürsten in einer herzlichen Beziehung standen, andererseits aber wird daran erinnert, daß sie im *Beowulf* zum Beispiel nicht einmal mit dem Namen genannt werden, ihr Ansehen also nicht allzu groß gewesen sein mag. Was wir bestimmt wissen, ist, daß der englische Hofdichter seit dem 8. Jahrhundert eine feste amtliche Stellung hatte,[65] und diese Einrichtung wird sich früher oder später bei allen Germanen eingebürgert haben. Doch war sie keinesfalls von langer Dauer, denn bald hören wir vom Wandersänger, der von Fürstenhof zu Fürstenhof, von Herrensitz zu Herrensitz zieht, um die vornehme Gesellschaft zu unterhalten. Dieser Wandel aber ist keineswegs mit so tiefgehenden Folgen verbunden, wie man glauben sollte; die Dichtungen bewahren ihren höfischen Charakter, wenn auch die Fürsten und Helden, an die sie gerichtet sind, von Fall zu Fall wechseln. Jedenfalls ist das Berufliche und Gewerbsmäßige bei dem Wandersänger stärker betont als bei dem festangestellten Hofsänger, dessen Verhältnis zur Hofgesellschaft zweideutig bleibt. Wir dürfen aber den wandernden Hofsänger mit dem gewöhnlichen Fahrenden, dem verwahrlosten Spielmann, wie er uns später entgegentritt, durchaus nicht verwechseln. Der Abstand zwischen den beiden verringert sich erst, als der weltliche Sänger die Gunst der Höfe verliert und an den Straßenecken, in den Wirtsstuben und auf den Jahrmärkten sein Publikum finden muß.

Bei dem Abendgelage am Hofe Attilas folgten, nach der Erzählung von Priscus, auf die Preis- und Kriegslieder die komischen Darbietungen der Clowns, die wir einerseits als die Erben der antiken Mimen, andererseits als die Ahnen der mittelalterlichen Spielleute zu betrachten haben. Vielleicht waren die Gebiete des ernsten und des lustigen Genres im Anfang gar nicht so scharf voneinander getrennt wie später, als der Sänger als Hoffunktionär sich von dem Mimen immer mehr entfernte, um sich ihm erst als Wandersänger wieder zu nähern. Zu den Gründen der Krise, der das Hofsängertum im 8. und 9. Jahrhundert erliegt, zählt außer dem feindlichen Verhalten der Geistlichkeit[66] und dem Niedergang der kleinen Fürstenhöfe[67] in erster Reihe die Konkurrenz der Mimen.[68] Der vornehme Hofsänger der Heldenlieder verschwindet mit der heroischen Gesinnung seines Publikums, die Heldendichtung überdauert aber die Heldenzeit und ist langlebiger als die Gesellschaft, der sie ihren Ursprung verdankt. Sie verwandelt sich nach dem Erlöschen der kriegerischen Adelskultur aus einer ausschließlichen Standesdichtung in eine Allerweltskunst. Daß diese Verschiebung von oben nach unten ohne weiteres möglich war, daß dieselbe Art Dichtung von der Ober- und Unterschicht fast gleichzeitig verstanden und genossen werden konnte, kann nur damit erklärt werden, daß der bildungsmäßige Abstand zwischen den Herren und dem Volk damals noch bei weitem nicht so groß war wie später. Die Herren lebten zwar von Anfang an in einer andern Sphäre als das Volk, ihre Verschiedenheit von den unteren Schichten stand aber noch nicht so sehr im Vordergrund ihres Selbstbewußtseins.[69]

Die romantische Theorie von der Heldendichtung als Volkskunst war im wesentlichen nur ein Versuch, das historische Element im Heldenepos zu erklären. Die Romantik war sich der propagandistischen Funktion der Kunst noch nicht bewußt; der Gedanke, daß der Kriegsadel der großen Heldenzeit an der Dichtung ein praktisches Interesse haben konnte, lag ihr durchaus fern. Sie hätte es bei ihrem „Idealismus" nie zugegeben, daß diese Helden sich mit ihrer Dichtung nur ein Monument zu setzen oder das Prestige ihrer Sippe zu erhöhen suchten, daß sie also an der dichterischen Überlieferung der großen Ereignisse keineswegs nur geistig interessiert waren. Und da sie andererseits nicht annehmen konnte, daß die Dichter der Heldenlieder und des Heldenepos aus Chroniken schöpften – eine Idee, auf die erst unsere Zeit verfallen ist –, blieb ihr nichts anderes übrig, als den Ursprung der geschichtlichen Motive im Epos aus einer Tradition zu erklären, die vermeintlich unmittelbar von den Ereignissen ihren Ausgang nahm und von Mund zu Mund, von Generation zu Genetation ging, bis sie sich schließlich zu der fertigen Fabel der epischen Gedichte entwickelt hatte. Das Fortleben der Heldengeschichten im Munde des Volkes war zugleich die einfachste Erklärung der unterirdischen Existenz, die das Epos zwischen seinen beiden manifesten Erscheinungen in der Völkerwanderungszeit und im Zeitalter des Rittertums geführt hat. Für die Romantik waren übrigens auch diese Erscheinungen – die ausgeformten Gedichte – nur Stationen auf dem Wege einer durchaus kontinuierlichen und homogenen Entwicklung. Das, worauf es nach ihr beim Verständnis des ganzen Vorgangs ankam, waren nicht die Ruhepunkte, sondern das ununterbrochene Wachstum, die lebendige Tradition, das Leben der Sage.

Jakob Grimm ging in seinem folkloristischen Mystizismus so weit, daß er es für undenkbar hielt, daß ein Volksepos überhaupt „gedichtet" würde; er meinte, es dichte sich selber, und stellte sich seine Entstehung wie das Keimen und Gedeihen einer Pflanze vor. Die ganze Romantik war darin einig, daß das Heldenepos mit dem individuellen, überlegten, seine Kunst als erlernte Fertigkeit ausübenden Dichter nichts zu tun haben könne und das Werk des naiv, unbewußt und spontan schaffenden Volkes sei. Sie erklärte sich die Volksdichtung einerseits als eine kollektive Improvisation, andrerseits als einen langsamen, stetigen, organischen Prozeß, mit dem der Gedanke von sprunghaften, vorsätzlichen, dem einzelnen Individuum attributierbaren Schritten geradezu unvereinbar war. Das Volksepos „wachse", indem die Heldensage von einer Generation der andern übermittelt wird, und höre erst auf zu wachsen, wenn sie in die Literatur eingeht. Die „Heldensage" bezeichnet hier die Form, in der das Epos noch ganz im Besitze des Volkes ist und der der epische Dichter den besten Teil seines Werkes verdankt. Die Frage aber ist, auch in den Fällen, wo man eine mündliche Überlieferung der historischen Ereignisse gelten lassen darf, nicht die, in welchem Maße der Dichter das überlieferte Material verwendet, sondern, was von diesem Material noch als „Sage" bezeichnet werden kann. Die Vorstellung einer Tradition, die ohne die Mitwirkung eines bewußt und überlegt schaffenden Dichters eine längere, einheitliche epische Fabel hervorzubringen fähig wäre und einfach jeden instand setzen würde, eine solche den Gemeinbesitz des Volkes bildende Fabel erschöpfend und wohlgegliedert zu erzählen, ist vollkommen widersinnig. Eine fix und fertige, runde und einheitliche, wenn auch in noch so roher Form dargebotene Fabel ist keine Sage mehr, sondern eine Dichtung, und derjenige, der sie zum erstenmal erzählt, ist ihr Dichter.[70] Es ist, wie Andreas Heusler gezeigt hat, ein schwerer Irrtum, zu glauben, daß die Heldengeschichten zuerst als ungeformte

Sage anonym von Mund zu Mund gehen und dann von einem berufsmäßigen Dichter aufgegriffen und zum Gedicht verarbeitet werden. Eine Heldensage entsteht von vornherein als Lied, als Dichtung, wird als solche weitererzählt und weitergedichtet; das Epos ist nur eine späte Form, die die ursprüngliche kürzere Fassung unter Umständen verdrängt, aber von dieser nicht grundsätzlich verschieden ist.[71] Die wirklich naive, unliterarische Sage besteht aus nichts als vereinzelten, abgerissenen Motiven, unvermittelten, lose zusammenhängenden historischen Episoden, kurzen, unentwickelten Ortslegenden. Das sind die Bausteine, die auch von dem Volke, dem unpersönlichen Volksdichter, beigesteuert werden können, die aber auch so gut wie nichts davon enthalten, was ein Heldenlied zu einem Heldenlied und ein Epos zu einem Epos macht.

Joseph Bédier leugnet für das französische Heldenepos nicht nur das Vorhandensein einer solchen an die historischen Ereignisse unmittelbar anknüpfenden Sage, sondern auch die Existenz der Heldenlieder und jeden Grund, eine vor dem 10. Jahrhundert entstandene Fassung der Epen anzunehmen. Das Problem besteht auch für ihn, wie seit der Romantik für die ganze Sagenforschung, in der Herkunft der geschichtlichen Elemente des Epos. Wenn es, wie er betont, so etwas wie eine spontan sich entwickelnde Sage nie gegeben hat, was überbrückte dann den Abstand der Jahrhunderte zwischen den Ereignissen der Zeit Karls des Großen und den Karlsepen? Wie kamen dann die historischen Motive in die *chansons de geste*? Wie wurden dann die Personen und die Geschehnisse des 8. Jahrhunderts den Dichtern des 10. und 11. Jahrhunderts bekannt? Diese Fragen, meint Bédier, seien noch nie befriedigend beantwortet worden; denn die Hypothese, daß die Sagen sich schon unter den Zeitgenossen der Helden zu bilden begonnen hätten, sei eine Verlegenheitsantwort, die das Problem, wieso die Dichter auf den Gedanken gekommen sind, zu den Helden ihrer Werke historische Personen zu wählen, die damals bereits mehrere hundert Jahre tot waren, durch eine ganz willkürliche Konstruktion löst.[72]

Die mündliche Tradition hatte schon Gaston Paris in Abrede gestellt, er konnte aber den zeitlichen Abstand zwischen den historischen Begebenheiten und den Epen nicht anders als durch die Heldenlieder der Wolf-Lachmannschen Theorie überbrücken.[73] Bédier leugnet, wie vor ihm schon Pio Rajna,[74] daß es solche Heldenlieder, wenigstens in französischer Sprache, je gegeben habe, und führt das Geschichtliche im Heldenepos auf den gelehrten Beitrag der Geistlichen zurück. Er sucht nachzuweisen, daß die *chansons de geste* die Pilgerfahrtsstraßen entlang entstanden sind und daß die Spielleute, die sie bei den Klosterkirchen der versammelten Menge vortrugen, gewissermaßen das Sprachrohr der Mönche waren. Diese sollen nämlich, um ihren Kirchen und Klöstern Reklame zu machen, bestrebt gewesen sein, die Geschichten der Heiligen und Helden, die dort begraben waren oder deren Reliquien dort aufbewahrt wurden, zu verbreiten, und bedienten sich zu diesem Zwecke unter anderem der Kunst der Spielleute. Die Chroniken der Klöster enthielten Aufzeichnungen über diese historischen Gestalten und bildeten nach Bédier die einzige Quelle, aus der die geschichtlichen Grundlagen der Epen stammen konnten. So soll zum Beispiel das *Rolandslied*, in dem die Mönche aus Karl dem Großen den ersten Pilger von Compostella machten, ursprünglich als eine Lokalsage in den Klöstern auf dem Wege nach Ronceveaux entstanden sein und seinen Stoff aus den Annalen dieser Klöster geschöpft haben.[75]

Es wurde gegen die Bédiersche Theorie eingewendet, daß im *Rolandslied*, unter so vielen Heiligen und so vielen spanischen Städten, die genannt werden, weder der heilige Jakob noch der berühmte Wallfahrtsort mit seinem Grab erwähnt wird. Wo bleibt die Reklame für die Pilgerfahrt, fragte man, wenn der Dichter das Ziel der Reise unerwähnt läßt? Der Einwand ist nicht ganz stichhaltig, denn wir besitzen hier möglicherweise eine Fassung der bald allgemein beliebt gewordenen und weitverbreiteten Dichtung, bei der kein besonderes Interesse mehr vorlag, den Wallfahrtsort Compostella zu nennen. Wie dem aber auch sei, die Spur der Klerikerhand ist in den französischen Heldenepen ebenso auffallend, wie der Ton des Spielmanns unverkennbar. Wir sehen hier sämtliche Kräfte vereint am Werke, die im deutschen und angelsächsischen Sprachgebiet das Herabsinken des Heldengesangs von der Höhe einer höfischen auf das Niveau einer volkstümlichen Kunst herbeigeführt haben: das Mönchtum und das Mimentum, den Dichter und das Publikum aus den unteren Schichten der Gesellschaft, das geistliche Interesse und den Geschmack am Rührenden und Pikanten, die jetzt immer mehr in den Vordergrund treten. Bédier weiß genau, daß mit den Pilgerfahrten noch bei weitem nicht alles erklärt ist, und betont, daß zum Verständnis der *chansons de geste* die Kreuzzüge im Osten und im Westen, die Ideale und die Gefühle der feudalen Gesellschaft und des Rittertums ebenso nötig seien wie die Ideenwelt der Mönche und die Gefühlswelt der Pilger. Sie sind ohne den Pilger und den Klosterbruder unverständlich, unverständlich sind sie aber auch ohne den Ritter und den Bürger, den Bauern und vor allem den Spielmann.[76]

Wer und was ist nun eigentlich dieser Spielmann? Woher kommt er? Worin unterscheidet er sich von seinen Vorgängern? Man bezeichnet ihn als die Kreuzung des frühmittelalterlichen Hofsängers und des antiken Mimen.[77] Der Mimus hat seit dem Altertum nie aufgehört zu blühen; als auch die letzten Spuren der antiken Kultur bereits verwischt waren, zogen die Nachkommen der alten Mimen im Gebiete des Reiches noch immer herum und unterhielten die Massen mit ihrer anspruchslosen, unwählerischen, unliterarischen Kunst.[78] Die germanischen Länder sind im frühen Mittelalter von Mimen überflutet; bis zum 9. Jahrhundert halten sich aber die Dichter und Sänger der Höfe von ihnen streng abgesondert. Erst als diese infolge der karolingischen Renaissance und des Klerikalismus der nächsten Generation ihre vornehme Zuhörerschaft verlieren und bei den niedrigen Kreisen auf die Konkurrenz der Mimen stoßen, müssen sie gewissermaßen selber zu Mimen werden, um den Wettkampf zu bestehen.[79] So bewegen sich nun beide – Sänger und Komödiant – in denselben Kreisen, vermischen sich und beeinflussen sich gegenseitig, bis man sie bald nicht mehr voneinander unterscheiden kann. Es gibt dann keinen Mimen mehr und keinen Skop, es gibt nur den Spielmann. Das, was an diesem am meisten auffällt, ist seine Vielseitigkeit. An die Stelle des vornehmen, hochspezialisierten Heldenlieddichters tritt jetzt der vulgäre Tausendkünstler, der durchaus nicht mehr nur Dichter und Sänger, sondern auch Musikant und Tänzer, Dramatiker und Schauspieler, Clown und Akrobat, Taschenspieler und Bärenführer, mit einem Wort der allgemeine Lustigmacher und maître de plaisir der Zeit ist. Aus ist es jetzt mit dem Spezialistentum, der Distinktion, der ernsten Würde: der Hofdichter ist zum Allerweltsnarren geworden, und seine gesellschaftliche Degradierung wirkt so umwälzend und so erschütternd auf ihn selber, daß er sich von dem Schock nie mehr vollkommen erholen wird. Er gehört von nun an zu den Deklassierten – den Landstreichern und Dirnen, den entlaufenen Klerikern und vertriebenen Studenten, den Scharlatanen und Bettlern. Man nannte ihn den „Journalisten der Zeit",[80] er kultiviert aber eigentlich alle Gattungen: das Tanzlied wie das Spottlied, das Märchen wie den Mimus, die Heiligenlegende wie das Heldenepos. Das Epos nimmt allerdings in solcher Nachbarschaft ganz neue Züge an; es gewinnt stellenweise einen zugespitzten, effektheischenden Charakter, der dem alten Heldengesang vollkommen fremd war. Es ist nicht mehr der düstere, erhebend pathetische, tragisch-heroische Ton des *Hildebrandsliedes*, den der Spielmann anschlägt; er will vielmehr auch mit dem Epos unterhalten, sucht auch hier die Drastik, den Schlußeffekt, die Pointe.[81] Das *Rolandslied* verrät, mit den Denkmälern der älteren Heldendichtung verglichen, auf Schritt und Tritt diesen populären, auf Pikanterie eingestellten Spielmannsgeschmack.

Pio Rajna erwähnt einmal, daß er beinahe bis an das Ende seiner Untersuchung über das französische Epos gelangen konnte, ohne sich veranlaßt zu sehen, das Wort „Heldenlied" auch nur ein einziges Mal niederzuschreiben. Karl Lachmann hätte dagegen erklären können, daß er ohne diesen Begriff keine einzige wesentliche Aussage über das Epos zu formulieren fähig gewesen wäre. Die Romantik löste das Epos in Sage und Lied auf, weil für sie die irrationalen Mächte der Geschichte in der Epik der Berufsdichter nicht unmittelbar genug zur Geltung kamen. Unsere Zeit weist demgegenüber im Epos, wie in der Kunst überhaupt, mit Vorliebe auf das bewußte Können und das bildungsmäßige Wissen hin, weil sie für das Rationale mehr Verständnis hat als für das Gefühlsmäßige und

Triebhafte. Die Gedichte haben ihre eigene Legende, ihre eigene Heldengeschichte: die Werke der Dichtkunst leben nicht nur in der Form, die die Dichter ihnen geben, sondern auch in der Form, die die Nachwelt ihnen gibt. Jede Kulturepoche hat ihren Homer, ihr eigenes Nibelungen- und Rolandslied. Sie dichtet sich diese Werke, indem sie sie nach ihrem eigenen Sinn deutet. Die Deutungen selber lassen sich aber eher als ein allmähliches Umkreisen der Werke bezeichnen, denn als ein geradliniges Herannahen an sie. Die spätere Interpretation ist nicht unbedingt die „richtigere"; jeder ernste Deutungsversuch aus dem Geiste einer lebendigen Gegenwart vertieft und erweitert aber den Sinn der Werke. Jede Theorie, die uns das Heldenepos von einem neuen, historisch realen Standpunkt aus zeigt, ist eine brauchbare Theorie; denn es geht hier viel weniger um die historische Wahrheit, viel weniger darum „wie es eigentlich gewesen", als um die Gewinnung eines neuen, unmittelbaren Zugangs zum Gegenstand. Die romantische Auslegung der Heldensage und der Heldendichtung hat es klargemacht, daß die Dichter des Epos, auch wenn sie noch so ursprüngliche Künstler waren, mit ihrem Stoff durchaus nicht ganz frei schalten und walten konnten und sich durch die einmal gefundene und überlieferte Form viel strenger gebunden fühlten, als die Dichter einer späteren Zeit. Die Liedertheorie arbeitete wieder die offene, additive Komposition der Epen heraus und eröffnete den Weg zum Verständnis ihrer soziologischen Beschaffenheit, indem sie die Aufmerksamkeit auf ihre Herkunft von den heroisch-aristokratischen Preis- und Kriegsliedern lenkte. Die Lehre von dem Beitrag der Kleriker und Spielleute beleuchtete schließlich einerseits die unromantisch populären, andererseits die kirchlichen und gelehrten Züge der Gattung. Erst nach allen diesen Deutungsversuchen konnte ein Standpunkt gefunden werden, der das Heldenepos als sogenannte „Erbpoesie" würdigt[82] und es zwischen die sich frei bewegende Kunstdichtung und die durch die Tradition festgebundene Volksdichtung in die Mitte stellt.

## 6. DIE ORGANISATION DER KÜNSTLERISCHEN ARBEIT IN DEN KLÖSTERN

Nach der Regierungszeit Karls des Großen ist nicht mehr der Hof der geistige Mittelpunkt des Reiches. Wissenschaft, Kunst und Literatur gehen jetzt von den Klöstern aus; in ihren Bibliotheken, Schreibstuben und Werkstätten vollzieht sich der bedeutendste Teil der geistigen Produktion. Ihrem Fleiß und ihrem Reichtum verdankt die Kunst des christlichen Abendlandes ihre erste Blüte. Mit der Vermehrung der Kulturzentren durch die Entwicklung der Klöster tritt vor allem eine stärkere Differenzierung der Kunstbestrebungen ein. Ganz isoliert voneinander darf man sich indessen diese Klöster nicht denken; sie stehen schon infolge ihrer gemeinsamen Abhängigkeit von Rom, des allgemeinen Einflusses der irischen und angelsächsischen Mönche und später durch die reformistischen Ordenskongregationen in einer, wenn auch nicht allzu engen Beziehung zu einander.[83] Auf ihre Berührungspunkte mit der Laienwelt, ihre Funktion im Zusammenhang mit den Wallfahrten und ihre Rolle als Treffpunkte der Pilger, Händler und Spielleute hat bereits Bédier hingewiesen. Trotz dieser Beziehungen nach außen bleiben aber die Klöster im wesentlichen selbstgenügsame, in sich zentrierte Einheiten, die bei ihren Traditionen länger und hartnäckiger verharren, als es der frühere, modisch wandelbare Hof getan hat oder die spätere bürgerliche Gesellschaft tun wird.

Die Benediktiner-Regel schrieb sowohl Handarbeit als auch wissenschaftliche Arbeit vor und legte auf die manuelle Beschäftigung sogar das größere Gewicht. Die Klostergüter waren ebenso wie die Herrenhöfe bestrebt, eine nach Möglichkeit autarke Wirtschaft zu entwickeln und alles Nötige im eigenen Bereich herzustellen. Die Tätigkeit der Mönche erstreckte sich sowohl auf die Feld- und Gartenarbeit als auch auf das Handwerk. Die schwerste körperliche Arbeit wurde zwar schon im Anfang zum großen Teil von den freien und unfreien Bauern der Klöster und später, außer den Bauern, von Laienbrüdern versehen, das Handwerk dürfte aber, besonders in der Frühzeit, hauptsächlich von den Mönchen selbst betrieben worden sein; und gerade durch die Organisierung der handwerklichen Arbeit hat das Mönchtum auf die Kunst- und Kulturentwicklung des Mittelalters die tiefste Wirkung ausgeübt. Daß die Kunstproduktion im Rahmen geordneter, arbeitsteiliger, mehr oder weniger rational geführter Betriebe vor sich ging, und daß für diese Arbeit auch Elemente der oberen Schichten gewonnen werden konnten, ist das Verdienst der Ordensbewegung. In den Klöstern des früheren Mittelalters waren bekanntlich die Aristokraten in der Mehrzahl; gewisse Klöster waren fast ausschließlich ihnen vorbehalten.[84] So kamen Leute, die sonst wohl nie einen schmierigen Pinsel, einen Meißel oder gar eine Kelle in die Hand genommen hätten, in unmittelbare Berührung mit den bildenden Künsten. Die Verachtung der manuellen Arbeit bleibt zwar auch im Mittelalter noch stark verbreitet und der Begriff des Herrentums wird auch fernerhin an ein arbeitsloses Dasein geknüpft, daß aber jetzt, im Gegensatz zum Altertum, neben der seigneuralen Existenz, die mit unbeschränkter Muße verbunden ist, auch das arbeitsame Leben eine positivere Wertung erfährt, ist unverkennbar, und diese neue Beziehung zur Arbeit hängt unter anderem mit der Popularität des Klosterlebens zusammen. Noch im bürgerlichen Arbeitsethos des späteren Mittelalters, so wie es zum Beispiel in den Zunftordnungen zum Ausdruck kommt, wirkt der Geist der Ordensregeln nach. Man darf allerdings nicht vergessen, daß die Arbeit in den Klöstern zum Teil noch als Bußwerk und Strafe angesehen wird,[85] und daß auch der heilige Thomas noch von „viles artifices" spricht (Comm. in polit. 3. 1. 4). Von einer Adelung des Lebens durch die Arbeit ist also vorläufig keine Rede.

Das Abendland hat erst von den Mönchen methodisch arbeiten gelernt; die Industrie des Mittelalters ist zum großen Teil ihre Schöpfung. Die Handwerker, die als die Erben des alten römischen Gewerbes in den Städten noch zahlreich genug vorhanden waren,[86] arbeiteten bis zum Wiederaufleben der städtischen Wirtschaft in sehr bescheidenen Grenzen und trugen zur Entwicklung der gewerblichen Techniken wenig bei. Auch auf den Königspfalzen und den größeren Fronhöfen gab es wohl spezialisierte Handwerker, sie zählten aber zum Hofstaat und Hausgesinde und ihre Arbeit bewahrte stets den Charakter des an Traditionen statt an Zweckmäßigkeitsrücksichten orientierten Hausfleißes. Die Loslösung des Handwerks vom Haushalt vollzieht sich erst in den Klöstern. Hier wird auch zuerst mit der Zeit gewirtschaftet, der Tag vernünftig eingeteilt und ausgenützt, das Vergehen der Stunden gemessen und durch Glockenschlag verkündet.[87] Das Prinzip der Arbeitsteilung wird zur Grundlage der Produktion, und wird nicht nur innerhalb der einzelnen Klöster, sondern gewissermaßen auch im Verhältnis der verschiedenen Klöster zueinander durchgeführt.

Das Kunsthandwerk wurde außerhalb der Klöster wohl nur auf den königlichen Domänen und den größten Herrenhöfen gepflegt und auch da nur in den einfachsten Formen. Gerade im Kunstgewerbe zeichneten sich aber die Klöster am meisten aus. Das Kopieren und Illustrieren von Handschriften gehörte zu ihren ältesten Ruhmestiteln.[88] Die Institution der Bibliotheken und der Schreibstuben, die Cassiodor in Vivarium eingeführt hatte, wurde von den meisten Benediktinerklöstern nachgeahmt. Die Schreiber und Buchmaler von Tours, Fleury, Corbie, Trier, Köln, Regensburg, Reichenau, St. Albans, Winchester waren schon im frühen Mittelalter berühmt. Die Scriptorien waren bei den Benediktinern große gemeinsame Arbeitsräume, bei anderen Orden, wie zum Beispiel den Zisterziensern und Karthäusern, kleinere Zellen. Die manufakturartige Produktion und der individuelle Einzelbetrieb dürften also nebeneinander bestanden haben. Das Handwerk der Kopisten und Illuminatoren war außerdem anscheinend überall nach den verschiedenen Aufgaben spezialisiert. Man unterschied außer den Malern (den Miniatoren), die in der Kalligraphie geübten Meister (die *antiquarii*), die Gehilfen (die *scriptores*) und die Initialmaler (die Rubrikatoren). Neben den Mönchen beschäftigten die Scriptorien Lohnschreiber, das heißt Laien, die teils bei sich zu Hause, teils in den Klöstern selbst arbeiteten. Außer der Buchillustration, dieser Klosterkunst par excellence, befaßten sich die Mönche mit Architektur, Skulptur und Malerei, betätigten sich als Goldschmiede und Emailleure, betrieben Seidenwebereien und Teppichwirkereien, gründeten Glockengießereien und Buchbindereien, richteten Glashütten und keramische Werkstätten ein. Einzelne Klöster entwickelten sich zu richtigen Industriezentren; und wenn Corbie zuerst nur vier Hauptwerkstätten mit achtundzwanzig Arbeitern beschäftigte, so finden wir in St.-Riquier schon im 9. Jahrhundert ganze Straßenzüge mit den nach Fächern gruppierten Werkstätten der Waffenschmiede, der Sattler, der Buchbinder, der Schuster usw.[89]

Nicht nur in der Landwirtschaft, die an die Körperkräfte des Arbeiters allzu große Zumutungen stellte und in der sich die Mönche mit ihrem wachsenden Reichtum immer mehr als Besitzer und Verwalter und immer weniger als Landarbeiter betätigten, auch in den anderen Produktionszweigen verrichteten die Klosterbrüder nur einen Teil der manuellen Arbeit und widmeten sich eher der Organisation der Betriebe. Sogar mit dem Kopieren der Manuskripte hatten sie sich, wie festgestellt wurde, in viel beschränkterem Maße abgegeben, als man anzunehmen pflegt, und nach dem Zuwachs der Bibliotheken zu schließen, wurde im allgemeinen nicht mehr als ein fünfzigster Teil der Arbeitszeit aller Mönche eines Klosters auf das Abschreiben von Manuskripten verwendet.[90] In den körperlich anstrengenden Fächern, vor allem im Baugewerbe, werden Laienbrüder und fremde Arbeitskräfte in größerer, in der gewerblichen Kleinkunst in geringerer Zahl beschäftigt gewesen sein. Bei der beständigen Nachfrage der Kirchen und Höfe nach solchen kunstgewerblichen Erzeugnissen ist es aber anzunehmen, daß die Klöster tüchtige Arbeiter und Künstler auch in diesem Fach jederzeit einzustellen bereit waren. Außer den Mönchen und den auf den Fronhöfen beschäftigten freien und unfreien Arbeitern gab es nämlich von Anfang an Handwerker und Künstler, die die Elemente eines, wenn auch beschränkten, freien Arbeitsmarktes bildeten. Das waren Wandersleute, die bald in den Klöstern, bald auf den Bischofssitzen und Herrenhöfen Beschäftigung fanden und deren regelmäßige Verwendung durch die Mönche erwiesen ist. So ist zum Beispiel bezeugt, daß die Abtei St. Gallen und das Regensburger St. Emmeran-Kloster zur Herstellung von Reliquienschreinen viele solche Wanderhandwerker sich kommen ließen. Bei den großen Kirchenbauten war es allgemein üblich, Baumeister, sowie Stein-, Holz- und Metallarbeiter von nah und fern, besonders aber aus Byzanz und Italien, heranzuziehen.[91] Die Beschäftigung auswärtiger Kräfte wird allerdings, wenn die Nachricht über die streng gehüteten „Geheimverfahren" der Klöster auf Wahrheit beruht, in gewissen Fällen mit Schwierigkeiten verbunden gewesen sein. Ob es nun solche Geheimnisse gegeben hat oder nicht, die Klosterwerkstätten waren keineswegs nur Warenerzeugungsbetriebe, sondern sehr oft auch technologische Versuchsanstalten. Der Benediktinermönch Theophilus konnte in seinen Aufzeichnungen *(Schedula diversarum artium)* am Ende des 11. Jahrhunderts eine ganze Reihe der in den Klöstern gemachten Erfindungen beschreiben, so die Glaserzeugung, das Brennen der Glasmalereien für die Fenster, das Mischen der Ölfarben usw.[92]

Übrigens gingen auch die Wanderkünstler und Wanderhandwerker zum großen Teil aus den Klosterwerkstätten hervor, die zugleich die „Kunstschulen" des Zeitalters waren und sich die Heranbildung junger Kräfte besonders angelegen sein ließen.[93] In vielen Klöstern, so zum Beispiel in Fulda und Hildesheim, wurden kunstgewerbliche Werkstätten eingerichtet, die von vornherein zu Schulzwecken dienten und sowohl den Klöstern und Bischofskirchen, als auch den weltlichen Grundherrschaften und Höfen den Künstlernachwuchs sicherten.[94] Zu besonderer Höhe in der künstlerischen Erziehungsarbeit brachte es das Kloster Solignac, dessen Gründer, der heilige Eligius, der berühmteste Goldschmied des 7. Jahrhunderts war. Ein anderer Kirchenfürst, der sich, wie es heißt, um die Kunst auch als Erzieher verdient gemacht hat, war der Bischof Bernward, der hochsinnige Förderer der Baukunst und der Erzgießerei und der Schöpfer der Bronzetüren des Domes von Hildesheim. Von anderen, weniger hochgestellten geistlichen Künstlern kennen wir oft nur die Namen, von ihrer persönlichen Rolle in der Kunst des Mittelalters wissen wir nichts. In dem Fall des Mönchs Tuotilo verdichtete sich zwar die Kunde zu einer Künstlerlegende, wir haben es hier aber, wie bemerkt wurde, mit einer bloßen Personifikation des St. Gallener Kunstlebens und dem mittelalterlichen Gegenstück der griechichen Dädalussage zu tun.[95]

Sehr bedeutend ist der Anteil des Mönchtums an der Entwicklung der kirchlichen Baukunst. Bis zum Aufblühen der Städte und der Entstehung der Bauhütten befindet sie sich fast ausschließlich in geistlichen Händen, wenn man sich auch die bei den Kirchenbauten beschäftigten Künstler und Handwerker nur zum Teil als Klosterbrüder vorstellen darf. Die Leiter der meisten und der bedeutendsten Bauunternehmungen waren jedenfalls Geistliche; sie scheinen aber eher die Bauherren als die Baumeister gewesen zu sein.[96] Die Bautätigkeit der einzelnen Klöster war übrigens auch viel weniger kontinuierlich, als daß die an bestimmte Klöster gebundenen Mönche die Baukunst zum Beruf hätten wählen können. Das konnten wohl nur die ungebundenen, frei sich bewegenden Laien tun. Ausnahmen sind freilich auch hier zu verzeichnen. Von dem Mönch Hilduard ist es zum Beispiel bekannt, daß er der Werkmeister der Abteikirche Saint-Père in Chartres war. Wir wissen auch, daß der heilige Bernhard von Clairvaux einen Bruder seines Ordens, den Baumeister Achard, anderen Klöstern zur Verfügung stellte, und daß Isembert, der Werkmeister der Kathedrale Saintes, außer in Saintes selbst in La Rochelle und in England Brücken baute.[97] Wenn es aber auch noch so viele ähnliche Fälle gab, so entsprach doch die mit geringerer körperlichen Anstrengung verbundene Kleinkunst dem Geist der Klosterwerkstatt besser als die Monumentalkunst.

Die Überschätzung der Rolle des Mönchtums in der Geschichte der Kunst stammt aus der Zeit der Romantik und gehört zu jener Legende des Mittelalters, deren Nachleben es uns oft heute noch erschwert, an den historischen Sachverhalt unvoreingenommen heranzutreten. Die Entstehung der großen Kirchenbauten des Mittelalters wurde in der gleichen Art romantisiert wie die der Heldenepen. Man übertrug auch auf sie die Prinzipien jenes organischen, pflanzenhaften Wachstums, das man bei der Volksdichtung beobachten zu können glaubte, und stellte auch in Bezug auf sie jede planmäßige

Gestaltung und jede einheitliche Leitung in Abrede; man leugnete die Existenz eines Architekten, dem diese Bauten zugeschrieben werden konnten, so wie man bei den Epen die Existenz eines individuellen Dichters leugnete. Man wollte, mit anderen Worten, die ausschlaggebende Rolle in der Kunst nicht dem gelernten und überlegten Künstler, sondern dem naiv und rein traditionsmäßig schaffenden Handwerker zuschreiben. Zu der romantischen Legende des Mittelalters gehörte auch die Anonymität des Künstlers. In ihrem zweideutigen Verhältnis zum modernen Individualismus stellte die Romantik die Namenlosigkeit der Gestaltung geradezu als ein Kennzeichen der wirklichen Größe dar und verweilte mit besonderer Liebe bei dem Bilde des unbekannten Klosterbruders, der sein Werk einzig und allein zu Ehren Gottes schuf, sich in das Dunkel seiner Zelle hüllte und seine eigene Persönlichkeit in keiner Weise zur Geltung kommen ließ. Unromantischerweise handelt es sich aber in den Fällen, wo uns Künstlernamen aus dem Mittelalter bekannt sind, fast ausschließlich um Mönche, und die Namensnennungen hören gerade in der Zeit auf, als die Kunsttätigkeit aus den Händen der Kleriker in die der Laien übergeht. Die Erklärung ist einfach: darüber nämlich, ob der Name eines Künstlers an einem Denkmal der Kirchenkunst erscheinen durfte, entschieden Geistliche, und diese bevorzugten dabei selbstverständlich ihre eigenen Standesgenossen. Aber auch die Chronisten, die solche Namen aufzuzeichnen pflegten und die ausschließlich Mönche waren, hatten nur dann ein Interesse an der namentlichen Erwähnung eines Künstlers, wenn es sich um einen Ordensbruder handelte. Im Verhältnis zum klassischen Altertum oder zur Renaissance steht die Unpersönlichkeit des Kunstwerkes und die Unaufdringlichkeit des Künstlers im Mittelalter außer Zweifel. Denn auch wenn der Name eines Künstlers genannt wird und der Künstler mit seiner Schöpfung persönlichen Ehrgeiz verbindet, ist ihm und seiner Mitwelt der Begriff der individuellen Eigenart fremd. Von einer grundsätzlichen Anonymität der mittelalterlichen Kunst zu sprechen, ist aber dennoch romantische Übertreibung. Die Miniaturmalerei weist unzählige Beispiele von signierten Werken auf, und zwar in jeder Phase ihrer

Entwicklung.[98] Im Zusammenhang mit den Baudenkmälern aber konnte man für das Mittelalter, trotz der großen Zahl der zerstörten Werke und der verlorenen Dokumente, fünfundzwanzigtausend Namen feststellen.[99] Man darf allerdings nicht vergessen, daß sehr oft, wo eine Inschrift einen Namen mit dem Prädikat „fecit" bezeichnet, der mittelalterlichen Ausdrucksweise entsprechend, der Bauherr oder der Besteller und nicht der ausführende Künstler gemeint ist, und daß die Bischöfe, Äbte und die anderen geistlichen Herren, denen die Bauten derart zugeschrieben werden, in den meisten Fällen nur die „Vorsitzenden der Baukommission", nicht aber die Baumeister oder Bauleiter waren.[100]

Welche Rolle aber auch immer die Geistlichen bei dem Bau ihrer Kirchen spielten, wie sich auch immer die Teilung der künstlerischen Arbeit zwischen Mönchen und Laien vollzogen haben mag, irgendwo muß die Teilbarkeit der Funktionen eine Grenze gehabt haben. Über das Schicksal der Pläne können Domkapitel und äbtliche Baukommissionen korporativ entschieden haben, und die künstlerischen Aufgaben mögen in ihrer Gänze von den Mitgliedern eines Kollektivs in gemeinsamer Arbeit gelöst worden sein, die einzelnen Schritte im Schaffensprozeß konnten doch nur von wenigen zielbewußt arbeitenden Künstlern getan werden. Ein so kompliziertes Gebilde, wie es ein mittelalterlicher Kirchenbau war, konnte nicht wie ein Volkslied entstehen, dessen Bildung ja letzten Endes auch nur von einem einzelnen, wenn auch unbekannten Individuum ausgeht, das aber, im Gegensatz zu einem Bauwerk, planlos entsteht und sich wie ein Kristall durch Ansätze vergrößert. Nicht die Vorstellung, daß ein Kunstwerk die gemeinsame Schöpfung von mehreren Personen darstelle, ist romantisch und wissenschaftlich unkontrollierbar, auch das Werk des einzelnen individuellen Künstlers setzt sich aus den Beiträgen mehrerer, teilweise unabhängig voneinander funktionierender geistiger Fakultäten zusammen, deren Vereinigung oft eine bloß nachträgliche und äußerliche ist. Naiv und romantisch ist die Vorstellung, daß ein Kunstwerk bis in seine letzten Bestandteile die undifferenzierbare Schöpfung einer Gruppe sei und daß es keinen einheitlichen und bewußten, wenn auch veränderlichen Plan benötige.

## 7. FEUDALISMUS UND ROMANISCHER STIL

Die romanische Kunst war eine Mönchskunst, zugleich aber auch eine Kunst der Aristokratie. Hierin spiegelt sich die geistige Solidarität zwischen Klerus und Adel vielleicht am auffallendsten. Wie die Priesterwürden im alten Rom, so waren die wichtigsten Stellen auch in der Kirche des Mittelalters den Mitgliedern der Aristokratie vorbehalten;[101] die Äbte und Bischöfe waren aber nicht so sehr infolge ihrer adeligen Herkunft, als infolge ihrer wirtschaftlichen und politischen Interessen mit der Feudalität so innig verbunden. Sie verdankten ihren Besitz und ihre Macht der gleichen Gesellschaftsordnung, in der auch die Vorrechte des weltlichen Adels wurzelten. Zwischen den beiden Aristokratien bestand, wenn auch nicht immer ein ausdrückliches, so doch ein sich stets bewährendes Bündnis. Die Mönchsorden, deren Äbte über ungeheure Reichtümer und Legionen von Untergebenen verfügten, aus deren Reihen die gewaltigsten Päpste, die einflußreichsten Berater und die gefährlichsten Rivalen der Kaiser und Könige hervorgingen, standen den Massen ebenso erhaben und fremd gegenüber wie die weltlichen Machthaber. Eine Änderung in ihrer seigneuralen Haltung tritt erst mit der asketischen Reformbewegung von Cluny ein, von einer Wendung zur demokratischen Weltanschauung aber kann bei ihnen überhaupt erst seit der Bettelordensbewegung gesprochen werden. Die Klöster sind, inmitten ihrer weitausgedehnten Güter, über den Abhängen der tief ins Land schauenden Berge, mit ihren steilen, massiven, bollwerkartigen Mauern, ebenso unnahbare Herrensitze wie die Burgen und Schlösser der Fürsten und Barone – nichts ist verständlicher, als daß auch die Kunst, die in diesen Klöstern geschaffen wird, der Sinnesart des weltlichen Adels entspricht.

Der sich aus der fränkischen Schwert- und Beamtenaristokratie entwickelnde und seit dem Ende des 9. Jahrhunderts bereits restlos feudalisierte Adel stellt sich um diese Zeit an die Spitze der Gesellschaft und wird zum eigentlichen Inhaber der Regierungsgewalt. Aus dem ehemaligen Dienstadel ist ein mächtiger, stolzer, rebellischer Geburtsadel geworden, bei dem die Erinnerung an die Herkunft aus einem Berufsstand längst verblaßt, ja, geschwunden ist, und dessen Vorrechte nunmehr auf undenkliche Zeiten zurückzugehen scheinen. Das Verhältnis zwischen den Königen und diesem Adel hat sich im Laufe der Zeit vollkommen umgekehrt; ursprünglich war die Krone erblich und der jeweilige Herrscher konnte sich seine Berater und Funktionäre nach Belieben auswählen, jetzt sind die Privilegien des Adels erblich und es werden die Könige gewählt.[102] Die germanisch-romanischen Staaten des Frühmittelalters standen Schwierigkeiten gegenüber, die sich teilweise schon in der Spätantike fühlbar gemacht hatten und die man schon damals durch Einrichtungen zu bewältigen suchte, die – wie das Kolonat, die Einführung von Naturalsteuern und die Haftung der Grundherren für die Einkünfte des Staates – bereits in der Linie des Feudalismus lagen. Der Mangel an genügenden Geldmitteln zur Aufrechterhaltung eines entsprechenden Verwaltungsapparats und eines angemessenen Heeres, die Gefahr der Invasionen und die Schwierigkeit, weitausgedehnte Gebiete gegen diese zu verteidigen, bestanden seit der spätrömischen Zeit, neue Schwierigkeiten ergaben sich für das Mittelalter aus dem Mangel an geschulten Beamten, der erhöhten und sich prolongierenden Gefahr der Einbrüche und der Notwendigkeit, vor allem gegen die Araber, die neue Waffengattung der gepanzerten Reiterei einzuführen, eine Reform, die wegen der kostspieligen Ausrüstung und der verhältnismäßig langen Ausbildungszeit der neuen Streitkräfte mit untragbaren Lasten für den Staat verbunden war. Der Feudalismus ist die Institution, durch welche das 9. Jahrhundert diese Schwierigkeiten, hauptsächlich die der Schaffung eines berittenen, schwergerüsteten Heeres, zu lösen suchte. Der Militärdienst wurde mangels anderer Mittel mit der Verleihung von Grundbesitz, Immunitäten und Herrenrechten, namentlich Besteuerungs- und Gerichtsbefugnissen erkauft; diese Privilegien bildeten das Fundament des neuen Systems. Benefizien, das heißt die gelegentliche Schenkung von Grundbesitz aus der Königsdomäne als Lohn für erwiesene Dienste oder die Verleihung des Nutzbesitzes solcher Domänenteile als Gehalt für regelmäßige Beamten- und Militärdienstleistungen, gab es schon in der Merowingerzeit. Neu ist der Lehenscharakter der Verleihungen und die Vasallenschaft der Belehnten, mit anderen Worten, das Vertragsverhältnis und das Treubündnis, das System der gegenseitigen Dienste und Verpflichtungen, das Prinzip der beiderseitigen Treue und der persönlichen Loyalität, das nunmehr an die Stelle der alten Subordination tritt. Das Lehen, das im Anfang bloß einen Nutzbesitz auf beschränkte Zeit bildete, wird im Laufe des 9. Jahrhunderts erblich.

Die Schaffung der feudalen Reiterei, mit den vererblichen, grundherrschaftlichen Lehen als Substrat des Dienstverhältnisses, bedeutet eine der umwälzendsten militärischen Neuerungen in der Geschichte des Abendlandes: sie verwandelt ein Organ der Zentralgewalt in eine fast unbeschränkte Macht im Staate. Das absolute Königtum des Mittelalters gelangt mit ihr zu seinem Ende. Der König hat von nun an nur so viel Macht, als ihm auf Grund seiner Privatgüter zukommt, und eine Autorität, über die er auch dann verfügen würde, wenn er seinen Besitz als bloßes Lehen innehätte. Die nächstfolgende Epoche kennt keinen Staat in unserem Sinne mehr; sie kennt keine einheitliche Verwaltung, keine staatsbürgerliche Solidarität, keine allgemeine, formell-rechtliche Bindung der Untertanen.[103] Der feudale Staat ist eine Gesellschaftspyramide mit einem abstrakten Punkt als Spitze. Der König führt Kriege, regiert aber nicht; es regieren die großen Grundbesitzer, und zwar nicht als Beamte und Söldner, Günstlinge und Emporkömmlinge, Benefiziare und Pfründner, sondern als unabhängige Territorialherren, die ihre Vorrechte nicht auf eine von dem Herrscher als Rechtsquelle ausgehende Amtsgewalt gründen, sondern einzig und allein auf ihre tatsächliche, unmittelbare, persönliche Macht. Wir stehen hier einer Herrenschicht gegenüber, die alle Prärogativen der Regierung, den ganzen Verwaltungsapparat, sämtliche wichtigen Posten im Heere, alle höheren Stellen in der kirchlichen Hierarchie für sich in

Anspruch nimmt und damit einen Einfluß im Staate gewinnt, wie ihn wohl noch keine Gesellschaftsklasse besessen hatte. Selbst die griechische Aristokratie in ihrer Blüte sicherte ihren Mitgliedern weniger persönliche Freiheit, als das geschwächte Königtum des Frühmittelalters den Feudalherren gewähren mußte. Die von diesem Adel beherrschten Jahrhunderte sind mit Recht als *die* aristokratische Epoche der Geschichte Europas bezeichnet worden;[104] in keiner anderen Phase der abendländischen Entwicklung waren die Formen der Kultur so ausschließlich von der Weltanschauung, den Gesellschaftsidealen und der Wirtschaftsgesinnung einer einzigen, verhältnismäßig dünnen Schicht abhängig gewesen.

Das System des Feudalismus ist in der geld- und verkehrslosen Zeit des Frühmittelalters, wo der Grundbesitz die einzige Einnahmequelle und die einzige Form des Reichtums bildet, die gegebene Lösung der Aufgaben, die aus der Verwaltung und der Verteidigung des Landes erwachsen. Die Rustikalisierung der Kultur, die sich schon in der Spätantike angebahnt hatte, ist jetzt vollendet; die Wirtschaft ist ganz und gar agrarisch, das Leben vollkommen ländlich geworden. Die Städte haben ihre Bedeutung und ihre Anziehungskraft verloren, das Dasein der überwiegenden Mehrheit der Bevölkerung ist auf kleine, zerstreute, voneinander isolierte Siedlungen beschränkt. Städtische Geselligkeit, Handel und Verkehr sind abgestorben; das Leben hat einfachere, unkompliziertere, regional begrenztere Formen angenommen. Die wirtschaftliche und soziale Einheit, in die sich nun alles einordnet, ist der Fronhof; man hat es verlernt, sich in weiteren Grenzen zu bewegen, in umfassenderen Kategorien zu denken. Da die Geld- und Verkehrsmittel, die Städte und Märkte zumeist fehlen, ist man gezwungen, sich von der Außenwelt unabhängig zu machen und sowohl auf die Erwerbung fremder Produkte als auch auf den Verkauf der eigenen zu verzichten. So entwickelt sich eine Lage, in der so gut wie gar keine Anregung mehr vorhanden ist, Güter über den Eigenbedarf hinaus zu produzieren. Karl Bücher hat bekanntermaßen dieses System als „geschlossene Hauswirtschaft" bezeichnet und als eine vollkommen geld- und tauschlose Autarkie charakterisiert.[105] Die Darstellung entspricht in dieser Schärfe, wie wir wissen, nicht ganz den Tatsachen; die Annahme einer reinen, durchaus selbstgenügsamen Hauswirtschaft für das Mittelalter hat sich als unhaltbar erwiesen,[106] und die Anregung, hier lieber von einer „Wirtschaft ohne Märkte" als von einer „tauschlosen Naturalwirtschaft" zu sprechen, enthält zweifellos die richtige Korrektur des Bildes.[107] Bücher hat aber die Merkmale seiner mittelalterlichen Oikoswirtschaft nur überspitzt, nicht frei erfunden; denn daß in der Zeit des Feudalismus eine Neigung zur Eigenbedarfsdeckung besteht, wird niemand bestreiten. Die Regel ist, die Güter in derselben Wirtschaft zu verbrauchen, in der sie erzeugt worden sind, wenn es auch noch so viele Ausnahmen gibt und der Warenverkehr auch nie vollkommen aufhört. Die Unterscheidung der frühmittelalterlichen Eigenproduktion von der späteren Warenproduktion ist, so wie sie schon von Marx angedeutet wurde, jedenfalls sinnvoll, und die Kategorie der „geschlossenen Hauswirtschaft" erweist sich sogar, wenn man sie als Idealtypus und nicht als konkrete Realität auffaßt, zur Charakterisierung der feudalen Wirtschaft als unentbehrlich.

Das eigentümlichste Merkmal der frühmittelalterlichen Wirtschaft und zugleich jener Zug, durch welchen sie die Geisteskultur der Zeit am tiefsten beeinflußt, besteht zweifellos darin, daß in ihr jeder Anreiz zur Überproduktion fehlt und daß sie infolgedessen an den herkömmlichen Methoden und dem gewohnten Tempo der Produktion festhält, ohne sich um technische Erfindungen und organisatorische Neuerungen zu kümmern. Sie ist, wie bemerkt wurde,[108] eine reine „Ausgabewirtschaft", die nur soviel erzeugt, als sie verbraucht, und der als solcher jeder Begriff der Wirtschaftlichkeit und der Rentabilität, jeder Sinn für Kalkulation und Spekulation, jede Vorstellung von der planmäßigen und zweckmäßigen Verwendung der verfügbaren Kräfte fehlt. Dem Traditionalismus und Irrationalismus dieser Wirtschaft entspricht die unbewegliche Statik der Gesellschaftsformen: die Unverrückbarkeit der Grenzen, die die verschiedenen Schichten voneinander trennt. Die Stände, in die die Gesellschaft gegliedert ist, gelten nicht nur als sinnvoll, sondern auch als gottgewollt, das heißt, daß es so gut wie keine Möglichkeit gibt, aus dem einen Stand in den anderen aufzusteigen; jeder Versuch, sich über die Grenzen der ständischen Ordnung hinwegzusetzen, kommt der Auflehnung gegen eine göttliche Satzung gleich. In einer solchen kastenmäßig erstarrten Gesellschaft kann die Idee der geistigen Konkurrenz, der Ehrgeiz, seine Eigenart zu entwickeln und gegen andere geltend zu machen, ebensowenig aufkommen, wie das Prinzip des kaufmännischen Wettbewerbs in einer Wirtschaft ohne Märkte, ohne Prämie auf die Mehrleistung, ohne Aussicht auf Gewinn. Dem undynamischen Wirtschaftsgeist und der statischen Gesellschaftsstruktur entsprechend herrscht auch in der Wissenschaft, Kunst und Literatur des Zeitalters ein strenger, unbeweglicher, an den einmal anerkannten Werten festhaltender Konservativismus. Dasselbe Prinzip der Beharrung, das die Wirtschaft und die Gesellschaft an ihre Traditionen bindet, verlangsamt auch die Entwicklung der wissenschaftlichen Denk- und der künstlerischen Erlebnisformen und bringt jenen ruhigen, fast schwerfälligen Zug in die Geschichte der romanischen Kunst, der nahezu zwei Jahrhunderte lang jeden tieferen Stilwandel verhindert. Und so wie in der Wirtschaft der Geist des Rationalismus, das Verständnis für exakte Produktionsmethoden und die Fähigkeit zur rechnerischen Spekulation vollkommen fehlt, so wie man im praktischen Leben für korrekte Zahlen, präzise Zeitangaben und die Quantifizierung der Werte im allgemeinen keinen Sinn hat, fehlen der Epoche überhaupt die an dem Begriff der Ware, des Geldes und des Profits orientierten Kategorien des Denkens. Der vorkapitalistischen und vorrationalistischen Wirtschaft entspricht eine vorindividualistische geistige Verfassung, die um so leichter zu erklären ist, als der Individualismus das Prinzip der Konkurrenz in sich schließt.

Die Idee des Fortschritts ist dem Frühmittelalter völlig unbekannt, für den Wert des Neuen an sich hat es keinen Sinn; es trachtet vielmehr das Alte und Überlieferte treu zu bewahren. Und es ist ihm nicht nur der Fortschrittsgedanke der modernen Wissenschaft fremd,[109] es kommt ihm auch bei der Interpretation der bekannten, durch die Autoritäten gewährleisteten

Wahrheiten viel weniger auf die Originalität der Deutung als auf die Bestätigung und Bekräftigung der Wahrheiten selber an. Das einmal Ermittelte um jeden Preis neu zu entdecken, das Geformte umzuformen, das Wahre umzudeuten, erscheint ihm zweck- und sinnlos. Die höchsten Werte stehen fest und sind in gültige Formen gefaßt; es wäre reiner Übermut, diese Formen unbedingt ändern zu wollen. Der Besitz der Werte ist das Ziel, nicht die Produktivität des Geistes. Es ist dies eine ruhige, in sich gefestigte, in ihrem Glauben robuste Zeit, die an der Gültigkeit ihrer Wahrheitsbegriffe und Sittengesetze nicht irre wird, keinen Zwiespalt des Geistes und keinen Gewissenskonflikt kennt, keinen Drang zum Neuen und keinen Überdruß am Alten empfindet. Sie begünstigt und fördert jedenfalls solche Gedanken und Gefühle nicht.

Die Kirche des Frühmittelalters, die in allen geistigen Fragen die Vollmacht der herrschenden Klasse besaß und als ihre Mandatarin handelte, unterdrückte schon im Keime jeden Zweifel an der unbedingten Geltung der Gebote und der Lehrsätze, die aus der Idee der Gottgewolltheit dieser Welt folgten und die Herrschaft der bestehenden Ordnung garantierten. Die Kultur, in der jede Provinz des Daseins in einer unmittelbaren Beziehung zum Glauben und zu den Heilswahrheiten stand, bedeutete praktisch die Abhängigkeit des ganzen geistigen Lebens der Gesellschaft, ihrer gesamten Wissenschaft und Kunst, ihres ganzen Denkens und Wollens, von der Autorität der Kirche. Das metaphysisch-religiöse Weltbild, in dem alles Irdische auf ein Jenseitiges, alles Menschliche auf ein Göttliches bezogen war, in dem alles und jedes einen jenseitigen Sinn und eine göttliche Absicht zum Ausdruck brachte, benützte die Kirche vor allem dazu, der hierarchischen, im sakramentalen Priestertum verwirklichten Theokratie unbedingte Geltung zu verschaffen. Aus dem Primat des Glaubens vor dem Wissen leitete sie ihr Recht ab, die Richtlinien und Grenzen der Kultur autoritativ und inappellabel festzusetzen. Nur als eine solche „Autoritäts- und Zwangskultur",[110] nur unter dem Drucke von Sanktionen, wie sie die Kirche im Besitze aller Heilanstalten zu verhängen in der Lage war, konnte sich eine so homogene und geschlossene Weltanschauung wie die des Frühmittelalters entwickeln und behaupten. Die engen Grenzen, die der Feudalismus mit der Hilfe der Kirche dem Denken und Wollen der Zeit setzte, erklären den Absolutismus des metaphysischen Systems, das im Gebiet der Philosophie gegen alles Besondere und Individuelle ebenso rücksichtslos war, wie das bestehende Gesellschaftssystem gegen alle Freiheit im eigenen Bereiche, und das im geistigen Kosmos die gleichen Prinzipien der Autorität und der Hierarchie walten ließ, die in den gesellschaftlichen Herrschaftsformen des Zeitalters zum Ausdruck kamen.

Das absolutistische Kulturprogramm der Kirche gelangt zu seiner restlosen Verwirklichung allerdings erst nach dem Ende des 10. Jahrhunderts, als mit der cluniazensischen Bewegung ein neuer Spiritualismus und eine neue geistige Intransigenz sich geltend machen. Der Klerus erzeugt jetzt, in Verfolgung seiner totalitären Ziele, eine apokalyptische Stimmung der Weltflucht und der Todessucht, hält die Gemüter in einer dauernden religiösen Erregung, predigt von dem Weltende und dem Weltgericht, organisiert Pilgerfahrten und Kreuzzüge und exkommuniziert Kaiser und Könige. In diesem autoritären und militanten Geist vollendet die Kirche den Ausbau der mittelalterlichen Kultur, die in ihrer Einheit und Eigenart jetzt erst, um die Wende des Jahrtausends, in Erscheinung tritt.[111] Jetzt entstehen auch die ersten großen romanischen Kirchen, die ersten bedeutenden Schöpfungen der mittelalterlichen Kunst im engeren Sinne des Wortes. Das 11. Jahrhundert ist eine Glanzperiode der kirchlichen Bautätigkeit, so wie es eine Blütezeit der scholastischen Philosophie und in Frankreich der kirchlich inspirierten Heldendichtung ist. Dieser ganze geistige Aufschwung, vor allem das Aufblühen der Architektur, wäre ohne das ungeheuere Anwachsen des Kirchengutes, das jetzt stattfindet, undenkbar. Das Zeitalter der Ordensreformen ist zugleich eine Zeit der großen Schenkungen und Stiftungen zugunsten der Klöster.[112] Es wächst aber nicht nur das Vermögen der Orden, sondern auch das der Bistümer, namentlich in Deutschland, wo die Könige sich an den Kirchenfürsten gegen die rebellischen Vasallen Bundesgenossen zu gewinnen suchen. Dank ihren Zuwendungen entstehen jetzt neben den großen Klosterkirchen die ersten großen Kathedralen. Die Könige haben in dieser Zeit bekanntermaßen keine ständige Residenz und quartieren sich mit ihrem Hoflager bald bei einem Bischof, bald in einer Reichsabtei ein.[113] Mangels einer Haupt- und Residenzstadt üben sie auch keine direkte Bautätigkeit aus, sondern befriedigen ihre Baulust durch die Förderung der bischöflichen Unternehmungen. Darum werden in Deutschland die großen Bischofskirchen dieser Zeit mit Recht als Kaiserdome betrachtet und bezeichnet.

Diese romanischen Kirchen sind, dem Einfluß ihrer Bauherren entsprechend, imposante Machtbauten, der Ausdruck unbeschränkter Gewalt und unbegrenzter Mittel. „Gottesburgen“ hatte man sie genannt, und sie sind tatsächlich groß, fest und massiv, wie die Burgen und Pfalzen des Zeitalters; viel zu groß im Verhältnis zu den Gemeinden selbst. Sie werden aber auch nicht für die Gläubigen, sondern zu Gottes Ehren errichtet, und sie dienen, so wie die Sakralbauten des Alten Orients und wie seither keine Architektur mehr in dem gleichen Maße, der Repräsentation. Die Hagia Sophia hatte zwar ebenfalls ungeheuere Dimensionen, ihre Größe war aber gewissermaßen praktisch begründet, denn sie war die Hauptkirche einer Weltstadt; die romanischen Kirchen stehen dagegen im besten Fall in kleinen und ruhigen Städtchen, – große Städte gibt es ja im Westen überhaupt nicht mehr.

Es wäre naheliegend, nicht nur die Maßstäbe, sondern auch die schweren, breiten, wuchtigen Formen der romanischen Architektur mit der Machtstellung ihrer Erbauer in Zusammenhang zu bringen und sie als den Ausdruck ihrer strengen Klassenherrschaft und ihres starren Kastengeistes zu betrachten. Das würde aber nichts erklären, nur alles verwirren. Will man das Gravitätische der romanischen Kunst, das Lastende und Voluminöse, das Ruhige und Ernste, verstehen, so muß man es mit ihrem „Archaismus“, ihrer Rückkehr zu den einfachen, stilisierten, geometrischen Formen erklären, einer Erscheinung, die mit viel konkreter erfaßbaren Umständen zusammenhängt als der allgemeinen autoritären Einstellung des Zeitalters. Die Kunst der romanischen Stilperiode ist einfacher und homogener, weniger eklektisch und differenziert als die der byzantinischen und der karolingischen Epoche, einerseits weil sie keine Hofkunst mehr ist, und andererseits weil die Städte des Westens seit der Zeit Karls des Großen, vor allem infolge des Eindringens der Araber ins Mittelmeergebiet und der Unterbrechung des Handels zwischen dem Osten und dem Westen, einen weiteren Rückgang erlitten haben. Das heißt mit anderen Worten: die Kunstproduktion ist jetzt weder dem raffinierten und veränderlichen Geschmack des Hofes noch der geistigen Unruhe der Stadt unterworfen. Sie ist wohl in mancher Hinsicht roher und primitiver als die künstlerische Produktion der unmittelbar vorangehenden Zeit, sie schleppt aber auch viel weniger Unverarbeitetes und Unassimiliertes mit sich als die byzantinische und insbesondere die karolingische Kunst. Sie spricht nicht mehr die Sprache einer rezeptiven Bildungsepoche, sondern die einer religiösen Erneuerung.

Wir haben es wieder mit einer sakralen Kunst zu tun, in der das Geistliche und das Säkuläre so gut wie ungeschieden sind und der gegenüber die Zeitgenossen sich des Unterschiedes zwischen dem kirchlichen und dem weltlichen Zweck gar nicht immer bewußt waren. Sie empfanden den Riß zwischen den beiden Sphären jedenfalls weniger scharf als wir, wenn auch freilich von einer restlosen Synthese der Kunst, des Lebens und der Religion, so wie sie der Romantik vorschwebte, in dieser verhältnismäßig späten Epoche keine Rede mehr sein kann. Denn obgleich das christliche Mittelalter viel tiefer und naiver religiös war als die Antike, so war doch der Zusammenhang zwischen dem religiösen und dem sozialen Leben bei den Griechen und Römern noch enger als bei den christlichen Völkern des Mittelalters. Die Antike stand der Vorzeit wenigstens insofern näher, als für sie Staat, Geschlecht und Familie nicht nur soziale Gruppen, sondern zugleich auch Kultverbände und religiöse Wesenheiten bedeuteten. Die Christen des Mittelalters trennten dagegen bereits die natürlichen Formen der Vergesellschaftung und die übernatürlichen religiösen Beziehungen voneinander.[114] Die nachträgliche Vereinigung der beiden Ordnungen in der Idee des Gottesstaates war nie so innig, daß die politischen Gruppen und

Blutsverbände im Volksbewußtsein einen religiösen Charakter gewonnen hätten.

Die sakrale Natur der romanischen Kunst ergab sich also nicht etwa aus dem Umstand, daß das Leben des Zeitalters in allen seinen Äußerungen religiös bedingt gewesen wäre, denn das war es durchaus nicht, sondern aus der Lage, die sich nach der Auflösung der höfischen Gesellschaft, der munizipalen Verwaltungen und der staatlichen Zentralgewalt entwickelt hatte und in der die Kirche so gut wie die einzige Auftraggeberin für Kunstwerke geworden ist. Dazu kam noch, daß die Kunst infolge der restlosen Klerikalisierung der geistigen Kultur nicht mehr als ein Gegenstand des ästhetischen Genusses, sondern als „erweiterter Gottesdienst, Weihgeschenk, Opfergabe" angesehen wurde.[115] In dieser Beziehung wieder stand das Mittelalter den primitiven Verhältnissen näher als die Antike. Damit ist aber durchaus nicht gesagt, daß die künstlerische Formsprache der romanischen Zeit den breiten Massen verständlicher gewesen wäre als die des Altertums oder des früheren Mittelalters. War die Kunst der karolingischen Zeit von dem Geschmack der gebildeten Hofkreise abhängig und als solche dem Volke fremd, so ist die Kunst jetzt der geistige Besitz einer klerikalen Elite, die, wenn sie auch breiter ist, als es die schöngeistige Hofgesellschaft Karls des Großen war, nicht einmal die ganze Geistlichkeit umfaßt. Wenn also die Kunst des Mittelalters ein Medium der kirchlichen Propaganda war, so konnte ihre Aufgabe nur die sein, daß sie die Massen in eine feierliche, im großen und ganzen aber unbestimmte religiöse Stimmung versetzte. Der oft schwierige symbolische Sinn und die raffinierte künstlerische Form der religiösen Darstellungen wurden von den einfachen Gläubigen gewiß nicht begriffen und gewürdigt. Damit, daß die Formen des romanischen Stils sparsamer und einprägsamer waren als die der früheren christlichen Kunst, waren sie noch keineswegs volkstümlicher und naiver als diese. Die Vereinfachung der Formen bedeutete kein Zugeständnis an den Geschmack und die Fassungskraft der Massen, sondern nur eine Wendung zu der Kunstauffassung einer mehr auf ihre Autorität als auf ihre Bildung pochenden Herrenschicht.

Der rhythmische Wechsel der Stile gelangt in der romanischen Kunst – nach dem Geometrismus der frühen und dem Naturalismus der späteren Antike, der Abstraktion des altchristlichen und dem Eklektizismus des karolingischen Zeitalters – wieder in eine Phase der naturfernen Typik und des Formalismus. Die feudale Kultur, die wesentlich antiindividualistisch ist, bevorzugt auch in der Kunst das Allgemeine und Gleichartige und neigt zu einem Weltbild, in dem alles typisch ist, die Physiognomien wie die Draperien, die großen gebärdenreichen Hände wie die winzigen palmenzweigförmigen Bäume und die blechernen Berge. Sowohl diese Typik als auch die Monumentalität der romanischen Kunst kommen am auffallendsten in der Betonung der kubischen Form und der Einordnung der Plastik in die Architektur zum Ausdruck. Die Skulpturen der romanischen Kirchen sind Bauglieder, Pfeiler und Säulen, Teile der Wand- oder der Portalkonstruktion. Der architektonische Rahmen ist für die figuralen Darstellungen konstitutiv. Nicht nur Tier und Blattwerk, auch die menschliche Gestalt erfüllt im Gesamtkunstwerk der Kirche eine ornamentale Funktion; sie biegt und beugt sich, streckt und verkleinert sich, je nach dem Platz, den sie einzunehmen hat. Die dienende Rolle jeder Einzelheit ist so stark betont, daß die Grenze zwischen freier und angewandter Kunst, zwischen Bildnerei und Kunstgewerbe durchaus fließend bleibt.[116] Auch hier liegt der Gedanke des Parallelismus mit den autoritären Herrschaftsformen nahe. Es wäre wieder das Einfachste, den funktionellen Zusammenhang der Elemente eines romanischen Bauwerks und ihre Subordination unter die architektonische Einheit mit dem Autoritätsgeist des Zeitalters in Verbindung zu bringen und auf das Prinzip des Zusammenschlusses zurückzuführen, das die gleichzeitigen Gesellschaftsformen beherrscht und in Kollektivgebilden wie der Universalkirche und dem Mönchtum, der Feudalität und dem Fronhof zum Ausdruck kommt. Eine solche Deutung bliebe aber in einer Äquivokation befangen. Die Skulpturen einer romanischen Kirche sind von der Architektur in einem ganz anderen Sinne „abhängig“, als es die Bauern und Vasallen von den Feudalherren sind.

Der Formrigorismus und die Abstraktion von der Wirklichkeit sind zweifellos die wichtigsten, doch keineswegs die einzigen Stilmerkmale der romanischen Kunst. Denn so wie in der Philosophie des Zeitalters neben der scholastischen Richtung auch eine mystische wirksam ist, so wie im Mönchtum der militante Geist sich mit dem Hang zur *vita contemplativa* verbindet und in der Ordensreformbewegung neben dem strengen Dogmatismus eine wilde, unbändige, ekstatische Religiosität zum Ausdruck kommt, macht sich auch in der Kunst neben dem Formalismus und der abstrakten Typik ein Emotionalismus und Expressionismus geltend. Diese ungebundenere Kunstauffassung wird allerdings erst in der zweiten Hälfte der romanischen Stilperiode erkennbar, das heißt, gleichzeitig mit der Wiederbelebung der Wirtschaft und der Erneuerung des städtischen Lebens im 11. Jahrhundert.[117] Wie bescheiden nun auch an und für sich diese Anfänge sind, sie stellen die ersten Zeichen einer Wendung dar, die den Weg zum Individualismus und Liberalismus der modernen Weltanschauung eröffnet. Äußerlich verändert sich einstweilen nicht viel; die Grundtendenz der Kunst bleibt antinaturalistisch und hieratisch. Und trotzdem, wenn irgendwo ein erster Schritt zur Auflösung der mittelalterlichen Bindungen festzustellen ist, so ist es hier, in diesem überraschend fruchtbaren 11. Jahrhundert, mit seinen neuen Städten und Märkten, seinen neuen Orden und Schulen, den ersten Kreuzzügen und den ersten normannischen Staatsgründungen, den Anfängen der christlichen Monumentalplastik und den Vorformen der gotischen Architektur. Es kann kein Zufall sein, daß dieses bewegte Leben gerade in die Zeit fällt, in der die frühmittelalterliche Eigenbedarfsdeckung nach jahrhundertelanger Stabilität wieder einer Verkehrswirtschaft zu weichen beginnt.

In der Kunst vollzieht sich der Wandel sehr langsam. Die Figuralplastik stellt zwar eine neue, seit dem Untergang der Antike verlernte Kunst dar, ihre Formsprache aber bleibt im wesentlichen an die Konventionen der älteren romanischen Malerei gebunden; und was die Protogotik der normannischen Kirchen des 11. Jahrhunderts betrifft, so gilt sie mit

Recht noch als eine Form der Romanik. Die vertikale Auflösung der Wand und der Expressionismus der Figurendarstellung lassen freilich die Wendung zu einer dynamischeren Auffassung nicht verkennen. Bei den Steigerungen, durch welche der Effekt jetzt erzielt werden will – in der Verschiebung der natürlichen Proportionen, der übermäßigen Vergrößerung der expressiven Teile des Gesichts und des Leibes, vor allem der Augen und der Hände, der Übertreibung der Gebärden, der ostentativen Tiefe der Verbeugung, bei den in die Höhe geschleuderten Armen und den tänzerisch gekreuzten Beinen – handelt es sich nicht mehr bloß um jene Erscheinung, die, wie behauptet wurde, in jeder primitiven Kunst vorhanden ist und lediglich darin besteht, daß „die Körperteile, durch deren Bewegung Wille und Empfindung sich am deutlichsten kundgeben, stärker und größer gebildet sind“ [118] Wir haben es hier vielmehr mit einem ausgesprochenen Bewegungsexpressionismus zu tun.[119] Das Ungestüm, mit dem die Kunst sich jetzt auf diesen Ausdrucksstil wirft, gewinnt sein Feuer von dem Spiritualismus und dem Aktivismus der cluniazensischen Bewegung. Die Dynamik des „spätromanischen Barocks“ verhält sich zu Cluny und der Ordensreformbewegung wie die Pathetik des 17. Jahrhunderts zu den Jesuiten und der Gegenreformation. In der Plastik wie in der Malerei, in den Skulpturen von Autun und Vézelay, Moissac und Souillac wie in den Evangelistenbildern des Amienser und des Ottoevangeliars, kommt der gleiche asketische Reformgeist, die gleiche apokalyptische Weltgerichtsstimmung zum Ausdruck. Die schlanken, zerbrechlichen, von der Glut ihres Glaubens verzehrten Gestalten der Propheten und der Apostel, die auf den Tympanons der Kirchen Christus umgeben, die Geretteten und Seligen, die Engel und Heiligen der Jüngsten Gerichte und der Himmelfahrten sind lauter vergeistigte Asketen, die sich die Schöpfer dieser Kunst, die frommen Mönche der Klöster, als Idealbilder vor die Augen stellen.

Schon die szenischen Darstellungen der späteren romanischen Kunst sind oft die Ausgeburten einer wilden Traumphantasie, in den ornamentalen Kompositionen aber, wie zum

Beispiel in dem Bestienpfeiler der Abteikirche von Souillac, steigert sich diese Phantastik zu der Abstrusität eines Fiebertraumes. Menschen, Tiere, Fabelwesen, Ungeheuer vereinigen sich zu einem einzigen Strom wuchernden Lebens, einem chaotischen Gewimmel von Tier- und Menschenleibern, das in mancher Hinsicht an das Liniengewirr der irischen Miniaturen erinnert, und zeigt, daß die Tradition dieser alten Kunst noch immer nicht erloschen ist, zeigt allerdings auch, was sich seit ihrer Blüte alles verändert hat, wie vor allem der starre Geometrismus des Frühmittelalters durch den Dynamismus des 11. Jahrhunderts in Fluß gebracht wurde.

Jetzt erst steht das, was wir unter christlicher und mittelalterlicher Kunst verstehen, fix und fertig da. Jetzt erst ist der transzendente Sinn der bildlichen Darstellungen vollständig. Erscheinungen wie die übermäßige Länge oder die krampfhaften Gebärden der Figuren können rationell gar nicht mehr erklärt werden, im Gegensatz zu den unnatürlichen Proportionen in der altchristlichen Kunst, die sich aus der geistigen Hierarchie der Gestalten mit einer gewissen Logik ergeben hatten. Dort, in der christlichen Antike, kam es durch das Auftauchen einer transzendenten Welt zur Deformation der natürlichen Wirklichkeit, die Geltung der Naturgesetze blieb aber im Grunde bestehen; hier dagegen werden diese Gesetze völlig außer Kraft gesetzt, und es hört mit ihnen auch die Herrschaft der antiken Schönheitsbegriffe auf. In der altchristlichen Kunst bewegten sich die Abweichungen von der Erfahrungswirklichkeit immer noch in den Grenzen des biologisch Möglichen und des formal Richtigen; jetzt sind diese Abweichungen mit den antiken Wahrheits- und Schönheitskriterien durchaus unvereinbar geworden und es hat schließlich „jeder plastische Eigenwert der Gestalten aufgehört“.[120] Die transzendente Bezogenheit der Darstellungen ist nunmehr so vorherrschend, daß die einzelnen Formen überhaupt keinen immanenten Wert mehr haben; sie sind nur noch Symbol und Zeichen. Und sie drücken die transzendente Welt nicht mehr nur mit negativen Mitteln aus, das heißt, sie deuten auf die übernatürliche Wirklichkeit nicht nur damit hin, daß sie in der natürlichen Risse klaffen lassen und ihre Ordnung negieren;

sie schildern das Irrationale und Überweltliche in einer durchaus positiven und direkten Weise. Vergleicht man die schwerelosen, ekstatisch verkrampften Figuren dieser Kunst mit den robusten, ebenmäßig geformten Heroengestalten der klassischen Antike, in der Art etwa, wie der Petrus in Moissac mit dem Doryphoros verglichen worden ist,[121] so tritt die Eigenart der mittelalterlichen Kunstauffassung am klarsten hervor. Der Klassik gegenüber, die sich ausschließlich auf das Körperlich-Schöne, Sinnlich-Lebendige und Formal-Regelmäßige beschränkt und jeden Hinweis auf das Psychische und Geistige vermeidet, erscheint der romanische Stil als eine Kunst, der es einzig und allein um den seelischen Ausdruck zu tun ist und deren Gesetze sich nicht nach der Logik der sinnlichen Erfahrung, sondern nach der der inneren Vision richten. In diesem visionären Zug ist die Wesenart der spätromanischen Kunst, vor allem die Erklärung der schattenhaften Gestrecktheit, der gezwungenen Haltung, der marionettenhaften Beweglichkeit ihrer Gestalten, am bündigsten enthalten.

Die Lust der romanischen Kunst an der Illustration wächst beständig; am Ende ist sie ebenso stark wie ihr dekoratives Interesse. Die geistige Unruhe äußert sich auch in der fortwährenden Erweiterung des Bilderkreises und führt zu der Eroberung des ganzen Inhalts der Heiligen Schrift. Die neuen Motive, namentlich die des Jüngsten Tages und der Passion, sind für die Eigenart des Zeitalters ebenso bezeichnend wie der Stil ihrer Behandlung. Das Hauptthema der spätromanischen Plastik ist das Weltgericht. Es ist der Gegenstand, den sie für die Bogenfelder der Kirchenportale mit besonderer Vorliebe wählt. Eine Ausgeburt der millenarischen Weltuntergangspsychose, ist es zugleich der stärkste Ausdruck der Autorität der Kirche. Es wird hier über die Menschheit Gericht gehalten, und sie wird, je nach der Anklage oder der Fürsprache der Kirche, verurteilt oder freigesprochen. Die Kunst konnte zur Einschüchterung der Geister kein wirkungsvolleres Mittel ersinnen als dieses Bild des endlosen Schreckens und der ewigen Seligkeit. Die Beliebtheit des anderen großen Gegenstandes der romanischen Kunst, der Passion, bedeutet eine Wendung zum Emotionalismus, wenn auch die Behandlung sich zumeist noch in den Grenzen des alten unsentimentalen, feierlich repräsentativen Stils bewegt. Die Passionsbilder der Romanik stehen zwischen der früheren Abneigung gegen die Darstellung des leidenden und erniedrigten Gottes und dem späteren Wühlen in den Wunden des Heilands in der Mitte. Für die alten, noch im Geiste der Antike erzogenen Christen hatte die Vorstellung des am Kreuze der Verbrecher sterbenden Erlösers immer etwas Peinliches. Die karolingische Kunst akzeptiert zwar das Kreuzigungsbild des Orients, sträubt sich aber dagegen, einen gequälten und gedemütigten Christus zu zeigen; für den Herrengeist des Zeitalters sind göttliche Hoheit und körperliche Pein unvereinbar. Auch auf den romanischen Passionsbildern hängt der Gekreuzigte zumeist gar nicht, sondern steht noch am Kreuze und wird in der Regel mit offenen Augen, nicht selten mit einer Krone und oft noch bekleidet dargestellt.[122] Die aristokratische Gesellschaft dieser Zeit mußte ihren auch sozial, nicht nur religiös bedingten Widerwillen gegen die Darstellung des Nackten besiegen, ehe sie sich an den Anblick des unbekleideten Christus gewöhnen konnte. Die mittelalterliche Kunst vermeidet aber auch später noch, nackte Körper zu zeigen, wo der Gegenstand es nicht unbedingt erfordert.[123] Dem heroisierten königlichen Christus, der auch am Kreuze noch als der Sieger über alles Irdische und Vergängliche erscheint, entspricht sinngemäß ein Madonnenbild, das statt der mit ihrer Liebe und ihrem Schmerz dargestellten Gottesmutter, wie wir sie seit der Gotik zu sehen gewohnt sind, eine über alles Menschliche erhabene himmlische Königin zeigt.

Die Lust, mit der sich die spätere romanische Kunst in die Illustration eines epischen Stoffes vertiefen kann, äußert sich am unmittelbarsten in der *Tapisserie von Bayeux*, einem Werk, das, trotz seiner Bestimmung für eine Kirche, eine von der kirchlichen Kunst verschiedene Kunstauffassung zum Ausdruck bringt. Es erzählt die Eroberung von England durch die Normannen in einem merkwürdig flüssigen Stil, mit vielen abwechslungsvollen Episoden und mit einer auffallenden Liebe für das genrehafte Detail. Es kommt in ihm eine die zyklische

Komposition der gotischen Kunst gewissermaßen vorwegnehmende extensive Vortragsweise zur Geltung, die den Einheitsprinzipien der romanischen Kunstauffassung scharf entgegengesetzt ist. Wir haben es hier offenbar nicht mit einem Werk der Klosterkunst, sondern mit dem Produkt einer von der Kirche mehr oder weniger unabhängigen Werkstatt zu tun. Die Tradition, die die Stickerei der Königin Mathilde zuschreibt, beruht zweifellos auf einer Legende, denn das Werk ist augenscheinlich von erfahrenen, berufsmäßig geübten Künstlern gearbeitet worden; die Legende aber weist wenigstens auf die weltliche Herkunft der Arbeit hin. Aus keinem anderen Denkmal der romanischen Kunst gewinnt man einen so umfassenden Begriff von den Mitteln, über die die profane Kunst des Zeitalters verfügt haben mag, wie aus diesem Werk. Es läßt den Verlust ähnlicher Werke auf deren Bewahrung offenbar weniger Sorgfalt verwendet wurde als auf die der kirchlichen Kunst, doppelt bedauern. Wir wissen nicht, welchen Umfang die profane Kunstproduktion gewonnen hat; der kirchlichen wird sie nicht einmal in die Nähe gekommen sein, sie war aber, wenigstens in der spätromanischen Zeit, der auch der Wandteppich von Bayeux angehört, jedenfalls bedeutender als man nach den wenigen erhaltenen Denkmälern annehmen sollte.

Wie schwierig es eigentlich ist, auf Grund dessen, was wir besitzen, von der weltlichen Kunst dieser Epoche zu sprechen, zeigt am besten das Porträt, das sich sozusagen unentschieden zwischen sakraler und profaner Kunst in der Mitte bewegt. Für das individualisierende, die persönlichen Charakterzüge des Modells betonende Bildnis hat man noch kein Verständnis. Das romanische Porträt ist nichts als ein Teil des Repräsentationsbildes oder des Denkmals; es tritt uns entweder auf den Dedikationsbildern der Bibelmanuskripte oder auf den Grabdenkmälern der Kirchen entgegen. Das Dedikationsbild, das außer dem Besteller oder dem Anreger der Abschrift oft auch den Schreiber und den Maler darstellt,[124] eröffnet aber, trotz seiner Feierlichkeit, den Weg zu einer sehr persönlichen, wenn auch vorläufig noch ganz typisch behandelten Gattung: dem Selbstbildnis. Noch zugespitzter ist der innere Gegensatz in der Porträtplastik der Grabdenkmäler. In der altchristlichen Sepulkralkunst trat die Person des Toten entweder überhaupt nicht hervor oder sie erschien in sehr zurückhaltender Form; auf den Grabmälern der romanischen Zeit wird sie nun zum Hauptgegenstand der Darstellung.[125] Die in den Kategorien des Standes denkende Gesellschaft des Feudalismus sträubt sich noch gegen die Betonung der individuellen Züge der Persönlichkeit, begünstigt aber bereits die Idee des persönlichen Denkmals.

## 8. DIE HÖFISCH-RITTERLICHE ROMANTIK

Mit der Entstehung der Gotik vollzieht sich der tiefste Wandel in der Geschichte der neueren Kunst. Das auch heute noch gültige Stilideal mit seinen Prinzipien der Naturtreue und der Gefühlstiefe, der Sinnlichkeit und der Sensibilität hat hier seinen Ursprung. Die Kunst des früheren Mittelalters wirkt neben dieser Empfindungs- und Ausdrucksweise nicht nur steif und befangen – auch die Gotik wirkt so, wenn man sie mit der Renaissance vergleicht –, sie erscheint auch roh und reizlos. Erst die Gotik bringt wieder Kunstwerke hervor, deren Gestalten normale Proportionen haben, sich natürlich bewegen und im eigentlichen Sinne des Wortes „schön" sind. Auch diese lassen uns freilich keinen Augenblick vergessen, daß wir es noch immer mit einer längst nicht mehr aktuellen Kunst zu tun haben, sie bilden aber, wenigstens teilweise, bereits den Gegenstand eines unmittelbaren, nicht bloß bildungs- und gesinnungsmäßig bedingten Wohlgefallens. – Wie kam es nun zu diesem radikalen Stilwandel? Wie entstand die neue, unserem heutigen Empfinden so naheliegende Kunstauffassung? An was für seinsmäßige Veränderungen, wirtschaftliche und gesellschaftliche, knüpfte der neue Stil an? Das Aufdecken einer plötzlichen Wendung dürfen wir von der Antwort auf diese Fragen nicht erwarten, denn wie verschieden auch das Zeitalter der Gotik im ganzen von dem früheren Mittelalter ist, im Anfang erscheint es als die bloße Fortsetzung und Vollendung jener Übergangsepoche, die im 11. Jahrhundert das Wirtschafts- und Gesellschaftssystem des Feudalismus und die

Statik der romanischen Kunst und Kultur erschüttert hat. Auf diese Zeit gehen vor allem die Anfänge der Geld- und Verkehrswirtschaft und die ersten Zeichen einer Wiedergeburt des städtischen, Handwerk und Handel treibenden Bürgertums zurück.

Wenn man den Blick auf diese Veränderungen richtet, so gewinnt man den Eindruck, als ob sich hier die vom Altertum her bekannte, die Kultur der griechischen Handelsstädte vorbereitende wirtschaftliche Revolution wiederholen würde. Das neu entstehende Abendland scheint der stadtwirtschaftlichen Antike jedenfalls ähnlicher zu sein als der frühmittelalterlichen Welt. Der Schwerpunkt des Lebens verschiebt sich abermals, wie seinerzeit im Altertum, vom platten Lande zur Stadt; von hier gehen wieder alle Anregungen aus und hier laufen wieder alle Wege zusammen. Denn wenn bisher die Klöster die Stationen waren, nach welchen man seinen Reiseplan einrichtete, so sind es nun wieder die Städte, wo man sich trifft und mit der Welt in Berührung kommt. Diese unterscheiden sich allerdings von den Poleis der Antike vor allem darin, daß die letzteren hauptsächlich Verwaltungsmittelpunkte waren, die Städte des Mittelalters hingegen fast ausschließlich Zentren des Güteraustausches sind, in welchen die Dynamisierung des Lebens sich noch schneller und durchgreifender vollzieht als es in den antiken Stadtgemeinden der Fall war.

Die Frage nach dem unmittelbaren Ursprung dieses neuen städtischen Lebens, namentlich danach, was früher da war, die erhöhte gewerbliche Produktion und die ausgedehntere Tätigkeit der Händler oder der größere Vorrat an Geldmitteln und der Zug nach der Stadt, ist schwer zu beantworten. Es ist ebensogut möglich, daß der Markt sich erweiterte, weil die Kaufkraft der Bevölkerung gestiegen war und das Aufblühen des Handwerks durch die erhöhte Grundrente ermöglicht wurde,[126] als daß die Grundrente erst infolge der neuen Märkte, des neuen und gesteigerten Bedarfs der Städte sich vergrößerte. Wie sich aber auch die Entwicklung im einzelnen vollziehen mochte, kulturgeschichtlich entscheidend ist die Entstehung der neuen Berufsstände, des Handwerker- und des Kaufmannsstandes.[127] Es gab wohl auch früher schon Handwerker und Händler, und ein eigenes Handwerk finden wir nicht nur auf den Bauern- und Herrenhöfen, in den klösterlichen Gutsbetrieben und den bischöflichen Hauswerkstätten, mit einem Wort, nicht nur im Rahmen der geschlossenen Hauswirtschaften, ein Teil der ländlichen Bevölkerung erzeugte handwerkliche Artikel schon sehr früh für den freien Markt. Dieses bäuerliche Kleingewerbe bildete jedoch keine regelmäßige Produktion und wurde meistens nur dann ausgeübt, wenn der Grundbesitz zum Unterhalt einer Familie nicht mehr ausreichte.[128] Was aber den Güteraustausch anlangt, so bestand dieser in einem bloßen Gelegenheitshandel. Die Leute kauften und verkauften je nach Bedarf und Gelegenheit, berufsmäßige Händler aber gab es nicht, oder doch nur vereinzelt und nur im Fernverkehr; es gab jedenfalls keine geschlossene Gruppe, die man als Kaufmannsstand bezeichnen könnte. Der Verkauf der Güter wurde gewöhnlich von den Erzeugern selber besorgt. Vom 12. Jahrhundert an gibt es dann aber neben den Urproduzenten nicht nur eine selbständige, sondern auch eine regelmäßig arbeitende städtische Handwerkerschaft und eine spezialisierte, sich zu einem eigenen Berufsstand zusammenschließende Kaufmannschaft.

„Stadtwirtschaft" bedeutet, im Sinne der Bücherschen Wirtschaftsstufen, im Gegensatz zur früheren Eigenbedarfsdeckung, „Kundenproduktion", das heißt die Herstellung von Gütern, die nicht in der Wirtschaft verbraucht werden, in der sie erzeugt worden sind. Sie unterscheidet sich von der nächsten Stufe, der „Volkswirtschaft", darin, daß der Warenumsatz noch immer in der Form des „direkten Austausches" vor sich geht, das heißt, daß die Güter aus der produzierenden Wirtschaft zumeist unmittelbar in die konsumierende übergehen und daß in der Regel keine Produktion auf Vorrat und für den freien Markt, sondern nur eine auf direkte Bestellung und für bestimmte, dem Hersteller bekannte Abnehmer stattfindet. Wir stehen hier bereits der ersten Etappe der Entfernung der Produktion von dem unmittelbaren Verbrauch gegenüber, sind aber noch weit entfernt von jener vollkommenen Abstraktheit der Warenerzeugung, bei der die Güter zumeist eine ganze Reihe von Händen passieren müssen, bevor sie zum

Verbraucher gelangen. Dieser grundsätzliche Unterschied zwischen der mittelalterlichen „Stadtwirtschaft" und der neuzeitlichen „Volkswirtschaft" besteht auch dann, wenn wir den Bücherschen „Idealtypus" der Stadtwirtschaft dem wirklichen historischen Sachverhalt näherbringen und statt einer reinen Kundenproduktion, die es wohl auch im Mittelalter nicht gegeben hat, zwischen Handwerker und Verbraucher bloß ein unmittelbareres Verhältnis annehmen, als das neuzeitliche ist, und im Auge behalten, daß der Produzent noch nicht wie später dem völlig unbekannten und unbestimmten Markt gegenüberstand. Die Eigenart der „städtischen" Produktionsweise wirkt sich selbstverständlich auch in der Kunst aus und bringt einerseits, im Gegensatz zur romanischen Stilperiode, eine größere Unabhängigkeit des Künstlers mit sich, läßt aber andererseits, im Unterschied von der neuzeitlichen Entwicklung, den verkannten, dem Publikum entfremdeten, im Vakuum der Unzeitgemäßheit schaffenden Künstler nicht aufkommen.

Das „Kapitalrisiko", das den eigentlichen Unterschied zwischen der Produktion auf Bestellung und der auf Vorrat ausmacht, trägt der Händler noch fast allein, er ist von den Chancen des unberechenbaren Marktes jedenfalls am meisten abhängig. Er repräsentiert den Geist der Geldwirtschaft in seiner reinsten Form und stellt den progressivsten Typus der neuen, auf Profit und Erwerb gerichteten Gesellschaft dar. Ihm ist es vor allem zuzuschreiben, wenn neben dem Grundbesitz, der bisher einzig maßgebenden Form des Vermögens, eine neue Art von Reichtum, das mobile Erwerbskapital, sich ausbildet. Der Edelmetallvorrat wurde bisher fast nur in der Form von Gebrauchsgegenständen, namentlich goldenen und silbernen Bechern und Tellern, thesauriert. Das wenige gemünzte Geld, das vorhanden war und sich zumeist im Besitze der Kirche befand, zirkulierte nicht; an seine Fruktifizierung wurde überhaupt nicht gedacht. Die Klöster, die die Wegbereiter des rationalen Wirtschaftens waren, verliehen zwar Geld gegen Wucherzinsen,[129] das waren aber nur Gelegenheitsgeschäfte; das Finanzkapital, insofern man von einem solchen im Frühmittelalter sprechen kann, war unfruchtbar. Erst der Handel bringt das träge, tote Kapital wieder in Bewegung. Das Geld wird durch ihn nicht nur zum allgemeinen Tausch- und Zahlungsmittel, nicht nur zur beliebtesten Form der Vermögensbildung, es fängt auch wieder an zu „arbeiten", wird wieder produktiv, einerseits indem es zur Anschaffung von Rohstoffen und Werkzeugen dient und die spekulative Aufstapelung von Waren ermöglicht, andererseits indem es das Substrat von Kreditgeschäften und bankmäßigen Transaktionen bildet. Damit aber treten auch die ersten charakteristischen Züge der kapitalistischen Weltanschauung hervor.[130] Mit der Mobilisierung des Vermögens, mit seiner leichteren Vertauschbarkeit, Übertragbarkeit und Akkumulierbarkeit, machen sich die Individuen von den naturalen und sozialen Abhängigkeiten, in welche sie hineingeboren werden, freier; sie steigen aus der einen Gesellschaftsklasse in die andere leichter empor und fühlen zur Geltendmachung ihrer persönlichen Eigenart mehr Lust und Mut als vorher. Das Geld, das die Werte meßbar, vertauschbar und abstrahierbar macht, den Besitz entpersönlicht und neutralisiert, macht auch die Zugehörigkeit der Individuen zu den verschiedenen sozialen Gruppen von dem abstrakten, unpersönlichen Moment ihrer stets veränderlichen Kapitalskraft abhängig und hebt damit die kastenmäßig starre Abgrenzung der Stände grundsätzlich auf. Das sich nach dem Geldbesitz richtende gesellschaftliche Prestige ist im allgemeinen mit der Nivellierung der Wirtschaftssubjekte verbunden, da jedoch die Erwerbung dieses Besitzes von höchst persönlichen Fähigkeiten, von Intelligenz, Witterung, Realitätssinn und Kombinationsvermögen, nicht aber von Geburt, Stand und Vorrechten abhängt, gewinnt das Individuum an selbstverdienter Geltung, was es als Vertreter einer sozialen Schicht verloren hat. Nur sind es jetzt die verstandesmäßigen, nicht die irrationalen und blutsmäßigen Eigenschaften, die ihm Ansehen verschaffen.

Die Geldwirtschaft der Städte bedroht das ganze feudale Wirtschaftssystem mit dem Untergang. Der Fronhof war, wie wir wissen, eine Wirtschaft ohne Märkte, die sich infolge der Unverkäuflichkeit ihrer Erzeugnisse auf Eigenbedarfsdeckung beschränkte. Sobald sich aber für überschüssige Produkte eine Verwertungsmöglichkeit fand, belebte sich die unergiebige, unambitionierte, traditionalistisch betriebene Wirtschaft wieder. Man schritt zu intensiveren und rationelleren Produktionsmethoden und wandte alles auf, um mehr zu erzeugen, als man verbrauchte. Da aber der Anteil der Grundherren an dem Ertrag ihrer Güter durch Tradition und Sitte mehr oder weniger streng begrenzt war, kam der erzielte Überschuß zunächst den Bauern zugute. Der Geldbedarf der Herren vergrößerte sich indessen von Tag zu Tag, und zwar nicht nur infolge des Steigens der Preise, das mit der Entwicklung des Handels an und für sich verbunden war, sondern auch infolge des verführerischen Angebots von immer neueren und kostbareren Artikeln. Die Ansprüche sind seit dem Ende des 11. Jahrhunderts maßlos gewachsen, der Geschmack hat sich in Dingen der Kleidung, Rüstung, Wohnung ungemein verfeinert, man begnügt sich jetzt nicht mehr mit schmucklos nützlichen und anspruchslosen Sachen, man will an jedem Gebrauchsobjekt einen Wertgegenstand besitzen. Bei dem stationären Einkommen des grundbesitzenden Adels müssen diese Verhältnisse zu einer wirtschaftlichen Bedrängnis führen, aus der sich zunächst als einziger Ausweg die Kolonisierung der bisher unbebauten Teile der Besitzungen eröffnet. Die Grundherren trachten nun, die verfügbaren, unter anderen auch die durch die Flucht der Bauern frei gewordenen Grundstücke vor allem zu verpachten und die früheren Naturaldienste in Geldabgaben zu verwandeln. Denn einerseits brauchen sie hauptsächlich Geld, andererseits wird es ihnen auch allmählich klar, daß das Bewirtschaften der Güter durch Leibeigene in dieser Zeit des beginnenden Rationalismus oft nicht mehr rentabel ist. Sie kommen immer mehr zur Einsicht, daß der freie Arbeiter viel mehr leistet als der unfreie und daß die Leute lieber größere, aber von vornherein begrenzte Lasten auf sich nehmen als unbestimmte, wenn auch an und für sich geringere.[131] Sie verstehen es übrigens sehr gut, aus der kritischen Lage soviel Nutzen wie nur möglich herauszuschlagen: sie gewinnen durch die Bauernbefreiungen nicht nur Pächter, die leistungsfähiger sind als die Leibeigenen waren, sie streichen auch noch beträchtliche Summen für die erwiesene Gunst ein. Oft ist ihnen aber auch damit nicht geholfen, und sie müssen, um mit der Zeit Schritt zu halten, Darlehen auf Darlehen aufnehmen und zu guter Letzt teilweise ihre Güter selbst an die kauflustigen und zahlungskräftigen Bürger veräußern.

Das Bürgertum will durch den Erwerb dieser Güter vor allem seine noch fragwürdige soziale Stellung festigen; der Grundbesitz soll ihm als Brücke dienen zu den höheren Schichten der Gesellschaft. Denn in dieser Zeit ist der von dem Boden abgefallene Händler oder Handwerker eine an und für sich problematische Erscheinung. Er steht zwischen dem Adel und dem Bauerntum irgendwo in der Mitte, ist einerseits frei, wie nur noch der Edelmann, andererseits aber von plebejischer Herkunft, wie der letzte Fronbauer. Ja, er steht trotz seiner Freiheit gewissermaßen unter dem Bauern und gilt, im Gegensatz zu diesem, als ein Entwurzelter und Deklassierter.[132] Er lebt in einem Zeitalter, in dem die persönliche Beziehung zum Boden die einzige vollwertige Legitimation ist, auf einem Grundstück, das ihm nicht gehört, das er nicht bebaut und das er zu verlassen jederzeit bereit ist. Er genießt wohl Privilegien, wie sie bisher nur dem grundbesitzenden Adel zuteil geworden sind, er muß sie sich aber um Geld erkaufen. Er lebt in materieller Unabhängigkeit, zuweilen in größerem Wohlstand als ein Teil des Adels, er versteht es aber nicht, seinen Reichtum nach den Regeln der aristokratischen Lebensführung zu verwenden; er ist ein Parvenu. Verachtet und beneidet von beiden, sowohl von dem Adel als auch der Bauernschaft, dauert es lange, bis es ihm gelingt, sich aus dieser bedenklichen Lage herauszuarbeiten. Erst im 13. Jahrhundert gilt das städtische Bürgertum als ein wenn auch noch nicht ganz respektabler, so doch in keiner Weise mehr negligierbarer Stand. Von diesem Zeitpunkt an steht es, als jener *tiers état*, der den Lauf der neueren Geschichte bestimmen und dem Abendland sein eigenes Gepräge geben wird, im Vordergrund des sozialen Geschehens. Seit der Konstituierung des Bürgertums als Klasse bis zum Ende des *ancien régime* verändert sich dann nicht mehr viel an der Struktur der abendländischen Gesellschaft,[133] alles verändert sich aber in diesem Zeitraum durch das Bürgertum.

Die unmittelbare Folge der Entstehung der Stadt- und Verkehrswirtschaft ist die Tendenz zur Nivellierung der alten sozialen Unterschiede; das Geld führt jedoch neue Gegensätze herbei. Zuerst dient es als Brücke zwischen den geburtsrechtlich getrennten Ständen, dann wird es aber selbst zu einem Mittel der sozialen Differenzierung und führt zu der klassenmäßigen Spaltung auch des anfänglich noch einheitlichen Bürgertums. Die Klassengegensätze, die so entstehen, überlagern, kreuzen oder verschärfen die alten Standesunterschiede. Alle Leute gleichen Berufes oder gleichen Vermögensstandes, also einerseits die Ritter, die Kleriker, die Bauern, die Händler und Handwerker, andererseits die reicheren und die ärmeren Kaufleute, die Besitzer der großen und der kleinen Betriebe, die selbständigen Meister und die von ihnen abhängigen Gesellen, gelten jetzt untereinander als gleichwertig und ebenbürtig, einander gegenüber erweisen sie sich jedoch als unerbittliche Gegner. Und diese Klassengegensätze werden allmählich stärker empfunden als die früheren Standesunterschiede. Am Ende befindet sich die ganze Gesellschaft in Gärung; die vormaligen Grenzen werden fließend, die neuen sind scharf, verschieben sich jedoch beständig. Zwischen den Adel und das unfreie Bauerntum hat sich ein neuer Stand eingeschoben und erhält von beiden Seiten Zuzug. Der Einschnitt zwischen frei und unfrei hat seine frühere Tiefe verloren; die Leibeigenen haben sich teilweise in Pächter verwandelt, teilweise sind sie in die Stadt geflohen und freie Lohnarbeiter geworden. Sie kommen zum erstenmal in die Lage, über sich frei zu verfügen und Arbeitsverträge abzuschließen.[134] Die Einführung von Barlöhnen an Stelle der früheren Naturalversorgung bringt neue, bisher geradezu unvorstellbare Freiheiten mit sich. Abgesehen davon, daß der Arbeiter jetzt seinen Lohn nach Belieben verwenden kann, ein Vorzug, der sein Selbstgefühl an und für sich erhöhen muß, kann er sich auch leichter als bisher freie Zeit verschaffen und vermag seine Muße so wie es ihm beliebt zu verbringen.[135] Die Folgen sind in kultureller Hinsicht unabsehbar, wenn auch der direkte Einfluß der plebejischen Elemente auf die Kultur nur allmählich und nicht auf allen Gebieten gleichmäßig zur Geltung kommt. Von gewissen literarischen Gattungen, wie zum Beispiel dem *fabliau*, abgesehen, wendet sich die Dichtung noch ausschließlich an die höheren Schichten. Es gibt zwar Dichter bürgerlicher Herkunft auch an den Höfen gerade genug, sie sind aber zumeist nur das Sprachrohr des Rittertums und die Vertreter der aristokratischen Geschmacksrichtung. Als Besteller und Käufer von Werken der bildenden Kunst kommt der einzelne Bürger noch kaum in Betracht, die Produktion dieser Werke liegt jedoch fast zur Gänze in der Hand bürgerlicher Künstler und Handwerker, und korporativ – als Stadtgemeinde – übt das Bürgertum auch als Publikum einen bedeutenden Einfluß aus auf die Kunst, namentlich auf die Gestaltung der Kirchen und der städtischen Repräsentationsbauten.

Die Kunst der gotischen Kathedralen ist eine städtische und bürgerliche Kunst; städtisch und bürgerlich im Gegensatz zur Romanik, die eine Kloster- und Adelskunst war; städtisch und bürgerlich auch in dem Sinne, daß bei den großen Kathedralbauten die Laien eine immer größere Rolle spielen und der künstlerische Einfluß des Klerus sich dementsprechend verringert;[136] städtisch und bürgerlich schließlich, weil diese Kirchenbauten ohne den Reichtum der Städte undenkbar sind und weil sie kein Kirchenfürst mehr aus dem Eigenen bestreiten könnte. Aber nicht nur die Kunst der Kathedralen verrät die Spuren der bürgerlichen Weltanschauung, die ganze ritterliche Kultur ist gewissermaßen ein Ausgleich zwischen dem alten feudalistisch-hierarchischen Lebensgefühl und der neuen bürgerlich-liberalen Einstellung. Der Einfluß des Bürgertums kommt am auffallendsten in der Säkularisierung der Kultur zum Ausdruck. Die Kunst ist nicht mehr die Geheimsprache einer dünnen Schicht von Initiierten, sondern eine fast allgemeinverständliche Ausdrucksweise. Das Christentum selber ist keine bloße Klerikerreligion mehr, sondern entwickelt sich immer entschiedener zu einer Volksreligion. Statt der rituellen und dogmatischen Elemente tritt sein moralischer Inhalt in den Vordergrund.[137] Die Religion wird humanisiert und emotionalisiert; und auch in der Duldsamkeit gegenüber dem „edlen Heiden" – einer Erscheinung, die zu den wenigen greifbaren Wirkungen der Kreuzzüge gehört – äußert sich nur die neue, ungebundenere, aber innigere Religiosität des Zeitalters. Die Mystik, die Bettelordensbewegung und die Häresien des 12. Jahrhunderts sind lauter Symptome der gleichen Entwicklung.

Die Verweltlichung der Kultur ist in erster Reihe von der Stadt als Handelsmittelpunkt abhängig. Es geht hier, wo die Leute von weit und breit zusammenkommen, wo die Händler aus fernen Landschaften und oft aus fernen Ländern ihre Waren und zweifellos auch ihre Ideen austauschen, eine geistige Wechselwirkung vor sich, wie sie dem ganzen früheren Mittelalter unbekannt gewesen sein muß. Mit dem internationalen Verkehr belebt sich auch der Kunsthandel.[138] Bisher vollzog sich der Besitzwechsel von Kunstwerken, vor allem von illuminierten Manuskripten und kunstgewerblichen Produkten, in der Form von gelegentlichen Schenkungen und in Ausführung einzelner direkter Bestellungen. Zuweilen wanderten Kunstgegenstände auch auf dem Wege der einfachen Entwendung aus einem Land in das andere. So überführte zum Beispiel Karl der Große Säulen und andere Teile von fertigen Bauten in Ravenna nach Aachen. Seit dem 12. Jahrhundert setzt nun aber ein mehr oder weniger regelmäßiger Kunsthandel zwischen dem Osten und dem Westen, dem Süden und dem Norden ein, wobei sich das nördliche Abendland fast gänzlich auf den Import beschränkt. In allen Bezirken des Lebens ist statt des alten Partikularismus ein Universalismus, ein internationaler, weltbürgerlicher Zug zu beobachten. Im Gegensatz zur Stabilität des Frühmittelalters befindet sich ein großer Teil der Bevölkerung in beständiger Bewegung: die Ritter unternehmen Kreuzzüge, die Gläubigen Pilgerfahrten, die Händler ziehen von einer Stadt zur anderen, die Bauern verlassen ihre Scholle, die Handwerker und Künstler wandern von Bauhütte zu Bauhütte, die Lehrer und Scholaren von Universität zu Universität, und unter den Vaganten entsteht sogar schon so etwas wie eine Landstreicherromantik.

Abgesehen nun davon, daß der Verkehr zwischen Leuten mit verschiedenen Traditionen und Konventionen die Abschwächung der beiderseitigen Glaubensüberlieferungen und Denkgewohnheiten mit sich zu bringen pflegt, war auch die Bildung, die für einen Handelsmann Wert hatte, so geartet, daß sie zu der allmählichen Emanzipation von der geistigen Vormundschaft der Kirche führen mußte. Die Kenntnisse, die die Ausübung des Handels voraussetzte, das Schreiben, Lesen und Rechnen, wurden zwar, wenigstens im Anfang, von Klerikern vermittelt, hatten aber mit Klerikerbildung, mit lateinischer Grammatik und Rhetorik, nichts zu tun. Der Fernhandel erforderte wohl gewisse Sprachkenntnisse, doch keine Kenntnisse in Latein. Die Folge war, daß die Vulgärsprache in die Lateinschulen, die im 12. Jahrhundert bereits in jeder größeren Stadt vorhanden waren, überall Eingang fand.[139] Der Unterricht in der Umgangssprache aber zog die Aufhebung des Bildungsmonopols der Geistlichen und die Verweltlichung der Kultur von selbst nach sich und führte schließlich dazu, daß es im 13. Jahrhundert bereits gebildete Laien gab, die nicht mehr lateinisch konnten.[140]

Der soziale Strukturwandel des 12. Jahrhunderts beruht letzten Endes auf der Überlagerung der Geburtsstände durch die Berufsstände. Auch das Rittertum ist ein berufsständisches Gebilde, obgleich es sich nachher in einen Erbstand verwandelt. Ursprünglich bildet es nichts als eine Schicht von Berufskriegern und schließt Elemente verschiedenster Herkunft in sich. Einst waren auch die Fürsten und Barone, die Grafen und die großen Grundbesitzer Krieger gewesen und wurden mit ihren Besitzungen vor allem für erwiesene Waffendienste belohnt. Diese Schenkungen haben aber mittlerweile ihre verpflichtende Wirkung verloren, und die kriegsgeübten Herren des alten Adels verringerten sich zu sehr oder waren auch vielleicht von jeher zu gering an der Zahl, um den Anforderungen der unausgesetzten Kriege und Fehden zu genügen. Wer jetzt Krieg führen wollte – und wer von den Herren wollte es nicht? –, der mußte sich den Beistand eines zuverlässigeren und zahlreicheren Militärs sichern, als es der alte Anhang war. Zu einem solchen wurde nun das Rittertum, zum großen Teil aus den Reihen der Ministerialität, emporgezüchtet. Die Dienstmannschaft, so wie sie in der Umgebung von einem jeden großen Herrn anzutreffen war, umfaßte die Domänen- und Gutsverwalter, die Hofbeamten und die Vorsteher der Hofwerkstätten, die Mitglieder der Gefolgschaft und Schutzmannschaft, namentlich die Knappen, Roßknechte und Unteroffiziere. Aus dieser letzteren Kategorie entwickelte sich die Masse des Rittertums. Die meisten Ritter waren also ursprünglich unfrei. Der freie Teil der Ritterschaft, die mit den Ministerialen nichts zu tun hatte, bestand aus Abkömmlingen des alten Militärstandes, die entweder nie ein Lehensgut besessen hatten oder in die Reihen der einfachen bediensteten Krieger wieder hinabgeglitten waren. Die Ministerialen bildeten aber mindestens drei Viertel der Ritterschaft,[141] und die restliche Minorität unterschied sich von ihnen um so weniger, als das ritterliche Standesbewußtsein bis zur Nobilitierung der Dienstmannschaft unter den freien Kriegsleuten ebenso fehlte wie unter den unfreien. Scharf war ja die Grenze in jener Zeit überhaupt nur zwischen den Grundherren und den Bauern, den Reichen und den „armen Leuten", und das Kriterium des Adelsstandes lag nicht in kodifizierten Rechtsbestimmungen, sondern in der adeligen Lebensführung.[142] In dieser Hinsicht bestand aber zwischen den freien und unfreien Kriegsgefährten der hochadeligen Herren kein Unterschied; bis zur Konstituierung des Rittertums zählten beide Kategorien zur Dienstmannschaft.

Sowohl die Fürsten als auch die großen Grundherren benötigten berittene Krieger und treuergebene Vasallen; diese aber konnten bei der bestehenden Naturalwirtschaft nur durch Lehen entlohnt werden. Die Fürsten wie die Grundherren waren jedenfalls bereit, von ihren Besitzungen alles, was sie nur entbehren konnten, herzugeben, um die Zahl ihrer Vasallen zu vermehren. Die Verleihung solcher Dienstlehen beginnt im 11. Jahrhundert, und im 12. ist die Dienstmannschaft bereits mit Lehensgütern gesättigt. Die Lehensfähigkeit ist der erste Schritt der Ministerialen zum Adelsstand. Im übrigen wiederholt sich hier der bekannte Prozeß der Adelsbildung. Die Krieger werden zu ihrem Lebensunterhalt für erwiesene oder zu erweisende Dienste mit Landgütern bedacht; zuerst verfügen sie über diesen Besitz durchaus nicht frei,[143] dann werden aber die Lehen erblich und die Lehensträger von den Lehensherren unabhängig. Mit der Erblichkeit der Lehensgüter verwandelt sich schließlich der Berufsstand der Dienstmannen in den Geburtsstand der Ritter. Diese bleiben aber auch nach ihrer

Nobilitierung ein Adel zweiten Ranges – ein niederer Adel, dem die Servilität dem hohen Adel gegenüber im Blute liegt. Sie fühlen sich keineswegs als die Rivalen ihrer Lehensherren, im Gegensatz zu den Mitgliedern des alten Feudaladels, die lauter geborene Kronprätendenten sind und eine ständige Gefahr für die Fürsten bedeuten. Die Ritter verdingen sich höchstens für guten Lohn zur Gegenpartei. Ihre Unbeständigkeit erklärt die hervorragende Stelle, die der Vasallentreue im ritterlichen Tugendsystem eingeräumt wird.

Das große Novum der Sozialgeschichte des Zeitalters besteht darin, daß die Schranken des Adelsstandes sich öffnen und daß der arme Schlucker von einem Dienstmann mit seinem kleinen Rittergut von nun an zu demselben Ritterstand gehört, wie sein reicher und mächtiger Lehnsherr. Der Ministeriale von gestern, der auf einer niedrigeren Stufe der Gesellschaftsleiter stand als der freie Bauer, ist jetzt geadelt und tritt damit aus der einen Hemisphäre der mittelalterlichen Welt, aus der der Rechtslosen, in die andere, in die von allen ersehnte, in die der Bevorrechteten. Behält man dieses Moment im Auge, so erscheint auch die Entstehung des ritterlichen Adels nur als eine Form der allgemeinen Mobilisierung der Gesellschaft, des allgemeinen Emporstrebens, das die Leibeigenen in Bürger und die hörigen Bauern in freie Lohnarbeiter und unabhängige Pächter verwandelt.

Wenn die Ministerialen tatsächlich, wie es gewesen zu sein scheint, die überwiegende Mehrheit der Ritterschaft bildeten, dann mußte die Weltanschauung dieser Schicht den Standescharakter des ganzen Rittertums und den Inhalt der ganzen ritterlichen Kultur bestimmt haben.[144] Um die Wende des 12. und 13. Jahrhunderts beginnt das Rittertum sich in einen geschlossenen, von außen unzugänglichen Stand zu entwickeln. Von nun an sollen nur mehr die Söhne von Rittern Ritter werden können. Jetzt genügt weder die Lehensfähigkeit noch der gehobene Lebensstandard mehr, um als adelig zu gelten, es gehören nunmehr die strikten Voraussetzungen und das ganze Ritual der feierlichen Einsetzung in den Ritterstand dazu.[145] Der Zugang zum Adelsstand wird also wieder verriegelt, und man geht wohl nicht fehl, wenn man annimmt, daß es gerade die neugebackenen Ritter waren, die die Abschließung nach außen am heftigsten verfochten hatten. Wie dem aber auch sei, der Zeitpunkt, in dem sich das Rittertum zu einem Erbstand umgestaltet und zu einer nach außen abgeschlossenen Kriegerkaste wird, gehört zu den entscheidendsten Augenblicken in der Geschichte des mittelalterlichen Adels und ist zweifellos der wichtigste Augenblick in der Geschichte des Rittertums. Nicht nur, weil das Rittertum von nun an einen integrierenden Bestandteil des Adels bildet, der noch dazu dem alten Adel gegenüber in großer Majorität ist, sondern auch weil das ritterliche Standesideal, das Standesbewußtsein und die Klassenideologie des Adels sich erst jetzt, und zwar gerade durch das Rittertum, ausbilden. Die Prinzipien der adeligen Lebensführung und des adeligen Tugendsystems gewinnen jedenfalls erst jetzt jene Eindeutigkeit und Intransigenz, in der sie uns aus der ritterlichen Epik und Lyrik bekannt sind. Es ist eine wohlbekannte, in der Geschichte der Gesellschaftsklassen sich oft wiederholende Erscheinung, daß die neuen Mitglieder einer privilegierten Schicht in ihren Anschauungen über Fragen der Standesmäßigkeit rigoroser sind als die alten Vertreter des Standes und daß ihnen die Ideen, die die betreffende Gruppe zusammenhalten und von anderen Gruppen unterscheiden, stärker zum Bewußtsein kommen als denjenigen, die in diesen Ideen aufgewachsen sind. Der *homo novus* neigt stets zur Überkompensierung seines Minderwertigkeitsgefühls und verschärft gern die moralischen Voraussetzungen der Privilegien, die er genießt. Auch in diesem Fall ist es so, daß das neue, aus der Ministerialität emporsteigende Rittertum in Fragen der Standesehre strenger und unduldsamer ist als die alte Geburtsaristokratie. Was dieser als selbstverständlich und wohl gar nicht anders denkbar erscheint, wird für die Emporkömmlinge zu einem Ereignis und einem Problem, und das Gefühl, zur herrschenden Klasse zu gehören, das dem alten Adel gar nicht mehr recht zum Bewußtsein kommt, bedeutet für sie ein ganz neues und großes Erlebnis.[146] Dort, wo der Aristokrat alten Schlages fast triebhaft und jedenfalls unprätentiös handelt, erblickt der Ritter eine besondere Aufgabe, eine Schwierigkeit, die Gelegenheit zu einer Helden tat und die Notwendigkeit der Selbstüberwindung, empfindet also etwas Ungewöhnliches und Unnatürliches. Und auch da noch, wo der geborene Grandseigneur sich von den anderen abzusondern es nicht der geringsten Mühe wert findet, fordert er von seinen Standesgenossen, daß sie sich von den gewöhnlichen Sterblichen um jeden Preis unterscheiden. Der romantische Idealismus und der reflexive, „sentimentale" Heroismus des Rittertums, dieser Idealismus und Heroismus aus zweiter Hand, haben vorwiegend in der Bewußtheit und Ambitioniertheit, mit der der neue Adel seinen Begriff der Standesehre entwickelt, ihren Ursprung. Der ganze Eifer ist nur ein Zeichen der Unsicherheit und der Schwäche, den der alte Adel nicht kennt, oder wenigstens nicht gekannt hat, solange er von dem neuen, innerlich ungefestigten Rittertum noch unbeeinflußt war. Am stärksten kommt die Unausgeglichenheit des Rittertums in der Ambivalenz seiner Beziehungen zu den konventionellen Formen der adeligen Lebensführung zum Ausdruck. Einerseits klammert es sich an ihre Äußerlichkeiten und treibt den Formalismus der aristokratischen Lebensregeln auf die Spitze, andererseits setzt es den inneren Seelenadel über den äußeren, rein formalen Adel der Geburt und der Lebensweise. Im Gefühl seiner Subalternität übertreibt es also einerseits den Wert der bloßen Formen, im Bewußtsein aber, daß es Tugenden und Fähigkeiten gibt, die es in demselben oder gar höheren Maße besitzt als die alte Aristokratie, setzt es den Wert dieser Formen und den der Edelbürtigkeit überhaupt wieder herab.

Die Erhöhung der edlen Gesinnung über die adelige Herkunft ist zugleich ein Zeichen der vollzogenen Christianisierung des feudalen Kriegerstandes – das Ergebnis einer Entwicklung, die von dem rauhen Berufskriegertum der Völkerwanderungszeit zu dem Gottesrittertum des Hochmittelalters führt. Die Kirche förderte mit allen ihr zur Verfügung stehenden Mitteln die Ausbildung des neuen ritterlichen Adels, festigte seine soziale Geltung durch die Weihe, die sie ihm zuteil werden ließ, übertrug ihm den Schutz der Schwachen und Bedrängten, ließ ihn als den Streiter Christi gelten und erhob ihn damit zu einer Art geistlicher Würde. Der eigentliche Zweck der Kirche war offenbar die Eindämmung des von der

Stadt ausgehenden Säkularisierungsprozesses, der durch das zumeist unbemittelte und verhältnismäßig ungebundene Rittertum beschleunigt zu werden drohte. Die weltlichen Tendenzen waren aber im Rittertum so stark, daß es bei seiner Stellung zur Kirchenlehre, trotz der Prämien, die auf die Rechtgläubigkeit gesetzt wurden, höchstens zu Kompromißlösungen kam. Alle Kulturschöpfungen des Rittertums, sowohl sein Tugendsystem als auch seine neue Konzeption der Liebe und seine Dichtung, die von diesem Liebesbegriff abhängig war, weisen denselben Antagonismus der weltlichen und der überweltlichen, der sinnlichen und der geistigen Tendenzen auf.

Das ganze ritterliche Tugendsystem ist, so wie die Sittenlehre der griechischen Aristokratie, von der Idee der Kalokagathie durchdrungen. Keine der ritterlichen Tugenden ist ohne körperliche Kraft und Zucht oder gar wie die urchristlichen Tugenden im Gegensatz zu diesen körperlichen Vorzügen denkbar. In den einzelnen Teilen des Systems, die, wie man sie wohl am besten kennzeichnen könnte, die stoischen, die chevaleresken, die heroischen und die Herrentugenden im engeren Sinne umfassen, ist der Wert der seelischen und der körperlichen Eigenschaften zwar verschieden, in keiner dieser Kategorien verliert aber das Physische völlig seine Bedeutung. Die erste Gruppe enthält hauptsächlich, wie es übrigens von dem ganzen System behauptet wurde,[147] nichts als die bekannten antiken Moralprinzipien in christianisierter Form. Seelenkraft, Beharrlichkeit, Maß und Selbstbeherrschung bildeten schon die Grundbegriffe der aristotelischen und später, in zugespitzterer Form, die der stoischen Ethik; das Rittertum hat sie, vor allem durch die Vermittlung der mittellateinischen Literatur, von der Antike einfach übernommen. Die heroischen Tugenden, namentlich die Verachtung der Gefahr, des Leides und des Todes, die unbedingte Wahrung der Treue, die Sucht nach Ruhm und Ehre, wurden schon in der frühen feudalen Zeit hochgeschätzt; die ritterliche Sittenlehre hat das Heldenideal dieser Epoche nur gemildert und mit neuen emotionalen Zügen ausgestattet, dem Prinzip nach aber beibehalten. Am reinsten und unmittelbarsten kommt das neue Lebensgefühl in den eigentlichen „chevaleresken“ und „seigneuralen“ Tugenden zur Geltung; einerseits in der Großmut den Besiegten gegenüber, der Schonung der Schwachen und der Verehrung der Frauen, der Courtoisie und der Galanterie, andererseits in den Charaktereigenschaften, die auch dem Gentleman im modernen Sinne noch eigen sind, in der Großzügigkeit und Uneigennützigkeit, der Uninteressiertheit an Nutzen und Vorteil, der sportmännischen Korrektheit und der Wahrung des Anstandes um jeden Preis. Wenn nun auch die ritterliche Moral von der emanzipierten bürgerlichen Weltanschauung sicher nicht ganz unabhängig ist, durch die Pflege dieser Herrentugenden steht sie in scharfem Gegensatz besonders zu dem Erwerbsgeist des Bürgertums. Der Ritterstand fühlt sich durch die bürgerliche Geldwirtschaft in seiner materiellen Existenz bedroht und wendet sich mit Haß und Verachtung gegen den wirtschaftlichen Rationalismus, das Rechnen und Spekulieren, das Sparen und Feilschen der Händler. Unbürgerlich ist seine ganze, von dem Prinzip des *noblesse oblige* durchdrungene Lebenshaltung, seine Verschwendung, seine Repräsentationssucht, seine Verachtung jeder manuellen Arbeit und jeder regelmäßigen Erwerbstätigkeit.

Viel schwieriger als die historische Analyse des ritterlichen Tugendsystems ist die Herleitung der zwei anderen großen Kulturschöpfungen des Rittertums: des neuen Liebesideals und der neuen Liebeslyrik. Evident ist von vornherein, daß diese Kulturgebilde mit dem höfischen Leben eng zusammenhängen. Die Höfe bilden nicht nur ihren Hintergrund, sondern auch den Boden, aus dem sie herauswachsen. Nur sind es diesmal die kleineren Höfe, die Umgebung der Territorial- und der Feudalherren und nicht die Königshöfe, die die Entwicklung bestimmen. Der bescheidenere Rahmen erklärt vor allem den verhältnismäßig ungebundenen, individuell abgestuften Charakter der ritterlichen Kultur. Alles ist hier weniger feierlich, weniger repräsentativ, alles unvergleichlich freier und elastischer als an den Königshöfen, die in früheren Epochen die Kulturträger waren. Freilich herrschen auch an diesen kleinen Höfen noch ziemlich strenge Konventionen; höfisch und konventionell waren ja von jeher und sind noch immer Wechselbegriffe, denn es gehört zum Wesen der höfischen Kultur, daß sie der eigenmächtigen, formsprengenden Individualität erprobte Wege weist und sichere Grenzen setzt. Auch die Vertreter dieser freieren höfischen Kultur verdanken ihre Geltung nicht etwa Eigenschaften, die sie von den übrigen Mitgliedern des Hofes unterscheiden, sondern der Haltung, die sie mit allen gemein haben. Originell sein gilt in dieser formbeherrschenden Welt als unhöfisch und ist unstatthaft.[148] Zum Hofkreis zu gehören ist an und für sich höchster Preis und höchste Ehre; hier auf seine Eigenart zu pochen, ist gleichbedeutend mit der Verachtung dieses Vorrechtes. So bleibt denn auch die ganze Kultur der Epoche an mehr oder weniger starre Konventionen gebunden. Wie die Umgangsformen, die Gefühlsäußerungen, ja, die Gefühle selbst, so sind auch die Formen der Dichtung und der Kunst, sowohl die Naturschilderungen und die Tropen der Lyrik als die „gotische Kurve“ oder das verbindliche Lächeln der Figuren der bildenden Kunst, durchaus typisch.

Die Kultur des mittelalterlichen Rittertums ist die erste moderne Form einer höfisch organisierten Kultur, die erste, in der zwischen dem Herrn des Hofes, den Höflingen und den Dichtern eine wirkliche geistige Gemeinschaft besteht. Die Musenhöfe dienen jetzt nicht nur der fürstlichen Propaganda und sind nicht nur herrschaftlich subventionierte Bildungsanstalten, sondern stellen Ensembles dar, in welchen diejenigen, die die schönen Lebensformen erfinden, und diejenigen, die sie verwirklichen, das gleiche Ziel vor Augen haben. Eine solche Gemeinschaft aber ist erst möglich, wo der Zugang zu den höheren Schichten der Gesellschaft für die von unten aufsteigenden Dichter eröffnet wird, wo zwischen den Dichtern und ihrem Publikum eine weitgehende, nach früheren Begriffen undenkbare Ähnlichkeit der Lebensformen besteht, und wo höfisch und unhöfisch nicht nur einen Unterschied des Standes, sondern auch der Bildung bedeuten, wo man also nicht von vornherein höfisch ist, etwa durch Geburt und Rang, sondern es erst wird durch Bildung und Gesittung. Es ist selbstverständlich, daß ein solcher Maßstab der Werte zuerst von einem Berufsadel angelegt wurde, der sich noch erinnerte, wie er zu seinen Privilegien kam, und nicht von einem Geburtsadel, der diese Privilegien seit Menschengedenken innehatte.[149] Mit der Entwicklung der ritterlichen Kalokagathie, das heißt des neuen Kulturbegriffes, nach dem die ästhetischen und intellektuellen Werte zugleich als moralische und soziale Werte gelten, entsteht aber eine neue Zäsur zwischen der geistlichen und der weltlichen Bildung. Die führende Rolle geht, namentlich in der Dichtung, von dem geistig einseitigen Klerus auf das Rittertum über. Die Mönchsliteratur verliert ihre entwicklungsgeschichtlich führende Rolle, und der Mönch hört auf, die repräsentative Figur der Zeit zu sein; ihr Inbegriff ist der Ritter, so wie er etwa im Bamberger Reiter dargestellt ist, vornehm, stolz, aufgeweckt, geistig und körperlich hochgebildet.

Die mittelalterliche höfische Kultur unterscheidet sich vor allem darin von jeder früheren höfischen Kultur – auch von der der hellenistischen Königshöfe, die bereits von den Frauen stark beeinflußt war[150] –, daß sie eine ausgesprochene weibliche Kultur ist; weiblich nicht nur insofern, daß die Frauen am geistigen Leben des Hofes teilhaben und die Richtung der dichterischen Produktion mitbestimmen, sondern auch daß die Männer selber in vieler Beziehung weiblich denken und fühlen. Im Gegensatz zu der alten Heldendichtung und noch zu den *chansons de geste*, die für eine Zuhörerschaft von Männern bestimmt waren, wenden sich die provenzalischen Liebeslieder und die bretonischen Artusromane in erster Reihe an die Frauen.[151] Eleonore von Aquitanien, Marie von Champagne, Ermengarde von Narbonne und wie die Gönnerinnen der Dichter alle heißen, sind aber nicht nur große Damen, die ihre literarischen „Salons" haben, nicht nur Kennerinnen, von denen die entscheidenden Anregungen ausgehen, sie selber sind es, die oft durch den Mund der Dichter sprechen. Damit also, daß die Männer ihre ästhetische und sittliche Erziehung den Frauen verdanken und daß die Frauen die Quelle, der Gegenstand und das Publikum der Dichtung sind, ist noch durchaus nicht alles gesagt; die Dichter wenden sich nicht nur an die Frauen, sie sehen auch die Welt mit den Augen der Frauen an. Die Frau, die im Altertum einfach der Besitz des Mannes, eine Kriegsbeute, ein Streitobjekt, eine Sklavin war, und deren Schicksal auch im Frühmittelalter noch von der

Willkür ihrer Familie und ihres Lehnsherrn abhängt, gewinnt jetzt eine Geltung, die nicht ohne weiteres verständlich ist. Denn wenn man auch die höhere Bildung der Frauen mit der Inanspruchnahme der Männer durch den fortwährenden Kriegsdienst und die fortschreitende Verweltlichung der Kultur erklären könnte, bliebe immer noch zu erklären, wieso die Bildung an und für sich ein solches Ansehen genießt, daß die Frauen durch sie die Gesellschaft beherrschen. Auch die neue Rechtsübung, die für gewisse Fälle die Thronfolge der Töchter und den Übergang der großen Feudalwirtschaften in die Hand von Frauen vorsieht und zu dem erhöhten Prestige des weiblichen Geschlechts im allgemeinen beigetragen haben mag,[152] bietet keine vollkommen befriedigende Erklärung. Die ritterliche Konzeption der Liebe schließlich kann als Erklärung um so weniger herangezogen werden, als sie ja nicht die Voraussetzung, sondern bereits ein Symptom der neuen Stellung der Frau in der Gesellschaft ist.

Die höfisch-ritterliche Dichtung hat die Liebe nicht entdeckt, sie hat ihr aber einen neuen Sinn gegeben. In der antiken Literatur gewinnt zwar das Liebesmotiv, besonders seit dem Ende der klassischen Periode, immer mehr Raum, nie wird ihr jedoch die Bedeutung beigelegt, die sie in der Hofpoesie des Mittelalters besitzt.[153] Die Handlung der Ilias dreht sich wohl um zwei Frauen, aber nicht um die Liebe. Sowohl Helena als Briseis könnten durch irgendein anderes Streitobjekt ersetzt werden, ohne daß sich das Werk wesentlich verändern würde. In der Odyssee hat die Nausikaa-Episode zwar einen gewissen emotionalen Eigenwert, sie ist aber eben nur eine vereinzelte Episode, nicht mehr. Die Beziehung des Helden zu Penelope steht noch ganz auf der Stufe der Ilias; die Frau ist ein Besitzstück und gehört zum Hausbestand. Bei den griechischen Lyrikern der vorklassischen und der klassischen Zeit handelt es sich wieder immer nur um die geschlechtliche Liebe; sie mag noch so freud- oder leidvoll sein, sie ist völlig in sich zentriert und bleibt ohne Einfluß auf die Persönlichkeit als Ganzes. Euripides ist der erste Dichter, bei dem die Liebe zum Hauptmotiv einer komplizierten Handlung und eines dramatischen Konflikts wird. Von ihm übernimmt dann die alte und die neue Komödie das dankbare Motiv, und es gelangt auf diesem Wege in die hellenistische Literatur, wo es, vor allem in der *Argonautika* des Apollonius, gewisse romantisch-sentimentale Züge annimmt. Aber auch hier erscheint die Liebe höchstens als ein zartes oder ein überschwenglich leidenschaftliches Gefühl, doch nie als ein höheres Bildungsprinzip, eine ethische Macht und ein Medium des Welterlebens, wie in der Dichtung des höfischen Rittertums. Man weiß, was Vergils Dido und Äneas dem Liebespaar des Apollonius verdanken, und weiß auch, was Medea und Dido, die zwei populärsten Liebesheroinen des Altertums, für das Mittelalter und durch das Mittelalter für die gesamte neuere Literatur bedeutet haben. Der Hellenismus hat den eigentlichen Reiz der Liebesgeschichten entdeckt und die ersten romantischen Liebesidyllen – die Erzählungen von Amor und Psyche, Hero und Leander, Daphnis und Chloe – geschaffen. Von dieser hellenistischen Zeit abgesehen spielt aber die Liebe als romantisches Motiv bis zum Rittertum keine Rolle in der Literatur; die sentimentale Behandlung der Liebesneigung und die Spannung, die aus der Ungewißheit entsteht, ob die Liebenden sich kriegen oder nicht, gehört weder im klassischen Altertum noch im frühen Mittelalter zu den gesuchten Effekten der Dichtung. Im Altertum waren Heldengeschichten und Mythen, im Frühmittelalter Helden- und Heiligengeschichten am meisten beliebt; welche Rolle auch immer das Liebesmotiv in diesen spielte, es hatte keinen romantischen Glanz. Denn auch die Dichter, die die Liebe ernst nahmen, teilten höchstens die Anschauung Ovids, nach der sie eine Krankheit ist, die einem den Verstand raubt und die Willenskraft lähmt, die einen elend macht und erniedrigt.[154]

Bezeichnend für die ritterliche Dichtung gegenüber der Antike und dem Frühmittelalter ist vor allem, daß die Liebe in ihr, trotz ihrer Vergeistigung, zu keinem philosophischen Prinzip wird, wie etwa bei Platon oder im Neoplatonismus, sondern ihren sinnlich-erotischen Charakter bewahrt und gerade als solche die Wiedergeburt der sittlichen Persönlichkeit bewirkt. Neu ist in der ritterlichen Dichtung der zielbewußte Kult der Liebe, das Gefühl, daß sie behütet und gepflegt werden muß; neu ist der Glaube, daß die Liebe die Quelle alles Guten und Schönen sei und daß jede häßliche Handlung, jede niedrige Empfindung einen Verrat an der Geliebten bedeute. Neu ist die Zärtlichkeit und Innigkeit des Gefühls, die fromme Andacht, die der Liebende bei jedem Gedanken an die geliebte Frau empfindet; neu die unendliche, ungestillte und unstillbare, weil unbegrenzbare Liebessehnsucht. Neu ist das Glück der Liebe, das von der Erfüllung des Liebebegehrens unabhängig ist und auch bei ärgstem Mißerfolg höchste Glückseligkeit bleibt. Neu ist schließlich die Verweichlichung und Feminisierung des Mannes durch die Liebe. Schon daß der Mann der werbende Teil ist, bedeutet die Umkehrung des ursprünglichen Verhältnisses zwischen den Geschlechtern. Archaische und heroische Zeiten, wo Sklavenbeute und Mädchenraub gang und gäbe sind, kennen das Liebeswerben des Mannes nicht. Das Werben um die Liebe der Frau ist aber auch der volksmäßigen Art gegensätzlich. Im Volke singt die Frau, nicht der Mann die Liebeslieder.[155] Noch in den *chansons de geste* machen die Frauen die Avancen; ein solches Benehmen erscheint erst dem Rittertum als unhöfisch und ungehörig. Höfisch ist gerade die Sprödigkeit der Frauen und das Schmachten der Männer; höfisch und ritterlich sind die unendliche Geduld und die vollkommene Anspruchslosigkeit des Mannes, das Auslöschen seines eigenen Willens, seines eigenen Seins vor dem Willen und dem höheren Wesen der Frau. Höfisch ist die Beruhigung bei der Unerreichbarkeit der Angebeteten, die Ergebung im Liebesleid, der Gefühlsexhibitionismus und Masochismus des Mannes – lauter Züge der modernen Liebesromantik, die hier zum erstenmal auftreten. Der Liebende als ein Sehnsüchtiger und Entsagender, die Liebe, die mit Erhören und Erfüllen nichts zu tun hat und durch ihren negativen Charakter sich nur steigert, die „Liebe der Ferne“, die gar keinen erfaßbaren und genau bestimmbaren Gegenstand hat – damit beginnt die Geschichte der modernen Dichtung.

Wie ist nun die Entstehung dieses merkwürdigen, mit dem heroischen Lebensgefühl der Zeit unvereinbar erscheinenden Liebesideals zu erklären? Ist es zu verstehen, daß ein Herr, ein

Krieger, ein Held seinen ganzen Stolz, sein ganzes ungestümes Wesen unterdrückt und vor einer Frau um Liebe, nein, um die Gunst, seine eigene Liebe gestehen zu dürfen, bettelt und bereit ist, als Lohn für seine Ergebenheit und Treue einen gnädigen Blick, ein freundliches Wort, ein Lächeln in Empfang zu nehmen? Die Sonderbarkeit der Situation erhöht sich durch den Umstand, daß es das rigorose Mittelalter ist, wo dieser Liebhaber seine durchaus nicht keusche Liebesneigung zu einer verheirateten Frau offen bekennt, und daß diese Frau noch dazu gewöhnlich die Gattin seines Lehnherrn und Gastgebers ist. Die Verkehrtheit der Verhältnisse aber steigert sich noch, wenn der besitz- und heimatlose Spielmann der Frau seines Herrn und Gönners diese Liebe ebenso frank und frei erklärt, wie es die adeligen Herren tun, und von ihr dasselbe erhofft, dasselbe erbittet, wie die Fürsten und Ritter.

Nichts liegt näher, wenn man dieses Problem zu lösen sucht, als der Gedanke, daß in dem Treugelöbnis und der erotischen Hörigkeit des Mannes nur die allgemeinen Rechtsbegriffe des Feudalismus zum Ausdruck kommen und daß die höfisch-ritterliche Konzeption der Liebe nur die Übertragung des politischen Vasallitätsverhältnisses auf die Beziehung zur Frau sei. Dieser Gedanke der Nachahmung des Herrendienstes im Liebesdienst ist auch tatsächlich schon im frühesten Stadium der Minnesangforschung angedeutet worden;[156] jene Version des Gedankens aber, nach der die höfisch-ritterliche Liebe überhaupt erst dem Dienst entspringt und das Liebesvasallentum nichts als eine Metapher ist, ist neueren Datums und wurde zum erstenmal von Eduard Wechssler formuliert.[157] Im Gegensatz zu der älteren, idealistischen Theorie über die Entstehung der Vasallität, die das soziale Moment aus dem ethischen ableitet und das Zustandekommen des Lehensverhältnisses nicht nur von der persönlichen Neigung des Lehensherrn zum Vasallen, sondern auch von dem Vertrauen und der Neigung des Vasallen zu seinem Herrn abhängig macht,[158] setzt die Wechsslersche These voraus, daß die „Liebe“ des Vasallen sowohl zum Herrn als zur Herrin nichts als die Sublimierung seiner sozialen Gebundenheit sei. Das Minnelied ist dieser Lehre nach nur der Ausdruck der gefolgschaftsmäßigen

Huldigung und nur eine Form des politischen Panegyrikus.[159] Tatsächlich entlehnt die höfisch-ritterliche Liebesdichtung nicht nur ihre Ausdrucksformen, ihre Bilder und Vergleiche, dem Gedankenkreis des Gefolgschaftsethos, und der Troubadour erklärt sich nicht nur als der ergebene Diener und der treue Vasall der geliebten Frau, er spannt die Metapher so weit, daß er ihr gegenüber auch seine Vasallenrechte geltend machen will und seinen Anspruch auf Gegenseitigkeit der Treue, auf Schonung, Schutz und Hilfe betont. Es ist klar, daß diese Prätensionen nur höfisch-konventionelle Formeln sind.

Nahegelegt wurde die Übertragung des Dienstliedes von dem Herrn auf die Herrin vor allem durch die lange und wiederholte Abwesenheit der in die Kriege verwickelten Fürsten und Barone von ihren Höfen und Burgen, wobei der Umstand, daß während ihrer Abwesenheit die Lehensherrngewalt von den Frauen ausgeübt wurde, wesentlich mitspielte. Nichts war natürlicher, als daß die Dichter, die im Dienste eines solchen Hofes standen, das Lob der Herrin sangen und ihr Lob in immer galantere, der weiblichen Eitelkeit auch nach dieser Richtung hin schmeichelnde Formen kleideten. Wechsslers These, daß der ganze Frauendienst, daß heißt der höfische Kult der Liebe und die galanten Formen der ritterlichen Liebeslyrik, eigentlich nicht das Werk der Männer, sondern das der Frauen gewesen sei und daß die Männer den Frauen dabei nur als Werkzeuge dienten, ist also nicht ganz von der Hand zu weisen. Das schwerwiegendste Argument, das gegen die Ausführungen Wechsslers geltend gemacht wurde, ist, daß gerade der älteste Troubadour, der erste, der sein Liebesgeständnis in die Form der Vasallentreue kleidete, Graf Wilhelm IX. von Poitiers, kein Vasall, sondern ein mächtiger Fürst war. Der Einwand wirkt aber schon deshalb nicht ganz überzeugend, weil die Hörigkeitserklärung, die bei dem Grafen von Poitiers tatsächlich nur ein poetischer Einfall gewesen sein mag, bei den meisten späteren Troubadours sich nichtsdestoweniger auf reale Verhältnisse stützen konnte und wohl auch mußte. Ohne diesen realen Grund hätte sich das poetische Aperçu, das übrigens schon bei seinem

Urheber wenn auch nicht durch persönliche Umstände, so doch durch die allgemeinen Zeitverhältnisse bedingt war, kaum so verbreiten und so lange erhalten können.

Die Ausdrucksweise der ritterlichen Liebesdichtung erscheint allerdings von Anfang an, ob sie nun auf wirkliche oder bloß fingierte Verhältnisse Bezug hatte, als eine feste literarische Konvention. Die Troubadourlyrik ist eine „Gesellschaftsdichtung“, in der auch die realen Erlebnisse sich in die festen Formen der herrschenden Mode zu kleiden haben. In allen Gedichten wird die geliebte Frau auf dieselbe Art besungen, mit denselben Eigenschaften ausgestattet, als die Verkörperung derselben Tugend und derselben Schönheit dargestellt; alle Gedichte setzen sich aus denselben rhetorischen Formeln zusammen, als ob sie alle das Werk *eines* Dichters wären.[160] Die Macht dieser literarischen Mode ist so groß, die höfische Konvention so unentrinnbar, daß man oft den Eindruck hat, als ob die Dichter gar keine bestimmte, individuell bezeichenbare Frau vor den Augen hätten, sondern ein abstraktes Idealbild, und daß ihr Gefühl eher durch ein literarisches Vorbild als einen lebendigen Menschen veranlaßt worden wäre. Dieser Eindruck bestimmte wohl hauptsächlich Wechssler dazu, die ganze höfisch-ritterliche Liebe für eine Fiktion zu erklären und die wirkliche Erlebtheit der in den Minneliedern beschriebenen Gefühle nur in Ausnahmefällen anzuerkennen. Nichts als das Lob der Dame war seiner Meinung nach real, die Liebesneigung des Sängers aber zumeist nur eine konventionelle Lüge, eine stehende Formel des Lobes. Die Damen wollten besungen und auch ihrer Schönheit wegen gepriesen werden; auf die Glaubwürdigkeit der durch diese Schönheit inspirierten Liebe kam es niemanden an. Das Gefühlsmäßige an der Liebeswerbung war „bewußte Selbsttäuschung“, verabredetes Gesellschaftsspiel, leere Konvention. Die Schilderung echter und starker Gefühle, meint Wechssler, wäre der Herrin und der Hofgesellschaft gar nicht recht gewesen; sie hätte gegen das Gebot der Zucht und des Maßes verstoßen.[161] Von einer Erwiderung der Troubadourliebe durch die Herrin aber konnte schon gar keine Rede sein, denn abgesehen von dem Standesunterschied zwischen der Dame und dem Sänger wäre von dem Gatten auch nur der Schein des Ehebruches schwer bestraft worden.[162] Die Liebeserklärung war für den Dichter in den meisten Fällen nur ein Vorwand, sich über die Grausamkeit der besungenen Dame zu beklagen; der Vorwurf selbst war aber eigentlich als Lob gedacht und sollte von dem untadeligen Wandel der Herrin zeugen.[163]

Man hat, um die Unhaltbarkeit dieser Fiktionstheorie zu beweisen, an den hohen künstlerischen Wert der Minnelieder erinnert und mit der alten Schulweisheit von der Erlebtheit und Aufrichtigkeit jeder echten Kunst argumentiert. Die ästhetische Qualität, ja sogar der Gefühlswert eines Kunstwerkes aber liegt in Wirklichkeit jenseits der Kriterien von echt und unecht, spontan und ausgeklügelt, erlebnishaft und bildungsmäßig; denn man kann ja eigentlich in keinem Fall feststellen, was der Künstler wirklich empfunden hat und ob das Gefühl des rezeptiven Subjekts dem des produktiven auch wirklich entspricht. Man bezweifelt, daß die Minnelieder, wenn sie, wie Wechssler behauptete, nichts als bezahlte Schmeicheleien waren, ein breites Publikum interessiert hätten.[164] Man unterschätzt dabei die Macht der Mode in einer konventionell gesinnten Hofgesellschaft, die übrigens, wenn sie auch in allen Ländern des kultivierten Westens anzutreffen war, nirgends ein „breites" Publikum bildete. An und für sich spricht weder der künstlerische Wert noch die Publikumswirksamkeit der höfisch-ritterlichen Dichtung gegen ihre Fiktivität; man kann aber Wechsslers Fiktionstheorie trotzdem nicht ohne Einschränkung gelten lassen. Die ritterliche Liebe ist zwar gewiß nur eine Variante des Vasallitätsverhältnisses und als solche „unecht", sie ist aber keine bewußte Fiktion, keine absichtliche Maskerade. Ihr erotischer Kern ist echt, wenn er sich auch verkleidet. Für eine bloße Fiktion waren der Liebesbegriff und die Liebesdichtung der Troubadours zu langlebig. Die Fiktivität eines überzeugenden Gefühlserlebnisses ist keineswegs beispiellos in der Geschichte der Literatur, wie behauptet wurde;[165] die Aufrechterhaltung einer solchen Fiktion durch Generationen hindurch wäre es aber.

Obgleich die Vasallität die ganze Gesellschaftsstruktur des Zeitalters beherrscht, wäre es ohne die Arrivierung der Ministerialen zum Ritterstand und die neue gehobene Stellung des Dichters an den Höfen unerklärlich, warum man plötzlich zu diesem Motiv gegriffen habe, um den ganzen Gefühlsinhalt der Dichtung in seine Form zu kleiden. Die wirtschaftliche und soziale Lage des sich neu konstituierenden, zum Teil mittellosen Rittertums und die Funktion dieses heterogen zusammengesetzten Standes als Ferment der Entwicklung gehört ebenso zum Verständnis der neuen Konzeption der Liebe wie die allgemeine Rechtsform des Feudalismus. Es gab viele Ritterbürtige, für die als jüngere Söhne das väterliche Lehen nicht mehr ausreichte und die unbegütert in die Welt hinauszogen, um teilweise auch als fahrende Sänger ihr Dasein zu fristen und womöglich einen ständigen Dienst an dem Hofe eines großen Herrn anzunehmen.[166] Ein großer Teil der Troubadours und der Minnesänger war niedriger Herkunft, da aber ein begabter Spielmann, der einen hochadeligen Gönner hatte, sich leicht in den Ritterstand erheben konnte, fiel der Unterschied der Herkunft nicht sehr schwer in die Waage. Diese teilweise verarmten und entwurzelten, teilweise von unten aufsteigenden Elemente waren naturgemäß die fortschrittlichsten Vertreter der ritterlichen Kultur. Infolge ihrer Armut und Wurzellosigkeit fühlten sie sich von Bindungen jedweder Art freier als der alte Feudaladel und konnten ohne die Gefahr eines Prestigeverlustes Neuerungen wagen, gegen die bei einer fester verwurzelten Schicht unzählige Bedenken erwachsen wären. Der neue Kult der Liebe und die Kultivierung der neuen sentimentalen Hofpoesie wurden zumeist von diesen verhältnismäßig freischwebenden Elementen getragen.[167] Sie waren es, die ihre Huldigung gegenüber der Herrin höflicher-, aber doch wohl nicht ganz fiktiverweise in die Form des Minneliedes kleideten und den Frauendienst an die Seite des Herrendienstes stellten; sie waren es, die die Vasallentreue als Liebe und die Liebe als Vasallentreue deuteten. Bei dieser Umsetzung der wirtschaftlichen und gesellschaftlichen Situation in die erotischen Formen der Liebe wirkten zweifellos auch sexualpsychologische Motive mit, auch diese waren aber soziologisch bedingt.

An den Höfen und in den Burgen gibt es allenthalben viele Männer und sehr wenige Frauen. Die Gefolgschaftsleute, die am Hofe ihres Herrn leben, sind meistens unverheiratet. Die jungen Mädchen der adeligen Familien werden in den Klöstern erzogen; diese bekommt man kaum zu sehen. Die Fürstin oder die Burgherrin ist der Mittelpunkt des Kreises, alles dreht sich um sie. Die Ritter und die Hofsänger huldigen alle dieser vornehmen und gebildeten, reichen und mächtigen und oft auch wohl jungen und reizvollen Dame. Das tägliche Beisammensein einer Schar von jungen, unverheirateten Männern mit einer solchen begehrenswerten Frau in einer nach außen inselhaft abgeschlossenen Welt, die unwillkürliche Zeugenschaft von Zärtlichkeiten zwischen ihr und ihrem Gatten, der stets gegenwärtige Gedanke, daß sie Einem ganz und diesem Einen allein angehört, muß in dieser Inselwelt eine erotische Hochspannung erzeugen, die, weil sie in den meisten Fällen nicht anders abgeleitet werden kann, in der sublimierten Form der höfischen Verliebtheit Ausdruck findet. Die Geschichte fängt damit an, daß viele der jungen Leute, die sich in der Umgebung der Herrin befinden, noch als Kinder an den Hof und ins Haus gekommen und in den für die Entwicklung eines Knaben wichtigsten Jahren unter dem Einfluß dieser Frau gestanden sind.[168] Das ganze System der ritterlichen Erziehung begünstigt die Entstehung von starken erotischen Bindungen. Der Knabe steht bis zu seinem 14. Lebensjahr ganz unter der Führung von Frauen. Nach den Kinderjahren, die er unter der Obhut der Mutter verbringt, ist es die Herrin des Hofes, die seine Erziehung überwacht. Sieben Jahre lang steht er im Dienste dieser Frau, bedient sie im Hause, begleitet sie auf ihren Wegen außerhalb des Hauses, wird von ihr in die Kunst des höfischen Benehmens, in die Kenntnis der höfischen Sitten und Bräuche eingeführt. Die ganze Schwärmerei des halbwüchsigen Knaben konzentriert sich auf diese Frau, und seine Phantasie formt die Idealgestalt der Liebe nach ihrem Bilde.

Der manifeste Idealismus der höfisch-ritterlichen Minne kann über ihren latenten Sensualismus nicht hinwegtäuschen und nicht verkennen lassen, daß sie aus der Empörung gegen das kirchliche Gebot der Enthaltsamkeit erwachsen ist. Der Erfolg der Kirche blieb in der Bekämpfung der geschlechtlichen Liebe immer weit hinter ihrem Ideal zurück;[169] jetzt aber, wo die Grenzen der gesellschaftlichen Kategorien und mit ihnen die Kriterien der sittlichen Werte fließend werden, bricht die unterdrückte Sinnlichkeit mit doppelter Gewalt hervor und überflutet die Lebensformen nicht nur der höfischen Kreise sondern zum Teil auch die des Klerus. Es gibt kaum noch eine Epoche der abendländischen Geschichte, in deren Literatur so viel von körperlicher Schönheit und Nacktheit, von An- und Ausziehen, von Baden und Waschen der Helden durch junge Mädchen und Frauen, von Brautnächten und Beischlaf, von Besuchen am Bettlager und Einladungen ins Bett die Rede wäre wie in der ritterlichen Dichtung des sittenstrengen Mittelalters. Selbst ein so ernstes und auf so hohe sittliche Ziele gerichtetes Werk wie Wolframs *Parzival* ist voll von Situationen, deren Schilderung ans Obszöne grenzt. Das ganze Zeitalter lebt in einer beständigen erotischen Spannung; man braucht nur an die merkwürdige, von den Turnieren her wohlbekannte Sitte zu denken, daß die Helden den Schleier oder das Hemd der geliebten Frau am bloßen Körper tragen, und an die magische Wirkung, die sie einem solchen Fetisch zuschreiben, um sich von der Natur dieser Erotik eine Vorstellung zu machen. Nichts spiegelt so scharf die inneren Gegensätze in der Gefühlswelt des Rittertums wie die Ambivalenz seiner Beziehung zur Liebe, die höchste Vergeistigung mit äußerster Sinnlichkeit verbindet. Wie aufschlußreich nun aber auch die psychologische Analyse dieser Doppelnatur der Gefühle ist, der psychologische Tatbestand setzt historische Umstände voraus, die selber erklärt werden müssen und die nur soziologisch erklärt werden können. Der psychische Mechanismus der Bindung an die Frau eines andern und die Steigerung dieses Gefühls durch die Freiheit, mit der man sich zu einer solchen Regung bekennt, hätte nie in Bewegung gesetzt werden können, wenn die Wirkung der alten religiösen und gesellschaftlichen Tabus nicht geschwächt worden wäre und wenn das Emporkommen einer neuen, emanzipierten Oberschicht nicht erst den Boden geschaffen hätte, in dem die erotischen Neigungen frei wuchern konnten. Die Psychologie ist auch in diesem Fall wie so oft nur verdeckte, ungeklärte, nicht zu Ende gedachte Soziologie. Die meisten Forscher aber können sich bezüglich des Stilwandels, den das Aufkommen des Rittertums in allen Gebieten der Kunst und Kultur mit sich bringt, weder bei der psychologischen noch bei der soziologischen Erklärung beruhigen und suchen nach direkten historischen Einflüssen, direkten literarischen Entlehnungen.

Zum Teil wollen sie, mit Konrad Burdach an der Spitze, das Novum der ritterlichen Liebe und der Troubadourdichtung auf arabischen Ursprung zurückführen.[170] Es gibt tatsächlich eine ganze Reihe von Motiven, die der provenzalischen Liebeslyrik und der islamischen Hofpoesie gemeinsam sind, so vor allem die schwärmerische Erhöhung der geschlechtlichen Liebe und der Stolz auf das Liebesleid; nirgends aber liegt ein wirklicher Beweis vor, daß die gemeinsamen Züge, die übrigens den Begriff der höfisch-ritterlichen Liebe bei weitem nicht erschöpfen, aus der arabischen Literatur in die Troubadourpoesie gekommen seien.[171] Eines der wesentlichen Merkmale, die einen solchen unmittelbaren Einfluß als zweifelhaft erscheinen lassen, ist, daß die Lieder der arabischen Dichter sich zumeist auf eine Sklavin beziehen und daß ihnen die Verschmelzung des Begriffes der Herrin mit der Geliebten, die das Wesen der ritterlichen Konzeption ausmacht, vollkommen fehlt.[172] Ebenso unhaltbar wie die arabische These ist auch die klassisch-lateinische Theorie. Denn wie reich auch die provenzalischen Liebeskanzonen an einzelnen Motiven, Bildern und Gedanken sind, die auf die antike Literatur, vor allem auf Ovid und Tibull, zurückgehen, der Geist dieser Heiden ist ihnen fremd.[173] Die ritterliche Liebesdichtung ist, trotz ihres Sensualismus, durchaus mittelalterlich und christlich, viel wirklichkeitsferner als die Kunst der römischen Elegiker. Bei diesen handelt es sich immer um ein wirkliches Liebeserlebnis, bei den Troubadours dagegen, wie wir wissen, zum Teil nur um eine Metapher, einen dichterischen Vorwand, eine allgemeine, kaum objektivierbare seelische Spannung. Wenn aber der jeweilige Anlaß, den der höfisch-ritterliche Dichter dazu benützt, um die Resonanzfähigkeit seines Gemütes zu erproben, auch noch so konventionell ist, seine Entzückung, seine Anhimmelung der Frau, die Aufmerksamkeit, die er seinen eigenen seelischen Regungen schenkt, die Leidenschaft, mit der er seine Gefühle zerfasert, seine Herzenserlebnisse analysiert, sind echt und der antiken Tradition gegenüber durchaus neu.

Am wenigsten überzeugend von sämtlichen Theorien über den literarischen Ursprung der Troubadourlyrik ist die Lehre, die sie vom Volkslied herleitet.[174] Danach wäre die Urform der höfischen Liebeskanzone ein volkstümliches Maitanzlied, das sogenannte *chanson de la mal mariée*, mit dem stehenden Motiv der verheirateten jungen Frau, die einmal im Jahre, im Mai, sich von den Fesseln der Ehe befreit und für einen Tag einen jungen Liebhaber nimmt. Nichts als der Zusammenhang dieses Themas mit dem Frühling, der „Natureingang"[175] und der ehebrecherische Charakter der geschilderten Liebe[176] entsprechen hier den Motiven der Troubadourdichtung, und auch diese Züge stammen allem Anschein nach aus der höfischen Poesie und scheinen in die Volksdichtung erst von dort übernommen zu sein. Ein Volkslied mit Natureingang, das älter wäre als die höfische Liebesdichtung, ist nirgends nachzuweisen.[177] Die Vertreter der Volksliedtheorie, vor allem Gaston Paris und Alfred Jeanroy, wenden übrigens bei ihren Ausführungen die gleiche Methode an, mit der die Romantiker die Spontaneität des „Volksepos" nachweisen zu können glaubten. Zuerst schließen sie aus den erhaltenen, verhältnismäßig späten, nicht volkstümlichen literarischen Denkmälern auf eine alte, „ursprüngliche" Stufe der Volksdichtung und leiten dann von dieser willkürlich konstruierten, unbelegten und wohl nie vorhanden gewesenen Entwicklungsstufe die Dichtungen ab, von denen sie ausgegangen sind.[178] Trotzdem ist es freilich durchaus denkbar, daß in die höfisch-ritterliche Dichtung volksliedmäßige Motive, Brocken volkstümlicher Weisheit, Sprichwörter und Redensarten, eingegangen sind, so wie diese Poesie ja zweifellos auch viel von dem in der Sprache zerstreuten, aus der antiken Literatur herübergewehten „poetischen Flugsand" aufgefangen hat;[179] nur die Annahme, daß die höfische Liebeskanzone sich aus dem Volkslied entwickelt habe, ist unerwiesen und wird auch kaum zu erweisen sein. Es ist zwar möglich, daß es in Frankreich auch vor der höfischen Poesie schon eine einfache populäre Liebeslyrik gab, diese ist aber jedenfalls restlos verloren, und nichts berechtigt uns, gerade in den raffinierten, scholastisch verwickelten, oft in einem virtuosen Spiel mit Gedanken und Gefühlen sich erschöpfenden Formen der ritterlichen Minnedichtung Überreste dieser verlorenen, offenbar naiven Volksdichtung erkennen zu wollen.[180]

Den bedeutendsten Einfluß von außen scheint die höfische Liebeslyrik durch die mittellateinische Klerikerdichtung erfahren zu haben. Davon allerdings, daß der Liebesbegriff des Rittertums als Ganzes von den Klerikern vorgebildet worden sei, kann keine Rede sein, obgleich die weltlichen Dichter einige der wichtigsten Bestimmungen dieses Begriffes von ihnen übernommen haben werden. Eine vorritterliche geistliche Tradition des Minnedienstes, wie man sie annehmen zu dürfen glaubte,[181] hat es nicht gegeben. Die Freundschaftsepisteln zwischen Klerikern und Nonnen weisen zwar schon im 11. Jahrhundert auf eigentümlich schwärmerische Beziehungen hin, die zwischen Freundschaft und Verliebtheit schwanken und bereits die aus der ritterlichen Liebe bekannte Mischung der spiritualistischen und sensualistischen Züge erkennen lassen; auch diese Dokumente sind jedoch nur ein Symptom jener allgemeinen geistigen Revolution, die mit der Krise des Feudalismus beginnt und ihre Erfüllung in der höfisch-ritterlichen Kultur findet. Man sollte also betreffend der Beziehung der ritterlichen Liebeslyrik und der mittelalterlichen Klerikerliteratur eher von Parallelerscheinungen als von Wirkungen und Entlehnungen sprechen.[182] Was die technische Seite ihrer Kunst betrifft, haben die ritterlichen Dichter von den Klerikern jedenfalls viel gelernt und bei ihren ersten dichterischen Versuchen die Formen und Rhythmen der Kirchenlieder zweifellos im Ohr gehabt. Zwischen der geistlichen Selbstbiographie der Zeit, die den früheren autobiographischen Aufzeichnungen gegenüber einen völlig neuen, man könnte wohl sagen modernen Charakter hat, und der ritterlichen Liebespoesie bestehen ebenfalls Berührungspunkte, aber auch diese, vor allem die gesteigerte Sensibilität und die genauere Analyse der Seelenzustände, hängen mit dem allgemeinen sozialen Umschwung und der neuen Wertschätzung des Individuums zusammen[183] und gehen in der geistlichen und der weltlichen Literatur auf eine gemeinsame sozialgecshichtliche Wurzel zurück. Der spiritualistische Zug der höfisch-ritterlichen Minne ist zweifellos christlichen Ursprungs; diesen müssen aber die Troubadours und die Minnesänger nicht erst der Klerikerdichtung entnommen haben – das ganze Empfindungsleben des Christentums war von diesem Zug beherrscht. Der Frauenkult konnte leicht nach dem Vorbild des christlichen Heiligenkults konzipiert worden sein;[184] die Herleitung des Minnedienstes von dem Mariendienst, eine charakteristische Erfindung der Romantik,[185] entbehrt dagegen jeder historischen Grundlage. Die Marienverehrung ist im frühen Mittelalter noch kaum entwickelt; die Anfänge der Troubadourdichtung sind jedenfalls älter als der Marienkult. Nicht die Marienverehrung inspiriert also den neuen Liebesbegriff, sie selber nimmt vielmehr die Züge der höfisch-ritterlichen Liebe an. Schließlich steht auch die Abhängigkeit der ritterlichen Konzeption der Liebe von den Mystikern, namentlich von Bernhard von Clairvaux und Hugo von St. Victor, nicht so eindeutig fest, wie man annehmen wollte.[186]

Welche Bewandtnis es aber auch immer mit den einzelnen Einflüssen und Abhängigkeiten habe, die Troubadourdichtung ist eine dem asketisch-hierarchischen Geist der Kirche durchaus gegensätzliche Laiendichtung, mit welcher der weltliche Dichter den dichtenden Kleriker endgültig verdrängt. Eine Periode von nahezu drei Jahrhunderten, in der die Klöster fast die einzigen Heimstätten der Dichtung waren, geht damit zu Ende. Der Adel hatte zwar auch während der geistigen Herrschaft der Mönche nie ganz aufgehört, einen Teil des literarischen Publikums zu bilden, das Hervortreten des Ritters als Dichter bedeutet aber gegenüber der früheren passiven Rolle des Laientums etwas so durchaus Neues, daß man den Zeitpunkt als einen der tiefsten Einschnitte in der Geschichte der Literatur betrachten muß. Man darf sich freilich den Schichtwechsel, der den Ritter an die Spitze der Kulturentwicklung stellt, nicht allzu einheitlich und allgemein vorstellen. Neben dem ritterlichen Troubadour gibt es nach wie vor den berufsmäßigen Spielmann, zu dem der Ritter, insofern er sich mit seiner Kunst fortbringen muß, zuweilen herabsinkt, dem gegenüber er aber eine eigene Schicht vertritt. Neben dem Troubadour und dem Spielmann gibt es selbstverständlich auch weiterhin den sich dichterisch betätigenden Kleriker, wenn er auch entwicklungsgeschichtlich keine führende Rolle mehr spielt. Und es gibt schließlich den sowohl in entwicklungsgeschichtlicher als auch künstlerischer Hinsicht ungemein wichtigen Vaganten, der wohl eine dem Leben des fahrenden Spielmanns sehr ähnliche Existenz führt und mit diesem auch oft verwechselt wird, der sich aber in seinem Bildungshochmut von dem niedrigen Konkurrenten ängstlich abzusondern trachtet. Die Dichter der Zeit verteilen sich so gut wie auf alle Schichten der Gesellschaft; es gibt unter ihnen Könige und Fürsten (Heinrich VI., Wilhelm von Aquitanien), Mitglieder des Hochadels (Jaufré Rudel, Bertran de Born), des Kleinadels (Walther von der Vogelweide) und der Ministerialität (Wolfram von Eschenbach), bürgerliche Spielleute (Marcabru, Bernart de Ventadour) und Kleriker aller Kategorien. Unter den vierhundert bekannten Dichternamen kommen auch siebzehn Frauen vor.

Mit den alten Heldengeschichten, die seit der Bildung des Rittertums von den Jahrmärkten, Kirchplätzen und Herbergen wieder in die höheren Schichten hinaufrücken und an den Höfen allenthalben ein interessiertes Publikum finden, kommen auch die Spielleute des Volkes wieder zu höheren Ehren. Hinter dem dichtenden Ritter und Kleriker müssen sie freilich noch weit zurückstehen, und diese wollen mit ihnen ebensowenig verwechselt werden, wie etwa die Dichter und Schauspieler des Dionysostheaters in Athen mit den Mimen oder die Skope der Völkerwanderungszeit mit den Gauklern verwechselt werden wollten. Ehemals aber behandelten die Dichter der verschiedenen Gesellschaftsschichten zumeist auch verschiedene Gegenstände und differenzierten sich schon dadurch voneinander. Jetzt hingegen, wo der Troubadour dieselben Stoffe bearbeitet wie der Spielmann, muß er sich durch die Behandlungsweise dieser Stoffe über den gewöhnlichen Sänger zu erheben suchen. Der „dunkle Stil“, der jetzt in die Mode kommt, die gewollte Unklarheit und Rätselhaftigkeit, die

Häufung sowohl der technischen als der inhaltlichen Schwierigkeiten ist nichts als ein Mittel, um einerseits die unteren, ungebildeten Schichten von dem Kunstgenuß der oberen Kreise auszuschließen, andererseits sich von dem Pack der Lustigmacher und Histrionen abzusondern. Aus dem bald mehr, bald weniger manifesten Willen zur sozialen Distinktion erklärt sich zumeist erst die Freude am Schwierigen und Komplizierten in der Kunst: der ästhetische Reiz des verborgenen Sinnes, der weitgespannten Assoziationen, des Sprunghaften und Rhapsodischen, der nicht gleich einleuchtenden und nie völlig auszuschöpfenden Symbole, der schwer memorierbaren Musik, der „Melodien, bei welchen man nicht schon am Anfang weiß, wie sie enden werden“, mit einem Wort, der Reiz all der heimlichen Genüsse und Paradiese. Von der Bedeutung dieser geistesaristokratischen Tendenz bei den Troubadours und ihren Schülern macht man sich erst den richtigen Begriff, wenn man bedenkt, daß Dante von allen provenzalischen Dichtern Arnaut Daniel, den dunkelsten und kompliziertesten, am meisten schätzte.[187]

Der nichtadelige Spielmann genießt, trotz seiner Zurücksetzung, unerhörte Vorteile durch seine Berufsgenossenschaft mit dem ritterlichen Dichter; nie wäre es ihm sonst erlaubt gewesen, von sich, von seinen subjektiven, privaten Gefühlen öffentlich zu sprechen, oder um es mit anderen Worten zu sagen, aus einem Epiker zu einem Lyriker zu werden. Nur infolge der neuen sozialen Stellung des Dichters ist der dichterische Subjektivismus, die Bekenntnispoesie und die ganze wichtigtuende Zergliederung der Gefühle möglich geworden. Und nur indem er an dem gesellschaftlichen Prestige des Ritters teilhatte, konnte der Dichter seine Urheber- und Eigentumsrechte wieder geltend machen. Wäre der dichterische Beruf nicht auch von gesellschaftlich höherstehenden Personen ausgeübt worden, hätte sich die Gewohnheit kaum so bald einbürgern können, daß die Dichter sich in ihren Werken mit Namen nannten. Marcabru tat es in zwanzig von seinen dreiundvierzig erhaltenen Liedern, Arnaut Daniel fast in allen.[188]

Die Spielleute, denen man wieder überall an den Höfen begegnete und die von nun an zum Bestand auch des bescheidensten Hofhaltes gehörten, waren Vortragskünstler; sie sangen und rezitierten. Waren die Dichtungen, die sie vortrugen, ihr geistiges Eigentum? Im Anfang werden sie wohl, wie ihre Ahnen, die Mimen, oft improvisiert haben, und bis zur Mitte des 12. Jahrhunderts waren sie zweifellos Dichter und Sänger in einem. Nachher dürfte aber eine Spezialisierung eingetreten sein, und wenigstens ein Teil der Spielleute scheint sich auf die Produktion fremder Werke beschränkt zu haben. Die fürstlichen und adeligen Dichter waren im Anfang offenbar die Schüler der Spielleute, die ihnen als erfahrene Experten bei der Lösung von technischen Schwierigkeiten sicher behilflich gewesen sind. Die nichtadeligen Sänger waren von Anfang an die Diener der vornehmen Amateure, und später standen wohl auch die verarmten ritterlichen Dichter in einem Dienstverhältnis zu den dilettierenden Grandseigneurs. Gelegentlich nahmen sogar die erfolgreichen Berufsdichter die Dienste der ärmeren Spielleute in Anspruch. Die reichen Dilettanten und die angeseheneren Troubadours trugen nämlich ihre Dichtungen nicht selber vor, sondern ließen sie von gedungenen Spielleuten vortragen.[189] So entstand hier eine eigentümliche künstlerische Arbeitsteilung, die den gesellschaftlichen Abstand zwischen dem adeligen Troubadour und dem gewöhnlichen Spielmann, wenigstens im Anfang, stark betonte. Dieser Abstand verringerte sich aber allmählich, und als Ergebnis der Nivellierung tritt uns späterhin, besonders im Norden Frankreichs, ein dem modernen Schriftsteller bereits sehr ähnlicher Dichtertypus entgegen. Dieser erfindet nicht mehr Gedichte zum Vortrag, sondern schreibt Bücher zum Lesen. Die alten Heldenlieder wurden seinerzeit noch gesungen, die *chansons de geste* rezitiert, die frühen höfischen Epen wahrscheinlich noch vorgelesen, die Liebes- und Abenteuerromane werden nun aber als Lektüre vor allem für die Damen produziert. Man hat die Verschiebung in der Zusammensetzung des Publikums zugunsten der Frauen als die bedeutendste Veränderung in der Geschichte der abendländischen Literatur bezeichnet.[190] Ebenso wichtig ist aber für die Zukunft die neue Form der Rezeption: das Lesen. Denn jetzt erst, wo die Dichtung zur Lektüre wird, kann ihr Genuß zur

Leidenschaft, zum täglichen Bedürfnis, zur Gewohnheit werden. Jetzt erst wird sie zur „Literatur“, deren Genuß nicht mehr an die Weihestunden des Lebens, nicht mehr an besondere, feierliche Gelegenheiten gebunden ist, sondern der Zeitvertreib jeder beliebigen Stunde werden kann. Damit verliert die Dichtung auch den letzten Rest ihres sakralen Charakters und wird zur bloßen „Fiktion“, zur Erfindung, an die man nicht mehr glauben muß, um ein ästhetisches Interesse an ihr zu haben. So ist es zu verstehen, wenn Chrétien de Troyes als der Dichter charakterisiert wird, der den eigentlichen Sinn der Mysterien, um die es sich in den keltischen Sagen handelt, gar nicht mehr begreift, geschweige denn an sie glaubt. Durch die regelmäßige Lektüre wird aus dem andächtigen Zuhörer ein blasierter Leser, zugleich aber auch ein erfahrener Kenner, und erst mit der Entstehung dieses Kenners wird aus dem Kreis der Zuhörer und Leser so etwas wie ein literarisches Publikum. Der Lesehunger dieses Publikums bringt dann unter anderem auch das Phänomen jener kurzlebigen Modeliteratur mit sich, deren erstes Beispiel der höfische Liebesroman ist.

Das Lesen bedingt, gegenüber dem Rezitieren und Vortragen, eine vollständig neue Erzählungstechnik; es erfordert und ermöglicht die Verwendung von neuen, bisher vollkommen unbekannten Effekten. Das zum Gesang oder zur Rezitation bestimmte dichterische Werk verwendet zumeist die bloße Juxtaposition als Kompositionsmittel; es setzt sich aus einzelnen mehr oder weniger in sich abgeschlossenen Gesängen, Episoden, Versen zusammen. Sein Vortrag kann fast überall abgebrochen werden und die Wirkung des Ganzen erleidet keinen wesentlichen Abbruch, wenn einzelne Teile übergangen werden. Die Einheit eines solchen Werkes ist nicht durch seine Komposition, sondern durch die einheitliche Weltanschauung, das einheitliche Lebensgefühl seiner Teile gewährleistet. So ist auch das Rolandslied gebaut.[191] Chrétien de Troyes arbeitet dagegen mit besonderen Spannungseffekten, mit Retardierungen, Interpolationen und Überraschungen, die sich nicht aus den einzelnen Teilen des Werkes, sondern aus den Beziehungen dieser Teile zueinander, aus ihrem Nach- und Gegeneinander, ergeben. Der Dichter der höfischen Liebes-

und Abenteuerromane befolgt aber diese Methode nicht nur, weil er es, wie behauptet wurde,[192] mit einem schwierigeren Publikum zu tun hat als der Dichter des Rolandsliedes, sondern auch weil er für *Leser* und nicht für *Zuhörer* schreibt und infolgedessen Wirkungen erzielen kann und erzielen muß, an die bei dem jeweils kurzbemessenen und oft willkürlich abgebrochenen mündlichen Vortrag nicht zu denken war. Mit diesen Leseromanen beginnt die neuere Literatur; nicht nur weil sie die ersten romantischen Liebesgeschichten des Abendlandes sind, die ersten epischen Werke, in welchen die Liebe alles andere verdrängt, der Lyrismus alles überströmt und die Sensibilität des Dichters das eigentliche Kriterium der künstlerischen Qualität ist, sondern auch weil sie, um einen bekannten Begriff der Dramaturgie zu variieren, die ersten „*récits bien faits*" sind.

Die Entwicklung, die im Zeitalter der höfischen Poesie von dem ritterlichen Troubadour und dem volkstümlichen Spielmann, als zwei vollkommen verschiedenen sozialen Typen, ausgeht, führt zuerst zu einer gewissen Annäherung zwischen den beiden, dann aber gegen Ende des 13. Jahrhunderts zu einer neuen Differenzierung, deren Ergebnis auf der einen Seite der festangestellte Menestrel, der Hofdichter im engern Sinne, auf der andern der wieder herabgekommene, herrenlos gewordene Jongleur ist. Seitdem die Höfe sich nämlich ständige, beamtenmäßig angestellte Dichter und Sänger halten, verlieren die fahrenden Spielleute die Kundschaft der höheren Kreise und wenden sich wieder, wie vor ihrem Aufstieg am Anfang der ritterlichen Periode, an das niedere Publikum.[193] Die festengagierten Hofdichter entwickeln sich dagegen, im bewußten Gegensatz zu den fahrenden Spielleuten, zu wirklichen Literaten, mit all den Eitelkeiten und dem ganzen Hochmut der späteren Humanisten. Die Gunst und die Freigebigkeit der großen Herren befriedigt sie nicht mehr; sie spielen sich jetzt als die Lehrmeister ihrer Gönner auf.[194] Die Fürsten aber halten sie auch nicht mehr nur, um ihre Gäste amüsieren zu lassen, sondern um selber an ihnen Gesellschafter, Vertraute und Ratgeber zu haben. Sie sind regelrechte Ministerialen, was auch in ihrer Bezeichnung als „Menestrels" zum Ausdruck kommt. Ihr Ansehen ist aber viel größer, als das der Ministerialen je gewesen war; sie gelten in allen Fragen des guten Geschmacks, der höfischen Sitten und der ritterlichen Ehre als die höchste Autorität.[195] Sie sind die eigentlichen Vorläufer der Renaissancedichter und Humanisten, oder sie sind es zumindest in demselben Maße wie ihre Gegenspieler, die Vaganten, denen Burckhardt diese Rolle zuschreibt.[196]

Der Vagant ist ein als Spielmann herumziehender Kleriker oder Scholar, ein entlaufener Geistlicher oder ein verbummelter Student; also ein Deklassierter, ein Bohemien. Er ist ein Produkt desselben wirtschaftlichen Systemwechsels, ein Symptom derselben gesellschaftlichen Dynamik, die das städtische Bürgertum und das berufsständische Rittertum hervorgebracht hat; er weist aber auch bereits wichtige Züge der sozialen Entwurzelung der modernen Intelligenz auf: er ist vollkommen respektlos der Kirche und den herrschenden Klassen gegenüber, ist ein Rebell und ein Libertin, der sich gegen jede Tradition und Sitte von vornherein auflehnt. Im Grunde ist er ein Opfer des gestörten sozialen Gleichgewichts, eine Übergangserscheinung, die für die Verschiebung von breiten Bevölkerungsschichten aus streng geschlossenen, das ganze Leben ihrer Mitglieder beherrschenden Gruppen in losere, mehr Freiheit gewährende, aber weniger Schutz bietende Einheiten bezeichnend ist. Seit der Wiederbelebung der Städte und der Konzentration der Bevölkerung, seit dem Aufblühen der Universitäten im besonderen, macht sich eine neue soziale Erscheinung bemerkbar: das Gelehrtenproletariat.[197] Die wirtschaftliche Sicherheit hört auch für einen Teil des Klerus auf. Früher hatte die Kirche für alle Zöglinge der Episkopal- und Klosterschulen gesorgt, jetzt aber, da infolge der größeren persönlichen Freiheit und des allgemeinen Aufwärtsstrebens die Schulen und die Universitäten sich mit armen jungen Leuten füllen, ist die Kirche nicht mehr gewillt, sich ihrer anzunehmen und sie in Stellungen unterzubringen. Die jungen Leute, von denen viele nicht einmal ihre Studien beenden können, führen nun zum Teil das Bettler- und Komödiantendasein der Vaganten. Nichts ist verständlicher, als daß sie stets auf dem Sprunge sind, sich mit dem

Gift und der Galle ihrer Dichtungen an der Gesellschaft, die für sie so schlecht sorgt, zu rächen.

Die Vaganten schreiben lateinisch: sie sind die Spielleute der geistlichen, nicht der weltlichen Herren. Im übrigen sind die Lebensumstände eines fahrenden Scholars und eines fahrenden Spielmanns nicht sehr verschieden. Auch der Bildungsunterschied wird zwischen ihnen nicht so groß gewesen sein, wie man im allgemeinen annimmt; schließlich waren ja diese verkrachten Kleriker und verdorbenen Studenten auch nur Halbgebildete, so wie die Mimen und die Jongleure.[198] Trotzdem stellen ihre Werke, wenigstens der Tendenz nach, eine gelehrte Standespoesie dar, die sich an ein verhältnismäßig kleines und gebildetes Publikum wendet. Und obgleich nun diese Vaganten oft gezwungen sind, auch weltliche Kreise zu unterhalten und in der Vulgärsprache zu dichten, halten sie sich von den gewöhnlichen Spielleuten streng abgesondert.[199]

Vagantendichtung und Schulpoesie sind voneinander nicht immer genau zu trennen.[200] Ein beträchtlicher Teil der mittellateinischen Liebeslyrik war Scholarendichtung und ein Teil dieser Studentenpoesie bloße Schuldichtung, das heißt eine dichterische Produktion, die aus dem Unterricht selber erwachsen ist. Manche der heißesten Liebeslieder sind einfach Schulaufgaben gewesen; ihr Erlebnisgehalt kann also nicht sehr groß gewesen sein. Auch mit dieser Schulpoesie ist aber die mittellateinische Lyrik noch nicht erschöpft. Es ist anzunehmen, daß ein Teil wenigstens der Trinklieder, wenn schon nicht der Liebeslieder, in den Klöstern entstanden ist. Gedichte wieder wie das *Liebeskonzil von Remiremont* oder den *Streit der Phyllis und Flora* wird man am besten der höheren Geistlichkeit zuschreiben. Es dürften demnach an der lateinischen weltlichen Dichtung des Mittelalters fast sämtliche Schichten des Klerus beteiligt gewesen sein.

Die Liebeslyrik der Vaganten unterscheidet sich von der der Troubadours hauptsächlich darin, daß sie eher mit Verachtung als mit Begeisterung von den Frauen spricht und die sinnliche Liebe mit einer fast brutalen Unmittelbarkeit behandelt. Auch darin ist aber nur ein Zeichen der Respektlosigkeit zu erblicken, mit der die Vaganten alles konventionell Ehrwürdige angehen, nicht aber, wie angenommen wurde, eine Art Rache für die Enthaltsamkeit, die sie wohl nie geübt haben. Die Frau erscheint in der Goliardenlyrik im grellen Lichte der Fabliaux. Diese Ähnlichkeit kann nicht zufällig sein, sie läßt vielmehr annehmen, daß die Vaganten an der Entstehung der ganzen antifeministischen und antiromantischen Literatur beteiligt gewesen sind. Daß in den Fabliaux kein einziger Stand von Spott verschont bleibt, weder der Mönch und der Ritter, noch der Bürger und der Bauer, spricht jedenfalls für diese Annahme. Der Vagant unterhält zwar gegebenenfalls auch den Bürger, erblickt in ihm sogar zuweilen einen Kampfgenossen in seinem Kleinkrieg gegen die Machthaber der Gesellschaft, verachtet ihn aber nichtsdestoweniger. Es wäre vollkommen falsch, die Fabliaux, trotz ihres respektlosen Tones, ihrer ungepflegten Form und ihres derben Naturalismus, für eine ganz und gar volkstümliche Literatur zu halten und anzunehmen, daß ihr Publikum sich auf rein bürgerliche Elemente beschränkt habe. Die Verfasser der Fabliaux sind zwar bürgerliche, nicht ritterliche Dichter, und der Geist, der sie erfüllt, ist gleichfalls bürgerlich, das heißt rationalistisch und illusionslos, unromantisch und selbstironisch; so wie aber das bürgerliche Publikum an den Ritterromanen ebensoviel Vergnügen findet wie an den lustigen Geschichten aus dem eigenen Lebenskreis, hört sich auch das adelige Publikum die frechen Erzählungen der Spielleute ebenso gern an wie die romantischen Heldengeschichten der Hofdichter. Die Fabliaux sind keine bürgerliche Standesliteratur in dem Sinne, wie der Heldengesang eine Standesliteratur des Kriegsadels und die romantischen Liebesromane eine Standesliteratur des höfischen Rittertums sind. Oder sie stellen jedenfalls eine distanzierte, selbstkritische Literatur dar, und die Selbstironie des Bürgertums, die in ihnen zum Ausdruck kommt, macht sie eben erst für die höheren Schichten genießbar. Das Vergnügen des adeligen Publikums an der Unterhaltungsliteratur der bürgerlichen Schichten bedeutet übrigens nicht, daß der Adel diese Literatur mit den höfischen Ritterromanen als wesensgleich empfindet; er genießt sie vielmehr, so wie er die Produktionen der Mimen, Histrionen und Bärenführer genießt.

Die Verbürgerlichung der Dichtung macht im Spätmittelalter bedeutende Fortschritte, und mit der Dichtung und ihrem Publikum verbürgerlicht sich auch der Dichter. Die Entwicklung bringt aber im Mittelalter außer dem bürgerlich bestimmten und bürgerlich gesinnten Meistersänger keinen neuen Typus mehr hervor; sie variiert nur die bereits vorhandenen Typen, deren Stammbaum jetzt etwa folgendes Bild zeigt:

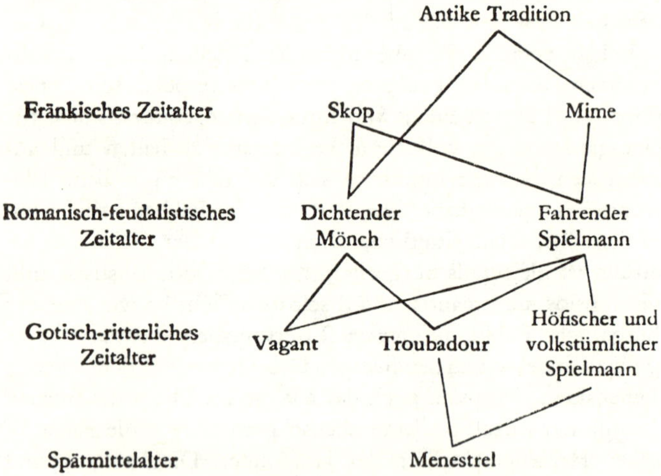


## 9. DER DUALISMUS DER GOTIK

Die geistige Mobilität des gotischen Zeitalters läßt sich im allgemeinen an den Werken der bildenden Kunst besser studieren als an den Schöpfungen der Dichtung; nicht nur weil die Ausübung dieser Kunst während des ganzen Mittelalters an einen mehr oder weniger einheitlichen Berufsstand gebunden bleibt und infolgedessen eine fast lückenlose Kontinuität der Entwicklung aufweist, während die dichterische Produktion sich von einer Gesellschaftsschicht zur anderen verschiebt und sich sozusagen nur ruck- und stoßweise, in einzelnen, oft unzusammenhängenden Etappen entwickelt, sondern auch weil der Geist des Bürgertums, der das treibende Element der neuen, in ihrer Statik gestörten Gesellschaft ist, in der bildenden Kunst sich schneller und restloser durchsetzt als in der Dichtung. In der letzteren sind es nur vereinzelte und an der Peripherie der massiven Produktion liegende Gattungen, die das realistische, wirklichkeitsverbundene, weltfreudige Lebensgefühl des Bürgertums unmittelbar zum Ausdruck bringen, die bildende Kunst ist dagegen fast in allen ihren Formen von dieser Stimmung erfüllt. Hier vollzieht sich die große Wendung des abendländischen Geistes, die Rückkehr vom Gottesreich zur Natur, von den letzten Dingen zu den nächsten, von den ungeheueren eschatologischen Mysterien zu den harmloseren Problemen der kreatürlichen Welt, auffallender als in den repräsentativen Formen der Dichtung, und hier wird es auch früher erkennbar, daß das Interesse der Kunst sich von den großen Symbolen und metaphysischen Zusammenfassungen zu der Darstellung des unmittelbar Erlebbaren, des Sinnfälligen und Einmaligen zu verschieben im Begriffe ist. Das Organische und Lebendige, das seit dem Ende der Antike seinen Sinn und Wert verloren hat, kommt jetzt wieder zu Ehren und die Einzeldinge der Erfahrungswirklichkeit bedürfen keiner jenseitigen, übernatürlichen Legitimation mehr, um zum Gegenstand künstlerischer Darstellung zu werden.

Nichts beleuchtet den Sinn dieses Wandels besser, als die Worte des heiligen Thomas: „Gott erfreut sich aller Dinge, denn jedes stimmt mit seinem Wesen überein.“ Sie enthalten die ganze theologische Rechtfertigung des künstlerischen Naturalismus. Alles Wirkliche, und sei es noch so gering, noch so vergänglich, hat eine unmittelbare Beziehung zu Gott; alles drückt das Göttliche auf seine eigene Art aus, alles hat also für die Kunst seinen eigenen Wert und Sinn. Und wenn die Dinge vorläufig auch nur wegen ihrer Zeugenschaft von Gott Beachtung finden, und sich – je nach dem Grade ihrer Gotteserfülltheit – in eine starre Rangordnung zu fügen haben, epochemachend ist der Gedanke, daß es keine so niedrige Stufe des Seins gibt, die ganz bedeutungslos, ganz gottverlassen und somit der Aufmerksamkeit des Künstlers ganz unwürdig wäre. Auch in der Kunst siegt über die Vorstellung eines außerhalb der Welt stehenden Gottes der Gedanke einer in den Dingen selbst wirkenden göttlichen Macht. Der Gott, der „von außen stieß", entsprach der autokratischen Weltanschauung des frühen Feudalismus, der Gott, der in allen Ordnungen der Natur gegenwärtig und wirksam ist, entspricht der Einstellung einer liberaleren, die Möglichkeit des sozialen Aufstiegs nicht mehr vollkommen ausschließenden Welt. Die metaphysische Rangordnung der Dinge spiegelt zwar noch immer eine ständisch gegliederte Gesellschaft, der Liberalismus des Zeitalters kommt aber bereits darin zum Ausdruck, daß auch die unterste Stufe des Seins in ihrer Eigenart als unersetzlich angesehen wird. Früher waren die Stände durch einen unüberbrückbaren Abgrund voneinander getrennt, jetzt berühren sie sich miteinander, und dementsprechend bildet nun auch die Welt als die Materie der Kunst eine kontinuierliche, wenn auch genau abgestufte Realität.

Von einem einseitig nivellierenden, die ganze Wirklichkeit zu einer Summe von sinnlichen Gegebenheiten verwandelnden Naturalismus kann hier, auf der Höhe des Mittelalters, selbstverständlich noch ebensowenig die Rede sein, wie etwa von der restlosen Verdrängung der feudalen Herrschaftsformen durch die bürgerliche Lebensordnung, oder von der vollständigen Aufhebung der geistigen Diktatur der Kirche und dem Ausbau einer ungebundenen weltlichen Kultur. In der Kunst kann, genau so wie in allen anderen Kulturgebieten, lediglich von einem Ausgleich zwischen Individualismus und Universalismus, von einem Kompromiß zwischen Freiheit und Bindung gesprochen werden. Der gotische Naturalismus ist das labile Gleichgewicht von weltbejahenden und weltverneinenden Tendenzen, so wie auch das ganze Rittertum ein Widerspruch in sich ist und das ganze religiöse Leben der Epoche zwischen Dogmatik und Innerlichkeit, Klerikerglauben und Laienfrömmigkeit, Orthodoxie und Subjektivismus hin und her schwankt. Es ist stets derselbe innere Widerspruch, dieselbe Polarität des Geistes, der in diesen gesellschaftlichen, religiösen und künstlerischen Antagonismen zum Ausdruck kommt.

Am auffallendsten äußert sich der Dualismus der Gotik im Naturgefühl des Zeitalters. Die Natur ist nicht mehr die stumme, entseelte materielle Welt, als welche sie dem Frühmittelalter im Zusammenhang mit der jüdisch-christlichen Vorstellung von Gott und in Übereinstimmung mit der Idee eines unsichtbaren, geistigen Herrn und Schöpfers der Welt erscheinen mußte. Die vollkommene Transzendenz Gottes führte damals ebenso notwendig zu der Entwertung der Natur, wie der Pantheismus jetzt ihre Rehabilitierung bewirkt. Bis zur franziskanischen Bewegung ist nur der Mensch „Bruder" des Menschen, seither ist es aber jede Kreatur.[201] Auch dieser neue Liebesbegriff entspricht der liberalen Geistesrichtung der Epoche. Man sucht in der Natur nicht mehr nach bloßen Gleichnissen einer übernatürlichen Wirklichkeit, sondern nach den Spuren des eigenen Selbst, den Spiegelungen des eigenen Gefühls.[202] Die blühende Wiese, der eisbedeckte Fluß, Frühling und Herbst, Morgen und Abend werden zu Stadien der Seele. Es fehlt aber, trotz dieser Korrespondenz, noch immer der individuelle Blick für die Natur; die Naturbilder sind stehende, starre Tropen, ohne persönliche Variabilität und Intimität.[203] Die Frühlings- und Winterlandschaften der Liebeslieder wiederholen sich hundertmal und werden schließlich zu vollkommen leeren, rein konventionellen Formeln. Bemerkenswert ist aber, daß die Natur überhaupt ein Gegenstand des Interesses geworden ist und daß sie an und für sich als darstellungswürdig erscheint. Das Auge muß sich erst der Natur öffnen, bevor es individuelle Züge in ihr zu entdecken vermag.

Viel konsequenter und eindeutiger als in den Landschaftsbildern kommt der Naturalismus der Gotik in der Menschendarstellung zum Ausdruck. In diesem Gebiet stehen wir überall einer durchaus neuen, der romanischen Stereotypik und Abstraktion vollkommen entgegengesetzten Kunstauffassung gegenüber. Hier richtet sich das Interesse gänzlich auf das

Individuelle und Charakteristische, und zwar nicht etwa erst in den Königsbildern von Reims und den Stifterbildnissen von Naumburg; den frischen, lebensvollen, unmittelbar ansprechenden Ausdruck dieser Porträts finden wir gewissermaßen schon in den Gestalten am Westportal von Chartres.[204] Schon diese sind so genau gezeichnet, daß wir das sichere Gefühl haben: sie müssen Studien nach wirklichen, lebenden Modellen gewesen sein. Den alten, bäuerisch einfachen Mann mit den starken Backenknochen, der kurzen, breiten Nase und den etwas schräg geschnittenen Augen muß der Künstler persönlich gekannt haben. Das Merkwürdige ist aber, daß diese Figuren jetzt schon, wo sie noch so altfeudalisch schwerfällig und plump erscheinen und von ihrer späteren höfisch-ritterlichen Beweglichkeit noch nichts aufweisen können, so überraschend gut charakterisiert sind. Der Sinn für das Individuelle ist eines der ersten Symptome der neuen seelischen Dynamik. Es ist erstaunlich, wie plötzlich an die Stelle der Kunstauffassung, die das Menschengeschlecht immer nur in seiner Gesamtheit und Gleichartigkeit zu betrachten gewohnt war, die Menschen nur als Erlöste und Verdammte zu differenzieren pflegte, darüber hinaus aber die individuellen Unterschiede für durchaus belanglos erachtete, ein Kunstwollen tritt, das gerade die individuellen Züge der Gestalten betont und das Einmalige an ihnen festzuhalten strebt;[205] wie auf einmal der Sinn für das gewöhnliche, alltägliche Leben aufgeht, wie schnell man wieder beobachten, wieder „richtig" sehen lernt, wie bald man an dem Zufälligen und Trivialen wieder Gefallen findet. Nichts ist für den sich vollziehenden Stilwandel bezeichnender, als daß selbst bei einem Idealisten wie Dante der Blick für das kleine charakteristische Detail zur Quelle der größten poetischen Schönheiten wird.

Was ist hier eigentlich geschehen? Im Wesen folgendes: Die ganz und gar einseitig orientierte, spiritualistische Kunst des Frühmittelalters, die auf jede Ähnlichkeit mit der unmittelbaren Realität, auf jede Bestätigung durch die Erfahrung verzichtet hat, ist einer Kunstanschauung gewichen, die jede gültige künstlerische Aussage, und zwar auch über das Jenseitigste, Ideellste, Göttlichste, von weitgehenden Übereinstimmungen mit der natürlichen, sinnlichen Wirklichkeit abhängig macht. Die ganze Beziehung von Geist und Natur erscheint damit verändert. Die Natur ist nicht mehr durch ihre Geistlosigkeit, sondern durch ihre geistige Transparenz, ihre geistige Ausdrucksfähigkeit, wenn schon nicht durch ihre eigene Geistigkeit charakterisiert. Eine solche Wandlung konnte erst eintreten, nachdem die Konzeption der Wahrheit selber sich verändert und statt ihrer früheren einseitigen Orientation eine zweiseitig bestimmte Form angenommen hat, mit anderen Worten, nachdem sich zwei verschiedene Wege zur Wahrheit eröffnet haben, oder vielmehr zwei verschiedene Wahrheiten entdeckt worden sind. Der Gedanke, daß die Darstellung eines an sich wahren Sachverhalts, um künstlerisch richtig zu sein, an besondere, der Erfahrungswirklichkeit entsprechende Bedingungen gebunden sei, daß also der künstlerische und der ideelle Wert einer Darstellung durchaus nicht übereinstimmen müssen – dieser der frühmittelalterlichen Auffassung gegenüber vollkommen neue Begriff von der Beziehung der Werte bedeutet eigentlich nur die Anwendung der aus der Philosophie der Zeit wohlbekannten Lehre von der „doppelten Wahrheit" auf die Kunst. In keiner anderen Form drückt sich der Zwiespalt, der durch den Bruch mit den alten feudalen Traditionen und durch die beginnende Emanzipation des Geistes von der Kirche entstanden war, schärfer aus als in dieser Doktrin, die jeder früheren Kultur als ungeheuerlich erschienen wäre. Denn was könnte für eine in ihrem Glauben gefestigte Zeit unfaßbarer sein, als daß es zwei verschiedene Quellen der Wahrheit gebe, daß Glaube und Wissen, Autorität und Vernunft, Theologie und Philosophie einander widersprechen und trotzdem beide in ihrer Art ein Wahres aussagen können? Die Lehre bedeutete einen Weg voller Gefahren, sie war aber der einzige Ausweg für eine mit dem unbedingten Glauben bereits zerfallene und mit der Wissenschaft noch nicht eng genug verbundene Zeit, die weder ihr Wissen dem Glauben noch ihren Glauben dem Wissen opfern wollte und ihre Kultur nur auf einer Synthese der beiden aufbauen konnte.

Der gotische Idealismus war zugleich ein Naturalismus, der seine im Jenseitigen wurzelnden geistigen Idealgestalten auch in empirischer Hinsicht korrekt zu bilden bestrebt war – dem philosophischen Idealismus des Zeitalters entsprechend, der die Ideen nicht über, sondern in die Einzeldinge setzte und sowohl an den Ideen als auch an den Einzeldingen festhielt. In die Sprache des Universalienstreites übertragen bedeutete dies, daß die Allgemeinbegriffe den Erfahrungstatsachen immanent gedacht wurden und daß ihnen, außer in dieser Form, keine wie immer geartete objektive Existenz zuerkannt wurde. Dieser gemäßigte Nominalismus, wie die Doktrin in der Geschichte der Philosophie bezeichnet wird, gründete sich also auf eine noch durchaus idealistische, überweltlich orientierte Weltanschauung, war aber von dem absoluten Idealismus – das ist von dem „Realismus" des Universalienstreites – durch einen größeren Abstand getrennt als von dem späteren extremen Nominalismus, der die objektive Existenz der Ideen in jeder Form leugnete und als wirklich real nur die individuellen, konkret gegebenen, einmaligen und einzigartigen Erfahrungstatsachen gelten ließ. Denn der entscheidende Schritt war damit getan, daß die Einzeldinge bei der Findung der Wahrheit überhaupt berücksichtigt wurden. Wer nämlich Einzelding sagte, wer die Substantialität der Einzelexistenz überhaupt in Frage kommen ließ, der sagte auch schon Individualismus und Relativismus und meinte wenigstens die teilweise Abhängigkeit der Wahrheit von diesseitigen und zeitgebundenen Prinzipien.

Das Problem, um das sich der Universalienstreit drehte, ist nicht nur das Zentralproblem der Philosophie, nicht nur das philosophische Problem schlechthin, von dem alle die entscheidenden philosophischen Fragestellungen, die Fragen des Empirismus und Idealismus, Relativismus und Absolutismus, Individualismus und Universalismus, Historismus und Ahistorismus, nur Varianten sind, es ist viel mehr als bloß ein philosophisches Problem, es ist der Inbegriff der Lebensfragen, die sich im Zusammenhang mit jedem Kulturgebilde ergeben und zu welchen man Stellung nehmen muß, sobald man sich seiner geistigen Existenz bewußt wird. Der gemäßigte Nominalismus, der die Realität der Ideen zwar nicht leugnet, sie aber als untrennbar von den Dingen der Erfahrungswirklichkeit betrachtet, ist die Grundformel des ganzen gotischen Dualismus, sowohl der Antagonismen der Wirtschafts- und Gesellschaftsstruktur als der inneren Widersprüche des künstlerischen Idealismus und Naturalismus des Zeitalters. Die Funktion des Nominalismus entspricht hier genau der Rolle, die die Sophistik in der Geschichte der antiken Kunst und Kultur spielte. Beide gehören zu den typischen philosophischen Lehren antitraditionalistisch denkender und liberal gesinnter Epochen. Beide sind Aufklärungsphilosophien, deren Wesen darin besteht, daß sie die Normen, die vorher als allgemeingültig und zeitlos angesehen wurden, als relative Werte, das heißt als durchaus veränderlich und vergänglich betrachten und die „reinen", absoluten, von besonderen Voraussetzungen unabhängigen Geltungen verneinen.

Die Verschiebung der philosophischen Grundlagen des mittelalterlichen Weltbildes, die Umstellung der Metaphysik vom Realismus auf den Nominalismus, wird erst im Zusammenhang mit ihrem soziologischen Hintergrund verständlich. Denn wie der Realismus einer wesentlich undemokratischen Gesellschaftsordnung entsprach, einer Hierarchie, in der nur die Spitzen zählten, einer absolutistischen, überindividuellen Organisation, die das Leben in die Verbände der Kirche und der Grundherrschaft zwängte und dem Einzelnen nicht die geringste Bewegungsfreiheit ließ, so entspricht der Nominalismus der Auflösung der autoritären Kollektivformen und dem Sieg des individuell abgestuften sozialen Lebens über das Prinzip der unbedingten Subordination. Der Realismus ist der Ausdruck einer statischen, konservativen, der Nominalismus einer dynamischen, progressiv-liberalen Weltanschauung. Der Nominalismus, der jedem Einzelding einen Anteil am Sein sichert, entspricht einer Lebensordnung, in der auch diejenigen, die auf den untersten Stufen der sozialen Leiter stehen, eine Aufstiegsmöglichkeit haben.

Der Dualismus, der die Beziehung der gotischen Kunst zur Natur bestimmt, kommt auch in der Lösung ihrer Kompositionsprobleme zum Ausdruck. Einerseits hebt die Gotik die ornamentale, vorwiegend das Prinzip der Reihung befolgende Kompositionsweise der romanischen Kunst auf und ersetzt sie durch eine der Klassik näherstehende, nach dem Prinzip der

Konzentration sich richtende Form; andererseits aber zerlegt sie die Darstellung, die in der romanischen Kunst wenigstens von einer ornamentalen Einheit beherrscht war, in lauter Teilkompositionen, die einzeln zwar im großen und ganzen nach dem klassischen Einheits- und Subordinationsprinzip gestaltet sind, in ihrer Gesamtheit jedoch eine ziemlich wahllose Häufung der Motive zeigen. Trotz der Bestrebung also, die gedrängte romanische Komposition zu lockern und statt der bloß gedanklichen oder ornamentalen Verknüpfung der Einzelformen zeitlich und räumlich abgeschlossene Szenen darzustellen, herrscht auch in der Gotik noch eine *additive* Kompositionsweise, die der räumlichen und zeitlichen Einheit eines klassischen Kunstwerkes durchaus entgegengesetzt ist.

Das Prinzip der „kontinuierenden" Darstellung, die Neigung zum „filmischen" Verweilen bei den Einzelphasen des Geschehens und die Bereitschaft zur Preisgabe des „fruchtbaren Moments" im Interesse der epischen Breite, ein Kunstwollen, dem wir zum erstenmal in der spätrömischen Kunst begegnet sind und von welchem man im Mittelalter eigentlich nie völlig abgekommen ist, wird jetzt, in der Form der zyklischen Komposition, wieder vorherrschend. Am krassesten kommt dieses Prinzip zum Ausdruck im Drama des Mittelalters, das mit Rücksicht auf seine Neigung zur Abwechslung und Veränderung, im Gegensatz zum klassischen „Einortsdrama", als „Bewegungsdrama" bezeichnet worden ist.[206] Die Passionsspiele mit ihren zahlreichen nebeneinandergestellten Szenerien, ihren vielen hundert Darstellern und ihrer oft auf eine Aufführungsdauer von mehreren Tagen sich erstreckenden Handlung, die jede Etappe des darzustellenden Geschehens verfolgen, bei jeder Episode mit unersättlicher Schaulust verweilen und an der Bewegung der Geschehnisse viel mehr interessiert sind als an der einzelnen dramatischen Situation, diese „Filmdramen" des Mittelalters stellen in gewisser Hinsicht die charakteristischsten, wenn auch qualitativ vielleicht unbedeutendsten Schöpfungen der gotischen Kunst dar. Das neue Kunstwollen, demzufolge die gotischen Kathedralen so oft unvollendet blieben, ihre innere Unabgeschlossenheit, die in uns, wie sich bereits Goethe das Gefühl bewußt machte, auch bei einem fertigen Bau den

Eindruck erweckt, daß er eigentlich unvollendet, das heißt unendlich, das heißt in ewigem, unabschließbarem Werden begriffen ist, diesen Drang in die Weite, diese Unfähigkeit, sich bei einem Abschluß zu beruhigen, bringen die Passionsspiele zwar in einer sehr naiven, aber um so eindeutigeren Weise zum Ausdruck. Das dynamische Lebensgefühl des Zeitalters, die Unruhe, die das traditionelle Denken und Empfinden auflöst, die nominalistische Wendung zu der Vielheit der veränderlichen und vergänglichen Einzeldinge, äußert sich in dem Bewegungsdrama des Mittelalters jedenfalls am unmittelbarsten.

Der Dualismus, der in den wirtschaftlichen, gesellschaftlichen, religiösen und philosophischen Tendenzen des Zeitalters, in der Beziehung zwischen Konsumwirtschaft und Erwerbswirtschaft, Feudalismus und Bürgertum, Überweltlichkeit und Innerweltlichkeit, Realismus und Nominalismus zum Ausdruck kommt und sowohl das Verhältnis der Gotik zur Natur als auch das Verhältnis ihrer Kompositionsprinzipien zueinander beherrscht, tritt uns zugleich im Rationalismus und Irrationalismus der gotischen Kunst, namentlich der gotischen Architektur, entgegen. Das 19. Jahrhundert, das den Charakter dieser Architektur aus dem Geist seiner eigenen technologischen Weltanschauung zu erklären suchte, betonte an ihr vor allem die rationalistischen Züge. Gottfried Semper bezeichnete sie als eine bloße „Übertragung der scholastischen Philosophie“,[207] und Viollet-le-Duc erblickte in ihr nur die Anwendung und die Veranschaulichung von mathematischen Gesetzen;[208] beide betrachteten sie, mit einem Wort, als eine Kunst, in der eine abstrakte, der Irrationalität der ästhetischen Motive entgegengesetzte Notwendigkeit herrscht. Beide erklärten sie, und so erklärte sie das ganze 19. Jahrhundert, als eine „rechnende Ingenieurkunst“, die aus dem Praktischen und Nützlichen ihre Inspiration schöpft und die in ihren Formen nichts als das technisch Notwendige und das konstruktiv Mögliche zum Ausdruck bringt. Man wollte die Formprinzipien der gotischen Architektur, vor allem ihren berauschenden Vertikalismus, von dem Kreuzgewölbe, das heißt einer bautechnischen Erfindung, ableiten. Diese technizistische Lehre paßte sehr gut in die rationalistische Ästhetik des Jahrhunderts, nach der an einem echten Kunstwerk überhaupt nichts zu ändern war und der ein gotischer Bau mit seiner strengen Logik und knappen Funktionalität als der Prototyp eines künstlerischen Ganzen erschien, von dem man nichts wegnehmen und zu dem man nichts hinzufügen konnte, ohne es vollkommen zu zerstören.[209] Unverständlich ist nur, wie man diese Doktrin gerade auf die gotische Architektur anwenden konnte, die mit der wechselvollen Baugeschichte ihrer Monumente den besten Beweis darstellt, daß an der schließlichen Form eines Kunstwerkes der Zufall, oder das, was im Verhältnis zum ursprünglichen Plan als zufällig erscheint, einen ebenso großen Anteil hat wie die Grundidee.

Nach Dehio stellt die Erfindung des Kreuzgewölbes das eigentlich schöpferische Moment in der Entstehung der Gotik dar, und die einzelnen künstlerischen Formen sind nur die Folgen dieser technischen Errungenschaft. Erst Ernst Gall kehrt das Verhältnis um und nimmt die formale Idee der vertikalen Gliederung als das Primäre an, die technische Durchführung dieser Idee aber als das Abgeleitete, das Dienende, das sowohl in entwicklungsgeschichtlicher als auch künstlerischer Hinsicht Sekundäre.[210] Seither ist von anderer Seite sogar betont worden, daß der praktische Nutzen der meisten „technischen Errungenschaften“ der Gotik auch an und für sich nicht sehr hoch veranschlagt werden dürfe, daß vor allem die konstruktive Funktion der Kreuzrippe eine illusorische sei und daß ursprünglich sowohl das Kreuzgewölbe als auch das Strebesystem einen wesentlich dekorativen Zweck hatten.[211] Es handelt sich bei dieser Kontroverse zwischen den Rationalisten und Irrationalisten letzten Endes um den gleichen Gegensatz, der schon bei Semper und Riegl der ausschlaggebende war.[212] Auf der einen Seite will man die künstlerische Form von der jeweiligen praktischen Aufgabe und ihrer technischen Lösung ableiten, auf der andern betont man, daß die künstlerische Idee sich oft gerade in einer gewissen Spannung zu den gegebenen technischen Mitteln durchsetze und daß die technische Lösung selber zum Teil die Schöpfung des formalen Kunstwollens sei. Auf beiden Seiten begeht man, mit verkehrten Vorzeichen, den gleichen Fehler; und wenn der

Technizismus Viollet-le-Ducs mit Recht als „romantisierte Mechanik" bezeichnet wurde,[213] so ist es nicht weniger berechtigt, den Ästhetizismus Riegls und Galls als eine ebenfalls romantische Vorstellung, nur eben nicht von der Gebundenheit, sondern von der Freiheit des künstlerischen Wollens zu betrachten. Kunstwollen und Technik sind in keiner Phase der Entstehung eines Kunstwerkes unabhängig voneinander gegeben, sie erscheinen vielmehr stets in einem nur theoretisch zerlegbaren Ineinander. Die Verselbständigung des einen der beiden Elemente als unabhängige Variable bedeutet die ungerechtfertigte, irrationale Erhöhung des betreffenden Prinzips über das andere und ist „romantisches" Denken. Das psychologische Nacheinander der beiden Prinzipien im Schöpfungsakt ist für ihre eigentliche Beziehung zueinander belanglos, denn es hängt von so vielen unberechenbaren Momenten ab, daß es als „zufällig" betrachtet werden muß. Faktisch ist es ebensogut möglich, daß die „Rippe aus rein technischen Gründen entstand und dann hinterher ihre künstlerische Ausnützbarkeit entdeckt wurde",[214] als daß der technischen Erfindung eine Formvision vorausging und daß der Architekt bei seinen technischen Überlegungen schon von dieser vielleicht ihm selber unbewußten Vision geleitet wurde. Hierüber läßt sich in wissenschaftlich verifizierbarer Weise nichts ausmachen. Es läßt sich jedoch einwandfrei feststellen, wie diese Prinzipien mit dem jeweiligen sozialen Hintergrund der künstlerischen Schöpfungen zusammenhängen, und erklären, warum sie miteinander übereinstimmen oder einander widersprechen. In den Kulturperioden, die, wie zum Beispiel das Frühmittelalter, im großen und ganzen konfliktlos verlaufen, besteht zwischen Kunstwollen und Technik zumeist kein prinzipieller Gegensatz; die künstlerischen Formen besagen dasselbe, was die Technik besagt, das eine Moment ist ebenso rational oder irrational wie das andere. In Zeiten jedoch wie der Gotik, wo die ganze Kultur von Antagonismen zerrissen ist, geschieht es oft, daß die geistigen und die materiellen Elemente der Kunst zwei verschiedene Sprachen sprechen und daß, wie auch in unserem Fall, die Technik einen rationalen, die Formprinzipien dagegen einen irrationalen Charakter tragen.

Die romanische Kirche ist ein in sich abgeschlossenes, in sich ruhendes, stabiles Raumgebilde mit einem verhältnismäßig weiten, repräsentativen, nüchternen Innenraum, der den Blick des Beschauers auf sich ruhen und in vollkommener Passivität verharren läßt. Der gotische Kirchenbau befindet sich dagegen in einem Zustand des Werdens, er entsteht gleichsam vor unseren Augen und stellt einen Prozeß, nicht ein Ergebnis dar. Die Verwandlung des ganzen materiellen Systems in ein Kräftespiel, die Auflösung alles Starren und in sich Ruhenden in eine Dialektik der Funktionen und der Dienste, dieses Strömen und Steigen, diese Zirkulation und Transformation der Energien, erweckt den Eindruck, als ob sich vor unseren Augen ein dramatischer Konflikt entwickeln und entscheiden würde. Und dieser dynamische Effekt ist so vorherrschend, daß daneben alles andere als ein bloßes Mittel zu diesem Zweck erscheint. Darum erleidet die Wirkung eines solchen Baues durch seine Unvollendetheit nicht nur keinen Abbruch, sondern gewinnt noch an Kraft und Reiz. Die Offenheit der Form, die jedem dynamischen Stil – bekanntlich auch dem Barock – eigen ist, betont nur den Eindruck der endlosen, nie zur Ruhe kommenden Bewegung und die Vorläufigkeit jedes Verharrens bei einem Ziel. Die Vorliebe der neueren Zeit für das Unvollendete, Skizzenhafte, Fragmentarische hat hier ihren Ursprung. Seit der Gotik hat jede große Kunst, mit Ausnahme der wenigen kurzlebigen Klassizismen, etwas Bruchstückartiges an sich, eine innere oder äußere Unabgeschlossenheit, ein willkürliches oder unwillkürliches Stehenbleiben vor dem Aussprechen des letzten Wortes. Es bleibt für den Beschauer oder den Leser immer etwas zu tun übrig. Der moderne Künstler scheut sich vor dem letzten Wort, weil er die Inadäquatheit jedes Wortes empfindet. Das ist ein Gefühl, das man vor der Gotik wohl nie gehabt hat.

Ein gotischer Bau ist aber nicht nur ein in sich bewegtes System, er mobilisiert auch den Beschauer und verwandelt den Akt des Kunstgenusses in einen Prozeß mit einer bestimmten Richtung und einer stufenweisen Entwicklung. Ein solcher Bau läßt sich aus keinem Aspekt auf einmal überblicken und bietet von keiner Seite her eine geschlossene, beruhigende, die

Struktur des Ganzen erschließende Ansicht, er zwingt den Beschauer vielmehr, seinen Standpunkt fortwährend zu ändern, und erlaubt ihm nur in der Form einer Bewegung, eines Aktes, einer Nachkonstruktion, sich ein Bild von dem Gesamtwerk zu machen.[215] Die griechische Kunst hat im Zeitalter der Demokratie, bei ähnlichen sozialen Voraussetzungen, eine ähnliche Aktivität des Beschauers herbeigeführt. Auch damals wurde der Rezeptive aus der ruhigen Betrachtung des Kunstwerkes herausgerissen und veranlaßt, die Bewegung des dargestellten Motivs innerlich mitzumachen. Die Auflösung der geschlossenen kubischen Form und die Emanzipierung der Plastik von der Architektur sind die ersten Schritte der Gotik auf dem Wege zu jener Rotation der Figuren, durch die der Beschauer in der klassischen Kunst mobilisiert wurde. Der entscheidende Schritt ist hier wie dort die Aufhebung der Frontalität. Mit diesem Prinzip wird jetzt endgültig gebrochen; von nun an kommt es nur für ganz kurze Zeitperioden, und im ganzen wohl nur zweimal, am Anfang des 16. und um die Wende des 18. Jahrhunderts, wieder zur Geltung. Die Frontalität mit dem Rigorismus, den sie für die Kunst bedeutet, bleibt seither ein historizistisches, nie restlos zu verwirklichendes Programm. Die Gotik bildet auch in dieser Beziehung den Anfang der Tradition, die bis zum heutigen Tage nicht abgerissen ist und mit der keine spätere an Bedeutung und Umfang zu konkurrieren vermag.

Trotz der Ähnlichkeit zwischen der griechischen und der mittelalterlichen Aufklärung und ihren Folgen für die Kunst gelingt es der Gotik zum erstenmal, die antike Tradition durch etwas ganz Neues, ganz Unantikes und der Klassik doch durchaus Ebenbürtiges zu ersetzen. Erst mit der Gotik ist die Antike tatsächlich überwunden. Die Transzendenz der Gotik war zwar schon der romanischen Kunst eigen, und diese war in mancher Hinsicht sogar vergeistigter als jede spätere Kunst, trotzdem stand sie der Antike formal näher als die um so viel sensualistischere und weltlichere Gotik. Die Gotik ist von einem Zug beherrscht, den wir in der romanischen Kunst umsonst suchen und der das eigentliche Novum der Antike gegenüber bedeutet. Ihre Sensibilität ist die besondere Form, in welcher der christliche Spiritualismus und der wirklichkeitsfreudige Sensualismus der gotischen Epoche einander durchdringen. Der Emotionalismus der Gotik war an und für sich nicht neu, auch die Spätklassik war gefühlvoll, ja pathetisch, und auch der Hellenismus wollte rühren und mitreißen, die Sinne berauschen und überrumpeln, neu war aber die Innigkeit des Ausdrucks, die jedem Kunstwerk der gotischen und der nachgotischen Periode einen Bekenntnischarakter gibt. Und hier stehen wir abermals jenem Dualismus gegenüber, der die Erscheinungsformen der Gotik überall durchdringt. Der Konfessionscharakter der neueren Kunst, der die Ursprünglichkeit und Einzigartigkeit des Erlebnisses voraussetzt, muß sich seit der Gotik gegen eine immer unpersönlicher und glatter werdende Routine durchsetzen. Denn kaum überwindet die Kunst den letzten Rest der Primitivität, kaum erreicht sie die Stufe, wo sie nicht mehr um die Ausdrucksmittel selbst zu kämpfen hat, macht sich auch schon die Gefahr einer jederzeit paraten, beliebig verwendbaren Technik bemerkbar. Mit der Gotik beginnt der Lyrismus der modernen Kunst, mit ihr beginnt aber auch das moderne Virtuosentum.

## 10. BAUHÜTTE UND ZUNFT

Die Bauhütte war die im 12. und 13. Jahrhundert sich entwickelnde Arbeitsgemeinschaft der an dem Bau einer größeren Kirche, zumeist einer Kathedrale, tätigen Künstler und Handwerker unter einer von den Bauherren eingesetzten oder genehmigten künstlerischen und administrativen Leitung. Die Funktion des Werkmeisters *(magister operis)*, dem die Beschaffung der Materialien und der Arbeitskräfte oblag, und die des Baumeisters *(magister lapidum)*, der für die künstlerische Zusammenarbeit, die Verteilung der Aufgaben und die Übereinstimmung der Einzelleistungen verantwortlich war, werden wohl oft in der Hand einer und derselben Person vereinigt gewesen sein, die Regel war aber zweifellos die personale Scheidung dieser Obliegenheiten. Der künstlerische und der administrative Leiter des Baues verhielten sich zueinander wie etwa der Regisseur und der Produktionsleiter eines Films, dessen Arbeitskollektiv übrigens die einzige vollkommene Parallele zur Organisation der Bauhütte darstellt. Ein wesentlicher Unterschied zwischen den beiden aber besteht darin, daß der Regisseur in der Regel bei jedem Film mit einem andern Ensemble arbeitet, die Veränderungen im Personal der Hütte dagegen mit dem Wechsel der Bauaufträge durchaus nicht immer zusammenfielen. Ein Teil der Werkleute gehörte zum Bestand der Hütte und blieb dem Baumeister auch nach der Beendigung eines Auftrages treu, ein anderer Teil wechselte wieder mitten in der Arbeit.

Es gab wohl, wie wir wissen, schon bei den Ägyptern eine Art von künstlerischer Gruppenarbeit,[215a] und bei den Griechen und Römern wissen wir von Baukorporationen, die bei größeren Unternehmungen truppweise eingestellt wurden; keine von diesen Vereinigungen hatte aber den Charakter der in sich abgeschlossenen und sich selbst verwaltenden Bauhütte. Eine solche autonome berufsständische Gruppenbildung wäre mit dem Geist der Antike unvereinbar gewesen. Und wenn es im Frühmittelalter so etwas wie eine Bauhütte gab, so bestand sie bloß in der Zusammenarbeit der bei einem Bau beschäftigten Werkstätten eines Klosters; es fehlte ihr eines der wesentlichsten Kennzeichen der späteren Vereinigungen: die Mobilität. Die Bauhütten der gotischen Zeit blieben zwar, wenn der Bau der Kirchen sich in die Länge zog, oft Generationen hindurch an dem gleichen Ort, wenn die Arbeit aber beendet war oder unterbrochen wurde, zogen sie unter der Führung ihrer Baumeister weiter und übernahmen neue Bauaufträge.[216] Die Freizügigkeit, die für die ganze künstlerische Produktion des Zeitalters von grundlegender Bedeutung war, äußerte sich übrigens nicht so sehr in dem Ortswechsel der Bauhütten als geschlossener Gruppen, sondern vielmehr in dem Wanderleben der einzelnen Kunsthandwerker, in ihrem Kommen und Gehen, ihrem Übertritt von einem Hüttenverband in den anderen. Wir finden zwar schon in den Klosterwerkstätten ortsfremde und bloß auf eine beschränkte Zeit verpflichtete Kräfte, die Mehrheit der in diesen Werkstätten beschäftigten

Arbeiter bestand aber aus den Mönchen der Klöster selbst, und diese leisteten den fremden und wechselnden Einflüssen einen starken Widerstand. Die ortsgebundene Stabilität der Arbeit und damit die Stetigkeit und verhältnismäßige Langsamkeit der Kunstentwicklung aber hört auf, sobald sich die Produktion vom Kloster zur Bauhütte verschiebt und in Laienhände kommt. Von da an werden Anregungen von überallher aufgenommen und nach überallhin verbreitet.

Die Bauherren der romanischen Epoche mußten sich noch vorwiegend auf die Arbeitsleistung ihrer Leibeigenen und Grunduntertanen beschränken, seitdem aber Geld zur Verfügung stand, wurde die Verwendung von freien und ortsfremden Arbeitskräften in höherem Maße als vorher möglich und es konnte sich allmählich ein interlokaler Arbeitsmarkt ausbilden. Umfang und Tempo der Bautätigkeit richteten sich von nun an nach der Verfügbarkeit der Barmittel, und der sich mitunter über Jahrhunderte hinziehende Bau der gotischen Kirchen erklärt sich vor allem mit dem periodisch eintretenden Geldmangel. Wenn Geld vorhanden war, wurde schnell und kontinuierlich gebaut, wenn aber das nötige Geld fehlte, mußte die Bautätigkeit verlangsamt und zeitweise ganz eingestellt werden. Und so entwickeln sich, den verfügbaren finanziellen Mitteln entsprechend, zwei verschiedene Organisationsformen der Arbeit: ein gleichmäßig funktionierender Baubetrieb mit einem im großen und ganzen ständigen Personal, und eine nur mit Unterbrechungen und Tempoänderungen im Gang gehaltene Produktion mit einer bald größeren, bald kleineren Anzahl von Künstlern und Handwerkern.[217]

Als mit der Wiedergeburt der Städte und der Entwicklung der Geldwirtschaft im Baugewerbe das Laienelement die Oberhand gewann, fehlte es zunächst an einer Organisationsform, die die Disziplin der Klosterwerkstatt ersetzen konnte. Dabei war der Bau eines gotischen Domes an und für sich eine viel langwierigere und kompliziertere Unternehmung als der Bau einer romanischen Kirche; es war an ihm eine größere Vielheit von Werkleuten beschäftigt, und seine Ausführung nahm aus inneren und, wie oben erwähnt, oft auch aus äußeren Gründen eine viel längere Zeitdauer in Anspruch. Diese Umstände erforderten eine strenge, von den herkömmlichen Methoden verschiedene Regelung der Arbeit. Die Lösung war die Bauhütte mit ihren genauen Bestimmungen über die Aufnahme, die Entlohnung und die Ausbildung der Arbeitskräfte, der Hierarchie des Baumeisters, der Meister und der Gesellen, der Einschränkung des Rechts am individuellen geistigen Eigentum und der unbedingten Abhängigkeit des Einzelnen von den Bedingungen der gemeinsamen künstlerischen Aufgaben. Das Ziel war die reibungslose Durchführung der Arbeitsteilung und der Arbeitsintegration, die weitestgehende Spezialisierung und die restloseste Vereinheitlichung der individuellen Leistungen. Dieses Ziel konnte nur bei einer wirklich kollektiven Denkart der Beteiligten erreicht werden. Nur bei der freiwilligen Unterordnung der persönlichen Bestrebungen unter den Wunsch des Baumeisters, dem beständigen und innersten Kontakt zwischen dem künstlerischen Leiter des Baues und jedem seiner Mitarbeiter war die erwünschte Nivellierung der individuellen Unterschiede ohne die Zerstörung der künstlerischen Qualität der einzelnen Leistungen zu erzielen. Wie war aber eine Arbeitsteilung dieser Art bei einem so komplexen geistigen Prozeß wie das künstlerische Schaffen überhaupt möglich?

Es gibt zwei einander vollkommen entgegengesetzte, nur in ihrer romantischen Eigenart ähnliche Einstellungen zu dieser Frage. Die eine neigt dazu, in der Kollektivität der künstlerischen Produktion geradezu die Voraussetzung des höchsten Gelingens zu erblicken, für die andere scheint dagegen die Atomisierung der Aufgaben und die Einschränkung der individuellen Freiheit das Zustandekommen von echten Kunstwerken mindestens zu gefährden. Die positive Einstellung wird vornehmlich im Zusammenhang mit der mittelalterlichen Kunst, die negative zumeist in bezug auf den Film zum Ausdruck gebracht. Beide Standpunkte gründen sich, trotz der Gegensätzlichkeit der schließlichen Ergebnisse, auf die gleiche Vorstellung von der Wesensart des künstlerischen Schaffens: beide erblicken im Kunstwerk das Produkt eines einheitlichen, undifferenzierten, unteilbaren, quasi göttlichen Schöpfungsaktes. Die Romantik des 19. Jahrhunderts personifizierte den

Kollektivgeist der Bauhütte als eine Art Volks- und Gruppenseele, individualisierte also etwas grundsätzlich Unindividuelles und ließ das Werk, das die gemeinsame Schöpfung eines Kollektivs war, aus dieser einheitlich und individuell vorgestellten Gruppenseele erstehen. Die Kritiker des Films verschleiern demgegenüber zwar die Kollektivität, das heißt die zusammengesetzte Struktur der Filmarbeit keineswegs, betonen sogar ihren unpersönlichen, oder wie sie es zu bezeichnen pflegen, „mechanischen" Charakter, stellen aber dafür die künstlerische Wesensart der Produkte, gerade wegen der Unpersönlichkeit und der Atomisiertheit des Schöpfungsprozesses, in Abrede. Sie vergessen dabei nur, daß auch die Arbeitsweise des einzelnen, selbständigen Künstlers bei weitem nicht so einheitlich und organisch ist, wie es die romantische Kunsttheorie will. Jeder auch nur halbwegs komplizierte geistige Prozeß, und das künstlerische Schaffen gehört zu den verwickeltsten, besteht aus einer ganzen Reihe von mehr oder weniger selbständigen – bewußten und unbewußten, rationalen und irrationalen – Funktionen, deren Resultate der kritische Kunstverstand ebenso zu sichten und einer zusammenfassenden Redaktion zu unterwerfen hat, wie der Leiter der Bauhütte die Einzelleistungen seiner Leute prüft, korrigiert und miteinander in Einklang bringt. Die allzu einheitliche Vorstellung von den Fakultäten und Funktionen der menschlichen Seele ist eine ebenso unhaltbare romantische Fiktion wie die Annahme einer Volks- und Gruppenseele als selbständiger, außerhalb der Einzelseelen bestehender Realität. Die Einzelseelen stellen, wenn man will, nur Teile und Brechungen einer Kollektivseele dar, diese Kollektivseele existiert jedoch einzig und allein in ihren Komponenten und Brechungen. Und ebenso äußert sich auch die Individualseele gewöhnlich nur in ihren Einzelfunktionen; die Einheit ihrer Attitüden muß – außer im Zustand der Ekstase, der aber der Kunst nicht angemessen ist – schwer erkämpft werden, sie ist kein Geschenk des flüchtigen Augenblicks.

Die Bauhütte als Arbeitsverband entsprach einer Zeit, in welcher die Kirche und die Stadtgemeinden so gut wie die einzigen Interessenten für Werke der bildenden Kunst waren.

Dieser Abnehmerkreis war verhältnismäßig klein, sein Bedarf machte sich nur periodisch geltend und war in den meisten Fällen bald gedeckt. Der Künstler mußte den Ort seiner Tätigkeit oft ändern, um Beschäftigung zu finden. Er mußte aber nicht allein und nicht ganz auf sich gestellt in der Welt herumziehen: die Bauhütte, der er sich anschließen konnte, besaß die Elastizität, die die Verhältnisse erforderten; sie ließ sich nieder und blieb an einem und demselben Ort, solang es da Arbeit gab, zog davon, sobald nichts mehr zu tun war, und etablierte sich wieder, wo sich neue Beschäftigung finden ließ. Sie bot eine für die Verhältnisse sehr weitgehende Sicherheit; ein tüchtiger Arbeiter konnte, so lange er nur wollte, in ihrem Verband verbleiben, es stand ihm aber auch frei, in eine andere Bauhütte überzutreten oder, wenn er seßhafter veranlagt war, einer der großen permanenten Dombauhütten in Chartres, Reims, Paris, Straßburg, Köln oder Wien beizutreten. Erst nachdem die Kaufkraft des städtischen Bürgertums so gewachsen war, daß seine Mitglieder auch als Privatleute einen regelmäßigen Interessentenkreis für künstlerische Produkte bildeten, konnte sich der Künstler von der Bauhütte freimachen und in einer Stadt als selbständiger Meister niederlassen.[218] Dieser Zeitpunkt stellte sich im Laufe des 14. Jahrhunderts ein; zunächst waren es aber nur die Maler und die Bildhauer, die sich von der Bauhütte emanzipierten und Unternehmer auf eigene Faust wurden. Die Bauleute verblieben fast noch zwei Jahrhunderte lang in dem Verband der Hütten, denn der einzelne Bürger trat als Bauherr, auf den man sich stützen konnte, erst gegen Ende des 15. Jahrhunderts auf. Da verlassen auch die Bauarbeiter die Hüttenvereinigungen und schließen sich der Organisation der Zünfte an, der die Bildhauer und Maler schon längst beigetreten waren. Die Konzentration der Künstlerschaft in den Städten und der Konkurrenzkampf, der sich in ihrer Mitte entwickelte, machten von Anfang an wirtschaftliche Kollektivmaßnahmen nötig, die sich am besten im Rahmen der Zunftordnung durchführen ließen, einer Selbstverwaltung, die die übrigen Gewerbetreibenden sich bereits vor Jahrhunderten gegeben hatten. Die Zünfte entstanden im Mittelalter überall, wo eine Berufsgruppe sich durch den Zuzug von außen in ihrer wirtschaftlichen Existenz bedroht fühlte. Das Ziel der Organisation war der Ausschluß oder wenigstens die Einschränkung der Konkurrenz. Die Demokratie nach innen, die im Anfang noch wirksam war, machte sich nach außen von vornherein als der unduldsamste Protektionismus geltend. Die Bestimmungen bezweckten einzig und allein den Schutz der Produzenten und nicht etwa auch den der Konsumenten, wie es der Schein wollte und wie die romantische Idealisierung des Zunftwesens heute noch glauben machen will. Die Verhütung der freien Konkurrenz bedeutete von vornherein die schwerste Benachteiligung der Konsumenten. Was aber die Mindestanforderungen an die Qualität der gewerblichen Erzeugnisse betrifft, so waren diese durchaus nicht selbstlos gestellt, nur weitsichtig genug formuliert, um einen gleichmäßigen, ungestörten Absatz zu sichern.[219] Die Romantik aber, die die Zünfte gegen den Industrialismus und Kommerzialismus der liberalen Ära auszuspielen suchte, leugnete nicht nur die Ursprünglichkeit des monopolistischen Charakters und die Vorherrschaft der eigennützigen Ziele des Zunftwesens, sie wollte in der genossenschaftlichen Organisation der Arbeit, in den allgemeingültigen Qualitätsmaßstäben und den öffentlichen Kontrollmaßregeln ein Mittel der „Veredelung des Handwerks zur Kunst“ erblicken.[220] Sombart betont diesem „Idealismus“ gegenüber mit Recht, daß die „Masse der Handwerker niemals ein höheres künstlerisches Niveau eingenommen“ habe und daß Handwerk und Kunstgewerbe immer zwei durchaus verschiedene Dinge gewesen seien.[221] Wenn aber die Vorschriften der Zunftordnung zu der höheren Qualität der gewerblichen Erzeugnisse – die freilich mit Kunst nichts zu tun hatten – auch beigetragen haben mögen, für den Künstler bildeten sie ebenso viele Hindernisse wie Anregungen. Der Bauhütte gegenüber stellte jedoch die Zunft, wie unliberal sie auch an und für sich war, gerade hinsichtlich der künstlerischen Freiheit einen wesentlichen Fortschritt dar.

Der grundsätzliche Unterschied zwischen Bauhütte und Zunft besteht darin, daß die erstere ein hierarchisch organisierter Arbeitsverband von Angestellten, die letztere eine, wenigstens ursprünglich, egalitäre Vereinigung von selbständigen Unternehmern ist. Die Bauhütte stellt ein einheitliches Kollektiv dar, in dem niemand frei ist, auch der Bau- und Werkmeister nicht, denn auch er hat sich nach einem von der Kirchenbehörde entworfenen und zumeist bis in die geringsten Einzelheiten ausgearbeiteten ideellen Programm zu richten. In den Einzelwerkstätten dagegen, aus denen sich die Zunft zusammensetzt, sind die Meister ihre eigenen Herren, nicht nur was die Verwendung ihrer Zeit, sondern auch was die Wahl ihrer künstlerischen Mittel betrifft. Die Statuten der Zunftordnung enthalten, bei all ihrer Engherzigkeit, zumeist nur technische Vorschriften und erstrecken sich kaum auf rein künstlerische Fragen, im Gegensatz zu den Richtlinien, an die sich die Künstler der Bauhütten halten müssen. Die Zunftregeln beschränken wohl die Bewegungsfreiheit der Meister, schreiben ihnen aber nicht vor, was sie innerhalb gewisser, in den meisten Fällen als selbstverständlich hingenommener Grenzen zu tun oder zu lassen haben. Die künstlerische Persönlichkeit ist als solche zwar noch nicht entdeckt, die Künstlerwerkstatt ist noch genau so organisiert wie jeder andere handwerkliche Betrieb und der Maler fühlt sich durch den Umstand, daß er mit den Sattlern der gleichen Zunft angehört, nicht im mindesten herabgesetzt, in dem selbständigen, sich selbst überlassenen, für sein Werk allein einstehenden Meister des Spätmittelalters kündigt sich aber nichtsdestoweniger bereits der moderne, ungebundene Künstler an.[222]

Nichts drückt die Tendenz der mittelalterlichen Kunstentwicklung klarer aus als die allmähliche Entfernung der Arbeitsstätte des Künstlers von dem Bauplatz. In der romanischen Periode wird noch die ganze künstlerische Arbeit am Gebäude selber durchgeführt. Die malerische Dekoration der Kirche besteht ausschließlich in Wandgemälden, die naturgemäß nur an Ort und Stelle ausgeführt werden können. Aber auch der plastische Schmuck des Baues entsteht auf dem Gerüst – der Bildhauer arbeitet „après la pose", das heißt er behaut und meißelt den Stein, nachdem der Steinmetz denselben in die Wand bereits eingefügt hat. Mit der Entstehung der Bauhütten im 12. Jahrhundert vollzieht sich, wie schon Viollet-le-Duc bemerkt, auch in dieser Hinsicht ein Wechsel. Die Bauhütte bietet dem Bildhauer eine bequemere und technisch besser ausgestattete Arbeitsstätte als das Baugerüst. Er verfertigt jetzt in den meisten Fällen seine Skulpturen von Anfang bis Ende im Atelier, also nicht in, sondern neben der Kirche. Am Bau werden erst die bereits fertigen Stücke befestigt. Der Umschwung wird zwar nicht so schroff gewesen sein, wie Viollet-le-Duc meint,[223] jedenfalls tritt aber schon hier die Wendung ein, die zu der allmählichen Verselbständigung der bildhauerischen Arbeit führt und die Loslösung der Plastik von der Architektur vorbereitet. Das Zurücktreten des Wandgemäldes neben dem Tafelbild bringt die gleiche Tendenz im Gebiete der Malerei zum Ausdruck. Die letzte Phase der Entwicklung besteht in der vollkommenen Trennung der Arbeitsstätte vom Bau. Die Bildhauer und die Maler verlassen den Bauplatz, ziehen in ihre eigenen Werkstätten und bekommen unter Umständen die Kirchen, für welche sie ihre Altarbilder und Altarschreine anzufertigen haben, überhaupt nicht zu Gesicht.

Eine ganze Reihe von Stilmerkmalen der Spätgotik hängt mit der Scheidung der Arbeitsstätte von dem Bestimmungsort der Kunstwerke unmittelbar zusammen. Mit der Verschiebung der Kunstproduktion von der Bauhütte zur Meisterwerkstatt hängt vor allem der auffallendste moderne Zug der spätmittelalterlichen Kunst zusammen: die bürgerliche Bescheidenheit ihrer Produkte, das Unmonumentale und Unprätentiöse ihres Formats. Die Bürger lassen als Privatleute noch keine Kirchen und Schlösser bauen, bestellen keine Grabkapellen und Wandgemäldezyklen, nur Altarschreine und Tafelbilder, sie bestellen aber Hunderte und Tausende davon. Diese Gattungen entsprechen sowohl der Kaufkraft als auch dem Geschmack des Bürgertums, und sie entsprechen zugleich dem Kleinbetrieb der selbständigen Künstler. In dem engen Raum der städtischen Werkstatt, mit dem kleinen Hilfspersonal, das dem Meister zur Verfügung steht, lassen sich nur verhältnismäßig bescheidene Aufgaben bewältigen. Diese Umstände begünstigen auch die Verwendung des leichten, leicht bearbeitbaren, billigen Holzes. Ob die Wahl des bescheidenen Formats und des anspruchsloseren Materials der Ausdruck des bereits vollzogenen Stilwandels ist oder ob in dem neuen geschmeidigeren, wendigeren, ausdrucksvolleren Stil die Folge dieser materiellen Bedingungen zu erblicken sei, läßt sich schwer sagen. Die kleinen Maßstäbe und das weniger widerspenstige Material laden jedenfalls zu Neuerungen und Experimenten ein und legen die Wendung zu einem dynamischeren, expansiveren, auf die Bereicherung der Motive ausgehenden Stil von vornherein nahe.[224] Der Umstand, daß der Wandel vom Großen, Schweren, Gravitätischen zum Kleinen, Leichten, Intimen nicht nur an den Holzfiguren der Altarschreine, sondern auch an der monumentalen Steinplastik der Zeit zu beobachten ist, beweist an und für sich nichts gegen die stilbildende Rolle des Materials; nichts ist sogar natürlicher, als daß der Stil der Holzplastik in einer Zeit, in der diese Gattung führend wird, sich auch auf den Stein überträgt. Wie dem aber auch sei, die künstlerischen Formen neigen nun in jedem Format und in jedem Material zum Niedlichen, Zierlichen und Raffinierten. Es ist der erste Sieg des modernen Virtuosentums, der allzu leicht beherrschten Technik, der allzu handlichen, sich allzu widerstandslos darbietenden Mittel, dessen Zeugen wir hier sind. Dieses Virtuosentum aber ist gewissermaßen nur ein Symptom jener Entwicklung, die in der Spätgotik, im Zeitalter der vollentwickelten Geldwirtschaft und der Warenproduktion, zur Vergewerblichung der Malerei und der Plastik führt und einen Kunstgeschmack entstehen läßt, für den das Gemälde zum Wandschmuck und die plastische Figur zu einem Einrichtungsgegenstand wird.

Man darf, ja man muß bei dieser Korrespondenz der Geschichte der Stile und der Geschichte der Arbeitsorganisation stehenbleiben. Es wäre müßig, hier nach dem Primären und dem Sekundären zu fragen. Es genügt, darauf hinzuweisen, daß am Ende der mittelalterlichen Entwicklung seßhafte Künstlerschaft, werkstättischer Kleinbetrieb, billige und fügsame Materialien mit kleinen und zierlichen Formaten, spielerischen und aparten Formen Hand in Hand gehen.

## 11. DIE BÜRGERLICHE KUNST DER SPÄTGOTIK

Das Spätmittelalter hat nicht nur einen arrivierten Bürgerstand – es ist ein bürgerliches Zeitalter. Die städtische Geld- und Verkehrswirtschaft, die seit dem Hochmittelalter der ganzen Entwicklung die Richtung weist, führt zur politischen und kulturellen Selbständigkeit und späterhin zur geistigen Vorherrschaft des bürgerlichen Elements. Denn wie in der Wirtschaft, so vertritt diese Schicht auch in der Kunst und Kultur die progressivste und produktivste Richtung. Das Bürgertum des Spätmittelalters ist aber ein äußerst vielfältiges, in die verschiedensten Interessenkreise zersplittertes soziales Gebilde, dessen Grenzen nach oben wie nach unten fließend sind. Die ehemalige Einheitlichkeit, die gemeinsamen wirtschaftlichen Ziele und die egalitären politischen Bestrebungen sind gewichen vor einer über alles andere sieghaften Tendenz zur Absonderung nach Vermögensständen. Nicht nur Groß- und Kleinbürgertum, Handel und Handwerk, Kapital und Arbeit scheiden sich immer schärfer voneinander, es entstehen auch zahlreiche Übergänge zwischen dem kapitalstarken Unternehmertum und den kleinen Gewerbetreibenden einerseits, den selbständigen Meistern und dem Arbeiterproletariat andererseits. Im 12. und 13. Jahrhundert kämpfte das Bürgertum noch um seine materielle Existenz und seine Freiheit; jetzt kämpft es um die Bewahrung seiner Vorrechte gegen die neuen, von unten aufstrebenden Elemente. Aus dem progressiven, um den sozialen Fortschritt ringenden Stand ist eine saturierte, konservative Klasse geworden.

Die Unruhe, die im 12. Jahrhundert die Stabilität der feudalen Verhältnisse erschütterte und seither ständig gewachsen war, erreicht in den Aufständen und Lohnkämpfen des Spätmittelalters ihren Höhepunkt. Die ganze Gesellschaft ist unstet geworden. Das Bürgertum strebt, gesättigt und gesichert, wie es nun ist, nach dem Prestige des Adels und sucht die aristokratischen Lebensformen nachzuahmen; der Adel trachtet wieder, sich dem erwerbssüchtigen Wirtschaftsgeist und der rationalistischen Weltanschauung des Bürgertums anzupassen. Die Folge ist eine weitgehende Nivellierung der Gesellschaft – auf der einen Seite der Aufstieg der Mittelklassen, auf der andern der Niedergang der Aristokratie. Der Abstand zwischen den oberen Schichten des Bürgertums und den unteren, weniger begüterten Schichten des Adels verringert sich; immer unüberbrückbarer werden dagegen die Vermögensunterschiede – unversöhnlich wird der Haß des armen Ritters gegen den reichen Bürger, unausgleichbar der Gegensatz zwischen dem entrechteten Lohnarbeiter und dem bevorrechteten Meister.

Der mittelalterliche Gesellschaftsbau zeigt aber bereits auch in den Höhen gefährliche Risse; das Rückgrat der alten gewaltigen, den Fürsten Trotz bietenden Feudalität ist gebrochen. Mit dem Übergang von der Naturalwirtschaft zur Geldwirtschaft verwandelt sich der mehr oder weniger unabhängige Hochadel in eine Klientel des Königs. Die einzelnen Grundbesitzer mögen infolge der Auflösung der Leibeigenschaft und der Umbildung der feudalen Grundherrschaften in verpachtete oder mit freien Lohnarbeitern bewirtschaftete Güter ärmer oder reicher geworden sein, sie verfügen keinesfalls mehr über die Leute, mit denen sie gegen die Könige Kriege führen könnten. Der Lehnsadel verschwindet und wird durch den Hofadel ersetzt, der seine Privilegien von seiner Stellung im Dienste des Königs herleitet. Der Hofhalt der Fürsten bestand selbstverständlich auch früher schon aus Adeligen, diese waren aber unabhängig oder konnten sich jederzeit unabhängig machen vom Hofe. Der neue Hofadel hingegen ist mit seiner ganzen Existenz der Gunst und der Gnade des Monarchen ausgeliefert. Die Adeligen werden zu Hofbeamten, und die Hofbeamten werden geadelt. Der alte Schwertadel vermischt sich mit dem neuen Briefadel, und in der zwitterhaften Hof- und Beamtenaristokratie, die sie nunmehr bilden, sind es durchaus nicht immer die Angehörigen des alten Adels, die die wichtigere Rolle spielen. Die Könige wählen ihre Rechtsberater und Wirtschaftsexperten, ihre Sekretäre und Bankiers mit Vorliebe aus den Schichten des Bürgertums; der Wert der Leistung ist bei ihrer Wahl das Maßgebende. Auch hier siegen die Richtlinien der Geldwirtschaft: das Kriterium der Konkurrenzfähigkeit, die Indifferenz der Mittel, die zum Ziele führen, die Verwandlung der persönlichen Relationen in sachliche Beziehungen. Der neue, zum Absolutismus neigende Staat gründet sich nicht mehr auf Vasallentreue und Loyalität, sondern auf die materielle Abhängigkeit eines entlohnten Beamtentums und eines besoldeten stehenden Heeres. Diese Metamorphose aber wird erst möglich, nachdem die Prinzipien der städtischen Geldwirtschaft auf den ganzen Staatshaushalt ausgedehnt worden sind und die Mittel beschafft werden können, die zur Aufrechterhaltung eines solchen kostspieligen Systems gehören.

Der Adel verändert sich zwar mit dem Staat in seiner Struktur, bewahrt aber den Zusammenhang mit seiner Vergangenheit. Das Rittertum als der monopolisierte Kriegerstand und der Träger der weltlichen Kultur verfällt dagegen vollständig. Der Prozeß ist ein langwieriger, und die ritterlichen Ideale verlieren ihren verführerischen Glanz durchaus nicht von heute auf morgen – am wenigsten in den Augen des Bürgertums. Alles bereitet sich indessen im Hintergrund auf die Niederlage Don Quijotes vor. – Man hat die Dekadenz des Rittertums mit der neuen Kriegstechnik des Spätmittelalters in Zusammenhang gebracht und betont, daß die schwere Reiterei überall, wo sie der Infanterie der neuen Söldnertruppen oder dem Fußvolk der bäuerlichen Genossenschaften gegenüberstand, schwere Schlappen erlitt. Sie floh vor den englischen Bognern, den schweizerischen Landsknechten, dem polnisch-litauischen Volksheer, das heißt vor jeder Waffenart, die von der ihrigen verschieden war, und vor jeder Streitkraft, die auf die Spielregeln ihrer Kriegsführung nicht von vornherein einging. Die neue Kriegstechnik war aber nicht der eigentliche Grund der Niederlagen des Rittertums; auch diese Technik war nur ein Symptom, auch in ihr kam nur der Rationalismus der neuen bürgerlichen Welt zum Ausdruck, in die sich das Rittertum durchaus nicht hineinfinden konnte. Das Schießgewehr, die Anonymität der Infanterie, die strenge Disziplin der Massenheere, all das bedeutete die Mechanisierung und Rationalisierung der Kriegsführung und damit die

Unzeitgemäßheit der individuellen und heroischen Einstellung des Rittertums zum Kriege. Die Schlachten von Crécy, Poitiers, Agincourt, Nicopolis, Varna, Sempach wurden nicht aus technischen Gründen verloren, sondern darum, weil die Ritter statt eines richtigen Heeres lose, undisziplinierte Einheiten von Abenteurern bildeten und den persönlichen Ruhm über den gemeinsamen Sieg stellten.[225] Die bekannte These von der Demokratisierung des Kriegsdienstes durch die Erfindung der Feuerwaffen und infolge der Einsetzung von besoldeten Fußtruppen, durch die das Rittertum um seinen Beruf gebracht wurde, kann nur mit starker Einschränkung aufrechterhalten werden. Die ritterlichen Waffen sind, wie dieser Doktrin gegenüber mit Recht betont wurde,[226] durch das Handrohr und die Hakenbüchse keineswegs unbrauchbar geworden, abgesehen davon, daß das Fußvolk zumeist mit Spieß und Bogen und nicht mit Feuerwaffen kämpfte. Das Spätmittelalter bildete sogar den Höhepunkt in der Entwicklung der schweren ritterlichen Rüstungen, und die Reiterei behielt bis zum Dreißigjährigen Krieg ihre oft entscheidende Bedeutung neben der Infanterie. Es trifft übrigens gar nicht zu, daß die Fußtruppen sich ausschließlich aus dem Landvolk zusammensetzten; wir finden sowohl Bürgersöhne als auch Adelige in ihren Reihen. Das Rittertum ist zu einem Anachronismus geworden, nicht weil seine Waffen, sondern weil sein „Idealismus" und Irrationalismus veraltet waren. Der Ritter verstand die Triebfedern der neuen Wirtschaft, der neuen Gesellschaft, des neuen Staates nicht – er hielt das Bürgertum mit seinem Gelde und seinem „Krämergeist" noch immer für eine Anomalie. Der Bürger wußte viel besser, woran er mit dem Ritter war. Er machte zwar die Maskerade der ritterlichen Turniere und der Liebeshöfe mit Vergnügen mit, das Ganze war aber doch nur eine Spielerei für ihn; bei seinen Geschäften blieb er nüchtern, hart und illusionslos, mit einem Wort: unritterlich.

Viel inniger als mit dem Feudaladel vermischt sich das Bürgertum mit den städtischen „Geschlechtern". Die „neuen Reichen" werden von dem alteingesessenen Patriziat allmählich als ebenbürtig angesehen und schließlich durch das Konnubium vollständig rezipiert. Nicht jeder reiche Bürger ist von vornherein ein Patrizier, nie ist aber ein Nichtadeliger bloß seines Vermögens wegen so leicht in die Reihen einer Aristokratie aufgerückt wie jetzt. Der alte Stadtadel und die neuen Kapitalisten teilen sich in das Stadtregiment und bilden zusammen die neue Herrenklasse, deren wesentlichstes Kennzeichen die Ratsfähigkeit ist. Zu dieser Schicht werden auch jene Familien gerechnet, deren Mitglieder zwar keinen Sitz im Rat haben, die aber infolge ihrer wirtschaftlichen Stellung von den Ratsfähigen als ihresgleichen betrachtet werden und in die Geschlechter hineinheiraten können. Diese die städtische Amtsgewalt direkt oder indirekt ausübende Honoratiorenklasse bildet nunmehr einen streng geschlossenen Stand, ihre Lebensformen haben einen durchaus aristokratischen Charakter und ihre Herrschaft gründet sich auf ein fast ebenso ausschließliches Monopol der Ämter und der Würden wie einst die der Feudalität. Der eigentliche Zweck und Sinn der Herrschaft dieser Klasse ist aber die Sicherung des Wirtschaftsmonopols für ihre Mitglieder. Überall, wo es sich namentlich um die großen Exportgeschäfte handelt, beherrschen sie schon als die Besitzer der Rohstoffvorräte den Markt. Sie entwickeln sich aus Gewerbetreibenden in Händler und Verleger und lassen jetzt andere für sich arbeiten; sie schießen nur das Rohmaterial vor und zahlen einen festen Lohn für die Arbeit. Die ursprüngliche Gleichstellung der in den Zünften organisierten Handwerker weicht somit einer nach der politischen Macht und den finanziellen Mitteln abgestuften Differenzierung.[227] Zuerst werden die kleinen Meister aus den oberen Zünften verdrängt, dann schließen auch diese sich gegen den Zuzug von unten ab und verhindern, daß die ärmeren Gesellen es zur Meisterschaft bringen. Die kleinen Gewerbetreibenden verlieren allmählich jeden Einfluß auf das Stadtregiment, namentlich auf die Aufteilung der wirtschaftlichen Lasten und Vorrechte, und beruhigen sich schließlich bei dem Schicksal eines besitzlosen Kleinbürgertums. Die Gesellen sinken zur lebenslänglichen Lohnarbeit herab und schließen sich, aus den Zünften verdrängt, zu neuen Genossenschaften zusammen. Es entwickelt sich somit seit dem 14. Jahrhundert ein eigener, aus dem sozialen Aufstieg ausgeschlossener Arbeiterstand, und dieser bildet nunmehr das Substrat der neuen, unserer modernen Industrie bereits sehr ähnlichen Produktionsweise.[228]

Ob man nun schon im Mittelalter von einem Kapitalismus sprechen darf, hängt davon ab, wie man den Kapitalismus definiert. Versteht man unter kapitalistischer Wirtschaft die Lockerung der genossenschaftlichen Bindungen, das allmähliche Heraustreten der Produktion aus den Grenzen, aber auch aus der Sekurität der Korporation, das heißt ein Wirtschaften und Geschäftemachen auf eigene Faust, von dem Gedanken der Konkurrenz geleitet und auf Erwerb gerichtet, so muß man wohl schon das Hochmittelalter zur kapitalistischen Ära rechnen. Hält man dagegen diese Definition für unzureichend und betrachtet die unternehmungsmäßige Ausnützung von fremden Arbeitskräften und die Beherrschung des Arbeitsmarktes durch den Besitz der Produktionsmittel, mit einem Wort die Verwandlung der Arbeit aus einem Dienst in eine Ware als die wichtigsten Momente, die zum Begriff des Kapitalismus gehören, so wird man die Anfänge des kapitalistischen Zeitalters vom 14. und 15. Jahrhundert an datieren. Von einer wirklichen Akkumulation des Kapitals, von großen Barvermögen im modernen Sinne, kann freilich auch im Spätmittelalter noch kaum die Rede sein, und von einem konsequent rationalistischen, einzig und allein an dem Leistungsgedanken, an Planmäßigkeit und Zweckmäßigkeit orientierten Wirtschaften ebensowenig. Aber die Tendenz zum Kapitalismus ist von diesem Zeitpunkt an unverkennbar. Der individualistische Wirtschaftsgeist, das allmähliche Versagen der genossenschaftlichen Idee, die Versachlichung der persönlichen Beziehungen gewinnt allenthalben Boden; wieviel also auch immer von dem vollen Begriff des Kapitalismus noch unerfüllt bleibt, das Zeitalter steht im Zeichen der neuen Wirtschaftsform und wird vom Bürgertum als dem Vertreter der kapitalistischen Produktionsweise beherrscht.

Im Hochmittelalter hatte das städtische Bürgertum noch keinen unmittelbaren Anteil an der Kultur; die bürgerlichen Elemente waren als Künstler, Dichter und Denker nur die Beauftragten des Klerus und des Adels, nur die Ausführenden und die Vermittler einer Konzeption, die nicht in ihrer Weltanschauung wurzelte. Im Spätmittelalter verändert sich dieses Verhältnis von Grund aus; die ritterlichen Lebensformen, der höfische Geschmack, die kirchlichen Traditionen bleiben zwar in vieler Beziehung auch für die bürgerliche Kunst und Kultur maßgebend, jetzt ist aber das Bürgertum der eigentliche Kulturträger: die meisten Aufträge für Kunstwerke gehen von einzelnen Bürgern aus, nicht von Königen und Kirchenfürsten, wie im Frühmittelalter, oder von Höfen und Stadtgemeinden, wie in der gotischen Zeit. Der Adel und der Klerus hören zwar nicht auf, als Stifter und Bauherren mitzutun, ihr Einfluß ist aber nicht mehr schöpferisch – die Anregungen zum Neuen rühren jetzt zumeist vom Bürgertum her. Die Kunstauffassung einer so komplexen und durch so tiefe Gegensätze zerklüfteten Schicht, wie es diese Klasse war, konnte aber selbstverständlich nicht einheitlich sein: man darf nicht etwa annehmen, daß sie durch und durch volkstümlich war. Denn wie verschieden sich auch die künstlerischen Ziele und Wertmaßstäbe des Bürgertums von denen des Klerus und des Adels gestalteten, ganz naiv und populär, das heißt ohne bildungsmäßige Voraussetzungen verständlich waren sie nicht. Der Geschmack eines bürgerlichen Kaufmanns mag „vulgärer", realistischer, irdischer gewesen sein als der eines Bauherrn der hochgotischen Periode, er war aber kaum undifferenzierter und der Auffassung des niederen Volkes kaum weniger fremd. Die Formen einer spätgotischen, dem bürgerlichen Geschmack gemäßen Malerei oder Skulptur waren oft sogar preziöser und spielerischer als die entsprechenden Formen eines hochgotischen Kunstwerkes.

Die Volkstümlichkeit des Geschmacks äußert sich eher in der Literatur, die auch jetzt, wie fast immer, wenn es sich um „gesunkenes Kulturgut" handelt, in tiefere Schichten dringt als die bildende Kunst mit ihren nur für die reichen Leute erschwingbaren Produkten. Aber auch hier besteht die Volkstümlichkeit lediglich darin, daß die meisten Gattungen einen unvoreingenommeneren, über die moralischen und ästhetischen Vorurteile des Rittertums sich leichter hinwegsetzenden Geist offenbaren; wir haben es in keiner dieser Gattungen mit wirklicher Volksdichtung zu tun: in keiner kommt die spontane, von der literarischen Tradition der Oberschichten unabhängige Kunstauffassung des Volkes zur Geltung. Die Tierfabel des Mittelalters wurde von der Literaturgeschichte und Folklore von jeher als der unmittelbare Ausdruck der Volksseele betrachtet. Nach der romantischen, noch vor kurzem allgemeine Anerkennung genießenden Theorie stiegen die Tiermärchen, von der mündlichen Überlieferung getragen, aus dem einfachen, des Schreibens unkundigen Volke in die Literatur hinauf und bildeten hier den späten, teilweise verfälschten Niederschlag der ursprünglichen, vom Volke geschaffenen Formen. In Wirklichkeit scheint jedoch der Entwicklungsprozeß sich in umgekehrter Richtung vollzogen zu haben. Tiermärchen des Volkes, die älter wären als der *Roman de Renart*, kennen wir nicht; die französischen, finnischen, ukrainischen Märchen, die wir besitzen, stammen alle bereits von der literarischen Tierfabel ab, und von dieser war wohl schon die Märchendichtung des Mittelalters abhängig.[229] Ähnlich verhält es sich aber auch mit dem Volkslied des Spätmittelalters: es ist der späte Abkömmling der Troubadour- und der Vagantenlyrik – das simplifizierte, zum Volk herabgesunkene literarische Liebeslied. Es wurde von den niederen Spielleuten verbreitet, die „zum Tanz aufspielten und sangen und dabei eben die Lieder vortrugen, die man die Volkslieder des 14., 15. und 16. Jahrhunderts zu nennen pflegt und die auch von den Tanzenden selbst im Chore gesungen wurden . . . Vieles, was die lateinische Poesie damals ausbildete, ging durch sie in den Volksgesang über."[230] Daß schließlich die sogenannten „Volksbücher" des Spätmittelalters nichts als die vulgäre prosaische Fassung der alten höfischen Ritterromane sind, ist genügend bekannt und braucht nicht erst betont zu werden.

Nur in einer literarischen Gattung, dem Drama, haben wir es mit so etwas wie einer Volksdichtung der Spätgotik zu tun. Auch hier handelt es sich freilich um keine Urschöpfung des „Volkes", aber wenigstens um die Fortsetzung einer echten volkstümlichen Tradition, so wie sie sich seit dem frühen Altertum im Mimus fortgepflanzt hat und von dem geistlichen und weltlichen Drama des Mittelalters aufgegriffen wurde. Mit der Mimentradition sind zwar auch zahlreiche Motive der

Kunstdichtung, vor allem solche der römischen Komödie, in das mittelalterliche Theater eingedrungen, die meisten dieser Motive wurzelten aber selber so tief in volkstümlichem Boden, daß das Volk in ihnen zum größten Teil nur sein eigenes geistiges Eigentum zurückerhielt. Vollends ist aber das religiöse Theater des Mittelalters wirkliche Volkskunst, und zwar nicht nur weil seine Zuschauer, sondern auch weil seine Darsteller sich aus allen Schichten der Gesellschaft zusammensetzen. Die Mitglieder der Ensembles sind Kleriker, Kaufleute, Handwerker, zum Teil wohl auch zugelaufenes Volk, mit einem Wort Dilettanten, im Gegensatz zu den Darstellern des weltlichen Theaters, die berufsmäßige Mimen, Tänzer und Sänger sind. Der Geist des Dilettantismus, der sich in der bildenden Kunst bis zur neueren Zeit nie durchsetzen konnte, macht sich in der Dichtung des Mittelalters bei jedem Schichtwechsel der kulturtragenden Elemente geltend. Auch die Troubadours waren im Anfang nur Dilettanten und entwickelten sich erst allmählich zu Berufsdichtern. Nach dem Untergang der höfischen Kultur wird ein großer Teil dieser Dichter, deren Existenz sich auf eine mehr oder weniger regelmäßige Beschäftigung an den Höfen gründete, brotlos und verschwindet allmählich. Das Bürgertum ist vorläufig weder reich noch literarisch anspruchsvoll genug, um sie alle aufzunehmen und zu ernähren. An die Stelle der Spielleute treten teilweise wieder Amateure, die nach wie vor ihrer bürgerlichen Beschäftigung nachgehen und der Dichtung nur ihre Mußestunden widmen. Sie übertragen auf die Dichtung den Geist ihres Handwerks, ja, sie betonen und übertreiben die handwerklichen Elemente des dichterischen Schaffens, als ob sie damit ihr Dilettantentum, das zu ihrem gediegenen Handwerkerdasein nicht recht paßt, kompensieren wollten. Sie vereinigen sich, so wie es auch die Darsteller des geistlichen Dramas tun, in zunftmäßigen Organisationen und unterwerfen sich einer Menge von Regeln, Vorschriften und Verboten, die in vieler Hinsicht an die Statuten der Zunftordnungen erinnern. Und dieser Handwerkergeist drückt sich nicht nur in der Dichtung der gewerbetreibenden Dilettanten aus, sondern auch in den Werken jener Berufsdichter, die sich ganz im Geiste des Handwerks „Meister“

und „Meistersänger“ nennen und sich über den niederen Spielleuten wer weiß wie erhaben fühlen. Sie konstruieren sich künstliche, vor allem verstechnische Schwierigkeiten, um mit ihrem Virtuosentum und ihrer Gelehrsamkeit das ungebildete Spielmannspack in den Schatten zu stellen. Diese Schulpoesie, die sowohl in formaler als auch in inhaltlicher Hinsicht an der Tradition der bereits antiquierten höfischen Ritterdichtung festhält, ist nicht nur die der naturalistischen Geschmacksrichtung der Spätgotik am fernsten stehende und somit am wenigsten populäre künstlerische Form, sie ist auch die am wenigsten fruchtbare Gattung der Zeit.

Der Naturalismus der hochgotischen Kunst entsprach gewissermaßen dem Naturalismus der griechischen Klassik; die Abbildung der Wirklichkeit bewegte sich hier wie dort noch in den Grenzen strenger Kompositionsformen und enthielt sich des Eingehens auf Einzelheiten, die die Konzentriertheit der Komposition gefährden konnten. Der Naturalismus der Spätgotik sprengt nun diese Einheitsform, so wie die Kunst des 4. vorchristlichen Jahrhunderts und des Hellenismus sie gesprengt hat, und geht, mit einer oft brutalen Rücksichtslosigkeit gegen die formale Struktur, auf die Imitation der Wirklichkeit aus. Nicht im Naturalismus selbst besteht die Eigenart der Kunst des Spätmittelalters, sondern in der Entdeckung der Eigenwertigkeit dieses Naturalismus, der nunmehr seinen Zweck oft in sich hat und nicht mehr – oder nicht mehr gänzlich – im Dienste eines symbolischen Sinnes, einer supranaturalen Bedeutung steht. Die überweltlichen Beziehungen fehlen wohl auch hier nicht, das Kunstwerk ist aber in erster Reihe ein Abbild und nicht ein Symbol, das sich der Naturformen lediglich als Mittel zu einem fremden Zweck bedient. Die bloße Natur ist zwar noch nicht sinnvoll, aber doch schon interessant genug, um für sich studiert und um ihrer selbst willen dargestellt zu werden. In der spätmittelalterlichen bürgerlichen Dichtung, der Tierfabel und der Farce, dem Prosaroman und der Novelle, kommt bereits ein ganz und gar diesseitig orientierter, saftiger, derber Naturalismus zum Ausdruck, der zu dem Idealismus der Ritterromane und den sublimierten Gefühlen der aristokratischen Liebeslyrik in dem denkbar schärfsten Gegensatz steht. Hier haben wir es auch zum erstenmal mit wirklichen, lebenswahren Charakteren zu tun – hier fängt die Herrschaft der Psychologie in der Literatur an. Sicher finden sich auch in der früheren mittelalterlichen Dichtung schon richtig beobachtete Charakterzüge – die Göttliche Komödie ist voll von ihnen –, aber sowohl bei Dante als auch etwa bei Wolfram von Eschenbach steht nicht die psychologische Eigenart der Figuren im Vordergrund, sondern ihre symbolische Bedeutsamkeit; sie haben ihren Sinn und ihre Existenzberechtigung nicht in sich, sie spiegeln vielmehr einen Sinn, der über ihre individuelle Existenz weit hinausgeht. Die Charakterschilderungen der spätmittelalterlichen Literatur unterscheiden sich hauptsächlich darin von der Darstellungsweise der früheren Zeit, daß die Dichter jetzt die einzelnen Züge ihrer Figuren nicht zufällig finden, sondern suchen, sammeln, erspähen. Diese psychologische Wachsamkeit aber ist in höherem Maße als alles andere ein Produkt des städtischen Lebens und der Verkehrswirtschaft. Die Konzentration der vielen verschiedenen Menschen in einer Stadt, der Reichtum und der häufige Wechsel der Typen, denen man da täglich begegnet, schärft an und für sich das Auge für charaktermäßige Eigentümlichkeiten, der eigentliche Antrieb zur psychologischen Beobachtung aber stammt daher, daß die Menschenkenntnis, die richtige psychologische Einschätzung des Geschäftspartners zum wichtigsten geistigen Requisit des Kaufmanns gehört. Die städtischen und geldwirtschaftlichen Lebensbedingungen, die den Menschen aus einer statischen, durch Gewohnheit und Tradition gebundenen Welt herausreißen und in eine dynamische Wirklichkeit stellen, in eine Welt, deren Akteure und Situationen fortwährend wechseln, erklären auch, daß der Mensch jetzt für die Dinge seiner unmittelbaren Umgebung ein neues Interesse gewinnt. Denn diese Umgebung ist jetzt der wirkliche Schauplatz seines Lebens, in ihr muß er sich bewähren; um sich aber in ihr zu bewähren, muß er sich in ihr auskennen. Und so wird nun jede Einzelheit des Lebens zum Gegenstand der Beobachtung und der Darstellung; nicht nur der Mensch, auch die Tiere und Bäume, nicht nur die lebendige Natur, auch Haus und Hausrat, Kostüm und Gerät werden zu eigenwertigen künstlerischen Motiven.

Der Mensch der spätmittelalterlichen bürgerlichen Epoche betrachtet die Welt mit anderen Augen und von einem anderen Standpunkt als seine bloß jenseitig interessierten Vorfahren. Er steht gleichsam am Rande des Weges, auf welchem das bunte, unerschöpfliche, unaufhaltsam dahinströmende Leben sich entfaltet, und er findet nicht nur alles, was sich da abspielt, für äußerst bemerkenswert, er fühlt sich selber in dieses Leben und Treiben verwickelt. Die „Reiselandschaft"[231] ist das adäquateste malerische Thema des Zeitalters und der Pilgerzug des Genter Altars gewissermaßen die Grundform seines Weltbildes. Immer wieder stellt die Kunst der Spätgotik den Wandernden, den Vorbeiziehenden, den Davonschreitenden dar, überall sucht sie die Illusion des Weges zu erwecken, überall sind ihre Gestalten von einem Bewegungsdrang, einer Wanderlust getrieben.[232] Die Darstellungen ziehen an dem Beschauer wie die Szenen einer Prozession vorbei – er ist Zuschauer und Mitspieler zugleich. Und dieser Aspekt des „Wegrandes", der die scharfe Trennung zwischen Bühne und Auditorium aufhebt, ist eben der besondere, man möchte sagen „filmische" Ausdruck des dynamischen Lebensgefühls der Epoche. Der Zuschauer steht selber auf der Bühne; der Zuschauerraum ist zugleich die Szenerie. Bühne und Auditorium, ästhetische und empirische Wirklichkeit berühren sich unmittelbar, sie bilden eine einzige, kontinuierliche Welt: das Prinzip der Frontalität ist restlos aufgehoben, das Ziel der künstlerischen Darstellung ist die totale Illusion. Der Beschauer steht dem Kunstwerk nicht mehr fremd, als der Bewohner einer anderen Welt, gegenüber, er ist in die Sphäre der Darstellung selber einbezogen, und diese Identifizierung der Ambiente der dargestellten Szene mit dem Medium, in dem sich der Beschauer befindet, erzeugt erst die volle Illusion des Raumes. Jetzt, wo der Rahmen des Bildes als der Rahmen eines Fensters empfunden wird, durch den sich der Blick auf die Welt eröffnet, und der es dem Beschauer nahelegt, den Raum vor und hinter dem „Fenster" als einen einheitlichen und kontinuierlichen aufzufassen, jetzt gewinnt erst der malerische

Raum Tiefe und Wesenhaftigkeit. Dem neuen, durch das dynamische Lebensgefühl bedingten, „filmischen" Aspekt ist es also zuzuschreiben, daß das Spätmittelalter zuerst wirklichen Raum – Raum in unserem Sinne – darzustellen fähig ist, – eine Leistung, die weder der Antike noch dem früheren Mittelalter gelingen wollte. Dieser Raumhaftigkeit aber verdanken die spätgotischen Darstellungen vor allem ihren naturalistischen Charakter. Und obwohl das Spätmittelalter seinen Illusionsraum, an dem Renaissance-Begriff der Perspektive gemessen, noch ziemlich ungenau und unkonsequent gestaltet, in dem neuen Raumbild manifestiert sich bereits der neue Wirklichkeitssinn des Bürgertums.

Die höfisch-ritterliche Kultur hat indessen nicht aufgehört fortzubestehen und fortzuwirken, und zwar nicht nur indirekt, durch die Formen der bürgerlichen Kultur, die vielfach im Rittertum wurzelten, sondern auch in ihren eigenen Formen, die in gewissen Zentren, so vor allem am burgundischen Hof, eine üppige Nachblüte erlebten. Hier kann und muß man noch immer von einer höfischen Kultur des Adels, im Gegensatz zur Kultur des Bürgertums, sprechen. Hier bewegt sich die Dichtung noch in den ritterlichen Lebensformen, und die Kunst dient noch immer den Repräsentationszwecken der höfischen Gesellschaft. Auch die Malerei der van Eyck zum Beispiel, die uns so bürgerlich anmutet, entfaltet sich mitten im Hofleben und ist für die höfischen Kreise und das mit diesen Kreisen verbundene vornehme Bürgertum bestimmt.[233] Das Merkwürdige ist aber, und darin äußert sich der Sieg des bürgerlichen Geistes über den ritterlichen am auffallendsten, daß selbst in der höfischen Kunst, und zwar auch in ihrer luxuriösesten Form, der Miniaturmalerei, der Naturalismus des Bürgertums die Oberhand gewinnt. Die für die Herzöge von Burgund und den Herzog von Berry angefertigten Stundenbücher stellen nicht nur den Anfang des Sittenbildes dar, also des „bürgerlichen" malerischen Genres schlechthin, sie bilden in gewisser Hinsicht den Ursprung der ganzen – vom Porträt bis zur Landschaft sich erstreckenden – bürgerlichen Malerei.[234] Es verschwindet aber nicht nur der Geist, es verschwinden allmählich auch die äußeren Formen der alten kirchlichen und höfischen Kunst: die monumentale Wandmalerei wird vom Tafelbild, die aristokratische Buchmalerei von der Graphik verdrängt. Und es siegt dabei nicht nur die billigere, die „demokratischere", sondern auch die intimere, die gesinnungsmäßig bürgerlichere Form. Das Gemälde wird erst als Tafelbild unabhängig von der Architektur und wird erst als solches zum mobilen Einrichtungsgegenstand der bürgerlichen Wohnung.

Aber auch das Tafelbild ist noch die Kunst des wohlhabenden, anspruchsvollen Mannes; die Kunst der kleinen Leute, des Kleinbürgers, wenn auch nicht des Bauers und Proletariers, ist der Bilddruck. Der Holzschnitt und der Kupferstich sind die ersten volkstümlichen, verhältnismäßig billigen Produkte der bildenden Kunst. Die Technik der mechanischen Vervielfältigung ermöglicht hier, was in der Dichtung durch die großen Auditorien und die Wiederholbarkeit der Darbietungen erzielt wird. Die Graphik ist das volkstümliche Pendant der vornehmen Buchmalerei; das, was für die Fürsten und Magnaten die illuminierten Handschriften bedeuteten, sind für die Bürgersleute die auf den Messen und an den Kirchentüren feilgebotenen graphischen Einzelblätter und Blockbücher. Die Tendenz zur Popularisierung der Kunst ist jetzt so stark, daß der derbere und billigere Holzschnitt nicht nur über die Buchmalerei, sondern auch über den feineren und teureren Kupferstich siegt.[235] Wie weit die Entwicklung der neueren Kunst von der Verbreitung dieser Bilddrucke beeinflußt war, läßt sich kaum abschätzen. Eines steht fest: wenn das Kunstwerk jene Magie, jene „Aura" allmählich verliert, die es im früheren Mittelalter noch besessen hat, und eine Entwicklungstendenz zeigt, die der „Entzauberung der Wirklichkeit" durch den bürgerlichen Rationalismus entspricht, so hängt dies teilweise auch zusammen mit dem Verlust der Einzigartigkeit, der Unvertauschbarkeit, der Unersetzlichkeit des Kunstwerkes durch seine mechanische Wiederholung.[236] Eine Begleiterscheinung der Technik und der Ausbeutung des Bilddruckes ist auch die fortschreitende Versachlichung der Beziehungen zwischen dem Künstler und dem Publikum. Das mechanisch hergestellte, in vielen Exemplaren zirkulierende und fast ausschließlich durch Zwischenhändler verbreitete graphische Blatt hat dem originellen Kunstwerk gegenüber einen ausgesprochenen Warencharakter. Und wenn schon der Werkstattbetrieb des Zeitalters mit seinen Schülerarbeiten und Kopien zur „Warenproduktion“ neigt, so stellt der Bilddruck, mit den vielen gleichen Exemplaren einer und derselben Darstellung, ein vollkommenes Beispiel der Produktion auf Vorrat dar, und zwar auf einem Gebiet, wo früher nur auf Bestellung gearbeitet wurde. Im 15. Jahrhundert entstehen Werkstätten, in welchen auch Manuskripte fabrikmäßig kopiert und mit flüchtigen Federzeichnungen illustriert werden und bei denen die fertigen Exemplare wie in einer Buchhandlung vorliegen. Auch die Maler und Bildhauer fangen an, auf Vorrat zu arbeiten, und damit gelangt das Prinzip der unpersönlichen Warenproduktion überall in der Kunst zur Geltung. Für das Mittelalter, das den Nachdruck nicht auf das Genialische, sondern auf das Handwerksmäßige des künstlerischen Schaffens legte, war die Mechanisierung der Produktion mit dem Wesen der Kunst nicht so schwer zu vereinbaren, wie sie es für die neuere Zeit ist und wie sie es schon für die Renaissance gewesen wäre, wenn die mittelalterliche Tradition der handwerksmäßigen Kunstübung der Verbreitung ihres Geniebegriffes keine Schranken gesetzt hätte.

V

# RENAISSANCE, MANIERISMUS, BAROCK

## 1. DER BEGRIFF DER RENAISSANCE

Wie willkürlich man Mittelalter und Neuzeit voneinander zu trennen pflegt und wie fließend der Begriff der Renaissance ist, ersieht man am besten aus der Schwierigkeit, die die Einreihung von Persönlichkeiten wie Petrarca und Boccaccio, Gentile da Fabriano und Pisanello, Jean Fouquet und Jan van Eyck in die eine oder die andere dieser Kategorien verursacht. Wenn man will, gehören schon Dante und Giotto zur Renaissance und Shakespeare mit Molière noch zum Mittelalter. Der Gedanke, daß die eigentliche Zeitwende sich im 18. Jahrhundert vollzieht und die Neuzeit erst mit der Aufklärung, der Idee des Fortschritts und der Industrialisierung beginnt, ist jedenfalls nicht ohne weiteres von der Hand zu weisen.[1] Man wird die entscheidende Zäsur aber wohl am besten zwischen die erste und die zweite Hälfte des Mittelalters verlegen, nämlich an das Ende des 12. Jahrhunderts, als die Geldwirtschaft sich wieder belebt, die neuen Städte entstehen und das moderne Bürgertum seine bezeichnenden Umrisse gewinnt – keinesfalls ins 15. Jahrhundert, wo zwar manches zur Vollendung gelangt, doch so gut wie nichts Neues beginnt. Unser natürliches, naturwissenschaftliches Weltbild ist zwar im wesentlichen eine Schöpfung der Renaissance; den Anstoß zu der Neuorientierung, in der das neue Weltbild seinen Ursprung hat, gab aber der Nominalismus des Mittelalters. Das Interesse am Einzelding, das Forschen nach dem Naturgesetz, der Sinn für die Naturtreue in der Kunst und Literatur beginnt keineswegs erst mit der Renaissance. Der Naturalismus des 15. Jahrhunderts ist nur die Fortsetzung des Naturalismus der Gotik, in der die individuelle Auffassung der individuellen Dinge bereits klar zutage tritt. Und wenn die Panegyriker der Renaissance in allem, was im Mittelalter spontan, progressiv und persönlich ist, eine Ankündigung oder eine Vorform der Renaissance sehen wollen, wenn für Burckhardt schon die Vagantenlieder Protorenaissance sind und Walter Pater in einer noch so durch und durch mittelalterlichen Geistesschöpfung wie der *chante-fable „Aucassin und Nicolette"* einen Ausdruck der Renaissance erblickt, so beleuchtet diese Auffassung nur denselben Sachverhalt, dieselbe Kontinuität zwischen Mittelalter und Renaissance, von der andern Seite.

Burckhardt hat in seiner Schilderung der Renaissance am meisten den Naturalismus betont und die Wendung zur Erfahrungswirklichkeit, die „Entdeckung der Welt und des Menschen", als das wesentlichste Moment der „Wiedergeburt" dargestellt. Er hat dabei, so wie auch die meisten seiner Nachfolger, verkannt, daß in der Kunst der Renaissance nicht der Naturalismus an und für sich, sondern nur der wissenschaftliche, methodische, totalitäre Zug des Naturalismus neu war, und daß nicht die Beobachtung und die Analyse der Wirklichkeit, sondern nur die Bewußtheit und die Konsequenz, womit die Merkmale der Wirklichkeit registriert und zergliedert wurden, über die Begriffe des Mittelalters hinausgingen, daß an der Renaissance, mit einem Wort, nicht die Tatsache, daß der Künstler zu einem Beobachter der Natur, sondern daß das Kunstwerk zu einer „Naturstudie" geworden ist, bemerkenswert war. Der Naturalismus der Gotik hat damit begonnen, daß die Darstellungen der Kunst aufhörten, ausschließlich Symbole zu sein, und auch ohne ihren Zusammenhang mit der transzendenten Wirklichkeit, als die bloße Wiedergabe der diesseitigen Dinge, Sinn und Wert erhielten. Die Bildwerke von Chartres und Reims unterschieden sich, wenn ihre überweltlichen Beziehungen auch noch so offenkundig waren, von den Kunstwerken der romanischen Stilperiode durch ihren immanenten, von ihrer metaphysischen Bedeutung abtrennbaren Sinn. Mit der Entstehung der Renaissance verändert sich dagegen nur so viel, daß die metaphysische Symbolik ganz verblaßt und das Ziel des Künstlers sich immer entschiedener und bewußter auf die Darstellung der Sinnenwelt beschränkt. In dem Maße, wie die Gesellschaft und die Wirtschaft sich von den Fesseln der Kirchenlehre befreien, wendet sich auch die Kunst immer hemmungsloser der unmittelbaren Wirklichkeit zu; der Naturalismus ist aber ebensowenig eine Neuschöpfung der Renaissance wie die Erwerbswirtschaft.

Die Entdeckung der Natur durch die Renaissance hat der Liberalismus des 19. Jahrhunderts erfunden; er spielte die natürliche und naturfreudige Renaissance gegen das Mittelalter aus, um damit vor allem die Romantik zu treffen. Denn wenn es bei Burckhardt heißt, daß die „Entdeckung der Welt und des Menschen" eine Tat der Renaissance gewesen sei, so ist diese These zugleich ein Angriff gegen die romantische Reaktion und eine Abwehr der Propaganda, die sie mit dem Mittelalter trieb. Die Lehre von der Spontaneität des Naturalismus in der Renaissance stammt aus der gleichen Quelle, wie die Doktrin, daß der Kampf gegen den Geist der Autorität und der Hierarchie, das Ideal der Gedanken- und Gewissensfreiheit, die Emanzipation des Individuums und das Prinzip der Demokratie Errungenschaften des 15. Jahrhunderts seien. Überall ist in dieser Darstellung das Licht der Neuzeit mit der Finsternis des Mittelalters kontrastiert.

Der Zusammenhang des Begriffs der Renaissance mit der Ideologie des Liberalismus ist bei Michelet, von dem das Schlagwort von der „découverte du monde et de l'homme" stammt,[2] noch auffälliger als bei Burckhardt. Schon wie er seine Geisteshelden auswählt, wie er Rabelais, Montaigne, Shakespeare und Cervantes mit Columbus, Kopernikus, Luther und Calvin zusammenstellt,[3] wie er sogar in Brunelleschi nur den Zerstörer der Gotik sieht und die Renaissance im allgemeinen als den Anfang der Entwicklung betrachtet, die die Idee der Freiheit und der Vernunft schließlich zum Siege führt, zeigt, daß es ihm bei seinem Renaissancebegriff vor allem um die Ahnentafel des Liberalismus zu tun war. Der Kampf ging auch für ihn noch gegen den Klerikalismus und um die freidenkerischen Ziele, die den aufgeklärten Philosophen des 18. Jahrhunderts ihren Gegensatz zum Mittelalter und ihre

Verwandtschaft mit der Renaissance zum Bewußtsein brachten. Denn sowohl für Bayle (Dict. hist. et crit. IV.) als auch für Voltaire (*Essai sur les moeurs et l'esprit des nations.* Chap. 121) war der irreligiöse Charakter der Renaissance eine ausgemachte Sache, und mit diesem Zug blieb die Renaissance bis zum heutigen Tag behaftet, obgleich sie in Wirklichkeit nur antiklerikal, antischolastisch und antiasketisch, doch keineswegs ungläubig war. Die Gedanken über das Heil, das Jenseits, die Erlösung, die Erbsünde, die das ganze Seelenleben des mittelalterlichen Menschen erfüllten, wurden wohl zu „bloßen Nebengedanken",[4] von der Abwesenheit jedes religiösen Gefühls kann aber in der Renaissance keineswegs die Rede sein. Denn „versucht man" – wie Ernst Walser bemerkt – „das Leben und Denken der führenden Persönlichkeiten des Quattrocento, eines Coluccio Salutati, Poggio Bracciolini, Leonardo Bruni, Lorenzo Valla, Lorenzo Magnifico oder Luigi Pulci rein induktiv zu betrachten, so ergibt sich regelmäßig, daß gerade für die studierte Person die aufgestellten Merkmale (des Unglaubens) sonderbarerweise absolut *nicht* stimmen . . .".[5] Die Renaissance war nicht einmal so autoritätsfeindlich, wie die Aufklärung und der Liberalismus es wollten. Man griff die Kleriker an, man schonte aber die Kirche als Institution, und in dem Maße, wie ihre Autorität sich verringerte, ersetzte man sie durch die der Antike.

Der Radikalismus des aufklärerischen Renaissancebegriffes wurde durch den Geist der Freiheitskämpfe um die Mitte des vorigen Jahrhunderts noch verschärft.[6] Der Kampf gegen die Reaktion erneuerte die Erinnerung an die italienischen Republiken der Renaissance und legte den Gedanken nahe, den Glanz ihrer Kultur mit der Emanzipation ihrer Bürger in Zusammenhang zu bringen.[7] In Frankreich war es der antinapoleonische, in Italien der antiklerikale Journalismus, der den liberalen Begriff der Renaissance zuzuspitzen und zu verbreiten half,[8] und an diesem Begriff hielt dann sowohl die bürgerlich-liberale als auch die sozialistische Geschichtsforschung fest. Die Renaissance wird heute noch in beiden Lagern als der große Freiheitskampf der Vernunft und der Triumph des individuellen Geistes gefeiert,[9] wo doch in Wahrheit weder die

Idee der „freien Forschung" eine Errungenschaft der Renaissance[10] noch die Idee der Persönlichkeit dem Mittelalter vollkommen fremd war; neu war der Individualismus der Renaissance nur als bewußtes Programm, als Kampfmittel und Kriegsruf, nicht als Erscheinung.

Burckhardt verbindet in seinem Renaissancebegriff den Gedanken des Individualismus mit dem des Sensualismus, die Idee der Selbstbestimmung der Persönlichkeit mit der Betonung des Protestes gegen die mittelalterliche Askese, die Verherrlichung der Natur mit der Verkündung des Evangeliums der Lebensfreude und der „Emanzipation des Fleisches". Aus dieser Gedankenverbindung entsteht, teilweise unter dem Einfluß von Heinses romantischem Immoralismus und als Vorwegnahme von Nietzsches amoralischer Heldenverehrung,[11] das wohlbekannte Bild der Renaissance als eines Zeitalters von skrupellosen Gewalt- und Genußmenschen – ein Bild, dessen libertinistische Züge mit dem liberalen Renaissancebegriff zwar in keinem unmittelbaren Zusammenhang stehen, die aber ohne die liberale Tendenz und das individualistische Lebensgefühl des 19. Jahrhunderts undenkbar wären. Das Unbehagen in der Welt der bürgerlichen Moral und die Empörung gegen sie erzeugten den übermütigen Paganismus, der in der Ausmalung der Exzesse der Renaissance einen Ersatz für versäumte Genüsse fand. Der Condottiere war in diesem Bilde, mit seiner dämonischen Genußsucht und seinem zügellosen Machtwillen, die stehende Figur des unwiderstehlichen Sünders, der stellvertretenderweise alle die Ungeheuerlichkeiten der bürgerlichen Wunschträume beging. Man fragte mit Recht, ob es diesen ruchlosen Gewalttäter, so wie die Sittengeschichten der Renaissance ihn schildern, in der Wirklichkeit überhaupt gegeben habe und ob dieser „böse Tyrann" je etwas anderes war als der Niederschlag von Reminiszenzen aus der klassischen Lektüre der Humanisten.[12]

In dem sensualistischen Begriff der Renaissance verknüpften sich Amoralismus und Ästhetizismus in einer Weise, die wieder eher in der Psychologie des 19. Jahrhunderts als in der der Renaissance begründet war. Die ästhetische Weltanschauung des romantischen Zeitalters erschöpfte sich keineswegs in einem Kult der Kunst und des Künstlers, sie brachte vielmehr eine Neuorientierung aller Lebensfragen nach ästhetischen Maßstäben mit sich. Alle Realität wurde für sie zum Substrat eines künstlerischen Erlebnisses und das Leben selbst zu einem Kunstwerk, in dem jeder Faktor nur ein sinnlicher Stimulus war. Die Sünder, Tyrannen und Bösewichte der Renaissance erschienen ihr als große, malerisch eindrucksvolle Figuren – die passenden Protagonisten zum farbenreichen Hintergrund der Zeit. Die Generation, die schönheitstrunken und todessüchtig, „mit Weinlaub im Haare" sterben wollte, war gern bereit, einer historischen Epoche, die sich in Gold und Purpur hüllte, die das Leben in ein prunkvolles Fest verwandelte und in der, wie man glauben wollte, auch das einfache Volk sich für die exquisitesten Werke der Kunst begeisterte, alles zu verzeihen. Diesem Traum von Ästheten entsprach die historische Wirklichkeit freilich ebensowenig wie dem Bilde des Übermenschen in Tyrannengestalt. Die Renaissance war hart und nüchtern, sachlich und unromantisch; sie war von dem Spätmittelalter auch in dieser Hinsicht nicht allzu verschieden.

Die Züge des individualistisch-liberalen und des ästhetisch-sensualistischen Renaissancebegriffes passen also teilweise gar nicht auf die Renaissance, teilweise passen sie auch auf das Spätmittelalter. Die Grenze scheint hier eher eine geographische und nationale als eine rein historische zu sein. In den problematischen Fällen – wie zum Beispiel in dem von Pisanello und den van Eyck – wird man sich bei den Erscheinungen des Südens meistens für die Renaissance, bei denen des Nordens für das Mittelalter entscheiden. Die weiträumigen Darstellungen der italienischen Kunst mit ihren sich frei bewegenden Gestalten und ihren einheitlich gesehenen Szenerien erscheinen renaissancehaft, die Engräumigkeit der niederländischen Malerei, ihre befangenen, etwas unbeholfenen Figuren, ihr kleinlich zusammengestelltes Beiwerk und ihre zierliche Miniaturtechnik wirken dagegen durchaus mittelalterlich. Wenn man aber auch den stetigen Faktoren der Entwicklung, namentlich dem Rassen- und Nationalcharakter der kulturtragenden Gruppen, hier eine gewisse Relevanz zugestehen darf, sollte man nicht vergessen, daß man als Historiker resigniert, wo man einen solchen Faktor gelten läßt, und sollte trachten, den Verzicht an möglichst weit hinausgeschobenen Grenzen zu leisten. Zumeist stellt es sich nämlich heraus, daß die vermeintlich konstanten Faktoren der Entwicklung nur der Niederschlag von historischen Stadien oder der voreilige Ersatz für unerforschte, aber durchaus erforschbare historische Bedingungen sind. Jedenfalls hat der individuelle Charakter der Rassen und Nationen in den verschiedenen Epochen der Geschichte eine jeweils verschiedene Bedeutung. Im Mittelalter kommt diese kaum in Betracht; da besitzt das große Kollektiv der Christenheit einen unvergleichlich höheren Grad von Realität als die einzelnen Völkerindividualitäten. Am Ende des Mittelalters aber tritt an die Stelle der allgemeinen abendländischen Feudalität und des internationalen Rittertums, der Universalkirche und ihrer einheitlichen Kultur das nationale und stadtpatriotische Bürgertum mit seinen lokal bedingten Wirtschafts- und Gesellschaftsformen, die engbegrenzten Interessensphären der Städte und der Länder, der Partikularismus der Landesfürstentümer und die Verschiedenheit der Landessprachen. Da tritt das Nationale und Rassenmäßige als differenzierender Faktor stärker in den Vordergrund, und die Renaissance erscheint als die besondere Form, in der der italienische Nationalgeist sich von der gesamteuropäischen Kultureinheit abhebt.

Der auffallendste Zug der Quattrocentokunst ist die sowohl dem Mittelalter als auch dem Norden gegenüber eigenartige Freiheit und Anstrengungslosigkeit der Ausdrucksweise, die Grazie und die Eleganz, das statuarische Gewicht und die weitausholende, schwungvolle Linie der Formen. Alles ist hier hell und heiter, rhythmisch und melodisch. Die starre, gemessene Feierlichkeit der mittelalterlichen Kunst verschwindet und gibt Raum einer munteren, klaren, wohlartikulierten Formsprache, neben der sogar die gleichzeitige französisch-burgundische Kunst „eine düstere Grundstimmung, eine barbarische Pracht, bizarre und überladene Formen" zu haben scheint.[13] Mit seinem lebhaften Sinn für große und einfache Verhältnisse, Begrenzung und Ordnung, monumentale

Körperlichkeit und feste Tektonik antizipiert das Quattrocento, trotz gelegentlicher Härten und einer oft noch unüberwundenen Verspieltheit, die Stilprinzipien der Hochrenaissance. Und es ist gerade diese Immanenz des „Klassischen“ in der Vorklassik, die die Schöpfungen der italienischen Frührenaissance von der spätmittelalterlichen Kunst und der gleichzeitigen Kunst des Nordens am schärfsten unterscheidet. Der „Idealstil“, der Giotto mit Raffael verbindet, beherrscht die Kunst Masaccios und Donatellos, Andrea del Castagnos und Piero della Francescas, Signorellis und Peruginos; ganz unbeeinflußt davon ist wohl überhaupt kein italienischer Künstler der Frührenaissance. Das Wesentliche an dieser Kunstauffassung ist das Prinzip der Einheitlichkeit und die Kraft der Gesamtwirkung – oder wenigstens die Tendenz zur Einheitlichkeit und das Streben, bei aller Fülle und Farbe, einen einheitlichen Eindruck zu erwecken. Neben den künstlerischen Schöpfungen des späteren Mittelalters wirkt ein Kunstwerk der Renaissance immer wie aus einem Guß, es geht ein ungebrochener Zug durch das Ganze, und die Darstellung erscheint, auch wenn sie noch so reichhaltig ist, im Grunde als etwas Einfaches und Homogenes.

Die Grundform der gotischen Kunst ist die Addition. Ob nun das einzelne Werk aus mehreren verhältnismäßig selbständigen Teilen besteht oder in solche Teile nicht zerlegbar ist, ob es sich um eine malerische oder eine plastische, eine epische oder eine dramatische Darstellung handelt, immer ist es das Prinzip der Expansion und nicht der Konzentration, der Koordination und nicht der Subordination, der offenen Reihe und nicht der geschlossenen geometrischen Form, von der es beherrscht wird. Es sind gleichsam die Etappen und Stationen eines Weges, durch die es den Beschauer führt, und es ist ein panoramisches, revueartiges, kein einseitiges, einheitliches, von einem einzigen Gesichtspunkt beherrschtes Bild der Wirklichkeit, das es erschließt. Die Malerei bedient sich mit Vorliebe der kontinuierenden Darstellungsweise, das Drama strebt nach Vollständigkeit der Episoden und begünstigt statt der Synthese der Handlung in wenigen entscheidenden Situationen den Wechsel der Schauplätze, der handelnden Personen und der behandelten Motive. In der gotischen Kunst ist nicht der subjektive Gesichtspunkt das Wichtige, nicht der gestaltende Wille, der in der Meisterung des Stoffes zur Geltung kommt, sondern das thematische Material, das in der Wirklichkeit zerstreut ist und an dem sich Künstler und Publikum nicht sattsehen können. Die gotische Kunst führt den Beschauer von einer Einzelheit zur anderen und veranlaßt ihn, wie bemerkt wurde, die Teile der Darstellung nacheinander abzulesen; die Kunst der Renaissance läßt ihn dagegen bei keinem Detail verweilen, erlaubt ihm kein Element der Darstellung vom Ganzen abzutrennen, zwingt ihn vielmehr, alle Teile simultan zu erfassen.[14] Wie die Zentralperspektive in der Malerei, so ermöglicht die konzentrierte, räumlich und zeitlich zusammenfassende Szene im Drama vor allem diese Simultaneität der Anschauung zu verwirklichen. Die Veränderung, die mit der Renaissance in der Raumvorstellung und damit in der ganzen Kunstauffassung vor sich geht, kommt vielleicht am schlagendsten darin zum Ausdruck, daß das mittelalterliche, aus einzelnen unzusammenhängenden Szenerien aufgebaute Bühnenbild mit der künstlerischen Illusion auf einmal als unvereinbar empfunden wird.[15] Das Mittelalter, das den Raum als etwas Zusammengesetztes und in seine Elemente Zerlegbares auffaßte, ließ nicht nur die verschiedenen Szenerien eines Dramas nebeneinander aufstellen, sondern erlaubte auch den Schauspielern, während der ganzen Aufführung, das heißt auch wenn sie an der Handlung nicht beteiligt waren, auf der Bühne zu bleiben. Denn so wie der Zuschauer die Dekoration, vor der nicht gespielt wurde, einfach übersah, nahm er auch von der Anwesenheit der Schauspieler, die in der sich gerade abspielenden Szene nicht beschäftigt waren, keine Notiz. Eine solche Teilung der Aufmerksamkeit erscheint nun der Renaissance als unmöglich. Die Wendung drückt sich wohl am klarsten bei Scaliger aus, der es lächerlich findet, daß die „Personen von der Bühne niemals abgehen, und diejenigen, welche schweigen, als nicht anwesend gelten".[16] Für die neue Kunstanschauung bildet das Kunstwerk eine unteilbare Einheit; der Zuschauer will den ganzen Spielraum der Bühne mit einem einzigen Blick umfassen, so wie er den ganzen zentralperspektivisch organisierten Bildraum der Malerei mit einem Blick erfaßt.[17] Die Entwicklung von der sukzessiven zur simultanen Kunstauffassung aber bedeutet gleichzeitig ein Abnehmen des Verständnisses für jene stillschweigend hingenommenen „Spielregeln“, auf welchen letzten Endes jede künstlerische Illusion beruht. Denn wenn die Renaissance es für sinnlos hält, daß man auf der Bühne „so tut, als ob man nicht hören könnte, was einer vom andern sagt“,[18] obgleich die betreffenden Personen nebeneinander stehen, so kann das wohl als ein Symptom des entwickelteren naturalistischen Gefühls bezeichnet werden, es schließt aber zweifellos eine gewisse Verkümmerung der Einbildungskraft in sich. Wie dem aber auch sei, die Kunst der Renaissance verdankt erst dieser Einheitlichkeit der Darstellung den Eindruck der Totalität, das heißt den Schein einer echten, in sich ruhenden, autonomen Welt und damit ihre dem Mittelalter gegenüber größere Wahrheit. Die Evidenz der künstlerischen Wirklichkeitsschilderung, ihre Glaubhaftigkeit und Überzeugungskraft, ist nämlich auch hier, wie so oft, von der inneren Folgerichtigkeit des Aspekts, der Übereinstimmung der Darstellungselemente untereinander, in viel höherem Maße abhängig als von der Übereinstimmung dieser Elemente mit der äußeren Wirklichkeit.

Italien nimmt mit den Einheitsprinzipien seiner Kunst die Klassik der Renaissance vorweg, so wie es mit seinem wirtschaftlichen Rationalismus die kapitalistische Entwicklung des Abendlandes vorwegnimmt. Denn die Frührenaissance ist eine wesentlich italienische Bewegung, im Gegensatz zur Hochrenaissance und zum Manierismus, die gesamteuropäische Bewegungen sind. Die neue künstlerische Kultur tritt zuerst in Italien in Erscheinung, weil dieses Land vor dem Westen auch in wirtschaftlicher und gesellschaftlicher Hinsicht einen Vorsprung hat, weil die Wiederbelebung der Wirtschaft von hier ausgeht, die Kreuzzüge finanz- und transporttechnisch von hier organisiert werden,[19] der freie Wettbewerb im Gegensatz zum Zunftideal des Mittelalters sich zuerst hier entwickelt und das erste europäische Bankiertum hier entsteht;[20] weil die Emanzipation des städtischen Bürgertums hier früher erfolgt als im übrigen Europa, weil Feudalismus und Rittertum hier von Anfang an unentwickelter sind als im Norden und der Landadel schon sehr früh nicht nur stadtansässig wird, sondern sich der städtischen Geldaristokratie auch vollkommen anpaßt, gewiß aber auch, weil die antike Tradition sich hier, wo die erhaltenen Denkmäler allenthalben offen zutage liegen, nie ganz verloren hat. Man weiß, welche Bedeutung gerade diesem letzten Moment in den Theorien über die Entstehung der Renaissance zugeschrieben worden ist. Was wäre denn auch einfacher gewesen, als den Anfang dieses so schwer definierbaren neuen Stils auf einen einheitlichen, direkten, äußeren Einfluß zurückzuführen! Man vergaß dabei nur, daß ein äußerer historischer Einfluß nie der letzte Grund einer geistigen Wandlung ist, denn ein solcher Einfluß wird erst wirksam, wenn die Voraussetzungen für seine Aufnahme bereits vorhanden sind; seine Aktualität muß selber erklärt werden, nicht daß er das Aktuellwerden der ihn begleitenden Erscheinungen erklären könnte. Wenn also die Antike von einem gewissen Zeitpunkt an anders zu wirken begann, als sie vorher gewirkt hat, so muß zunächst danach gefragt werden, warum denn dieser Wandel eigentlich eingetreten ist, warum man sich auf einmal zu derselben Sache anders gestellt hat als zuvor; diese Frage ist aber kaum enger begrenzt, genauer formuliert und leichter zu beantworten als die ursprüngliche, nämlich die, warum und worin die Renaissance vom Mittelalter verschieden war. Die Rezeption der Antike war nur ein Symptom; sie hatte soziale Voraussetzungen, ebenso wie die Ablehnung der Antike am Anfang der christlichen Ära. Man wird aber selbst die symptomatische Bedeutung dieser Rezeption nicht allzu hoch veranschlagen dürfen. Die Träger der Renaissance hatten zwar selber schon das epochale Bewußtsein einer Wiedergeburt und das Gefühl der Erneuerung aus dem Geiste der Antike, – dieses Gefühl hatte aber auch schon das Trecento.[21] Anstatt nun Dante und Petrarca darum für die Renaissance in Anspruch zu nehmen, wird man besser tun, wie es die Gegner der Antikentheorie getan haben, dem mittelalterlichen Ursprung des Wiedergeburtsgefühls nachzugehen und die Kontinuität zwischen Mittelalter und Renaissance herauszuarbeiten.

Die bekanntesten Vertreter der Herleitung der Renaissance vom Mittelalter stellen die franziskanische Bewegung als den entscheidenden Einfluß dar, bringen die lyrische Sensibilität, das Naturgefühl und den Individualismus vor allem Dantes und Giottos, dann aber auch der späteren Meister mit dem Subjektivismus und der Innigkeit der neuen Religiosität in Verbindung und bestreiten, daß die „Entdeckung" der Antike im 15. Jahrhundert einen Bruch in der bereits angebahnten Entwicklung verursacht hätte.[22] Auf den Zusammenhang der Renaissance mit der christlichen Kultur des Mittelalters und die Unmittelbarkeit des Übergangs vom Mittelalter zur Neuzeit wurde auch von anderen Voraussetzungen her hingewiesen. Konrad Burdach bezeichnet den sogenannten heidnischen Grundzug der Renaissance geradezu als ein Märchen,[23] und Carl Neumann behauptet nicht nur, daß die Renaissance „auf den ungeheueren Mächten, die die christliche Erziehung geschaffen hat", beruhe, daß der Individualismus und der Realismus des 15. Jahrhunderts „das letzte Wort des reif gewordenen mittelalterlichen Menschen" seien, sondern auch daß die Nachahmung der antiken Kunst und Literatur, die schon in Byzanz zu der Erstarrung der Kultur geführt habe, auch in der Renaissance eher ein hemmendes als ein förderndes Moment gewesen sei.[24] Louis Courajod geht schließlich so weit, daß er zwischen Renaissance und Antike jeden inneren Zusammenhang negiert und die Renaissance als die spontane Erneuerung der franko-flämischen Gotik darstellt.[25] Aber auch diese Forscher, die sich der unmittelbaren Fortsetzung des Mittelalters in der Renaissance bewußt sind, erkennen nicht, daß der Zusammenhang der beiden Zeitalter in der Kontinuität ihrer wirtschaftlichen und gesellschaftlichen Entwicklung begründet ist, daß der franziskanische Geist, den Thode, der mittelalterliche Individualismus, den Neumann, der Naturalismus, den Courajod hervorhebt, in jener sozialen Dynamik ihren Ursprung haben, die am Ende der naturalwirtschaftlichen Periode des Mittelalters das Gesicht des Abendlandes verändert.

Die Renaissance vertieft die Auswirkung dieser mittelalterlichen, dem kapitalistischen Wirtschafts- und Gesellschaftssystem zustrebenden Entwicklungstendenz eigentlich nur in der Richtung des Rationalismus, der nunmehr das gesamte geistige und materielle Leben beherrscht. Auch die Einheitsprinzipien, die in der Kunst jetzt maßgebend werden, das einheitliche Raumgefühl und der einheitliche Maßstab der Proportionen, die Beschränkung der Darstellung auf ein einziges Hauptmotiv und die Zusammenfassung der Komposition in einer mit einem einzigen Blick umfaßbaren Form, entsprechen diesem Rationalismus. Es kommt in ihnen dieselbe Abneigung gegen alles Unberechenbare und Unkontrollierbare zum Ausdruck, wie in der Plan-, Zweck- und Rechenmäßigkeit der gleichzeitigen Wirtschaft; sie sind Schöpfungen desselben Geistes, der sich in der Organisation der Arbeit, der Handelstechnik, dem Kreditwesen und der doppelten Buchhaltung, in den Methoden der Staatsregierung, der Diplomatie und der Kriegsführung durchsetzt.[26] Die ganze Kunstentwicklung gliedert sich in den allgemeinen großen Rationalisierungsprozeß ein. Das Irrationale hört auf zu wirken. Als „schön" empfindet man die logische Übereinstimmung der einzelnen Teile eines Ganzen, die zahlenmäßig ausdrückbare Harmonie der Verhältnisse, den berechenbaren Rhythmus der Komposition, die Ausschaltung der Widersprüche in der Beziehung der Figuren zum Raum und der Raumteile untereinander. Und wie die Zentralperspektive nur die Mathematisierung des Raumes, die Proportionalität nur die Systematisierung der einzelnen Formen einer Darstellung ist, so werden allmählich sämtliche Kriterien der künstlerischen Qualität Vernunftgründen unterworfen, sämtliche Gesetze der Kunst rationalisiert. Dieser Rationalismus bleibt keineswegs auf die italienische Kunst beschränkt; im Norden nimmt er nur trivialere Züge an als in Italien, wird handgreiflicher, naiver. Ein charakteristisches Beispiel für die neue Kunstauffassung außerhalb Italiens ist das Londoner Marienbild Robert Campins, auf dessen Hintergrund der obere Rand eines Ofenschirms gleichzeitig den Nimbus der Jungfrau bildet. Der Maler benützt eine formale Koinzidenz, um ein irrationales und irreales Element der Darstellung mit der gewöhnlichen Wirklichkeit in Übereinstimmung zu bringen, und obgleich er von der übersinnlichen Realität des Heiligenscheins offenbar ebenso fest überzeugt ist wie von der sinnlichen des Ofenschirms, ist die bloße Tatsache, daß er durch die naturalistische Motivierung dieser Erscheinung den Reiz seines Werkes zu steigern glaubt, das Zeichen einer neuen, wenn auch nicht unvorbereitet hereinbrechenden Zeit.

## 2. DAS PUBLIKUM DER BÜRGERLICHEN UND DER HÖFISCHEN KUNST DES QUATTROCENTO

Das Kunstpublikum der Renaissance setzt sich aus dem städtischen Bürgertum und der Hofgesellschaft der fürstlichen Residenzen zusammen. Die Geschmacksrichtungen, die die beiden Kreise vertreten, haben trotz ihrer ursprungsmäßigen Verschiedenheit viele Berührungspunkte miteinander. Einerseits wirken die höfischen Elemente der Gotik auch in der bürgerlichen Kunst nach, und mit der Erneuerung der ritterlichen Lebensformen, die ihre Anziehungskraft auf die unteren Schichten nie ganz verloren hatten, nimmt das Bürgertum weitere nach dem höfischen Geschmack orientierte Kunstformen an; andererseits können die höfischen Kreise sich auch ihrerseits vor dem Realismus und Rationalismus des Bürgertums nicht verschließen und beteiligen sich an der Ausbildung einer Welt- und Kunstanschauung, die ihren Ursprung im städtischen Leben hat. Am Ende des Quattrocento sind die städtisch-bürgerlichen und die ritterlich-romantischen Kunstrichtungen dermaßen miteinander vermischt, daß auch eine so durchaus bürgerliche Kunst wie die florentinische einen mehr oder weniger höfischen Charakter annimmt. Diese Erscheinung aber entspricht nur der allgemeinen Entwicklung und bezeichnet den Weg, der von der städtischen Demokratie zum fürstlichen Absolutismus führt.

Schon im 11. Jahrhundert entstehen in Italien kleine, von den Feudalherren der umliegenden Territorien unabhängige Seestadtrepubliken wie Venedig, Amalfi, Pisa und Genua. Im nächsten Jahrhundert konstituieren sich weitere freie Gemeinden, unter anderen Mailand, Lucca, Florenz, Verona, und bilden in sozialer Hinsicht noch ziemlich undifferenzierte, auf dem

Prinzip der Gleichberechtigung ihrer Handel und Gewerbe treibenden Bürger beruhende Staatswesen. Bald entbrennt jedoch der Kampf zwischen diesen Gemeinden und den in ihrer Umgebung begüterten Baronen und endet zunächst mit dem Sieg des Bürgertums. Der Landadel bezieht die Städte und trachtet, sich der Wirtschafts- und Gesellschaftsstruktur der Stadtbevölkerung anzupassen. Fast gleichzeitig entspinnt sich aber auch ein anderer Kampf, der viel rücksichtsloser geführt wird und nicht so bald zu einer Entscheidung gelangt. Es ist der doppelte Klassenkampf einerseits zwischen dem Groß- und dem Kleinbürgertum, andererseits zwischen dem Proletariat und der Gesamtbourgeoisie. Die Stadtbevölkerung, die im Kampf gegen den gemeinsamen Feind, den Adel, noch einig war, spaltet sich, als der Gegner besiegt zu sein scheint, in verschiedene Interessengruppen und bekämpft sich gegenseitig aufs bitterste. Die primitiven Demokratien haben sich am Ende des 12. Jahrhunderts in militärische Autokratien verwandelt. Wir wissen nicht genau, was die Ursache dieser Entwicklung war, und können nicht mit Bestimmtheit sagen, ob es die Fehden der gegeneinander wütenden Faktionen des Adels oder die Klassenkämpfe innerhalb des Bürgertums oder vielleicht beide Erscheinungen zusammen waren, die die Ernennung des *podestà*, als einer über den Parteien stehenden Autorität, notwendig machten; jedenfalls folgten auf eine Periode von Parteikämpfen früher oder später überall Despotien. Die Despoten selbst waren entweder die Mitglieder lokaler Dynastien, wie die Este in Ferrara, kaiserliche Statthalter, wie die Visconti in Mailand, Condottieri, wie Francesco Sforza, der Nachfolger der Visconti, Nepoten, wie die Riario in Forlì und die Farnese in Parma, oder angesehene Bürger, wie die Medici in Florenz, die Bentivogli in Bologna und die Baglioni in Perugia. An vielen Orten wurde die Despotenherrschaft schon im 13. Jahrhundert erblich; anderwärts, wie vor allem in Florenz und Venedig, blieb die alte republikanische Verfassung wenigstens der Form nach bewahrt, überall ging aber mit der Einrichtung der Signorie die alte Freiheit zu Ende. Die freie bürgerliche Gemeinde wurde zu einer antiquierten politischen Form.[27] Die Bürgerschaft hatte sich infolge ihrer ökonomischen

Inanspruchnahme des Waffendienstes entwöhnt und die Kriegführung militärischen Unternehmern und Berufssoldaten, den Condottieri und ihren Söldnern, überantwortet. Die Signorien sind überall die direkten oder indirekten Befehlshaber der Truppenmacht.[28]

Die Gestaltung der Verhältnisse in Florenz ist für sämtliche italienische Städte, in welchen es einstweilen zu keiner dynastischen Lösung kommt und wo sich zunächst kein Hofleben entwickelt, durchaus typisch. Nicht als ob die kapitalistische Wirtschaftsform in Florenz früher in Erscheinung treten würde als in vielen anderen Städten, die einzelnen Stadien der kapitalistischen Entwicklung heben sich hier aber schärfer voneinander ab und die Motive der Klassenkämpfe, die diese Entwicklung begleiten, treten hier klarer zutage als anderwärts.[29] Es ist in Florenz vor allem der Vorgang, wie das Großbürgertum sich durch das Medium der Zünfte der Staatsgewalt bemächtigt und wie es diese Macht zur Vergrößerung seiner wirtschaftlichen Überlegenheit benützt, genauer zu verfolgen als in anderen, ähnlich strukturierten Gemeinwesen. Nach dem Tode Friedrichs II. erringen die Zünfte unter dem Schutz der Guelfen die Macht in der Gemeinde und reißen vom *podestà* die Regierung an sich. Es bildet sich der *primo popolo* – „der erste bewußt illegitime und revolutionär politische Verband“,[30] und wählt seinen Volkscapitan. Der Form nach steht dieser unter dem *podestà*, tatsächlich ist er aber der einflußreichste Beamte des Staates; er verfügt nicht nur über die gesamte Volksmiliz, entscheidet nicht nur in allen strittigen Steuerfragen, sondern übt auch „eine Art von tribunizischem Hilfs- und Kontrollrecht“ aus in allen Fällen, wo eine Beschwerde gegen einen gewalttätigen Adeligen vorliegt.[31] Damit ist die Herrschaft der waffenführenden Geschlechter gebrochen und der Feudaladel aus der Regierung der Republik verdrängt. Es ist der erste entscheidende Sieg des Bürgertums in der neueren Geschichte, ein Ereignis, das an den Sieg der griechischen Demokratie über die Tyrannis erinnert. Es gelingt dem Adel wohl schon nach zehn Jahren, die Macht abermals an sich zu reißen, die Bourgeoisie aber braucht nur noch mit dem Strom der Entwicklung zu schwimmen, dieser selbst hebt sie immer wieder über die stürmischen Wellen. Am Ende der sechziger Jahre entsteht bereits die erste Allianz zwischen der Geld- und der Geburtsaristokratie, und es bereitet sich damit das Regiment jener plutokratischen Oberschicht vor, die für die ganze weitere Geschichte von Florenz maßgebend bleibt.

Um 1280 ist das Großbürgertum schon im vollen Besitz der Macht, die es im wesentlichen durch das Organ der *Zunftprioren* ausübt. Diese beherrschen die ganze politische Maschinerie und den ganzen Verwaltungsapparat des Staates, und indem sie der Form nach die Vertreter der Zünfte sind, kann Florenz als eine Zunftstadt bezeichnet werden.[32] Die wirtschaftlichen Korporationen haben sich inzwischen in *politische Zünfte* verwandelt. Sämtliche aktiven staatsbürgerlichen Rechte beruhen nunmehr auf der Zugehörigkeit der Stadtbewohner zu einer der gesetzlich anerkannten Körperschaften. Wer keiner Berufsorganisation angehört, ist kein vollwertiger Staatsbürger. Die Magnaten sind vom Priorat von vornherein ausgeschlossen, es sei denn, daß sie entweder ein bürgerliches Gewerbe ergreifen oder wenigstens formell einer Zunft beitreten. Das bedeutet freilich keinesfalls, daß alle Vollbürger politisch gleichberechtigt sind; die Herrschaft der Zünfte beschränkt sich auf die Diktatur des in den sieben oberen Zünften vereinigten kapitalistischen Bürgertums. Wie der Rangunterschied zwischen den Zünften eigentlich entstanden ist, wissen wir nicht. Dort, wo die Dokumente der florentinischen Wirtschaftsgeschichte einsetzen, ist die Differenzierung bereits vollzogen.[33] Die wirtschaftlichen Gegensätze entladen sich hier jedenfalls nicht, wie in den meisten deutschen Städten, zwischen den Zünften auf der einen und dem unorganisierten Stadtpatriziat auf der anderen Seite, sondern zwischen den verschiedenen Zunftgruppen selbst.[34] Das Patriziat hat in Florenz dem Norden gegenüber von Anfang an den Vorteil, daß es ebenso straff organisiert ist wie die mittleren Schichten der Stadtbevölkerung. Seine Zünfte, in welchen der Großhandel, die Großindustrie und das Bankwesen vereinigt sind, entwickeln sich zu richtigen Unternehmersozietäten und vertrusten sich. Durch das Übergewicht dieser Zünfte aber gelingt es dem Großbürgertum, den ganzen Apparat der Zunftorganisation zur Niederhaltung der unteren Klassen, vor allem zur Herabsetzung der Löhne zu benützen.

Das 14. Jahrhundert ist erfüllt von den Klassenkämpfen zwischen dem die Zünfte beherrschenden Bürgertum und dem aus den Zünften verdrängten Proletariat. Am empfindlichsten betroffen ist die Lohnarbeiterschaft durch das Koalitionsverbot, das jeden kollektiven Schritt zum Schutze ihrer Interessen verhindert und jede streikartige Bewegung als revolutionären Akt qualifiziert. Der Arbeiter ist nun das völlig entrechtete Subjekt eines Klassenstaates, in dem das Kapital rücksichtsloser, von sittlichen Bedenken unbeschränkter waltet als je vorher oder nachher in der Geschichte des Abendlandes.[35] Die Lage ist um so hoffnungsloser, als man sich der Tatsache des im Gange befindlichen Klassenkampfes gar nicht bewußt wird, das Proletariat als soziale Klasse nicht begreift und die besitzlosen Lohnarbeiter einfach als „Arme", „die es ja schließlich auch geben muß", definiert. Die wirtschaftliche Blüte, die teilweise dieser Unterdrückung zu verdanken ist, erreicht in den Jahren 1328–38 ihren Höhepunkt; dann erfolgt der Bankerott der Bardi und der Peruzzi und führt eine schwere Finanzkrise und eine allgemeine Stagnation herbei. Die Oligarchie erleidet einen scheinbar irreparablen Prestigeverlust und muß sich zuerst vor der Despotie des „Herzogs von Athen", dann vor einer populären, wesentlich kleinbürgerlichen Regierung – der ersten ihrer Art in Florenz – beugen. Die Dichter und Schriftsteller schlagen sich wieder, wie einst in Athen, zu der Herrenklasse, und sprechen, wie zum Beispiel Boccaccio und Villani, in dem verächtlichsten Ton vom Regiment der Krämer und Handwerker. Die vierzig Jahre, die jetzt folgen und sich bis zur Niederwerfung des Ciompi-Aufstandes erstrecken, bilden die einzige wirklich demokratische Periode in der Geschichte von Florenz – ein kurzes Intermezzo zwischen zwei langen Zeitabschnitten der Plutokratie. Freilich kommt auch in dieser Periode eigentlich nur der Wille des Mittelstandes zur Geltung, die breiten Massen der Arbeiterschaft müssen ihre Zuflucht noch immer zu Streiks und Revolten nehmen. Der Ciompi-Aufstand von 1378 ist von diesen revolutionären Bewegungen die einzige, von der wir genaue Kenntnis haben;

sie ist allerdings auch die bedeutendste. Jetzt erst werden die Grundbedingungen der wirtschaftlichen Demokratie verwirklicht. Das Volk verjagt die Prioren, schafft drei neue, die Arbeiterschaft und das Kleinbürgertum vertretende Zünfte und setzt eine Volksregierung ein, die vor allem an eine neue Verteilung der Steuern schreitet. Der Aufstand, der im wesentlichen eine Erhebung des vierten Standes ist und einer Diktatur des Proletariats zustrebt,[36] wird von den sich mit der Großbourgeoisie verbindenden gemäßigten Elementen schon nach zwei Monaten niedergeschlagen, sichert jedoch den unteren Schichten der Bevölkerung für weitere drei Jahre die aktive Teilnahme an der Regierung. Die Geschichte dieser Zeit beweist nicht nur, daß die Interessen des Proletariats mit denen der Bourgeoisie unvereinbar waren, sondern läßt auch erkennen, was für ein schwerer Irrtum es seitens der Arbeiterschaft war, die revolutionäre Umstellung der Produktion im Rahmen der bereits veralteten Zunftorganisation durchführen zu wollen.[37] Der Großhandel und die Großindustrie erkannten viel schneller, daß die Zünfte zu einer die Entwicklung hindernden Einrichtung geworden sind, und trachteten, sich ihrer zu entledigen. In der Folge werden ihnen immer mehr kulturelle und immer weniger politische Aufgaben zugewiesen, bis sie schließlich der freien Konkurrenz ganz zum Opfer fallen.

Nach der Niederwerfung der Volksregierung ist man wieder da, wo man vor dem Ciompi-Aufstand war. Es herrscht wieder der *popolo grasso*, mit dem einzigen Unterschied, daß seine Herrschaft nicht mehr von der ganzen Klasse, sondern nur noch von einigen reichen Familien ausgeübt wird, und daß sie nicht mehr ernsthaft bedroht ist. Wo immer sich im folgenden Jahrhundert eine subversive, die Oberschicht auch nur im geringsten gefährdende Bewegung bemerkbar macht, wird sie sofort, und zwar mühelos, unterdrückt.[38] Nach der verhältnismäßig kurzen Herrschaft der Alberti, Capponi, Uzzano, Albizzi und ihres Anhangs gelangen schließlich die Medici zur Macht. Von einer Demokratie kann von nun an nicht einmal mehr mit so viel Recht gesprochen werden wie bisher, als zwar auch nur ein Teil des Bürgertums aktive politische Rechte besaß und wirtschaftlich privilegiert war, das Regiment dieser

Schicht aber wenigstens innerhalb des eigenen Kreises mit einer gewissen Gerechtigkeit und im großen und ganzen mit einwandfreien Mitteln geführt wurde. Unter den Medici wird nun auch diese schon an und für sich sehr eingeschränkte Demokratie innerlich ausgehöhlt und um ihren Sinn gebracht. Jetzt wird die Verfassung, wenn es sich um die Interessen der Herrenklasse handelt, gar nicht mehr geändert, sondern einfach mißbraucht, die Wahlbeutel werden gefälscht, die Funktionäre bestochen oder eingeschüchtert, die Prioren als bloße Puppen hin und her geschoben. Es ist die inoffizielle Diktatur der sich als einfache Bürger gebenden und hinter den unpersönlichen Formen einer Scheinrepublik verbergenden Chefs einer Familienfirma, die hier „Demokratie“ genannt wird. Im Jahre 1433 muß Cosimo, von seinen Rivalen bedrängt, in die aus der Florentiner Geschichte so wohlbekannte Verbannung gehen; nach seiner Rückkehr im nächsten Jahr aber übt er seine Macht wieder vollkommen unbehindert aus. Er läßt sich noch einmal auf zwei Monate zum Gonfaloniere wählen, nachdem er dieses Amt früher schon zweimal bekleidet hat; seine gesamte Amtstätigkeit erstreckt sich also auf sechs Monate. Er regiert aus dem Hintergrund durch seine Strohmänner und beherrscht die Stadt ohne besondere Würden, ohne jeden Titel, ohne Amt, ohne Autorität, rein mit illegalen Mitteln. Auf die Oligarchie folgt somit in Florenz schon im 15. Jahrhundert ein verkappter Prinzipat, aus welchem das eigentliche Fürstentum später ganz reibungslos hervorgeht.[39] Der Umstand, daß die Medici sich im Kampf gegen ihre Rivalen mit dem Kleinbürgertum verbinden, bringt in der Stellung dieser Schicht keine wesentliche Veränderung mit sich. Die Herrschaft der Medici mag sich in noch so patriarchalische Formen kleiden, dem Wesen nach ist sie noch parteiischer und willkürlicher, als das Regiment der Gesamtoligarchie war. Der Staat bleibt der Träger von Privatinteressen; die Demokratie Cosimos besteht lediglich darin, daß er andere für sich regieren läßt und womöglich frische, junge Talente verwendet.[40]

Mit der wenn auch der Mehrheit der Bevölkerung nur aufgezwungenen Ruhe und Stabilität begann für Florenz seit dem Anfang des 15. Jahrhunderts eine neue wirtschaftliche Blüte, die während der Lebenszeit Cosimos durch keine namhaften Krisen unterbrochen war. Es kam wohl hier und da zu vereinzelten Arbeitseinstellungen, diese waren jedoch ohne Bedeutung und von kurzer Dauer. Florenz erreicht den Höhepunkt seines wirtschaftlichen Potentials. Nach Venedig gelangen von hier jährlich 16000 Stück Stoffe im Transitverkehr; dabei benützen die Florentiner Exporteure auch den Hafen des besiegten Pisa und seit 1421 den um 100000 Gulden erworbenen Hafen von Livorno. Es ist verständlich, daß Florenz von Siegesgefühl erfüllt war und daß die herrschende, von den Akquisitionen profitierende Schicht, wie einst das Bürgertum in Athen, ihre Macht und ihren Reichtum zeigen wollte. Ghiberti arbeitet seit 1425 an dem prunkvollen Ostportal des Baptisteriums; Brunelleschi beauftragt man im Jahre der Erwerbung des Hafens von Livorno mit der Ausführung seines Projektes zur Überwölbung des Doms. Florenz soll ein zweites Athen werden. Die Florentiner Kaufleute werden übermütig, sie wollen sich vom Ausland unabhängig machen, denken an eine Autarkie, das heißt, eine der Produktion entsprechende Steigerung des heimischen Verbrauchs.[41]

Die ursprüngliche Struktur des Kapitalismus hatte sich in Italien im Laufe des 13. und 14. Jahrhunderts wesentlich verändert. Statt des primitiven Gewinnstrebens ist die Idee der Zweck-, Plan- und Rechnungsmäßigkeit vorherrschend geworden, und der Rationalismus, der der Erwerbswirtschaft im Grunde von Anfang an eigen war, hat sich in einen Vollrationalismus verwandelt. Der Unternehmungsgeist der Pioniere hat seine romantischen, abenteuerlichen, freibeuterischen Züge verloren, und aus dem Eroberer ist ein Organisator und Rechner, ein vorsichtig kalkulierender und umsichtig disponierender Kaufmann geworden. Nicht das Zweckmäßigkeitsprinzip an und für sich war neu in der Wirtschaft der Renaissance, nicht die bloße Bereitschaft, eine althergebrachte Produktionsweise aufzugeben, sobald eine bessere, zweckentsprechendere in Erfahrung gebracht wurde, sondern die Konsequenz, mit der die Tradition der Rationalität geopfert, und die Rücksichtslosigkeit, mit der jeder Faktor des Wirtschaftslebens versachlicht und in einen Buchhaltungsposten verwandelt wurde. Diese Vollrationalisierung ermöglichte erst die Lösung der Aufgaben, die der Wirtschaft aus der Steigerung des Warenverkehrs erwachsen sind. Die Erhöhung der Produktion erforderte eine intensivere Ausnützung der Arbeitskräfte, eine fortschreitende Arbeitsteilung und die allmähliche Mechanisierung der Arbeitsmethoden, worunter nicht nur die Einführung von Maschinen zu verstehen ist, sondern auch die Entpersönlichung der menschlichen Arbeit, die Einschätzung ihrer Träger einzig und allein nach der erzielten Leistung. Nichts drückt die Wirtschaftsgesinnung der neuen Zeit schärfer aus als gerade diese Sachlichkeit, die den Menschen mit seiner Leistung und diese Leistung mit ihrem Geldwert – dem Lohn – gleichsetzt, die, mit anderen Worten, den Arbeiter als ein bloßes Glied in ein kompliziertes System von Investitionen und Erträgnissen, Gewinn- und Verlustchancen, Aktiven und Passiven einfügt. Der Rationalismus des Zeitalters aber kommt vor allem auch darin zum Ausdruck, daß die wesentlich handwerkliche Eigenart der früheren Stadtwirtschaft jetzt einen im großen und ganzen kommerziellen Charakter annimmt. Und diese Kommerzialisierung besteht durchaus nicht nur in dem Umstand, daß in der Tätigkeit des Unternehmers das Manuelle allmählich zurücktritt und das Kalkulatorische und Spekulative die Oberhand gewinnt,[42] sondern auch in der Anerkennung des Prinzips, daß der Unternehmer nicht unbedingt neue Waren schaffen muß, um neue Werte zu schaffen. Das Bezeichnende der neuen Wirtschaftsgesinnung ist das Verständnis für die fiktive, veränderliche, von der jeweiligen Konjunktur abhängige Wesensart des Marktwertes, die Einsicht, daß der Wert einer Ware durchaus keine Konstante ist, sondern fortwährend fluktuiert, und daß ihre Höhe sich nicht nach dem guten oder bösen Willen des Kaufmanns, sondern nach bestimmten objektiven Konstellationen richtet. Wie der Begriff des „gerechten Preises" und das Bedenken gegen das Zinsennehmen zeigen, betrachtete man im Mittelalter den Wert für eine substantielle, ein für allemal feststehende, der Ware inhärente Qualität; erst mit der Kommerzialisierung der Wirtschaft entdeckt man seine wirklichen Kriterien, seine Relativität und seinen in moralischer Beziehung indifferenten Charakter.

Der kapitalistische Geist der Renaissance setzt sich zusammen aus dem Erwerbsstreben und den sogenannten „bürgerlichen Tugenden“, aus Gewinnsucht und Fleiß, Sparsamkeit und Ehrbarkeit.[43] Auch in dem neuen Tugendsystem drückt sich aber nur der allgemeine Rationalisierungsprozeß aus. Es gehört zum Charakterbild des Bourgeois, daß er auch dort, wo es ihm scheinbar nur um sein Prestige zu tun ist, rationale Nützlichkeitsrücksichten befolgt, daß er unter Ehrbarkeit geschäftliche Solidarität und guten Ruf versteht und daß Treue in seiner Sprache Kreditfähigkeit bedeutet. Erst in der zweiten Hälfte des Quattrocento weichen die Grundsätze der rationalen Lebensführung dem Rentnerideal, erst jetzt nimmt das Leben des Bürgers seigneurale Züge an. Die Entwicklung vollzieht sich in drei Etappen. Im „Heldenzeitalter des Kapitalismus“ tritt uns im Unternehmer vor allem der kampflustige Eroberer, der auf sich gestellte, der relativen Sicherheit der mittelalterlichen Wirtschaft entwachsene, wagemutige Abenteurer entgegen. Der Bürger kämpft da noch mit wirklichen Waffen in der Hand gegen den feindlichen Adel, die rivalisierenden Stadtgemeinden und die ungastlichen Hafenstädte. Als diese Kämpfe zu einem gewissen Stillstand kommen und der in sichere Wege geleitete Warenverkehr eine Systematisierung und eine Steigerung der Produktion erlaubt und erfordert, verschwinden allmählich aus dem Charakterbild des Bürgers die romantischen Züge; er unterwirft seine ganze Existenz einem vernünftigen, konsequenten, methodischen Lebensplan. Sobald er sich aber in wirtschaftlicher Sicherheit fühlt, lockert sich die Disziplin seiner bürgerlichen Tugendlehre, und er hängt mit wachsender Genugtuung den Idealen der Muße und des schönen Lebens nach. Er nähert sich einem irrationalen Lebensstil gerade zu einer Zeit, als die nunmehr fiskalisch denkenden Fürsten sich den Geschäftsprinzipien eines soliden, zuverlässigen, kreditfähigen Kaufmanns anzupassen beginnen.[44] Die höfischen und die bürgerlichen Kreise begegnen sich auf halbem Wege. Die Fürsten werden immer progressiver und zeigen sich in ihren Kulturbestrebungen ebenso fortschrittlich wie das arrivierte Bürgertum; die Bourgeoisie wird dagegen immer konservativer und begünstigt eine Kunst, die zu den höfisch-ritterlichen, gotisch-spiritualistischen Idealen des Mittelalters zurückkehrt, oder, besser gesagt, diese Ideale, die aus der bürgerlichen Kunst nie ganz verschwunden sind, wieder in den Vordergrund treten läßt.

Giotto ist der erste Meister des Naturalismus in Italien. Die alten Autoren, Villani, Boccaccio und noch Vasari, betonen nicht ohne Grund die unwiderstehliche Wirkung seiner Naturtreue auf die Zeitgenossen und kontrastieren seinen Stil nicht umsonst mit der Steifheit und Gezwungenheit der bei seinem Auftreten noch weitverbreiteten byzantinischen Kunst. Wir sind nur gewohnt, die Klarheit und die Einfachheit, die Logik und die Präzision seiner Ausdrucksweise mit dem späteren kleinlicheren und spielerischen Naturalismus zu vergleichen, und übersehen dabei, welchen gewaltigen Fortschritt seine Kunst in der unmittelbaren Darstellung der Dinge bedeutet hatte, was er alles sichtbar machen, was er alles erzählen konnte, das vor ihm mit malerischen Mitteln einfach undarstellbar war. So ist er für uns der Repräsentant der großen klassischen, streng gesetzmäßigen Form geworden, obwohl er doch vor allem der Meister einer einfachen, vernünftigen, nüchternen bürgerlichen Kunst war, deren Klassizität aus dem Ordnen und Zusammenfassen der unmittelbaren Eindrücke, aus der Rationalisierung und Simplifizierung der Wirklichkeit, nicht aber aus einem wirklichkeitsfernen Idealismus erwachsen ist. Man wollte in seinen Werken einen antikischen Formwillen entdecken, er selbst wollte aber nichts als ein guter, sich kurz fassender und präzis ausdrückender Erzähler sein, dessen Formrigorismus als dramatische Schärfe, nicht als antinaturalistische Kälte zu erklären ist. Er wurzelt mit seiner Kunstauffassung in einer noch verhältnismäßig anspruchslosen bürgerlichen, wenn auch bereits kapitalistisch vollkommen gefestigten Welt. Seine Tätigkeit fällt in die Zeit der Wirtschaftsblüte zwischen der Herausbildung der politischen Zünfte und dem Bankerott der Bardi und Peruzzi, in jene erste große bürgerliche Kulturperiode, die die prachtvollsten Bauten des mittelalterlichen Florenz, die Kirchen Sta. Maria Novella und San Croce, den Palazzo Vecchio und den Dom mit dem Glockenturm erstehen ließ. Die Kunst Giottos ist streng und sachlich wie die Sinnesart seiner Auftraggeber, die gedeihen und herrschen wollen, auf Repräsentation und pompösen Aufwand jedoch noch keinen besonderen Wert legen. Der Stil der florentinischen Kunst ist nachher im modernen Sinne natürlicher, weil wissenschaftlicher geworden, kein Künstler der Renaissance war aber ehrlicher bestrebt als er, in der Schilderung der Wirklichkeit möglichst unmittelbar und wahr zu sein.

Das ganze Trecento steht im Zeichen dieses giottesken Naturalismus. Es gibt zwar noch hier und da zurückgebliebene Stilerscheinungen, die von den stereotypen Formen der alten vorgiottesken Tradition nicht loskommen, es gibt retardierende, ja, reaktionäre Tendenzen, die am hieratischen Stil des Mittelalters festhalten, die naturalistische Geschmacksrichtung ist aber die vorherrschende. Der Naturalismus Giottos erfährt seine erste gewaltige Weiterentwicklung in Siena, und von hier aus dringt er, hauptsächlich durch die Vermittlung Simone Martinis und seiner Fresken im Palast der Päpste in Avignon, nach dem Westen und dem Norden vor.[44a] Siena rückt vorübergehend an die Spitze der Entwicklung, während Florenz stark ins Hintertreffen gerät. Giotto stirbt im Jahre 1337; die Finanzkrise infolge der großen Insolvenzen setzt 1339 ein; die öde Zeit der Despotie des Herzogs von Athen erstreckt sich auf die Jahre 1342–43; 1346 erfolgt ein schwerer Aufstand; 1348 ist das Jahr der großen Pest, die in Florenz noch furchtbarer wütet als anderwärts; die Jahre zwischen der Pest und dem Ciompi-Aufstand sind von Unruhen, Tumulten, Revolten erfüllt: es ist eine für die bildende Kunst unfruchtbare Zeit. In Siena, wo das mittlere Bürgertum einen stärkeren Einfluß hat und sowohl die sozialen als auch die religiösen Traditionen tiefer verwurzelt sind, vollzieht sich die geistige Entwicklung von Krisen und Katastrophen ungestörter, und das religiöse Gefühl vermag sich in zeitgemäßere, entwicklungsfähigere Formen zu kleiden, weil es eben noch ein lebendiges Gefühl ist. Den bedeutendsten Fortschritt über Giotto hinaus macht der Sieneser Ambrogio Lorenzetti, der Schöpfer der naturalistischen Landschaft und des illusionistischen Stadtbildes. Dem Raume Giottos gegenüber, der zwar einheitlich und kontinuierlich ist, dessen Tiefe jedoch nie über die einer Bühnenszenerie hinausgeht, schafft er in seiner Ansicht von Siena einen Prospekt, der nicht nur durch seine Weiträumigkeit, sondern auch durch die natürliche Verbindung der Raumteile alles Frühere in dieser Art übertrifft. Das Bild Sienas ist hier so wirklichkeitsgetreu gezeichnet, daß man noch den Stadtteil erkennt, der dem Maler als Motiv diente, und sich in den Gassen, die zwischen den Palästen der Nobili und den Wohnhäusern der Bürger, die Werkstätten und Geschäftsräume entlang, an den Hügeln emporschlängeln, bewegen zu können glaubt.

In Florenz geht die Entwicklung zunächst nicht nur langsamer, sondern auch weniger einheitlich vor sich als in Siena.[45] Sie bewegt sich zwar hauptsächlich in naturalistischen Bahnen, doch keineswegs immer in der Richtung, die der Lorenzettischen Milieuschilderung entspricht. Taddeo Gaddi, Bernardo Daddi, Spinello Aretino sind naive Erzähler wie Lorenzetti selber; auch sie schließen sich mit ihrem expansiven malerischen Kunstwollen der giottesken Tradition an und streben vor allem nach der illusionistischen Vertiefung des Raumes. Neben dieser Richtung gibt es aber in Florenz auch eine andere wichtige Tendenz, nämlich die Andrea Orcagnas, Nardo di Ciones und ihrer Schüler, die statt der Intimität und Spontaneität der Lorenzettischen Kunst die feierliche Hieratik des Hochmittelalters, seine starre Symmetrie und strenge Rhythmik, seine planimetrische Ornamentalität und Frontalität, sein Reihungs- und Additionsprinzip befolgen. Die These jedoch, daß in all dem lediglich eine antinaturalistische Reaktion zu erblicken sei,[46] ist mit Recht bestritten und daran erinnert worden, daß der Naturalismus in der Malerei sich keineswegs auf die Illusion des Tiefenraumes und die Auflösung der geometrisch gebundenen Form beschränkt, sondern daß jene „haptischen Werte" *(tactile values)*, die Berenson gerade auch im Zusammenhang mit Orcagna preist, ebenfalls naturalistische Errungenschaften sind.[47] Orcagna vertritt mit der plastischen Rundung und dem statuarischen Gewicht, die er seinen Figuren gibt, eine kunsthistorisch ebenso fortschrittliche Richtung wie Lorenzetti oder Taddeo Gaddi mit ihrer Vertiefung und Erweiterung des Bildraumes. Wie unbegründet übrigens auch die Annahme ist, daß wir es hier mit einem programmatischen, durch den Einfluß der Dominikaner bedingten Archaisieren zu tun haben, zeigen am besten die Fresken der Spanischen Kapelle des Klosters Sta. Maria Novella, die, obgleich sie der Verherrlichung des Dominikanerordens gewidmet sind, in vieler Hinsicht zu den fortschrittlichsten künstlerischen Schöpfungen des Zeitalters gehören.

Im 15. Jahrhundert verliert Siena seine führende Stellung in der Kunstgeschichte. Es tritt wieder das nunmehr auf der Höhe seiner Wirtschaftsmacht befindliche Florenz in den Vordergrund. Diese Stellung erklärt zwar nicht unmittelbar das Vorhandensein und die Eigenart seiner großen Meister, sie erklärt aber den ununterbrochenen Fluß der Aufträge und damit die geistige Konkurrenz, aus der seine Meister emportauchen. Florenz ist jetzt neben Venedig, das übrigens seine eigene, in keiner Weise typische Entwicklung hat, der einzige Ort in Italien, wo sich eine bedeutende, progressiv gerichtete Kunsttätigkeit entfaltet, die vom westeuropäischen, spätmittelalterlich-höfischen Stil im großen und ganzen unabhängig ist. Im bürgerlichen Florenz hat man zunächst nur ein beschränktes Verständnis für die aus Frankreich importierte und von den Höfen Oberitaliens adoptierte ritterliche Kunst. Dieser Landstrich steht schon rein geographisch dem Westen näher und berührt sich sogar unmittelbar mit dem französischen Sprachgebiet. Die französischen Ritterromane verbreiten sich hier schon in der zweiten Hälfte des 13. Jahrhunderts und werden nicht nur, wie in den anderen Ländern Europas, einfach übersetzt und in der Landessprache nachgeahmt, sondern auch in der Originalsprache fortgebildet. Man verfaßt epische Gedichte in Französisch, so wie man lyrische Gedichte in der Sprache der Troubadours schreibt.[48] Die großen Handelsstädte Mittelitaliens sind zwar von dem Norden und dem Westen durchaus nicht abgeschnitten, und ihre Kaufleute, die den Verkehr mit Frankreich und Flandern aufrechterhalten, vermitteln die Elemente der ritterlichen Kultur auch nach Toskana, für eine eigene ritterliche Epik oder gar für eine Malerei im großen romantischen, höfisch-ritterlichen Stil fehlen hier jedoch die Interessenten. An den Fürstenhöfen der Poebene, in Mailand, Verona, Padua, Ravenna und in vielen anderen, kleineren Städten, wo die Dynasten und die Tyrannen ihren Hofhalt streng nach dem französischen Muster führen, liest man dagegen nicht nur mit unverminderter Begeisterung die französischen Ritterromane, man kopiert und imitiert sie nicht nur, man illustriert sie auch im Stile der Originale.[49] Und die malerische Tätigkeit dieser Höfe beschränkt sich keineswegs auf die Herstellung von Bilderhandschriften, sondern erstreckt sich auch auf die Dekoration der Wände, die man mit Darstellungen aus dem Ideenkreis jener Ritterromane und Motiven aus dem höfischen Leben schmückt, mit Schlachten und Turnieren, Jagden und Kavalkaden, Spiel- und Tanzszenen, Erzählungen aus der Mythologie, der Bibel und der Geschichte, Heroenbildnissen aus der Antike und der Gegenwart, Allegorien der Kardinaltugenden, der freien Künste und vor allem der Liebe in allen möglichen Formen und Schattierungen. Diese Malereien halten sich im allgemeinen an den Stil der als Wandbehänge benutzten Teppiche, der Gattung, der sie wohl überhaupt ihren Ursprung verdanken. Sie suchen, wie diese, einen prunkvollen, festlichen Eindruck zu erwecken, und zwar hauptsächlich durch die Pracht der Kostüme und das zeremonielle Gehaben der geschilderten Gesellschaft. Die Figuren sind in konventionellen Posen dargestellt, aber verhältnismäßig gut beobachtet und mit einer gewissen Geläufigkeit gezeichnet, was um so verständlicher ist, als ja diese Malerei in demselben gotischen Naturalismus wurzelt, von dem auch die bürgerliche Kunst des Spätmittelalters ihren Ausgang nimmt. Man braucht nur an Pisanello zu denken, um zu ermessen, was der Naturalismus der Renaissance diesen Wandgemälden mit ihren verdurenhaften Hintergründen, ihren frisch beobachteten und gut gemalten Pflanzen und Tieren zu verdanken hat. Die wenigen Überreste, die von der frühesten höfischen Dekorationsmalerei in Italien erhalten sind, stammen wohl erst vom Anfang des 15. Jahrhunderts, die älteren aus dem 14. werden aber von diesen kaum wesentlich verschieden gewesen sein. Was noch vorhanden ist, befindet sich in Piemont und in der Lombardei, das Wichtigste im Kastell La Manta in Saluzzo und im Palazzo Borromeo in Mailand. Aus zeitgenössischen Berichten wissen wir aber, daß auch viele andere Fürstensitze in Oberitalien einen reichen und anspruchsvollen malerischen Schmuck besaßen, so vor allem die Burg Cangrandes in Verona und das Schloß der Carrara in Padua.[50]

Die Kunst der Stadtrepubliken war im Trecento, im Gegensatz zu der der Fürstenhöfe, vorwiegend kirchlich orientiert. Erst im 15. Jahrhundert verändern sich ihr Geist und ihr Stil; erst jetzt nimmt sie, dem neuen privaten Kunstbedürfnis und der allgemeinen Rationalisierung entsprechend, einen weltlichen Charakter an. Es kommen aber nicht nur neue weltliche Gattungen auf, wie die Historienmalerei und das Porträt, auch die religiösen Darstellungen füllen sich mit weltlichen Motiven. Die bürgerliche Kunst bewahrt freilich auch so noch mehr Berührungspunkte mit der Kirche und der Religion als die Kunst der Fürstenhöfe, und das Bürgertum bleibt wenigstens in dieser Beziehung konservativer als die höfische Gesellschaft der Residenzen. Es machen sich aber seit der Mitte des Jahrhunderts auch in der städtisch-bürgerlichen, namentlich in der florentinischen Kunst höfisch- ritterliche Züge bemerkbar. Die Ritterromane dringen, von den Spielleuten verbreitet, in die tieferen Schichten des Volkes und gelangen in ihrer volkstümlichen Form auch nach den toskanischen Städten; sie verlieren dabei allerdings ihren ursprünglichen idealistischen Charakter und werden zur bloßen Unterhaltungsliteratur.[51] Diese Literatur ist es vor allem, die das Interesse der einheimischen Maler für die romantischen Stoffe erweckt, wozu freilich auch noch der direkte Einfluß von Künstlern wie Gentile da Fabriano und Domenico Veneziano kommt, die in Florenz den höfischen Kunstgeschmack ihrer oberitalienischen Heimat verbreiten. Schließlich beginnt die reich und mächtig gewordene bürgerliche Oberschicht auch die Lebensformen der höfischen Gesellschaft sich anzueignen und in den ritterlich-romantischen Motiven nicht nur etwas Exotisches, sondern auch etwas Mustergültiges zu erblicken.

Am Anfang des Quattrocento ist aber von dieser Verhöfischung noch verhältnismäßig wenig zu merken. Die Meister der ersten Generation des Jahrhunderts, namentlich Masaccio und Donatello, stehen der strengen, auf eine geschlossene Raumform und einen statuarischen Figurenstil gerichteten Kunst Giottos näher nicht nur als dem preziösen Geschmack der Höfe, sondern auch als der zierlichen und oft undisziplinierten Formgebung der Trecentomalerei. Diese Generation muß nach den Erschütterungen der großen Finanzkrise, der Pest und des Ciompi-Aufstandes so gut wie von vorn anfangen. Das Bürgertum zeigt sich jetzt sowohl in seinen Sitten als auch in seinem Geschmack einfacher, nüchterner, puritanischer als zuvor. Es ist ein sachlich-realistisches, unromantisches Lebensgefühl, das in Florenz wieder vorherrschend wird, und ein neuer, frischer, robuster Naturalismus, gegen den die höfisch-aristokratische Kunstauffassung sich nur allmählich, in dem Maße nämlich, wie das Bürgertum sich wieder konsolidiert, geltend machen kann. Die Kunst des Masaccio und des jungen Donatello ist die Kunst einer noch im Kampfe stehenden, obwohl durchaus optimistischen und siegessicheren Gesellschaft, die Kunst einer neuen Heroenzeit des Kapitalismus, einer neuen Erobererepoche. Das zuversichtliche, wenn auchnicht immer ungefährdete Machtgefühl, das in den politischen Verfügungen dieser Jahre zum Ausdruck kommt, drückt sich auch im großzügigen Realismus der Kunst aus. Es verschwindet aus ihr die selbstgefällige Empfindsamkeit, der spielerische Linienschwung, der kalligraphische Ornamentstil der Trecentomalerei. Die Figuren werden wieder körperlicher, massiver, ruhiger, stehen fester auf den Beinen, bewegen sich freier und natürlicher im Raume. Sie drücken Kraft, Energie, Würde und Ernst aus, sind eher etwas kompakt als zart, eher derb als zierlich. Das Welt- und Lebensgefühl dieser Kunst ist wesentlich ungotisch, das heißt unmetaphysisch und unsymbolisch, unromantisch und unzeremoniell. Das ist jedenfalls die vorherrschende, wenn auch nicht die ausschließliche Tendenz der neuen Kunst. Die künstlerische Kultur des Quattrocento ist bereits so kompliziert, es nehmen an ihr so viele herkunft- und erziehungsmäßig verschiedenartige Schichten teil, daß wir von ihr keinen ganz einheitlichen und allgemeingültigen Begriff bilden können. Neben dem „renaissancehaften“, antikisch statuarischen Stil Masaccios und Donatellos ist die gotisch spiritualistische, mittelalterlich ornamentale Stiltradition nicht nur in der Kunst der Fra Angelico und Lorenzo Monaco, sondern auch in den Werken von so progressiven Künstlern wie Andrea del Castagno und Paolo Uccello noch durchaus lebendig. In einer wirtschaftlich so differenzierten, geistig so komplexen Gesellschaft wie der der Renaissance verschwindet eine Stilrichtung nicht von heute auf morgen, auch wenn die Schicht, für die ihre Produkte ursprünglich bestimmt waren, ihre politische und wirtschaftliche Macht verliert und als Kulturträger durch eine andere ersetzt wird oder ihre eigene geistige Haltung ändert. Der mittelalterlich-spiritualistische Stil mag der Mehrheit des Bürgertums bereits als veraltet und reizlos erschienen sein, er entsprach den religiösen Gefühlen einer sehr beträchtlichen Minorität noch immer am besten. Verschiedene Gesellschaftsschichten und verschiedene von diesen Schichten abhängige Künstler, verschiedene Generationen von Kunstkonsumenten und Produzenten, jung und alt, Vorläufer und Nachzügler leben in jeder entwickelteren Kultur nebeneinander; in einer verhältnismäßig so alten Kultur wie der Renaissance aber kommen die einzelnen geistigen Tendenzen fast in keiner Gruppe mehr ganz rein, von den übrigen unberührt, zum Ausdruck. Die Antagonismen des Kunstwollens können mit dem Nebeneinander der verschiedenen Generationen, der „Gleichzeitigkeit der verschieden Altrigen",[52] allein nicht erklärt werden; die Gegensätze bestehen oft innerhalb einer und derselben Generation: Donatello und Fra Angelico, Masaccio und Domenico Veneziano wurden in dem Abstand von einigen Jahren geboren, dagegen ist Piero della Francesca von Masaccio, seinem nächsten Geistesverwandten, um die halbe Lebenszeit einer Generation getrennt. Die Gegensätze ragen bis in die geistige Verfassung des einzelnen Individuums hinein. Bei einem Künstler wie Fra Angelico ist Kirchliches und Weltliches, Gotisches und Renaissancehaftes ebenso unauflösbar miteinander verbunden, wie bei Castagno, Pesellino und Gozzoli der Rationalismus und die Romantik, das Bürgerliche und das Höfische. Die Grenze zwischen den Nachzüglern der Gotik und den Vorläufern der mit der Gotik in vieler Hinsicht verwandten bürgerlichen Romantik ist durchaus fließend.

Der Naturalismus, der die künstlerische Grundtendenz des Jahrhunderts darstellt, verändert der sozialen Entwicklung entsprechend wiederholt seine Richtung. Der monumentale, antigotisch einfache, vor allem auf die Klärung der Raumverhältnisse und der Proportionen gerichtete Naturalismus Masaccios, der genrehafte Reichtum Gozzolis und die psychologische Sensibilität Botticellis vertreten drei verschiedene Etappen in der Entwicklungsgeschichte des von einfachen Verhältnissen zu einer richtigen Geldaristokratie emporsteigenden Bürgertums. Ein dem Leben unmittelbar abgelauschtes Motiv wie der „Frierende" auf Masaccios Taufe in der Brancaccikapelle ist am Anfang des Quattrocento noch eine Seltenheit, gegen die Mitte des Jahrhunderts ist es die Regel. Die Freude am individuellen Fall, am Charakteristischen und Eigenartigen, tritt jetzt erst in den Vordergrund. Jetzt erst entsteht die Idee eines aus den *petits faits vrais* sich zusammensetzenden Weltbildes, wie die Geschichte der Kunst sie bis dahin nicht gekannt hat. Die Episoden des alltäglichen bürgerlichen Lebens, Straßenbilder und Interieurs, Wochenstuben und Verlobungen, die Geburt der Maria und die Heimsuchung als Gesellschaftsszenen, Hieronymus im Milieu eines bürgerlichen Hauses und das Leben der Heiligen im Getriebe von geschäftigen Städten, das sind die Gegenstände der neuen naturalistischen Kunst. Es wäre indessen falsch anzunehmen, daß man mit diesen Darstellungen etwa sagen wollte, „die Heiligen seien auch nur Menschen", und daß die Vorliebe für die Motive des bürgerlichen Lebens das Zeichen einer standesgemäßen Bescheidenheit gewesen sei; man zeigte, im Gegenteil, das Drum und Dran dieses Daseins mit Selbstzufriedenheit und Stolz. Die reichen Bürger, die jetzt als Kunstinteressenten auftreten, wollen aber, wenn sie auch ihre Bedeutung keineswegs verkennen, nicht mehr scheinen als sie sind. Erst nach der Mitte des Jahrhunderts zeigen sich die Zeichen eines Wandels. Piero della Francesca verrät schon eine gewisse Neigung zur feierlichen Frontalität und eine Vorliebe für die repräsentative Form. Er arbeitet allerdings viel für fürstliche Auftraggeber und steht unter dem unmittelbaren Einfluß der höfischen Konventionen. In Florenz jedoch bleibt die Kunst bis zum Ende des Jahrhunderts im großen und ganzen unkonventionell und unförmlich, obgleich sie auch hier immer gezierter und preziöser wird, immer mehr nach Eleganz und Delikatesse strebt. Das Publikum Antonio Pollajuolos und Andrea del Verrocchios, Botticellis und Ghirlandajos hat jedenfalls nichts mehr gemein mit jenem puritanisch gesinnten Bürgertum, für welches Masaccio und der junge Donatello gearbeitet hatten.

Der Gegensatz, der zwischen Cosimo und Lorenzo Medici besteht, die Verschiedenheit der Grundsätze, nach welchen sie ihre Macht ausüben und ihr Privatleben einrichten, bezeichnet den ganzen Abstand, der ihre Generationen voneinander trennt. Wie sich die Regierungsform seit den Tagen Cosimos aus einer, wenn auch nur dem Scheine nach demokratischen Republik in einen richtigen Prinzipat verwandelt hat, wie aus dem „ersten Bürger" und seinem Anhang ein Fürst mit seinem Hofstaat geworden ist, so entwickelte sich auch aus dem einst biederen und erwerbslustigen Bürgertum eine Klasse von Rentnern, die die Arbeit und das Geldverdienen verachten und den von ihren Vätern erworbenen Reichtum genießen und sich der Muße ergeben wollen. Cosimo war noch ganz Geschäftsmann; er liebte zwar die Kunst und die Philosophie, er ließ sich schöne Häuser und Villen bauen, umgab sich mit Künstlern und Gelehrten und konnte auch, wenn es darauf ankam, repräsentieren; der Mittelpunkt seines Lebens aber waren die Bank und das Kontor. Lorenzo hat kein Interesse mehr für das groß- und urgroßväterliche Geschäft, er vernachlässigt es und wirtschaftet es vollkommen herunter; ihn interessieren nur noch die Staatsgeschäfte, seine Beziehungen zu den Dynasten Europas, sein fürstlicher Hofhalt, seine geistige Führerrolle, seine Neuplatoniker und seine Künstlerakademie, seine Poeterei und sein Mäzenatentum. Nach außen spielt sich freilich noch alles in bürgerlich-patriarchalischen Formen ab. Lorenzo läßt mit seiner Person und seinem Haus noch keinen öffentlichen Kultus treiben; die Porträts der Familienmitglieder dienen noch immer, nicht anders als die der anderen vornehmen Bürger der Stadt, privaten Zwecken und sind nicht für die Öffentlichkeit bestimmt, wie die Standbilder der Großherzöge hundert Jahre später.[53]

Man bezeichnete das späte Quattrocento als die Kultur einer „zweiten Generation", einer Generation von verwöhnten Söhnen und reichen Erben, und empfand den Gegensatz zu der ersten Hälfte des Jahrhunderts als so hervorstechend, daß man von einer bewußten Reaktionsbewegung, einer absichtlichen „Restauration der Gotik" und einer „Gegenrenaissance" sprechen zu dürfen glaubte.[54] Dieser Auffassung gegenüber wurde mit Recht darauf hingewiesen, daß die Tendenz, die hier als Rückkehr zur Gotik bezeichnet wird, eine permanente Unterströmung der Frührenaissance bildet und nicht erst in der zweiten Hälfte dieser Periode in Erscheinung tritt.[55] Wie offenkundig aber auch im Quattrocento das Fortbestehen der mittelalterlichen Traditionen und die fortdauernde Auseinandersetzung des bürgerlichen Geistes mit den Ideen der Gotik ist, so unverkennbar ist es auch, daß im Bürgertum bis zur Mitte des Jahrhunderts die antigotische, unromantisch-realistische, unhöfisch-liberale Geistesrichtung vorherrscht und daß der Spiritualismus, Konventionalismus und Konservativismus erst in der Zeit Lorenzos die Oberhand gewinnt. Man darf sich freilich die Entwicklung durchaus nicht so vorstellen, daß der bürgerliche Geist seine dynamische und dialektische Struktur plötzlich und restlos in eine statische verwandelt. Die Herrschaft der konservativen, spiritualistischen, ritterlichen und höfischen Tendenzen ist in der zweiten Hälfte des Quattrocento ebensowenig unbestritten, als es die Herrschaft der progressiven, liberalen und bürgerlich-realistischen Geistesrichtung in der ersten Hälfte des Jahrhunderts war. Wie es neben den progressiven Kreisen der Frühzeit überall auch solche gab, die auf die Entwicklung retardierend wirkten, so machen sich jetzt neben den konservativen Gruppen allenthalben auch progressive Elemente geltend.

Die Ausscheidung der saturierten Schichten der Gesellschaft aus dem aktiven Wirtschaftsleben und das Vorrücken von neuen, an den Chancen der Erwerbswirtschaft bis dahin unbeteiligten Elementen an die freigewordenen Stellen, oder mit anderen Worten: die Avancierung mittelloser Schichten zu begüterten und der begüterten zu aristokratischen, stellt den konstanten Rhythmus der kapitalistischen Entwicklung dar.[56] Die kulturtragenden Schichten, die gestern noch progressiv gesinnt waren, fühlen und denken heute konservativ, bevor sie aber die Kultur gänzlich ihrer neuen Gesinnung entsprechend umformen könnten, gelangt schon eine neue dynamisch gestimmte Schicht in den Besitz der Kulturmittel – eine Gruppe, die vor einer Generation noch außerhalb der Sphäre der Kultur gestanden war und die in einem weiteren Menschenalter auf die Entwicklung selber retardierend wirken wird, um dann einer neuen progressiven Schicht Platz zu machen. In der zweiten Hälfte des Quattrocento sind zwar die konservativen Elemente die tonangebenden in Florenz, der soziale Schichtwechsel ist aber keineswegs zum Stillstand gekommen; es sind noch immer beträchtliche dynamische Kräfte im Spiel, die es verhüten, daß die Kunst in höfischer Preziosität, Artistik und Konventionalismus erstarrt. Trotz der Neigung zu manierierten Subtilitäten und einer oft leeren Eleganz kommen in ihr immer neue naturalistische Bestrebungen zur Geltung. Sie mag noch so viele höfische Züge annehmen, noch so formalistisch und artistisch werden, sie verschließt sich doch nie ganz vor der Revision und Expansion ihres Weltbildes. Sie bleibt eine wirklichkeitsfreudige, neuen Erfahrungen aufgeschlossene Kunst – die Ausdrucksform einer wohl etwas gezierten und wählerischen, der Aufnahme von neuen Impulsen aber keineswegs widerstrebenden Gesellschaft. Diese Mischung von Naturalismus und Konvention, Rationalismus und Romantik produziert zur gleichen Zeit die bürgerliche Respektabilität Ghirlandajos und die aristokratische Delikatesse Desiderios, den robusten Realitätssinn Verrocchios und die poetische Traumseligkeit Piero di Cosimos, den fröhlichen Liebreiz Pesellinos und die verzärtelte Schwermut Botticellis. Die gesellschaftlichen Voraussetzungen des Stilwandels um die Jahrhundertmitte sind zum Teil in der Zusammenschrumpfung des Kunstpublikums zu suchen. Die Herrschaft der Medici hat durch den Steuerdruck das Geschäftsleben empfindlich beeinträchtigt, viele Unternehmer gezwungen, Florenz zu verlassen und ihre Betriebe in andere Städte zu verlegen.[57] Symptome des industriellen Niedergangs, Auswanderung der Arbeiter und Rückgang der Produktion, machen sich schon zu Cosimos Lebzeiten bemerkbar.[58] Der Reichtum konzentriert sich auf wenigere Hände. Das private, in der ersten Hälfte des Jahrhunderts immer weitere Kreise umfassende Kunstinteressententum zeigt eine Tendenz zur Verengung. Die Kunstaufträge gehen in der Hauptsache von den Medici und einigen anderen Familien aus; die Produktion gewinnt schon infolge dieser Erscheinung einen exklusiveren, feinschmeckerischen Charakter.

In den freien italienischen Städten waren im Laufe der letzten zwei Jahrhunderte zumeist nicht die kirchlichen Behörden selbst die Auftraggeber für kirchliche Bauunternehmungen und Kunstwerke, sondern ihre bürgerlichen Interessenvertreter und Sachwalter, das heißt einerseits die Kommune, die großen Zünfte und die geistlichen Bruderschaften, andererseits die privaten Stifter, die reichen und angesehenen Familien.[59] Die kommunale Bau- und Kunsttätigkeit erreichte im 14. Jahrhundert, in der ersten Blütezeit der Stadtwirtschaft, ihren Höhepunkt; da äußerte sich der bürgerliche Ehrgeiz noch in kollektiven Formen, er nahm erst später persönlichere Merkmale an. Die italienischen Kommunen verausgabten sich bei dieser Kunsttätigkeit ebenso wie einst die griechischen Stadtstaaten. Und nicht nur Florenz und Siena, auch die kleineren Gemeinden wie Pisa und Lucca wollten mittun und verbluteten fast an ihrem übermütigen Bauherrntum. In den meisten Fällen setzten die zur Macht gelangenden Stadtherren die künstlerische Tätigkeit der Gemeinden fort und übertrumpften sie womöglich durch den Aufwand der Mittel. Sie machten sich und ihrer Regierung die wirkungsvollste Propaganda, indem sie der Eitelkeit der Bürgerschaft schmeichelten und sie mit Kunstwerken beschenkten, für deren Kosten in der Regel die Beschenkten selbst aufzukommen hatten. Dies war zum Beispiel der Fall bei dem Bau des Mailänder Domes, während die Kosten des Baues der Certosa von Pavia aus der Privatschatulle der Visconti und der Sforza bestritten wurden.[60]

Die Kunsttätigkeit der Zünfte beschränkte sich in Italien nicht auf den Bau und die Ausschmückung der eigenen Oratorien und Zunfthäuser, wie in anderen Ländern, sondern erstreckte sich auf die Teilnahme an den künstlerischen Unternehmungen, namentlich den großen Kirchenbauten der Stadtgemeinden. Solche Aufgaben gehörten hier von allem Anfang an in den Wirkungskreis der Zünfte, und sie gewannen an Umfang in dem Maße, wie der politische und wirtschaftliche Einfluß der Korporationen abnahm. Die Zünfte waren aber zumeist nur die Experten und Kontrollorgane der Gemeinden, so wie diese oft selber nur die Verwalter von privaten Stiftungen waren. Die Körperschaften dürfen keinesfalls als die Bauherren, nicht einmal als die geistigen Urheber aller von ihnen geleiteten künstlerischen Unternehmungen angesehen werden, sie betreuten zumeist nur die für die Bauten zur Verfügung gestellten Mittel und ergänzten sie höchstens durch Anleihen oder die ehrenpflichtmäßigen Beiträge der Zunftmitglieder.[61] Sie bildeten zur Beaufsichtigung der ihnen anvertrauten Unternehmungen Baukommissionen aus ihrer Mitte, die je nach der Unternehmung aus vier bis zwölf Mitgliedern *(operai)* bestanden. Diese Kommissionen schrieben Konkurrenzen aus, beauftragten die einzelnen Künstler, begutachteten ihre Pläne, beaufsichtigten die Durchführung der Arbeit, beschafften das Material und machten die Löhne flüssig. Wenn die Beurteilung der künstlerischen und technischen Leistungen besondere Sachkenntnisse erforderte, beriefen sie Spezialisten zur Beratung.[62] Mit einem solchen Wirkungskreis leitete die Arte della Lana in Florenz den Bau des Domes und des Glockenturms, die Calimala-Zunft die Arbeiten am Baptisterium und an der Kirche S. Miniato, die Arte della Seta den Bau des Findelhauses. Wie es bei Wettbewerben zuzugehen pflegte, zeigt am besten die Entstehungsgeschichte der Bronzetüren des Baptisteriums. Im Jahre 1401 schrieb die Calimala eine allgemeine Konkurrenz für die Türen aus. Von den Konkurrenten, die sich um den Auftrag beworben hatten, bestimmte man sechs Künstler zur engeren Wahl, unter anderen Brunelleschi, Ghiberti und Jacopo della Quercia. Man gab ihnen ein Jahr zur Anfertigung eines Bronzereliefs, dessen Gegenstand, nach der motivischen Ähnlichkeit der erhaltenen Arbeiten zu urteilen, genau umschrieben gewesen sein muß. Die Produktionskosten und der Lebensunterhalt der Künstler während der Probearbeit wurden von der Calimala bestritten. Über die vorgelegten Probestücke entschied schließlich ein von der Zunft berufenes Richterkollegium, daß aus vierunddreißig namhaften Künstlern zusammengesetzt war.

Die Kunstaufträge des Bürgertums bestanden im Anfang hauptsächlich in Stiftungen für Kirchen und Klöster; erst gegen die Mitte des Jahrhunderts beginnt man Kunstwerke weltlicher Natur und solche für private Zwecke in größerer Zahl zu bestellen. Von da an werden auch die Häuser der reichen Bürger, nicht nur die Kastelle und Paläste der Fürsten und Nobili, mit Bildern und Bildwerken geschmückt. Auch bei dieser Kunsttätigkeit spielen selbstverständlich Prestigerücksichten, der Wunsch, zu glänzen und sich ein Denkmal zu setzen, eine ebenso große, wenn keine größere Rolle als das ästhetische Bedürfnis. Diese Interessen schwiegen ja bekanntermaßen auch bei den Stiftungen von kirchlichen Kunstwerken nicht. Die Verhältnisse haben sich aber insofern geändert, als die Vornehmsten, die Strozzi, die Quaratesi, die Rucellai, jetzt viel eifriger mit ihren Palästen als ihren Familienkapellen beschäftigt sind. Giovanni Rucellai repräsentiert vielleicht am besten den Typus des neuen, weltlich gesinnten Bauherrn.[63] Er entstammt einer in der Wollindustrie reichgewordenen Patrizierfamilie und gehört jener dem Genuß des Lebens ergebenen Generation an, die unter Lorenzo Medici sich vom Geschäft zurückzuziehen beginnt. „Ich habe nun" – schreibt er in seinen autobiographischen Aufzeichnungen, einem der berühmten *Zibaldoni* der Zeit – „fünfzig Jahre lang nichts anderes getan als Geld verdient und Geld ausgegeben, und es ist mir klargeworden, daß das Geldausgeben noch mehr Genuß bereitet als das Geldverdienen." Von seinen kirchlichen Stiftungen sagt er, daß sie ihm größte Befriedigung gegeben haben und geben, denn sie gereichen sowohl zur Ehre Gottes wie auch der Stadt zu Ehren und zu seinem eigenen Gedächtnis. Giovanni Rucellai ist aber nicht mehr nur Stifter und Bauherr, sondern auch Sammler; er besitzt Werke von Castagno, Uccello, Domenico Veneziano, Antonio Pollajuolo, Verrocchio, Desiderio da Settignano u. a. Die Entwicklung des Kunstinteressentums vom Stifter zum Sammler läßt sich übrigens am besten am Beispiel der Medici verfolgen. Cosimo ist noch vor allem der Bauherr der Kirchen S. Marco, S. Croce, S. Lorenzo und der Badia von Fiesole; sein Sohn Piero sammelt schon systematisch, und Lorenzo ist nur mehr Sammler.

Der Sammler und der vom Besteller unabhängig arbeitende Künstler sind geschichtliche Korrelate; sie treten im Laufe der Renaissance gleichzeitig und nebeneinander auf. Der Umschwung erfolgt aber keineswegs auf einmal, er stellt vielmehr einen langsamen Prozeß dar. Die Kunst der Frührenaissance trägt noch einen im großen und ganzen handwerksmäßigen, nach dem jeweiligen Auftrag gerichteten Charakter, so daß der Ausgangspunkt der Produktion zumeist nicht in dem eigenen Schaffenstrieb, dem subjektiven Ausdruckswillen und dem spontanen Einfall des Künstlers, sondern in der vom Konsumenten bezeichneten Aufgabe zu suchen ist. Der Kunstmarkt ist dementsprechend noch nicht vom Angebot, sondern von der Nachfrage her bestimmt.[64] Jedes Kunstprodukt hat noch seinen genau definierbaren Gebrauchszweck und seinen konkreten Zusammenhang mit dem praktischen Leben. Man bestellt ein Altarbild für eine dem Maler wohlbekannte Kapelle, ein Andachtsbild für einen bestimmten Raum, das Porträt eines Familienmitgliedes für eine gewisse Wand; jede Plastik wird von vornherein für eine eigene Stelle geplant, jedes anspruchsvollere Möbelstück für ein bestimmtes Interieur entworfen. Es ist in unseren Tagen der künstlerischen Freiheit zu einem ungeprüften Glaubenssatz geworden, daß in dem äußeren Zwang, an den sich der Künstler einst zu halten hatte, aber auch halten konnte, unbedingt etwas Wohltätiges und Förderndes zu erblicken sei. Die Resultate scheinen diesen Glauben zu rechtfertigen, die betroffenen Künstler aber dachten darüber anders; sie trachteten sich von den Bindungen zu befreien, sobald es die Verhältnisse auf dem Kunstmarkt erlaubten. Das geschah, als an die Stelle des bloßen Kunstverbrauchers der Liebhaber, Kenner und Sammler, das heißt jener moderne Typus des Kunstinteressenten trat, der nicht mehr bestellte, was er brauchte, sondern kaufte, was sich bot. Seine Erscheinung auf dem Kunstmarkt bedeutete das Ende der einseitig von dem Besteller und Käufer her bedingten Kunstproduktion und sicherte dem freien Angebot neue, bis dahin unerhörte Chancen.

Das Quattrocento ist die erste Epoche seit der Antike, aus der wir eine beträchtliche Auswahl weltlicher Kunstwerke besitzen, und zwar nicht nur zahlreiche Beispiele der bereits von früher her bekannten Gattungen wie Wandmalereien und Staffeleibilder profanen Inhalts, Bildteppiche, Stickereien, Goldschmiedearbeiten und Rüstungen, sondern auch viele Kunstwerke ganz neuer Art, vor allem Schöpfungen der neuen großbürgerlichen Wohnungskultur, die im Gegensatz zur höfischen Repräsentation auf Gemütlichkeit und Intimität gerichtet sind: reich geschmücktes Holzgetäfel zum Einlassen in die Wände, bemalte und geschnitzte Truhen *(cassoni)*, prachtvoll gearbeitete Bettladen, Hausandachtsbider in zierlichen runden Rahmen *(tondi)*, figural dekorierte Geburtsteller *(deschi di parto)* nebst sonstigem Majolika und viele andere Produkte des Kunsthandwerks. In all dem herrscht noch eine fast vollkommene Gleichartigkeit von Kunst und Kunstgewerbe, von reinem Kunstwerk und bloßem Mobiliar; das ändert sich erst, nachdem die Autonomie der hohen, zweck- und nutzlosen Kunst erkannt und der mechanischen Wesensart des Handwerks gegenübergestellt wird. Dann erst hört die Personalunion des Künstlers und des Kunsthandwerkers auf, und dann erst beginnt der Maler seine Bilder mit einem anderen Bewußtsein zu schaffen, als er die Truhen und die Wandtäfelungen, die Fahnen und die Schabracken, die Teller und die Krüge bemalt. Dann beginnt er aber auch, sich von den Wünschen des Bestellers freizumachen und sich von der Kundenproduktion auf die Warenproduktion umzustellen. Das ist die Voraussetzung vom Künstler her zum Auftreten des Liebhabers, Kenners und Sammlers. Die Voraussetzung seitens des Konsumenten ist die formalistische, zweckfreie Auffassung der Kunstwerke – eine wenn auch noch so primitive Form des *l'art pour l'art*. Eine unmittelbare Begleiterscheinung des Sammlertums und ein Phänomen, das erst mit der unpersönlichen Beziehung des Käufers zum Kunstwerk und Künstler zutage tritt, ist der Kunsthandel. Im Quattrocento, wo es nur vereinzelte Fälle des systematischen Sammelns gibt, ist der selbständige, von der Produktion getrennte Handel mit Kunstwerken noch so gut wie unbekannt; dieser entsteht erst im nächsten Jahrhundert mit der regelmäßigen Nachfrage nach Denkmälern der Vergangenheit und dem Ankaufen von Arbeiten berühmter Meister der Gegenwart.[65] Der erste Kunsthändler, den wir namentlich kennen, tritt uns am Anfang des 16. Jahrhunderts in der Person des Florentiners Giov. Batt. della Palla entgegen. Er bestellt und erwirbt in seiner Vaterstadt für den französischen König Kunstgegenstände und kauft auch schon aus Privatbesitz, nicht nur von Künstlern. Bald kommen nun auch Fälle vor, wo ein Kaufmann in spekulativer Absicht Bilder bestellt, um sie mit Nutzen weiterzuverkaufen.[66]

Die reichen und angesehenen Bürger der Stadtrepubliken wollten sich wenigstens den Nachruhm sichern, wenn sie schon in ihrer Lebensweise aus Rücksicht auf ihre Mitbürger oft eine gewisse Zurückhaltung üben mußten. Die kirchlichen Stiftungen waren die geeignetste Form, sich ewigen Ruhm zu erwerben, ohne die öffentliche Kritik herauszufordern. Das erklärt zum Teil das Mißverhältnis zwischen der kirchlichen und der weltlichen Kunstproduktion noch in der ersten Hälfte des Quattrocento. Die Frömmigkeit war keinesfalls mehr das wichtigste Motiv der stifterischen Tätigkeit. Castello Quaratesi wollte die Kirche S. Croce mit einer Fassade versehen, nachdem man es ihm aber verweigerte, daran sein Wappen anzubringen, nahm er von der Durchführung des ganzen Planes Abstand.[67] Selbst den Medici schien es ratsam, ihrem Mäzenatentum einen kirchlichen Anstrich zu geben. Cosimo trachtete noch jedenfalls seinen privaten Kunstaufwand eher zu verbergen als zur Schau zu tragen. Die Pazzi, Brancacci, Bardi, Sassetti, Tornabuoni, Strozzi, Rucellai verewigten ihren Namen durch den Bau und die Ausschmückung von Kapellen. Sie bedienten sich dabei der besten Künstler ihrer Zeit. Die Cappella dei Pazzi wurde von Brunelleschi erbaut, die Kapellen der Brancacci, Sassetti, Tornabuoni, Strozzi von Malern wie Masaccio, Baldovinetti, Ghirlandajo und Filippino Lippi geschmückt. Es ist sehr fraglich, ob die Medici unter diesen Kunstfreunden die opferwilligsten und kunstverständigsten waren. Von den zwei großen Mediceern scheint Cosimo den solideren und ausgeglicheneren Geschmack gehabt zu haben. Oder war vielleicht nur seine Zeit die ausgeglichenere? Er beschäftigte Donatello, Brunelleschi, Ghiberti, Michelozzo, Fra Angelico, Luca della Robbia, Benozzo Gozzoli, Fra Filippo Lippi. Donatello, der größte von allen, hatte allerdings an Roberto Martelli einen begeisterteren Freund und Gönner. Warum hätte er denn auch Florenz wiederholt verlassen, wenn Cosimo seinen Wert gebührend zu schätzen wußte! „Cosimo war ein großer Freund Donatellos und aller Maler und Bildhauer" – heißt es zwar in den Erinnerungen Vespasiano Bisticcis. „Da ihm nun schien" – heißt es indessen weiter –, „daß für letztere wenig Arbeit vorhanden sei, und es ihm leid tat, daß Donatello untätig bleiben sollte, übertrug er ihm die Kanzeln und die Türen der Sakristei in San Lorenzo."[68] Warum sollte aber in diesem Goldenen Zeitalter der Künste einen Donatello überhaupt die Gefahr bedroht haben, untätig zu bleiben? Warum sollte ein Donatello gnadenweise einen Auftrag bekommen?

Ebenso schwierig oder noch schwieriger ist es, das Kunstverständnis Lorenzos richtig einzuschätzen. Man hat ihm den Rang und die Mannigfaltigkeit der Talente in seiner Umgebung von jeher als persönliches Verdienst angerechnet, und das intensive Lebensgefühl, das die von ihm geförderten Dichter, Philosophen und Künstler zum Ausdruck brachten, als von seiner Person ausstrahlend charakterisiert. Seit Voltaire zählt seine Zeit mit der Epoche des Perikles, dem Prinzipat des Augustus und dem *Grand Siècle* zu den glücklichen Zeitaltern der Menschheit. Er selber war Dichter und Philosoph, Kunstsammler und Gründer der ersten Kunstakademie der Welt. Man weiß, welche Rolle der Neuplatonismus in seinem Leben spielte und was diese Bewegung ihm persönlich zu verdanken hatte. Man kennt die Einzelheiten seiner kameradschaftlichen Beziehung zu den Künstlern seines Kreises. Es ist bekannt, daß Verrocchio für ihn Antiken restaurierte, Giuliano da Sangallo für ihn die Villa da Cajano und die Sakristei des Sto. Spirito baute, Antonio Pollajuolo von ihm viel beschäftigt wurde und daß Botticelli und Filippino Lippi ihm sehr nahestanden. Wer fehlt aber nicht alles von dieser Liste! Lorenzo verzichtete nicht nur auf die Dienste Benedetto da Majanos, des Schöpfers des Palazzo Strozzi, und Peruginos, der während seiner Regierungszeit viele Jahre in Florenz verbrachte, sondern auch auf die Tätigkeit Leonardos, des größten Künstlers seit Donatello, der Florenz, wie es scheint, aus Mangel an Anerkennung verlassen und nach Mailand übersiedeln mußte. Der Umstand, daß er dem Neuplatonismus vollkommen fernstand,[69] erklärt vielleicht die Interesselosigkeit Lorenzos für seine Person. Im Neuplatonismus kam, so wie im Idealismus Platos selber, ein rein kontemplatives Verhalten der Welt gegenüber zum Ausdruck, und so wie jede Philosophie, die sich auf die reinen Ideen als die einzigen maßgebenden Prinzipien zurückzieht, bedeutete er einen Verzicht, sich in die Dinge der „gemeinen" Wirklichkeit einzumischen. Er überantwortete das Schicksal dieser Wirklichkeit den tatsächlichen Inhabern der Macht; denn der wahre Philosoph strebt, wie Ficino meinte, nur danach, für die zeitliche Wirklichkeit zu sterben und in der zeitlosen Welt der Ideen zu leben.[70] Daß diese Philosophie einem Mann wie Lorenzo, der den letzten Rest der demokratischen Freiheiten zerstörte und jeden politischen Aktivismus mißbilligte, zusagen mußte, ist selbstverständlich;[71] die so leicht ins Poetische übertragbare und verwässerbare Lehre Platos wird übrigens seinem Geschmack auch an und für sich entsprochen haben.

Nichts charakterisiert die Natur von Lorenzos Mäzenatentum besser als seine Beziehung zu Bertoldo. Dieser elegante, aber verhältnismäßig unbedeutende Kleinplastiker stand ihm von allen Künstlern seiner Zeit am nächsten. Bertoldo wohnte bei ihm, saß täglich an seinem Tisch, begleitete ihn auf seinen Reisen, war sein Vertrauter, sein künstlerischer Berater und der Leiter seiner Akademie. Er hatte Humor und Taktgefühl und wahrte bei aller Intimität der Beziehungen stets die richtige Distanz; er war ein Mann von feiner Bildung und besaß die Gabe, auf die künstlerischen Ideen und Wünsche seines Gönners verständnisvoll einzugehen; er war ein Mann von hohem persönlichen Wert und trotzdem bereit, sich voll und ganz unterzuordnen, mit einem Wort, das Ideal eines Hofkünstlers.[72] Es muß Lorenzo viel Spaß gemacht haben, Bertoldo bei seiner Arbeit mit dem „Ausspinnen komplizierter und sonderbarer, gelegentlich auch recht banaler Allegorien und antiker Mythen“ behilflich sein zu können[73] und seine humanistische Gelehrsamkeit, seine mythologischen Träume und poetischen Phantasien sofort verwirklicht zu sehen. Der Stil Bertoldos, seine Beschränkung auf das Material der distinguierten, geschmeidigen und doch so dauerhaften Bronze und die Form von kleinfigurigen, zierlichen und eleganten Kompositionen, entsprach der Kunstauffassung Lorenzos wohl auch sonst am besten. Seine Vorliebe für die Kleinkunst ist unverkennbar. Von den großen Schöpfungen der florentinischen Plastik befand sich in seinem Besitz sehr wenig;[74] den Kern seiner Sammlung bildeten Gemmen und Kameen, von welchen er fünf- bis sechstausend besaß.[75] Die Gattung gehörte zur Erbschaft der Antike und war von ihm schon als solche bevorzugt. Auch für die Kunst Bertoldos sprach nicht in letzter Reihe der Umstand, daß sie eine antike Technik und einen antiken Stoffkreis darstellte. Das ganze Sammler- und Mäzenatentum Lorenzos war nichts als die Liebhaberei eines großen Herrn; und so wie seine Sammlung noch in vielem den Charakter einer fürstlichen Kuriositätenkammer trug, so hatte sein Geschmack im allgemeinen, seine Vorliebe für das Zierliche und das Kostspielige, das Spielerische und das Artistische, viele Berührungspunkte mit den rokokohaften Neigungen kleiner Regenten.

Im Quattrocento entwickeln sich neben Florenz, das bis zum Ende des Jahrhunderts das wichtigste Kunstzentrum Italiens bleibt, neue bedeutende Pflegestätten der Kunst, so vor allem an den Höfen von Ferrara, Mantua und Urbino. Sie bilden sich nach dem Muster der oberitalienischen Höfe des 14. Jahrhunderts; diesen verdanken sie ihre ritterlich-romantischen Ideale und die Tradition ihres unbürgerlich förmlichen Lebensstils. Der neue bürgerliche Geist, mit seinem auf die Leistung gerichteten und sich von der Überlieferung emanzipierenden Rationalismus, läßt aber auch das Leben der Höfe nicht unberührt. Man liest zwar noch immer die alten Ritterromane, man hat zu ihnen aber eine neue, distanzierte, halbironische Attitüde gefunden. Nicht nur Luigi Pulci im bürgerlichen Florenz, auch Bojardo im höfischen Ferrara behandelt die ritterlichen Stoffe in dem neuen unverbindlichen, halbernsten Ton. Die Wandgemälde der fürstlichen Schlösser und Paläste bewahren zwar ihre aus dem vorigen Jahrhundert bekannte Stimmung, und man wählt noch immer mit Vorliebe die Motive der antiken Mythologie und Geschichte, die Allegorien der Tugenden und der freien Künste, die Personen der Herrscherfamilie und Szenen aus dem Leben des Hofes zur Darstellung, die alten Romanstoffe aber werden kaum mehr benützt.[76] Die Malerei eignet sich zur ironischen Behandlung des Gegenstandes nicht. Wir besitzen aus dem Quattrocento an zwei wichtigen Orten aufschlußreiche Denkmäler der höfischen Kunst: im Palazzo Schifanoja zu Ferrara die Wandmalereien Francesco Cossas und in Mantua die Fresken Mantegnas. In Ferrara ist der Zusammenhang mit der spätgotischen französischen Kunst, in Mantua der mit dem heimischen Naturalismus stärker; in beiden Fällen aber ist die Verschiedenheit von der gleichzeitigen bürgerlichen Kunst eher ein motivischer als ein formaler. Cossa unterscheidet sich nicht grundsätzlich von Pesellino, und Mantegna schildert das Leben am Hofe Lodovico Gonzagas mit einem fast ebenso unmittelbaren Naturalismus wie etwa Ghirlandajo das Leben der Patrizier von Florenz. Der künstlerische Gesckmack der beiden Kreise hat einen sehr weitgehenden Ausgleich gefunden.

Die soziale Funktion des Hoflebens ist eine werbende. Die Renaissancefürsten wollen nicht nur das Volk verblenden, sie wollen auch dem Adel imponieren und ihn an den Hof binden.[77] Sie sind aber weder auf seine Dienste noch auf den Umgang mit ihm angewiesen; sie können und wollen jeden brauchen, welcher Herkunft er auch sei, wenn er nur nützlich ist.[78] Die italienischen Höfe der Renaissance unterscheiden sich infolgedessen schon in ihrer Zusammensetzung von den Höfen des Mittelalters; sie nehmen in ihren Kreis emporgekommene Glücksritter und reichgewordene Händler, plebejische Humanisten und ungezogene Künstler auf – ganz als ob sie gesellschaftsfähige Leute wären. Im Gegensatz zur exklusiven moralischen Gemeinschaft des höfischen Rittertums entwickelt sich an diesen Höfen eine verhältnismäßig ungebundene, wesentlich intellektuelle Salongeselligkeit, die einerseits die Fortsetzung der schöngeistigen Gesellschaftskultur der bürgerlichen Kreise bildet, so wie sie schon im *Decamerone* und im *Paradiso degli Alberti* geschildert wird, andererseits die Vorbereitung jener literarischen Salons darstellt, die im 17. und 18. Jahrhundert im geistigen Leben Europas eine so wichtige Rolle spielen. Die Frau ist noch nicht der Mittelpunkt der höfischen Salons der Renaissance, obwohl sie an dem literarisch-geselligen Leben von Anfang an teilhat; und sie wird auch späterhin, zur Zeit der verbürgerlichten Salons, in einem ganz anderen Sinn Mittelpunkt sein, als sie es im Zeitalter des Rittertums gewesen ist. Auch in der kulturellen Bedeutung der Frau kommt übrigens nur der Rationalismus der Renaissance zum Ausdruck. Dieser erhebt sie zur geistigen Gleichwertigkeit mit dem Manne, erhebt sie aber keineswegs über ihn. „Alles, was die Männer begreifen können, können auch die Frauen verstehen", heißt es im *Cortegiano*, die Galanterie jedoch, die Castiglione vom Hofmann fordert, hat mit dem Frauendienst des Ritters nicht mehr viel zu tun. Die Renaissance ist ein männliches Zeitalter; Frauen wie Lucrezia Borgia, die in Nepi Hof hielt, oder gar wie Isabella d'Este, die in Ferrara und Mantua der Mittelpunkt des Hofes war und die nicht nur auf die Dichter ihrer Umgebung fördernd wirkte, sondern auch eine Kennerin der bildenden Kunst gewesen zu sein scheint, sind Ausnahmen. Die führenden Mäzene und Kunstfreunde sind fast überall Männer.

Die höfische Kultur des mittelalterlichen Rittertums schuf ein neues Tugendsystem, neue Ideale des Heroentums und der Humanität; die italienischen Fürstenhöfe der Renaissance stecken ihr Ziel nicht so hoch, ihr Beitrag zur Gesellschaftskultur beschränkt sich auf jenen Begriff der Vornehmheit, der im 16. Jahrhundert, unter spanischem Einfluß weitergebildet, nach Frankreich gelangt, dort zur Grundlage der Hofkultur und zum Vorbild für ganz Europa wird. In künstlerischer Hinsicht haben die Höfe des Quattrocento kaum etwas Neues geschaffen. Die Kunst, die ihren Ursprung den Fürsten des Zeitalters verdankt, ist in ihrer Qualität weder besser noch schlechter als die Kunst, die das Bürgertum der Städte ins Leben ruft. Die Wahl der Künstler hängt wohl öfter von den lokalen Verhältnissen als dem persönlichen Geschmack und der Neigung der Auftraggeber ab, erwähnenswert ist aber, daß Sigismondo Malatesta, einer der grausamsten Tyrannen der Renaissance, den größten Maler seiner Zeit, Piero della Francesca, beschäftigt, und daß Mantegna, der bedeutendste Maler der nächsten Generation, nicht für den großen Lorenzo Medici, sondern für den Duodezfürsten Lodovico Gonzaga arbeitet. Damit soll keineswegs gesagt sein, daß diese Fürsten so etwas wie unfehlbare Kenner waren. Man findet in ihrem Besitz ebensoviel Zweit- und Drittrangiges wie in dem der bürgerlichen Kunstfreunde. Die These vom allgemeinen Kunstverständnis der Renaissance erweist sich bei näherer Untersuchung als eine ebenso unhaltbare Legende wie die vom gleichmäßig hohen Niveau ihrer Kunstproduktion. Nicht einmal in den oberen Schichten der Gesellschaft gelangte man zu ausgeglichenen Geschmacksprinzipien, geschweige denn in den unteren. Nichts charakterisiert den herrschenden Kunstgeschmack besser, als daß Pintúricchio, der elegante, doch etwas routinemäßig arbeitende Dekorationsmaler, der bestbeschäftigte Künstler seiner Zeit war. Dürfen wir aber auch nur von einem allgemeinen Kunstinteresse dieser Zeit sprechen, in dem Sinne nämlich, wie es die landläufigen Darstellungen der Renaissance tun? Nahm tatsächlich „hoch und nieder" gleichermaßen teil an den Kunstangelegenheiten? War es wirklich die „ganze Stadt", die sich für den Plan der Domkuppel in Florenz begeisterte? War die Fertigstellung eines Kunstwerkes wahrhaftig „ein Ereignis für die ganze Bevölkerung"? Aus welchen Schichten bestand denn diese „ganze" Bevölkerung? Auch aus dem hungernden Proletariat? Nicht sehr wahrscheinlich. Auch aus dem Kleinbürgertum? Vielleicht. Das Interesse der breiteren Schichten an den Schicksalen der Kunst wird aber jedenfalls eher ein religiöses und lokalpatriotisches gewesen sein als ein eigentlich künstlerisches. Man darf nicht vergessen, daß zu jener Zeit die öffentlichen Angelegenheiten sich noch zum großen Teil auf der Straße abspielten. Ein Karnevalszug, ein Staatsempfang, ein Leichenbegängnis aber erregten sicher kein geringeres Interesse als der öffentlich ausgestellte Karton Leonardos, zu dem sich das Volk, wie es heißt, zwei Tage lang gedrängt hatte. Die meisten werden von dem Qualitätsunterschied zwischen der Kunst Leonardos und der seiner Zeitgenossen keine Ahnung gehabt haben, wenn auch die Kluft zwischen Qualität und Popularität sicher noch nicht so tief war wie heute. Die Kluft wurde eben erst aufgerissen; sie konnte gelegentlich noch überbrückt werden – das künstlerisch Wertvolle war noch nicht der ausschließliche Besitz von Eingeweihten. Daß die Künstler der Renaissance sich einer gewissen Popularität erfreuten, steht außer Zweifel; das beweist schon die große Anzahl der kursierenden Künstlergeschichten und Anekdoten. Diese Beliebtheit galt aber wohl vor allem den öffentlich beschäftigten, an öffentlichen Wettbewerben teilnehmenden, ihre Schöpfungen zur Schau stellenden, die Kommissionen der Zünfte beschäftigenden und schon durch ihre „genialischen" Eigentümlichkeiten auffallenden Persönlichkeiten, nicht unbedingt den Künstlern als solchen.

Trotz des verhältnismäßig großen Kunstbedarfs, der in Städten wie Florenz und Siena zur Zeit der Renaissance bestanden hat, wird man von einer volkstümlichen Kunst nicht in dem gleichen Sinn sprechen können, wie man von der volkstümlichen Dichtung der religiösen Hymnen, der *rappresentazioni sacre* und der zum Bänkelgesang herabgesunkenen Ritterromane spricht. Es gab wohl eine Bauernkunst und auch eine weitverbreitete, für das Volk bestimmte Produktion von Pfuschern, wirkliche Kunstwerke waren aber trotz ihrer verhältnismäßigen Billigkeit für die große Mehrheit der Bevölkerung unerschwinglich. Es wurde festgestellt, daß gegen Ende der 1470er Jahre in Florenz 84 Ateliers für Holzschnitzerei und Intarsienarbeiten, 54 Werkstätten für dekorative Arbeiten in Marmor und Stein, 44 Gold- und Silberschmiedewerkstätten beschäftigt waren;[79] bezüglich der Maler und Bildhauer fehlen die gleichzeitigen Angaben, das Zunftverzeichnis der Maler in Florenz weist aber zwischen 1409 und 1499 41 Namen auf.[80] Der Vergleich dieser Ziffern mit der Zahl der in den anderen Gewerben beschäftigten Handwerker, die Tatsache zum Beispiel, daß es in Florenz gleichzeitig 84 Holzschnitzer und 70 Fleischer gab,[81] genügt, um sich von dem Kunstverbrauch der Zeit eine Vorstellung zu machen. Die identifizierbaren Künstler machen jedoch nur ein Drittel oder gar nur ein Viertel der in den Zunftregistern eingetragenen Meister aus.[82] Von den 32 Malern, die in Siena im Jahre 1428 eine eigene Werkstatt besaßen, kennen wir nur neun.[83] Die meisten von ihnen werden wohl überhaupt keine individuell erkennbaren Persönlichkeiten gewesen sein und wie Neri di Bicci hauptsächlich auf Massenproduktion eingestellte Betriebe unterhalten haben. Der Geschäftsgang dieser Unternehmungen, von deren Beschaffenheit wir durch die Aufzeichnungen Neri di Biccis genau unterrichtet sind,[84] beweist, daß das Qualitätsgefühl der Kunstinteressenten bei weitem nicht so sicher war, wie man es ihnen nachzurühmen pflegt. Der größte Teil des Publikums kaufte minderwertige Durchschnittsware. Nach dem, was von der Renaissance in den Lehrbüchern zu lesen ist, möchte man annehmen, daß der Besitz von Werken der bildenden Kunst zum guten Ton gehörte und daß es die Regel war, wenigstens in den Häusern der wohlhabenden Bürger solche Werke vorzufinden. Davon war aber anscheinend keine Rede. Giov. Batt. Armenini, ein Kunsttheoretiker der zweiten Hälfte des 16. Jahrhunderts, bemerkt noch, daß er viele gute Häuser kenne, in denen kein einziges leidliches Bild zu sehen sei.[85]

Die Renaissance war keine Kultur von Krämern und Handwerkern, auch nicht die Kultur des wohlhabenden, halbgebildeten Bürgertums, sie war vielmehr der eifersüchtig gehütete Besitz einer unvolkstümlichen, latinisierten Bildungselite. Es waren an ihr hauptsächlich die der humanistischen und neuplatonischen Bewegung angeschlossenen Schichten der Gesellschaft beteiligt – eine einheitliche, im großen und ganzen gleichgesinnte Intelligenz, wie es zum Beispiel der Klerus in seiner Gesamtheit nie gewesen ist. Die maßgebenden Schöpfungen der Kunst waren für diesen Kreis bestimmt. Die breiteren Schichten nahmen von ihnen entweder gar keine Kenntnis oder faßten sie in einem inadäquaten, unkünstlerischen Sinn auf und fanden ihre eigene ästhetische Freude an minderwertigen Produkten. Da entstand jener unüberbrückbare, für die ganze weitere Entwicklung grundlegende Abstand zwischen einer gebildeten Minorität und einer ungebildeten Majorität, der in dieser Weite keiner früheren Epoche bekannt war. Die Kultur des Mittelalters war auch keine nivellierte Gemeinschaftskultur, und die kulturtragenden Schichten der Antike waren sich ihrer Distanz von den Massen sogar ganz genau bewußt, keine dieser Perioden wollte aber, mit der Ausnahme von gelegentlich auftretenden kleinen Gruppen, eine programmäßig exklusive Elitekultur schaffen, zu der die Mehrheit keinen Zugang haben sollte. Das ändert sich nun eben in der Renaissance. Die Sprache der mittelalterlichen kirchlichen Kultur war das Latein, weil die Kirche mit der spätrömischen Zivilisation kontinuierlich und organisch verbunden war; die Humanisten schreiben lateinisch, weil sie die Kontinuität mit den volkstümlichen, in den verschiedenen Landessprachen sich ausdrückenden Kulturtendenzen des Mittelalters abbrechen und für sich, als eine Art Priesterklasse, ein Kulturmonopol schaffen wollen. Die Künstler stellen sich unter den Schutz und die geistige Vormundschaft dieser Gruppe. Sie emanzipieren sich, mit anderen Worten, von der Kirche und der Zunft, um in die Abhängigkeit von einer Instanz zu geraten, die gleichzeitig die Kompetenz der Kirche und die der Zunft für sich in Anspruch nimmt. Denn die humanistischen Literaten gelten nunmehr nicht nur in allen ikonographischen Fragen historischen und mythologischen Einschlags als unbedingte Autoritäten, sie entwickeln sich auch in den formalen und kunsttechnischen Fragen zu Sachverständigen. Die Künstler unterwerfen sich schließlich ihrem Urteil auch in Dingen, in welchen früher nur die Tradition und die Vorschriften der Zunft maßgebend waren und in die ihnen kein Laie hineinreden durfte. Der Preis ihrer Unabhängigkeit von Kirche und Zunft, der Preis, den sie für ihren sozialen Aufstieg, für Beifall und Ruhm zu zahlen haben, ist die Anerkennung der Humanisten als Kunstrichter. Diese sind zwar durchaus nicht alle berufene Kritiker und Kenner, es befinden sich aber unter ihnen die ersten Laien, die von den Kriterien der künstlerischen Qualität eine Vorstellung haben und Kunstwerke rein ästhetisch zu beurteilen fähig sind. Mit ihnen, als einem wirklich urteilsfähigen Teil der Öffentlichkeit, entsteht das Kunstpublikum in unserem heutigen Sinne.[86]

## 3. DIE GESELLSCHAFTLICHE STELLUNG DES KÜNSTLERS IN DER RENAISSANCE

Der erhöhte Kunstbedarf der Renaissance führt zum Aufstieg des Künstlers vom kleinbürgerlichen Handwerkertum zu einem Stand von freien geistigen Arbeitern, die es früher nur als Entwurzelte gab, die aber nunmehr eine wirtschaftlich gesicherte und gesellschaftlich konsolidierte, wenn auch klassenmäßig keineswegs ganz einheitliche Schicht zu bilden beginnen. Die Künstler des frühen Quattrocento sind noch durchwegs kleine Leute; sie gelten als bessere Handwerker und unterscheiden sich weder durch ihre Herkunft noch durch ihre Erziehung von den kleinbürgerlichen Elementen der Zünfte. Andrea del Castagno ist ein Bauernsohn, Paolo Uccello der Sohn eines Barbiers, Filippo Lippi der eines Fleischers, die Pollajuoli sind die Söhne eines Geflügelhändlers. Sie erhalten ihren Namen nach der Beschäftigung ihres Vaters, nach ihrem Geburtsort oder nach ihrem Lehrmeister, und man duzt sie wie die Dienstboten. Sie unterstehen den Bestimmungen der Zunftordnung, und es ist keineswegs ihr Talent, das sie zur Ausübung des Künstlerberufs berechtigt, sondern der nach den Zunftvorschriften vollzogene Lehrgang. Ihre Erziehung geschieht nach denselben Grundsätzen wie die der gewöhnlichen Handwerker; sie werden nicht in Schulen, sondern in Werkstätten, und nicht theoretisch, sondern praktisch ausgebildet. Sie kommen noch als Kinder, nachdem sie einige Kenntnisse im Lesen, Schreiben und Rechnen erworben haben, in die Lehre eines Meisters und verbringen zumeist viele Jahre bei ihm. Wir wissen, daß noch Perugino, Andrea del Sarto und Fra Bartolommeo acht bis zehn Jahre in der Lehre waren. Die meisten Künstler der Frührenaissance, u. a. Brunelleschi, Donatello, Ghiberti, Uccello, Antonio Pollajuolo, Verrocchio, Ghirlandajo, Botticelli, Francia, kommen aus der Goldschmiedewerkstatt, die man mit Recht die Kunstschule des Jahrhunderts genannt hat. Viele Bildhauer arbeiten anfangs in Steinmetzhütten und bei Ornamentschnitzern, so wie es ihre Vorfahren im Mittelalter getan hatten. Donatello wird noch bei seiner Aufnahme in die Lukasgilde als „Goldschmied und Steinmetz" bezeichnet, und wie er selber über Kunst und Handwerk denkt, zeigt am besten, daß er eines seiner letzten und bedeutendsten Werke, die Gruppe *Judith und Holofernes*, für den Hof des Palazzo Riccardi als Brunnenfigur entwirft. Die führenden Künstlerbotteghen der Frührenaissance aber befolgen bereits, trotz ihrer noch wesentlich handwerksmäßigen Organisation, individuellere Lehrmethoden. Das gilt vor allem von den Werkstätten Verrocchios, Pollajuolos und Ghirlandajos in Florenz, Francesco Squarciones in Padua und Giovanni Bellinis in Venedig, deren Leiter ebenso bedeutende und berühmte Lehrer wie Künstler sind. Die Lehrlinge gehen auch nicht mehr in die erste beste Werkstatt, sondern zu einem bestimmten Meister, bei dem sie in um so größerer Zahl Aufnahme finden, je berühmter er als Künstler ist. Diese Knaben sind eben, wenn auch nicht immer die beste, so doch jedenfalls die billigste Arbeitskraft; das wird auch der Hauptgrund der intensiveren künstlerischen Erziehung sein, die von nun an zu beobachten ist, nicht der Ehrgeiz der Meister, als gute Lehrer zu gelten.

Der Lehrgang beginnt, noch der mittelalterlichen Tradition entsprechend, mit allen möglichen Handlangerdiensten, wie der Zurichtung der Farben, der Herstellung der Pinsel und der Grundierung der Bilder, erstreckt sich dann auf die Übertragung einzelner Kompositionen vom Karton auf die Maltafel, die Ausführung der Gewandpartien und der indifferenten Körperteile, und endet schließlich mit der Durchführung ganzer Werke auf Grund von bloßen Skizzen und Anweisungen. So wird aus dem Lehrling der mehr oder weniger selbständige Gehilfe, den man allerdings im allgemeinen vom Schüler unterscheiden muß. Denn nicht alle Gehilfen eines Meisters sind seine eigenen Zöglinge, und es bleiben durchaus nicht alle Schüler neben ihrem Lehrer als Gehilfen. Der Gehilfe ist oft ein dem Meister ebenbürtiger Künstler, oft aber auch nur ein unpersönliches Werkzeug in der Hand des jeweiligen Atelierchefs. Infolge der wechselvollen Kombination dieser Möglichkeiten und der häufigen Zusammenarbeit des Meisters, der Gehilfen und der Schüler an ein und demselben Werk entsteht nicht nur eine oft schwer analysierbare Stilmischung, sondern zuweilen auch eine tatsächliche Ausgleichung der individuellen Unterschiede, eine Gemeinschaftsform, für die vor allem die handwerksmäßige Tradition maßgebend ist. Das aus der Künstlerbiographik der Renaissance wohlbekannte – sei es faktische oder fiktive – Vorkommnis, daß der Meister die Malerei aufgibt, weil einer seiner Schüler ihn überholt hat (Cimabue – Giotto, Verrocchio – Leonardo, Francia – Raffael), dürfte entweder ein späteres Entwicklungsstadium darstellen, in dem die Werkstattgemeinschaft bereits im Zustand der Auflösung begriffen war, oder, wie zum Beispiel im Falle Verrocchios und Leonardos, eine realistischere Erklärung haben, als die Künstleranekdoten dafür geben. Verrocchio hört wahrscheinlich auf zu malen und beschränkt sich auf die Ausführung von plastischen Arbeiten, nachdem er sich davon überzeugt hat, daß er einem Gehilfen wie Leonardo die Malaufträge ruhig anvertrauen kann.[87]

Das Künstleratelier der Frührenaissance ist noch vom Gemeinschaftsgeist der Bauhütte und der Zunftwerkstatt beherrscht; das Kunstwerk ist noch nicht der Ausdruck einer selbständigen, seine Eigenart betonenden und sich gegen alles Fremde abschließenden Persönlichkeit. Der Anspruch auf die eigenhändige Gestaltung des Werkes vom ersten bis zum letzten Zug und die Unfähigkeit, mit Schülern und Gehilfen schöpferisch zusammenzuarbeiten, macht sich erst bei Michelangelo bemerkbar, der auch in dieser Hinsicht der erste moderne Künstler ist. Bis zum Ende des 15. Jahrhunderts vollzieht sich der künstlerische Arbeitsprozeß noch durchwegs in kollektiven Formen.[88] Zur Bewältigung der umfangreichen, vor allem der großen bildhauerischen Unternehmungen gründet man industriehafte Großbetriebe mit vielen Mitarbeitern und Handlangern. So sind im Atelier Ghibertis zur Zeit der Ausführung der Baptisteriumtüren, die zu den größten künstlerischen Aufträgen des Quattrocento gehören, an die zwanzig Gehilfen beschäftigt. Von den Malern unterhalten Ghirlandajo und Pinturicchio bei der Durchführung ihrer großen Freskounternehmungen einen ganzen Stab von Hilfskräften. Die Werkstatt Ghirlandajos, in der als ständige Mitarbeiter vor allem die Brüder und der Schwager des Meisters tätig sind, gehört mit den Ateliers der Pollajuoli und der della Robbia zu den großen Familienbetrieben des Jahrhunderts. Es gibt auch Atelierbesitzer, die eher Unternehmer als Künstler sind und in der Regel nur Aufträge übernehmen, um sie durch einen geeigneten Maler ausführen zu lassen. Zu diesen scheint auch Evangelista da Predis in Mailand gehört zu haben, der eine Zeitlang unter anderen auch Leonardo beschäftigte. Außer diesen unternehmungsmäßigen Kollektivformen der künstlerischen Arbeit begegnen wir im Quattrocento dem Kompanieverhältnis von zwei gewöhnlich noch jungen Künstlern, die eine gemeinsame Werkstatt betreiben, weil sie die Kosten eines selbständigen Betriebs nicht bestreiten können. So arbeiten zum Beispiel Donatello und Michelozzo, Fra Bartolommeo und Albertinelli, Andrea del Sarto und Franciabigio zusammen. Überall stehen wir hier noch überpersönlichen, die Atomisierung der Kunstbestrebungen verhindernden Organisationsformen gegenüber. Die Tendenz zum geistigen Zusammenschluß macht sich in horizontaler wie in vertikaler Richtung geltend. Die repräsentativen Persönlichkeiten des Zeitalters bilden lange ununterbrochene Reihen, wie zum Beispiel die Meister-Schüler-Sequenz: Fra Angelico – Benozzo Gozzoli – Cosimo Rosselli – Piero di Cosimo – Andrea del Sarto – Pontormo – Bronzino, die die maßgebende Entwicklung in der Form einer sich lückenlos fortsetzenden Tradition erscheinen lassen.

Der Geist des Handwerks, der das Quattrocento beherrscht, äußert sich vor allem darin, daß die Künstlerateliers oft auch untergeordnete Aufträge gewerblicher Art übernehmen. Aus den Aufzeichnungen Neri di Biccis erfahren wir, was an handwerksmäßigem Gut alles aus einem vielbeschäftigten Maleratelier hervorgeht; es werden hier, außer Gemälden, auch Wappen, Fahnen, Ladenschilder, Intarsienarbeiten, bemalte Holzschnitzereien, Vorlagen für Teppichwirker und Sticker, Dekorationsgegenstände für Festlichkeiten und noch vieles andere hergestellt. Antonio Pollajuolo führt noch als angesehener Maler und Bildhauer eine Goldschmiedewerkstatt, und es werden in seinem Atelier außer Skulpturen und Goldschmiedearbeiten auch Entwürfe für Tapisserien und Vorlagen für Kupferstiche gezeichnet. Verrocchio übernimmt noch auf der Höhe seiner Laufbahn die verschiedensten Terrakottaarbeiten und Schnitzereien. Donatello verfertigt für seinen Gönner Martelli nicht nur das wohlbekannte Wappen, sondern auch einen Silberspiegel. Luca della Robbia fabriziert Majolikafliesen für Kirchen und Privathäuser, Botticelli zeichnet Vorlagen für Stickereien und Squarcione ist der Inhaber einer Stickereiwerkstatt. Man wird freilich, was diese Arbeiten betrifft, sowohl nach der historischen Entwicklungsstufe als dem Rang der einzelnen Künstler differenzieren müssen und sich die Sache nicht so vorstellen dürfen, daß Ghirlandajo und Botticelli für den Bäckermeister oder den Fleischer um die Ecke Ladenschilder gemalt haben; solche Aufträge werden in ihrer Werkstatt überhaupt nicht mehr ausgeführt worden sein. Die Bemalung von Innungsfahnen, Hochzeitstruhen und Geburtstellern empfand man dagegen bis zum Ende der Frührenaissance nicht als eine den Künstler herabsetzende Beschäftigung. Botticelli, Filippino Lippi, Piero di Cosimo betätigten sich als Truhenmaler bis ins Cinquecento hinein. Eine grundsätzliche Wendung in der Beurteilung der Kriterien der künstlerischen Arbeit macht sich erst seit den Tagen Michelangelos bemerkbar. Vasari hält die Übernahme von handwerksmäßigen Aufträgen mit dem Selbstgefühl eines Künstlers nicht mehr vereinbar. Diese Stufe bedeutet zugleich das Ende der Abhängigkeit der Künstlerschaft von den Zünften. Der Ausgang des Prozesses der Genueser Malerzunft gegen den Maler Giovanni Battista Poggi, der verhindert werden sollte, die Malerei in Genua auszuüben, weil er dort die vorgeschriebene siebenjährige Lehrzeit nicht durchgemacht hatte, ist von symptomatischer Bedeutung. Das Jahr 1590, in dem dieses Verfahren stattfand und das die prinzipielle Entscheidung brachte, daß die Zunftsatzungen für Künstler, die keinen offenen Laden hielten, nicht verbindlich seien, schließt einen Entwicklungsprozeß von nahezu zweihundert Jahren ab.[89]

Die Künstler der Frührenaissance sind den kleinbürgerlichen Gewerbetreibenden auch in wirtschaftlicher Hinsicht gleichgestellt; ihre Lage ist im allgemeinen nicht glänzend, aber auch nicht gerade prekär. Es fehlen unter ihnen noch die seigneuralen Existenzen, es fehlt aber auch das, was man ein Künstlerproletariat nennen könnte. Die Maler klagen zwar fortwährend in ihren Steuererklärungen über ihre mißlichen Vermögensverhältnisse, diese Dokumente gehören aber gewiß nicht zu den vertrauenswürdigsten historischen Quellen. Masaccio behauptet, daß er nicht einmal seinen Lehrburschen bezahlen könne, und wir wissen tatsächlich, daß er arm und verschuldet gestorben ist.[90] Filippo Lippi konnte sich nach Vasari kein Paar Strümpfe kaufen, und Paolo Uccello beklagt sich in seinem Alter, daß er nichts besitze, nicht mehr arbeiten könne und eine kranke Frau habe. Am besten ging es noch jenen, die im Dienste eines Hofes oder Gönners standen. Fra Angelico erhielt zum Beispiel an der Kurie fünfzehn Dukaten monatlich zu einer Zeit, wo man in dem wohl etwas billigeren Florenz mit dreihundert im Jahr herrschaftlich leben konnte.[91] Bezeichnend ist, daß die Preise sich im allgemeinen auf einem mittleren Niveau hielten und daß auch die namhaften Meister nicht viel besser als die durchschnittlichen Künstler und die besseren Handwerker bezahlt wurden. Persönlichkeiten wie Donatello erhielten wohl etwas höhere Honorare, ausgesprochene „Liebhaberpreise" gab es aber noch nicht.[92] Gentile de Fabriano bekam für sein Dreikönigsbild 150 Gulden, Benozzo Gozzoli für ein Altarbild 60, Filippo Lippi für eine Madonna 40, Botticelli aber schon 75.[93] An festem Gehalt bezog Ghiberti während seiner Arbeit an den Baptisteriumstüren 200 Gulden jährlich, wo der Kanzler der Signoria 600 Gulden erhielt, noch dazu mit der Verpflichtung, vier Schreiber selber zu bezahlen. Ein guter Kopist von Handschriften bekam zur selben Zeit 30 Gulden und volle Verpflegung. Die Künstler waren demnach nicht gerade schlecht bezahlt, wenn auch bei weitem nicht so gut wie die berühmten Literaten und Dozenten, die oft 500 bis 2000 Gulden im Jahr erhielten.[94] Der ganze Kunstmarkt bewegte sich noch in verhältnismäßig engen Grenzen; die Künstler mußten schon während der Arbeit Ratenzahlungen in Anspruch nehmen, und die Auftraggeber konnten auch die Materialien oft nur ratenweise bezahlen.[95] Auch die Fürsten kämpften mit Bargeldknappheit, und Leonardo beklagt sich bei seinem Gönner, Lodovico Moro, wiederholt, daß ihm sein Honorar nicht ausbezahlt wurde.[96] Der handwerkliche Charakter der künstlerischen Arbeit kam nicht zuletzt auch darin zum Ausdruck, daß die Künstler zu ihren Auftraggebern in einem regelrechten Lohnverhältnis standen. Bei größeren künstlerischen Unternehmungen wurden sämtliche Barausgaben, das heißt sowohl die Materialkosten als auch die Löhne und oft sogar die Verpflegung der Gehilfen und Lehrlinge, vom Besteller übernommen, und der Meister selbst wurde im Prinzip nach der Maßgabe der von ihm aufgewandten Zeit honoriert. Das Malen im Lohnwerk blieb bis zum Ende des 15. Jahrhunderts die Regel; erst später wird diese Art von Kompensierung auf rein handwerkliche Aufgaben wie Restaurierungen und Kopienanfertigungen beschränkt.[97]

In dem Maße, wie der Künstlerberuf sich vom Handwerkertum löst, verändern sich allmählich sämtliche in den Werkverträgen festgesetzten Bedingungen. In einem Vertrage aus dem Jahr 1485 wird mit Ghirlandajo der Preis der zu verwendenden Farben noch besonders vereinbart; laut einem Vertrage mit Filippino Lippi aus dem Jahre 1487 aber hat schon der Künstler die Materialkosten zu tragen, und eine ähnliche Vereinbarung wird 1498 auch mit Michelangelo getroffen. Eine scharfe Grenze läßt sich hier natürlich nicht ziehen, der Umschwung tritt aber jedenfalls gegen Ende des Jahrhunderts ein und knüpft sich wieder am auffallendsten an die Person Michelangelos. Im Quattrocento war es noch allgemein üblich, vom Künstler die Stellung eines Bürgen zu verlangen, der die Einhaltung des Vertrages zu garantieren hatte; bei Michelangelo wird diese Garantie zu einer bloßen Formalität. So fungiert in einem Fall der Schreiber des Vertrages selber als der beiderseitige Garant.[98] Auch die übrigen Verbindlichkeiten des Künstlers werden in den Werkverträgen immer weniger streng und genau umschrieben. Sebastiano del Piombo wird es in einem Vertrag von 1524 bereits freigestellt, ein beliebiges Gemälde herzustellen, mit der einzigen Bedingung, es solle kein Heiligenbild sein; und bei Michelangelo bestellt 1531 derselbe Sammler ein Werk, das je nach dem Belieben des Meisters eine Malerei oder eine Skulptur sein darf.

Die Künstler waren im Italien der Renaissance von Anfang an besser gestellt als in den anderen Ländern, und zwar nicht so sehr infolge der entwickelteren Formen des städtischen Lebens – das bürgerliche Milieu bot ihnen an und für sich keine besseren Chancen als dem gewerblichen Mittelstand –, sondern weil die italienischen Fürsten und Despoten ihr Talent besser verwenden konnten und zu schätzen wußten als die Machthaber im Ausland. Die größere Unabhängigkeit der italienischen Künstler von der Zunft, worauf sich ihre bevorzugte Stellung gründet, ist vor allem das Ergebnis ihrer vielfachen Beschäftigung an den Höfen. Im Norden ist der fertige Meister an eine und dieselbe Stadt gebunden, in Italien zieht der Künstler oft von Hof zu Hof, von Stadt zu Stadt, und dieses Wanderleben bringt schon eine Lockerung der auf lokale Verhältnisse zugeschnittenen und nur in lokalen Grenzen durchführbaren Zunftvorschriften mit sich. Da die Fürsten Wert darauf legten, nicht nur tüchtige Meister im allgemeinen, sondern bestimmte, oft ortsfremde Künstler für ihren Hof zu gewinnen, mußten diese von den zunftmäßigen Beschränkungen befreit werden. Sie konnten nicht dazu verhalten werden, bei der Durchführung ihrer Aufträge auf die lokale Gewerbeordnung Rücksicht zu nehmen, bei der Zunftbehörde um eine Arbeitsbewilligung anzusuchen und danach zu fragen, wie viele Gehilfen und Lehrlinge sie beschäftigen durften. Sie begaben sich mit ihren Leuten, nachdem sie ihre Arbeit bei dem einen Auftraggeber beendet hatten, in den Schutz eines anderen, und genossen dort die gleiche Ausnahmestellung. Diese wandernden Hofmaler standen von vornherein außerhalb der Reichweite der Zunft. Die Vorrechte der Künstler an den Höfen aber konnten auch auf ihre Behandlung in den Städten nicht ohne Einfluß bleiben, um so weniger, als es oft dieselben Meister waren, die hier und dort beschäftigt wurden, und man mit der höfischen Konkurrenz Schritt halten mußte, wenn man sie gewinnen wollte. Die Emanzipation der Künstler von der Zunft ist also nicht die Folge ihres erhöhten Selbstgefühls und der Anerkennung ihres Anspruchs, mit den Dichtern und Gelehrten gleichgestellt zu sein, sondern die Auswirkung der Tatsache, daß man ihre Dienste braucht und sich um sie zu bewerben hat. Ihr Selbstgefühl ist nichts als der Ausdruck ihres Kurswertes.

Der soziale Aufstieg der Künstlerschaft drückt sich vor allem in den Honoraren aus. Im letzten Viertel des 15. Jahrhunderts beginnt man in Florenz für Freskomalereien verhältnismäßig hohe Preise zu zahlen. Giovanni Tornabuoni vereinbart 1485 mit Ghirlandajo für die Ausmalung der Familienkapelle in Sta. Maria Novella ein Honorar von 1100 Gulden. Filippino Lippi erhält für seine Fresken in Sta. Maria sopra Minerva zu Rom den Betrag von 2000 Golddukaten, der ungefähr der gleichen Summe in Gulden entspricht. Und Michelangelo bekommt für die Deckengemälde der Sixtina 3000 Dukaten.[99] Gegen Ende des Jahrhunderts kommen bereits mehrere Künstler zu Geld; Filippino Lippi bringt es sogar zu einem ansehnlichen Vermögen. Perugino besitzt Häuser, Benedetto da Majano ein Gut. Leonardo da Vinci bezieht in Mailand ein Jahresgehalt von 2000 Dukaten und in Frankreich erhält er 35000 Francs jährlich.[100] Die gefeierten Meister des Cinquecento, namentlich Raffael und Tizian, verfügen über beträchtliche Einkünfte und führen ein herrschaftliches Leben. Die äußeren Lebensformen Michelangelos sind zwar bescheiden, sein Einkommen ist aber ebenfalls sehr hoch, und als er es ablehnt, für seine Arbeiten am St. Peter eine Bezahlung anzunehmen, ist er bereits ein vermögender Mann. Auf die Erhöhung der Künstlerhonorare dürfte, neben dem steigenden Kunstbedarf und der allgemeinen Aufwärtsbewegung der Preise, den größten Einfluß der Umstand gehabt haben, daß um die Wende des Jahrhunderts die päpstliche Kurie auf dem Kunstmarkt stärker in den Vordergrund tritt und den Florentiner Kunstinteressenten eine empfindlichere Konkurrenz macht. Eine ganze Reihe von Künstlern verlegt jetzt ihren Wohnsitz von Florenz nach dem großzügigen Rom. Es profitieren selbstverständlich auch die Zurückbleibenden von den hohen Angeboten des päpstlichen Hofes – das heißt, es profitieren eigentlich nur die angeseheneren Künstler davon, diejenigen, die man zurückzuhalten bemüht ist; die Preise, die man den übrigen zahlt, hinken den Konjunkturhonoraren nur langsam nach und es kommt tatsächlich jetzt zum erstenmal zu wesentlicheren Unterschieden in der Bezahlung der Künstler.[101]

Man hat die Befreiung der Maler und Bildhauer von den Fesseln der Zunftverfassung und ihren Aufstieg vom Stande der Handwerker zu dem der Dichter und Gelehrten auf ihre Bundesgenossenschaft mit den Humanisten zurückgeführt, das Einstehen der Humanisten für sie aber damit erklärt, daß die literarischen und die künstlerischen Denkmäler der Antike in den Augen dieser Enthusiasten eine unteilbare Einheit bildeten und daß sie von dem unterschiedslosen Ansehen der Dichter und der Künstler im klassischen Altertum überzeugt waren.[102] Es wäre für sie tatsächlich undenkbar gewesen, daß die Schöpfer der Werke, denen sie wegen ihrer gemeinsamen Herkunft mit der gleichen Ehrfurcht gegenüberstanden, von ihren Zeitgenossen verschieden beurteilt worden sind, und sie machten ihre eigene Gegenwart – und bis ins 19. Jahrhundert hinein die ganze Nachwelt – glauben, daß der bildende Künstler, der für die Begriffe der Antike nie etwas anderes als ein Banause war, sich in die Ehren des Gottbegnadetseins mit dem Dichter teilte. Die Nützlichkeit der Humanisten für die Künstler der Renaissance bei ihren Emanzipationsbestrebungen steht außer Frage; die Humanisten befestigten sie in ihrer dank der Konjunktur des Kunstmarktes eroberten Stellung und gaben ihnen die Waffen in die Hand, mit denen sie ihre Ansprüche gegenüber den Zünften und teilweise auch gegen den Widerstand der konservativen, künstlerisch minderwertigen und daher schutzbedürftigen Elemente in den eigenen Reihen geltend machen konnten. Die Protektion der Literaten war aber keineswegs der Grund ihres sozialen Aufstiegs, sie war selber nur ein Symptom der Entwicklung, die von der Tatsache ihren Ausgang nahm, daß infolge der Entstehung der neuen Signorien und Fürstentümer einerseits, des Wachstums und der Bereicherung der Städte andererseits das Mißverhältnis zwischen Angebot und Nachfrage auf dem Kunstmarkt immer geringer wurde und sich in ein vollkommenes Gleichgewicht zu verwandeln begann. Das ganze Zunftwesen hatte bekanntlich seinen Ursprung in der Bestrebung, einem solchen Mißverhältnis im Interesse der Produzenten vorzubeugen; die Zunftbehörden drückten vor der Verletzung der Gewerbeordnung erst ein Auge zu, wenn die Arbeitsverknappung nicht mehr bedrohlich erschien. Dem Umstand, daß diese Gefahr auf dem Kunstmarkt immer geringer wurde, verdankten die Künstler ihre Unabhängigkeit, und nicht dem Wohlwollen der Humanisten. Sie suchten auch die Freundschaft der Humanisten, nicht um den Widerstand der Zünfte zu brechen, sondern um ihre wirtschaftlich bereits errungene Position in den Augen der humanistisch gesinnten Oberschicht zu rechtfertigen und die wissenschaftlichen Berater zu gewinnen, deren Hilfe sie bei der Gestaltung der gangbaren mythologischen und historischen Sujets benötigten. Für die Künstler waren die Humanisten die Bürgen, die ihren geistigen Wert beglaubigten, die Humanisten erkannten wieder in der Kunst ein wirkungsvolles Propagandamittel für die Ideen, auf die sie ihre eigene geistige Herrschaft gründeten. Aus dieser gegenseitigen Verbundenheit ergab sich erst jener Einheitsbegriff der Kunst, der für uns eine Selbstverständlichkeit geworden ist, der aber bis zur Renaissance unbekannt war. Nicht nur Plato spricht in einem ganz anderen Sinne von der bildenden Kunst als von der Poesie, auch im späteren Altertum und noch im Mittelalter ist es niemandem eingefallen, zwischen Kunst und Dichtung eine nähere Verwandtschaft vorauszusetzen, als etwa zwischen Wissenschaft und Dichtung oder Philosophie und Kunst.

Die mittelalterliche Kunstliteratur beschränkte sich auf Rezeptbücher. Die Kunst wurde in diesen praktischen Anleitungen gegen das Handwerk in keiner Weise abgegrenzt. Auch Cennino Cenninis Malereitraktat bewegte sich noch in der Gedankenwelt der Zunft und operierte mit den Tugendbegriffen des zukünftigen Handwerkertums; er ermahnte den Künstler, fleißig, gehorsam und ausdauernd zu sein, und erblickte in der „Nachahmung" der Vorbilder den sichersten Weg zur Meisterschaft. All das war noch mittelalterlich-traditionelles Denken. Die Ersetzung der Nachahmung der Meister durch das Studium der Natur wird theoretisch erst von Leonardo da Vinci durchgeführt, der damit allerdings nur den praktisch bereits längst errungenen Sieg des Naturalismus und des Rationalismus über die Tradition zum Ausdruck bringt.

Seine am Naturstudium orientierte Kunsttheorie zeigt, daß die Beziehung zwischen Meister und Schüler sich inzwischen vollkommen verändert hat. Die Emanzipation der Kunst vom Geist des Handwerks mußte mit der Umstellung des alten Lehrsystems und der Aufhebung des Unterrichtsmonopols der Zünfte beginnen. Solange das Recht, den Künstlerberuf auszuüben, an die Lehre bei einem Zunftmeister gebunden war, konnte weder der Einfluß der Zunft noch die Herrschaft der handwerklichen Tradition gebrochen werden.[103] Die Erziehung des künstlerischen Nachwuchses mußte aus der Werkstatt in die Schule verlegt werden und der praktische Unterricht teilweise einem theoretischen weichen, um die Hindernisse, die das alte System den jungen Talenten in den Weg legte, aus der Welt zu schaffen. Das neue System schuf freilich mit der Zeit neue Bindungen und neue Hindernisse. Die Entwicklung beginnt damit, daß man die Autorität der Meister durch die Vorbildlichkeit der Natur ersetzt, und endet mit dem fertigen Lehrgebäude des akademischen Unterrichts, in dem die Stelle der alten diskreditierten Muster neue, ebenso streng gebundene, aber nunmehr wissenschaftlich begründete Kunstideale einnehmen. Die wissenschaftliche Methode der künstlerischen Erziehung beginnt übrigens in den Werkstätten selber. Die Lehrlinge werden bereits im frühen Quattrocento neben der praktischen Unterweisung auch mit den Anfangsgründen der Geometrie, der Perspektive und der Anatomie bekannt gemacht und ins Zeichnen nach lebenden Modellen und mechanischen Gliederpuppen eingeführt. Die Meister richten in ihren Ateliers Zeichenkurse ein, und aus dieser Institution entwickeln sich einerseits die Privatakademien mit ihrem praktischen und theoretischen Unterricht,[104] andererseits die öffentlichen Akademien, an welchen die alte Werkstattgemeinschaft und die handwerkliche Tradition aufgehoben und durch ein rein geistiges Lehrer-Schüler-Verhältnis ersetzt werden. Der Werkstattunterricht und die Privatakademien erhalten sich zwar durch das ganze Cinquecento, sie verlieren aber allmählich ihren stilbildenden Einfluß.

Die szientifische Auffassung der Kunst, die die Grundlage des Akademieunterrichts bildet, beginnt mit Leon Battista

Alberti. Er spricht als erster den Gedanken aus, daß die Mathematik der gemeinsame Boden der Kunst und der Wissenschaft sei, da sowohl die Lehre von den Proportionen als auch die Theorie der Perspektive mathematische Disziplinen sind. Bei ihm kommt auch die in der Praxis bereits seit Masaccio und Uccello vollzogene Union des experimentierenden Technikers und des beobachtenden Künstlers zum erstenmal klar zum Ausdruck.[105] Der eine wie der andere sucht die Welt in der Form von Erfahrungen zu erfassen und aus diesen Erfahrungen rationale Gesetze zu gewinnen; beide trachten die Natur zu erkennen und zu beherrschen; beide unterscheiden sich von dem rein kontemplativen, scholastisch beengten Universitätsgelehrten durch ein Machen – ein *poiein.* Wenn nun aber der Techniker und Naturforscher auf Grund seiner mathematischen Kenntnisse einen Anspruch darauf hat, als Intellektueller zu gelten, so darf wohl auch der Künstler, der mit dem Techniker und Naturforscher so oft identisch ist, erwarten, daß man ihn vom Handwerker unterscheidet und das Medium, in dem er sich ausdrückt, zu den „freien Künsten" zählt.

Leonardo fügt zu den Ausführungen Albertis, in denen die Kunst zum Range der Wissenschaft erhoben und der Künstler mit dem Humanisten in eine Reihe gestellt wird, keinen neuen Grundgedanken hinzu; er betont und erhöht nur die Ansprüche seines Vorgängers. Die Malerei, behauptet er, sei einerseits eine Art exakter Naturwissenschaft, andererseits stehe sie über den Wissenschaften, denn diese sind „nachahmbar", das heißt unpersönlich, die Kunst ist dagegen an das Indivdiuum und seine angeborenen Fähigkeiten gebunden.[106] Leonardo rechtfertigt also den Anspruch der Malerei, als eine der „freien Künste" zu gelten, nicht nur mit den mathematischen Kenntnissen des Künstlers, sondern auch mit seiner dem dichterischen Genius ebenbürtigen Begabung. Er erneuert das auf Simonides zurückgehende Diktum von der Malerei als stummer Dichtung und der Dichtung als redender Malerei und eröffnet damit jene lange Kontroverse über den Rang der Künste, die Jahrhunderte hindurch geführt wird und an der noch Lessing teilnehmen wird. Leonardo meint, wenn die Stummheit der Malerei als eine Unzulänglichkeit angesehen wird, so könne man mit ebenso gutem Recht von der Blindheit der Dichtung sprechen.[107] Ein den Humanisten näher stehender Künstler hätte sich zu einer solchen ketzerischen Behauptung nie verstiegen.

Eine höhere, sich über den mittelalterlich-handwerksmäßigen Gesichtspunkt erhebende Einschätzung der Malerei macht sich bereits bei den ersten Vorläufern des Humanismus bemerkbar. Dante setzt den Meistern Cimabue und Giotto ein unvergängliches Denkmal (Purg. XI. 94/96) und vergleicht sie mit Dichtern wie Guido Guinicelli und Guido Cavalcanti. Petrarca preist in seinen Sonetten den Maler Simone Martini, und Filippo Villani nennt in seiner Lobschrift auf Florenz unter den berühmten Männern der Stadt auch mehrere Künstler. Die italienische Renaissancenovelle, vor allem die Novellen Boccaccios und Sacchettis sind reich an Künstleranekdoten. Und wenn auch die Kunst selber in diesen Geschichten die geringste Rolle spielt, bezeichnend ist, daß die Künstler als solche den Erzählern interessant genug erscheinen, um sie aus der namenlosen Existenz der gewöhnlichen Handwerker hervortreten zu lassen und als individuelle Persönlichkeiten zu behandeln. In der ersten Hälfte des Quattrocento beginnt bereits die Zeit der für die italienische Renaissance so charakteristischen Künstlerbiographien. Brunelleschi ist der erste bildende Künstler, dessen Lebensgeschichte von einem Zeitgenossen geschrieben wird; eine solche Ehrung wurde bis dahin nur Fürsten, Helden und Heiligen zuteil. Ghiberti schreibt bereits die erste Autobiographie, die wir von der Hand eines Künstlers besitzen. Zum Ruhm Brunelleschis läßt die Kommune dem Meister im Dom ein Grabmonument errichten und Lorenzo wünscht, die Überreste des in Spoleto begrabenen Filippo Lippi heimzubringen und ehrenvoll beizusetzen. Er erhält allerdings den Bescheid, daß man es bedauere, aber Spoleto sei viel ärmer an großen Männern als Florenz und könne dem Wunsch nicht entsprechen. In all dem äußert sich eine unverkennbare Wendung der Aufmerksamkeit von den Werken zu der Person des Künstlers. Der moderne Begriff der schöpferischen Persönlichkeit rückt ins Bewußtsein der Menschen und die Zeichen des steigenden Selbstgefühls der Künstler mehren sich. Wir besitzen von fast allen bedeutenden Malern des Quattrocento Signaturen, und Filarete wünscht geradezu, daß die Künstler ihre Werke signieren. Noch bezeichnender als diese Gewohnheit ist aber, daß die meisten dieser Maler auch Selbstbildnisse hinterlassen, wenn es auch nicht immer autonome Selbstbildnisse sind. Die Künstler porträtieren sich und zuweilen auch ihre Angehörigen neben den Stiftern und Gönnern, der Madonna und ihren Heiligen in der Form von Assistenzbildern. So stellt Ghirlandajo auf einem Fresko in der Kirche Sta. M. Novella gegenüber dem Stifter und seiner Frau seine eigenen Verwandten dar und die Stadt Perugia beauftragt sogar Perugino, neben seinen Fresken im Cambio sein Selbstbildnis anzubringen. Die öffentlichen Ehrungen der Künstler werden immer häufiger. Gentile da Fabriano erhält von der Republik Venedig die Patriziertoga; die Stadt Bologna wählt Francesco Francia zum Gonfaloniere; Florenz erteilt Michelozzo den hohen Titel eines Kollegiummitgliedes.[108]

Eines der bedeutungsvollsten Zeichen des neuen Selbstbewußtseins der Künstler und ihrer veränderten Einstellung zum eigenen Schaffen ist, daß sie sich von dem direkten Auftrag zu emanzipieren beginnen und einerseits die Bestellungen nicht mehr mit der alten Treue ausführen, andererseits die Lösung von künstlerischen Aufgaben oft auch spontan, ohne jeden Auftrag, unternehmen. Es ist schon von Filippo Lippi bekannt, daß er nicht immer das kontinuierliche und gleichmäßige Tempo der handwerksmäßigen Arbeit befolgte und gewisse Werke zeitweise liegen ließ, um plötzlich andere in Angriff zu nehmen. Dieser rhapsodischen Arbeitsweise begegnen wir in der Folge immer häufiger,[109] und in Perugino lernen wir bereits einen verwöhnten Star kennen, der seine Auftraggeber geradezu schlecht behandelt; weder im Palazzo Vecchio noch im Dogenpalast führt er die übernommenen Arbeiten aus, und Orvieto läßt er auf die zugesagte Ausmalung der Marienkapelle im Dom so lange warten, bis die Kommune schließlich Signorelli mit der Ausführung betraut. Am klarsten spiegelt sich der allmähliche Aufstieg des Künstlers in der Laufbahn Leonardos, der noch in Florenz ein zweifellos geschätzter, aber nicht besonders stark beschäftigter Mann ist, in Mailand der verwöhnte

Hofmaler Ludovico Moros und dann der erste Kriegsingenieur Cesare Borgias wird, um schließlich als der Günstling und der Vertraute des französischen Königs sein Leben zu beenden. Die grundlegende Wandlung tritt am Anfang des Cinquecento ein. Von da an sind die berühmten Meister nicht mehr die Schützlinge von Gönnern, sondern selber große Herren. Raffael führt, wie Vasari berichtet, das Leben eines Grandseigneurs, nicht das eines Malers; er bewohnt in Rom einen eigenen Palast, verkehrt mit Fürsten und Kardinälen wie mit seinesgleichen; Baldassare Castiglione und Agostino Chigi sind seine Freunde, eine Nichte des Kardinals Bibbiena ist seine Braut. Und Tizian steigt auf der sozialen Leiter womöglich noch höher. Sein Ansehen als der begehrteste Meister seiner Zeit, seine Lebensführung, sein Rang, seine Titel erheben ihn in die obersten Reihen der Gesellschaft. Kaiser Karl V. ernennt ihn zum Grafen des Lateranischen Palastes und zum Mitglied des kaiserlichen Hofes, macht ihn zum Ritter vom goldenen Sporn und erteilt ihm mit dem erblichen Adel eine Reihe von Privilegien. Fürsten bemühen sich, oft ohne Erfolg, von ihm porträtiert zu werden; er hat, wie Aretino erwähnt, ein fürstliches Einkommen; der Kaiser gibt ihm jedesmal, wenn er von ihm gemalt wird, reiche Geschenke; seine Tochter Lavinia bekommt eine großartige Mitgift; Heinrich III. besucht den greisen Meister persönlich, und als er 1576 der Pest zum Opfer fällt, läßt ihn die Republik in der Frarikirche mit den denkbar größten Ehren bestatten, trotz des strengen, sonst ausnahmslos befolgten Verbotes, einen Pestkranken in einer Kirche beizusetzen. Michelangelo steigt schließlich zu einer Höhe, für die es in der Geschichte der Kunst vor ihm kein Beispiel gibt. Seine Bedeutung ist so offenkundig, daß er auf öffentliche Ehrungen, auf Titel und Auszeichnungen ganz verzichten kann. Er verschmäht die Freundschaft der Fürsten und der Päpste; er kann es sich erlauben, ihr Gegner zu sein. Er ist kein Graf, kein Staatsrat, kein päpstlicher Superintendent, aber man nennt ihn den „Göttlichen". Er wünscht nicht, in den an ihn gerichteten Briefen als Maler oder Bildhauer bezeichnet zu werden: er sei Michelangelo Buonarroti, nicht mehr und nicht weniger; er wünscht sich junge Edelleute als Schüler, und man wird das bei ihm nicht einfach als Snobismus auslegen; er behauptet, „col cervello“ und nicht „colla mano“ zu malen und möchte die Figuren aus dem Marmorblock am liebsten durch die bloße Magie seiner Vision hervorzaubern. Das ist mehr als Künstlerstolz, mehr als das Bewußtsein, über dem Handwerker, dem Banausen, dem Philister zu stehen; hier bekundet sich geradezu eine Angst, mit der gewöhnlichen Wirklichkeit in Berührung zu kommen. Er ist der erste moderne, einsame, dämonisch getriebene Künstler, der uns hier entgegentritt – der erste, der von seiner Idee besessen ist und für den es nichts gibt, als seine Idee; der sich seinem Talent gegenüber tief verpflichtet fühlt und im eigenen Künstlertum eine höhere, über ihm selbst stehende Gewalt erblickt. Hier wird eine Souveränität erreicht, neben der jeder frühere Begriff der künstlerischen Freiheit wesenlos ist. Jetzt erst vollendet sich die Emanzipation des Künstlers; jetzt erst wird er zum Genius, als der er uns seit der Renaissance erscheint. Es vollzieht sich die letzte Wendung in seinem Aufstieg; nicht mehr die Kunst, er selbst wird zum Gegenstand der Verehrung – wird zur Mode. Die Welt, deren Ruhm er zu künden hatte, kündet jetzt seinen Ruhm; der Kult, dessen Werkzeug er war, gilt jetzt ihm; das Gottesgnadentum überträgt sich von seinen Gönnern und Beschützern auf ihn selbst. Es bestand eigentlich von jeher eine gewisse Reziprozität des Lobes zwischen dem Helden und dem Ruhmverleiher, dem Mäzen und dem Künstler;[110] je größer der Ruhm des Panegyrikers war, desto größer war der Wert des von ihm verkündeten Ruhmes. Jetzt werden aber die Beziehungen so sublimiert, daß der Mäzen sich schon erhöht, indem er den Künstler über sich erhebt und ihn rühmt statt von ihm gerühmt zu werden. Karl V. bückt sich nach dem Pinsel, den Tizian fallen läßt, und meint, nichts sei natürlicher, als daß ein Meister wie Tizian von einem Kaiser bedient werde. Die Legende des Künstlers ist vollendet. Es ist zweifellos noch etwas Kokettes daran: man läßt den Künstler im Lichte schwimmen, um selber im Widerschein zu glänzen. Wird denn aber je die Reziprozität der Anerkennung und des Lobes, die gegenseitige Würdigung und Honorierung der Dienste, die gegenseitige Wahrung der Interessen gänzlich aufhören? Sie wird höchstens verschleierter werden.

Das grundlegend Neue an der Kunstauffassung der Renaissance ist die Entdeckung des Geniebegriffes und die Konzeption der Idee, daß das Kunstwerk die Schöpfung der selbstherrlichen Persönlichkeit sei, daß diese Persönlichkeit über Tradition, Lehre und Regel, ja über dem Werk selber stehe, daß das Werk sein Gesetz von ihr erhalte, daß sie, mit anderen Worten, reicher und tiefer sei als das Werk und in keinem objektiven Gebilde restlos zum Ausdruck gelangen könne. Dem Mittelalter, das in der Originalität und Spontaneität des Geistes keinen eigenen Wert erkannte, die Nachahmung der Meister für empfehlenswert und das Plagiat für zulässig hielt, das von dem Gedanken der geistigen Konkurrenz höchstens berührt, doch keineswegs beherrscht war, blieb dieser Begriff vollkommen fremd. Die Idee des Genies als Gottesgeschenk, als angeborene und unübertragbare Schöpferkraft, die Lehre von dem eigenen und einmaligen Gesetz, dem das Genie folgen darf und folgen muß, die Rechtfertigung der Eigenart und Eigenwilligkeit des genialen Künstlers – dieser ganze Gedankenkreis entsteht erst in der Gesellschaft der Renaissance, die infolge ihres dynamischen, von dem Konkurrenzgedanken durchdrungenen Wesens dem Individuum bessere Chancen bietet als die mittelalterliche Autoritätskultur und infolge des erhöhten Propagandabedarfs ihrer Machthaber auf dem Kunstmarkt eine größere Nachfrage schafft, als das Angebot bisher zu befriedigen hatte. So wie aber der moderne Konkurrenzgedanke tief ins Mittelalter zurückreicht, wirkt die mittelalterliche Idee der objektiv begründeten, überpersönlich bestimmten Kunst noch lange nach, und die subjektivistische Auffassung der künstlerischen Persönlichkeit setzt sich auch nach dem Ende des Mittelalters nur sehr langsam durch. Der individualistische Begriff der Renaissance ist also nach zwei Richtungen hin zu korrigieren. Ganz von der Hand zu weisen ist aber die Burckhardtsche These keinesfalls, denn wenn es auch im Mittelalter schon starke und individuell betonte Persönlichkeiten gab,[111] so ist doch individuell denken und handeln eine Sache, und sich seiner Individualität bewußt sein, seine Individualität bejahen und absichtlich steigern, eine andere. Von einem Individualismus im modernen Sinne kann erst die Rede sein, als ein reflexives individuelles Bewußtsein und nicht bloß ein individuelles Reagieren in Erscheinung tritt. Das Sich-Besinnen der Individualität beginnt erst in der Renaissance, die Renaissance beginnt aber nicht erst mit der sich ihrer selbst besinnenden Individualität. Man sucht und schätzt in der Kunst den Ausdruck der Persönlichkeit lange bevor man sich bewußt wird, daß die Kunst nicht mehr an einem objektiven Was, sondern an einem subjektiven Wie orientiert ist. Man spricht noch immer von ihrem objektiven Wahrheitsgehalt, wo sie schon lange zu einem Selbstbekenntnis geworden ist und gerade als subjektiver Ausdruck allgemeine Geltung gewinnt. Die Macht der Persönlichkeit, die geistige Energie und Spontaneität des Individuums ist das große Erlebnis der Renaissance; das Genie als der Inbegriff dieser Energie und Spontaneität wird ihr zum Ideal, in dem sie das Wesen des menschlichen Geistes und seine Gewalt über die Wirklichkeit erfaßt.

Die Entwicklung des Geniebegriffes beginnt mit der Konzeption des geistigen Eigentums. Im Mittelalter fehlt sowohl diese Vorstellung als auch der Wille zur Originalität; die beiden hängen miteinander unmittelbar zusammen. Solange die Kunst nichts als die Darstellung der Idee Gottes und der Künstler nur das Medium ist, durch welches die ewige, übernatürliche Ordnung der Dinge sichtbar wird, kann weder von einer Autonomie der Kunst noch von dem Eigentum des Künstlers an seinem Werk gesprochen werden. Den Anspruch auf ein geistiges Eigentum mit den Anfängen des Kapitalismus in Beziehung zu bringen liegt sehr nahe, die Annahme eines solchen Zusammenhangs würde aber auf einer bloßen Äquivokation beruhen. Die Idee der Produktivität des Geistes, und damit seines Eigentums, folgt aus dem Zerfall der christlichen Kultur. Sobald die Religion aufhört, sämtliche Gebiete des geistigen Lebens zu beherrschen und in sich zu vereinigen, taucht der Gedanke der Autonomie der verschiedenen geistigen Formen auf, und es wird auch eine Form der Kunst, die ihren Sinn und ihr Ziel in sich hat, denkbar. Trotz aller späteren Versuche, die Gesamtkultur und damit auch die Kunst von der Religion aus zu begründen, gelingt es nie wieder, die mittelalterliche

Kultureinheit herzustellen und die Kunst ihrer Autonomie vollkommen zu berauben. Diese bleibt nunmehr, auch wenn sie in den Dienst kunstjenseitiger Ziele gestellt wird, in sich selbst genießbar und sinnvoll. Wenn man aber einmal aufhört, die einzelnen geistigen Gebilde als die verschiedenen Formen eines und desselben Wahrheitsgehaltes anzusehen, so meldet sich auch schon der Gedanke, ihre Eigentümlichkeit und Originalität zum Maßstab ihres Wertes zu machen. Das Trecento steht noch ganz im Banne *eines* Meisters – Giottos – und seiner Tradition; im Quattrocento machen sich bereits allenthalben individuelle Bestrebungen geltend. Der Wille zur Originalität wird zu einer Waffe im Konkurrenzkampf. Der soziale Prozeß bemächtigt sich eines Mittels, das er nicht selbst erzeugt hat, das er jedoch seinen Zielen anpaßt und in seiner Wirksamkeit steigert. Solange die Chancen des Kunstmarktes für den Künstler im allgemeinen günstig bleiben, entwickelt sich der Wille zur Eigenart noch zu keiner Originalitätssucht – dies geschieht erst im Zeitalter des Manierismus, als die neuen Verhältnisse auf dem Kunstmarkt empfindliche Störungen mit sich bringen. Der Typus des „Originalgenies" aber erscheint erst im 18. Jahrhundert, als die Künstlerschaft bei dem Übergang vom Mäzenatentum zum offenen, schutzlosen Markt um ihre materielle Existenz einen härteren Kampf zu führen hat als je zuvor.

Der wichtigste Schritt in der Entwicklung des Geniebegriffs ist der von der Leistung zur Leistungsfähigkeit, vom Werk zur Person des Künstlers, von der Wertung des restlosen Gelingens zu der des Wollens und der Idee. Nur von einer Zeit, für die die persönliche Ausdrucksweise an und für sich interessant und geistig aufschlußreich geworden ist, konnte dieser Schritt gemacht werden. Daß gewisse Voraussetzungen dazu schon im Quattrocento gegeben waren, zeigt unter anderem eine Stelle im Traktat Filaretes, wo die Formen eines Kunstwerks mit den Zügen eines Manuskripts verglichen werden, aus denen die Hand des Urhebers sofort zu erkennen sei.[112] Das Verständnis und die wachsende Vorliebe für die Zeichnung, den Entwurf, die Skizze, das Bozzetto, das Unvollendete überhaupt, sind weitere Schritte in derselben Richtung. Der Ursprung des Geschmacks am Fragment ist ebenfalls in der subjektivistischen, an dem Geniebegriff orientierten Auffassung der Kunst zu suchen; die an den antiken Torsi geschulte Kunstanschauung diente höchstens zu seiner Steigerung. Die Zeichnung, die Skizze wurde für die Renaissance nicht nur als künstlerische Gestaltung, sondern auch als Dokument, als Niederschlag des künstlerischen Schaffensprozesses bedeutungsvoll; man erkannte in ihr eine besondere, von dem fertigen Kunstwerk verschiedene Ausdrucksform; man schätzte an ihr, daß sie die künstlerische Erfindung bei ihrem Ausgangspunkt, in ihrem vom Subjekt fast noch ungelösten Zustand erfaßt. Vasari erwähnt, daß Uccello so viele Zeichnungen hinterlassen hat, daß sie ganze Truhen füllten. Aus dem Mittelalter sind uns demgegenüber so gut wie gar keine Zeichnungen erhalten. Abgesehen davon, daß der mittelalterliche Künstler seinen momentanen Einfällen sicher nicht die gleiche Bedeutung zuschrieb wie die späteren Meister und es wahrscheinlich nicht der Mühe wert hielt, jeden flüchtigen Einfall festzuhalten, wird die Seltenheit der zeichnerischen Denkmäler aus dem Mittelalter zweifellos auch darin ihren Grund haben, daß einerseits das Zeichnen erst mit dem Vorhandensein von brauchbaren und erschwinglichen Papiersorten allgemeine Verbreitung fand,[113] andererseits von den tatsächlich zustandegekommenen Zeichnungen nur ein verhältnismäßig kleiner Teil erhalten blieb. An ihrer Zerstörung aber wird nicht nur ihr Alter die Schuld tragen; man legte offenbar von vornherein weniger Wert auf ihre Erhaltung als später, und in diesem Mangel an Interesse für sie drückt sich gerade der Unterschied zwischen der Kunstauffassung des sachlich denkenden Mittelalters und der subjektivistischen Renaissance aus. Für das Mittelalter hatte das Kunstwerk nur einen gegenständlichen Wert, die Renaissance legte ihm auch einen Persönlichkeitswert bei. Die Zeichnung aber wurde für sie gerade zur Formel der künstlerischen Schöpfung, denn sie brachte das Fragmentarische, Unvollendete und Unvollendbare, das schließlich jedem Kunstwerk anhaftet, am auffallendsten zur Geltung. Die Erhebung der Leistungsfähigkeit über die Leistung, dieser Grundzug des Geniebegriffs, bedeutet eben, daß man die Genialität nicht für restlos realisierbar hält, und diese Auffassung erklärt es, warum man in der Zeichnung mit ihrer Lückenhaftigkeit eine typische Form der Kunst erblickt.

Von der Unfähigkeit des Genies, sich voll und ganz mitzuteilen, zum verkannten Genie und zur Appellierung an die Nachwelt gegen den Richterspruch der Mitwelt war nur ein Schritt. Die Renaissance hat diesen Schritt nie getan. Nicht weil sie etwa kunstverständiger war als die späteren Zeitalter, gegen deren Urteil die erfolglosen Künstler Berufung einlegten, sondern weil der Existenzkampf der Künstlerschaft sich noch in verhältnismäßig harmlosen Formen abspielte. Der Geniebegriff gewinnt nichtsdestoweniger jetzt schon gewisse dialektische Züge; er läßt bereits den Abwehrapparat erkennen, den der Künstler einerseits gegen die kunstfremden Philister, andererseits gegen die Pfuscher und Dilettanten in Bewegung setzen wird. Gegen die ersteren wird er sich hinter die Maske des Sonderlings verschanzen, gegen die letzteren das Angeborensein seines Talents und die Unerlernbarkeit seiner Kunst betonen. Francisco de Hollanda bemerkt schon in seinen „Gesprächen über die Malerei" (1548), daß jede bedeutende Persönlichkeit etwas Absonderliches an sich habe, und betont den damals nicht einmal mehr ganz neuen Gedanken, daß der echte Künstler geboren werden müsse. Die Lehre von der Inspiriertheit des Genies, der überpersönlichen und irrationalen Natur seines Wertes, zeigt, daß es sich hier um die Konstituierung einer geistigen Aristokratie handelt, die auf das persönliche Verdienst, die *virtù* im Sinne der Frührenaissance, lieber verzichtet, nur um sich gegen andere um so schärfer abzugrenzen.

In der Autonomie der Kunst drückt sich in objektiver Form – vom Standpunkt des Werkes – derselbe Gedanke aus, den der Geniebegriff in subjektiver Form – vom Standpunkt des Künstlers – zum Ausdruck bringt. Die Eigengesetzlichkeit der geistigen Gebilde ist der Gegenbegriff zur Spontaneität des Geistes. Die Autonomie der Kunst bedeutet für die Renaissance allerdings nur die Unabhängigkeit von der Kirche und der von der Kirche vertretenen Metaphysik, sie bedeutet keine unbedingte, allseitige Autonomie. Die Kunst befreit sich von den kirchlichen Dogmen, bleibt jedoch mit dem wissenschaftlichen Weltbild des Zeitalters eng verbunden, so wie der Künstler sich vom Klerus wohl emanzipiert, mit dem Humanismus und seinem Anhang jedoch nur eine um so engere Verbindung eingeht. Die Kunst wird aber keineswegs zur Dienerin der Wissenschaft in dem Sinne, wie sie im Mittelalter die „Dienerin der Theologie" war. Sie ist und bleibt vielmehr eine Sphäre, in der man sich, von der übrigen Welt abgesondert, geistig einrichten und in geistigen Genüssen von einer ganz eigenen Art ergehen kann. Man ist sowohl von der transzendenten Welt des Glaubens als auch von der Welt der Praxis getrennt, wenn man sich in ihr bewegt. Sie mag den Zielen des Glaubens dienlich gemacht werden und mit der Wissenschaft gemeinsame Probleme zu lösen bekommen, welche außerkünstlerischen Funktionen sie aber auch immer erfüllt, sie kann stets auch so betrachtet werden, als ob sie sich selbst Gegenstand wäre. Das ist der neue Aspekt, auf den sich einzustellen das Mittelalter unfähig war. Das bedeutet freilich nicht, daß man vor der Renaissance die formale Qualität eines Kunstwerkes nicht empfunden, nicht genossen hätte, man wurde sich ihrer nur nicht bewußt und beurteilte das Kunstwerk, sobald man von der gefühlsmäßigen Reaktion zur bewußten überging, nach dem dargestellten Gegenstand, nach dem Sinngehalt und dem Symbolwert der Darstellung. Das Interesse des Mittelalters an der Kunst war ein stoffliches, und man fragte nicht nur bei der zeitgenössischen christlichen Kunst ausschließlich nach der inhaltlichen Bedeutung, auch die antike Kunst beurteilte man rein nach stofflichen Gesichtspunkten.[114] Der Umschwung in der Beziehung der Renaissance zur klassischen Kunst und Literatur ist nicht der Entdeckung von neuen Autoren und neuen Werken zuzuschreiben, sondern der Übertragung des Interesses von den inhaltlichen auf die formalen Elemente, gleichviel, ob es sich um neuentdeckte oder schon von früher her bekannte Denkmäler handelte.[115]. Bezeichnend für die neue Attitüde ist, daß das Publikum nunmehr die artistische Einstellung der Künstler selbst annahm und die Kunst nicht vom Standpunkt des Lebens und der Religion, sondern vom Standpunkt der Kunst beurteilte. Die Kunst des Mittelalters wollte das Dasein deuten und den Menschen erheben, die der Renaissance das Dasein bereichern und den Menschen ergötzen. Sie fügte zu der empirischen und der transzendenten Sphäre des Daseins, auf die die Welt des Mittelalters beschränkt war, einen neuen Lebensbezirk hinzu, in dem sowohl die diesseitigen Formen als auch die metaphysischen Urbilder des Seins einen eigenen, bisher unbekannten Sinn erhielten.

Die Idee der autonomen, zweckfreien, an und für sich genießbaren Kunst war schon der Antike vertraut; die Renaissance hatte diese Idee nach ihrer Vergessenheit im Mittelalter nur neuentdeckt. Nie ist man aber vor der Renaissance auf den Gedanken gekommen, daß ein dem Genuß der Kunst ergebenes Leben eine höhere, edlere Form des Daseins darstellen könnte. Plotin und die Neuplatoniker, die der Kunst wohl einen höheren Sinn zugeschrieben hatten, beraubten sie gleichzeitig der Autonomie und machten aus ihr ein bloßes Vehikel der intelligiblen Erkenntnis. Die Idee einer Kunst, die ihre autonome ästhetische Wesensart bewahrt und trotz ihrer Selbständigkeit der übrigen geistigen Welt gegenüber, ja gerade infolge ihrer selbstherrlichen Schönheit zur Erzieherin der Menschheit wird, ein Gedanke, der sich schon bei Petrarca ankündigt,[116] ist ebenso unmittelalterlich wie unantik. Unmittelalterlich und unantik ist der ganze Ästhetizismus der Renaissance; denn wenn auch die Übertragung der Gesichtspunkte und Maßstäbe der Kunst auf das Leben der späteren Antike nicht fremd war, so wäre doch eine Parallele zu dem aus der Renaissance berichteten Vorfall, daß ein Gläubiger auf dem Totenbett das Kruzifix, das ihm gereicht wird, wegen seiner Häßlichkeit zu küssen verweigert und ein schöneres verlangt, in keiner früheren Zeit denkbar.[117]

Der Renaissancebegriff der ästhetischen Autonomie ist keine puristische Idee; die Künstler trachten sich von den Fesseln des scholastischen Denkens zu befreien, sie sind aber nicht besonders eifrig, auf den eigenen Beinen zu stehen, und es fällt ihnen gar nicht ein, aus der Unabhängigkeit der Kunst eine prinzipielle Frage zu machen. Im Gegenteil, sie betonen die wissenschaftliche Wesensart ihrer Geistestätigkeit. Erst im Cinquecento lösen sich die Bande, die Wissenschaft und Kunst zu einem homogenen Organ der Welterkenntnis vereinigen; erst da entsteht ein auch gegenüber der Wissenschaft autonomer Begriff der Kunst. Die Kunst hat ihre szientifischen, wie die Wissenschaft ihre künstlerisch orientierten Perioden. In der Frührenaissance macht man den Wahrheitswert der Kunst von wissenschaftlichen Kriterien abhängig, in der späteren Renaissance und im Barock gestaltet sich das wissenschaftliche Weltbild vielfach nach künstlerischen Prinzipien. Die malerische Perspektive des Quattrocento ist eine wissenschaftliche Konzeption, das Universum Keplers und Galileis eine im Grunde ästhetische Vision. Dilthey spricht mit Recht von der „künstlerischen Phantasie" in der Forschung der Renaissance,[118] mit ebenso gutem Recht könnte man aber von dem Anteil der „wissenschaftlichen Phantasie" an den künstlerischen Schöpfungen der Frührenaissance sprechen.

Das Prestige des Gelehrten und Forschers im Quattrocento wurde erst im 19. Jahrhundert wieder errungen. In beiden Epochen waren die Bestrebungen darauf gerichtet, die Expansion der Wirtschaft durch neue Wege und Mittel, neue wissenschaftliche Methoden und technische Erfindungen zu fördern. Das erklärt zum Teil den Primat der Wissenschaft und das Ansehen des Wissenschaftlers sowohl im 15. wie im 19. Jahrhundert. Das, was Adolf Hildebrand und Bernard Berenson in der bildenden Kunst unter „Form" verstehen,[119] ist ebenso wie der Begriff der Perspektive bei Alberti und Piero della Francesca eher ein theoretischer als ein ästhetischer Begriff. Beide Kategorien sind Wegweiser in der Welt der sinnlichen Erfahrung, Mittel zur Erklärung der Räumlichkeit, Instrumente der optischen Erkenntnis. Die ästhetische Weltanschauung des 19. Jahrhunderts kann über den theoretischen Charakter ihrer Kunstprinzipien ebensowenig hinwegtäuschen wie die Kunstfreudigkeit der Renaissance über das vornehmlich wissenschaftliche Interesse, das sie der Welt entgegenbringt. In den Raumwerten Hildebrands, dem Geometrismus Cézannes, dem Physiologismus der Impressionisten, dem Psychologismus der ganzen neueren Epik und Dramatik, überall, wohin wir uns auch wenden, gewahren wir ein Streben, sich in der empirischen Wirklichkeit zurechtzufinden, das natürliche Weltbild zu erklären, die Daten der Erfahrung zu mehren, zu ordnen und zu einem rationalen System zu verarbeiten. Kunst ist für das 19. Jahrhundert ein Mittel der Welterkenntnis und eine Form der Lebenserfahrung, der Analyse und der Interpretation des Menschen. Dieser auf objektive Erkenntnis gerichtete Naturalismus hat aber gerade im 15. Jahrhundert seinen Ursprung; damals machte die Kunst ihre erste wissenschaftliche Schulung durch, und sie lebt zum Teil heute noch von dem Kapital, das sie damals anlegte. Mathematik und Geometrie, Optik und Mechanik, Licht- und Farbenlehre, Anatomie und Physiologie waren ihr Rüstzeug, die Beschaffenheit des Raumes und die Struktur des menschlichen Körpers, Bewegungs- und Proportionsrechnungen, Draperiestudien und Farbenexperimente die Probleme, um die sie bemüht war. Daß freilich auch die Naturtreue des Quattrocento, bei all ihrer Wissenschaftlichkeit, nur eine Fiktion war, erkennt man am besten an dem Ausdrucksmittel, das als die bündigste Formel der Renaissancekunst gelten kann: der zentralperspektivischen Wiedergabe des Raumes. Die Perspektive war an und für sich keine Erfindung der Renaissance.[120] Schon die Antike kannte die Verkürzung und reduzierte die Größe der einzelnen Gegenstände je nach ihrer Entfernung vom Beschauer; sie kannte aber weder das perspektivisch einheitliche, nach einem einzigen Augenpunkt sich richtende Raumbild, noch war sie fähig oder bestrebt, die verschiedenen Objekte und die Raumintervalle zwischen ihnen kontinuierlich darzustellen. Ihr Bildraum war ein aus disparaten Teilen zusammengesetztes Kompositum, kein einheitliches Kontinuum – mit den Worten Panofskys: ein „Aggregatraum", kein „Systemraum". Erst seit der Renaissance geht die Malerei von der Annahme aus, daß der Raum, in dem sich die Dinge befinden, ein unendliches, stetiges und homogenes Element ist und daß wir die Dinge in der Regel einheitlich, das heißt mit einem einzigen und unbewegten Auge sehen.[121] Das, was wir tatsächlich apperzipieren, ist aber ein begrenzter, diskontinuierlicher und heterogen zusammengesetzter Raum. Unser Bild vom Raume ist in Wirklichkeit an den Rändern verzerrt und verschwommen, sein Inhalt teilt sich in mehr oder minder selbständige Gruppen und Stücke, und nachdem unser physiologisch gegebenes Gesichtsfeld sphäroid ist, sehen wir teilweise Kurven statt Geraden. Das planperspektivische Raumbild, so wie die Kunst der Renaissance es uns vor die Augen führt, mit der gleichmäßigen Klarheit und der konsequenten Gestaltung aller Teile, dem gemeinsamen Fluchtpunkt der Parallelen und dem einheitlichen Modulus der Distanzmessung, das Bild also, das L. B. Alberti als den ebenen Querschnitt durch die Sehpyramide definiert hat, ist eine kühne Abstraktion. Die Zentralperspektive ergibt einen mathematisch richtigen, aber keinen psychophysiologisch realen Raum. Nur einer so durch und durch szientifischen Periode, wie es die Jahrhunderte zwischen der Renaissance und dem Ende des 19. Jahrhunderts waren, konnte diese vollkommen rationalisierte Raumanschauung als die adäquate Wiedergabe des tatsächlichen optischen Eindrucks erscheinen. Einheitlichkeit und Konsequenz galten eben für sie als die höchsten Kriterien der Wahrheit. Erst neuerdings sind wir uns wieder bewußt geworden, daß wir die Wirklichkeit nicht in der Form eines einheitlich geschlossenen Raumbildes sehen, sondern daß wir stets nur zerstreute Gruppen aus verschiedenen Sehzentren erfassen und daß wir, indem unser Blick von einer Gruppe zur andern wandert, das Gesamtpanorama eines ausgedehnteren Komplexes aus Teilansichten zusammenaddieren, so wie es etwa Lorenzetti in seinen großen Sieneser Wandgemälden tat. Die diskontinuierliche Raumdarstellung dieser Fresken wirkt heute jedenfalls überzeugender als das nach den Regeln der Zentralperspektive konstruierte Raumbild der Quattrocentomeister.[122]

Man hat die Vielseitigkeit der Talente, namentlich die Vereinigung der Kunst und der Wissenschaft in einer Person, für die Renaissance als besonders charakteristisch empfunden. Die Erscheinung jedoch, daß die Künstler mehrere Techniken beherrschten, daß Giotto, Orcagna, Brunelleschi, Benedetto da Majano, Leonardo da Vinci Architekten, Bildhauer und Maler, Pisanello, Antonio Pollajuolo, Verrocchio Bildhauer, Maler, Goldschmiede und Medailleure, und daß trotz der fortschreitenden Spezialisierung Raffael noch Maler und Architekt, Michelangelo noch Bildhauer, Maler und Architekt zugleich waren, hängt eher mit dem technisch-handwerklichen

Charakter der darstellenden Künste als mit dem Renaissanceideal der Vielseitigkeit zusammen. Die Vielwisserei und Vielkönnerei ist eigentlich eine mittelalterliche Tugend; das Quattrocento übernimmt sie mit der handwerklichen Tradition und entfernt sich von ihr in dem Maße, wie es sich dem Geist des Handwerks entfremdet. In der späteren Renaissance begegnen wir Künstlern, die gleichzeitig mehrere Kunstarten betreiben, immer seltener. Mit dem Siege des humanistischen Bildungsideals und der Idee des *uomo universale* macht sich jedoch wieder eine der Spezialisierung entgegengesetzte geistige Tendenz geltend und führt zu dem Kult einer Vielseitigkeit, die nicht mehr handwerklicher, sondern dilettantistischer Natur ist. Am Ende des Quattrocento konkurrieren beide Richtungen miteinander: auf der einen Seite regiert der Universalismus des auf die oberen Schichten zugeschnittenen humanistischen Kulturideals, unter dessen Einfluß die Künstler ihre manuellen Fertigkeiten durch intellektuell-bildungsmäßige Kenntnisse zu ergänzen suchen, auf der andern siegt das Prinzip der Arbeitsteilung und Spezialisierung und gelangt allmählich auch im Gebiete der Kunst zur Herrschaft. Cardano betont bereits, daß die Beschäftigung mit mehreren verschiedenen Dingen das Ansehen eines geistigen Menschen untergrabe. Der Spezialisierungstendenz gegenüber muß vor allem auf die bemerkenswerte Erscheinung hingewiesen werden, daß von den führenden Architekten der Hochrenaissance nur Antonio da Sangallo sich für die Architektenlaufbahn vorbereitet hatte; Bramante war ursprünglich Maler, Raffael und Peruzzi bleiben es auch neben ihrer Architektentätigkeit, und Michelangelo ist und bleibt vor allem Bildhauer. Die verhältnismäßig späte Ergreifung des Architektenberufes und die hauptsächlich theoretische Vorbereitung vieler Meister für diesen Beruf zeigt einerseits, wie schnell die handwerksmäßige Erziehung durch die geistig-akademische verdrängt wird, andererseits, wie die Architektur teilweise zu einer seigneuralen Liebhaberei wird, die man oft als Nebenbeschäftigung betreibt. Große Herren betätigten sich ja von jeher mit Vorliebe nicht nur als Bauherren, sondern auch als dilettierende Bauleiter.

Ghiberti brauchte noch Jahrzehnte zur Fertigstellung der Türen des Baptisteriums, und auch Luca della Robbia verbrachte noch nahezu zehn Jahre über seiner Cantoria für den Florentiner Dom. Dagegen charakterisiert die Arbeitsweise Ghirlandajos schon eine genialische *fa-presto*-Technik, und Vasari erblickt bereits in der Leichtigkeit und Schnelligkeit des Hervorbringens geradezu ein Kennzeichen des echten Künstlertums.[123] Beide Züge, sowohl der Dilettantismus wie das Virtuosentum, so widerspruchsvoll sie auch an und für sich sind, finden sich vereinigt im Charakterbild des Humanisten, den man mit Recht als den „Virtuosen des intellektuellen Lebens" bezeichnet hat, den man aber ebensogut als den ewigen, unverdorbenen, unverbrauchten Dilettanten charakterisieren könnte. Beide Züge gehören zu dem Persönlichkeitsideal, das die Humanisten zu verwirklichen bestrebt sind, und in ihrer paradoxen Vereinigung drückt sich eben die problematische Natur der geistigen Existenz aus, die die Humanisten führen. Diese Problematik hat ihren Ursprung in dem Begriff des Literatentums selber, dessen erste Vertreter sie sind – dem Begriff eines seinen Prätentionen nach vollkommen unabhängigen, tatsächlich aber noch vielfach gebundenen Berufsstandes. Die italienischen Schriftsteller des 14. Jahrhunderts gingen zumeist noch aus den höheren Schichten hervor; sie waren Stadtadelige oder die Söhne vermögender Kaufleute. Cavalcanti und Cino da Pistoja waren adelig, Petrarca war ein Notarssohn, Brunetto Latini selber Notar, Villani und Sacchetti waren wohlhabende Kaufleute, Boccaccio und Sercambi reiche Kaufmannssöhne. Diese Autoren hatten mit den Spielleuten des Mittelalters kaum mehr etwas gemein.[124] Die Humanisten aber gehören weder einer standes- und klassenmäßig noch einer bildungs- und berufsmäßig einheitlichen gesellschaftlichen Kategorie an, es gibt unter ihnen Kleriker und Laien, Reiche und Arme, hohe Funktionäre und kleine Notare, Kaufleute und Schulmeister, Juristen und Gelehrte.[125] Die Vertreter der unteren Schichten machen in ihren Reihen jedenfalls ein beständig wachsendes Kontingent aus. Der berühmteste, einflußreichste, gefürchtetste von allen ist ein Schusterssohn. Sie sind alle Stadtkinder – dieser Zug wenigstens ist ihnen allen gemein; viele von ihnen sind die Kinder armer Eltern, manche von ihnen Wunderkinder, die, für eine plötzlich sich eröffnende, vielversprechende Karriere bestimmt, von Anfang an in ungewöhnliche Verhältnisse kommen. Die frühzeitig erweckten und überspannten Ambitionen, das angestrengte und oft mit Entbehrungen verbundene Studium, das Sichdurchschlagen als Hauslehrer und Sekretäre, die Jagd nach Position und Ruhm, die exaltierten Freundschaften und die ressentimenterfüllten Feindschaften, die billigen Erfolge und die unverdienten Mißerfolge, das Überhäuftwerden mit Ehrungen und Bewunderung auf der einen Seite und das Vagabundendasein auf der andern, all das konnte nicht an ihnen vorübergehen, ohne schweren moralischen Schaden anzurichten. Die sozialen Verhältnisse des Zeitalters boten einem Literaten Chancen und bedrohten ihn mit Gefahren, die geeignet waren, die Seele eines begabten jungen Menschen von vornherein zu vergiften.

Die Entstehung des Humanismus als eines seiner Idee nach freien Literatentums hatte ihre Voraussetzung im Vorhandensein einer verhältnismäßig breiten Vermögensklasse, die ein literarisches Publikum abzugeben geeignet war. Die wichtigsten Heimstätten der humanistischen Bewegung waren zwar von Anfang an die Höfe und die Staatskanzleien, die Mehrheit ihrer Anhänger aber bildeten vermögende Kaufleute und andere durch die kapitalistische Entwicklung zu Reichtum und Einfluß gelangende Elemente. Die Werke der mittelalterlichen Literatur waren noch für einen engbegrenzten, den Autoren selbst gewöhnlich wohlbekannten Kreis bestimmt; erst die Humanisten wenden sich mit ihren Schriften an ein breiteres, zum Teil unbekanntes Publikum. Erst seit ihren Tagen gibt es so etwas wie einen freien literarischen Markt und eine literarisch bedingte, literarisch beeinflußbare öffentliche Meinung. Ihre Reden und Pamphlete sind die ersten Formen der modernen Publizistik; ihre in verhältnismäßig breiten Kreisen kursierenden Briefe die Zeitung ihrer Tage.[126] Aretino ist der „erste Journalist", und gleich der erste Revolverjournalist. Die Freiheit, der er seine Existenz verdankt, war erst möglich in einer Zeit, in der der Schriftsteller nicht mehr unbedingt von einem Gönner oder einem streng begrenzten Kreis von Gönnern abhängig war, sondern für seine geistigen Produkte so viele mögliche Abnehmer hatte, daß er sich nicht mehr mit jedem einzelnen von ihnen gut vertragen mußte. Es war aber schließlich doch nur eine verhältnismäßig dünne Bildungsschicht, mit der die Humanisten als Publikum rechnen konnten, und sie führten, mit dem modernen Literatentum verglichen, noch immer ein Parasitendasein, es sei denn, daß sie von Haus aus vermögend und unabhängig waren. Zumeist blieben sie auf die Gunst der Höfe und die Gönnerschaft einzelner einflußreicher Bürger angewiesen, für die sie in der Regel Sekretär- oder Hofmeisterdienste leisteten. Sie bezogen Staatsgehälter, Pensionen, Pfründen, Benefizien statt der früheren Verpflegung und Geschenke – ihr ziemlich kostspieliger Unterhalt gehörte zu den Repräsentationsspesen der neuen Elite. Die Herren hielten sich jetzt statt Hofsänger und Hofnarren, privater Historiographen und berufsmäßiger Panegyriker Humanisten, die in etwas sublimierteren Formen zumeist die gleichen Dienste leisteten wie ihre Vorgänger. Man erwartete von ihnen allerdings mehr als die Leistung dieser Dienste. Denn so wie das Großbürgertum sich einst mit dem Geburtsadel verbunden hatte, wollte es sich jetzt mit dem geistigen Adel verbinden. Durch die erste große Allianz wurde es der Privilegien der Geburt teilhaftig, durch die zweite sollte es auch geistig geadelt werden.

In der Fiktion ihrer geistigen Freiheit befangen, mußten die Humanisten ihre Abhängigkeit von der Herrenschicht als demütigend empfinden. Das Mäzenatentum, diese uralte und unproblematische Einrichtung, die für einen Dichter des Mittelalters noch zu den selbstverständlichsten Dingen der Welt zählte, verliert für sie ihre Harmlosigkeit. Die Beziehung der Intelligenz zum Besitz und Vermögen wird immer komplizierter. Im Anfang teilten die Humanisten die stoische Ansicht der Vaganten und der Bettelmönche und meinten, daß der Reichtum an und für sich wertlos sei. Solange sie arme wandernde Studenten, Lehrer und Literaten waren, fühlten sie sich auch nicht veranlaßt, diese Meinung zu ändern, als sie aber mit der Besitzerklasse in nähere Berührung kamen, entstand ein unschlichtbarer Konflikt zwischen ihren früheren Anschauungen und ihrer neuen Lebensweise.[127] Dem griechischen Sophisten, dem römischen Rhetor, dem mittelalterlichen Kleriker fiel es gar nicht ein, aus seiner im Grunde kontemplativen, höchstens pädagogisch aktiven Stellung herauszutreten und mit den herrschenden Klassen rivalisieren zu wollen. Die Humanisten sind die ersten Intellektuellen, die auf die Privilegien des Besitzes und Ranges Anspruch erheben, und der geistige Hochmut, eine bis dahin ebenfalls unbekannte Erscheinung, ist die psychologische Abwehr, mit der sie auf ihre Erfolglosigkeit reagieren. Die Humanisten werden in ihrem Aufwärtsstreben von den oberen Schichten zuerst ermutigt und gefördert, schließlich aber doch niedergehalten. Es besteht von Anfang an ein gegenseitiges Mißtrauen zwischen dem hochmütigen, sich gegen jede Bindung sträubenden Bildungsstand und dem nüchternen, im Grunde geistesfremden wirtschaftlichen Berufsstand.[128] Denn so wie man zur Zeit Platos die Gefahr, die die sophistische Denkart in sich trug, genau empfunden hatte, hegt die Oberschicht auch jetzt, bei all ihrer Sympathie für die humanistische Bewegung, einen unverhehlbaren Argwohn gegen die Humanisten, die infolge ihrer Wurzellosigkeit tatsächlich ein destruktives Element bilden.

Der latente Konflikt zwischen der geistigen und der wirtschaftlichen Oberschicht aber kommt einstweilen noch nirgends offen zum Ausdruck, am wenigsten bei der Künstlerschaft, die in dieser Hinsicht langsamer reagiert als ihre sozial zumeist bewußteren humanistischen Lehrmeister. Das Problem ist jedoch, wenn auch uneingestanden und unausgesprochen, stets und überall gegenwärtig, und die ganze Intelligenz, sowohl das Literatentum als auch die Künstlerschaft, ist von der Gefahr bedroht, sich entweder zu einer entwurzelten, „unbürgerlichen", ressentimenterfüllten Boheme oder zu einem konservativen, passiven, liebedienerischen Akademikertum zu entwickeln. Vor dieser Alternative flüchten sich die Humanisten in ihren Elfenbeinturm und erliegen schließlich beiden Gefahren, denen sie entgehen wollten. Das ganze moderne Ästhetentum folgt ihnen auf diesem Wege und wird gleichzeitig entwurzelt und passiv, dient den Interessen des Konservativismus, ohne sich in die Ordnung, die es stützt, einfügen zu können. Der Humanist versteht unter Unabhängigkeit Ungebundenheit; sein soziales Desinteressement ist Entfremdung; seine Flucht vor der Gegenwart Verantwortungslosigkeit. Er enthält sich, um sich nicht festzulegen, jeder politischen Aktivität, befestigt aber durch seine Passivität nur die Besitzer der Macht in ihrer Position. Das ist der „Verrat der Intelligenz" am Geiste, nicht die Politisierung des Geistes, womit sie neuerdings beschuldigt wurde.[129] Der Humanist verliert den Zusammenhang mit der Realität, er wird zum Romantiker, der seine Weltfremdheit Weltverachtung, seine soziale Gleichgültigkeit geistige Freiheit, seine unbürgerliche Denkart moralische Souveränität nennt. „Leben heißt für ihn" – wie ein Kenner der Renaissance urteilt – „eine gewählte Prosa schreiben, feine Verse drechseln, aus dem Griechischen ins Lateinische übersetzen ... Wesentlich ist in seinen Augen, nicht daß die Gallier besiegt, sondern daß die Kommentare über ihre Besiegung geschrieben worden sind ... die Schönheit der Tat weicht der Schönheit des Stils ..."[130] Die Künstler der Renaissance sind ihrer Mitwelt noch bei weitem nicht so entfremdet wie die Humanisten, aber auch ihre geistige Existenz ist bereits unterminiert, und es gelingt ihnen nicht mehr, das Gleichgewicht zu finden, das mit ihrer Einordnung in den mittelalterlichen Gesellschaftsbau verbunden war. Sie stehen zwischen Aktivismus und Ästhetentum auf dem Scheideweg. Oder haben sie bereits gewählt? Die Verbindung der künstlerischen Formen mit kunstjenseitigen Zielen, die für das Mittelalter eine selbstverständliche, naive, vollkommen unproblematische Praxis war, ist für sie jedenfalls verlorengangen.

Die Humanisten sind aber nicht nur apolitische Schöngeister, eitle Schönredner, gegenwartsfremde Romantiker, sie sind auch begeisterte Weltverbesserer, fanatische Aufklärer und vor allem unermüdliche, zukunftsfreudige Pädagogen. Die Maler und Bildhauer der Renaissance verdanken ihnen nicht nur ihren abstrakten Ästhetizismus, sondern auch die Idee des Künstlers als Geisteshelden und die Konzeption der Kunst als Erzieherin der Menschheit. Sie haben erst aus der Kunst einen Bestandteil der intellektuellen und moralischen Bildung gemacht.

## 4. DIE KLASSIK DES CINQUECENTO

Als Raffael 1504 nach Florenz kam, war Lorenzo bereits über ein Jahrzehnt tot, sein Nachfolger vertrieben, und der Gonfaloniere Pietro Soderino hatte in der Republik wieder ein bürgerliches Regime eingeführt. Die Wendung zu einem höfisch repräsentativen, formal gebundenen künstlerischen Stil war aber damals schon angebahnt, die Richtlinien des neuen konventionellen Kunstgeschmacks waren festgelegt und im allgemeinen anerkannt – die Entwicklung konnte auf dem eingeschlagenen Weg weitergehen, ohne von außen neue Anregungen zu erhalten. Raffael hatte nur die Richtung fortzusetzen, die in den Werken Peruginos und Leonardos vorgezeichnet war, und als schöpferischer Künstler konnte er gar nichts anderes tun, als sich dieser an und für sich wohl konservativen, weil auf ein zeitloses und abstraktes Formkanon gerichteten, in der damaligen stilgeschichtlichen Situation jedoch fortschrittlichen Tendenz anzuschließen. Es fehlte übrigens auch an äußeren Anregungen nicht, die ihn an dieser Richtung festzuhalten veranlaßten, wenn auch der Antrieb nicht mehr von Florenz selbst ausging. Es waren aber außer Florenz fast überall in Italien Familien mit dynastischen Ansprüchen und höfischen Allüren am Ruder, und es bildete sich vor allem um den Papst in Rom ein regelrechter Fürstenhof, an dem die gleichen Gesellschaftsideale maßgebend waren wie an den anderen, die Kunst und Kultur in den Dienst der Repräsensation stellenden Höfen.

Der Kirchenstaat hatte in dem zersplitterten Italien die politische Führung an sich gerissen. Die Päpste fühlten sich als die Erben der Cäsaren, und es gelang ihnen auch zum Teil, die überall im Lande aufkeimenden Phantasien über die Erneuerung der alten römischen Herrlichkeit in den Dienst ihres Machtstrebens zu stellen. Ihre politischen Ambitionen blieben zwar unerfüllt, Rom wurde aber zum Mittelpunkt der abendländischen Kultur und gewann einen geistigen Einfluß, der sich während der Gegenreformation noch vertiefte und bis spät ins Barockzeitalter hinein wirksam blieb. Seit der Rückkehr der

Päpste aus Avignon hatte sich die Stadt nicht nur zu einem diplomatischen Treffpunkt entwickelt, mit Botschaftern und Geschäftsträgern aus allen Teilen der christlichen Welt, sondern auch zu einem wichtigen Geldmarkt, wo für die damaligen Verhältnisse phantastische Summen einliefen und ausgegeben wurden. Die Kurie überflügelte als Geldmacht alle die Fürsten, Tyrannen, Bankiers und Händler Oberitaliens; sie konnte einen größeren Aufwand entfalten als diese und übernahm auf dem Gebiete der Kunst die Führung, die bis dahin Florenz innehatte. Als die Päpste aus Frankreich zurückkamen, lag Rom nach den barbarischen Einfällen und der Zerstörung, die die jahrhundertelangen Fehden der römischen Geschlechter anrichteten, fast in Trümmern. Die Römer waren arm, und auch in den Händen der geistlichen Würdenträger sammelten sich noch keine solche Reichtümer an, die einen Aufschwung der Künste im Wettbewerb mit Florenz ermöglicht hätten. Während des Quattrocento verfügte die päpstliche Residenz über keine einheimischen Künstler; die Päpste waren auf Kräfte von auswärts angewiesen. Sie beriefen wohl die berühmtesten Meister der Zeit nach Rom, so unter anderen Masaccio, Gentile da Fabriano, Donatello, Fra Angelico, Benozzo Gozzoli, Melozzo da Forlì, Pinturicchio, Mantegna, diese verließen aber nach Ausführung ihrer Aufträge die Stadt, ohne außer ihren Werken die geringste Spur zu hinterlassen. Selbst unter Sixtus IV. (1471–84), der durch die Aufträge zur Ausschmückung seiner Kapelle aus Rom für eine Zeit einen Mittelpunkt der künstlerischen Produktion machte, kam keine Schule oder Richtung zustande, die einen lokalen römischen Charakter gehabt hätte. Eine solche Richtung macht sich erst unter Julius II. (1503–13) bemerkbar, nachdem Bramante, Michelangelo und schließlich Raffael sich in Rom niedergelassen und ihre Fähigkeiten in den Dienst des Papstes gestellt hatten. Da beginnt erst jene einzigartige Kunsttätigkeit, deren Ergebnis das monumentale Rom ist, so wie es uns nicht nur als das größte, sondern auch als das einzig maßgebende Denkmal der Hochrenaissance vor Augen steht und wie es damals nur unter den in der päpstlichen Residenz gegebenen Bedingungen entstehen konnte.

Der vorwiegend weltlich gesinnten Kunst des Quattrocento gegenüber haben wir es jetzt mit den Anfängen einer neuen kirchlichen Kunst zu tun, in der jedoch der Nachdruck nicht auf Innerlichkeit und Überweltlichkeit, sondern auf Feierlichkeit, Majestät, Macht und Herrschaft liegt. Die Innigkeit und Weltabgewandtheit des christlichen Gefühls weicht einer distanzierenden Kälte und dem Ausdruck einer sowohl physischen als auch geistigen Überlegenheit. Mit jeder Kirche, jeder Kapelle, jedem Altarbild und jedem Taufbecken scheinen die Päpste vor allem sich selbst ein Denkmal setzen zu wollen und eher an den eigenen Ruhm als an den Ruhm Gottes zu denken. Unter Leo X. (1513–21) erreicht das höfische Leben in Rom seinen Höhepunkt. Die päpstliche Kurie gleicht dem Hof eines Kaisers, die Häuser der Kardinäle erinnern an kleine Fürstenhöfe und die der anderen geistlichen Herren an aristokratische Haushaltungen, die durch ihren Glanz einander zu überbieten suchen. Die meisten dieser Kirchenfürsten und Würdenträger sind von Haus aus Kunstinteressenten; sie beschäftigen die Künstler, um ihren Namen, sei es durch die Stiftung kirchlicher Kunstwerke, sei es durch die Errichtung und Ausschmükkung ihrer Paläste, unsterblich zu machen. Die reichen Bankiers der Stadt, mit Agostino Chigi, dem Freund und Gönner Raffaels, an der Spitze, trachten es ihnen als Mäzene gleichzutun; sie vergrößern die Bedeutung des Kunstmarktes von Rom, fügen ihm aber keine eigene Note bei.

Im Gegensatz zu der im großen und ganzen einheitlichen Herrenklasse in den anderen italienischen Städten, vor allem in Florenz, setzt sich die Oberschicht in Rom aus drei scharf umrissenen Gruppen zusammen.[131] Die wichtigste besteht aus dem päpstlichen Hofhalt mit den Verwandten des Papstes, der hohen Geistlichkeit, den in- und ausländischen Diplomaten und den unzähligen anderen Persönlichkeiten, die an der pontifikalen Magnifizenz teilhaben. Die Angehörigen dieser Gruppe sind im allgemeinen die ehrgeizigsten und kaufkräftigsten Förderer der Kunst. Eine zweite Gruppe umfaßt die großen Bankiers und reichen Kaufleute, für die sich in dem damaligen verschwenderischen Rom, im Mittelpunkt der weltumspannenden päpstlichen Finanzverwaltung, die denkbar beste Konjunktur bietet. Der Bankier Altoviti gehört zu den großzügigsten Kunstfreunden der Epoche, und für Agostino Chigi arbeiten, Michelangelo, den Feind Raffaels, ausgenommen, alle die berühmten Künstler der Zeit; er beschäftigt – außer Raffael – Sodoma, Baldassare Peruzzi, Sebastiano del Piombo, Giulio Romano, Francesco Penni, Giovanni da Udine und noch viele andere Meister. Die dritte Gruppe besteht aus den Mitgliedern der alten, bereits verarmten römischen Geschlechter, die am Kunstleben so gut wie ganz unbeteiligt sind und ihren Namen nur dadurch auf der Tagesordnung halten, daß sie ihre Söhne und Töchter mit den Kindern der reichen Bürger verheiraten und damit eine ähnliche, wenn auch weniger umfassende Verschmelzung der Stände herbeiführen, wie sie in Florenz und in anderen Städten infolge der Beteiligung des alten Adels an den Geschäften der Bourgeoisie schon früher erfolgt war.

Am Anfang der Regierung Julius' II. lassen sich im ganzen acht bis zehn in Rom ansässige Maler feststellen, fünfundzwanzig Jahre später gehören bereits hundertvierundzwanzig Maler der Bruderschaft vom heiligen Lukas an, von denen allerdings die meisten gewöhnliche Handwerker sind, die, vom Kunstbedarf des päpstlichen Hofes und der reichen Bürgerschaft angezogen, aus allen Teilen Italiens nach Rom strömen.[132] Wie groß nun auch der Anteil war, den die Prälaten und die Bankiers als Auftraggeber an der Kunstproduktion nahmen, es ist für die Kunst der Hochrenaissance äußerst bezeichnend und für die Ausbildung ihres Stils entscheidend, daß Michelangelo fast ausschließlich und Raffael zumeist für den Vatikan tätig waren. Nur hier, im Dienste des Papstes, konnte sich jene *maniera grande* entwickeln, neben der die Kunstrichtungen der anderen Lokalschulen einen mehr oder weniger provinziellen Charakter tragen. Nirgends sonst finden wir diesen hohen, exklusiven, von Bildungselementen so tief durchsetzten, sich auf die Lösung von sublimierten Formproblemen so restlos beschränkenden Stil. Die Kunst der Frührenaissance konnte noch von den breiteren Schichten wenigstens mißverstanden werden; auch die Unbemittelten und Ungebildeten konnten zu ihr Anknüpfungspunkte finden, wenn diese auch an der Peripherie ihrer ästhetischen Wirkung lagen: zu der neuen Kunst haben die Massen überhaupt keine Beziehung mehr. Was hätten ihnen denn Raffaels *Schule von Athen* und Michelangelos Sibyllen sagen können – auch wenn sie sie je zu Gesicht bekommen hätten!

Gerade in solchen Werken aber verwirklichte sich die klassische Kunst der Renaissance, deren Allgemeingültigkeit man so laut zu preisen pflegt, die sich in Wirklichkeit jedoch an ein kleineres Publikum wendete als je eine Kunst zuvor. Ihre Publikumswirksamkeit war jedenfalls noch beschränkter als die der griechischen Klassik, mit der sie allerdings das gemein hatte, daß sie, trotz ihrer Stilisierungstendenz, nicht nur keine Preisgabe, sondern im Gegenteil eine Steigerung und Vollendung der naturalistischen Errungenschaften der vorhergehenden Periode darstellte. So wie die Bildwerke des Parthenons „richtiger“, der empirischen Erfahrung entsprechender gestaltet sind als die Giebel des Zeustempels in Olympia, so sind die einzelnen Motive auch in den Schöpfungen Raffaels und Michelangelos unbefangener, selbstverständlicher, natürlicher behandelt als in den Werken der Quattrocentomeister. Es gibt in der ganzen italienischen Malerei vor Leonardo keine menschliche Figur, die, mit den Gestalten Raffaels, Fra Bartolommeos, Andrea del Sartos, Tizians und Michelangelos verglichen, nicht noch etwas Eckiges, Starres, Unfreies an sich hätte. Wie reich sie auch an richtig beobachteten Einzelheiten sind, die Figuren der Frührenaissance stehen nie ganz fest und sicher auf den Beinen, ihre Bewegungen sind beengt und gezwungen, ihre Glieder knarren und stocken in den Scharnieren, ihre Beziehung zum Raum ist oft widerspruchsvoll, ihre Modellierung aufdringlich, ihre Beleuchtung künstlich. Die naturalistischen Bestrebungen des 15. Jahrhunderts erfüllen sich erst im sechzehnten. Die stilgeschichtliche Einheit der Renaissance aber kommt nicht nur darin zum Ausdruck, daß der Naturalismus des 15. Jahrhunderts im Cinquecento seine direkte Fortsetzung und seinen Abschluß findet, sondern auch darin, daß der Stilisierungsprozeß, der zur klassischen Kunst der Hochrenaissance führt, bereits mitten im Quattrocento seinen Anfang nimmt. Einer der wichtigsten Begriffe der Klassik, die Bestimmung der Schönheit als die Harmonie aller Teile, findet schon bei Alberti seine Formulierung. Er meint, das Kunstwerk sei so beschaffen, daß man von seinen Elementen weder etwas fortnehmen noch ihnen etwas beifügen könne, ohne die Schönheit des Ganzen zu beeinträchtigen.[133] Dieser Gedanke, den Alberti bei Vitruvius gefunden hat und der eigentlich auf Aristoteles zurückgeht,[134] bleibt einer der fundamentalen Sätze der klassizistischen Kunsttheorie. Wie ist nun aber diese verhältnismäßige Einheitlichkeit in der Kunstauffassung der Renaissance – der Beginn der Klassik im Quattrocento und das Fortbestehen des Naturalismus im Cinquecento – mit ihrer sozialen Veränderlichkeit zu vereinbaren? Die Hochrenaissance bewahrt den Sinn für Naturtreue, hält die erfahrungsmäßigen Kriterien der künstlerischen Wahrheit aufrecht und verschärft sie sogar, offenbar weil sie, ebenso wie die klassische Periode der Griechen, bei all ihrem Konservatismus, immer noch ein wesentlich dynamisches Zeitalter darstellt, in dem der Prozeß des gesellschaftlichen Aufstiegs noch nicht beendet ist, und in dem sich noch keine endgültigen Konventionen und Traditionen entwickeln konnten. Die Bestrebung jedoch, den Nivellierungsprozeß abzuschließen und jeden weiteren Aufstieg zu verhindern, ist bereits seit der Arrivierung des Bürgertums und seiner Vermischung mit dem Adel im Zuge; dieser Tendenz entsprechen die Anfänge der klassizistischen Kunstanschauung im Quattrocento.

Der Umstand, daß die Wandlung vom Naturalismus zur Klassik sich nicht unvermittelt vollzieht, sondern von so langer Hand vorbereitet wird, führt leicht zum Mißverständnis des ganzen stilgeschichtlichen Vorgangs. Wenn man nämlich seine Aufmerksamkeit auf die Vorzeichen des Umschwungs richtet und von Übergangserscheinungen wie der Kunst Leonardos und Peruginos ausgeht, wird man den Eindruck gewinnen, daß der Stilwandel sich zäsurlos, ohne Sprung, mit einer fast logischen Notwendigkeit abwickelt und daß die Kunst der Hochrenaissance nichts als die bloße Synthese der Errungenschaften des Quattrocento ist. Man wird sich, mit einem Wort, leicht zum Schluß auf eine endogame Entwicklung der Stile bestimmen lassen. Der Wandel von der antiken Kunst zur christlichen oder von der Romanik zur Gotik bringt so viel grundsätzlich Neues mit sich, daß der jüngere Stil immanenterweise, das heißt als die bloße dialektische Antithese oder Synthese der älteren Kunstbestrebungen, kaum erklärt werden kann und von vornherein nach einer Erklärung aus außerkünstlerischen, den stilgeschichtlichen Zusammenhang überschreitenden Motiven verlangt. Bei dem Übergang vom Quattrocento zum Cinquecento liegen jedoch die Dinge anders. Hier vollzieht sich der Stilwandel fast bruchlos, in genauer Übereinstimmung mit der sozialen Entwicklung, die eine kontinuierliche ist. Er vollzieht sich aber darum noch keineswegs automatisch, das heißt als eine logische Funktion mit durchwegs bekannten Koeffizienten. Hätten sich die sozialen Verhältnisse am Ende des 15. Jahrhunderts durch irgendeinen, für uns allerdings nicht gut vorstellbaren Umstand anders entwickelt, als es der Fall war, wäre es zum Beispiel zu einer wirtschaftlichen, politischen oder religiösen Umstellung statt zu einer Befestigung der bereits früher angebahnten konservativen Tendenz gekommen, so hätte sich wohl auch die Kunst, dieser Umstellung entsprechend, in einer anderen Richtung entwickelt, und der so resultierende Stil hätte eine andere „logische" Konsequenz der Frührenaissance verwirklicht als der in der Klassik durchgeführte. Denn wenn man das Prinzip der Logik auf die geschichtliche Entwicklung überhaupt anwenden will, so sollte man wenigstens zugeben, daß eine geschichtliche Konstellation mehrere voneinander abweichende „logische" Folgen haben kann.

Man hat die Arazzi Raffaels die Parthenonskulpturen der neueren Kunst genannt; die Analogie darf man gelten lassen, wenn man über der Ähnlichkeit den himmelweiten Unterschied zwischen der antiken und der neueren Klassik nicht vergißt. Der modernen klassischen Kunst fehlt, im Vergleich mit der Kunst der Griechen, die Wärme, die Unmittelbarkeit; sie hat einen abgeleiteten, retrospektiven, schon in der Renaissance mehr oder weniger klassizistischen Charakter. Sie ist die Selbstbespiegelung einer Gesellschaft, die, von Reminiszenzen an römischen Heroismus und mittelalterliches Rittertum erfüllt, durch die Befolgung eines künstlich erzeugten Tugendsystems und Gesellschaftsrituals etwas scheinen will, was sie eigentlich nicht ist, und ihre Lebensformen dieser Fiktion entsprechend stilisiert. Die Hochrenaissance schildert diese Gesellschaft so, wie sie sich selbst sehen und wie sie gesehen werden will. Es gibt kaum einen Zug in ihrer Kunst, der sich bei näherer Untersuchung nicht als die Übertragung ihres aristokratischen, konservativen, auf Bestand und Dauer gerichteten Lebensideals erweisen würde. Der ganze künstlerische Formalismus des Cinquecento entspricht in gewisser Hinsicht nur der Formelhaftigkeit der Moralbegriffe und der Anstandsregeln, die sich die Oberschicht des Zeitalters auferlegt. So wie die Aristokratie und die aristokratisch gesinnten Kreise das Leben unter die Herrschaft eines Formkanons stellen, um es vor der Anarchie des Gefühls zu bewahren, so unterwerfen sie auch den Gefühlsausdruck in der Kunst der Zensur fester, abstrakter, unpersönlicher Formen. Für diese Gesellschaft ist sowohl im Leben wie in der Kunst die Selbstbeherrschung, die Unterdrückung der Affekte, die Bändigung der Spontaneität, der Inspiration, der Ekstase höchstes Gebot. Die Schaustellung der Gefühle, die Tränen und Grimassen des Schmerzes, das Hinsinken in Ohnmacht, das Wehklagen und Händeringen, kurz jene bürgerliche Rührseligkeit, die im Quattrocento noch von der Spätgotik übrig war, verschwindet aus der Kunst der Hochrenaissance. Christus ist kein leidender Märtyrer mehr, sondern wieder der über alle menschliche Schwäche erhabene himmlische König. Maria betrachtet tränen- und gebärdenlos ihren toten Sohn, ja, sie unterdrückt schon gegenüber dem Kind jede plebejische Zärtlichkeit. Maß ist das Losungswort der Zeit in allem. Die Lebensregeln der Zucht und der Ordnung finden ihre nächste Analogie in den Prinzipien der Sparsamkeit und Bündigkeit, die sich die Kunst auferlegt. L. B. Alberti hat der Hochrenaissance auch die Idee dieser künstlerischen Ökonomie vorweggenommen. „Wer in seinem Werke nach Würde trachtet", – meint er – „wird sich auf eine geringe Anzahl von Figuren beschränken; denn wie die Fürsten durch die Kürze ihrer Rede ihre Majestät erhöhen, so steigert die Sparsamkeit mit den Figuren den Wert des Werkes."[135] An die Stelle der bloßen Koordination als Kompositionsform tritt überall das Prinzip der Konzentration und der Subordination. Man darf sich aber das Funktionieren der sozialen Kausalität nicht etwa so vorstellen, daß die Autorität, die über den Einzelnen in der Gesellschaft herrscht, im Gebiete der Kunst sich unmittelbar in die Herrschaft eines Gesamtplanes über die einzelnen Teile einer Komposition umsetzt, daß also sozusagen die Demokratie der künstlerischen Elemente sich in eine Monarchie des kompositionellen Grundgedankens verwandelt. Die einfache Gleichung zwischen dem Autoritätsprinzip im sozialen Leben und der Subordinationsidee in der Kunst würde auf eine bloße Äquivokation hinauskommen. Eine an den Ideen der Autorität und der Unterwerfung orientierte Gesellschaft wird aber selbstverständlich auch in der Kunst den Willensausdruck, die Manifestation der Disziplin und der Ordnung, die Überwindung der Wirklichkeit statt der Hingabe an sie, begünstigen.

Eine solche Gesellschaft wird dem Kunstwerk den Charakter der Normativität und der Notwendigkeit verleihen wollen. Sie wird darin eine „höhere Gesetzmäßigkeit" zum Ausdruck zu bringen und durch die Kunst zu beweisen trachten, daß es allgemeingültige, unerschütterliche, unantastbare Maßstäbe und Grundsätze gibt, daß in der Welt ein absoluter, unveränderlicher Sinn herrscht und daß dieser Sinn sich im Besitze des Menschen – wenn auch nicht im Besitz eines jeden Menschen – befindet. Die Formen der Kunst werden, in Übereinstimmung mit den Ideen dieser Gesellschaft, mustergültig zu sein haben, definitiv und vollendet wirken müssen, so wie die Herrschaftsordnung des Zeitalters wirken will. Die herrschende Klasse wird in der Kunst vor allem das Sinnbild der Ruhe und Stabilität suchen, nach der sie im Leben trachtet. Denn wenn die Hochrenaissance die künstlerische Komposition in der Form von Symmetrien und Korrespondenzen entwickelt und die Wirklichkeit in das Schema eines Dreiecks oder eines Kreises zwängt, so bedeutet das nicht nur die Lösung eines Formproblems, sondern auch den Ausdruck eines statischen Lebensgefühls und des Wunsches, den diesem

Gefühl entsprechenden Zustand zu perpetuieren. Sie stellt in der Kunst die Norm über die persönliche Freiheit und erachtet ihre Befolgung hier, wie im Leben, als den sichersten Weg zur Vollendung. Zu dieser Vollendung gehört in der Kunst vor allem die Totalität des Weltbildes, die durch Addition nie, nur durch die vollkommene Integrierung der Teile zu einem Ganzen erzielt wird. Das Quattrocento hat die Welt als ein unendliches Strömen und Fluten, ein nicht zu bewältigendes, nie abzuschließendes Werden dargestellt; das Subjekt hat sich in dieser Welt klein und machtlos gefühlt, hat sich an sie willig und dankbar hingegeben. Das Cinquecento erlebt die Welt als ein Ganzes und Begrenztes; die Welt ist so viel und nicht mehr, als der Mensch von ihr erfaßt; jedes vollendete Kunstwerk aber drückt in seiner Art die ganze erfaßbare Wirklichkeit aus.

Die Kunst der Hochrenaissance ist vollkommen diesseitig orientiert; sie gewinnt ihren Idealstil auch in den religiösen Darstellungen nicht durch die Kontrastierung der natürlichen Wirklichkeit mit einer übernatürlichen, sondern durch die Schaffung einer Distanz zwischen den Dingen der natürlichen Wirklichkeit selber – einer Distanz, die in der Welt der optischen Erfahrung ähnliche Wertunterschiede schafft, wie sie zwischen der Gesellschaftselite und der Menge bestehen. Ihre Harmonie ist das utopische Wunschbild einer Welt, aus der jeder Kampf ausgeschaltet ist, und zwar nicht infolge der Herrschaft eines demokratischen, sondern eines autokratischen Prinzips. Ihre Schöpfungen stellen eine gesteigerte, geadelte, der Vergänglichkeit und der Alltäglichkeit enthobene Wirklichkeit dar. Ihr wichtigstes Stilprinzip ist die Beschränkung der Darstellung auf das Wesentliche. Was ist aber nun dieses „Wesentliche"? Es ist das Typische, Repräsentative und Ungewöhnliche, dessen Ausdruckswert vor allem in seiner einseitigen Potenziertheit besteht. Unwesentlich ist für diese Kunst dagegen das Konkrete und Unmittelbare, das Zufällige und Einmalige, das Besondere und Individuelle, mit einem Wort gerade das, was für die Kunst des Quattrocento als das Interessanteste und Substantiellste an der Wirklichkeit erschien. Die Elite der Hochrenaissance schafft die Fiktion einer zeitlos geltenden, „ewigmenschlichen“ Kunst, weil sie ihre eigene Geltung als zeitlos, unvergänglich, unveränderlich denken will. In Wirklichkeit ist freilich ihre Kunst ebenso zeitgebunden, mit ihren Wertmaßstäben und Schönheitskriterien ebenso beschränkt und ebenso vergänglich wie die Kunst jeder anderen Stilperiode. Denn auch die Idee der Zeitlosigkeit ist ein Zeitprodukt, und die Geltung des Absolutismus ebenso relativ wie die des Relativismus.

Am zeitgebundensten und soziologisch am strengsten bedingt ist von allen Faktoren der Kunst der Hochrenaissance das Ideal der Kalokagathie. In keinem ihrer Elemente kommt die Abhängigkeit ihres Schönheitsbegriffes von dem Menschenideal der Aristokratie so schlagend zum Ausdruck wie in diesem. Nicht die Tatsache, daß die Körperlichkeit zu ihrem Recht kommt, ist neu im Cinquecento und ein besonderes Zeichen aristokratischer Gesinnung – schon das 15. Jahrhundert hatte, im Gegensatz zum Spiritualismus des Mittelalters, ein liebevolles Auge für die körperliche Erscheinung –, neu ist, daß die physische Schönheit und Kraft zum vollwertigen Ausdruck der geistigen Schönheit und Bedeutsamkeit wird. Das Mittelalter empfand einen unausgleichbaren Gegensatz zwischen dem unsinnlichen geistigen und dem ungeistigen körperlichen Sein; dieser Gegensatz wurde bald mehr, bald weniger scharf betont, war aber in der Gedankenwelt der Menschen stets gegenwärtig. Für die Zeit des Quattrocento verliert die mittelalterliche Unvereinbarkeit des Geistigen und des Körperlichen ihren Sinn; die geistige Bedeutsamkeit ist zwar noch nicht unbedingt mit körperlicher Schönheit verbunden, sie schließt sie aber nicht aus. Die Spannung, die hier zwischen den geistigen und den körperlichen Eigenschaften noch besteht, verschwindet aus der Kunst der Hochrenaissance vollständig. Von den Voraussetzungen dieser Kunst aus erscheint es zum Beispiel als undenkbar, die Apostel als gewöhnliche Bauern und biedere Handwerker darzustellen, wie das 15. Jahrhundert es oft und mit so viel Gusto getan hat. Die Propheten, Apostel, Märtyrer und Heiligen sind für sie Idealgestalten, frei und groß, macht- und würdevoll, gravitätisch und pathetisch, ein Heroengeschlecht in vollerblühter, reifer, sinnlicher Schönheit. Bei Leonardo gibt es neben diesen Gestalten auch noch genremäßige Typen, allmählich erscheint aber nichts mehr als darstellungswürdig, was nicht großartig ist. Die Wasserträgerin im raffaelesken *Borgobrand* gehört der gleichen Rasse an wie Michelangelos Madonnen und Sibyllen – einem gigantischen, energisch zupackenden, selbstbewußt und sicher sich bewegenden Menschenschlag. Die Größe dieser Gestalten ist so überwältigend, daß sie, trotz der alten Aversion der Adelsklassen gegen die Darstellung des Nackten, auch unbekleidet erscheinen dürfen; sie verlieren nichts von ihrer Hoheit. In der edlen Bildung ihrer Glieder, im rhetorischen Wohlklang ihrer Gebärden, in der getragenen Würde ihrer Haltung drückt sich die gleiche Distinktion aus wie in dem bald schweren, tieffaltigen, vollrauschenden, bald geschmackvoll zurückhaltenden und wählerisch ausgesuchten Kostüm, das sie sonst tragen.

Das Persönlichkeitsideal, das Castiglione in seinem *Cortegiano* als durchaus erreichbar, ja als erreicht darstellt, wird hier zum Muster genommen und nur um jenen Grad gesteigert, den jede klassische Kunst zum Format ihrer Modelle hinzufügt. Das höfische Ideal enthält im wesentlichen alle die Hauptmotive der Menschendarstellung der Hochrenaissance. Das, was Castiglione von dem vollkommenen Weltmann vor allem verlangt, ist Vielseitigkeit, die gleichmäßige Ausbildung der körperlichen und der geistigen Fähigkeiten, Gewandtheit sowohl im Waffengebrauch als auch in der Kunst vornehmer Geselligkeit, Übung in der Dichtung und Musik, vertrautheit mit der Malerei und den Wissenschaften. Es ist unverkennbar, daß in den Gedankengängen Castigliones die Abneigung der Aristokratie gegen jede Spezialisierung und jede berufsmäßige Beschäftigung den Ausschlag gibt. Die Heroengestalten der Kunst der Hochrenaissance sind in ihrer Kalokagathie nichts als die Umsetzung dieses menschlichen und gesellschaftlichen Ideals ins Visuelle. Es ist aber nicht nur die Spannungslosigkeit der geistigen und der körperlichen Eigenschaften, nicht nur die Gleichung von physischer Schönheit und seelischer Kraft, was in ihnen dem höfischen Ideal entspricht, sondern vor allem auch die Freiheit, mit der sie sich bewegen, die Gelöstheit und die Gelassenheit, ja, die Lässigkeit ihres ganzen Gehabens. Castiglione erblickt die Quintessenz der Vornehmheit darin, daß man seine Ruhe und Fassung unter allen Umständen bewahrt, jede Ostentation und Übertreibung vermeidet, sich scheinbar gehen läßt und nicht in Positur setzt, sich in der Gesellschaft mit einer unaffektierten Nonchalance und einer anstrengungslosen Würde benimmt. In den Gestalten der Cinquecentokunst finden wir nun nicht nur diese Beruhigung der Gebärden, diese Gelassenheit der Haltung, diese Freiheit der Bewegungen wieder, die Wandlung gegenüber der vorangehenden Stilperiode erstreckt sich auch auf das rein Formale: die schlanke, blutarme gotische Form, die gebrochene, kurzatmige quattrocentistische Linie gewinnt einen sicheren Fluß, einen sonoren Klang, einen rhetorischen Schwung, und zwar in einer Vollendung, wie sie seit der Antike keiner Kunst eigen war. Die Künstler der Hochrenaissance finden an den kurzen, eckigen, hastigen Bewegungen, der gespreizten und ostentativen Eleganz, der herben, jugendlichen, unreifen Schönheit der Quattrocentofiguren keinen Gefallen mehr. Sie feiern die Fülle der Macht, die Reife des Alters und der Schönheit, sie schildern das Sein, nicht das Werden, sie arbeiten für eine Gesellschaft von Arrivierten und fühlen, wie diese, konservativ. Castiglione wünscht, daß der Edelmann wie in seinem Benehmen, so auch in seiner Kleidung das Auffallende, Laute, Bunte zu vermeiden trachte, und empfiehlt, daß er sich, so wie die Spanier, schwarz oder wenigstens dunkel kleide.[136] Der Geschmackswandel, der sich hierin bekundet, geht so tief, daß man nun auch in der Kunst die Farbigkeit und Helligkeit des Quattrocento vermeidet. Damit macht sich bereits jene Vorliebe für das Monochrome, namentlich das Schwarze und Weiße, geltend, die den modernen Geschmack beherrscht. Die Farben verschwinden vor allem aus der Architektur und der Plastik, und es bereitet den Leuten von nun an eine sichtliche Schwierigkeit, die Werke der griechischen Baukunst und Skulptur sich als bunt vorzustellen. Die Klassik trägt bereits den Kern des Klassizismus in sich.[137]

Die Hochrenaissance war von kurzer Dauer; sie erstreckte sich auf nicht mehr als zwanzig Jahre. Nach dem Tode Raffaels kann man von einer klassischen Kunst als kollektiver Stilrichtung kaum mehr sprechen. Die Kürze ihrer Lebensdauer ist für das Schicksal der klassischen Stilperioden in der neueren Zeil höchst charakteristisch; die Epochen der Stabilität sind seit dem Ende des Feudalismus nichts als Episoden. Der Formrigorismus der Hochrenaissance ist zwar für die späteren Generationen eine beständige Verführung geblieben; von kurzen, zumeist unnaiven und rein bildungsmäßigen Bewegungen abgesehen, ist er aber nie wieder zur Herrschaft gelangt. Er hat sich allerdings als die wichtigste Unterströmung der modernen Kunst erwiesen; denn wenn auch das streng formalistische, auf das Typische und Normative gerichtete Stilideal sich gegen den grundsätzlichen Naturalismus der Neuzeit nicht behaupten konnte, so war nach der Renaissance eine Rückkehr zu der uneinheitlichen, additiven, koordinierenden Formgebung des Mittelalters doch nicht mehr möglich. Seit der Renaissance verstehen wir unter einem Werk der Malerei oder der Plastik ein konzentriertes, aus einem einzigen und einheitlichen Gesichtspunkt erfaßtes Bild der Wirklichkeit – ein Formgebilde, das aus der Spannung zwischen der weiten Welt und dem sich ihr als Einheit entgegensetzenden Subjekt erwächst. Diese Polarität von Kunst und Welt wurde von Zeit zu Zeit wohl abgeschwächt, doch nie wieder aufgehoben. In ihr besteht die eigentliche Erbschaft der Renaissance.

## 5. DER BEGRIFF DES MANIERISMUS

Der Manierismus ist so spät in den Vordergrund der kunstgeschichtlichen Forschung gerückt, daß das Werturteil, das seinem Begriff zugrunde liegt, oft noch immer als maßgebend empfunden wird und die Konzeption dieses Stils als einer wertfreien, rein historischen Kategorie sehr erschwert. Bei anderen Stilbezeichnungen, wie der Gotik und der Renaissance, dem Barock und dem Klassizismus, hat sich die ursprüngliche – positive oder negative – Wertung bereits vollkommen verwischt, bei dem Manierismus dagegen ist die ablehnende Einstellung noch so unmittelbar wirksam, daß man einen gewissen inneren Widerstand bekämpfen muß, bevor man die großen Künstler und Dichter dieser Stilperiode als „manieristisch“ zu bezeichnen wagt. Erst wenn man den Begriff des Manieristischen von dem des Manierierten vollkommen trennt, gewinnt man eine kunstgeschichtlich brauchbare Kategorie für die zu untersuchenden Erscheinungen. Der Artbegriff und der Qualitätsbegriff, die hier zu unterscheiden sind, decken sich zwar über gewisse Strecken der Entwicklung, haben aber an und für sich so gut wie nichts miteinander gemein.

Der Begriff der nachklassischen Kunst als einer Verfallserscheinung und der manieristischen Kunstübung als einer starren, die großen Meister sklavisch nachahmenden Routine stammt aus dem 17. Jahrhundert und wurde zuerst von Bellori in seiner Lebensbeschreibung des Annibale Carracci entwickelt.[138] Bei Vasari bedeutet *maniera* noch soviel wie künstlerische Eigenart, historisch, persönlich oder technisch bedingte Ausdrucksweise, also „Stil“ im weitesten Sinne des Wortes. Er spricht zum Beispiel von einer *gran' maniera* und versteht darunter etwas durchaus Positives. Eine vollends positive Bedeutung hat die *maniera* bei Borghini, der sie bei gewissen Künstlern sogar mit Bedauern vermißt[139] und damit bereits die moderne Unterscheidung von Stil und Stillosigkeit vollzieht. Erst die Klassizisten des 17. Jahrhunderts – Bellori und Malvasia – verbinden mit dem Begriff der *maniera* die Vorstellung einer gesuchten, klischeehaften, auf eine Reihe von Formeln reduzierbaren Kunstübung; erst sie gewahren den Riß, der mit dem Manierismus in der Entwicklung entsteht, und werden sich der Entfremdung bewußt, die sich in der Kunst nach 1520 der Klassik gegenüber fühlbar macht.

Warum kommt es aber eigentlich so früh zu dieser Entfremdung? Warum bleibt die Hochrenaissance ein „schmaler Grat“ – wie Wölfflin sagt –, der, eben erst erreicht, auch schon überschritten wird? Ein Grat, der sogar noch schmäler ist, als man nach den Ausführungen Wölfflins denken sollte. Denn nicht nur die Werke Michelangelos, auch schon die Raffaels enthalten die Elemente der Auflösung in sich. Die *Vertreibung Heliodors* und die *Transfiguration* sind von antiklassischen, den Rahmen der Renaissance in mehr als einer Richtung sprengenden Tendenzen erfüllt. Was erklärt die Kürze der Zeit, in der die klassischen, konservativen, formrigoristischen Prinzipien noch ungestört herrschen? Warum erscheint die Klassik, die in der Antike ein Stil der Beruhigung und des Verharrens war, jetzt als ein bloßes „Übergangsstadium"? Warum kommt es diesmal so bald einerseits zu der rein äußerlichen Nachahmung der klassischen Muster, andrerseits zu dem inneren Abstand von ihnen? – Vielleicht weil das Gleichgewicht, das in der Klassik des Cinquecento seinen künstlerischen Ausdruck gefunden hat, von allem Anfang an eher ein Wunschbild und eine Fiktion als eine solide Realität war und die Renaissance bis zuletzt ein wesentlich dynamisches, bei keiner Lösung sich vollkommen beruhigendes Zeitalter geblieben ist. Der Versuch, die unstete Natur des modernen kapitalistischen Geistes und die dialektische Wesensart der naturwissenschaftlichen Weltanschauung zu bewältigen, gelang ihr jedenfalls ebensowenig wie den späteren Epochen der neuzeitlichen Entwicklung. Eine bleibende Statik der Gesellschaft ist seit dem Mittelalter nie wieder erreicht worden; darum sind eben auch die Klassizismen der Neuzeit immer nur das Resultat eines Programms und eher der Ausdruck einer Hoffnung als einer tatsächlichen Beruhigung gewesen. Selbst das labile Gleichgewicht, das um die Wende des Quattrocento als die Schöpfung der gesättigten, sich verhöfischenden Großbourgeoise und der kapitalkräftigen, politisch ambitionierten Kurie entstanden ist, war von kurzer Dauer. Nach dem Verlust der wirtschaftlichen Vormachtstellung Italiens, der Erschütterung der Kirche durch die Reformation, der Invasion des Landes durch die Franzosen und Spanier und dem *Sacco di Roma* kann nicht einmal mehr die Fiktion einer Ausgeglichenheit und einer Stabilität aufrechterhalten werden. In Italien herrscht eine Katastrophenstimmung, die sich bald – und zwar nicht nur von Italien aus – über das ganze Abendland verbreitet.

Die spannungslosen Gleichgewichtsformeln der klassischen Kunst genügen nicht mehr; und dennoch hält man an ihnen fest – zuweilen sogar treuer, ängstlicher, verzweifelter, als es bei einem unproblematischen Gefolgschaftsverhältnis der Fall wäre. Die Beziehung der jungen Künstler zur Hochrenaissance ist eine ungemein komplizierte; sie können auf die künstlerischen Errungenschaften der Klassik nicht ohne weiteres verzichten, wenn ihnen auch das harmonische Weltbild dieser Kunst vollkommen fremd geworden ist. Ihr Wille zur ununterbrochenen Kontinuität der künstlerischen Entwicklung könnte freilich kaum zur Geltung kommen, wenn die Kontinuität der gesellschaftlichen Entwicklung einer solchen Bestrebung nicht Vorschub leisten würde. Künstlerschaft und Publikum aber sind im wesentlichen noch genau so zusammengesetzt wie zur Zeit der Renaissance, wenn auch der Boden unter ihren Füßen bereits zu wanken beginnt. Das Gefühl der Unsicherheit erklärt die widerspruchsvolle Natur ihrer Beziehung zur klassischen Kunst. Diesen Widerspruch hatten schon die Kunstschriftsteller des 17. Jahrhunderts empfunden, sie erkannten nur nicht, daß die gleichzeitige Nachahmung und Entstellung der klassischen Muster nicht durch die Geistlosigkeit, sondern durch den neuen, von dem klassischen durchaus verschiedenen Geist der Manieristen bedingt war.

Erst unsere Gegenwart, die zu ihren eigenen Ahnen in einem ebenso problematischen Verhältnis steht, wie der Manierismus zur Klassik gestanden ist, konnte die schöpferische Wesensart dieses Stils begreifen und in der oft kleinlichen Nachahmung der klassischen Muster eine Überkompensierung für den inneren Abstand von ihnen erkennen. Heute erfassen wir es erst, daß bei allen den führenden Künstlern des Manierismus, bei Pontormo und Parmigianino wie bei Bronzino und Beccafumi, bei Tintoretto und Greco wie bei Bruegel und Spranger die stilistische Bestrebung sich vor allem darauf richtet, die allzu simple Regelmäßigkeit und Harmonie der klassischen Kunst aufzulösen und ihre überpersönliche Normativität durch subjektivere und suggestivere Züge zu ersetzen. Einmal ist es die Vertiefung und Verinnerlichung des religiösen Erlebnisses und die Vision eines neuen geistigen Lebenszusammenhanges, das andere Mal ein überspannter, die Wirklichkeit bewußt und absichtlich deformierender, oft ins Bizarre und Abstruse hinüberspielender Intellektualismus, zuweilen aber auch die Überreife eines preziösen, alles ins Subtile und Elegante übersetzenden

Feinschmeckertums, die zur Abwehr der klassischen Formen führt. Die künstlerische Lösung aber ist jedesmal, ob sie sich nun als ein Protest gegen die klassische Kunst äußert oder die formalen Errungenschaften dieser Kunst zu bewahren sucht, ein Derivativum, ein Gebilde, das letzten Endes von der Klassik abhängig bleibt, seinen Ursprung also in einem Kulturerlebnis, nicht in einem Naturerlebnis hat. Wir stehen hier einem vollkommen *unnaiven* Stil gegenüber,[140] der seine Darstellungsformen nicht sowohl an dem auszudrückenden Inhalt als an der Kunst der vorangehenden Epoche orientiert, und zwar in einem solchen Umfang, wie es bis dahin bei keiner bedeutenden Kunstrichtung der Fall war. Die Bewußtheit des Künstlers erstreckt sich nicht mehr nur auf die Wahl der seinem Kunstwollen entsprechenden Mittel, sondern auch auf die Bestimmungen des Kunstwollens selber – das theoretische Programm betrifft nicht mehr nur die künstlerischen Methoden, sondern auch die künstlerischen Ziele. Der Manierismus ist in diesem Sinne die erste moderne Stilrichtung, die erste, die mit einem Kulturproblem verbunden ist und für die das Verhältnis von Überlieferung und Erneuerung als eine mit Verstandesmitteln zu lösende Aufgabe erscheint. Die Tradition ist hier nichts als eine Schutzwehr gegen das allzu heftig heranstürmende Neue, das als ein Prinzip des Lebens, aber auch der Zerstörung empfunden wird. Man versteht den Manierismus nicht, wenn man nicht begreift, daß seine Nachahmung der klassischen Vorbilder eine Flucht vor dem drohenden Chaos ist und daß in der subjektiven Überspitzung seiner Formen die Furcht zum Ausdruck kommt, die Form könnte dem Leben gegenüber versagen, die Kunst zur seelenlosen Schönheit ermatten.

Das Aktuellwerden des Manierismus für uns, die Revision, der die Kunst Tintorettos, Grecos, Bruegels und des späten Michelangelo neuerdings unterzogen wurde, ist für die geistige Verfassung unserer Tage ebenso bezeichnend, wie es die Umwertung der Renaissance für die Generation Burckhardts und die Ehrenrettung des Barocks für die Generation Riegls und Wölfflins war. Burckhardt hielt Parmigianino noch für widerwärtig und affektiert, und auch Wölfflin erblickte noch im

Manierismus so etwas wie eine Störung der natürlichen, gesunden Entwicklung – ein überflüssiges Intermezzo zwischen Renaissance und Barock. Erst eine Zeit, die die Spannung zwischen Form und Inhalt, Schönheit und Ausdruck als ihr eigenes vitales Problem erlebt hat, konnte dem Manierismus gerecht werden und seine Eigenart sowohl der Renaissance als auch dem Barock gegenüber herausarbeiten. Wölfflin fehlte noch das echte, unmittelbare Erlebnis der nachimpressionistischen Kunst, das heißt die Erfahrung, die Dvořák instand setzte, die Bedeutung der spiritualistischen Tendenzen in der Kunstgeschichte zu ermessen und im Manierismus den Sieg einer solchen Tendenz zu erkennen. Dvořák wußte sehr gut, daß der Spiritualismus den Sinn der manieristischen Kunst nicht erschöpft und daß wir es hier nicht wie im Transzendentalismus des Mittelalters mit einer vollständigen Absage an die Welt zu tun haben; er ließ es keineswegs außer acht, daß es neben einem Greco auch einen Bruegel, und neben einem Tasso einen Shakespeare und einen Cervantes gab.[141] Sein Hauptproblem scheint gerade das gegenseitige Verhältnis, der gemeinsame Nenner und das Differenzierungsprinzip der verschiedenen – spiritualistischen und naturalistischen – Erscheinungen innerhalb des Manierismus gewesen zu sein. Die Ausführungen des allzu früh Verstorbenen gehen nur leider nicht weit über die Feststellung dieser beiden, wie er sie nannte, „deduktiven und induktiven" Tendenzen hinaus und lassen die Unabgeschlossenheit seines Lebenswerkes in diesem Punkte am meisten bedauern.

Die zwei gegensätzlichen Strömungen im Manierismus – der mystische Spiritualismus Grecos und der pantheistische Naturalismus Bruegels – stehen aber durchaus nicht immer als gesonderte, in verschiedenen Künstlern personifizierte Stiltendenzen nebeneinander, sondern sind zumeist unlösbar miteinander verschlungen. Pontormo und Rosso, Tintoretto und Parmigianino, Mor und Bruegel, Heemskerck und Callot sind ebenso entschiedene Realisten wie Idealisten, und die komplexe, kaum differenzierbare Einheit von Naturalismus und Spiritualismus, Formlosigkeit und Formalismus, Konkretheit und Abstraktheit in ihrer Kunst ist die Grundformel des ganzen Stils, der sie miteinander verbindet. Diese Heterogeneität der Tendenzen aber bedeutet keinen bloßen Subjektivismus und keine pure Willkür in der Wahl des Realitätsgrades der Darstellung, wie noch Dvořák meinte,[142] sondern ist vielmehr ein Zeichen der Erschütterung der Kriterien der Wirklichkeit und das Resultat des oft verzweifelten Versuchs, die Geistigkeit des Mittelalters mit dem Realismus der Renaissance in Übereinstimmung zu bringen.

Nichts charakterisiert die Störung der klassischen Harmonie besser als die Desintegration der Raumeinheit, in der die Kunstanschauung der Renaissance ihren prägnantesten Ausdruck gefunden hat. Die Einheitlichkeit der Szene, der lokale Zusammenschluß der Komposition, die konsequente Logik des Raumaufbaus gehörten für die Renaissance zu den wichtigsten Voraussetzungen der künstlerischen Wirkung eines Bildes. Das ganze System der perspektivischen Zeichnung, alle die Regeln der Proportionalität und der Tektonik waren für sie nur Mittel dieser Raumwirkung. Der Manierismus fängt damit an, daß er die Renaissancestruktur des Raumes auflöst und die darzustellende Szene in einzelne, nicht nur äußerlich voneinander abgetrennte, sondern auch innerlich verschiedenartig organisierte Raumteile zerlegt. Er läßt in den einzelnen Abteilungen verschiedene Raumwerte, verschiedene Maßstäbe, verschiedene Bewegungsmöglichkeiten gelten: in der einen das Prinzip der Sparsamkeit, in der andern das der Verschwendung mit dem Raume. Die Auflösung der Raumeinheit drückt sich am auffallendsten darin aus, daß die Maßstäbe und die thematische Bedeutung der Figuren in keinem logisch formulierbaren Verhältnis zueinander stehen. Motive, die für den eigentlichen Gegenstand nebensächlich zu sein scheinen, treten oft dominierend hervor, das scheinbare Hauptmotiv dagegen wird räumlich entwertet und verdrängt. Als ob der Künstler sagen wollte: Es ist keineswegs ausgemacht, wer hier die Protagonisten und wer die Statisten sind! – Der schließliche Effekt ist die Bewegung von realen Figuren in einem irrationalen, willkürlich konstruierten Raume, die Vereinigung von naturalistischen Einzeldingen in einem phantastischen Rahmen, das freie Schalten und Walten mit den Raumkoeffizienten je nach der zu erzielenden Wirkung. Die nächste Analogie zu dieser Welt von gemischter Realität ist der Traum, der die realen Zusammenhänge aufhebt und die Dinge in eine abstrakte Beziehung zueinander bringt, die einzelnen Gegenstände selber aber mit der größten Prägnanz und der schärfsten Naturtreue schildert. Sie erinnert in Einzelheiten an den Surrealismus der Gegenwart, so wie er in den Assoziationsschilderungen der modernen Malerei, den Traumphantasien Franz Kafkas, der Montagetechnik der Romane von Joyce und der souveränen Behandlung des Raumes im Film zum Ausdruck kommt. Ohne das Erlebnis dieser Kunstrichtung hätte der Manierismus für uns kaum die Bedeutung gewonnen, die er tatsächlich besitzt.

Schon die allgemeine Charakterisierung des Manierismus enthält sehr verschiedenartige, in einem einheitlichen Begriff schwer zusammenfaßbare Züge. Eine besondere Schwierigkeit für die Begriffsbildung besteht darin, daß der Stilbegriff hier kein reiner Zeitbegriff ist. Der Manierismus stellt zwar zwischen dem dritten Jahrzehnt und dem Ende des Jahrhunderts den führenden Stil dar, beherrscht aber nicht konkurrenzlos das Jahrhundert und vermischt sich besonders am Anfang und am Ende der Periode mit barocken Tendenzen. Die beiden Linien verschlingen sich schon in den späteren Werken Raffaels und Michelangelos. Schon in diesen konkurriert das leidenschaftlich expressionistische Kunstwollen des Barocks mit der intellektualistisch „surrealistischen" Kunstauffassung des Manierismus. Die zwei nachklassischen Stile entstehen fast gleichzeitig aus der geistigen Krise der ersten Dezennien des Jahrhunderts: der Manierismus als der Ausdruck des Antagonismus zwischen der spiritualistischen und der sensualistischen Richtung dieser Zeit, der Barock als der vorläufig unhaltbare Ausgleich dieses Widerspruchs auf Grund des spontanen Gefühls. Nach dem *Sacco di Roma* werden die barocken Stilbestrebungen allmählich zurückgedrängt, und es folgt eine Periode von über sechzig Jahren, in welcher der Manierismus die Entwicklung beherrscht. Einzelne Forscher fassen den Manierismus als eine auf den Frühbarock folgende Reaktion auf und den Hochbarock als die Gegenbewegung, die dann den Manierismus ablöst.[143]

Die Geschichte der Kunst im 16. Jahrhundert bestände demnach in dem wiederholten Zusammenstoß von Barock und Manierismus, mit dem vorläufigen Sieg der manieristischen und dem schließlichen Sieg der barocken Tendenz – das ist aber eine Konstruktion, die den Frühbarock unbegründeterweise vor dem Manierismus beginnen läßt und den Übergangscharakter des Manierismus übertreibt.[144] Der Gegensatz der beiden Stile ist in Wirklichkeit eher ein soziologischer als ein entwicklungsgeschichtlicher. Der Manierismus ist der künstlerische Stil einer geistesaristokratischen, wesentlich internationalen Bildungsschicht, der Frühbarock der Ausdruck einer volkstümlicheren, affektbetonteren, national abgestufteren geistigen Richtung. Der reife Barock siegt über den feineren und exklusiveren Manierismus, indem die kirchliche Propaganda der Gegenreformation an Breite gewinnt und der Katholizismus wieder zu einer Volksreligion wird. Die höfische Kunst des 17. Jahrhunderts paßt den Barock ihren spezifischen Bedürfnissen an; sie steigert einerseits seine emotionalen Züge zu einer großartigen Theatralik und entwickelt andrerseits seinen latenten Klassizismus zum Ausdruck eines strengen und nüchternen Autoritätsprinzips. Im 16. Jahrhundert ist aber der Manierismus der höfische Stil par excellence. An allen maßgebenden Höfen Europas genießt er jeder anderen Richtung gegenüber einen Vorzug. Die Hofmaler der Medici in Florenz, Franz' I. in Fontainebleau, Philipps II. in Madrid, Rudolfs II. in Prag, Albrechts V. in München sind Manieristen. Mit den Sitten und Gebräuchen der italienischen Fürstenhöfe verbreitet sich das Mäzenatentum über das ganze Abendland und erfährt an einzelnen Höfen, wie zum Beispiel in Fontainebleau, eine weitere Steigerung. Der Hof der Valois ist bereits sehr groß und anspruchsvoll und weist schon Züge auf, die an das spätere Versailles erinnern.[145] Weniger prunkvoll, weniger öffentlich und der intimen, intellektualistischen Natur des Manierismus in mancher Hinsicht entsprechender ist das Milieu der kleineren Höfe. Bronzino und Vasari in Florenz, Adriaen de Vries, Bartholomäus Spranger, Hans von Aachen und Josef Heinz in Prag, Sustris und Candid in München genießen neben der Großzügigkeit ihrer Gönner die

Intimität einer weniger prätentiösen Umgebung. Selbst zwischen Philipp II. und seinen Künstlern herrscht eine bei diesem düsteren Menschen überraschende Herzlichkeit der Beziehungen. Der portugiesische Maler Coelho gehört zu seiner nächsten Umgebung, ein eigener Korridor verbindet seine Gemächer mit den höfischen Künstlerwerkstätten, und er soll, wie es heißt, selbst gemalt haben.[146] Rudolf II. bezieht, als er Kaiser wird, den Hradschin in Prag, verschließt sich dort mit seinen Astrologen, Alchimisten und Künstlern vor der Welt und läßt sich Bilder malen, deren raffinierte Erotik und flotte Eleganz auf eine rokokohaft lebensfreudige Umgebung, nicht auf die wüste Behausung eines Manischen schließen läßt. Die beiden Vettern, Philipp und Rudolf, haben für Kunstkäufe immer Geld und für Künstler oder Kunsthändler immer Zeit; am sichersten gelangt man durch ein Kunstwerk in ihre Nähe.[147] Es ist ein eifersüchtiger, heimlicher Zug im Kunstsammeln dieser Herrscher; die Motive der Propaganda und der Repräsentation treten hinter ihrem Genießertum fast gänzlich zurück.

Der höfische Manierismus ist, namentlich in seiner späteren Form, eine einheitliche, allgemein-europäische Bewegung – der erste große internationale Stil seit der Gotik. Die Quelle seiner Allgemeingültigkeit ist der im ganzen Abendland sich verbreitende fürstliche Absolutismus und die Mode der geistig orientierten, künstlerisch ambitiösen Hofhaltungen. Die italienische Sprache und die italienische Kunst gewinnen im 16. Jahrhundert eine allgemeine Geltung, die an die Autorität des Lateinischen im Mittelalter erinnert; der Manierismus ist die besondere Form, in der die künstlerischen Errungenschaften der italienischen Renaissance ihre internationale Verbreitung finden. Der Manierismus hat aber mit der Gotik nicht nur diese Internationalität gemein. Die religiöse Erneuerung des Zeitalters, die neue Mystik, die Sehnsucht nach Entmaterialisierung und Erlösung, die Entwertung der Körperlichkeit und die Versenkung in das Erlebnis des Übernatürlichen führen zu einer „Gotisierung", die in den gestreckten Proportionen der manieristischen Formgebung nur einen äußerlichen, oft aufdringlichen Ausdruck findet. Der neue Spiritualismus bekundet sich aber eher in einer

Spannung der geistigen und der körperlichen Elemente als in der restlosen Überwindung der klassischen Kalokagathie. Die neuen Idealformen verzichten keineswegs auf den Reiz der körperlichen Schönheit, sie schildern den Körper nur im Kampf um den Ausdruck des Geistes, im Zustand, wie er sich gleichsam unter dem Druck des Geistes dreht und biegt, verrenkt und windet und von einer an die Ekstasen der gotischen Kunst erinnernden Erregung emporgerissen wird. Die Gotik hat mit der Beseelung der menschlichen Figur den ersten großen Schritt in der Entwicklung der modernen Ausdruckskunst getan, den zweiten tut nun der Manierismus mit der Auflösung des Objektivismus der Renaissance, der Betonung der persönlichen Einstellung des Künstlers und der Appellierung an das persönliche Erlebnis des Beschauers.

## 6. DAS ZEITALTER DER REALPOLITIK

Der Manierismus ist der künstlerische Ausdruck der Krise, die im 16. Jahrhundert das ganze Abendland erschüttert und sich auf sämtliche Gebiete des politischen, wirtschaftlichen und geistigen Lebens erstreckt. Die politische Umwälzung beginnt mit der Invasion Italiens durch Frankreich und Spanien, die ersten imperialistischen Großmächte der Neuzeit – Frankreich das Ergebnis der Emanzipation des Königtums vom Feudalismus und der erfolgreichen Beendigung des hundertjährigen Krieges, Spanien in seiner Union mit Deutschland und den Niederlanden eine Schöpfung des Zufalls, der hier eine seit Karl dem Großen beispiellose politische Macht entstehen läßt. Das Staatsgebilde, in welches Karl V. die ihm als Erbschaft zufallenden Länder verwandelt, ist mit der Einverleibung Deutschlands in das fränkische Reich verglichen und als der letzte große Versuch bezeichnet worden, die Einheit der Kirche und des Kaisertums wiederherzustellen.[148] Diese Idee aber hatte seit dem Ende des Mittelalters keine reale Grundlage mehr, und statt der gewollten Einheit entstand der politische Antagonismus, der die Geschichte Europas über vierhundert Jahre beherrschen sollte.

Frankreich und Spanien haben Italien verwüstet, unterjocht und an den Rand der Verzweiflung gebracht. Als Karl VIII. seinen Zug durch Italien begann, war die Erinnerung an die Einbrüche der deutschen Kaiser im Mittelalter bereits vollkommen verblaßt. Die Italiener bekriegten einander zwar ununterbrochen, sie wußten aber nicht mehr, was es hieß, von einer fremden Macht beherrscht zu werden. Sie waren von dem plötzlichen Überfall wie betäubt und konnten sich von dem Schock nie mehr recht erholen. Die Franzosen besetzten zuerst Neapel, dann Mailand und schließlich Florenz. Aus Süditalien wurden sie zwar von den Spaniern bald wieder vertrieben, die Lombardei aber blieb für Jahrzehnte der Schauplatz des Rivalitätskampfes der beiden Großmächte. Hier hielten sich die Franzosen bis 1525, als Franz I. in der Schlacht bei Pavia geschlagen und nach Spanien abgeführt wurde. Karl V. hatte nun Italien vollkommen in der Hand und ließ sich die Intrigen des Papstes nicht weiter gefallen. 1525 ziehen zwölftausend Landsknechte gegen Rom, um Clemens VII. zu züchtigen. Sie vereinigen sich mit dem kaiserlichen Heer unter dem Connétable von Bourbon, überfallen die Ewige Stadt und hinterlassen sie nach acht Tagen in Ruinen. Sie plündern die Kirchen und Klöster, töten die Priester und Mönche, vergewaltigen und mißhandeln die Nonnen, verwandeln St. Peter in einen Stall und den Vatikan in eine Kaserne. Die Grundlagen der Kultur der Renaissance scheinen zerstört zu sein; der Papst ist machtlos, die Prälaten und die Bankiers fühlen sich in Rom nicht mehr sicher. Die Mitglieder der Raffael-Schule, die das Kunstleben Roms beherrscht hatten, zerstreuen sich, und die Stadt verliert für die nächste Zeit ihre künstlerische Bedeutung.[149] Im Jahre 1530 wird auch Florenz zur Beute des spanisch-deutschen Heeres. Karl V. setzt, im Einvernehmen mit dem Papst, Alessandro Medici als erblichen Prinzen ein und beseitigt damit die letzten Reste der Republik. Die revolutionären Unruhen, die nach der Plünderung von Rom in Florenz ausgebrochen waren und zur Vertreibung der Medici führten, beschleunigten den Entschluß des Papstes, sich mit dem Kaiser zu einigen. Das Haupt des Kirchenstaates wird zum Verbündeten Spaniens, in Neapel sitzt ein spanischer Vizekönig, in Mailand ein spanischer Gouverneur, in Florenz regieren die Spanier durch die Medici, in Ferrara durch die Este, in Mantua durch die Gonzaga. In beiden Kulturzentren Italiens, in Florenz und Rom, herrschen spanische Lebensformen und spanische Sittenregeln, spanische Etikette und spanische Eleganz. Die geistige Herrschaft der Eroberer, deren Kultur im Verhältnis zur italienischen eine rückständige ist, dringt allerdings nicht sehr tief, und der Zusammenhang der Kunst mit der heimischen Tradition bleibt bestehen. Denn auch dort, wo die italienische Kultur dem Hispanismus zu erliegen scheint, folgt sie nur einer inneren Entwicklungstendenz, die sich aus den Voraussetzungen des Cinquecento ergibt und dem höfischen Formalismus schon von sich aus zustrebt.[150]

Karl V. hat Italien mit Hilfe des deutschen und des italienischen Kapitals erobert.[151] Schon die Kaiserwahl war mehr oder weniger eine Geldfrage, die durch ein Bankkonsortium unter der Leitung der Fugger gelöst wurde. Die Kurfürsten waren nicht billig, und der Papst verlangte nicht weniger als hunderttausend Dukaten für seine Unterstützung. Von da an beherrschte das Finanzkapital die Welt. Die Heere, mit denen Karl seine Feinde besiegte und sein Reich zusammenhielt, waren die Schöpfung dieser Macht. Seine Kriege und die seiner Nachfolger ruinierten zwar die größten Kapitalisten des Zeitalters, sicherten aber dem Kapitalismus die Weltherrschaft. Maximilian I. war noch nicht in der Lage, regelmäßige Steuern einzuheben und ein stehendes Heer zu halten; die Macht lag zu seiner Zeit im wesentlichen noch bei den Territorialherren. Die Organisierung des Staatshaushaltes nach rein unternehmungsmäßigen Prinzipien, die Schaffung einer einheitlichen Bürokratie und eines großen Söldnerheeres, die Umwandlung des Feudaladels in einen Hof- und Beamtenadel gelang erst seinem Enkel. Die Grundlagen des zentralistischen Fürstenstaates waren allerdings sehr alt. Seitdem nämlich die Grundherren ihre Güter, statt sie selbst zu bewirtschaften, lieber verpachteten, verringerte sich ihr Anhang und die Voraussetzung zur Übermacht der Zentralgewalt war gegeben.[152] Der Fortschritt zum Absolutismus erwies sich dann als eine bloße Frage der Zeit – und des Geldes. Da die Einnahmen der Krone zum großen Teil in den Steuern der nicht-adeligen und nicht-privilegierten Bevölkerung bestanden, lag es im Interesse des Staates, das wirtschaftliche Gedeihen dieser Schichten zu fördern.[153] Die Rücksicht auf sie mußte freilich in jedem kritischen Fall zurücktreten vor den Interessen des Großkapitals, auf dessen Beistand die Könige, trotz ihrer regelmäßigen Revenuen, keineswegs verzichten konnten.

Als Karl V. seine Herrschaft in Italien einzurichten begann, hatte sich bereits infolge der Türkengefahr, der Entdeckung der neuen Seewege und des Hervortretens der ozeanischen Nationen als Wirtschaftsträger das Zentrum des Welthandels vom Mittelmeer nach dem Westen verschoben. Und jetzt erst, nachdem in der Organisation der Weltwirtschaft an die Stelle der italienischen Kleinstaaten einheitlich verwaltete, über unvergleichlich größere Gebiete und reichere Mittel verfügende Mächte getreten sind, nimmt das Zeitalter des Frühkapitalismus ein Ende und es beginnt der moderne Kapitalismus im großen Stil. Die Edelmetallzufuhr aus Amerika nach Spanien, so wichtig auch ihre unmittelbaren Folgen, die Mehrung der verfügbaren Geldmittel und die Steigerung der Preise sind, genügt nicht, um den Anbruch der neuen großkapitalistischen Ära zu erklären. Viel wichtiger als die Interferenz des amerikanischen Silbers, das man, wenn auch mit wenig Erfolg, der merkantilistischen Lehre entsprechend als einen Hort zu behandeln, das heißt zu immobilisieren und im Lande zu behalten sucht, ist das Bündnis zwischen Staat und Kapital, und als Folge dieses Bündnisses die privatkapitalistische Grundlage der politischen Unternehmungen Karls V. und Philipps II.

Die Tendenz der Entwicklung von der handwerklichen, mit verhältnismäßig kleinem Kapital arbeitenden gewerblichen Unternehmung zum industriellen Großbetrieb und vom Warenhandel zu den Finanzgeschäften läßt sich schon sehr früh beobachten. Sie gewinnt in den italienischen und niederländischen Wirtschaftszentren im Laufe des 15. Jahrhunderts die Oberhand. Die Antiquierung des handwerklichen Kleinbetriebs durch die Großindustrie und die Lösung der Geldgeschäfte vom Warenhandel erfolgt jedoch erst um die Wende des Jahrhunderts. Die Entfesselung der freien Konkurrenz führt einerseits zum Ende des korporativen Prinzips, andererseits zur Verschiebung der wirtschaftlichen Tätigkeit auf immer weitere, von der Produktion immer entferntere Gebiete. Die kleinen Betriebe werden in die großen eingegliedert, die großen aber von den Kapitalisten geführt, die sich mehr und mehr den Finanzgeschäften widmen. Die entscheidenden Faktoren der Wirtschaft werden für die meisten Menschen immer undurchsichtiger und von ihrer Position aus immer unbeeinflußbarer. Die Konjunktur gewinnt eine geheimnisvolle, aber nur um so unerbittlichere Realität; sie schwebt wie eine höhere, unentrinnbare Gewalt über dem Kopf der Menschen. Die unteren und mittleren Schichten verlieren mit ihrem Einfluß in den Zünften das Gefühl der Sekurität, die Kapitalisten fühlen sich indessen auch nicht sicher. Es gibt für sie, wenn sie sich behaupten wollen, kein Stehenbleiben; mit ihrem Wachstum dringen sie aber in immer gefährlichere Gebiete vor. Die zweite Hälfte des Jahrhunderts zeitigt eine ununterbrochene Reihe von Finanzkrisen; 1557 ereignen sich der französische und der erste spanische, 1575 der zweite spanische Staatsbankrott – Katastrophen, die nicht nur die Fundamente der führenden Handelshäuser erschüttern, sondern den Ruin von unzähligen kleineren Existenzen bedeuten.

Das große verlockende Geschäft besteht in der Durchführung der Staatsanleihen; bei der Überschuldung der Fürsten ist es aber zugleich das gefährlichste Geschäft. An dem Glücksspiel sind, außer den Bankiers und den berufsmäßigen Spekulanten, die mittleren Schichten mit ihren Einlagen in den Depositenbanken und durch ihre Engagements auf den damals noch nicht lange her ins Leben gerufenen Börsen weitgehend beteiligt. Da sich die Geldmittel der einzelnen Bankhäuser für den Kapitalbedarf der Monarchen als ungenügend erweisen, beginnt man nämlich, den Apparat der Börsen in Antwerpen und Lyon zur Beschaffung der Kredite in Anspruch zu nehmen.[154] Teilweise im Zusammenhang mit diesen Transaktionen entwickeln sich alle möglichen Formen der Börsenspekulation: der Effektenhandel, das Termingeschäft, die Arbitrage, das Versicherungswesen.[155] Das ganze Abendland wird von einer Börsenstimmung, einem Spekulationsfieber erfaßt, das sich noch steigert, als die englischen und niederländischen Überseehandelsgesellschaften dem Publikum die Chance der Beteiligung an ihren oft phantastischen Erträgen bieten. Die Folgen für die breiten Massen sind katastrophal; Arbeitslosigkeit im Anschluß an die Verschiebung des Interesses von der landwirtschaftlichen zur industriellen Produktion, Überfüllung der Städte, Steigerung der Preise und Niederhaltung der Löhne machen sich überall fühlbar. Den Höhepunkt erreicht die soziale Unzufriedenheit dort, wo vorübergehend die größte Akkumulation des Kapitals stattfindet – in Deutschland, und entzündet sich bei der am meisten zurückgesetzten Klasse – dem Bauerntum. Sie kommt im unmittelbaren Zusammenhang mit der religiösen Massenbewegung zum Ausbruch; teils weil diese Bewegung selber von der sozialen Dynamik des Zeitalters bedingt ist, teils weil die oppositionellen Kräfte sich noch unter dem Banner einer religiösen Idee am leichtesten finden. Die soziale und die religiöse Revolution bilden keineswegs nur bei den Wiedertäufern eine untrennbare Einheit; Zeitstimmen wie die Ausbrüche eines Ulrich von Hutten gegen die Geld- und Monopolwirtschaft, den Wucher und die Bodenspekulation, mit einem Wort, die „Fuggerei", wie er sie nennt,[156] lassen vielmehr darauf schließen, daß die Unzufriedenheit sich überhaupt noch in einem chaotischen, unpräzisierten Stadium befindet. Sie verbindet die Schichten, denen mehr an der religiösen als der sozialen Revolution liegt, mit solchen, die offenbar mehr oder gar ausschließlich an der sozialen Umwälzung interessiert sind. Wie diese Elemente aber auch immer untereinander verteilt sind, man steht dem Mittelalter so nahe, daß alle überhaupt konzipierbaren Ideen sich am natürlichsten in die Denk- und Gefühlsformen des Glaubens kleiden. Das erklärt den dunklen, fieberhaften Zustand, die allgemeine unbestimmte Erlösungserwartung, zu der die religiösen und die sozialen Motive sich verdichten.

Ausschlaggebend für die Soziologie der Reformation aber ist die Tatsache, daß die Bewegung ihren Ausgang von der Empörung über die Korruption der Kirche nahm und daß die Geldgier des Klerus, das Geschäft mit den Erlässen und den Kirchenämtern, der unmittelbare Grund war, der sie ins Rollen brachte. Die Unterdrückten und Ausgebeuteten ließen es sich dann nicht mehr nehmen, daß die Worte der Bibel, die Verdammung der Reichen und die Verheißung an die Armen, nicht bloß auf das Himmelreich Bezug hatten. Die bürgerlichen Elemente jedoch, die den Kampf gegen die feudalen Privilegien des Klerus begeistert mitmachten, zogen sich von der Bewegung nicht nur zurück, sobald ihre eigenen Ziele einmal erreicht waren, sondern stemmten sich gegen jede Progression, die durch die Begünstigung der unteren Schichten ihre Interessen geschädigt hätte. Der Protestantismus, der als eine Volksbewegung auf breitester Basis begann, stützte sich nun in der Hauptsache auf die Landesherren und diese bürgerlichen Elemente. Luther scheint, mit richtiger politischer Witterung, die Aussichten der revolutionären Klassen so ungünstig beurteilt zu haben, daß er sich allmählich ganz auf die Seite jener Schichten schlug, deren Interessen mit der Aufrechterhaltung der Ordnung und der Autorität verbunden waren. Und er ließ dabei die Massen nicht nur einfach im Stich, er hetzte noch die Fürsten und ihren Anhang gegen die „mörderischen und räuberischen Rotten der Bauern". Er wollte offenbar um jeden Preis den Anschein verhüten, daß er mit der sozialen Revolution etwas zu tun habe.

Luthers Verrat muß eine verheerende Wirkung gehabt haben.[157] Die Spärlichkeit der diesbezüglichen direkten Zeugnisse findet wohl darin ihre Erklärung, daß die Verratenen, außer in den Reihen der Wiedertäufer, keine eigentlichen Wortführer hatten. Die düstere Weltanschauung des Zeitalters ist aber der indirekte Ausdruck der Desillusion, die man über die Entwicklung der Reformation in weiten Kreisen empfunden haben muß. Das „vernünftige" Verhalten Luthers war ein erschreckendes Beispiel der „Realpolitik". Es geschah wohl nicht zum erstenmal, daß das religiöse Ideal mit dem praktischen Leben Kompromisse einging – die ganze Geschichte der christlichen Kirche erscheint als ein Ausgleich zwischen dem, was Gottes und dem, was des Kaisers war –, die früheren Zugeständnisse aber erfolgten allmählich, in kaum merkbaren Übergängen und noch dazu in einer Zeit, als die Hintergründe des politischen Geschehens für die Öffentlichkeit zumeist unsichtbar blieben. Die Entartung des Protestantismus ging dagegen in vollem Tageslicht vor sich, in einer Epoche des Buchdrucks, der Flugschriften, der allgemeinen politischen Interessiertheit und Urteilsfähigkeit. Die geistigen Repräsentanten des Zeitalters mögen an der Sache der Bauern völlig uninteressiert gewesen sein, ja, gegensätzliche Interessen vertreten haben, das Schauspiel der Depravierung einer großen Idee konnte auf sie nicht ohne Wirkung bleiben, selbst wenn sie der Reformation feindlich gesinnt waren. Der Standpunkt Luthers in der Bauernfrage war ja nur ein Symptom der Entwicklung, die jede revolutionäre Idee im Zeitalter des Absolutismus nehmen mußte.[158]

Der Protestantismus bedeutete für das Abendland in der ersten Hälfte des Jahrhunderts, das heißt in der Zeit vor den Religionskriegen, dem Konzil von Trient und der intransigenten Gegenreformation, nicht nur ein kirchliches und konfessionelles Problem, sondern auch – so wie die Sophistik in der Antike, die Aufklärung im 18. Jahrhundert und der Sozialismus in unseren Tagen – eine Gewissensfrage, vor der sich kein moralisch verantwortungsvoller Mensch ganz verschließen konnte. Es gab nach der Reformation nicht nur keinen guten Katholiken mehr, der von der Korruption der Kirche und der Notwendigkeit ihrer Läuterung nicht überzeugt gewesen wäre, die Wirkung der aus Deutschland kommenden Ideen ging viel tiefer: man wurde sich der verlorengegangenen Innerlichkeit, Überweltlichkeit und Kompromißlosigkeit des christlichen Glaubens bewußt und empfand eine unstillbare Sehnsucht nach ihrer Erneuerung. Das, was die guten Christen überall, und vor allem die Idealisten und Intellektuellen in Italien, erregte und begeisterte, war der Antimaterialismus der reformatorischen Bewegung, die Lehre von der Rechtfertigung durch den Glauben, die Idee der unmittelbaren Verbindung mit Gott und des universalen Priestertums. Als nun aber der Protestantismus zum Glaubensbekenntnis der lediglich politisch interessierten Fürsten und des vor allem wirtschaftlich interessierten Bürgertums geworden ist und sich auf dem Wege zu einer neuen Verkirchlichung befand, fühlten sich diese Idealisten und Intellektuellen, die die Reformation als eine rein geistige Bewegung betrachteten, am meisten enttäuscht.

Der Wunsch nach Verinnerlichung und Vertiefung des religiösen Lebens war nirgends stärker als in Rom, und nirgends war man sich der Gefahr, die die Einheit der Kirche von der deutschen Reformation her bedrohte, mehr bewußt als hier, wenn auch der Ausgangspunkt dieser Gefühle und Gedanken nicht die unmittelbare Umgebung des Papstes war. Die Führer der katholischen Reformbewegung waren zumeist aufgeklärte Humanisten, die über die Gebrechen der Kirche und die Tiefe des nötigen Eingriffs sehr fortschrittlich dachten, deren Radikalismus jedoch vor der unbedingten Existenzberechtigung des Papsttums haltmachte. Alle wollten sie die Kirche von innen heraus reformieren. Aber reformieren wollten sie sie, und zwar durch die Einberufung eines freien und allgemeinen Konzils, von dem wieder Clemens VII. nichts hören wollte, – man wußte doch nie, was bei einem solchen Konzil herauskam. Um 1520 bildete sich in Rom das „Oratorium der göttlichen Liebe", eine Vereinigung, die ein Beispiel der Frömmigkeit sein und Anregungen zur Kirchenreform geben sollte. Manche der gelehrtesten und angesehensten Mitglieder der römischen Geistlichkeit, wie Sadoleto, Giberti, Thiene und Caraffa, gehörten ihr an. Der *Sacco di Roma* bereitete auch dieser Unternehmung ein Ende; der Kreis zerstreute sich und es dauerte eine Weile, bis die Kräfte sich wieder sammelten. Die Bewegung findet ihre Fortsetzung in Venedig, wo Sadoleto, Contarini und Pole ihre Träger sind. Hier, wie nachher wieder in Rom, ist die Versöhnung mit dem Luthertum und die Rettung des moralischen Gehalts der Reformation für die katholische Kirche, namentlich der Lehre von der Rechtfertigung durch den Glauben, das Ziel der Bestrebungen.

Diesem humanistisch gebildeten, vor allem aber religiös interessierten Kreise standen Vittoria Colonna und ihre Freunde, zu denen seit 1538 auch Michelangelo gehörte, sehr nahe. Der portugiesische Maler Francisco de Hollanda schildert in seinen „Gesprächen über die Malerei" (1539) die religiöse Begeisterung der Gesellschaft, in die er durch einen Freund eingeführt wurde, und berichtet unter anderem über ihre

Zusammenkünfte in der Kirche S. Silvestro auf Monte Cavallo, wo ein damals berühmter Theologe die Briefe Pauli erklärte. Hier, in der Umgebung Vittoria Colonnas, bekam Michelangelo wohl die entscheidenden Anregungen, die zu seiner geistigen Wiedergeburt und dem Spiritualismus seines Altersstils führten. Die religiöse Entwicklung, die er durchmachte, war für die Übergangszeit von der Renaissance zur Gegenreformation durchaus typisch, außerordentlich war nur die Leidenschaftlichkeit seiner inneren Wandlung und die Zugeständnislosigkeit des Ausdrucks, die sie in seinen Werken erhielt. Michelangelo scheint schon in seiner Jugend für religiöse Anregungen sehr empfänglich gewesen zu sein. Die Persönlichkeit und das Schicksal Savonarolas hinterließen einen unauslöschbaren Eindruck in ihm; zeitlebens bekundete er der Welt gegenüber eine Zurückhaltung, die in diesem Erlebnis ihren Ursprung haben mußte. Mit dem Alter vertiefte sich seine Frömmigkeit; sie wurde immer glühender, zugeständnisloser, ausschließlicher, bis sie seine Seele ganz erfüllte und nicht nur seine Renaissanceideale verdrängte, sondern ihn auch an dem Sinn und Wert seiner ganzen künstlerischen Wirksamkeit zweifeln ließ. Die Wandlung ereignete sich durchaus nicht auf einmal; sie erfolgte Schritt für Schritt. Schon in den Medici-Gräbern und den Eckzwickeln der Sixtina-Decke sind die Zeichen einer manieristischen, in ihrem Harmoniegefühl gestörten Kunstauffassung erkennbar. Im *Jüngsten Gericht* (1534–41) herrscht der neue Geist bereits uneingeschränkt; es ist nicht mehr ein Monument der Schönheit und der Vollendung, der Kraft und der Jugend, das hier ersteht, sondern ein Bild der Verwirrung und der Verzweiflung, ein Schrei nach Erlösung aus dem Chaos, das plötzlich alles zu verschlingen droht. Der Wunsch, sich hinzugeben, alles Irdische, Körperliche, Sinnliche in sich auszulöschen, beherrscht das Werk. Der Wohlklang des Raumes der Renaissancekompositionen ist dahin. Es ist ein irrealer, diskontinuierlicher, weder einheitlich gesehener, noch nach einem einheitlichen Maßstab konstruierter Raum, in dem sich die Darstellung bewegt. Die bewußte, ostentative Verletzung der alten Ordnungsprinzipien, die Deformation und Desintegration des Weltbildes der Renaissance, kommt auf Schritt und Tritt zum Ausdruck, so vor allem in dem Verzicht auf die perspektivisch-illusionistische Wirkung, zu dessen auffallendsten Merkmalen es gehört, daß die oberen Figuren der Komposition unverkürzt, also im Verhältnis zu den unteren viel zu groß dargestellt sind.[159] Das *Jüngste Gericht* der Sixtina ist die erste wichtige künstlerische Schöpfung der neueren Zeit, die nicht mehr „schön" ist und auf jene Kunstwerke des Mittelalters zurückweist, die noch nicht schön, die nur ausdrucksvoll waren. Das Werk Michelangelos aber ist dennoch sehr verschieden von ihnen; es ist ein schwer errungener Protest gegen die schöne, vollendete, makellose Form, ein Manifest, dessen Formlosigkeit etwas Aggressives und Selbstzerstörerisches an sich hat. Es verneint nicht nur die künstlerischen Ideale, die die Botticelli und Perugino im selben Raum zu verwirklichen suchten, es verneint auch die Ziele, die Michelangolo einst in den Darstellungen der Decke des Raumes selbst verfolgt hat, und entschlägt sich jener Ideen der Schönheit, denen die ganze Kapelle ihr Dasein und alles Bauen und Bilden der Renaissance ihren Ursprung verdankt. Und es handelt sich dabei nicht etwa um das Experiment eines unverantwortlichen Eigenbrötlers, sondern um ein Werk, das von der Hand des angesehensten Künstlers der christlichen Welt den wichtigsten Ort, den die Christenheit zu vergeben hatte, die Hauptwand der Hauskapelle des Papstes schmücken sollte. Hier war tatsächlich eine Welt im Untergehen.

Die Fresken der Cappella Paolina, die *Bekehrung Pauli* und die *Kreuzigung Petri* (1542–49), stellen die nächste Phase der Entwicklung dar. Von der harmonischen Ordnung der Renaissance ist hier nicht die geringste Spur mehr. Die Figuren haben etwas Unfreies, traumhaft Willenloses an sich, als ob sie sich unter einem geheimnisvollen, unentrinnbaren Zwang befänden, unter einem Druck, dessen Ursprung unerfindbar ist. Leere Raumteile wechseln mit unheimlich überfüllten, öde Wüstenstrecken und eng zusammengepreßte Menschenknäuel stehen dicht nebeneinander, wie in einem bösen Traum. Die optische Einheitlichkeit, der kontinuierliche Zusammenhang des Raumes ist aufgehoben; die Raumtiefe wird nicht schrittweise ausgebaut, sondern gleichsam aufgerissen; die Diagonalen stoßen die Darstellungsebene durch und bohren saugende Löcher in den Hintergrund. Die Raumkoeffizienten der Komposition scheinen nur noch da zu sein, um die Desorientiertheit und Heimatlosigkeit der Gestalten auszudrücken. Figur und Raum, Mensch und Welt gehören nicht mehr zusammen. Die Träger der Handlung verlieren jede individuelle Eigenart; die Kennzeichen der Lebensalter, der Geschlechter, der Temperamente sind verwischt, alles strebt zur Allgemeinheit, zur Abstraktion, zum Schematismus. Der Sinn der Persönlichkeit verschwindet neben der ungeheueren Bedeutung des Menschseins. Nach der Beendigung der Fresken der Cappella Paolina hat Michelangelo keine größeren Werke mehr hervorgebracht; die *Pietà* im Dom von Florenz (1550–55) und die *Pietà Rondanini* (1556–64) sind mit den Zeichnungen einer Kreuzigung der ganze künstlerische Ertrag der letzten fünfzehn Jahre seines Lebens, und auch diese Arbeiten ziehen nur die Konsequenz der bereits früher getroffenen Entscheidung. In der *Pietà Rondanini* ist, wie Simmel sagt, „kein Stoff mehr da, gegen den die Seele sich zu wehren hätte. Der Leib hat den Kampf um seinen Eigenwert aufgegeben, die Erscheinungen sind körperlos."[160] Das Werk ist fast überhaupt kein künstlerisches Gebilde mehr, es ist vielmehr der Übergang zwischen einem Kunstwerk und einer ekstatischen Konfession; ein einzigartiger Einblick in jenes Zwischenreich der Seele, wo die ästhetische Sphäre sich mit der metaphysischen berührt und der Ausdruck, zwischen Sinnlichkeit und Übersinnlichkeit schwankend, sich dem Geist mit Gewalt zu entwinden scheint. Das schließlich Hervorgebrachte ist nahe dem Nichts, formlos, tonlos, unartikuliert.

Das Scheitern der Religionsverhandlungen Contarinis auf dem Reichstag von Regensburg im Jahre 1541 bezeichnet das Ende der ersten, „humanistischen" Periode der katholischen Reformbewegung. Die Tage der aufgeklärten, menschenfreundlichen, toleranten Sadoleto, Contarini und Pole sind gezählt. Es siegt auf der ganzen Linie das Prinzip des Realismus. Die Idealisten haben sich als unfähig erwiesen, die Wirklichkeit zu meistern. Paul III. (1534–49) repräsentiert bereits den Übergang von der nachsichtigen Renaissance zur unduldsamen Gegenreformation. 1542 wird die Inquisition, 1543 die Druckzensur eingeführt, 1545 das Konzil von Trient eröffnet. Der Mißerfolg in Regensburg hat eine militante Haltung zur Folge und führt zur Restaurierung des Katholizismus durch Autorität und Gewalt. Es beginnt die Verfolgung der Humanisten in den Reihen der hohen Geistlichkeit. Der neue fanatische, renaissancewidrige Geist bekundet sich allenthalben, am auffallendsten in den neuen Ordensgründungen, der neuen Askese, dem Auftreten von neuen Heiligen wie Carlo Borromeo, Filippo Neri, Johannes vom Kreuz und der heiligen Teresa.[161] Nichts ist aber charakteristischer für die Wendung, die die Entwicklung nimmt, als die Gründung des Jesuitenordens, der zu einem Muster des Glaubensrigorismus und der kirchlichen Disziplin werden sollte und zur ersten Verwirklichung des Totalitätsgedankens geworden ist. Mit seinem Prinzip der Heiligung der Mittel durch die Ziele bedeutet er den höchsten Triumph der Idee der Realpolitik und bringt den geistigen Grundzug des Jahrhunderts in äußerster Schärfe zum Ausdruck.

Die Theorie und das Programm des politischen Realismus hat als erster Machiavelli entwickelt; bei ihm findet sich der Schlüssel zu der ganzen mit dieser Idee ringenden Weltanschauung des Manierismus. Machiavelli hat aber den „Machiavellismus", die Trennung der politischen Praxis von den christlichen Idealen, nicht erfunden – jeder kleine Renaissancefürst war ein fertiger Machiavellist. Nur die Doktrin des politischen Rationalismus gewann durch ihn ihre erste Formulierung, und nur die bewußte, planmäßige realistische Praxis fand in ihm ihren ersten nüchternen Anwalt. Machiavelli war nur ein Exponent und Wortführer seiner Zeit. Wenn seine Lehre nichts als der bizarre Einfall eines geistreichen und grausamen Philosophen gewesen wäre, hätte sie nicht die erschütternde, an das Gewissen jedes moralischen Menschen rührende Wirkung gehabt, die sie tatsächlich hatte. Und wenn es nur um die politischen Methoden der kleinen italienischen Tyrannen gegangen wäre, hätten seine Schriften die Gemüter sicher nicht tiefer erregt als die Gruselgeschichten, die über die Sitten dieser Tyrannen verbreitet waren. Die Geschichte produzierte indessen schlagendere Beispiele des Realismus als die Untaten des Bandenführers und Giftmischers, den Machiavelli als seinen Prototyp anführt. Denn was war denn Karl V., der Schirmherr der katholischen Kirche, der den Heiligen Vater am Leben bedrohte und die Hauptstadt der Christenheit zerstören ließ, wenn nicht ein skrupelloser Realist? Und Luther, der Begründer der modernen Volksreligion par excellence, der das Volk an die Herren verriet und die Religion der Innerlichkeit zum Glaubensbekenntnis der lebenstüchtigsten, mit der Welt am tiefsten verbundenen Gesellschaftsschicht werden ließ? Und Ignatius von Loyola, der Christus zum zweitenmal gekreuzigt hätte, wenn die Lehren des Auferstandenen, wie in der Erzählung Dostojewskis, den Bestand der Kirche bedroht hätten? Und jeder beliebige Fürst des Zeitalters, der das Wohl seiner armen Untertanen den Interessen der Kapitalisten opferte? Und was war schließlich die ganze kapitalistische Wirtschaft, wenn nicht eine Illustration der Theorie Machiavellis? Zeigte sie nicht klar, daß die Realität ihrer eigenen strengen Notwendigkeit gehorchte, daß ihrer unerbittlichen Logik gegenüber jede Idee machtlos war und daß man sich ihr entweder fügen oder sich von ihr zerstören lassen mußte?

Es ist kaum möglich, die Bedeutung Machiavellis für seine Zeitgenossen und die nächsten ein bis zwei Generationen zu überschätzen. Das Jahrhundert war von der Begegnung mit dem ersten Enthüllungspsychologen, dem Vorläufer der Marx, Nietzsche und Freud beängstigt, verschüchtert, durch und durch aufgewühlt. Man braucht nur an das englische Drama der elisabethanischen und jakobinischen Zeit zu denken, in dem Machiavelli zu einer stehenden Figur, zum Inbegriff aller Hinterlist und Heuchelei geworden ist und der Eigenname „Machiavelli" sich in den Gattungsnamen *machiavelli* zu verwandeln begann, um sich eine Vorstellung davon zu machen, in welchem Maße er die Phantasie der Menschen beschäftigte. Nicht die Gewalttaten der Tyrannen verursachten den allgemeinen Schock und nicht die Liebedienerei ihrer Hofpoeten erfüllte die Welt mit Entrüstung, sondern die

Rechtfertigung ihrer Methoden durch einen Mann, der neben der Philosophie der Gewalt auch das Evangelium der Milde, neben dem Recht der Klugen auch das Recht der Edlen, neben der Moral der „Füchse" auch die der „Löwen" gelten ließ.[162] Seitdem es Herrscher und Beherrschte, Herren und Diener, Ausbeuter und Ausgebeutete gab, gab es auch zwei verschiedene Ordnungen der moralischen Maßstäbe, die eine für die Mächtigen, die andere für die Machtlosen. Machiavelli war nur der erste, der diesen moralischen Dualismus den Menschen zum Bewußtsein brachte und der es zu rechtfertigen suchte, daß in Staatsgeschäften andere Maximen des Handelns gelten, als im Privatleben, daß vor allem die christlichen Moralprinzipien der Treue und der Wahrhaftigkeit für den Staat und den Fürsten nicht unbedingt verbindlich sind. Der Machiavellismus mit seiner Lehre der *doppelten Moral*[163] hat ein einziges Analogon in der Geschichte der abendländischen Menschheit, nämlich jene Doktrin von der „doppelten Wahrheit", die die Kultur des Mittelalters entzweigerissen und das Zeitalter des Nominalismus und Naturalismus eingeleitet hat. Es entstand jetzt in der moralischen Welt ein ähnlicher Riß, wie damals in der intellektuellen, nur war die Erschütterung diesmal um soviel größer, als es sich um vitalere Werte handelte. Die Zäsur war tatsächlich so tief, daß ein Kenner von jedem bedeutenderen literarischen Produkt der Zeit feststellen können müßte, ob es vor oder nach der Bekanntschaft seines Autors mit den Ideen Machiavellis entstanden ist. Um mit diesen bekannt zu werden, war es übrigens durchaus nicht nötig, Machiavellis Schriften selbst zu lesen – was ja auch die wenigsten getan haben; der Gedanke des politischen Realismus und der „doppelten Moral" war Gemeingut, es wurde den Leuten auf den unkontrollierbarsten Wegen zugetragen. Machiavelli hat in allen Bezirken des Lebens Schule gemacht; man witterte allerdings die Teufelsschüler auch da, wo sie niemals gewesen sind; jeder Lügner schien die Sprache Machiavellis zu sprechen, jeder Scharfsinn war verdächtig.

Das Tridentiner Konzil wurde zur Hochschule des politischen Realismus. Es ergriff mit nüchterner Sachlichkeit die Maßnahmen, die geeignet erschienen, die Einrichtungen der Kirche und die Grundsätze des Glaubens den Bedingungen und Erfordernissen des modernen Lebens anzupassen. Die geistigen Führer des Konzils wollten zwischen Orthodoxie und Häresie eine scharfe Grenze ziehen. Wenn schon die Sezession nicht zu verhüten war, so sollte wenigstens die Weiterverbreitung des Übels verhindert werden. Man erkannte, daß es unter den gegebenen Umständen vernünftiger war, die Gegensätze zu betonen, als sie zu verschleiern und die Anforderungen gegenüber den Gläubigen zu erhöhen, als sie zu verringern. Der Sieg dieser Auffassung bedeutete das Ende der Einheit des abendländischen Christentums.[164] Bald nach dem Abschluß der Tridentiner Beratungen, die achtzehn Jahre lang dauerten, erfolgte aber ein anderer, von tiefem realistischen Sinn diktierter Kurswechsel, der den Rigorismus der Konziljahre, namentlich in Fragen der Kunst, wesentlich milderte. Mißverständnisse bezüglich der Interpretation der Rechtgläubigkeit waren nicht mehr zu befürchten; jetzt hieß es, die Düsterkeit des militanten Katholizismus aufzuhellen, für den Glauben auch durch die Sinne zu werben, die Formen des Kults anziehender zu gestalten und aus der Kirche ein prunkvolles und einladendes Haus zu machen. Das waren freilich Aufgaben, denen erst der Barock gerecht wurde – für die Periode des Manierismus blieben die rigoristischen Bestimmungen des Tridentinums maßgebend –, es waren aber die gleichen Prinzipien des zielbewußten, nüchternen Realismus, die in dem einen Fall den Weg der asketischen Strenge, in dem anderen den der Schmeichelei der Sinne nahelegten.

Mit der Einberufung des Konzils hörte der Liberalismus der Kirche auch in der Beziehung zur Kunst auf. Die kirchliche Kunstproduktion wurde unter die Aufsicht von Theologen gestellt, und die Maler hatten sich, besonders bei größeren Unternehmungen, streng an die Weisungen ihrer geistlichen Ratgeber zu halten. Giov. Paolo Lomazzo, die größte Autorität der Zeit in kunsttheoretischen Fragen, wünscht ausdrücklich, daß der Maler sich bei der Darstellung religiöser Gegenstände von Theologen beraten lasse.[165] Taddeo Zuccari fügt sich in Caprarola sogar bezüglich der Wahl der Farben den erhaltenen Vorschriften und Vasari hat gegen die Direktiven, die er während seiner Arbeit in der Cappella Paolina von dem kunstgelehrten Dominikaner Vincenzo Borghini erhält, nicht nur nichts einzuwenden, er fühlt sich geradezu unbehaglich, wenn Borghini nicht in seiner Nähe ist.[166] Der gedankliche Inhalt der manieristischen Freskenzyklen und Altarstücke ist zumeist so kompliziert, daß wir auch in Fällen, wo die Zusammenarbeit der Maler mit den Theologen nicht bezeugt ist, eine solche voraussetzen müssen. So wie die mittelalterliche Theologie auf dem Konzil von Trient nicht nur ihre Rechte zurückgewinnt, sondern ihren Einfluß noch vertieft, indem viele Fragen, deren Erörterung im Mittelalter der Scholastik vorbehaltlos überlassen wurde, nunmehr autoritär entschieden werden,[167] wird jetzt auch die Wahl der künstlerischen Mittel von den kirchlichen Auftraggebern in vieler Hinsicht strenger umschrieben als im Mittelalter, als sie in den meisten Fällen den Künstlern ruhig anheimgestellt werden konnte. Es wird vor allem in den Kirchen die Unterbringung von Kunstwerken verboten, die von religiösen Irrlehren inspiriert oder beeinflußt sind. Die Künstler haben sich genau an die kanonische Form der biblischen Geschichten und die offiziele Auslegung der dogmatischen Fragen zu halten. Andrea Gilio tadelt an Michelangelos Jüngstem Gericht den unbärtigen Christus, die mythologische Charonbarke, die Gebärden der Heiligen, die sich, seiner Meinung nach, wie bei einem Stiergefecht benehmen, die Aufstellung der apokalyptischen Engel, die schriftswidrig nebeneinanderstehen, statt in den vier Ecken des Bildes verteilt zu sein, usw. Veronese wird vor das Inquisitionstribunal geladen, weil er in seiner Darstellung des *Gastmahls im Hause Levi* die in der Bibel namhaft gemachten Personen durch allerhand willkürlich gewählte Motive wie Zwerge, Hunde, einen Narren mit einem Papagei und ähnliches mehr ergänzt. Die Bestimmungen des Konzils verbieten die Schilderung von Nuditäten sowie die Unterbringung von aufreizenden, unanständigen und profanen Darstellungen an den heiligen Orten. Sämtliche Schriften über religiöse Kunst, die nach dem Tridentiner Konzil erscheinen, so vor allem der *Dialogo degli errori dei pittori* Gilios (1564) und der *Riposo* Raffaele Borghinis (1584), wenden sich gegen alles Nackte in der kirchlichen Kunst.[168] Gilio wünscht, daß der Künstler selbst in Fällen, wo eine Figur der biblischen Beschreibung nach nackt darzustellen sei, wenigstens ein Lendentuch anbringe. Carlo Borromeo läßt Darstellungen, die ihm unanständig erscheinen, von allen heiligen Orten in seinem Wirkungskreis entfernen. Der Bildhauer Ammanati verleugnet am Ende eines erfolgreichen Lebens die schon an und für sich sehr harmlosen Akte seiner Jugendzeit. Nichts ist jedoch bezeichnender für den unduldsamen Geist dieser Epoche als die Behandlung, die das Jüngste Gericht Michelangelos erfährt. Paul IV. beauftragt im Jahre 1559 Daniele da Volterra, die als besonders provokant erscheinenden nackten Figuren des Freskos zu bedecken. Pius V. läßt 1566 weitere anstößige Stellen entfernen. Clemens VIII. will schließlich das ganze Fresko zerstören lassen und wird von seinem Vorhaben nur durch eine Bittschrift der Akademie S. Luca abgehalten. Merkwürdiger aber noch als das Verhalten der Päpste ist, daß auch Vasari in der zweiten Ausgabe seiner *Vite* – die Nacktheit der Figuren im Jüngsten Gericht mit Rücksicht auf den Bestimmungsort als unpassend verurteilt. Die Tridentiner Konzilsjahre sind als die „Geburtsstunde der Prüderie" bezeichnet worden.[169] Bekanntermaßen sind die aristokratisch oder überweltlich orientierten Kulturen der Darstellung des Nackten abgeneigt; „prüd" war aber weder die aristokratische Gesellschaft des frühen Altertums noch die christliche des Mittelalters. Sie vermieden das Nackte, fürchteten sich aber nicht davor und standen vor allem in einer viel eindeutigeren Beziehung zur Körperlichkeit, als daß sie durch das „Feigenblatt" das Sexuelle gleichzeitig zu verhüllen und zu betonen gesucht hätten. Die Zweideutigkeit der erotischen Gefühle entsteht erst mit dem Manierismus und gehört zur Zwiespältigkeit dieser Kultur, die die größten Gegensätze in sich vereinigt: das spontanste Gefühl mit der unausstehlichsten Affektation, den striktesten Autoritätsglauben mit dem willkürlichsten Individualismus und die keuschesten Darstellungen mit den unzüchtigsten Formen der Kunst. Die Prüderie ist hier nicht nur die bewußte Reaktion gegen die herausfordernde Laszivität der von der Kirche unabhängigen Kunst, so wie sie an den meisten Höfen kultiviert wird, sie ist eine Form der verdrängten Laszivität selber.

Das Konzil von Trient war dem Formalismus und Sensualismus der Kunst in jeder Hinsicht abgeneigt. Gilio beklagt, im Geiste des Konzils, daß die Maler sich nicht mehr um den Stoff kümmern und nur noch ihre virtuose Kunstfertigkeit glänzen lassen wollen. Die gleiche Opposition gegen das Virtuosentum und die gleiche Forderung eines unmittelbaren Gefühlsinhalts kommt auch in der Reinigung der Kirchenmusik durch das Konzil zum Ausdruck, namentlich in der Unterordnung der musikalischen Form unter den Text und der Anerkennung der unbedingten Mustergültigkeit Palestrinas. Das Tridentinum war aber, trotz seines moralischen Rigorismus und seiner antiformalistischen Einstellung, im Gegensatz zur Reformation durchaus nicht kunstfeindlich gesinnt. Das bekannte Wort von Erasmus – *ubique regnat lutheranismus, ibi literarum est interitus* – läßt sich auf die Konzilbeschlüsse keineswegs anwenden. Luther erblickte in der Dichtung höchstens eine Dienerin der Theologie, und in den Werken der bildenden Kunst konnte er überhaupt nichts Lobenswertes entdecken. Er verdammte den „Götzendienst" der katholischen Kirche genau so wie den Bilderkult der Heiden. Und er hatte dabei nicht nur das Kultbild der Renaissance vor Augen, das ja mit Religion zumeist wirklich nur wenig zu tun hatte, sondern die Veräußerlichung des religiösen Gefühls durch die Kunst überhaupt, – die „Idolatrie", die er schon in der bloßen Ausschmückung der Kirchen mit Bildern erblickte. Alle die häretischen Bewegungen des Mittelalters waren im Grunde ikonoklastisch eingestellt. Sowohl die Albigenser und die Waldenser wie die Lollarden und die Hussiten verurteilten die Profanierung des Glaubens durch den Glanz der Kunst.[170] Bei den Reformatoren, insbesondere bei Karlstadt, der 1521 in Wittenberg die Heiligenbilder verbrennen läßt, bei Zwingli, der 1524 den Magistrat von Zürich dazu bewegt, die Kunstwerke aus den Kirchen entfernen und zerstören zu lassen, bei Calvin, der zwischen der Anbetung eines Bildes und dem Wohlgefallen an einem Kunstwerk keinen Unterschied sieht,[171] und schließlich bei den Wiedertäufern, deren Kunstfeindlichkeit ein Teil ihrer Kulturfeindschaft ist, steigert sich aber das Bedenken der früheren Häretiker gegen die Kunst zu einer richtigen Ikonophobie. Ihre Verdammung der Kunst ist nicht nur viel intransigenter und konsequenter als zum Beispiel die Einstellung Savonarolas, die eigentlich gar keine ikonoklastische, nur eine purifikatorische war,[172] sondern auch als der Bildersturm der Byzantiner, der sich, wie wir wissen, nicht so sehr gegen die Bilder selbst, als vielmehr gegen die Nutznießer ihres Kultes richtete.

Die Gegenreformation, die der Kunst am Kult den denkbar größten Anteil gewährte, wollte nicht nur der christlichen Tradition des Mittelalters und der Renaissance treu bleiben, um auch damit ihren Gegensatz zum Protestantismus zu betonen, also kunstfreundlich sein, wo die Häretiker kunstfeindlich waren, sie wollte sich der Kunst vor allem als Waffe gegen die Lehren der Häresie bedienen. Die Kunst hatte durch die ästhetische Kultur der Renaissance auch als Propagandamittel unendlich viel gewonnen; sie ist geschmeidiger, souveräner und zum Zweck der indirekten Propaganda brauchbarer geworden, so daß die Gegenreformation in ihr ein dem Mittelalter in dieser Wirksamkeit unbekanntes Instrument der Beeinflussung besaß. Ob nun der ursprüngliche und unmittelbare künstlerische Ausdruck der Gegenreformation im Manierismus oder im Barock zu erblicken sei, darüber sind die Meinungen geteilt.[173] Chronologisch steht der Gegenreformation der Manierismus näher, und die spiritualistische Einstellung der tridentinischen Epoche findet im Manierismus reineren Ausdruck als im sinnenfreudigen Barock. Das künstlerische Programm der Antireformation, die Propagierung des Katholizismus durch die Kunst in den breiten Massen des Volkes, wird aber erst vom Barock durchgeführt. Den Teilnehmern am Tridentiner Konzil schwebte offenbar nicht eine Kunst vor, die sich wie der Manierismus an eine dünne Schicht von Intellektuellen wandte, sondern eine Volkskunst, wie es der Barock geworden ist. Der Manierismus war zur Zeit des Konzils die verbreitetste und lebendigste Form der Kunst, stellte aber keineswegs diejenige Richtung dar, die die antireformatorischen Aufgaben der Kunst zu lösen am besten geeignet war. Daß er dem Barock weichen mußte, findet seine Erklärung vor allem in seiner Unfähigkeit, den kirchlichen Aufgaben im Sinne der Gegenreformation gerecht zu werden.

Die Künstler des Manierismus fanden übrigens an der Kirchenlehre nur eine schwache Stütze. Die Weisungen des Konzils boten dem Künstler keinen Ersatz für sein früheres Eingegliedertsein in das System der christlichen Kultur und der korporativen Gesellschaftsordnung. Denn abgesehen davon, daß diese Weisungen eher negativer als positiver Natur waren und daß ihnen außerhalb der kirchlichen Kunst so gut wie keine Sanktionen zu Gebote standen, mußten sich die Kirchenleute auch bewußt sein, daß sie, bei der differenzierten Struktur der Kunst ihres Zeitalters, durch eine allzu weitgehende Strenge die Wirksamkeit der Mittel, deren sie sich bedienen wollten, leicht zerstören konnten. An eine eindeutig hieratische Regelung der Kunstproduktion, die mit der des Mittelalters vergleichbar gewesen wäre, war bei den gegebenen Verhältnissen nicht zu denken. Die Künstler konnten, auch wenn sie noch so gute Christen, noch so tief religiöse Naturen waren, auf die weltlichen und heidnischen Elemente der künstlerischen Tradition nicht einfach verzichten; sie mußten den inneren Widerspruch zwischen den verschiedenen Faktoren ihrer Ausdrucksmittel als einen ungelösten und scheinbar unlösbaren hinnehmen. Diejenigen, die das Gewicht dieses Konflikts zu tragen außerstande waren, flüchteten sich entweder in den Rausch einer Artistik oder, wie Michelangelo, in die „Arme Christi". Denn auch der Ausweg Michelangelos war nur eine Flucht. Welcher mittelalterliche Künstler hätte sich, wie er, durch sein Gotteserlebnis veranlaßt gefühlt, das künstlerische Schaffen aufzugeben? Je tiefer seine religiösen Gefühle waren, um so tiefer war die Quelle, aus der er seine künstlerische Inspiration schöpfen konnte. Und zwar nicht nur, weil er ganz gläubiger Christ, sondern auch weil er ganz schöpferischer Künstler war. Wenn er aufhörte, künstlerisch produktiv zu sein, war er einfach nichts mehr. Michelangelo blieb dagegen, auch als er keine Kunstwerke mehr schuf, ein sehr interessanter Mann sowohl in den Augen der Welt als in den eigenen Augen. Im Mittelalter hätte es zu einem Gewissenskonflikt wie dem

Michelangelos gar nicht kommen können, vor allem weil es für einen Künstler kaum denkbar war, Gott anders als durch seine Kunst zu dienen, dann aber auch, weil die starre Gesellschaftsordnung des Zeitalters einem Mann außerhalb seines Gewerbes keine Existenzmöglichkeit bot. Im 16. Jahrhundert konnte dagegen ein Künstler wohlhabend und unabhängig sein wie Michelangelo, oder extravagante Liebhaber finden wie Parmigianino, oder aber auch bereit sein, Mißerfolg auf Mißerfolg einzustecken, eine fragwürdige, von der geordneten Gesellschaft abgefallene Existenz zu führen und an seiner Idee festzuhalten wie Pontormo.

Der Künstler der Manieristenzeit hatte fast alles verloren, was dem Künstler-Handwerker des Mittelalters und in vieler Hinsicht auch noch dem vom Handwerk sich emanzipierenden Künstler der Renaissance Halt geben konnte: die feste Stellung in der Gesellschaft, den Schutz der Zunft, die eindeutige Beziehung zur Kirche, das im großen und ganzen noch unproblematische Verhältnis zur Tradition. Die Kultur des Individualismus bot ihm unzählige Möglichkeiten, die dem Künstler im Mittelalter verschlossen waren, versetzte ihn aber in ein Vakuum der Freiheit, in dem er oft nahe daran war, sich zu verlieren. Bei dem geistigen Umbruch des 16. Jahrhunderts, der die Künstler zu einer Neuorientierung ihres Weltbildes trieb, waren diese weder imstande, sich einer von außen kommenden Leitung restlos anzuvertrauen, noch konnten sie sich gänzlich auf den eigenen inneren Trieb verlassen. Sie waren von Zwang und Freiheit zerrissen und standen wehrlos dem Chaos gegenüber, das die Ordnung der geistigen Welt bedrohte. In ihnen tritt uns zum erstenmal der moderne Künstler entgegen mit seinem Zwiespalt, seinem Lebenshunger und seiner Weltflucht, seiner historischen Verbundenheit und seinem pietätlosen Rebellentum, seiner exhibitionistischen Subjektivität und seiner das Letzte stets zurückhaltenden Verschlossenheit. Von nun an mehrt sich unter den Künstlern von Tag zu Tag die Zahl der Sonderlinge, der Eigenbrötler, der Psychopathen. Parmigianino ergibt sich in den letzten Jahren seines Lebens der Alchimie, wird melancholisch und trägt ein vollkommen verwahrlostes Äußeres zur Schau. Pontormo leidet seit seiner

Jugend an schweren Depressionen und wird mit den Jahren immer menschenscheuer und verschlossener.[174] Rosso endet durch Selbstmord, Tasso stirbt in geistiger Umnachtung, Greco sitzt bei hellichtem Tag hinter verhängten Fenstern,[175] um Dinge zu sehen, die ein Künstler der Renaissance wohl gar nicht, ein Künstler des Mittelalters aber, wenn überhaupt, auch bei Tageslicht zu sehen fähig gewesen wäre.

In der Theorie der Kunst vollzieht sich eine der allgemeinen geistigen Krise entsprechende Wandlung. Im Gegensatz zu dem Naturalismus, oder wie es in der philosophischen Terminologie heißen würde, dem „naiven Dogmatismus" der Renaissance, stellt der Manierismus in bezug auf die Kunst zum erstenmal die erkenntnistheoretische Frage: die Übereinstimmung der Kunst mit der Natur wird zum erstenmal als Problem empfunden.[176] Für die Renaissance war die Natur der Ursprung der künstlerischen Form; der Künstler gewann sie durch einen Akt der Synthese, indem er die in der Natur zerstreuten Elemente der Schönheit sammelte und vereinigte. Die künstlerische Gestalt war für sie, wenn auch vom Subjekt geschaffen, so doch im Objekt vorgebildet. Der Manierismus läßt diese Abbildungstheorie fallen; die Kunst schafft der neuen Doktrin entsprechend nicht *nach* der Natur, sondern *wie* die Natur. Sowohl bei Lomazzo[177] als auch bei Federigo Zuccari[178] hat die Kunst einen spontanen geistigen Ursprung. Nach Lomazzo wirkt das künstlerische Genie in der Kunst wie das göttliche in der Natur und nach Zuccari ist die künstlerische Idee – der *disegno interno* – die Manifestation des Göttlichen in der Seele des Künstlers. Zuccari stellt als erster die ausdrückliche Frage, woher die Kunst ihren Wahrheitsgehalt habe, woher die Übereinstimmung zwischen den Formen des Geistes und den Formen der Wirklichkeit stamme, wenn die „Idee" der Kunst nicht aus der Natur gewonnen wird. Die Antwort lautet, daß die wahren Formen der Dinge in der Seele des Künstlers infolge eines unmittelbaren Teilhabens am göttlichen Geiste entstehen. Das Kriterium der Gewißheit bilden auch hier, wie schon in der Scholastik und später bei Descartes, die eingeborenen oder von Gott der menschlichen Seele eingeprägten Ideen. Gott schafft eine Übereinstimmung zwischen der die wirklichen Dinge produzierenden Natur und dem die Kunstwerke hervorbringenden Menschen.[179] Bei Zuccari ist aber die Spontaneität des Geistes stärker betont, nicht nur als bei den Scholastikern, sondern auch als bei Descartes. Der menschliche Geist war bereits in der Renaissance zum Bewußtsein seiner schöpferischen Natur gelangt, die Ableitung seiner Spontaneität von Gott dient im Sinne des Manierismus bloß zu seiner höheren Rechtfertigung. Das naive Subjekt-Objekt-Verhältnis zwischen Künstler und Natur, bei dem die Renaissance stehen blieb, hat sich aufgelöst; das Genie fühlt sich haltlos und ergänzungsbedürftig. Die in der Renaissance entstehende Lehre vom Individualismus und Irrationalismus der künstlerischen Schöpferkraft, vor allem die These, daß die Kunst unlehrbar und unerlernbar sei und daß der Künstler geboren werde, erhält ihre zugespitzteste Formulierung allerdings erst im Zeitalter des Manierismus, nämlich durch Giordano Bruno, der nicht nur von der Freiheit, sondern geradezu von der Regellosigkeit des künstlerischen Schaffens spricht. „Nicht die Regeln seien der Ursprung der Dichtung" – meint er –, „sondern die Dichtung sei der Ursprung der Regeln, und Regeln gebe es so viele, als es wirkliche Dichter gibt."[180] Es ist dies die ästhetische Doktrin einer Zeit, die die Idee des gottbegeisterten Künstlers mit der des selbstherrlichen Genies zu vereinen sucht.

Der Antagonismus von Regelmäßigkeit und Regellosigkeit, Gebundenheit und Freiheit, göttlicher Objektivität und menschlicher Subjektivität, der diese Doktrin beherrscht, drückt sich auch in der Wandlung des Akademiegedankens aus. Der ursprüngliche Zweck und Sinn der Akademien war ein liberaler; sie dienten der Künstlerschaft als Mittel zur Emanzipation von der Zunft und zur Erhebung über den Stand der Handwerker. Die Mitglieder der Akademien wurden früher oder später überall der Verpflichtung enthoben, einer Zunft anzugehören und sich an die Beschränkungen der Zunftordnung zu halten. In Florenz genossen die Angehörigen der Accademia del Disegno bereits seit 1571 diese Vorrechte. Die Akademien hatten aber nicht nur einen Repräsentations-, sondern auch einen Lehrzweck; sie sollten die Zünfte nicht nur als Körperschaften, sondern auch als Lehranstalten ersetzen. Als solche aber erwiesen sie sich nur als eine andere Form der alten engherzigen, fortschrittsfeindlichen Institution. Der Unterricht wurde an den Akademien sogar noch strenger geregelt als in den Zünften. Die Entwicklung strebte unaufhaltsam dem Ideal eines Unterrichtskanons zu, das, wenn auch erst im Frankreich der nächsten Stilperiode verwirklicht, hier seinen Ursprung hat. Gegenreformation, Autorität, Akademismus und Manierismus bilden verschiedene Aspekte desselben Geistes, und es ist durchaus kein Zufall, daß Vasari, der erste zielbewußte Manierist, zugleich der Begründer der ersten regelmäßigen Kunstakademie ist. Die älteren akademieartigen Einrichtungen stellten bloße Improvisationen dar; sie wurden ohne jeden systematischen Lehrplan ins Leben gerufen, beschränkten sich zumeist auf eine Reihe von ungeregelten Abendkursen und bestanden aus einer lockeren Gruppe von Lehrern und Schülern. Die Akademien der Manieristenzeit waren dagegen vollständig durchorganisierte Einrichtungen,[181] und das Lehrer-Schüler-Verhältnis vor allem war in ihnen ebenso eindeutig, wenn auch nach anderen Grundsätzen geregelt, wie das Meister-Lehrling-Verhältnis in den Zunftwerkstätten. Die Künstler bildeten neben den Zünften vielerorts früher schon liberaler organisierte religiös-karitative Vereinigungen, die sogenannten Konfraternitäten; auch in Florenz gab es eine solche, die Compagnia di S. Luca, und Vasari knüpfte an diese an, als er 1561 den Großherzog Cosimo I. zur Gründung der Accademia del Disegno bewegte. Im Gegensatz zur Zwangsorganisation der Zünfte und in Übereinstimmung mit dem Wahlprinzip der Brüderschaften war die Mitgliedschaft der Vasarischen Akademie ein Ehrentitel, der nur selbständigen und schöpferischen Künstlern verliehen wurde. Eine gediegene, vielseitige Bildung gehörte zu den unerläßlichen Vorbedingungen der Aufnahme. Der Großherzog und Michelangelo waren *capi* der Anstalt, Vincenzo Borghini wurde zum *luogo tenente*, das heißt, zum Präsidenten ernannt, sechsunddreißig Künstler wurden zu Mitgliedern gewählt. Die Lehrer sollten eine Anzahl junger Leute teils in ihren eigenen Werkstätten, teils in den Räumen der Akademie unterrichten.

Jedes Jahr sollten außerdem drei Meister als *visitatori* die Arbeit der *giovani* in den verschiedenen Botteghen der Stadt überwachen. Der Werkstattunterricht hörte also keineswegs auf, nur die theoretischen Hilfsfächer, wie Geometrie, Perspektive, Anatomie, sollten in schulmäßigen Kursen gelehrt werden.[182] 1593 wurde, dank der Initiative Federigo Zuccaris, die römische Lukas-Akademie zu einer Kunstschule mit fester Lokalität und geordnetem Lehrbetrieb erhoben und diente als solche allen späteren Gründungen als Muster. Aber auch diese Akademie blieb, wie die in Florenz, eine wesentlich repräsentative Vereinigung und war keine Lehranstalt im modernen Sinne.[183] Zuccari besaß zwar sehr konkrete und für das ganze Akademiewesen vorbildliche Ideen über die Aufgaben und die zu befolgende Methode einer Kunstschule, die handwerksmäßige Lehrweise war aber seiner Generation noch so tief eingefleischt, daß er mit seinen Plänen nicht durchdringen konnte. In Rom stand wohl der erzieherische Zweck mehr im Vordergrund als in Florenz, wo die kunstpolitische und berufsorganisatorische Zielsetzung die vorherrschende war,[184] das Erreichte blieb aber auch hier weit hinter dem Geplanten zurück. Zuccari betont in seiner Eröffnungsrede, die bezeichnenderweise auch eine Ermahnung zur Tugendhaftigkeit und Frömmigkeit enthält, die Wichtigkeit der Vorträge und Diskussionen über kunsttheoretische Fragen. An erster Stelle unter den behandelten Problemen steht der seit der Renaissance aktuell gewordene Rangstreit der Künste und die Definition des Grundbegriffs und Zauberworts der ganzen manieristischen Theorie, des *disegno*, das heißt der Zeichnung, des Entwurfs, der künstlerischen Idee. Die Vorträge der Akademiemitglieder werden später auch publiziert und dem Publikum allgemein zugänglich gemacht; aus ihnen entwickeln sich die berühmten *conférences* der Pariser Akademie, die im Kunstleben der nächsten zwei Jahrhunderte eine so wichtige Rolle spielen sollten. Die Aufgaben der Kunstakademien waren aber keineswegs auf Berufsorganisation, künstlerische Erziehung und ästhetische Erörterungen beschränkt; schon die Anstalt Vasaris wurde zu einer Beratungsstelle in allen möglichen Kunstfragen; sie wurde befragt, wie Kunstwerke aufgestellt werden sollten, man ließ sich von ihr Künstler empfehlen, Baupläne begutachten, Exportlizenzen bestätigen.

Drei Jahrhunderte lang hat der Akademismus die offizielle Kunstpolitik, die öffentliche Förderung der Künste, die künstlerische Erziehung, die Grundsätze, nach welchen Preise und Stipendien verteilt wurden, das Ausstellungswesen und zum Teil die Kunstkritik beherrscht. Ihm ist es vor allem zuzuschreiben, daß die organisch gewachsene Tradition der älteren Zeiten durch die Konvention der antiken Muster ersetzt wurde. Erst dem Naturalismus des 19. Jahrhunderts gelang es, das Ansehen der Akademien zu erschüttern und die Kunsttheorie, die seit ihrer Gründung klassizistisch eingestellt war, neu zu orientieren. In Italien selbst erfuhr der Akademiegedanke zwar nie die Versteifung und Verengung, der er bei seiner Verpflanzung nach Frankreich unterworfen wurde; die Akademien nehmen aber allmählich auch in Italien einen exklusiveren Charakter an. Im Anfang sollte die Zugehörigkeit zu diesen Instituten die Künstler bloß von den Handwerkern unterscheiden, bald wurde aber das Akademikertum zu einem Mittel, einen Teil der Künstlerschaft, nämlich den gebildeteren und materiell unabhängigeren, über die ungebildeten und unbemittelten Elemente zu erheben. Die Bildung, die die Akademien bei den anerkannten Künstlern voraussetzten, wurde immer mehr zu einem Kriterium der gesellschaftlichen Distinktion. Früher, in der Renaissance, wurden einzelnen Künstlern zwar ungewöhnliche Ehren zuteil, die große Mehrheit der Künstlerschaft aber führte eine verhältnismäßig bescheidene, wenn auch gesicherte Existenz; jetzt ist jeder anerkannte Maler ein *professore del disegno*, und ein *cavaliere* ist unter den Künstlern keine Seltenheit mehr. Eine solche Differenzierung ist nicht nur geeignet, die soziale Einheit der Künstlerschaft zu zerstören und sie in verschiedene, einander vollkommen fremd gegenüberstehende Schichten zu spalten, sie hat auch zur Folge, daß die oberste dieser Schichten sich mit der Oberschicht des Publikums statt mit der übrigen Künstlerschaft identifiziert. Der Umstand, daß auch Amateure und Laien zu Mitgliedern der Kunstakademien gewählt werden, schafft zwischen den gebildeten Kreisen des Publikums und der Künstlerschaft eine Solidarität, für die es in der früheren Geschichte der Kunst kein Beispiel gibt. Die Florentiner Aristokratie ist in der Accademia del Disegno vielfach vertreten, und diese Funktion erzeugt in ihr ein ganz anderes Interesse an den Dingen der Kunst als das mit dem früheren Mäzenatentum verbundene. Der gleiche Akademismus also, der nach unten die Künstlerschaft von dem nichtkünstlerischen Handwerkertum absondert, überbrückt nach oben den Abstand zwischen dem produktiv arbeitenden Künstler und dem vornehmen Laien.

Diese Vermischung der sozialen Kreise findet auch darin ihren Ausdruck, daß die Kunstschriftsteller nunmehr nicht nur für Künstler, sondern auch für Kunstliebhaber schreiben. Borghini, der Verfasser des berühmten *Riposo*, tut es ganz ausdrücklich; daß er sich aber als einer, der nicht zum Handwerk gehört und trotzdem über Kunst schreibt, rechtfertigen zu müssen glaubt, ist ein Symptom, daß bei der Künstlerschaft noch ein gewisser Widerstand gegen das Eindringen der Laienkritik besteht. Lodovico Dolce bespricht in seinem *L'Aretino* (1557) bereits ausführlich das Problem, ob einem Nichtkünstler das Recht zustehe, in Kunstfragen den Richter zu spielen, und gelangt zu dem Ergebnis, daß dem gebildeten Laien ein solches Recht, bis auf die Erörterung von rein technischen Fragen, unbedingt zugesprochen werden müsse. Dieser Auffassung entsprechend tritt die Behandlung der künstlerischen Technik in den Schriften der neuern Kunsttheoretiker, im Gegensatz zu den Kunsttraktaten der Renaissance, entschieden zurück. Infolge des Umstandes jedoch, daß die Kunsttheorie in der Hauptsache von Nichtkünstlern betrieben wird, werden natürlich jene Züge der Kunst, die nicht an einzelne Techniken gebunden, sondern allen Künsten gemeinsam sind, stärker betont und mit mehr Aufmerksamkeit erörtert als bisher.[185] Es gelangt allmählich eine ästhetische Lehre zur Herrschaft, die nicht nur die Bedeutung des Manuellen und Handwerksmäßigen vernachlässigt, sondern das Spezifische der einzelnen Künste verschleiert und auf einen Allgemeinbegriff der Kunst lossteuert. Daraus ist aber am besten ersichtlich, wie ein soziologisches Phänomen in die Entscheidung über rein theoretische Fragen hineinzuragen vermag. Das Aufrücken der Künstlerschaft in höhere Gesellschaftssphären und die Teilnahme der oberen Schichten am Kunstleben führt, wenn auch auf Umwegen, zur Aufhebung der Autonomie der künstlerischen Techniken und zur Entstehung der Doktrin von der prinzipiellen Einheitlichkeit der Kunst. Mit Federigo Zuccari und Lomazzo treten im Kunstschrifttum zwar wieder berufsmäßige Künstler in den Vordergrund, das Laienelement ist aber auf dem besten Weg, die Kunstkritik in Besitz zu nehmen. Die Kunstkritik im engeren Sinne des Wortes, das heißt die von der technischen und philosophischen Kunstlehre mehr oder weniger unabhängige Erörterung der künstlerischen Qualität einzelner Werke, ein Fach, das allerdings erst in der nächsten kunstgeschichtlichen Periode zu Bedeutung gelangt, ist von allem Anfang an die Domäne von Nichtkünstlern.

Die erste, verhältnismäßig kurze Phase des florentinischen Manierismus, die sich im wesentlichen auf das Jahrzehnt von 1520 bis 1530 erstreckt, bildet eine Reaktion gegen den Akademismus der Renaissance. Diese Tendenz erfährt erst mit dem Eintritt der zweiten Phase, die um die Mitte des Jahrhunderts ihren Höhepunkt erreicht und in Bronzino und Vasari ihre Hauptvertreter hat, eine Steigerung. Der Manierismus beginnt also mit einem Protest gegen die Kunst der Renaissance, und die Zeitgenossen sind sich der Zäsur, die damit in der Entwicklung entsteht, vollkommen bewußt. Schon das, was Vasari über Pontormo sagt, beweist, daß man die neue Kunstrichtung als einen Bruch mit der Vergangenheit empfindet. Vasari bemerkt nämlich, daß Pontormo in seinen Fresken in der Certosa di Val d'Ema Dürers Stil nachahmt, und bezeichnet das als eine Abirrung von den klassischen Idealen, die er und seine Zeitgenossen, das heißt die Generation der zwischen 1500 und 1510 Geborenen, wieder hoch in Ehren halten. Tatsächlich ist aber die Wendung Pontormos von den italienischen Renaissancemeistern zu Dürer keine bloße Geschmacks- und Formfrage, wie Vasari meint, sondern der künstlerische Ausdruck der geistigen Verwandtschaft, die die Generation Pontormos mit der deutschen Reformation verbindet. Mit der nordischen Religiosität gewinnt auch die nordische Kunst Boden in Italien, und zwar vor allem die Kunst desjenigen deutschen Künstlers, der von allen seinen Landsleuten dem italienischen Geschmack an und für sich am nächsten steht und durch die Verbreitung seiner graphischen Blätter auch im Süden der populärste ist. Es sind aber durchaus nicht die mit der italienischen Kunst gemeinsamen Züge, die den Stil Dürers gerade für Pontormo und seine Gesinnungsgenossen anziehend machen, sondern die geistige Vertiefung und Verinnerlichung, der gotische Spiritualismus und Idealismus, das heißt die Eigenschaften, die sie in der klassischen italienischen Kunst am meisten vermissen. Die Gegensätze der „Gotik" und der „Renaissance" jedoch, die bei Dürer selbst weitgehend ausgeglichen sind, klaffen bei den Manieristen als unversöhnte und unversöhnliche Antinomien der Kunstanschauung.

Am auffallendsten äußert sich dieser Antagonismus in der Behandlung des Raumes. Pontormo, Rosso, Beccafumi überspannen einerseits die raumhafte Wirkung ihrer Darstellungen und lassen die einzelnen Figurengruppen bald jäh in die Tiefe hineindringen, bald aus der Tiefe herausschießen, negieren aber anderseits den Raum, und zwar nicht nur indem sie seine optische Einheitlichkeit und strukturelle Homogenität aufheben, sondern auch indem sie die Komposition an einem flächenhaften Muster orientieren und den Hang nach der Tiefe mit einer Tendenz zur Fläche verbinden. Der Raum ist für die Renaissance, so wie für jede bewegte, strömende, dynamische Kultur, die Grundkategorie des optischen Weltbildes; im Manierismus verliert die Räumlichkeit diese Prävalenz, ohne jedoch vollkommen entwertet zu werden – im Gegensatz zu den meisten statischen und konservativen, weltflüchtigen und spiritualistischen Kulturen, die auf die Darstellung des Raumes zumeist ganz verzichten und die Körper in abstrakter Isolation, tiefe- und atmosphärenlos schildern. Die Malerei der expansiven, weltbejahenden und erfahrungsfreudigen Kulturen stellt die Körper zunächst in einen lückenlosen Raumzusammenhang, macht sie dann allmählich zum Substrat des Raumes, um sie schließlich ganz im Raum aufzulösen. Das ist der Weg, der von der griechischen Klassik über die Kunst des 4. vorchristlichen Jahrhunderts zum Hellenismus, und von der Frührenaissance über den Barock zum Impressionismus führt. Das frühe Mittelalter will von Raum und Raumhaftigkeit ebensowenig wissen wie der antike Archaismus. Die Räumlichkeit wird erst am Ende des Mittelalters zum Prinzip des bewegten Lebens, zum Träger des Lichts und der alles umhüllenden Atmosphäre. Sowie sich dann aber die Entwicklung der Renaissance nähert, verwandelt sich diese Raumbewußtheit in eine richtige Raumbesessenheit. Spengler hat im raumhaften Sehen und Denken des Renaissancemenschen – des „faustischen", wie er ihn nennt [186] – auf einen wesentlichen Zug aller dynamischen Kulturen hingewiesen. Goldgrund und Perspektive sind eben mehr als zwei verschiedene Arten der Hintergrundgestaltung, – sie bezeichnen zwei verschiedene Grundeinstellungen zur Wirklichkeit. Die eine geht vom Menschen aus, die andere von der Welt; die eine betont den Primat der Figur vor dem Raum, die andere läßt den Raum, als das Element des Scheins und das Substrat der sinnlichen Erfahrung, über die Substantialität des Menschen herrschen und die menschliche Gestalt vom Raum absorbieren. „Der Raum ist früher vorhanden als der an den Ort gebrachte Körper" sagt der die Renaissanceauffassung in diesem Zusammenhang wohl am besten vertretende Pomponius Gauricus.[187] Der Manierismus unterscheidet sich von diesen typischen Einstellungen, indem er einerseits sich über jede räumliche Begrenzung hinwegzusetzen trachtet, andererseits aber auf den dynamischen Ausdruckseffekt der Raumtiefe doch nicht verzichten möchte. Die oft übertriebene Plastizität und die zumeist übermäßige Bewegtheit seiner Figuren wirken wie eine Kompensation für die Irrealität des Raumes, der aufhört, ein zusammenhängendes System zu bilden, und zur bloßen Summe von Raumkoeffizienten wird. Die widerspruchsvolle Stellung zum Raumproblem führt in Werken wie Pontormos Londoner *Rückkehr der Brüder Josephs aus Ägypten* oder Parmigianinos *Madonna del collo lungo* zu einer Phantastik der Verhältnisse, die leicht als bloße Extravaganz erscheint, die aber in Wirklichkeit im erschütterten Realitätsgefühl des Zeitalters ihren Ursprung hat.

Mit der Konsolidierung der fürstlichen Herrschaft verliert der Manierismus in Florenz viel von seiner spielerischen Artistik und nimmt einen vorwiegend höfisch-akademischen Charakter an; man anerkennt einerseits die unbedingte Mustergültigkeit Michelangelos, andererseits die Verbindlichkeit fester gesellschaftlicher Konventionen. Jetzt erst wird die Abhängigkeit des Manierismus von der klassischen Kunst stärker als seine Opposition gegen sie, – vor allem wohl unter dem Einfluß des Autoritätsgeistes, der das höfische Florenz beherrscht und auch in der Kunst feste Maßstäbe befolgen läßt. Die Idee der kühlen, unnahbaren Grandezza, die die Herzogin Eleonore aus ihrer spanischen Heimat mit sich bringt, kommt am unmittelbarsten bei Bronzino zur Geltung, der mit den kristallenen und korrekten Formen seiner Kunst der geborene Hofmaler ist; mit der ambivalenten Natur seiner Beziehung zu Michelangelo und zum Raumproblem in der Kunst, mit dem inneren Widerspruch vor allem, den man das erschütterte seelische Gleichgewicht hinter dem Panzer der Haltung genannt hat,[188] ist er aber zugleich der typische Manierist. Bei Parmigianino, der unter der Herrschaft von weniger strengen Konventionen arbeitet, ist der „Panzer" dünner und die Zeichen der inneren Unruhe treten unmittelbarer hervor. Er ist zarter, nervöser, morbider als Bronzino; er darf sich mehr gehen lassen als der Hofmaler und Hofmann in Florenz, er ist aber ebenso geziert und gekünstelt wie dieser. Es entwickelt sich allenthalben in Italien ein raffinierter Hofstil, ein Überrokoko, dessen Subtilität der französischen Kunst des 18. Jahrhunderts in nichts nachsteht, das aber oft reicher und komplizierter ist als das *Dixhuitième*. Jetzt gewinnt der Manierismus erst den allgemeingültigen, internationalen Charakter, den die Kunst der Renaissance nie besessen hat. In diesem nunmehr über ganz Europa sich verbreitenden Stil bildet die preziöse, rokokohafte Artistik einen ebenso wichtigen Bestandteil wie der strenge michelangeleske Kanon. Und so wenig auch diese beiden Elemente an und für sich miteinander gemein haben, das artistische Element war jedenfalls schon bei Michelangelo, namentlich in Werken wie dem *Sieger* und den Medici-Gräbern, im Keime vorhanden.

Der wirkliche Erbe Michelangelos aber ist nicht der internationale, „michelangeleske“ Manierismus, sondern Tintoretto, der zwar nicht ohne jeden Zusammenhang mit diesem internationalen Stil ist, im wesentlichen jedoch abseits davon steht. Venedig hat keinen fürstlichen Hof, und Tintoretto arbeitet auch für keine auswärtigen Höfe wie Tizian, ja, er wird sogar von der Republik erst gegen sein Lebensende mit Aufträgen bedacht. Statt von Hof und Staat wird er hauptsächlich von den Konfraternitäten beschäftigt. Ob der religiöse Charakter seiner Kunst vor allem durch die Ansprüche seiner Auftraggeber bedingt war, oder ob er seine Kunden von vornherein in einem ihm geistig nahestehenden Kreise suchte, ist schwer zu sagen; jedenfalls war er der einzige Künstler in Italien, bei dem die religiöse Wiedergeburt der Zeit einen ebenso tiefen, wenn auch anders gearteten Ausdruck gefunden hat wie bei Michelangelo. Er arbeitete für die Brüderschaft S. Rocco, deren Mitglied er im Jahre 1575 geworden war, zu so bescheidenen Bedingungen, daß man annehmen kann, daß bei der Übernahme der Arbeit Gefühlsmomente ausschlaggebend waren. Die geistig-religiöse Richtung seiner Kunst wurde, wenn auch nicht bedingt oder gar erzeugt, so doch jedenfalls ermöglicht durch den Umstand, daß er für so ganz anders gesinnte Interessenten tätig war als zum Beispiel Tizian. Die auf religiöser Grundlage aufgebauten, zumeist nach Berufsständen organisierten Brüderschaften sind für das Venedig des 16. Jahrhunderts besonders charakteristisch; der Zulauf, den sie haben, ist ein Symptom der Vertiefung des religiösen Lebens, die in der Heimat Contarinis noch intensiver ist als in den meisten anderen Orten Italiens. Die Mitglieder sind zumeist kleine Leute, und auch das gehört zur Erklärung des Vorzugs, den sie dem streng religiösen Element bei ihren künstlerischen Interessen geben. Die Konfraternitäten selbst sind aber vermögend und können es sich leisten, ihre Vereinshäuser mit bedeutenden und anspruchsvollen Gemälden zu schmücken. Indem Tintoretto an der Ausmalung eines solchen Vereinshauses, der Scuola S. Rocco, arbeitet, entwickelt er sich zum größten und repräsentativsten Maler der Gegenreformation.[189] Seine geistige Wiedergeburt vollzieht sich um 1560, zur Zeit, als das

Tridentinum sich seinem Abschluß nähert und zu seinen Kunstdekreten gelangt. Die großen Gemälde der Scuola S. Rocco, die in zwei Arbeitsphasen, in den Jahren 1565–67 und 1576–87 entstehen, stellen die Heroen des Alten Testaments dar, erzählen das Leben Christi und verherrlichen die Sakramente des Christentums. Motivisch sind sie seit Giottos Freskenzyklus in der Arena-Kapelle die umfassendste Bilderserie der christlichen Kunst, und was ihren Geist betrifft, muß man bis zu den Bildwerken der gotischen Kathedralen zurückgehen, um eine so orthodoxe Schilderung des christlichen Kosmos zu finden. Michelangelo ist ein mit den Mysterien des Christentums ringender Heide neben Tintoretto, der bereits im sicheren Besitz des Geheimnisses ist, um dessen Lösung sein Vorgänger noch kämpfen mußte. Die biblischen Szenen, die Verkündigung, die Heimsuchung, das Abendmahl, die Kreuzigung, sind für ihn keine bloßen Episoden aus der Tragödie des Erlösers wie für Michelangelo, sondern die sichtbar gewordenen Mysterien des christlichen Glaubens. Die Darstellungen nehmen bei ihm einen visionären Charakter an und wirken, obwohl sie alle die naturalistischen Errungenschaften der Renaissance in sich vereinigen, irreal, vergeistigt, inspiriert. Das Natürliche und das Übernatürliche, das Weltliche und das Geistliche erscheinen hier in einer vollkommenen Distanzlosigkeit zueinander. Dieses Gleichgewicht bildet allerdings ein vorübergehendes Entwicklungsstadium; der orthodoxe christliche Sinn der Darstellungen geht wieder verloren. Das Weltbild der Alterswerke Tintorettos ist oft ein heidnisch-mythisches, im besten Fall ein alttestamentarisches, keinesfalls ein evangelisches. Es ist ein kosmisches Geschehen, das sich in ihnen abspielt, ein urweltliches Drama, in dem sowohl die Propheten und die Heiligen als auch Christus und Gottvater sozusagen nur Mitspieler, nicht Spielleiter sind. In dem Gemälde *Moses schlägt Wasser aus dem Felsen* muß nicht nur der biblische Held auf seine Protagonistenrolle verzichten und hinter dem Wunder des Wasserstrahls zurückstehen, Gott selbst wird zu einem bewegten Himmelskörper, einem wirbelnden Feuerrad in der Maschinerie des Universums. In der *Versuchung* und der *Himmelfahrt* wiederholt sich dieses makrokosmische Schauspiel, das viel zu wenig historische Bestimmtheit und menschliche Bezogenheit besitzt, um streng christlich und biblisch genannt werden zu können. In anderen Werken, wie der *Flucht nach Ägypten* und den beiden *Marien*, verwandelt sich die Szenerie in eine mythologische Ideallandschaft, in der die Figuren fast gänzlich verschwinden und der Hintergrund die Bühne beherrscht.

Der einzige wirkliche Nachfolger Tintorettos ist Greco. Wie die Kunst des großen venezianischen Manieristen, so entwickelt sich auch seine Kunst im wesentlichen unabhängig von den höfischen Kreisen. Toledo, wo Greco sich nach seinen italienischen Lehrjahren niederläßt, ist neben Madrid, dem Sitz des Hofes, und Sevilla, dem Hauptknotenpunkt des Handels und Verkehrs, die drittwichtigste Stadt des damaligen Spaniens und bildet das Zentrum des kirchlichen Lebens.[190] Es ist kein Zufall, daß der am tiefsten religiöse Künstler seit dem Mittelalter diese Stadt zur Heimat wählt. Es hat zwar von Seiten Grecos an Versuchen nicht gefehlt, am Hofe in Madrid Anstellung zu finden,[191] sein Mißerfolg ist aber ein Zeichen, daß zwischen der höfischen und der religiösen Kultur sich auch in Spanien ein Gegensatz zu entwickeln beginnt und daß für einen Künstler wie Greco die höfische Formel des Manierismus bereits zu eng geworden ist. Seine Kunst verleugnet zwar keineswegs den höfischen Ursprung des Stils, dessen er sich bedient, sie wächst aber über alles Höfische weit hinaus. Das *Begräbnis des Grafen Orgaz* stellt eine Repräsentationsszene im korrekten höfischen Geschmack dar, erhebt sich aber gleichzeitig in Regionen, die alles Gesellschaftliche und Zwischenmenschliche weit hinter sich läßt. Es ist einerseits ein tadelloses Zeremonienbild, andererseits die Darstellung eines irdisch-himmlischen Schauspiels von tiefster, zartester, geheimnisvollster Innigkeit. Auf diese Stufe des Gleichgewichts folgt auch bei Greco, so wie bei Tintoretto, eine Periode der Deformierung, Disproportionierung und Überspannung. Bei Tintoretto weitete sich der Schauplatz der Darstellungen zu unermeßlichen kosmischen Räumen, bei Greco entstehen zwischen den Figuren Inkongruenzen, die an und für sich unerklärlich sind und zu einer über alles Rationale und Natürliche hinausgehenden Deutung drängen. In seinen letzten Schöpfungen kommt Greco der michelangelesken Entmaterialisierung der Wirklichkeit nahe. In Werken wie der *Heimsuchung* und der *Vermählung*, die in seiner Entwicklung die Stelle der *Pietà Rondanini* einnehmen, lösen sich die Figuren bereits ganz im Lichte auf und werden zu blassen, gewichtslos vorbeihuschenden Schatten in einem undefinierbaren, irrealen, abstrakten Raum.

Auch Greco hat keinen unmittelbaren Nachfolger; auch er steht mit seiner Lösung der aktuellen künstlerischen Probleme allein. Allgemeingültigkeit erwirbt jetzt nur das Durchschnittsniveau, im Gegensatz zum Mittelalter, dessen Einheitsstil auch die vollkommensten Schöpfungen der Epoche in sich faßt. Grecos Spiritualismus findet nicht einmal eine so indirekte Fortsetzung oder Parallele wie die kosmische Weltanschauung des italienischen Manierismus in der Kunst Bruegels. Denn bei aller sonstigen Verschiedenheit ist das Allgefühl auch bei diesem Künstler das vorherrschende Element, obgleich die Träger der Totalität, ganz anders als zum Beispiel bei Tintoretto, oft die trivialsten Dinge sind – ein Berg, ein Tal, eine Welle. Bei Tintoretto vergeht das Gewöhnliche vor dem Atem des Alls, bei Bruegel ist das All den Gegenständen der alltäglichsten Erfahrung immanent. Es ist eine neue Form des Symbolismus, die hier verwirklicht wird, eine, die jeder bisherigen gewissermaßen entgegengesetzt ist. In der mittelalterlichen Kunst kam der symbolische Sinn um so stärker zur Geltung, je mehr die Darstellung sich von der Erfahrungswirklichkeit entfernte, je stilisierter und konventioneller sie war; hier dagegen wächst die Symbolkraft der Darstellung mit der Trivialität und der peripherischen Natur der Motive. Die Kunstwerke des Mittelalters hatten infolge der abstrakten und konventionellen Wesensart ihrer Symbolik immer nur *eine* richtige Deutung, die großen künstlerischen Schöpfungen seit dem Manierismus haben dagegen, infolge der Lebensnähe ihrer Motive, unzählige mögliche Deutungen. Die Gemälde Bruegels, die Dichtungen Shakespeares und Cervantes' müssen, um verstanden zu werden, stets umgedeutet werden. Ihr symbolischer Naturalismus, mit dem die Geschichte der neueren Kunst beginnt, hat im manieristischen

Lebensgefühl seinen Ursprung und bedeutet die vollkommene Umkehrung der homerischen Homogenität, die grundsätzliche Scheidung von Sinn und Sein, Wesen und Leben, Gott und Welt. Die Welt ist hier nicht sinnvoll, schon weil sie *seiend* ist, wie bei Homer, auch sind diese Darstellungen der Kunst nicht schon wahr, weil sie von der gewöhnlichen Wirklichkeit verschieden sind, wie im Mittelalter, sondern sie weisen durch ihre Lückenhaftigkeit und ihre an sich seiende Sinnlosigkeit auf eine vollkommenere, sinnvollere Totalität hin.

Bruegel scheint auf den ersten Blick mit den meisten Manieristen wenig gemein zu haben. Es fehlen bei ihm die Bravourstücke, die artistischen Feinheiten, die Konvulsionen und Kontorsionen, die Willkürlichkeit der Maßstäbe und die Antagonismen der Raumauffassung. Er scheint, besonders wenn man sich an die Bauernstücke seiner letzten Periode hält, ein robuster Naturalist zu sein, der in den Rahmen des problematischen, intellektualistisch zwiespältigen Manierismus durchaus nicht hineinpaßt. Bruegels Weltbild ist aber in Wirklichkeit ebenso gebrochen, sein Lebensgefühl ebenso unnaiv und unspontan wie das der übrigen Manieristen. Unnaiv nicht nur im Sinne des Reflektierten, in dem jede Kunst seit der Renaissance unnaiv ist, sondern auch in dem Sinn, daß der Künstler nicht eine Darstellung der Wirklichkeit schlechthin, sondern bewußter- und vorsätzlicherweise *seine* Darstellung, *seine* Deutung der Wirklichkeit darbietet, und daß alle seine Werke unter dem Titel „Wie ich es sehe" zusammengefaßt werden könnten. Dieser Zug ist das umwälzend Neue und das eminent Moderne sowohl an der Kunst Bruegels als auch am ganzen Manierismus. Nur die kapriziöse Artistik der meisten Manieristen fehlt bei Bruegel, nicht aber ihr pikanter Individualismus, nicht der Wille, vor allem sich selbst auszudrücken, und zwar in einer noch nie dagewesenen Form. Niemand wird seine erste Begegnung mit Bruegel vergessen. Das Charakteristische der Kunst anderer, namentlich älterer Meister geht dem unerfahrenen Betrachter oft erst nach einiger Übung auf; zumeist verwechselt er im Anfang die Werke der verschiedenen Künstler miteinander. Die Eigenart Bruegels ist unvergeßlich, unverwechselbar auch für den Anfänger.

Bruegels Malerei hat mit der manieristischen Kunst auch den unvolkstümlichen Charakter gemein. Das ist an ihr ebenso verkannt worden wie ihr Stil im allgemeinen, den man für einen gesunden, naiven, ungebrochenen Naturalismus hielt. Man nannte den Künstler den „Bauern-Bruegel“ und verfiel in den Irrtum, daß eine Kunst, die das Leben der kleinen Leute schildert, auch für kleine Leute bestimmt sei, wo doch in Wirklichkeit eher das Gegenteil wahr ist. Das Abbild der eigenen Lebensweise, die Schilderung der eigenen sozialen Umwelt suchen in der Kunst gewöhnlich nur die konservativ denkenden und fühlenden Gesellschaftsschichten, Elemente, die mit ihrer Stellung in der Gesellschaft zufrieden sind. Niedergehaltene und aufwärtsstrebende Schichten wünschen Lebensumstände dargestellt zu sehen, die ihnen als Ziel vorschweben, nicht solche, aus welchen sie sich herauszuarbeiten trachten. Eine sentimentale Beziehung zu einfachen Lebensverhältnissen empfinden in der Regel nur Leute, die über diesen Verhältnissen stehen. Das ist heute so und war auch im 16. Jahrhundert nicht anders. So wie die Arbeiter und Kleinbürger von heute im Kino das Lebensmilieu der reichen Leute und nicht die Umstände ihres eigenen beengten Lebens sehen wollen, und so wie die Arbeiterdramen des vorigen Jahrhunderts ihre entscheidenden Erfolge nicht in den Volkstheatern, sondern im Westen der Großstädte erzielten, war auch die Kunst Bruegels für die höheren oder jedenfalls die städtischen und nicht die bäuerlichen Kreise bestimmt. Seine Bauerndarstellungen hatten, wie nachgewiesen wurde, in der höfischen Kultur ihren Ursprung.[192] Das Interesse für das Landleben als Gegenstand der Kunst ist zuerst an den Höfen zu beobachten, und wir besitzen in den Kalenderbildern der Gebetbücher des Herzogs von Berry schon vom Anfang des 15. Jahrhunderts solche höfischen Schilderungen ländlicher Szenen. Buchmalereien dieser Art bilden die eine Quelle der Kunst Bruegels, die andere ist in jenen, zuerst ebenfalls für den Hof und die höfischen Kreise bestimmten Wandteppichen erkannt worden, die, neben den jagenden, tanzenden, mit Gesellschaftsspielen beschäftigten Damen und Herren, arbeitende Landleute, Holzhacker und Weinbauer darstellten.[193] Der

Effekt dieser sittenbildlichen Schilderungen aus dem Land- und Naturleben war ursprünglich keineswegs gefühlsbetont und romantisch – eine solche Wirkung kam erst im 18. Jahrhundert auf –, sondern vielmehr komisch und grotesk. Das Leben der kleinen Leute, der Bauern und Arbeiter, wirkte auf jene Kreise, für die die illuminierten Gebetbücher und die Wandteppiche hergestellt wurden, als ein Kuriosum, als etwas Fremdes und Exotisches, keineswegs als etwas menschlich Nahes und Rührendes. Die Herren fanden an den Darstellungen aus dem Alltag dieser Leute ein ähnliches Wohlgefallen wie an den Fabliaux in früheren Jahrhunderten, nur daß diese von Anfang an auch die Unterhaltung der niedrigeren Schichten bildeten, die Konsumtion der kostbaren Miniaturen und Bildteppiche dagegen auf die höchsten Kreise beschränkt war. Auch die Interessenten für die Bilder Bruegels werden zu den wohlhabendsten und kultiviertesten Schichten gehört haben. Der Künstler läßt sich, nach einem Aufenthalt in Antwerpen, um 1562/63 im höfisch-aristokratischen Bruxelles nieder. Mit dieser Übersiedlung gleichzeitig erfolgt der für seine letzte Manier entscheidende Stilwandel und die Wendung zu den Motiven jener Bauernbilder, die seinen Ruhm begründeten.[194]

## 7. DIE ZWEITE NIEDERLAGE DES RITTERTUMS

Die Renaissance der Ritterromantik mit der neuaufflammenden Begeisterung für das heroische Leben und der neuen Mode der Ritterromane, eine Erscheinung, die sich gegen Ende des 15. Jahrhunderts zuerst in Italien und Flandern bemerkbar macht und im 16. Jahrhundert in Frankreich und Spanien ihren Höhepunkt erreicht, ist im wesentlichen ein Symptom der beginnenden Vorherrschaft der autoritären Staatsform, der Degeneration der bürgerlichen Demokratie und der allmählichen Verhöfischung der abendländischen Kultur. Die ritterlichen Lebensideale und Tugendbegriffe sind die sublimierte Gestalt, in die der neue, zum Teil von unten aufsteigende Adel und das zum Absolutismus neigende Fürstentum ihre Ideologie kleiden. Kaiser Maximilian gilt als der „letzte Ritter“, er hat aber viele Nachfolger, die auf diesen Titel Anspruch haben, und noch Ignatius von Loyola nennt sich den „Ritter Christi“ und organisiert seinen Orden nach den Grundsätzen der ritterlichen Tugendlehre, – wenn auch zugleich im Geiste des neuen politischen Realismus. Die ritterlichen Ideale selbst sind nicht mehr tragfähig genug; ihre Unvereinbarkeit mit der rationalistischen Struktur der wirtschaftlichen und gesellschaftlichen Realität, ihre Ungültigkeit in der Welt der „Windmühlen“ ist allzu offenkundig. Nach einem Jahrhundert der Begeisterung für den fahrenden Ritter und des Schwelgens in den Abenteuern der Ritterromane erleidet das Rittertum seine zweite Niederlage. Die großen Dichter des Jahrhunderts, Shakespeare und Cervantes, sind nur das Sprachrohr ihrer Zeit, sie verkünden nur, was die Wirklichkeit auf Schritt und Tritt verrät, daß nämlich das Rittertum sich überlebt hat und seine lebensformende Kraft eine Fiktion geworden ist.

Nirgends hat der neue Kult des Rittertums die Intensität erreicht wie in Spanien, wo im siebenhundertjährigen Kampf gegen die Araber die Maximen des Glaubens und der Ehre, die Interessen und das Prestige der Herrenklasse zu einer unauflösbaren Einheit verschmolzen waren, und wo die Eroberungskriege gegen Italien, die Siege über Frankreich, die ausgedehnten Koloniegründungen und die Ausbeutung der Schätze Amerikas zur Heroisierung des Militärstandes sich sozusagen von selber anboten. Hier, wo der neubelebte ritterliche Geist am hellsten glänzte, war aber auch die Enttäuschung am größten, als die Herrschaft der ritterlichen Ideale sich als eine Fiktion entpuppte. Das siegreiche Spanien mußte, trotz seiner Eroberungen und seiner Schätze, vor der wirtschaftlichen Suprematie der holländischen Krämer und der englischen Piraten zurücktreten; es war außerstande, seine kriegserprobten Helden zu versorgen; der stolze Hidalgo wurde zum Hungerleider, wenn nicht zum Schelm und Vagabunden: die Ritterromane erwiesen sich in der Tat als die ungeeigneteste Vorbereitung auf die Aufgaben, die ein ausgedienter Krieger bei seiner Etablierung in der bürgerlichen Welt zu lösen hatte.

Die Lebensgeschichte von Cervantes enthüllt ein für die Zeit des Übergangs von der ritterlichen Romantik zum Realismus höchst typisches Schicksal. Ohne diese Lebensgeschichte zu kennen, ist es unmöglich, *Don Quijote* soziologisch zu würdigen. Der Dichter stammt aus einer mittellosen, sich zum ritterlichen Adel zählenden Familie; er ist infolge seiner Armut von Jugend auf gezwungen, im Heere Philipps II. als gewöhnlicher Soldat zu dienen und all die Mühsal der Kriegszüge in Italien durchzumachen. Er nimmt an der Schlacht von Lepanto teil, in der er schwer verwundet wird. Auf dem Heimweg aus Italien fällt er algerischen Piraten in die Hände, verbringt fünf bittere Jahre in der Gefangenschaft, bis er nach mehreren mißglückten Fluchtversuchen im Jahre 1580 ausgelöst wird. Zu Hause findet er seine Familie vollkommen verarmt und verschuldet wieder. Man hat aber auch für ihn, den verdienstvollen Soldaten, den Helden von Lepanto, den in die Gefangenschaft der Heiden gefallenen Ritter, keine richtige Verwendung; er muß sich mit dem subalternen Posten eines kleinen Steuereintreibers begnügen, hat materielle Sorgen, kommt unschuldig oder wegen eines geringen Vergehens ins Gefängnis und muß schließlich noch den Zusammenbruch der spanischen Militärmacht und die Niederlage den Engländern gegenüber erleben. Die Tragödie des Ritters wiederholt sich im großen, im Schicksal des ritterlichen Volkes par excellence. Schuld an der Niederlage im großen wie im kleinen ist, wie es ihm nun immer klarer wird, die historische Deplaciertheit des Rittertums, die Unzeitgemäßheit der irrationalen Romantik in dieser durchaus unromantischen Zeit. Wenn Don Quijote die Unvereinbarkeit der Welt und seiner Ideale auf die Verzauberung der Wirklichkeit zurückführt und die Diskrepanz der subjektiven und der objektiven Ordnung der Dinge nicht begreifen kann, so bedeutet das nur, daß er den welthistorischen Wandel verschlafen hat und daß ihm infolgedessen seine Traumwelt als die einzig reale, die Wirklichkeit dagegen als eine Zauberwelt voll böser Dämonen erscheint. Cervantes erkennt die vollkommen spannungslose, jede Korrektur von vornherein ausschließende Natur dieser Einstellung; er sieht, daß ihr Idealismus von der Realität her ebenso unanfechtbar ist, wie die äußere Wirklichkeit von diesem Idealismus unberührt bleiben muß, und daß bei einer solchen Beziehungslosigkeit zwischen dem Helden und seiner Umwelt jedes Handeln zu einem Vorbeihandeln an der Wirklichkeit verurteilt ist.

Es mag wohl sein, daß Cervantes sich des tieferen Sinnes seiner Idee nicht von Anfang an bewußt war und zuerst wirklich nur an eine Parodie der Ritterromane dachte. Er muß aber bald erkannt haben, daß bei dem Problem, das ihn beschäftigte, nicht nur die Lektüre seiner Zeitgenossen in Frage stand. Die parodistische Behandlung des Ritterlebens war übrigens zu seiner Zeit lange nicht mehr neu; schon Pulci machte sich über die Rittergeschichten lustig, und bei Bojardo und Ariosto finden wir dem Ritterzauber gegenüber die gleiche mokante Haltung. Das neue Rittertum nahm sich in Italien, wo das ritterliche Wesen zum Teil von bürgerlichen Elementen getragen wurde, selber nicht ganz ernst. Cervantes wurde auf seine skeptische Einstellung zum Rittertum zweifellos hier, in der Heimat des Liberalismus und Humanismus, vorbereitet und hatte wohl die erste Anregung zu seinem welthistorischen Ulk der italienischen Literatur zu verdanken. Sein Werk sollte aber nicht nur zu einer Persiflage der gekünstelten und stereotypen Moderomane und nicht nur zu einer Kritik des unzeitgemäßen Rittertums werden, sondern auch zu einer Anklage gegen die nüchterne, entzauberte Wirklichkeit, in der für einen Idealisten nichts übrigblieb, als sich hinter seine fixe Idee zu verschanzen. Nicht die ironische Behandlung der ritterlichen Lebenshaltung war also neu bei Cervantes, sondern die Relativierung der beiden Welten, der idealistisch-romantischen und der realistisch-rationalistischen. Neu war der unauflösbare Dualismus seines Weltbildes, der Gedanke der Unrealisierbarkeit der Idee in der Wirklichkeit und der Unreduzierbarkeit der Realität auf die Idee.

Cervantes ist in seiner Beziehung zur Problematik des Rittertums ganz von der Zweideutigkeit des manieristischen Lebensgefühls bestimmt. Er schwankt zwischen der Rechtfertigung des weltfremden Idealismus und der weltgerechten Vernünftigkeit. Daraus ergibt sich seine zwiespältige, eine neue Epoche der Literatur einleitende Haltung seinem Helden gegenüber. Bisher gab es in der Dichtung nur gute und böse Charaktere, Retter und Verräter, Heilige und Frevler, hier ist der Held Heiliger und Narr in einer Person. Wenn Sinn für Humor die Fähigkeit ist, zwei entgegengesetzte Seiten einer Sache gleichzeitig zu sehen, so bedeutet die Entdeckung dieser Doppelseitigkeit eines Charakters die Entdeckung des Humors in der Dichtung, des Humors, der in diesem Sinne vor dem Manierismus unbekannt war. – Wir besitzen keine Analyse des Manierismus in der Dichtung, die über die üblichen Darstellungen des Marinismus, Gongorismus und der verwandten Richtungen hinausginge; wenn man aber eine solche Analyse durchführen wollte, müßte man von Cervantes ausgehen.[195] Neben dem schwankenden Gefühl für die Wirklichkeit, den verwischten Grenzen zwischen real und irreal, könnte man bei ihm auch die anderen Grundzüge des Manierismus, das Durchscheinen der Komik durch die Tragik und die Gegenwart des Tragischen im Komischen, sowie die Doppelnatur des Helden, der bald als lächerlich, bald als erhaben erscheint, am besten studieren. Zu diesen Zügen gehört vor allem auch das Phänomen der „bewußten Selbsttäuschung“, die verschiedenen Anspielungen des Autors, daß es sich in seiner Erzählung um eine fiktive Welt handle, die fortwährende Überschreitung der Grenzen zwischen der werkimmanenten und der werkjenseitigen Wirklichkeit, die Unbekümmertheit, mit der die Gestalten des Romans aus ihrer eigenen Sphäre heraustreten und in die Welt des Lesers hinüberspazieren, die „romantische Ironie“, mit der im zweiten Teil des Werkes auf die Berühmtheit der Hauptfiguren durch den ersten Teil Bezug genommen wird, der Umstand zum Beispiel, wie diese, dank ihrem literarischen Ruhm, an den herzoglichen Hof gelangen, und wie Sancho Pansa hier von sich erklärt, daß er „der Stallknecht Don Quijotes sei, der auch in der Erzählung vorkommt, und Sancho Pansa heiße, wenn man ihn nur in der Wiege, das heißt in der Druckerei, nicht vertauscht habe“. Manieristisch ist die fixe Idee, von der der Held besessen ist, der Zwang, unter dem er sich bewegt, und der marionettenhafte Charakter, den die ganze Handlung infolgedessen gewinnt. Manieristisch ist das Grotesk-Kapriziöse der Darstellung, das Willkürliche, Formlose und Maßlose der Struktur; die Unersättlichkeit des Erzählers an immer neuen Episoden, Kommentaren und Exkursen; die filmischen Sprünge, Abschweifungen und Überblendungen. Manieristisch ist die Mischung der realistischen und der phantastischen Elemente des Stils, des Naturalismus der Details und des Irrealismus der Gesamtkonzeption, die Vereinigung der Züge des idealistischen Ritterromans und des vulgären Schelmenromans, die Verbindung der dem Alltag abgelauschten Dialoge, die Cervantes als erster Romanschriftsteller verwendet,[196] mit den gekünstelten Rhythmen und gezierten Tropen des *conceptismo*. Manieristisch ist auch, und zwar in einer sehr bezeichnenden Weise, daß das Werk gleichsam im Zustand des Werdens und Wachsens dargeboten wird, daß die Geschichte ihre Richtung ändert, daß eine so wichtige und scheinbar unentbehrliche Figur wie Sancho Pansa überhaupt ein nachträglicher Einfall ist, daß Cervantes – wie behauptet wurde [197] – am Ende seinen Helden selber nicht mehr begreift. Manieristisch ist schließlich das Ungleichmäßige, bald Virtuose und Delikate, bald Unsorgfältige und Krude der Ausführung, wofür man *Don Quijote* die fahrlässigste aller großen dichterischen Schöpfungen genannt hat,[198] – nur mit halbem Recht, denn es gibt Werke von Shakespeare, die diesen Titel ebenso wohl verdienen.

Cervantes und Shakespeare sind fast Generationsgenossen; sie sterben, wenn auch nicht gleichaltrig, im selben Jahr. Die Berührungspunkte zwischen der Weltanschauung und dem Kunstwollen der beiden Dichter sind zahlreich, in keinem Punkt ist aber wohl die Übereinstimmung zwischen ihnen so bedeutungsvoll, wie in bezug auf das Rittertum, das sie beide für etwas Unzeitgemäßes und Dekadentes halten. Trotz dieser grundsätzlichen Einstimmigkeit sind ihre Gefühle bezüglich des ritterlichen Lebensideals, wie es bei einer so komplexen Erscheinung kaum anders zu erwarten ist, sehr verschieden. Shakespeare der Dramatiker stellt sich zu der Idee des Rittertums positiver als der Romancier Cervantes; der Bürger des sozialgeschichtlich fortschrittlicheren Englands lehnt aber das Rittertum als Klasse schärfer ab als der infolge seiner eigenen ritterlichen Herkunft und seiner militärischen Laufbahn nicht ganz so unbefangene Spanier. Der Dramatiker will auf die soziale Erhöhung seiner Helden schon aus stilistischen Gründen nicht verzichten: diese müssen Fürsten, Generale und große Herren sein, um sich von ihren Mitmenschen theatralisch abzuheben, und von hoch genug fallen, um durch die Peripetie ihres Schicksals einen um so tieferen Eindruck zu machen.

Das Königtum hatte sich unter den Tudors zum Despotismus entwickelt. Der Hochadel war am Ende des Rosenkriegs fast vollkommen vernichtet, der niedere Landadel, das grundbesitzende Freibauerntum und das städtische Bürgertum wollten aber vor allem Frieden und Ordnung, – jede Regierung war ihnen recht, die stark genug war, die Rückkehr der Anarchie zu verhüten. Unmittelbar vor Elisabeths Thronbesteigung wurde das Land noch einmal von den Schrecken des Bürgerkriegs heimgesucht; die Glaubensgegensätze schienen unausgleichbarer geworden zu sein als sie je waren, der Staatshaushalt war in einem hoffnungslosen Zustand, die außenpolitische Lage war verwirrt und keineswegs unbedenklich. Schon daß es der Königin gelungen war, diese Gefahren teils zu beheben, teils zu umgehen, sicherte ihr eine gewisse Popularität bei breiten Schichten der Bevölkerung. Für die privilegierten und besitzenden Klassen bedeutete ihre Regierung vor allem einen Schutz gegen die Gefahr der von unten drohenden revolutionären Bewegungen. Alle die Bedenken bei den Mittelklassen gegen die Vergrößerung der königlichen Gewalt verstummten in Anbetracht des Rückhalts, den sie an der Monarchie im Klassenkampf hatten. Elisabeth begünstigte die kapitalistische Wirtschaft in jeder Hinsicht; sie befand sich, wie die meisten Fürsten ihrer Zeit, in ständiger Geldschwierigkeit und beteiligte sich an den Unternehmungen der Drake und Raleigh auch unmittelbar. Das private Unternehmertum genoß einen bis dahin beispiellosen Schutz; nicht nur die Verwaltung, auch die Gesetzgebung war auf die Wahrung seiner Interessen bedacht.[199] Die Erwerbswirtschaft befand sich im ununterbrochenen Aufstieg und die damit verbundene Konjunkturstimmung erfaßte die ganze Nation. Alles, was sich wirtschaftlich bewegen konnte, spekulierte. Das reiche Bürgertum und der grundbesitzende oder sich industriell betätigende Adel bildeten die neue Herrenklasse. In der Allianz der Krone mit ihr drückt sich die Stabilisierung der Gesellschaft aus. Man darf freilich den politischen und geistigen Einfluß dieser Schichten nicht überschätzen. Der Hof, an dem die alte Aristokratie noch immer tonangebend ist, bildet den Mittelpunkt des öffentlichen Lebens, und die Krone bevorzugt den Hofadel dem Bürgertum und Junkertum gegenüber, wo immer sie es ohne Schaden und Gefahr tun kann. Der Hof setzt sich allerdings zum Teil bereits aus Elementen zusammen, die erst unter den Tudors geadelt worden und durch ihren Reichtum emporgekommen sind. Die nur mehr spärliche Nachkommenschaft des alten Hochadels und die Mitglieder der landsässigen Ritterschaft sind zum Konnubium und zur wirtschaftlichen Kooperation mit dem reichen und konservativen Teil des Bürgertums gern bereit. Die gesellschaftliche Nivellierung erfolgt hier, wie fast in ganz Europa, teils durch die Einheirat der Kinder der Bürgersleute in den Adel, teils durch die Unterbringung der jüngeren Söhne des Geburtsadels in den bürgerlichen Berufen. In England jedoch, wo der zweite Fall die Regel ist, vollzieht sich im wesentlichen eine Verbürgerlichung des Adels, im Gegensatz vor allem zu Frankreich, wo der Aufstieg des Bürgertums in den Adelsstand die charakteristische Erscheinung ist. Ausschlaggebend für die Beziehung des höheren Bürgertums und der mittleren landsässigen Schichten zur Krone bleibt in England der Umstand, daß die Monarchie nach jahrhundertlangen Fehden die Ordnung wieder hergestellt hat und die Sicherheit der besitzenden Klassen nunmehr zu garantieren bereit ist. Das Ordnungsprinzip, der Gedanke der Autorität und der Sekurität, wird zur Grundlage der bürgerlichen Weltanschauung, nachdem die erwerbenden Klassen sich immer bewußter werden, daß für sie nichts so gefährlich ist wie eine schwache Obrigkeit und die Erschütterung der gesellschaftlichen Hierarchie. „Wenn Abstufung wankt, krankt das ganze System“ (Troilus und Cressida I, 3) – das ist der Inbegriff ihrer Sozialphilosophie. Den Royalismus Shakespeares erklärt ebenso wie den seiner Zeitgenossen in erster Reihe ihre Furcht vor dem Chaos. Der Gedanke der

Anarchie verfolgt sie auf Schritt und Tritt; die Ordnung des Weltalls und die Auflösung, von der diese Ordnung für sie stets bedroht zu sein scheint, ist ein Hauptmotiv ihres Denkens und Dichtens.[200] Sie verleihen dem Bilde der sozialen Unordnung die Dimensionen der gestörten Harmonie des Universums und deuten die Musik der Sphären als den Siegesgesang der der revoltierenden Elemente Herr gewordenen Friedensengel.

Shakespeare sieht die Welt mit den Augen eines wohlsituierten, im großen und ganzen liberal denkenden, skeptischen und in mancher Hinsicht desillusionierten Bürgers. Er äußert politische Anschauungen, die in der Idee der Menschenrechte – wie wir sie heute nennen würden – wurzeln, verurteilt die Übergriffe der Macht und die Unterdrückung des Volkes, verurteilt aber auch das, was er die Anmaßung und Präpotenz des Pöbels nennt, und stellt in seiner bürgerlichen Ängstlichkeit das Prinzip der „Ordnung" über alle humanitären Rücksichten. Die konservativen Kritiker stimmen darin zumeist überein, daß Shakespeare das Volk verachtet und das „Gesindel" der Straßen haßt, manche Sozialisten dagegen, die ihn für sich in Anspruch nehmen möchten, meinen, daß bei ihm von Haß und Verachtung in dieser Beziehung keine Rede sein könne und daß man von einem Dichter des 16. Jahrhunderts nicht erwarten dürfe, daß er sich auf die Seite des Proletariats im heutigen Sinne stelle, um so weniger, als es damals ein solches Proletariat noch gar nicht gegeben habe.[201] Die Argumente Tolstois und Shaws, die die politischen Ansichten Shakespeares mit denen seiner aristokratischen Helden, vor allem mit den Ansichten Coriolans, identifizieren, sind nicht gerade überzeugend, wenn es auch merkwürdig ist, mit wieviel sichtlichem Vergnügen Shakespeare das Volk beschimpfen läßt, wobei man freilich wieder nicht vergessen darf, mit wieviel Gusto auf dem elisabethanischen Theater an und für sich geschimpft wird. Shakespeare billigt die Vorurteile Coriolans sicher nicht, die bedauerliche Verblendung des Aristokraten kann ihm aber den imponierenden Anblick des „ganzen Kerls" nicht verleiden. Er schaut mit einer Überlegenheit auf die breiten Massen des Volkes herab, in der – wie schon Coleridge bemerkte – Geringschätzung und nachsichtiges Wohlwollen sich mischen. Seine Einstellung entspricht im großen und ganzen der Attitüde der Humanisten, deren Schlagworte von der „ungebildeten", „politisch unreifen", „wankelmütigen" Menge er treuherzig wiederholt. Daß diese Vorbehalte aber nicht nur bildungsmäßige Gründe haben, wird einem sofort klar, wenn man bedenkt, daß die dem Humanismus von vornherein näherstehende Aristokratie in England dem Volk mehr Verständnis und Wohlwollen entgegenbringt als das durch die wirtschaftlichen Ansprüche des Proletariats unmittelbarer bedrohte Bürgertum, und daß zum Beispiel Beaumont und Fletcher, die von den Berufsgenossen Shakespeares der Aristokratie am nächsten stehen, das Volk in einem günstigeren Licht erscheinen lassen als die meisten Dramatiker der Epoche.[202] Wie hoch oder niedrig aber auch Shakespeare die geistigen und moralischen Eigenschaften der Menge einschätzte, wie viel oder wie wenig persönliche Sympathien er auch dem „übelriechenden" und „braven" Volk entgegenbrachte, es wäre eine allzu weitgehende Simplifizierung der Tatsachen, ihn einfach als ein Werkzeug der Reaktion hinzustellen. Marx und Engels erkannten hier das ausschlaggebende Moment ebenso richtig wie im Falle von Balzac. Beide Dichter waren, trotz ihrer im Grunde konservativen Einstellung, Vorkämpfer der Progression, denn beide hatten die Krisenhaftigkeit und die Unhaltbarkeit der Lage begriffen, bei der sich die meisten ihrer Zeitgenossen beruhigten. Wie immer nun auch Shakespeare über die Monarchie, das Bürgertum und das Proletariat dachte, die bloße Tatsache, daß er in einer Epoche des nationalen Aufstiegs und der wirtschaftlichen Blüte, von der er selber so viel profitierte, eine tragische Weltanschauung und den tiefsten Pessimismus zum Ausdruck brachte, spricht für sein soziales Verantwortungsgefühl und seine Überzeugung, daß nicht alles richtig gewesen sei, so wie es war. Er war sicher kein Umstürzler und keine Kämpfernatur, er gehörte aber zu dem Lager derjenigen, die durch ihren gesunden Rationalismus die Wiedergeburt des Feudaladels verhinderten, ebenso wie Balzac durch seine Enthüllung der Psychologie des Bürgertums unwillkürlich und unbewußt zu einem der Wegbereiter des modernen Sozialismus wurde.

Aus den Königsdramen Shakespeares geht es klar genug hervor, daß der Dichter in dem Kampf zwischen Krone, Bürgertum und Gentry einerseits und dem feudalen Hochadel andererseits durchaus nicht auf der Seite der anmaßenden und grausamen Rebellen stand. Seine Interessen und Neigungen verbanden ihn mit den Schichten, die das Bürgertum und den liberal gesinnten, verbürgerlichten Adel in sich faßten und dem alten Feudaladel gegenüber jedenfalls eine progressive Gruppe bildeten. Antonio und Timon, die reichen, vornehmen, großzügigen Kaufleute mit den gepflegten Umgangsformen und seigneuralen Gesten, entsprachen wohl am besten seinem Menschenideal. Trotz seiner Sympathien für die herrschaftliche Lebenshaltung stellte sich aber Shakespeare stets auf die Seite des gesunden Menschenverstandes, der Billigkeit und des spontanen Gefühls, wo immer diese bürgerlichen Tugenden mit den undurchsichtigen Motiven einer irrationalen ritterlichen Romantik, des Aberglaubens und eines trüben Mystizismus in Konflikt gerieten. Cordelia repräsentiert am reinsten diese Tugenden inmitten ihrer feudalen Umwelt.[203] Denn wie sehr auch Shakespeare als Dramatiker den dekorativen Wert des Rittertums zu schätzen weiß, er kann sich mit dem hemmungslosen Hedonismus, dem gedankenlosen Heroenkult, dem wilden, unbändigen Individualismus dieses Standes nicht befreunden. Sir John Falstaff, Sir Toby Belch, Sir Andrew Aguecheek sind schamlose Parasiten, Achilles, Ajax, Hotspur eitle, großmäulige Raufbolde, die Percys, Glendowers, Mortimers rücksichtslose Egoisten – und Lear ist ein feudaler Despot in einem Staat, wo einzig und allein heroisch-ritterliche Moralprinzipien herrschen und wo nichts, was zart, innig und anspruchslos ist, bestehen kann.

Man hat aus dem Charakterbild Falstaffs die Auffassung Shakespeares vom Rittertum restlos rekonstruieren zu können geglaubt. Falstaff stellt jedoch nur eine Spezies des shakespearischen Ritters dar, den Typus nämlich des durch die wirtschaftliche Entwicklung entwurzelten und durch seine Verbürgerlichung korrumpierten Ritters, der ein Opportunist und Zyniker geworden ist und noch immer als ein selbstloser und heldenmütiger Idealist erscheinen möchte. Er vereinigt

Züge aus dem Bilde Don Quijotes mit Charaktereigenschaften von Sancho Pansa in sich, ist aber im Gegensatz zum Helden von Cervantes nur eine Karikatur. Den reineren donquijotesken Typus vertreten bei Shakespeare Gestalten wie Brutus, Hamlet, Timon und vor allem Troilus.[204] Ihr weltfremder Idealismus, ihre Naivität und Leichtgläubigkeit sind lauter Eigenschaften, die sie mit Don Quijote gemeinsam haben; der shakespearischen Vision eigentümlich ist nur ihr fürchterliches Erwachen aus dem Zustand des Wahns und die bodenlose Pein, die die späte Erkenntnis der Wahrheit bei ihnen zur Folge hat.

Shakespeares Stellung zum Rittertum ist sehr verwickelt und auch nicht ganz konsequent. Er verwandelt den Untergang des Ritterstandes, den er in seinen Königsdramen noch mit voller Genugtuung schildert, in die Tragödie des Idealismus, – nicht weil er sich etwa der Idee des Rittertums genähert hätte, sondern weil ihm auch die „unritterliche" Wirklichkeit mit ihrem Machiavellismus fremd geworden ist. Man sah doch, wohin die Herrschaft dieser Doktrin geführt hat. Marlowe war von Machiavelli noch fasziniert, und der junge Shakespeare, der Dichter der Chronik von *Richard III.*, war von ihm offenbar auch mehr begeistert als der spätere Shakespeare, für den der Machiavellismus, genau so wie für seine Zeitgenossen, zu einem Alpdruck geworden ist. Es ist unmöglich, Shakepeares Stellung zu den sozialen und politischen Fragen seiner Zeit einheitlich, ohne Rücksicht auf die verschiedenen Stufen seiner Entwicklung, zu charakterisieren. Seine Weltanschauung machte namentlich um die Wende des Jahrhunderts, im Zeitpunkt seiner vollen Reife und auf der Höhe seiner Erfolge, eine Wandlung durch, die seine ganze Beurteilung der sozialen Lage und seine Gefühle gegenüber den verschiedenen Schichten der Gesellschaft wesentlich veränderte. Seine frühere Zufriedenheit mit den gegebenen Verhältnissen und sein Optimismus hinsichtlich der Zukunft wurden erschüttert, und wenn er auch an dem Prinzip der Ordnung, der Wertschätzung der gesellschaftlichen Stabilität und der Ablehnung des feudal-ritterlichen Heldenideals festhielt, sein Vertrauen zum machiavellistischen Fürstentum und zur rücksichtslos akquisitiven Wirtschaft scheint er verloren zu haben. Man hat die Wendung zum Pessimismus bei Shakespeare mit der Tragödie des Grafen Essex, in die auch der Gönner des Dichters, Southampton, verwickelt war, in Zusammenhang gebracht und auch auf andere unerfreuliche Ereignisse der Zeitgeschichte, wie die Feindschaft zwischen Elisabeth und Maria Stuart, die Verfolgung der Puritaner, die allmähliche Verwandlung Englands in einen Polizeistaat, das Ende der verhältnismäßig liberalen Regierung Elisabeths und die neue absolutistische Richtung unter Jakob I., die Zuspitzung des Gegensatzes zwischen der Monarchie und den puritanisch gesinnten Mittelklassen, als mögliche Ursachen dieser Wandlung hingewiesen.[205] Wie dem auch sei, die Krise, die er durchmacht, erschüttert sein ganzes Gleichgewicht und zeitigt eine moralische Weltanschauung, für die nichts so bezeichnend ist, als daß der Dichter von nun an mit Personen, die im öffentlichen Leben erfolglos sind, mehr Sympathie empfindet, als mit solchen, die Glück und Erfolg haben. Brutus, der politische Stümper und Pechvogel, steht seinem Herzen besonders nahe.[206] Eine solche Umwertung kann kaum in einem bloßen Stimmungswechsel, einem lediglich privaten Erlebnis oder einer rein verstandesmäßigen Korrektur früherer Ansichten ihre Erklärung haben. Shakespeares Pessimismus hat ein überindividuelles Format und trägt die Merkmale einer historischen Tragödie an sich.

Die Beziehung Shakespeares zum Theaterpublikum seiner Zeit entspricht nur seiner sozialen Einstellung im allgemeinen; die Wandlungen seiner Sympathien lassen sich aber in diesem konkreten Zusammenhang besser verfolgen als in der abstrakten Allgemeinheit. Wir können seine dichterische Laufbahn, je nach den Gesellschaftsschichten, auf die er als Publikum besondere Rücksicht nimmt, und den Zugeständnissen, die er ihnen macht, in mehrere, ziemlich genau unterscheidbare Phasen teilen. Der Verfasser der Gedichte *Venus and Adonis* und *Lucrece* ist noch ein sich vollkommen an den modisch-humanistischen Geschmack haltender, für die aristokratischen Hofkreise produzierender Dichter, der zur Begründung seines Ruhmes die epische Form wählt, offenbar weil er im Drama, der höfischen Auffassung entsprechend, eine Gattung zweiten Ranges erblickt. Lyrik und Epik sind jetzt die in den gebildeten Hofkreisen beliebten Dichtungsarten, neben welchen das Drama mit der breiteren Öffentlichkeit, an die es sich wendet, als eine verhältnismäßig plebejische Ausdrucksform gilt. Nach dem Ende des Rosenkrieges, als die englischen Aristokraten das Beispiel ihrer italienischen und französischen Standesgenossen zu befolgen und sich an der Literatur zu beteiligen beginnen, wird der Hof in England ebenso wie in den anderen Ländern der Mittelpunkt des literarischen Lebens. Die englische Renaissanceliteratur ist höfisch und dilettantisch, im Gegensatz zur mittelalterlichen, die nur zum Teil höfisch war und im wesentlichen von Berufsdichtern ausgeübt wurde. Wyatt, Surrey, Sidney sind vornehme Amateure, aber auch die meisten Berufsschriftsteller der Zeit stehen unter dem geistigen Einfluß von kultivierten Aristokraten. Was die Herkunft dieser Literaten betrifft, wissen wir, daß Marlowe der Sohn eines Schusters, Peele der eines Silberschmieds und Dekker der eines Schneiders war, daß Ben Jonson zuerst die Beschäftigung seines Vaters ergreift und Maurer wird; es ist aber nur ein verhältnismäßig kleiner Teil der Schriftsteller, der von den niederen Schichten herrührt, die Mehrzahl stammt von der Gentry, dem Beamtentum und der reichen Kaufmannschaft ab.[207] Keine Literatur kann ihrem Ursprung und ihrer Richtung nach klassenmäßiger bedingt sein, als es diese elisabethanische ist, deren Hauptziel in der Heranbildung von wirklichen Edelleuten besteht und die sich vor allem an die Kreise wendet, die an der Erreichung dieses Ziels unmittelbar interessiert sind. Man fand es merkwürdig, daß in einem Zeitpunkt, als der alte Adel zum großen Teil ausgestorben war und der neue noch vor kurzem zum Bürgerstand gehörte, so viel Wert auf adelige Herkunft und Haltung gelegt wurde;[208] gerade die Neugebackenheit einer Adelsklasse erklärt aber bekanntlich am besten die übertriebenen Ansprüche, die sie gegenüber den eigenen Standesgenossen erhebt. Die literarische Bildung ist im elisabethanischen Zeitalter eine der wichtigsten Anforderungen, denen ein vornehmer Mann zu entsprechen hat. Literatur ist die große Mode, und es gehört zum guten Ton, über Poesie zu sprechen und literarische Probleme zu diskutieren. Man überträgt den gekünstelten Stil der modischen Dichtung auf die alltägliche Konversation; auch die Königin spricht in diesem affektierten Stil, und wer nicht so spricht, gilt als ebenso ungebildet, wie wenn er Französich nicht könnte.[209] Die Literatur wird zum Gesellschaftspiel. Die epischen und vor allem die lyrischen Gedichte, die unzähligen Sonette und Lieder der vornehmen Dilettanten kursieren im Manuskript in der Gesellschaft; sie werden nicht gedruckt, um auch damit zu betonen, daß der Autor kein Berufsdichter ist, seine Werke nicht feilbietet und ihre Publizität von vornherein zu beschränken wünscht.

Ein Lyriker oder Epiker wird in diesen Kreisen auch unter den Berufsdichtern höher geschätzt als ein Dramatiker; er findet leichter einen Gönner und kann mit einer großzügigeren Unterstützung rechnen. Und trotzdem ist die materielle Existenz eines Dramatikers, der für die öffentlichen und bei allen Schichten der Bevölkerung beliebten Theater schreibt, gesicherter als die der Dichter, die auf einen privaten Gönner angewiesen sind. Die Stücke werden zwar an und für sich schlecht bezahlt – Shakespeare erwirbt sein Vermögen nicht als Dramatiker, sondern als Theateraktionär –, sie sichern aber bei der ständigen Nachfrage ein regelmäßiges Einkommen. So arbeiten fast sämtliche Schriftsteller der Zeit wenigstens vorübergehend auch für die Bühne; alle versuchen sie ihr Glück mit dem Theater, wenn auch oft mit schlechtem Gewissen, – was um so merkwürdiger ist, als das elisabethanische Theater seinen Ursprung teilweise im höfischen oder quasihöfischen Leben der großen Häuser hat. Die im Lande herumfahrenden und die in London ansässigen Schauspieler stammen unmittelbar von den in diesen Häusern bedienstet gewesenen Lustigmachern her. Die großen seigneuralen Haushalte hatten am Ende des Mittelalters ihre eigenen – ständig oder gelegentlich beschäftigten – Schauspieler, so wie sie ihre Spielleute hatten; ursprünglich waren die beiden wohl identisch miteinander. Sie führten an Festen, vor allem zu Weihnachten und bei Familienfestlichkeiten, namentlich bei Hochzeiten, Stücke auf, die zumeist für diese Gelegenheiten verfaßt wurden. Sie trugen die Livree und das Abzeichen ihres Herrn, genau so wie die anderen Gefolgsleute und Bediensteten. Dieses Dienstverhältnis wurde der Form nach auch noch in der Zeit, als die ehemaligen Spielleute und Hausmimen bereits selbständige Schauspielergesellschaften gebildet hatten, aufrechterhalten. Die Gönnerschaft ihrer früheren Herren bot ihnen Schutz gegen die Feindseligkeiten der Stadtbehörden und sicherte ihnen ein zusätzliches Einkommen. Ihr Protektor zahlte ihnen eine geringe Jahresrente und nahm ihre Dienste gegen besondere Belohnung in Anspruch, wann immer er bei einer Hausfeier eine Theateraufführung veranstalten wollte.[210] Diese Haus- und Hofschauspieler bilden somit den unmittelbaren Übergang von den Spielleuten und Mimen des Mittelalters zu den Berufsschauspielern der Neuzeit. Die alten Geschlechter sterben allmählich aus, die großen Haushaltungen lösen sich auf, – die Komödianten müssen sich auf die eigenen Beine stellen; den entscheidenden Anstoß zur Bildung der regulären Theatergesellschaften aber gibt die rapide Entwicklung und die Zentralisierung des Hof- und Kulturlebens unter den Tudors.[211]

Schon in der Zeit Elisabeths beginnt eine wilde Jagd nach Gönnern. Die Dedikation eines Buches und die Honorierung einer solchen Ehrenbezeigung wird zu einem Gelegenheitsgeschäft, das nicht die geringste Anhänglichkeit oder wirkliche Achtung voraussetzt. Die Schriftsteller überbieten sich in den dickaufgetragenen Lobpreisungen, die sie noch dazu oft an vollkommen fremde Leute richten; die Gönner werden indessen immer engherziger und unverläßlicher mit ihren Zuwendungen. Das alte patriarchalische Verhältnis zwischen den Mäzenen und ihren Protégés geht seiner Auflösung entgegen.[212] Da ergreift auch Skakespeare die Gelegenheit, zum Theater zu übergehen. Ob er es vor allem der sichereren Existenz wegen tut, oder weil das Ansehen des Theaters sich inzwischen gehoben hat und weil seine Interessen und Sympathien sich von dem engen Aristokratenkreis zu den breiteren Schichten verschoben haben, ist schwer zu sagen, – wahrscheinlich wirkten bei dem Entschluß alle diese Motive mit. Mit dem Übertritt zum Theater beginnt die zweite Phase in der künstlerischen Entwicklung Shakespeares. Die Werke, die er jetzt schreibt, haben nicht mehr den antikisierenden und affektiert idyllischen Ton seiner Erstlinge, sie richten sich aber noch immer nach dem Geschmack der oberen Schichten. Es sind teils stolze Chroniken, anspruchsvolle Haupt- und Staatsaktionen, die die Idee der Monarchie verherrlichen, teils leichtbeschwingte, übermütig romantische Lustspiele, die voll Optimismus und Lebensfreude, unbekümmert um die Sorgen des Tages, sich in einer vollkommen fiktiven Welt bewegen. Um die Wende des Jahrhunderts beginnt die dritte, die tragische Periode in Shakespeares Entwicklung. Der Dichter hat sich von dem Euphuismus und der spielerischen Romantik der oberen Gesellschaftschichten weit entfernt; er scheint sich aber auch von den Mittelklassen entfremdet zu haben. Er dichtet seine großen Tragödien, ohne Rücksicht auf eine besondere Schicht, für das große gemischte Publikum der Londoner Theater. Von dem alten leichten Ton ist keine Spur mehr; auch die sogenannten Lustspiele dieser Periode sind voll Schwermut. Dann folgt die letzte Phase in der Entwicklung des Dichters; eine Zeit der Resignation und der Beruhigung – mit den noch einmal ins Romantische abschweifenden Tragikomödien. Shakespeare entfernt sich immer weiter vom Bürgertum, das in seinem Puritanismus von Tag zu Tag kurzsichtiger und engherziger wird. Die Angriffe der städtischen und der kirchlichen Behörden auf das Theater werden immer heftiger; die Schauspieler und Dramatiker müssen sich ihre Gönner und Beschützer wieder in den Hof- und Adelskreisen suchen und sich wieder mehr ihrem Geschmack anpassen. Die durch Beaumont und Fletcher vertretene Richtung siegt; auch Shakespeare schließt sich ihr gewissermaßen an. Er schreibt wieder Stücke, in denen nicht nur die romantisch-märchenhaften Motive vorherrschen, sondern die in vieler Hinsicht an die Ausstattungsstücke und Maskenspiele des Hofes erinnern. Fünf Jahre vor seinem Tod, auf der Höhe seiner Entwicklung, zieht sich Shakespeare vom Theater zurück und hört gänzlich auf, Stücke zu schreiben. War das großartigste dramatische Oeuvre, das je einem Dichter zu schaffen vergönnt war, das Geschenk des Schicksals an einen Mann, der vor allem seine

Theaterunternehmung mit gangbarer Ware versorgen wollte, und der aufhörte zu produzieren, als er sich und seiner Familie ein sorgenfreies Dasein gesichert hatte, oder war es vielmehr die Schöpfung eines Dichters, der das Schreiben aufgab, als seinem Gefühl nach kein Publikum mehr da war, an das sich zu wenden der Mühe wert gewesen wäre?

Einerlei wie man diese Frage beantwortet, und ob man Shakespeare saturiert oder degoutiert sich vom Theater zurückziehen läßt, soviel steht fest, daß er während der meisten Zeit seiner theatralischen Laufbahn zum Publikum in einem sehr positiven Verhältnis stand, wenn er auch in den verschiedenen Phasen seiner Entwicklung verschiedene Schichten bevorzugte und am Ende sich vielleicht mit keiner Schicht mehr vollkommen identifizieren konnte. Shakespeare war jedenfalls der erste, wenn nicht der einzige große Dichter in der Geschichte des Theaters, der sich an ein breites und gemischtes, so gut wie sämtliche Schichten der Gesellschaft umfassendes Publikum wandte und bei diesem vollen Anklang fand. Die griechische Tragödie war eine zu komplexe Erscheinung, die Anteilnahme des Publikums an ihr war aus zu verschiedenartigen Komponenten zusammengesetzt, als daß wir ihre ästhetische Wirkung an und für sich beurteilen könnten; die religiösen und politischen Motive spielten bei ihrer Aufnahme eine mindestens ebenso wichtige Rolle wie die künstlerischen; ihr Publikum war, infolge der Beschränkung des Zutritts auf die Vollbürger, einheitlicher als das des elisabethanischen Theaters; ihre Aufführungen erfolgten noch dazu in der Form von verhältnismäßig selten stattfindenden Festspielen, so daß ihre Anziehungskraft auf die breiten Schichten nie richtig auf die Probe gestellt wurde. Das mittelalterliche Drama wiederum, dessen Aufführung unter ähnlichen äußeren Bedingungen stattfand wie das elisabethanische, hatte keine wirklich bedeutenden Werke aufzuweisen, seine Beliebtheit bei den Massen stellt daher kein kunstsoziologisches Problem im Sinne des shakespearischen Dramas dar. Das eigentliche Problem im Falle Shakespeares besteht aber gar nicht darin, daß er, der größte Dichter seiner Zeit, auch ihr populärster Dramatiker war, und daß diejenigen seiner Stücke, die uns am liebsten sind, auch bei seinen Zeitgenossen die erfolgreichsten waren,[213] sondern daß die breiten Schichten des Publikums diesmal richtiger urteilten als die Gebildeten und die Kenner. Shakespeares literarischer Ruhm erreichte um 1598 seinen Höhepunkt und verringerte sich gerade von dem Zeitpunkt an, als er seine volle Reife erlangt hatte; das Theaterpublikum blieb ihm aber treu und befestigte seine bereits früher errungene konkurrenzlose Stellung.

Man hat zur Widerlegung der Annahme, daß es sich beim Theater Shakespeares um ein Massentheater im modernen Sinn gehandelt habe, auf den verhältnismäßig geringen Fassungsraum der damaligen Spielhäuser hingewiesen.[214] Die Kleinheit der Theater aber, die übrigens durch die täglichen Aufführungen wettgemacht wurde, ändert nichts an der Tatsache, daß ihr Auditorium aus den verschiedensten Schichten der Londoner Bevölkerung zusammengesetzt war. Die Besucher der Stehparterre waren zwar keineswegs die absoluten Herren des Theaters, doch sie waren da und konnten unter keinen Umständen negligiert werden. Sie waren noch dazu in verhältnismäßig großer Zahl da. Obwohl die oberen Schichten besser vertreten waren, als ihrem prozentualen Anteil an der Bevölkerung entsprochen hätte, stellten die Arbeiterklassen, die die überwältigende Majorität der städtischen Einwohnerschaft bildeten, trotz ihrer schlechteren Vertretung, die Mehrzahl des Publikums dar. Darauf lassen auch die Eintrittspreise schließen, die sich hauptsächlich nach der Zahlungsfähigkeit dieser Elemente richteten.[215] Es war jedenfalls ein sowohl wirtschaftlich als auch standes- und bildungsmäßig buntes Auditorium, das Shakespeare vor sich hatte; es vereinigte in sich das Publikum der Wirtshäuser mit den Vertretern der gebildeten Oberschicht und den Mitgliedern der weder besonders gebildeten noch vollkommen unzivilisierten Mittelklassen. Und wenn es auch keineswegs mehr das Publikum der wandernden Mimenbühnen war, das die Spielhäuser des elisabethanischen Londons füllte, so war es noch immer das Publikum eines Volkstheaters, und zwar eines Volkstheaters im umfassenden Sinne der Romantiker.

Beruhte das Zusammentreffen von Qualität und Popularität im shakespearischen Drama auf einer sinnvollen inneren Beziehung oder einem bloßen Mißverständnis? Das Publikum scheint jedenfalls in den Stücken Shakespeares nicht nur an den drastischen Bühneneffekten, der wilden und blutigen Aktion, den rohen Späßen und lauten Tiraden, sondern auch an den zarteren und tieferen poetischen Einzelheiten Gefallen gefunden zu haben, sonst hätten diese Stellen nicht so viel Raum einnehmen können, wie es der Fall war. Es ist immerhin möglich, daß das Stehparterre solche Stellen nur dem bloßen Klang und der allgemeinen Stimmung nach auf sich einwirken ließ, wie es bei einem theaterfreudigen und naiven Publikum wohl geschehen mag. Das sind aber müßige, – unlösbare Fragen. Nicht viel sinnvoller ist die Frage, ob Shakespeare sich jener Effekte, die er anscheinend dem anspruchsloseren Teil seines Publikums zuliebe verwendete, mit gutem künstlerischen Gewissen oder mit Widerwillen bediente. Der Bildungsunterschied zwischen den verschiedenen Schichten des Publikums wird keinesfalls so groß gewesen sein, daß man die Vorliebe für handgreifliche Aktion und zweideutige Späße nur bei den ungebildeten Zuschauern voraussetzen darf. Die Ausbrüche Shakespeares gegen das Stehparterre sind irreführend; es war zweifellos etwas Affektation dabei, und es mag auch der Wunsch mitgespielt haben, dem vornehmeren Teil des Auditoriums zu schmeicheln.[216] Auch zwischen den „öffentlichen“ und den „privaten“ Theatern scheint der Abstand nicht so groß gewesen zu sein, wie man früher annahm; *Hamlet* hatte hier wie dort den gleichen Erfolg, und den klassischen Kunstregeln gegenüber war das Auditorium beider Typen vollkommen gleichgültig.[217] Man darf aber auch bei Shakespeare selbst das, was wir unter künstlerischem Gewissen verstehen, mit den gegebenen Voraussetzungen seines Theaters in keinen so scharfen Gegensatz bringen, wie es in der älteren kritischen Literatur oft geschehen ist.[218] Shakespeare schreibt seine Stücke nicht, weil er ein Erlebnis festhalten oder ein Problem lösen will; es ist bei ihm nicht zuerst das Motiv gegeben und es wird dazu die Form und die Darstellungsmöglichkeit nicht nachträglich gesucht, sondern es ist vor allem andern die Nachfrage da, und er trachtet hauptsächlich dieser zu entsprechen. Er schreibt seine Stücke, weil sein Theater die Stücke braucht. Man darf andererseits, trotz der tiefen Verbundenheit Shakespeares mit dem lebendigen Theater, die Doktrin von der Bühnengerechtheit seiner Kunst nicht überspannen. Die Stücke waren zwar vor allem für ein Volkstheater bestimmt, aber für eines im Zeitalter des Humanismus, wo auch viel gelesen wurde. Es ist bemerkt worden, daß bei der üblichen Spielzeit von zweieinhalb Stunden die meisten Stücke Shakespeares viel zu lang waren, um ohne Kürzungen aufgeführt werden zu können. (Wurden bei den Theateraufführungen etwa die dichterisch wertvollsten Stellen gestrichen?) Die Erklärung der Länge dieser Stücke ist offenbar, daß der Dichter bei ihrer Abfassung nicht nur an die Bühne, sondern auch an die Veröffentlichung in Buchform dachte.[219] Irreal sind also beide Auffassungen, sowohl diejenige, die die ganze Größe Shakespeares auf den handwerksmäßigen Ursprung und die volkstümliche Orientierung seiner Kunst zurückführt, als auch die entgegengesetzte, die alles, was in seinen Stücken gewöhnlich, abgeschmackt und nachlässig ist, für ein Zugeständnis an die breiten Massen des Publikums hält.

Für die Größe Shakespeares gibt es ebensowenig eine soziologische Erklärung wie für die künstlerische Qualität im allgemeinen. Die Tatsache jedoch, daß es zu Shakespeares Zeiten ein Volkstheater gab, das die verschiedensten Schichten der Gesellschaft umfaßte und sie im Genuß der gleichen Werke vereinigte, muß erklärt werden können. Religiösen Fragen gegenüber ist Shakespeare, so wie die meisten Dramatiker seiner Zeit, vollkommen indifferent. Von einem sozialen Gemeinschaftsgefühl kann bei seinem Publikum keine Rede sein. Das nationale Einheitsbewußtsein ist erst im Entstehen und wirkt sich kulturell noch nicht aus. Die Vereinigung der verschiedenen Schichten der Gesellschaft im Theater wird nur ermöglicht durch die Dynamik des sozialen Lebens, die die Grenzen zwischen den Klassen im Fluß hält, und die, wenn sie auch die objektiven Unterschiede keineswegs verwischt, die Subjekte aus der einen Kategorie in die andere sich bewegen läßt. Die einzelnen Gesellschaftsklassen sind im elisabethanischen England weniger scharf voneinander getrennt als im übrigen Abendland; die Bildungsunterschiede vor allem sind hier geringer als zum Beispiel im Italien der Renaissance, wo der Humanismus zwischen den verschiedenen Kreisen der Gesellschaft markantere Grenzen zog als in dem wirtschaftlich und gesellschaftlich wohl ähnlich strukturierten, aber „jüngeren" England, und wo demnach keine Kultureinrichtung aufkommen konnte, die an Universalität mit dem englischen Theater vergleichbar wäre. Dieses Theater ist das Ergebnis einer außerhalb Englands beispiellosen Nivellierung. Und in dieser Beziehung ist die oft überspitzte Analogie zwischen der elisabethanischen Bühne und dem Kino wirklich aufschlußreich. Ins Kino geht man, um einen Film zu sehen; gebildet oder ungebildet, man weiß, was man darunter zu verstehen und was man davon zu erwarten hat. Bei einem Theaterstück dagegen ist dies heute durchaus nicht der Fall. Zu Elisabeths Zeiten aber gingen die Leute ins Theater, so wie wir ins Kino gehen, und stimmten in ihren Ansprüchen bezüglich der Darbietung im wesentlichen überein, wie verschieden auch ihre geistigen Bedürfnisse sonst waren. Das gemeinsame Kriterium des Unterhaltenden und Ergreifenden in den verschiedenen Schichten der Gesellschaft ermöglichte die Kunst Shakespeares, wenn es sie auch keineswegs erzeugte, und bedingte ihre Eigenart, wenn auch nicht ihre Qualität.

Nicht nur Inhalt und Tendenz, auch die Form des shakespearischen Dramas ist durch die politische und gesellschaftliche Struktur der Epoche bedingt. Sie entsteht aus dem Grunderlebnis der Realpolitik, der Erfahrung nämlich, daß die reine, unverfälschte, zugeständnislose Idee sich hier auf Erden nicht verwirklichen läßt, und daß entweder die Reinheit der Idee der Wirklichkeit geopfert werden oder die Wirklichkeit von der Idee unberührt bleiben muß. Der Dualismus der Ideen- und der Erscheinungswelt wurde freilich nicht erst jetzt entdeckt, den kannte schon das Mittelalter und auch die Antike. Dem homerischen Epos ist wohl dieser Gegensatz noch vollkommen fremd, und auch die griechische Tragödie behandelt eigentlich noch nicht den Konflikt dieser beiden Welten. Sie schildert vielmehr nur die Situation, in die die Sterblichen durch die Einmischung der göttlichen Mächte geraten. Die tragische Komplikation entsteht hier nicht, weil der Held sich nach einem Jenseits getrieben fühlt, und sie führt auch keineswegs zu seiner Annäherung an die Ideenwelt, zu seiner tieferen Durchdringung von der Idee. Auch bei Plato, der den Antagonismus zwischen Idee und Wirklichkeit nicht nur kennt, sondern zum Grundprinzip seines Systems macht, berühren sich die beiden Sphären nicht miteinander. Der aristokratisch gesinnte Idealist verharrt in einer kontemplativen Passivität der Wirklichkeit gegenüber und rückt die Idee in eine unnahbare, unermeßbare Ferne. Den Gegensatz zwischen Diesseits und Jenseits, körperlicher und geistiger Existenz, Unerfülltheit und Vollkommenheit des Seins empfand das Mittelalter tiefer als je eine Zeit vorher oder nachher, das Bewußtsein dieses Gegensatzes erzeugte aber im mittelalterlichen Menschen keinen tragischen Konflikt. Der Heilige verzichtet auf die Welt; er sucht nicht das Göttliche im Irdischen zu verwirklichen, sondern sich auf ein Dasein in Gott vorzubereiten. Nach der Kirchenlehre ist es nicht die Aufgabe der Welt, sich ins Jenseitige zu erheben, sondern der Schemel unter Gottes Füßen zu sein. Für das Mittelalter sind nur verschiedene Entfernungen vom Göttlichen, aber kein Konflikt mit ihm möglich. Ein moralischer Standpunkt, der den Gegensatz zur göttlichen Idee zu rechtfertigen und der Stimme der Welt gegen die Stimme des Himmels Geltung verschaffen wollte, wäre vom Standpunkt der mittelalterlichen Weltanschauung vollkommen widersinnig. Diese Zusammenhänge erklären es, daß das Mittelalter keine Tragödie hat und daß auch die antike Tragödie von dem, was wir unter einem Drama mit tragischem Ausgang verstehen, grundsätzlich verschieden ist. Erst das Zeitalter des politischen Realismus entdeckt die unserer Auffassung entsprechende Form des tragischen Dramas und verlegt den dramatischen Konflikt aus der Handlung in die Seele des Helden; denn erst eine Zeit, die die Problematik des realistischen, an der unmittelbaren Wirklichkeit orientierten Handelns zu erfassen vermag, kann der weltgerechten, wenn auch ideenwidrigen Haltung einen moralischen Wert beimessen.

Den Übergang von den untragischen und undramatischen Mysterien des Mittelalters zu den Tragödien der Neuzeit bilden die spätmittelalterlichen Moralitäten. In ihnen kommt zum erstenmal der Seelenkampf zum Ausdruck, der sich im elisabethanischen Drama zum tragischen Gewissenskonflikt steigert.[220] Die Motive, die Shakespeare und seine Zeitgenossen zur Schilderung dieses Seelenkampfes hinzufügen, bestehen in der Unvermeidlichkeit des Konflikts, in seiner schließlichen Unlösbarkeit und dem moralischen Sieg des Helden in seinem Untergang. Dieser Sieg wird erst möglich durch die Konzeption der modernen Schicksalsidee, die sich von der antiken vor allem darin unterscheidet, daß der tragische Held sein Schicksal bejaht und als ein sinnhaftes akzeptiert. Tragisch im modernen Sinn wird ein Schicksal überhaupt erst durch seine Bejahung. Die geistige Verwandtschaft dieser Idee der Tragik mit dem Prädestinationsgedanken des Protestantismus ist unverkennbar; und wenn hier auch vielleicht keine direkte Abhängigkeit vorliegt, so besteht jedenfalls ein ideengeschichtlicher Parallelismus, der die Gleichzeitigkeit der Reformation mit der Entstehung der modernen Tragödie als durchaus sinnvoll erscheinen läßt.

Im Zeitalter der Renaissance und des Manierismus gibt es in den Kulturländern Europas drei mehr oder weniger selbständige Formen des Theaters: 1. das geistliche Schauspiel, das sich, mit der Ausnahme von Spanien, überall seinem Ende nähert; 2. das gelehrte Drama, das sich mit dem Humanismus überall verbreitet, aber nirgends populär wird; und 3. das Volkstheater, das verschiedene, zwischen der *commedia dell'arte* und dem shakespearischen Drama sich bewegende, der Literatur sich bald mehr, bald weniger nähernde Formen erzeugt, mit dem Theater des Mittelalters jedoch den Zusammenhang nie gänzlich verliert. Das Humanistendrama führte drei wichtige Neuerungen ein: es verwandelte das mittelalterliche Schauspiel, das in der Hauptsache Ausstattungsstück und Pantomime war, in ein Wortkunstwerk, isolierte, zur Illusionsteigerung, die Bühne vom Zuschauerraum, und faßte schließlich die Handlung sowohl räumlich wie zeitlich zusammen, ersetzte, mit anderen Worten, die epische Maßlosigkeit des Mittelalters durch die dramatische Konzentration der Renaissance.[221] Shakespeare macht sich von diesen Neuerungen nur die erste zu eigen, bewahrt aber gewissermaßen sowohl die mittelalterliche Ungeschiedenheit der Bühne vom Zuschauerraum als auch die epische Breite des geistlichen Dramas und den Bewegungscharakter der Handlung. Er ist in dieser Beziehung weniger fortschrittlich als die Verfasser des Humanistendramas, und hat auch keine eigentlichen Nachfolger in der neueren dramatischen Literatur. Sowohl die *tragédie classique*, das bürgerliche Drama des 18. Jahrhunderts und das Drama der deutschen Klassik als auch das naturalistische Theater des 19. Jahrhunderts von Scribe und Dumas *fils* bis Ibsen und Shaw stehen dem Humanistendrama, wenigstens in formaler Hinsicht, näher als dem shakespearischen Typus mit seiner lockeren Struktur und seinem verhältnismäßig geringen szenischen Illusionismus. Ihre eigentliche Fortsetzung findet die shakespearische Form erst im Film. Auch hier wird natürlich nur ein Teil der shakespearischen Formprinzipien beibehalten, so vor allem die additive Komposition, die Diskontinuität der Handlung, die abrupte Szenenfolge, die freie, abwechslungsreiche Behandlung des Raumes und der Zeit, – von einem Verzicht auf die illusionistische Wirkung der Schauplätze aber kann im Film ebensowenig oder noch weniger die Rede sein als im Drama. Die mittelalterlich-volkstümliche Tradition des Theaters, die in Shakespeare und seinen Zeitgenossen noch lebendig war, wurde vom Humanismus, Manierismus und Barock zerstört, – in den späteren Dramatikern lebt sie höchstens als blasse Erinnerung weiter; das, was im Film an diese Tradition erinnert, steht evidenterweise in keiner geistigen Kontinuität mit Shakespeare, sondern ergibt sich aus den Möglichkeiten einer Technik, die die Schwierigkeiten, über die sich das shakespearische Theater naiver- oder kruderweise hinweggesetzt hat, zu lösen imstande ist.

Das Eigentümlichste bei Shakespeare in stilistischer Hinsicht ist die Verbindung der volkstümlichen Tradition des Theaters mit der Vermeidung der Entwicklungstendenz, die zum „bürgerlichen Drama“ führt. Es finden sich bei ihm, im

Gegensatz zu den meisten seiner Zeitgenossen, weder bürgerliche Genrefiguren als Protagonisten noch der Sentimentalismus und die Neigung zum Moralisieren, die diesen Dramatikern eigen ist. Schon bei Marlowe begegnen wir Hauptfiguren wie Barabas, dem Wucherer, und Faustus, dem Doktor, die in den Humanistendramen höchstens Nebenfiguren hätten sein können. Shakespeare, dessen Helden, auch wenn sie dem Bürgerstande angehören, eine aristokratische Haltung zur Schau tragen, bedeutet sozialgeschichtlich schon gegenüber Marlowe einen gewissen Rückschritt. Unter den jüngeren Zeitgenossen Shakespeares aber gibt es bereits Dramatiker, wie vor allem Thomas Heywood und Thomas Dekker, die ihre Stücke oft zur Gänze in der Welt der Mittelklassen spielen lassen und das Lebensgefühl des Bürgertums zum Ausdruck bringen. Sie wählen Kaufleute und Handwerker zu ihren Helden, schildern Familienleben und Familiensitten, suchen melodramatische Effekte und die Gewinnung einer moralischen Doktrin, lieben Sensationsmotive und kraß-genrehafte Milieus, wie Irrenhäuser, Bordelle usw. Das Schulbeispiel für die „bürgerliche" Behandlung einer Liebestragödie aus dieser Zeit ist Heywoods *A Woman Killed with Kindness*, ein Stück, dessen Held zwar ein Edelmann ist, der aber auf sein Eheunglück in einer höchst unheroischen und unritterlichen Weise reagiert. Es ist ein Problemstück, das sich um die anscheinend brennende Zeitfrage des Ehebruchs dreht, so wie Fords *'Tis a Pity She's a Whore* um das beliebte Thema des Inzests oder Middletons *The Changeling* um die Psychologie der Sünde. „Bürgerlich" ist in allen diesen Stücken, zu denen vor allem auch das anonyme Sensationsdrama *Arden of Feversham* gehört, das Interesse am Kriminellen, das für den sich ängstlich an das Ordnungsprinzip klammernden Bürger das Chaos schlechthin bedeutet. Bei Shakespeare haben die Untat und die Sünde nie diesen kriminellen Einschlag; seine Missetäter sind Naturerscheinungen, die in der Stubenluft der bürgerlichen Dramen Heywoods, Dekkers, Middletons und Fords nicht atmen könnten. Und trotzdem ist der Grundcharakter von Shakespeares Kunst durchaus naturalistisch. Nicht nur in dem Sinne, daß er die Einheitsprinzipien, die Ökonomik und Ordnung der klassischen Kunst vernachlässigt, sondern auch, daß er an der ständigen Expansion und Komplikation seiner Motive arbeitet. Naturalistisch ist vor allem die Charakterzeichnung bei Shakespeare, die differenzierte Psychologie seiner Figuren und das menschliche Format seiner Helden, die aus lauter Widersprüchen bestehen und voll von Schwächen sind. Man denke nur an Lear, der ein dummer alter Mann, Othello, der ein großer naiver Junge, Coriolan, der ein eigensinniger, ehrgeiziger Schulbub, Hamlet, der ein Schwächling, kurzatmig und fett, Cäsar, der epileptisch, auf dem einen Ohr taub, abergläubisch, eitel, inkonsequent, leicht beeinflußbar und trotzdem von einer Größe ist, deren Wirkung sich niemand entziehen kann. Shakespeare steigert den Naturalismus der Charakterzeichnung durch die Kleinmalerei seiner *petits faits vrais*, zu welchen es gehört, wenn Prinz Heinrich nach seinem Kampf Bier verlangt oder Coriolan sich den Schweiß von der Stirn wischt, oder wenn Troilus nach der ersten Liebesnacht Cressida vor der kalten Morgenluft warnt: „*You will catch cold and curse me.*"

Shakespeares Naturalismus hat aber nur allzu augenfällige Grenzen. Die individuellen Züge sind bei ihm überall mit konventionellen, die differenzierten mit einfachen und naiven, die raffiniertesten mit primitiven und kruden gemischt. Er übernimmt von den Kunstmitteln, die er vorfindet, manche absichtlich und zielbewußt, die meisten jedoch ganz kritik- und gedankenlos. Der schlimmste Irrtum der älteren Shakespeare-Forschung bestand darin, daß sie in sämtlichen Ausdrucksmitteln des Dichters wohlbedachte, sorgfältig abgewogene, künstlerisch bedingte Lösungen erblickte, und vor allem sämtliche Charakterzüge seiner Figuren aus inneren psychologischen Motiven zu erklären suchte, wo diese doch in Wirklichkeit oft nur stehengeblieben sind, weil sie schon in den Quellen Shakespeares vorhanden waren, oder nur gewählt wurden, weil sie die einfachste, bequemste, kürzeste Lösung einer Schwierigkeit darstellten, mit der sich länger abzugeben der Dramatiker nicht der Mühe wert fand.[222] Der Konventionalismus von Shakespeares Psychologie kommt am auffallendsten in der wiederholten Verwendung von stehenden

Typen aus der älteren Literatur zum Ausdruck. Nicht nur die Lustspiele der Frühzeit bewahren die stereotypen Figuren der antiken Komödie und des Mimus, auch noch ein scheinbar so origineller und komplizierter Charakter wie Hamlet ist bekanntermaßen eine stehende Figur, nämlich der „Melancholiker", der in Shakespeares Tagen die große Mode war und dem wir in der zeitgenössischen Literatur auf Schritt und Tritt begegnen. Der psychologische Naturalismus Shakespeares ist aber auch sonst beschränkt. Der Mangel an Einheitlichkeit und Konsequenz in der Charakterzeichnung, die unmotivierten Wendungen und die Widersprüche in der Entwicklung der Charaktere, die Selbstbeschreibung und Selbsterklärung der Gestalten in Monolog und Beiseitereden, die Perspektivenlosigkeit ihrer Aussprüche über sich selbst und über ihre Gegenspieler, ihre Kommentare, die stets wörtlich zu nehmen sind, das viele irrelevante Reden, das ohne jeden Zusammenhang mit dem Charakter des Sprechenden ist, die Unaufmerksamkeit des Dichters, der zuweilen vergißt, wer eigentlich redet, ob es Gloster ist oder Lear, ja, ob es Timon ist oder Lear, der nicht selten Worte sprechen läßt, die eine rein lyrische, stimmungs- und klangmäßige Funktion haben, und der oft selber durch den Mund seiner Charaktere spricht, – all das sind Verstöße gegen die Regeln jener Psychologie, deren erster großer Meister gerade Shakespeare ist. Seine psychologische Weisheit und Tiefe bleibt indessen von den Unachtsamkeiten, die ihm unterlaufen, unberührt. Seine Charaktere haben – und auch das ist bei ihm ein gemeinsamer Zug mit Balzac – eine so unwiderstehliche innere Wahrheit, eine so unverwüstliche Substantialität, daß sie nicht aufhören zu leben und zu atmen, auch wenn sie noch so vergewaltigt, noch so verzeichnet sind. An und für sich gibt es aber kaum einen Verstoß gegen die psychologische Wahrheit, den die anderen elisabethanischen Dramatiker begehen und von dem Shakespeare frei wäre; er ist unvergleichlich größer als sie, doch nicht andersartig. Auch seine Größe hat nichts von der „Vollendung", nichts von der „Makellosigkeit" der Klassiker. Es fehlt ihm ihre Mustergültigkeit, es fehlt ihm aber auch ihre Einfachheit, ihre Eintönigkeit. Man hat die Besonderheit der Erscheinung Shakespeares und den Gegensatz seines dramatischen Stils zur klassischen und normativen Form von jeher empfunden und betont. Schon Voltaire, ja schon Jonson erkannte, daß hier eine wilde, naturhafte, um die „Regeln" unbekümmerte und durch die Regeln unbezwingbare Kraft am Werke war und in einer von der klassischen Tragödie vollkommen verschiedenen dramatischen Form Ausdruck fand. Jeder, der für stilistische Unterschiede Sinn hatte, sah, daß es sich hier um zwei verschiedene Typen einer Gattung handelte; nur daß der Unterschied ein historischer und soziologischer war, erkannte man nicht immer. Der soziologische Unterschied wird erst sichtbar, wenn man es sich zu erklären sucht, warum sich in England der eine, in Frankreich der andere Typus durchsetzt und was die Zusammensetzung des Publikums mit dem Sieg der shakespearischen Form des Dramas hier und dem der *tragédie classique* dort zu tun haben mag.

Erschwert wurde das Verständnis der stilistischen Eigenart Shakespeares namentlich dadurch, daß man daran festhielt, in ihm den englischen Renaissancedichter schlechthin zu erblicken. Gewisse renaissancemäßige – individualistische und humanistische – Züge sind ja in seiner Kunst zweifellos vorhanden, und eine eigene Renaissancebewegung aufzuweisen war im vorigen Jahrhundert der Ehrgeiz jeder abendländischen Nationalliteratur. Wer hätte aber eine solche Bewegung in England würdiger repräsentieren können als Shakespeare, dessen unbändige Vitalität dem landläufigen Renaissancebegriff auch sonst am besten entsprach! Unerklärt blieb allerdings die Eigenwilligkeit, die Maßlosigkeit, die Exuberanz des shakespearischen Stils. Der Besinnung auf diesen unerklärten Rest ist es zuzuschreiben, daß vor einer Generation etwa, als der Begriff des Barocks einer Revision unterzogen wurde und die Umwertung der Schöpfungen der Barockkunst so etwas wie eine Barockmode erzeugt hat, die Auffassung von dem Barockcharakter des shakespearischen Dramas zahlreiche Anhänger fand.[223] Wenn man Leidenschaft, Pathos, Ungestüm, Übertreibung als besondere Charakterzüge des Barocks betrachtet, ist es selbstverständlich leicht, aus Shakespeare einen Barockdichter zu machen. Eine Parallele zwischen der Kompositionsweise der großen Barockkünstler Bernini, Rubens und Rembrandt und der Shakespeares läßt sich jedoch in konkreter Form nicht durchführen. Die Übertragung etwa der Wölfflinschen Kategorien des Barocks – des Malerischen, Tiefenräumlichen, Unklaren, Uneinheitlichen und Unabgeschlossenen – auf Shakespeare bleibt entweder bei nichtssagenden Allgemeinheiten stehen oder gründet sich auf bloße Äquivokationen. Shakespeares Kunst enthält natürlich auch Barockelemente, ebenso wie die Michelangelos; der Schöpfer Othellos ist aber ebensowenig ein Barockkünstler, wie der der Medicigräber. Jeder von ihnen ist ein Fall für sich, in dem Elemente der Renaissance, des Manierismus und des Barocks sich auf eine eigentümliche Art mischen, nur ist bei Michelangelo der Renaissancecharakter, bei Shakespeare die manieristische Tendenz das vorherrschende Element. Schon die unlösbare Verbindung des Naturalismus und des Konventionalismus legt es nahe, bei der Erklärung der shakespearischen Form vom Manierismus auszugehen. Für die Richtigkeit dieses Vorgehens spricht auch die fortwährende Mischung der tragischen und der komischen Motive, die gemischte Natur der Tropen, der krasse Gegensatz der konkreten und der abstrakten, der sensuellen und der intellektuellen Elemente der Sprache, die zuweilen forcierte Ornamentik der Komposition, wie zum Beispiel die Wiederholung des Motivs der kindlichen Undankbarkeit in *Lear*, die Betonung des Alogischen, Unergründlichen, Widersinnigen des Lebens, die Idee des Theatermäßigen, Traumhaften, Gezwungenen und Gehemmten des menschlichen Daseins. Manieristisch und nicht anders als durch den manieristischen Zeitgeschmack zu erklären ist das Gekünstelte und Gezierte, die Affektation und die Originalitätssucht in der Sprache Shakespeares. Manieristisch ist sein Euphuismus, seine oft überladene und konfuse Metaphorik, seine Häufung der Antithesen, Assonanzen und Wortspiele, seine Vorliebe für den komplizierten, verzwickten, enigmatischen Stil. Manieristisch ist das Extravagante, Bizarre und Paradoxe, von dem kein Werk Shakespeares vollkommen frei ist: die erotische Spielerei mit der Verkleidung der von Jünglingen gespielten Mädchen als Männer in den Lustspielen, der Liebhaber mit dem Eselskopf im *Sommernachtstraum*, der Neger als Held in *Othello*, die krause Figur des Malvolio in *Was Ihr wollt*, die Hexen und der wandelnde Wald in *Macbeth*, die Wahnsinnsszenen in *Lear* und *Hamlet*, die unheimliche Jüngster-Tag-Stimmung in *Timon von Athen*, das sprechende Bildnis im *Wintermärchen*, die Maschinerie der Zauberwelt im *Sturm* usw. usw. All das gehört zum Stil Shakespeares, wenn es auch die Kunst des Dichters durchaus nicht erschöpft.

## 8. DER BEGRIFF DES BAROCKS

Der Manierismus entsprach als künstlerischer Stil einem zwiespältigen, aber im ganzen Abendland gleichmäßig verbreiteten Lebensgefühl; im Barock äußert sich eine an und für sich homogenere, in den verschiedenen Kulturgebieten Europas jedoch sich verschieden gestaltende Weltanschauung. Der Manierismus war, so wie die Gotik, eine allgemeine europäische Erscheinung, wenn er sich auch auf viel engere Kreise beschränkte als die christliche Kunst des Mittelalters; der Barock umfaßt dagegen so verzweigte, in den einzelnen Ländern und Kultursphären unter so verschiedenen Formen auftretende künstlerische Bestrebungen, daß die Möglichkeit, diese auf einen gemeinsamen Nenner zu bringen, als zweifelhaft erscheint. Nicht nur der Barock der höfischen und katholischen Kreise ist gänzlich verschieden von dem der bürgerlichen und protestantischen Kulturgemeinschaften, nicht nur die Kunst eines Bernini und Rubens schildert eine andere innere und äußere Welt als die eines Rembrandt und van Goyen, innerhalb dieser zwei großen Stilrichtungen machen sich weitere einschneidende Differenzierungen geltend. Die wichtigste dieser sekundären Verzweigungen ist die des höfisch-katholischen Barocks in eine sensualistische, monumental-dekorative, im herkömmlichen Sinn „barocke“ Richtung und einen strengeren, formrigoristischeren, „klassizistischen“ Stil. Die klassizistische Strömung ist zwar im Barock von Anfang an gegenwärtig und als Unterströmung in sämtlichen nationalen

Sonderformen der Barockkunst feststellbar, vorherrschend wird sie aber erst um 1660, unter den besonderen sozialen und politischen Bedingungen, die um diese Zeit in Frankreich maßgebend sind. Neben diesen zwei Grundformen des kirchlichen und höfischen Barocks gibt es in den katholischen Ländern eine am Anfang der Stilperiode selbständig auftretende naturalistische Strömung, die in Caravaggio, Louis Le Nain und Ribera noch ihre besonderen Vertreter hat, später jedoch die Kunst aller bedeutenden Meister durchdringt. Sie gewinnt schließlich in Holland, so wie der Klassizismus in Frankreich, die Vorherrschaft, und in diesen beiden Stilrichtungen drücken sich nun die sozialen Voraussetzungen der Barockkunst am reinsten aus.

Seit der Gotik wurde die Struktur der künstlerischen Stile immer komplizierter; die Spannung zwischen den seelischen Inhalten wurde immer größer und die verschiedenen Elemente der Kunst gestalteten sich dementsprechend immer heterogener. Man konnte wohl aber vor dem Barock immer noch sagen, ob das Kunstwollen eines Zeitalters im Grunde naturalistisch oder antinaturalistisch, integrierend oder differenzierend, klassizistisch oder antiklassizistisch war – jetzt hat die Kunst in diesem strikten Sinne keinen einheitlichen Stilcharakter mehr, sie ist naturalistisch und klassizistisch, analytisch und synthetisch zugleich. Wir sind die Zeugen der gleichzeitigen Blüte vollkommen gegensätzlicher Kunstrichtungen und sehen Zeitgenossen wie Caravaggio und Poussin, Rubens und Hals, Rembrandt und van Dyck in gänzlich verschiedenen Lagern stehen.

Die Zusammenfassung der Kunst des 17. Jahrhunderts unter dem Namen des Barocks ist neueren Datums. Der Begriff wurde im 18. Jahrhundert, als er zum erstenmal auftauchte, noch ausschließlich auf diejenigen Erscheinungen der Kunst angewandt, die man nach der damaligen klassizistischen Kunsttheorie als maßlos, verworren und bizarr empfand.[224] Der Klassizismus selbst war von diesem Begriff, der fast bis zum Ende des 19. Jahrhunderts maßgebend blieb, ausgeschlossen. Nicht nur die Einstellung Winckelmanns, Lessings und Goethes, auch die Burckhardts richtet sich noch im Grunde nach den

Gesichtspunkten der klassizistischen Theorie; alle verwerfen sie den Barock wegen seiner „Regellosigkeit" und „Willkür", und tun es im Namen einer Ästhetik, die den Barockkünstler Poussin zu ihren Musterbildern zählt. Burckhardt und die späteren Puristen, wie zum Beispiel Croce, die unfähig sind, sich von dem oft engherzigen Rationalismus des 18. Jahrhunderts zu befreien, gewahren im Barock nur die Zeichen der Unlogik und der Atektonik, sehen nur die Säulen und Pilaster, die nichts tragen, die Architrave und Wandflächen, die sich biegen und werfen als ob sie aus Pappendeckel wären, die Figuren der Gemälde, die unnatürlich beleuchtet sind und sich unnatürlich gebärden wie auf einer Bühne, die Skulpturen, die illusionistische Oberflächeneffekte suchen, wie sie der Malerei eigen sind, und die, wie man betont, der Malerei vorbehalten bleiben sollten. Das Erlebnis der Kunst eines Rodin hätte – sollte man meinen – schon an und für sich genügen müssen, den Sinn und Wert solcher Skulpturen klarzumachen. Die Vorbehalte gegen den Barock sind aber zumeist auch Vorbehalte gegen den Impressionismus, und wenn Croce gegen den „schlechten Geschmack" der Barockkunst wettert,[225] so vertritt er zugleich gegenwartsfremde akademische Vorurteile.

Die Umdeutung und Umwertung der Barockkunst im heutigen Sinne, eine Leistung, die in der Hauptsache von Wölfflin und Riegl vollzogen wurde, wäre ohne die Rezeption des Impressionismus undenkbar. Vor allem die Wölfflinschen Kategorien des Barocks sind nichts als die Anwendung der Begriffe des Impressionismus auf die Kunst des 17. Jahrhunderts, – das heißt, auf einen Teil dieser Kunst, denn die Eindeutigkeit des Barockbegriffes wird auch bei Wölfflin noch um den Preis erkauft, daß er bei seinen Betrachtungen den Klassizismus des 17. Jahrhunderts im wesentlichen unberücksichtigt läßt. Um so schärfer ist das Licht, das infolge dieser Einseitigkeit auf den nichtklassizistischen Barock fällt. Ihr ist es auch zuzuschreiben, daß die Kunst des 17. Jahrhunderts hier fast ausschließlich als der dialektische Gegensatz zur Kunst des 16. Jahrhunderts und nicht als ihre Fortsetzung erscheint. Wölfflin unterschätzt die Bedeutung des Subjektivismus in der

Renaissance und überschätzt sie im Barock. Er konstatiert im 17. Jahrhundert den Anfang des impressionistischen Kunstwollens, der „kapitalsten Umorientierung, die die Kunstgeschichte kennt“,[226] verkennt aber, daß die Subjektivierung der künstlerischen Weltanschauung, die Umwandlung des „Tastbildes“ in ein „Sehbild“, des Seins in einen Schein, die Konzeption der Welt als Eindruck und Erlebnis, die Auffassung des subjektiven Aspektes als das Primäre und die Betonung des transitorischen Charakters, den jeder optische Eindruck an sich trägt, sich wohl im Barock vollendet, durch die Renaissance und den Manierismus aber weitgehend vorbereitet wird. Wölfflin, den die außerkünstlerischen Voraussetzungen dieses dynamischen Weltbildes nicht interessieren und der den ganzen kunsthistorischen Verlauf als eine geschlossene, quasi logische Funktion auffaßt, übersieht mit den soziologischen Bedingungen den wirklichen Ursprung des Stilwandels. Denn wenn es auch durchaus richtig ist, daß eine Entdeckung wie zum Beispiel die, daß das rollende Rad für den subjektiven Eindruck seine Speichen verliert, ein für das 17. Jahrhundert neues Weltbild enthält, so darf man doch nicht vergessen, daß die Entwicklung, die zu dieser und ähnlichen Entdeckungen führt, mit der Auflösung der symbolischen Gedankenmalerei und ihrer Ersetzung durch das immer reinere optische Bild der Wirklichkeit bereits in der Gotik beginnt und mit dem Sieg des nominalistischen Denkens über das realistische zusammenhängt.

Wölfflin entwickelt sein System an der Hand von fünf Begriffspaaren, die je einen Zug der Renaissance und des Barocks einander gegenüberstellen und die, mit der Ausnahme einer einzigen dieser Antinomien, die gleiche Entwicklungstendenz von einer strengeren zu einer freieren Kunstauffassung aufweisen. Die Kategorien heißen: 1. Linear und malerisch; 2. Flächenhaft und tiefenhaft; 3. Geschlossen und offen; 4. Klar und unklar; 5. Mannigfaltig und einheitlich. Das Streben nach dem „Malerischen“ – das heißt die Auflösung der festen plastischen und linearen Form in ein Bewegtes, Schwebendes, Unfaßbares; das Verwischen der Grenzen und Konturen, um den Eindruck des Unbeschränkten, Unermeßlichen, Unendlichen zu erwecken; die Verwandlung des bleibenden, starren, objektiven Seins in ein Werden, eine Funktion, eine Wechselwirkung zwischen Subjekt und Objekt – bildet den Grundzug der Wölfflinschen Konzeption des Barocks. Die Tendenz von der Fläche zur Tiefe bringt das gleiche dynamische Lebensgefühl zum Ausdruck, den gleichen Widerstand gegen alles Stabile, alles ein für allemal Festgelegte, Festbegrenzte, wobei der Raum als ein Entstehendes, ein im Werden Begriffenes, eine Funktion aufgefaßt wird. Das beliebteste Mittel des Barocks, die Raumtiefe zu veranschaulichen, ist die Verwendung von übergroßen Vordergründen, dem Beschauer ganz nahe gebrachten Repoussoirfiguren und der jähen perspektivischen Verkleinerung der Motive dem Hintergrund zu. Der Raum gewinnt derart nicht nur etwas an und für sich Bewegtes, der Beschauer empfindet, infolge des überaus nahe gewählten Standpunktes, die Raumhaftigkeit als eine zu ihm gehörige, von ihm abhängige, durch ihn geschaffene Existenzform. Die Neigung des Barocks, das Absolute durch das Relative, das Strengere durch das Freiere zu ersetzen, kommt jedoch am stärksten in der Vorliebe für die „offene", atektonische Form zum Ausdruck. In einer geschlossenen, „klassischen" Komposition ist das Dargestellte eine in sich begrenzte Erscheinung, deren sämtliche Elemente miteinander verbunden sind und aufeinander hinweisen; nichts scheint in diesem Zusammenhang überflüssig zu sein oder aus ihm zu fehlen. Die atektonischen Kompositionen der Barockkunst wirken dagegen immer mehr oder weniger unvollständig und abgerissen; überall scheinen sie fortsetzbar zu sein und über sich hinauszuweisen. Alles Feste und Beständige gerät ins Wanken; die durch die Horizontalen und Vertikalen ausgedrückte Stabilität, die Idee des Gleichgewichts und der Symmetrie, die Prinzipien der Flächenfüllung und der Rahmengerechtheit werden entwertet; immer ist die eine Seite der Komposition mehr betont als die andere, immer wieder bekommt der Beschauer statt der „reinen" Aspekte, der Front und des Profils, die scheinbar zufälligen, improvisierten und ephemeren Ansichten zu sehen. „In letzter Instanz", sagt Wölfflin, „geht die Neigung dahin, das Bild nicht als ein für sich bestehendes Stück Welt erscheinen zu lassen, sondern als ein Schauspiel, das vorübergeht und an dem der Beschauer nur gerade auf einen Augenblick teilzunehmen das Glück hat... Es geht darum, das Bildganze als *nicht gewollt* erscheinen zu lassen."[227] Das Kunstwollen des Barocks ist, mit anderen Worten, ein „filmisches"; die dargestellten Vorgänge scheinen erlauscht und erspäht zu sein, jedes Zeichen, das eine Rücksicht auf den Beschauer verraten könnte, ist getilgt, alles präsentiert sich so, wie es scheinbar der Zufall will. Zu dieser Improvisiertheit gehört auch die verhältnismäßige Unklarheit der Darstellung. Die häufigen und oft gewaltsamen Überschneidungen, die übermäßigen perspektivistischen Größenunterschiede, die Vernachlässigung der durch den Rahmen gegebenen Richtungslinien, die Lückenhaftigkeit des Materials und die ungleiche Behandlung der Motive sind lauter Mittel, die die Übersichtlichkeit der Darstellung absichtlich erschweren. Einen gewissen Anteil an der wachsenden Abneigung gegen das allzu Klare und Evidente bringt zweifellos die Entwicklung selber mit sich, die innerhalb einer sich kontinuierlich entfaltenden künstlerischen Kultur vom Einfachen zum Verwickelten, vom Deutlichen zum weniger Deutlichen, vom Offenkundigen zum Versteckten und Verhüllten schreitet. Jedes gebildetere, kunstverständigere, anspruchsvollere Publikum verlangt nach dieser Reizsteigerung. Neben der Anregung durch das Neue, Schwierige, Komplizierte kommt aber hier wieder vor allem die Bestrebung zum Ausdruck, in dem Beschauer das Gefühl der Unerschöpflichkeit, Unfaßbarkeit, Unendlichkeit der Darstellung zu erwecken, – eine Tendenz, von der die ganze Barockkunst beherrscht ist.

In allen diesen Zügen äußert sich der klassischen Kunst gegenüber derselbe Drang zum Ungebundenen, Unbeschränkten, Willkürlichen; nur in einem einzigen der durch Wölfflin erörterten Stilmerkmale, nämlich im Streben nach Einheit, kommt wieder ein gesteigerter Wille zur Synthese, und damit zu einem strengeren Kompositionsprinzip, zum Ausdruck. Würde die Entwicklung nach einer eindeutigen Logik verlaufen, wie Wölfflin annimmt, so müßte mit der Neigung zum Malerischen, Tiefenräumlichen, Atektonischen und Unklaren eine Tendenz zum Mannigfaltigen, zur Häufung und Koordination der Motive verbunden sein, tatsächlich weist aber der Barock fast überall in seinen Schöpfungen den Willen zur Zusammenfassung und Unterordnung auf. Er ist in dieser Hinsicht – worauf Wölfflin hinzuweisen unterläßt – die Fortsetzung der klassischen Kunst der Renaissance, nicht ihr Gegensatz. Schon in der Frührenaissance war der additiven Kompositionsweise des Mittelalters gegenüber ein Streben nach Einheit und Subordination bemerkbar; der Rationalismus des Zeitalters fand in der Unteilbarkeit der Konzeption und der Konsequenz der Einstellung seinen künstlerischen Ausdruck. Nur wenn der Beschauer seinen Standpunkt, namentlich seinen Maßstab der Naturtreue, während der Rezeption des Werkes nicht zu ändern hatte, konnte der herrschenden Meinung nach eine Illusion entstehen. Die Einheitlichkeit der Renaissancekunst war aber bloß eine Art Folgerichtigkeit und die Totalität ihrer Darstellungen nichts als ein Aggregat und eine Summe von Einzelheiten, in der die verschiedenen Komponenten noch klar erkennbar waren. Diese verhältnismäßige Selbständigkeit der Teile hört in der Barockkunst auf. In einer Komposition von Leonardo oder Raffael sind die Elemente noch isoliert genießbar, in einem Gemälde von Rubens oder Rembrandt hat kein Detail mehr an und für sich einen Sinn. Die Kompositionen der Barockmeister sind zwar reicher und komplizierter als die der Maler der Renaissance, sie sind aber zugleich einheitlicher, von einem größeren, tieferen, ununterbrocheneren Atemzug erfüllt. Hier ist die Einheit kein nachträgliches Ergebnis, sondern das Apriori der künstlerischen Schöpfung; der Künstler tritt mit einer einheitlichen Vision an seinen Gegenstand heran, und in dieser Vision geht schließlich alles Besondere und Einzelne unter. Schon Burckhardt erkannte einen Wesenszug des Barocks darin, daß die Einzelformen um ihren selbständigen Sinn gebracht werden, und Riegl betont wiederholt die Bedeutungslosigkeit und die „Häßlichkeit", das heißt die Proportionslosigkeit der Details in den Werken der Barockkunst. So wie der Barock in der Architektur die Kolossalordnungen bevorzugt, und dort, wo zum Beispiel die Renaissance die einzelnen Stockwerke durch horizontale Gliederung voneinander trennte, diese durch durchlaufende Säulen- und Pilasterordnungen zusammenfaßt, so trachtet er überhaupt, die Einzelheiten der Gestaltung führenden Motiven unterzuordnen und die Darstellung auf einen Haupteffekt hin zu pointieren. Die malerische Komposition wird derart oft von einer einzigen Diagonale oder einem Farbfleck, die plastische Form von einer einzigen Kurve, das Musikstück von einer dominierenden Solostimme beherrscht.

Wölfflin will in der Entwicklung vom Strengen zum Freien, vom Einfachen zum Komplizierten, von der geschlossenen zur offenen Form einen typischen, gleichlautend wiederkehrenden kunstgeschichtlichen Vorgang erkennen. Die Stilgeschichte der römischen Kaiserzeit, der Spätgotik, des 17. Jahrhunderts und des Impressionismus sind für ihn parallele Erscheinungen. Jedesmal folgt in diesen Fällen seiner Auffassung nach auf eine Klassik mit ihrer objektiven Formstrenge eine Art Barock, das heißt ein subjektiver Sensualismus und eine mehr oder weniger radikale Formauflösung. Die Polarität dieser Stile scheint ihm geradezu die Grundformel der Kunstgeschichte zu sein. Wenn irgendwo, so muß, meint er, hier eine universalhistorische Gesetzlichkeit, eine Periodizität der Gesamtentwicklung vorliegen. Und aus dieser Wiederkehr der typischen Kunststile schöpft er seine Thesis, daß in der Kunstgeschichte eine innere Logik, eine eigene, immanente Notwendigkeit herrsche. Die unsoziologische Methode Wölfflins führt hier zu einer unhistorischen Dogmatik und einer ganz willkürlichen Geschichtskonstruktion. Der hellenistische, der spätmittelalterliche, der impressionistische und der eigentliche „Barock" haben in Wirklichkeit nur so viele gemeinsame Züge, als in ihren sozialen Voraussetzungen ähnliche Momente enthalten sind. Wenn aber auch in der Aufeinanderfolge von Klassik und Barock eine allgemeine Gesetzlichkeit zu erblicken wäre, so wird man aus immanenten, das heißt rein formalen Gründen nie erklären können, warum die Entwicklung in einem bestimmten Zeitpunkt vom Strengen zum Freien und nicht vom Strengen zum Strengeren fortschreitet. Es gibt keinen sogenannten „Höhepunkt" der Entwicklung; ein Gipfel wird erreicht und ein Umschwung tritt ein, wenn die allgemeinen historischen, das heißt sozialen, wirtschaftlichen und politischen Verhältnisse ihre Entwicklung in einer bestimmten Richtung beenden und ihre Tendenz ändern. Ein Stilwandel kann nur von außen her bedingt sein – er hat keine innere Fälligkeit.

Auf die klassische Kunst des Barockzeitalters lassen sich die meisten der Wölfflinschen Kategorien nicht anwenden. Poussin und Claude Lorrain sind weder „malerisch" noch „unklar", noch ist die Struktur ihrer Kunst atektonisch. Auch die Einheitlichkeit ihrer Werke ist verschieden von dem übertriebenen, willenmäßig überspannten, gewaltsam mitreißenden Einheitsstreben eines Rubens. Kann aber da noch von einer Stileinheit des Barocks die Rede sein? – Von einem einheitlichen „Zeitstil", der eine ganze Epoche beherrscht, dürfte eigentlich nie gesprochen werden, denn es gibt jederzeit so viele verschiedene Stile, als es künstlerisch produktive soziale Gruppen gibt. Selbst in Epochen, in denen die maßgebende Kunstproduktion sich auf eine einzige kulturtragende Schicht stützt und aus denen uns nichts als die Kunst dieser Schicht erhalten blieb, müßte gefragt werden, ob Kunstprodukte anderer Gruppen nicht etwa verschüttet worden oder verlorengegangen sind. Wir wissen zum Beispiel, daß es im klassischen Altertum neben der hohen Tragödie einen volkstümlichen Mimus gab, dessen Bedeutung sicher viel größer war, als man auf Grund der erhaltenen Fragmente denken würde. Auch im Mittelalter müssen die Schöpfungen der weltlichen und der populären Kunst im Verhältnis zur kirchlichen bedeutender gewesen sein, als die auf uns gekommenen Werke ahnen lassen. Die Kunstproduktion war also auch in diesen Zeiten der ungeteilten Klassenherrschaft keine ganz einheitliche, wieviel weniger in einem Jahrhundert wie dem siebzehnten, als es bereits mehrere, in sozialer, wirtschaftlicher und religiöser Beziehung vollkommen verschieden orientierte Kulturkreise gibt, die der Kunst oft gänzlich verschiedene Aufgaben stellen. Die künstlerischen Ziele der Kurie in Rom waren von denen des fürstlichen Hofes in Versailles wesentlich verschieden, und das, was sie miteinander gemein hatten, konnte mit dem Kunstwollen des kalvinistischen und bürgerlichen Holland durchaus nicht vereinbart werden. Gewisse gemeinsame Züge lassen sich trotzdem feststellen. Denn abgesehen davon, daß die Entwicklung, die die geistige Differenzierung fördert, stets auch der Integrierung dient, indem sie die Verbreitung der Kulturprodukte und die Wechselwirkungen zwischen den verschiedenen Kulturgebieten erleichtert, war eine der wichtigsten Kulturschöpfungen des Barockzeitalters, die neue Naturwissenschaft und die neue naturwissenschaftlich orientierte Philosophie, von vornherein international; das allgemeine Weltgefühl, das in ihr zum Ausdruck kam, beherrschte aber auch die ganze verzweigte Kunstproduktion des Zeitalters.

Die neue naturwissenschaftliche Weltanschauung ging von der Entdeckung des Kopernikus aus. Die Lehre, die die Erde um die Sonne sich drehen ließ, statt wie bisher die Welt um die Erde sich drehen zu lassen, veränderte endgültig die alte, dem Menschen von der Vorsehung zugewiesene Stellung im Universum. Denn sobald die Erde nicht mehr als der Mittelpunkt des Weltalls gelten konnte, galt auch der Mensch nicht mehr als der Sinn und das Ziel der Schöpfung. Die kopernikanische Lehre bedeutete aber nicht nur, daß die Welt aufhörte, sich um die Erde und den Menschen zu drehen, sondern daß sie überhaupt keinen Mittelpunkt mehr hatte und aus lauter gleichartigen und gleichwertigen Teilen bestand, deren Einheit sich einzig und allein in der Allgemeingültigkeit des Naturgesetzes bekundete. Das Weltall galt nach dieser Lehre für unendlich und trotzdem einheitlich, für ein zusammenwirkendes, kontinuierliches, nach einem einzigen Prinzip organisiertes System, für einen organischen Lebenszusammenhang, einen geordneten, wohlfunktionierenden Mechanismus – ein ideales Uhrwerk, um mit dem Zeitalter zu sprechen. Mit der Konzeption des Naturgesetzes, das keine Ausnahme kennt, entstand der Begriff einer neuen, von der theologischen vollkommen verschiedenen Notwendigkeit. Damit war aber nicht nur die Vorstellung von der Willkür Gottes, sondern auch die vom Vorrecht des Menschen auf göttliche Gnade und seinem Anteil an der überweltlichen Existenz Gottes erschüttert. Der Mensch wurde zu einem kleinen, unbedeutenden Faktor in der neuen entzauberten Welt. Das Merkwürdigste war aber, daß er ein neues Gefühl des Selbstvertrauens und des Stolzes aus dieser veränderten Stellung gewann. Das Bewußtsein, das große, übermächtige, ihn restlos beherrschende Universum zu begreifen, seine Gesetze berechnen zu können und damit die Natur gleichsam erobert zu haben, wurde ihm zur Quelle eines bis dahin unbekannten, grenzenlosen Selbstgefühls.

In der homogenen und kontinuierlichen Welt, in die sich nun die alte christlich-dualistische Wirklichkeit verwandelt hatte, trat an die Stelle der früheren anthropozentrischen Weltanschauung das kosmische Bewußtsein, das heißt die Konzeption eines unendlichen Wirkungszusammenhanges, der sowohl den Menschen in sich faßte als auch den letzten Grund seiner Existenz enthielt. Die lückenlose Systematik des Weltalls war mit dem mittelalterlichen Gottesbegriff, dem Begriff eines persönlichen, außerhalb des Weltsystems stehenden Gottes unvereinbar; die Weltanschauung der Immanenz, die den mittelalterlichen Transzendentalismus abgelöst hatte, kannte nur eine von innen heraus wirkende göttliche Kraft. Das war als systematisch entwickelte Doktrin zwar neu, aber auch der Pantheismus, der den Inbegriff der neuen Lehre bildete, ging, wie die meisten progressiven Elemente, im Denken der Renaissance und des Barocks auf die Anfänge der Geldwirtschaft, der spätmittelalterlichen Stadt und des Bürgertums und den Sieg des Nominalismus zurück. „Die Entstehung des modernen europäischen Pantheismus ist“, meint Dilthey, „das Werk . . . der geistigen Umwälzung, welche auf das große 13. Jahrhundert folgt und beinahe drei Jahrhunderte erfüllt.“[228] Am Ende dieser Entwicklung tritt an die Stelle der Scheu vor dem Weltrichter der „metaphysische Schauder“, die Beklemmung Pascals vor dem „*silence éternel des espaces infinis*“, das Erstaunen über den langen, ununterbrochenen Atemzug, der das All durchdringt.

Die ganze Kunst des Barocks ist von diesem Schauder, dem Widerhall der unendlichen Räume und der Zusammengehörigkeit alles Seins erfüllt. Das Kunstwerk wird in seiner Totalität, als einheitlicher, in allen seinen Teilen belebter Organismus, zum Symbol des Weltganzen. Jeder dieser Teile weist, so wie die Himmelskörper, auf einen unendlichen, lückenlosen

Zusammenhang hin; jeder enthält das Gesetz des Ganzen, in jedem wirkt dieselbe Kraft, derselbe Geist. Die jähen Diagonalen, die plötzlichen perspektivischen Verkürzungen, die forcierten Lichteffekte, alles drückt einen übermächtigen, unstillbaren Drang zum Grenzenlosen aus. Jede Linie führt den Blick in die Ferne, jede bewegte Form scheint sich selbst übertreffen zu wollen, jedes Motiv befindet sich in einem Zustand der Spannung und der Anstrengung, als ob der Künstler nie ganz sicher wäre, daß ihm das Unendliche auszudrücken auch wirklich gelingt. Auch hinter der Ruhe der holländischen Existenzmaler fühlt man die beunruhigende Unendlichkeit, die stets gefährdete Harmonie des Endlichen. Das ist zweifellos ein Einheitszug – genügt er aber, um von einer Einheitlichkeit des Barockstils sprechen zu können? Ist es nicht ebenso vergeblich, den Barock mit diesem Unendlichkeitsstreben definieren zu wollen, als wollte man die Gotik aus dem bloßen Spiritualismus des Mittelalters ableiten?

## 9. HÖFISCH-KATHOLISCHER BAROCK

Gegen Ende des 16. Jahrhunderts tritt in der Geschichte der italienischen Kunst eine auffallende Wendung ein; der kühle, komplizierte, intellektualistische Manierismus weicht einer sinnlichen, gefühlsbetonten, allgemeinverständlichen Stilart – dem Barock. Es ist dies die Reaktion teils einer an und für sich populären, teils einer zwar von der herrschenden Bildungsschicht getragenen, auf die breiteren Massen jedoch mehr Rücksicht nehmenden Kunstauffassung gegen die geistesaristokratische Exklusivität der vorangehenden Periode. Der Naturalismus Caravaggios und der Emotionalismus der Carracci vertreten die beiden Richtungen. Der hohe Bildungsgrad der Manieristen sinkt sowohl in dem einen wie in dem andern Lager. Denn auch im Atelier der Carracci sind es verhältnismäßig einfache Dinge, die man den großen Meistern der Renaissance nachmachen, und unkomplizierte Gedanken und Gefühle, die man im allgemeinen ausdrücken will. Von den drei Carracci kann eigentlich nur Agostino als „gebildet“ bezeichnet werden, Caravaggio aber ist geradezu der bildungsfeindliche Bohemien, dem jede Spekulation und jedes Theoretisieren fernliegt.

Die historische Bedeutung der Carracci ist außerordentlich; die Geschichte der ganzen neueren „Kirchenkunst“ beginnt mit ihnen. Sie verwandeln den schwierigen, verwickelten Symbolismus der Manieristen in jene einfache und feste Allegorik, von der die Entwicklung des modernen Devotionsbildes mit seinen stehenden Sinnbildern und Formeln, dem Kreuz, dem Glorienschein, der Lilie, dem Totenschädel, dem himmelnden Blick, den Ekstasen der Liebe und des Leidens, ihren Ausgang nimmt. Die geistliche Kunst differenziert sich von der profanen erst jetzt in endgültiger Weise. In der Renaissance und im Mittelalter gab es noch unzählige Übergangsformen zwischen den Kunstwerken, die zu rein kirchlichen, und solchen, die zu weltlichen Zwecken dienten, mit der Ausbildung des Stils der Carracci vollzieht sich die grundsätzliche Scheidung.[229] Die Ikonographie der katholischen Kirchenkunst wird festgelegt und schematisiert; die Verkündigung, die Geburt Christi, die Taufe, die Himmelfahrt, die Kreuztragung, die Begegnung mit der Samaritanerin, Christus als Gärtner und viele andere biblische Szenen gewinnen die Form, die für das Devotionsbild im großen und ganzen heute noch maßgebend ist. Die kirchliche Kunst nimmt einen offiziellen Charakter an und verliert ihre spontanen, subjektiven Züge; sie wird immer mehr durch den Kult und immer weniger durch den unmittelbaren Glauben bestimmt. Die Kirche kennt nur zu gut die Gefahr, die sie vom Subjektivismus des Reformationsgeistes her bedroht; sie wünscht, daß die Werke der Kunst den Sinn der orthodoxen Glaubenslehre ebenso unmißverständlich, von jeder willkürlichen Deutung ebenso frei zum Ausdruck bringen wie die Schriften der Theologen. Die Stereotypik der Produkte erscheint ihr, mit den Gefahren der künstlerischen Freiheit verglichen, als das kleinere Übel.

Auch Caravaggio hatte im Anfang große Erfolge; sein Einfluß auf die Künstler des Jahrhunderts ging vielleicht noch tiefer als der der Carracci. Sein kühner, ungeschminkter, derber

Naturalismus konnte aber dem Geschmack seiner hohen geistlichen Auftraggeber auf die Dauer nicht entsprechen; sie vermißten bei ihm jene „Größe“ und „Nobilität“, die in ihren Augen zum Wesen einer religiösen Darstellung gehörte. Sie beanstandeten seine Bilder, mit denen an Qualität im damaligen Italien nichts zu vergleichen war, und wiesen sie wiederholt zurück, da sie nur die unkonventionelle Form sahen, die tiefe Frömmigkeit des in einer wirklich volkstümlichen Sprache sich ausdrückenden Meisters zu begreifen aber außerstande waren. Der Mißerfolg Caravaggios ist soziologisch um so bemerkenswerter, als es sich bei ihm, wenigstens seit dem Mittelalter, wohl um den ersten großen Künstler handelt, der wegen seiner künstlerischen Eigenart abgelehnt wird, und der den Widerwillen seiner Zeitgenossen gerade damit erregt, was seinen späteren Ruhm ausmacht. Ist aber Caravaggio wirklich der erste seines künstlerischen Wertes halber zurückgesetzte Meister der Neuzeit, so bedeutet der Barock einen wichtigen Wendepunkt in der Beziehung zwischen Kunst und Publikum, nämlich das Ende der mit der Renaissance beginnenden „ästhetischen Kultur“ und den Anfang jener strengeren Scheidung zwischen Inhalt und Form, bei der die formale Vollendung für keine ideologische Entgleisung mehr als Entschuldigung dient.

Der aristokratische Geist der Kirche kommt, trotz des Wunsches, in die Breite zu wirken, auf Schritt und Tritt zum Ausdruck. Die Kurie möchte zur Propagierung des katholischen Glaubens eine „Volkskunst“ schaffen, ihre Volkstümlichkeit jedoch auf die Simplizität der Ideen und Formen beschränken; die plebejische Unmittelbarkeit der Ausdrucksweise wünscht sie zu vermeiden. Die dargestellten heiligen Personen sollen so eindringlich wie nur möglich zu den Gläubigen sprechen, unter keinen Umständen aber zu ihnen herabsteigen. Die Kunstwerke sollen werben, überreden, überwältigen, sollen es aber in einer gewählten und gehobenen Sprache tun. Bei dem gegebenen propagandistischen Ziel ist freilich eine Demokratisierung, ja, Plebejisierung der Kunst nicht immer zu vermeiden; die Effekte sind oft desto gröber, je echter und tiefer das religiöse Gefühl ist, aus dem die Werke hervorgehen. Der Kirche aber liegt es nicht so sehr an der Vertiefung als an der Verbreitung des Glaubens. In dem Maße wie sie ihre Ziele verweltlicht, schwächt sich das religiöse Gefühl der Gläubigen ab. Der Einfluß der Religion verliert zwar nichts von seinem Umfang, im Gegenteil, die Frömmigkeit nimmt im alltäglichen Leben mehr Raum ein als zuvor, sie wird aber zu einer äußerlichen Routine und verliert ihren streng überweltlichen Charakter.[230] Wir wissen, daß Rubens jeden Morgen zur Messe ging und daß Bernini nicht nur zweimal in der Woche kommunizierte, sondern sich auch alljährlich, der Empfehlung des Ignatius folgend, in die Einsamkeit eines Klosters zurückzog, um sich geistlichen Übungen zu widmen. Wer wird aber behaupten, daß diese Künstler auch wirklich religiöser gesinnt waren als ihre Vorgänger?

Die Lebensbejahung, die mit dem Barock die Tendenz zur Weltflucht verdrängt, ist vor allem ein Symptom der Müdigkeit, die man nach den langen Religionskriegen empfindet, und der Kompromißbereitschaft, die die konfessionelle Intransigenz der tridentinischen Zeit ablöst. Die Kirche gibt den Kampf gegen die Forderungen der historischen Realität auf und trachtet sich ihnen nach Möglichkeit anzupassen. Sie wird gegenüber den Gläubigen immer duldsamer, wenn sie auch die „Ketzer“ ebenso unbarmherzig verfolgt wie bisher. Im eigenen Lager gewährt sie aber alle möglichen Freiheiten; sie duldet nicht nur, sondern fördert die Aufgeschlossenheit der Umwelt gegenüber und billigt den Sinn für die Interessen und Freuden des profanen Lebens. Sie wird fast überall zur Landeskirche und zu einem Instrument der Staatsregierung, womit von vornherein eine weitgehende Unterordnung der geistlichen Ziele unter die Staatsinteressen verbunden ist. Selbst in Rom müssen die religiösen Rücksichten neben den politischen zurücktreten. Schon Sixtus V. macht dem unzuverlässigen Frankreich Zugeständnisse, um der Übermacht des rechtgläubigen Spaniens Grenzen zu setzen, und unter den späteren Barockpäpsten wird die weltliche Richtung der Politik der Kurie noch offenkundiger.

Für Rom heißt es nunmehr, nicht nur als die Residenz des Papstes, sondern auch als die Haupstadt des katholischen

Christentums zu repräsentieren und zu glänzen. Der grandiose, pompöse Charakter der höfischen Kunst wird auch in der Kunst der Kirche vorherrschend. Der Manierismus mußte streng, asketisch, weltverneinend sein, der Barock darf eine liberalere, sinnenfreudigere Richtung verfolgen. Der Wettstreit mit dem Protestantismus hat aufgehört; die katholische Kirche hat auf die verlorenen Länder verzichtet und in den erhaltenen sich sicher gefühlt. Es beginnt nun in Rom eine Periode der reichsten, üppigsten, verschwenderischsten Kunstproduktion. Sie bringt eine solche Unmenge von Kirchen und Kapellen, Deckengemälden und Altarbildern, Heiligenstatuen und Grabdenkmälern, Reliquienschreinen und Votivgegenständen hervor wie kein früheres Zeitalter. Und es sind keineswegs nur die kirchlichen Gattungen der Kunst, die dem restaurierten Katholizismus ihren Aufschwung verdanken. Die Päpste errichten nicht nur prachtvolle Kirchen, sie bauen sich auch prachtvolle Paläste, Villen und Gärten. Und die Kardinal-Nepoten, die in ihrer Lebensführung immer mehr den Stil von königlichen Prinzen annehmen, entfalten in ihren Bauten einen ebenso verschwenderischen Luxus. Der von dem Papst und der hohen Geistlichkeit vertretene Katholizismus wird immer repräsentativer und höfischer, im Gegensatz zum Protestantismus, der immer bürgerlicher wird.[231] Man sieht das Bienenwappen der Barberini überall im barocken Rom, so, wie man den Adler Napoleons im Paris des Kaiserreichs sieht. Die Barberini bilden aber unter den päpstlichen Familien durchaus keine Ausnahme; außer ihnen und den ebenso berühmten Farnese und Borghese gehören die Ludovisi, Pamfili, Chigi und Rospigliosi zu den eifrigsten Kunstfreunden der Zeit.

Unter Urban VIII., dem Barberinipapst, ist Rom die Barockstadt geworden, als die wir sie kennen. Rom beherrscht, wenigstens in der ersten Hälfte seines Pontifikats, noch das gesamte Kunstleben Italiens und ist das Kunstzentrum des ganzen Abendlandes. Die römische Barockkunst ist international, wie es die französische Gotik gewesen war; sie assimiliert sämtliche vorhandenen Kräfte und vereint alle lebendigen Kunstbestrebungen zu einem Stil, der im damaligen

Europa als der einzig zeitgemäße gilt. Um 1620 hat sich in Rom der Barock endgültig durchgesetzt. Die Manieristen, vor allem Federigo Zuccari und der Cavaliere d'Arpino, malen zwar weiter, ihre Richtung ist aber antiquiert, und auch Caravaggio und die Carracci sind entwicklungsgeschichtlich bereits überholt. Pietro da Cortona, Bernini und Rubens sind die Namen, die jetzt Geltung haben. Sie bilden den Übergang zu einer Entwicklung, die ihren Mittelpunkt nicht mehr in Italien, sondern im Westen und Norden Europas hat. Die Kunst Cortonas, des Hauptmeisters der hochbarocken Freskomalerei in Rom, findet ihre Fortsetzung schon außerhalb Italiens, in dem wallenden, rauschenden, exuberanten Dekorationsstil der französischen Interieurs. Bernini stößt in Frankreich, wo er übrigens wie ein Prinz empfangen wird, bereits auf einen nationalen Widerstand, der die Ausführung seines Louvreplanes verhindert. Der Herzog von Bouillon nennt Paris um die Mitte des Jahrhunderts die Hauptstadt der Welt,[232] und Frankreich wird nun tatsächlich nicht nur zur politisch führenden Macht in Europa, es übernimmt auch die Führung in allen Sachen der Bildung und des Geschmacks. Mit dem Rückgang des Einflusses der Kurie und der Verarmung Roms verschiebt sich das Kunstzentrum von Italien nach dem Land, wo die progressivste Staatsform des Zeitalters, das absolute Königtum, ihre Ausbildung findet, und wo der Kunstproduktion die bedeutendsten Mittel zur Verfügung stehen.

Der Sieg des Absolutismus war gewissermaßen eine Folgeerscheinung der Religionskriege. Frankreich war am Ende des 16. Jahrhunderts von dem endlosen Gemetzel, den ewigen Hungersnöten und Epidemien so geschwächt, daß man um jeden Preis Ruhe und Frieden haben wollte und die Politik der starken Hand herbeisehnte oder sie wenigstens mit in den Kauf nahm. Diese Politik wirkte sich am schärfsten gegen den alten Adel aus, der immer auf dem Sprung war, gegen die Krone zu konspirieren, und dessen Widerstand gebrochen werden mußte, wenn man ungestört regieren wollte. An der Bourgeoisie dagegen, die nur bei innerer Ruhe prosperiert und die „Politik der starken Hand" zu unterstützen jederzeit bereit ist, fand der Absolutismus eine begeisterte Anhängerschaft, die der König und die Regierung auch zu schätzen wußten. Die Nobilitierung der Mitglieder des Bürgertums, die seit langem wieder im Gange war, wurde jetzt wahlloser betrieben als je zuvor. Die Erhebung von Nichtadligen in den Adelsstand war von jeher der Preis, mit dem die Fürsten besondere Verdienste zu belohnen pflegten; seit dem 16. Jahrhundert aber vermehrt sich maßlos die Zahl der Nobilitierungen, nachdem man im Mittelalter dem Überhandnehmen dieser Praxis bereits eine Grenze gesetzt hatte. Franz I. honoriert mit dem Adelstitel nicht nur militärische, sondern auch zivile Dienste und macht auch schon Geschäfte mit den Adelsbriefen. Nach und nach wird mit der Bekleidung von gewissen Ämtern das Recht auf einen Adelstitel von vornherein verbunden, und im 17. Jahrhundert gibt es bereits viertausend Ämter der Justiz, der Finanzbehörden und der Verwaltung, deren Inhaber zum erblichen Adel gehören.[233] Auf diese Art finden immer mehr Bürger Aufnahme in den Adelsstand und der Geburtsadel gerät ihnen gegenüber schon im 17. Jahrhundert in die Minderheit. Die alten Adelsfamilien sind in den ununterbrochenen Feldzügen, Bürgerkriegen und Aufständen teils ausgerottet, teils wirtschaftlich ruiniert und lebensunfähig gemacht worden. Für viele bedeutete die Unterkunft am Hof, wo sie sich Pfründen und Pensionen erbetteln konnten, die einzige Lebensmöglichkeit. Ein Großteil des alten grundbesitzenden Adels lebte freilich noch immer auf dem Lande; die meisten von ihnen führten allerdings ein sehr kärgliches Dasein. Die verarmten Aristokraten hatten keine Mittel und Wege mehr, sich wieder zu bereichern, und der König wollte ihnen nicht einmal eine eigene Funktion im Staate einräumen.[234] Mit der Entwicklung des stehenden Heeres verringerte sich ihre militärische Bedeutung, die Ämter wurden zumeist mit bürgerlichen Elementen besetzt, und zu arbeiten, das heißt sich in der Industrie und im Handel zu betätigen, hielten sie nicht für standesgemäß.

Das Verhältnis des Königs und des absoluten Staates zum Adel ist aber durchaus nicht eindeutig. Es wird nur der rebellische Adel, keineswegs der Adel als solcher verfolgt; er gilt im Gegenteil noch immer als das Rückgrat der Nation. Seine

Vorrechte, mit Ausnahme der rein politischen, bestehen weiter; es werden ihm vor allem die Herrenrechte gegenüber den Bauern belassen und er behält seine volle Steuerimmunität. Der Absolutismus hat also die alte ständische Gesellschaftsordnung keineswegs aufgehoben; er hat wohl das Verhältnis der Stände zum König modifiziert, ihr Verhältnis zueinander aber unverändert gelassen.[235] Der König fühlt sich noch immer als zu den Adeligen gehörig und bezeichnet sich gern als den ersten *gentilhomme* des Landes. Er entschädigt die Aristokratie für den Prestigeverlust, den sie infolge der neuen Nobilitierungen erleidet, durch die Verbreitung der Legende von ihrer moralischen und geistigen Vorbildlichkeit mit allen Mitteln der offiziellen Kunst und Literatur. Der Abstand zwischen der Aristokratie und der Rotüre einerseits, dem Geburtsadel und dem Briefadel andererseits wird künstlich erweitert und auch stärker empfunden als vorher. All das führt zu einer neuen Aristokratisierung der Gesellschaft und einer abermaligen Renaissance der alten ritterlich-romantischen Moralbegriffe. Der wirkliche Edelmann ist jetzt der *honnête homme*, der zum Geburtsadel gehört und sich zu den Idealen des Rittertums bekennt. Heroismus und Treue, Maß und Haltung, Generosität und Höflichkeit sind die Tugenden, über die er verfügen muß. Sie gehören zum Schein der schönen, harmonischen Welt, in der der König mit seiner Umgebung sich der Öffentlichkeit präsentiert. Man tut so, als ob sie wirklich gelten würden, und spielt, oft sich selbst täuschend, die Rollen einer neuen Tafelrunde. Daher die Irrealität des Lebens am Hofe, das nichts als ein Gesellschaftsspiel, ein blendend inszeniertes Theater ist. Treue und Heroismus sind die Namen, die die dichterische Propaganda der sklavischen Unterwerfung gibt, wenn es sich um die Interessen des Staates und den Willen des Monarchen handelt. Höflichkeit bedeutet zumeist „gute Miene zum bösen Spiel machen“, und Generosität heißt die Attitüde, die die Herren vergessen läßt, daß sie Bettler geworden sind. Maß und Haltung sind die einzigen echten Tugenden, die das adelige und höfische Leben erfordert. Der vornehme, seelisch starke Mensch trägt seine Gefühle und Leidenschaften nicht zur Schau; er paßt sich der Norm seines

Standes an, will nicht rühren und überreden, sondern repräsentieren und imponieren. Er ist unpersönlich, reserviert, kühl und hart, er erachtet jeden Exhibitionismus für plebejisch, jede Leidenschaft für krankhaft, unberechenbar und trüb. Man läßt sich in der Gegenwart von anderen nicht gehen, am allerwenigsten in der Gegenwart des Königs, – das ist die Grundregel der höfischen Moral. Man teilt sich nicht mit, man trachtet angenehm zu sein und seine Gattung so vollkommen wie möglich zu vertreten. Die Etikette des Hofes richtet sich nach den gleichen Formprinzipien, hält sich an den gleichen Stil, in dem die Schlösser des Königs gebaut und seine Gärten geschnitten sind.

Wie aber sämtliche Erscheinungsformen des französischen Barocks, so macht auch das Hofleben die Entwicklung von einer verhältnismäßigen Freiheit zu einer strengen Reglementierung durch. Die Familiarität im Verkehr zwischen dem König und seiner Umgebung, die für den Hof Ludwigs XIII. noch so charakteristisch war, verschwindet unter seinem Nachfolger.[236] Der frühere ungestüme, übermütige Edelmann wird zum zahmen, wohlerzogenen Höfling. Das bunte, abwechslungsreiche Bild von einst weicht einer allgemeinen Monotonie. Es verwischen sich die Unterschiede zwischen den einzelnen Kategorien des Hofadels: am Hof gibt es jetzt nur Höflinge, im Verhältnis zum König sind sie alle gering und unbedeutend. „*Les grands mêmes y sont petits*", sagt La Bruyère. Die Kultur des Barocks wird immer mehr zu einer autoritären Hofkultur. Das, was man unter schön, gut, geistreich, vornehm, elegant versteht, richtet sich danach, was am Hof als solches gilt. Auch die Salons verlieren ihre ursprüngliche Bedeutung, der Hof wird in allen Fragen des Geschmacks das maßgebende Forum. Hier erhält vor allem die hohe, repräsentative Kunst ihre Richtlinien, hier formt sich jene *grande manière*, die der Wirklichkeit einen idealen, glanzvollen, festlich gesteigerten Charakter verleiht und für den Stil der offiziellen Kunst in ganz Europa mustergültig wird. Der französische Hof erringt allerdings die internationale Geltung seiner Sitten, seiner Mode und seiner Kunst auf Kosten des nationalen Charakters der französischen Kultur.

Die Franzosen fühlen sich, so wie einst die Römer, als Weltbürger, und nichts ist für ihren kosmopolitischen Geist bezeichnender als daß in Racines sämtlichen Tragödien, wie bemerkt wurde, kein einziger Franzose vorkommt.

Im Klassizismus dieser Hofkultur den „Nationalstil" der Franzosen zu erblicken, ist jedoch vollkommen falsch. Der Klassizismus hat in Italien eine ebenso lange und fast ebenso ununterbrochene Tradition wie in Frankreich. Einen rein sensualistischen, einzig und allein auf den Reichtum und den Reiz der Motive gerichteten Barock gibt es im 17. Jahrhundert fast nirgends; wir finden vielmehr überall, wo Barockbestrebungen zu finden sind, auch einen mehr oder minder entwickelten Klassizismus. Mit ebenso wenig Recht aber, wie von einem einheitlichen Barock, läßt sich von dem *grand siècle* der Franzosen als einer geistesgeschichtlich eindeutigen, in ihren künstlerischen Zielen konsequenten Epoche sprechen; in Wirklichkeit geht eine tiefe Zäsur durch das Jahrhundert und teilt es, mit dem persönlichen Regierungsantritt Ludwigs XIV. als Grenze, in zwei genau unterscheidbare Stilphasen.[237] Vor 1661, das heißt unter Richelieu und Mazarin, herrscht noch eine verhältnismäßig liberale Tendenz im Kunstleben; die Künstler stehen noch nicht unter staatlicher Vormundschaft, es gibt noch keine von der Regierung organisierte Kunstproduktion, es gelten noch keine staatlicherseits sanktionierten Kunstregeln. Das „große Jahrhundert" ist keineswegs identisch mit der Zeit Ludwigs XIV., wie man noch lange nach Voltaire meinte. Das Lebenswerk Corneilles, Descartes', Pascals war bereits vor dem Tode Mazarins abgeschlossen; Poussin und Le Sueur hat Ludwig XIV. niemals zu Gesicht bekommen; Louis Le Nain stirbt 1648, Vouet 1649. Von den wichtigen Autoren des Jahrhunderts können nur Molière, Racine, Lafontaine, Boileau, Bossuet und La Rochefoucauld als die Vertreter der Epoche Ludwigs XIV. gelten. Aber als der König die Regierung persönlich übernimmt, ist auch La Rochefoucauld bereits 48, La Fontaine 40, Molière 39 und Bossuet 34 Jahre alt; nur Racine und Boileau sind in einem Alter, in dem ihre geistige Entwicklung von außen her noch beeinflußt werden kann. Die zweite Hälfte des Jahrhunderts ist, trotz ihrer bedeutenden Dichter, keineswegs mehr so schöpferisch, wie die erste war. Es herrscht überall, und in der bildenden Kunst noch ausschließlicher als in der Dichtung, der allgemeine Typus statt der besonderen Künstlerpersönlichkeit. Die einzelnen Kunstwerke verlieren ihre Autonomie und schließen sich zum Gesamtwerk eines Interieurs, eines Palais, eines Schlosses zusammen; mehr oder weniger sind sie alle nur die Teile einer monumentalen Dekoration. Dem politischen Imperialismus entspricht seit 1661 auch ein geistiger. Kein Gebiet des öffentlichen Lebens bleibt von der Einmischung des Staates verschont: Recht, Verwaltung, Wirtschaft, Religion, Literatur und Kunst, alles wird von Staats wegen reguliert. Das Kunstleben erhält in Le Brun und Boileau seine Gesetzgeber, in den Akademien seine Gerichtshöfe, in der Person des Königs und Colberts seine Schutzherren. Kunst und Literatur verlieren ihren Zusammenhang mit dem wirklichen Leben, den Traditionen des Mittelalters und dem Geist der breiteren Schichten. Der Naturalismus ist verpönt, weil man statt der Wirklichkeit überall das Bild einer willkürlich konstruierten und gewaltsam konservierten Welt sehen will, und die Form genießt schon deshalb einen Vorzug dem Inhalt gegenüber, weil, wie Retz sagt, von gewissen Dingen der Schleier nie gelüftet wird.[238] Molière ist der einzige, der die Verbindung mit der Volksdichtung des Mittelalters aufrechterhält, aber auch er spricht verächtlich von dem

„... fade goût des monuments gothiques
Ces monstres odieux des siècles ignorants“[239]

Die Provinz, die regionalen Kulturzentren verlieren ihre Bedeutung, *la Cour et la Ville*, der Hof und Paris, sind die Schauplätze, wo sich das ganze geistige Leben Frankreichs abspielt. All das führt zur völligen Entwertung der Individualität, der persönlichen Sonderart, der freien Initiative. Der Subjektivismus, der noch in der Periode des Hochbarocks, also etwa im zweiten Drittel des Jahrhunderts, vorherrschend war, weicht einer einheitlich geregelten Autoritätskultur.

Die Kunstlehre des Klassizismus richtet sich, wie sämtliche Lebens- und Kulturformen des Zeitalters, wie vor allem das merkantilistische Wirtschaftssystem, nach den Zielen des

Absolutismus. Es handelt sich hier um den unbedingten Primat der politischen Konzeption den übrigen geistigen Gebilden gegenüber. Das Eigentümliche der neuen Gesellschafts- und Wirtschaftsformen ist ihre antiindividualistische, von der absoluten Idee des Staates abgeleitete Tendenz. Auch der Merkantilismus ist, im Gegensatz zu den älteren Formen der Erwerbswirtschaft, am staatlichen Zentralismus, nicht an den individuellen Einheiten orientiert und sucht die regionalen Mittelpunkte des Handels und des Gewerbes, die Stadtgemeinden und die Korporationen, auszuschalten, das heißt, an die Stelle der einzelnen Autarkien die Autonomie des Staates zu setzen. Und so wie die Merkantilisten jeden wirtschaftlichen Liberalismus und Partikularismus zu vernichten suchen, wollen die Vertreter des offiziellen Klassizismus jeder künstlerischen Freiheit, jedem Versuch, eine persönliche Geschmacksrichtung durchzusetzen, jedem Subjektivismus in der Wahl der Themen und Formen, ein Ende machen. Sie fordern von der Kunst Allgemeingültigkeit, das heißt eine Formsprache, die nichts Willkürliches, Bizarres, Eigentümliches an sich hat und den Idealen der Klassik als des geheimnislosen, klaren, rationalen Stils schlechthin entspricht. Sie sind sich gar nicht bewußt, wie eng begrenzt ihre Allgemeingültigkeit ist und an wie wenige sie denken, wenn sie von „allen“ und „jedem“ sprechen. Ihr Universalismus ist eine Gemeinschaft der Elite – der Elite, so wie der Absolutismus sie geformt hat. Es gibt kaum eine Regel oder eine Forderung der klassizistischen Ästhetik, die nicht an den Ideen dieses Absolutismus orientiert wäre. Die Kunst soll, so wünscht man, einen einheitlichen Charakter haben, wie der Staat, formvollendet wirken, wie die Bewegung eines Truppenkörpers, klar und korrekt sein, wie eine Verordnung, und unbedingten Regeln unterstehen, wie das Leben eines jeden Untertans im Staate. Der Künstler soll ebensowenig wie jeder andere Untertan sich selbst überlassen werden, er soll vielmehr an dem Gesetz, an der Regel eine Stütze, eine Leitung haben, um sich in der Wildnis seiner eigenen Phantasie nicht zu verirren.

Der Inbegriff der klassischen Form ist die Disziplin, die Begrenzung, das Prinzip der Konzentration und Integration. In nichts drückt sich dieses Prinzip charakteristischer aus als in den dramatischen „Einheiten“, deren Geltung für den französischen Klassizismus so selbstverständlich geworden ist, daß man sie nach 1660 höchstens noch verschieden formuliert, aber keineswegs mehr in Frage stellt.[240] Für die Griechen ergab sich die räumliche und zeitliche Beschränkung des Dramas aus den technischen Voraussetzungen der Bühne; sie konnten sie deshalb so elastisch behandeln, wie die jeweiligen Möglichkeiten des Theaters es nur erlaubten. Für die Franzosen aber hatte die Doktrin von den Einheiten auch eine Spitze gegen die maßlose, unökonomische, die Episoden endlos häufende Kompositionsweise des Mittelalters. Sie bekannten sich mit ihr nicht nur zur Antike, sie sagten sich zugleich von der „Barbarei“ los. Der Barock bedeutete auch in dieser Beziehung die endgültige Auflösung der mittelalterlichen Kulturtradition. Denn jetzt erst, nachdem mit dem Manierismus der letzte Versuch seiner Erneuerung gescheitert war, geht das Mittelalter wirklich zu Ende. Der Feudaladel hat als Kriegerstand jede Bedeutung im Staate verloren; die politischen Völkergemeinschaften haben sich in absolute, das heißt moderne Nationalstaaten verwandelt; das einheitliche Christentum ist in Kirchen und Sekten zerfallen; die Philosophie hat sich von der religiös gerichteten Metaphysik unabhängig gemacht und sich in das „natürliche System der Wissenschaften“ umgestaltet; die Kunst schließlich hat den mittelalterlichen Objektivismus überwunden und ist zum Ausdruck von subjektiven Erlebnissen geworden. Der unnatürliche, zwanghafte und oft krampfhafte Zug, der den modernen Klassizismus von der Klassik der Antike und der Renaissance unterscheidet, rührt eben daher, daß das Streben nach dem Typischen, Unpersönlichen, Allgemeingültigen sich nunmehr gegen die Subjektivität des Künstlers durchsetzen muß. Alle die Gesetze und Regeln der klassizistischen Ästhetik erinnern an die Paragraphen eines Strafgesetzbuches; es gehört die Polizeigewalt der Akademien dazu, um ihnen Geltung zu verschaffen. Der Zwang, unter dem das Kunstleben in Frankreich steht, drückt sich am unmittelbarsten in diesen Akademien aus. Die Zusammenfassung aller verwendbaren Kräfte, die Unterdrückung jeder individuellen Bestrebung, die superlativische Verherrlichung der in der Person des Königs verkörperten Staatsidee, das sind die Aufgaben, die ihnen gestellt werden. Die Regierung wünscht die persönlichen Beziehungen der Künstler zum Publikum zu lösen und sie in eine direkte Abhängigkeit vom Staat zu bringen. Sie will sowohl dem privaten Mäzenatentum als auch der Förderung von privaten Interessen und Bestrebungen durch die Künstler und Schriftsteller ein Ende machen. Künstler und Dichter sollen von nun an nur dem Staate dienen[241] und die Akademien sollen sie dazu erziehen und anhalten.

Die *Académie Royale de Peinture et de Sculpture*, die ihre Tätigkeit im Jahre 1648 als freie Vereinigung mit gleichberechtigten und in unbeschränkter Zahl Aufnahme findenden Mitgliedern beginnt, verwandelt sich, nachdem sie seit 1655 eine königliche Subvention erhält, namentlich aber seit 1664, als Colbert der *surintendant des bâtiments*, das heißt so etwas wie der Minister der bildenden Künste, und Le Brun der *premier peintre du Roi* und der lebenslängliche Direktor der Akademie wird, in eine staatliche Anstalt mit einer bürokratischen Verwaltung und einem streng autoritären Vorstand. Für Colbert, der die Akademie auf diese Art in eine unmittelbare Abhängigkeit vom König bringt, ist die Kunst nichts als ein Mittel der Staatsregierung mit der besonderen Funktion, das Prestige des Monarchen zu heben, einerseits durch die Ausbildung eines neuen Königsmythos, andererseits durch die Steigerung der Pracht, die der Hof als Rahmen der königlichen Herrschaft zu entfalten hat. Weder der König noch Colbert haben ein wirkliches Verständnis oder eine echte Liebe für die Kunst. Der König ist unfähig, anders als im Zusammenhang mit seiner eigenen Person an die Kunst zu denken. „Ich anvertraue Ihnen das Kostbarste auf Erden", sagt er einmal in einer Ansprache an die leitende Mitglieder seiner Akademie,– „meinen Ruhm." Er läßt Racine, seinen Historiographen, Le Brun und van Meulen, seine Geschichts- und Schlachtenmaler, nach den Schauplätzen seiner Feldzüge kommen, wo er sie selber im Lager herumführt, ihnen kriegstechnische Einzelheiten erklärt und für ihre persönliche Sicherheit sorgt. Von der künstlerischen Bedeutung seiner Lieblinge aber hat er keine Ahnung.

Als Boileau einmal bemerkt, daß Molière der größte Künstler des Jahrhunderts sei, antwortet er erstaunt: „Das wußte ich aber gar nicht."

Die Akademie verfügt über sämtliche Benefizien, mit denen ein Künstler nur rechnen kann, und über sämtliche Machtmittel, die einen Künstler einzuschüchtern geeignet sind. Sie vergibt die Staatsstellen, die öffentlichen Aufträge und die Titel; sie besitzt das Monopol des Kunstunterrichts und hat die Möglichkeit, die Entwicklung eines Künstlers von seinen ersten Anfängen bis zu seiner endgültigen Verwendung zu überwachen; sie verleiht die Preise, vor allem den Rompreis, und die Pensionen; von ihr hängt die Zulassung zu Ausstellungen und Konkurrenzen ab; die von ihr vertretenen Kunstanschauungen genießen ein besonderes Ansehen in den Augen der Öffentlichkeit und sichern dem sich nach ihnen richtenden Künstler von vornherein eine bevorzugte Stellung. Die Akademie der bildenden Künste widmete sich bereits seit ihrer Gründung der künstlerischen Erziehung, das Vorrecht des Kunstunterrichts genießt sie aber erst seit ihrer Reformierung durch Colbert; seither ist es keinem Maler mehr außerhalb der Akademie erlaubt, öffentlichen Unterricht zu erteilen und nach einem Modell zeichnen zu lassen. 1666 gründet Colbert die *Académie de Rome*, und zehn Jahre später gliedert er sie der Pariser Akademie an, indem er Le Brun auch zum Haupt der Romakademie macht. Die Künstler sind von nun an die puren Kreaturen des staatlichen Erziehungssystems; sie können dem Einfluß Le Bruns nicht mehr entrinnen. Sie stehen unter seiner Aufsicht in der Pariser Akademie, sie haben sich nach seinen Direktiven zu richten in Rom, und wenn sie sich da bewähren, ist ihre staatliche Anstellung unter Le Brun als Vorgesetztem das Beste, was sie erhoffen können.

Zu dem System, das dem höfischen Stil mit seinen Regeln und Beschränkungen die unbedingte Vorherrschaft sichert, gehört außer dem Monopol der Kunsterziehung die staatliche Organisierung der Kunstproduktion. Colbert macht den König zum einzigen bedeutenden Kunstinteressenten des Landes und verdrängt durch ihn die Aristokratie und die Hochfinanz vom Kunstmarkt. Die königliche Bautätigkeit in Versailles, am Louvre, an den Invalides, an der Kirche Val-de-Grâce nimmt so gut wie sämtliche verfügbaren Kräfte in Anspruch. Das Aufkommen von Bauherren wie Richelieu oder Fouquet wäre jetzt schon technisch unmöglich. Nach der Art, wie er die Akademie zum Sammelpunkt der Kunsterziehung gemacht hat, richtet Colbert auch die 1662 von der Familie Gobelin erworbene Teppichmanufaktur ein und macht sie zum Rahmen der gesamten Kunstproduktion des Landes. Er vereint zur gemeinsamen Arbeit Architekten und Ornamentzeichner, Maler und Bildhauer, Teppichwirker und Kunsttischler, Seiden- und Tuchweber, Bronzegießer und Goldschmiede, Keramiker und Glasbläser. Unter Le Brun, der 1663 die Leitung auch hier übernimmt, entfaltet die *Manufacture des Gobelins* eine ungeheuere Tätigkeit. Alle Kunst- und Dekorationsgegenstände für die königlichen Schlösser und Gärten werden in ihren Werkstätten hergestellt. Hier läßt Colbert die für den Export und der König die für fremde Höfe und hohe ausländische Persönlichkeiten bestimmten Kunstwerke ausführen. Dabei ist alles, was aus der königlichen Manufaktur hervorgeht, im Geschmack tadellos, technisch vollendet, die Schöpfung einer beispiellosen handwerklichen Kultur. Die Vereinigung der spätmittelalterlichen Handwerkstradition mit dem, was man von den Italienern gelernt hat, zeitigt kunstgewerbliche Leistungen, die in ihrer Art nie übertroffen worden sind, und die, wenn sie auch keine individuell einzigartigen Schöpfungen aufweisen, ein um so gleichmäßigeres Qualitätsniveau haben. Es erhalten nun allerdings auch die Werke der Malerei und der Skulptur einen kunstgewerblichen Charakter. Auch die Maler und Bildhauer stellen Garnituren her, wiederholen und variieren feste Typen, und behandeln den kunstgewerblichen Rahmen mit der gleichen Sorgfalt wie die Kunstwerke selber, – wenn sie die Grenze zwischen Kunstwerk und Rahmen überhaupt empfinden. Die mechanisierte, fabrikmäßige Arbeitsweise der Manufaktur führt zu einer Standardisierung der Produktion sowohl in den angewandten als auch in den freien Künsten.[242] Die Technik der neuen Warenerzeugung ermöglicht, im Massenhaften Schönheitswerte zu entdecken und den Wert der Einzigartigkeit, der unvertauschbaren individuellen

Form, zu unterschätzen. Der Umstand jedoch, daß diese Tendenz mit der technischen Entwicklung keineswegs Schritt hält, und daß spätere Epochen in ihrer Wertschätzung des Individuellen zu der früheren – renaissancemäßigen – Kunstauffassung zurückkehren, beweist, daß der unpersönliche Charakter des *Louis XIV* nicht allein von den technischen Voraussetzungen der Manufaktur abhängt, sondern daß hier auch andere Motive mitwirken. Die Manufaktur ist übrigens auch älter als die mechanistische Weltanschauung des 17. Jahrhunderts und das ihr entsprechende unpersönliche Kunstwollen.[243]

Fast alles, was in den *Gobelins* hergestellt wird, entsteht unter der persönlichen Kontrolle Le Bruns. Er selbst zeichnet einen großen Teil der Entwürfe, andere werden nach seinen Anweisungen verfertigt und unter seiner Aufsicht ausgeführt. Die „Kunst von Versailles" gewinnt hier Gestalt und ist im wesentlichen die Schöpfung Le Bruns. Colbert wußte sehr gut, wen er sich zum Vertrauensmann nahm: Le Brun leitete die ihm unterordneten Anstalten nach streng doktrinären und totalitären Prinzipien, ganz im Geiste seines Herrn. Er war ein Dogmatiker und ein Freund der unbedingten Autorität, dabei ein in allen kunsttechnischen Fragen äußerst erfahrener und verläßlicher Mann. Er blieb zwanzig Jahre lang der Kunstdiktator Frankreichs und wurde als solcher zum eigentlichen Schöpfer des „Akademismus", dem die französische Kunst ihren Weltruhm verdankte. Colbert und Le Brun waren pedante Naturen, die die Lehre nicht nur befolgt, sondern auch schwarz auf weiß festgelegt sehen wollten. Im Jahre 1664 wurde an der Akademie die Abhaltung der berühmten *Conférences* eingeführt und zehn Jahre hindurch fortgesetzt. Den jeweiligen Ausgangspunkt dieser Akademie-Vorträge bildete die Analyse eines Gemäldes oder einer Skulptur, und als Ergebnis faßte der Vortragende sein Urteil über das besprochene Werk in einer lehrsatzmäßigen These zusammen. Darauf folgte eine Diskussion mit dem Zweck, zur Formulierung einer allgemeingültigen Regel zu gelangen, was oft nur auf dem Wege einer Abstimmung oder durch die Entscheidung eines Schiedsrichters erzielt wurde. Colbert wünschte, daß die Resultate dieser Vorträge und Diskussionen, die er als *précepts positifs* bezeichnete, ähnlich wie die Beschlüsse eines Ausschusses „registriert" wurden, um auf diese Weise einen stets konsultierbaren, festen Bestand von maßgebenden ästhetischen Prinzipien zu besitzen. Und es entstand so tatsächlich ein Kanon der künstlerischen Werte, die nie mit größerer Eindeutigkeit und Schärfe formuliert wurden. In Italien bewahrte die akademische Doktrin dagegen eine gewisse Liberalität; sie hatte hier keinesfalls die Intransigenz, die sie in Frankreich charakterisierte. Dieser Unterschied wurde damit erklärt, daß die Kunsttheorie in Italien aus der heimischen, im großen und ganzen einheitlichen Kunstübung hervorgegangen war, wogegen sie nach Frankreich mit der italienischen Kunst als eine für die obere Schichten bestimmten Importware kam und als solche sich von vornherein sowohl zur mittelalterlichen als auch zur volkstümlichen Kunsttradition des Landes in einer Oppositionsstellung befand.[244] Aber auch hier war sie um die Mitte des Jahrhunderts noch viel liberaler als späterhin. Félibien, der Freund Poussins und der Verfasser der *Entretiens sur la vie et les ouvrages des plus excellents peintres* (1666), anerkennt noch die Bedeutung von Künstlern wie Rubens und Rembrandt, betont noch, daß es in der Natur nichts gebe, das nicht schön und künstlerisch gestaltbar wäre, und spricht sich noch gegen die sklavische Nachahmung der großen Meister aus. Die wichtigsten Elemente der akademischen Kunstlehre sind freilich auch bei ihm schon vorhanden, so vor allem die These von der Berichtigung der Natur durch die Kunst und der Priorität der Zeichnung vor der Farbe.[245] Die eigentliche klassizistische Doktrin gelangt aber erst in den sechziger Jahren durch Le Brun und seinen Anhang zur Ausbildung; da konstituiert sich erst der akademische Schönheitskanon mit seinen über jede Kritik erhabenen Mustern, der Antike, Raffael, den Bolognesen und Poussin, und von da an erst gilt in der Darstellung der historischen und der biblischen Gegenstände die unbedingte Rücksicht auf den Ruhm des Königs und das Ansehen des Hofes. Die Opposition gegen diese akademische Lehre und die ihr entsprechende Kunstübung macht sich allerdings, trotz der Prämien, die auf ihre Befolgung gesetzt sind, sehr bald fühlbar. Schon zu Le

Bruns Zeiten entsteht eine gewisse Spannung zwischen der offiziellen Kunst, die das Produkt eines umsichtigen Kulturprogramms ist, und der spontanen Kunstübung sowohl innerhalb wie außerhalb des akademischen Kreises. Außer Le Brun selbst gab es eigentlich nie einen Künstler, dessen Ausdrucksweise vollkommen orthodox gewesen wäre; seit 1680 wendet sich aber der allgemeine Kunstgeschmack bereits ganz offen gegen das Diktat Le Bruns.

Die Spannung zwischen der Kunstauffassung der offiziellen, sei es kirchlichen oder höfischen Kreise und dem Geschmack der um diese im großen und ganzen unbekümmerten Künstler und Kunstfreunde ist kein spezifischer Zug des französischen Kunstlebens, sie ist vielmehr eine für den ganzen Barock bezeichnende Erscheinung. In Frankreich verschärft sich nur der Gegensatz, der schon in der Stellungnahme der verschiedenen Publikumsgruppen für und gegen Caravaggio zum Ausdruck kam. Denn wenn es wohl auch früher schon geschehen mochte, daß ein begabter Künstler oder eine Kunstrichtung dem einen oder dem andern kirchlichen oder weltlichen Auftraggeber nicht entsprach, so konnte doch vor dem Zeitalter des Barocks zwischen einer offiziellen Kunst und einer Publikumskunst kein prinzipieller Unterschied gemacht werden. Jetzt geschieht es zum erstenmal, daß die fortschrittlichen Tendenzen nicht nur gegen die Trägheit der Entwicklung, sondern auch gegen die durch den Machtapparat des Staates und der Kirche geschützten Konventionen zu kämpfen haben. Der typisch moderne, uns so wohlbekannte Konflikt zwischen den konservativen und den progressiven Faktoren des Kunstlebens, der sich nicht bloß aus der Verschiedenheit der Geschmacksrichtungen ergibt, sondern vor allem als Machtkampf geführt wird, und zwar als einer, bei dem alle Vorrechte und Chancen auf der Seite des Konservativismus, alle Nachteile und Gefahren auf der Seite der Progression stehen, ist vor dem Barock unbekannt. Es gab natürlich auch früher schon neben den kunstverständigen Leuten auch solche, die für die Kunst weder Sinn noch Interesse hatten, jetzt entstehen aber innerhalb des Kunstpublikums selber zwei Parteien, eine fortschritts- und neuerungsfeindliche und eine liberale, neuen Bestrebungen von vornherein aufgeschlossene. Der Antagonismus dieser beiden Parteien, der Gegensatz zwischen einer akademisch-offiziellen und einer nichtoffiziellen, freien Kunst, der Streit zwischen einer abstrakten, programmäßig aufgestellten und einer lebendigen, mit der Praxis sich entwickelnden Kunsttheorie, verleiht gerade dem Barock und der nachfolgenden Kunstperiode ihren eigentümlichen, modernen Charakter. Der Kampf der *Poussinistes* und der *Rubénistes* gegeneinander, der Gegensatz zwischen der klassizistisch-linearen und der sensualistisch-malerischen Tendenz, der mit dem schließlichen Sieg der Koloristen über Le Brun und seine Anhänger endet, war nur ein Symptom der allgemeinen Spannung. Die Wahl zwischen Zeichnung und Farbe war mehr als eine technische Frage; die Entscheidung für das Kolorit bedeutete eine Stellungnahme gegen den Geist des Absolutismus, der steifen Autorität und der rationalen Reglementierung des Lebens, – sie war das Symptom eines neuen Sensualismus und führte schließlich zu Erscheinungen wie Watteau und Chardin.

Die Opposition der siebziger Jahre gegen den Akademismus Le Bruns bereitete diese neuere Kunstentwicklung in mehr als einer Beziehung vor.[246] Damals bildete sich vor allem zum erstenmal ein Kreis von Kunstfreunden, der nicht nur aus Spezialisten, das heißt aus Künstlern, Mäzenen und Sammlern bestand, sondern auch aus Laien, die sich ein eigenes Urteil zu fällen anmaßten. Bisher erteilte ausschließlich die Akademie das Recht, in Kunstfragen mitzureden, und sie erteilte es nur Leuten vom Metier. Jetzt bestritt man auf einmal ihre Autorität. Roger de Piles, der Theoretiker der auf Félibien folgenden Generation, trat für die Rechte des Laienpublikums ein, und zwar mit der Begründung, daß auch der unvoreingenommene, naive Geschmack seine Berechtigung habe, und daß der gesunde Menschenverstand gegenüber den Kunstregeln, das natürliche, unbefangene Auge auch im Gegensatz zum fachmännischen Kunsturteil im Recht sein können. Dieser erste Sieg des Laienpublikums findet seine Erklärung teilweise darin, daß die Beträge, die Ludwig XIV. den Künstlern zukommen ließ, gegen Ende seiner Regierung immer geringer wurden und die Akademie mehr oder weniger gezwungen war, sich an das breitere Publikum zu wenden, um sich für den Ausfall der Subvention schadlos zu halten.[247] Den logischen Schluß aus den Prämissen von de Piles zog allerdings erst das nächste Jahrhundert; Du Bos betonte erst, daß die Kunst nicht „belehren", sondern „rühren" wolle, und daß das angemessene Verhalten ihr gegenüber nicht die Attitüde der Vernunft, sondern die des „Gefühls" sei. Das 18. Jahrhundert wagte erst die Überlegenheit des Laien gegen den Fachmann zu unterstreichen und den Gedanken auszusprechen, daß das Gefühl der Leute, die sich unausgesetzt mit einer und derselben Sache beschäftigen, sich notwendigerweise abstumpfe, das Gefühl des Liebhabers und Laien dagegen frisch und unbefangen bleibe.

Die Zusammensetzung des Kunstpublikums veränderte sich nicht von einem Tag zum andern; auch das naive, unfachmännische Verständnis, ja, das bloße Interesse für Kunstwerke hatte bildungsmäßige Voraussetzungen, denen im Frankreich des 17. Jahrhunderts nicht allzu viele entsprochen haben mögen. Das Kunstpublikum wuchs aber von Tag zu Tag an Umfang, umfaßte immer verschiedenere Elemente und bildete bereits am Ende des Jahrhunderts eine soziale Gruppe, die bei weitem nicht mehr so einheitlich zusammengesetzt und so leicht lenkbar war wie das höfische Publikum der Le Brunschen Ära. Womit keineswegs gesagt ist, daß das Publikum der klassizistischen Kunst ein vollkommen homogenes war und sich ausschließlich auf die höfischen Kreise beschränkte. Die archaische Strenge, die unpersönliche Typik, das Beharren auf den Konventionen waren wohl Züge, die dem aristokratischen Lebensgefühl besonders entsprachen, – denn für einen Stand, der seine Vorrechte auf Alter, Blut und Haltung gründet, ist die Vergangenheit realer als die Gegenwart, die Gruppe substantieller als das Individuum, Maß und Zucht anerkennenswerter als Gemüt und Gefühl – im Rationalismus der klassizistischen Kunst drückte sich aber die Weltanschauung des Bürgertums ebenso charakteristisch aus wie die des Adels. Dieser Rationalismus wurzelte in der Denkart des Bürgertums sogar tiefer als in der des Adels, der die rationalistische Konzeption des Lebens erst von der Bourgeoisie übernommen hatte. Der erwerbstüchtige Bürger fing jedenfalls früher an, sich nach einem rationalistischen Lebensplan zu richten, als der auf seine Privilegien pochende Aristokrat. Und das bürgerliche Publikum fand an der Klarheit, Einfachheit und Bündigkeit der klassizistischen Kunst schneller Gefallen als die adeligen Kreise. Diese standen noch unter dem Einfluß des romanesken, bombastischen, kapriziös-extravaganten Kunstgeschmacks der Spanier, als das Bürgertum sich bereits für die Luzidität und die Regelmäßigkeit Poussins begeisterte. Jedenfalls wurden die Werke des Meisters, die fast alle noch in der Zeit Richelieus und Mazarins entstanden sind, zumeist von Mitgliedern der Bourgeoisie, von Beamten, Kaufleuten und Finanziers, gekauft.[248] Poussin nahm bekanntlich keine Bestellungen auf große dekorative Gemälde an; er blieb zeitlebens bei dem kleineren Format und dem anspruchsloseren Stil. Auch kirchliche Aufträge übernahm er nur selten; er empfand keinen wie immer gearteten Zusammenhang zwischen dem klassizistischen Stil und der repräsentativen Bestimmung der Kunst.[249]

Der Hof ging vom sensualistischen Barock allmählich zum klassizistischen über, so wie die Aristokratie sich, trotz ihrer Abneigung gegen alles Rechnerische, den wirtschaftlichen Rationalismus des Bürgertums zu eigen machte. Beide, sowohl der Klassizismus als auch der Rationalismus, entsprachen der progressiven Tendenz der Entwicklung; früher oder später wurden sie von allen Schichten der Gesellschaft akzeptiert. Die Hofkreise folgten mit dem Klassizismus zwar einer ursprünglich bürgerlichen Geschmacksrichtung, deuteten aber seine Einfachheit ins Gravitätische, seine sparsame Verwendung der Mittel in Zurückhaltung und Selbstbeherrschung, seine Klarheit und Regelmäßigkeit in die Prinzipien des Rigorismus und der Kompromißlosigkeit um. Es waren selbstverständlich nur die oberen Schichten des Bürgertums, die an der klassizistischen Kunst Gefallen fanden, und auch diese waren nicht ausschließlich auf sie eingestellt. Das rationale Ordnungsprinzip des Klassizismus entsprach zwar ihrem sachlichen Denken, ansonsten waren sie aber mit ihrer praktischen und realistischen Weltanschauung für naturalistische Effekte empfänglicher. Le Sueur und die Le Nain sind, trotz Poussin, die bürgerlichen Maler par excellence.[250] Aber auch der Naturalismus blieb keineswegs der ausschließliche Besitz des Bürgertums. Er wurde, so wie der Rationalismus, zu einer für sämtliche Schichten der Gesellschaft unentbehrlichen geistigen Waffe im Lebenskampf. Nicht nur der geschäftliche Erfolg, auch der Erfolg am Hof und in den Salons setzte psychologischen Scharfsinn und subtile Menschenkenntnis voraus. Und wenn auch den ersten Anstoß zu der Entstehung jener Anthropologie, mit der die Geschichte der modernen Psychologie beginnt, der Aufstieg des Bürgertums und der Anfang des neueren Kapitalismus gegeben hatten, so ist der eigentliche Ursprung unserer psychologischen Sezierkunst an den Höfen und in den Salons des 17. Jahrhunderts zu suchen. Die zunächst rein wissenschaftlich, ja, naturwissenschaftlich gerichtete Psychologie der Renaissance gewinnt schon in den autobiographischen Schriften Cellinis, Cardanos und Montaignes, vor allem aber in den historischen Charakteristiken und Analysen Machiavellis ein praktisches, lebensphilosophisches, selbsterzieherisches Gepräge. Machiavellis Enthüllungspsychologie enthält bereits das Prinzip der ganzen nachfolgenden psychologischen Literatur; seine Konzeption des Egoismus und der Heuchelei dient dem ganzen 17. Jahrhundert als Schlüssel zum Verständnis der verborgenen Beweggründe der menschlichen Leidenschaften und Handlungen. Die Methode Machiavellis mußte freilich am Hof und in den Salons von Paris eine lange Entwicklung mitmachen, bevor sie zum Werkzeug eines La Rochefoucauld werden konnte. Die Beobachtungen und Formulierungen der *Maximes* sind ohne die Lebenskunst und die Gesellschaftskultur dieses Hofes und dieser Salons undenkbar. Die gegenseitige Beobachtung der Mitglieder dieser Kreise bei täglichem Beisammensein, ihr kritischer Geist, den sie aneinander schärfen, der Kult der *bon mots* und *médisances*, der ihr Zeitvertreib ist, die geistige Konkurrenz, die sich unter ihnen entwickelt, ihr Bestreben, einen Gedanken auf die überraschendste, raffinierteste, pointierteste Art auszudrücken, die Selbstanalyse einer Gesellschaft, die sich selbst zum Problem und zum Gegenstand fortwährenden Nachdenkens wird, die Analyse der Empfindungen und Leidenschaften, die man als eine Art von Gesellschaftspiel betreibt, all das gehört zur Voraussetzung der charakteristischen Fragestellungen und der typischen Antworten La Rochefoucaulds. In diesem Milieu fand er wohl nicht nur die erste Anregung zu seinen Ideen, hier werden sie auch die Probe ihrer Wirksamkeit bestanden haben.

Mit dem höfischen *savoir-vivre* und der Gesellschaftskultur der Salons gehört der Pessimismus des enttäuschten, um seinen Lebensinhalt gebrachten Adels zu den wichtigsten Quellen der neuen Psychologie. Mme de Sévigné sagt einmal, sie führe mit Mme de Lafayette und La Rochefoucauld oft so traurige Gespräche, daß sie wohl am besten täten, sich gleich begraben zu lassen. Sie gehören alle drei jener müden aus dem aktiven Leben verdrängten Aristokratie an, die trotz ihrer Erfolglosigkeit an ihren gesellschaftlichen Vorurteilen festhält, und sie sind, ebenso wie etwa Retz und Saint-Simon, adelige Amateure, für die das Gesellschaftliche, das den Stand und Rang unmittelbar Ausdrückende, viel mehr Realität besitzt als für die bürgerlichen Schriftsteller, die sich vor allem als Individuen fühlen. Es ist durchaus kein gewinnendes Bild, das sie vom Menschen zeichnen, und trotzdem ist es richtig, wie bemerkt wurde, daß das Individuum, mit ihren Augen betrachtet, nichts Unheimliches und Fürchterliches mehr an sich hat, „kein schauerliches Geheimnis, kein *monstre incompréhensible*" mehr ist, wie noch bei Pascal und sogar bei Corneille, sondern „aller Außerordentlichkeit entkleidet, einen durchschnittlichen, handlichen, traktablen Umfang bekommt".[251] Von seinen Sünden, seinen Vergehen gegen Gott, gegen sich selbst und gegen seine Mitmenschen als Brüder, als Blut von seinem Blute, ist hier keine Rede mehr, alle Seelentriebe und Charaktereigenschaften, alle Tugenden und Laster werden nur noch mit dem Maßstab der Soziabilität gemessen.

Die Salons hatten ihre Blütezeit in der ersten Hälfte des Jahrhunderts, in einem Zeitpunkt, als der Hof noch nicht das Kulturzentrum des Landes war und es sich noch darum handelte, ein richtiges Kunstpublikum und ein urteilsfähiges Forum zu schaffen, das, mangels einer berufsmäßigen Kritik, über die Qualität von Kunstwerken entscheiden sollte. Die Salons wurden derart zu kleinen, inoffiziellen Akademien, an denen der literarische Ruhm, die literarische Mode kreiert wurden, und die, infolge ihrer Unabgeschlossenheit nach außen und ihrer Zwanglosigkeit nach innen, zwischen den Kunstproduzenten und Kunstkonsumenten eine viel unmittelbarere Verbindung herzustellen geeignet waren als später der Hof und die wirklichen Akademien. Die erzieherische, zivilisatorische Bedeutung der Salons ist unabschätzbar, die durch sie unmittelbar ins Leben gerufene literarische Produktion ist aber belanglos. Nicht einmal aus dem Hôtel de Rambouillet, dem ersten und wichtigsten aller Salons, ist auch nur ein einziges großes Talent hervorgegangen;[252] die für die eine Tochter der Marquise zusammengestellte *Guirlande de Julie*, der Prototyp aller Junge-Mädchen-Stammbücher, ist das repräsentative literarische Produkt des Kreises. Der pretiöse Stil kann auch nur mit Einschränkung als die Schöpfung der Salons bezeichnet werden; eigentlich ist er nur die französische Variante und die Fortsetzung des Marinismus, Gongorismus, Euphuismus und wie die manieristischen Verstellungskünste sonst noch heißen. Es handelt sich hier um die typische Ausdrucks- und Verständigungsweise von Leuten, die sich oft begegnen und sich einen eigenen Jargon aneignen, – eine Geheimsprache, deren leiseste Andeutungen sie sofort begreifen, die aber anderen ungenießbar, ja, verschlossen bleibt und deren Sonderbarkeit und Heimlichkeit zu steigern die Lieblingsbeschäftigung der Eingeweihten ist. Mit dieser Kunst- und Zunftsprache verwandt war schon – wenn man nicht gar bis zu den Alexandrinern zurückgehen will – der „dunkle Stil" der Troubadours, indem auch dieser vor allem ein Mittel der sozialen Distanzierung war und als Zeichen der Distinktion das Ungewohnte, Unnatürliche und Schwierige suchte. Die Pretiosität war aber, wie mit Recht betont wurde, durchaus nicht nur die Modetorheit eines kleinen Kreises; es sprachen nicht nur einige Dutzend vornehme und übermütige Damen, nicht nur einige unbegabte oder mäßig begabte Dichter den pretiösen Stil; die ganze französische Intelligenz des 17. Jahrhunderts war mehr oder weniger pretiös – auch der strenge Corneille und der bürgerliche Molière. Die Helden und Heldinnen auf der

Bühne vergaßen ihre gute Erziehung auch im Zustand der höchsten Erregung nicht und sprachen einander mit Monsieur und Madame an. Sie blieben höflich und galant unter allen Umständen; diese Galanterie war aber nur eine Form, aus der man auf die Aufrichtigkeit ihrer Gefühle nicht folgern kann, – sie drückte, wie jede Form und jede Sprache, Echtes und Unechtes mit demselben Vokabular aus.[253]

Die Salons steuerten zur Ausbildung eines Kunstpublikums auch damit bei, daß sie in ihrem Kreis die Kenner und Kunstfreunde der verschiedensten Stände vereinigten. Es trafen sich da Mitglieder des Geburtsadels, die selbstverständlich stets in der Mehrheit waren, mit solchen des Beamtenadels und der Bourgeoisie – namentlich der Hochfinanz –, die in der Welt der Kunst und Literatur bereits eine Rolle spielten.[254] Der Adel stellte noch immer die Offiziere des Heeres, die Gouverneure der Provinzen, die Diplomaten, die Hoffunktionäre und die hohen geistlichen Würdenträger, die Bourgeoisie besetzte dagegen nicht nur die hohen Stellungen an den Gerichtshöfen und in der Finanzverwaltung, sie begann mit dem Adel auch im Kulturleben zu konkurrieren. Die Unternehmer genossen in Frankreich nie das Ansehen, dessen sie sich in Italien, Deutschland oder England erfreuten; eine gehobenere gesellschaftliche Stellung konnten sie sich nur durch eine höhere Bildung und einen gepflegten Lebensstil erwerben. Nirgends waren daher ihre Kinder so eifrig, das Erwerbsleben aufzugeben und schöngeistige Rentner zu werden, wie hier. Die führenden Schriftsteller, die in Frankreich zur Zeit der Renaissance noch vorwiegend dem Adel entstammten, gehören im 17. Jahrhundert bereits zum großen Teil dem Bürgertum an. Neben den verhältnismäßig wenigen Aristokraten und Kirchenfürsten, die jetzt in der französischen Literatur eine Rolle spielen, wie dem Herzog de La Rochefoucauld, der Marquise de Sévigné und dem Kardinal Retz, sind Racine, Molière, La Fontaine und Boileau um nur die wichtigsten Namen zu nennen, gewöhnliche Bürger und Berufsschriftsteller. Die soziale Stellung Molières und seine Beziehung zu den verschiedenen Gesellschaftsklassen ist für die Verhältnisse des Zeitalters besonders bezeichnend. Er ist seiner Herkunft, seiner geistigen Eigenart und dem Charakter seiner Kunst nach durch und durch Bürger. Er verdankt seine ersten entscheidenden Erfolge und sein Verständnis für die Erfordernisse des Theaters seiner Berührung mit den breiten Massen. Er bleibt Zeit seines Lebens ein kritischer, oft plebejisch ehrfurchtsloser Geist, der das Lächerliche und Gemeine im schlauen Bauer, im kleinlichen Kaufmann, im eitlen Bürger, im rauhen Junker und im stupiden Grafen mit der gleichen Schärfe sieht und der gleichen Ungeniertheit darstellt. Er hütet sich jedoch, die Institution des Königtums, das Ansehen der Kirche, die Privilegien des Adels, die Idee der sozialen Hierarchie, ja, auch nur einen Herzog oder Marquis anzugreifen. Dieser Vorsicht verdankt er die Gunst des Königs, der ihn gegen die Angriffe des Hofes immer wieder in Schutz nimmt. Man wäre darum geneigt, Molière als einen seine Herkunft zwar nie verleugnenden, im wesentlichen aber konservativ gesinnten Dichter zu bezeichnen, der aus opportunistischen Gründen zur Stütze der bestehenden Gesellschaftsordnung geworden ist, – wenn es nur immer so einfach wäre, in der Kunst einen Konservativen von einem Revolutionär zu unterscheiden. Man wird Molière keinesfalls mit Aristophanes in die gleiche Kategorie einreihen, obwohl er in mancher Hinsicht serviler war als dieser. Man wird ihn vielmehr zu jenen Dichtern zählen, die, bei all ihrem subjektiven Konservativismus, durch die Demaskierung der sozialen Wirklichkeit, oder wenigstens eines Teiles dieser Wirklichkeit, zu den Vorkämpfern des Fortschritts geworden sind. Beaumarchais' Figaro wird dann aber nicht mehr als der erste Vorbote der Revolution gelten, sondern nur als der Nachfolger von Molières Dienern und Kammerzofen.

## 10. BÜRGERLICH-PROTESTANTISCHER BAROCK

Die Herrschaft Spaniens in Flandern und ihre Aufnahme durch die Oberschicht des Landes schufen Verhältnisse, die denen im gleichzeitigen Frankreich in vielem ähnlich waren. Auch hier wurde die Aristokratie in eine vollkommene Abhängigkeit von der Staatsgewalt gebracht und in einen gefügigen Hofadel verwandelt; auch hier war die Nobilitierung der Bourgeoisie und ihre Neigung, dem Erwerbsleben so bald wie möglich den Rücken zu kehren, ein vorherrschender Zug der sozialen Entwicklung;[255] auch hier wurde der Kirche eine fast konkurrenzlose Stellung eingeräumt, wenn auch um den Preis, sich, so wie in Frankreich, zu einem Instrument der Staatsregierung herzugeben; auch hier nahm die Kultur der herrschenden Klassen einen vollkommen höfischen Charakter an und verlor allmählich jeden Zusammenhang nicht nur mit den volkstümlichen Traditionen, sondern auch mit dem noch mehr oder weniger bürgerlich beeinflußten Geist des burgundischen Hofes. Die Kunst insbesondere hatte auch hier ein im großen und ganzen offizielles Gepräge, nur daß sie, im Gegensatz zum französischen Barock, zugleich religiös gestimmt war, – was sich aus dem spanischen Einfluß erklären läßt. Auch gab es hier, von den französischen Verhältnissen abweichend, keine staatlich organisierte und durch den Hof restlos absorbierte Kunstproduktion; und zwar nicht nur, weil der erzherzogliche Hof unfähig war, eine solche zu finanzieren, sondern auch weil eine solche Reglementierung des Kunstlebens mit der konzilianten Art, in der die Habsburger in Flandern regieren ließen, nicht zu vereinbaren gewesen wäre. Auch die Kirche, die weitaus bedeutendste Kunstinteressentin des Landes, schrieb der Kunst nur eine allgemeine katholisch orientierte Richtung vor, legte ihr aber keinen besonderen Zwang auf, weder was die Grundstimmung noch was die motivischen Einzelheiten der Darstellungen betraf. Der restaurierte Katholizismus gewährte hier dem Künstler mehr Freiheit als anderwärts, und es ist diesem Liberalismus zuzuschreiben, daß die flandrische Barockkunst einen freieren und freundlicheren Charakter trug als die höfische Kunst in Frankreich, und von einer noch unbefangeneren und weltfreudigeren Stimmung erfüllt war als die kirchliche Kunst in Rom. Wenn nun alle diese Umstände das künstlerische Genie eines Rubens auch nicht erklären, so machen sie es doch verständlich, daß er in dem höfisch-kirchlichen Milieu Flanderns die Form fand, die seiner Kunst eigen war.

Nirgends außer in den süddeutschen Ländern war die restaurierte katholische Kirche so erfolgreich wie in Flandern,[256] und nie war die Allianz zwischen Staat und Kirche so innig wie unter Albert und Isabella, das heißt in der Blütezeit der flämischen Kunst. Die katholische Idee verband sich hier ebenso selbstverständlich mit der monarchischen, wie der Protestantismus im Norden sich mit der Republik identifizierte. Der Katholizismus leitete die Souveränität des Fürsten von Gott ab, dem Prinzip der Stellvertretung der Gläubigen durch den geistlichen Stand entsprechend; der Protestantismus war dagegen mit seiner Lehre von der unmittelbaren Gotteskindschaft im Wesen autoritätsfeindlich. Die Wahl der Konfession paßte sich aber sehr oft der politischen Stellungnahme an. Unmittelbar nach dem Abfall waren die Katholiken im Norden noch fast ebenso zahlreich wie die Protestanten, sie gingen erst später in das protestantische Lager über. Der religiöse Antagonismus der Süd- und Nordstaaten war also keineswegs der eigentliche Grund des kulturellen Gegensatzes zwischen den beiden Gebieten; ebensowenig kann aber dieser Gegensatz von dem Rassencharakter der Einwohner abgeleitet werden – er hat wirtschaftliche und soziale Gründe. Diese erklären auch den grundlegenden Stilunterschied innerhalb der niederländischen Kunst. In keinem Abschnitt der Kunstgeschichte ist die soziologische Analyse der Entwicklung aufschlußreicher als gerade hier, wo zwei so wesentlich verschiedene Kunstrichtungen wie der flämische und der holländische Barock, bei fast vollkommener zeitlicher Koinzidenz, geographisch eng nebeneinander und, bis auf die wirtschaftlichen und sozialen Verhältnisse, unter ganz ähnlichen Bedingungen entstehen. Diese Stilverzweigung, deren Analyse somit sämtliche nicht soziologischen Realfaktoren auszuschalten erlaubt, kann geradezu als ein Schulbeispiel der Soziologie der Kunst betrachtet werden.

Philipp II., in dessen Regierungszeit die Gabelung der niederländischen Kultur erfolgte, war ein progressiver Herrscher, der die Errungenschaften des Absolutismus, das System des zentralisierten Staates und den Rationalismus eines planvoll geführten Staatshaushalts, auch in den Niederlanden einführen wollte.[297] Das ganze Land empörte sich dagegen; der

Norden mit Erfolg, der Süden erfolglos. Die „katholischen" südlichen Provinzen lehnten sich gegen die neuen Geldopfer, die die zentralistische Staatsverwaltung von den Bürgern forderte, ebenso erbittert auf wie der „protestantische" Norden. Der kulturelle Gegensatz zwischen den beiden Gebieten trat vor dem Kampf gegen Spanien noch nicht in Erscheinung, er entwickelte sich erst als die Folge des verschiedenen Glückes, mit dem dieser Kampf geführt wurde, und als die Spiegelung der sozialen Unterschiede, die sich nach dem Ausgang des Aufstandes im Süden und im Norden ergeben hatten. Das Bürgertum verhielt sich gegenüber Spanien im Anfang überall gleich; und es war diese zünftlerisch und dezentralistisch eingestellte Schicht, die konservativ dachte und fühlte, nicht der in dem Ideenkreis der Staatraison und des Merkantilismus erzogene Monarch. Die Bürger wollten vor allem ihre städtische Autonomie und die damit verbundenen Privilegien bewahren, und darin waren sie im ganzen Lande einig. Die Geschichte von den protestantischen und republikanischen Holländern, die sich gegen den katholischen Despoten mit der unbarmherzigen Inquisition und der ruchlosen Soldateska hinter dem Rücken empörten, ist nichts als eine schöne Legende. Die Holländer erhoben sich gegen Spanien nicht weil sie Protestanten waren, wenn auch der Individualismus des protestantischen Glaubens vielleicht den Elan ihrer Bewegung steigerte.[258] Der Katholizismus war an und für sich ebenso wenig reaktionär, wie der Protestantismus revolutionär,[259] ein Kalvinist revoltiert nur wohl mit besserem Gewissen gegen seinen König als ein Katholik. Wie dem aber auch sei, der niederländische Aufstand war eine Revolution von Konservativen.[260] Die siegreichen nördlichen Provinzen verteidigten mittelalterliche Freiheitsbegriffe und eine veraltete regionale Selbstverwaltung. Die Tatsache, daß sie sich eine Zeitlang behaupten konnten, zeigt vielleicht, wie bemerkt wurde, daß der Absolutismus nicht die einzige Staatsform war, die den Forderungen des Tages entsprach, die kurze Dauer ihres Erfolges aber erwies schließlich doch die Unhaltbarkeit eines städtisch-föderativen Gebildes im Zeitalter zentralisierter Gemeinwesen.

Die nördlichen Freistaaten bildeten ein Städteland, und zwar in einem ganz anderen Sinn als die südlichen Provinzen, die an und für sich ebenso viele und ebenso große Städte besaßen wie der Norden, wo aber die Funktion der Städte sich nach dem Verlust der lokalen Selbstverwaltung von Grund auf veränderte. Hier war nach der niedergeschlagenen Erhebung nicht mehr das städtische Bürgertum das maßgebende soziale Element, wie in Holland, sondern die nach dem Hof sich richtende, aristokratische oder aristokratisierende Oberschicht. Die Fremdherrschaft führte im Süden zum Sieg der höfischen Kultur über die städtisch-bürgerliche, während die nationale Befreiung im Norden die Bewahrung der städtischen Eigenart mit sich brachte. An dem wirtschaftlichen Aufschwung Hollands aber hatten nicht die freiheitlichen Tugenden, sondern Glück und Zufall den größten Anteil. Die günstige maritime Lage, die das Land zur Abwicklung des Handels zwischen dem Norden und dem Süden Europas prädestinierte, die Kriege, die Spanien dazu zwangen, bei dem Feind einzukaufen, die Zahlungsunfähigkeit Philipps II. im Jahre 1596, die den Ruin der italienischen und der deutschen Bankiers verursachte und Amsterdam zum Zentrum des europäischen Geldmarktes werden ließ, waren eine Reihe von Bereicherungsmöglichkeiten, die Holland nur auszunützen, nicht zu schaffen hatte. Dem eigenen altmodischen Wirtschaftssystem hatte es nur so viel zu verdanken, daß der Reichtum dem städtischen, mittelalterlich zergliederten, in den Kategorien der wirtschaftlichen Isolierung und Autonomie denkenden Bürgertum und nicht dem Staat und der Dynastie zugute kam. Damit wurde aber diese, das kaufmännische und industrielle Unternehmertum bildende Schicht zur herrschenden Klasse. Und so wie überall, wo sie zu Einfluß gelangte, bedrückte sie auch hier sowohl die Lohnarbeiterschaft als auch das sich aus den selbständigen, aber mittellosen Handwerkern und Krämern zusammensetzende Kleinbürgertum. Diese Bourgeoisie, deren soziale Stellung in Holland sich noch ausschließlicher als anderwärts auf Reichtum gründete und der Bereicherung diente, ließ ihre wirtschaftlichen und politischen Interessen durch eine besondere, aus ihrer Mitte sich rekrutierende

Schicht, die sogenannten Regenten, vertreten. Aus diesen Regenten setzte sich der Magistrat der Städte mit seinen Bürgermeistern, Schöffen und Ratsmitgliedern zusammen, und sie waren es eigentlich, die die Macht der herrschenden Klasse ausübten. Da ihr Amt sich in der Regel vom Vater auf den Sohn vererbte, besaßen sie von vornherein mehr Autorität und genossen ein größeres Ansehen als der gewöhnliche Beamtenstand. Sie entwickelten sich allmählich zu einer richtigen Kaste, die sich sogar der Mehrheit jener Bourgeoisie gegenüber abgeschlossen hielt, der sie ihre Macht verdankte. Die Stadtregenten waren im Anfang zumeist ehemalige Kaufleute, die von ihren Renten lebten und ihr Amt aus Liebhaberei ausübten, ihre Söhne studierten aber schon an den Universitäten von Leiden und Utrecht und bereiteten sich, vor allem durch das Studium der Rechte, auf die von ihren Vätern zu übernehmenden Regierungsposten vor.

Die Adeligen waren, besonders in den Provinzen Gelderland und Overyssel, nicht vollkommen einflußlos, sie waren aber gering an Zahl, und diejenigen unter ihnen, die sich vom städtischen Patriziertum abgesondert hielten, beschränkten sich auf einige Familien. Die meisten vermischten sich mit der reichen Bourgeoisie entweder durch Einheirat oder durch Beteiligung an ihren Unternehmungen. Das Großbürgertum verwandelte sich übrigens selber in eine Kaufmannsaristokratie, und vor allem die Regentenfamilien fingen an, einen Lebensstil anzunehmen, der sie den breiteren Schichten immer mehr entfremdete. Sie bildeten den Übergang zwischen den Mittelklassen und dem Adel und stellten eine anderwärts fast unbekannte Stetigkeit der sozialen Hierarchie her. Viel größer als zwischen Bürgertum und Adel war allerdings die Spannung zwischen den um den Statthalter sich scharenden, militärisch gesinnten Monarchisten einerseits und der Friedenspartei des Bürgertums und der antimonarchistischen Aristokratie anderseits.[261] Die Macht lag aber in den Händen der Bourgeoisie und konnte von keiner Seite her ernsthaft bedroht werden.

Der bürgerliche Geist blieb auch in der Kunst, trotz des beständigen Kokettierens der besitzenden Klassen mit den aristokratischen Geschmacksrichtungen, der vorherrschende und verlieh der holländischen Malerei inmitten einer allgemeinen europäischen Hofkultur ein wesentlich bürgerliches Gepräge. Zur Zeit, als Holland seine Kulturblüte erreicht, ist der Höhepunkt der bürgerlichen Kultur anderwärts schon überschritten;[262] in den übrigen Ländern Europas entfaltet das Bürgertum erst im 18. Jahrhundert wieder eine Kultur, die an die holländische erinnert. Ihren bürgerlichen Charakter verdankt die holländische Kunst vor allem dem Wegfall der kirchlichen Bindungen. Die Werke der holländischen Maler sind überall zu sehen, nur in den Kirchen nicht; und das Devotionsbild kommt im protestantischen Milieu überhaupt nicht vor. Die biblischen Geschichten erhalten neben den profanen Sujets einen verhältnismäßig bescheidenen Platz und werden zumeist als Genrebilder behandelt. Am beliebtesten sind die Darstellungen aus dem alltäglichen realen Leben: das Sittenbild, das Porträt, die Landschaft, das Stilleben, das Interieur- und Architekturbild. Während in den katholischen und den von absoluten Fürsten regierten Ländern das biblische und profane Historienbild die vorherrschende Kunstform bleibt, entwickeln sich in Holland die bisher nur akzessorisch behandelten Gegenstände zur vollkommenen Selbständigkeit. Die genrehaften, landschaftlichen und stillebenhaften Motive bilden nicht mehr das bloße Beiwerk von biblischen, historischen und mythologischen Kompositionen, sondern erhalten einen eigenen, autonomen Wert; die Maler brauchen keinen Vorwand mehr, um sie darzustellen. Und je unmittelbarer, handgreiflicher, alltäglicher ein Motiv ist, um so größer ist sein Wert für die Kunst. Es ist eine distanzlose, par excellence genremäßige Einstellung zur Welt, die hier zum Ausdruck kommt – eine Auffassung, der die Wirklichkeit als etwas Erobertes und Vertrautes erscheint. Es ist als ob man diese Wirklichkeit eben erst entdeckt, in Besitz genommen und sich in ihr eingerichtet hätte. Zum Gegenstand der Kunst wird von ihr vor allem der Besitz des Individuums, der Familie, der Gemeinde und der Nation: Stube und Flur, Haus und Hof, die Stadt und ihre Umgebung, die heimische Landschaft und das befreite, wiedereroberte Land. Noch bezeichnender als die Wahl der Darstellungsgegenstände ist aber für die holländische

Kunst der eigentümliche Naturalismus, durch den sie sich nicht nur von dem allgemeinen europäischen Barock, seiner heroischen Pose, seiner strengen, steifen Feierlichkeit und seinem stürmischen, überschwenglichen Sensualismus, sondern auch von jedem früheren auf Naturtreue gerichteten Stil unterscheidet. Denn es ist nicht nur etwa die einfache, ehrfurchtsvolle, fromme Sachlichkeit der Darstellung, nicht nur das Bestreben, das Dasein in seiner Unmittelbarkeit, seiner alltäglichen, durch jeden Beschauer kontrollierbaren Form zu schildern, sondern die persönliche Erlebnishaftigkeit des Aspekts, die dieser Malerei den Wahrheitscharakter gibt. Der neue bürgerliche Naturalismus ist eine Darstellungsweise, die nicht nur alles Seelische sichtbar zu machen, sondern auch alles Sichtbare zu beseelen und zu verinnerlichen sucht. Die intime Tafelmalerei, in der diese Kunstauffassung Gestalt gewinnt, ist zur charakteristischen Form der ganzen neueren bürgerlichen Kunst geworden – keine andere ist der bürgerlichen Seele mit ihrem Tiefendrang und ihren Begrenzungen so adäquat wie diese. Sie ist das Ergebnis der Beschränkung auf das kleine Format und zugleich der höchsten Steigerung des seelischen Inhalts in diesem engen Rahmen. Das Bürgertum hat für große Dekorationen keine Verwendung; die höfischen Maßstäbe kommen für seinen Privatgebrauch nicht in Betracht, die repräsentativen Aufgaben aber sind verhältnismäßig selten und an den Ansprüchen der großen Höfe gemessen unbedeutend. Die französisch orientierte statthalterische Residenz entwickelt sich nie zu einem richtigen Kulturzentrum, und ist auch viel zu klein und arm, um auf die Entwicklung der Kunst einen Einfluß zu üben. So wird in Holland die Malerei, das heißt die bescheidenste unter den bildenden Künsten, und speziell das Kabinettsbild, ihre anspruchsloseste Form, zur vorherrschenden Gattung.

Nicht die Kirche, nicht ein Fürst, nicht eine Hofgesellschaft entscheidet also das Schicksal der Kunst in Holland, sondern ein Bürgertum, das übrigens auch eher durch die große Zahl seiner wohlhabenden als durch den besonderen Reichtum seiner einzelnen Mitglieder Bedeutung gewinnt. Nie früher, nicht einmal im Florenz der Frührenaissance, geschweige denn im Athen der klassischen Periode, hat der bürgerliche Privatgeschmack sich von jeder amtlichen und öffentlichen Beeinflussung so frei gehalten und die öffentlichen Aufträge so weitgehend durch private ersetzt wie hier. Die Nachfrage ist aber auch in Holland nicht ganz einheitlich, denn neben den privaten Interessenten machen sich die offiziellen und halboffiziellen Auftraggeber, die Kommunen, Korporationen und Bürgervereinigungen, die Waisen-, Kranken- und Armenhäuser, doch fühlbar, wenn ihr künstlerischer Einfluß auch verhältnismäßig gering ist. Der Stil der für diese Abnehmer bestimmten Kunstwerke gestaltet sich schon infolge des bedeutenderen Formats von dem der bürgerlichen Malerei gewissermaßen verschieden. Und wenn man für die Kunst im großen Stil, so wie man sie in Frankreich und in Italien begehrt, in Holland auch zu repräsentativen Zwecken keine Verwendung hat, so kommt der klassisch-humanistische Geschmack, dessen Tradition im Lande von Erasmus in gewissen Kreisen nie gänzlich erloschen war, in der offiziellen Kunst, in der Architektur der großen öffentlichen Gebäude, dem Bilderschmuck der Sitzungssäle und der Festhallen, den Denkmälern, die die Republik ihren verdienstvollen Männern errichten läßt, doch stärker zur Geltung als in der für die Privatleute bestimmten Kunstproduktion. Aber auch der private bürgerliche Kunstgeschmack ist keineswegs ganz einheitlich; das Bürgertum gehört verschiedenen Bildungsschichten an und stellt an die Kunst verschiedene Ansprüche. Die Gebildeten, die an der klassischen Literatur erzogen worden sind und die Tradition des Humanismus fortführen, begünstigen die italianisierenden, oft an den Manierismus anknüpfenden Richtungen. Sie bevorzugen, im Gegensatz zum volkstümlicheren Geschmack, Darstellungen aus der antiken Geschichte und Mythologie, Allegorien und Hirtenstücke, gefällige biblische Illustrationen und vornehme Interieurs, so wie sie von Cornelis van Poelenburgh, Nicolas Berchem, Samuel van Hoogstraten und Adriaen van der Werff verfertigt werden. Nicht einmal der Geschmack des nichtintellektuellen Bürgertums ist aber vollkommen homogen. Terborch, Metsu und Netscher arbeiten offenbar für die vornehmsten und reichsten Schichten der Bourgeoisie, Pieter de Hooch und Vermeer van Delft für einen wohl etwas bescheideneren Kreis. Jan Steen und Nicolas Maes haben dagegen wahrscheinlich in allen Gesellschaftskategorien ihre Abnehmer.

Der bürgerlich-naturalistische und der klassisch-humanistische Geschmack befinden sich während der ganzen Blütezeit der holländischen Malerei in einem Zustand der Spannung. Die naturalistische Richtung ist unvergleichlich bedeutender sowohl was die Qualität als auch was die Quantität der hervorgebrachten Kunstwerke anlangt, die klassizistische Richtung wird aber von den vermögenden und gebildeten Kreisen begünstigt, und das sichert ihren Vertretern ein größeres Ansehen und ein besseres Auskommen. Der Gegensatz zwischen dem mittleren, in seiner Lebensweise einfacheren und seinen religiösen Anschauungen strengeren Bürgertum und den klassisch-humanistisch eingestellten, weltlicher gesinnten Kreisen in Holland entspricht, wie betont wurde, dem Antagonismus der Puritaner und der Kavaliere in England;[263] auf der einen Seite stehen in beiden Ländern die Vertreter eines schlichten, ernsten, praktischen Lebenswandels, auf der andern die eines vornehmen, oft idealistisch getarnten Epikureismus. Nur darf dabei nicht vergessen werden, daß die holländische Kultur des 17. Jahrhunderts, im Gegensatz zur englischen der Restaurationszeit, ihren bürgerlichen Charakter nie ganz verleugnet. Nichtsdestoweniger ist aber auch in Holland eine allmähliche Annäherung des bürgerlichen Geschmacks an die vornehmere Kunstauaffssung zu beobachten. Der Vorgang entspricht der Aristokratisierungstendenz, die sich in der zweiten Hälfte des Jahrhunderts allenthalben geltend macht. Die Übergehung Rembrandts bei dem Auftrag für die Ausmalung des Rathauses in Amsterdam ist symptomatisch, man wendet sich nicht nur von Rembrandt, sondern mit ihm auch vom Naturalismus ab,[264] und es siegt nun auch in Holland der klassizistische Akademismus mit seinen Professoren und Epigonen. Der neue undemokratische Geist kommt zum Beispiel auch darin zum Ausdruck, daß, wie Riegl feststellt, die großen Gruppenporträts mit der Darstellung vollständiger Schützenkompagnien so gut wie gänzlich aufhören und nur noch die Offiziere der Schützengesellschaften porträtiert werden.[265]

Die Frage, wie weit die verschiedenen Bildungsschichten im Holland des 17. Jahrhunderts den Wert ihrer Maler zu schätzen wußten, gehört zu den schwierigen Problemen der Kunstgeschichte. Der künstlerische Qualitätssinn entsprach sicher nicht immer der allgemeinen Bildung, sonst hätte Vondel, der größte holländische Dichter, einen Flinck kaum über einen Rembrandt gestellt. Es gab selbstverständlich auch damals Leute, die genau wußten, wer Rembrandt war, man kann sie aber ebensowenig mit den humanistisch gebildeten Literaten identifizieren, wie sie in den breiten Schichten des Bürgertums suchen; sie waren wohl, wie Rembrandts Freunde, Prediger, Rabbiner, Ärzte, Künstler, hohe Beamte, mit einem Wort, Männer aus den verschiedensten Kreisen des gebildeten Mittelstandes, und, ebenfalls wie Rembrandts Freunde, nicht sehr zahlreich. Der Geschmack des mittleren und kleinen Bürgertums, das die Mehrzahl der Kunstinteressenten bildete, war keinesfalls sehr entwickelt und hatte kaum ein anderes Kriterium für das Künstlerische als die Ähnlichkeit der Darstellung. Man darf übrigens nicht annehmen, daß die Leute immer nach dem eigenen Geschmack Bilder kauften; zumeist richteten sie sich wohl nach dem, was bei den höheren Kreisen beliebt war, so wie diese Kreise sich wieder durch die Kunstanschauungen der klassisch-humanistisch gebildeten Intelligenz beeinflussen ließen. Die Nachfrage seitens eines naiven, anspruchslosen Publikums bedeutete für die Künstler im Anfang einen großen Vorteil, wenn sie auch späterhin zu einer ebenso großen Gefahr wurde. Sie erlaubte ihnen, frei nach den eigenen Ideen zu arbeiten, ohne auf die Wünsche von einzelnen Bestellern Rücksicht nehmen zu müssen; erst später führte diese Freiheit infolge der anarchischen Marktverhältnisse zu einer verhängnisvollen Überproduktion.

Im 17. Jahrhundert kamen in Holland viele Leute zu Geld, das bei dem Überfluß an Kapital nicht immer nutzbringend angelegt werden konnte und oft nicht ausreichte, um bedeutendere Anschaffungen zu machen. Der Ankauf von Einrichtungs- und Dekorationsgegenständen, namentlich Bildern, wurde zu einer beliebten Form der Geldanlage, an der sich auch verhältnismäßig kleine Leute beteiligen konnten. Diese kauften Bilder, vor allem weil oft nichts anderes zu kaufen da war, dann aber auch, weil die anderen, und zwar auch die besseren Leute, Bilder kauften, weil die Bilder sich in der Wohnung gut ausnahmen und respektabel wirkten, schließlich, weil man sie wieder verkaufen konnte. Sie kauften sie gewiß in letzter Reihe, um ihren Schönheitsdurst zu befriedigen. Es mag wohl oft vorgekommen sein, daß sie die Bilder, wenn sie das angelegte Geld nicht benötigten, behielten, und daß dann ihre Kinder an der Schönheit dieser Bilder auch eine wirkliche Freude hatten. Und so mochte es wohl geschehen, daß der ursprünglich bescheidene Kunstbesitz in der zweiten und dritten Generation sich zu richtigen Kunstkabinetten entwickelte, so wie sie späterhin allenthalben im Lande, und zwar auch in verhältnismäßig bescheidenen Kreisen, zu finden waren. Bei der zunehmenden Wohlhabenheit der Bevölkerung gab es vielleicht tatsächlich kein Bürgerhaus ohne Gemälde; wenn es aber heißt, daß in Holland jedermann, „der reichste Patrizier wie der ärmste Bauer", Bilder besaß, so wird das mit dem „ärmsten" Bauer kaum stimmen, und wenn der reichere Bauer sich Bilder anschaffte, so tat er es offenbar zu einem anderen Zweck und betrachtete die Bilder mit anderen Augen als der „reichste Patrizier".

John Evelyn, der englische Sammler und Gönner, berichtet in seinen Erinnerungen über das lebhafte Geschäft in Bildern, und zwar auch in guten Bildern, das er auf dem Jahrmarkt von Rotterdam im Jahre 1641 beobachtete. Es gab, wie er bemerkt, sehr viele Bilder und sie waren zumeist sehr billig. Die Käufer bestanden zum großen Teil aus Kleinbürgern und Bauern, und unter den letzteren soll es auch solche gegeben haben, die Bilder im Werte von zwei- bis dreitausend Pfund besaßen; sie verkauften allerdings ihre Bilder wieder und noch dazu mit gutem Nutzen.[266] Unter der Wirkung der Konjunktur, die die Folge des allgemeinen Spekulierens auf dem Kunstmarkt war, entstand in Holland nach 1620 eine solche Unmenge von Bildern, daß sie trotz der großen Nachfrage eine Überproduktion darstellte und für die Künstler zu einer sehr bedenklichen

Lage führte.[267] Im Anfang aber muß die Malerei ein gutes Auskommen gesichert haben, denn nur so läßt sich die Überflutung des Berufes erklären. Wir wissen, daß die Kunstproduktion schon im Antwerpen des 16. Jahrhunderts, das einen bedeutenden Export in Bildern hatte, sehr groß war. Um 1560 sollen hier dreihundert Meister mit Malerei und Graphik beschäftigt gewesen sein, während die Stadt nicht mehr als 169 Bäcker und 78 Fleischer hatte.[268] Die Massenproduktion in Bildern fängt also nicht erst im 17. Jahrhundert und nicht in den nördlichen Provinzen an; neu ist hier nur, daß die Produktion sich in der Hauptsache auf das einheimische Publikum stützt, und daß es zu einer schweren Krise im Kunstleben kommt, als dieses Publikum die Produktion aufzunehmen nicht mehr fähig ist. Es geschieht jedenfalls zum erstenmal in der Geschichte der abendländischen Kunst, daß wir eine Überzahl von Künstlern und die Existenz eines Kunstproletariats feststellen können.[269] Die Auflösung der Zünfte und der Wegfall der Regulierung der künstlerischen Produktion durch einen Hof oder durch den Staat erlauben der Hochkonjunktur auf dem Kunstmarkt, in eine wilde Konkurrenz auszuarten, der die eigenartigsten und ursprünglichsten Talente zum Opfer fallen. Es gab freilich auch früher Künstler, die in beengten Verhältnissen lebten, es gab aber kein Künstlerelend. Die Not der Rembrandt und der Hals ist eine Begleiterscheinung jener wirtschaftlichen Freiheit und Anarchie im Gebiete der Kunst, die hier zum erstenmal vollentwickelt in Erscheinung tritt und den Kunstmarkt seither beherrscht. Hier beginnt die soziale Entwurzelung des Künstlers und das Problematischwerden seiner Existenz, die überflüssig zu sein scheint, da das, was er produziert, im Überfluß vorhanden ist. Die holländischen Maler lebten zumeist in so kärglichen Verhältnissen, daß viele der größten unter ihnen gezwungen waren, neben ihrem künstlerischen Beruf auch zu einem andern Verdienst zu greifen. So handelte van Goyen mit Tulpen, Hobbema betätigte sich als Steuereinnehmer, van de Velde war Inhaber eines Leinwandhauses, Jan Steen und Aert van der Velde waren Schenkwirte. Ja, die Armut der Maler scheint im allgemeinen um so größer gewesen zu sein, je bedeutender sie waren. Rembrandt hat wenigstens auch noch seine guten Tage gehabt, Hals war aber nie besonders beliebt und erzielte nie die Preise, die man zum Beispiel für die Porträts eines van der Helst bezahlte. Doch nicht nur Rembrandt und Hals, auch Vermeer, der dritte führende Maler Hollands, mußte mit materiellen Sorgen kämpfen. Und die beiden anderen der größten Maler des Landes, Pieter de Hooch und Jacob van Ruisdael, wurden von ihren Zeitgenossen auch nicht besonders geschätzt; sie gehörten keinesfalls zu den Künstlern, die ein behagliches Leben führten.[270] In diese Heldengeschichte der holländischen Malerei gehört es auch, daß Hobbema das Malen in den besten Jahren aufgeben mußte.

Die Anfänge des niederländischen Kunsthandels gehen auf das 15. Jahrhundert zurück und hängen mit dem Export von niederländischen Miniaturen, flandrischen Gobelins und Andachtsbildern aus Antwerpen, Brügge, Gent und Brüssel zusammen.[271] Der Kunsthandel im 15. und 16. Jahrhundert ist aber noch hauptsächlich in den Händen der Künstler, die nicht nur mit den eigenen, sondern auch mit Kunstwerken fremder Provenienz handeln. Die Buchhändler und die Verleger von Stichen betreiben schon sehr früh einen Handel mit Gemälden; dazu kommen bald auch die Trödler und Juweliere, sowie die Rahmenmacher und Gastwirte.[272] Die Beschränkungen, die die Malergilden im 15. und 16. Jahrhundert dem Kunsthandel auferlegen, zeigen, daß der Kunstmarkt mit einem Warenüberschuß zu kämpfen hat und daß es zu viele „Kunsthändler" gibt. Die einzelnen Städte schützen sich gegen den Import und den wilden Straßenhandel und erlauben den Verkauf von Bildern nur Personen, die einer Malergilde angehören. Diese Maßregel macht jedoch keinen Unterschied zwischen einem Maler und einem Händler und will die Ausübung des Kunsthandels nicht etwa auf die Künstler beschränken, sie will nur den heimischen Markt schützen.[273] Ein Maler verbringt viele Jahre in der Lehre, während dieser Zeit kann er mit seinen eigenen Arbeiten kein Geld verdienen, da alles, was er malt, im Sinne der Zunftordnung seinem Meister gehört. Nichts ist unter diesen Umständen naheliegender als der Gedanke, sich mit dem Kunsthandel über Wasser zu halten. Er kauft und verkauft im Anfang vornehmlich Stiche, Kopien, Schülerarbeiten, also billige Ware. Doch sind es keineswegs nur junge, noch nicht erwerbsfähige Maler, die sich mit dem Kunsthandel beschäftigen; von den älteren sind David Teniers d. J. und Cornelis de Vos nur die berühmtesten. Stecher als Kunsthändler kommen häufig vor – Jerome de Cock, Jan Hermensz de Muller, Geeraard de Jode sind die bekanntesten Namen –, der ausgesprochene Warencharakter ihrer Produkte bringt sie unwillkürlich dazu, sich neben ihren Stichen auch auf den Handel mit Gemälden zu verlegen. Die Ausbildung und Verselbständigung des Kunsthandels hat für das moderne Kunstleben weitreichende Folgen. Sie führt vor allem zu der Spezialisierung der Maler nach bestimmten Genres, da die Kunsthändler von ihnen immer wieder diejenige Art von Arbeiten verlangen, die sich als die gangbarste von ihrer Hand erweist. So kommt es zu einer fast mechanischen Arbeitsteilung, bei der der eine Maler sich auf die Darstellung von Tieren, der andere auf die Herstellung von landschaftlichen Hintergründen beschränkt. Der Kunsthandel standardisiert und stabilisiert den Markt; er legt die Kunstproduktion nicht nur auf anstehende Typen fest, sondern reguliert auch den sonst anarchischen Warenverkehr. Er schafft einerseits eine regelmäßige Nachfrage, indem er oft einspringt, wo der private Interessent gerade fehlt, und unterrichtet andererseits den Künstler über die Wünsche des Publikums in einer viel umfassenderen und prompteren Weise, als er sich selbst zu informieren in der Lage wäre. Die Vermittlung des Kunsthandels zwischen Produktion und Konsumtion führt allerdings auch zu einer Entfremdung des Künstlers vom Publikum. Die Leute gewöhnen sich daran, das zu kaufen, was sie beim Kunsthändler vorrätig finden, und fangen an, das Kunstwerk als ein ebenso unpersönliches Erzeugnis zu betrachten wie jede andere Ware. Der Künstler seinerseits gewöhnt sich wieder daran, für unbekannte, unpersönliche Interessenten zu arbeiten, von denen er nichts weiß, nur daß sie heute historische Darstellungen suchen, wo sie gestern noch Genrebilder kauften. Der Kunsthandel bringt auch die Entfremdung des Publikums von der zeitgenössischen Kunst mit sich. Die Händler machen mit Vorliebe für die Kunst vergangener Zeiten Reklame, aus dem einfachen Grunde, weil, wie treffend bemerkt wurde, die Produkte dieser Kunst sich nicht vermehren und infolgedessen sich auch nicht entwerten können, – sie bilden den Gegenstand der risikolosesten Spekulation.[274] Eine verheerende Wirkung hat der Kunsthandel auf die Produktion durch die systematische Abbröckelung der Preise. Der Kunsthändler wird immer mehr zum Brotherrn des Künstlers und kommt um so öfter in die Lage, ihm die Preise zu diktieren, je mehr sich das Publikum daran gewöhnt, Kunstwerke lieber beim Händler zu kaufen als beim Künstler zu bestellen. Der Kunsthandel überschwemmt schließlich den Markt mit Kopien und Fälschungen und entwertet damit die Originale.

Die Preise auf dem Kunstmarkt waren in Holland im allgemeinen sehr niedrig; um ein paar Gulden konnte man schon ein Gemälde kaufen. Ein gutes Porträt kostete zum Beispiel sechzig Gulden, als man für einen Ochsen neunzig zahlte.[275] Jan Steen malte einmal drei Porträts für siebenundzwanzig Gulden.[276] Rembrandt erhielt für die *Nachtwache*, auf der Höhe seines Ruhmes, nicht mehr als 1600 Gulden, und van Goyen erzielte für seine Ansicht vom Haag 600 Gulden als den höchsten Preis seines Lebens. Mit was für Hungerlöhnen berühmte Maler sich begnügen mußten, zeigt der Fall Isaak van Ostades, der einem Kunsthändler im Jahre 1641 für siebenundzwanzig Gulden dreizehn Bilder lieferte.[277] Im Verhältnis zu den oft übertrieben hohen Preisen, die man für die Werke von Künstlern zahlte, die Italien besucht hatten und in der italienischen Manier arbeiteten, waren die in der heimischen naturalistischen Art gemalten Bilder immer billig. Frans Hals, van Goyen, Jacob van Ruisdael, Hobbema, Cuyp, Isaak van Ostade, de Hooch erzielten nie hohe Preise.[278] In den Ländern mit einer höfisch-aristokratischen Kultur wurden die Künstler besser bezahlt. Gleich im Schwesterland erhielt Rubens für seine Bilder viel höhere Beträge als die beliebtesten holländischen Maler. Er berechnete in seiner besten Zeit hundert Gulden für einen Tag Arbeit,[279] und von Philipp II. bekam er für seinen *Aktäon* 14.000 Francs, den höchsten Preis, der vor der Zeit Ludwigs XIV.

für ein Bild erzielt wurde.[280] Unter Ludwig XIV. und Ludwig XV. stabilisierte sich das Einkommen vor allem der Hofmaler und hielt sich auf einem verhältnismäßig hohen Niveau; so verdiente zum Beispiel Hyacinthe Rigaud zwischen 1690 und 1730 durchschnittlich 30. 000 Francs im Jahr, – für das Porträt Ludwigs XV. erhielt er allein 40.000 Francs .[281] Rigaud war allerdings eine Ausnahme auch in Frankreich, wo es übrigens den bildenden Künstlern nie so gut ging wie den Schriftstellern, die oft geradezu verwöhnt wurden. Boileau führte bekanntermaßen in seinem Haus zu Auteuil das Leben eines Grandseigneurs und hinterließ ein Barvermögen von 186.000 Francs; Racine erhielt als Historiograph des Königs in zehn Jahren ein Gehalt von 145.000 Francs; Molière verdiente im Laufe von fünfzehn Jahren als Theaterdirektor und Schauspieler 336.000 und als Autor weitere 200.000 Francs.[282] In dem Unterschied zwischen dem Einkommen eines Schriftstellers und dem eines Malers äußerte sich noch immer das alte Vorurteil gegen die manuelle Arbeit und die höhere Bewertung von Leuten, die mit dem Handwerk nichts zu tun hatten. In Frankreich führten bis zum 17. Jahrhundert selbst die Hofmaler nur den Rang von niederen Hofbeamten. [283] Cochin erzählt noch, daß der Herzog d'Antin, der Nachfolger Mansarts als *surintendant*, die Mitglieder der Akademie sehr hochmütig zu behandeln und, so wie Diener und Handwerker, zu duzen pflegte.[284] Mit einem Le Brun ist man freilich anders umgegangen, wie ja die Behandlung der Künstler im allgemeinen individuell sehr verschieden war.

Das verhältnismäßig geringe Ansehen, das den Künstlern zuteil wurde, brachte es mit sich, daß die Ergreifung des Künstlerberufes sowohl in Frankreich als auch in den Niederlanden auf die mittleren und niederen bürgerlichen Schichten beschränkt blieb. Rubens gehörte auch in dieser Beziehung zu den Ausnahmen; er war der Sohn eines hohen Staatsbeamten, erhielt schon in jungen Jahren die beste Schulung und beendete seine weltmännische Erziehung im Hofdienst. Noch bevor er der Hofmaler Erzherzog Alberts geworden war, stand er im Dienste Vincenzo Gonzagas in Mantua, und er blieb zeitlebens mit dem Hofleben und der höfischen Diplomatie eng verbunden. Er erwarb neben seiner glänzenden gesellschaftlichen Stellung ein fürstliches Vermögen und beherrschte in monarchischer Weise das gesamte Kunstleben seines Landes. An all dem hatten seine organisatorischen Fähigkeiten einen ebenso großen Anteil wie sein künstlerisches Talent. Ohne solche Fähigkeiten wäre es ihm unmöglich gewesen, die Aufträge auszuführen, die ihm zuströmten, und denen er stets voll und ganz entsprach. Er bewältigte sie vor allem durch die Übertragung der Methoden der Manufaktur auf die Organisation der künstlerischen Arbeit, die umsichtige Auswahl spezialisierter Mitarbeiter und die rationale Art ihrer Verwendung. Neben seinem streng arbeitsteiligen, manufakturmäßigen Betrieb wirken die holländischen Malerwerkstätten – selbst die Werkstatt Rembrandts – geradezu patriarchalisch. Es ist mit Recht betont worden, daß die Rubenssche Arbeitsmethode erst durch die klassische Interpretation des künstlerischen Schaffensprozesses möglich geworden sei. Die rationale Organisation der künstlerischen Arbeit, die zuerst in Raffaels Atelier zur konsequenten Anwendung gelangt und die die Konzeption der künstlerischen Idee von ihrer Durchführung grundsätzlich trennt, hat den Gedanken zur Voraussetzung, daß der künstlerische Wert eines Gemäldes in dem Karton bereits restlos enthalten sei, und daß die Transponierung des Bildgedankens in die schließliche Form eine sekundäre Bedeutung habe.[285] Diese idealistische Kunstauffassung war in der Theorie und der Praxis des höfischen und klassizistischen Barocks noch durchaus vorherrschend, sie war es aber nicht mehr im Naturalismus der holländischen Malerei. Hier gewinnt die manuelle Ausführung, die malerische Handschrift, der Pinselstrich und jede Berührung der Meisterhand mit der Leinwand eine so außerordentliche Bedeutung, daß der Wunsch, diese rein zu bewahren, der Arbeitsteilung von vornherein Grenzen setzt. Rubens macht sich bezeichnenderweise die klassizistische Auffassung vom künstlerischen Schaffen gerade in jener Periode seines Lebens zu eigen, als er mit dem größten Apparat zu arbeiten hat und die Ausführung seiner Werke zumeist seinen Gehilfen überlassen muß. Sie kommt erst nach der *Kreuzaufrichtung* zur

Geltung[286] und verschwindet in der letzten Phase seiner Wirksamkeit, aus der wir wieder mehr Eigenhändiges von ihm besitzen.

Rembrandt gelangt auf eine dem Rubensschen Altersstil entsprechende Entwicklungsstufe schon unmittelbar nach seiner ersten Porträtistentätigkeit. Seither ist die Malerei für ihn unmittelbare persönliche Mitteilung – die jeweils ursprüngliche, von Fall zu Fall neuerrungene Form eines „Impressionismus", der die Wirklichkeit zur Schöpfung des beseelenden, sich alles aneignenden Auges werden läßt. Riegl teilt die Geschichte der Kunst in zwei große Perioden ein: in der ersten, der primitiven, ist alles Objekt, in der zweiten, der gegenwärtigen, alles Subjekt. Die Entwicklung zwischen der Antike und dem Barock ist nach dieser These nichts als der schrittweise Übergang von der ersten zur zweiten Periode, mit der holländischen Malerei des 17. Jahrhunderts als der wichtigsten Wendung auf dem Weg zum gegenwärtigen Zustand, in dem sämtliche Objekte als bloße Eindrücke und Erlebnisse des subjektiven Bewußtseins erscheinen.[287] Dem Ansehen von Rubens hat der künstlerische Radikalismus, den er am Ende seines Lebens erreicht, bei seinem Publikum nicht geschadet, Rembrandt kostete der gleiche Radikalismus alles, was er zu verlieren hatte. Der Niedergang beginnt nach der Vollendung der *Nachtwache* im Jahre 1642, ohne daß das Bild selbst ein vollkommener Mißerfolg gewesen wäre.[288] Zwischen 1642 und 1656 ist Rembrandt noch nicht unbeschäftigt, wenn auch seine Beziehungen zur reichen Bourgeoisie sich zu lockern beginnen. Erst in den fünfziger Jahren nehmen die Aufträge zusehends ab und es fangen die ernsten finanziellen Schwierigkeiten an.[289] Rembrandt war keineswegs nur das Opfer seiner unpraktischen Natur und des verwahrlosten Zustands seiner privaten Angelegenheiten, sein Mißerfolg war vielmehr die Folge der allmählichen Zuwendung des Publikums zum Klassizismus[290] und seiner eigenen Abkehr vom pathetischen Barock, dem er in jüngeren Jahren durchaus nicht abgeneigt war.[291] Die Ablehnung seines für das Amsterdamer Rathaus gemalten *Claudius Civilis* ist das erste Zeichen der Kunstkrise jener Zeit. Rembrandt war ihr erstes großes Opfer. Keine frühere Zeit hätte ihn so geformt, wie er war, keine hätte ihn aber auch so zugrunde gehen lassen. In einer höfisch-konservativen Kultur wäre ein Künstler seiner Art vielleicht nie zur Geltung gekommen, einmal anerkannt, hätte er sich aber wohl besser behauptet als im bürgerlich-liberalen Holland, das ihm erlaubte, sich frei zu entfalten, ihn aber knickte, als er sich nicht mehr beugen ließ. Die geistige Existenz des Künstlers ist stets und überall gefährdet; weder eine autoritäre noch eine liberale Gesellschaftsordnung ist für ihn unbedingt gefahrlos; die eine gewährt ihm weniger Freiheit, die andere weniger Sicherheit. Es gibt Künstler, die sich nur in Freiheit sicher fühlen, aber auch solche, die nur in Sicherheit frei atmen können. Von dem Ideal der Vereinigung von Freiheit und Sicherheit war das 17. Jahrhundert jedenfalls weit entfernt.

VI

# ROKOKO, KLASSIZISMUS UND ROMANTIK

## 1. DIE AUFLÖSUNG DER HÖFISCHEN KUNST

Die Tatsache, daß die seit dem Ausgang der Renaissance fast ununterbrochene Entwicklung der höfischen Kunst im 18. Jahrhundert zum Stillstand kommt und von dem bürgerlichen Subjektivismus abgelöst wird, der im großen und ganzen auch unsere heutige Kunstauffassung noch beherrscht, ist allgemein bekannt, weniger offenkundig ist der Umstand, daß gewisse Züge der neuen Richtung schon im Rokoko vorhanden sind und daß der Bruch mit der höfischen Tradition eigentlich schon hier erfolgt. Denn wenn wir auch erst mit Greuze und Chardin in die bürgerliche Welt eintreten, so befinden wir uns schon mit Boucher und Largillière in ihrer Nähe. Der Zug zum Monumentalen, Feierlich-Repräsentativen und Pathetischen verschwindet schon im frühen Rokoko und macht der Tendenz zum Zierlichen und Intimen Platz. Die Farbe und die Nuance haben in der neuen Kunst von Anfang an den Vorzug vor der großen, festen, objektiven Linie, und die Stimme der Sinnlichkeit und des Gefühls ist in ihren Äußerungen stets vernehmbar. Wenn also das *Dixhuitième* auch in mancher Hinsicht noch als die Fortsetzung, ja die Vollendung der barocken Pracht und Prätension erscheint, so ist ihm die Selbstverständlichkeit und Zugeständnislosigkeit, mit der das 17. Jahrhundert auf dem *grand goût* bestanden hat, bereits fremd. Seine Schöpfungen lassen das große, heroische Format auch dann vermissen, wenn sie für die obersten Schichten bestimmt sind. Es ist aber natürlich immer noch eine sehr distanzierte, vornehme, wesentlich aristokratische Kunst, mit der wir es hier zu tun haben, eine Kunst, für die die Kriterien des Gefälligen und des Konventionellen maßgebender sind als die der Innerlichkeit und der Spontaneität, in der nach einem festen, allgemeingültigen, unzähligemal wiederholten Schema gearbeitet wird und für die nichts charakteristischer ist als die ungemein virtuose, wenn auch zumeist allzu äußerliche Technik der Gestaltung. Diese dekorativen und konventionellen, vom Barock herrührenden Elemente des Rokokos lösen sich erst allmählich auf und werden erst nach und nach durch Züge des bürgerlichen Kunstgeschmacks ersetzt.

Der Angriff auf die Barock-Rokoko-Tradition erfolgt aus zwei verschiedenen Richtungen, ist aber in beiden Fällen an dem gleichen, dem höfischen Geschmack gegensätzlichen Kunstideal orientiert. Der durch Rousseau und Richardson, Greuze und Hogarth vertretene Emotionalismus und Naturalismus ist die eine dieser Richtungen, der Rationalismus und Klassizismus Lessings und Winckelmanns, Mengs' und Davids die andere. Beide stellen der höfischen Prunksucht das Ideal der Einfachheit und den Ernst einer puritanischen Lebenshaltung entgegen. In England vollzieht sich die Umwandlung der höfischen Kunst in die bürgerliche früher und wird gründlicher durchgeführt als in Frankreich selbst, wo die Barock-Rokoko-Tradition unterirdisch weiterlebt und sich noch in der Romantik fühlbar macht. Am Ende des Jahrhunderts aber gibt es in Europa nur noch eine bürgerliche Kunst, die maßgebend ist. Es läßt sich wohl eine Kunstrichtung des progressiven und eine des konservativen Bürgertums feststellen, eine lebendige Kunst aber, die aristokratische Lebensideale ausdrücken und höfischen Zwecken dienen würde, gibt es nicht. Selten hat sich in der Geschichte der Kunst und Kultur der Übergang der Führung von einer Gesellschaftsschicht zur anderen mit solcher Ausschließlichkeit vollzogen wie hier, wo die Aristokratie vom Bürgertum vollkommen verdrängt wird und der Geschmackswandel, der an die Stelle der Dekoration die Expression setzt, an Deutlichkeit nichts zu wünschen übrigläßt.

Das Bürgertum tritt hier freilich nicht zum erstenmal als Geschmacksträger auf. Es gab bereits im 15. und 16. Jahrhundert allenthalben in Europa eine führende Kunst von ausgesprochen bürgerlichem Gepräge. Erst in der späteren Renaissance und im Zeitalter des Manierismus und Barocks wurde sie verdrängt und durch Schöpfungen im höfischen Stil ersetzt. Im 18. Jahrhundert aber, als das Bürgertum wirtschaftlich, gesellschaftlich und politisch abermals zur Macht gelangt, löst sich die mittlerweile zur allgemeinen Geltung gekommene höfische Repräsentationskunst wieder auf und läßt den bürgerlichen Geschmack nunmehr unbeschränkt herrschen. Nur in Holland gab es schon im 17. Jahrhundert eine hochstehende bürgerliche Kunst, und zwar eine, die viel radikaler und konsequenter bürgerlich war als die von ritterlich-romantischen und mystisch-religiösen Elementen durchsetzte Renaissance. Diese holländische Bürgerkunst blieb aber im damaligen Europa eine fast vollkommen isolierte Erscheinung, und das 18. Jahrhundert knüpfte nicht unmittelbar an sie an, als es die moderne bürgerliche Kunst begründete. Von einer Kontinuität der Entwicklung konnte schon darum keine Rede sein, weil die holländische Malerei selber im Laufe des 17. Jahrhunderts von ihrem bürgerlichen Charakter viel eingebüßt hat. Den eigentlichen Ursprung hatte die Kunst des modernen Bürgertums sowohl in Frankreich als auch in England in den heimischen gesellschaftlichen Veränderungen; die Überwindung der höfischen Kunstauffassung konnte nur von hier ausgehen und mußte von den zeitgenössischen philosophischen und literarischen Bewegungen stärkere Anregungen empfangen haben als von der Kunst des zeitlich und räumlich entfernten Auslands.

Die Entwicklung, die ihren politischen Höhepunkt in der Französischen Revolution und ihr künstlerisches Ziel in der Romantik erreicht, beginnt in der Régence mit der Untergrabung der königlichen Macht als des Prinzips der unbedingten Autorität, der Desorganisation des Hofes als des Mittelpunktes der Kunst und Kultur und der Auflösung des Barockklassizismus als des künstlerischen Stils, in dem das Machtstreben und Machtbewußtsein des Absolutismus seinen unmittelbaren Ausdruck gefunden hat. Der Prozeß bereitet sich übrigens schon während der Regierung Ludwigs XIV. vor.

Die endlosen Kriege zerrütten die Finanzen des Landes; die Staatskasse wird leer und die Bevölkerung verarmt, da man mit Knute und Kerker keine Steuersubjekte und durch Kriege und Eroberungen keine wirtschaftliche Suprematie schaffen kann. Es machen sich noch bei Lebzeiten des Sonnenkönigs kritische Äußerungen über die Folgen der Autokratie vernehmbar. Schon Fénelon ist in dieser Hinsicht offenherzig genug, Bayle, Malebranche und Fontenelle gehen aber bereits so weit, daß man mit Recht behaupten konnte, daß die „Krise des europäischen Geistes“, deren Geschichte das 18. Jahrhundert erfüllt, bereits seit 1680 im Zuge war.[1] Gleichzeitig mit dieser Strömung gewinnt auch die Kritik des Klassizismus Boden und arbeitet der Auflösung der höfischen Kunst vor. Um 1685 ist die schöpferische Periode des Barockklassizismus abgeschlossen; Le Brun verliert seinen Einfluß, und die großen Schriftsteller des Zeitalters, Racine, Molière, Boileau und Bossuet, haben ihr letztes oder jedenfalls entscheidendes Wort gesprochen.[2] Mit dem „Streit der Alten und der Neuen“ beginnen bereits jene Kämpfe zwischen Tradition und Fortschritt, Antike und Moderne, Rationalismus und Emotionalismus, die in der Vorromantik Diderots und Rousseaus ihren Abschluß finden werden.

In den letzten Lebensjahren Ludwigs XIV. standen Staat und Hof unter dem Regiment der devoten M^me^ de Maintenon. Die Aristokratie fühlte sich in der Atmosphäre der düsteren Feierlichkeit und der engherzigen Frömmigkeit von Versailles nicht mehr behaglich. Als der König starb, atmeten alle erleichtert auf, vor allem diejenigen, die von der Regentschaft Philipps von Orléans die Befreiung vom Despotismus erwarteten. Der Regent hielt das Verwaltungssystem seines Onkels von jeher für veraltet[3] und begann seine Regierung mit einer Reaktion gegen die alten Methoden auf der ganzen Linie. Politisch und gesellschaftlich strebte er eine Renaissance des Adels an, wirtschaftlich begünstigte er individuelle Unternehmungen, wie zum Beispiel das Lawsche, in der Lebensweise der oberen Schichten führte er einen neuen Stil ein und machte aus dem Hedonismus und Libertinismus Mode. Es begann eine allgemeine Desintegration, der keine der alten

Bindungen standhielt. Manche von ihnen bildeten sich später wieder, das alte System aber war ein für allemal erschüttert. Die erste Regierungstat Philipps war die Außerkraftsetzung des Testaments des hingeschiedenen Königs, das die Anerkennung seiner unehelichen Kinder vorsah. Damit begann der Niedergang der königlichen Autorität, die trotz des Fortbestehens der absoluten Monarchie in ihrer ehemaligen Größe nie mehr herzustellen war. Die Ausübung der Staatsgewalt wurde zwar immer willkürlicher, das Machtegfühl aber immer unsicherer – ein Prozeß, den die oft zitierten Worte Marschall Richelieus an Ludwig XVI. am besten charakterisieren: „Unter Ludwig XIV. wagte man nicht, den Mund aufzumachen, unter Ludwig XV. flüsterte man, jetzt spricht man laut und ungeniert." Wer die wirklichen Machtverhältnisse der Zeit nach den Verordnungen und Erlässen beurteilen wollte, würde sich, wie Tocqueville bemerkt, eines lächerlichen Irrtums schuldig machen. Sanktionen wie die berühmte Todesstrafe auf die Abfassung und Verbreitung von Schriften gegen die Religion und die öffentliche Ordnung blieben auf dem Papier. Die Schuldigen mußten im ärgsten Fall das Land verlassen und wurden oft von denselben Funktionären gewarnt und beschützt, die sie verfolgen sollten. Zur Zeit Ludwigs XIV. stand das ganze geistige Leben noch unter der Protektion des Königs; es gab keinen Schutz außer bei ihm, geschweige denn einen Schutz gegen ihn. Jetzt erstehen aber neue Protektoren, neue Gönner und neue Heimstätten der Kultur; die Kunst entwickelt sich zum großen Teil, die Literatur zur Gänze fern dem Hof und dem König.

Philipp von Orléans verlegt die Residenz von Versailles nach Paris, was im Grunde die Auflösung des Hofes bedeutet. Dem Regenten ist jede Beschränkung, jede Formalität, jeder Zwang zuwider; er fühlt sich nur im engsten Kreis seiner Freunde wohl. Der junge König wohnt in den Tuilerien, der Regent im Palais Royal, die Mitglieder des Adels sind in ihren Schlössern und Palais zerstreut und vergnügen sich in den Theatern, auf den Bällen und in den Salons der Stadt. Der Regent und das Palais Royal selber vertreten den Geschmack von Paris, den ungebundeneren, flüssigeren städtischen Stil gegenüber dem *grand goût* von Versailles. Die „Stadt“ beschränkt sich nicht mehr auf ein Dasein neben dem „Hof“, sie verdrängt den Hof und übernimmt seine Kulturfunktionen. Der melancholische Ausruf der Pfalzgräfin Elisabeth Charlotte, der Mutter des Regenten, „Es gibt keinen Hof mehr in Frankreich!“ entspricht durchaus den Tatsachen. Und dieser Zustand ist keine vorübergehende Episode; den Hof im alten Sinn wird es nicht mehr geben. Ludwig XV. hat ähnliche Neigungen wie der Regent, auch er bevorzugt eine kleine Gesellschaft, und Ludwig XVI. hält sich überhaupt am liebsten im Familienkreis auf. Beide entziehen sich den Zeremonien, die Etikette langweilt und ärgert sie, und wenn sie gewissermaßen auch bewahrt bleibt, so verliert sie doch viel von ihrer Feierlichkeit und Großartigkeit. Am Hof Ludwigs XVI. herrscht der Ton einer ausgesprochenen Intimität, und an sechs Tagen der Woche haben die Zusammenkünfte den Charakter einer Privatgesellschaft.[4] Der einzige Ort, wo sich während der Régence so etwas wie eine Hofhaltung entwickelt, ist das Schloß der Herzogin von Maine zu Sceaux, das zum Schauplatz von glänzenden, kostspieligen und erfindungsreichen Festlichkeiten und zugleich zu einem neuen Kunstzentrum, einem richtigen Musenhof wird. Die Veranstaltungen der Herzogin enthalten aber den Keim der endgültigen Zersetzung des Hoflebens in sich: sie bilden den Übergang zwischen dem Hof im alten Sinn und den Salons des 18. Jahrhunderts – den geistigen Erben des Hofes. Der Hof löst sich derart wieder in die Privatgesellschaften auf, aus welchen er sich als Mittelpunkt der Kunst und Literatur entwickelt hatte.

Der Versuch Philipps, die durch Ludwig XIV. gebändigten Aristokraten wieder in ihre alten politischen Rechte und öffentlichen Funktionen einzusetzen, gehörte zum wichtigsten Teil seines Programms. Er formte aus den Mitgliedern des Hochadels die sogenannten *Conseils*, die die bürgerlichen Minister ersetzen sollten. Das Experiment mußte aber schon nach drei Jahren aufgegeben werden, weil die Herren sich der Führung der Staatsgeschäfte entwöhnt hatten und an der Regierung des Landes kein richtiges Interesse mehr nahmen. Sie blieben den Sitzungen fern und man mußte wohl oder übel zu dem Regierungssystem Ludwigs XIV. zurückkehren. Äußerlich bezeichnete also die Régence wohl den Anfang eines neuen Aristokratisierungsprozesses, der in der Versteifung der sozialen Grenzen und der wachsenden Isolierung der Stände zum Ausdruck kam, innerlich stellte sie aber den fortgesetzten Eroberungszug des Bürgertums und den weiteren Verfall des Adels dar. Ein eigentümlicher, schon von Tocqueville beobachteter Zug der sozialen Entwicklung des 18. Jahrhunderts bestand darin, daß, wie sehr auch die Grenzen zwischen den verschiedenen Ständen und Klassen betont wurden, die kulturelle Nivellierung sich nicht aufhalten ließ und die äußerlich sich voneinander so ängstlich absondernden Menschen innerlich einander immer ähnlicher wurden,[5] so daß es am Ende nur mehr zwei große Gruppen gab: das Volk und die Gemeinschaft derjenigen, die über dem Volke standen. Die Leute, die zu der letzteren Gruppe gehörten, hatten die gleichen Lebensgewohnheiten, den gleichen Geschmack und sprachen die gleiche Sprache. Die Aristokratie und die höhere Bourgeoisie verschmolzen zu einer einzigen kulturtragenden Schicht, wobei die früheren Kulturträger zugleich Geber und Nehmer waren. Die Mitglieder des Hochadels verkehrten nicht nur gelegentlich und etwa herablassenderweise in den Häusern, wo die Angehörigen der Hochfinanz und der Bürokratie zu Gaste waren, sie drängten sich in den Salons der reichen Bürger und der gebildeten Bürgerinnen. M^me^ Geoffrin vereinigt bei sich die geistige und gesellschaftliche Elite ihrer Zeit, Söhne von Prinzen, Grafen, Uhrmachern und Krämern, sie korrespondiert mit der Kaiserin von Rußland und mit Grimm, ist befreundet mit dem König von Polen und mit Fontenelle, lehnt die Einladung Friedrichs des Großen ab und zeichnet den Plebejer d'Alembert durch ihre Aufmerksamkeit aus. Die Annahme der bürgerlichen Denkformen und Moralbegriffe durch die Aristokratie und die Vermischung der obersten Schichten mit der bürgerlichen Intelligenz beginnt genau in dem Zeitpunkt, als die soziale Hierarchie sich sonst strenger als je fühlbar macht.[6] Vielleicht bestand zwischen den beiden Erscheinungen überhaupt ein kausaler Zusammenhang.

Der Adel hatte im 17. Jahrhundert von seinen feudalen Privilegien nur noch die Eigentumsrechte an seinem Grundbesitz und seine Steuerimmunität behalten; seine gerichtlichen und administrativen Funktionen mußte er an Beamte der Krone abtreten. Auch die Grundrente hatte, infolge der seit 1660 sich stets vermindernden Kaufkraft des Geldes, viel von ihrem Wert verloren. Der Adel war in steigendem Maße gezwungen, seinen Besitz zu veräußern; er verarmte und verfiel. Dies war freilich eher in den mittleren und unteren Schichten des Landadels der Fall als in den Kreisen des Hoch- und Hofadels, der noch immer sehr reich war und im 18. Jahrhundert wieder an Einfluß gewann. Die „viertausend Familien" des Hofadels blieben die einzigen Nutznießer der Hofämter, der hohen geistlichen Würden, der Offiziersstellen in der Armee, der Gouverneursposten und der königlichen Pensionen. Nahezu ein Viertel des Gesamtbudgets kam ihnen zugute. Der alte Groll der Krone gegen den Feudaladel hatte sich gelegt; unter Ludwig XV. und Ludwig XVI. wurden die Minister wieder zumeist aus den Reihen des Adels, und zwar des Geburtsadels, gewählt.[7] Dieser blieb aber trotzdem antidynastisch gesinnt, war unbotmäßig und wurde der Monarchie in der Stunde der Gefahr zum Verhängnis. Er machte mit dem Bürgertum gemeinsame Front gegen die Krone, obgleich die gute Beziehung zwischen den beiden Ständen seit der Durchführung des Zentralismus sehr gelitten hat. Vorher fühlten sie sich oft nicht nur von der gleichen Gefahr bedroht, sie hatten auch häufig gemeinsame administrative Aufgaben zu lösen, was sie einander an und für sich näherbrachte. Das Verhältnis verschlechterte sich jedoch, nachdem der Adel im Bürgertum seinen gefährlichsten Rivalen erkannt hat. Der König mußte von nun an immer wieder eingreifen und den eifersüchtigen Adel versöhnen; denn obwohl er scheinbar beide Parteien beherrschte, hatte er ihnen fortwährend Zugeständnisse zu machen und bald der einen, bald der andern seine Gunst zu erweisen.[8] Ein Zeichen dieser Beschwichtigungspolitik gegenüber dem Adel ist zum Beispiel auch darin zu erblicken, daß es für einen Roturier unter Ludwig XV. bereits viel schwieriger war, es zum Offizier zu bringen, als noch unter Ludwig XIV. Seit dem Edikt vom Jahre 1781 wurde das Bürgertum von der Armee überhaupt ausgeschlossen. Ähnlich verhielt es sich auch mit den hohen geistlichen Stellen; im 17. Jahrhundert gab es unter den Kirchenfürsten noch eine Anzahl von Nichtadeligen, wie zum Beispiel Bossuet und Fléchier, im 18. Jahrhundert war das kaum mehr der Fall. Die Rivalität zwischen der Aristokratie und der Bourgeoisie wurde damit einerseits immer zugespitzter, sie nahm aber andrerseits die sublimierteren Formen einer geistigen Konkurrenz an und schuf ein kompliziertes Netz von seelischen Beziehungen, in dem Attraktion und Repulsion, Nachahmung und Ablehnung, Achtung und Ressentiment sich vielfach kreuzten. Die materielle Gleichgestelltheit und die praktische Überlegenheit des Bürgertums forderten den Adel dazu heraus, die Ungleichheit der Herkunft und die Verschiedenheit der Traditionen zu betonen. Mit der Ähnlichkeit der äußeren Verhältnisse verschärfte sich aber auch seitens der Bourgeoisie die Feindseligkeit gegen den Adel. Solange sie vom sozialen Aufstieg ausgeschlossen war, kam es ihr kaum in den Sinn, sich mit den höheren Ständen zu vergleichen, erst als eine Aufstiegsmöglichkeit gegeben war, wurde sie sich des bestehenden sozialen Unrechts wirklich bewußt, und da erschienen ihr erst die Vorrechte des Adels als unerträglich. Kurz, je mehr der Adel von seiner wirklichen Macht verlor, desto hartnäckiger klammerte er sich an die ihm verbliebenen Privilegien und desto ostentativer trug er diese zur Schau; je mehr andererseits das Bürgertum an materiellen Gütern gewann, desto beschämender empfand es seine gesellschaftliche Diskriminierung und desto erbitterter kämpfte es um die politische Gleichberechtigung.

Der bürgerliche Reichtum der Renaissance hatte sich infolge der großen Staatsbankrotte des 16. Jahrhunderts aufgelöst und konnte sich während der Blütezeit des Absolutismus und Merkantilismus, als die Fürsten und Staaten selber die großen Geschäfte machten, nicht erholen.[9] Erst im 18. Jahrhundert, als die merkantilistische Weltpolitik aufgegeben und das *laissez-faire* durchgeführt wurde, gelangte das Bürgertum mit seinen individualistischen Wirtschaftsprinzipien wieder zur Geltung; und obwohl die Händler und die Industriellen sich bereits durch die Absentierung der Aristokratie von den Geschäften beträchtliche Vorteile zu verschaffen wußten, entstand das bürgerliche Großkapital erst während der Régence und der nachfolgenden Periode. Dieses Regime war tatsächlich die „Wiege des dritten Standes". Unter Ludwig XVI. erreichte dann die Bourgeoisie des ancien régime den Höhepunkt ihrer geistigen und materiellen Entwicklung.[10] Der Handel, die Industrie, die Banken, die *ferme générale*, die freien Berufe, die Literatur und die Publizistik, das heißt sämtliche Schlüsselstellungen in der Gesellschaft, mit Ausnahme der hohen Posten in der Armee, der Kirche und am Hof, waren in ihrem Besitz. Es entfaltete sich eine unerhörte kaufmännische Tätigkeit, die Industrien wuchsen, die Banken vermehrten sich, es flossen enorme Beträge durch die Hände der Unternehmer und der Spekulanten. Die Bedürfnisse vergrößerten sich und breiteten sich aus; und nicht nur Leute wie die Bankiers und die Steuerpächter kamen empor und wetteiferten in ihrer Lebensweise mit dem Adel, auch die mittleren Schichten des Bürgertums profitierten von der Konjunktur und nahmen in steigendem Maße am Kulturleben teil. Es war also durchaus kein wirtschaftlich erschöpftes Land, in dem die Revolution ausbrach; es war vielmehr nur ein insolventer Staat mit reichen Bürgern.

Die Bourgeoisie bemächtigte sich allmählich sämtlicher Bildungsmittel – sie schrieb nicht nur die Bücher, sie las sie auch, sie malte nicht nur die Bilder, sie erwarb sie auch. Im vorhergehenden Jahrhundert bildete sie noch einen verhältnismäßig bescheidenen Teil des Kunst- und Lesepublikums, jetzt stellt sie die gebildete Klasse schlechthin dar und wird zur eigentlichen Trägerin der Kultur. Die Leser Voltaires gehören bereits zum großen Teil ihr an, und die Rousseaus werden fast ausschließlich ihr angehören. Crozat, der größte Kunstsammler des Jahrhunderts, entstammt einer Kaufmannsfamilie, Bergeret, der Gönner Fragonards, ist von noch bescheidenerer Herkunft, Laplace ist der Sohn eines Bauern, und von d'Alembert wußte man überhaupt nicht, wessen Sohn er war. Das gleiche bürgerliche Publikum, das die Bücher

Voltaires liest, liest auch die lateinischen Dichter und die französischen Klassiker des 17. Jahrhunderts und ist darin, was es ablehnt, ebenso dezidiert wie in der Wahl seiner Lektüre. Für die griechischen Autoren hat es nicht viel übrig, und diese verschwinden jetzt allmählich aus den Bibliotheken; das Mittelalter verachtet es, Spanien ist ihm fremd geworden, sein Verhältnis zu Italien hat sich noch nicht recht entwickelt und wird auch nie so herzlich werden, wie es das Verhältnis der höfischen Gesellschaft zur italienischen Renaissance in den letzten Jahrhunderten gewesen ist. Man hat den geistigen Repräsentanten des 16. Jahrhunderts im *gentilhomme*, den des 17. Jahrhunderts im *honnête homme* und den des 18. im *Gebildeten* erblickt,[11] das heißt im Leser Voltaires. Man versteht den französischen Bürger nicht, wurde behauptet, wenn man Voltaire nicht kennt, den er sich zum Vorbild gemacht hat;[12] man versteht aber auch Voltaire nicht, wenn man nicht sieht, wie tief er trotz seiner seigneuralen Allüren, seiner gekrönten Freunde und seines ungeheueren Vermögens nicht nur herkunfts-, sondern auch gesinnungsmäßig im Mittelstand wurzelt. Sein nüchterner Klassizismus, sein Verzicht auf die Lösung der großen metaphysischen Probleme, ja, sein Verdacht gegen jeden, der sie erörtert, sein scharfer, angriffslustiger und dennoch so urbaner Geist, seine antiklerikale, jeder Mystik abgeneigte Religiosität, seine Antiromantik, sein Widerwille gegen alles Undurchsichtige, Ungeklärte und Unerklärbare, sein Selbstvertrauen, seine Überzeugung, daß man mit Verstandesmitteln alles erfassen, alles lösen, alles entscheiden kann, seine kluge Skepsis, sein vernünftiges Sichabfinden mit dem Nächsten, dem Erreichbaren, sein Verständnis für die „Forderung des Tages“, sein „mais il faut cultiver notre jardin“, all das ist bürgerlich, tief bürgerlich, wenn es auch das Bürgertum nicht erschöpft und wenn auch der Subjektivismus und Sentimentalismus, den Rousseau verkünden wird, die andere, vielleicht ebenso wichtige Seite des bürgerlichen Geistes ist. Der große Antagonismus innerhalb des Bürgertums war von Anfang an gegeben; die späteren Anhänger Rousseaus bildeten wohl, als Voltaire sich seine Leser eroberte, noch kein regelmäßiges Lesepublikum, sie waren aber als genau definierbare Gesellschaftsschicht bereits da und fanden nachher in Rousseau nur ihren Wortführer.

Das französische Bürgertum des 18. Jahrhunderts ist keineswegs einheitlicher, als das italienische des 15. und 16. Jahrhunderts gewesen ist. Es gibt jetzt zwar nichts, was dem damaligen Kampf um die Beherrschung der Zünfte entsprechen würde, es besteht aber ein ebenso scharfer Gegensatz der wirtschaftlichen Interessen zwischen den verschiedenen Schichten der bürgerlichen Klasse wie damals. Man hat sich nur daran gewöhnt, von dem Befreiungskampf und der Revolution des „dritten Standes“ als von einheitlichen Bewegungen zu sprechen, in Wirklichkeit beschränkt sich aber die Einheit des Bürgertums auf seine Grenzen nach oben, gegen den Adel, und nach unten, gegen das Bauerntum und das städtische Proletariat; innerhalb dieser Grenzen ist es nach wie vor in einen positiv und einen negativ privilegierten Teil geschieden. Von den Privilegien der Bourgeoisie wird im 18. Jahrhundert nie gesprochen, und man tut, als ob man von solchen Begünstigungen nichts wüßte, die Bevorzugten stemmen sich aber gegen jede Reform, die ihre Chancen auch auf die unteren Schichten ausdehnen würde.[13] Die Bourgeoisie will nichts als eine politische Demokratie und läßt ihre Kampfgenossen sofort im Stich, als die Revolution mit der wirtschaftlichen Gleichberechtigung Ernst macht. Die Gesellschaft des Zeitalters ist voller Widersprüche und Spannungen; sie zeitigt ein Königtum, das bald die Interessen des Adels, bald die der Bourgeoisie vertreten muß und schließlich beide gegen sich hat; eine Aristokratie, die sowohl der Krone als auch dem Bürgertum feindlich gesinnt ist und sich Ideen zu eigen macht, die ihren Untergang herbeiführen; und eine Bourgeoisie, die ihre Revolution mit der Hilfe der unteren Schichten zum Siege führt, sich aber sogleich gegen ihre Alliierten und neben ihre ehemaligen Feinde stellt. Solange diese Elemente das geistige Leben der Nation gleichmäßig beherrschen, das ist bis nach der Mitte des Jahrhunderts, befinden sich Kunst und Literatur in einem Zustand des Übergangs und sind von gegensätzlichen, oft kaum zu vereinbarenden Tendenzen erfüllt; sie schwanken zwischen Tradition und Freiheit, Regelmäßigkeit und Spontaneität, Dekoration und Expression. Aber auch noch in der zweiten Hälfte des Jahrhunderts, als der Liberalismus und der Emotionalismus die Oberhand gewinnen, scheiden sich nur schärfer die Wege, die verschiedenen Richtungen bleiben aber nebeneinander bestehen. Sie machen allerdings einen Funktionswechsel durch, und namentlich der Klassizismus, der ein höfisch-aristokratischer Stil war, wird zum Vehikel der Ideen des progressiven Bürgertums.

Die Régence ist eine Zeit von ungemein lebhafter geistiger Tätigkeit, die an der vorangehenden Epoche nicht nur Kritik übt, sondern in hohem Maße schöpferisch ist und Fragen stellt, die das ganze Jahrhundert beschäftigen werden. Mit der Lockerung der allgemeinen Disziplin, der wachsenden Irreligiosität, der ungebundeneren und persönlicheren Lebensführung geht in der Kunst die Auflösung des „großen", repräsentativen Stils Hand in Hand. Sie beginnt mit der Kritik der akademischen Doktrin, die das klassische Kunstideal, ähnlich wie die offizielle Staatstheorie des Zeitalters das absolute Königtum, als ein zeitlos geltendes, gleichsam von Gott eingesetztes Prinzip darzustellen sucht. Nichts charakterisiert den Liberalismus und Relativismus der anbrechenden neuen Zeit besser als das Wort Antoine Coypels, das kein Akademiedirektor vor ihm gutgeheißen hätte, nämlich daß die Malerei, wie alles Menschliche, dem Wechsel der Mode unterworfen sei.[14] Der sich hierin ausdrückende Wandel der Kunstanschauung kommt auch in der Produktion überall zur Geltung; die Kunst wird menschlicher, zugänglicher, anspruchsloser, sie ist nicht mehr für Halbgötter und Übermenschen, sondern für gewöhnliche Sterbliche, für schwache, sinnliche, genußsüchtige Kreaturen bestimmt. Sie drückt nicht mehr Größe und Macht aus, sondern die Schönheit und die Anmut des Lebens, und will nicht mehr imponieren und überwältigen, sondern reizen und gefallen. In der letzten Regierungsperiode Ludwigs XIV. bilden sich am Hof selbst Kreise, in welchen die Künstler neue Gönner finden, und zwar solche, die oft freigebiger und kunstsinniger sind als der bereits mit materiellen Schwierigkeiten kämpfende und von der Maintenon beherrschte Monarch. Der Herzog von Orléans, der Neffe des Königs, und der Herzog von Bourgogne, der Sohn des Dauphins, sind die Mittelpunkte dieser Zirkel. Der spätere Regent wendet sich jetzt schon gegen die von Ludwig XIV. begünstigte Kunstrichtung und fordert von seinen Künstlern mehr Leichtigkeit und Flüssigkeit, eine sinnlichere und delikatere Formsprache, als sie am Hofe üblich ist. Oft arbeiten die gleichen Künstler für den König und den Herzog und ändern nach dem jeweiligen Auftraggeber ihren Stil, so wie zum Beispiel Coypel, der die Schloßkapelle von Versailles im korrekten Hofstil dekoriert, die Damen im Palais Royal im koketten Negligé malt und für die *Académie des Inscriptions* klassizistische Medaillen entwirft.[15] Die *grande manière* und die großen, repräsentativen Gattungen verfallen während der Régence. Das religiöse Andachtsbild, das schon in den Tagen Ludwigs XIV. zu einem bloßen Vorwand geworden war, die Angehörigen des Königs zu porträtieren, und das große Historienbild, das vor allem der monarchischen Propaganda diente, werden vernachlässigt. Die Stelle der heroischen Landschaft nimmt die idyllische Szenerie des Pastorales ein, und das Porträt, das bisher hauptsächlich für die Öffentlichkeit bestimmt war, wird zu einer trivialen, populären, zumeist privaten Zwecken dienenden Gattung; jeder läßt sich jetzt malen, der es sich erlauben kann. Im Salon von 1704 sind zweihundert Porträts ausgestellt, gegenüber den fünfzig Porträts im Salon von 1699.[16] Largillière malt bereits mit Vorliebe die Bourgeoisie und nicht mehr den Hofadel wie seine Vorgänger; er lebt in Paris, nicht in Versailles, und bringt auch damit den Sieg der „Stadt" über den „Hof" zum Ausdruck.[17]

In der Gunst des progressiven Kunstpublikums tritt das galante Gesellschaftsbild Watteaus an die Stelle des religiösen und historischen Zeremonienbildes, und der Geschmackswandel der Jahrhundertwende drückt sich wohl in diesem Übergang von Le Brun zu dem Meister der *fêtes galantes* am deutlichsten aus. Die Bildung des neuen, aus der fortschrittlich gesinnten Aristokratie und dem kunstsinnigen Großbürgertum sich zusammensetzenden Publikums, das Problematischwerden der bisher anerkannten künstlerischen Autoritäten, die Sprengung des alten, engbegrenzten Themenkreises, alles steuert dazu bei, um das Auftreten des größten französischen Malers vor dem 19. Jahrhundert zu ermöglichen. Das Malergenie, das das Zeitalter Ludwigs XIV. mit seinen Staatsaufträgen, Stipendien und Pensionen, seiner Akademie, seiner Schule in Rom und seiner königlichen Manufaktur nicht hervorzubringen vermochte, erzeugt die bankrotte, kopflose, leichtsinnige Régence mit ihrer Pietät- und Disziplinlosigkeit. Der in Flandern geborene und die Rubens-Tradition fortsetzende Watteau ist übrigens seit der Gotik der erste durchaus „französische" Meister der Malerei. In den letzten zwei Jahrhunderten vor seinem Auftreten stand die Kunst in Frankreich unter fremdem Einfluß: Renaissance, Manierismus und Barock waren italienischer und niederländischer Import. Denn hier, wo das ganze Hofleben sich im Anfang nach ausländischen Mustern richtete, drückte sich auch die höfische Repräsentation und die monarchische Propaganda in fremden, namentlich italienischen Kunstformen aus. Diese Formen verwuchsen dann so innig mit der Idee des Königtums und des Hofes, daß sie geradezu eine institutionsmäßige Zähigkeit annahmen und erst entwurzelt werden konnten, als der Hof aufhörte, der Mittelpunkt des Kunstlebens zu sein.

Watteau malte das Leben einer Gesellschaft, in die er nur von außen hineinblicken konnte, stellte ein Lebensideal dar, das sich mit seinen eigenen Lebenszielen offenbar nur äußerlich berührte, gestaltete eine Utopie der Freiheit, die seiner subjektiven Freiheitsidee nur analog entsprochen haben mag, er schuf aber diese Visionen aus den Elementen seiner unmittelbaren Erlebnisse, aus Skizzen nach den Bäumen des Luxembourg, nach Theaterszenen, die er täglich sehen konnte und sicher auch sah, und nach Charaktertypen seiner eigenen, wenn auch zauberhaft verkleideten Gegenwart. Die Tiefe der Kunst Watteaus ist der Ambivalenz seiner Beziehung zur Welt zu verdanken, dem Ausdruck der Verheißungen und der gleichzeitigen Unzulänglichkeit des Daseins, dem stets gegenwärtigen Gefühl eines unnennbaren Verlustes und eines unerreichbaren Ziels, dem Wissen um eine verlorene Heimat und die utopische Ferne des wirklichen Glücks. Es ist voll

Schwermut, was er malt, trotz der Sinnenlust und Schönheit, der genießerischen Hingabe an die Wirklichkeit und der Freude an den irdischen Gütern, die die unmittelbaren Motive seiner Kunst bilden. Er malt in allem die verborgene Tragik einer Gesellschaft, die an der restlosen Erfüllbarkeit ihrer Wünsche zugrunde geht. Es ist aber noch keineswegs das rousseauische Gefühl, keineswegs die Sehnsucht nach dem Naturzustand, sondern im Gegenteil ein Verlangen nach der vollendeten Kultur, der ungestörten, ungefährdeten Lebensfreude, das hier zum Ausdruck kommt. Watteau entdeckt in der *fête galante*, dem festlichen Beisammensein von Liebespaaren und Liebesgesellschaften, die adäquate Form zu seinem neuen Lebensgefühl, das sich aus Weltlust und Weltschmerz, aus Freude und Überdruß an der Gegenwart zusammensetzt. Das vorherrschende Element dieser *fête galante*, die stets eine *fête champêtre* ist und die Unterhaltung von jungen Leuten darstellt, die bei Musik, Tanz und Gesang das sorglose Dasein der Hirten und Hirtinnen Theokrits führen, ist das bukolische. Sie schildert den ländlichen Frieden, das Geborgensein vor der großen Welt und die Selbstvergessenheit im Liebesglück. Es ist aber nicht mehr das Wunschbild eines idyllischen, beschaulichen und bedürfnislosen Daseins, das dem Künstler vorschwebt, sondern das arkadische Ideal der Abstandslosigkeit von Natur und Zivilisation, Schönheit und Seelenhaftigkeit, Sinnlichkeit und Geist. Auch dieses Ideal ist freilich längst nicht mehr neu: es variiert nur die Formel der römischen Dichter der Kaiserzeit, die die Legende vom Goldenen Zeitalter mit der pastoralen Idee verbunden hatten. Neu ist gegenüber der römischen Version nur, daß die bukolische Welt sich nunmehr mondän verkleidet, die Schäfer und Schäferinnen das elegante Zeitkostüm tragen und daß die pastorale Situation sich auf das Liebesgespräch, den Naturrahmen und die Entfernung vom höfischen und städtischen Leben beschränkt. Ist aber auch das nur neu? War die Pastorale nicht von allem Anfang an eine Fiktion, eine spielerische Verstellung, ein bloßes Kokettieren mit dem idyllischen Zustand der Unschuld und der Einfachheit? Ist es denkbar, daß man je, seitdem es eine Hirtendichtung gab, das heißt seit dem

Bestehen eines hochentwickelten städtischen und höfischen Lebens, das schlichte, bescheidene Dasein von Hirten und Bauern führen wollte? Nein, das Schäfertum war in der Dichtung von jeher ein Wunschbild, in dem die negativen Züge, das Sichlosreißen von der großen Welt und die Mißachtung ihrer Sitten, das entscheidende Moment bildeten. Man versetzte sich spielerischerweise in einen Zustand, der außer den Vorteilen der Zivilisation auch die Befreiung von seinen Fesseln verhieß. Man steigerte die Begehrlichkeit der geschminkten und parfümierten Damen, indem man sie sich, geschminkt und parfümiert, wie sie waren, als frische, gesunde und unschuldige Bauernmädchen vorzustellen suchte und den Reiz der Kunst durch den der Natur erhöhte. Die Fiktion enthielt von vornherein die Voraussetzungen in sich, die sie in jeder komplizierten und raffinierten Kultur zum Symbol der Freiheit und des Glücks werden ließ.

Die literarische Tradition der Hirtendichtung weist nicht ohne Grund seit ihren Anfängen im Hellenismus eine fast ununterbrochene Geschichte von über zweitausend Jahren auf. Mit der Ausnahme des frühen Mittelalters, als die städtische und höfische Kultur erloschen war, gab es kein Jahrhundert ohne Beispiele dieser Dichtung. Außer dem Motivenkreis des Ritterromans gibt es wohl überhaupt keinen Stoff, der die Literatur des Abendlandes so lange beschäftigt und sich gegen den Ansturm des Rationalismus mit solcher Zähigkeit behauptet hätte wie der bukolische. Diese lange und fast ununterbrochene Herrschaft zeigt, daß die „sentimentalische" Poesie im Sinne Schillers in der Geschichte der aufgeschriebenen Dichtung eine unvergleichlich größere Rolle spielt als die „naive". Schon die Idyllen Theokrits verdanken ihr Dasein nicht etwa einer echten Naturverbundenheit und einer unmittelbaren Beziehung zum Leben des Volkes, sondern einem reflexiven Naturgefühl und einer romantischen Vorstellung vom Volke, das heißt Empfindungen, die in einer Sehnsucht nach dem Fernen, Fremden und Exotischen ihren Ursprung haben. Der Bauer und der Hirt begeistern sich weder für die Natur noch für ihre tägliche Beschäftigung. Und das Interesse für das Leben des einfachen Volkes ist bekanntermaßen weder in der sozialen noch in der örtlichen Nähe der Bauern zu suchen; es entsteht nicht im Volk selbst, sondern in den höheren Schichten, und nicht auf dem Lande, sondern in den Städten und an den Höfen, inmitten eines bewegten Lebens und einer überzivilisierten, blasierten Gesellschaft. Das Motiv der Hirten und der bukolischen Situation selbst war zur Zeit, als Theokrit seine *Idyllen* schrieb, sicher nicht mehr neu; es wird schon in der Dichtung der primitiven Hirtenvölker vorgekommen sein, doch zweifellos ohne jeden Zug von Sentimentalität und Selbstgefälligkeit, und wohl auch ohne den Versuch, die äußeren Bedingungen des Hirtenlebens genrehaft zu schildern. Hirtenszenen, wenn auch ohne den lyrischen Zug der *Idyllen*, waren im Mimus jedenfalls schon vor Theokrit zu finden. Im Satyrspiel verstehen sie sich von selbst, und ländliche Szenen sind, wie wir wissen, sogar der Tragödie nicht unbekannt.[18] Hirtenszenen und Bilder aus dem Landleben aber ergeben noch keine bukolische Dichtung; zu dieser gehört vor allem der latente Gegensatz von Stadt und Land und das Gefühl des Unbehagens in der Kultur.

Theokrit hatte aber jedenfalls noch seine Freude an der einfachen, deskriptiven Darstellung des Hirtenlebens, bei seinem ersten selbständigen Nachfolger, Vergil, dagegen verliert sich bereits das Vergnügen an der realistischen Schilderung, und das Hirtengedicht erhält jene allegorische Form, mit der sich die wichtigste Wendung in der Geschichte der Gattung vollzieht.[19] Wenn die dichterische Vorstellung vom Hirtenleben schon bisher nur eine Flucht vor dem Betrieb der Welt darstellte und der Wunsch, als Hirt zu leben, nie ganz wörtlich zu nehmen war, so erfährt die Irrealität des Motivs jetzt insofern eine weitere Steigerung, als nicht nur die Sehnsucht nach dem Hirtenleben, sondern die pastorale Situation selbst zu einer Fiktion wird, durch die der Dichter und seine Freunde als Hirten verkleidet und damit poetisch distanziert, obgleich für die Eingeweihten sofort erkennbar, erscheinen. Der Reiz dieser neuen, wenn auch schon bei Theokrit vorbereiteten Formel war so groß, daß die *Eklogen* Vergils nicht nur von allen den Werken des Dichters den größten Erfolg hatten, sondern daß es wohl überhaupt keine Schöpfung der Weltliteratur gibt, deren Wirkung so nachhaltig und tief gewesen ist. Dante und Petrarca, Boccaccio und Sannazzaro, Tasso und Guarini, Marot und Ronsard, Montemayor und d'Urfé, Spenser und Sidney, ja noch Milton und Shelley sind in ihren Dichtungen pastoralen Einschlags direkt oder indirekt von ihnen abhängig. Theokrit fühlte sich, wie es scheint, nur durch den Hof mit seinem beständigen Kampf um den Erfolg und die Großstadt mit ihrem aufregenden Tempo beängstigt; Vergil hatte bereits mehr Grund zur Flucht vor seiner Gegenwart. Der hundertjährige Bürgerkrieg war noch kaum beendet, seine eigene Jugend fiel noch in die Zeit der blutigsten Kämpfe, und der augusteische Frieden war, als er seine Eklogen schrieb, eher nur eine Hoffnung als eine Realität.[20] Die Flucht in die Idylle entsprach bei ihm der von Augustus eingeleiteten reaktionären Bewegung, die den Zweck hatte, die patriotische Vergangenheit als das Goldene Zeitalter darzustellen und die Aufmerksamkeit von den politischen Vorgängen der Gegenwart abzulenken.[21] Vergils neue Konzeption des Pastorales war im Grunde nichts als die Verschmelzung seiner Wunschphantasie vom Frieden mit der Propaganda für eine Politik der Befriedung.

Das Pastorale des Mittelalters knüpft unmittelbar an die Allegorik Vergils an. Aus den Jahrhunderten zwischen dem Untergang der antiken Welt und der Entstehung der mittelalterlichen Hof- und Stadtkultur gibt es zwar nur geringe Überreste einer Hirtendichtung, das aber, was von der Gattung erhalten blieb, ist das Produkt bloßer Gelehrsamkeit und der Niederschlag von Reminiszenzen aus antiken Dichtern, vor allem aus Vergil. Noch die Eklogen Dantes sind solche gelehrte Nachahmung, und auch bei Boccaccio, von dem bereits die erste moderne Hirtenidylle stammt, finden sich noch Spuren der alten Pastoralallegorik. Gleichzeitig mit der Entstehung des Schäferromans, die der Entwicklung eine neue Wendung gibt, treten auch in der italienischen Renaissancenovelle bukolische Motive auf, nur entbehren sie hier die romantischen Züge, die ihnen in der Hirtenidylle, dem Hirtenroman und dem Hirtendrama anhaften.[22] Diese Erscheinung ist aber ohne weiteres verständlich, wenn man bedenkt, daß die Novelle par excellence bürgerliche Literatur ist und als solche eine naturalistische Tendenz hat, die Hirtendichtung hingegen eine höfisch-aristokratische Gattung darstellt und zur Romantik neigt. Diese romantische Tendenz ist in den Pastoralen Lorenzos di Medici, Jacopo Sannazzaros, Castigliones, Ariostos, Tassos, Guarinis und Marinos durchwegs vorherrschend und beweist, daß die literarische Mode sich an den Renaissancehöfen Italiens, sei es in Florenz, Neapel, Urbino, Ferrara oder Bologna, nach dem gleichen Muster richtet. Die Pastoraldichtung ist hier überall der Spiegel des höfischen Lebens und dient dem Leser als Muster der galanten Umgangsformen. Niemand nimmt mehr das Schäfertum im wörtlichen Sinne; die Konventionalität des Hirtenkostüms ist offenkundig, und indem der ursprüngliche Sinn der Gattung, die Verneinung des überzivilisierten Lebens, in den Hintergrund tritt, werden die höfischen Formen nur mehr wegen ihrer Unfreiheit, nicht aber wegen ihrer Künstlichkeit und Raffiniertheit abgelehnt. Es ist begreiflich, daß diese Pastoralpoesie mit ihren Feinheiten und ihrer Allegorik, ihrer Vermischung des Fernen und des Nahen, des Unmittelbaren und des Ungewöhnlichen zu den beliebtesten Gattungen des Manierismus gehört und daß sie in Spanien, dem klassischen Land der höfischen Etikette und des Manierismus, mit besonderer Liebe gepflegt wird. Zunächst hält man sich auch hier an die italienischen Muster, die sich mit den höfischen Lebensformen über das ganze Abendland verbreiten, bald setzt sich aber die Eigenart des Landes durch und äußert sich in der von nun an vorbildlichen Vereinigung der Elemente des Ritterromans und des Pastorales. Diese spanische, romantisch-bukolische Mischform wird dann zur Brücke zwischen dem italienischen und dem französischen Schäferroman, dem die weitere Entwicklung gehört.

Die Anfänge der französischen Hirtendichtung gehen auf das Mittelalter zurück und treten uns zuerst im 13. Jahrhundert in einer herkunftsmäßig komplizierten, von der höfisch-ritterlichen Lyrik abhängigen Form entgegen. Wie teilweise schon in den Idyllen und Eklogen des Altertums, so ist die bukolische Situation auch in den französischen Pastourelles eine Wunschphantasie der Erlösung von den allzu starr und konventionell gewordenen Formen der Erotik.[23] Wenn der Ritter der Schäferin seine Liebe erklärt, so fühlt er sich von den Geboten der höfischen Minne, der Treue, der Keuschheit und der Verschwiegenheit, enthoben. Sein Begehren ist durchaus unproblematisch und wirkt, bei aller Triebhaftigkeit, neben der forcierten Reinheit der hohen Minne unschuldig. Die Szene mit dem um die Gunst der Schäferin werbenden Ritter selbst ist aber vollkommen konventionell und enthält von Theokrits Naturlaut keine Spur mehr. Außer den zwei Hauptfiguren und etwa dem eifersüchtigen Schäfer sind höchstens noch ein paar Schafe als Bühnenrequisit da; von der Atmosphäre der Wiesen und Wälder, der Stimmung der Ernte und der Weinlese, dem Duft der Milch und des Honigs ist nichts mehr zu spüren.[24] Gewisse Elemente der antiken Bukolik werden mit dem Flugsand der Reminiszenzen aus den Dichtern des Altertums wohl auch in die Pastourelles eingedrungen sein, ein direkter Einfluß der antiken Pastoralpoesie auf die französische Literatur aber ist vor der Verbreitung der italienischen Renaissance und der burgundischen Hofkultur nicht festzustellen. Und dieser Einfluß vertieft sich überhaupt erst mit der allgemeinen Mode der italienischen und spanischen Schäferromane und dem Sieg des Manierismus.[25] Tassos *Aminta*, Guarinis *Pastor fido* und Montemayors *Diana* sind die Musterbilder der Franzosen, namentlich Honoré d'Urfés, der mit seiner *Astrée* nach dem Beispiel der Italiener und Spanier vor allem ein Handbuch der internationalen weltmännischen Umgangsformen und einen Spiegel der gepflegten Sitten geben wollte. Das Werk gilt mit Recht als die Schule, in der die rauhen Feudalherren und Soldaten der Zeit Heinrichs IV. zur gebildeten französischen Gesellschaft erzogen wurden. Es verdankt sein Dasein der gleichen Bewegung, die die ersten Salons hervorbrachte und aus der die preziöse Kultur des 17. Jahrhunderts hervorging.[26] Die *Astrée* ist zweifellos der Höhepunkt der Entwicklung, die mit den Pastoralen der Renaissance begonnen hat. Niemandem fällt es mehr ein, angesichts der feinen Damen und Herren, die, als Schäfer und Schäferinnen verkleidet, geistreiche Konversationen führen und verfängliche Liebesfragen erörtern, an das einfache Volk zu denken. Die Fiktion hat jede Beziehung zur Wirklichkeit verloren und ist zum reinen Gesellschaftsspiel geworden. Das Schäfertum ist nichts als eine Maskerade, durch die man sich der gewöhnlichen Wirklichkeit und dem alltäglichen Ich für einen Augenblick entzieht.

Mit dieser Dichtung haben die *fêtes galantes* Watteaus jedenfalls wenig Ähnlichkeit. Im Schäferroman sind die ländlichen Liebesszenen mit ihren erotischen Erfüllungen und ihrem Liebesritual der Idealzustand schlechthin, in den Bildern Watteaus ist dagegen die ganze Erotik nur eine Zwischenstation auf dem Wege zum eigentlichen Ziel, nur die Vorbereitung zur Reise nach jener *Cythère*, die stets in neblig geheimnisvoller Ferne liegt. Die Pastoraldichtung ist übrigens in Frankreich gerade in der Zeit, als Watteau seine Bilder malt, im Niedergang begriffen; von ihr erhält der Meister keine unmittelbaren Anregungen. In der Malerei selbst kommen Szenen aus dem Hirtenleben als der eigentliche Gegenstand der Darstellung bis zum 18. Jahrhundert überhaupt nicht vor. Bukolische Motive als Beiwerk in biblischen und mythologischen Darstellungen sind zwar keine Seltenheit, sie haben aber einen eigenen, von der pastoralen Idee vollkommen verschiedenen Ursprung. Die „giorgioneske" Version erinnert wohl mit ihrer elegischen Stimmung stark an Watteau,[27] entbehrt aber sowohl des erotischen Untertons als auch des quälenden Gefühls der Spannung zwischen Natur und Zivilisation. Selbst bei Poussin ist die Verwandtschaft mit Watteau nur eine scheinbare. Poussin schildert zwar Arkadien sehr stimmungsvoll, doch ohne direkte Beziehung zum Schäfertum; der Gegenstand bleibt bei ihm ein antik-mythologischer und wirkt, dem Geist des römischen Klassizismus entsprechend, wesentlich heroisch. Selbständig kommen pastorale Gegenstände in der französischen Kunst des 17. Jahrhunderts nur auf Tapisserien vor, die Bilder aus dem Landleben bekanntlich von jeher mit Vorliebe behandelten. Dem offiziellen Charakter der großen Kunst des Barockzeitalters entsprechen solche Motive natürlich nicht. In bildlichen Darstellungen dekorativer Art sind sie, so wie in einem Roman oder einem Sing- und Tanzspiel, noch statthaft, in einem großen repräsentativen Gemälde aber würden sie ebenso deplaciert wirken wie in einer Tragödie. „Dans un roman frivole aisément tout s'excuse ... Mais la scène demande une exacte raison."[28] Das Pastorale gewinnt dennoch in der Malerei, sobald diese von ihm Besitz ergreift, eine Subtilität und eine Tiefe, die es in der Dichtung, wo es immer nur eine Gattung zweiten Ranges war, nie besaß. Als dichterische Gattung stellte es von Anfang an ein höchst künstliches Gebilde dar und blieb der ausschließliche Besitz von Generationen, die zur Wirklichkeit in einer durchaus reflexiven Beziehung standen. Die bukolische Situation selbst war immer nur ein Vorwand, nie das eigentliche Ziel und trug infolgedessen stets einen mehr oder weniger allegorischen, nie einen symbolischen Charakter. Das Pastorale hatte, mit anderen Worten, einen allzu eindeutigen Sinn und ließ der Interpretation wenig Spielraum. Es war bald erschöpft, behielt kein Geheimnis zurück und ergab selbst bei einem Dichter wie Theokrit ein ziemlich undifferenziertes, wenn auch ungemein reizvolles Bild der Wirklichkeit. Es konnte die Schranken der Allegorie nie überwinden und blieb spielerisch, spannungslos und untief. Watteau gelingt es erst, ihm eine symbolische Tiefe zu geben, und zwar vor allem damit, daß er aus ihm alle jene Züge ausschaltet, die nicht auch als die einfache und unmittelbare Wiedergabe der Wirklichkeit betrachtet werden können.

Das 18. Jahrhundert mußte seinem Wesen nach zu einer Renaissance des Pastorales führen. Für die Literatur ist die Formel zu eng geworden, in der Malerei aber war sie noch unverbraucht, hier konnte mit ihr ein neuer Anfang gemacht werden. Die oberen Schichten lebten in äußerst künstlichen, die Beziehungen des Alltags vielfach sublimierenden Gesellschaftsformen; sie glaubten jedoch nicht mehr an den tieferen Sinn dieser Formen und ließen sie bloß als Spielregeln gelten. Eine solche Spielregel der Liebe war die Galanterie, so wie das Pastorale von jeher eine Spielform der erotischen Kunst war. Beide wollten die Liebe bemeistern, sie ihrer wilden Unmittelbarkeit und Leidenschaftlichkeit entkleiden. Nichts war daher natürlicher, als daß das Pastorale im Jahrhundert der Galanterie einen Höhepunkt seiner Entwicklung erreichte. So wie aber das Kostüm, das Watteaus Figuren trugen, erst nach dem Tode des Meisters zur Mode wurde, fand auch das Genre der *fête galante* erst im späteren Rokoko ein breiteres Publikum. Lancret, Pater und Boucher genießen die Früchte der Erfindung, die sie selber nur trivialisieren. Watteau selbst blieb zeitlebens der Maler eines verhältnismäßig kleinen Kreises: die Sammler Julienne und Crozat, der Archäolog und Kunstfreund Graf Caylus, der Kunsthändler Gersaint waren die einzigen wirklich treuen Anhänger seiner Kunst. Die zeitgenössische Kunstkritik erwähnte ihn selten und dann zumeist nur tadelnd.[29] Auch Diderot verkannte seine Bedeutung und stellte ihn hinter Teniers. Die Akademie machte ihm allerdings keine Schwierigkeiten, wenn sie auch gegenüber einer Kunst wie der seinigen an der herkömmlichen Hierarchie der Gattungen festhielt und bei ihrer Geringschätzung der *petits genres* blieb. Sie war aber durchaus nicht dogmatischer als das gebildete Publikum im allgemeinen, das sich, wenigstens theoretisch, noch immer nach der klassischen Doktrin richtete. In allen praktischen Fragen verhielt sich die Akademie höchst liberal. Die Zahl der Mitglieder war unbeschränkt und die Aufnahme keineswegs an ein Bekenntnis zu ihrer Doktrin gebunden. Sie wird zwar nicht aus eigenem Antrieb so nachgiebig geworden sein, sie erkannte aber jedenfalls, daß sie sich in dieser Zeit der Gärung und Erneuerung nur durch einen solchen Liberalismus am Leben erhalten konnte.[30] Watteau, Fragonard und Chardin wurden ohne weiteres Mitglieder der Akademie, so wie alle die namhaften Künstler des Jahrhunderts, welcher Richtung sie auch immer angehörten. Die Akademie vertrat zwar nach wie vor den *grand goût*, es war aber nur eine kleine Gruppe ihrer Mitglieder, die sich in der Praxis an dieses Prinzip hielt. Diejenigen Künstler, die auf öffentliche Aufträge nicht rechnen konnten und ihre Käufer außerhalb der höfischen Kreise hatten, kümmerten sich nicht viel um die offizielle Anerkennung und kultivierten die *petits genres* die, wenn sie auch theoretisch in geringerem Ansehen standen, praktisch um so gesuchter waren. Zu diesen zählten auch die *fêtes galantes*, die von vornherein für einen liberaleren Kreis bestimmt waren als der Hof, obwohl auch die Interessenten für diese Art Bilder nur noch für kurze Zeit die künstlerisch progressivste Schicht des Publikums repräsentierten.

Die Malerei blieb aber noch lange bei den erotischen Sujets, nachdem die Literatur, vor allem der Roman, als die beweglichere und schon aus wirtschaftlichen Gründen populärere Kunstart, sich bereits allgemeingültigeren Gegenständen zugewandt hatte. Der Libertinismus des Jahrhunderts fand zwar in Choderlos de Laclos, Crébillon *fils* und Restif de la Bretonne auch in der Literatur seine Vertreter, spielte aber bei den übrigen Romanciers der Epoche keine entscheidende Rolle. Marivaux und Prévost suchen, trotz der Gewagtheit ihrer Sujets, nie kraß-erotische Effekte. Während also in der Malerei der Zusammenhang mit den oberen Kreisen vorläufig bestehen bleibt, nähert sich der Roman der Weltanschauung der Mittelklassen. Den ersten Schritt in dieser Richtung bezeichnet der Übergang vom Ritterroman zum Schäferroman, womit bereits der Verzicht auf gewisse mittelalterlich-romaneske Elemente zum Ausdruck kommt. Der Schäferroman erörtert, wenn auch in einem durchaus fiktiven Rahmen, wirkliche Lebensprobleme und schildert, wenn auch in phantastischer Verkleidung, wirkliche Zeitgenossen; das sind entwicklungsgeschichtlich wichtige, in die Zukunft weisende Züge. Auch damit, daß die Handlung, vor allem bei d'Urfé, historisch lokalisiert wird, nähert sich der Schäferroman dem modernen Realismus.[31] Was aber in bezug auf die weitere Entwicklung das Wichtigste ist: d'Urfé schreibt den ersten wirklichen Liebesroman. Die Liebe kommt als Motiv im Roman selbstverständlich auch früher schon vor, es gibt aber vor d'Urfé kein literarisches Werk von größerem Umfang, dessen eigentlicher Gegenstand die Liebe wäre. Erst von nun an wird das Liebesmotiv im Roman, so wie auch im Drama, zum Motor der Handlung und bleibt es über drei Jahrhunderte.[32] Die epische und dramatische Literatur ist seit dem Barock wesentlich Liebesdichtung; es wurden erst in der jüngsten Zeit gewisse Zeichen einer Wendung bemerkbar. Schon im

*Amadis* gewinnt zwar die Liebe über den Heroismus die Oberhand, Céladon ist aber der erste Liebesheld in unserem Sinne, der erste unheroische, wehrlose Sklave seiner Leidenschaft, der Vorläufer des Chevalier Des Grieux und der Ahnherr Werthers.

Der französische Schäferroman des 17. Jahrhunderts ist die Lektüre einer müden Zeit; die in den Bürgerkriegen erschöpfte Gesellschaft ruht sich bei den schönen und gezierten Konversationen der verliebten Schäfer von ihren Strapazen aus. Sobald sie sich jedoch erholt hat und die Eroberungskriege Ludwigs XIV. neue Ambitionen in ihr erwecken, beginnt die Reaktion gegen den preziösen Roman, dessen Ablehnung mit den Angriffen Boileaus und Molières gegen die Preziosität Hand in Hand geht. Der Schäferroman d'Urfés wird vom Helden- und Liebesroman La Calprenèdes und Mlle de Scudérys abgelöst, einer Gattung, die an den abgerissenen Faden der Amadisromane anknüpft. Der Roman behandelt wieder wichtige Begebenheiten, beschreibt ferne Länder und fremde Völker, stellt bedeutende, eindrucksvolle Figuren und imponierende Charaktere dar. Sein Heroismus ist aber nicht mehr das romantische Draufgängertum der Ritterromane, sondern das strenge Pflichtbewußtsein der corneilleschen Tragödien. La Calprenèdes Heldenroman wollte, so wie das höfische Drama, eine Schule der Willenskraft und der Seelengröße sein; das gleiche corneillesche Menschenideal, die gleiche tragisch-heroische Sittenidee drückte sich aber auch in Mme de la Fayettes *Princesse de Clèves* aus. Auch hier handelte es sich um den Konflikt zwischen Ehre und Leidenschaft und auch hier siegte die Pflicht über die Liebe. Wir haben es in dieser zum Heroismus angeregten Zeit überall mit derselben klaren Analyse der Willensmotive, derselben rationalistischen Zergliederung der Leidenschaften, derselben strengen Dialektik der sittlichen Ideen zu tun. Vielleicht findet sich bei Mme de la Fayette hier und da ein intimerer Zug, eine persönlichere Nuance, ein flüchtigerer Aspekt der Entwicklung der Gefühle, es erscheint aber auch bei ihr alles ins scharfe Licht des Bewußtseins und der analysierenden Vernunft gerückt. Die Liebenden stehen ihrer Leidenschaft keinen Augenblick wehrlos gegenüber, sie sind nicht unheilbar, nicht rettungslos verloren, wie es René und Werther, ja schon Des Grieux und Saint-Preux sind.

Neben diesen bukolisch-idyllischen und heroisch-amourösen Formen gibt es aber schon im 17. Jahrhundert gewisse Erscheinungen, die den späteren bürgerlichen Roman ankündigen. Es gibt vor allem den pikaresken Roman, der sich von den mondänen Typen hauptsächlich durch die Genrehaftigkeit seiner Motive und seine Vorliebe für die Niederungen des Lebens unterscheidet. Auch *Gil Blas* und der *Diable Boiteux* gehören noch dieser Gattung an, und auch in den Romanen Stendhals und Balzacs erinnern gewisse Züge noch an das bunte Mosaik des pikaresken Lebensbildes. Man liest im 17. Jahrhundert noch lange die preziösen Romane, man liest sie eigentlich bis tief ins 18. Jahrhundert hinein, man schreibt aber nach 1660 keine mehr.[33] Die witzige, gesuchte, aristokratisch-affektierte Vortragsweise weicht einer natürlicheren, bürgerlicheren Art. Furetière nennt seinen unheroischen, unromantischen, im pikaresken Geschmack gehaltenen Roman bereits ausdrücklich den *roman bourgeois*. Diese Bezeichnung ist allerdings nur durch die geschilderten Motive gerechtfertigt, denn wir haben es auch hier noch mit dem bloßen Nebeneinander von Episoden, Skizzen und Karikaturen, also mit einer Form zu tun, die von der konzentrierten, sich um das Schicksal einer Hauptfigur drehenden, das Interesse des Lesers einseitig in Anspruch nehmenden „dramatischen" Handlung des modernen Romans noch nichts weiß.

Der Roman, der im 17. Jahrhundert trotz seiner Beliebtheit eine minderwertige und in mancher Hinsicht noch rückständige Form darstellt, wird im 18. Jahrhundert zur führenden Dichtart, der nicht nur die bedeutendsten literarischen Werke angehören, sondern in der auch die maßgebende, den eigentlichen Fortschritt bezeichnende Entwicklung vor sich geht. Das 18. Jahrhundert ist das Zeitalter des Romans, schon weil es ein Zeitalter der Psychologie ist. Lesage, Voltaire, Prévost, Laclos, Diderot, Rousseau sprudeln von psychologischen Beobachtungen, und Marivaux ist geradezu von einer Manie für Psychologie besessen; er erklärt, analysiert und kommentiert das seelische Verhalten seiner Figuren ohne Unterlaß. Jede Lebensäußerung ist für ihn ein Anlaß zu psychologischen Betrachtungen, und er versäumt keine Gelegenheit, seine Figuren zu entblößen. Die Psychologie Marivauxs und seiner Zeitgenossen, vor allem Prévosts, ist viel reicher, feiner, differenzierter, als es die Psychologie des 17. Jahrhunderts war; die Charaktere verlieren bei ihnen viel von ihrer früheren Typenhaftigkeit, werden komplizierter, widerspruchsvoller und lassen die Charakterzeichnung der klassischen Literatur bei all ihrer Schärfe etwas schematisch erscheinen. Selbst Lesage gibt noch fast ausschließlich Typen, Originale und Karikaturen, und erst bei Marivaux und Prévost haben wir wirkliche Porträts mit den flüchtigen Konturen und den abgestuften, gedämpften Farben des Lebens vor uns. Wenn es überhaupt eine Linie gibt, die den modernen Roman von dem älteren trennt, so verläuft sie hier. Von nun an ist der Roman Seelengeschichte, psychologische Analyse, Selbstzerfaserung, bisher war er die Darstellung von äußeren Geschehnissen und von seelischen Vorgängen, so wie diese sich in konkreten Handlungen spiegeln. Freilich bewegen sich auch Marivaux und Prévost noch in den Grenzen der analytischen und rationalistischen Psychologie des 17. Jahrhunderts und stehen Racine und La Rochefoucauld eigentlich näher als den großen Romanciers des 19. Jahrhunderts. Auch sie zerlegen noch, so wie die Moralisten und Dramatiker des klassischen Zeitalters, die Charaktere in ihre Komponenten und entwickeln sie aus einem abstrakten seelischen Prinzip, statt sie aus der Lebenstotalität zu entwickeln, in der sie stehen. Den entscheidenden Schritt zu dieser indirekt darstellenden, konturlos malenden, impressionistischen Psychologie wird erst das 19. Jahrhundert tun und damit einen die ganze frühere Literatur antiquierenden Begriff der psychologischen Wahrscheinlichkeit schaffen. Das, was bei den Schriftstellern des 18. Jahrhunderts dennoch als modern wirkt, ist die Entheroisierung und Vermenschlichung ihrer Helden. Sie verringern ihr Format und bringen sie uns näher; darin besteht der wesentliche Fortschritt des psychologischen Naturalismus seit der Schilderung der Liebe bei Racine. Prévost zeigt bereits die Kehrseite der großen Leidenschaften, vor allem den demütigenden und beschämenden Zustand des Verliebtseins für einen Mann. Die Liebe ist wieder ein Unglück, eine Krankheit, eine Schmach, so wie einst bei den römischen Dichtern. Sie entwickelt sich zur „amour-passion" Stendhals und nimmt die pathologischen Züge an, die die Liebesdichtung des 19. Jahrhunderts charakterisieren werden. Marivaux kennt noch nicht die Gewalt der Liebe, die ihre Opfer wie ein reißendes Tier überfällt und sie nicht mehr losläßt; bei Prévost aber hat sie die Seelen bereits in Besitz genommen. Das Zeitalter der ritterlichen Liebe ist zu Ende; der Kampf gegen die Mesalliance beginnt. Die Degradierung der Liebe dient hier als sozialer Abwehrmechanismus. Die Stabilität der mittelalterlichen feudalen Gesellschaft, aber auch die der höfischen Gesellschaft des 17. Jahrhunderts, war durch die Gefahr der Liebe noch nicht bedroht; sie bedurften noch keiner solchen mechanischen Abwehr gegen die Exzesse der verlorenen Söhne. Jetzt aber, wo die Grenzlinien zwischen den Kasten immer öfter überschritten werden und nicht nur der Adel, sondern auch die Bourgeoisie eine bevorzugte gesellschaftliche Stellung zu verteidigen hat, beginnt die Exkommunikation der wilden, unberechenbaren, die bestehende Gesellschaftsordnung bedrohenden Liebesleidenschaft und es entsteht eine Literatur, die schließlich zu der *Kameliendame* und unseren Garbo-Filmen führt. Prévost ist zweifellos noch das unbewußte Werkzeug des Konservativismus, dem ein Dumas *fils* bereits bewußt und mit Überzeugung dient.

Der Exhibitionismus Roussaus kündigt sich schon in Prévosts *Manon Lescaut* an. Der Held des Romans schont sich nicht im geringsten bei der Schilderung seiner ruhmlosen Liebe und bekundet geradezu ein masochistisches Vergnügen beim Bekenntnis seiner Charakterlosigkeit. Die Vorliebe für solche „klein-großen, verächtlich-schätzbaren" Gestalten, wie Lessing sie mit Bezug auf Werther nennen wird, zeigt sich übrigens schon bei Marivaux. Der Verfasser der *Vie de Marianne* kennt bereits die kleinen Schwächen auch der großen Seelen und zeichnet nicht nur seinen M. de Climal als eine Natur, in der sich Gewinnendes und Abstoßendes mischen, er schildert auch seine Heldin als einen Charakter, mit der man nicht so bald fertig wird. Sie ist ein ehrliches und aufrichtiges Mädchen, sie ist aber nie so unvorsichtig, etwas zu tun oder zu sagen, was ihr schaden könnte. Sie kennt ihre Trümpfe und spielt sie richtig aus. Marivaux ist der typische Vertreter einer Zeit des Übergangs und des Umbaus. Als Romanschriftsteller schließt er sich ganz der fortschrittlichen, bürgerlichen Richtung an, als Lustspieldichter aber kleidet er seine psychologischen Beobachtungen noch in die alten Formen des Intrigenstückes. Neu ist dabei allerdings, daß die Liebe, die in der Komödie bisher immer nur eine Nebenrolle spielte, in den Mittelpunkt der Handlung rückt[34] und mit der Eroberung dieser letzten wichtigen Position ihren Siegeszug in der neueren Literatur vollendet – eine Entwicklung, die dem Umstand zu verdanken ist, daß nunmehr auch die Lustspielfiguren komplizierter werden und die Liebe selbst eine so differenzierte Gestalt gewinnt, daß die komischen Züge, die sie im Lustspiel erhält, ihrem Ernst und ihrer Sublimiertheit keinen Abbruch tun. Neu ist aber bei Marivaux als Lustspieldichter vor allem das Bestreben, seine Charaktere als gesellschaftlich bedingte und aus der Dynamik ihrer gesellschaftlichen Stellung heraus handelnde Wesen zu schildern.[35] Denn so wie die Figuren Molières zwar verliebt sind, ihre Verliebtheit aber nie das Motiv ist, um das sich seine Stücke drehen, so ist auch die soziale Bedingtheit ihres Wesens wohl offenkundig, ist aber nie der Ursprung des dramatischen Konflikts. In Marivaux' *Jeu de l'amour et du hasard* dreht sich dagegen die ganze Handlung um ein Spiel mit dem sozialen Schein, nämlich darum, ob die Hauptfiguren tatsächlich die Diener sind, als die sie sich verkleiden, oder die Herren, die sie zu sein verheimlichen

Marivaux ist oft mit Watteau verglichen worden und die Ähnlichkeit ihrer geistreichen und pikanten Ausdrucksweise legt an und für sich den Vergleich nahe. Sie stellen uns aber auch vor das gleiche kunstsoziologische Problem, denn sie drücken sich beide in überaus gepflegten, sich an die Konventionen der guten Gesellschaft haltenden Formen aus, und trotzdem ist keiner von ihnen so erfolgreich, wie man es erwarten sollte. Watteau wurde sein Leben lang nur von wenigen wirklich geschätzt, und Marivaux fiel bekanntermaßen mit seinen Stücken wiederholt durch. Die Zeitgenossen fanden seine Sprache kompliziert, gesucht und dunkel und stempelten seinen glitzernden, sprühenden, tänzelnden Dialog als *marivaudage* ab, was bekanntlich nicht als Anerkennung gemeint war, obgleich Sainte-Beuve mit Recht behauptet, daß es keine Kleinigkeit sei, wenn der Name eines Dichters zum geflügelten Wort wird. Und wenn man noch bei Watteau die Erklärung, die freilich keine ist, gelten lassen wollte, daß er für seine Zeit zu groß war und daß die große Kunst „gegen die Instinkte der Menschen gehe", so ist eine solche Erklärung bei Marivaux, der kein großer Dichter war, keinesfalls angebracht. Sie waren beide die Vertreter einer Übergangszeit und blieben unverstanden; dies hatte jedoch nichts mit ihrem künstlerischen Rang zu tun, sondern gehörte zu ihrer historischen Rolle als Vorläufer und Wegbereiter. Künstler dieser Art finden nie ein adäquates Publikum. Ihre Zeitgenossen verstehen sie noch nicht, die nächste Generation genießt ihre künstlerischen Ideen gewöhnlich in der verwässerten Form der Epigonen, und die spätere Nachzeit, die ihre Werke vielleicht besser zu schätzen weiß, kann die historische Distanz, in der sie erscheinen, kaum mehr überbrücken. Sowohl Watteau als auch Marivaux werden erst im 19. Jahrhundert durch den am Impressionismus geschulten Geschmack entdeckt – zu einer Zeit, als ihre Kunst thematisch längst antiquiert ist.

Das Rokoko ist keine Königskunst, wie es der Barock war, sondern eine Kunst der Aristokratie und des Großbürgertums. Die königliche und staatliche Bautätigkeit wird vom privaten Bauherrntum verdrängt, statt Schlössern und Palästen baut man *hôtels* und *petites maisons*, dem kalten Marmor und der schweren Bronze der Repräsentationsräume zieht man die Intimität und die Zierlichkeit der Boudoirs und Cabinets vor, das ernste und feierliche Kolorit, das Braun und den Purpur, das Dunkelblau und das Gold ersetzt man durch helle Pastellfarben, durch Grau und Silber, Resedagrün und

Rosa. Das Rokoko gewinnt gegenüber der Kunst der Régence an Kostbarkeit und Eleganz, spielerischem und kapriziösem Reiz, zugleich aber auch an Zartheit und Innigkeit; es entwickelt sich einerseits zur mondänen Kunst par excellence, nähert sich aber andererseits dem diminutiven bürgerlichen Geschmack. Es ist eine virtuose Zierkunst, pikant, delikat, nervös, die damit den massiven, statuarischen, realistisch raumhaften Barock ersetzt; es genügt jedoch, an Künstler wie La Tour oder Fragonard zu denken, um sich zu erinnern, daß das Schweben, die Flüssigkeit und die Verve dieser Kunst zugleich ein Triumph der naturalistischen Beobachtung und Wiedergabe sind. Neben den erregten, wilden, die Ordnungen des gewöhnlichen Seins tumultuarisch überflutenden Visionen des Barocks wirkt alles, was das Rokoko hervorbringt, kraftlos, kleinlich und nüchtern, es gibt aber keinen Barockmeister, der den Pinsel leichter und sicherer führen würde als Tiepolo, Piazzetta oder Guardi. Das Rokoko stellt die letzte Phase der mit der Renaissance einsetzenden Entwicklung dar und zieht ihr Fazit, indem es das dynamische, lösende, befreiende Prinzip, mit dem diese Entwicklung begonnen hat und das sich gegen das Prinzip der Statik, der Bindung und der Norm immer wieder zu behaupten hatte, zum Siege führt. Mit dem Rokoko setzt sich erst das Kunstwollen der Renaissance endgültig durch; mit ihm erreicht die objektive Darstellung der Dinge jene Genauigkeit und Mühelosigkeit, die sich der neuzeitliche Naturalismus zum Ziel gesetzt hat. Die bürgerliche Kunst, die nach dem Rokoko und zum Teil noch mitten im Rokoko beginnt, ist bereits etwas wesentlich Neues, von der Renaissance und den unmittelbar nachfolgenden Kunstperioden vollkommen Verschiedenes. Mit ihr fängt unsere gegenwärtige Kulturepoche an, die durch den demokratischen Gedanken und den Subjektivismus bedingt ist und mit den Elitekulturen der Renaissance, des Barocks und des Rokokos entwicklungsgeschichtlich wohl unmittelbar zusammenhängt, prinzipiell jedoch ihnen entgegengesetzt ist. Die Antinomien der Renaissance und der von ihr abhängigen künstlerischen Stile, der Gegensatz von Formrigorismus und naturalistischer Formlosigkeit, Tektonik und malerischer Lösung, Statik und Dynamik wird jetzt durch den Antagonismus von Rationalismus und Sentimentalismus, Materialismus und Spiritualismus, Klassizismus und Romantik ersetzt. Die früheren Antithesen verlieren zum großen Teil ihren Sinn, denn beide Ordnungen der künstlerischen Errungenschaften des Renaissancezeitalters sind unentbehrlich geworden; die naturalistische Richtigkeit der Darstellung versteht sich ebenso von selber wie die kompositionelle Ordnung der Darstellungselemente. Die eigentliche Frage ist jetzt, ob man dem Intellekt oder dem Gefühl, der Objektwelt oder dem Ich, der verstandesmäßigen Einsicht oder der Intuition den Vorzug gibt. Das Rokoko selber bereitet die neue Alternative vor, indem es den spätbarocken Klassizismus zersetzt und mit seinem malerischen Stil, seiner pittoresken Empfindlichkeit und seiner impressionistischen Technik ein Werkzeug schafft, das sich zum Gefühlsausdruck der bürgerlichen Kunst viel besser eignet als die Formsprache der Renaissance und des Barocks. Die Ausdrucksfähigkeit dieses Instruments selbst führt zur Auflösung des Rokokos, das eigentlich zum Sentimentalismus und Irrationalismus im schärfsten Widerspruch steht. Ohne diese Dialektik der sich mehr oder weniger automatisch entwickelnden Mittel und der ursprünglichen Intentionen ist es unmöglich, den Sinn des Rokokos zu verstehen; erst wenn man es als das Resultat dieses Gegensatzes betrachtet, der dem Antagonismus der gleichzeitigen Gesellschaft entspricht und es zum Vermittler zwischen dem höfischen Barock und der bürgerlichen Vorromantik macht, wird man seiner komplexen Natur gerecht.

Die Genußkultur des Rokokos steht mit ihrem Sensualismus und Ästhetizismus zwischen barocker Repräsentation und romantischer Gefühlsseligkeit in der Mitte. Der Hofadel verherrlichte unter Ludwig XIV. noch ein heroisches und rationales Lebensideal, wenn er auch in Wirklichkeit zumeist nur seinem Vergnügen lebte. Derselbe Adel bekennt sich unter Ludwig XV. zu einem Hedonismus, der auch der Weltanschauung und der Lebensweise der reichen Bourgeoisie entspricht. Nach dem Diktum Talleyrands – „Wer nicht vor 1789 gelebt hat, kennt die Süßigkeit des Lebens nicht“ –

kann man sich von der Existenz, die diese Klassen führen, eine Vorstellung machen. Unter der „Süßigkeit des Lebens“ versteht man selbstverständlich die Süßigkeit der Frauen; sie sind, wie in jeder Genußkultur, der beliebteste Zeitvertreib. Die Liebe hat sowohl ihre „gesunde“ Triebhaftigkeit als ihre dramatische Leidenschaftlichkeit verloren; sie ist raffiniert, amüsant, traktabel, aus einer Leidenschaft zu einer Gewohnheit geworden. Man will stets und überall Nuditäten sehen; der Akt wird zum Lieblingssujet der bildenden Kunst. Wohin man auch blickt, auf den Fresken der Repräsentationsräume, den Gobelins der Salons, den Gemälden der Boudoirs, den Kupferstichen der Bücher, in den Porzellangruppen und Bronzefiguren der Kamine, man sieht überall nur nackte Frauen, quellende Schenkel und Hüften, entblößte Busen, in Umarmungen verschränkte Arme und Beine, Frauen mit Männern und Frauen mit Frauen, in zahllosen Variationen und endlosen Wiederholungen. Man hat sich an die Nacktheit in der Kunst so gewöhnt, daß die Ingénues von Greuze schon dadurch, daß sie wieder angezogen sind, erotisch wirken. Das weibliche Schönheitsideal selbst hat sich verändert und ist pikanter, raffinierter geworden. Im Zeitalter des Barocks liebte man noch reife und üppige Frauen, jetzt malt man zarte junge Mädchen und oft fast noch Kinder. Das Rokoko ist eine für reiche und blasierte Genießer bestimmte erotische Kunst – ein Mittel, die Genußfähigkeit zu steigern, wo die Natur dem Genuß eine Grenze gesetzt hat. Erst mit der Kunst der Mittelklassen, dem Klassizismus und der Romantik der David, Géricault und Delacroix, kommt dann wieder der reife, „normale“ Frauentypus in die Mode.

Das Rokoko entwickelt eine extreme Form des *l'art pour l'art*; sein sinnlicher, um die seelische Expression unbekümmerter Schönheitskult, seine gezierte und virtuose, gepflegte und wohltönende Formsprache überbietet jeden Alexandrinismus. Sein *l'art pour l'art* ist gewissermaßen sogar echter und ursprünglicher als das des 19. Jahrhunderts, denn es ist kein bloßes Programm und keine bloße Forderung, sondern die spontane Einstellung einer leichtsinnigen, müden und passiven Gesellschaft, die sich in der Kunst ausruhen will.

Das Rokoko stellt die letzte Phase einer Gesellschaftskultur dar, in der das Schönheitsprinzip unbeschränkt herrscht, den letzten Stil, in dem Schön und Künstlerisch noch gleichbedeutend sind. Bei Watteau, Rameau und Marivaux, ja noch bei Fragonard, Chardin und Mozart ist alles „schön" und wohllautend; bei Beethoven, David und Delacroix ist dies durchaus nicht mehr der Fall – die Kunst wird aktivistisch, kämpferisch, und das Espressivo vergewaltigt die Form. Das Rokoko ist aber auch der letzte universale Stil des Abendlandes; ein Stil, der nicht nur allgemeine Geltung hat und in allen Ländern Europas sich innerhalb eines im großen und ganzen einheitlichen Formsystems bewegt, sondern universal auch in dem Sinne, daß er das Gemeingut aller begabten Künstler ist und von ihnen widerspruchslos akzeptiert werden kann. Nach dem Rokoko gibt es keinen solchen Formkanon, keine solche allgemeingültige Stilrichtung mehr. Seit dem 19. Jahrhundert wird das Wollen jedes einzelnen Künstlers so persönlich, daß er sich seine Ausdrucksmittel selbst erkämpfen muß und nicht mehr fähig ist, sich an fix und fertige Lösungen zu halten; jede von vornherein feststehende Form wird ihm zur Fessel statt zur Förderung. Der Impressionismus besitzt zwar wieder allgemeine Geltung, aber auch zu diesem Stil ist das Verhältnis des einzelnen Künstlers nicht mehr ganz unproblematisch, und eine impressionistische Formel im Sinne des Rokokos gibt es nicht. In der zweiten Hälfte des 18. Jahrhunderts hat sich eine umwälzende Veränderung vollzogen; das Aufkommen des modernen Bürgertums mit seinem Individualismus und seinem Willen zur Originalität hat die Idee des Stils als einer bewußten und gewollten geistigen Gemeinschaft aufgehoben und dem Gedanken des geistigen Eigentums den heutigen Sinn gegeben.

Boucher ist der wichtigste Name im Zusammenhang mit der Entstehung der Formel des Rokokos und jener virtuosen Technik, die der Kunst eines Fragonard und Guardi die nachtwandlerische Sicherheit der Ausführung gibt. Er ist der individuell unbedeutende Vertreter einer ungemein bedeutenden künstlerischen Konvention und repräsentiert diese Konvention in einer so vollkommenen Weise, daß er einen

Einfluß gewinnt, wie ihn seit Le Brun kein Künstler besessen hat. Er ist der konkurrenzlose Meister des erotischen Genres, der von den *fermiers généraux*, den „nouveaux riches" und den liberalen höfischen Kreisen am meisten gesuchten Bildgattung, und der Schöpfer jener galanten Mythologie, die neben den *fêtes galantes* Watteaus die wichtigsten Sujets der Rokokomalerei enthält. Er überträgt die erotischen Motive von der Malerei auf die Graphik und das gesamte Kunsthandwerk, und macht aus der „peinture des seins et des culs" einen nationalen Stil. Es ist natürlich durchaus nicht das ganze kunstsinnige Frankreich, das in Boucher seinen Maler sieht; es gibt im Lande bereits ein mittleres gebildetes Bürgertum, das in der Literatur schon längst zu Wort gekommen ist und nunmehr auch in der Kunst seine eigenen Wege geht. Greuze und Chardin malen für dieses Publikum ihre didaktischen und genrehaften Bilder. Sie haben freilich nicht nur in den Mittelklassen ihre Interessenten, sondern auch in den Kreisen, die zum Publikum Bouchers und Fragonards gehören. Fragonard selbst richtet sich ja oft nach dem Geschmack, den die bürgerlichen Maler zu befriedigen suchen, und man findet sogar bei Boucher Motive, die der Welt dieser Maler nicht allzu fern stehen. Sein *Frühstück* im Louvre zum Beispiel kann als eine Szene aus dem bürgerlichen, wenn auch dem großbürgerlichen, Leben bezeichnet werden; es ist jedenfalls bereits Genre und keine Repräsentation mehr.

Der Bruch mit dem Rokoko ist in der zweiten Hälfte des Jahrhunderts prinzipiell vollzogen: der Riß zwischen der Kunst der oberen Schichten und der der Mittelklassen ist offensichtlich. Die Malerei von Greuze bezeichnet den Anfang nicht nur eines neuen Lebensgefühls und einer neuen Moral, sondern auch eines neuen Geschmacks – wenn man will, des „schlechten Geschmacks" – in der Kunst. Seine sentimentalen Familienszenen mit den fluchenden oder segnenden Vätern, den verlorenen oder den braven und dankbaren Söhnen sind von geringem malerischem Wert. Sie sind ohne Originalität in der Komposition, kraftlos in der Zeichnung, reizlos in den Farben und noch dazu von einer unangenehmen Glätte der Technik. Sie wirken kalt und leer trotz ihrer übertriebenen Pathetik, verlogen trotz der Gefühlsseligkeit, die sie zur Schau tragen. Es sind fast lauter außerkünstlerische Interessen, die sie zu befriedigen suchen, und sie schildern ihren unmalerischen, zumeist rein epischen Stoff ganz roh, distanzlos und optisch nichtssagend. Diderot rühmt an ihnen, daß sie Geschehnisse darstellen, die im Keime ganze Romane enthalten;[36] man könnte aber vielleicht mit mehr Recht behaupten, daß sie nichts enthalten, was eine Erzählung nicht enthalten könnte. Sie sind „literarische“ Malerei im üblen Sinne des Wortes, banale, moralisierende Anekdotenmalerei und als solche der Prototyp der unkünstlerischsten Produkte des 19. Jahrhunderts. Sie sind aber nicht etwa wegen ihrer „Bürgerlichkeit“ so geschmacklos, obgleich der Wechsel in den Geschmacksträgergruppen selbstverständlich mit einer Erschütterung der alten erprobten, wenn auch schematisierten Wertmaßstäbe verbunden ist. Die Bilder Chardins gehören, trotz ihrer bürgerlichen Unansehnlichkeit, zum Besten, was die Kunst des 18. Jahrhunderts hervorgebracht hat. Und sie sind viel echtere und ehrlichere bürgerliche Kunst als die Werke von Greuze, der mit seinem Klischee des einfachen und sittenreinen Volkes, seiner Apotheose der bürgerlichen Familie, seiner Idealisierung der naiven Jungfrau eher die Gefühle und Vorstellungen der oberen Schichten als die der mittleren und unteren zum Ausdruck bringt. Die historische Bedeutung von Greuze ist trotzdem keine geringere als die von Chardin; im Kampfe gegen das aristokratische und großbürgerliche Rokoko erwiesen sich seine Waffen sogar als die wirkungsvolleren. Diderot mag ihn als Künstler überschätzt haben, den politisch propagandistischen Wert seiner Malerei hat er richtig erkannt. Er war sich jedenfalls bewußt, daß hier das *l'art pour l'art* des Rokokos in Frage gestellt war, und wenn er behauptete, daß es die Aufgabe der Kunst sei, „die Tugend zu ehren und das Laster bloßzustellen“, wenn er aus ihr, der großen Kupplerin, eine Erzieherin zur Tugend machen wollte, wenn er Boucher und Vanloo wegen ihrer Unnatur, ihrer leeren, leichten, gedankenlosen Fingerfertigkeit, ihrer Libertinage verdammte, so meinte er stets die „Bestrafung der Tyrannen“, oder, konkreter, die Einführung des Bürgertums in die Kunst, um es auf diesem Wege zu einem Platz an der Sonne zu führen. Sein Kreuzzug gegen die Kunst des Rokokos war nur eine Etappe in der Geschichte der Revolution, die im Gange war.

## 2. DAS NEUE LESEPUBLIKUM

Die geistige Führung geht im 18. Jahrhundert von Frankreich auf das wirtschaftlich, gesellschaftlich und politisch progressivere England über. Von hier nimmt die große romantische Bewegung um die Mitte des Jahrhunderts ihren Ausgang, aber auch schon die Aufklärung erhält von hier aus den entscheidenden Anstoß. Die französischen Schriftsteller des Zeitalters erblicken in den englischen Einrichtungen den Inbegriff des Fortschritts und bauen um den englischen Liberalismus eine Legende aus, der die Wirklichkeit nur teilweise entspricht. Die Verdrängung Frankreichs durch England als Kulturträger geht mit der Dekadenz des französischen Königtums als der führenden europäischen Macht Hand in Hand, und so gestaltet sich die Geschichte des 18. Jahrhunderts zum Aufstieg Englands sowohl im Gebiete der Politik als auch in dem der Kunst und der Wissenschaften. Die Schwächung der königlichen Autorität, die in Frankreich den Niedergang zur Folge hat, wird in England, wo unternehmungslustige, die Tendenz der wirtschaftlichen Entwicklung begreifende und sich ihr anpassende Schichten zur Übernahme der Herrschaft bereitstehen, zur Quelle der Macht. Das Parlament, das jetzt der Ausdruck des selbständigen politischen Willens dieser Schichten und ihre stärkste Waffe gegen den Absolutismus ist, unterstützte die Tudors noch in ihrem Kampf gegen den Feudaladel, den auswärtigen Feind und die Römische Kirche, nachdem die im Parlament vertretenen kommerziellen und industriellen Mittelklassen sowie der liberale, an den Handelsgeschäften des Bürgertums sich beteiligende Adel in diesem Kampf die Förderung ihrer eigenen Ziele erkannt hatten. Bis gegen Ende des 16. Jahrhunderts bestand zwischen der Monarchie und diesen Schichten eine enge Interessengemeinschaft.

Der englische Kapitalismus befand sich noch in einer primitiven, abenteuerlichen Phase seiner Entwicklung, und die Händler verbanden sich gern mit den Vertrauensmännern der Krone zu gemeinsamen seeräuberischen Unternehmungen. Die Wege schieden sich erst, als der Kapitalismus rationalistischere Methoden zu befolgen anfing und die Krone die Hilfe des Bürgertums gegen den geknickten Adel nicht mehr benötigte. Die Stuarts, ermutigt durch das Beispiel des kontinentalen Absolutismus und im Vertrauen auf einen Verbündeten im französischen König, verspielten leichtsinnig die Loyalität der Mittelklassen und die Unterstützung des Parlaments. Sie rehabilitierten den alten Hochadel als Hofadel und begründeten eine neue Herrschaft dieses Standes, mit dem sie durch stärkere Gefühle und beständigere Interessen verbunden waren als mit den Kampfgenossen ihrer Vorgänger aus den Reihen des Bürgertums und des liberalen Adels. Bis 1640 genoß der Feudaladel bedeutende Vorrechte, und der Staat sorgte nicht nur für den Bestand der Latifundien, sondern suchte den großen Grundbesitzern durch Monopole und andere Formen des Protektionismus einen Anteil auch am Profit der kapitalistischen Unternehmungen zu sichern. Gerade diese Praxis wurde aber dem System zum Verhängnis. Die wirtschaftlich produktiven Klassen waren keineswegs bereit, ihren Nutzen mit den Günstlingen der Krone zu teilen, und erhoben ihren Protest gegen den Interventionismus im Namen der Freiheit und der Gerechtigkeit, um diese Schlagworte auch dann noch im Munde zu führen, als sie bereits selber die Nutznießer der wirtschaftlichen Privilegien geworden sind.

Es gibt, wie Tocqueville bemerkt, fast keine Frage des politischen Lebens, die nicht mit der Forderung oder Bewilligung von Steuern zusammenhinge. Diese beherrschten jedenfalls in England seit dem Mittelalter das öffentliche Leben und wurden im 17. Jahrhundert zum unmittelbaren Anlaß der revolutionären Bewegungen. Dasselbe Bürgertum, das den Tudors die Steuern ohne weiteres bewilligte und in den Jahren des Bürgerkrieges sie in erhöhtem Maße zu tragen erbötig war, verweigerte sie Karl I. wegen seiner reaktionären, die Mittelklassen schädigenden Politik. Als Jakob II. dann, ein Menschenalter später, den Magistrat der City aufforderte, ihn gegen Wilhelm von Oranien zu beschützen, versagte ihm die Bürgerschaft von London ihre Hilfe und stellte lieber dem Eindringling die Mittel zur Verfügung, die zum Erfolg nötig waren. Damit begann jenes Bündnis zwischen der Monarchie und den Handelsklassen, das in England den Sieg des Kapitalismus und den Bestand des Königtums sicherte.[37] Die Überreste des Feudalismus, mit denen in Frankreich erst hundert Jahre später aufgeräumt wurde, wurden in England schon in der Revolutionsperiode zwischen 1640 und 1660 zerstört; die Revolution war aber hier wie dort ein Klassenkampf, in dem die mit dem Kapital verbundenen Schichten gegen den Absolutismus, den reinen Grundbesitz und die Kirche vor allem ihre Wirtschaftsinteressen verteidigten.[38] Der große, das politische Leben des 17. und 18. Jahrhunderts beherrschende Kampf wurde in England zwischen der Krone und dem höfischen Adel einerseits und den kapitalistisch interessierten Klassen andererseits geführt, in Wirklichkeit standen aber mindestens drei verschiedene, wirtschaftlich antagonistische Gruppen einander gegenüber: die großen Grundbesitzer, die Bourgeoisie im Bunde mit dem kapitalistisch gesinnten Adel und die an und für sich sehr vielfältig zusammengesetzte Gruppe der kleinen Gewerbetreibenden, der städtischen Lohnarbeiter und der Bauern. Von dieser letzten Kategorie aber war im 18. Jahrhundert weder im Parlament noch in der Literatur viel die Rede.

Das Parlament, das nach 1688 zusammentrat, war durchaus keine „Volksvertretung" in unserem Sinne; seine Aufgabe bestand in der Aufrichtung des Kapitalismus auf den Trümmern der feudalen Ordnung und der Stabilisierung der Herrschaft der wirtschaftlich produktiven Elemente über den parasitären, mit dem Absolutismus und der kirchlichen Hierarchie sympathisierenden Schichten. Die Revolution hatte keine neue Verteilung der wirtschaftlichen Güter zur Folge, sie schuf jedoch Freiheitsrechte, die schließlich der ganzen Nation und der ganzen zivilisierten Welt zugute kamen. Denn wenn diese Rechte zunächst auch nur mangelhaft ausgeübt werden konnten, so bedeuteten sie dennoch das Ende der absoluten königlichen Macht und den Anfang einer Entwicklung, die die Keime der Demokratie in sich trug. Das Parlament wollte vor allem konservierend wirken, das heißt Zustände schaffen, bei denen die Wahlen von dem kommerziell orientierten Grundbesitz und dem damit verbundenen Handelskapital abhängig blieben. Der Antagonismus zwischen den Whigs und den Tories war innerhalb der Interessengemeinschaft der im Parlament vertretenen Klassen ein Gegensatz zweiter Ordnung. Welche der beiden Parteien auch immer am Ruder war, das politische Leben stand unter der Führung der Aristokratie, die die Wahlen entscheidend beeinflußte und das Bürgertum zu ihrem Satelliten machte. Wenn die Macht von den Tories auf die Whigs überging, so bedeutete das nur, daß die Administration eher den Kommerzialismus und das Dissentertum als den reinen Grundbesitz und die anglikanische Kirche begünstigte; die parlamentarische Regierung bedeutete aber nach wie vor die Herrschaft einer Oligarchie. Die Whigs wollten ebensowenig ein Parlament ohne Monarchen und ohne adelige Vorrechte wie die Tories eine Monarchie ohne Parlament. Keiner von ihnen verstand aber unter dem Parlament eine volksvertretende Körperschaft; sie betrachteten es lediglich als die Garantie ihrer Vorrechte gegenüber der Krone. Und das Parlament behielt während des ganzen 18. Jahrhunderts diesen Klassencharakter. Das Land wurde abwechselnd von ein paar Dutzend Whig- und Toryfamilien regiert, die mit ihren Erstgeborenen im Oberhaus und ihren jüngeren Söhnen im Unterhaus die Politik für sich in Beschlag nahmen. Zwei Drittel der Abgeordneten wurden einfach ernannt und der Rest von nicht mehr als 160000 Wahlberechtigten gewählt, deren Stimmen noch dazu zum Teil käuflich waren. Der Zensus, der das Wahlrecht hauptsächlich an ein Einkommen aus Grundrente knüpfte, sicherte den grundbesitzenden Schichten von vornherein die Herrschaft im Parlament. England war aber trotz des beschränkten Wahlrechts, des Stimmenkaufs und der Bestechlichkeit der Parlamentsmitglieder schon im 18. Jahrhundert eine moderne, sich von den Überresten des Mittelalters allmählich befreiende Nation. Seine Bürger genossen jedenfalls eine persönliche Freiheit, die im übrigen Europa noch unbekannt war; und die gesellschaftlichen Privilegien selber, die hier auf dem bloßen Besitz von Boden und nicht wie in Frankreich auf mystischen Geburtsrechten beruhten,[39] waren geeigneter, die unteren Schichten mit den schon an und für sich elastischeren Standesunterschieden zu versöhnen.

Die englische Gesellschaftsordnung des 18. Jahrhunderts ist oft mit den römischen Verhältnissen in der letzten Periode der Republik verglichen worden; die Tatsache jedoch, daß die Gliederung der römischen Gesellschaft mit ihrer Senatorenklasse, ihren *equites* und ihren Plebejern sich in den Kategorien der parlamentarischen Aristokratie, der Geldleute und der „Armen" in England gewissermaßen wiederholt, wäre an und für sich kaum bemerkenswert – diese Dreiteilung ist ein Charakterzug jeder entwickelteren und noch nicht nivellierten Gesellschaft. Das, was der Parallele zwischen England und Rom besondere Bedeutung verleiht, ist das Hervortreten der Aristokratie als einer das Parlament beherrschenden Schicht und die durchaus fließenden Grenzen zwischen den Patriziern und den Kapitalisten. Das Verhältnis dieser Klassen zur Plebs ist aber in den beiden Ländern ziemlich verschieden. Es geschieht zwar bei den römischen Autoren des Zeitalters ebensowenig Erwähnung von den Armen wie bei den englischen Schriftstellern des 18. Jahrhunderts;[40] während aber das Proletariat in Rom die Öffentlichkeit fortwährend beschäftigt, spielt es in der englischen Politik fast gar keine Rolle. Eine andere Eigentümlichkeit, die die englische Gesellschaft von der römischen – und nicht nur von der römischen – unterscheidet, ist, daß der Adel, der unter ähnlichen Umständen sonst verarmt, in England seinen Reichtum vermehrt und die vermögende Schicht bleibt.[41] Es gehört zu der politischen Weisheit der herrschenden Klasse in diesem Lande, daß sie die Bourgeoisie nicht nur verdienen läßt und mit ihr verdient, sondern daß sie auf die fiskalischen Privilegien, an die sich die französische Aristokratie am festesten klammert, von selber verzichtet.[42] In Frankreich zahlen nur die armen Leute Steuer, in England nur die reichen,[43] wodurch die Lage der Armen sich zwar nicht wesentlich verbessert, der Staatshaushalt aber im Gleichgewicht bleibt und das empörendste Vorrecht des Adels verschwindet. In England herrscht eine Handelsaristokratie, die wohl nicht humaner fühlt und denkt als die Aristokratie im allgemeinen, die aber dank ihrer geschäftlichen Erfahrung mehr Realitätssinn hat und rechtzeitig begreift, daß ihre Interessen mit denen des Staates identisch sind. Die allgemeine Nivellierungstendenz der Epoche, die schließlich nur vor dem Unterschied von Reich und Arm haltmacht, nimmt in England radikalere Formen an als anderwärts und schafft hier zuerst moderne, wesentlich am Besitz orientierte gesellschaftliche Verhältnisse. Die Abstandslosigkeit der verschiedenen Stufen der sozialen Hierarchie wird hier vor allem nicht nur durch eine Reihe von Zwischenstufen, sondern auch durch die Undefinierbarkeit der einzelnen Kategorien selber gewährleistet. Der englische Hochadel – die *nobility* – ist wohl ein Geburtsadel, der Titel eines Peers geht aber immer nur auf den ältesten Sohn über; die jüngeren Söhne unterscheiden sich kaum von der gewöhnlichen Gentry. Die Grenzen des niederen Adels sind aber auch nach unten fließend. Ursprünglich war die Gentry mit dem landsässigen Junkertum – der *squirearchy* – identisch, nach und nach nahm sie jedoch nicht nur die lokalen Honoratioren in sich auf, sondern auch alle die Elemente, die sich durch Besitz und Bildung von den Gewerbetreibenden, den Krämern und den „Armen" unterschieden. Der Begriff des Gentlemans verlor damit jede juristische Bedeutung und wurde sogar in bezug auf einen bestimmten Lebensstandard schwankend. Das Kriterium der Zugehörigkeit zur Herrenklasse beschränkte sich immer mehr auf die gleiche Bildung und die weltanschauliche Solidarität der Beteiligten. Das erklärt vor allem die bemerkenswerte Erscheinung, daß der Übergang von dem aristokratischen Rokoko zu der bürgerlichen Romantik in England mit keiner so heftigen Erschütterung der Kulturwerte verbunden war wie in Frankreich oder in Deutschland.

Die geistige Nivellierung äußert sich in England am auffallendsten in der Entstehung des neuen, regulären Lesepublikums, unter dem ein verhältnismäßig weiter Kreis zu verstehen ist, der regelmäßig Bücher liest und kauft und damit die von persönlichen Verpflichtungen unabhängige Existenz einer Anzahl von Schriftstellern sichert. Das Zustandekommen dieses Publikums ist vor allem durch das Hervortreten des wohlhabenden Bürgertums bedingt, das das Bildungsprivileg der Aristokratie durchbricht und ein lebhaftes, sich fortwährend steigerndes Interesse für Literatur bekundet. Die neuen Kulturträger weisen zwar keine Einzelpersönlichkeiten auf, die ehrgeizig und reich genug wären, um als Mäzene aufzutreten, sie sind aber zahlreich genug, um den zum Lebensunterhalt der Schriftsteller nötigen Absatz von Büchern zu gewährleisten. Der Einwand gegen die Erklärung der Existenz dieses Publikums mit dem Vorhandensein einer wirtschaftlich und politisch einflußreichen Mittelklasse und das Argument, daß das Bürgertum bereits im 17. Jahrhundert zur Bedeutung gelangt sei, seine kulturtragende Funktion im 18. also nicht einfach von seiner gehobenen sozialen Stellung abgeleitet werden könne,[44] läßt sich leicht entkräften. Die künstlerische Kultur blieb im 17. Jahrhundert, vor allem infolge der puritanischen Gesinnung des Bürgertums, auf die höfische Aristokratie beschränkt. Die nichthöfischen Kreise gaben die Rolle, die sie in der elisabethanischen Kultur spielten, selber auf; sie mußten sich ihren Platz im Kulturleben wieder erst erobern, das heißt, einen Weg zurücklegen, der auf ihren wirtschaftlichen und gesellschaftlichen Aufstieg nur in einem gewissen Abstand folgen konnte. Der Wohlstand des Bürgertums mußte sich erst ausbreiten und befestigen, um zur Basis eines geistigen Führertums zu werden. Schließlich mußte der Adel selber gewisse Aspekte der bürgerlichen Weltanschauung sich zu eigen machen, um mit dem Bürgertum eine einheitliche Kulturschicht zu bilden und das neue Lesepublikum hinlänglich zu stärken, was erst im Anschluß an seine Beteiligung am Erwerbsleben der Bourgeoisie erfolgen konnte.

Die ehemalige höfische Aristokratie stellte kein eigentliches Lesepublikum dar; sie sorgte zwar irgendwie für ihre Dichter, betrachtete sie aber nicht als die Produzenten von unentbehrlichen Gütern, sondern als Diener, auf deren Dienste man unter Umständen auch verzichten konnte. Sie unterstützte sie eher aus Prestigegründen als wegen des wirklichen Wertes ihrer Leistungen. Das Lesen von Büchern war am Ende des 17. Jahrhunderts noch kein sehr verbreitetes Vergnügen; für die weltliche Belletristik, die zum großen Teil aus altmodischen Liebes- und Wundergeschichten bestand, kamen nur die vornehmen, unbeschäftigten Leute in Betracht und wissenschaftliche Bücher wurden nur von Gelehrten gelesen. Die Bildung der Frauen, die im literarischen Leben des folgenden Jahrhunderts eine so wichtige Rolle spielen sollte, war noch sehr mangelhaft. Wir wissen zum Beispiel, daß die ältere Tochter Miltons gar nicht schreiben konnte und daß die Frau Drydens, die übrigens aus einer adeligen Familie stammte, mit der Grammatik und Orthographie ihrer Muttersprache auf dem Kriegsfuß stand.[45] Die einzige Gattung von Büchern, die im 17. Jahrhundert und am Anfang des 18. Jahrhunderts ein breiteres Publikum hatte, war die Erbauungsliteratur; die profane Unterhaltungsliteratur bildete nur einen unbedeutenden Bruchteil der Produktion.[46] Die Wendung des lesenden Publikums von den Andachtsbüchern zur weltlich-schöngeistigen Literatur, die übrigens bis um 1720 noch hauptsächlich moralische Gegenstände behandelte und sich erst später um trivialere Motive zu drehen begann, läßt sich, entgegen der diesbezüglichen Annahme Schöfflers,[47] nur indirekt auf die Politisierung der Kirche durch Walpole und die aufklärerische Aktivität der anglikanischen Geistlichkeit zurückführen. Die liberale Regierungspolitik und die weltliche Einstellung der Hochkirche waren nur Symptome der Aufklärung, die ihrerseits wieder nichts als der ideologische Ausdruck der Auflösung des Feudalismus und der Arrivierung der Mittelklassen war. Der Nachweis aber, daß die protestantische Geistlichkeit bei der Verbreitung der weltlichen Literatur und der Ausbildung des neuen Lesepublikums eine so bedeutende Rolle spielte,[48] gehört nichtsdestoweniger zu den wichtigsten Ergebnissen der neueren Literatursoziologie. Ohne die Propaganda von der Kanzel hätten die Romane Defoes und Richardsons kaum die Popularität erreicht, die ihnen zuteil wurde.

Gegen die Mitte des Jahrhunderts wächst die Zahl der Leser zusehends; es erscheinen immer mehr Bücher, die, nach der

Prosperität des Buchhandels zu urteilen, ihre Käufer gefunden haben müssen. Um die Jahrhundertwende gehört das Lesen bereits zu den Lebensbedürfnissen der oberen Schichten, und der Besitz von Büchern ist, wie bemerkt wurde, in den Kreisen, die Jane Austen beschreibt, ebenso selbstverständlich, wie er in der Welt Fieldings überraschend gewesen wäre.[49] Von den Bildungsmitteln, an welchen das neue Lesepublikum heranwächst, sind die seit dem Anfang des Jahrhunderts sich verbreitenden Zeitschriften – die große Erfindung des Zeitalters – die wichtigsten. Aus ihnen erhält das Bürgertum sowohl seine literarische als auch weltmännische Bildung, die im wesentlichen beide noch an den Wertmaßstäben der Aristokratie orientiert sind. Auch diese Aristokratie hat sich übrigens seit den Tagen ihrer Alleinherrschaft sehr verändert und aus dem Sieg des städtisch-bürgerlichen Geistes über den höfischen eine Lehre gezogen. Die Spannung zwischen den Denk- und Gefühlsformen der aristokratischen und der bürgerlichen Schichten bleibt freilich noch lange bestehen. Die kühl intellektualistische, skeptisch überlegene Geistesart der Aristokratie verschwindet nicht von einem Tag zum andern; sie macht sich in dem gesuchten Stil und der stoischen Moralphilosophie der bürgerlichen Zeitschriften noch vielfach geltend. In der Dichtung herrscht der klassizistische Geschmack noch länger als in der Presse; hier gelten Geist und Witz, pointierte Einfälle und virtuose Technik, Klarheit der Gedanken und Reinheit der Sprache, in dem Sinne, wie sie die Anhänger Popes und die *wits* vertreten, bis zur Mitte des Jahrhunderts als die literarischen Qualitäten par excellence. Nichts ist übrigens für den Übergangscharakter dieser noch halb höfischen, halb bürgerlichen Kultur bezeichnender als die dünne Intellektuellenschicht dieser Literaten und Liebhaber, die sich von den gewöhnlichen Sterblichen durch ihre klassische Bildung, ihren wählerischen Geschmack, ihren spielerischen und selbstgefälligen Witz zu unterscheiden suchen. Wie diese Intellektuellen dann allmählich verschwinden, wie gewisse Eigenschaften ihres geistigen Habitus zur selbstverständlichen Voraussetzung der literarischen Bildung werden, andere dagegen um so lächerlicher erscheinen, wie vor allem der kokette Witz durch den gesunden Menschenverstand und die Eleganz der Form durch die Unmittelbarkeit der Gefühle verdrängt wird, gehört zur weiteren Entwicklung und zur vollständigen Emanzipation des bürgerlichen Geistes in der Literatur. Schließlich hört die Spannung zwischen den beiden Richtungen vollkommen auf und der bürgerlichen Literatur steht nichts mehr entgegen, was als höfisch bezeichnet werden könnte. Es hört damit freilich nicht jede Spannung auf und es herrscht in der Literatur darum noch keineswegs ein einziger, ungeteilter Geschmack. Es bereitet sich vielmehr ein neuer Gegensatz vor, eine Spannung zwischen der Literatur der Bildungselite und der des allgemeinen Lesepublikums, und es machen sich Geschmacksentgleisungen bemerkbar, in denen bereits die Schwächen der späteren Unterhaltungsliteratur erkennbar sind.

Der seit 1709 erscheinende *Tatler* Steeles, der ihn zwei Jahre später ersetzende *Spectator* Addisons und die „moralischen Wochenschriften", die ihnen folgen, schaffen erst die Voraussetzungen der Literatur, die den Abstand zwischen dem Gelehrten und dem mehr oder weniger gebildeten Durchschnittsleser, dem schöngeistigen Aristokraten und dem nüchternen Bürger überbrückt, die also weder höfisch noch eigentlich volkstümlich ist und mit ihrem strengen Rationalismus, ihrer moralischen Härte und ihrem Ideal der Respektabilität zwischen der aristokratisch-ritterlichen und der bürgerlich-puritanischen Weltanschauung in der Mitte steht. Durch diese Zeitschriften, deren kurze pseudowissenschaftliche Abhandlungen und moralphilosophische Untersuchungen zu der Lektüre von Büchern die beste Überleitung bilden, gewöhnt sich erst das Publikum an den regelmäßigen Genuß von ernster Literatur; durch sie wird erst das Lesen zu einer Gewohnheit und einem Bedürfnis von verhältnismäßig breiten Schichten. Diese Zeitschriften selbst sind aber bereits das Produkt einer Entwicklung, die mit der Veränderung der gesellschaftlichen Lage des Schriftstellers unmittelbar zusammenhängt. Nach der Glorreichen Revolution ist es nicht mehr der Hof, an dem die Autoren ihre Gönner finden; dieser hat im alten Sinn aufgehört zu sein und wird seine frühere Kulturfunktion nie wieder aufnehmen.[50] Die Rolle der höfischen Kreise als Gönner der Literatur übernehmen die politischen Parteien und die von der öffentlichen Meinung abhängige Regierung. Unter William III. und Anne ist die Macht zwischen den Tories und den Whigs geteilt, und die beiden Parteien haben infolgedessen um den politischen Einfluß einen beständigen Kampf zu führen, in welchem sie auf die Propaganda durch die Literatur nicht verzichten können. Die Schriftsteller selber müssen sich wohl oder übel dieser Aufgabe unterziehen, denn da die alte Form des Gönnertums im Schwinden begriffen ist und der freie Büchermarkt sich noch auf kein ausreichendes Publikum zu stützen vermag, gibt es für sie außer der politischen Propaganda keine verläßliche Erwerbsquelle. So wie also Steele und Addison zu Journalisten werden, die direkt oder indirekt die Interessen der Whigs vertreten, betätigen sich Defoe und Swift als politische Pamphletisten und verfolgen auch mit ihren Romanen politische Ziele. Der Gedanke des *l'art pour l'art* hätte für sie, wenn sie einen solchen Gedanken zu fassen überhaupt fähig wären, etwas Verantwortungsloses und Unmoralisches an sich. *Robinson* ist eine sozialpädagogische Tendenzschrift und *Gulliver* eine aktuelle sozialkritische Satire; beide sind im strengsten Sinne des Wortes politische Propaganda und fast nichts als Propaganda. Es geschieht hier wohl nicht zum erstenmal, daß wir es mit einer auf unmittelbare gesellschaftliche Ziele gerichteten, militanten Literatur zu tun haben, die „papiernen Kanonenkugeln" Swifts und seiner Zeitgenossen wären aber vor der Einführung der Pressefreiheit und der öffentlichen Diskussion der politischen Zeitfragen undenkbar gewesen. Jetzt erst treten als regelmäßige soziale Erscheinung Schriftsteller auf, die aus ihrer Feder eine nach Bedarf verwendbare Waffe machen und sie an die Meistbietenden verdingen.

Der Umstand, daß sie nicht mehr einer einzigen kompakten Macht, sondern zwei verschiedenen Parteien gegenüberstehen, macht sie gewissermaßen unabhängig, denn sie können sich jetzt ihre Brotherren mehr oder weniger ihren Neigungen entsprechend auswählen.[51] Wenn die Politiker sie aber einfach als ihre Verbündeten betrachten, so beruht das in den meisten

Fällen auf einer Fiktion, deren Aufrechterhaltung beiden Teilen schmeichelt und nützt. Was die zwei größten Publizisten der Epoche anlangt, so vertritt Defoe im wesentlichen seine wirkliche Überzeugung, und an der Leidenschaft Swifts ist jedenfalls der Haß echt. Der erstere, ein Whig, ist ein tiefer Optimist, der andere dagegen, wie es sich für einen Tory unter Walpole von selbst versteht, ein bitterer Pessimist; der eine verkündet eine bürgerlich-puritane, welt- und gottesgläubige Lebensphilosophie, der andere trägt eine sarkastisch überlegene, menschenfeindliche und weltverachtende Attitüde zur Schau. Die zwei politischen Lager, in die England geteilt ist, finden in ihnen ihre markantesten literarischen Vertreter. Defoe ist der Sohn eines Londoner Fleischers und Dissenters; das unterdrückte, aber unbeugsame Puritanertum seiner Väter spricht aus seinen Schriften. Er selbst hatte noch unter der hochkirchlich gesinnten Toryherrschaft zu leiden. Der Sieg der Whigs rechtfertigt schließlich die Erwartungen seiner Standes- und Glaubensgenossen, und es ist das optimistische Lebensgefühl dieses Bürgertums, das durch ihn in der weltlichen Literatur zum erstenmal zu Wort kommt. Robinson Crusoe, der, auf sich gestellt, die widerspenstige Natur besiegt und aus dem Nichts Wohlstand, Sicherheit, Ordnung, Gesetz und Sitte schafft, ist der klassische Repräsentant des Mittelstandes. Die Geschichte seiner Abenteuer ist ein einziger Hymnus auf den Fleiß, die Ausdauer, die Erfindsamkeit, den alle Schwierigkeiten besiegenden gesunden Menschenverstand, kurz, die praktischen bürgerlichen Tugenden; sie ist das Glaubensbekenntnis einer aufstrebenden, sich ihrer Stärke bewußten Gesellschaftsklasse und gleichzeitig das Programm einer jungen, unternehmungslustigen, sich zur Weltherrschaft emporringenden Nation. Swift sieht nur die Kehrseite von all dem; nicht nur weil er es von vornherein von einem anderen sozialen Standort aus betrachtet, sondern auch weil er die naive Gläubigkeit Defoes bereits verloren hat. Er erlebt als einer der ersten die Enttäuschung der Aufklärungsepoche und gestaltet sein Erlebnis zum Über-Candide des Zeitalters. Er gehört zu den Geistern, die der Haß genial macht, und sieht Dinge, die andere nicht sehen können, weil er besser haßt als sie hassen, und weil er die Welt, wie er an Pope schreibt, peinigen und nicht ergötzen will. So wird er zum Autor des grausamsten Buches dieses an grausamen Büchern durchaus nicht armen, wenn auch noch so humanen und gefühlvollen Jahrhunderts. Es läßt sich zum menschenfreundlichen *Robinson* kaum etwas Gegensätzlicheres vorstellen, als diesen zweiten großen „Jugendroman" der englischen Literatur, dessen Grausamkeit vielleicht nur von dem dritten klassischen Beispiel der Gattung, dem *Don Quijote*, übertroffen wird. Es gibt trotzdem gewisse Züge, die dem *Gulliver* und dem *Robinson* gemein sind. Sie gehen vor allem literarhistorisch beide auf jene phantastischen Reiseromane und utopischen Wundergeschichten zurück, die in der Renaissance so beliebt waren, und deren bekannteste Vertreter Cyrano de Bergerac, Campanella und Thomas Morus sind. Sie drehen sich aber auch um die gleichen weltanschaulichen Probleme, nämlich um die Frage nach dem Ursprung und der Geltung der menschlichen Kultur. Nur in einer Zeit, in der die gesellschaftlichen Grundlagen der Zivilisation schwankend geworden sind, konnten diese Probleme so bedeutungsvoll werden, wie sie es für Defoe und Swift waren, und nur unter der unmittelbaren Wirkung eines Schichtwechsels im Kulturträgertum war es möglich, den Gedanken der sozialen Bedingtheit der verschiedenen Zivilisationen so scharf zu formulieren, wie es durch sie geschieht.

Mit der Entwicklung der politischen Propaganda in der Literatur verändert sich die wirtschaftliche und gesellschaftliche Stellung der Schriftsteller von Grund aus. Jetzt, da sie für ihre Dienste mit hohen Ämtern und reicher Belohnung honoriert werden, steigt auch ihr moralischer Wert in den Augen der Öffentlichkeit. Addison heiratet eine Gräfin Warwick, Swift steht in freundschaftlichen Beziehungen zu Persönlichkeiten wie Bolingbroke und Harley, im *Kitcat Club* verkehren ein Graf Sunderland und ein Herzog von Newcastle mit Vanbrough und Congreve wie mit ihresgleichen. Man darf aber nie vergessen, daß diese Schriftsteller einzig und allein wegen ihrer politischen Dienste und nicht wegen ihrer literarischen oder moralischen Qualitäten geschätzt und belohnt werden.[52] Und da jetzt über die Mittel der Belohnung, vor allem über die hohen Ämter, die Politiker verfügen, nehmen in der Literatur die Parteien und die Regierung die Stellung ein, die einst die höfischen Koterien und der König innehatten. Nur der Preis, den sie zahlen, ist höher, und die Ehrung, die sie ihren Autoren zuteil werden lassen, größer, als der Lohn war, dem man einem Dichter früher zukommen ließ. Locke ist Kommissär des Appellationsgerichtes und der Handelskammer, Steele bekleidet eine ähnliche Funktion beim Stempelamt, Addison wird Staatssekretär und zieht sich von seinen Ämtern mit einer Pension von 1600 Pfund zurück, Granville ist Mitglied des Unterhauses, wird Kriegsminister und Schatzmeister des königlichen Haushalts, Prior bezieht den Posten eines Gesandten und Defoe wird mit verschiedenen politischen Missionen betraut.[53] Nie und nirgends sind so viele Schriftsteller mit so hohen Ämtern und Würden ausgezeichnet worden wie in England am Anfang des 18. Jahrhunderts.

Dieser für die Autoren so segensreiche Zustand erreicht in den letzten Regierungsjahren der Königin Anne seinen Höhepunkt und hört mit dem Amtsantritt Walpoles im Jahre 1721 vollkommen auf. Die Übernahme der Macht durch die Whigs schafft Verhältnisse, bei welchen die Schriftsteller für die Regierung nutzlos werden, und die dem politischen Patronat ein jähes Ende bereiten. Die Herrschaft der Regierungspartei erscheint so konsolidiert, daß sie auf jede Propaganda verzichten kann, der Einfluß der Tories ist wieder so gering, daß sie die Schriftsteller für ihre Dienste nicht entlohnen können. Walpole, der persönlich keine Beziehungen zur Literatur hat, findet auch kein überflüssiges Geld und keine verfügbaren Ämter für die Autoren. Die einträglicheren Stellungen müssen an die Abgeordneten vergeben werden, deren Unterstützung man im Parlament braucht, oder an die Wahlbezirke, die man belohnen will. Man ist übrigens daraufgekommen, daß es unter den Schriftstellern, wieviele man von ihnen auch befriedigt, immer Unzufriedene gibt, und daß Halifax, der großzügigste Mäzen, die meisten literarischen Gegner hat.[54] Es wird ruhig um die Dichter und die Literaten. Pope, Addison, Steele, Swift, Prior ziehen sich von der Hauptstadt und dem öffentlichen Leben zurück und setzen das

Schreiben höchstens in ihrer ländlichen Einsamkeit fort. Die wirtschaftliche Lage der jungen Schriftsteller verschlechtert sich zusehends. Thomson ist so arm, daß er erst einen Gesang seiner *Seasons* verkaufen muß, um sich ein Paar Schuhe zu kaufen, und Johnson kämpft im Anfang auch mit der bittersten Not. Der Literat ist kein Gentleman mehr; mit der Sekurität seiner Existenz sinken auch sein Ansehen und seine Selbstachtung. Er nimmt schlechte Manieren an, gewöhnt sich an ungeordnete Verhältnisse, wird unzuverlässig und erzeugt schließlich Typen wie Savage, die zur Zeit der höfischen Kultur unmöglich gewesen wären und die gewissermaßen schon die Vorläufer der modernen Boheme sind.

Zum Glück hört das private Mäzenatentum nicht so plötzlich auf wie das politische. Die alte aristokratische Tradition des Patronats war nie vollkommen abgerissen, und jetzt, da die Schriftsteller sich wieder privaten Interessen zuwenden können und müssen, erlebt sie eine Art Renaissance. Das neue Gönnertum ist zwar nicht so verbreitet wie das alte war, es richtet sich aber im allgemeinen nach adäquateren Gesichtspunkten, so daß früher oder später jeder begabtere Dichter einen Mäzen findet, wenn er einen zu finden sich bemüht.[55] Es gab jedenfalls wenige Autoren, die in dieser Übergangszeit zwischen politischer Propaganda und freiem Literatentum auf private Unterstützung zu verzichten in der Lage gewesen wären. Man hört immer wieder Klagen gegen das Patronat, man hört aber kaum je von einem Fall, in dem ein Schriftsteller sich von seinem Gönner loszusagen den Mut gehabt hätte. Die Abhängigkeit von einem Mäzen war doch weniger unbequem als die von einem Verleger, wenn sie auch einen persönlicheren Charakter trug und daher oft demütigender zu sein schien. Denn selbst Johnson, der sich zeitlebens gegen das Werben um einen Gönner sträubte und von der Institution des Mäzenatentums nicht viel hielt, gab zu, daß man wohl der Schützling eines großen Herrn sein und trotzdem seine Unabhängigkeit bewahren könne. Die Beziehung Fieldings zu seinem Gönner beweist, daß dies tatsächlich möglich war. Die Schriftsteller, die keine private Unterstützung genossen, mußten sich zumeist als literarische Tagelöhner verdingen und die Arbeit von Übersetzungen, Auszügen, revidierten Ausgaben, Korrekturen, Beiträgen für Zeitschriften und populäre Nachschlagwerke übernehmen. Auch Johnson, der spätere Arbiter der englischen Literatur, beginnt seine Laufbahn als ein solcher Kuli. Pope läßt sich freilich in keine dieser Kategorien einreihen und bleibt scheinbar von jeder äußeren Bindung frei, tatsächlich steht er aber in den Diensten jener Aristokratie, die auf seine Bücher subskribiert und ihn mit Recht als den ihrigen betrachtet. Mit dem Aufleben des privaten Mäzenatentums verringert sich abermals das Ansehen des Berufsschriftstellers, wie dies die Einstellung auch von literarisch so hochgebildeten Herren wie Horace Walpole und Lord Chesterfield beweist. Das bekannte Wort des letzteren: „We, my lords, may thank Heaven that we have something better than our brains to depend upon", charakterisiert am besten die herrschenden Ansichten. Aber auch ein Teil der Autoren denkt so und gibt sich den Anschein, die Schriftstellerei als seigneurale Passion zu betreiben. Congreve, der von Voltaire vor allem als „Gentleman" und nicht als Schriftsteller betrachtet werden will, gehört zu dieser Kategorie.

Nach der Mitte des Jahrhunderts hört schließlich das Gönnertum vollkommen auf, und um 1680 rechnet kein Schriftsteller mehr auf private Unterstützung. Die Zahl der unabhängigen Dichter und Literaten, die von ihrer Feder leben, vergrößert sich von Tag zu Tag, so wie auch die Zahl der Leute, die Bücher lesen und kaufen und zu ihren Autoren ein rein sachliches Verhältnis haben. Johnson und Goldsmith schreiben nur noch für solche Leute. Das Mäzenatentum wird durch den Verlag ersetzt; die Subskription, die man sehr zutreffend als kollektives Gönnertum bezeichnet hat, bildet den Übergang zwischen den beiden.[56] Das Patronat ist die rein aristokratische Form der Beziehung zwischen Schriftsteller und Publikum; die Subskription lockert die Bindung, bewahrt aber noch gewisse Züge vom persönlichen Charakter dieses Verhältnisses; erst die Publikation von Büchern für das allgemeine, dem Autor völlig unbekannte Publikum entspricht der auf dem anonymen Warenverkehr beruhenden Struktur der bürgerlichen Gesellschaft. Die Vermittlerrolle des Verlags zwischen Autor und Publikum beginnt mit der Emanzipation des bürgerlichen Geschmacks vom Diktat der Aristokratie und ist selber ein Symptom dieser Emanzipation. Mit ihr entwickelt sich erst ein literarisches Leben im modernen Sinn, zu dem außer dem regelmäßigen Erscheinen von Büchern, Zeitungen und Zeitschriften vor allem auch der literarische Fachmann gehört, nämlich der Kritiker, der den allgemeinen Standard der Wertmaßstäbe und die öffentliche Meinung in der Literatur repräsentiert. Die Vorgänger der Literaten des 18. Jahrhunderts, namentlich die Humanisten der Renaissance, konnten eine solche Funktion schon darum nicht ausüben, weil ihnen die regelmäßig erscheinenden Presseorgane und damit die entsprechenden Mittel zur Beeinflussung der Öffentlichkeit fehlten.

Bis zur Mitte des 18. Jahrhunderts lebten die Schriftsteller nicht vom direkten Ertrag ihrer Werke, sondern von Pensionen, Pfründen, Sinekuren, die oft weder mit dem inneren Wert noch mit der allgemeinen Anziehungskraft ihrer Schriften im Verhältnis standen. Jetzt wird erst das literarische Produkt zur Ware, deren Wert sich nach ihrer Verkäuflichkeit auf dem freien Markt richtet. Man kann diese Wendung mit Genugtuung begrüßen oder auch bedauern; die Entwicklung des Schriftstellertums zu einem selbständigen und regelmäßigen Beruf wäre aber im Zeitalter des Kapitalismus ohne die Metamorphose des persönlichen Dienstes in eine unpersönliche Ware undenkbar gewesen. Durch diese erst hat das Literatentum seine feste materielle Fundierung und sein heutiges Ansehen errungen; denn der Käufer eines Buches, das in einer Auflage von tausend Exemplaren erscheint, erweist dem Autor offenbar keine Gunst, die Belohnung eines Manuskripts wirkt dagegen immer als ein Almosen. Die Respektabilität eines Menschen hing im Zeitalter der höfischen und aristokratischen Gesellschaft vom Rang seines Protektors ab, jetzt, in der Epoche des Liberalismus und Kapitalismus, genießt er dagegen ein um so größeres Ansehen, je freier er von persönlichen Bindungen ist und je erfolgreicher er sich im unpersönlichen, auf der Gegenseitigkeit der Leistungen beruhenden Verkehr mit den anderen erweist. Der Typus des literarischen Tagelöhners verschwindet zwar durchaus nicht, es besteht aber eine so große Nachfrage nach literarischer Unterhaltung und Belehrung, namentlich nach historischen, biographischen und statistischen Enzyklopädien, daß jeder bessere Durchschnittsautor mit einem sicheren Einkommen rechnen kann.[57] In Betrieben wie in Smolletts „Literaturfabrik", wo gleichzeitig an einer Übersetzung des *Don Quijote*, einer „Geschichte Englands", einem „Reisekompendium" und einer Übersetzung der Werke Voltaires gearbeitet wird, gibt es Beschäftigung für jeden, der die Feder führen kann.[58] Man hört viel von der Ausbeutung der Autoren in dieser Zeit, und die Verleger waren sicher keine Wohltäter; Johnson rühmt ihnen aber nach, daß sie korrekte und großzügige Partner waren, und wir wissen, daß die anerkannten und gangbaren Autoren für ihre Werke auch nach heutigen Begriffen namhafte Beträge erhielten. Hume verdiente zum Beispiel mit seiner *Geschichte Großbritanniens* (1754/61) 3400 und Smollett mit seinem Geschichtswerk (1757/65) 2000 Pfund. Die Verhältnisse haben sich sehr geändert seit den Tagen Defoes, der für den *Robinson* zuerst überhaupt keinen Verleger finden konnte und schließlich für das Manuskript zehn Pfund bekam. Mit der nunmehr errungenen materiellen Unabhängigkeit steigt das moralische Ansehen der Schriftsteller zu einer bisher unbekannten Höhe. Im Zeitalter der Renaissance wurden die berühmten Dichter und Gelehrten zwar gefeiert und verherrlicht, der Durchschnitt der Literaten wurde aber mit den Schreibern und Privatsekretären in eine Reihe gestellt. Jetzt erst genießt der Schriftsteller als solcher die Achtung, die dem Vertreter einer höheren Lebenssphäre gebührt. „Nous protégeons les grands, protecteurs d'autrefois" sagt ein Philosoph in einem Lustspiel von Dorat.[59] Jetzt erst entsteht das Ideal der schöpferischen Persönlichkeit, des genialen, künstlerisch begabten Menschen mit seiner Originalität und seinem Subjektivismus, so wie ihn Edward Young in seinen „*Untersuchungen über Originalwerke*" (1759) charakterisiert.

Das Genialische des künstlerischen Schaffens ist zumeist nur eine Waffe im Konkurrenzkampf und die subjektive Ausdrucksweise oft nur eine Form der Selbstreklame. Der Subjektivismus der Dichter der Vorromantik ist wenigstens teilweise jedenfalls eine Folgeerscheinung der wachsenden Zahl der Schriftsteller, ihrer unmittelbaren Abhängigkeit vom Büchermarkt und ihres Konkurrenzkampfes gegeneinander, so wie ja die romantische Bewegung überhaupt, als Ausdruck des neuen affektbetonten bürgerlichen Lebensgefühls, das Produkt einer geistigen Konkurrenz und ein Mittel im Kampfe des Bürgertums gegen die klassizistische, auf Normativität und Allgemeingültigkeit gerichtete Weltanschauung der Aristokratie ist. Bisher trachtete der Mittelstand, die Kunstsprache der oberen Schichten sich anzueignen, jetzt dagegen, da er so vermögend und einflußreich geworden ist, daß er sich eine eigene Literatur leisten kann, möchte er diesen Schichten gegenüber seine Eigenart zur Geltung bringen und seine eigene Sprache sprechen, die aus bloßer Opposition gegen den Intellektualismus der Aristokratie zu einer Sprache der Empfindsamkeit wird. Die Revolte des Gefühls gegen die Kälte des Verstandes gehört, ebenso wie die Empörung des „Genies" gegen den Zwang der Regeln und Formen, zur Ideologie der aufstrebenden, progressiven Schichten in ihrem Kampf gegen den Geist des Konservativismus und der Konvention. Der Aufstieg des modernen Bürgertums ist, ähnlich wie der der Ministerialen im Mittelalter, mit einer romantischen Bewegung verbunden; die Umschichtung der Gesellschaft führt hier wie dort zur Auflösung der formalen Bindungen und zeitigt eine Vertiefung der Sensibilität.

Die Wendung von der intellektuellen Kultur des Klassizismus zur Gefühlskultur der Romantik ist oft als ein Geschmackswandel charakterisiert worden, in dem, wie es hieß, der Überdruß der vornehmen Kreise an der raffinierten und dekadenten Kunst des Zeitalters zum Ausdruck kam. Dieser Auffassung gegenüber wurde mit Recht darauf hingewiesen, daß der bloße Wunsch nach dem Neuen im Wechsel der Stile eine verhältnismäßig geringe Rolle spielt, und daß eine Geschmackstradition zu einer Veränderung von sich selbst aus um so weniger Neigung zeigt, je älter und entwickelter sie ist. Ein neuer Stil setzt sich daher nur schwer durch, wenn er sich nicht an ein neues Publikum wendet.[60] Die Aristokratie des 18. Jahrhunderts hätte jedenfalls wenig Grund gehabt, ihre alte Geschmackskultur aufzugeben, wenn der Mittelstand die geistige Führung nicht an sich gerissen hätte. Sie war auch keineswegs gleich bereit, sich dieser Führung anzuvertrauen und den Emotionalismus der unteren Schichten mitzumachen. Die herrschende Tendenz einer Zeit stellt aber oft, wie wir wissen, auch jene Schichten in ihren Dienst, die sie mit der Vernichtung bedroht. Und gerade für diese Erscheinung bietet sich das 18. Jahrhundert als Schulbeispiel dar. Die Aristokratie spielte bekanntlich in der Vorbereitung der Revolution eine hervorragende Rolle und schreckte vor ihr erst zurück, als es klar wurde, was ihr Sieg bedeutete. Eine ähnliche Rolle spielten die oberen Schichten in der Entwicklung der antiklassischen Kultur. In der Rezeption und Propagierung der Ideen der Aufklärung wetteiferten sie mit dem Mittelstand und überflügelten ihn oft sogar; erst die unumwunden plebejische und respektlose Denkart Rousseaus brachte sie zur Besinnung und trieb sie zur Opposition an. In der Abneigung Voltaires gegen Rousseau kommt bereits dieser Widerstand der Gesellschaftselite zum Ausdruck. Bei den meisten der führenden Persönlichkeiten vermischen sich aber von Anfang an die Elemente der Vernunft- und der Gefühlskultur; ihre geistige Sensibilität macht sie für die eigenen klassenmäßigen Interessen gewissermaßen unempfindlich. Die künstlerische Entwicklung, die schon im 17. Jahrhundert ziemlich uneinheitlich war, wird jetzt, im Zeitalter der Vorromantik, noch komplizierter und zeigt in gewisser Hinsicht sogar ein unübersichtlicheres Bild als in der nachfolgenden Periode. Das 19. Jahrhundert ist bereits vollkommen beherrscht vom Bürgertum, in welchem es zwar scharfe Vermögensgrenzen, aber keine allzu scharfen Bildungsgrenzen gibt; die einzige tiefe Zäsur trennt jetzt die am Bildungsprivileg teilhabenden und die davon ausgeschlossenen Schichten. Im 18. Jahrhundert ist dagegen sowohl die Aristokratie als auch die Bourgeoisie in je zwei Lager geteilt; in beiden gibt es eine progressive und eine konservative Gruppe, die sich wohl vielfach kreuzen, ihre Eigenart jedoch bewahren.

Die Romantik ist ihrem Ursprung nach eine englische Bewegung, so wie das moderne Bürgertum selbst, das hier literarisch zum erstenmal von der Aristokratie unabhängig zu Wort kommt, ein Ergebnis der englischen Verhältnisse ist. Sowohl die Naturpoesie Thomsons, die Nachtgesänge Youngs und die Ossianischen Klagelieder Macphersons als auch der sentimentale Sittenroman Richardsons, Fieldings und Sternes sind nur die literarische Form des Individualismus, der sich auch im *laissez-faire* und in der Industriellen Revolution ausdrückt. Es sind Erscheinungen jener Epoche der Handelskriege, mit der die dreißigjährige Friedensherrschaft der Whigs ein Ende nimmt und die zum Verlust der Hegemonie Frankreichs in Europa führt. Am Ende des Ringens steht das britische Reich nicht nur als die erste Weltmacht da und spielt im Weltverkehr nicht nur die gleiche Rolle, die im Mittelalter Venedig, im 16. Jahrhundert Spanien und im 17. Jahrhundert Frankreich und Holland gespielt haben, sondern bleibt, im Gegensatz zu den letzteren, innerlich ungeschwächt[61] und kann den Kampf um die wirtschaftliche Vorherrschaft mit den technischen Errungenschaften der Industriellen Revolution fortsetzen. Die militärischen Siege Englands, die geographischen Entdeckungen, die neuen Märkte und Wasserwege, die verhältnismäßig großen anlagesuchenden Kapitalien, all das gehört zu den Voraussetzungen dieser Revolution. Die Masse der neuen Erfindungen läßt sich mit dem bloßen Aufschwung der exakten Wissenschaften und dem plötzlichen Hervortreten von technischen Begabungen nicht erklären. Die Erfindungen werden gemacht, weil man sie verwerten kann, weil ein Massenbedarf an Industriewaren besteht, den man mit den alten Produktionsmethoden nicht zu befriedigen vermag, und weil die materiellen Mittel zur Durchführung des technischen Umbaus vorhanden sind. In der bisherigen Geschichte der Wissenschaften spielte die Rücksicht auf die Industrie eine verhältnismäßig geringe Rolle, erst seit dem letzten Drittel des 18. Jahrhunderts ist die Forschung vom technologischen Geist beherrscht. Trotzdem bedeutet die Industrielle Revolution keinen vollkommen neuen Anfang. Sie ist vielmehr nur die Fortsetzung einer bereits am Ende des Mittelalters einsetzenden Entwicklung. Weder die Scheidung von Kapital und Arbeit noch die unternehmungsmäßige Organisation der

Warenerzeugung ist neu; Maschinen gab es seit Jahrhunderten, und seitdem es überhaupt eine kapitalistisch orientierte Wirtschaft gab, war die Rationalisierung der Produktion im ständigen Fortschritt. Die Mechanisierung und Rationalisierung der Warenproduktion tritt jetzt aber in eine entscheidende, die Vergangenheit restlos liquidierende Phase ihrer Entwicklung. Der Abgrund zwischen Kapital und Arbeit wird unüberbrückbar, und die Herrschaft des Kapitals einerseits, die Unterdrückung und die Not der Arbeiterschaft andrerseits erreichen einen Grad, mit dem sich die ganze Lebensatmosphäre der Zeit verändert. Wie alt also auch die Anfänge dieser Entwicklung sind, am Ende des 18. Jahrhunderts entsteht eine neue Welt.

Jetzt erst verschwindet das Mittelalter mit allen seinen Überresten, seinem korporativen Geist, seinen partikularistischen Lebensformen, seinen irrationalen, überlieferungsmäßigen Produktionsmethoden, um einer einzig und allein auf Planmäßigkeit und Kalkulierbarkeit beruhenden Arbeitsorganisation und einem rücksichtslosen Individualismus im Wettkampf Platz zu machen. Mit dem nach diesen Prinzipien geführten, vollkommen durchrationalisierten Großbetrieb beginnt im eigentlichen Sinne die „Neuzeit" – das Maschinenzeitalter. Es entsteht eine neue, durch die mechanischen Mittel, die streng arbeitsteiligen Methoden und den auf die Herstellung von Massenartikeln zugeschnittenen Umfang der Produktion bedingte Betriebsform. Es entsteht infolge der Entpersönlichung der Arbeit, ihrer Emanzipation von den persönlichen Fähigkeiten des Arbeiters, eine weitgehende Versachlichung des Verhältnisses zwischen Arbeitgeber und Arbeitnehmer. Es entstehen mit der Konzentration der Arbeiterschaft in den Industriestädten und ihrer Abhängigkeit von dem fluktuierenden Arbeitsmarkt härtere Lebensbedingungen und unfreiere Lebensformen. Es entsteht für den Kapitalisten mit seiner Bindung an einen festen Betrieb ein neues, strengeres Arbeitsethos; für den Lohnarbeiter dagegen, der sich in keiner Weise an den Betrieb gebunden fühlt, geht der ethische Wert der Arbeit verloren. Es entsteht schließlich eine neue Gliederung der Gesellschaft: eine neue Kapitalistenschicht (das moderne

Unternehmertum), ein neuer, in seiner Existenz bedrohter städtischer Mittelstand (die Erben der kleinen und mittleren Händler und Gewerbetreibenden) und eine neue Arbeiterklasse (das moderne Industrieproletariat). Die Gesellschaft verliert die ehemalige Differenziertheit der Berufsarten und die Nivellierung ist besonders auf den unteren Stufen erschrekkend. Handwerker, Tagelöhner, besitzlose und entwurzelte Bauern, gelernte und ungelernte Arbeiter, Männer, Frauen und Kinder, alle werden zu bloßen Handlangern in einem großen, maschinell funktionierenden, kasernenartig reglementierten Betrieb. Das Leben verliert seine Stabilität und Stetigkeit, alle seine Formen und Einrichtungen verschieben sich und bleiben in Bewegung. Die Mobilisierung der Gesellschaft ist vor allem durch den Zug zur Stadt bedingt. Die Einhegungen und die Kommerzialisierung der Landwirtschaft erzeugen Arbeitslosigkeit auf der einen Seite, die neuen Industrien schaffen dagegen neue Arbeitsgelegenheiten auf der anderen; die Folge davon ist die Entvölkerung des Dorfes und die Überbevölkerung der Industriestadt, die mit ihren Maßstäben und ihrer Überfüllung für die entwurzelten Massen einen völlig ungewohnten und verwirrenden Lebenshintergrund darstellt. Die Städte gleichen großen Arbeitslagern und Gefängnissen, sind unbequem, unsauber, ungesund und über alle Begriffe häßlich.[62] Die Lebensverhältnisse der städtischen Arbeiterschaft sinken auf ein so niedriges Niveau, daß die Existenz der Leibeigenen im Mittelalter dagegen geradezu idyllisch erscheint.

Die Größe des zum Betrieb einer konkurrenzfähigen Industrieunternehmung nötigen Kapitals bringt die grundsätzliche Scheidung der Arbeit von den Produktionsmitteln mit sich und führt den für die modernen Verhältnisse charakteristischen Kampf zwischen Kapital und Arbeit herbei. Da die Produktionsmittel nur mehr für den Kapitalisten erschwinglich sind, bleibt dem Arbeiter nichts übrig, als seine Arbeitskraft zum Markt zu tragen und seine Existenz vollkommen von den Chancen der jeweiligen Konjunktur abhängig zu machen, mit anderen Worten, sich in eine Situation zu begeben, in der er von dem beständigen Fluktuieren der Löhne und der periodischen Arbeitslosigkeit bedroht ist. Es unterliegen aber nicht nur die mittellosen Lohnarbeiter, sondern auch die kleinen selbständigen Meister im Konkurrenzkampf gegen die Fabrik – auch sie verlieren ihre Unabhängigkeit und das Gefühl der Sekurität. Die neue Produktionsweise bringt übrigens auch die besitzenden Klassen um ihre Ruhe und ihre Zuversicht. Die wichtigste Form des Reichtums war bisher der Bodenbesitz, der sich nur langsam und zögernd in ein Handels- und Bankkapital verwandelte; an der Industrie beteiligte sich aber auch das bewegliche Kapital nur zu einem geringen Teil.[63] Erst seit den sechziger Jahren des 18. Jahrhunderts wird die Industrieunternehmung zu einer beliebten Form der Vermögensanlage. Der Betrieb einer Fabrik mit ihrer maschinellen Einrichtung, ihrem Materialverbrauch und ihrem Arbeiterheer setzt aber immer größere Mittel voraus und führt zu einer stärkeren Akkumulation des Kapitals als die bisherigen Formen der Warenproduktion. Mit dem nunmehrigen Zusammenschluß des Reichtums und seiner Investierung in Produktionsmittel beginnt erst die Zeit des Hochkapitalismus.[64] Damit beginnt aber auch die hochspekulative Phase der kapitalistischen Entwicklung. Die ältere Agrarwirtschaft kannte überhaupt kein Kapitalsrisiko und keine Spekulation, und selbst bei den Handels- und Geldgeschäften gehörten die Hasardeure bisher zu den Ausnahmen; die neuen Industrien aber wachsen den Kapitalisten allmählich über den Kopf, und die Unternehmer spielen oft mit größeren Einsätzen, als deren Verlust sie ohne weiteres verschmerzen könnten. Eine derart gefährdete Existenz erzeugt, bei aller tatsächlichen Prosperität, ein Lebensgefühl, aus dem der frühere Optimismus unrettbar verschwindet.

Der neue Typus des Kapitalisten – der Industrieführer – entwickelt mit seiner neuen Funktion im Wirtschaftsleben neue Talente, vor allem aber auch eine neue Arbeitsdisziplin und eine neue Bewertung der Arbeit. Er läßt die kaufmännischen Interessen gewissermaßen zurücktreten und konzentriert sich auf die innere Organisation seines Betriebes. Das Prinzip der Zweckmäßigkeit, Planmäßigkeit und Kalkulierbarkeit, das in der Wirtschaft der führenden Länder seit dem 15. Jahrhundert maßgebend geworden ist, wird jetzt alleinherrschend. Der Unternehmer unterwirft sich diesem Prinzip ebenso rücksichtslos wie seine Arbeiter und Angestellten, und wird ebenso zum Sklaven seines Betriebes wie sein Personal.[65] Die Erhebung der Arbeit zu einer ethischen Macht, ihre Verherrlichung und Anbetung, ist im Grunde nichts als die ideologische Verklärung des Erfolgs- und Gewinnstrebens und ein Versuch, auch jene Elemente zum begeisterten Mittun anzuregen, die an den Früchten ihrer Arbeit den geringsten Anteil haben. Zu der gleichen Ideologie gehört auch die Idee der Freiheit. Der Unternehmer muß bei der riskanten Natur seines Geschäftes vollkommene Unabhängigkeit und Bewegungsfreiheit genießen, er darf durch keine äußere Einmischung in seiner Tätigkeit behindert, durch keine staatlichen Maßnahmen seinen Konkurrenten gegenüber benachteiligt werden. In dem Sieg dieses Prinzips über die mittelalterlichen und merkantilistischen Regulierungen besteht das Wesen der Industriellen Revolution.[66] Mit dem Prinzip des *laissez-faire* beginnt erst die moderne Wirtschaft, und die Idee der individuellen Freiheit setzt sich erst als die Ideologie dieses wirtschaftlichen Liberalismus durch. Diese Zusammenhänge verhindern freilich nicht, daß sowohl die Idee der Arbeit als auch die der Freiheit sich zu selbständigen ethischen Mächten entwickeln und oft in einem wirklich idealistischen Sinn ausgelegt werden. Um aber nicht zu vergessen, wie gering der Anteil dieses Idealismus an der Entstehung des wirtschaftlichen Liberalismus war, genügt es, sich vor Augen zu halten, daß man die Forderung der Gewerbefreiheit vor allem gegen den gelernten Meister richtete, um damit den einzigen Vorteil, den er dem bloßen Unternehmer gegenüber besaß, auszuschalten. Adam Smith selbst war noch weit davon entfernt, für die Rechtfertigung der freien Konkurrenz solche idealistischen Motive in Anspruch zu nehmen; er erblickte vielmehr in der Selbstsucht der Menschen und der Verfolgung von persönlichen Interessen die beste Garantie für das klaglose Funktionieren des wirtschaftlichen Organismus und die Verwirklichung des allgemeinen Wohls. Zu diesem Glauben an die Selbstregulierung der Wirtschaft und den automatischen Ausgleich der Interessen gehörte freilich der ganze Optimismus der Aufklärung; sobald dieser zu schwinden begann, wurde es immer schwieriger, die wirtschaftliche Freiheit mit den Interessen des allgemeinen Wohls zu identifizieren und im freien Wettbewerb einen Segen für alle zu erblicken.

Die distanzierte Einstellung des Autors zu seinen Figuren, sein streng intellektualistischer Standpunkt der Welt gegenüber, seine Zurückhaltung im Verhältnis zum Leser, kurz, seine klassizistisch-aristokratische Reserviertheit hört zur gleichen Zeit auf, als der wirtschaftliche Liberalismus sich durchzusetzen beginnt. Das Prinzip der freien Konkurrenz und das Recht zur persönlichen Initiative haben ihre Parallele in dem Wunsch des Autors, subjektives Gefühlsleben auszudrücken, seine eigene Persönlichkeit zur Geltung zu bringen und den Leser zum unmittelbaren Zeugen eines intimen Seelen- und Gewissenskampfes zu machen. Dieser Individualismus aber ist nicht nur einfach die Übersetzung des wirtschaftlichen Liberalismus ins Literarische, sondern auch ein Protest gegen jene Mechanisierung, Nivellierung und Entpersönlichung des Lebens, die mit der sich selbst überlassenen Wirtschaft verbunden ist. Der Individualismus überträgt das *laissez-faire* auf das moralische Leben, protestiert aber zugleich gegen eine Gesellschaftsordnung, in welcher der Mensch von seinen persönlichen Neigungen getrennt, zum Träger von indifferenten Funktionen, zum Abnehmer von standardisierten Waren und zum Figuranten in einer sich immer mehr uniformierenden Welt wird. Die zwei Grundformen der sozialen Kausalität, die Imitation und die Opposition, verbinden sich hier zur Erzeugung der romantischen Stimmung. Der Individualismus dieser Romantik ist einerseits ein Protest der progressiven Klassen gegen den Absolutismus und den staatlichen Interventionismus, andererseits aber auch ein Protest gegen diesen Protest, das heißt, gegen die Begleiterscheinungen und Folgen der Industriellen Revolution, in der die Emanzipation der Bourgeoisie ihren Abschluß findet. Der polemische Charakter der Romantik äußert sich vor allem darin, daß sie sich nicht nur in individualistischen Formen bewegt, sondern aus ihrem Individualismus ein

Programm macht. Sie vermag ihr Persönlichkeitsideal, so wie ihre Weltanschauung überhaupt, zunächst nur als Widerspruch und Verneinung zu formulieren. Starke, eigenwillige Individuen gab es immer, und seiner Individualität bewußt wurde sich der abendländische Mensch bereits in der Renaissance, einen Individualismus als Forderung und Protest gegen die Entpersönlichung des Zivilisationsprozesses aber gibt es erst seit der Mitte des 18. Jahrhunderts. Auch in der Literatur kamen Konflikte zwischen dem Ich und der Welt, der Persönlichkeit und der Gesellschaft, dem Bürger und dem Staat selbstverständlich schon früher vor, der Antagonismus wurde aber nie so empfunden, als ob er aus der individuellen Wesensart des mit dem Kollektivum zusammenstoßenden Charakters folgte. Der Konflikt ergab sich im Drama zum Beispiel nicht etwa aus dem Motiv der prinzipiellen Absonderung des Individuums von der Gesellschaft oder der bewußten Auflehnung des einzelnen gegen die gesellschaftlichen Bindungen, sondern aus einem konkreten, persönlichen Gegensatz zwischen den verschiedenen Figuren der Handlung. Die Erklärung der Tragik im älteren Drama aus der Idee der Individuation ist durchaus willkürlich und erweist sich bei näherer Betrachtung als eine unhaltbare, wenn auch noch so gefällige Konstruktion der romantischen Ästhetik. Vor dem Zeitalter der Romantik ist der Individualismus als Haltung nie problematisch geworden, er konnte also auch nicht zum Motiv eines dramatischen Konflikts werden.

Wie der Individualismus, so dient dem Bürgertum auch der Emotionalismus vor allem als ein Mittel, seine geistige Unabhängigkeit von der Aristokratie zum Ausdruck zu bringen. Man beteuert und betont seine Gefühle, nicht weil man etwa plötzlich stärker und inniger empfinden würde, sondern man suggeriert sich und übertreibt diese Gefühle, weil sie eine der aristokratischen Haltung gegensätzliche Attitüde darstellen. Der so lange verachtete Bürger bespiegelt sich im eigenen Seelenleben und kommt sich um so wichtiger vor, je ernster er seine Gefühle, Stimmungen und Regungen nimmt. In den mittleren und unteren Schichten des Bürgertums, wo dieser Emotionalismus die tiefsten Wurzeln hat, ist allerdings der

Kult der Gefühle nicht nur eine auf den Erfolg gesetzte Prämie, sondern zugleich eine Entschädigung für die Erfolglosigkeit im praktischen Leben. Sobald aber die Gefühlskultur einmal ihre künstlerische Objektivation gefunden hat, macht sie sich von ihrem Ursprung mehr oder weniger unabhängig und geht ihre eigenen Wege. Der Sentimentalismus, der ursprünglich der Ausdruck des bürgerlichen Klassenbewußtseins war und seine Erklärung in der Ablehnung der aristokratischen Distanziertheit hatte, führt zu einem Kult der Sensibilität und Spontaneität, dessen Zusammenhang mit der antiaristokratischen Geistesverfassung des Bürgertums sich immer mehr verwischt. Ursprünglich war man gefühlsvoll und überschwenglich, weil die Aristokratie zurückhaltend und selbstbeherrscht war, bald werden aber Innigkeit und Expressivität zu künstlerischen Werten, deren Geltung auch die Aristokratie anerkennt. Man sucht die seelische Erschütterung und bringt es allmählich zu einer richtigen Virtuosität des Gefühls, man löst sich in Mitleid auf und verfolgt schließlich in der Kunst kein anderes Ziel mehr, als Affekte zu erregen und Sympathien zu erwecken. Das Gefühl wird zum sichersten Vehikel zwischen Künstler und Publikum und zum ausdrucksfähigsten Mittel der Interpretation der Wirklichkeit; sich vor dem Gefühlsausdruck verschließen bedeutet jetzt, auf die künstlerische Wirkung schlechthin verzichten, und gefühllos sein, heißt stumpf sein.

Auch die Sittenstrenge des Bürgertums ist, so wie sein Individualismus und Emotionalismus, eine Waffe, die es gegen die Lebensanschauung der höfischen Kreise richtet. Sie ist nicht sowohl die Fortsetzung der alten bürgerlichen Tugenden der Einfachheit, Redlichkeit und Frömmigkeit, als vielmehr ein Protest gegen die Frivolität und die Verschwendung einer Gesellschaftsschicht, für deren Leichtsinn andere aufzukommen haben. Das Bürgertum spielt seine Sittsamkeit, namentlich in Deutschland, vor allem gegen die Unmoral der Fürsten aus, die es nur auf diese indirekte Art anzugreifen wagt. Es ist aber auch gar nicht nötig, von ihrer Verderbtheit ausdrücklich zu sprechen, es genügt, die Sitten des Bürgers zu loben, und jeder weiß, was damit gemeint ist.[67] Es ereignet sich übrigens wieder, was sich im 18. Jahrhundert regelmäßig wiederholt: die Aristokratie akzeptiert die Gesichtspunkte und Wertmaßstäbe des Bürgertums; die Tugend wird auch in den oberen Schichten Mode, so wie es die Empfindsamkeit geworden ist. Mit der Ausnahme von einigen Spezialisten des obszönen Genres wünschen nicht einmal die französischen Romanciers mehr, in den Verruf der Frivolität zu kommen; das Lob der Tugend und die Verdammung des Lasters, das ist, was jetzt vom Publikum gesucht wird. Schon Rousseau hätte vielleicht den Moralpredigten in seinen Werken weniger Raum gegeben, wenn er nicht gewußt hätte, daß Richardson seinen Erfolg zum großen Teil solchen Exkursen verdankte.[68]

Wenn aber die Neigung zum Individualismus, Emotionalismus und Moralismus gewissermaßen noch in der Natur des bürgerlichen Geistes lag, so rief die Literatur der Vorromantik jedenfalls auch Eigenschaften hervor, die seiner früheren Disposition fremd waren; so vor allem den dem ehemaligen bürgerlichen Optimismus widersprechenden Hang zur Melancholie, zu elegischen Stimmungen, ja, zu einem entschiedenen Pessimismus. Die Erklärung dieses Phänomens ist wieder nicht etwa in einem spontanen Stimmungswechsel, sondern in sozialen Verschiebungen und Umschichtungen zu suchen. Die Träger der romantischen Bewegung sind vor allem nicht mehr die gleichen Elemente des Bürgertums, die in der ersten Hälfte des Jahrhunderts das bürgerliche Kontingent des Lesepublikums bildeten. Es sind niedrigere Schichten, die jetzt zu Wort kommen, solche, die mit der Aristokratie in keiner geistigen Berührung stehen und zum Optimismus weniger Grund haben als die Bourgeoisie, die zu den wirtschaftlich privilegierten Klassen gehört. Aber auch das alte Lesepublikum, die mit dem Adel sich vermischende Bourgeoisie, hat sich in ihrer seelischen Haltung verändert. Ihre Siegesstimmung, ihre Zuversicht, ihre Selbstsicherheit, die zur Zeit ihrer ersten Erfolge fast grenzenlos war, beruhigt und verflüchtigt sich. Sie gewöhnt sich an den Besitz des Erworbenen, fängt an, sich dessen, was ihr versagt blieb, bewußt zu werden, und fühlt sich vielleicht auch schon durch die von unten aufstrebenden Schichten bedroht. Das Elend der Ausgebeuteten wirkt jedenfalls beunruhigend und drückend. Eine tiefe Schwermut erfaßt die Seelen; man sieht überall die Schattenseiten und Unzulänglichkeiten des Daseins; der Tod, die Nacht, die Einsamkeit, die Sehnsucht nach einer fernen, unbekannten, der Gegenwart entrückten Welt werden zu den Hauptmotiven der Dichtung, und man ergibt sich dem Rausch des Leidens, so wie man sich der Wollust der Empfindsamkeit ergeben hat.

Die bürgerliche Literatur hatte in der ersten Hälfte des Jahrhunderts noch einen durchaus praktisch-realistischen Charakter; sie war von einem gesunden Realitätssinn getragen und von einer Liebe zur unmittelbaren Wirklichkeit erfüllt. Nach der Jahrhundertmitte besteht sie auf einmal aus lauter Fluchtversuchen, dem Versuch vor allem, aus der strengen Vernünftigkeit und Bewußtheit in die unverantwortliche Emotionalität, aus der Kultur und Zivilisation in den unverbindlichen Naturzustand und der eindeutigen Gegenwart in die beliebig deutbare Vergangenheit zu fliehen. Spengler bemerkt einmal, wie sonderbar und beispiellos der Kult der Ruine im 18. Jahrhundert gewesen sei;[69] ebenso sonderbar war aber auch die Sehnsucht des Kulturmenschen nach dem primitiven Naturzustand und ebenso beispiellos das selbstmörderische Sichauflösen der Vernunft im chaotischen Gefühl, lauter Tendenzen, die sich in der englischen Literatur schon vor dem Auftreten Rousseaus bemerkbar machen. Im Gegensatz zur Sehnsucht nach der historischen Vergangenheit, die erst ein Produkt der Romantik war, hatte die Sehnsucht nach der Natur als Zuflucht vor der Konventionalität der Zivilisation eine lange Vorgeschichte. Sie kam, wie wir wissen, in der Form der Bukolik auf der Höhe der städtischen und höfischen Kulturen wiederholt zur Erscheinung, und zwar unabhängig vom Naturalismus als künstlerischer Stilrichtung, oft sogar im Gegensatz dazu. Die Liebe zur Natur trägt auch im 18. Jahrhundert noch einen eher moralischen als ästhetischen Charakter und hat mit dem späteren naturalistischen Interesse an der Wirklichkeit so gut wie nichts zu tun. Für die Dichter der Vorromantik besteht zwischen dem braven, einfachen, in bescheidenen bürgerlichen Verhältnissen lebenden

Mann, der in der Literatur – unter anderen bei Goldsmith – jetzt zum erstenmal als Idealgestalt erscheint, und der „Unschuld der Natur" eine unmittelbare ideelle Beziehung; sie betrachten die ländliche Natur als den passendsten, harmonischsten Hintergrund für das Tun und Lassen eines solchen Mannes. Sie sehen die Natur aber weder genauer, noch gehen sie bei ihrer Schilderung auf intimere Züge ein, als es der normalen, kontinuierlichen Entwicklung der Ausdrucksmittel entsprechen würde. Ihre Beziehung zur Natur hat nur andere moralische Voraussetzungen als die ihrer Vorgänger. Die Natur ist auch für sie der Ausdruck der göttlichen Idee, und sie deuten sie noch immer nach dem Prinzip des „Deus sive natura"; eine unmittelbarere, voraussetzungslosere Einstellung zur Natur wird erst das 19. Jahrhundert haben. Die Generation der Vorromantik erlebt sie aber bereits, im Gegensatz zu früheren Zeiten, als die Offenbarung von sittlichen, nach menschlichen Moralbegriffen waltenden Mächten. Die wechselnden Jahres- und Tageszeiten, die stille Mondnacht und der tobende Sturm, die geheimnisvolle Gebirgslandschaft und die unergründliche See, all das bedeutet für sie ein großartiges Drama, ein Schauspiel, das die Wendungen des menschlichen Schicksals ins Große überträgt. Die Natur nimmt jetzt in der Dichtung vor allem einen viel größeren Raum ein als früher, und die Romantik eröffnet auch damit den Weg einer neuen Entwicklung gegenüber dem Klassizismus, der sich auf das rein Menschliche beschränkt; sie bedeutet aber noch immer keinen Bruch mit dem Anthropozentrismus der älteren Dichtung, sondern nur den Übergang vom Humanismus der Aufklärung zum Naturalismus der Gegenwart. Der uneinheitliche Charakter der Naturauffassung der Vorromantik äußert sich auch im englischen Garten, dem großen Sinnbild des Zeitalters, das vollkommen natürliche und durchaus künstliche Züge in sich vereinigt. Er ist ein Protest gegen alles Gerade, Steife, Geometrische und ein Bekenntnis zum Organischen, Unregelmäßigen und Pittoresken; er stellt aber mit seinen künstlichen Hügeln, Baumgruppen, Teichen, Inseln, Brücken, Grotten und Ruinen ein ebenso unnatürliches Gebilde dar wie der französische Park, nur daß er sich nach anderen Geschmacksregeln richtet. Wie weit entfernt man übrigens noch von einer eindeutigen Ablehnung des Klassizismus ist, zeigt am besten die Tatsache, daß die gleichen Künstler, die romantisch-pittoreske Gärten entwerfen, die manieristische Richtung Palladios befolgen, wenn sie Paläste zu bauen haben. Der gotisierende Stil, der jetzt aufkommt, wird nur bei Bauten von geringerer Bedeutung, wie Villen und landhausartigen Schlössern, verwendet.[70] Die oberen Schichten machen in der Kunst einen wesentlichen Unterschied zwischen repräsentativen und privaten Zwecken und empfinden die antiklassizistisch-romantische Form nur für die letzteren als geeignet. Ein Horace Walpole, der sein Schloß Strawberry Hill im gotischen Stil erbauen läßt und mit seinem *Castle of Otranto* gleichzeitig die Mode der mittelalterlichen Romanstoffe einführt, ist alles nur kein romantischer Geist; er bekennt sich vielmehr, wenn es sich um die große, repräsentative Kunst handelt, stets zu den herkömmlichen klassischen Idealen. Wenn aber sein Experimentieren mit den Motiven aus dem Mittelalter auch nur der Ausdruck einer spielerischen Neuerungssucht ist, wie mit Recht behauptet wurde,[71] die romantische Geschmacksrichtung dieser Experimente ist darum als Zeitsymptom nicht weniger bedeutungsvoll.

Bei stilgeschichtlichen Bewegungen wie der romantischen ist es fast unmöglich, einen bestimmten Anfang festzustellen; sie gehen oft auf Tendenzen zurück, die plötzlich auftauchen und mangels entsprechenden Anklangs wieder fallen gelassen werden, kurz, sie bleiben individuelle Versuche ohne besondere soziologische Relevanz. „Romantische" Stilerscheinungen gibt es schon im 17. Jahrhundert, und in der ersten Hälfte des 18. begegnen wir ihnen bereits auf Schritt und Tritt. Von einer romantischen Bewegung im eigentlichen Sinne kann jedoch vor dem Auftreten Richardsons kaum gesprochen werden; die wesentlichen Merkmale der Stilrichtung erscheinen erst bei ihm vereinigt. Und er findet eine so glückliche Formel für die neue Geschmacksrichtung, daß die ganze romantische Literatur mit ihrem Subjektivismus und Sentimentalismus von ihm auszugehen scheint. Jedenfalls hat ein so mittelmäßiger Künstler nie eine so tiefe und nachhaltige

Wirkung ausgeübt; nie hat, mit anderen Worten, die geschichtliche Bedeutung eines Künstlers so vollkommen außerhalb seines Künstlertums liegende Gründe gehabt. Entscheidend für Richardsons Einfluß war, daß er als erster den neuen bürgerlichen Menschen mit seinem Privatleben, im Rahmen seiner Häuslichkeit, von seinen Familienangelegenheiten in Anspruch genommen, um verlogene Abenteuer und Wunder unbekümmert, zum Mittelpunkt eines literarischen Werkes gemacht hat. Es sind gewöhnliche Bürgerleute, keine Helden und Schelme, deren Geschichte er erzählt, und einfache, intime Herzensangelegenheiten, keine pathetisch-heroischen Taten, um die es ihm zu tun ist. Er verzichtet auf die Häufung von bunten und phantastischen Episoden und konzentriert sich ganz auf das Seelendrama seiner Helden. Es ist eine dünne Fabel, die den epischen Stoff seiner Romane bildet, ein bloßer Vorwand zur Gefühlsanalyse und Gewissensprüfung. Seine Gestalten sind durch und durch romantisch, doch frei von jedem romanesken, jedem pikaresken Zug.[72] Er ist auch der erste, der keine genau definierbaren Typen mehr schafft; er stellt das bloße Fluten und Fluktuieren der Gefühle und Leidenschaften dar, – die Charaktere als solche sind ihm eigentlich gleichgültig.

Mit der Verengung der Welt des Romans auf das bescheidene, oft idyllische Privatdasein des Mittelstandes, der Beschränkung der Motive auf die einfachen, großen Urtatsachen des Familienlebens, der Vorliebe für anspruchslose, unauffällige Schicksale und Charaktere, kurz, mit der Verbürgerlichung und Verhäuslichung des Romans, geht seine Ethisierung Hand in Hand. Dieser Prozeß hängt aber nicht nur mit dem Schichtwechsel im Lesepublikum und dem Eintritt des Mittelstandes in die Literatur zusammen, sondern auch mit der allgemeinen „Repuritanisierung“ der englischen Gesellschaft, die sich um die Mitte des Jahrhunderts vollzieht und das Publikum der neuen Literatur an und für sich erweitert.[73] Der Hauptzweck des Familien- und Sittenromans ist ein didaktischer, und Richardsons Romane sind im wesentlichen nichts als moralische Traktate in der Form von rührenden Liebesgeschichten. Der Autor übernimmt die Rolle des

Seelsorgers, erörtert die großen Lebensprobleme, zwingt den Leser zur Selbstprüfung, klärt seine Zweifel auf und steht ihm mit väterlichem Rat bei. Man hat ihn mit Recht einen „protestantischen Beichtvater" genannt und seine Bücher sind nicht umsonst von der Kanzel empfohlen worden. Ihre Wirkung ist erst zu begreifen, wenn man sich ihre doppelte Funktion als Unterhaltungs- und Erbauungsliteratur vor Augen hält und bedenkt, daß sie als die Familienlektüre des Mittelstandes nicht nur ein neues Bedürfnis befriedigten, sondern ein altes ausschalteten und die Lektüre der Bibel und Bunyans verdrängten.[74] Es ist heute, im Zeitalter einer im Subjektivismus bereits längst befestigten Literatur, schwer zu erklären, was die Zeitgenossen an diesen Romanen so zu fesseln und zu erschüttern vermochte; man darf aber nicht vergessen, daß es in der damaligen Literatur noch nichts gab, was mit der Intimität und der nervösen Empfindsamkeit ihrer Gefühlsschilderung vergleichbar gewesen wäre. Ihr Expressionismus wirkte wie eine Offenbarung und die Unmittelbarkeit der Selbstenthüllung ihrer Figuren schien geradezu unübertrefflich zu sein, wie gekünstelt und gezwungen uns auch heute der Ton dieser Konfessionen erscheinen mag. Damals war es aber ein neuer Ton, ein Ton aus der Tiefe der im Lebenskampf unsicher gewordenen und einen neuen Halt suchenden christlichen Seele. Das Bürgertum erfaßte sofort die Bedeutung der neuen Psychologie und begriff, daß in der Gefühlsintensität und Innigkeit dieser Romane sein Eigenstes zum Ausdruck kam. Es fühlte, daß eine eigene bürgerliche Kultur nur von hier ausgehen konnte, und beurteilte die Romane Richardsons nicht nach den herkömmlichen Geschmackskriterien, sondern ausschließlich nach den Prinzipien der bürgerlichen Ideologie. Es entwickelte aus ihrer sozialen Wesensart neue ästhetische Wertmaßstäbe, vor allem die der subjektiven Wahrheit, der Sensibilität und der Intimität, und begründete damit die Ästhetik des modernen Lyrismus. Aber auch die oberen Schichten waren sich der sozialen Bedeutung dieser Bekenntnisliteratur bewußt und lehnten ihren plebejischen Exhibitionismus zunächst mit Widerwillen ab. Horace Walpole nennt die Romane Richardsons öde Jammergeschichten, die das Leben so schildern, wie es ein Buchhändler oder ein methodischer Prediger sieht. Voltaire schweigt über Richardson und selbst ein d'Alembert äußert sich über ihn sehr zurückhaltend. Die gute Gesellschaft macht sich die subjektive Kunstauffassung der Romantik erst zu eigen, als ihr sozialer Ursprung bereits verwischt ist und ihre soziale Funktion sich teilweise geändert hat.

Ebenso fremd wie der Subjektivismus ist den oberen Schichten auch die Erfolgsmoral Richardsons. Seine Empfehlungen und Ermahnungen, die dem aufstrebenden Bürgertum den Weg zum Arrivieren weisen, bilden eine Tugendlehre, mit der die Aristokratie und die Großbourgeoisie nichts anzufangen wissen. Es ist die Moral des fleißigen Gehilfen, der die Tochter seines Meisters heiratet, so wie ihn Hogarth dargestellt hat, oder der tugendhaften Jungfrau, die schließlich von ihrem Herrn geheiratet wird, so wie sie Richardson selbst schildert und mit ihr eines der populärsten Motive in die neuere Literatur einführt. *Pamela* ist der Prototyp aller modernen Wunschtraumgeschichten dieser Art. Die Entwicklung des Motivs führt von Richardson zu den Filmen unserer Tage, in welchen die unwiderstehliche, aber allen Verführungskünsten widerstehende Privatsekretärin ihren übermütigen Chef dazu bringt, sie regelrecht zu heiraten. Richardsons moralisierende Romane enthalten den Keim der unmoralischsten Kunst, die es je gab, nämlich die Anregung zu jenen Wunschphantasien, in denen die Anständigkeit nur ein Mittel zum Zweck ist, und die Verführung, sich mit bloßen Illusionen abzugeben, statt sich um die Lösung von wirklichen Lebensaufgaben zu bemühen.[75] Sie bezeichnen auch damit eine der wichtigsten Zäsuren in der Geschichte der neueren Literatur: vorher waren die Werke der Dichter entweder wirklich moralisch oder unmoralisch, seither sind die Bücher, die moralisch erscheinen wollen, zumeist nur moralisierend. Der Bürger verliert im Kampf gegen die oberen Schichten seine Unschuld und wird, da er seine Tugend allzuoft zu betonen hat, zum Heuchler.

Die autographische Form des neueren Romans, sei es die Ich-Erzählung, die Brief- oder die Tagebuchtechnik, dient nur zur Steigerung seines Expressionismus und ist nur ein Mittel, die Wendung der Aufmerksamkeit von außen nach innen zu betonen. Die Verringerung des Abstandes zwischen dem Subjekt und dem Objekt wird von nun an zum Hauptziel jeder literarischen Bemühung. Mit dem Streben nach dieser psychologischen Distanzlosigkeit verändern sich sämtliche zwischen dem Autor, dem Helden und dem Leser bestehenden Beziehungen: es verändert sich nicht nur das Verhältnis des Autors zu seinem Publikum und den Gestalten seines Werkes, es verändert sich auch die Attitüde des Lesers zu diesen Gestalten. Der Autor macht den Leser zum Vertrauten und richtet seine Worte in einer direkten, gleichsam vokativischen Form an ihn. Sein Ton ist befangen, nervös, gepreßt, als ob er stets von sich selbst sprechen würde. Er identifiziert sich mit seinem Helden und verwischt die Grenzen zwischen Fiktion und Realität. Er schafft für sich und seine Figuren ein Zwischenreich, das der Welt des Lesers bald entrückt, bald damit verquickt ist. Balzacs Einstellung zu den Gestalten seiner Romane, von denen er wie von persönlichen Bekannten zu sprechen pflegte, hat vor allem hier ihren Ursprung. Richardson verliebt sich in seine Heldinnen und vergießt bittere Tränen über ihr Schicksal; aber auch seine Leser sprechen und schreiben über Pamela, Clarissa und Lovelace, als ob sie wirkliche, lebende Menschen wären.[76] Es entsteht eine bisher unerhörte Intimität zwischen dem Publikum und den Helden der Romane; der Leser verleiht ihnen nicht nur eine breitere Existenz als die in den Grenzen des jeweiligen Werkes eingeschlossene, er stellt sie sich nicht nur in Situationen vor, die mit dem Werk selbst nichts zu tun haben, er bringt sie auch fortwährend in Beziehung zu seinem eigenen Leben, seinen eigenen Problemen und Zielen, seinen eigenen Hoffnungen und Enttäuschungen. Sein Interesse an ihnen wird ein rein persönliches und er kann sie schließlich nur noch im Verhältnis zu seinem eigenen Ich begreifen. Man nahm sich natürlich auch früher schon ein Beispiel an den Helden der großen Ritter- und Abenteuerromane; sie waren Ideale – Idealisierungen von wirklichen Menschen und Idealbilder für Menschen von Fleisch und Blut. Dem gewöhnlichen Leser wäre es aber nie eingefallen, sich mit ihrem Maß zu messen und ihre Rechte auf sich zu beziehen. Die Helden bewegten sich von vornherein in einer anderen Sphäre als er; sie waren mythische Figuren und hatten im Guten wie im Bösen ein übermenschliches Format. Die Distanz des Symbols, der Allegorie oder des Märchens trennte sie von der Welt des Lesers und verhinderte eine allzu unmittelbare Berührung mit ihnen. Jetzt scheint es dem Leser dagegen, als ob der Romanheld nur sein – des Lesers – unerfülltes Leben zur Vollendung bringen und seine versäumten Möglichkeiten verwirklichen würde. Denn wer war nicht einmal nahe daran, einen Roman zu erleben und so etwas wie ein Romanheld zu werden! Von solchen Illusionen leitet der Leser sein Recht her, sich mit dem Helden in eine Reihe zu stellen und seine Exzeptionalität, seine Exterritorialität im Leben, für sich in Anspruch zu nehmen. Richardson fordert den Leser geradezu auf, sich in die Lage des Romanhelden zu versetzen, sein Dasein zu romantisieren, und ermutigt ihn dazu, sich von der Erfüllung der Pflichten des unromantischen Alltags zu absentieren. Der Autor und der Leser werden auf diese Art die Hauptakteure des Romans; sie kokettieren beständig miteinander und unterhalten ein illegales, den Spielregeln widersprechendes Verhältnis zueinander. Der Autor spricht über die Rampe zum Publikum und die Leser finden ihn oft interessanter als seine Figuren. Sie genießen seine persönlichen Bemerkungen, Reflexionen, „Regieanweisungen" und nehmen es einem Sterne zum Beispiel durchaus nicht übel, daß er von seinen Randglossen kaum zur eigentlichen Erzählung kommt.

Sowohl für den Autor als auch für das Publikum ist das Werk vor allem Seelenausdruck, dessen Wert in der Unmittelbarkeit und Ichbezogenheit der geschilderten Erlebnisse besteht. Den Leser ergreift nur, was als ein aufwühlendes, verinnerlichtes, individuell schicksalhaftes Ereignis dargestellt ist. Das Werk muß, um zu wirken, ein einheitliches, geschlossenes Drama sein, das sich selbst aus lauter kleinen, auf einzelne Schlußeffekte zugespitzten „Dramen" zusammensetzt. Ein wirkungsvolles Werk entwickelt sich in einem steigenden Crescendo, von Pointe zu Pointe, von Höhepunkt zu Höhepunkt. Daher das Geladene, Forcierte und oft Krampfhafte des Ausdrucks, das die Schöpfungen der neueren Kunst und Literatur charakterisiert. Alles geht hier auf die unmittelbare Wirkung aus, alles zielt auf Überraschung und Verblüffung. Man will das Neue um der Neuheit willen; man sucht das Pikante und Ausgefallene, weil es ein Nervenkitzel ist. Aus diesem Bedürfnis entstehen die ersten Schauergeschichten und die ersten „historischen" Romane mit ihrer geheimnisvollen, vom falschen Pathos der Geschichte erfüllten Stimmung. All das bedeutet eine Senkung des Niveaus und kündigt den Anfang eines Verfalls an. Die künstlerische Kultur des 19. Jahrhunderts ist der des 18. Jahrhunderts in mancher Hinsicht überlegen, sie weist aber einen Mangel auf, der dem Zeitalter des Rokokos unbekannt war: es fehlen ihr die sicheren und ausgeglichenen, wenn auch nicht immer die biegsamsten Geschmackskriterien der höfischen Kunst. Es gab selbstverständlich auch schon vor der romantischen Bewegung schwache und unbedeutende künstlerische Produkte, doch hatte alles, was nicht rein dilettantisch war, ein gewisses Niveau und es entstanden weder literarische Werke, die mit der billigen Psychologie und dem kitschigen Sentimentalismus der späteren Unterhaltungsliteratur, noch Werke der bildenden Kunst, die mit der Abgeschmacktheit der Neugotik etwas gemein hatten. Diese Erscheinungen treten erst auf mit dem Übergang der geistigen Führung von den oberen Schichten auf den Mittelstand, obwohl sie nicht immer in den unteren Schichten selbst entstehen. Das Geschmackskriterium erweist sich übrigens bei der Beurteilung einer Wendung wie der hier in Frage stehenden viel zu eng und unfruchtbar, um dabei zu verharren. Der „gute Geschmack" ist nicht nur ein historisch und soziologisch relativer Begriff, er hat auch als ästhetische Wertkategorie nur eine beschränkte Geltung. Die Tränen, die man im 18. Jahrhundert über Romane, Theaterstücke, Musikwerke vergießt, sind nicht nur das Zeichen eines Geschmackswandels und der Verschiebung der ästhetischen Werte vom Exquisiten und Zurückhaltenden zum Drastischen und Aufdringlichen, sie bezeichnen zugleich den Anfang einer neuen Phase in der Entwicklung jener abendländischen Sensibilität, deren erster Triumph die Gotik war und deren Höhepunkt die Kunst des

19. Jahrhunderts sein wird. Diese Wendung bedeutet einen viel radikaleren Bruch mit der Vergangenheit als die Aufklärung selber, die ja nur die Fortsetzung und die Vollendung einer seit dem Ende des Mittelalters im Gange befindlichen Entwicklung darstellt. Einer Erscheinung wie dem Anfang dieser neuen Gefühlskultur gegenüber, die zu einem völlig neuen Begriff des Dichterischen führt, versagt der bloße Geschmacksstandpunkt. „La poésie veut quelque chose d'énorme et sauvage" heißt es schon bei Diderot,[77] und wenn dieses Wilde und Verwegene auch nicht sogleich verwirklicht wird, so steht es doch vor den Augen der Dichter als Kunstideal, als die unabweisbare Forderung, zu rühren, zu überwältigen, die Herzen zu betören und zu zerreißen. Die „Geschmacklosigkeiten" der Vorromantik bilden den Ursprung einer Entwicklung, der zum Teil das Wertvollste der Kunst des 19. Jahrhunderts angehört. Balzacs Ungestüm, Stendhals Differenziertheit, Baudelaires Sensibilität sind ohne sie ebenso undenkbar wie der Sensualismus Wagners, der Spiritualismus Dostojewskis und die Nervosität Prousts.

Die bei Richardson in Erscheinung tretenden romantischen Tendenzen erhielten zuerst durch Rousseau ein europäisches Format und eine allgemeingültige, allgemein anwendbare Form. Der Irrationalismus, der sich in England nur langsam durchsetzen konnte, wurde im Ausland weiterentwickelt, und zwar durch einen Schweizer, den M^me^ de Staël mit gutem Grund als den Vertreter des nordischen, das heißt des deutschen Geistes in der französischen Literatur bezeichnet hat. Die westeuropäischen Nationen waren von den Ideen der Aufklärung, ihrem Rationalismus und Materialismus, so tief durchdrungen, daß die gefühlsmäßige und spiritualistische Geistesrichtung bei ihnen zunächst auf energischen Widerstand stieß und selbst in einem Fielding, der doch den gleichen Mittelstand wie Richardson vertrat, einen erbitterten Gegner fand. Rousseau trat an die Probleme der Zeit viel voraussetzungsloser heran als die geistigen Repräsentanten des aufgeklärten Westens. Er gehörte nicht nur dem verhältnismäßig traditionslosen Kleinbürgertum an, er war auch ein Entwurzelter, der sich nicht einmal an die Konventionen dieses

Standes gebunden fühlte. Solche Konventionen waren übrigens in der vom höfischen Leben unberührten und von der Aristokratie unbeeinflußten Schweiz an und für sich elastischer als in Frankreich oder England. Der Emotionalismus, der bei Richardson und den anderen Vertretern der englischen Vorromantik nicht immer direkt gegen die Verstandeskultur der Aufklärung gerichtet war und den Gegensatz zu ihr oft nur latent enthielt, nahm bei Rousseau den Charakter einer offenen Empörung an. Sein „Zurück zur Natur!" hatte letzten Endes einen einzigen Beweggrund: den Widerstand gegen eine Entwicklung, die zur sozialen Ungleichheit geführt hat, zu stärken. Er wendete sich gegen die Vernunft, weil er im Prozeß der Intellektualisierung auch den der Vergesellschaftung erkannte. Der Rousseauische Primitivismus war zwar nur eine Variante des arkadischen Ideals und eine Form jener Erlösungsphantasien, denen man in allen kulturmüden Zeiten begegnet,[78] bei Rousseau wurde aber das „Unbehagen in der Kultur", das vor ihm so viele Generationen empfunden hatten, zum erstenmal bewußt, und er war der erste, der aus diesem Kulturüberdruß eine eigene Geschichtsphilosophie entwickelte. Die eigentliche Originalität Rousseaus bestand in seiner für den Humanismus der Aufklärung ungeheuerlichen These, daß der Kulturmensch eine Degenerationserscheinung und die ganze historische Kultur ein Verrat an der ursprünglichen Bestimmung der Menschheit sei, daß also die Grunddoktrin der Aufklärung, der Glaube an den Fortschritt, sich bei näherer Betrachtung als Aberglaube erweise. Eine solche Umwertung der Werte konnte nur bei einem radikalen Wechsel der gesellschaftlichen Orientierung eintreten und kann nur damit erklärt werden, daß die durch Rousseau repräsentierten Schichten es nicht mehr für möglich hielten, die Gekünsteltheit und Konventionalität der höfischen Kultur mit den Mitteln der Aufklärung zu bekämpfen; sie suchten nach Waffen, die nicht mehr aus dem geistigen Arsenal ihrer Feinde stammten. In der Kritik, die Rousseau an der Kultur des Rokokos und der Aufklärung übte, der Enthüllung ihres mechanischen, oft seelenlosen Formalismus, dem er die Idee der Spontaneität und der Organik entgegensetzte, drückte sich aber nicht nur das Bewußtsein der Kulturkrise aus, in der das Abendland sich bereits seit dem Untergang der christlich-mittelalterlichen Einheit befunden hatte, sondern der moderne Kulturbegriff überhaupt, der den Antagonismus von Seele und Form, Spontaneität und Tradition, Natur und Geschichte in sich schloß. Die Entdeckung dieser Spannung ist die epochale Tat Rousseaus. Die Gefahr seiner Lehre bestand jedoch darin, daß er mit seiner einseitigen Stellungnahme für das Leben und gegen die Geschichte, seiner Flucht in den Naturzustand, die nichts als ein Sprung ins Ungewisse war, jenen nebulosen „Lebensphilosophien" den Weg bereitete, die aus Verzweiflung über die scheinbare Ohnmacht des rationalen Denkens für den Selbstmord der Vernunft plädieren.

Die Ideen Rousseaus lagen in der Luft; er sprach nur aus, was viele seiner Zeitgenossen fühlten, nämlich, daß sie vor einer Wahl standen und sich entweder für den Voltairianismus mit seiner Vernünftigkeit und Respektabilität oder für die Preisgabe der historischen Traditionen und einen ganz neuen Anfang zu entscheiden hatten. Die Geschichte der europäischen Kultur kennt keine persönliche Beziehung von tieferer symbolischer Bedeutung als die zwischen Voltaire und Rousseau. Diese zwei Zeitgenossen, wenn auch nicht gerade Generationsgenossen, die durch unzählige sachliche und persönliche Fäden miteinander verbunden waren, die gemeinsame Freunde und Anhänger hatten, die beide zu den Mitarbeitern einer weltanschaulich so scharf umrissenen literarischen Unternehmung wie der *Encyclopédie* gehörten und als die zwei einflußreichsten Wegbereiter der Revolution angesehen werden können, standen auf den zwei entgegengesetzten Seiten der großen Wasserscheide, die das moderne, individualistische und anarchische Europa von einer Welt trennte, in der die Bindungen der alten formalistischen Kultur noch nicht gänzlich gelöst waren. Rousseaus Naturalismus bedeutet die Verneinung von all dem, was für Voltaire den Inbegriff der Kultur bildete, vor allem den Grenzen des noch zulässigen, mit den Regeln der Dezenz und der Selbstachtung vereinbaren Subjektivismus. Vor Rousseau sprach ein Dichter, außer in gewissen Formen der Lyrik, nur indirekt von sich, nach ihm sprach er kaum mehr von etwas anderem und tat es in der ungeniertesten Weise. Seither entstand erst jener Begriff der Erlebnis- und Bekenntnisliteratur, der auch für Goethe maßgebend war, als er von seinen Werken erklärte, daß sie alle nur die „Bruchstücke einer großen Konfession" seien. Die Manie der Selbstbeobachtung und Selbstbespiegelung in der Literatur und die Ansicht, daß ein Werk um so wahrer und überzeugender sei, je unmittelbarer der Autor sich darin zu erkennen gibt, gehören zur geistigen Erbschaft Rousseaus. In den nächsten hundert bis hundertundfünfzig Jahren steht alles, was in der abendländischen Literatur von Bedeutung ist, im Zeichen dieses Subjektivismus. Nicht nur Werther, René, Obermann, Adolphe, Jacopo Ortis gehören zur Nachfolge von Saint-Preux, auch die späteren großen Romanhelden – von Balzacs Lucien de Rubempré, Stendhals Julien Sorel, Flauberts Frédéric Moreau und Emma Bovary bis Tolstois Pierre, Prousts Marcel und Thomas Manns Hans Castorp – stammen von ihm ab. Alle leiden sie an der Diskrepanz von Traum und Wirklichkeit und sind die Opfer des Konflikts zwischen ihren Illusionen und dem praktischen, banalen, bürgerlichen Leben. Das Motiv kommt zwar erst im *Werther* voll zur Geltung – und man muß sich den ersten Eindruck dieser Errungenschaft vergegenwärtigen, um die unerhörte Wirkung des Werkes auf die Zeitgenossen zu verstehen –, der Gegensatz ist aber in latenter Form schon in der *Nouvelle Héloïse* enthalten. Der Held steht auch hier nicht mehr individuellen Gegnern gegenüber, sondern einer Notwendigkeit, die er wohl noch nicht als vollkommen seelenlos und jeder Sinnhaftigkeit entkleidet ansieht, wie der Held des späteren Desillusionsromans, die er aber auch keineswegs mehr über sich erhebt, wie der tragische Held das Schicksal, das ihn vernichtet. Ohne den geschichtsphilosophischen Pessimismus Rousseaus und ohne seine Lehre von der Depraviertheit der Gegenwart ist aber der Desillusionsroman des 19. Jahrhunderts ebenso undenkbar wie die Konzeption der Tragik bei Schiller, Kleist und Hebbel.

Die Tiefe und der Umfang der Wirkung Rousseaus sind unermeßlich. Er gehört zu den Geistern, die, wie etwa Marx und Freud, innerhalb einer Generation das Denken von Millionen verändern, und zwar auch von vielen, die nicht einmal ihren Namen kennen. Am Ende des 18. Jahrhunderts gab es jedenfalls wenig denkende Menschen, die von den Ideen Rousseaus unberührt geblieben wären. Eine solche Wirkung ist nur möglich, wenn ein Schriftsteller im tiefsten Sinn der Repräsentant und der Ausdruck seiner Zeit ist. Mit Rousseau kommen in der Literatur die breiteren Schichten der Gesellschaft, das Kleinbürgertum und die undifferenzierte Masse der Armen, Unterdrückten und Rechtlosen zum erstenmal zu Wort. Die „Philosophen" der Aufklärung ergriffen zwar oft die Partei des Volkes, sie traten aber immer nur als seine Fürsprecher und Beschützer auf. Rousseau ist der erste, der als einer aus dem Volk selber spricht und der auch für sich spricht, wenn er es für das Volk tut; der nicht nur zur Empörung aufreizt, sondern selbst ein Empörer ist. Seine Vorläufer waren Reformer, Weltverbesserer, Menschenfreunde, er ist der erste wirkliche Revolutionär. Sie haßten den „Despotismus", agitierten gegen die Kirche und die positive Religion, begeisterten sich für England und die Freiheit, führten aber das Leben der oberen Schichten und fühlten sich, trotz ihrer demokratischen Sympathien, zu ihnen gehörig; Rousseau hingegen steht nicht nur auf der Seite der Ärmsten und Geringsten, setzt sich nicht nur für die unbedingte Gleichheit ein, sondern bleibt zeitlebens der Kleinbürger, als der er geboren wurde, und der Deklassierte, zu dem ihn seine Lebensverhältnisse gemacht haben. In seiner Jugend lernt er das wirkliche Elend kennen, das aus eigener Erfahrung keiner der Herren „Philosophen" kannte, und führt auch später noch das Leben eines Mannes aus den unteren Schichten des Mittelstandes, zeitweise sogar das eines Bauern. Vor ihm zählten sich die Schriftsteller, so niedrig auch ihre Herkunft sein mochte, an und für sich zu den besseren Leuten; ihr Gefühl für das Volk mag noch so tief gewesen sein, sie haben ihre Herkunft aus dem Volk eher zu verschweigen als zur Schau zu tragen gesucht. Rousseau betont dagegen bei jeder Gelegenheit, daß er mit den oberen Schichten keine wie immer geartete Gemeinschaft habe. Ob das einfach „Plebejerstolz" ist und ob es sich dabei um bloßes Ressentiment handelt, mag dahingestellt bleiben, entscheidend ist, daß zwischen Rousseau und seinen Gegnern nicht bloße Meinungsverschiedenheiten, sondern vitale Klassengegensätze bestehen. Voltaire sagte von Rousseau, daß er die zivilisierte Menschheit dazu bringen wolle, wieder auf allen vieren zu kriechen, und das muß die Meinung der ganzen gebildeten und konservativen Oberschicht gewesen sein. Für sie war Rousseau nicht nur ein Narr und Scharlatan, sondern auch ein gefährlicher Abenteuerer und Verbrecher. Voltaire protestierte jedoch nicht nur als der Bourgeois und der reiche Herr, der er war, gegen die plebejische Rührseligkeit, den kritiklosen Enthusiasmus und die historische Verständnislosigkeit Rousseaus, er sträubte sich auch als der nüchterne, skeptische, realistisch denkende Bürger und Forscher gegen die Abgründe des Irrationalismus, die Rousseau aufriß und die den Bau der Aufklärung zu verschlingen drohten. Wie groß tatsächlich diese Gefahr war und wie berechtigt die Befürchtungen Voltaires waren, zeigt das Schicksal der Aufklärung in Deutschland. In Frankreich aber hat Voltaire die Früchte seiner eigenen Wirksamkeit unterschätzt; hier waren die Errungenschaften des Rationalismus und des Materialismus nicht mehr zu vernichten.

Die soziologische Einordnung Rousseaus ist, trotz seiner ungemischt demokratischen Gefühle, durchaus nicht einfach. Die sozialen Beziehungen sind bereits so kompliziert, daß die subjektive Gesinnung nicht immer und nicht ausschließlich maßgebend ist, wenn es sich um die Rolle eines Schriftstellers im Gesellschaftsprozeß handelt. Voltaires Rationalismus erwies sich in mancher Hinsicht als progressiver und fruchtbarer denn der Irrationalismus Rousseaus. Dieser nimmt zwar einen radikaleren Standpunkt ein als die Enzyklopädisten und vertritt politisch breitere Schichten, nicht nur als Voltaire, sondern auch als Diderot, in seinen religiösen und moralischen Anschauungen aber ist er rückständiger als sie.[79] Und so wie sein Sentimentalismus tief bürgerlich und volkstümlich, sein Irrationalismus aber reaktionär ist, enthält auch seine Moralphilosophie einen inneren Widerspruch: sie trägt einerseits stark plebejische Züge, birgt aber andererseits den Keim eines neuen Aristokratismus in sich. Der Begriff der „schönen Seele“ setzt teils die restlose Auflösung der Kalokagathie voraus und bedeutet die vollkommene Verinnerlichung der menschlichen Werte, teils bringt er aber eine Ästhetisierung der Moral mit sich und ist mit der Betrachtung des sittlichen Wertes als einer Naturgegebenheit verbunden. Er bedeutet die Anerkennung eines Seelenadels, auf den zwar jeder von Natur aus ein Erbrecht hat, bei dem aber an die Stelle der irrationalen Geburtsrechte eine ebenso irrationale moralische Genialität tritt. Der Weg von der „inneren Schönheit“ Rousseaus führt einerseits zu Charakteren wie Dostojewskis Mischkin, der ein Heiliger in der Gestalt eines Epileptikers und Idioten ist, andererseits zu dem Ideal der individuellen moralischen Vollkommenheit, die über jeder sozialen Verantwortung und jeder Nützlichkeit für die Gesellschaft steht. Goethe, der Olympier, der an nichts als seine eigene innere Vollendung denkt, ist ebenso wie der junge, gegen jede Konvention revoltierende Freigeist, der den Werther schrieb, ein Rousseauianer.

Der Stilwandel, der sich in der Literatur mit der englischen Vorromantik und dem Werk Rousseaus vollzieht, die Ersetzung der objektiven, normativen Formen durch subjektivere und ungebundenere, äußert sich wohl am deutlichsten in der Musik, die jetzt zum erstenmal zu einer historisch repräsentativen und führenden Kunst wird. In keiner Kunstart ist der Umschwung mit solcher Plötzlichkeit und Heftigkeit eingetreten wie hier, wo schon die Zeitgenossen von einer „großen Katastrophe“ sprachen.[80] Der scharfe Generationsgegensatz zwischen Johann Sebastian Bach und seinen unmittelbaren Nachfolgern, die pietätlose Art vor allem, in der die junge Generation sich über seine veraltete Fugenform lustig macht, spiegelt nicht nur den Stilwechsel vom pathetischen und konventionellen Spätbarock zur innigen und schlichten Frühromantik, sondern auch den Übergang von einer noch wesentlich mittelalterlichen, additiven Kompositionsweise, die die übrigen Künste schon in der Renaissance überwunden hatten, zu einer gefühlsmäßig einheitlichen, konzentrierten, sich dramatisch entwickelnden Form. Nicht nur Bach persönlich war ein konservativer Künstler, die ganze Musik seiner Zeit erscheint, an dem Stand der anderen Künste gemessen, rückständig. Schon die unmittelbaren Nachfolger Bachs konnten den Stil des Meisters mit Recht als „scholastisch" bezeichnen, denn wie tiefempfunden und oft gerade durch ihre Gefühlstiefe packend auch dieser Stil ist, den Vertretern der neuen subjektivistischen Richtung mußte die starre, feierliche Form, die gelehrte, pedantische Kontrapunktik und die ganze unpersönlich konventionelle Ausdrucksweise der Bachschen Kompositionen als antiquiert erscheinen, wenn sie ihren eigenen Begriff der Einfachheit, Unmittelbarkeit und Innigkeit zum Maßstab nahmen. Wesentlich war auch für sie, so wie für die Vertreter der literarischen Romantik, die Darstellung des Gefühlsablaufs als eines einheitlichen Geschehens mit einer Steigerung und einem Höhepunkt, womöglich mit einem Konflikt und einer Lösung, im Gegensatz zur Schilderung eines konstanten, über den ganzen Satz sich gleichmäßig ausbreitenden Gefühls.[81] Ihre Empfindungen waren weder tiefer noch intensiver als die ihrer Vorgänger, sie nahmen sie nur ernster und wollten sie als wichtiger erscheinen lassen, darum dramatisierten sie sie. Diese Tendenz zur Dramatisierung unterschied eigentlich die neuen geschlossenen Formen des Liedes und der Sonate von den alten „Fortspinnungstypen" der Fuge, der Passacaglia, der Chaconne und den anderen imitations- und sequenzartigen Formen.[82] Die ältere Musik wirkte schon infolge der gleichmäßigen Behandlung des emotionalen Inhalts als beherrscht und maßvoll, wogegen die neuere Musik mit ihrem beständigen Wechsel von Auf und Ab, Spannung und Lösung, Exposition und Durchführung an und für sich beunruhigend und aufregend wirkte. Die „dramatische", auf pikante Schlußeffekte gerichtete Ausdrucksweise hatte vor allem darin ihre Erklärung, daß der Komponist sich einem Publikum gegenüber befand, dessen Aufmerksamkeit durch wirkungsvollere Mittel geweckt und gefesselt werden mußte als die des älteren Publikums. Aus lauter Angst, den Kontakt mit seinen Zuhörern zu verlieren, entwickelte er das Musikstück zu einer Folge von immer neuen Impulsen und steigerte es von einer expressiven Intensität zur anderen.

Bis zum 18. Jahrhundert war jede Musik mehr oder weniger Gebrauchsmusik; sie wurde im Auftrag eines Fürsten, der Kirche oder des städtischen Magistrats geschrieben und hatte die Aufgabe, eine Hofgesellschaft zu unterhalten, die Andacht des Gottesdienstes zu vertiefen oder den Glanz von öffentlichen Feierlichkeiten zu heben. Die Komponisten waren Hofmusiker, Kirchenmusiker oder städtische Ratsmusiker; ihre künstlerische Tätigkeit beschränkte sich auf die Erfüllung der mit ihrem Amt verbundenen Pflichten – auf eigene Faust, ohne Auftrag zu komponieren ist ihnen wohl selten eingefallen. Außer in der Kirche, bei Festlichkeiten und Tanzunterhaltungen hatten die Bürger selten Gelegenheit, Musik zu hören; den Darbietungen der Adels- und Hofkapellen konnten sie nur ausnahmsweise beiwohnen. Um die Mitte des 18. Jahrhunderts fing man an, dies als ein Manko zu empfinden und städtische Konzertgesellschaften zu gründen.[83] Aus den zunächst privaten „Collegia musica" entwickelten sich die öffentlichen Konzerte und mit ihnen ein eigenes bürgerliches Musikleben. Die Konzertgesellschaften mieteten immer größere Säle und musizierten gegen Entgelt bei steigendem Zulauf.[84] Damit entstand ein freier Markt auch für musikalische Produkte, der dem literarischen Markt mit seinen Zeitungen, Zeitschriften und Verlagen entsprach. Nur während die Literatur, so wie übrigens auch die Malerei, von der praktischen Verwendung ihrer Produkte sich längst unabhängig gemacht hatte, blieb die Musik bis zum Ende des 17. Jahrhunderts ausschließlich Gebrauchsmusik. So etwas wie zweckfreie Musik gab es vor dieser Zeit nicht, und reine Konzertmusik, deren einziger Zweck der Gefühlsausdruck war, gab es erst seit dem 18. Jahrhundert. Das Publikum der öffentlichen Konzerte unterschied sich von der Zuhörerschaft der höfischen Musikdarbietungen in wesentlichen Punkten: es hatte weniger Übung in der Beurteilung von Musikwerken im allgemeinen; es war ein für die musikalischen Darbietungen von Fall zu Fall ein Entgelt leistendes, also auch immer von neuem zu eroberndes und zu befriedigendes Publikum; es versammelte sich einzig und allein, um die Musik als Musik zu genießen, das heißt ohne jede Verbindung mit einem anderen

Zweck, wie es in der Kirche, beim Tanz, bei den städtischen Feierlichkeiten oder selbst im geselligen Rahmen der Hofkonzerte der Fall war. Diese Eigentümlichkeiten des neuen Konzertpublikums führten vor allem jenen Kampf um den Erfolg herbei, dessen Mittel die Zuspitzung, die Forcierung und die Häufung der Effekte war, und der schließlich den chargierten, um die fortwährende Steigerung des Ausdrucks ringenden Stil bedingte, der die Musik des 19. Jahrhunderts charakterisiert.

Das Bürgertum wird zum Hauptinteressenten für Musik und die Musik zur Lieblingskunst des Bürgertums, das sein Gemütsleben in keiner anderen Form so unmittelbar und ungehemmt zum Ausdruck bringen kann wie in dieser. Indem nun aber die Musik aus einer Zweckkunst zu einer Ausdruckskunst wird, beginnt der Komponist nicht nur gegen jede Gebrauchs- und Auftragsmusik eine Abneigung zu empfinden, sondern das Komponieren von Amts wegen überhaupt zu verachten. Philipp Emanuel Bach hält bereits die Stücke, die er bloß für sich schreibt, für seine besten. Es kündet sich damit ein Gewissenskonflikt an und eine Krise, wo früher nicht einmal ein Gegensatz zu bestehen schien. Das bekannteste und krasseste Beispiel der Konflikte, zu denen der neue Subjektivismus führt, ist die Entzweiung Mozarts mit seinem Brotherrn, dem Erzbischof von Salzburg. Nichts charakterisiert den jetzt entstehenden Gegensatz zwischen dem angestellten Musiker und dem frei schaffenden Künstler besser als die Differenzierung des Virtuosen vom Komponisten und des gewöhnlichen Orchestermitglieds vom Orchesterleiter. Die Entwicklung vollzieht sich ungemein schnell, und es ist überraschend, daß der für den modernen Komponisten bezeichnende Mangel der vollkommenen Beherrschung auch nur eines Instruments sich schon bei Haydn bemerkbar macht.[85]

Die Entstehung des bürgerlichen Konzertpublikums verändert aber nicht nur den Charakter der musikalischen Ausdrucksmittel und die soziale Stellung des Komponisten, sondern gibt dem musikalischen Schaffen eine neue Richtung und dem einzelnen Musikwerk einen neuen Sinn im Gesamtoeuvre der verschiedenen Komponisten. Der grundsätzliche

Unterschied zwischen dem Komponieren für einen hohen Herrn oder einen direkten Auftraggeber überhaupt und dem Schaffen für das anonyme Konzertpublikum besteht darin, daß das Auftragswerk zumeist für eine einmalige Aufführung bestimmt ist, das Konzertstück dagegen für möglichst häufige Wiederholung. Das erklärt nicht nur die größere Sorgfalt, mit der ein solches Werk oft komponiert wurde, sondern auch die anspruchsvollere Art, in der der Komponist es präsentierte. Jetzt, da die Möglichkeit gegeben war, Werke zu schaffen, die der Vergänglichkeit nicht so schnell zum Opfer fielen wie die früheren Auftragsarbeiten, wollte er unvergängliche Werke schaffen. Haydn komponiert schon viel behutsamer und langsamer als seine Vorgänger. Aber auch er schreibt noch an die hundert Sinfonien; Mozart schreibt nur mehr die Hälfte und Beethoven nur noch neun. Die endgültige Wendung vom objektiven, auftragsmäßigen Komponieren zum persönlichen musikalischen Bekenntnis liegt zwischen Mozart und Beethoven, oder, noch genauer, am Anfang der Reife Beethovens, etwa vor der *Eroica* – in einer Zeit also, als das Konzertwesen bereits voll entwickelt war und der Musikalienhandel, der erst mit dem Bedürfnis nach der wiederholten Aufführung der Werke Boden gewinnt, die Haupterwerbsquelle des Komponisten bildete. Bei Beethoven ist von diesem Zeitpunkt an jedes größere Werk der Ausdruck nicht nur einer neuen Idee, sondern auch eines neuen Stadiums in der Entwicklung des Künstlers. Eine solche Entwicklung ist selbstverständlich auch bei Mozart feststellbar, die Voraussetzung zu einer neuen Sinfonie aber ist bei ihm durchaus nicht immer in einer neuen Phase seiner künstlerischen Vollendung zu suchen; er schreibt eine neue Sinfonie, wenn er für eine solche Verwendung hat oder wenn ihm etwas Neues einfällt, dieses Neue muß aber von seinen früheren Sinfonieideen dem Stil nach keineswegs verschieden sein. Kunst und Handwerk, die bei ihm noch nicht gänzlich gesondert sind, gehen bei Beethoven bereits vollkommen auseinander, und die Idee des einmaligen, einzigartigen, unverwechselbaren Kunstwerkes gewinnt in der Musik noch reinere Verwirklichung als in der Malerei, obgleich diese sich gegenüber dem Handwerk schon vor Jahrhunderten verselbständigt hatte. In der Dichtung war allerdings die Emanzipation der künstlerischen Ziele von den praktischen Aufgaben in den Tagen Beethovens bereits restlos durchgeführt und so selbstverständlich geworden, daß Goethe wieder mit einem gewissen Könner- und Handwerkerstolz behaupten konnte, daß alle seine Dichtungen Gelegenheitsgedichte seien. Beethoven, der noch der unmittelbare Schüler des Fürstendieners Haydn war, wäre darauf nicht so stolz gewesen.

### 3. DIE ENTSTEHUNG DES BÜRGERLICHEN DRAMAS

Der bürgerliche Familien- und Sittenroman bedeutete zwar den verschiedenen Formen des Helden-, Hirten- und Schelmenromans gegenüber, die bis zur Mitte des 18. Jahrhunderts die Unterhaltungsliteratur beherrschten, ein vollkommenes Novum, setzte sich aber der älteren Literatur keineswegs so bewußt und planmäßig entgegen wie das bürgerliche Drama, das aus dem programmatischen Gegensatz zur klassischen Tragödie entstanden war und zum Sprachrohr des revolutionären Bürgertums wurde. Seine bloße Existenz, das Vorhandensein eines gehobenen Schauspiels, dessen Protagonisten bürgerliche Personen waren, drückte den Anspruch des Bürgertums aus, ebenso ernst genommen zu werden wie der Adel, aus dem die Heroen der Tragödie hervorgingen. Das bürgerliche Drama bedeutete von vornherein die Relativierung und Entwertung der heroisch-aristokratischen Tugenden und war an und für sich eine Propaganda für die bürgerliche Moral und die Gleichberechtigung des Bürgertums. In seiner Geburt aus dem bürgerlichen Klassenbewußtsein war seine ganze Geschichte beschlossen. Es stellte zwar keineswegs die erste und einzige Form des Dramas dar, die in einem sozialen Konflikt ihren Ursprung hatte, es war aber das erste Beispiel eines Dramas, das diesen Konflikt zum direkten Gegenstand seiner Darstellung machte und sich offen in den Dienst des Klassenkampfes stellte. Das Theater machte wohl von jeher Propaganda für die Weltanschauung jener Schichten, die es finanzierten, die Klassengegensätze bildeten aber bisher immer nur den latenten, nie den manifesten Inhalt seiner Schöpfungen. Nie hieß es zum Beispiel: Ihr athenischen Aristokraten, die Gebote euerer Sippenmoral widersprechen den Grundsätzen unseres demokratischen Staates; euere Helden sind nicht nur Bruder- und Muttermörder, sie sind auch Hochverräter. Oder: Ihr englischen Barone, euere draufgängerischen Sitten bedrohen den Frieden unserer fleißigen Städte; euere Kronprätendenten und Rebellen sind nichts als imposante Verbrecher. Oder auch: Ihr Pariser Krämer, Wucherer und Juristen, wißt, wenn wir, französischer Adel, untergehen, so geht mit uns eine Welt unter, die zu gut ist, um mit euch Kompromisse zu schließen. Jetzt heißt es aber ganz unumwunden: Wir, anständige Bürger, wollen und können in einer Welt, die ihr, Parasiten, beherrscht, nicht leben, und wenn wir selber auch zugrunde gehen müssen, unsere Kinder werden siegen und leben.

Das neue Drama war infolge seines polemischen und programmatischen Charakters von Anfang an mit einer Problematik belastet, die die älteren Formen des Dramas nicht kannten. Denn obgleich auch diese „tendenziös" waren, produzierten sie keineswegs Thesenstücke. Es gehört zu den Eigentümlichkeiten der dramatischen Form, daß sie sich kraft ihres dialektischen Wesens zur Polemik geradezu anbietet, infolge ihrer „Objektivität" jedoch dem Dramatiker jede offenkundige Parteilichkeit verwehrt. Die Zulässigkeit der Tendenz wurde auch in keiner Form der Kunst so umstritten wie in dieser. Das Problem entstand aber erst, nachdem die Aufklärung die Bühne in eine Laienkanzel und eine Tribüne verwandelt hatte und auf die Kantische „Interesselosigkeit" der Kunst in der Praxis vollständig verzichtete. Nur eine Epoche, die so fest an die Erziehbarkeit und Verbesserlichkeit der Menschen glaubte wie diese, konnte den Schritt zur reinen Tendenzkunst vollziehen; jede andere hätte an der Wirkung einer so direkt ausgesprochenen Moral gezweifelt. Der eigentliche Unterschied zwischen dem bürgerlichen und dem vorbürgerlichen Drama aber bestand gar nicht darin, daß die politisch-soziale Tendenz, die früher verborgen war, jetzt direkt zum Ausdruck kam, sondern in dem Umstand, daß der dramatische Kampf sich statt zwischen einzelnen Individuen zwischen dem Helden und Institutionen abspielte, daß der Held also, der übrigens auch nur der Vertreter einer sozialen Gruppe war, gegen anonyme Mächte kämpfte und seinen Standpunkt als eine abstrakte Idee, als eine Anklage gegen die bestehende soziale Ordnung formulieren mußte. Die großen Ansprachen und Angriffe beginnen jetzt gewöhnlich mit einem „Ihr" statt mit einem „Du". „Ihr bestrafet das an anderen" – deklamiert Lillo – „was Ihr doch selbst nicht anders machet, oder wenigstens getan haben würdet, wenn Ihr Euch in gleichen Umständen befunden hättet, Ihr verurteilt einen Armen, der gestohlen hat, und würdet selbst Diebe geworden sein, wenn Ihr auch arm gewesen wäret."[86] So hat man bisher noch in keinem ernsten Drama gesprochen. Mercier aber geht noch weiter: „Ich bin arm, weil es zuviel Reiche gibt" – sagt eine seiner Figuren. Das ist fast schon der Ton Gerhart Hauptmanns. Das bürgerliche Drama des 18. Jahrhunderts schließt aber, trotz dieses Tones, die Kriterien eines Volkstheaters ebensowenig in sich wie das Proletarierdrama des 19. Jahrhunderts; beide sind das Ergebnis einer Entwicklung, die den Zusammenhang mit dem Volk längst verloren hat, und stützen sich auf theatralische Konventionen, die im Klassizismus ihren Ursprung haben.

In Frankreich wurde das Volkstheater, das Meisterwerke wie den *Maître Pathelin* aufweisen konnte, aus der Literatur durch das Hoftheater vollkommen verdrängt; das biblisch-historische Schaustück und die Farce wurden durch die hohe Tragödie und das stilisierte, intellektualisierte Lustspiel ersetzt. Wir wissen nicht recht, was sich zur Zeit des klassischen Dramas auf den Volksbühnen der Provinz von der alten mittelalterlichen Tradition erhalten hatte, auf dem literarischen Theater der Hauptstadt und des Hofes blieb davon kaum mehr bewahrt, als die Stücke Molières enthielten. Das Drama entwickelte sich zu der dichterischen Gattung, in der die Lebensideale der im Dienste des absoluten Königtums stehenden höfischen Gesellschaft am unmittelbarsten und eindrucksvollsten zur Geltung kamen. Es wurde zur repräsentativen

Dichtart, schon weil es geeignet war, in einem imposanten gesellschaftlichen Rahmen dargeboten zu werden, und die Theateraufführungen eine besondere Gelegenheit boten, die Größe und den Glanz der Monarchie zur Schau zu tragen. Seine Motive wurden zum Symbol eines feudalistisch-heroischen, auf die Idee der Autorität, des Dienstes, der Treue gerichteten Lebens und seine Helden zur Idealisierung einer Gesellschaftsklasse, die dank ihrer Befreiung von den trivialen Alltagssorgen in diesem Dienst und dieser Treue die höchsten sittlichen Ideale erblicken durfte. Alle diejenigen, die nicht in der Lage waren, sich dem Kult dieser Ideale zu widmen, wurden als eine Menschensorte betrachtet, deren Dasein außerhalb der Grenzen der dramatischen Dignität lag. Die Tendenz zum Absolutismus und die Bestrebung, die höfische Kultur exklusiver, dem französischen Vorbild ähnlicher zu gestalten, führte auch in England zur Verdrängung des Volkstheaters, das hier um die Wende des 16. Jahrhunderts mit der Literatur der oberen Schichten noch vollkommen verquickt war. Seit der Regierungszeit Karls I. beschränkten sich die Dramatiker auch hier immer mehr auf die Produktion für das Theater des Hofes und der oberen Schichten, so daß die volkstümliche Tradition des elisabethanischen Zeitalters sich bald verloren hatte. Als die Puritaner zur Schließung der Theater schritten, war das englische Drama bereits im Untergang begriffen.[87]

Die Peripetie ist von jeher als eines der Wesenselemente der Tragödie betrachtet worden, und daß der Schicksalsumschwung um so stärker wirkt, je erhabener die Stelle ist, von der der Held herabstürzt, hat bis zum 18. Jahrhundert jeder Kritiker des Dramas empfunden. In einem Zeitalter wie dem Absolutismus des 17. Jahrhunderts mußte dieses Gefühl besonders stark gewesen sein, und so definiert denn auch die Barockpoetik die Tragödie einfach als die Gattung, deren Helden Fürsten, Feldherren und ähnlich hochgestellte Persönlichkeiten sind. Wie pedantisch uns auch heute diese Definition erscheinen mag, sie erfaßt einen Wesenszug der Tragödie und weist vielleicht überhaupt auf den Ursprung des tragischen Erlebnisses hin. Es war also tatsächlich eine entscheidende Wendung, als das 18. Jahrhundert gewöhnliche Bürger zu den Protagonisten von ernsten und bedeutenden dramatischen Handlungen machte und sie als die Opfer von tragischen Schicksalen und die Repräsentanten von hohen moralischen Ideen erscheinen ließ. Früher wäre so etwas niemandem in den Sinn gekommen, wenn auch die Behauptung, daß die bürgerlichen Personen auf der älteren Bühne stets nur als komische geschildert wurden, den Tatsachen keineswegs entspricht. Mercier verleumdet Molière, wenn er ihm vorwirft, daß er das Bürgertum „lächerlich machen und demütigen" wollte.[88] Molière charakterisiert den Bürger im allgemeinen als ehrlich, offen, verständig, ja, als witzig und tut das zumeist mit einer Spitze gegen die höheren Stände.[89] Nie wurde jedoch im älteren Drama eine Person aus dem bürgerlichen Stande zum Träger eines erhebenden und erschütternden Schicksals und zum Vollbringer einer edlen und mustergültigen Tat. Die Schöpfer des bürgerlichen Dramas machen sich nun von dieser Beschränkung und dem Vorurteil, daß das Aufrücken des Bürgers zum Protagonisten der Tragödie die Trivialisierung der Gattung bedeute, so vollkommen frei, daß sie den dramaturgischen Sinn der sozialen Erhöhung des Helden über den Durchschnitt der Menschen gar nicht mehr begreifen können. Sie beurteilen das ganze Problem von der humanitären Seite aus und meinen, daß der hohe Rang des Helden die Anteilnahme des Zuschauers an seinem Schicksal verringere, da ein echtes gefühlsmäßiges Interesse sich nur für gleichgestellte Menschen entwickeln könne.[90] Dieser demokratische Gesichtspunkt wird schon in der Widmung von Lillos *Kaufmann von London* angedeutet und die bürgerlichen Dramatiker verharren zumeist dabei. Sie müssen freilich die Bedeutsamkeit, die der Held der alten Tragödie dank seiner sozialen Stellung innehatte, durch die Vertiefung und Bereicherung seines Charakterbildes ersetzen, was zur psychologischen Überladung des Dramas führt und eine weitere Problematik schafft, die die älteren Dramatiker nicht kannten.

Das Menschheitsideal, das die Wegbereiter der neuen bürgerlichen Literatur verfolgten, war mit dem herkömmlichen Begriff der Tragödie und des tragischen Helden unvereinbar, darum betonten sie, daß die Zeit der klassischen Tragödie vorbei sei, und bezeichneten ihre Meister, Corneille und Racine, als bloße Wortdrescher.[91] Diderot forderte die Abschaffung der Tiraden, die er für ebenso unaufrichtig wie unnatürlich hielt, und Lessing bekämpfte im gekünstelten Stil der *tragédie classique* zugleich ihren verlogenen Klassencharakter. Jetzt entdeckte man überhaupt erst den Wert der künstlerischen Wahrheit als einer Waffe im sozialen Kampf. Jetzt wurde man sich erst dessen bewußt, daß die treue Wiedergabe der Tatsachen an und für sich zur Auflösung der gesellschaftlichen Vorurteile und zur Aufhebung des Unrechts führt, daß diejenigen, die für die Gerechtigkeit kämpfen, die Wahrheit in keiner Form zu fürchten haben, daß, mit einem Wort, zwischen der Idee der künstlerischen Wahrheit und der der sozialen Gerechtigkeit eine gewisse Übereinstimmung besteht. Jetzt entstand das aus dem 19. Jahrhundert so wohlbekannte Bündnis zwischen dem Radikalismus und dem Naturalismus – jene Solidarität, die die progressiven Elemente mit den Naturalisten auch dann empfanden, wenn diese, wie zum Beispiel Balzac, politisch anders dachten als sie.

Diderot legt bereits die wichtigsten Grundsätze der naturalistischen Theorie des Dramas nieder. Und zwar fordert er nicht nur die natürliche, psychologisch richtige Motivation der seelischen Vorgänge, sondern auch die Exaktheit der Milieuschilderung und die Naturtreue der Szenerien. Er wünscht, vermeintlich im Geiste des Naturalismus selber, daß die Handlung statt zu großen szenischen Schlußeffekten zu einer Reihe von optisch eindrucksvollen Tableaux führe, wobei ihm so etwas wie „lebende Bilder“ im Stile von Greuze vorzuschweben scheinen. Er empfindet offenbar den sinnlichen Reiz des Visuellen stärker als die rein intellektuelle Wirkung der dramatischen Dialektik. Auch im Gebiete des Sprachlichen und Akustischen bevorzugt er die sinnlichen, naturlautmäßigen Effekte. Er möchte die Aktion auf die Pantomime, auf Gesten und Mienenspiel, und die Diktion auf abgerissene Sätze und Exklamationen beschränken. Vor allem will er aber den Vers, den steifen, gestelzten Alexandriner, durch die unrhetorische, unpathetische Alltagssprache ersetzen. Er sucht überall den lauten Ton der klassischen Tragödie herunterzustimmen und ihre Knalleffekte zu dämpfen. Die Vorliebe des bürgerlichen Geschmacks für das Intime, Unmittelbare, Stimmungshafte spielt dabei zweifellos die Hauptrolle. Die bürgerliche Kunstanschauung, der am meisten die Darstellung des immanenten, selbstgenügsamen Seins entspricht, trachtet auch dem Bühnenbild einen in sich abgeschlossenen, mikrokosmosartigen Charakter zu geben. Aus dieser Einstellung erklärt sich die Idee der fiktiven „vierten Wand", die ebenfalls zuerst von Diderot angedeutet wird. Die Anwesenheit von Zuschauern auf der Bühne empfand man zwar auch früher schon als störend, Diderot aber wünscht bereits, daß die Stücke so gespielt werden, als ob überhaupt kein Publikum anwesend wäre. Damit beginnt erst die Herrschaft des totalen Illusionismus auf dem Theater – die Verdrängung des Spielcharakters und die Verschleierung der Fiktivität der Darbietung.

Die klassische Tragödie sieht den Menschen isoliert und stellt ihn als eine selbständige, autonome geistige Entität dar, die sich mit der materiellen Wirklichkeit nur äußerlich berührt und von ihr im Innersten unbeinflußt bleibt. Das bürgerliche Drama faßt ihn dagegen als Teil und Funktion seiner Umgebung auf und schildert ihn als ein Wesen, das, statt die dingliche Realität wie einst in der Tragödie zu beherrschen, von ihr beherrscht und absorbiert wird. Das Milieu hört auf, bloß Hintergrund und Rahmen zu sein, und gewinnt einen aktiven Anteil an der Gestaltung des menschlichen Schicksals. Die Grenzen zwischen Innen- und Außenwelt, Seele und Materie werden fließend und verwischen sich allmählich, so daß am Ende jedes Handeln, jeder Entschluß, jedes Gefühl etwas Fremdes, Äußerliches, Materielles enthält, etwas, das nicht im Subjekt seinen Ursprung hat und den Menschen als das Produkt einer geist- und seelenlosen Wirklichkeit erscheinen läßt. Erst eine Gesellschaft, die den Glauben sowohl an die Notwendigkeit und Gottgewolltheit der sozialen Unterschiede als auch an ihren Zusammenhang mit persönlichen Tugenden und Verdiensten verloren hat, die die täglich wachsende Macht des Geldes erlebt und nichts anderes um sich sieht, als daß die Menschen dazu werden, wozu sie die Verhältnisse machen, die aber diese soziale Dynamik dennoch bejaht, da sie ihr entweder den Aufstieg verdankt oder sich von ihr den Aufstieg verspricht, erst eine solche Gesellschaft konnte das Drama in den Kategorien des realen Raumes und der realen Zeit aufgehen lassen und die Charaktere aus ihrer materiellen Umwelt entwickeln. Wie stark dieser Naturalismus und Materialismus sozial bedingt war, zeigt am auffallendsten die Lehre Diderots von den Charakteren im Drama – die Theorie nämlich, daß der gesellschaftliche Stand der Figuren einen höheren Grad von Realität und Relevanz besitze als ihr persönlicher seelischer Habitus, und daß der Umstand, ob jemand den Beruf eines Richters, Beamten oder Kaufmanns ausübt, von größerer Wichtigkeit sei als die Summe seiner individuellen Charaktereigenschaften. Den Kern der ganzen Doktrin bildet die Annahme, daß der Zuschauer der Wirkung eines Dramas viel weniger entrinnen könne, wenn er auf der Bühne seinen eigenen Stand dargestellt sieht, den er logischerweise anerkennen muß, als seinen besonderen Charakter, den er auch verleugnen kann, wenn er will.[92] In dieser Nötigung des Zuschauers, sich mit seinen Standesgenossen zu identifizieren, hat die Psychologie des naturalistischen Dramas, die die Charaktere als soziale Erscheinungen interpretiert, ihren eigentlichen Ursprung. Soviel objektive Wahrheit nun auch in einer solchen Deutung der Charaktere enthalten sein mag, zum ausschließlichen Prinzip erhoben, führt sie zur Fälschung der Tatsachen. Die Annahme, daß die Menschen lediglich soziale Wesen sind, ergibt ein ebenso willkürliches Bild der Erfahrung wie der Aspekt, aus dem jeder Mensch als ein einzigartiges, unvergleichliches Individuum erscheint. Beide stilisieren und romantisieren die Wirklichkeit. Unzweifelhaft ist dagegen, daß das Bild, das eine bestimmte Zeit sich vom Menschen macht, sozial bedingt ist und daß die Alternative, ob sie ihn vornehmlich als autonome Persönlichkeit oder als den Repräsentanten einer Klasse darstellt, von der sozialen Einstellung und den politischen Zielen der jeweiligen Kulturträger abhängt. Wenn ein Publikum in der Darstellung des Menschen die soziale Herkunft und den Klassencharakter betont zu sehen wünscht, so ist das stets ein Zeichen dafür, daß es selber klassen- und standesbewußt geworden ist, gleichviel ob es sich dabei um ein aristokratisches oder ein bürgerliches Publikum handelt. In diesem Zusammenhang ist die Frage, ob der Aristokrat nur Aristokrat und der Bürger nur Bürger sei, vollkommen gleichgültig.

Die soziologische und materialistische Auffassung des Menschen, die ihn als die bloße Funktion seiner Umwelt erscheinen läßt, bedingt eine neue, von der klassischen Tragödie vollkommen verschiedene Form des Dramas. Sie bedeutet nicht nur die Degradierung des Helden, sie macht die Möglichkeit des Dramas im alten Sinne überhaupt fraglich, da sie dem Menschen die unbedingte Selbstbestimmung und damit zum Teil auch die Verantwortung für seine Handlungen nimmt. Denn was kann ihm noch als wirkliche Tat zugeschrieben werden, wenn seine Seele nichts als das Schlachtfeld anonymer Mächte ist? Die moralische Wertung der Handlungen muß hier jeden Sinn verlieren oder wenigstens sehr zweifelhaft werden und die Ethik des Dramas sich in bloße Psychologie und Kasuistik auflösen. Denn in einem Drama, in welchem das Naturgesetz und nichts als das Naturgesetz herrscht, kann es sich nur mehr um eine Analyse der Beweggründe und die Verfolgung des psychologischen Weges handeln, auf dem der Held zu seiner Tat gelangt. Es steht hier das ganze Schuldproblem in Frage. Die Begründer des bürgerlichen Dramas verneinten die Tragödie, um den Menschen mit seiner untragischen, durch die gewöhnliche Wirklichkeit bedingten Schuld in das Drama einzuführen; ihre Nachfolger verneinen die Schuld, um die Tragödie zu retten. Die Romantik eliminiert die Schuldfrage sogar aus der Interpretation der älteren Tragödie und macht aus dem Helden, statt ihn einer Schuld zu bezichtigen, eine Art Übermenschen, dessen Größe sich in der Bejahung seines Schicksals offenbart. Der Held der romantischen Tragödie siegt noch im Untergang und überwindet das feindliche Geschick, indem er es zu einer sinnvollen, durchaus adäquaten Lösung seines Lebensproblems macht. So überwindet Kleists Prinz von Homburg seine Todesfurcht und hebt damit die scheinbare Sinnlosigkeit und Unangemessenheit seines Loses auf, sobald die Entscheidung über sein Leben in seine eigene Hand gelegt wird. Er verurteilt sich selbst zum Tode, da er darin die einzige Lösung der gegebenen Situation erkennt. Das Hinnehmen und Gar-nicht-anders-Wollen des Schicksals, die Bereitschaft, ja die Freudigkeit, mit der er sich opfert, ist sein Sieg im Untergang – der Sieg der Freiheit über die Notwendigkeit. Daß er dann am Ende doch nicht sterben muß, entspricht der weiteren Sublimierung und Verinnerlichung, die die Tragödie erfährt. Die Erkenntnis der Schuld oder dessen, was von der Schuld übriggeblieben ist, das Sichdurchringen aus der Verblendung zur Einsicht und Klarheit, ist hier schon die Sühne und der Ausgleich des gestörten Gleichgewichts. Die Romantik reduziert die tragische Schuld auf den Eigensinn des Helden, auf sein pures, persönlich gerichtetes Wollen und sein individuelles, von der Ureinheit abgefallenes Sein. Hebbel drückt diesen Gedanken so aus, daß es dramaturgisch vollkommen gleichgültig sei, ob der Held infolge einer guten oder einer bösen Handlung zu Fall kommt. Diese romantische, in der Apotheose des Helden gipfelnde Deutung der Tragödie entfernt sich zwar himmelweit von den Rührstücken Lillos und Diderots, sie wäre aber ohne die Revision der Schuldfrage durch die ersten bürgerlichen Dramatiker undenkbar.

Hebbel war sich der Gefahr genau bewußt, die die Form des Dramas durch die bürgerliche Weltanschauung bedrohte, er verkannte aber im Gegensatz zu den Neoklassizisten keineswegs die neuen dramatischen Möglichkeiten, die das bürgerliche Leben enthielt. Die formalen Nachteile der Psychologisierung des Dramas lagen auf der Hand. Die tragische Tat war bei den Griechen, bei Shakespeare und gewissermaßen noch bei den französischen Klassikern eine unheimliche, unerklärliche, irrationale Erscheinung; ihre erschütternde Wirkung hing vor allem mit ihrer Unbegreiflichkeit zusammen. Durch die psychologische Motivation erhielt sie nun ein menschliches Maß und wurde, wie die Vertreter des bürgerlichen Dramas es wollten, dem gefühlsmäßigen Nacherleben nähergebracht. Die Gegner des bürgerlichen Dramas vergaßen nur, wenn sie den Verlust der Furchtbarkeit, Unermeßlichkeit und Unabwendbarkeit der Tragik beklagten, daß die irrationale Wirkung der Tragödie nicht infolge der psychologischen Motivation verlorenging, sondern daß das Bedürfnis einer solchen Motivierung erst empfunden wurde, als der irrationale Inhalt der Tragödie seine Wirkung bereits verloren gehabt hat. Die größte Gefahr, die das Drama als theatralische Form durch die Psychologisierung und Verinnerlichung der Motive bedrohte, war der Verlust seines sinnfällig evidenten, kraß unmittelbaren, brutal eindrucksvollen Charakters, ohne den keine Bühnenwirkung im alten Sinn möglich war. Die dramatische Gestaltung wurde immer intimer, vergeistigter, der Massenwirkung immer mehr entzogen und dem privaten, persönlichen Genuß immer mehr entsprechend. Doch nicht nur die Handlung und der Bühnenvorgang, auch die Charaktere büßten ihre Schärfe ein; sie wurden reicher, aber weniger eindeutig, lebenswahrer, aber weniger leicht erfaßbar, dem Zuschauer weniger gegenwärtig und auf ein erinnerliches Schema schwieriger reduzierbar. Gerade in dieser Schwierigkeit lag jedoch der Hauptreiz des neuen Dramas, das sich vom Volkstheater und den breiten Schichten immer weiter entfernte.

Die unscharfen Charaktere brachten unklare Konflikte mit sich, Situationen, in denen weder die einander gegenüberstehenden Figuren noch die in Frage stehenden Lebensprobleme eindeutig bestimmt waren. Diese Unklarheit war vor allem auch durch die psychologisch verständnisvolle, konziliante bürgerliche Moral bedingt, die überall nach erklärenden und mildernden Umständen suchte und den Standpunkt des „Alles verstehen – alles verzeihen“ vertrat. Im älteren Drama herrschte noch ein einheitliches Maß der moralischen Werte, das auch die Bösewichte und Schurken anerkannten;[93] jetzt aber, wo mit dem Umbruch der Gesellschaft ein ethischer Relativismus aufkam, schwankte der Dramatiker oft zwischen zwei moralischen Weltanschauungen und ließ das eigentliche Problem, so wie zum Beispiel Goethe den Konflikt zwischen Tasso und Antonio, unentschieden. Die Diskutierbarkeit der Beweg- und Entschuldigungsgründe schwächte zwar die Unabwendbarkeit des dramatischen Kampfes ab, steigerte aber dafür die Lebhaftigkeit der dramatischen Dialektik, so daß keineswegs behauptet werden kann, daß der ethische

Relativismus des bürgerlichen Dramas lediglich formzerstörend gewirkt habe. Die neue bürgerliche Moral war alles in allem dramatisch nicht weniger ergiebig als die feudal-aristokratische Moral der alten Tragödie. Diese kannte keine anderen Pflichten als die gegen den Lehensherrn und die Standesehre und bot das imposante Schauspiel von Kämpfen, in welchen gewaltige und gewaltsame Persönlichkeiten gegen sich selbst und gegeneinander wüteten. Das bürgerliche Drama entdeckt dagegen die Pflichten gegen die Gesellschaft[94] und schildert den Kampf um Freiheit und Gerechtigkeit von äußerlich wohl strenger gebundenen, innerlich aber nichtsdestoweniger freien und kampfmutigen Menschen – einen Kampf, der vielleicht weniger theatralisch, doch an und für sich nicht weniger dramatisch ist, als es die blutigen Kämpfe der heroischen Tragödie gewesen sind. Der Ausgang des Kampfes besitzt hier allerdings nicht denselben Grad der Notwendigkeit wie dort, wo die simple Moral der feudalen Treue und des ritterlichen Heldentums keinen Ausweg, keinen Kompromiß, kein Sowohl – Als auch zuließ. Nichts charakterisiert die neue moralische Haltung besser als die Worte Lessings in *Nathan dem Weisen:* „Kein Mensch muß müssen" – Worte, die selbstverständlich nicht soviel bedeuten, daß der Mensch frei von Pflichten ist, sondern daß er innerlich frei, das heißt frei in der Wahl seiner Mittel ist und über seine Handlungen niemandem als sich selbst Rechenschaft schuldig ist. Im alten Drama waren die inneren Bindungen, im neuen sind die äußeren betont; diese lassen aber, so drückend sie auch sind, dem dramatisch relevanten Geschehen vollkommen freien Lauf. „Die alte Tragödie beruht auf einem unausweichlichen Sollen" – sagt Goethe in seinem Aufsatz *Shakespeare und kein Ende* – „. . . Alles Sollen ist despotisch . . . das Wollen ist hingegen frei . . . Es ist der Gott der Zeit . . . Durch das Sollen wird die Tragödie groß und stark, durch das Wollen schwach und klein." Goethe nimmt hier einen konservativen Standpunkt ein und wertet das Drama nach dem Schema des alten, quasi-religiösen Opferaktes statt nach den Prinzipien des Gewissens- und Willenskampfes, zu dem es geworden ist. Er wirft dem modernen Drama vor, daß es seinem Helden zuviel Freiheit gewähre; die späteren Kritiker verfallen in den entgegengesetzten Fehler und meinen, daß beim Determinismus des naturalistischen Dramas überhaupt von keiner Freiheit und infolgedessen auch von keinem dramatischen Kampf die Rede sein könne. Sie begreifen nicht, daß es dramaturgisch vollkommen belanglos ist, welchen Ursprung der Wille hat, nach was für Motiven er sich richtet, was an ihm „geistig“ und was „materiell“ ist, wenn es nur zu einem dramatischen Konflikt kommt.[95]

Diese Kritiker verstehen übrigens unter dem Prinzip, das sie dem Wollen des Helden gegenüberstellen, etwas ganz anderes, als Goethe darunter verstanden hat; es handelt sich hier um zwei vollkommen verschiedene Arten von Notwendigkeit. Goethe denkt an die Antinomien des älteren Dramas, den Gegensatz von Pflicht und Leidenschaft, Loyalität und Liebe, Maß und Überhebung, und beklagt, daß im modernen Drama die Macht der objektiven Ordnungsprinzipien sich der Subjektivität gegenüber verringert hat. Späterhin versteht man unter Notwendigkeit zumeist die Gesetze der Empirie, namentlich die der physischen und sozialen Umwelt, deren Unentrinnbarkeit gerade das 18. Jahrhundert entdeckt hat. Man spricht also eigentlich von drei verschiedenen Dingen: einem Wollen, einem Sollen und einem Müssen. Der individuellen Neigung stehen im modernen Drama zwei verschiedene objektive Ordnungen gegenüber: eine sittlich-normative und eine physisch-faktische. Der philosophische Idealismus bezeichnet die Gesetzmäßigkeit der Erfahrung, im Gegensatz zur Allgemeingültigkeit der sittlichen Normen, als eine bloß zufällige, und im Geist dieses Idealismus hält die moderne klassizistische Theorie die Herrschaft der materiellen Bedingungen des Daseins im Drama für depravierend. Es ist aber nichts als ein romantisch-idealistisches Vorurteil, wenn behauptet wird, daß die Abhängigkeit des Helden von seiner materiellen Umwelt jede Willensäußerung, jeden dramatischen Kampf, jede tragische Wirkung vereitle und die Möglichkeit des Dramas an und für sich problematisch mache. Die moderne Welt bietet selbstverständlich der Tragödie, infolge der konzilianten Moral und des untragischen Lebensgefühls des Bürgertums, weniger Stoff, als das Leben ehemals ihr geboten hatte. Das bürgerliche Publikum sieht Stücke mit einem *happy ending* lieber als große quälende Tragödien und empfindet, wie Hebbel in seiner Vorrede zu *Maria Magdalena* bemerkt, keinen eigentlichen Unterschied zwischen tragisch und traurig. Dieses Publikum begreift es einfach nicht, daß das Traurige nicht an und für sich tragisch und das Tragische nicht unbedingt traurig ist.

Das 18. Jahrhundert war eine theaterfreudige und für die Geschichte des Dramas ungemein fruchtbare Zeit, es war aber kein tragisches Zeitalter, keine Epoche, der sich die Probleme des menschlichen Daseins in der Form von zugeständnislosen Alternativen darstellte. Die großen Zeiten der Tragödie sind diejenigen, in welchen umwälzende soziale Verschiebungen stattfinden und eine herrschende Klasse plötzlich ihre Macht und ihren Einfluß verliert. Die tragischen Konflikte drehen sich zumeist um die Werte, die die moralische Grundlage der Herrschaft dieser Klasse bilden, und der Untergang des Helden symbolisiert und verklärt den Untergang, der diese Klasse im ganzen bedroht. Sowohl die griechische Tragödie als auch das englische, spanische und französische Drama des 16. und 17. Jahrhunderts fallen in solche Krisenzeiten und versinnbildlichen das tragische Schicksal ihrer Aristokratie. Das Drama heroisiert und idealisiert ihren Untergang der Auffassung des Publikums entsprechend, das sich zum großen Teil aus den Angehörigen der untergehenden Klasse selbst zusammensetzt. Auch in dem Fall des shakespearischen Dramas, dessen Publikum nicht von dieser Klasse beherrscht ist und wo der Dichter nicht auf der Seite der mit dem Untergang bedrohten Gesellschaftsschicht steht, schöpft die Tragödie ihre Inspiration, ihren Begriff des Heldentums und ihre Idee der Notwendigkeit aus dem Anblick, den das Schicksal der früheren Herrenklasse bietet. Im Gegensatz zu diesen Zeiten sind die Perioden, in welchen eine Gesellschaftsschicht tonangebend ist, die an ihren Sieg und Aufstieg glaubt, für das tragische Drama nicht günstig. Ihr Optimismus, ihr Glaube an die Sieghaftigkeit der Vernunft und des Rechts verhütet den tragischen Ausgang der dramatischen Verwicklungen oder sucht aus der tragischen Notwendigkeit einen tragischen Zufall und aus der tragischen Schuld einen tragischen Irrtum zu machen. Der Unterschied zwischen den Tragödien Shakespeares und Corneilles auf der einen Seite und den Tragödien Lessings und Schillers auf der andern besteht darin, daß der Untergang des Helden das eine Mal eine höhere, das andere Mal eine bloß historische Notwendigkeit ist. Es gibt keine denkbare Gesellschaftsordnung, in der ein Hamlet oder ein Antonius nicht zu Fall kommen müßte, die Helden Lessings und Schillers, Sara Sampson und Emilia Galotti, Ferdinand und Luise, Carlos und Posa, könnten hingegen in jeder anderen Gesellschaft und jeder anderen Zeit glücklich und zufrieden sein, nur in ihrer eigenen, das heißt in der ihres Dichters, nicht. Eine Epoche aber, die das Unglück der Menschen als historisch bedingt sieht und es nicht als ein unvermeidliches und unheilbares Verhängnis auffaßt, kann wohl Tragödien, und zwar auch bedeutende, produzieren, wird jedoch keinesfalls in dieser Form ihr letztes und tiefstes Wort aussprechen. Es mag darum wohl richtig sein, daß „jede Zeit ihre eigenen Notwendigkeiten und somit ihre eigene Tragik hervorbringe",[96] die repräsentative Gattung der Aufklärungszeit war dennoch nicht die Tragödie, sondern der Roman. In den Zeitaltern der Tragödie bekämpfen die Vertreter der alten Institutionen die Weltanschauung und die Bestrebungen der neuen Generation, in Zeiten des untragischen Dramas bekämpft zumeist die junge Generation die alten Institutionen. Das einzelne Individuum kann selbstverständlich an solchen Institutionen ebenso zerschellen, wie es durch die Vertreter einer neuen Welt vernichtet werden kann. Eine Klasse jedoch, die an ihren schließlichen Sieg glaubt, wird ihre Opfer als den Preis ihres Sieges betrachten, die andere hingegen, die ihr unaufhaltbares Ende nahen fühlt, erblickt im tragischen Schicksal ihrer Helden ein Zeichen des Weltuntergangs und einer Götterdämmerung. Dem optimistischen, an den Sieg seiner Sache glaubenden Bürgertum bieten die vernichtenden Schläge des blinden Schicksals nichts Erhebendes und Beruhigendes; nur die untergehenden Klassen der tragischen Zeitalter finden Trost in dem Gedanken, daß in dieser Welt alles Große und Edle zum Untergang verurteilt sei, und wünschen diesen Untergang in ein verklärendes Licht zu stellen. Vielleicht ist die romantische Philosophie der Tragik mit ihrer Apotheose des sich opfernden Helden schon ein Zeichen der Dekadenz des Bürgertums. Ein tragisches und mit dem Schicksal versöhnendes Drama wird das Bürgertum jedenfalls erst hervorbringen, wenn es sich in seiner Existenz selber bedroht fühlen wird; dann wird ihm erst, wie es bei Ibsen geschieht, das an die Tür pochende Schicksal in der drohenden Gestalt der sieghaften Jugend erscheinen.

Der wichtigste Unterschied zwischen dem tragischen Erlebnis des 19. Jahrhunderts und dem früherer Zeiten bestand darin, daß das moderne Bürgertum, im Gegensatz zu den alten Aristokratien, sich nicht nur von außen bedroht fühlte. Es war eine so vielfältig zusammengesetzte, aus so differenzierten Elementen bestehende Klasse, daß seine Auflösung von Anfang an zu drohen schien. Es umfaßte nicht nur Elemente, die es mit den reaktionären Gruppen hielten, und solche, die sich mit dem niederen Volk verbunden fühlten, sondern vor allem auch jene gesellschaftlich wurzellose Intelligenz, die bald mit den oberen, bald mit den unteren Schichten kokettierte und dementsprechend teils die Ideen der gegenrevolutionären und aufklärungsfeindlichen Romantik vertrat, teils für die permanente Revolution plädierte. Jedenfalls erweckte sie im Bürgertum Zweifel an seiner eigenen Daseinsberechtigung und der Dauer seiner Gesellschaftsordnung. Sie erzeugte ein antibürgerliches oder „überbürgerliches" Lebensgefühl – ein Bewußtsein, daß das Bürgertum seiner ursprünglichen Idee untreu geworden sei und daß es sich nun selbst überwinden, sich zu einem allgemeingültigen Menschheitsideal emporringen müsse. Zumeist hatten freilich diese „überbürgerlichen" Tendenzen einen antibürgerlichen und antidemokratischen Ursprung. Die Entwicklung, die Goethe, Schiller und viele andere Schriftsteller, namentlich in Deutschland, von ihren revolutionären Anfängen zu ihrer späteren konservativen und oft gegenrevolutionären Einstellung durchmachten, entsprach der reaktionären Bewegung in der Bourgeoisie selbst und dem Verrat des Bürgertums an der Aufklärung. Die Schriftsteller waren nur die Wortführer ihres Publikums. Es geschah aber nicht selten, daß sie die reaktionäre Gesinnung ihrer Leser sublimierten und mit ihrem weniger robusten Gewissen und ihrer größeren Fertigkeit, sich zu verstellen, höhere, überbürgerliche Ideale vortäuschten, wo sie doch eigentlich auf ein vor- und antibürgerliches Niveau zurückgesunken waren. Diese Verdrängungs- und Sublimierungspsychologie brachte oft eine so verwickelte Struktur mit sich, daß die verschiedenen Tendenzen oft kaum mehr voneinander zu unterscheiden sind. Es konnte wohl festgestellt werden, daß in Schillers *Kabale und Liebe* zum Beispiel sich drei verschiedene Generationen und dementsprechend drei Weltanschauungen kreuzen: die vorbürgerliche der höfischen Kreise, die bürgerliche der Familie Luisens und die „überbürgerliche" Ferdinands.[97] Die überbürgerliche Welt unterscheidet sich aber hier von der bürgerlichen noch lediglich durch ihre größere Weite und Vorurteilslosigkeit. Viel komplizierter sind bereits die Beziehungen in einem Werk wie *Don Carlos*, wo die Überbürgerlichkeit Posas bis zum Verständnis für Philipp und sogar bis zu einer gewissen Sympathie mit dem „unglücklichen" König geht. Es wird, mit einem Wort, immer schwieriger, festzustellen, ob die „überbürgerliche" Weltanschauung des Dramatikers einer progressiven oder einer reaktionären Gesinnung entspricht und ob es sich dabei um eine Selbstüberwindung des Bürgertums oder einfach um eine Fahnenflucht handelt. Wie dem aber auch sei, die Angriffe auf das Bürgertum werden zu einem Wesenszug des bürgerlichen Dramas und der Rebell gegen die bürgerliche Moral und Lebensführung, der Verspotter der bürgerlichen Konventionen und der philiströsen Engherzigkeit zu einer seiner stehenden Figuren. Es wäre für die allmähliche Entbürgerlichung der neueren Literatur ungemein aufschlußreich, zu untersuchen, welche Metamorphosen diese Figur vom Sturm und Drang bis Ibsen und Shaw durchgemacht hat. Denn es handelt sich hier nicht einfach um den stereotypen Empörer gegen die bestehende Ordnung, der zu den Urtypen des Dramas gehört, und nicht bloß um eine Variante der Auflehnung gegen den jeweiligen Machthaber, die eine der dramatischen Grundsituationen darstellt, sondern um den besonderen und konsequenten Angriff gegen die Bourgeoisie, gegen die Grundlagen ihrer geistigen Existenz und ihren Anspruch, eine allgemeingültige sittliche Norm zu vertreten. Wir haben es hier, kurz, mit einer literarischen Form zu tun, die aus einem der wirkungsvollsten Kampfmittel des Bürgertums zu einem gefährlichen Instrument seiner Selbstentfremdung und Demoralisierung geworden ist.

## 4. DEUTSCHLAND UND DIE AUFKLÄRUNG

Die romantische Bewegung des 18. Jahrhunderts war überall in Europa eine soziologisch widerspruchsvolle Erscheinung. Sie bildete einerseits die Fortsetzung und Steigerung der durch die Aufklärung begonnenen Emanzipation des Bürgertums, den Ausdruck einer plebejischen Gefühlsseligkeit und Überschwenglichkeit und damit den Gegensatz zum wählerischen und zurückhaltenden Intellektualismus der oberen Schichten, andererseits die Reaktion dieser Schichten selber gegen den „zersetzenden" Rationalismus und Reformismus der Aufklärung. Sie entwickelte sich zunächst im breiteren Mittelstand, der von der Aufklärung nur oberflächlich berührt wurde, und in jenem Teil des Bürgertums, dem die Aufklärung mit der alten klassischen Kultur noch zu eng verbunden zu sein schien; sie wurde aber allmählich zum Besitz jener Schichten, die die emotionalen Neigungen des Zeitalters zur Erreichung ihrer aufklärungsfeindlichen, kirchlich und politisch reaktionären Ziele benützten. Doch während in Frankreich und England das Bürgertum sich seiner klassenmäßigen Situation bewußt blieb und die Errungenschaften der Aufklärung nie vollkommen preisgab, kam das Bürgertum in Deutschland ins Fahrwasser des romantisch-irrationalen Denkens, bevor es noch die Schule des Rationalismus durchgemacht hätte. Womit nicht gesagt ist, daß in Deutschland der Rationalismus als Schuldoktrin keine Vertreter hatte; auf den deutschen Universitäten war die Lehre vielleicht sogar noch stärker vertreten als anderswo; sie blieb aber eben eine Schuldoktrin, die Spezialität von Fachgelehrten und akademischen Dichtern. Nie hatte dieser Rationalismus das öffentliche Leben, das politisch-soziale Denken der breiten Schichten, die Lebenshaltung des Bürgertums vollkommen durchdrungen. Es gab in Deutschland wohl einzelne ganz große Repräsentanten der Aufklärung, wie vor allem Lessing, der vielleicht überhaupt die reinste und menschlich gewinnendste Gestalt der ganzen Bewegung ist; die aufrichtigen, klarsichtigen und standhaften Anhänger der Aufklärungsideen waren aber hier stets isolierte Erscheinungen und gehörten auch unter den Intellektuellen zu den Ausnahmen. Die Mehrheit des Bürgertums und der Intelligenz war unfähig, die Bedeutung der Aufklärung in bezug auf ihre klassenmäßigen Interessen zu begreifen; der Charakter der Bewegung konnte in ihren Augen leicht entstellt, die Beschränkungen und Unzulänglichkeiten des Rationalismus leicht zur Karikatur gemacht werden. Man darf sich freilich den Vorgang nicht als eine Verschwörung vorstellen, in der die Schriftsteller die Söldlinge und Helfershelfer der politischen Machthaber waren. Nicht einmal die wirklichen Lenker der öffentlichen Meinung gestanden es sich wohl ein, daß hier eine ideologische Fälschung der Tatsachen vor sich ging, die geistigen Repräsentanten des Bürgertums aber waren jedenfalls weit davon entfernt, sich eines Betrugs oder Verrats bewußt zu sein.

Wie ist nun aber dieses falsche Bewußtsein, diese politische Ahnungslosigkeit der Intelligenz, die schließlich zur Tragödie Deutschlands führte, entstanden? Wie ist es zu erklären, daß es im deutschen Bürgertum zu keiner richtigen Rezeption der Aufklärung kam und daß hier die klassenbewußte, progressive Intelligenz als kompakte Schicht vollkommen fehlte? Die Aufklärung war die politische Elementarschule des modernen Bürgertums, ohne die seine Rolle in der Geistesgeschichte der letzten zwei Jahrhunderte unvorstellbar wäre. Das Unglück Deutschlands bestand darin, daß es diese Schule seinerzeit versäumte und sie später nicht mehr nachholen konnte. Als die Aufklärung in Europa aktuell wurde, war die deutsche Intelligenz noch nicht reif genug, um an ihr teilzunehmen; nachher war es aber nicht mehr so leicht, sich über die Naivitäten und

Vorurteile der Bewegung hinwegzusetzen. Mit der Zurückgebliebenheit der deutschen Intelligenz ist freilich noch nichts erklärt, diese selbst muß erst erklärt werden. Das deutsche Bürgertum hatte seinen seit dem Ende des Mittelalters im Steigen begriffenen wirtschaftlichen und politischen Einfluß und damit seine kulturelle Bedeutung im Laufe des 16. Jahrhunderts verloren. Der internationale Handel verschob sich vom Mittelmeer zum Atlantischen Ozean, die Hansa und die niederdeutschen Städte wurden durch die Holländer und Engländer verdrängt, und die oberdeutschen Städte, namentlich Augsburg, Nürnberg, Regensburg und Ulm, die Hauptsitze der damaligen deutschen Kultur, verfielen gleichzeitig mit den italienischen Handelsstädten, als diesen die Verkehrswege im Mittelmeergebiet durch die Türken abgeschnitten wurden. Der Verfall der deutschen Städte bedeutete den Niedergang des deutschen Bürgertums; die Fürsten hatten von ihm nichts mehr zu erhoffen und nichts zu befürchten. Die fürstliche Gewalt erfuhr zwar seit dem Ende des 16. Jahrhunderts auch im Westen eine wesentliche Erstarkung, und es ging auch da eine neue Aristokratisierung vor sich, die westlichen Monarchien stützten sich aber zum Teil noch immer auf die Mittelklassen in ihrem Kampf gegen den frondierenden Adel, und was den Adel selbst betrifft, so überließ dieser den Handel und die Industrie entweder gänzlich dem Bürgertum, wie es in Frankreich geschah, oder er verbündete sich mit ihm zur Ausnützung der wirtschaftlichen Konjunktur, wie es in England der Fall war. Die deutschen Fürsten dagegen, die nach der Niederringung der Bauernaufstände die unbestrittenen Herren des Landes waren, erblickten nicht in dem Adel, dem sie selber angehörten und deren Politik sie gegenüber dem Kaiser vertraten, sondern im Bauerntum und Bürgertum die Gefahr, die ihre Herrschaft bedrohte. Die deutschen Territorialherren waren, im Unterschied von dem französischen und dem englischen König, große Grundbesitzer, die vor allem feudale Interessen hatten und denen der Wohlstand des Bürgertums und der Städte nicht besonders am Herzen lag. Der Dreißigjährige Krieg hat den Zusammenbruch des deutschen Handels vollendet und die deutschen Städte sowohl wirtschaftlich als auch politisch vernichtet.[98] Der Westfälische Frieden besiegelte den deutschen Partikularismus und bekräftigte die Landeshoheit der Territorialherren; er sanktionierte somit Verhältnisse, denen gegenüber der Westen, wo der König gewissermaßen die Einheit der Nation vertrat und ihre Interessen unter Umständen auch gegen die Aristokratie verteidigte, als fortschrittlich bezeichnet werden kann. Hier blieb zwischen dem König und dem unbotmäßigen Adel auch nach ihrer Versöhnung eine gewisse Spannung bestehen, von der das Bürgertum unbedingt profitierte, in Deutschland fanden sich dagegen die Fürsten und der Adel stets zusammen, wenn es sich um die Entrechtung der übrigen Klassen handelte. Im Westen hatte sich das Bürgertum in der Verwaltung festgesetzt und konnte aus ihr nie mehr gänzlich verdrängt werden; in Deutschland aber, wo die Loyalität des Heeres und der Bürokratie die Grundlage eines neuen Feudalismus bildete, waren die Posten, mit der Ausnahme der subalternen Ämter, dem Hochadel und den Junkern vorbehalten. Das Volk wurde von den Beamten der Krone, ob hoch oder nieder, ebenso und noch ärger bedrückt als einst von den Verwaltern der Grundherren. Die Bauern hatten in Deutschland nie etwas anderes als Leibeigenschaft gekannt, jetzt verlor aber auch das Bürgertum alles, was es sich im Laufe des 14. und 15. Jahrhunderts errungen hatte. Zuerst verarmte es und wurde seiner Vorrechte beraubt, dann verlor es auch sein Selbstvertrauen und büßte seine Selbstachtung ein. Schließlich entwickelte es aus seiner Misere jene Ideale der Untertanenmoral, jene Loyalität und Treue, die jedem im Staube kriechenden Spießer erlaubte, sich als den Diener einer höheren Idee zu fühlen.

So wie die Entwicklung vom Merkantilismus zur Handels- und Gewerbefreiheit in Deutschland nur sehr langsam vor sich geht und kaum vor 1850 vollendet ist,[99] gelangt auch die politische Zentralgewalt über die Territorialherren erst in der zweiten Hälfte des 19. Jahrhunderts zur Suprematie. Das Interregnum dauert, wie ein französischer Historiker bemerkt, tatsächlich bis 1870.[100] Im 16. Jahrhundert erholt sich zwar das Kaisertum vorübergehend, und Karl V. gelingt es, von der absolutistischen Strömung der Zeit getragen, die kaiserliche

Macht zu befestigen; die Herrschaft der Fürsten zu brechen gelingt aber auch ihm nicht. Seine Wirksamkeit ist zu ausgedehnt, um sich der Änderung der deutschen Verhältnisse zu widmen. Er muß übrigens bei seinen europäischen Interessen die Sache der deutschen Reformation von vornherein der Rücksicht auf den Papst opfern, und so versäumt er die unwiederbringliche Gelegenheit, das einheitliche Deutschland aus einer wirklichen Volksbewegung erstehen zu lassen.[101] Er überläßt die Vorteile, die mit dem Patronat über die Reformation verbunden sind, den deutschen Fürsten, denen Luther das Instrument der geistlichen Macht prompt überantwortet. Dieser selbst macht sie zu den Häuptern der Landeskirchen und verleiht ihnen die Autorität, das Leben ihrer Untertanen nunmehr auch geistlich zu lenken und die Sorge um ihr Heil auf sich zu nehmen. Die Fürsten bemächtigen sich der Kirchengüter, entscheiden über die Besetzung der kirchlichen Ämter, nehmen die religiöse Erziehung in die Hand, und so ist es nicht verwunderlich, daß die Landeskirchen sich zu den verläßlichsten Stützen der fürstlichen Macht entwickeln. Sie predigen die Pflicht des Gehorsams gegenüber der Obrigkeit, bekräftigen das Gottesgnadentum ihrer erlauchten Herren und züchten jenen dumpfen, engherzigen, konservativen Geist, der den deutschen Lutheranismus im 17. Jahrhundert charakterisiert. Der Kleinstaat-Despotismus, dem jetzt keine Macht im Lande mehr entgegensteht, entfremdet die progressiven Schichten auch der Kirche.

Der bürgerliche Geist des 15. und 16. Jahrhunderts verschwindet aus der deutschen Kunst und Kultur, insoweit von einer solchen nach dem Westfälischen Frieden noch die Rede sein kann. Denn die Deutschen machen den höfisch-aristokratischen Stil der Franzosen nicht nur als Schüler und Anhänger mit, sondern übernehmen ihn entweder durch den direkten Import der Künstler und Kunstwerke oder durch die sklavische Nachahmung der französischen Muster. Alle die zweihundert Duodezstaaten möchten es dem französischen König und dem Hof von Versailles gleichtun. So entstehen in der ersten Hälfte des 18. Jahrhunderts die prachtvollen deutschen Fürstenschlösser: Nymphenburg, Schleißheim,

Ludwigsburg, Pommersfelden, der Zwinger in Dresden, die Orangerie in Fulda, die Residenz in Würzburg, Bruchsal, Rheinsberg, Sanssouci – alle in einem Maßstab ausgeführt und mit einem Luxus ausgestattet, die in keinem Verhältnis zu den Kräften und Mitteln der zumeist sehr kleinen und armen Länder stehen. Dank diesem Aufwand entwickelt sich so etwas wie eine deutsche Abart der italienischen und französischen Rokokokunst. Die Literatur profitiert aber nicht viel vom Ehrgeiz der Landesherren, und die Dichter erhalten von dieser Seite, mit Ausnahme von einigen Musenhöfen, die aber auch erst gegen Ende des Jahrhunderts entstehen, wenig Anregung. „Deutschland wimmelt von Fürsten, von denen drei Viertel kaum gesunden Menschenverstand haben und die Schmach und Geißel der Menschheit sind" – schreibt ein Zeitgenosse. „So klein ihre Länder, so bilden sie sich ein, die Menschheit sei für sie gemacht."[102] Es gab in Deutschland dennoch verschiedene mehr und minder gebildete, despotische und weniger despotische, aufgeklärte und zurückgebliebene, kunstliebende und bloß prunksüchtige Fürsten, es gab aber wohl keinen, der daran gezweifelt hätte, daß für einen gewöhnlichen Sterblichen der Sinn des Daseins darin bestehe, sich von ihnen beherrschen und aussaugen zu lassen.

Die Mittel, die der irrsinnige Luxus, die übermütige Bautätigkeit, der kostspielige Hofhalt und die Mätressen der Fürsten nicht aufzehrten, wurden für das Heer und die Bürokratie verwendet. Das Heer konnte selbstverständlich nur Polizeidienste leisten und kostete verhältnismäßig wenig; um so schwerer lastete die Bürokratie auf der Nation. Die Kleinstaaterei bedingte an und für sich eine Vervielfachung des Beamtenapparats, die noch gesteigert wurde durch die Verbürokratisierung des Staates, die Übertragung der Funktionen der autonomen Körperschaften auf Staatsämter, die Vorliebe für Erlasse und Verordnungen und die allgemeine Tendenz zur Reglementierung des öffentlichen und des privaten Lebens. Es herrschte zwar auch in Frankreich das gleiche politische, wirtschaftliche und gesellschaftliche System, der Bürger war in seinen Geschäften und Unternehmungen auch dort durch den Interventionismus gehemmt und die staatliche Mißwirtschaft geschädigt und hatte ebenso wie in Deutschland unter Rechtsberaubung und Mißachtung zu leiden; in den kleinen Verhältnissen der deutschen Fürstentümer wirkte sich aber all das viel drückender und demütigender aus. In der unmittelbaren Nähe des Hofes, unter dem Druck eines kleinlichen Staatsapparats, aber eines ebenso anspruchsvollen und verschwenderischen Fürsten, unter den Augen von weniger einflußreichen, doch ebenso unmenschlichen Beamten führt der Bürger in Deutschland eine noch beunruhigtere und bedrohtere Existenz. Der Staatsdienst saugt zwar in den untergeordneten Funktionen einen bedeutenden Teil des Mittelstandes auf, er depraviert aber diese kleinen Beamten schon durch den Umstand, daß die staatliche Verwendung für die meisten von ihnen die einzige standesgemäße Lebensmöglichkeit darstellt. Für einen Bürgerlichen, der nicht im Handel oder im Gewerbe tätig ist, bleibt eben nichts anderes übrig, als Staatsbeamter, Verwaltungsjurist, Geistlicher der Landeskirche oder Lehrer an einem öffentlichen Institut zu werden.

Die Machtlosigkeit der bürgerlichen Klasse, ihre Ausschließung von der Regierung des Landes und so gut wie jeder politischen Tätigkeit führt eine Passivität herbei, die sich auf das ganze Kulturleben erstreckt. Die aus subalternen Beamten, Schulmeistern und weltfremden Dichtern bestehende Intelligenz gewöhnt sich daran, zwischen ihrem Privatdasein und der Politik eine Trennungslinie zu ziehen und auf jeden praktischen Einfluß von vornherein zu verzichten. Sie entschädigt sich dafür durch den übersteigerten Idealismus und die betonte Interesselosigkeit ihrer Ideen und überläßt das Lenken des Staates den Besitzern der Macht. Es äußert sich in diesem Verzicht nicht nur eine vollkommene Gleichgültigkeit gegen die scheinbar unabänderliche soziale Praxis, sondern auch eine ausgesprochene Verachtung der Politik als Beruf. Die bürgerliche Intelligenz verliert auf diese Art jeden Kontakt mit der gesellschaftlichen Wirklichkeit, wird immer weltfremder, verschrobener, verbohrter. Ihr Denken wird rein kontemplativ und spekulativ, irreal und irrational, ihre Ausdrucksweise eigensinnig, verstiegen, inkommunikabel, jeder Rücksicht auf andere unfähig und jeder Korrektur von außen widerstrebend.

Sie zieht sich auf ein „allgemeinmenschliches“, über den Klassen, Ständen und Gruppen stehendes Niveau zurück, macht aus ihrem Mangel an praktischem Sinn eine Tugend und nennt ihn Idealismus, Innerlichkeit, Überwindung der räumlichen und zeitlichen Grenzen. Sie entwickelt aus ihrer unfreiwilligen Passivität ein Ideal des idyllischen Privatdaseins, aus ihrer äußeren Gebundenheit die Idee der inneren Freiheit und der geistigen Souveränität über die gemeine, empirische Wirklichkeit. So kommt es in Deutschland zur völligen Scheidung der Literatur von der Politik und zum Verschwinden jenes im Westen so wohlbekannten Repräsentanten der öffentlichen Meinung, der gleichzeitig Schriftsteller und Politiker, Wissenschaftler und Publizist, ein guter Philosoph und ein guter Journalist ist.

Die soziale Entwicklung, die das deutsche Bürgertum seit dem Ausgang des Mittelalters in verschiedene klarabgestufte Schichten teilte, kam im 16. Jahrhundert zum Stillstand. Es trat als rückläufiger Prozeß eine neue Integration ein und ergab abermals eine ziemlich undifferenzierte bürgerliche Klasse, so wie sie uns im 17. Jahrhundert entgegentritt. Die breiteren Schichten des Bürgertums hatten ihre Kulturbedürfnisse aufgegeben und die Großbourgeoisie war so zusammengeschmolzen, daß sie als Kulturfaktor nicht mehr viel zählte. Von einem gehobenen bürgerlichen Lebensstil und einer eigenen, in der Kunst und Literatur sich Ausdruck verschaffenden bürgerlichen Weltanschauung konnte kaum mehr die Rede sein. Es entstand vielmehr ein gleichmäßiges Niveau der Anspruchslosigkeit, das an die primitiven Verhältnisse des frühen Mittelalters erinnerte. Die umwälzenden Ereignisse des 16. Jahrhunderts, namentlich die Verschiebung der Zentren der Weltwirtschaft und die Erstarkung der fürstlichen Macht, zerstörten die Früchte der bürgerlichen Spätgotik und Renaissance. Es war nichts mehr übrig von jener Kultur, die im bürgerlichen Lebensstandard ihr Fundament hatte; nichts von den Kriterien einer eigenen bürgerlichen Bildung und eines besonderen bürgerlichen Kunstideals; nichts von der geistigen Atmosphäre eines Zeitalters, in dem die ganze maßgebende Kulturentwicklung, die fortschrittlichsten künstlerischen und philosophischen Tendenzen sich in den Denk- und Erlebnisformen des Bürgertums bewegten und die führenden Persönlichkeiten wie Dürer und Altdorfer, Hans Sachs und Jakob Böhme Repräsentanten der bürgerlichen Weltanschauung waren.

Das mit der Entwicklung der Geldwirtschaft, dem Aufschwung der Städte und der Dekadenz des feudalen Adels zu Reichtum und Ansehen gelangende Bürgertum erkaufte und erkämpfte sich die Autonomie der größeren Stadtgemeinden, übernahm ihre Verwaltung und eroberte wichtige Stellen auch in der Staatsregierung, im Rat der Fürsten und im Senat der Gerichte. Der spätere Niedergang der deutschen Städte, der damit verbundene Prestigeverlust des Bürgertums und der fortschreitende wirtschaftliche Ruin des Adels führten jedoch bereits am Ende des 16. Jahrhunderts zur Verdrängung des bürgerlichen Elements aus den Staats- und Hofämtern und zur Besetzung der Positionen durch Adelige.[103] Der Dreißigjährige Krieg, der auch die Lage der feudalen Klassen verschlechterte, erneuerte und beschleunigte den Zug des Adels zu den Ämtern und versperrte die höhere amtliche Karriere vor dem Bürgertum. In Frankreich entwickelte sich der Beamtenadel, der hauptsächlich im Bürgertum seinen Ursprung hatte, *neben* dem Land- und Hofadel; in Deutschland verwandelte sich hingegen die grundbesitzende und ritterliche Aristokratie selbst in einen solchen Beamtenadel, und das Bürgertum wurde hier noch viel radikaler, als es im 18. Jahrhundert auch sonst der Fall war, in die Reihen der subalternen Beamtenschaft zurückgedrängt. Der Sieg der Fürsten bedeutete das Ende der „Stände“ als politischer Machthaber, das heißt die Entrechtung sowohl des Adels als des Mittelstandes; von da an gab es nur *eine* politische Macht, die fürstliche. Es geschah aber, was in solchen Fällen im allgemeinen zu geschehen pflegt: die Fürsten entschädigten den Adel und ließen das Bürgertum leer ausgehen. Das Bild der deutschen Gesellschaft wird jetzt von zwei Gruppen beherrscht: den hohen Staats- und Hofbeamten, die eine Art neuen Vasallentums um die Fürsten bilden, und der niederen Bürokratie, die aus ihren gehorsamsten Dienern besteht. Für die Servilität nach oben entschädigen sich die einen durch eine maßlose Brutalität nach unten, die anderen durch einen Kult der Disziplin, der aus dem Vorgesetzten einen „inneren Zensor" und aus der amtlichen Pflichterfüllung eine Religion macht.

Der Fortschritt des Handels und der Industrie ist aber, trotz der Hindernisse, die die Kleinstaaterei mit ihren partikularistischen Interessen und verwahrlosten Finanzen der wirtschaftlichen Entwicklung in den Weg legt, auf die Dauer nicht aufzuhalten. Das Bürgertum bereichert sich abermals und beginnt sich wieder in Vermögensklassen zu spalten. Zuerst entsteht eine vom Mittelstand sich abhebende Bourgeoisie, die die Protektion der Hofbeamten bezahlen und die französische Mode der Hofkreise mitmachen kann. Durch dieses höhere Bürgertum, das neben dem Hofadel der einzige Kulturträger im Lande ist, breiten sich der französische Geschmack und die Verachtung der heimischen Traditionen auf die ganze Intelligenz aus. Die französische Literatur beherrscht die Universitäten und findet in Gottsched, dem repräsentativen gelehrten Dichter des Zeitalters, ihren begeisterten Anwalt; die bürgerliche Kunst der deutschen Renaissance und die geringen Spuren, die sich von ihr als lebendige Tradition erhalten haben, erscheinen ihm, im Vergleich mit dem französischen Kunstideal, als roh, unentwickelt und abgeschmackt. Und dabei kann Gottsched keineswegs als der literarische Wortführer der Aristokratie bezeichnet werden; er ist vielmehr der Exponent des Bürgertums, das allerdings noch kein eigenes Kunstideal hat und weder einen ausgeprägten Nationalcharakter noch ein eindeutiges Klassenbewußtsein besitzt. Man darf freilich nicht vergessen, daß auch die dem Bürgertum als Muster dienende Bildung der Aristokratie, und zwar auch die des Residenzadels, nur eine Scheinbildung ist, die sich aus fertigen und oft leeren Schablonen zusammensetzt.[104] Die weltliche Unterhaltungsliteratur, die sozusagen das einzige Kulturbedürfnis dieser Schichten darstellt, beschränkt sich um 1700 noch auf die Gattungen, die auch im höfisch-aristokratischen Frankreich beliebt sind, vor allem auf den Helden-, Hirten- und Liebesroman und die heroische Tragödie. Ihre Verfasser sind aber, im Unterschied von den französischen und englischen Autoren, zumeist akademisch gebildete Personen, das heißt Hochschullehrer, Juristen und Hofbeamte, die zum größten Teil dem höheren Bürgertum angehören. Es gibt unter ihnen auch Adelige wie den Freiherrn von Canitz, Friedrich von Spee und Friedrich von Logau, aber fast gar keine Vertreter der unteren Schichten.[105] Von den großen Herren abgesehen, die zum eigenen Vergnügen und Zeitvertreib dichten, sind alle diese Autoren direkt oder indirekt von den Höfen abhängig. Entweder stehen sie im unmittelbaren Dienst der Fürsten oder sie wirken an einer der Universitäten und gehören in dieser Eigenschaft zu ihrem Anhang.

Der erste deutsche Berufsdichter im europäischen Sinne ist Klopstock, obgleich auch er sich von privaten Gönnern noch nicht vollkommen unabhängig machen kann. Vor dem Auftreten Lessings und der Entwicklung der Großstadt als Nährboden der Literatur gibt es in Deutschland keinen freien Schriftsteller. Das Großbürgertum bleibt der französischen Mode und den höfischen Formen der Dichtung noch lange treu. Wir wissen, daß der Rokokogeschmack, sogar in einer Handelsstadt wie Leipzig, noch zu Goethes Studentenzeit durchaus maßgebend war. Nichtsdestoweniger waren es solche Handelsstädte, vor allem Hamburg und Zürich, die sich von dem Geschmacksdiktat der Höfe zuerst befreit hatten und der bürgerlichen Literatur Unterkunft gewährten. Nach der Mitte des Jahrhunderts gab es wohl noch Residenzen, in welchen die Dichtung eine Pflegestätte fand – Weimar ist das klassische Beispiel – es gab aber keine höfische Dichtung mehr. Lessing ist nicht nur durch seine Herkunft und seine Sympathien, sondern auch durch die besondere Art seiner schriftstellerischen Tätigkeit, die hauptsächlich eine kritische und journalistische ist, der Repräsentant des Bürgertums und des städtischen Lebens. Berlin zeigt bereits die Umrisse einer Großstadt, als er sich dort niederläßt. Es hat hunderttausend Einwohner und genießt, zum Teil als Nachwirkung des Siebenjährigen Krieges, eine gewisse Freiheit der Diskussion und Kritik. Friedrich II. unterdrückt sie allerdings, sobald sie Gebiete jenseits der Religion berührt.[106] Auf diese charakteristische Begrenzung des Diskutierbaren weist auch Lessing in einem Brief an Nicolai hin: „Ihre Berlinische Freiheit“ – schreibt er – „reduziert sich . . auf die Freiheit, gegen die Religion so viel Sottisen zu Markte zu bringen, als man will . . . Lassen Sie einen in Berlin auftreten, der für die Rechte der Untertanen, der gegen Aussaugung und Despotismus seine Stimme erheben wollte . . . und Sie werden bald die Erfahrung haben, welches Land bis auf den heutigen Tag das sklavischste Land in Europa ist.“ Und dennoch wußte Lessing sehr gut, warum er nach Berlin ging; man atmete in dieser großen Stadt eine andere Luft als in den engen Residenzen und an den von der Welt vermauerten Universitäten, die einem Schriftsteller von damals als Wirkungsstätte zur Wahl standen.[107] Lessing führte zwar die Existenz eines literarischen Tagelöhners, ordnete Bibliotheken, versah Sekretärdienste, verfertigte Übersetzungen, er war aber im großen und ganzen unabhängig. Was diese Unabhängigkeit ihn kostete, davon macht man sich allerdings erst eine Vorstellung, wenn man hört, was er einmal auf die Frage, warum er so kleine Buchstaben schreibe, zur Antwort gab: seine Honorare würden Papier und Tinte nicht decken, wenn er größere Buchstaben schriebe, antwortete er. Mit über vierzig Jahren blieb ihm schließlich doch nichts anderes übrig, als das Joch auf sich zu nehmen, gegen das er sich zeitlebens sträubte. Er trat in fürstlichen Dienst und verbrachte die letzten qualvollen Jahre seines Lebens in Wolfenbüttel als Bibliothekar des Herzogs von Braunschweig. Es ging dennoch aufwärts mit der deutschen Literatur. Es wuchs die Zahl der Schriftsteller (1773 gab es in Deutschland etwa dreitausend Autoren, 1787 bereits zweimal so viel) und in den letzten Jahrzehnten des 18. Jahrhunderts lebten viele schon von dem Ertrag ihrer literarischen Arbeit.[108] Die meisten mußten allerdings bis in die Romantikerzeit auch einem bürgerlichen Beruf nachgehen. Gellert, Herder, Lavater waren Theologen, Hamann, Winckelmann, Lenz, Hölderlin, Fichte Hauslehrer, Gottsched, Kant, Schiller, Görres, Schelling und die Brüder Grimm Universitätsprofessoren, Novalis, A. W. Schlegel, Schleiermacher, Eichendorff, E. T. A. Hoffmann Staatsbeamte.

Mit dem Sturm und Drang wird die deutsche Literatur vollends bürgerlich, wenn auch die jungen Rebellen gegenüber dem Bürgertum alles nur nicht nachsichtig sind. Ihr Protest gegen die Übergriffe des Despotismus und ihre Begeisterung für die Freiheitsrechte ist aber ebenso echt und aufrichtig wie ihre aufklärungsfeindliche Haltung. Und wenn sie auch nur eine lose zusammenhängende Gruppe von weltfremden Schwärmern und närrischen Außenseitern bilden, so wurzeln sie doch tief im Bürgertum und können ihre Herkunft kaum verleugnen. Die ganze deutsche Bildungsepoche vom Sturm und Drang bis zur Romantik wird von diesem Bürgertum getragen; die geistigen Führer des Zeitalters denken und fühlen bürgerlich, und das Publikum, an das sie sich wenden, setzt sich in der Hauptsache aus bürgerlichen Elementen zusammen. Es umfaßt zwar keineswegs sämtliche Schichten des Bürgertums und beschränkt sich oft sogar auf eine nicht sehr zahlreiche Elite, es vertritt aber nichtsdestoweniger eine fortschrittliche Tendenz und vollzieht die endgültige Auflösung der höfischen Kultur. Das Bürgertum entwickelt sich zu einer Bildungsklasse, die sich nicht nur vom Adel, sondern auch vom akademischen Gelehrtentum abhebt und sowohl zwischen der Welt der Praxis und der des Geistes als auch zwischen den geistigen Führern und den breiten Schichten der Nation einen Übergang herstellt. Deutschland wird jetzt zu jenem „Land des Mittelstandes", in dem die Aristokratie sich als immer unproduktiver erweist, das Bürgertum hingegen trotz seiner politischen Ohnmacht sich geistig durchsetzt und mit seinem Rationalismus die nichtbürgerlichen Formen der Kultur aushöhlt. Der Rationalismus des 18. Jahrhunderts gehört zu den Bewegungen, deren Fortschritt durch die reaktionären Gegenströmungen nur verlangsamt, aber nicht aufgehalten werden können. Keine Gesellschaftsgruppe kann sich vor ihm vollkommen verschließen und die deutsche Intelligenz um so weniger, als ihre irrationalen Neigungen aus dem Mißverständnis ihrer wirklichen Interessen stammen. Die Lage in Deutschland gestaltet sich also kurz folgendermaßen: die Lebenshaltung der kulturtragenden Schichten verbürgerlicht sich, ihre Denk- und Erlebnisformen werden rationalisiert und revolutioniert, es entsteht ein neuer Typus des geistigen Menschen, der innerlich ungebunden, das heißt von Traditionen und Konventionen frei ist, ohne daß er auf die politisch-soziale Wirklichkeit einen entsprechenden Einfluß üben könnte oder oft auch nur wollte. Er sträubt sich gegen den Rationalismus, dessen unwillkürlicher Träger er ist, und wird teilweise zum Vorkämpfer des Konservativismus, den er zu bekämpfen glaubt. So mischen sich hier überall konservative und reaktionäre Züge mit fortschrittlichen und liberalen.[109]

Lessing wußte, daß die „Überwindung" des Rationalismus durch den Sturm und Drang eine Verirrung des Bürgertums war; darum verhielt er sich auch den Jugendwerken Goethes, namentlich dem *Goetz* und dem *Werther* gegenüber so reserviert.[110] Die Kritik der neuen Generation an der rationalistischen Popularphilosophie war gewiß berechtigt, es gehörte aber bei den gegebenen Verhältnissen mehr Geist dazu, sich über die Unzulänglichkeiten des Rationalismus hinwegzusetzen, als an ihnen hängenzubleiben. Die Aufklärung war in ihrem Kampf gegen die mit dem Absolutismus verbündete Kirche unempfindlich geworden gegen alles, was mit Religion und den irrationalen Kräften in der Geschichte zusammenhing, und die Vertreter der Sturm-und-Drang-Bewegung spielten gegen die „entzauberte" Wirklichkeit, an die sie sich in keiner Weise gebunden fühlten, diese irrationalen Kräfte aus. Sie entsprachen aber damit nur den Wünschen der herrschenden Klassen, die die Aufmerksamkeit von der Wirklichkeit, die sie in Besitz genommen hatten, abzulenken bestrebt waren. Diese Klassen begünstigten jede Anschauung, die den Sinn der Welt als unerklärlich und unberechenbar darstellte, und förderten die Verinnerlichung der Probleme, durch die die revolutionäre Tendenz der geistigen Entwicklung abgebogen und das Bürgertum dazu gebracht werden konnte, sich statt mit einer praktischen Lösung mit einer ideologischen zu begnügen.[111] Unter der Wirkung dieses Opiats verlor die deutsche Intelligenz ihren Sinn für die positive und rationale Erkenntnis und ersetzte sie durch Intuition und metaphysische Visionen. Der Irrationalismus war wohl eine gesamteuropäische

Erscheinung, er äußerte sich aber im wesentlichen überall als eine Form des Emotionalismus und erhielt erst in Deutschland das besondere Gepräge des Idealismus und Spiritualismus; hier wurde er erst zu einer die Empirie verachtenden, auf das Zeitlose und Unendliche, das Ewige und Unbedingte gerichteten, metaphysischen Weltanschauung. Als Emotionalismus hatte die romantische Bewegung noch einen unmittelbaren Zusammenhang mit den revolutionären Tendenzen im Bürgertum, als Idealismus und Supranaturalismus entfernte sie sich dagegen immer mehr vom progressiven bürgerlichen Denken. Die deutsche idealistische Philosophie ging zwar von der antimetaphysischen, in der Aufklärung wurzelnden Erkenntnistheorie Kants aus, entwickelte aber den Subjektivismus dieser Lehre zu einem absoluten Verzicht auf die objektive Wirklichkeit und gelangte schließlich zu dem entschiedenen Gegensatz des Realismus der Aufklärung. Die deutsche Philosophie entfremdete sich von dem gebildeten Laienpublikum des Zeitalters schon mit Kant, und zwar vor allem durch ihren Jargon, der für die Nichteingeweihten einfach unverständlich war und der Tiefe mit Schwierigkeit übersetzte. Die deutsche wissenschaftliche Sprache nahm allmählich jenen oft vagen, koketten, in Andeutungen schillernden Charakter an, der sie von der Ausdrucksweise der westeuropäischen Wissenschaft so scharf unterscheidet. Gleichzeitig ist den Deutschen auch der Sinn für die einfachen, nüchternen, sicheren Wahrheiten, die im Westen so hochgehalten werden, abhanden gekommen und ihre Vorliebe für gedankliche Konstruktion und Komplikation zu einer wahren Leidenschaft geworden.

Der geistige Habitus, der hier als „deutsches Denken", „deutsche Wissenschaft", „deutsche Ausdrucksweise" bezeichnet wird, darf freilich nicht als die Äußerung eines konstanten Volkscharakters betrachtet werden, sondern nur als ein Denk- und Sprachstil, der in einer bestimmten Periode der deutschen Geistesgeschichte, das heißt in der zweiten Hälfte des 18. Jahrhunderts, und durch eine bestimmte soziale Schicht, nämlich die von der Regierung des Landes ausgeschlossene und praktisch einflußlose bürgerliche Intelligenz entstanden ist. Diese Schicht spielte in der Entwicklung der deutschen Bildungsklasse eine ebenso wichtige Rolle wie das Literatentum der Aufklärung in der des französischen Lesepublikums. Das, was Tocqueville vom Ursprung der französischen Mentalität behauptet, daß sie nämlich ihren Hang zu rationalen, abstrakten, allgemeinen Ideen dem ungeheueren Einfluß der Aufklärungsliteratur verdanke,[112] läßt sich mutatis mutandis auch vom Ursprung der deutschen eigenbrötlerischen, Überraschungen und Komplikationen suchenden Geistigkeit feststellen. Beide sind die Schöpfungen einer Epoche, in der das sich emanzipierende Literatentum auf die geistige Entwicklung der Nation eine entscheidende Wirkung ausübt. Das 18. Jahrhundert war im ganzen Abendland, sowohl in Frankreich und England als auch in Deutschland, die Entstehungszeit des modernen wissenschaftlichen Denkens und der im großen und ganzen auch heute noch gültigen Bildungskriterien. Diese sind mit dem modernen Bürgertum gleichzeitig entstanden und verdanken ihm ihre Zähigkeit. So beurteilt zum Beispiel auch Thomas Mann im *Zauberberg* die Aufklärung noch nach den Gesichtspunkten, die für den Sturm und Drang maßgebend waren. Auch er spricht noch vom „flachen Optimismus“ des pädagogischen Jahrhunderts und charakterisiert in der Figur Settembrinis den westeuropäischen Aufklärer als einen eitlen Schönredner und selbstgefälligen Menschheitsbeglücker.

Der Irrealismus, der sich in dem abstrakten Denken und der esoterischen Sprache der deutschen Dichter und Philosophen äußert, kommt auch in ihrem übersteigerten Individualismus und ihrer Originalitätssucht zum Ausdruck. Ihr Wille zur unbedingten Eigenart ist wie ihr Jargon nur eine Erscheinungsform ihres asozialen Wesens. Die Worte M$^{me}$ de Staëls, „trop d'idées neuves, pas assez d'idées communes“, bringen die Diagnose des deutschen Geistes auf die kürzeste Formel. Das, was den Deutschen fehlte, war nicht der Sonntagskuchen, sondern das tägliche Brot. Es fehlte ihnen jene gesunde, wache, maßgebende öffentliche Meinung, die in den westeuropäischen Ländern den individuellen Bestrebungen von vornherein Grenzen setzte und eine gemeinsame Richtung gab. M$^{me}$ de Staël erkannte bereits, daß die individuelle Freiheit oder, wie Goethe sie nannte, der „literarische Sansculottismus" der deutschen Dichter nichts als eine Kompensation für ihren Ausschluß vom aktiven politischen Leben war. Auch ihre Geheimsprache und ihr „Tiefsinn", ihr Kultus des Schwierigen und Komplizierten gingen auf diesen Ursprung zurück. Alles drückte die Bestrebung aus, für den politischen und sozialen Einfluß, der der deutschen Intelligenz verweigert war, sich durch geistige Abschließung und Sonderstellung zu entschädigen und aus den höheren Formen des geistigen Lebens, den politischen Vorrechten entsprechend, das Reservat einer Elite zu machen.

Die deutsche Intelligenz war unfähig es zu begreifen, daß der Rationalismus und Empirismus die natürlichen Verbündeten einer mit der Unterdrückung unvereinbaren Gesellschaftsordnung waren. Sie konnte den konservativen Mächten gar keinen größeren Dienst erweisen, als daß sie sich an dem Manöver, die „nüchterne Verstandeskultur" um ihren Kredit zu bringen, beteiligte. Beirrt wurde diese Intelligenz in ihrer Zielsetzung einerseits dadurch, daß die deutschen Fürsten sich scheinbar der Aufklärung annahmen und den Rationalismus des alten absoluten Regimes der neuen Verstandeskultur anpaßten, andererseits durch die religiösen Traditionen des kleinbürgerlichen und oft durch das väterliche Pastorenamt geistig bedingten Elternhauses, die die meisten ihrer Vertreter mit sich brachten und die jetzt durch den Pietismus eine vielversprechende Renaissance erlebten. Sie hielt sich bei ihrem Feldzug gegen die Aufklärung selbstverständlich vor allem an jene Gebiete, in welchen das Irrationale den weitesten Spielraum hatte, und entlehnte ihre geistigen Waffen hauptsächlich der religiösen und der ästhetischen Sphäre. Das religiöse Erlebnis war an und für sich irrational, und das Kunsterlebnis wurde es in dem Maße, als man sich von den Geschmackskriterien der höfischen Kultur entfernte. Man ließ zunächst, nach dem Muster des Neuplatonismus, die beiden Sphären ineinanderfließen, räumte aber sodann den Primat im neuen Weltbild den ästhetischen Kategorien ein. Die vernunftmäßig unergründlichen und logisch undefinierbaren Züge des Kunstwerkes wurden nicht erst jetzt entdeckt, diese beobachtete und betonte schon die Renaissance; auf die prinzipielle Irrationalität und Regellosigkeit des künstlerischen Schaffens wies aber erst das 18. Jahrhundert hin. Erst diese autoritätsfeindliche, dem höfischen Akademismus sich bewußt und programmatisch widersetzende Zeit bestreitet es, daß die reflexiven und rationalisierten geistigen Fakultäten, der Kunstverstand und die kritische Urteilskraft, an der Entstehung des Kunstwerkes einen Anteil haben. Die Begründung des Irrationalismus stieß in dieser Sphäre auf geringeren Widerstand als in dem Gebiet der Theorie. Die aufklärungsfeindlichen Tendenzen zogen sich daher auf die ästhetische Linie zurück und eroberten von hier aus die geistige Welt. Die harmonische Struktur des Kunstwerkes wurde auf den ganzen Kosmos übertragen, und dem Weltschöpfer wurde – wie im Neuplatonismus – eine Art Kunstwollen unterschoben. „Das Schöne ist eine Manifestation geheimer Naturkräfte", behauptete sogar der sonst durchaus nicht mystisch veranlagte Goethe, und die Naturphilosophie der Romantik drehte sich bereits zur Gänze um diese Idee. Die Ästhetik wurde zur Zentralwissenschaft und zum Organ der Metaphysik. Schon in der Erkenntnistheorie Kants war die Erfahrung die Schöpfung des erkennenden Subjekts, nach der Analogie des Kunstwerkes, das von jeher als das Produkt des an die Wirklichkeit gebundenen, aber die Wirklichkeit beherrschenden Künstlers galt. Kant selber glaubte über die Beschaffenheit des Gegenstandes an sich fast nichts, über die Spontaneität des Subjekts hingegen sehr viel aussagen zu können und verwandelte die Erkenntnis, die vom ganzen Altertum und Mittelalter als das Abbild einer Wirklichkeit aufgefaßt wurde, in eine Funktion der Vernunft. Der Widerstand der Objektivität gegen das freie Schalten des Subjekts verringerte sich aber noch mit der Entwicklung, und die zu erkennende Wirklichkeit wurde schließlich zur unbeschränkten Domäne des schöpferischen Ichs. Wie konnte sich das Bild der Welt so verändern? Philosophische Systeme werden wohl in Bibliotheken und Studierstuben zu Papier gebracht, sie entstehen aber nicht hier; und wenn dies doch einmal der Fall ist, wie es im deutschen Idealismus tatsächlich der Fall war, so hat auch das seinen realen, durch das praktische Leben bedingten Sinn. Die Studierzimmer der deutschen Philosophen waren hermetisch verschlossen, und das Erlebnis, aus dem diese Philosophen ihre Systeme entwickelten, war eben ihre Isoliertheit, ihre Vereinsamung, ihre Einflußlosigkeit auf die Praxis. Ihre ästhetische Weltanschauung war teils ein Sichverschließen gegen die Welt, in der der „Geist" sich als machtlos erwies, teils der Umweg zur Verwirklichung eines Menschenideals, das auf dem direkten Weg der politischen und sozialen Erziehung nicht verwirklicht werden konnte.

Voltaire und Rousseau wurden für Deutschland fast gleichzeitig aktuell, die Wirkung Voltaires konnte aber mit der seines Rivalen weder an Tiefe noch an Breite verglichen werden. Rousseau fand nicht einmal in Frankreich so zahlreiche und begeisterte Anhänger wie in Deutschland. Der ganze Sturm und Drang, Lessing, Kant, Herder, Goethe und Schiller waren von ihm abhängig und bekannten sich zu ihm. Kant erblickte in ihm den „Newton der sittlichen Welt", und Herder nannte ihn einen „Heiligen und Propheten". In einem ähnlichen, wenn auch entsprechend reduzierten Verhältnis stand die Autorität Shaftesburys in Deutschland zu seinem Ruhm im eigenen Lande. Die englischen Kenner des 18. Jahrhunderts messen ihm keine besondere Bedeutung zu und finden es geradezu unbegreiflich, wie dieser Autor „zweiten Ranges" in Deutschland zu solcher Berühmtheit gelangen konnte.[113] Wenn man aber die deutschen Verhältnisse besser kennt, ist es nicht so verwunderlich, daß ein Irrationalist wie Shaftesbury, mit seinem gegen Locke gerichteten Spiritualismus, seinem platonischen Enthusiasmus und seiner plotinischen Idee von der Schönheit als dem innersten Wesen des Göttlichen, auf die Deutschen einen so tiefen Eindruck machte. Shaftesbury war ein typischer Whigaristokrat, dessen Geistesart am deutlichsten in der Kalokagathie seines Erziehungsideals und seiner ästhetisierenden Sittenlehre zum Ausdruck kam. Sein *self-breeding* war nichts als die Übertragung der Idee der aristokratischen Auslese vom Bluthaften auf das Geistige und Seelische. Der soziologische Ursprung seines Persönlichkeitsideals spiegelte sich ebenso unverkennbar in dem Gedanken, daß der Konflikt zwischen den egoistischen und altruistischen Trieben, der die unteren Schichten der Menschheit moralisch depraviert, in den höheren, „gebildeten" Kreisen einen harmonischen Ausgleich findet, wie in der Gleichsetzung des Wahren und des Guten mit dem Schönen. Die Idee, daß das Leben ein Kunstwerk sei, an dem man, von einem unfehlbaren Instinkt *(moral sense)* geleitet, arbeitet, so wie der Künstler von seinem Genie geleitet seine Werke schafft, war eine aristokratische Vorstellung, die von der deutschen Intelligenz nur deshalb so begeistert aufgenommen wurde, weil sie durchaus mißverständlich war und ihr Aristokratismus als geistiges Adelsbewußtsein interpretiert werden konnte.

Die Welt erschien der Aufklärung als etwas durchaus Verständliches, Erklärbares und zu Erklärendes, dem Sturm und Drang hingegen als etwas grundsätzlich Unbegreifliches, Geheimnisvolles und, vom Standpunkt der menschlichen Vernunft, Sinnloses. Solche Anschauungen werden nicht einfach ausgedacht und logisch entwickelt. Die eine ist die Folge der Überzeugung, die Wirklichkeit erobern und beherrschen zu können, die andere der Ausdruck des Gefühls, in dieser Wirklichkeit verloren und verlassen zu sein. Ganze Gesellschaftsschichten und Generationen geben die Welt nicht freiwillig auf; und wenn sie dazu gezwungen werden, erfinden sie oft die schönsten Philosophien, Märchen und Mythen, durch die sie den Zwang, dem sie erliegen, in die Sphäre der Freiheit, der Geistigkeit und Innerlichkeit erheben. So ist auch die Lehre von der Selbstverwirklichung der Idee in der Geschichte, dem kategorischen Imperativ des sittlichen Menschen, dem sich selbst auferlegten Gesetz des schöpferischen Künstlers und ähnlichem mehr entstanden. Nichts spiegelt aber die Motive, aus welchen der Sturm und Drang sein Weltbild entwickelt, so scharf und vielseitig wie der Begriff des künstlerischen Genies, den man nun an die Spitze der menschlichen Werte stellt. Der Begriff enthält vor allem die Merkmale des Irrationalen und Subjektiven, die die Vorromantik der dogmatischen und generalisierenden Aufklärung gegenüber betont, die Aufhebung des äußeren Zwanges in eine innere Freiheit, die gleichzeitig ein Rebell und ein Despot ist, und schließlich das Prinzip der Originalität, die in dieser Geburtsstunde des freien Literatentums und der sich stündlich verschärfenden geistigen Konkurrenz zur wichtigsten Waffe im Existenzkampf der Intelligenz wird. Das künstlerische Schaffen, das sowohl für den höfischen Klassizismus als auch für die Aufklärung eine eindeutig definierbare, auf erklärbaren und erlernbaren Geschmacksregeln beruhende geistige Tätigkeit war, erscheint jetzt als ein geheimnisvoller Prozeß, der von so unergründlichen Quellen wie göttlicher Eingebung, blinder Intuition, unberechenbarer Stimmung hergeleitet wird. Für den Klassizismus und die Aufklärung war das Genie eine durch Vernunft, Theorie, Geschichte, Tradition und Konvention gebundene höhere Intelligenz, für die Vorromantik und den Sturm und Drang wird es zur Personifikation eines Ideals, für welches vor allem das Fehlen dieser Bindungen bezeichnend ist. Das Genie rettet sich aus der Misere des Alltags in ein Traumland der grenzenlosen Willkür. Hier lebt es nicht nur frei von den Fesseln der Vernunft, sondern ist zugleich im Besitz von mystischen Kräften, die ihm die gewöhnliche Sinneserfahrung entbehrlich machen. „Das Genie ahndet, das heißt, sein Gefühl läuft der Beobachtung vor. Das Genie beobachtet nicht. Es *sieht*, es fühlt“ – sagt Lavater. Die irrationalen, unbewußten, schöpferischen Züge des Geniebegriffes finden sich zwar schon in der westeuropäischen Vorromantik, vor allem in den *Conjectures on Original Composition* (1759) Edward Youngs, hier verhält sich aber noch das Genie zu dem bloßen Talent wie ein „Zauberer“ zu einem guten „Baumeister“, in der Kunstphilosophie der Stürmer und Dränger wird er dagegen zum revoltierenden, übermenschlichen, göttergleichen Titan. Wir stehen keinem Schwarzkünstler mehr gegenüber, dessen Handgriffe wohl unkontrollierbar, aber keineswegs unnatürlich sind, sondern dem Hüter einer geheimnisvollen Weisheit, dem „Aussprecher unaussprechlicher Dinge“ und dem Gesetzgeber einer eigenen, eigengesetzlichen Welt.[114] Das, was diesen Geniebegriff von dem Youngschen unterscheidet, ist vor allem sein extremer, durch die besonderen deutschen Verhältnisse bedingter Subjektivismus. Die persönlichen Züge des künstlerischen Schaffens waren bereits sowohl dem Hellenismus als auch der Renaissance bekannt, keine dieser Epochen gelangte jedoch zu einem Begriff der Kunst, dessen Subjektivismus mit dem des 18. Jahrhunderts vergleichbar gewesen wäre.[115] Aber auch im 18. Jahrhundert entwickelte sich der künstlerische Subjektivismus nur in Deutschland zu jener Originalitätssucht, die mit dem Protest gegen den Dogmatismus der Aufklärung und der Selbstreklame der miteinander konkurrierenden Literaten allein nicht erklärt werden kann. Man muß, um sie richtig zu verstehen, auch die maßlose Verehrung, die man hier dem Kraftmenschen, dem „ganzen Kerl", entgegenbrachte, berücksichtigen. Dieser überspitzte Subjektivismus, der nicht grundlos als „akute Bürgertollheit" bezeichnet worden ist,[116] konnte selbstverständlich nur in einer relativ ungebundenen, von der Standesmoral und der Klassensolidarität der Aristokratie unabhängigen und durch den Geist der freien Konkurrenz beherrschten, bürgerlichen Welt entstehen, ohne den psychologischen Antagonismus der unterdrückten, eingeschüchterten deutschen Intelligenz aber, die stets nach Kompensationen suchte und zwischen Unterwürfigkeit und Überhebung, Weltschmerz und Kraftmenschentum hin- und herpendelte, hätte er kaum die pathologische Form angenommen, die dem Sturm und Drang eigentümlich ist. Ohne diesen inneren Widerspruch und diese Tendenz zur Überkompensierung aber wäre nicht nur der Subjektivismus, sondern auch die Formauflösung der deutschen Vorromantik, ihre Flucht in die Maß- und Gestaltlosigkeit, ihre Doktrin von der prinzipiellen Unwahrheit und Unzulänglichkeit alles Geformten, undenkbar. Die fremd und feindlich gewordene Welt wollte sich ihr nicht zur bewältigten Form zusammenschließen, und so machte sie aus der Atomisiertheit ihres Weltbildes und der Bruchstückartigkeit ihres Erlebnisses ein Symbol des Daseins. Goethes Diktum von der Unwahrheit jeder Form stammt aus dem Lebensgefühl dieser Generation und entspricht im wesentlichen den Worten Hamanns, daß alles System „schon an sich ein Hindernis der Wahrheit sei".[117]

Der Sturm und Drang war in seiner soziologischen Struktur noch komplizierter als die westeuropäischen Formen der

Vorromantik, und zwar nicht nur, weil das deutsche Bürgertum und die deutsche Intelligenz mit der Aufklärung nie tief genug verwachsen waren, um die Ziele der Bewegung scharf im Auge zu behalten und davon nicht abzuirren, sondern auch weil ihr Kampf gegen den Rationalismus des absolutistischen Regimes zugleich ein Kampf gegen die fortschrittlichsten Tendenzen des Zeitalters war. Sie wurden sich der Tatsache nie bewußt, daß der Rationalismus der Fürsten eine geringere Gefahr für die Zukunft bedeutete als der Irrationalismus ihrer eigenen Standesgenossen. Sie wurden somit aus den Feinden des Despotismus zu den Werkzeugen der Reaktion und förderten durch ihre Angriffe gegen den bürokratischen Zentralismus nur die ständischen Interessen. Ihr Kampf richtete sich selbstverständlich nicht gegen die gesellschaftliche Nivellierungstendenz des Systems, an welcher sich die aristokratischen und großbürgerlichen Interessen stießen, sondern gegen seine generalisierende, die geistigen Unterschiede und Varietäten vergewaltigende Wirkung. Sie spielten gegen den starren Formalismus der rationalisierten Verwaltung die Rechte des lebendigen Lebens, des natürlichen Wachstums, der organischen Entwicklung aus und meinten damit nicht nur die Verneinung des mechanisch verallgemeinernden und reglementierenden Beamtenstaates, sondern auch die des planenden und regulierenden Reformgeistes der Aufklärung. Und obgleich die Idee des spontanen, irrationalen Lebens noch einen schwankenden Charakter trug und wohl einen aufklärungsfeindlichen, aber noch keinen ausgesprochen konservativen Sinn hatte, so enthielt sie doch schon die Philosophie des Konservativismus im Kern. Es gehörte nicht mehr viel dazu, um diesem Prinzip des „Lebens" eine mystische Übervernünftigkeit zuzuschreiben, der gegenüber der Rationalismus des aufklärerischen Denkens als künstlich, unelastisch und doktrinär erschien, und die Entstehung der politischen und sozialen Institutionen aus dem historischen Leben als ein „natürliches", das heißt übermenschliches und überrationales Wachstum darzustellen, um diese Institutionen gegen jeden willkürlichen Eingriff zu beschützen und den Bestand der gegebenen Machtverhältnisse zu sichern.

Es wirkt auf den ersten Blick überraschend, daß der Konservativismus, den wir mit der Vorstellung der Stetigkeit und des Beharrens zu assoziieren pflegen, hier den Wert des Lebens und Werdens betont, der Liberalismus hingegen, den wir gewöhnlich mit der Idee der Bewegung und Dynamik verbinden, im Namen der Ratio seine Forderungen geltend macht. Diese scheinbare Paradoxie wollte man damit erklären, daß das revolutionäre Denken des Bürgertums in einem „eindeutigen" Bündnis mit dem Rationalismus stehe und die Gegenströmung schon „aus bloßer Opposition" den entgegengesetzten ideologischen Standpunkt eingenommen habe.[118] Die Schwierigkeit des Problems liegt aber gerade darin, daß die Beziehung der verschiedenen sozialen Gruppen und politischen Richtungen zum Rationalismus des 18. Jahrhunderts durchaus nicht eindeutig ist und daß auch der Konservativismus des Zeitalters einen mehr oder weniger rationalistischen Charakter trägt. Die eigentümliche Stellung des Sturms und Drangs zwischen Aufklärung und Romantik ist eben durch die Tatsache bedingt, daß Rationalismus und Irrationalismus nicht einfach mit Fortschritt und Reaktion identifiziert werden können und daß der moderne Rationalismus keine eindeutige und spezifische Erscheinung, sondern ein allgemeiner Zug der neuern Geschichte ist. Er macht sich seit der Renaissance in allen Entwicklungsperioden und allen Schichten der Gesellschaft geltend und zeigt bald eine Tendenz zur geistigen Elastizität und Dynamik, bald ein Streben nach Allgemeingültigkeit und Statik. Der Rationalismus der italienischen Renaissance war anders geartet als der der französischen Klassik, und der der Aufklärung war wieder vollkommen verschieden von dem der höfischen Aristokratie und der absoluten Monarchie. Es gab einen bürgerlich progressiven, es gab aber auch einen ständisch konservativen Rationalismus. Das Bürgertum der Renaissance hatte gegen lähmende Überlieferungen und Gewohnheiten zu kämpfen, sein Rationalismus zeigte demzufolge einen dynamischen, antitraditionellen Charakter und eine auf maximale Leistung gerichtete Tendenz. Der gleichzeitige Adel war ritterlich-romantisch, unvernünftig und unpraktisch; er paßte sich jedoch, hauptsächlich unter dem Druck der wirtschaftlichen Entwicklung, seit dem Ende des 16. Jahrhunderts immer mehr dem Rationalismus des Bürgertums an, allerdings nicht ohne gewisse Erscheinungsformen dieser Denk- und Erlebnisweise zu modifizieren. So ließ er vor allem den Antitraditionalismus der bürgerlich-rationalistischen Weltanschauung fallen, eliminierte aber dafür aus dem eigenen, mittelalterlichen Weltbild alles Phantastische und Romaneske und entwickelte im Laufe des 17. Jahrhunderts ein Wertsystem der Ordnung und der Disziplin, das im wesentlichen ebenso undynamisch wie „vernünftig“ war. Das Bürgertum der Aufklärung stand im Anfang unter dem Einfluß dieser rationalistisch denkenden und handelnden Aristokratie und übernahm von ihr das Ideal einer streng geregelten, normativen Lebenshaltung, wenn es auch in anderer Beziehung an der älteren, aus der Renaissance stammenden Form des Rationalismus festhielt und die Doktrin der wirtschaftlichen Leistungs- und Konkurrenzfähigkeit konsequent weiterentwickelte. Das mittlere Bürgertum der zweiten Hälfte des 18. Jahrhunderts wendete sich nun aber teilweise vom Rationalismus ab und überließ seine Interpretation einstweilen dem Adel und der Großbourgeoisie. Der Mittelstand wurde rousseauistisch, sentimental und romantisch, die oberen Schichten verachteten dagegen die ganze Gefühlsduselei und blieben ihrem Intellektualismus treu. Das progressive Bürgertum bewahrte nichtsdestoweniger den antitraditionalistischen und damit dynamischen Charakter seines Lebensgefühls, ebenso wie die konservativen Schichten, trotz des Rationalismus ihrer Moralprinzipien und ihrer Kunstanschauung, am Traditionalismus ihrer Sozialphilosophie festhielten. Bei näherer Untersuchung erweist sich allerdings der dynamische Charakter, den man der liberalen und progressiven Haltung zuzuschreiben pflegt, als ebenso metaphorisch wie die dem Rationalismus zugeschriebene Statik. Liberalismus und Konservativismus sind beide dynamisch und rationalistisch zugleich und können in diesem Stadium der Entwicklung, die das Mittelalter endgültig liquidiert, gar nicht anders sein. Irrationalisten sind jetzt nur die an der komplexen gesellschaftlichen Situation irregewordenen Dichter und Philosophen.

Herder ist vielleicht die charakteristischste Figur der deutschen Literatur des 18. Jahrhunderts. Er vereint die wichtigsten Tendenzen des Zeitalters in sich und bringt jenen weltanschaulichen Antagonismus, jene Mischung von fortschrittlichen und reaktionären Strömungen, die die gleichzeitige Gesellschaft beherrscht, am deutlichsten zum Ausdruck. Er verachtet die „nüchterne Verstandeskultur" der Aufklärung, spricht aber zugleich von seiner Zeit als einem „wahrlich großen Jahrhundert" und glaubt seine aufklärungsfeindliche Gesinnung mit einer Begeisterung für die Französische Revolution vereinen zu können, so wie ja der größte Teil der deutschen Intelligenz und die meisten deutschen Schriftsteller, unter anderen Kant, Wieland, Schiller, Friedrich Schlegel, Fichte, zuerst begeisterte Anhänger der Revolution sind und sich erst nach dem Konvent von ihr lossagen. Herders Entwicklung folgt dem Weg der deutschen Intelligenz vom Rebellentum der Geniezeit zu der zielbewußteren, wenn auch resignierteren bürgerlichen Einstellung der Klassik. Sein Beispiel zeigt am besten, was Weimar für die deutsche Literatur bedeutete. Der Einfluß Goethes verdrängt bei ihm die Wirkung Hamanns und Jacobis und bringt ihn dem Rationalismus näher. Er schreibt einen enthusiastischen Nachruf auf Lessing, den unerschrockenen Kämpfer für die Wahrheit, und überwindet nicht nur seine frühere Orthodoxie, sondern ästhetisiert seine ganze Beziehung zur Religion und wendet seine Theorie vom Volkslied auch auf die religiösen Urkunden an, so daß die Bibel für ihn schließlich zu einem Prototyp der Volksdichtung wird. Er kann seine Vergangenheit freilich nie ganz verleugnen; die religiöse Bindung seiner Jugend verwandelt sich in ein moralisierendes Spießertum, und wie tief er sonst in der Gedankenwelt des Konservativismus wurzelt, beweist seine Geschichtsphilosophie, die sich mit den Ideen Burkes vielfach berührt. Er will, wie dieser, die Formen des geschichtlichen Lebens nicht beherrschen, ändern, vergewaltigen, sondern verstehen, deuten, sich an sie hingeben.[119] Seine morphologische Geschichtsauffassung, die von einem vegetabilischen Kreislauf der Entwicklung ausgeht und überall die Tendenz vom Keim zur Knospe und Blüte und vom

Aufblühen zum Verblühen und Vergehen sieht, ist, trotz der liebevollen Pietät der Betrachtungsweise, der Ausdruck einer pessimistischen Weltanschauung, in der bereits die Grundidee von Spenglers Untergangstheorie enthalten ist.[120]

Die Klassik Herders, Goethes und Schillers ist als die verspätete deutsche Renaissance und die Parallele zum französischen Klassizismus bezeichnet worden. Sie unterscheidet sich jedoch von allen ähnlichen Bewegungen außerhalb Deutschlands vor allem darin, daß sie eine Synthese von klassizistischen und romantisierenden Tendenzen darstellt und namentlich vom französischen Standpunkt aus als durchaus romantisch erscheint. [121] Die deutschen Klassiker, die in ihrer Jugend fast alle dem Sturm und Drang angehörten und ohne das Naturevangelium Rousseaus undenkbar sind, vertreten aber gleichzeitig eine Absage an die romantische Kulturfeindschaft und den Nihilismus Rousseaus. Sie leben in einem Kultur- und Bildungsrausch wie kaum eine Dichtergeneration seit den Humanisten und betrachten die zivilisierte Gesellschaft, nicht das begabte Individuum, als den eigentlichen Träger der Kultur.[122] Das Kulturideal Goethes vor allem findet erst in der Gesellschaftskultur seine Verwirklichung, und das Sicheinfügen in die bürgerliche Lebensordnung wird für ihn geradezu zum Kriterium des Wertes einer individuellen Leistung. Das ist eben der Kulturbegriff eines bereits zum Erfolg und Ansehen gelangten Literatentums, das sich mit seinen Lorbeeren begnügt und der Gesellschaft gegenüber keine Art Ressentiment mehr empfindet. Dieser Erfolg bedeutet jedoch keineswegs, daß die deutschen Klassiker etwa populär geworden sind; ihre Werke sind nicht einmal so tief ins Volk gedrungen wie die klassischen Schöpfungen der französischen und der englischen Literatur. Und Goethe war der am wenigsten volkstümliche Dichter von allen. Sein Ruhm erstreckte sich bei seinen Lebzeiten auf eine ganz dünne Bildungsschicht und seine Schriften wurden außerhalb der Intelligenz auch späterhin kaum gelesen. Er klagt wiederholt über seine Einsamkeit, wo er doch selbst, wie Schiller sagt, der „kommunikabelste aller Menschen" war und nach Teilnahme, Verständnis, Wirkung lechzte. Die

Menge der erhaltenen Briefe und der aufgezeichneten Gespräche zeigt, was für ihn geistige Mitteilung, Gedankenaustausch und die gemeinsame Entwicklung von Ideen bedeuteten. Goethe war sich dabei seiner Wirkungslosigkeit vollkommen bewußt und erklärte nicht nur die Eigenart der deutschen Literatur im allgemeinen, sondern auch die seiner eigenen Dichtung mit dem Mangel eines geistigen Gemeinschaftslebens. Die Zeit seiner eigentlichen Popularität war seine Jugend, als er den *Goetz* und den *Werther* veröffentlichte. Nach seiner Übersiedlung nach Weimar und der Aufnahme seiner amtlichen Tätigkeit verschwand er gewissermaßen aus dem literarischen Leben.[123] In Weimar bestand sein Publikum aus einem Halbdutzend Personen – dem Herzog, den beiden Herzoginnen, der Frau von Stein, Knebel und Wieland –, denen er seine neuen, nicht gerade zahl- und umfangreichen Werke, das heißt einzelne Kapitel und Fragmente von Werken, vorlas. Als besonders verständnisvoll darf man sich auch dieses Publikum nicht vorstellen.[124] Der Vorfall mit dem Hundedressierer, der sich, trotz Goethes energischem Protest, auf dem Hoftheater produzieren durfte, charakterisiert am besten die Verhältnisse. Wie mag es erst an den anderen Höfen zugegangen sein! Die deutsche Literatur als solche fand in Weimar keine besondere Beachtung; man las auch hier, so wie in den Hofkreisen und dem Adel im allgemeinen, zumeist nur die neuen französischen Bücher.[125] In der breiteren Öffentlichkeit, insoweit diese von der ernsten Dichtung überhaupt Kenntnis nahm, rückte während der Zeit, die Goethe in Italien verbrachte, Schiller in den Mittelpunkt des Interesses; *Don Carlos* wurde zum Beispiel mit viel mehr Wärme aufgenommen als *Tasso*. Den größten literarischen Erfolg hatten aber weder Goethe noch Schiller, sondern Geßner und Kotzebue. Erst seit dem Auftreten der Romantiker und ihrer Begeisterung vor allem für den *Wilhelm Meister* nimmt Goethe seine einzigartige Stellung in der deutschen Literatur ein.[126] Das Eintreten der Romantiker für Goethe ist das auffallendste Zeichen der tiefen, trotz aller persönlichen und weltanschaulichen Gegensätze unverbrüchlichen Gemeinschaft, die nicht nur die Klassik und die Romantik, sondern die ganze deutsche

Bildungsperiode seit dem Sturm und Drang zusammenhält. Die Kunst ist ihr großes gemeinsames Erlebnis, und zwar nicht nur als der Gegenstand des höchsten geistigen Genusses und der einzige noch gangbare Weg der persönlichen Vollendung, sondern auch als das Organ, durch welches die Menschheit ihre verlorene Unschuld zurückgewinnen und den gleichzeitigen Besitz von Natur und Kultur erringen soll. Für Schiller ist die ästhetische Erziehung die einzige Rettung vor dem verhängnisvollen Übel, das Rousseau erkannt hatte, und Goethe geht eigentlich noch weiter, wenn er behauptet, daß die Kunst der Versuch des Individuums sei, „sich gegen die zerstörende Kraft des Ganzen zu erhalten". Hier gewinnt das künstlerische Erlebnis die Funktion, die bis dahin nur die Religion erfüllen konnte: es wird zur Schutzwehr gegen das Chaos.

Ein Wort wie dieses genügt, um sich von der vollkommen areligiösen, wenn auch vielleicht nicht gerade irreligiösen Weltanschauung Goethes eine Vorstellung zu machen. Denn er war, trotz seines „faustischen" Idealismus, seines aristokratischen Ästhetizismus und seines konservativen Ordnungsfanatismus, einer der zugeständnislosesten Vertreter der Aufklärung in Deutschland, und wenn man ihn auch keineswegs einen nüchternen Rationalisten nennen kann, so muß man in ihm doch den geschworenen Feind alles Obskurantismus und den leidenschaftlichen Kämpfer gegen alles Nebulose und Mystische, alles Rückständige und Retardierende erblicken. Er empfand, trotz seiner Verbundenheit mit dem Sturm und Drang, eine tiefe Abneigung gegen allen Romantizismus, alle draufgängerische Ausschaltung der Vernunft und eine ebenso tiefe Sympathie für den soliden Realismus, die Disziplin, das Arbeitsethos und die Toleranz des Bürgertums. Der revolutionäre Elan der Wertherzeit, ihr flammender Protest gegen die herrschende Gesellschaftsordnung und die konventionelle Moral, hat sich zwar mit den Jahren beruhigt, Goethe ist aber ein Gegner jeder Unterdrückung geblieben und ein Bekämpfer jedes Unrechts, das gegen das Bürgertum als geistige Lebensgemeinschaft gerichtet war. Den eigentlichen Wert dieser Gemeinschaft hatte er überhaupt erst später erkannt und erst im *Wilhelm Meister* gewürdigt. Man braucht Goethes geistesaristokratische Neigungen und höfische Ambitionen, seinen olympischen Egozentrismus und seine politische Indifferenz, ja auch nur das peinliche Wort „lieber Unrecht als Unordnung" gar nicht zu leugnen oder zu verschweigen, Goethe blieb trotz allem ein Mann der Freiheit und des Fortschritts, und zwar nicht nur als der Dichter, den schon der Realismus seiner Kunst, seine „ins Reale verliebte Beschränktheit", dazu gemacht hat. Es gibt eben verschiedene Arten, auf die man gegen die Reaktion und für den Fortschritt kämpfen kann. Der eine haßt den Papst und die Pfaffen, der andere die Fürsten und ihre Vasallen, der dritte die Ausbeuter und Unterdrücker des Volkes, es gibt aber auch solche, die das, was die Reaktion bedeutet, am intensivsten an der Verfinsterung der Köpfe und der Behinderung der Wahrheit erleben, für die sich jedes soziale Unrecht am empfindlichsten als „Sünde gegen den Geist" erkennbar macht und die für die in allen Formen des Lebens identische und unteilbare Freiheit kämpfen, wenn sie sich für die Freiheit des Gewissens, des Gedankens und des Wortes einsetzen. Goethe hatte für Tyrannenmörder nicht viel Verständnis, er hatte aber ein sehr feines Gefühl dafür, wenn die Gedankenfreiheit bedroht war, und gab sich nie dazu her, bei ihrer Beschränkung behilflich zu sein. Als im Jahre 1794 an die deutsche Intelligenz, und namentlich an Goethe, von konservativer Seite die Aufforderung erging, sich in den Dienst des neuen Fürstenbundes zu stellen und damit das Land vor der drohenden „Anarchie" zu retten, erwiderte Goethe, daß er es für unmöglich halte, Fürsten und Schriftsteller auf diese Art zu vereinen.[127]

Alles, was an der Bildung des jungen Goethe teilhatte, seine Herkunft, seine Kindheitseindrücke, das reichsstädtische Frankfurt, die Handels- und Universitätsstadt Leipzig, das gotische Straßburg, das rheinländische Milieu, Darmstadt, Düsseldorf, das Haus der Klettenberg und der Schönemanns, war gut bürgerlich, zum Teil großbürgerlich und oft an die Lebenskreise der Aristokratie grenzend, doch nie ohne inneren Zusammenhang mit dem Geist des Mittelstandes.[128] Goethes Bürgerlichkeit war aber keine militante Haltung, war nie gegen den Adel als solchen gerichtet, nicht einmal in seiner Jugend, nicht einmal im *Werther*.[129] Er hielt es für wichtiger, die bürgerliche Lebensform vor Obskurantentum und Irrealismus als vor dem Einfluß der höheren Kreise zu bewahren. Das Interessanteste und Originellste an Goethes Konzeption der bürgerlichen Lebenshaltung war, daß darin der bürgerliche Geist des modernen Künstlertums reflexiv und die Idee des bürgerlichen Arbeitsethos auch gegenüber dem Künstler geltend gemacht wurde. Goethe betont immer wieder die handwerkliche Natur des dichterischen Schaffens und fordert vom Künstler vor allem fachmännische Verläßlichkeit. Kunst und Dichtung wurden seit der Renaissance zumeist von bürgerlichen Personen ausgeübt. Ihre handwerkliche Beziehung zur Kunst erschien so selbstverständlich, daß es sinnlos gewesen wäre, daran zu erinnern. Man mußte Künstler und Dichter vielmehr aneifern, sich über das bloße Handwerkertum zu erheben. Erst im 18. Jahrhundert, als einerseits das Bürgertum sich seines Klassencharakters in erhöhtem Maße bewußt wurde und andererseits der wilde Subjektivismus der Originalgenies, ihre Ablehnung jeder Regel und Bindung, als ein Auswuchs der bürgerlichen Emanzipation und eine Art von unlauterer Konkurrenz zu wirken begann, erschien es nötig, sie an den bürgerlichen und handwerklichen Ursprung ihres Berufes zu erinnern. Den hohen Rang eines Dichters brauchte man sicher nicht mehr zu betonen, dringend war hingegen, das Literatentum vor dem Überhandnehmen des Dilettantismus und der Scharlatanerie zu behüten. Genialisches Auftreten und Gehaben war ein Konkurrenzmittel im Existenzkampf der Schriftsteller zur Zeit ihrer Befreiung; Proteste gegen den Gebrauch von solchen Mitteln wurden erst laut, als man ihrer nicht mehr bedurfte. „Genialisch" sein zu dürfen war ein Symptom der errungenen Unabhängigkeit; nicht mehr „genialisch" sein zu wollen und zu müssen das Zeichen eines Zustandes, in dem die künstlerische Freiheit selbstverständlich geworden ist. Das Selbstbewußtsein des achtbaren Bürgers und des anerkannten Künstlers ist bei Goethe bereits so stark, daß er sowohl in seiner Kunst als in seiner Lebensführung alles Extravagante zu vermeiden sucht und gegen das Unsolide und Ungediegene, den Hang zum Chaotischen und Pathologischen, Züge, die gewissermaßen jedem Künstlertum eigen sind, eine ganz besondere Aversion empfindet.[130] Er nimmt damit einen Zug des 19. Jahrhunderts und des arrivierten modernen Künstlers vorweg, der auf den Unfug der Boheme mit übertriebener Vorsicht reagiert und aus Furcht vor dem Anschein der Unverläßlichkeit normalbürgerliche, oft kleinbürgerliche Lebensformen annimmt.

Das Kunstideal der deutschen Klassik zeigt, in Übereinstimmung mit der Abneigung der erfolgreichen Gesellschaftsschichten gegen alles Eigenwillige und Anarchische, eine unverkennbare Tendenz zum Typischen und Allgemeingültigen, Gesetzmäßigen und Normativen, Bleibenden und Zeitlosen. Die Form wird von ihr, im Gegensatz zum Sturm und Drang, als der Ausdruck der Wesen- und Ideenhaftigkeit des Werkes empfunden und nicht mehr mit der äußeren Harmonie der Verhältnisse, mit Wohllaut und Schönlinigkeit identifiziert. Unter Form versteht man nunmehr „innere Form", das mikrokosmische Äquivalent der Daseinstotalität. Goethe überwindet schließlich auch diese Spielart der ästhetischen Weltanschauung und findet den Weg zu einer durchaus realistischen, an der Idee der bürgerlichen Gemeinschaft orientierten Lebensphilosophie. Der Inhalt des *Wilhelm Meister* ist nichts als dieser Weg von der Kunst zur Gesellschaft, vom künstlerisch-individualistischen Lebensgefühl zum Erlebnis der geistigen Gemeinschaft, vom ästhetisch-kontemplativen Verhältnis zur Welt zu einem tätigen, sozial nützlichen Leben.[131] Goethe entfernt sich in seiner Spätzeit von der rein persönlichen Einstellung zur Literatur und nähert sich einer überindividuellen, übernationalen, auf allgemeine zivilisatorische Aufgaben gerichteten Konzeption. Der Name und zum Teil der Begriff der „Weltliteratur" stammt bekanntermaßen von ihm; die Sache gab es aber, bevor noch irgend jemand sich ihrer bewußt wurde. Die Literatur der Aufklärung, die Werke Voltaires und Diderots, Lockes und Helvétius', Rousseaus und Richardsons, waren bereits „Weltliteratur" im strengsten Sinne des Wortes. Seit der ersten Hälfte des 18. Jahrhunderts war ein „europäisches Gespräch" im Gange, an dem sämtliche Kulturnationen, wenn auch die meisten nur passiv, beteiligt waren. Die Literatur des Zeitalters war ein gesamteuropäisches Schrifttum, der Ausdruck einer abendländischen Geistesgemeinschaft, wie sie seit dem Mittelalter nicht mehr erlebt wurde. Sie unterschied sich aber von der mittelalterlichen Literatur fast ebenso scharf wie von den internationalen literarischen Bewegungen der Neuzeit. Die Literatur des Mittelalters verdankte ihre Universalität der lateinischen, die des Barocks und des Rokokos der französischen Sprache; jene war auf die gelehrten klerikalen, diese auf die vornehmen höfischen Kreise beschränkt. Beide waren undifferenzierte, einer mehr oder weniger einheitlichen Geisteshaltung entsprungene Produkte, kein Zusammenspiel verschiedener Stimmen, wie es Goethe wollte und wie es die Aufklärung aus den Literaturen der großen europäischen Nationen entstehen ließ. Die Theorie und Praxis der Weltliteratur war die Schöpfung einer Zivilisation, die durch die Ziele und die Methoden des Welthandels bedingt war. Die Worte Goethes selber, der den geistigen Güteraustausch zwischen den Nationen mit dem Handelsverkehr vergleicht, berühren diesen Zusammenhang und weisen auf den Ursprung des Begriffes hin. Wenn Goethe dann noch vom „veloziferischen" Charakter der geistigen und materiellen Produktion und dem beschleunigten Tempo spricht, mit dem die geistigen und materiellen Güter ausgetauscht werden, so sieht man, wie unmittelbar der ganze Ideenkreis sich mit dem Erlebnis der Industriellen Revolution berührt. [132] Es ist nur merkwürdig, daß die Deutschen, die von den großen Nationen zu dieser Weltliteratur am wenigsten beigesteuert hatten, die ersten waren, die ihren Sinn erfaßten und ihre Idee entwickelten.

## 5. REVOLUTION UND KUNST

Das 18. Jahrhundert ist voll von Widersprüchen. Nicht nur seine philosophische Einstellung schwankt zwischen Rationalismus und Irrationalismus, auch sein Kunstwollen wird von zwei entgegengesetzten Strömungen beherrscht und nähert sich bald einer streng klassizistischen, bald einer ungebundeneren malerischen Auffassung. Und wie der Rationalismus des Zeitalters, so ist auch sein Klassizismus eine schwer definierbare, soziologisch mehrdeutige Erscheinung, die abwechselnd von den höfisch-aristokratischen und den bürgerlichen Schichten getragen wird, um sich schließlich zum repräsentativen künstlerischen Stil des revolutionären Bürgertums zu entwickeln. Die Tatsache, daß die Malerei Davids zur offiziellen Kunst der Revolution wird, erscheint aber nur dann sonderbar oder gar unerklärlich, wenn man den Begriff des Klassizismus zu eng faßt und ihn auf die Kunstanschauung der oberen, konservativ gesinnten Schichten beschränkt. Die klassizistische Kunst neigt zwar zum Konservativismus und eignet sich sehr wohl zur Darstellung autoritärer Weltanschauungen, das Lebensgefühl der Aristokratie findet aber an und für sich einen unmittelbareren Ausdruck in dem sensualistischen und überschwenglichen Barock als in dem enthaltsamen und nüchternen Klassizismus. Das rationalistisch denkende, maßvolle, disziplinierte Bürgertum bevorzugt dagegen die einfachen, klaren, unkomplizierten Kunstformen der klassizistischen Kunst und fühlt sich von der wahl- und formlosen Nachahmung der Wirklichkeit ebensowenig angezogen wie von der übermütigen Phantasiekunst der Aristokratie. Sein Naturalismus bewegt sich in verhältnismäßig engen Grenzen und beschränkt sich in der Regel auf den Rationalismus, das heißt die innere Widerspruchslosigkeit der Darstellung. Natürlichkeit und formale Disziplin bedeuten hier fast ein und dasselbe. Erst im Klassizismus der Aristokratie verwandelt sich das Ordnungsprinzip der bürgerlichen Kunst in eine strenge Normativität, ihr Streben nach Einfachheit und Sparsamkeit in Zwang und Zucht, ihre gesunde Logik in einen kühlen Intellektualismus. In der Klassik der Griechen oder Giottos wird die Naturtreue mit der formalen Konzentration nie als unvereinbar empfunden; erst in der Kunst der höfischen Aristokratie herrscht die Form auf Kosten der Natürlichkeit, erst hier wird sie als Begrenzung und Schranke aufgefaßt. Der Klassizismus stellt aber an und für sich ebensowenig eine expansive, naturalistische Kunstrichtung dar wie einen schlechthin bürgerlichen

Stil,[133] obwohl er oft als eine bürgerliche Bewegung beginnt und seine Formprinzipien im Sinne der Natürlichkeit entwickelt. Er bleibt jedenfalls weder bei den Grenzen der bürgerlichen Kunstanschauung noch bei den Voraussetzungen des Naturalismus stehen. Die Kunst Racines und Claude Lorraines ist klassizistisch, ohne bürgerlich oder naturalistisch zu sein.

Die neuere Kunstgeschichte gewinnt ihr Gepräge durch den konsequenten und fast ununterbrochenen Fortschritt des Naturalismus; die formrigoristischen Strömungen treten in ihr verhältnismäßig selten und jeweils nur für kurze Zeit hervor, wenn sie auch die Entwicklung unterirdisch überall begleiten. Die widerspruchslose Verbindung des Naturalismus mit der klassischen Form bei Giotto löst sich schon im Trecento auf, und die im wesentlichen bürgerliche Kunst der nächsten zwei Jahrhunderte entwickelt den Naturalismus auf Kosten der Form. Die Hochrenaissance wendet ihre Aufmerksamkeit wohl wieder dem formalen Prinzip zu, betrachtet aber die Komposition nicht mehr, wie einst Giotto, als ein Mittel der Klärung und Vereinfachung, sondern, ihrem Aristokratismus entsprechend, als ein Vehikel der Steigerung und Idealisierung der Wirklichkeit. Doch ist die Kunst der Hochrenaissance keineswegs antinaturalistisch; sie ist nur ärmer an naturalistischem Detail und weniger auf die Differenzierung des Erlebnismaterials gerichtet als die Kunst der vorangehenden Periode, ist aber durchaus nicht weniger wahr und richtig. Der Manierismus dagegen, der weltanschaulich dem weiteren Fortschritt des Aristokratisierungsprozesses entspricht, verbindet seinen Klassizismus mit einer Reihe von antinaturalistischen Konventionen und beeinflußt damit so tief den Geschmack der oberen Schichten, daß sein artistischer Schönheitsbegriff für jede spätere höfische Kunst mehr oder minder maßgebend bleibt. Dieser Manierismus ist in der zweiten Hälfte des 16. Jahrhunderts in Frankreich, ebenso wie in Italien und Spanien, die führende Stilrichtung. Hier, in Frankreich, wird er jedoch durch die Religions- und Bürgerkriege unter Heinrich IV. plötzlich unterbrochen, und diese Störung, die durch die aristokratenfeindliche Regierungspolitik der nachfolgenden Epoche prolongiert wird, ermöglicht den entscheidenden, wenn auch vorübergehenden Einfluß des Bürgertums auf die weitere Kunstentwicklung. Die Renaissancetradition der Hofkultur reißt ab, und mit der Rückbildung des höfischen Lebens werden vor allem die Theateraufführungen am Hof immer seltener und hören schließlich gänzlich auf. Das Volkstheater führt dagegen auch während dieser Krisenzeit seine bescheidene Existenz fort. Neben den Mysterien und Moralitäten werden jetzt auf den Volksbühnen auch Humanistendramen aufgeführt, die allerdings dem bewegten Charakter des mittelalterlichen Theaters sich anpassen und seine Formlosigkeiten sich aneignen müssen. Das Bürgertum, das unter Ludwig XIII. und Richelieu und noch in der ersten Regierungsperiode Ludwigs XIV. die Gunst der Krone genießt und die Literaten des Zeitalters beschäftigt, setzt schließlich auch die Reform dieses unregelmäßigen, mittelalterlich maßlosen Theaters durch. Es entwickelt einen eigenen, vom Manierismus der Aristokratie grundsätzlich verschiedenen literarischen Stil, und begründet in der Gattung, mit der es am längsten und tiefsten verbunden ist – dem Drama –, seinen neuen, auf Natürlichkeit und Vernünftigkeit gerichteten Klassizismus. Die *tragédie classique* ist also nicht die Schöpfung des höfisch orientierten, gelehrten Humanismus und der aristokratischen *Pléiade*, wie so oft behauptet wurde, sondern wächst aus dem lebendigen und trivialen bürgerlichen Theater hervor. Ihre formalen Beschränkungen, namentlich ihre Einheitsregeln, ergeben sich nicht aus dem Studium der antiken Tragödie, oder jedenfalls nicht unmittelbar daraus, sondern entwickeln sich als die Kunstmittel, durch die man die Bühnenwirkung zu steigern und die Wahrscheinlichkeit der Bühnenhandlung zu erhöhen sucht. Man empfindet es nämlich immer befremdender, daß die Schauplätze der in verschiedenen Häusern, Städten und Ländern spielenden Szenen eines Dramas durch eine bloße Holzwand voneinander getrennt sind und daß die kurze Pause zwischen zwei Akten Tage, Monate und Jahre darstellen soll. Man beginnt auf Grund solcher rationalistischen Überlegungen eine dramatische Handlung als um so wahrscheinlicher zu betrachten, je kürzer die Zeit und je einheitlicher der Raum ist, in welchen sie sich abspielt. Man reduziert daher die Dauer der Geschehnisse und die Ausdehnung der Schauplätze, um eine desto vollkommenere Illusion zu erzielen, und nähert sich allmählich der handgreiflichsten Form des Illusionismus: der Gleichsetzung der realen Aufführungszeit mit der idealen Zeit der Handlung. Die Einheiten entstehen demnach aus einem durchaus naturalistischen Bedürfnis und werden auch von den Dramaturgen des Zeitalters stets als die Kriterien der dramatischen Wahrscheinlichkeit dargestellt. Es ist aber jedenfalls seltsam, daß diese Kunstmittel, die zur weitgehendsten Stilisierung und zur rücksichtslosesten Vergewaltigung der Wirklichkeit führten, ursprünglich den Sieg der naturalistischen Anschauung und des rationalistischen Denkens bedeuten über die wilde und wahllose Schaulust eines noch mittelalterlich empfindenden Theaterpublikums.

Und wie im Drama, so ist der Klassizismus auch in den anderen Künsten gleichbedeutend mit dem Triumph des Naturalismus und Rationalismus einerseits über die Phantastik und die Undiszipliniertheit, andererseits über die Geziertheit und den Konventionalismus der bisherigen Kunstübung. Das Bürgertum setzt der Dichtung der du Bartas, d'Aubigné und Théophile de Viau das Drama der Hardy, Mairet und Corneille entgegen und läßt auf den Manierismus der Jean Cousin und Jacques Bellange den Naturalismus und Klassizismus der Louis Le Nain und Poussin folgen. Die Tatsache, daß der naturalistische Klassizismus in der bildenden Kunst nie so vorherrschend wird wie im Drama, hat ihre Erklärung vor allem darin, daß das französische Bürgertum mit der Malerei historisch viel weniger eng verbunden ist als mit dem Theater und daß es über die Mittel, die ein solcher Einfluß erfordern würde, noch immer nicht verfügt. Der Manierismus kommt zwar allmählich auch in der Malerei und Plastik aus der Mode, er wird hier aber von einem eher zum Barock als zum Klassizismus neigenden Stil abgelöst. Im Drama setzt sich indessen der bürgerliche Klassizismus mit seinen Einheiten restlos durch. Der im Jahre 1636 erscheinende *Cid* des Rouener Advokaten Corneille kann als sein endgültiger Sieg betrachtet werden. Er stößt zunächst auch hier auf den Widerstand der höfischen Kreise; das realistische und rationalistische Denken, das die Wirtschaft und die Politik des Zeitalters beherrscht, läßt sich aber in seinem Siegeszug nicht aufhalten. Die unter dem Einfluß des spanischen Geschmacks stehende Aristokratie muß ihren Hang zum Abenteuerlichen, Extravaganten und Phantastischen überwinden und sich den Geschmackskriterien des nüchternen und unprätentiösen Bürgertums unterwerfen. Dies geschieht freilich nicht, ohne daß sie diese Kunstanschauung ihren eigenen Idealen und Zielen entsprechend modifizieren würde. Sie bewahrt die Ausgeglichenheit, die Regelmäßigkeit und die Natürlichkeit des bürgerlichen Klassizismus, da die neue höfische Etikette schon an und für sich alles Grelle, Laute und Eigenwillige verpönt, sie deutet aber die künstlerische Ökonomie dieser Stilrichtung im Sinne einer Weltanschauung um, die unter Konzentration und Präzision nicht puritanische Ordnungsprinzipien, sondern wählerische Geschmacksregeln versteht und sie der „rohen", unbeherrschten und unberechenbaren Natur als die Normen einer seinsollenden, höheren Wirklichkeit gegenüberstellt. Der Klassizismus, der ursprünglich nur die organische Einheit und die strenge „Logik" der Natur bewahren und betonen sollte, wird auf diese Art zu einer Bremse am Instinkt, einer Abwehr des strömenden Gefühls und einem Schleier, den man über das Gewöhnliche und Allzunatürliche wirft.

In den Tragödien Corneilles, die zu den reifsten Manifestationen des neuen künstlerischen Rationalismus gehören, die aber offenbar nicht ohne Rücksicht auf die Erfordernisse des höfischen Theaters entstanden sind, ist diese Umdeutung teilweise bereits vollzogen. In der Folgezeit treten in der höfischen Kunst die nüchternen, puritanischen Tendenzen des Klassizismus immer mehr zurück, einerseits weil neben seinem Rigorismus – und oft gegen diesen Rigorismus – der Wunsch nach erhöhter Prachtentfaltung sich wieder geltend macht, andererseits weil in der Kunstauffassung des Jahrhunderts überhaupt sich eine Wendung vollzieht und damit die ungezügelteren, gefühlsmäßigeren, sensualistischeren Barockbestrebungen die Oberhand gewinnen. In der französischen Kunst und Literatur entsteht auf diese Art ein merkwürdiges

Nebeneinander und Ineinander von klassizistischen und barocken Tendenzen und als ihr Resultat ein Stil, der ein Widerspruch in sich ist: der Barockklassizismus. Der Hochbarock Racines und Le Bruns enthält – bei dem einen vollkommen gelöst, bei dem anderen vollkommen ungelöst – den Gegensatz des neuen höfischen Repräsentationsstils und des künstlerischen Rigorismus, dessen Formprinzipien im bürgerlichen Klassizismus wurzeln. Er ist klassizistisch und antiklassizistisch zugleich, wirkt durch den Stoff und die Form, die Fülle und die Beschränkung, die Expansion und die Konzentration. Um 1680 setzt gegen diesen höfischen und akademischen Stil eine Gegenströmung ein: eine Opposition sowohl gegen seine großartigen Attitüden und anspruchsvollen Sujets als gegen seine vermeintliche Treue zu den antiken Vorbildern. Es ist eine ungebundenere, individualistischere, intimere Kunstauffassung, die damit zur Geltung kommt und ihren Liberalismus vor allem gegen den Klassizismus, nicht gegen die Barocktendenz der höfischen Kunst richtet. Der Erfolg der Modernisten im „Streite der Alten und der Neuen" ist nur ein Symptom dieser Entwicklung. Die Régence entscheidet den Sieg der antiklassischen Richtung und führt eine vollkommene Neuorientierung des herrschenden Geschmacks herbei. Der soziale Ursprung der neuen Kunst ist nicht ganz eindeutig und klar. Der Umschwung wird teilweise von der liberal denkenden und antimonarchistisch fühlenden Aristokratie, teilweise von der höheren Bourgeoisie vollzogen. In dem Maße jedoch, wie die Kunst der Régence sich zum Rokoko entwickelt, nimmt sie immer mehr die Merkmale eines höfisch-aristokratischen Stils an, obgleich sie die Elemente der Auflösung der höfischen Kultur von vornherein in sich trägt. Sie verliert vor allem den konzentrierten, präzisen, soliden Charakter des Klassizismus, zeigt eine immer stärkere Abneigung gegen alles Regelmäßige, Geometrische und Tektonische und neigt mehr und mehr zur Improvisation, zum Aperçu, zur Pointe. „Si quelqu'un est assez barbare – assez classique!" sagt sogar der keineswegs höfisch gesinnte Beaumarchais. Nie hat sich die Kunst seit dem Mittelalter von den klassischen Idealen weiter entfernt, nie ist sie komplizierter und gekünstelter gewesen. Und da, um 1750, mitten im Rokoko setzt eine neue Reaktion ein. Die progressiven Elemente vertreten gegenüber der herrschenden Richtung ein Kunstideal, das wieder einen rational klassizistischen Charakter trägt. Kein Klassizismus war je strenger, nüchterner, planmäßiger als dieser; in keinem wurde die Reduktion der Formen, das Geradlinige und Tektonisch-Sinnvolle konsequenter durchgeführt, in keinem das Typische und Normative stärker betont. Keiner besaß die Eindeutigkeit dieses Klassizismus, weil keiner seinen streng programmatischen Charakter, seinen auf die Auflösung des Rokokos gerichteten destruktiven Willen besaß. Es ist auch hier nicht gleich klar, von welchen Gesellschaftsschichten die neue Bewegung ausgeht. Ihre ersten Vertreter, die Caylus und Cochin, die Gabriel und Soufflot, wurzeln in der höfisch-aristokratischen Kultur, es wird aber bald offenbar, daß hinter ihnen als treibende Kraft die fortschrittlichsten sozialen Elemente stehen. Die soziologische Zurechnung des neuen Klassizismus ist schon darum so schwierig, weil die Tradition des alten Barockklassizismus nie völlig abgerissen war und in der Eleganz Vanloos oder Reynolds' ebenso wirksam ist wie in der Korrektheit Voltaires oder Popes. Gewisse klassizistische Formtypen bleiben sowohl in der Malerei wie in der Dichtung während der ganzen höfischen, auf das 17. und 18. Jahrhundert sich erstreckenden Stilperiode in Übung, und was die poetische Diktion betrifft, repräsentiert etwa die nachfolgende Stelle aus Pope den Klassizismus dieser Zeit ebenso vollkommen wie irgendein Text aus dem Jahrhundert Ludwigs XIV.:

See, through this air, this ocean, and this earth,
All matter quick, and bursting into birth.
Above, how high, progressive life may go!
Around, how wide! how deep extend below!
Vast chain of being! which from God began,
Natures ethereal, human, angel, man,
Beast, bird, fish, insect, what no eye can see,
No glass can reach; from infinite to thee,
From thee to nothing.[134]

Der distanzierte Rationalismus und die glatte, kristallene Form dieser Verse unterscheiden sich dagegen auf den ersten Blick von dem vibrierenden Ton der zwar ebenso einwandfrei klassizistischen, doch bereits von einem neuen Affekt erfüllten Zeilen Chéniers:

> Allons, étouffe tes clameurs;
> Souffre, o coeur gros de haine, affamé de justice.
> Toi, Vertu, pleure, si je meurs.

Jene sind noch die Nachklänge der höfisch-aristokratischen Geisteskultur, diese bereits der Ausdruck des neuen bürgerlichen Pathos, und zwar von den Lippen eines Dichters, der im Schatten der Guillotine steht und zum Opfer jenes revolutionären Bürgertums wird, dessen klassizistischer Geschmack in ihm den ersten bedeutenden, wenn auch unwillkürlichen Vertreter findet.

Der neue Klassizismus kommt keinesfalls so unvorbereitet, wie oft behauptet wurde. [135] Die Entwicklung verläuft schon seit dem Ende des Mittelalters zwischen den beiden Polen einer streng tektonischen und einer formal freieren, das heißt einer mit der Klassik verwandten und einer ihr entgegengesetzten Kunstauffassung. Keine Wendung in der neueren Kunst stellt einen völlig neuen Anfang dar; jede knüpft an die eine oder die andere dieser beiden einander in der Führung ablösenden, aber nie gänzlich entwurzelnden Tendenzen an. Jene Forscher, die den Neoklassizismus als ein Novum darstellen, pflegen das Eigentümliche seiner Entstehung darin zu erblicken, daß die Entwicklung mit ihm nicht vom Einfachen zum Komplizierten schreitet, also vom Linearen zum Malerischen oder vom Malerischen zum Malerischeren, sondern daß der Differenzierungsprozeß „abbricht" und die Entwicklung gewissermaßen „zurückspringt". Wölfflin meint, daß bei dieser Umkehr „der Anstoß deutlicher in äußeren Verhältnissen begründet" sei als bei dem ununterbrochenen Komplizierungsprozeß. In Wirklichkeit besteht kein prinzipieller Unterschied zwischen den beiden Typen der Entwicklung, nur ist der Einfluß der „äußeren Verhältnisse" bei einer gebrochen verlaufenden Entwicklung auffallender als bei einer geradlinigen. Tatsächlich spielen diese Verhältnisse stets die gleiche entscheidende Rolle. An jedem Punkt, in jedem Moment der Entwicklung ist es eine offene, jeweils von neuem zu entscheidende Frage, welche Richtung das künstlerische Schaffen nehmen soll. Die gegebene Richtung behalten, stellt einen ähnlichen dialektischen Prozeß dar und ist ebenso das Ergebnis von „äußeren Verhältnissen" wie die Änderung der jeweiligen Richtung. Die Bestrebung, den Fortschritt des Naturalismus aufzuhalten oder zu unterbrechen, setzt keine prinzipiell anderen Faktoren voraus als der Wunsch, seinen Fortschritt aufrechtzuerhalten oder zu beschleunigen. Die Kunst des Revolutionszeitalters unterscheidet sich von den früheren Klassizismen vor allem darin, daß mit ihr die formrigoristische Kunstauffassung zur ausschließlicheren Herrschaft gelangt, als es je seit dem Anfang der Renaissance der Fall war, und daß sie den endgültigen Abschluß der dreihundertjährigen Entwicklung darstellt, die sich vom Naturalismus Pisanellos bis zum Impressionismus Guardis erstreckt.[136] Es wäre trotzdem unrichtig, in der Kunst Davids jede Spannung, jeden stilistischen Antagonismus zu leugnen; die Dialektik der verschiedenen Stilrichtungen pulsiert in ihr ebenso fieberhaft wie in der Dichtung Chéniers und in allen bedeutenden Kunstschöpfungen der Revolutionszeit.

Der Klassizismus, der sich auf den Zeitraum von der Mitte des 18. Jahrhunderts bis um die Julirevolution erstreckt, ist keine einheitliche Bewegung, sondern eine, wenn auch kontinuierlich verlaufende, so doch in mehreren, genau unterscheidbaren Phasen sich vollziehende Entwicklung. Die erste dieser Phasen, die etwa von 1750 bis 1780 dauert und wegen ihres gemischten Stilcharakters als „Rokoko-Klassizismus" bezeichnet zu werden pflegt, repräsentiert die entwicklungsgeschichtlich wohl wichtigste der im *Louis-Seize* vereinigten Tendenzen, stellt aber nur eine Unterströmung im wirklichen Kunstleben des Zeitalters dar. Am krassesten äußert sich die Heterogeneität der miteinander konkurrierenden Stilrichtungen in der Architektur, die Rokoko-Interieurs mit klassizistischen Fassaden verbindet, ohne daß die Zeitgenossen die Stilmischung je als störend empfinden würden. In keiner Erscheinung kommt die Unentschiedenheit des Zeitalters, in keiner seine Unfähigkeit, zwischen den gegebenen Alternativen zu wählen, so deutlich zum Ausdruck wie in diesem Eklektizismus. Schon der Barock war durch ein Schwanken zwischen Rationalismus und Sensualismus, Formalismus und Spontaneität, Antik und Modern charakterisiert, er suchte aber diesen Antagonismus noch in einem einzigen, wenn auch nicht vollkommen einheitlichen Stil aufzulösen. Hier haben wir es dagegen mit einer Kunst zu tun, in der nicht einmal versucht wird, die verschiedenen Stilelemente auf einen gemeinsamen Nenner zu bringen. Denn wie Außen- und Innenarchitektur stilistisch unvermittelt vereinigt werden, so stehen auch in der Malerei und Dichtung Schöpfungen von vollkommen verschiedenem Stilcharakter nebeneinander – Werke von Boucher, Fragonard und Voltaire neben Werken von Vien, Greuze und Diderot. Das Zeitalter bringt höchstens Mischformen, aber keinen Ausgleich der gegensätzlichen Formprinzipien hervor. Dieser Eklektizismus entspricht der allgemeinen Struktur der Gesellschaft, in der die verschiedenen Schichten sich vermischen und oft zusammenwirken, innerlich einander jedoch vollkommen fremd bleiben. Die gegebenen Herrschaftsverhältnisse drücken sich künstlerisch vor allem darin aus, daß das höfische Rokoko praktisch noch immer der vorherrschende Stil ist und die Gunst der überwiegenden Mehrheit der Kunstinteressenten besitzt, der Klassizismus dagegen nichts als eine Oppositionskunst darstellt und das künstlerische Programm einer verhältnismäßig dünnen, für den Kunstmarkt kaum in Frage kommenden Liebhaberschicht bildet.

Diese neue, auch als „archäologischer Klassizismus" bezeichnete Bewegung ist von dem antiquarischen Erlebnis der griechischen und römischen Kunst stärker abhängig als die älteren verwandten Kunstrichtungen. Das theoretische Interesse für die Antike ist aber auch hier nicht das Primäre, es setzt vielmehr einen Geschmackswandel voraus, und dieser Geschmackswandel seinerseits eine Verschiebung der Lebenswerte. Die klassische Kunst gewinnt für das 18. Jahrhundert eine Aktualität, weil man sich nach der allzu geschmeidig und flüssig gewordenen malerischen Technik, den allzu spielerischen Reizen der Farben und der Töne wieder von einer herberen, ernsteren und sachlicheren künstlerischen Darstellungsweise angezogen fühlt. Als um die Mitte des Jahrhunderts die neue klassizistische Richtung aufkommt, ist der Klassizismus des *grand siècle* bereits seit fünfzig Jahren tot; die Kunst hat sich der gleichen Sinnenlust ergeben, die das ganze Jahrhundert beherrscht. Der Antisensualismus des nun wieder zur Geltung kommenden klassizistischen Kunstideals ist keine Frage des Geschmacks und der ästhetischen Wertung, oder ist es nicht in erster Reihe, sondern eine sittliche Angelegenheit, der Ausdruck des Strebens nach Einfachheit und Wahrhaftigkeit. Der Geschmackswandel, der den Reiz des Sinnlich-Optischen, die Mannigfaltigkeit und Abgestuftheit der Farben, die strömende Fülle und die mitreißende Flucht der Impressionen vergessen läßt und den Wert von allem, was seit einem halben Jahrhundert für jeden Kenner den Inbegriff des Künstlerischen ausmacht, in Frage stellt, diese unerhörte Simplifizierung und Nivellierung der ästhetischen Wertmaßstäbe bedeutet den Sieg eines neuen puritanischen, sich gegen den Hedonismus des Zeitalters richtenden Lebensideals. Die Sehnsucht nach der reinen, eindeutigen, unkomplizierten Linie, nach Regelmäßigkeit und Disziplin, Harmonie und Ruhe, nach der „edlen Einfalt und stillen Größe" Winckelmanns ist vor allem ein Protest gegen die Unaufrichtigkeit und Raffiniertheit, die leere Virtuosität und die Brillanz des Rokokos, das man jetzt als etwas Verworfenes und Entartetes, etwas Krankhaftes und Widernatürliches zu betrachten beginnt.

Neben den Künstlern, die wie Vien und Falconet, Mengs und Battoni, Benjamin West und William Hamilton sich der neuen Richtung überall in Europa mit Begeisterung anschließen, gibt es unzählige Künstler und Liebhaber, Kritiker und Sammler, die mit der Revolte gegen das Rokoko nur kokettieren und die antikisierende Mode nur äußerlich mitmachen. Zumeist sind sie nur die Träger einer Bewegung, deren eigentlicher Ursprung und letztes Ziel ihnen verborgen bleibt. Theoretisch nimmt auch der Akademiedirektor Antoine

Coypel neben dem Klassizismus Stellung, und Graf Caylus, der vornehme Kunstfreund und Archäolog, stellt sich sogar an die Spitze der Bewegung. Der Surintendant de Marigny, der Bruder der Madame de Pompadour, begibt sich 1748 mit Soufflot und Cochin auf eine Studienreise nach Italien und macht damit den Anfang der neuen Pilgerfahrten nach dem Süden. Mit Winckelmann beginnt die systematische archäologische Forschung, durch Mengs wird die neue klassizistische Richtung führend in Rom, und bei Piranesi wird das archäologische Erlebnis selber zum Gegenstand der Kunst. Der neue Klassizismus unterscheidet sich hauptsächlich darin von den älteren klassizistischen Bewegungen, daß er die Antike und die Moderne als zwei feindliche, miteinander unvereinbare Tendenzen auffaßt.[137] Während jedoch in Frankreich ein Ausgleich zwischen den antagonistischen Tendenzen stattfindet und der Klassizismus, vor allem bei David, zugleich einen Fortschritt des Naturalismus darstellt, führt die neue Bewegung in den anderen Ländern Europas zumeist nur eine blutarme akademische Kunst herbei, die in der Nachahmung der Antike ein Ziel an sich erblickt.

Man pflegt die Ausgrabungen von Pompeji (1748) als die entscheidende Anregung zu dem neuen, archäologischen Klassizismus anzusehen; diese Unternehmung muß jedoch selber durch ein neues Interesse und einen neuen Gesichtspunkt angeregt worden sein, um eine solche Wirkung zu haben, denn die ersten Ausgrabungen, die 1737 in Herculaneum stattfanden, blieben ohne namhafte Folgen. Die geistige Umstellung geht eben erst um die Mitte des Jahrhunderts vor sich. Seit diesem Zeitpunkt entsteht erst der internationale wissenschaftliche Betrieb der Archäologie und die internationale künstlerische Bewegung des Klassizismus, der nicht mehr von den Franzosen beherrscht wird, obgleich die Schule Davids ihre Filiationen wieder über ganz Europa ausbreitet. Die *scavi* werden zum Losungswort des Tages; die ganze Intelligenz des Abendlandes interessiert sich für sie. Das Sammeln von Antiken wird zu einer wahren Leidenschaft; es werden bedeutende Summen für antike Kunstwerke ausgegeben und überall neue Glyptotheken, Gemmen- und Vasensammlungen angelegt. Eine Studienreise nach Italien gehört nunmehr nicht nur zum guten Ton, sie wird als ein unerläßlicher Bestandteil der Erziehung eines jungen Mannes der guten Gesellschaft angesehen. Es gibt keinen Künstler, keinen Dichter, keinen geistig interessierten Menschen, der sich von dem unmittelbaren Erlebnis der antiken Kunstdenkmäler in Italien nicht die höchste Steigerung seiner Fähigkeiten versprechen würde. Goethes italienische Reise, seine Antikensammlung, das Hera-Zimmer seines Weimarer Hauses mit der Kolossalbüste der Göttin, die die Wände des bürgerlichen Interieurs zu sprengen droht, wirkt wie ein Symbol dieser Bildungsepoche. Der neue Kult der Antike aber ist, genau so wie die fast gleichzeitige Begeisterung für das Mittelalter, eine wesentlich romantische Bewegung; denn auch das klassische Altertum erscheint jetzt als eine unerreichbare, im Rousseauischen Sinne für immer entschwundene Frühzeit der menschlichen Kultur. In dieser Auffassung der Antike sind Winckelmann, Lessing, Herder, Goethe und die ganze deutsche Romantik vollkommen einig. Alle erblicken in ihr eine Quelle der Gesundung und Erneuerung – ein Beispiel echten und vollen, doch nie wieder zu verwirklichenden Menschentums. Es ist kein Zufall, daß die Vorromantik mit den Anfängen der Archäologie zusammenfällt und daß Rousseau und Winckelmann Zeitgenossen sind; der geistige Grundzug des Zeitalters kommt stets in der gleichen nostalgischen – bald der Antike, bald dem Mittelalter zugewandten – Kulturphilosophie zum Ausdruck. Der neue Klassizismus richtet sich, ebenso wie die Vorromantik, gegen die Frivolität und das Raffinement des Rokokos; beide sind von demselben bürgerlichen Lebensgefühl durchdrungen. Das Bild, das die Renaissance sich von der Antike machte, war durch die Weltanschauung der Humanisten bedingt und spiegelte die antischolastischen und antiklerikalen Ideen dieser Intelligenzschicht; die Kunst des 17. Jahrhunderts deutete die Welt der Griechen und Römer nach den feudalen Moralbegriffen der absoluten Monarchie; der Klassizismus der Revolutionsperiode ist von dem republikanisch-stoischen Lebensideal des progressiven Bürgertums abhängig und bleibt diesem Ideal in allen seinen Äußerungen treu.

Das dritte Viertel des Jahrhunderts war noch vom Antagonismus der Stile erfüllt. Der Klassizismus befand sich in einer Kampfstellung und war von den beiden miteinander konkurrierenden Richtungen die schwächere. Bis um 1780 beschränkte er sich zumeist auf eine theoretische Auseinandersetzung mit der höfischen Kunst; erst nach diesem Zeitpunkt, namentlich seit dem Auftreten Davids, kann das Rokoko als überwunden betrachtet werden. Der Erfolg von Davids *Horatiern* im Jahre 1785 bedeutet das Ende eines bereits dreißigjährigen Kampfes und den Sieg des neuen monumentalen Stils. Mit der Kunst der Revolutionsära, die sich etwa auf die Zeit von 1780 bis 1800 erstreckt, beginnt eine neue Phase des Klassizismus. – Am Vorabend der Revolution waren in der französischen Malerei im großen und ganzen folgende Richtungen vertreten: 1. die Tradition des sensualistisch-koloristischen Rokokos in der Kunst Fragonards; 2. der durch Greuze vertretene Sentimentalismus; 3. der bürgerliche Naturalismus Chardins und 4. der Klassizismus Viens. Die Revolution wählte als den ihr am meisten entsprechenden Stil diesen Klassizismus, obwohl man annehmen sollte, daß die durch Greuze und Chardin vertretenen Geschmacksrichtungen ihr adäquater waren. Entscheidend bei der Wahl war jedoch nicht die Geschmacks- und Formfrage, nicht das von dem bürgerlichen Kunstideal des Spätmittelalters und der Frührenaissance abgeleitete Prinzip der Innerlichkeit und Intimität, sondern der Gesichtspunkt, welche von den gegebenen Richtungen die geeignetste war, das Ethos der Revolution mit ihren patriotisch-heroischen Idealen, ihren römischen Bürgertugenden und republikanischen Freiheitsideen möglichst wirkungsvoll darzustellen. Freiheits- und Vaterlandsliebe, Heldenmut und Opferbereitschaft, spartanische Härte und stoische Selbstüberwindung werden jetzt an die Stelle jener Moralbegriffe gesetzt, die das Bürgertum im Laufe seines wirtschaftlichen Aufstiegs entwickelt hat und die schließlich so abgeschwächt und ausgehöhlt wurden, daß die Bourgeoisie zu einer der wichtigsten Trägerinnen der Rokokokultur werden konnte. Die Wegbereiter und Vorkämpfer der Revolution hatten sich also ebenso scharf gegen das Lebensideal der *fermiers généraux* wie gegen die „douceur de vivre" der Aristokratie zu wenden. Sie konnten sich aber auch auf die gemütliche, patriarchalische, unheroische bürgerliche Weltanschauung der früheren Jahrhunderte nicht stützen und durften die Förderung ihrer Ziele nur von einer durchaus militanten Kunst erwarten. Zu einer solchen aber besaß von sämtlichen zur Wahl stehenden Kunstrichtungen der Klassizismus Viens und seiner Schule die meisten Voraussetzungen.

Die Kunst Viens selber war allerdings noch voll Verspieltheit und Niedlichkeit und mit dem Rokoko ebenso eng verbunden wie die bürgerlich-sentimentale Malerei von Greuze. Der Klassizismus war hier nichts als ein Tribut an die Mode, die der Künstler mit pedantischem Eifer mitmachte. In seinen kokett erotischen Darstellungen waren nur die Motive klassich und nur die Manier antikisch, der Geist und die Gesinnung waren reines Rokoko. Kein Wunder, daß der junge David seine Italienreise mit dem Entschluß antrat, auf die Verführungen der Antike nicht hereinzufallen.[138] Nichts zeigt auffallender, wie tief die Zäsur zwischen dem Rokokoklassizismus und dem Revolutionsklassizismus der nächsten Generation war, als dieser Vorsatz. Wenn David trotzdem zum Vorkämpfer und größten Vertreter der klassizistischen Kunst sich entwickelte, so war das dem Bedeutungswandel zuzuschreiben, den der Klassizismus durchgemacht und demzufolge er seinen ästhetisierenden Charakter verloren hatte. David setzte sich aber mit seiner neuen Interpretation des Klassizismus keineswegs sogleich durch. Zunächst ließ nichts darauf schließen, daß er je die konkurrenzlose Stellung einnehmen werde, die er seit den *Horatiern* innehatte und erst nach der Restauration verlor. Gleichzeitig mit David hielt sich in Rom eine ganze Gruppe von jungen französischen Künstlern auf, die eine ähnliche Entwicklung durchmachten wie er selbst. Der Salon von 1781 war von diesen jungen, sich zum strengeren Klassizismus entwickelnden „Römern" beherrscht, als deren eigentlicher Führer noch Ménageot galt. Die Bilder Davids waren für den Zeitgeschmack noch zu streng, zu ernst. Die Kritik besann sich erst allmählich darauf, daß gerade diese Bilder den Sieg der Ideen bedeuteten, die man gegen das Rokoko geltend zu machen suchte.[139] Die Zeit wurde aber für David bald reif, und die Genugtuung, die ihm zuteil wurde, war restlos. Der *Schwur der Horatier* gehört zu den größten Erfolgen der Kunstgeschichte. Der Siegeszug des Werkes begann schon in Italien, wo David es im eigenen Atelier ausstellte. Man pilgerte zu dem Bild, legte Blumen vor ihm nieder, und Vien, Battoni, Angelika Kaufmann, Wilhelm Tischbein, das heißt die angesehensten Künstler in Rom, stimmten in das Lob auf den jungen Meister ein. In Paris, wo das Publikum mit dem Werke im Salon von 1785 bekannt wurde, setzte sich der Triumph fort. Die *Horatier* wurden als das „schönste Bild des Jahrhunderts" bezeichnet und man betrachtete die Tat Davids als eine wirklich revolutionäre. Das Werk erschien den Zeitgenossen als das Neuartigste und Gewagteste, das man sich vorstellen konnte, als die restlose Verwirklichung des klassizistischen Ideals. Hier war die dargestellte Szene auf ein paar Figuren reduziert, fast ohne Komparsen, ohne Beiwerk. Die Protagonisten des Dramas waren, als Zeichen ihrer Einmütigkeit und ihres Entschlusses, für ihr Ziel, wenn es sein muß, gemeinsam zu sterben, in eine einzige ungebrochene, starre Linie gebracht; dem Maler ist durch diese Intransigenz der Form eine Wirkung gelungen, mit der nichts zu vergleichen war, was seiner Generation je zum künstlerischen Erlebnis wurde. Er entwickelte seinen Klassizismus zu einer reinen Linienkunst, bei vollkommenem Verzicht auf malerisch sinnliche Effekte und auf jedes Zugeständnis, das die Darstellung zur puren Augenweide gemacht hätte. Die künstlerischen Mittel, deren er sich bediente, waren streng rational, zielstrebig, puritanisch und unterordneten die ganze Organisation des Werkes dem Prinzip der Ökonomie. Die Präzision und die Sachlichkeit, die Beschränkung auf das Notwendigste und die geistige Energie, die in dieser Konzentration zum Ausdruck kam, entsprachen dem Stoizismus des revolutionären Bürgertums wie keine andere künstlerische Richtung. Hier war Größe mit Einfachheit, Würde mit Nüchternheit vereint. Die *Horatier* sind mit Recht als „das klassizistische Bild par excellence" bezeichnet worden.[140] Das Werk repräsentiert das Stilideal seiner Zeit ebenso vollkommen wie etwa Leonardos *Abendmahl* die Kunstauffassung der Renaissance. Wenn pure künstlerische Form soziologisch interpretiert werden darf, so ist es hier. Diese Klarheit, diese Zugeständnislosigkeit, diese Schärfe des Ausdrucks hat zweifellos in den republikanischen Bürgertugenden ihren Ursprung; hier ist die Form wirklich nur Vehikel, wirklich nur Mittel zum Zweck. Daß die oberen Schichten diesen Klassizismus trotzdem mitmachten, ist nach dem, was wir von der suggestiven Kraft erfolgreicher Bewegungen wissen, gar nicht so erstaunlich wie die Tatsache, daß ihn auch die Regierung förderte. Der *Schwur der Horatier* wurde bekanntermaßen für das Ministerium der Schönen Künste gemalt. Man war gegenüber den subversiven Tendenzen in der Kunst ebenso ahnungslos oder unentschlossen wie in der Politik.

Als im Jahre 1789 der *Brutus* ausgestellt wird, das Bild, mit dem David den Höhepunkt seines Ruhmes erreicht, spielen bei der Aufnahme des Werkes die formalen Gesichtspunkte keine ins Bewußtsein des Publikums tretende Rolle mehr. Das römische Kostüm und der römische Patriotismus sind zur herrschenden Mode und zu einem allgemeingültigen Symbol geworden, deren man sich um so lieber bedient, als jede andere Analogie, jede andere historische Parallele an das ritterlich-heroische Ideal erinnern würde. Die Voraussetzungen, aus welchen die moderne Vaterlandsliebe entstanden ist, haben aber mit den Römern eigentlich nichts zu tun. Dieser Patriotismus ist das Produkt einer Zeit, in der Frankreich seine Freiheit nicht mehr gegen einen gierigen Nachbar oder einen fremden feudalen Landesherrn zu verteidigen hat, sondern gegen eine feindliche Umwelt, die von ihm in ihrer ganzen gesellschaftlichen Struktur verschieden ist und in ihm die Revolution bekämpft. Das revolutionäre Frankreich stellt die Kunst noch vollkommen naiv in den Dienst dieses Ringens; auf die Idee des *l'art pour l'art* verfällt erst das 19. Jahrhundert. Erst aus der Opposition der Romantik gegen die Aufklärung und die Revolution ergibt sich das Prinzip der „reinen", „nutzlosen" Kunst und erst aus der Befürchtung der herrschenden Klassen, ihren Einfluß auf die Kunst zu verlieren, entsteht die Forderung der Passivität des Künstlers. Das 18. Jahrhundert benützt die Kunst noch ebenso unbedenklich zur Erreichung seiner praktischen Ziele, wie es alle die früheren Jahrhunderte getan hatten; bis zur Revolution wurde aber diese Praxis den Künstlern kaum bewußt, und noch viel weniger dachten sie daran, aus ihr ein Programm zu machen. Erst mit der Revolution wird die Kunst zum politischen Glaubensbekenntnis und erst jetzt wird es ausdrücklich betont, daß sie kein „bloßer Schmuck am Gesellschaftsbau", sondern „ein Teil seines Fundaments" zu sein habe.[141] Sie soll, heißt es, kein eitler Zeitvertreib sein, kein bloßer Nervenkitzel, kein Privileg der Reichen und Müßigen, sondern soll vielmehr belehren und verbessern, zur Tat anspornen und ein Beispiel geben. Sie soll rein, wahr, begeistert und begeisternd sein, zum Glück der Allgemeinheit beitragen und zum Besitz der ganzen Nation werden. Das Programm war naiv wie alle abstrakten Kunstreformen, und seine Unfruchtbarkeit bewies, daß eine Revolution zuerst die Gesellschaft verändern muß, bevor sie die Kunst verändern kann, obgleich die Kunst selbst ein Mittel dieser Veränderung ist und mit dem Gesellschaftsprozeß in einer komplizierten Wechselwirkung steht. Das eigentliche Ziel des Kunstprogramms der Revolution war übrigens nicht die Beteiligung der aus dem Bildungsprivileg ausgeschlossenen Schichten an dem Genuß der Kunst, sondern eben die Veränderung der Gesellschaft, die Vertiefung des Gefühls der Gemeinschaft und die Erweckung des Bewußtseins der revolutionären Errungenschaften.[142] Die Kunstpflege bildete von nun an ein Regierungsmittel und genoß eine Aufmerksamkeit, die man sonst nur wichtigen Staatsangelegenheiten schenkte. Solange die Republik in Gefahr war und um ihre Existenz kämpfte, hatte jeder mit allen seinen Kräften ihr zu dienen. In einer Adresse Davids an den Konvent heißt es: „Jeder von uns ist der Nation Rechenschaft schuldig über das Talent, das er von der Natur erhalten hat."[143] Und Hassenfratz, ein Jurymitglied des Salons von 1793, formuliert die entsprechende ästhetische Doktrin folgendermaßen: „Das ganze Talent eines Künstlers wohnt in seinem Herzen; das, was er mit seinen Händen zustande bringt, ist ohne Bedeutung."[144]

David spielt in der Kunstpolitik seiner Zeit eine beispiellose Rolle. Er ist Mitglied des Konvents und übt schon als solcher einen bedeutenden Einfluß aus; er ist aber gleichzeitig der Vertrauensmann und das Sprachrohr der Revolutionsregierung in allen Kunstfragen. Seit Le Brun hat kein Künstler einen solchen Wirkungskreis gehabt; das persönliche Prestige Davids ist aber unvergleichlich größer, als das Ansehen des Faktotums Ludwigs XIV. war. Er ist nicht nur der Kunstdiktator der Revolution, nicht nur die Autorität, der die ganze künstlerische Propaganda, die Veranstaltung aller großen Feste und Feierlichkeiten, die Akademie mit allen ihren Funktionen, das gesamte Ausstellungs- und Museumswesen unterstellt sind, er ist der Urheber einer eigenen künstlerischen Revolution, jener *révolution Davidienne*, von der die moderne Kunst teilweise ihren Ausgang nimmt. Er ist der Begründer einer Schule, die an Ansehen, Umfang und Bestand in der Geschichte der Kunst kaum ihresgleichen hat. Es gehören ihr fast alle jungen Talente an und sie bleibt bis zur Julirevolution, trotz der Widerwärtigkeiten, die der Meister durchmachen muß, trotz Flucht, Verbannung und dem Nachlassen der eigenen Schöpferkraft, nicht nur die wichtigste Schule, sondern *die* „Schule“ der französischen Malerei. Ja, sie wird zur Schule des gesamteuropäischen Klassizismus, und ihr Begründer, der der Napoleon der Malerei genannt worden ist, übt durch sie eine Wirkung aus, die in der eigenen Sphäre mit dem Einfluß des Welteroberers wohl verglichen werden darf. Der Einfluß des Meisters überdauert den 9. Thermidor, den 18. Brumaire und die Thronbesteigung Napoleons, und zwar nicht, weil David der größte Maler des damaligen Frankreichs ist, sondern weil sein Klassizismus die Kunstauffassung darstellt, die auch den politischen Zielen des Konsulats und des Kaiserreichs am besten entspricht. Eine Unterbrechung erfährt die vom Standpunkt der künstlerischen Aufgaben einheitliche Entwicklung nur während der Directoirezeit, die, im Gegensatz sowohl zur Revolution als auch zum Empire, einen auffallend frivolen, hedonistischen, ästhetisierend genießerischen Charakter trägt.[145] Unter dem Konsulat, als die Franzosen beständig an den Heldenmut der Römer gemahnt werden, und dem Kaisertum, in dessen politischer Propaganda der Vergleich mit dem römischen Imperium eine ähnliche

Rolle spielt wie die Analogie mit der römischen Republik während der Revolution, bleibt der Klassizismus der repräsentative Stil der französischen Kunst. Davids Malerei trägt aber, trotz der Folgerichtigkeit ihrer Entwicklung, die Zeichen der gleichen Wandlung an sich, die die Gesellschaft und die Regierung des Landes durchmachen. Schon während des Direktoriums zeigt sein Stil, vor allem in den *Sabinerinnen*, einen weicheren, gefälligeren, von der konzessionslosen künstlerischen Strenge der Revolutionsjahre abweichenden Charakter. Und unter dem Kaiserreich gibt er zwar die schmeichelnde Eleganz und die Artistik seines Directoirestils wieder auf, weicht aber von den Zielen seiner Frühzeit in einer anderen Richtung ab. Der Empirestil des Meisters enthält, ins Künstlerische übertragen, den ganzen Antagonismus der Herrschaft Napoleons. Denn so wie dieses Regime seinen Ursprung aus der Revolution nie ganz verleugnet und die Hoffnung auf die Erneuerung der ständischen Vorrechte ein für allemal zerstört, die Liquidierung der Revolution jedoch, die mit dem 9. Thermidor begonnen hat, unerbittlich fortsetzt und nicht nur die Machtstellung der kapitalskräftigen Bourgeoisie und des begüterten Bauerntums sichert, sondern eine politische Diktatur errichtet, die die Freiheitsrechte dieser Klassen auf das bürgerliche Gesetzbuch beschränkt, so ist auch die Empirekunst Davids eine unausgeglichene Synthese gegensätzlicher Tendenzen, in der das Repräsentative über den Naturalismus und das Konventionelle über die Spontaneität allmählich die Oberhand gewinnen.

Die Aufgaben, die David, als dem *premier peintre* Napoleons, gestellt werden, fördern zwar seine Kunst, indem sie ihn wieder in unmittelbare Beziehung zur geschichtlichen Wirklichkeit bringen und ihm Gelegenheit bieten, sich mit dem Formproblem des großen historischen Repräsentationsbildes auseinanderzusetzen, versteifen aber zugleich seinen Klassizismus und lassen zum erstenmal die Merkmale jenes Akademismus hervortreten, der ihm und seiner Schule zum Verhängnis wird. Delacroix nannte David „le père de toute l'école moderne", und das war er in doppelter Beziehung: nicht nur als der Schöpfer des neuen bürgerlichen Naturalismus, der, namentlich im Porträt, den Ernst und die Würde einer strengen, einfachen, durchaus untheatralischen Lebenshaltung zum Ausdruck brachte, sondern gerade auch als der Erneuerer des Historienbildes und der malerischen Darstellung von großen Repräsentationsszenen. David gewinnt, dank solchen Aufgaben, nach der oberflächlichen Eleganz und der spielerischen Formgebung seiner Directoirezeit viel von seiner früheren Sachlichkeit und Natürlichkeit zurück. Die Probleme, die er jetzt zu lösen hat, schweben nicht mehr in der Luft wie das Thema der *Sabinerinnen*, sondern ergeben sich aus der unmittelbaren, aktuellen Wirklichkeit. Er findet in Aufträgen wie dem zum *Sacre* (1805/08) oder zur *Verteilung der Adler* (1810) viel mehr künstlerisch Anregendes als er wohl selbst erwartet hätte. Dafür, was diese Darstellungen gegenüber dem *Schwur im Ballhaussaal* an Schwung und Dramatik vermissen lassen, entschädigen sie durch die einfachere, weniger theatralische, der Praxis gerechter werdende Lösung. David entfernt sich mit ihnen vom 18. Jahrhundert und der Rokokotradition immer weiter und schafft, im Gegensatz zum genialen Individualismus seiner Frühwerke, einen objektiveren Stil, der zwar akademisch mißbraucht werden konnte, aber jedenfalls fortsetzbar war. Den inneren Zwiespalt, der die geistige Einheit seiner Kunst seit dem Directoire bedroht, überwindet er freilich auch jetzt noch nicht zur Gänze. Neben den offiziellen Zeremonien, für die er eine durchaus befriedigende Lösung findet, malt er Szenen aus der antiken Welt, wie die *Sappho* (1809) oder den *Leonidas* (1812), die ebenso artistisch und manieriert sind, wie es die *Sabinerinnen* waren. Die Antike hat für David aufgehört eine Quelle der Inspiration zu sein und wird auch bei ihm zur bloßen Konvention, so wie bei seinen Zeitgenossen. Wenn er vor praktische Aufgaben gestellt wird, bringt er noch immer Meisterwerke hervor, wenn er sich jedoch über die Realität emporschwingen will, versagt er.

Der Antagonismus der Kunst Davids, der Gegensatz zwischen dem abstrakten, blutarmen Idealismus seiner mythologischen und antik-historischen Kompositionen und dem saftigen Naturalismus seiner Porträts wird während seines

Brüsseler Exils noch schärfer. So oft er Anschluß an das Leben findet, das heißt wenn er Porträts zu malen hat, ist er noch immer der alte große Meister, wenn er dagegen seinen antiken Illusionen nachhängt, die zur Gegenwart jede Beziehung verloren haben und zu einer rein artistischen Spielerei geworden sind, wirkt er nicht nur altmodisch, sondern oft auch abgeschmackt. Der Fall David ist für die Soziologie der Kunst von besonderer Bedeutung, denn es gibt in der Kunstgeschichte wohl kein zweites Beispiel, das die These von der Unvereinbarkeit praktischer politischer Ziele mit echter künstlerischer Qualität so unzweifelhaft widerlegen würde. Je inniger er mit politischen Interessen verbunden war und je restloser er seine Kunst in den Dienst propagandistischer Aufgaben stellte, desto größer war der künstlerische Wert seiner Schöpfungen. Während der Revolution, als alle seine Gedanken sich um die Politik drehten und er seinen *Schwur im Ballhaussaal* und seinen *Marat* malte, stand er künstlerisch am höchsten. Unter dem Kaiserreich, als er sich zumindest mit den patriotischen Zielen Napoleons identifizieren konnte und sich zweifellos bewußt war, was die Revolution dem Diktator trotz allem verdankte, blieb seine Kunst, wenn es sich um praktische Aufgaben handelte, lebendig und schöpferisch. Später jedoch, in Brüssel, als er jede Beziehung zur politischen Wirklichkeit verlor und nichts als Maler war, sank er auf den tiefsten Punkt seiner künstlerischen Entwicklung. Wenn nun diese Zusammenhänge auch nicht unbedingt beweisen, daß ein Künstler politisch interessiert und progressiv gesinnt sein muß, um gute Bilder zu malen, so beweisen sie doch, daß solche Interessen und solche Ziele die Entstehung von guten Bildern keineswegs verhindern.

Es wurde oft behauptet, daß die Revolution künstlerisch unfruchtbar gewesen sei und daß ihre Schöpfungen sich in den Grenzen eines Stils bewegten, der nichts als die Fortsetzung und die Vollendung des alten Rokokoklassizismus war. Man betonte, daß die Kunst der Revolutionsepoche nur in bezug auf ihren Inhalt und ihre Ideen, nicht aber bezüglich ihrer Formen und ihrer stilistischen Mittel als revolutionär bezeichnet werden könne.[146] Die Revolution hatte den Klassizismus tatsächlich mehr oder minder fertig vorgefunden, sie gab ihm aber einen teilweise neuen Gehalt und einen neuen Sinn. Der Klassizismus der Revolution erschien nur aus der nivellierenden Perspektive der Nachwelt als unselbständig und unschöpferisch; die Zeitgenossen waren sich des Stilunterschieds zwischen dem Klassizismus Davids und seiner Vorgänger vollkommen bewußt. Wie gewagt und umwälzend ihnen die Neuerungen Davids vorkamen, beweisen am besten die Worte des Akademiedirektors Pierre, der die Komposition der *Horatier* wegen ihrer Abweichung von dem üblichen Pyramidenschema als einen „Angriff auf den guten Geschmack" bezeichnete.[147] Die eigentliche stilistische Schöpfung der Revolution aber ist nicht dieser Klassizismus, sondern die Romantik, das heißt nicht die Kunst, die von ihr geübt, sondern die, die durch sie vorbereitet wurde. Die Revolution selber konnte den neuen Stil nicht verwirklichen, weil sie wohl neue politische Ziele, neue soziale Einrichtungen, neue Rechtsnormen, aber keine neue, ihre eigene Sprache sprechende Gesellschaft besaß. Zu der Entstehung einer solchen Gesellschaft waren erst die Voraussetzungen da. Die Kunst blieb hinter der politischen Entwicklung zurück und bewegte sich zum Teil, wie schon Marx betonte, in den alten, antiquierten Formen.[148] Die Künstler und Dichter sind durchaus nicht immer Propheten, und die Kunst hinkt der Zeit ebenso oft nach wie sie ihr vorauseilt.

Auch die von der Revolution vorbereitete Romantik beruht zwar auf einer älteren verwandten Bewegung, die Vorromantik und die eigentliche Romantik haben aber nicht einmal soviel miteinander gemein wie die beiden Formen des neueren Klassizismus. Keineswegs bilden sie eine einheitliche romantische Bewegung, die in ihrer Entwicklung etwa nur unterbrochen wurde.[149] Die Vorromantik erleidet durch die Revolution ihre entscheidende und endgültige Niederlage. Der Irrationalismus erlebt zwar seine Wiedergeburt, die Empfindsamkeit des 18. Jahrhunderts überdauert jedoch die Revolution nicht. Die nachrevolutionäre Romantik spiegelt ein neues Welt- und Lebensgefühl und zeitigt vor allem eine neue Interpretation der Idee der künstlerischen Freiheit. Diese Freiheit ist nicht mehr ein Privileg des Genies, sondern das Geburtsrecht jedes Künstlers und jedes begabten Individuums. Die Vorromantik erlaubte nur dem Genie, von der Regel abzuweichen, die Romantik leugnet die Geltung von objektiven Kunstregeln überhaupt. Jede individuelle Äußerung ist einzigartig, unersetzlich und trägt ihre Gesetze, ihre Maßstäbe in sich; diese Einsicht ist die große Errungenschaft der Revolution für die Kunst. Die romantische Bewegung wird jetzt erst zu dem Freiheitskampf, der nicht nur gegen Akademien, Kirchen, Höfe, Mäzene, Amateure, Kritiker und Meister geführt wird, sondern gegen das Prinzip der Tradition, der Autorität und der Regel überhaupt. Dieser Kampf ist ohne die durch die Revolution geschaffene geistige Atmosphäre undenkbar; der Revolution verdankt er sowohl seine Entstehung als auch seine Wirkung. Die ganze moderne Kunst ist gewissermaßen das Resultat dieser romantischen Freiheitsbewegung. Man mag noch so viel von überzeitlichen ästhetischen Normen, ewigmenschlichen künstlerischen Werten, der Notwendigkeit objektiver Maßstäbe und verbindlicher Konventionen sprechen, die Emanzipation des Individuums, die Ausschaltung jeder fremden Autorität, die Rücksichtslosigkeit gegen jede Schranke, jedes Verbot ist und bleibt das Lebensprinzip der modernen Kunst. Der Künstler unserer Zeit mag sich noch so begeistert zu Schulen, Gruppen, Bewegungen, Kampf- und Schicksalsgenossen bekennen, sobald er malt, komponiert oder dichtet, ist er allein und fühlt sich allein. Die moderne Kunst ist der Ausdruck des einsamen Menschen, des Individuums, das sich von seinen Mitmenschen tragischer- oder begnadeterweise verschieden fühlt. Die Revolution und die Romantik bedeuten das Ende der Kulturepoche, in welcher der Künstler sich noch an eine „Gesellschaft", an eine mehr oder minder umfangreiche, im großen und ganzen aber einheitliche Gruppe gewendet hat, an ein Publikum, dessen Autorität er im Prinzip unbedingt anerkannte. Die Kunst hört auf, Gesellschaftskunst zu sein, die sich nach objektiven und konventionellen Wertmaßstäben richtet, und wird zur Ausdruckskunst die selbst den Maßstab schafft, nach welchem sie beurteilt werden will; sie wird, mit einem Wort, zum Medium, durch welches das einzelne Individuum sich an einzelne Individuen wendet. Bis zur Romantik war es mehr oder weniger irrelevant, ob und in welchem Maße das Publikum sich aus wirklichen Kunstverständigen zusammensetzte; die Künstler und Dichter waren unbedingt bestrebt, den Wünschen dieses Publikums zu entsprechen, im Gegensatz zur romantischen und nachromantischen Periode, in der sie sich dem Geschmack und den Ansprüchen keiner kollektiven Gruppe mehr unterwerfen und stets auf dem Sprung sind, gegen das Urteil eines Forums an ein anderes zu appellieren. Sie befinden sich mit ihrem Schaffen in einer ständigen Spannung, einer ewigen Kampfstellung zum Publikum; es bilden sich wohl immer wieder Gruppen von Kennern und Liebhabern, diese Gruppenbildung ist aber im fortwährenden Fließen begriffen und zerstört jede Kontinuität in der Beziehung zwischen Kunst und Publikum.

Der gemeinsame, von der Revolution ausgehende Ursprung des Davidschen Klassizismus und der romantischen Malerei drückt sich auch darin aus, daß die Romantik nicht etwa als ein Angriff auf den Klassizismus beginnt und die David-Schule nicht von außen her zersetzt, sondern zuerst gerade bei den nächsten und begabtesten Schülern des Meisters, bei Gros, Girodet und Guérin, in Erscheinung tritt. Die strenge Scheidung der beiden Stilrichtungen beginnt erst zwischen 1820 und 1830, als die Romantik zu dem Stil der künstlerisch progressiven, der Klassizismus zu dem der konservativen, noch immer auf die unbedingte Autorität Davids schwörenden Elemente wird. Dem persönlichen Geschmack Napoleons und der Natur der Aufgaben, die er seinen Künstlern zu lösen gab, entsprach am besten die von Gros erfundene Mischform des Klassizismus und der Romantik. Napoleon suchte von seinem geschäftlichen Rationalismus bei romantischen Kunstwerken Erholung und neigte zum Sentimentalismus, sobald er die Kunst nicht als Propagandamittel betrachtete. Das erklärt seine Vorliebe für Ossian und Rousseau in der Literatur und für das Pittoreske in der Malerei.[150] Wenn Napoleon David zu seinem Hofmaler machte, so folgte er damit nur der öffentlichen Meinung; seine eigene Sympathie gehörte den Gros, Gérard, Vernet, Prudhon und den „Anekdotenmalern" seiner

Zeit.[151] Sie mußten übrigens alle seine Schlachten und Siege, seine Festlichkeiten und Zeremonien malen, der zimperliche Prudhon ebenso wie der robuste David. Der eigentliche Maler des Empire, der Maler Napoleons par excellence, war allerdings Gros, der seinen Ruhm, dem sowohl die Anhänger als auch die Gegner der David-Schule zustimmten, teils seiner Be gabung, eine Szene frappant, oft mit einer panoptikumartigen Unmittelbarkeit zu schildern, teils seiner neuen moralischen Auffassung des Schlachtenbildes verdankte. Er war bekanntermaßen der erste, der den Krieg vom humanitären Standpunkt aus darstellte und auch die unheroischen Seiten der blutigen Ereignisse zeigte. Der Jammer war so groß, daß er nicht mehr bemäntelt werden konnte; das Vernünftigste war, es gar nicht zu versuchen.

Das Kaiserreich fand den künstlerischen Ausdruck seiner Weltanschauung in einem Eklektizismus, der die bereits vorhandenen Stilrichtungen kombinierte und variierte. Der widerspruchsvolle Stilcharakter der Kunst entsprach den politischen und sozialen Antinomien der napoleonischen Regierung. Das große Problem, das das Kaiserreich zu lösen suchte, war die Vereinbarung der demokratischen Errungenschaften der Revolution mit den Herrschaftsformen der absoluten Monarchie. Eine Rückkehr zum *ancien régime* war für Napoleon ebenso undenkbar wie ein Verharren bei der „Anarchie" der Revolution. Es mußte eine Regierungsform gefunden werden, die die beiden miteinander vereinigte und ein Kompromiß schuf zwischen dem alten und dem neuen Staat, dem alten und dem neuen Adel, der sozialen Nivellierung und dem neuen Reichtum. Dem *ancien régime* war sowohl die Idee der Freiheit als auch die der Gleichheit fremd. Die Revolution unternahm, beide zu verwirklichen, ließ aber schließlich das Prinzip der Gleichheit fallen. Napoleon wollte dieses Prinzip retten, führte es aber nur juristisch durch; wirtschaftlich und gesellschaftlich herrschte die alte, vorrevolutionäre Ungleichheit. Die politische Gleichheit bestand darin, daß alle gleich rechtlos waren. Von den revolutionären Errungenschaften blieb nichts übrig als die bürgerliche Freiheit der Person, die Gleichheit vor dem Gericht, die Aufhebung der feudalen Vorrechte, die Glaubensfreiheit und die Zugänglichkeit jedes Berufs für jeden Staatsbürger. Das war sicher nicht wenig; die Logik der autoritären Herrschaft und die höfischen Ambitionen Napoleons führten aber zu der Rehabilitierung des Adels und der Kirche und schufen trotz der Bestrebung, an den Grundprinzipien der Revolution festzuhalten, eine antirevolutionäre Atmosphäre.[152] Die Romantik erhielt durch den Abschluß des Konkordats und die damit verbundene religiöse Renaissance einen gewaltigen Anstoß. Sie ging schon bei Chateaubriand Hand in Hand mit katholischen Erneuerungsgedanken und legitimistischen Neigungen. Das *Génie du Christianisme*, das im Jahre nach dem Konkordat erschien und das erste repräsentative Werk der französischen Romantik war, hatte einen so unerhörten Erfolg wie kein literarisches Produkt des 18. Jahrhunderts. Ganz Paris las es, und der *premier consul* ließ sich an mehreren Abenden Teile daraus vorlesen. Das Erscheinen des Werkes bezeichnet die Entstehung der klerikalen Partei und das Ende der Herrschaft der „Philosophen".[153] Mit Girodet breitet sich die romantisch-klerikale Reaktion auch auf die Kunst aus und beschleunigt die Auflösung des Klassizismus. Während der Revolutionsjahre sah man in den Ausstellungen überhaupt keine Bilder religiösen Inhalts.[154] Die Schule Davids verhielt sich der Gattung gegenüber im Anfang durchaus ablehnend; mit der Ausbreitung der Romantik aber mehrte sich die Zahl der religiösen Darstellungen, und die religiösen Motive dringen schließlich auch in den akademischen Klassizismus ein.

Die religiöse Renaissance beginnt mit der politischen Reaktion unter dem Konsulat. Auch sie gehört zur Liquidierung der Revolution und wird von der herrschenden Klasse mit Begeisterung aufgenommen. Der allgemeine Jubel verstummt allerdings bald unter der Last der drückenden Opfer, die das Napoleonische Abenteuer der Nation auferlegt, und der Übermut der Bourgeoisie wird auch durch die Schaffung des neuen Militäradels und die Versöhnungsversuche mit der alten Aristokratie wesentlich gedämpft. Die goldenen Tage der Armeelieferanten, Getreidehändler und Spekulanten aber beginnen erst, und der Sieger im Kampf um die Vormacht in der

Gesellschaft bleibt schließlich das Bürgertum, wenn es auch nicht mehr ganz das alte revolutionäre Bürgertum ist. Die Ziele, die es mit der Revolution verfolgte, waren übrigens nie so altruistisch, wie man sie darzustellen pflegt. Das wohlhabende Bürgertum war schon lange vor der Revolution der Gläubiger des Staates und hatte bei der dauernden Mißwirtschaft des Hofes immer mehr Grund, den Zusammenbruch des Staatshaushalts zu befürchten. Wenn es um eine neue Ordnung kämpfte, so geschah es vor allem, um seine Renten zu sichern. Dieser Umstand erklärt die scheinbare Paradoxie, daß die Revolution von einer der reichsten und nicht der am wenigsten begünstigten Klassen verwirklicht wurde.[155] Sie war keinesfalls die Revolution des Proletariats und des besitzlosen Kleinbürgertums, sondern die der Rentiers und des kommerziellen Unternehmertums, das heißt einer Klasse, die durch die Vorrechte des feudalen Adels in ihrer wirtschaftlichen Expansion wohl gestört, in ihrer Existenz jedoch durchaus nicht bedroht war.[156] Die Revolution wurde aber mit der Hilfe der Arbeiterschaft und der unteren Schichten des Bürgertums erkämpft und wäre ohne sie kaum erfolgreich gewesen. Sobald die Bourgeoisie dann ihre Ziele erreicht hatte, ließ sie ihre früheren Kampfgenossen im Stich und wollte die Früchte des gemeinsamen Kampfes allein genießen. Schließlich profitierten dennoch sämtliche entrechteten und unterdrückten Schichten vom Sieg der Revolution, die, nach so vielen erfolglosen Aufständen und Revolten, die erste war, die zu einer radikalen und dauernden Umschichtung der Gesellschaft führte. Die unmittelbare Nachwirkung der Ereignisse aber war durchaus nicht ermunternd. Kaum war die Revolution zu Ende, bemächtigte sich eine maßlose Enttäuschung der Seelen, und von der freudigen Weltanschauung der Aufklärung blieb keine Spur mehr übrig. Der Liberalismus des 18. Jahrhunderts ging von der Identität der Freiheit und der Gleichheit aus. Der Glaube an diese Gleichung war die Quelle seines Optimismus, der Verlust des Glaubens an die Vereinbarkeit der beiden Ideen der Ursprung des Pessimismus der nachrevolutionären Zeit.

Es ist das auffallendste Zeichen des Sieges der liberalen Idee, daß die Wirkung des Zwanges, der Beschränkung und

Reglementierung des Geistes erst seit der Revolution als lähmend empfunden wird. Bisher verband sich die höchste Kunstblüte oft mit der strengsten Willkür; von nun an stößt jeder Versuch einer Autoritätskultur auf unbesiegbare Widerstände. Die Revolution erbrachte den Beweis, daß keine menschliche Einrichtung unabänderlich ist; damit aber haben auch die dem Künstler auferlegten Ideen jeden Anspruch auf höhere Notwendigkeit verloren und statt Vertrauen zu ihrer Wahrheit nur Zweifel an ihrer Verbindlichkeit erregt. Die Prinzipien der Ordnung und Disziplin büßten ihre künstlerisch anregende Wirkung ein, und die liberale Idee wurde von nun an – jawohl, erst von nun an – zu einer Quelle der dichterischen Inspiration. Napoleon konnte seine Künstler und Dichter trotz der Preise, Schenkungen und Auszeichnungen, die er ihnen zuteil werden ließ, zu keinen bedeutenden Leistungen anspornen. Die wirklich produktiven Autoren der Zeit, die M^me^ de Staël und Benjamin Constant, waren Dissidenten und Außenseiter.[157]

Die wichtigste Leistung des Empire im Gebiete der Kunst bestand in der Stabilisierung der durch die Revolutionsperiode geschaffenen Beziehungen zwischen Produzenten und Abnehmern. Das bürgerliche Kunstpublikum, das im 18. Jahrhundert entstanden war, konsolidierte sich und spielte von nun an auch als Interessentenkreis für Werke der bildenden Kunst eine maßgebende Rolle. Das Publikum der französischen Literatur des 17. Jahrhunderts bestand aus einigen tausend Leuten; es war ein Kreis von Liebhabern und Kennern, deren Zahl Voltaire auf zwei- bis dreitausend schätzt.[158] Das bedeutete freilich nicht, daß dieses Publikum sich ausschließlich aus Leuten zusammensetzte, die ein selbständiges künstlerisches Urteil hatten, sondern nur, daß es im Besitze von gewissen Geschmackskriterien war, die seine Mitglieder befähigten, in bestimmten, zumeist ziemlich beschränkten Grenzen das Wertvolle vom Wertlosen zu unterscheiden. Das Publikum der bildenden Kunst war selbstverständlich noch geringer und setzte sich lediglich aus Sammlern und Kennern zusammen. Erst in der Zeit des Streites zwischen den Poussinisten und Roubenisten bildete sich ein Kunstpublikum, das nicht mehr zur Gänze aus Spezialisten bestand,[159] und erst im 18. Jahrhundert umfaßte es auch Leute, die sich für Bilder interessierten, ohne an ihren Erwerb zu denken. Diese Entwicklungstendenz wird seit dem Salon von 1699 immer betonter, und im Jahre 1725 berichtet der Mercure de France bereits, daß man im Salon ein ungeheures Publikum jeden Standes und jeden Alters sehe, das bewundert, lobt, kritisiert und tadelt.[160] Der Zulauf ist nach dem Bericht der Zeitgenossen beispiellos, und wenn die meisten auch nur dabei sein wollen, weil der Besuch des Salons zur Mode geworden ist, so wächst doch auch die Zahl der ernsten Liebhaber. Darauf läßt vor allem die Menge der neuen Kunstpublikationen, Kunstzeitschriften und Reproduktionswerke schließen.[161]

Paris, das bereits längst das Zentrum des mondänen und literarischen Lebens war, wird nun auch zur Kunsthauptstadt von Europa und übernimmt vollständig die Rolle, die seit der Renaissance Italien im Kunstleben des Abendlandes gespielt hatte. Rom ist zwar noch immer das Zentrum des klassischen Kunststudiums, Paris ist jedoch der Ort, wohin man die moderne Kunst zu studieren kommt.[162] Das Pariser Kunstleben, das nunmehr die ganze gebildete Welt beschäftigt, gewinnt aber seinen stärksten Impuls von den Kunstausstellungen, die sich keineswegs auf den Salon beschränken. Ausstellungen gab es zwar in Italien und den Niederlanden auch früher schon, sie wurden aber erst im Frankreich des 17. und 18. Jahrhunderts zu einem unerläßlichen Faktor des Kunstbetriebs.[163] Regelmäßig wurden Kunstausstellungen erst seit 1673 veranstaltet, das heißt seit dem Zeitpunkt, als die verringerte staatliche Unterstützung die französischen Künstler dazu zwang, sich nach Käufern umzusehen. Im Salon konnten nur die Mitglieder der Akademie ausstellen, die Nichtkademiker mußten ihre Werke dem Publikum in der viel weniger angesehenen „Akademie" der Lukas-Gilde oder in der *Exposition de la Jeunesse* zugänglich machen. Erst als die Revolution im Jahre 1791 den Salon der gesamten Künstlerschaft öffnete, wurden diese Sezessionsausstellungen überflüssig und das Kunstleben, das seinen unruhigen und anregenden Charakter von ihnen und den vielen Privat-, Atelier- und Schülerausstellungen gewann, wurde geregelter und gesunder, wenn auch vielleicht weniger bunt und interessant.

Die Revolution bedeutete das Ende der Diktatur der Akademie und der Monopolisierung des Kunstmarktes durch den Hof, die Aristokratie und die Hochfinanz. Die alten Bindungen, die der Demokratisierung der Kunst im Wege standen, wurden gelöst; sie verschwanden mit der Rokokogesellschaft und der Rokokokultur. Es trifft indessen keineswegs zu, wie oft betont wurde, daß alle jene Publikumsschichten, die den Schlüssel der Kultur in den Händen hatten und den „guten Geschmack" repräsentierten, auf einmal verschwunden waren. Infolge der weitgehenden Beteiligung des Bürgertums am Kunstleben schon lange vor der Revolution bestand eine gewisse Kontinuität der Kunstentwicklung trotz der tiefen Umwälzung. Es fand zwar eine vorher beispiellose Demokratisierung des Kunstlebens statt, das heißt nicht nur eine Ausbreitung, sondern auch eine Nivellierung des Publikums, aber auch diese Entwicklungstendenz hat bereits vor der Revolution begonnen. Schön sei, was den meisten gefällt, behauptete schon Mengs in seinen „Gedanken über die Schönheit und über den Geschmack" (1765). Die eigentliche Veränderung, die seit der Revolution zutage trat, bestand darin, daß das alte Publikum eine Klasse darstellte, in der die Kunst noch eine unmittelbare Lebensfunktion besaß und einen Teil jener Formen bildete, durch welche diese Klasse einerseits ihre Distanz von den unteren Schichten der Gesellschaft, andererseits ihre Gemeinschaft mit dem Hof und dem Herrscher zum Ausdruck brachte, das neue Publikum sich dagegen zu einem ästhetisch interessierten Liebhaberpublikum entwickelte, für das die Kunst zum Gegenstand der freien Wahl und der wechselnden Neigungen wurde.

Nachdem die Gesetzgebende Versammlung schon im Jahre 1791 die Privilegien der Akademie aufgehoben und allen Künstlern das Recht erteilt hatte, im Salon auszustellen, wurde die Akademie zwei Jahre später gänzlich unterdrückt. Die Verfügung entsprach im Gebiete der Kunst der Aufhebung der feudalen Vorrechte und der Verwirklichung der Demokratie. Auch diese kunstpolitische Entwicklung hatte aber, so wie die entsprechende soziale Entwicklung, vor der Revolution begonnen. Die Akademie galt von jeher für alle Liberalen als der Inbegriff des Konservativismus; in Wirklichkeit war sie, insbesondere seit dem Ende des 17. Jahrhunderts, keineswegs so engherzig und unzugänglich, wie sie dargestellt wurde. Die Frage der Zulassung zur Mitgliederschaft wurde im 18. Jahrhundert bekanntermaßen sehr freisinnig behandelt; nur die Beschränkung des Ausstellungsrechtes im Salon auf die Mitglieder der Akademie wurde streng genommen. Gerade gegen diese Praxis kämpfte aber die progressive Künstlerschaft unter der Führung Davids am bittersten. Die Akademie wurde kurzerhand aufgelöst, viel schwieriger war jedoch, einen Ersatz für sie zu finden. Schon im Jahre 1793 gründete David die *Commune des Arts*, eine freie und demokratische Künstlervereinigung ohne besondere Gruppen, Klassen und bevorrechtete Mitglieder. Diese mußte aber wegen der Wühlerei der Royalisten in ihrer Mitte schon im nächsten Jahr durch die *Société populaire et républicaine des Arts* ersetzt werden. Das war eigentlich die erste wirklich revolutionäre Vereinigung der französischen Künstler und galt als die offizielle Organisation, die die Funktionen der Akademie übernehmen sollte. Sie war aber durchaus keine Akademie, sondern ein Klub, in dem jedermann Mitglied werden konnte, ohne Rücksicht auf Stellung und Beruf. Im gleichen Jahr entstand der *Club révolutionnaire des Arts*, dem u. a. auch David, Prudhon, Gérard und Isabey angehörten und der, dank seinen berühmten Mitgliedern, großes Ansehen genoß. Alle diese Vereinigungen waren unmittelbar von dem „Ausschuß für öffentlichen Unterricht" abhängig und standen unter dem Schutz des Konvents, des Wohlfahrtsausschusses und der Kommune von Paris.[164] Die Akademie wurde zunächst nur als die Besitzerin des Ausstellungsmonopols unterdrückt, das Unterrichtsmonopol übte sie eine Zeitlang noch aus und bewahrte damit viel von ihrem Einfluß.[165] Bald trat jedoch die „Fachschule für Malerei und Skulptur" an ihre Stelle, und man begann auch in Privatschulen und Abendkursen Kunstunterricht zu erteilen. Außerdem wurde der Zeichenunterricht auch in den Lehrplan der Hauptschulen *(écoles centrales)* aufgenommen.

Nichts hatte aber wohl so viel zur Demokratisierung der künstlerischen Erziehung beigetragen wie die Bildung und der Ausbau der Museen. Bis zur Revolution hatten diejenigen Künstler, die eine Reise nach Italien zu unternehmen nicht in der Lage waren, von den Werken der berühmten Meister wenig zu sehen bekommen. Diese befanden sich größtenteils in den Galerien des Königs und der großen Sammler und waren für die Allgemeinheit unzugänglich. Das änderte sich mit der Revolution. 1792 beschloß der Konvent die Schöpfung eines Museums im Louvre. Hier, in der unmittelbaren Nähe der Ateliers, konnten die jungen Künstler von nun an die großen Werke der Kunst täglich studieren und kopieren, und hier, in den Galerien des Louvre, fanden sie die beste Ergänzung zu den Lehren ihrer Meister.

Nach dem 9. Thermidor wurde das Autoritätsprinzip allmählich auch im Gebiete der Kunst hergestellt und die Akademie der bildenden Künste schließlich durch die IV. Sektion des Instituts ersetzt. Nichts ist für den undemokratischen Geist, in dem diese Reform durchgeführt wurde, bezeichnender, als daß die alte Akademie 150, die neue dagegen nur 22 Mitglieder hatte. Es gehörten ihr allerdings auch David, Houdon und Gérard an und sie gewann bald ihre alte Autorität zurück. Auch die Künstlerschaft revidierte natürlich ihre Beziehung zur Revolution, die übrigens nie vollkommen einheitlich war. Es gab Künstler, die von Anfang an ehrliche und aufrichtige Revolutionäre waren, und zwar nicht nur solche wie David, der durch seine Frau materiell unabhängig war und sich um die augenblickliche Konjunktur auf dem Kunstmarkt nicht zu kümmern hatte, sondern auch solche wie Fragonard, der durch die Wendung der Dinge wirtschaftlich ruiniert wurde und der Revolution trotzdem treu blieb. Es gab aber unter den Künstlern selbstverständlich auch überzeugte Gegenrevolutionäre, wie zum Beispiel M^me^ Vigée-Lebrun, die mit ihrer vornehmen Klientel das Land verließ. Die meisten waren freilich, sowohl rechts wie links, nur Mitläufer, die es je nachdem, wie sie ihre Chancen beurteilten, mit den Emigranten oder den Revolutionären hielten. Die Künstlerschaft sah sich durch die Revolution zunächst schwer bedroht; die

Emigration beraubte sie ihrer zahlungskräftigsten und urteilsfähigsten Käufer.[166] Die Zahl der Emigranten wuchs von Tag zu Tag, und der zurückgebliebene Teil der alten Interessenten war weder in der Lage noch in der Stimmung, Kunstwerke zu erwerben. Die meisten Künstler waren im Anfang argen Entbehrungen ausgesetzt, und so war es kein Wunder, daß sie sich für die Revolution nicht immer begeistern konnten. Wenn sie trotzdem in so großer Zahl neben der Revolution Stellung nahmen, so geschah es, weil sie sich unter dem alten Regime, als sie zumeist zum Gesinde ihrer Herren gezählt wurden, gedemütigt und mißbraucht fühlten. Die Revolution bedeutete das Ende dieses Zustandes und entschädigte sie schließlich auch materiell. Denn abgesehen von dem wachsenden Interesse der Regierung für die Kunst, traten auch wieder private Interessenten auf, und plötzlich war ein neues Publikum da, das an der Arbeit der berühmten Künstler lebhaften Anteil nahm.[167] Der Besuch des Salons ließ während der Revolution durchaus nicht nach, er wuchs sogar. Auf den Auktionen erzielten die Kunstwerke bald ebenso hohe Preise wie vor der Revolution, und unter dem Kaisertum erfuhren die Preise sogar eine beträchtliche Steigerung.[168] Die Zahl der Künstler vergrößerte sich, und die Kritik klagte darüber, daß es bereits zu viele Künstler gab. Das Kunstleben hatte sich von den Erschütterungen der Revolution schnell – zu schnell – erholt. Der Kunstbetrieb war wiederhergestellt, bevor es noch eine neue Kunst gab. Man erneuerte die alten Institutionen ohne eigene Geschmackskriterien, ohne auch nur den Mut zu solchen zu haben. Das erklärt das künstlerische Epigonentum der nachrevolutionären Zeit; darum dauerte es noch über zwanzig Jahre, bevor in Frankreich die Romantik verwirklicht werden konnte.

## 6. DIE DEUTSCHE UND DIE WESTEUROPÄISCHE ROMANTIK

Der Liberalismus des 19. Jahrhunderts identifizierte die Romantik mit der Restauration und Reaktion. Die Betonung dieses Zusammenhangs mag, namentlich in Deutschland, eine gewisse Berechtigung gehabt haben, im allgemeinen führte sie zu einem falschen Geschichtsbild. Die Korrektur erfolgte erst, als man zwischen einer deutschen und einer westeuropäischen Romantik zu unterscheiden und die eine von reaktionären, die andere von fortschrittlichen Tendenzen abzuleiten begann. Das so entstehende Bild kam der Wahrheit zwar viel näher, zeigte aber immer noch eine starke Simplifizierung der Tatsachen, denn in politischer Hinsicht war weder die eine noch die andere Form der Romantik eindeutig und konsequent. Schließlich unterschied man, den wirklichen Verhältnissen entsprechend, sowohl in der deutschen als auch in der französischen und englischen Romantik eine frühe und eine spätere Phase, eine Romantik der ersten und eine der zweiten Generation. Man konstatierte, daß die Entwicklung in Deutschland und in Westeuropa in verschiedenen Richtungen erfolgte und daß die deutsche Romantik von ihrer anfänglichen revolutionären Einstellung zur Reaktion, die westeuropäische dagegen vom legitimistisch-konservativen Standpunkt zum Liberalismus schritt. Diese Darstellung war nun an und für sich richtig, sie erwies sich aber für die Begriffsbestimmung der Romantik als nicht besonders fruchtbar. Charakteristisch für die romantische Bewegung war nämlich nicht, daß sie eine revolutionäre oder antirevolutionäre, eine progressive oder reaktionäre Weltanschauung vertrat, sondern daß sie zu der einen wie der andern auf einem irrealen, irrationalen, undialektischen Weg gelangte. Ihr revolutionärer Enthusiasmus war ebenso weltfremd wie ihr Konservativismus, ihre Begeisterung für die „Revolution, Fichte und Goethes Wilhelm Meister" ebenso naiv, von der Erkenntnis der wirklichen Triebkräfte der Entwicklung ebenso weit entfernt wie ihre Schwärmerei für Kirche und Thron, Rittertum und Feudalismus. Es gab überall eine Romantik der Revolution, so wie es eine der Gegenrevolution und der Restauration gab. Die Danton und Robespierre waren ebenso weltfremde Dogmatiker wie die Chateaubriand und de Maistre, die Görres und Adam Müller. Friedrich Schlegel war ein Romantiker sowohl in seiner Jugend, als er sich für Fichte, Wilhelm Meister und die Revolution, wie in seinem Alter, als er sich für Metternich und die heilige Allianz begeisterte. Metternich selber war aber kein Romantiker, trotz seines Konservativismus und Traditionalismus; er überließ es den Literaten, den Mythos des Historismus, Legitimismus und Klerikalismus auszubauen. Ein Realist ist, der weiß, wann er für die eigenen Interessen kämpft und wann er fremden Interessen Zugeständnisse macht, und ein Dialektiker, der sich bewußt ist, daß die jeweilige historische Situation aus einem Komplex von Motiven und Aufgaben besteht, die unreduzierbar sind. Der Romantiker beurteilt, bei all seinem Verständnis für die Vergangenheit, die eigene Gegenwart unhistorisch, undialektisch; er begreift nicht, daß sie zwischen Vergangenheit und Zukunft in der Mitte steht und einen unauflösbaren Gegensatz von statischen und dynamischen Elementen darstellt.

Goethes Definition, nach der die Romantik das Prinzip der Krankheit verkörpert – ein Urteil, das so, wie es gemeint war, kaum akzeptabel ist – gewinnt im Lichte der neuern Psychologie einen neuen Sinn und eine neue Bestätigung. Denn wenn die Romantik tatsächlich immer nur die eine Seite eines spannungsvollen, antagonistischen Sachverhalts sieht, wenn sie stets nur einen Faktor der historischen Dialektik berücksichtigt und diesen auf Kosten des andern Faktors betont, wenn schließlich eine solche Einseitigkeit, ein solches übertriebenes, überkompensiertes Reagieren, einen Mangel an seelischem Gleichgewicht verrät, so kann die Romantik mit Recht als „krankhaft“ bezeichnet werden. Denn warum sollte man auch die Dinge übertreiben und entstellen, wenn man sich durch sie nicht beunruhigt, nicht beängstigt fühlt? „Things and actions are what they are, and the consequences of them will be what they will be; why then should we wish to be deceived?“, fragt Bischof Butler und charakterisiert damit am besten den heiteren und „gesunden“, jeder Illusion abgeneigten Realitätssinn des 18. Jahrhunderts.[169] Von diesem Realismus aus erscheint die Romantik immer als eine Lüge, eine Selbsttäuschung, die, wie Nietzsche in bezug auf Wagner sagt, „die Gegensätze nicht als Gegensätze empfinden will“, und am lautesten beteuert, woran sie am meisten zweifelt. Die Flucht in die Vergangenheit ist nur die eine Form des romantischen Irrealismus und Illusionismus – es gibt auch eine Flucht in die

Zukunft, in die Utopie. Das, woran der Romantiker sich klammert, ist letzten Endes belanglos, entscheidend ist seine Furcht vor der Gegenwart und dem bevorstehenden Weltuntergang.

Die Romantik hatte nicht nur eine epochale Bedeutung, sie hatte auch ein epochales Bewußtsein.[170] Sie stellte eine der wichtigsten Wendungen in der Geschichte des abendländischen Geistes dar, und sie war sich ihrer historischen Rolle vollkommen bewußt. Seit der Gotik hatte die Entwicklung der Sensibilität keinen stärkeren Anstoß erfahren, und das Recht des Künstlers, der Stimme seines Gefühls und seiner Natur zu folgen, wurde mit solcher Unbedingtheit wohl überhaupt noch nie betont. Der Rationalismus, der seit der Renaissance in beständigem Fortschritt begriffen war und durch die Aufklärung eine universale, die ganze Kulturwelt beherrschende Geltung gewann, erlitt den empfindlichsten Rückschlag seiner Geschichte. Nie ist seit der Auflösung des Supranaturalismus und Traditionalismus des Mittelalters von der Vernunft, dem Wach- und Nüchternsein, dem Willen und der Fähigkeit zur Selbstbeherrschung mit solcher Geringschätzung gesprochen worden. „Those who restrain desire do so because theirs is weak enough to be restrained“ – sagt sogar der mit dem unbeherrschten Emotionalismus eines Wordsworth keineswegs einverstandene Blake. Der Rationalismus hat sich als Prinzip der Wissenschaft und der Praxis von dem romantischen Angriff bald erholt, die Kunst des Abendlandes ist aber „romantisch“ geblieben. Die Romantik war nicht nur eine allgemeine europäische Bewegung, die eine Nation nach der anderen erfaßte und eine literarische Universalsprache schuf, die schließlich in Rußland und Polen ebenso verständlich war wie in England und Frankreich, sie erwies sich zugleich als eine jener Richtungen, die, wie der Naturalismus der Gotik oder der Klassizismus der Renaissance, ein dauernder Faktor der Entwicklung geblieben sind. Es gibt tatsächlich kein Produkt der neuern Kunst, keine Gefühlsregung, keine Impression oder Stimmung des modernen Menschen, die ihre Subtilität und Differenziertheit nicht jener Reizbarkeit der Nerven verdanken würde, die in der Romantik ihren Ursprung hat. Die ganze Überschwenglichkeit, Anarchie und Wildheit der modernen Kunst, ihr trunkener und stammelnder Lyrismus, ihr hemmungsloser, schonungsloser Exhibitionismus geht auf die Romantik zurück. Und diese subjektive, egozentrische Haltung ist für uns so selbstverständlich, so unumgänglich geworden, daß wir nicht einmal einen abstrakten Gedankengang mehr wiedergeben können, ohne dabei von unseren Empfindungen zu sprechen.[171] Die intellektuelle Leidenschaft, das Pathos der Vernunft, die künstlerische Produktivität des Rationalismus sind so vollkommen in Vergessenheit geraten, daß wir auch die klassische Kunst nur mehr als den Ausdruck eines romantischen Gefühls begreifen können. „Seuls les romantiques savent lire les ouvrages classiques, parce qu'ils les lisent comme ils ont été écrits, romantiquement", sagt Marcel Proust.[172]

Das ganze 19. Jahrhundert war künstlerisch von der Romantik abhängig, die Romantik selbst aber war noch ein Produkt des 18. Jahrhunderts und hatte das Bewußtsein ihres Übergangscharakters und ihrer problematischen historischen Stellung nie verloren. Das Abendland machte manche anderen – ähnliche und schwerere – Krisen mit, nie hatte es aber so sehr das Gefühl, an einem Wendepunkt der Entwicklung zu stehen. Es geschah keineswegs jetzt zum erstenmal, daß eine Generation der eigenen historischen Zeit gegenüber einen kritischen Standpunkt einnahm und die überlieferten Kulturformen ablehnte, weil sie ihr Lebensgefühl in ihnen auszudrücken außerstande war. Es gab auch vorher Generationen, die das Gefühl des Alterns und den Wunsch nach Erneuerung hatten, keiner aber ist es eingefallen, den Sinn und die Daseinsberechtigung der eigenen Kultur zum Problem zu machen und zu fragen, ob sie zu ihrer Eigenart ein Recht habe und ob sie ein notwendiges Glied im Ganzen der menschlichen Kultur darstelle. Das Wiedergeburtsgefühl der Romantik war keineswegs neu; die Renaissance empfand es bereits, und schon das Mittelalter trug sich mit Erneuerungsgedanken und Auferstehungsphantasien herum, deren Gegenstand das alte Rom war. Keine Generation aber hatte so stark die Empfindung, Erbe und Nachfahr zu sein, keine so entschieden den

Wunsch, eine vergangene Zeit, eine verlorene Kultur einfach zu wiederholen und zu neuem Leben zu erwecken. Die Romantik sucht beständig nach Erinnerungen und Analogien in der Geschichte und findet die stärkste Anregung durch Ideale, die sie in der Vergangenheit bereits verwirklicht zu sehen glaubt. Ihr Verhältnis zum Mittelalter aber entspricht nicht ganz dem des Klassizismus zur Antike, denn der Klassizismus nimmt sich bloß ein Beispiel an den Griechen und den Römern, die Romantik dagegen hat stets das Gefühl des „déjà vécu“ bezüglich der Vergangenheit. Sie erinnert sich an die alte, vergangene Zeit wie an eine Präexistenz. Dieses Gefühl beweist aber keineswegs, daß die Romantik mit dem Mittelalter mehr Gemeinschaft hätte als der Klassizismus mit der Antike – es beweist vielmehr das Gegenteil. „Wenn ein Benediktiner“, heißt es in einer neuern, geistreichen Analyse der Romantik, „das Mittelalter studierte, so fragte er sich nicht, wozu es ihm diene und ob man im Mittelalter wohl glücklicher und gottgefälliger gelebt habe. Da er sich selber in der Kontinuität des Glaubens und der kirchlichen Organisation befand, konnte er der Religion gegenüber kritischer sein als ein Romantiker, der in einem Jahrhundert der Revolution lebt, wo jeder Glaube erschüttert und alles in Frage gestellt ist.“[173] Es ist unverkennbar, daß im romantischen Geschichtserlebnis eine psychotische Scheu vor der Gegenwart und ein Fluchtversuch zum Ausdruck kommt. Nie war aber eine Psychose fruchtbarer als diese. Ihr verdankt die Romantik ihre historische Feinfühligkeit und Hellsichtigkeit, ihre Empfindlichkeit allem noch so weitläufig Verwandten, noch so schwer Interpretierbaren gegenüber. Ohne diese Hyperästhesie wäre es ihr kaum gelungen, die großen geistesgeschichtlichen Zusammenhänge herzustellen, die moderne Kultur gegen die Antike abzugrenzen, im Christentum die große Zäsur der abendländischen Geschichte zu erkennen und in den vom Christentum abgeleiteten individualistischen, reflexiven, problematischen Kulturen den gemeinsamen „romantischen“ Zug zu entdecken.

Ohne das epochale Bewußtsein der Romantik, ohne das fortwährende Problematischwerden der Gegenwart, das die Gedankenwelt der Romantik beherrscht, wäre der ganze

Historismus des 19. Jahrhunderts und damit eine der tiefsten Umwälzungen der Geistesgeschichte undenkbar. Das Weltbild des Abendlandes war bis zur Romantik, trotz Herakleitos und der Sophisten, des Nominalismus der Scholastik und des Naturalismus der Renaissance, der Dynamik der kapitalistischen Wirtschaft und der Fortschritte der Geschichtswissenschaft im 18. Jahrhundert, eine wesentlich statische, parmenidische, unhistorische. Die maßgebenden Faktoren der menschlichen Kultur, die Vernunftprinzipien der natürlichen und übernatürlichen Weltordnung, die moralischen und logischen Gesetze, die Idee der Wahrheit und des Rechts, die Bestimmung des Menschen und der Sinn der sozialen Einrichtungen wurden im Grunde als etwas Eindeutiges und in ihrer Bedeutung Unveränderliches, als zeitlose Entelechien oder als eingeborene Ideen aufgefaßt. Im Verhältnis zur Beständigkeit dieser Prinzipien erschien jede Veränderung, jede Entwicklung und Differenzierung, als irrelevant und ephemer; alles, was im Medium der geschichtlichen Zeit sich abspielte, schien nur die Oberfläche der Dinge zu berühren. Erst seit der Revolution und der Romantik begann man die Natur des Menschen und der Gesellschaft als wesentlich evolutionistisch und dynamisch zu empfinden. Die Vorstellung, daß wir und unsere Kultur im ewigen Fluß und in einem endlosen Kampf begriffen sind, der Gedanke, daß unser geistiges Dasein ein Prozeß ist und einen transitorischen Lebenscharakter trägt, ist eine Entdeckung der Romantik und stellt ihren wichtigsten Beitrag zum Weltbild der Gegenwart dar.

Es ist eine wohlbekannte Tatsache, daß der „historische Sinn" bereits in der Vorromantik nicht nur wach und lebendig war, sondern als eine treibende Kraft der Entwicklung wirkte. Wir wissen, daß die Aufklärung nicht nur Historiker wie Montesquieu, Hume, Gibbon, Vico, Winckelmann und Herder aufwies und im Gegensatz zur offenbarungsmäßigen Erklärung der Kulturwerte ihren historischen Ursprung betonte, sondern daß sie auch schon eine Ahnung von der Relativität dieser Werte hatte. Es war jedenfalls ein der Ästhetik des Zeitalters geläufiger Gedanke, daß es mehrere gleichwertige Typen der Schönheit gebe, daß die Schönheitsbegriffe ebenso verschieden seien wie die physischen Lebensbedingungen und daß „ein chinesischer Gott einen ebenso dicken Bauch habe wie ein Mandarin".[174] Die Geschichtsauffassung der Aufklärung beruhte aber, trotz dieser Einsichten, auf dem Gedanken, daß die Geschichte die Entfaltung einer mit sich stets identischen Vernunft zeige und daß die Entwicklung auf ein festes, von vornherein erkennbares Ziel gerichtet sei. Das Unhistorische des 18. Jahrhunderts äußerte sich also nicht etwa darin, daß es für die Geschichte kein Interesse gehabt und den geschichtlichen Charakter der menschlichen Kultur verkannt hätte, sondern darin, daß es die Natur der historischen Entwicklung verkannte und sie als eine geradlinige Kontinuität auffaßte.[175] Friedrich Schlegel erkennt erst, daß die Zusammenhänge der Geschichte nicht logischer Art sind, und Novalis betont erst, daß „die Philosophie von Grund aus antihistorisch" sei. Die Erkenntnis vor allem, daß es so etwas wie ein historisches Schicksal gibt und daß „wir eben sind, die wir sind, weil wir auf einen solchen vergangenen Lebenslauf zurückblicken", ist eine Errungenschaft der Romantik. Gedanken dieser Art und der sich darin spiegelnde Historismus standen der Aufklärung vollkommen fern. Die Idee, daß die Natur des menschlichen Geistes, der politischen Institutionen, des Rechts, der Sprache, der Religion und der Kunst nur aus ihrer Geschichte verständlich sei und daß das geschichtliche Leben die Sphäre darstelle, in der diese Gebilde am unmittelbarsten, reinsten, wesenhaftesten in Erscheinung treten, wäre vor der Romantik einfach undenkbar gewesen. Wohin aber dieser Historismus führte, geht vielleicht am klarsten aus der paradox zugespitzten Formulierung Ortega y Gassets hervor: „Der Mensch hat keine Natur, er hat nur eine Geschichte."[176] Das klingt zunächst keineswegs ermutigend; wir haben es jedoch auch hier, wie in der ganzen Romantik, mit einer ambivalenten Haltung zu tun, die zwischen Optimismus und Pessimismus, Aktivismus und Fatalismus in der Mitte steht und von beiden in Anspruch genommen werden kann.

Mit der hermeneutischen Kunst der Romantik, mit ihrem Blick für die historischen Zusammenhänge und ihrer Empfindsamkeit für das Problematische und Umwertbare in der Geschichte erbten wir von der Romantik aber auch ihre historische Begriffsmystik, ihre Personifizierung und Mythologisierung der historischen Kräfte, mit anderen Worten, die Vorstellung, als ob die historischen Erscheinungen nichts als die Funktionen, Manifestationen und Verkörperungen von selbständigen Prinzipien wären. Man hat diese Denkart sehr aufschlußreich und ausdrucksvoll als „emanatistische Logik“ bezeichnet[177] und damit nicht nur auf die abstrakte Geschichtsauffassung, sondern gleichzeitig auf die oft unbewußte Metaphysik hingewiesen, die eine solche Methode in sich schließt. Die Geschichte erscheint nach dieser Logik als eine von anonymen Mächten beherrschte Sphäre, als ein Substrat höherer, in den einzelnen historischen Erscheinungen nur unvollständig zum Ausdruck kommender Ideen. Und diese platonische Metaphysik äußert sich nicht nur in den bereits veralteten Theorien der Romantik von dem Volksgeist, dem Volksepos, den Nationalliteraturen und der christlichen Kunst, sondern auch noch im Begriff des „Kunstwollens“. Denn auch Riegl steht noch gewissermaßen im Banne der Begriffsmystik und der pneumatischen Geschichtsauffassung der Romantik. Er stellt sich das Kunstwollen einer Epoche als eine handelnde Person vor, die ihre Absicht oft gegen den stärksten Widerstand zur Geltung bringt und sich zuweilen ohne das Wissen, ja, gegen den Willen ihrer Träger durchsetzt. Die historischen Stile erscheinen bei ihm als selbständige Individuen, die unvertauschbar und unvergleichbar sind, die leben oder sterben, untergehen und durch einen anderen individuellen Stil ersetzt werden. Die Konzeption der Kunstgeschichte als das Neben- und Nacheinander solcher Stilerscheinungen, die mit dem eigenen Maß gemessen werden wollen und ihren Wert in ihrer Individualität haben, ist in gewisser Hinsicht das reinste Beispiel der romantischen, die historischen Kräfte personifizierenden Geschichtsauffassung. In Wirklichkeit stellen die bedeutendsten und umfassendsten Schöpfungen des menschlichen Geistes fast nie das Resultat einer solchen geradlinigen, von vornherein auf ein festes Ziel gerichteten Entwicklung dar. Weder das homerische Epos und die attische Tragödie, noch der gotische Baustil und die

Kunst Shakespeares bilden die Verwirklichung einer einheitlichen und eindeutigen künstlerischen Absicht, sondern sind das Zufallsergebnis spezieller, zeitlich und räumlich bedingter Bedürfnisse und einer Reihe von fertig vorgefundenen, oft wesensfremden und inadäquaten Mitteln. Sie sind, mit anderen Worten, das Produkt von allmählichen technischen Neuerungen, die vom ursprünglichen Ziel ebensooft abführen, als sie sich ihm nähern, von ephemeren Gelegenheitsmotiven, plötzlichen Einfällen, persönlichen Erlebnissen, die mit der eigentlichen künstlerischen Aufgabe manchmal in gar keinem Zusammenhang stehen. Die Kunstwollentheorie hypostasiert als leitende Idee das schließliche Ergebnis dieser durchaus uneinheitlichen und heterogenen Entwicklung. Aber auch die Lehre von der „Kunstgeschichte ohne Namen" ist nur, und zwar gerade indem sie die realen Persönlichkeiten als maßgebende Faktoren aus der Entwicklung ausschaltet, eine Form dieser begriffsrealistischen, die historischen Kräfte personifizierenden Geschichtsmetaphysik. Die Entwicklungsgeschichte der Kunst gewinnt durch sie den Charakter eines Prozesses, der sein eigenes inneres Lebensprinzip befolgt und das Sichgeltendmachen von selbständigen Künstlerpersönlichkeiten ebensowenig duldet, wie etwa ein tierischer Körper die Emanzipation seiner einzelnen Organe. Will man – schließlich – mit dem historischen Materialismus nur besagen, daß in den geistigen Gebilden nichts als die Eigenart der jeweiligen Produktionsmittel zum Ausdruck komme und daß die wirtschaftliche Realität in der Geschichte eine ebenso absolute Herrschaft führe wie etwa das „Kunstwollen" oder das „immanente Formgesetz" im Sinne der idealistischen Geschichtsphilosophie, so romantisiert und simplifiziert man immer noch den in der Wirklichkeit viel komplexeren Geschichtsprozeß und macht auch aus der materialistischen Geschichtsauffassung eine bloße Variante der emanatistischen Geschichtslogik. Der eigentliche Sinn des historischen Materialismus und gleichzeitig der bedeutendste Fortschritt der Geschichtswissenschaft seit der Romantik besteht vielmehr in der Einsicht, daß die historische Entwicklung ihren Ursprung nicht in Formprinzipien, Ideen und Entitäten hat, nicht in Substanzen, die sich entfalten und im Laufe der Geschichte nur die „Modifikationen" ihres im Grunde unhistorischen Wesens hervorbringen, sondern daß die Entwicklung einen dialektischen Prozeß darstellt, in welchem jeder Faktor in Bewegung begriffen und einem fortwährenden Bedeutungswandel unterworfen ist, in welchem es nichts Statisches, nichts zeitlos Geltendes, aber auch nichts einseitig Wirkendes gibt, sondern sämtliche Faktoren, materielle und geistige, wirtschaftliche und ideelle, in einer unauflösbaren Interdependenz miteinander verbunden sind, und daß wir zeitlich gar nicht so weit zurückgehen können, daß der historisch erfaßbare Sachverhalt nicht schon das Resultat einer solchen Wechselwirkung wäre. Auch die primitivste Wirtschaft ist bereits organisierte Wirtschaft, was allerdings nichts daran ändert, daß wir bei ihrer Analyse von den materiellen Voraussetzungen ausgehen müssen, die, im Gegensatz zu den geistigen Organisationsformen, selbständig gegeben und an sich erfaßbar sind.

Der Historismus, der mit einer vollkommenen Neuorientierung der Kultur verbunden war, drückte das Ergebnis von tiefen seinsmäßigen Veränderungen aus und entsprach einer Umwälzung, die die Gesellschaft in ihren Grundlagen erschütterte. Die politische Revolution hatte die alten Schranken zwischen den Klassen aufgehoben, die wirtschaftliche Revolution die Mobilität des Lebens in einem zuvor undenkbaren Maße gesteigert. Die Romantik war die Ideologie der neuen Gesellschaft und drückte die Weltanschauung einer Generation aus, die an keine absoluten Werte mehr glaubte, an keine Werte mehr glauben konnte, ohne sich ihrer Relativität, ihrer geschichtlichen Determiniertheit zu besinnen. Sie sah alles an geschichtliche Voraussetzungen gebunden, weil sie den Untergang der alten und die Entstehung der neuen Kultur als ihr eigenes Schicksal erlebte. Das Bewußtsein der Romantik von der Geschichtlichkeit alles gesellschaftlichen Seins war so tief, daß auch die konservativen Schichten, als sie ihre Vorrechte begründen wollten, nur mehr historische Argumente aufbringen konnten und ihre Ansprüche auf Anciennität und Verwurzeltheit in der historischen Kultur der Nation stützten. Die historische Weltanschauung aber war keineswegs die

Schöpfung des Konservativismus, wie wiederholt behauptet wurde, die konservativen Gesellschaftsklassen eigneten sie sich nur an und entwickelten sie in einer besonderen, ihrem ursprünglichen Sinn entgegengesetzten Richtung. Das progressive Bürgertum erblickte in dem historischen Ursprung der gesellschaftlichen Institutionen einen Beweis gegen ihre absolute Geltung; die konservativen Schichten dagegen, die sich zur Begründung ihrer Privilegien auf nichts als ihre „historischen Rechte“, ihr Alter und ihre Priorität berufen konnten, gaben dem Historismus einen neuen Sinn, – sie verschleierten den Gegensatz zwischen Geschichtlichkeit und überzeitlicher Geltung, schufen dafür aber einen Antagonismus zwischen dem historisch Gewordenen, allmählich Gewachsenen und dem spontanen, rationalen, reformistischen Willensakt. Nicht Zeit und Zeitlosigkeit, Geschichte und absolutes Sein, sondern „organisches Werden“ und individuelle Willkür standen nun einander gegenüber.

Die Geschichte wird zum Zufluchtsort aller mit der Gegenwart zerfallenen, in ihrer geistigen oder materiellen Existenz bedrohten Elemente; zur Zuflucht der Intelligenz vor allem, die sich jetzt nicht nur in Deutschland, sondern auch in den westeuropäischen Ländern in ihren Hoffnungen getäuscht und um ihre Rechte betrogen fühlt. Die Einflußlosigkeit auf die politische Entwicklung, die bisher das Schicksal der deutschen Intelligenz war, wird zum abendländischen Schicksal. Die Aufklärung und die Revolution hatten das Individuum zu übermäßigen Hoffnungen ermutigt; sie schienen die unbeschränkte Herrschaft der Vernunft und die unbedingte Autorität der Dichter und Denker zu gewährleisten. Im 18. Jahrhundert waren die Schriftsteller die geistigen Führer des Abendlandes; sie waren das dynamische Element, das hinter der Reformbewegung stand, und verkörperten das Persönlichkeitsideal, nach welchem die progressiven Schichten sich richteten. Das änderte sich mit dem Ausgang der Revolution. Sie wurden nun bald für das Zuviel, bald für das Zuwenig der revolutionären Neuerungen verantwortlich gemacht und konnten in dieser Zeit der Stagnation und der Verfinsterung der Köpfe ihr Prestige nicht bewahren. Von der moralischen Genugtuung der „Philosophen" des 18. Jahrhunderts empfanden sie auch dann nichts, wenn sie mit der Reaktion einverstanden waren und sie treuherzig bedienten. Die meisten von ihnen sahen sich aber zur vollkommenen Wirkungslosigkeit verurteilt und fühlten sich durchaus überflüssig. Sie nahmen ihre Zuflucht zur Vergangenheit, die sie zum Erfüllungsort all ihrer Wünsche und Träume machten und aus der sie jede Spannung von Idee und Wirklichkeit, Ich und Welt, Individuum und Gesellschaft ausschalteten. „In der Qual der Erde wurzelt die Romantik, und so wird man ein Volk um so romantischer und elegischer finden, je unseliger sein Zustand ist", sagt ein liberaler Kritiker der deutschen Romantik.[178] Die Deutschen waren wohl das unseligste Volk in Europa; bald nach der Revolution fühlte sich aber kein Volk des Abendlandes – oder wenigstens keine Intelligenz eines Volkes – mehr geborgen und sicher im eigenen Lande. Das Gefühl der Heimatlosigkeit und der Vereinsamung wurde zum entscheidenden Erlebnis der neuen Generation; ihre ganze Weltanschauung war und blieb davon abhängig. Es nahm unzählige Formen an und fand seinen Ausdruck in einer Reihe von Fluchtversuchen, von welchen die Wendung zur Vergangenheit nur die ausgeprägteste war. Die Flucht in die Utopie und das Märchen, das Unbewußte und Imaginäre, das Unheimliche und Geheimnisvolle, zur Kindheit und zur Natur, in den Traum und den Wahnsinn waren lauter solche verschleierten und mehr oder minder sublimierten Formen desselben Gefühls, derselben Sehnsucht nach Unverantwortlichkeit und Leidlosigkeit, – Fluchtversuche in jenes Chaos und jene Anarchie, gegen die der Klassizismus des 17. und 18. Jahrhunderts bald mit Ingrimm und Besorgnis, bald mit Geist und Grazie, doch stets mit der gleichen Entschiedenheit kämpfte. Der Klassiker fühlte sich als Herr der Wirklichkeit; er war einverstanden damit, beherrscht zu werden, weil er sich selbst beherrschte und an die Beherrschbarkeit des Seins glaubte. Der Romantiker anerkannte dagegen keine äußere Bindung, war unfähig, sich zu verpflichten, und fühlte sich der übermächtigen Realität wehrlos ausgeliefert; daher seine Mißachtung und seine gleichzeitige Vergöttlichung der Wirklichkeit. Er vergewaltigte sie oder gab sich ihr blind und widerstandslos hin, er fühlte sich ihr aber nie gewachsen.

Sooft die Romantiker die Eigenart ihres Kunst- und Weltgefühls beschreiben, schleicht sich das Wort Heimweh oder die Idee der Heimatlosigkeit in ihre Sätze ein. Novalis definiert die Philosophie als „Heimweh", als den „Trieb, überall zu Hause zu sein", und das Märchen als einen Traum „von jener heimatlichen Welt, die überall und nirgend ist". Er rühmt an Schiller „das nicht auf Erden Heimische", und Schiller nennt die Romantiker seinerseits „Verbannte, die nach der Heimat schmachten". Darum ist bei ihnen so viel vom Wandern die Rede, vom Wandern ohne Ziel und Ende, von der „blauen Blume", die unerreichbar ist und unerreichbar bleiben soll, der Einsamkeit, die man sucht und meidet, der Unendlichkeit, die nichts und alles ist. „Mon coeur désire tout, il veut tout, il contient tout. Que mettre à la place de cet infini qu'exige ma pensée", heißt es in Senancours *Obermann*. Es ist aber offenbar, daß dieses „tout" nichts enthält und dieses „infini" sich nirgends befindet. Heimweh und Fernweh – das sind die Gefühle, von welchen die Romantiker hin- und hergerissen werden; sie vermissen die Nähe, leiden an ihrer Abgesondertheit von den Menschen, sie meiden sie aber zugleich und suchen mit Fleiß die Ferne, das Unbekannte. Sie leiden an ihrer Entfremdung von der Welt, sie bejahen und wollen aber diese Entfremdung. So definiert Novalis die romantische Poesie als „die Kunst, auf eine angenehme Art zu befremden, einen Gegenstand fremd zu machen und doch bekannt und anziehend", und behauptet, daß alles romantisch und poetisch wird, „wenn man es in die Ferne rückt", daß man alles romantisieren könne, wenn man „dem Gewöhnlichen ein geheimnisvolles Aussehen, dem Bekannten die Würde des Unbekannten, dem Endlichen einen unendlichen Sinn gebe". Die „Würde des Unbekannten" – welcher vernünftige Mensch hätte noch vor einer Generation, noch vor einigen Jahren solchen Unsinn geredet! Man sprach von der Würde der Vernunft, der Erkenntnis, des gesunden Menschenverstandes, des klugen und nüchternen Tatsachensinns, aber von der „Würde des Unbekannten" – wem wäre so etwas eingefallen? Das Unbekannte wollte man bewältigen und unschädlich machen; es zu preisen und über sich zu erheben, wäre geistiger Selbstmord, Selbstzerstörung gewesen. Novalis gibt hier nicht nur eine Definition des Romantischen, sondern auch ein Rezept des „Romantisierens", denn dem Romantiker genügt es nicht, romantisch zu sein, er macht aus der Romantik ein Lebensziel, ein Lebensprogramm. Er will das Leben nicht nur romantisch darstellen, er will es der Kunst anpassen und sich in die Illusion eines ästhetisch-utopischen Daseins wiegen. Diese Romantisierung aber bedeutet vor allem, das Leben vereinfachen und vereinheitlichen, es von der quälenden Dialektik alles geschichtlichen Seins befreien, die unlösbaren Widersprüche aus ihm ausschalten und die rationalen Widerstände gegen die Wunschträume und Phantasien abschwächen. Jedes Kunstwerk ist ein Traumbild und eine Legende der Wirklichkeit, jede Kunst setzt eine Utopie an die Stelle des Daseins, nur kommt in der Romantik der utopische Charakter der Kunst reiner und ungebrochener zum Ausdruck als sonst.

Der Begriff der „romantischen Ironie" gründet sich im wesentlichen auf die Einsicht, daß die Kunst nichts als Autosuggestion und Selbstbetrug ist und daß wir uns der Fiktivität ihrer Darstellungen stets bewußt sind. Die Definition der Kunst als „bewußte Selbsttäuschung"[179] geht auf die Romantik und auf Ideen wie Coleridges „willing suspension of disbelief"[180] zurück. Die „Bewußtheit" und „Gewolltheit" dieser Attitude aber ist noch ein klassizistisch-rationalistischer Zug, den die Romantik mit der Zeit aufgibt und ihn durch die u n b e w u ß t e Selbsttäuschung, die Betäubung und Berauschung der Sinne, den Verzicht auf Ironie und Kritik ersetzt. Man hat die Wirkung des Films mit der des Alkohols und des Opiums verglichen und die aus den Kinos in die dunkle Nacht hinauswankende Menge als Betrunkene und Betäubte beschrieben, die sich über den Zustand, in dem sie sich befinden, keine Rechenschaft geben können, noch wollen. Diese Wirkung aber ist nicht nur dem Film eigentümlich; sie hat ihren Ursprung in der romantischen Kunst. Auch der Klassizismus wollte natürlich suggestiv sein und im Leser oder Beschauer Empfindungen und Illusionen erwecken – welche Kunst wollte das nicht! –; seine Darstellungen hatten jedoch stets den Charakter eines belehrenden Beispiels, einer aufschlußreichen Analogie, eines beziehungsvollen Symbols. Man reagierte auf sie nicht mit Tränen, Verzückungen und Ohnmachtsanfällen, sondern mit Überlegungen, Einsichten und einem tieferen Verständnis des Menschen und seines Schicksals.

Die nachrevolutionäre Periode war eine Zeit der allgemeinen Enttäuschung. Für diejenigen, die mit den revolutionären Ideen nur oberflächlich verbunden waren, begann diese Enttäuschung mit dem Konvent, für die wirklichen Revolutionäre mit dem 9. Thermidor. Den ersteren wurde allmählich alles verhaßt, was sie an die Revolution erinnerte, für die letzteren bestätigte jede neue Etappe der Entwicklung den Verrat ihrer ehemaligen Verbündeten. Es war aber ein schmerzhaftes Erwachen auch für diejenigen, die den Traum der Revolution von Anfang an als einen Alpdruck erlebten. Die Gegenwart schien allen schal und inhaltlos geworden zu sein. Die Intelligenz isolierte sich immer mehr von der übrigen Gesellschaft, und die geistig produktiven Elemente führten bereits ein Dasein für sich. Es entwickelte sich der Begriff des Philisters und Spießers, der des *bourgeois*, im Gegensatz zu dem des *citoyen*, und es entstand die merkwürdige, bis dahin fast beispiellose Situation, daß die Künstler und Dichter von Haß und Verachtung erfüllt waren gegen die Klasse, der sie ihre geistige und materielle Existenz verdankten. Denn die Romantik war eine wesentlich bürgerliche Bewegung, ja, sie war die bürgerliche Bewegung par excellence, die Richtung, die mit den Konventionen des Klassizismus, der höfisch-aristokratischen Artistik und Rhetorik, dem gehobenen Stil und der gewählten Sprache, endgültig gebrochen hat. Die Kunst der Aufklärung war, trotz ihrer revolutionären Gesinnung, noch am aristokratischen Geschmack des Klassizismus orientiert. Nicht nur Voltaire und Pope, auch Prévost und Marivaux, Swift und Sterne standen dem 17. Jahrhundert näher als dem 19. Erst die romantische Kunst ist „document humain", schreiendes Bekenntnis, entblößte, offene Wunde. Wenn die Literatur der Aufklärung den Bürger rühmt, so geschieht es immer in einem mehr oder weniger polemischen Ton gegen die höheren Stände; erst für die Romantik ist der Bürger der selbstverständliche Maßstab des Menschen. An dem bürgerlichen Charakter der Romantik ändert die Tatsache, daß so viele ihrer Vertreter adliger Herkunft sind, ebensowenig wie die Philisterfeindlichkeit ihres Kulturprogramms. Novalis, Kleist, Arnim, Eichendorff und Chamisso, Vicomte de Chateaubriand, de Lamartine, de Vigny, de Musset, de Bonald, de Maistre und de Lamennais, Lord Byron und Shelley, Leopardi und Manzoni, Puschkin und Lermontow gehörten Adelsfamilien an und bekundeten zum Teil aristokratische Anschauungen; die Literatur war aber seit der Romantik ausschließlich für den freien Markt, das heißt für ein bürgerliches Publikum bestimmt. Man konnte diesem Publikum zuweilen politische Anschauungen einreden, die seinen eigentlichen Interessen widersprachen, man konnte ihm aber die Welt nicht mehr in dem unpersönlichen Stil und den abstrakten Denkformen des 18. Jahrhunderts präsentieren. Die Eigenart des Weltbildes, das ihm wirklich angemessen war, kam am deutlichsten in jener Idee der Autonomie des Geistes und der Immanenz der einzelnen Kulturgebiete zum Ausdruck, die seit Kant die deutsche Philosophie beherrscht hat und die ohne die bürgerliche Emanzipation undenkbar gewesen wäre.[181] Der Begriff der Kultur war bis zur Romantik von der Idee der Dienerrolle des menschlichen Geistes abhängig; einerlei, ob das jeweilige Weltbild kirchlich-asketisch, weltlich-heroisch oder aristokratisch-absolutistisch war, der Geist galt stets nur als Mittel zum Zweck und schien nie eigene, immanente Ziele zu verfolgen. Erst nach der Auflösung der früheren Bindungen nach dem Verschwinden des Gefühls der absoluten Nichtigkeit gegenüber den kirchlichen und weltlichen Hierarchien, das heißt, nach der Verweisung des Individuums auf sich selbst, wurde die Idee der geistigen Autonomie faßbar. Sie entsprach der Gedankenwelt des wirtschaftlichen und politischen Liberalismus und blieb insolange in Geltung, bis der Sozialismus die Idee einer neuen Bindung schuf und im historischen Materialismus die Autonomie des Geistes wieder aufhob. Diese Autonomie war also, ebenso wie der Individualismus der

Romantik, die Folge und nicht die Ursache des Konflikts, der die Gesellschaft des 18. Jahrhunderts erschütterte. An und für sich war keine der beiden Ideen neu, es geschah aber jetzt zum erstenmal, daß das Individuum zur Revolte gegen die Gesellschaft und gegen alles, was zwischen ihm und seinem Glück stand, ermuntert wurde.[182]

Die Romantik überspitzte ihren Individualismus als Kompensation für die Geistesfremdheit der Welt und als Schutz gegen die Geistesfeindschaft der Bourgeoisie und des Philistertums. Sie wollte sich, so wie es schon die Vorromantik zu tun versuchte, mit ihrem Ästhetizismus eine Sphäre schaffen, die von der übrigen Welt abgesondert war und in der sie unbeschränkt regieren konnte. Der Klassizismus orientierte den Begriff der Schönheit an dem der Wahrheit, das heißt an einem allgemein menschlichen, das ganze Dasein beherrschenden Maß. Musset kehrte nun aber das Wort Boileaus um und verkündete: „Rien n'est vrai que le beau." Die Romantiker beurteilten das Leben nach den Kriterien der Kunst, weil sie sich damit als eine Art priesterlicher Kaste über den Rest der Menschheit erheben wollten. Aber auch in ihrer Beziehung zur Kunst kam die ambivalente Haltung zum Ausdruck, von der ihre ganze Weltanschauung beherrscht war. Die Goethesche Problematik des Künstlertums lebte in der Romantik unabgeschwächt weiter; die Kunst wurde einerseits als ein Organ der „intellektuellen Anschauung", der religiösen Erhebung und der göttlichen Offenbarung angesehen, andererseits aber als Lebenswert in Frage gestellt. „Die Kunst ist eine verführerische, verbotene Frucht", sagte schon Wackenroder, „wer einmal ihren innersten, süßesten Saft geschmeckt hat, der ist unwiederbringlich verloren für die tätige, lebendige Welt. Immer enger kriecht er in seinen selbsteigenen Genuß hinein ..." Und: „Das sei das Gift der Kunst, daß der Künstler ein Schauspieler würde, der jedes Leben als Rolle betrachte, seine Bühne für die Musterwelt, für den Kern, und das wirkliche Leben für die Schale, eine ‚elende zusammengeflickte Nachahmung' ansehe."[183] Die Indentitätsphilosophie Schellings war ebenso nur ein Versuch, diesen Widerspruch auszugleichen, wie die Botschaft Keats': „Beauty is truth,

truth beauty." Trotzdem bleibt der Ästhetizismus der Grundzug der romantischen Weltanschauung und Heines Zusammenfassung der Klassik und der Romantik als „die Kunstperiode" der deutschen Literatur ist durchaus zutreffend.

Nichts bot sich der Romantik konfliktlos dar; in allen ihren Äußerungen spiegelt sich die Problematik ihrer historischen Stellung und die Zerissenheit ihrer Gefühle. Das moralische Leben der Menschheit spielte sich von jeher in Konflikten und Kämpfen ab; je differenzierter ihr soziales Sein war, um so häufiger und heftiger waren die Zusammenstöße zwischen Ich und Welt, Trieb und Vernunft, Vergangenheit und Gegenwart. In der Romantik aber werden diese Konflikte zur Wesensform des Bewußtseins. Leben und Geist, Natur und Kultur, Geschichte und Ewigkeit, Einsamkeit und Sozietät, Revolution und Tradition erscheinen nicht mehr bloß als logische Korrelate oder als moralische Alternativen, zwischen denen man zu wählen hat, sondern als Möglichkeiten, die man gleichzeitig zu verwirklichen trachtet. Sie werden allerdings einander noch nicht dialektisch entgegengesetzt, es wird noch keine Synthese gesucht, in der ihre Interdependenz zum Ausdruck käme, es wird mit ihnen nur experimentiert und gespielt. Weder der Idealismus und Spiritualismus, noch der Irrationalismus und Individualismus herrschen widerspruchslos; sie alternieren vielmehr mit einer ebenso starken Tendenz zum Naturalismus und Kollektivismus. Die Unbefangenheit und Ungebrochenheit der weltanschaulichen Einstellungen hat aufgehört; es gibt nur noch reflektierte, kritische, problematische Haltungen, solche, deren Gegenteil stets gegenwärtig und realisierbar ist. Der menschliche Geist hat auch jenen letzten Rest der Spontaneität verloren, der dem 18. Jahrhundert noch eigen war. Der innere Zwiespalt und die Ambivalenz der seelischen Beziehungen geht so weit, daß man mit Recht behaupten konnte, daß die Romantiker, oder jedenfalls die deutschen Frühromantiker, gerade das „Romantische" von sich abzuhalten bestrebt waren.[184] Friedrich Schlegel und Novalis wenigstens suchten in sich alle Empfindsamkeit zu überwinden und bei all ihrer Subjektivität und Sensibilität ihre Weltanschauung auf etwas Solides und Allgemeingültiges zu gründen. Das war ja eben der große, grundsätzliche Unterschied zwischen der Vorromantik und der Romantik, daß der Sentimentalismus des 18. Jahrhunderts durch eine gesteigerte Sensibilität, eine erhöhte „Reizbarkeit des Gemüts", ersetzt wurde und daß man zwar noch Tränen genug vergoß, das gefühlvolle Reagieren jedoch seinen moralischen Wert zu verlieren begann und zu immer niedrigeren Kulturschichten herabsank.

In nichts spiegelt sich die Zerrissenheit der romantischen Seele so unmittelbar und ausdrucksvoll wie in der Gestalt des Doppelgängers, der dem Romantiker stets gegenwärtig ist und in der romantischen Literatur in unzähligen Formen und Varianten auftritt. Der Ursprung dieser zur fixen Idee gewordenen Vorstellung ist unverkennbar: es ist der unwiderstehliche Drang zur Reflexion, die manische Selbstbeobachtung und der Zwang, sich immer wieder als einen Unbekannten, Fremden, unheimlich Fernen zu betrachten. Auch das Doppelgängertum ist selbstverständlich nur ein Fluchtversuch und drückt die Unfähigkeit der Romantik aus, sich mit der eigenen geschichtlichen und sozialen Lage abzufinden. Der Romantiker stürzt sich in die Selbstverdoppelung, wie er sich in alles Dunkle und Vieldeutige, Chaotische und Ekstatische, Dämonische und Dionysische stürzt, und sucht auch in ihr nur eine Zuflucht vor der Realität, die er rational zu bewältigen nicht imstande ist. Auf der Flucht vor dieser Realität entdeckt er das Unbewußte, das vor der Vernunft Geborgene, die Quelle seiner Wunschphantasien und irrationalen Lösungen. Er entdeckt, daß zwei Seelen in seiner Brust wohnen, daß in seinem Innern etwas fühlt und denkt, das nicht er selbst ist, daß er seinen Dämon und seinen Richter mit sich herumträgt, kurz, er entdeckt die Grundtatsachen der Psychoanalyse. Das Irrationale besitzt für ihn den unendlichen Vorteil der Unkontrollierbarkeit, darum preist er die unbewußten, dunklen Triebe, die traumhaften und rauschartigen Seelenzustände und sucht in ihnen die Genugtuung, die der kühle, kalte, kritische Verstand ihm nicht zu gewähren vermag. „La sensibilité n'est guère la qualité d'un grand génie ... Ce n'est pas son coeur, c'est sa tête qui fait tout", sagt noch Diderot.[185] Jetzt erwartet man dagegen alles von dem Salto mortale der Vernunft; daher der Glaube an die unmittelbaren Erlebnisse und Stimmungen, die Hingabe an den Augenblick und den flüchtigen Eindruck, daher jene Anbetung des Zufalls, von der Novalis spricht. Je undurchsichtiger das Chaos, desto glänzender der Stern, hofft man, der aus ihm hervortreten wird. Daher der Kult alles Geheimnisvollen und Nachtseitigen, Bizarren und Grotesken, Schauerlichen und Spukhaften, Diabolischen und Makabren, Pathologischen und Perversen. Wenn man die Romantik kurzweg als „Lazarett-Poesie" bezeichnet, wie Goethe es getan hat, so ist das gewiß eine große Ungerechtigkeit, doch eine aufschlußreiche Ungerechtigkeit, auch wenn man dabei nicht gerade an Novalis denkt und seine Aphorismen, daß das Leben eine Krankheit des Geistes sei und daß es die Krankheiten seien, die den Menschen von den Pflanzen und Tieren auszeichnen. Auch die Krankheit ist für den Romantiker selbstverständlich nur eine Flucht vor der rationalen Bewältigung der Lebensaufgaben, auch das Kranksein nur ein Vorwand, sich den Pflichten des Alltags zu entziehen. Wenn man behauptet, daß die Romantiker „krank" waren, sagt man damit nicht viel; die Feststellung jedoch, daß die Philosophie der Krankheit ein wesentliches Element ihrer Weltanschauung darstellte, besagt etwas mehr. Die Krankheit repräsentierte für sie die Negation des Gewöhnlichen, Normalen, Vernünftigen und enthielt den Dualismus von Leben und Tod, Natur und Unnatur, Bindung und Auflösung, der ihr ganzes Weltbild beherrschte. Sie bedeutete die Entwertung alles Eindeutigen und Bleibenden und entsprach dem romantischen Widerwillen gegen jede Beschränkung, jede feste, endgültige Form.

Wir wissen, daß schon Goethe von einer Unwahrheit und Unzulänglichkeit der Formen sprach, und wir verstehen, wenn wir uns seiner Worte besinnen, daß die Franzosen ihn von jeher zu den Romantikern zählten. Goethe aber empfand die beschränkten Formen der Kunst nur am konkreten Reichtum des Lebens gemessen als unwahr; die Romantiker hielten dagegen alles Eindeutige und Endgültige an und für sich für wertloser als die offene, unerfüllte Möglichkeit, der sie die

Merkmale des unendlichen Werdens, der ewigen Bewegung, der Dynamik und Produktivität des Lebens verliehen. Jede feste Gestalt, jeder eindeutige Gedanke, jedes ausgesprochene Wort kam ihnen als tot und verlogen vor; darum neigten sie, trotz ihres Ästhetizismus, zu der Entwertung des Kunstwerkes als beherrschter und selbstgenügsamer Form. Ihre Maßlosigkeiten und Willkürlichkeiten, ihre Vermischung und Vereinigung der Künste, das Improvisierte und Fragmentarische ihrer Ausdrucksweise waren nur Symptome dieses dynamischen Lebensgefühls, dem sie ihre ganze Genialität, ihre gesteigerte Empfindsamkeit und historische Hellsichtigkeit verdankten. Das Individuum hatte seit der Revolution jeden äußeren Halt verloren; es war auf sich selbst gestellt, mußte in sich selbst Anhaltspunkte suchen, wurde sich unendlich wichtig, unendlich interessant. Es ersetzte die Erfahrung der Welt durch die Selbsterfahrung und empfand schließlich die innere Bewegtheit, den Strom der Gedanken und Gefühle, den Weg von einem Seelenzustand zum andern als realer denn die äußere Wirklichkeit. Es betrachtete die Welt nur als das Rohmaterial und Substrat der eigenen Erlebnisse und benützte sie als Vorwand, um von sich selbst zu sprechen. „Alle Zufälle unseres Lebens", meinte Novalis, „sind Materialien, aus denen wir machen können, was wir wollen, alles ist Glied in einer unendlichen Kette." Es entwertet sich damit sowohl der Ausgangs- als auch der Endpunkt des Erlebnisstroms, sowohl der Inhalt als auch die Form der künstlerischen Gestaltung. Die Welt wird zum bloßen Anlaß der seelischen Bewegung, die Kunst zum zufälligen Gefäß, in dem die Erlebnisinhalte für einen Augenblick Form gewinnen. Es entsteht, mit anderen Worten, die Denkart, die man den Occasionalismus der Romantik genannt hat,[186] – der Aspekt, der die Realität in eine Reihe von substanzlosen, an sich unbestimmten Gelegenheiten auflöst, in bloße Anregungen zur geistigen Produktivität, in Situationen, die scheinbar nur da sind, damit das Subjekt sich der eigenen Existenz, der eigenen Wesenhaftigkeit vergewissere. Je unbestimmter, schillernder, atmosphärischer, „musikalischer" die Anregungen sind, desto stärker ist die Schwingung, in die das erlebende Subjekt gerät, je unfaßbarer, unbeständiger, substanzloser die

Welt erscheint, desto stärker, freier, autonomer wird sich das um seine Geltung kämpfende Ich fühlen. Nur in einer geschichtlichen Situation, in der das Individuum bereits frei und auf sich gestellt war, sich aber bedroht und gefährdet fühlte, konnte eine solche Attitüde entstehen. Der ostentative Subjektivismus, der unaufhaltsame Drang zur Erweiterung des Seelischen, der stets unbefriedigte, sich selbst überbietende Lyrismus der neuen Kunst erklären sich erst aus diesem gespaltenen Ichgefühl. Man versteht die Romantik nicht, wenn man bei ihrer Erklärung nicht von diesem Zwiespalt und den Überkompensationen ausgeht, die das befreite und enttäuschte Individuum der nachrevolutionären Periode charakterisieren.

Die politische Umstellung der Romantik in Deutschland vom Liberalismus auf den legitimistisch-konservativen Standpunkt, die Entwicklung in Frankreich in der entgegengesetzten Richtung und in England in einem wohl komplizierteren, zwischen Revolution und Restauration schwankenden, aber im großen und ganzen der französischen Entwicklung entsprechenden Sinn, war nur möglich, weil die Romantik auch zur Revolution eine ambivalente Beziehung hatte und jederzeit bereit war, in das Gegenteil ihrer früheren Einstellung umzuschlagen. Die deutsche Klassik sympathisierte mit den Ideen der Französischen Revolution, und diese Zuneigung vertiefte sich noch in der deutschen Romantik, die, wie schon Haym und Dilthey festgestellt haben, nie ganz unpolitisch war.[187] Erst während der Napoleonischen Kriege gelang es den herrschenden Klassen, die Romantiker für die Reaktion zu gewinnen. Bis zum Einbruch Napoleons in Deutschland fühlten sich die konservativen Mächte vollkommen sicher und waren auf ihre Art „aufgeklärt" und tolerant; jetzt aber, als mit der sieghaften französischen Armee zugleich die Errungenschaften der Französischen Revolution sich zu verbreiten drohten, gingen sie daran, jeden Liberalismus zu unterdrücken und bekämpften in Napoleon vor allem den Exponenten der Revolution. Die wirklich progressiv und selbständig denkenden Leute, wie auch Goethe, ließen sich freilich von der antinapoleonischen Propaganda nicht irreführen; sie bildeten allerdings im Bürgertum und in der Intelligenz eine verschwindende Minorität. Der revolutionäre Geist trug in Deutschland von allem Anfang an einen anderen Charakter als in Frankreich. Die Begeisterung der deutschen Dichter für die Revolution war eine abstrakte, die Tatsachen verzerrende Einstellung, die der Bedeutung der wirklichen Ereignisse ebensowenig gerecht wurde wie die gedankenlose Toleranz der herrschenden Schichten. Die Dichter stellten sich die Revolution als eine große philosophische Diskussion vor, die Besitzer der Macht betrachteten sie wieder als ein Schauspiel, das ihrer Meinung nach in Deutschland nie zur Realität werden konnte. Diese Verständnislosigkeit erklärt den vollkommenen Umschwung, der seit den Freiheitskriegen die ganze Nation erfaßt. Der Gesinnungswechsel Fichtes, des Republikaners, der auf einmal in der Gegenwart das Zeitalter der „vollkommenen Sündhaftigkeit" erblickt, ist im höchsten Maße symptomatisch. Die anfängliche Romantisierung der Revolution hat nun eine nur um so schärfere Ablehnung zur Folge und bedingt die Identifizierung der Romantik mit der Restauration. Zur Zeit, als die romantische Bewegung im Westen ihre wirklich schöpferische und revolutionäre Phase erreicht, gibt es in Deutschland keinen einzigen Romantiker mehr, der nicht in das Lager des Konservativismus und Legitimismus übergegangen wäre.[188]

Die französische Romantik, die in ihren Anfängen eine „Emigrantenliteratur" war,[189] blieb bis nach 1820 das Sprachrohr der Restauration. Erst in der zweiten Hälfte der zwanziger Jahre entwickelt sie sich zu einer liberalen Bewegung, die ihre künstlerischen Ziele nach der Analogie der politischen Revolution formuliert. In England ist die Romantik, so wie in Deutschland, zunächst revolutionsfreundlich und wird erst konservativ während des Kampfes gegen Napoleon; nach den Kriegsjahren nimmt sie jedoch eine neue Wendung und nähert sich abermals ihren früheren revolutionären Idealen. Die Romantik wendet sich also schließlich sowohl in Frankreich als auch in England gegen die Restauration und Reaktion, und zwar viel eindeutiger als die politische Entwicklung selbst. Denn wenn auch der liberale Gedanke in den Konstitutionen und Institutionen des Abendlandes scheinbar die Oberhand gewinnt, das moderne Europa ist mit seiner kapitalistenfreundlichen Wirtschaftspolitik, seinen militaristisch-imperialistischen Monarchien, seinen zentralistisch-bürokratischen Verwaltungssystemen, seinen rehabilitierten Kirchen und Staatsreligionen in dem gleichen Maße die Schöpfung der Restauration wie die der Aufklärung und es ist ebenso berechtigt, im 19. Jahrhundert eine Periode der Opposition gegen den Geist der Revolution wie den Triumph der Aufklärungs- und Freiheitsideen zu erblicken.[190] Wenn schon das Napoleonische Kaiserreich die Auflösung der individualistischen Ideale der Revolution bedeutete, so führte der Sieg der Verbündeten über Napoleon, die Heilige Allianz und die Restauration der Bourbonen zum endgültigen Bruch mit dem 18. Jahrhundert und der Idee, den Staat und die Gesellschaft am Individuum zu orientieren. Aus den Denk- und Erlebnisformen der neuen Generation aber konnte der Geist des Individualismus nicht mehr verdrängt werden; das erklärt den Widerspruch zwischen der antiliberalen Politik und den liberalen künstlerischen Tendenzen des Zeitalters.

Für die Restauration war das militärische Abenteuer Napoleons nichts als das Gegenstück des politischen Verbrechens von 1789 und das Erste Kaiserreich nur die Fortsetzung der Rechtlosigkeit und der Anarchie. Den Legitimisten erschien die ganze revolutionär-napoleonische Epoche als eine Einheit, als die konsequente Zersetzung der alten Ordnung, der alten Hierarchie, der alten Eigentumsrechte. Und das Kaiserreich war, trotz seiner reaktionären Tendenzen, nur um so gefährlicher, als es die Errungenschaften der Revolution zu befestigen und einen neuen Gleichgewichtszustand zu schaffen schien. Die Restauration bedeutete dieser ganzen Revolutionsepoche gegenüber den Anfang einer neuen Ära. Sie rettete, was zu retten war, und versuchte, einen Ausgleich zu schaffen zwischen dem, was von den alten Einrichtungen wiederhergestellt, und dem, was an den neuen nicht mehr geändert werden konnte. In dieser Beziehung war auch die Restauration nur die Fortsetzung der Napoleonischen Periode; auch sie stellte eine Auseinandersetzung dar zwischen den Prinzipien der Revolution und den Ideen des *ancien régime* – allerdings mit dem Unterschied, daß Napoleon von den revolutionären Errungenschaften so viel wie möglich bewahren, die Restauration hingegen die Revolution möglichst ungeschehen machen wollte. Diesen Unterschied darf man nicht unterschätzen, wenn auch die Restauration zunächst eine gewisse Lockerung des Zwanges mit sich brachte, den sowohl die in ihrer Existenz stets gefährdete Revolution als auch das von rechts und links bedrohte Kaiserreich auszuüben genötigt waren. Von einer Renaissance der bürgerlichen Freiheit, im Gegensatz zur Militärdiktatur Napoleons, war selbstverständlich keine Rede; dieser Schein entstand nur, da jetzt statt einzelner Personen ganze Gruppen und Klassen verfolgt und benachteiligt wurden, im Rahmen dieser Klassenherrschaft jedoch die gesetzliche Freiheit gewissermaßen gewährleistet war. Die Restauration konnte sich den Luxus leisten, toleranter zu sein als ihre Vorgänger. Die Reaktion hatte in ganz Europa gesiegt und die liberalen Ideen wurden ungefährlich; die Völker Europas waren der revolutionären und der kriegerischen Unternehmungen müde und sehnten sich nach Ruhe. Es wurde ein freierer Gedankenaustausch möglich als bisher, und die Befolgung von gewissen Geschmackskriterien brauchte unter keine Sanktion mehr gestellt zu werden, obwohl der politische Hintergrund der verschiedenen künstlerischen Einstellungen sehr genau empfunden wurde.

Die Romantiker bekennen sich in Frankreich im Anfang ausnahmslos zum Legitimismus und Klerikalismus, die klassische Tradition der Literatur wird dagegen hauptsächlich von den Liberalen vertreten. Nicht alle Klassizisten sind liberal, aber alle Liberalen sind Klassizisten.[191] Es gibt wohl kein Beispiel in der Geschichte der Kunst, aus dem es so deutlich hervorgehen würde, daß eine konservative politische Gesinnung sich ohne weiteres mit einer progressiven künstlerischen Haltung vereinen läßt, ja, daß Konservativismus und Progression in den beiden Sphären inkommensurabel sind. Zwischen den klassizistisch gesinnten Liberalen und den romantischen Ultras ist keine Verständigung möglich, unter den Legitimisten aber gibt es eine ganze Gruppe, die sich zu der klassizistischen Weltanschauung bekennt, wenn sie auch, im Gegensatz zu den Liberalen, nicht den Klassizismus des 18. Jahrhunderts, sondern den des Zeitalters Ludwigs XIV. vor Augen hat. In ihrem Kampf gegen die Romantik aber sind die liberalen und die konservativen Klassizisten durchaus einig; darum lehnt zum Beispiel die Akademie Lamartine trotz seines Konservativismus ab. Die Akademie repräsentiert übrigens nicht mehr den vorherrschenden Geschmack im literarischen Publikum; ein Großteil der Leser steht hinter der Romantik, und zwar mit einer bisher unbekannten Leidenschaftlichkeit. Schon der Erfolg von Chateaubriands *Génie du Christianisme* war in seiner Art beispiellos, nie ist aber, weder früher noch später, eine kleine Sammlung lyrischer Gedichte mit solcher Begeisterung aufgenommen worden wie Lamartines *Méditations*. Nach der langen Stagnation der Literatur beginnt jetzt eine lebhafte, äußerst produktive, an ungewöhnlichen Talenten und gelungenen Werken reiche Ära. Das Lesepublikum ist zwar nicht groß, aber es ist ein an der Literatur leidenschaftlich interessiertes, begeistertes und dankbares Publikum.[192] Man kauft verhältnismäßig viel Bücher, die Presse begleitet die literarischen Ereignisse mit der größten Aufmerksamkeit, die Salons öffnen sich wieder und feiern die Geisteshelden des Tages. Infolge der relativen Freiheit vollzieht sich eine Desintegration der literarischen Bestrebungen, und die einheitliche Kultur des *grand siècle* rückt allmählich in eine mythische Ferne. Es gab zwar auch im 17. Jahrhundert schon einen Streit zwischen den „Alten“ und den „Neuen“, einen Gegensatz zwischen der akademischen Richtung Le Bruns und der malerischen Kunstauffassung seiner Gegner, und im 18. Jahrhundert gab es den noch viel schärferen Antagonismus zwischen dem höfischen Rokoko und der bürgerlichen Vorromantik, aber es herrschte während des ganzen *ancien régime* ein im wesentlichen einheitlicher Kunstgeschmack – eine Orthodoxie, deren Gegner stets als Dissidenten und Outsider galten. Es gab, mit einem Wort, keine eigentliche Rivalität der Kunstrichtungen. Jetzt gibt es dagegen zwei gleichstarke, oder jedenfalls das gleiche Ansehen genießende Gruppen. Keine der miteinander konkurrierenden Richtungen besitzt einen autoritären, die geistige Elite allein oder überwiegend beherrschenden

Charakter, und es gibt selbst nach dem Sieg der Romantik keinen maßgebenden „romantischen Geschmack“ in dem Sinne, wie es einen normativen klassizistischen Geschmack gegeben hat. Niemand entgeht zwar seiner Wirkung, aber es bekennt sich durchaus nicht jeder zu ihm, und es beginnt ein Kampf gegen diesen Geschmack im Lager seiner eigenen Vertreter fast gleichzeitig mit seinem Sieg. Der Antagonismus der Geschmacksrichtungen ist jetzt ein ebenso charakteristischer Zug des Kunstlebens wie die Unduldsamkeit des Publikums gegenüber den neuen Talenten. Die Bourgeoisie wittert in allem, was ihr unverständlich ist, Hohn und Verachtung, und lehnt schließlich das Neue grundsätzlich ab. Die Grenzlinie zwischen ästhetisch Orthodox und Unorthodox verwischt sich allmählich, und die Unterscheidung verliert am Ende überhaupt ihren Sinn. Bald gibt es nur noch literarische „Parteien“ und es kommt so etwas wie eine Demokratie des literarischen Lebens zustande. Das soziologische Novum der Romantik ist die Politisierung der Kunst, und zwar nicht nur in dem Sinne, daß die Künstler und Schriftsteller sich politischen Parteien anschließen, sondern auch daß sie eine künstlerische Parteipolitik betreiben. „Vous verrez qu'il faudra finir par avoir une opinion“ sagt melancholisch ein Eklektiker des Zeitalters, und Balzac charakterisiert die Lage in den *Illusions perdues*,[193] folgendermaßen: „Les royalistes sont romantiques, les libéraux classiques ... Si vous êtes éclectiques vous n'aurez personne pour vous.“ Die Unvermeidlichkeit, in der großen Kontroverse Stellung zu nehmen, sieht Balzac durchaus richtig, nur ist die Situation etwas komplizierter, als er sie hier darstellt.

Der bedeutendste Vertreter der „Emigrantenliteratur“ ist Chateaubriand. Er gehört mit Rousseau und Byron zu den einflußreichsten Gestaltern des neuen romantischen Menschen und spielt als solcher in der Geschichte der neueren Literatur eine unvergleichlich wichtigere Rolle, als dem inneren Wert seiner Werke entsprechen würde. Er ist nur der Exponent, nicht der Träger und Schöpfer einer geistigen Bewegung und bereichert diese nur um eine neue Ausdrucksform, nicht um einen neuen Erlebnisinhalt. Rousseaus Saint-Preux und Goethes Werther waren die ersten Verkörperungen der Enttäuschung, die sich der Menschen der romantischen Ära bemächtigte, Chateaubriands René ist der Ausdruck der Verzweiflung, zu der sich nun diese Desillusion entwickelt. Der Sentimentalismus und die Melancholie der Vorromantik entsprachen der Gemütsverfassung des Bürgertums vor der Revolution, der Weltschmerz und der Lebensüberdruß der Emigrantenliteratur entsprechen der Stimmung der Aristokratie nach der Revolution. Diese Stimmung wird nach dem Sturz Napoleons zu einer allgemeinen europäischen Erscheinung und drückt das Lebensgefühl aller höheren Schichten aus. Rousseau wußte noch, warum er unglücklich war; er litt an der modernen Kultur, an der Inadäquatheit seiner seelischen Bedürfnisse und der konventionellen gesellschaftlichen Formen. Er stellte sich eine ganz konkrete, wenn auch unrealisierbare Situation vor, in der er von seinem Leid geheilt worden wäre. Die Schwermut Renés ist dagegen undefinierbar und unheilbar. Für ihn ist das ganze Dasein sinnlos geworden; er empfindet ein unendliches, exaltiertes Verlangen nach Liebe, Gemeinschaft, eine ewige Sehnsucht, alles zu umfassen, von allem umfaßt zu werden; er weiß aber, daß diese Sehnsucht unerfüllbar ist und daß seine Seele auch dann unbefriedigt bliebe, wenn alle seine Wünsche erfüllt werden könnten. Nichts ist wert, begehrt zu werden, jedes Streben und Kämpfen ist nutzlos; die einzige sinnvolle Tat ist der Selbstmord. Und die vollkommene Scheidung der Innen- und der Außenwelt, der Poesie und der Prosa des Lebens, die Einsamkeit, die Weltverachtung und der Menschenhaß, die irreale, abstrakte, verzweifelt egoistische Existenz, die die romantischen Naturen des neuen Jahrhunderts führen, ist bereits Selbstmord.

Chateaubriand, M$^{me}$ de Staël, Senancour, Constant, Nodier stehen alle neben Rousseau und empfinden eine heftige Abneigung gegen Voltaire. Die meisten von ihnen fühlen sich aber nur zum Rationalismus des 18. Jahrhunderts, nicht zu dem des 17., im Gegensatz. Nur so gelingt es vor allem Chateaubriand, seine progressive Kunstanschauung mit seinem politischen Konservativismus, seinem Royalismus und Klerikalismus, seiner Begeisterung für Thron und Altar zu vereinen. Und nur weil die Romantik ihren Zusammenhang mit der älteren Vergangenheit stärker empfindet als mit der jüngeren, ist es zu erklären, daß Lamartine, Vigny und Hugo dem Legitimismus so lange treu bleiben. Die ersten Zeichen einer Wendung in ihren politischen Anschauungen zeigen sich erst um 1824. Jetzt entsteht die erste der romantischen Koterien *(cénacles)*, der berühmte Kreis um Charles Nodier im *Arsenal*, und jetzt schließt sich auch erst die Bewegung zu so etwas wie einer Schule zusammen. Der soziale Rahmen, in dem die französische Literatur des 18. Jahrhunderts sich entwickelt hat, waren die Salons, das heißt die regelmäßigen Zusammenkünfte der Dichter, Künstler und Kritiker mit den Mitgliedern der oberen Schichten in den Häusern der Aristokratie und der Großbourgeoisie. Das waren geschlossene Kreise, in welchen die Sitten der vornehmen Welt den Ton angaben und die, wie weit man auch in den Zugeständnissen an die Lebensart der geistigen Koryphäen ging, ihren „gesellschaftlichen" Charakter bewahrten. Der Einfluß der Salons auf die Literatur war aber, bei aller Anregung, die sie den Schriftstellern gaben, nicht unmittelbar schöpferisch. Sie bildeten ein Forum, dem man sich zumeist widerspruchslos unterwarf, eine Schule des guten Geschmacks und eine Instanz, die über das Schicksal der literarischen Moden entschied, keineswegs aber ein geeignetes Gebilde, in welchem die schöpferische Zusammenarbeit einer Gruppe möglich war. Die *cénacles* der Romantiker sind demgegenüber künstlerische Freundeskreise, in welchen das „gesellschaftliche" Moment stark zurücktritt, vor allem, weil sie sich stets um einen Künstler bilden und viel weniger streng geschlossen sind als auch die liberalsten Salons. Hier ist nicht nur jeder Dichter, Künstler und Kritiker willkommen, der sich der Bewegung anzuschließen bereit ist, sondern auch jeder Anhänger aus dem Kreise des Publikums. Diese Offenheit und Gemischtheit beeinträchtigt zwar den Schulcharakter der Bewegung, verhindert jedoch keineswegs die Entwicklung einer einheitlichen Kunstauffassung und eines repräsentativen Kunstprogramms. Im Unterschied von den früheren Gruppierungen ist der Kreis, in dem sich jetzt das literarische Leben entfaltet, kein mittelpunktloser Salon, wie im Frankreich des 18. Jahrhunderts, auch kein Klub oder Kaffeehaus, wie in England, sondern eine Gruppe, die sich um die Person eines Dichters schart, um eine Persönlichkeit, die die Gruppe als ihren Meister betrachtet und dessen Autorität sie, wenn auch nicht immer im ausgesprochenen Schülerverhältnis, unbedingt anerkennt. Es geschieht jetzt zum erstenmal in der Geschichte der neuern Literatur, daß die Form einer Schule für die Entwicklung maßgebend wird. Weder das 17. noch das 18. Jahrhundert kennen diese Form, obgleich sie dem normativen Charakter der klassischen Literatur besser entsprochen hätte. Die Romantik entwickelt dagegen, trotz oder vielleicht gerade infolge der problematischen Geltung ihrer künstlerischen Prinzipien, eine Schule mit einer streng formulierbaren und lehrbaren Doktrin. Im Zeitalter des Klassizismus bildete die ganze französische Literatur eine große Schule, in ganz Frankreich herrschte ein einheitlicher Geschmack; die Dissidenten und Rebellen stellten eine allzu atomisierte Gruppe dar, um sich im Rahmen eines gemeinsamen Programms zu finden. Jetzt aber, als die französische Literatur zum Kampfplatz von zwei großen, fast gleichstarken Parteien geworden ist, als das Beispiel des politischen Lebens die Dichter zur Formulierung von Parteiprogrammen verleitet und in ihnen den Wunsch nach einem Führer erweckt, als schließlich die künstlerischen Ziele der neuen Richtung noch so ungeklärt und widerspruchsvoll sind, daß sie zusammengefaßt und kodifiziert werden müssen, jetzt ist die Zeit der literarischen Schulgründung gekommen.

In Frankreich wies die Romantik diesen Schulcharakter in stärkerem Maße auf als in Deutschland, wo das klassische Kunstideal nie so rein verwirklicht wurde, wo die Kulturidee des Klassizismus im großen und ganzen auch für die Romantik maßgebend blieb und wo bereits das Weltbild des Klassizismus einen gewissermaßen romantischen Charakter trug. Jedenfalls war hier die parteimäßige Gliederung des literarischen Lebens weniger scharf als in Frankreich und infolgedessen auch die schulmäßige Gruppierung der Schriftsteller weniger stark ausgeprägt. In England, wo der Gegensatz zwischen Klassizismus und Romantik seit der zweiten Hälfte des 18. Jahrhunderts gegenstandslos geworden ist, weil es sozusagen nur noch eine romantische Literatur gab, kam es überhaupt zu keinem schulmäßigen Gebilde und es trat auch keine Persönlichkeit auf, die die Autorität eines Meisters besessen hätte.[194] Auch die französischen *cénacles* haben freilich oft nur den Charakter von literarischen Cliquen, die einzig und allein durch den gemeinsamen Jargon zusammengehalten werden, und machen den Eindruck einer Verschwörung nach außen und einer eifersüchtigen Schauspielertruppe nach innen. Oft scheinen sie nur kriegerische Sekten oder erhitzte Debattier-Gesellschaften zu sein, für die die Doktrin wichtiger ist als die Praxis und das Sichunterscheiden interessanter als das Sichanpassen. Trotzdem ist der romantischen Bewegung sowohl in Frankreich als auch in Deutschland ein tiefer Gemeinschaftsgedanke und eine starke Tendenz zum Kollektivismus eigen. Die Romantiker leben sich im gemeinsamen Philosophieren, Dichten, Kritisieren, Diskutieren aus, finden in Freundschafts- und Liebesverhältnissen den tiefsten Sinn des Lebens; gründen Zeitschriften, geben Jahrbücher und Anthologien heraus, halten Vorträge und Kurse, machen Propaganda für sich und für einander, suchen, mit einem Wort, den Zusammenschluß, wenn auch dieser Drang zur Symbiose nur die Kehrseite ihres Individualismus und die Kompensation für ihre Einsamkeit und Wurzellosigkeit ist.

Der Zusammenschluß der französischen Romantik zu einer einheitlichen Gruppe erfolgt gleichzeitig mit der Wendung der öffentlichen Meinung zum Liberalismus. Um 1824 beginnt der *Globe* neue Töne anzuschlagen, und das ist zugleich der Zeitpunkt der ersten regelmäßigen Zusammenkünfte im *Arsenal.* Die repräsentativen Romantiker, vor allem Lamartine und Hugo, sind zwar noch immer treue Anhänger der Kirche und des Thrones, die Romantik hört aber auf, ausschließlich klerikal und monarchistisch zu sein. Der eigentliche Umschwung erfolgt allerdings erst im Jahre 1827, als Victor Hugo das berühmte Vorwort zu seinem *Cromwell* schreibt und den Grundsatz, daß die Romantik der Liberalismus der Literatur sei, klipp und klar ausspricht. In diesem Jahr sind auch im Salon die Bilder der führenden romantischen

Maler zum erstenmal in größerer Anzahl zu sehen: neben zwölf Gemälden von Delacroix repräsentative Werke Devérias und Boulangers. Man steht einer breiten, kompakten Bewegung gegenüber, die das ganze geistige Leben zu erfassen und den entscheidenden Sieg zu bedeuten scheint. Diesem universalen Charakter entspricht auch die Zusammensetzung des neuen *cénacle* um Victor Hugo, der von nun an als der Meister der romantischen Schule gilt. Die Schriftsteller Deschamps, Vigny, Sainte-Beuve, Dumas, Musset, Balzac, die Maler Delacroix, Devéria, Boulanger, die Graphiker Johannot, Gigoux, Nanteuil und der Bildhauer David d'Angers gehören zu den regelmäßigen Gästen in der rue Notre-Dame-des-Champs. In diesem Kreis liest Hugo 1829 seine Dramen *Marion Delorme* und *Hernani* vor. Die Gruppe löst sich zwar noch im selben Jahr auf, die Schule aber besteht weiter. Die Bewegung konzentriert und klärt sich sogar, wird immer radikaler und eindeutiger. Aus dem zweiten *cénacle* bei Nodier, der 1829 zustande kommt, verschwinden bereits die halb noch zum Klassizismus gehörenden Elemente, die bildenden Künstler werden dagegen zu regelrechten Mitgliedern des Kreises. Die vollkommene Einheit der Bewegung, sowie auch ihre allmählich zum Dogma werdende antibürgerliche Tendenz drückt sich am schärfsten in dem letzten *cénacle* aus, der sich in den von Théophile Gautier, Gérard de Nerval und ihren Freunden bewohnten Ateliers der rue du Doyenné versammelt. Diese Künstlerkolonie ist mit ihrem Antiphilistertum und ihrer Doktrin des *l'art pour l'art* das Treibhaus der modernen Boheme.

Der bohemeartige Charakter, den man mit der Romantik zu verbinden pflegt, war der Bewegung durchaus nicht von Anfang an eigentümlich. Von Chateaubriand bis Lamartine war die französische Romantik fast ausschließlich durch Adelige vertreten, und wenn sie seit 1824 auch nicht mehr ganz einmütig für die Monarchie und die Kirche eintrat, so blieb sie doch mehr oder weniger aristokratisch und klerikal. Erst nach und nach geht die Führung der Bewegung in die Hände der Plebejer Victor Hugo, Théophile Gautier und Alexander Dumas über, und erst kurz vor der Julirevolution ändert die

Mehrzahl der Romantiker ihre konservative Haltung. Das Hervortreten des plebejischen Elements aber ist eher ein Symptom als die Ursache der politischen Wendung. Im Anfang passen sich die bürgerlichen Schriftsteller dem Konservativismus der Aristokraten an, jetzt gehen hingegen auch die adeligen Chateaubriand und Lamartine zur Opposition über. Die fortschreitende Einschränkung der Freiheitsrechte unter Karl X., die Klerikalisierung des öffentlichen Lebens, die Einführung der Todesstrafe für Gotteslästerung, die Auflösung der Nationalgarde und der Kammer, die Regierung durch Verordnungen und Erlässe beschleunigen nur die Radikalisierung des geistigen Lebens. Sie machen nur auffallender, was bereits seit 1815 unverkennbar war, daß nämlich die Restauration das definitive Ende der Revolution bedeutete. Die Geister haben sich nun schließlich von ihrer nachrevolutionären Apathie erholt, und dieser Stimmungswechsel war es, der Karl X. zu der Ergreifung von immer reaktionäreren Maßnahmen zwang, wenn er die Richtung behalten wollte, die einer auf die antirevolutionären Elemente sich stützenden Regierung geboten war. Die Romantiker, die sich allmählich bewußt wurden, wohin die Restauration eigentlich führte, erkannten gleichzeitig, daß die kapitalskräftige Bourgeoisie die stärkste Stütze des Regimes war – eine viel stärkere als die alte, zum Teil depossedierte, kampfunfähige Aristokratie. Ihr ganzer Haß, ihre ganze Verachtung häufte sich nun auf die bürgerliche Klasse. Der geldhungrige, engherzige, heuchlerische Bourgeois wurde zum Erzfeind, und im Gegensatz zu ihm erschien der arme, ehrliche, offenherzige, gegen jede erniedrigende Bindung und jede konventionelle Lüge sich sträubende Künstler als das menschliche Ideal schlechthin. Die Entfremdung vom praktischen, gesellschaftlich fest verwurzelten und politisch eindeutig gebundenen Leben, die für die Romantik von jeher charakteristisch war und in Deutschland schon im 18. Jahrhundert erkennbar wurde, wird allenthalben zum vorherrschenden Zug der Entwicklung; auch in den westlichen Ländern öffnet sich nun ein unüberbrückbarer Abgrund zwischen dem genialen und dem gewöhnlichen Menschentum, zwischen Künstler und Publikum, zwischen Kunst und sozialer Wirklichkeit. Die Unarten und Unverschämtheiten der Boheme, ihre oft kindische Ambition, den ahnungslosen Bürger in Verlegenheit zu bringen und zu entrüsten, ihr krampfhaftes Streben, sich von den normalen, durchschnittlichen Menschen zu unterscheiden, die Sonderbarkeit ihrer Kleidung, ihrer Haartracht, ihrer Bärte, die rote Weste Gautiers und die ebenso auffallende, wenn auch nicht immer so grellfarbige Maskerade seiner Freunde, ihre ungenierte und paradoxe Ausdrucksweise, ihre überspitzten, aggressiv formulierten Ideen, ihre Invektiven und Unanständigkeiten, all das ist nur die Bekundung des Willens, sich von der bürgerlichen Gesellschaft abzusondern, oder vielmehr die bereits vollzogene Absonderung als gewollt und willkommen darzustellen.

Alles dreht sich bei den *Jeune-France*, wie die Rebellen sich nun nennen, um ihren Haß gegen das Philistertum, um ihre Verachtung des bürgerlich geregelten und entseelten Lebens, um ihren Kampf gegen alles Hergebrachte und Konventionelle, alles Lehrbare und Erlernbare, alles Reife und Beruhigte. Das System der geistigen Lebenswerte bereichert sich um eine neue Kategorie: um die Idee der Jugend als schöpferischer und dem Alter an und für sich überlegener Macht. Dies ist ein neuer, vor allem dem Klassizismus, gewissermaßen aber jeder bisherigen Kultur fremder Gedanke. Eine Konkurrenz der Generationen und eine sieghafte Jugend als Trägerin der künstlerischen Entwicklung gab es natürlich auch früher schon. Die Jugend siegte aber nicht, weil sie „jung“ war; man ließ ihr gegenüber eher eine gewisse Vorsicht als ein übermäßiges Zutrauen walten. Erst seit der Romantik gewöhnt man sich daran, die „Jungen“ als die natürlichen Vertreter des Fortschritts zu betrachten, und erst seit dem Sieg der Romantik über den Klassizismus spricht man von dem grundsätzlichen Unrecht der ältern Generation ihnen gegenüber.[195] Die Solidarität der Jugend ist übrigens ebenso wie die Betonung der Einheit der Künste nur ein Symptom der Absonderung der Romantik von der Welt des amusischen Philisters. Während im 18. Jahrhundert der Zusammenhang der schönen Literatur mit der Philosophie betont wurde, wird jetzt die Literatur konsequent als „Kunst“ bezeichnet.[196] Solange die bildenden Künstler den Ehrgeiz hatten, zum höheren Bürgertum gezählt zu werden, unterstrichen sie die Gleichartigkeit ihres Berufes mit dem der Literaten, jetzt aber wollen die Dichter selber sich vom Bürgertum unterscheiden und betonen ihre Verwandtschaft mit dem handwerksmäßigen Künstlertum.

Die Selbstgefälligkeit und Eitelkeit der Romantiker geht so weit, daß sie, im Gegensatz zu ihrem bisherigen Ästhetizismus, der aus dem Dichter einen Gott machte, aus Gott nun einen Dichter machen. „Dieu n'est peut-être que le premier poète du monde" sagt Gautier. Auch die Theorie des *l'art pour l'art*, die freilich eine äußerst komplexe Erscheinung ist und einerseits eine liberale, andererseits eine quietistisch-konservative Haltung zum Ausdruck bringt, hat ihren Ursprung im Protest gegen die bürgerlichen Wertmaßstäbe. Wenn Gautier die reine Formhaftigkeit und den Spielcharakter der Kunst betont, wenn er sie von jeder Idee, jedem Ideal befreien will, so möchte er sie vor allem von der Herrschaft der bürgerlichen Lebensordnung befreien. Als Taine einmal Musset auf Kosten Hugos lobte, soll Gautier zu ihm gesagt haben: „Taine, Sie scheinen der bürgerlichen Idiotie zu verfallen. Gefühl von der Poesie zu verlangen! Darauf kommt es überhaupt nicht an. Glänzende Worte, Lichtworte, voll Rhythmus und Musik, das ist Poesie."[197] Im *l'art pour l'art* Gautiers, Stendhals und Mérimées, in ihrer Emanzipation von den zeitbewegenden Ideen, ihrem Programm, die Kunst als ein souveränes Spiel zu betreiben und als ein heimliches, den gewöhnlichen Sterblichen verbotenes Paradies zu genießen, spielt die Opposition gegen die bürgerliche Welt noch eine wichtigere Rolle als im späteren *l'art pour l'art*, dessen Verzicht auf jede politische und soziale Aktivität dem arrivierten Bürgertum durchaus willkommen ist. Gautier und seine Kampfgenossen verweigern der Bourgeoisie die Hilfe bei der moralischen Unterjochung der Gesellschaft; Flaubert, Leconte de Lisle und Baudelaire fördern dagegen nur die Interessen der Bourgeoisie, indem sie sich in ihren Elfenbeinturm einschließen und sich um den Weltlauf weiter nicht scheren.

Der Kampf der Romantik um die Beherrschung des Theaters, namentlich der Kampf um Victor Hugos *Hernani*, war ein Krieg der rue du Doyenné, der Boheme und der Jugend. Er endete keineswegs mit einem eklatanten Sieg der Romantik; die Opposition war nicht von einem Tag zum andern verschwunden und gab ihre Herrschaft über die angesehensten Bühnen von Paris noch lange nicht auf. Das Schicksal der Bewegung aber hing nicht mehr von der Aufnahme eines Stückes ab; als Geschmacksrichtung hat die Romantik die Welt längst erobert. Die Zeit um 1830 bringt nur insofern eine Änderung mit sich, als die Romantik sich nun vollkommen politisiert und mit dem Liberalismus vereinigt. Nach der Julirevolution treten die geistigen Repräsentanten der Zeit aus ihrer Passivität heraus, und viele vertauschen die literarische Laufbahn mit der politischen. Aber auch die Dichter, die wie Lamartine und Hugo ihrem literarischen Beruf treu bleiben, nehmen an den politischen Ereignissen regeren und unmittelbareren Anteil als bisher. Victor Hugo ist kein Rebell, kein Bohemien und hat mit dem Feldzug der Romantik gegen die Bourgeoisie unmittelbar nichts zu tun. Er geht vielmehr in seiner politischen Entwicklung den Weg des französischen Bürgertums. Zuerst ist er ein treuer Anhänger der Bourbonen, dann macht er die Julirevolution mit und ist dem Julikönigtum ergeben, schließlich unterstützt er die Bestrebungen Louis Napoleons und wird erst zum radikalen Republikaner, als bereits die Mehrheit der französischen Bourgeoisie liberal und antimonarchistisch geworden ist. Auch sein Verhältnis zu Napoleon entspricht nur dem Wandel der allgemeinen Stimmung. Im Jahre 1825 ist er noch ein erbitterter Gegner Napoleons und verflucht sein Andenken; erst um 1827 ändert er seine Haltung und fängt an, von dem Ruhm zu sprechen, der für Frankreich mit dem Namen Napoleons verbunden ist. Schließlich wird er zum repräsentativen Wortführer jenes Bonapartismus, der eine so sonderbare Mischung von naivem Heroenkult, sentimentalem Nationalismus und aufrichtigem, wenn auch nicht immer durchdachtem Liberalismus darstellt. Wie ungemein verwickelt die Motive dieser Bewegung sind, zeigt am besten der Umstand, daß so verschiedene Geister wie Heine und Béranger zu ihren Anhängern gehören, und daß sie sich einerseits auf die echten Voltairianer und die Erben der Aufklärung, andererseits auf das wohl voltairianisch angehauchte, antiklerikale und antilegitimistische, gleichzeitig aber sentimentale und zur Legendenbildung neigende Kleinbürgertum stützt. Die Tatsache, daß ein einziger Verleger, der berühmte Touquet, zwischen 1817 und 1824 einunddreißigtausend Exemplare, das heißt eine Million und sechshunderttausend Bände von Voltaires Werken verkauft,[198] ist das auffallendste Zeichen der Renaissance der Aufklärung und ein Beweis, daß der Mittelstand ein bedeutendes Kontingent der Abnehmer ausmacht. Es gehört durchaus zum Charakterbild dieses Standes, daß er die gesammelten Werke Voltaires erwirbt und die freisinnigen, wenn auch gedanklich und künstlerisch nicht sehr anspruchsvollen Lieder Bérangers singt. Man hört diese Lieder allenthalben, ihre Refrains klingen in allen Ohren und sie tragen zur Untergrabung des Ansehens der Bourbonen, wie es heißt, mehr bei als alle die anderen geistigen Produkte der Zeit. Das Bürgertum hatte selbstverständlich auch früher schon seine Lieder: seine Tafel- und Tanzlieder, seine vaterländischen und politischen Lieder, seine aktuellen Strophen und Gassenhauer, die in keiner Hinsicht bemerkenswerter waren als die Lieder Bérangers. Aber sie führten ihr Dasein außerhalb der „Literatur" und blieben ohne tieferen Einfluß auf die Dichter der gebildeten Kreise. Die Revolution brachte nun nicht nur eine an und für sich reichere Produktion in dieser volkstümlichen Gattung mit sich, sondern förderte auch das Eindringen des in ihr zum Ausdruck kommenden Geschmacks in die Literatur des wählerischeren Publikums. Die dichterische Entwicklung Victor Hugos ist das beste Beispiel dafür, wie die Literatur diesen Einfluß in sich aufnahm, und zeigt am deutlichsten die Vor- und Nachteile, die damit verbunden waren. Die patriotische Dichtung der späteren Romantik ist ohne die Lieder Bérangers ebenso undenkbar wie das romantische Drama ohne das populäre Theater. Victor Hugo ging auch als Dichter den Weg des Bürgertums; sein lyrischer Stil bewegte sich zwischen dem volkstümlichen Geschmack der Revolutionsperiode und der pathetischen, prunksüchtigen, pseudobarocken Kunstanschauung des Zweiten Kaiserreichs. Hugo war durchaus kein revolutionärer Geist, trotz der sich um ihn abspielenden Kämpfe. Die Definition der Romantik als Liberalismus der Literatur war, als er sie formulierte, auch nicht mehr neu; der Gedanke findet sich schon vorher bei Stendhal. Die Übereinstimmung zwischen der Kunstauffassung Hugos und dem Geschmack der herrschenden Bourgeoisie wurde immer vollkommener. Sie trafen sich endlich in dem Kult einer Gigantik, der sie in Wirklichkeit gänzlich fern standen, und der Vorliebe für eine pompöse, polternde, überschwengliche Pathetik, die noch bei Rostand nachhallt.

Die wichtigste Errungenschaft der romantischen Revolution war die Erneuerung des dichterischen Wortschatzes. Die französische literarische Sprache war im Laufe des 17. und 18. Jahrhunderts infolge der strengen Konvention hinsichtlich der zulässigen Ausdrücke und der als korrekt anerkannten Stilformen arm und farblos geworden. Alles, was alltäglich, fachmännisch, altertümlich oder mundartlich klang, war verpönt. Die einfachen, natürlichen, in der Umgangssprache gebräuchlichen Ausdrücke mußten durch edle, gewählte, „poetische" Bezeichnungen oder kunstvolle Paraphrasen ersetzt werden. Man sagte nicht „Krieger" oder „Pferd", sondern „Recke" und „Roß", man durfte nicht „Wasser" und „Gewitter", man mußte „das feuchte Element" und „das Wüten der Elemente" sagen. Der Kampf um *Hernani* entzündete sich bekanntlich über die Stelle: „Est-il minuit?" – „Minuit bientôt." Das klang zu gewöhnlich, zu direkt, zu einfach. Die Antwort hätte, wie Stendhal meinte, lauten sollen:

„... l'heure
Atteindra bientôt sa dernière demeure."

Die Verteidiger des klassischen Stils aber wußten sehr genau, worum es ging. Die Sprache Victor Hugos war eigentlich nicht neu; von den Bühnen der Boulevards hörte man keine andere. Den Klassizisten war es jedoch nur um die „Reinheit" des literarischen Theaters zu tun, um die Boulevards und die Unterhaltung der Menge kümmerten sie sich nicht. Solange es ein gehobenes Theater und eine gepflegte Dichtung gab, konnte man sich darüber, was auf den Boulevards sich abspielte, getrost hinwegsetzen, wenn man aber einmal auch von der Bühne des Théâtre-Français so sprechen durfte, wie einem der Schnabel gewachsen war, dann gab es keinen erkennbaren Unterschied mehr zwischen den Bildungs- und Gesellschaftsschichten. Seit Corneille galt die Tragödie als die repräsentative literarische Gattung; man debütierte als Dichter mit einer Tragödie und erreichte den Gipfel des Ruhms als tragischer Dichter. Die Tragödie und das literarische Theater waren die Domäne der geistigen Elite; solange diese unangetastet blieben, konnte man sich als die Erben des „großen Jahrhunderts" fühlen. Nun handelte es sich aber um die Besitzergreifung des literarischen Theaters durch eine Dramatik, die am Volkstheater orientiert war, die sich aus den psychologischen und moralischen Problemen der klassischen Tragödie nichts machte und statt dieser bewegte Aktionen, malerische Szenerien, pikante Charaktere und krasse Gefühlsschilderungen suchte. Das Schicksal des Theaters bildete das Tagesgespräch; man wußte in beiden Lagern, daß es sich um die Eroberung einer Schlüsselposition handelte. Victor Hugo war infolge seiner theatralischen Natur, seiner Theatersucht, seines lauten und demonstrativen Wesens und dank seinem Gefühl für das Populäre, Triviale, brutal Wirkungsvolle der geborene Exponent, wenn auch nicht gerade die treibende Kraft, im Kampfe um diese Position.

Die Romantik fand sehr verwickelte Theaterverhältnisse vor. Das Volkstheater war, als Erbe des alten Mimus, der mittelalterlichen Farce und der *commedia dell'arte*, im 17. und 18. Jahrhundert durch das literarische Theater verdrängt worden. Während der Revolution aber erhielt die volkstümliche Produktion einen neuen Impuls und eroberte mit ihren durch das literarische Drama keineswegs unbeeinflußten Formen wieder einen Teil der Pariser Bühnen. In der Comédie Française und im Odéon spielte man zwar noch immer die Tragödien und Komödien Corneilles, Racines, Molières und die Werke der Autoren, die sich entweder der klassischen Tradition und dem höfischen Geschmack angepaßt oder an die literarischen Gesichtspunkte des bürgerlichen Dramas gehalten hatten. In den Boulevardtheatern – im Gymnase, im Vaudeville, im Ambigu-Comique, in der Gaieté, in den

Variétés und den Nouveautés – spielte man dagegen Stücke, die dem Geschmack und Bildungsniveau der breiteren Schichten entsprachen. Die zeitgenössischen Aufzeichnungen berichten ausführlich über den Wandel im Theaterpublikum während und unmittelbar nach der Revolution und betonen die künstlerische Anspruchslosigkeit und den Mangel an Bildung in den Schichten, die jetzt den Zuschauerraum der Pariser Theater füllen. Das neue Publikum setzt sich zum größten Teil aus Soldaten, Arbeitern, Handlungsgehilfen und jungen Burschen zusammen, von denen, wie eine Quelle bemerkt, kaum ein Drittel schreiben kann.[199] Und dieses Auditorium beherrscht nicht nur die plebejischen Theater der Boulevards, sondern bedroht zugleich die Existenz der vornehmen literarischen Theater, indem es auch das bessere Publikum an sich zieht, so daß die Schauspieler der Comédie Française und des Odéon vor leeren Häusern spielen.[200]

Zur Zeit des Ersten Kaiserreichs, der Restauration und des Julikönigtums sind auf dem Repertoire der Pariser Theater folgende Gattungen vertreten: 1. Die „*comédie en 5 actes et en vers*", die die literarische Gattung par excellence darstellt und als solche für die Comédie Française und das Odéon bestimmt ist (wie z. B. Ducis' *Othello*). 2. Die „*comédie de moeurs en prose*", das heißt, das Sittenstück, das als Erbe des bürgerlichen Dramas einen zwar bescheideneren Rang einnimmt, aber immer noch angesehen genug ist, um in den ersten Theatern aufgeführt zu werden (Beispiel: Scribes *Mariage d'argent*). 3. Das „*drame en prose*", das heißt das Rührstück, das ebenfalls auf das bürgerliche Drama zurückgeht, aber auf einem niedrigeren Geschmacksniveau steht als die *comédie de moeurs* (Beispiel: Bouillys *L'Abbé et l'épée*). 4. Die „*comédie historique*", die die geschichtlichen Ereignisse und Persönlichkeiten nicht mehr als mustergültige Beispiele, sondern als Kuriositäten behandelt, und viel mehr eine Revue von Szenen als einen einheitlichen dramatischen Vorgang geben will (Die Beispiele sind zahlreich und mannigfaltig; sie umfassen von Mérimées *Cromwell* bis zu Vitets *Barricades* alle Versuche, denen Dumas' *Henri III* seinen Ursprung verdankt). 5. Das „*vaudeville*", das heißt das Singspiel oder genauer das Lustspiel mit eingelegten Liedern, das zu den unmittelbaren Vorläufern der Operette gehört (zu dieser Kategorie können die meisten Stücke Scribes und seiner Mitarbeiter gezählt werden). 6. Das „*mélodrame*“, eine gemischte Form, die mit dem Vaudeville das musikalische Beiwerk, mit den übrigen niederen Gattungen dagegen, namentlich mit dem Rührstück und dem historischen Schaustück, die ernste und oft tragische Handlung gemein hat.

Die ungeheuere Produktion in den volkstümlichen, besonders in den zwei letztgenannten Gattungen und die allmähliche Verdrängung des literarisch anspruchsvolleren Dramas erklärt sich, außer dem Umstand, daß die Revolution die Theater den breiten Schichten eröffnete und daß nunmehr diese Schichten den Erfolg der aufgeführten Stücke bestimmten, vor allem mit der Wirkung der Zensurpraxis auf die Repertoirebildung. Die Zensur Napoleons und der Restauration verhinderte, daß die Tagesfragen und die Sitten der herrschenden Klassen im gehobenen literarischen Drama diskutiert und geschildert werden. Die Posse, das Singspiel und das Melodrama genossen dagegen mehr Freiheit, weil man sie weniger ernst nahm und es nicht der Mühe wert fand, sich um sie zu kümmern. Der rücksichtslosen Schilderung der Sitten und Zustände, die in der Comédie Française unzulässig war, legte man in den Boulevardtheatern keine Hindernisse in den Weg; hierin bestand vor allem die Anziehungskraft dieser Theater sowohl für die Bühnenschriftsteller als auch für das Publikum.[201] Die entwicklungsgeschichtlich wichtigsten und interessantesten dramatischen Formen der Epoche sind das Vaudeville und das Melodrama; sie stellen die eigentliche Wendung in der Geschichte des neuern Theaters dar und bilden den Übergang zwischen den dramatischen Gattungen des Klassizismus und der Romantik. Durch sie gewinnt das Theater seinen Unterhaltungscharakter, seine Bewegtheit, Sinnfälligkeit und Handgreiflichkeit zurück. Das Melodrama hat von den beiden die komplexere Struktur und den verzweigteren Stammbaum. Einer seiner zahlreichen Vorgänger ist der mit Musikbegleitung vorgetragene Monolog, die Urform des hybriden Genres, das auf dem Programm von Dilettantenvorstellungen heute noch vorkommt und dessen erstes bekanntes Beispiel Rousseaus *Pygmalion* (1775) war. Von hier nimmt die Erneuerung des musikalisch begleiteten dramatischen Vortrags – einer an und für sich uralten Form – ihren Ausgang. Eine andere, technisch viel ergiebigere Quelle des *mélodrame* ist das bürgerliche Drama der de la Chaussée, Diderot, Mercier und Sedaine, das seit der Revolution, dank seiner larmoyanten und moralisierenden Natur, bei den niederen Schichten sehr beliebt geworden ist. Die wichtigste Vorform des Melodramas aber ist die Pantomime. Die „*pantomimes historiques et romanesques*“, wie sie bezeichnet werden, erscheinen zuerst im letzten Drittel des 18. Jahrhunderts. Sie behandeln zunächst mythologische und märchenhafte Sujets, wie *Herkules und Omphale*, das *Dornröschen* oder *Die eiserne Maske*, später auch zeitgenössische Themen, wie die *Bataille du Général Hoche*. Diese Pantomimen bestehen aus revueartig zusammengefügten, zumeist stürmisch bewegten Szenen ohne organischen Zusammenhang oder dramatische Entwicklung und schildern mit Vorliebe Situationen, in welchen das geheimnisvolle und wunderbare Element, Gespenster und Geister, Kerker und Gräber eine ausschlaggebende Rolle spielen. In die einzelnen Szenen werden allmählich kurze erklärende Texte und Dialoge eingefügt, und auf diese Art entwickeln diese Stücke sich während der Revolution und der nachfolgenden Zeit zu den merkwürdigen „*pantomimes dialoguées*“ und schließlich zu dem „*mélodrame à grand spectacle*“, das nach und nach sowohl seinen schaustückartigen Charakter als auch seine musikalischen Elemente verliert und zu dem für die Theatergeschichte des 19. Jahrhunderts grundlegenden Intrigenstück wird. Der wichtigste Einfluß, den das Melodrama bei dieser Wandlung erfährt, ist der des Schauerromans der Mrs. Radcliffe und ihrer Nachahmer. Von hier stammen nicht nur seine Grand-Guignol-artigen Effekte, sondern auch sein kriminalistischer Einschlag.

Alle diese Einflüsse aber ergeben nur die den Kern der melodramatischen Form modifizierenden und bereichernden Züge, der Kern selbst ist und bleibt der Konflikt des klassischen Dramas. Das Melodrama ist nichts als die popularisierte, wenn man will, verdorbene Tragödie. Pixerécourt, der Hauptvertreter der Gattung, ist sich der Verwandtschaft seiner Kunst mit dem Volkstheater vollkommen bewußt, er irrt nur in der Annahme, daß zwischen dem Melodrama und dem Mimus eine Wesensgemeinschaft und eine historische Kontinuität bestehe.[202] Er erkennt zwar den richtigen Zusammenhang der mittelalterlichen Mysterien, des Hirtendramas und der Kunst Molières mit dem Mimus, verkennt aber den prinzipiellen Unterschied zwischen der echten Volkstümlichkeit des Mimus und dem abgeleiteten Charakter des zu den breiten städtischen Publikumsschichten herabgesunkenen literarischen Theaters. Das Melodrama ist alles nur keine spontane und naive Kunst, es befolgt vielmehr die raffinierten, in einer langen und bewußten Entwicklung gewonnenen Formprinzipien der Tragödie, wenn es diese auch in einer vergröberten, die psychologischen Feinheiten und die poetischen Schönheiten der klassischen Form entbehrenden Gestalt spiegelt. Rein formal ist das Melodrama die denkbar konventionellste, schematischste, künstlichste Gattung – ein Kanon, in den neue, spontan gefundene, naturalistisch voraussetzungslose Elemente kaum Eingang finden. Es weist eine strenge dreiteilige Struktur auf, mit einer starken Konfliktsituation, einem heftigen Zusammenstoß und einem *dénouement*, das den Sieg der Tugend und die Bestrafung des Lasters darstellt, kurz, einer sehr übersichtlichen und sparsam entwickelten Handlung; mit der Prävalenz der Fabel über die Charaktere; mit stehenden Figuren: dem Helden, der verfolgten Unschuld, dem Bösewicht und der komischen Person;[203] mit der blinden und grausamen Verhängnishaftigkeit der Ereignisse; mit einer stark betonten Moral, die infolge ihrer faden, versöhnlichen, auf Belohnung und Bestrafung gerichteten Tendenz dem sittlichen Charakter der Tragödie zwar nicht entspricht, mit diesem aber die gehobene, wenn auch überspitzte Pathetik gemein hat. Das Melodrama verrät seine Abhängigkeit von der Tragödie vor allem durch die Beobachtung der drei Einheiten oder wenigstens durch die Tendenz, diese zu berücksichtigen. Pixerécourt läßt wohl einen Ortswechsel zwischen den einzelnen Akten erfolgen, der Sprung ist aber kein empfindlicher, und einen Ortswechsel in ein und demselben Akt führt er erst in seinem *Charles-le-Téméraire* (1814) ein. Er entschuldigt sich allerdings dafür in einer Anmerkung, deren Wortlaut für seine klassizistische Gesinnung ungemein bezeichnend ist: „Es geschieht zum erstenmal, daß ich mir diese Verletzung der Regeln erlaube", beteuert er. Im allgemeinen bewahrt Pixerécourt auch die Einheit der Zeit; es spielt sich bei ihm zumeist alles in vierundzwanzig Stunden ab. Erst 1818 befolgt er mit seiner *Fille de l'Exilé ou huit mois en deux heures* eine neue Methode, entschuldigt sich aber auch diesmal dafür.[204] Im Gegensatz zu diesen Merkmalen des Melodramas hat der aus einer naturalistischen, lebensbildartigen Szene oder einer lockeren Folge solcher Szenen bestehende Mimus keine stereotype, auf ein festes Schema reduzierbare Handlung, keine typischen oder außergewöhnlichen Charaktere, keine strenge Moral, keinen idealisierten, von der Umgangssprache sich unterscheidenden Stil. Das Melodrama hat mit dem Mimus nur die Bewegtheit der Szenen und die Kraßheit der Effekte, die Wahllosigkeit der Mittel und die Volkstümlichkeit der Motive gemein; ansonsten hält es sich streng an das Stilideal der klassischen Tragödie. Der Konventionalismus einer Form ist eben durchaus nicht immer das Zeichen einer höheren Bestimmung.

Die moderne Abart des Mimus ist nicht das Melodrama, sondern das Vaudeville, das mit seiner episodischen, in einzelne Szenen zerfallenden Handlung, seinen Liedereinlagen, seinen dem Alltag entnommenen Volkstypen, seinem frischen, pikanten, improvisiert wirkenden Stil trotz der literarischen Einflüsse, die auch hier nicht fehlen, dem alten Volkstheater viel näher steht als das Melodrama. Die Periode zwischen 1815 und 1848 entfaltet eine unerhörte Fruchtbarkeit in dieser Gattung, zu welcher, außer den zahlreichen Lustspielen Scribes, eine Unzahl von kleinen, leichten, amüsanten Stücken und Stückchen gehört. Von der Bestürzung der Literaten über das Ausmaß und den Erfolg dieser Produktion kann man sich nur einen Begriff machen, wenn man an die Reaktion denkt, die den Siegeszug des Films begleitete. Das Lustspiel hatte sich während der Revolution erschöpft, so wie die Tragödie sich schon vorher als unfruchtbar erwiesen hatte; und das Vaudeville trat als eine verdorbene, vergröberte Form des Lustspiels auf, so wie das Melodrama eine verdorbene, vergröberte Form der Tragödie war. Das Vaudeville und das Melodrama aber bedeuteten keineswegs das Ende des Dramas, sondern im Gegenteil seine Erneuerung; denn das romantische Drama – die Form von Hugos *Hernani* und Dumas' *Antony* – war nichts als das *mélodrame parvenu*, und das moderne Sittenstück der Augier, Sardou und Dumas *fils* nur eine Abart des Vaudevilles.[205]

Pixerécourt schrieb zwischen 1798 und 1834 etwa hundertundzwanzig Stücke, von welchen manche viele tausendmale aufgeführt wurden. Das Melodrama beherrschte drei Jahrzehnte hindurch das Theaterleben von Paris, und seine Beliebtheit ließ erst nach, als das Geschmacksniveau des Publikums sich zu heben anfing und die Kruditäten der Stücke, ihr Mangel an Logik, ihre ungenügende Motivation und ihre unnatürliche Sprache immer störender wirkten. Die Romantiker aber hatten eine Schwäche für das Melodrama, und zwar nicht nur wegen ihrer Oppositionsstellung zu den konservativen Bildungsschichten, sondern auch weil sie, infolge ihrer größern Vorurteilslosigkeit, mehr Verständnis für die unliterarischen, rein theatermäßigen Qualitäten dieser Gattung aufbrachten. Charles Nodier erklärte sich sofort als einen begeisterten Anhänger des Melodramas und nannte es „la seule tragédie populaire qui convienne à notre époque";[206] und Paul Lacroix bezeichnete Pixerécourt als den Dramatiker, durch den die Anfänge Beaumarchais', Diderots, Sedaines und Merciers erst zu Ende geführt wurden.[207] Der unerhörte Erfolg, der Widerstand der offiziellen Kreise, sowie die eigene Vorliebe der Romantik für melodramatische Effekte, für grelle Farben, krasse Situationen, gewaltsame Akzente, alles steuerte dazu bei, daß so viele der charakteristischsten Züge des plebejischen Theaters im romantischen Drama bewahrt blieben. Die Romantik erhielt aber vom Melodrama nur zurück, was von Anfang an ihr gehörte, was im Keime schon in der Vorromantik und dem Sturm und Drang enthalten war und vom Theater teils aus den englischen Schaudergeschichten, teils aus den deutschen Schauer-, Räuber- und Ritterromanen übernommen wurde. Gemein hat das romantische Theater mit dem Melodrama vor allem die scharfen Konflikte und die heftigen Zusammenstöße, die verwickelte, abenteuerliche, blutig wilde Handlung; die Herrschaft des Wunders und des Zufalls, die plötzlichen, zumeist unmotivierten Wendungen und Wandlungen, die unverhofften Begegnungen und Erkennungen, den fortwährenden Wechsel von Spannung und Lösung; die gewaltsamen, unwiderstehlich brutalen Kunstgriffe, die Überrumpelung und Vergewaltigung des Zuschauers durch das Schauderhafte, Unheimliche und Dämonische; die fix und fertigen mechanischen Mittel der Handlungsführung, die Intrigen und Verschwörungen, die Verkleidungen und Täuschungen, die Machinationen und Fallen; schließlich die Theatereffekte und Bühnenrequisiten, ohne die ein romantisches Drama geradezu undenkbar ist: die Verhaftungen und Entführungen, die Verschleppungen und Rettungen, die Fluchtversuche und Meuchelmorde, die Leichen und Särge, die Kerker und Grüfte, die Schloßtürme und Burgverließe, die Dolche, Degen und Giftphiolen, die Ringe, Amulette und Familienschätze, die unterschlagenen Briefe, verlorenen Testamente und gestohlenen Geheimverträge. Die Romantik war sicher nicht wählerisch, man braucht aber nur an Balzac zu denken, den größten und in seinem Geschmack problematischsten Schriftsteller des Jahrhunderts, um sich bewußt zu werden, wie eng und letzten Endes belanglos die Geschmackskriterien des Klassizismus geworden sind.

Die Entwicklung des Theaters in der Richtung des populären Geschmacks aber drückte sich nicht so sehr in der bloßen Existenz des Melodramas aus als in dem guten Gewissen, mit dem Pixerécourt seine Geistesprodukte feilbot. Er hielt die Stücke der Romantiker für schlecht, verlogen, unmoralisch und gefährlich und war tief überzeugt, daß seine anspruchsvollen Konkurrenten weder so viel Herz noch so viel moralisches Verantwortungsgefühl hatten wie er.[208] Faguet bemerkt in diesem Zusammenhang mit Recht, daß man an den Kitsch glauben muß, um guten, erfolgreichen Kitsch zu machen. D'Ennery zum Beispiel war ein besserer Schriftsteller und ein geistreicherer Mensch als Pixerécourt, aber er schrieb seine

Melodramen ohne Überzeugung, einzig und allein um Geld zu verdienen, und so gelang es ihm nicht einmal, gute Melodramen zu schreiben,[209] Pixerécourt glaubte dagegen, eine eigene Mission zu erfüllen, und wollte mit der Entstehung des romantischen Dramas nichts zu tun haben. Die Romantiker aber verdankten vor allem ihm den Sinn für das wirkliche Theater und den Kontakt mit den breiteren Schichten des Publikums. Ihm verdankten sie die Rolle, die sie in der Entstehungsgeschichte der *pièce bien faite* spielten, und ihm verdankte das ganze 19. Jahrhundert die Wiedergeburt des lebendigen, volkstümlichen Theaters, das im Verhältnis zum 17. und 18. Jahrhundert wohl wahllos und oft trivial war, das aber die Sublimierung des Dramas zur bloßen Literatur verhütete. Es gehörte zum Verhängnis dieses Jahrhunderts, daß jedesmal, wenn das dichterische Element im Drama zur Geltung kam, sein Unterhaltungscharakter, seine Bühnenwirksamkeit und Sinnfälligkeit, zu verkümmern drohte. Schon in der Romantik gerieten die beiden Elemente in Konflikt miteinander, und ihr Gegensatz verhinderte entweder den Bühnenerfolg oder die dichterische Vollendung der dramatischen Werke. Alexander Dumas neigte zum handfesten, bühnengerechten Drama, Victor Hugo zum sprachgewaltigen dramatischen Gedicht, und ihre Nachfolger standen vor der gleichen Wahl; erst bei Ibsen fanden die zwei gegensätzlichen Tendenzen einen harmonischen, wenn auch vorübergehenden Ausgleich.

England hatte seine politische Revolution bereits im 17. Jahrhundert, seine industrielle und künstlerische Revolution ein Jahrhundert später; zur Zeit der großen Auseinandersetzung zwischen Klassizismus und Romantik in Frankreich war von der klassischen Tradition hier kaum mehr etwas übrig. Die englische Romantik entwickelte sich kontinuierlicher, konsequenter und stieß beim Publikum auf geringeren Widerstand als die französische; sie gestaltete sich auch in politischer Beziehung einheitlicher als die entsprechende Bewegung in Frankreich. Sie war im Anfang vollkommen liberal und stand der Revolution durchaus wohlwollend gegenüber; erst der Kampf gegen Napoleon führte zur Verständigung der Romantik mit den konservativen Elementen, und erst nach dem Sturze Napoleons wurde in ihr der Liberalismus wieder vorherrschend. Die frühere Einheitlichkeit kam allerdings nie wieder zustande. Die aus der Revolution und der Herrschaft Napoleons gewonnenen „Lehren" wollte man nicht so bald wieder vergessen, und viele der ehemaligen Liberalen, unter anderen die Mitglieder der Seeschule, blieben antirevolutionär. Walter Scott war und blieb ein Tory; Godwin, Shelley, Leigh Hunt und Byron vertraten dagegen den in der jüngeren Generation vorherrschenden Radikalismus. Die englische Romantik war im wesentlichen aus der Reaktion der liberalen Elemente gegen die Industrielle Revolution, die französische aus der Reaktion der konservativen Schichten gegen die politische Revolution entstanden. Der Zusammenhang der Romantik mit der Vorromantik war in England viel enger als in Frankreich, wo die Kontinuität zwischen den beiden Bewegungen durch den Klassizismus der Revolutionsepoche gänzlich unterbrochen wurde. In England bestand zwischen der Romantik und der vollzogenen Industriellen Revolution das gleiche Verhältnis wie zwischen der Vorromantik und der sich vorbereitenden Industrialisierung der Gesellschaft. In Goldsmiths *Deserted Village*, Blakes *Satanic Mills* und Shelleys *Age of Despair* kommt eine im großen und ganzen einheitliche Stimmung zum Ausdruck. Die Naturschwärmerei der Romantiker ist ohne die Absonderung der Stadt vom Lande ebenso undenkbar wie ihr Pessimismus ohne die Öde und das Elend der Industriestädte. Sie sind sich dessen, was vorgeht, vollkommen bewußt und sehen genau, was die Verwandlung der menschlichen Arbeit in bloße Ware bedeutet. Southey und Coleridge erkennen in der periodischen Arbeitslosigkeit die notwendige Folge der unkontrollierten kapitalistischen Produktion und Coleridge betont bereits, daß der neuen Auffassung der Arbeit entsprechend der Arbeitgeber etwas kauft und der Arbeiter etwas verkauft, was sie weder zu kaufen noch zu verkaufen das Recht hätten, nämlich „die Gesundheit, das Leben und das Wohlergehen des Arbeiters".[210]

Nach der Beendigung des Kampfes gegen Napoleon steht England, wenn auch keineswegs erschöpft, doch geschwächt und geistig desorientiert da, – in einem Zustand, der besonders geeignet ist, der bürgerlichen Gesellschaft die problematischen Grundlagen ihrer Existenz bewußt zu machen. Die Trägerin dieses Prozesses ist die jüngere Romantik, die Generation der Shelley, Keats und Byron. Ihr zugeständnisloser Humanismus ist ihr Protest gegen die Politik der Ausbeutung und Unterdrückung; ihre unkonventionelle Lebensführung, ihr aggressiver Atheismus und ihre moralische Vorurteilslosigkeit sind die verschiedenen Formen ihres Kampfes gegen die Klasse, die über die Mittel der Ausbeutung und Unterdrückung verfügt. Die englische Romantik ist selbst bei ihren konservativen Vertretern, bei Wordsworth und Scott, eine gewissermaßen demokratische, die Literatur popularisierende Bewegung. Das Ziel Wordsworths vor allem, die dichterische Sprache der Umgangssprache näherzubringen, ist ein charakteristisches Beispiel dieser volkstümlichen Tendenz, obgleich die „natürliche" poetische Diktion, der er sich bedient, in Wirklichkeit ebensowenig voraussetzungslos, ebensowenig spontan ist wie die ältere literarische Sprache, auf die er wegen ihrer Künstlichkeit verzichtet. Wenn sie weniger gelehrt ist als diese, so sind dafür ihre subjektiven psychologischen Voraussetzungen umso komplizierter. Und was nun die Unternehmung betrifft, sich und die eigene geistige Entwicklung in einem Gedicht von der Länge der homerischen Epen zu beschreiben, so stellt diese, mit der Objektivität der älteren Literatur verglichen, wohl eine revolutionäre Tat dar und ist für den neuen Subjektivismus ebenso bezeichnend wie etwa Goethes *Dichtung und Wahrheit*, die „Volkstümlichkeit" und „Natürlichkeit" einer solchen Unternehmung aber ist mehr als zweifelhaft. – Matthew Arnold bemerkt in seinem Essay über Wordsworth, von gewissen Unzulänglichkeiten des Dichters sprechend, daß selbstverständlich auch Shakespeare seine schwachen Stellen habe; wenn man diesen aber in den Elysischen Gefilden darüber zur Rede stellen könnte, würde er sicher antworten, daß er sich ihrer vollkommen bewußt sei. „Übrigens" – würde er wohl lächelnd hinzufügen –, „was liegt schon daran, wenn man sich einmal gehen läßt." Mit der Konzentration auf das eigene Ich dagegen ist bei dem modernen Dichter eine humorlose Überschätzung jeder persönlichen Äußerung verbunden, die Bewertung jeder geringsten Einzelheit nach ihrem Ausdruckswert und der Verlust jener Sorglosigkeit, mit der der ältere Dichter seine Verse fließen ließ.

Für das 18. Jahrhundert war die Dichtung der Ausdruck von Gedanken; Sinn und Zweck der poetischen Bilder war die Erklärung und Illustrierung eines ideellen Inhalts. In der romantischen Dichtung dagegen ist das poetische Bild nicht das Resultat, sondern die Quelle von Ideen.[211] Die Metapher wird ideogen und wir haben das Gefühl, als ob die Sprache sich selbständig machen und für sich dichten würde. Die Romantiker überlassen sich ihr scheinbar widerstandslos und bringen auch damit ihre antirationalistische Kunstauffassung zum Ausdruck. Die Entstehung von Coleridges *Kubla Khan* mag ein extremer Fall gewesen sein; sie war jedenfalls symptomatisch. Die Romantiker glaubten an eine übersinnliche, weltseelenhafte Kraft als den Ursprung der dichterischen Inspiration und identifizierten sie mit der spontanen Schöpferkraft der Sprache. Sich von ihr beherrschen zu lassen, galt für sie als das Zeichen höchsten Künstlertums. Schon Plato sprach natürlich von dem „Enthusiasmus", der göttlichen Begeisterung der Dichter, und der Glaube an die Inspiration stellte sich jederzeit ein, wenn die Dichter und Künstler sich den Anschein eines Priestertums geben wollten. Aber es geschah jetzt zum erstenmal, daß man in der Inspiration eine sich von selbst entzündende Flamme erblickte, ein Licht, das in der Seele des Dichters selbst seine Quelle hat. Der göttliche Ursprung der Inspiration war hier eine rein formale, keine inhaltliche Eigenschaft; es kam durch sie nichts in die Seele, was in ihr nicht schon vorhanden gewesen wäre. So blieben beide Prinzipien bewahrt: das göttliche wie das dichterisch-individuelle – und der Dichter wurde zu seinem eigenen Gott.

Shelleys ekstatischer Pantheismus ist das Paradigma dieser Selbstvergötterung. Es fehlt hier jede Spur der selbstvergessenen Andacht, jede Bereitschaft, sich aufzugeben, sich vor einem Höheren auszulöschen. Das Aufgehen im All ist hier ein Beherrschen-Wollen, kein Sich-Beherrschen-Lassen. Die von der Dichtung und dem Dichter regierte Welt gilt als die höhere reinere, göttlichere, und das Göttliche selbst hat keine anderen Kriterien mehr als die von der Dichtung abgeleiteten. Shelleys Weltbild gründet sich zwar ganz im Sinne Friedrich Schlegels und der deutschen Romantik auf eine Mythologie, an diese Mythologie aber glaubt nicht einmal der Dichter. Hier wird die Metapher zum Mythus und nicht der Mythus zur Metapher wie bei den Griechen. Auch dieses Mythologisieren ist aber nur ein Vehikel der Flucht vor der gewöhnlichen, gemeinen, entseelten Wirklichkeit – eine Brücke zu der eigenen Seelentiefe und Sensibilität. Auch sie ist für den Dichter nur ein Mittel, zu sich selbst zu kommen. Die Mythen des Altertums waren aus einer Sympathie und einer Verbundenheit mit der Realität entstanden, die Mythologie der Romantik entsteht aus ihren Trümmern und gewissermaßen als ein Ersatz für sie. Shelleys kosmische Vision dreht sich um die Vorstellung eines großen, welterfüllenden Kampfes zwischen dem guten und dem bösen Prinzip und stellt die Monumentalisierung des politischen Antagonismus dar, der des Dichters tiefstes, entscheidendstes Erlebnis bildet. Sein Atheismus ist, wie bemerkt wurde, eher eine Revolte gegen Gott als eine Verneinung Gottes; er bekämpft einen Bedrücker und Tyrannen.[212] Shelley ist der geborene Rebell, der in allem Legitimen, Konstitutionellen und Konventionellen das Werk eines despotischen Willens erblickt und für den die Unterdrückung, die Ausbeutung und die Gewalt, die Dummheit, die Häßlichkeit und die Lüge, die Könige, die herrschenden Klassen und die Kirchen mit dem Gott der Bibel eine einzige kompakte Macht bilden. Der abstrakte, zerfließende Charakter dieses Begriffs zeigt am besten, wie nahe die deutschen und die englischen Dichter einander gekommen sind. Die antirevolutionäre Hysterie hat die geistige Atmosphäre, in der sich die englischen Schriftsteller des 18. Jahrhunderts noch frei entfalten konnten, vergiftet; die geistigen Manifestationen der Epoche nehmen einen irrealen, weltfremden, weltverneinenden Zug an, der der älteren englischen Literatur vollkommen fremd war. Die begabtesten Dichter der Generation Shelleys finden beim Publikum keine Anerkennung;[213] sie fühlen sich heimatlos und retten sich in die Fremde. Diese Generation ist in England ebenso wie in Deutschland oder Rußland zum Untergang verurteilt; Shelley und Keats werden von ihrer Zeit ebenso erbarmungslos aufgerieben wie Hölderlin und Kleist oder Puschkin und Lermontow. Auch ideologisch ist das Ergebnis überall das gleiche: Idealismus in Deutschland, *l'art pour l'art* in Frankreich, Ästhetizismus in England. Überall endet der Kampf mit der Abwendung von der Realität und dem Verzicht, die vorgefundene Struktur der Gesellschaft zu ändern. Bei Keats ist dieser Ästhetizismus bereits mit einer tiefen Melancholie verbunden, mit einer Trauer über die Schönheit, die nicht das Leben ist, ja, die die Negation des Lebens ist, die Negation des Lebens und der Wirklichkeit, die von dem Dichter, dem Liebhaber der Schönheit, für ewig getrennt sind und für ihn unerreichbar bleiben, wie der Heilige, der Held, der Liebende, wie alles Lebensunmittelbare, Naturhafte und Spontane. Es ist die Verzichtleistung Flauberts, die sich hier ankündigt, die Resignation des letzten großen Romantikers, der bereits genau wußte, daß der Preis der Dichtung das Leben ist.

Von allen berühmten Romantikern übt Byron die tiefste und umfassendste Wirkung auf seine Zeitgenossen aus. Er ist aber keineswegs der originellste von ihnen, er ist nur der glücklichste in der Formulierung des neuen Persönlichkeitsideals. Weder das *mal du siècle* noch der vom Schicksal gezeichnete, stolze und einsame Held, das heißt keines der beiden Grundelemente seiner Dichtung, ist sein ursprüngliches geistiges Eigentum. Der Byronsche Weltschmerz geht auf Chateaubriand und die französische Emigrantenliteratur, der Byronsche Held auf Saint-Preux und Werther zurück. Die Unvereinbarkeit der moralischen Ansprüche des Individuums mit den Konventionen der Gesellschaft gehörte schon bei Rousseau und Goethe zum Charakterbild des neuen Menschen, und die Schilderung des Helden als eines ewig Heimatlosen, dessen Fluch die eigene asoziale Natur ist, findet sich schon bei Senancour und Constant. Bei diesen aber war das asoziale Wesen des Helden noch mit einem gewissen Schuldgefühl verbunden und bekundete sich in einem komplizierten, ambivalenten Verhältnis zur Gesellschaft; erst bei Byron verwandelt es sich in ein offenes, skrupelloses Rebellentum, in eine selbstgerechte, sich verzärtelnde, wehleidige Anklage gegen die Mitwelt. Byron veräußerlicht und trivialisiert das Lebensproblem der Romantik; er macht aus der seelischen Zerrissenheit seiner Zeit eine Mode, eine mondäne Seelentracht. Durch ihn wird die romantische Unruhe und Ziellosigkeit zu einer Seuche, zur „Krankheit des Jahrhunderts"; das Gefühl der Absonderung zu einem ressentimenterfüllten Kult der Einsamkeit, der Verlust des Glaubens an die alten Ideale zum anarchischen Individualismus, die Kulturmüdigkeit und der Lebensüberdruß zu einem koketten Spiel mit Leben und Tod. Byron verleiht dem Fluch seiner Generation einen verführerischen Reiz und macht aus seinen Helden Exhibitionisten, die ihre Wunden offen zur Schau tragen, Masochisten, die sich öffentlich mit Schuld und Schande beladen, Flagellanten, die sich mit Selbstbeschuldigungen und Gewissensbissen quälen und sich zu ihren bösen wie guten Taten mit dem gleichen geistigen Besitzerstolz bekennen.

Der Byronsche Held, dieser späte Nachfolger des fahrenden Ritters, der ebenso beliebt und fast ebenso zählebig ist wie der Held der Ritterromane, beherrscht die Literatur des ganzen 19. Jahrhunderts und treibt noch in den Kriminal- und Gangsterfilmen unserer Tage sein Unwesen. Gewisse Züge des Typus sind uralt, das heißt wenigstens so alt wie der pikareske Roman. Denn dieser kennt schon den Ausgestoßenen, der der Gesellschaft den Krieg erklärt und ein unerschrockener Feind der Großen und Mächtigen, aber ein Freund und Wohltäter der Schwachen und Armen ist; der nach außen rauh und ungemütlich erscheint, sich aber schließlich als treuherzig und großmütig erweist, den, mit einem Wort, nur die Gesellschaft dazu gemacht hat, was er ist. Auf dem Wege von Lazarillo di Tormes zu Humphrey Bogart bezeichnet der Byronsche Held nur eine Zwischenstation. Der Schelm war schon lange vor Byron zum ruhelosen Wanderer geworden, der seine Wege nach den hohen Sternen richtete, zum ewigen Fremdling unter den Menschen, der sein verlorenes Glück suchte und nicht fand, zum bitteren Menschenhasser, der sein Schicksal mit dem Stolz eines gefallenen Engels trug. Alle diese Momente waren bereits bei Rousseau und Chateaubriand vorhanden, neu an dem von Byron gezeichneten Bild sind eigentlich nur die dämonischen und narzistischen Züge. Der romantische Held, den Byron in die Literatur einführt, ist ein mysteriöser Mann; in seiner Vergangenheit ist ein Geheimnis, eine furchtbare Sünde, ein verhängnisvoller Irrtum oder ein nicht wiedergutzumachendes Versäumnis. Er ist ein Geächteter, jeder fühlt es, aber niemand weiß, was hinter dem Schleier der Zeit verborgen ist, und er lüftet den Schleier nicht. Er geht im Geheimnis seiner Vergangenheit wie in einem königlichen Talar umher: einsam, schweigsam und unnahbar. Es geht Verdammnis und Verderben von ihm aus. Er ist schonungslos gegen sich und erbarmungslos gegen andere. Er kennt keinen Pardon und verlangt keine Gnade, weder von Gott noch von den Menschen. Er bedauert nichts, er bereut nichts, und möchte, trotz seines heillosen Lebens, nichts anders haben wollen, nichts anders tun wollen als es war und geschehen ist. Er ist rauh und wild, aber von hoher Herkunft; seine Züge sind hart und undurchdringlich, aber edel und schön; es geht ein eigentümlicher Reiz von ihm aus, dem keine Frau widerstehen kann und auf den jeder Mann mit Freundschaft oder Feindschaft reagiert. Er ist der vom Schicksal verfolgte und anderen zum Schicksal werdende Mann, der Prototyp nicht nur all der unwiderstehlichen und verhängnisvollen Liebeshelden der modernen Literatur, sondern gewissermaßen auch der weiblichen Dämonen von Mérimées Carmen bis zu den Vamps von Hollywood.

Wenn Byron selber den „dämonischen Helden", der, besessen und verblendet, sich selbst und jeden, der mit ihm in Berührung kommt, ins Verderben stürzt, auch nicht gerade entdeckt hat, so hat er aus ihm jedenfalls den „interessanten" Menschen par excellence gemacht. Er verlieh ihm die pikanten und koketten Züge, die ihm seither anhaften, verwandelte ihn in den Immoralisten und Zyniker, der nicht trotz, sondern gerade infolge seines Zynismus so unwiderstehlich wirkt. Die Idee des „gefallenen Engels" besaß für die entzauberte und um einen neuen Glauben ringende Welt der Romantik eine übermächtige Anziehungskraft. Man fühlte sich schuldig, von Gott abgefallen, man wollte aber, wenn schon verdammt, wenigstens so etwas wie ein Luzifer sein. Selbst die Seraphiker Lamartine und Vigny gingen schließlich zu den Satanikern über und traten in die Gefolgschaft der Shelley und Byron, Gautier und Musset, Leopardi und Heine.[214] Dieser Satanismus hatte in dem Widerspruch der romantischen Lebenshaltung seinen Ursprung und ging zweifellos aus dem Gefühl einer religiösen Unbefriedigtheit hervor, er wurde aber, namentlich bei Byron, zu der Verhöhnung der von dem Bürgertum verehrten Heiligtümer. Der Unterschied zwischen dem Widerwillen der französischen Boheme gegen das Bürgertum und der Attitüde Byrons bestand darin, daß der plebejische Antikonventionalismus Gautiers und seiner Freunde einen Angriff von unten, der Immoralismus Byrons dagegen einen solchen von oben darstellte. Jede mehr oder weniger maßgebende Äußerung Byrons verrät den Snobismus, den er mit seinen liberalen Ideen verband, jedes Zeugnis von ihm enthüllt den in seiner gesellschaftlichen Stellung wohl nicht mehr fest verwurzelten, die Pose seines Standes jedoch bewahrenden Aristokraten. Die hysterische Leidenschaftlichkeit vor allem, mit der er in seinen späteren Werken gegen die ihn exkommunizierende Aristokratie wettert, zeigt, wie tief er sich mit dieser Klasse verbunden fühlt und wie viel sie von ihrer Autorität und Attraktion für ihn trotz allem bewahrt hat.[215] „Der Tod ist kein Argument" sagt irgendwo Hebbel. Byron hat jedenfalls mit seinem Heldentod nichts bewiesen. Es war, trotz der revolutionären Gesinnung des Dichters, kein adäquater Tod. Byron beging Selbstmord bei „gestörtem seelischem Gleichgewicht" und starb „mit Weinlaub im Haar", so wie Hedda Gabler sterben wollte.

Mit den aristokratischen Neigungen Byrons hängt es auch zusammen, daß er sich stets zur klassizistischen Kunstanschauung bekannte und daß Pope sein Lieblingsdichter war. Wordsworth mochte er nicht wegen seines nüchtern-feierlichen, prosaisch-salbungsvollen Tons, und Keats verachtete er wegen seiner „Vulgarität". Diesem klassischen Kunstideal entsprach auch der überlegene, mokante Geist und die spielerische Form der Werke Byrons, vor allem der ungezwungene Plauderton des *Don Juan.* Der Zusammenhang zwischen der Geläufigkeit seines Stils und der „natürlichen" dichterischen Diktion Wordsworths ist trotzdem unverkennbar; beide sind Symptome der Reaktion gegen die pathetisch-rhetorische Ausdrucksweise des 17. und 18. Jahrhunderts. Das gemeinsame Ziel war eine größere Flexibilität der Sprache, und gerade als der Meister eines solchen flüssigen, virtuosen, scheinbar improvisierten Stils entzückte Byron am meisten seine Zeitgenossen. Weder die schwebende Grazie Puschkins, noch die Eleganz Mussets wäre ohne diesen neuen Ton denkbar. *Don Juan* wurde mit seinem Tonfall nicht nur zum Musterbild des witzigen, übermütigen, satirischen Zeitgedichts, sondern gleichzeitig zum Ursprung des ganzen modernen Feuilletonismus.[216] Byrons erste Leser mögen der Aristokratie und der Großbourgeoisie angehört haben, sein eigentliches, massives Publikum fand er in den Reihen jenes unzufriedenen, ressentimenterfüllten, romantisch gestimmten Bürgertums, dessen erfolglose Mitglieder sich für lauter verkannte Napoleons hielten. Der Byronsche Held war so konzipiert, daß jeder in seinen Hoffnungen getäuschte Jüngling, jedes in seiner Liebe gekränkte Mädchen sich mit ihm identifizieren konnte. Die Ermunterung des Lesers zu dieser Intimität, mit der Byron die bereits bei Rousseau und Richardson in Erscheinung tretende Tendenz fortsetzt, war der tiefste Grund seines Erfolges. Mit der Verinnerlichung der Beziehungen zwischen dem Leser und dem Helden steigerte sich auch das Interesse für die Person des Autors. Auch diese Tendenz war schon zur Zeit Rousseaus und Richardsons vorhanden, das Privatleben des Dichters aber blieb bis zur Romantik der Öffentlichkeit im großen und ganzen unbekannt. Erst seit der Reklame, die Byron für sich zu machen unternahm, wurde der Dichter zum „Liebling" des Publikums, und seine Leser, namentlich seine Leserinnen, traten jetzt erst in das eigentümliche Verhältnis zu ihm, das einerseits zwischen dem Psychoanalytiker und seinen Patienten, andrerseits zwischen einem Filmstar und seinen Anbeterinnen zu bestehen pflegt.

Byron war der erste englische Dichter, der in der Literatur Europas eine führende Rolle spielte, Walter Scott der zweite. Durch sie wurde das, was Goethe unter „Weltliteratur" verstanden hat, zur vollen Wirklichkeit. Ihre Schule umfaßte die ganze literarische Welt, genoß höchste Autorität, führte neue Formen, neue Werte ein, brachte einen geistigen Verkehr in Schwung, der zwischen den Ländern Europas hin- und zurückströmte, die neuen Talente mit sich riß und sie oft über ihre Meister sich erheben ließ. Man braucht nur an Puschkin und Balzac zu denken, um sich von der Ausdehnung und Produktivität dieser Schule einen Begriff zu machen. Die Byron-Mode war vielleicht fieberhafter und auffallender, die Wirkung Walter Scotts, der als der „erfolgreichste Schriftsteller der Welt" bezeichnet wurde,[217] war aber solider und tiefer. Von ihm ging die Erneuerung des naturalistischen Romans, der modernen Literaturgattung par excellence, aus und damit die Umbildung des ganzen neuern Lesepublikums. Die Zahl der Leser war in England seit dem Anfang des 18. Jahrhunderts in beständigem Wachsen begriffen. In diesem Wachstumsprozeß lassen sich drei Etappen unterscheiden: die mit den neuen Zeitschriften um 1710 beginnende und in der Romanliteratur der Jahrhundertmitte kulminierende Phase; die Zeit der pseudohistorischen Schauerromane von 1770 bis 1800; und die mit Walter Scott beginnende Periode des modernen naturalistischen Romans. Jede dieser Epochen zeitigte eine beträchtliche Zunahme des Lesepublikums. In der ersten wurde erst ein verhältnismäßig kleiner Teil des Bürgertums für die weltliche Belletristik gewonnen, Leute, die bis dahin überhaupt keine Bücher oder höchstens Produkte der Erbauungsliteratur lasen; in der zweiten vergrößerte sich dieses Publikum um weite Kreise der sich bereichernden Bourgeoisie, und zwar hauptsächlich um Frauen; in der dritten kamen Elemente dazu, die teils den höheren, teils den unteren Schichten des Bürgertums angehörten und im Roman sowohl Unterhaltung als auch Belehrung suchten. Walter Scott gelang es, die Volkstümlichkeit der Schauer- und Sensationsromane mit den gewählteren Mitteln der großen Romanschriftsteller des 18. Jahrhunderts zu erzielen. Er popularisierte die Schilderung der feudalen Vergangenheit, die bisher ausschließlich die Lektüre der oberen Klassen bildete,[218] und hob gleichzeitig den pseudohistorischen Sensationsroman auf ein wirklich literarisches Niveau.

Smollett war der letzte große Romanschriftsteller des 18. Jahrhunderts. Die wunderbare Entwicklung, die im englischen Roman den politischen und sozialen Errungenschaften des Bürgertums entsprach, kommt um 1770 zum Stillstand. Das plötzliche Anwachsen des lesenden Publikums führt zu einer empfindlichen Senkung des Niveaus. Die Nachfrage ist viel größer als die Zahl der guten Schriftsteller, und da die Produktion sich unbedingt bezahlt macht, wird wild und wahllos drauflos produziert. Der Bedarf der Leihbibliotheken diktiert das Tempo und bestimmt die Qualität der Produktion. Die gesuchtesten Stoffe sind, außer dem Schauerroman, die Skandalgeschichten des Tages, berühmte „Fälle", fiktive und halbfiktive Biographien, Reisebeschreibungen und geheime Memoiren, mit einem Wort, die üblichen Gattungen der Sensationsliteratur. Die Folge ist, daß man in den gebildeten Kreisen von dem Roman mit einer Geringschätzung zu sprechen anfängt, die bisher unerhört war.[219] Das Prestige des Romans wird erst durch Scott wiederhergestellt, und zwar vor allem durch seine dem Historismus und Szientismus der geistigen Elite entsprechende Behandlungsweise der Gattung. Er trachtet nämlich nicht nur, ein an und für sich treues Bild der jeweiligen historischen Zustände zu geben, sondern versieht seine Romane gleichzeitig mit Einleitungen, Bemerkungen und Anhängen, um die wissenschaftliche Zuverlässigkeit seiner Darstellungen zu unterstützen. Walter Scott kann zwar nicht als der eigentliche Schöpfer des historischen Romans angesehen werden, er ist aber zweifellos der Begründer des sozialgeschichtlichen Romans, von dem man vor ihm keine Ahnung hatte. Die französischen Romanschriftsteller des 18. Jahrhunderts, Marivaux, Prévost, Laclos und Chateaubriand, zeitigten zwar mit ihren Werken einen ungeheueren Fortschritt des psychologischen Romans, versetzten aber ihre Charaktere noch in einen soziologisch luftleeren Raum, oder stellten sie in ein gesellschaftliches Milieu, das an ihrer Bildung keinen wesentlichen Anteil hatte. Selbst der englische Roman des 18. Jahrhunderts kann nur insofern als „sozialer Roman" bezeichnet werden, als er die zwischenmenschlichen Beziehungen stärker betont; die Klassenunterschiede oder die soziale Kausalität der Charakterbildung läßt auch dieser unberücksichtigt. Die Gestalten Walter Scotts tragen dagegen die Merkmale ihrer gesellschaftlichen Herkunft stets an sich.[220] Und da Scott den sozialen Hintergrund seiner Geschichten im großen und ganzen richtig schildert, wird er, trotz seiner konservativen politischen Gesinnung, zum Vorkämpfer des Liberalismus und des Fortschritts.[221] Wie ablehnend er sich auch politisch zur Revolution stellt, seine soziologische Methode wäre ohne diesen Wandel der Geschichte undenkbar. Denn erst die Revolution entwickelte den Sinn für die Klassenunterschiede und machte es einem ehrlichen Künstler zur Aufgabe, die Wirklichkeit ihnen entsprechend zu schildern. Der konservative Scott ist jedenfalls als Schriftsteller mit der Revolution tiefer verbunden als der radikale Byron. Man darf freilich den „Sieg des Realismus", wie Engels die List der Kunst nennt, die oft auch konservative Geister dem Fortschritt dienstbar macht, nicht überschätzen. Das Verständnis und die Begeisterung für das „Volk" ist bei Scott zumeist nur eine unverbindliche Geste, und seine Schilderung der unteren Volksklassen bleibt im großen und ganzen konventionell und schematisch. Jedenfalls ist aber der Konservativismus Scotts weniger aggressiv als der Antirevolutionismus der Wordsworth und Coleridge, der der Ausdruck einer bitteren Enttäuschung und einer plötzlichen Sinnesänderung ist. Scott begeistert sich zwar ebenso wie die reaktionäre Romantik im allgemeinen für das mittelalterliche Rittertum und bedauert seinen Verfall, gleichzeitig kommt aber auch bei ihm, wie etwa bei Puschkin und Heine, die Kritik der ganzen romantischen Schwärmerei zum Ausdruck. Er erkennt mit der gleichen Illusionslosigkeit, mit der Puschkin die Affektiertheit Onegins feststellt, in Richard Löwenherz den „prächtigen, aber nutzlosen Ritter der Legende".[222]

Delacroix, der erste große und zugleich der größte Vertreter der romantischen Malerei, gehört bereits zu den Gegnern und Überwindern der Romantik. Er repräsentiert schon das 19. Jahrhundert, während die Romantik im wesentlichen noch 18. Jahrhundert ist, und zwar nicht nur weil sie die Fortsetzung der Vorromantik, sondern auch weil sie wohl widerspruchsvoll, aber nicht relativistisch und in ihren seelischen Beziehungen wohl ambivalent, aber doch nicht so zersplittert ist wie das 19. Jahrhundert. Das 18. Jahrhundert ist dogmatisch – sogein seiner Romantik ist ein dogmatischer Zug –, das 19. Jahrhundert ist skeptisch und agnostisch. Die Menschen des 18. Jahrhunderts suchen aus allem, selbst aus ihrem Emotionalismus und Irrationalismus, eine klar formulierbare Lehre und eine genau definierbare Weltanschauung zu gewinnen; sie sind Systematiker, Philosophen, Reformer, sie entscheiden sich für oder gegen eine Sache, oft entscheiden sie sich bald für, bald gegen sie, aber sie nehmen Stellung, befolgen Prinzipien, richten sich nach einem Lebens- und Weltverbesserungsplan. Die geistigen Repräsentanten des 19. Jahrhunderts haben dagegen ihren Glauben an die Systeme und Programme verloren und erblicken den Sinn und Zweck der Kunst in dar passiven Hingabe an das Leben, in der Erfassung des Lebensrhythmus, in der Bewahrung der Atmosphäre und der Stimmung des Daseins; ihr Glaube besteht in einer irrationalen, instinktiven Lebensbejahung, ihre Moral in einem Sich-Abfinden mit der Realität. Sie wollen die Wirklichkeit weder reglementieren noch überwinden; sie wollen sie erleben und ihr Erlebnis so unmittelbar, so treu und so vollkommen wie nur möglich wiedergeben. Sie haben das unbezwingbare Gefühl, daß das Dasein und die Gegenwart, die Mitwelt und die Umwelt, die Erfahrungen und die Erinnerungen ihnen fortwährend, täglich und stündlich, entschlüpfen und für immer verlorengehen. Die Kunst wird für sie zur Verfolgung der „verlorenen Zeit“, des unerfaßbaren, sich stets verflüchtigenden Lebens. Die Epochen des zugeständnislosen Naturalismus sind nicht die Jahrhunderte, die die Wirklichkeit fest und sicher zu besitzen glauben, sondern diejenigen, die sie zu verlieren befürchten; darum ist das 19. Jahrhundert das klassische Jahrhundert des Naturalismus.

Delacroix und Constable stehen an der Schwelle des neuen Jahrhunderts. Sie sind teils noch romantische Expressionisten, die um den geistigen Ausdruck ringen, teils sind sie aber schon Impressionisten, die das entfliehende Objekt festzuhalten trachten und an kein vollwertiges Äquivalent der Realität mehr glauben. Delacroix ist der romantischere Künstler von beiden; wenn man ihn mit Constable vergleicht, wird das, was den Klassizismus und die Romantik zu einer entwicklungsgeschichtlichen Einheit verbindet und vom Naturalismus unterscheidet, am besten sichtbar. Die zwei älteren Stilrichtungen haben gegenüber dem Naturalismus vor allem das miteinander gemein, daß sie das Dasein und den Menschen überdimensionieren, ihnen ein tragisch-heroisches Format und einen leidenschaftlich pathetischen Ausdruck geben, die bei Delacroix noch vorhanden sind, bei Constable und im Naturalismus des 19. Jahrhunderts dagegen vollkommen fehlen. Bei Delacroix drückt sich diese Kunstauffassung auch darin aus, daß der Mensch noch im Mittelpunkt seiner Welt steht, während er bei Constable zu einem Ding unter Dingen wird und im materiellen Lebensmilieu aufgeht. Darum ist Constable wenn auch nicht der größte, so doch der progressivste Künstler seiner Zeit. Mit der Verdrängung des Menschen aus dem Mittelpunkt der Kunst und der Besetzung seiner Stelle durch die dingliche Welt gewinnt aber die Malerei nicht nur einen neuen Inhalt, sie wird auch immer mehr auf die Lösung von technischen und rein formalen Problemen verwiesen. Der Gegenstand der Darstellung verliert allmählich jeden ästhetischen Wert, jedes künstlerische Interesse, und die Kunst wird in einem Grade formalistisch, wie sie es nie gewesen war. Es wird vollkommen belanglos, was man malt; man fragt nur danach, wie es gemalt ist. Eine solche Indifferenz gegenüber dem Motiv zeigte nicht einmal der spielerischste Manierismus. Nie betrachtete man bisher einen Kohlkopf und einen Madonnenkopf als gleichwertige künstlerische Vorwürfe. Erst jetzt, als das Malerische den eigentlichen Inhalt der Malerei bildet, hört der alte akademische Rangunterschied zwischen den verschiedenen Gegenständen und Gattungen auf. Schon bei Delacroix bilden die literarischen Motive, trotz seiner tiefen Verbundenheit mit der Dichtung, nur den Anlaß, nicht den Inhalt der malerischen Darstellungen. Er lehnt das Literarische als Ziel der Malerei ab und sucht statt literarischer Ideen etwas Eigenes, Irrationales, der Musik Ähnliches auszudrücken.[223]

Die Übertragung des malerischen Interesses von dem Menschen auf die Natur hat ihren Ursprung neben dem erschütterten Selbstvertrauen der neuen Generation, neben ihrer Desorientiertheit und ihrem problematischen sozialen Bewußtsein, vor allem in dem Sieg der enthumanisierten naturwissenschaftlichen Weltanschauung. Constable überwindet den klassisch-romantischen Humanismus leichter als Delacroix und wird zum ersten modernen Landschaftsmaler, während Delacroix im wesentlichen „Historienmaler" bleibt. Sie verkörpern aber gleichermaßen den Geist des neuen Jahrhunderts durch ihre szientifische Einstellung zu den malerischen Problemen, durch die Herrschaft, die sie der Optik über die Vision einräumen. Die Entwicklung des „malerischen" Stils, die in Frankreich mit Watteau begonnen hat und durch den Klassizismus des 18. Jahrhunderts unterbrochen wurde, wird von Delacroix wieder aufgenommen und fortgeführt. Rubens revolutioniert zum zweitenmal die französische Malerei; zum zweitenmal geht von ihm ein irrationaler, dem Klassizismus widerstrebender Sensualismus aus. Das Diktum Delacroix', daß ein Bild vor allem eine Augenweide sein soll,[224] war auch die Botschaft Watteaus und bleibt bis zum Ende des Impressionismus das Evangelium der Malerei. Die vibrierende Dynamik der Formen, die Linien- und Farbenbewegung, die barocke Erregtheit der Körper und die Auflösung der Lokalfarben in ihre Komponenten, alles ist nur Mittel dieses Sensualismus, der nun die Romantik mit dem Naturalismus zusammenzufassen und die beiden dem Klassizismus entgegenzusetzen erlaubt.

Delacroix gehörte noch gewissermaßen zu den Opfern des *mal du siècle*. Er litt an schweren Depressionen, kannte das Gefühl der Ziellosigkeit und der Leere, kämpfte gegen einen undefinierbaren und unheilbaren Lebensüberdruß. Er war ein Melancholiker, ein Unzufriedener, ein ewig Unvollendeter. Die Stimmung, in der sich Géricault in London befand und von der er nach Hause schrieb: „Was immer ich auch tue, ich wünsche, etwas anderes getan zu haben", quälte Delacroix sein Leben lang.[225] Er wurzelte noch so tief im Lebensgefühl der Romantik, daß ihm nicht einmal ihre brutalsten Verführungen fremd waren. Es genügt, an ein Werk wie den *Sardanapal* (1829) zu denken, um sich zu besinnen, welchen Raum in seiner Gedankenwelt der theatralische Dämonismus und Molochismus der Romantik einnahm. Er kämpfe aber gegen die Romantik als Lebenshaltung, bekannte sich zu ihren Vertretern nur mit starken Vorbehalten und bejahte sie als Kunstrichtung vor allem wegen ihres weiteren Motivenkreises. So wie Delacroix statt der traditionellen Romreise eine Orientreise unternahm, benützte er auch statt der Klassiker des Altertums die Dichter der älteren und neuern Romantik, Dante und Shakespeare, Byron und Goethe, als Quelle. Nur dieses thematische Interesse verband ihn mit den Ary Scheffer und Louis Boulanger, den Decamps und Delaroche. Er haßt die verlogene Mondscheinromantik und die unverbesserlichen Träumer, die Chateaubriand, Lamartine und Schubert, wie er sie etwas eigenwillig nebeneinanderstellt.[226] Er selbst wollte durchaus nicht als Romantiker bezeichnet werden und protestierte dagegen, der Meister der romantischen Schule zu sein. Er empfand übrigens auch nicht die geringste Lust dazu, Künstler zu erziehen, und eröffnete nie ein allgemein zugängliches Atelier; er nahm höchstens einige Gehilfen, aber keine Schüler an.[227] Es gab in der französischen Malerei nichts mehr, was der David-Schule entsprochen hätte; die Stelle des Meisters blieb unbesetzt. Die künstlerischen Ziele waren viel persönlicher, die Kriterien der künstlerischen Qualität viel differenzierter geworden, als daß Malschulen im alten Sinne hätten aufkommen können.[228]

Die antiromantischen Gefühle Delacroix kommen auch in seinem Widerwillen gegen die Boheme zum Ausdruck. Rubens ist nicht nur sein künstlerisches, sondern auch sein menschliches Vorbild, und er selber ist seit Rubens und den großen Künstlerpersönlichkeiten der Renaissance der erste und vielleicht der einzige Maler, der die höchste Geisteskultur mit dem Lebensstil eines großen Herrn verbindet.[229] Seine grandseigneuralen Neigungen machen ihm jeden Exhibitionismus und jede Ostentation verhaßt. Nur eines bewahrt er von der geistigen Erbschaft der Boheme: die Verachtung des Publikums. Er ist schon mit sechsundzwanzig Jahren ein berühmter

Maler, schreibt aber noch ein Menschenalter später: „Il y a trente ans que je suis livré aux bêtes." Er hatte seine Freunde, seine Verehrer, seine Gönner, seine Staatsaufträge, vom Publikum aber wurde er nie verstanden, nie geliebt. Es fehlte in der Anerkennung, die man ihm zuteil werden ließ, jede Wärme. Delacroix ist ein Einzelner und ein Einsamer, und zwar in einem viel strengeren Sinne, als es die Romantiker im allgemeinen waren. Es gibt nur einen einzigen Zeitgenossen, den er vorbehaltlos schätzt und liebt: Chopin. Es stehen ihm weder Hugo und Musset, noch Stendhal und Mérimée besonders nahe; George Sand nimmt er nicht sehr ernst, der verwahrloste Gautier stößt ihn ab und Balzac macht ihn nervös.[230] Die ungeheure Bedeutung, die die Musik für ihn besitzt und zu seiner Bewunderung Chopins am meisten beiträgt, ist ein Symptom der neuen Rangordnung der Künste und der prominenten Stellung, die die Musik in der Kunstphilosophie der Romantik erhält. Sie ist die romantische Kunst par excellence und Chopin der romantischste unter den Romantikern. In der liebevollen Beziehung zu ihm tritt die innere Zusammengehörigkeit Delacroix' mit der Romantik am unmittelbarsten zutage. Seine Beurteilung der anderen Meister der Musik läßt aber die Gemischtheit seiner Gefühle erkennen. Von Mozart spricht er stets mit der größten Bewunderung, Beethoven erscheint ihm dagegen zu willkürlich, zu romantisch. Delacroix hat in der Musik einen klassizistischen Geschmack;[231] der stereotype Sentimentalismus Chopins stört ihn nicht, die „Willkür" Beethovens aber, der ihm, wie man meinen sollte, als Künstler viel näher stand, befremdet und verwirrt ihn.

Die Romantik bedeutet in der Musik nicht nur den Gegensatz zum Klassizismus, sondern auch zur Vorromantik, indem sie beide das Prinzip der formalen Einheit und der gesteigerten Endeffekte vertreten. Der konzentrierte, an dramatischen Höhepunkten orientierte Aufbau der musikalischen Formen löst sich in der Romantik auf und läßt wieder die additive Komposition der ältern Musik zur Geltung kommen. Die Sonatenform zerfällt und wird immer öfter durch andere, weniger straffe und weniger typisch gestaltete Formen ersetzt, durch kleine lyrische und genrehafte Gattungen, wie das

Charakter- und Phantasiestück, die Arabeske und die Etüde, das Intermezzo und das Impromptu, die Improvisation und die Variation. Auch die umfangreicheren Werke werden oft aus solchen Miniaturformen zusammengesetzt, die strukturell nicht mehr die Akte eines Dramas, sondern die Szenen einer Revue bilden. Eine klassische Sonate oder Symphonie war die Welt im kleinen: ein Mikrokosmos. Eine musikalische Bilderfolge wie z. B. Schumanns *Carneval* oder Liszts *Années de Pélerinage* ist wie das Skizzenbuch eines Malers; sie mag großartige lyrisch-impressionistische Einzelheiten enthalten, auf den Eindruck der Totalität und der organischen Einheit verzichtet sie von vornherein. Auch die Vorliebe für die symphonische Dichtung, die bei Berlioz, Liszt, Rimsky-Korsakow, Smetana u. a. die Symphonie verdrängt, ist vor allem ein Zeichen der Unfähigkeit oder der Unentschlossenheit, die Welt als Ganzes darzustellen. Dieser Formwandel hängt übrigens auch mit den literarischen Neigungen der Komponisten und ihrer Voreingenommenheit für die Programmusik zusammen. Die Vermischung der Formen, die sich allenthalben bemerkbar macht, äußert sich in der Musik vor allem darin, daß die romantischen Komponisten oft sehr begabte und bedeutende Schriftsteller sind. Eine Lockerung der Struktur ist auch in der Malerei und der Dichtung des Zeitalters feststellbar, die Desintegration der Formen aber geht keineswegs so schnell vor sich und nimmt keinen so weiten Umfang an wie in der Musik. Die Erklärung der Verschiedenheit besteht teilweise darin, daß der zyklische „mittelalterliche" Aufbau in den übrigen Künsten bereits längst überholt ist, in der Musik dagegen bis zur Mitte des 18. Jahrhunderts vorherrschend bleibt und erst nach dem Tode Bachs der Einheitsform zu weichen beginnt. Hier kann man also viel leichter auf sie zurückgreifen als zum Beispiel in der Malerei, wo sie als vollkommen antiquiert empfunden wird. Das historische Interesse der Romantik für die alte Musik und das sich wiederherstellende Prestige Bachs haben aber nur einen beschränkten Anteil an der Auflösung der strengen Sonatenform, der eigentliche Grund des Vorgangs ist in einem Geschmackswandel zu suchen, der im wesentlichen soziologisch bedingt ist.

In der Romantik vollendet sich die in der zweiten Hälfte des 18. Jahrhunderts begonnene Entwicklung: die Musik wird zum ausschließlichen Besitz des Bürgertums. Nicht nur die Orchester übersiedeln aus den Festsälen der Schlösser und Palais in die vom Bürgertum erfüllten Konzertsäle, auch die Kammermusik findet ihre Heimat statt in den aristokratischen Salons in den bürgerlichen Häusern. Die breiteren Schichten, die an den musikalischen Veranstaltungen wachsenden Anteil nehmen, verlangen nun aber eine leichtere, einschmeichelndere, unkompliziertere Musik. Dieser Anspruch begünstigt von vornherein die Entstehung von kurzatmigeren, unterhaltsameren, abwechslungsreicheren Formen, führt aber zugleich zu einer Spaltung der Produktion in eine ernste und eine Unterhaltungsmusik. Bisher waren die Kompositionen, die Unterhaltungszwecken dienten, von den übrigen qualitativ nicht verschieden; es gab natürlich Werke von sehr verschiedener Qualität, diese Verschiedenheit aber entsprach keineswegs ihrer verschiedenartigen Bestimmung. Schon die auf Bach und Händel folgende Generation machte, wie wir wissen, einen Unterschied zwischen dem Komponieren zum eigenen Vergnügen und der Produktion für das Publikum; jetzt aber distinguiert man bereits zwischen den verschiedenen Kategorien des Publikums selber. Schon bei Schubert und Schumann ist eine dementsprechende Teilung des Oeuvres durchführbar,[232] bei Chopin und Liszt beeinflußt die Rücksicht auf den musikalisch anspruchsloseren Teil des Publikums sozusagen jedes einzelne Werk, und bei Berlioz und Wagner führt diese Rücksicht oft zu einer ausgesprochenen Koketterie. Wenn Schubert erklärt, er kenne keine „heitere“ Musik, so klingt das, als ob er sich von vornherein gegen den Vorwurf der Frivolität wehren wollte; denn seit der Romantik trägt jeder Frohsinn einen oberflächlichen, leichtfertigen Charakter. Die Verbindung der sorglosesten Leichtigkeit mit dem tiefsten Ernst, des übermütigsten Spiels mit dem höchsten, reinsten, das ganze Dasein verklärenden Ethos, die in Mozarts Musik noch vorhanden war, löst sich auf; von nun an nimmt alles Untriviale und Ungewöhnliche ein düsteres und sorgenvolles Aussehen an. Es genügt, den krampfhaften Expressionismus der romantischen Musik mit der heiteren, klaren, von jedem Mystizismus freien Menschlichkeit Mozarts zu vergleichen, um sich bewußt zu werden, was mit dem 18. Jahrhundert verlorenging.

Die Zugeständnisse an das Publikum lösen bei den Romantikern zugleich eine betonte Rücksichtslosigkeit und Willkürlichkeit des Ausdrucks aus. Die Kompositionen werden bewußter- und willkürlicherweise schwierig, und zwar sowohl in technischer als auch in geistiger Hinsicht: sie hören auf, für den Vortrag durch bürgerliche Dilettanten bestimmt zu sein. Schon die späteren Klavier- und Kammermusikwerke Beethovens konnten nur von Künstlern ausgeführt und nur von einem musikalisch hochgebildeten Publikum gewürdigt werden. Bei den Romantikern steigert sich vor allem die technische Schwierigkeit des Vortrags. Weber, Schumann, Chopin, Liszt komponieren für die Virtuosen der Konzertsäle. Die Bravour, die sie bei dem Vortragenden voraussetzen, hat eine doppelte Funktion: sie beschränkt die Ausübung der Musik auf den Fachmann und verblendet den Laien. Bei den Virtuoso-Komponisten, deren Prototyp Paganini ist, hat die brillante Schreibweise keinen anderen Zweck als die Verblüffung des Zuhörers, bei den wirklichen Meistern dagegen ist die technische Schwierigkeit nur der Ausdruck einer inneren Schwierigkeit und Komplikation. Beide Entwicklungstendenzen, sowohl die Vergrößerung des Abstandes zwischen dem Dilettanten und dem Virtuosen als auch die Vertiefung der Zäsur zwischen leichter und schwieriger Musik, führen zur Auflösung der klassischen Gattungen. Die virtuose Schreibart atomisiert naturgemäß die großen, massiven Formen: das Bravourstück ist verhältnismäßig kurz, sprühend, pointiert. Aber auch die inhaltlich schwierige, individuell differenzierte, auf die Sublimierung der Gedanken und Gefühle gerichtete Ausdrucksweise fördert die Auflösung der allgemeingültigen, typischen und langatmigen Formen.

Die natürliche Disposition, mit der die Musik dieser Formauflösung entgegenkommt, die Irrationalität ihres Inhalts und die Selbstherrlichkeit ihrer Ausdrucksmittel, erklärt den Vorrang, den sie nunmehr im System der Künste einnimmt. Für den Klassizismus war die Dichtung die führende Kunst; die

Frühromantik war teilweise an der Malerei orientiert; die spätere Romantik aber ist von der Musik abhängig. Für Gautier war noch die Malerei das Ideal der Kunst, für Delacroix ist bereits die Musik die Quelle der tiefsten künstlerischen Erlebnisse.[233] Diese Entwicklung erreicht in der Philosophie Schopenhauers ihren Höhepunkt. Die Romantik feiert in der Musik ihre größten Triumphe. Der Ruhm Webers, Meyerbeers, Chopins, Liszts, Wagners erfüllt ganz Europa und überflügelt den Erfolg der populärsten Dichter. Die Musik ist bis zum Ende des 19. Jahrhunderts romantisch geblieben, restloser, vorbehaltloser romantisch als die anderen Künste. Und daß dieses Jahrhundert das Wesen der Kunst gerade an der Musik erlebte, zeigt am auffallendsten, wie tief es in der Romantik befangen war. Das Bekenntnis Thomas Manns, daß ihm der Sinn des Künstlerischen erst durch die Musik Wagners aufgegangen sei, ist im höchsten Maße symptomatisch. „Le sang, la volupté et la mort", der romantische Rausch der Sinne und der Salto mortale der Vernunft bedeuten noch um die Wende des Jahrhunderts den Inbegriff der Kunst. Der Kampf des 19. Jahrhunderts mit dem Geist der Romantik blieb unentschieden; die Entscheidung brachte erst das neue Jahrhundert.

# VII

# NATURALISMUS UND IMPRESSIONISMUS

## 1. DIE GENERATION VON 1830

Wenn das Ziel der Geschichtsforschung das Verständnis der Gegenwart ist – und was könnte es sonst sein? – so steht diese Untersuchung knapp vor ihrem Ziel. Es ist der moderne Kapitalismus, die moderne bürgerliche Gesellschaft, die moderne naturalistische Kunst und Literatur, kurz, unsere eigene Welt, mit der wir es nunmehr zu tun haben. Wir stehen überall neuen Verhältnissen, neuen Lebensformen gegenüber, und fühlen uns von der Vergangenheit wie abgeschnitten. In keinem Gebiet ist aber wohl der Einschnitt so tief wie in der Literatur, wo die Grenze zwischen den älteren, für uns bereits historisch gewordenen und den von nun an entstehenden, mehr oder weniger auch heute noch aktuellen Werken die empfindlichste Zäsur darstellt, die wir in der Geschichte der Kunst kennen. Erst die Werke diesseits der Grenze bilden die moderne, lebendige, unsere Lebensprobleme unmittelbar betreffende Literatur; von den älteren sind wir durch einen unüberbrückbaren Abgrund geschieden – ihr Verständnis erfordert eine besondere Einstellung, eine besondere Anstrengung, und ihre Deutung ist für uns stets mit der Gefahr des Mißverständnisses und der Sinnfälschung verbunden. Wir lesen die Werke der älteren Literatur mit anderen Augen als die Schöpfungen unserer eigenen Zeit; wir genießen sie rein ästhetisch, das heißt unnaiv, desinteressiert, uns ihrer Fiktivität und unserer Selbsttäuschung durchaus bewußt. Dies setzt Gesichtspunkte und Fähigkeiten voraus, über die der Durchschnittsleser keineswegs verfügt; aber auch der historisch und ästhetisch interessierte Leser empfindet einen unermeßlichen Unterschied zwischen Werken, die zu seiner Gegenwart, seinem Lebensgefühl und Lebensziel keine unmittelbare Beziehung haben, und solchen, die aus diesem Lebensgefühl selbst erwachsen und auf die Frage: wie kann man, wie soll man in dieser Gegenwart leben? eine Antwort suchen.

Das 19. Jahrhundert, oder das was wir darunter zu verstehen pflegen, beginnt um 1830. Erst während des Bürgerkönigtums entwickeln sich die Grundlagen und die Umrisse dieses Jahrhunderts – die Gesellschaftsordnung, in der wir selber wurzeln, das Wirtschaftssystem, dessen Grundsätze und Widersprüche immer noch bestehen, und die Literatur, in deren Form wir uns im großen und ganzen auch heute noch ausdrücken. Die Romane Stendhals und Balzacs sind die ersten Bücher, in welchen es sich um unsere eigene Existenz handelt, um unsere eigenen Lebensfragen, um moralische Schwierigkeiten und Konflikte, die den früheren Generationen unbekannt waren. Julien Sorel und Mathilde de la Mole, Lucien de Rubempré und Rastignac sind die ersten modernen Menschen der abendländischen Literatur – unsere ersten geistigen Zeitgenossen. Bei ihnen begegnen wir zum erstenmal jener Sensibilität, die in unseren eigenen Nerven vibriert, in ihrem Charakterbild finden wir die ersten Züge jener psychologischen Differenziertheit, die für uns zum Wesen eines Menschen der Gegenwart gehört. Von Stendhal bis Proust, von der Generation von 1830 bis zu der von 1910, sind wir die Zeugen einer einheitlichen, organischen geistigen Entwicklung. Drei Generationen ringen mit den gleichen Problemen, siebzig bis achtzig Jahre lang bleibt der Kurs der Geschichte unverändert.

Die charakteristischen Züge des Jahrhunderts werden um 1830 bereits alle erkennbar. Die Bourgeoisie steht im Besitze und im Bewußtsein ihrer Macht vollentwickelt da. Die Aristokratie ist vom Schauplatz der historischen Ereignisse verschwunden und führt eine rein private Existenz. Der Sieg des Bürgertums ist unzweifelhaft und unbestritten. Die Sieger bilden zwar eine durchaus konservative und unliberale Kapitalistenklasse, die die Herrschaftsformen und Regierungsmethoden der alten Aristokratie teilweise unverändert übernimmt, ihre Mitglieder sind aber in ihren Lebensformen und ihrer Denkweise ganz und gar unaristokratisch und untraditionalistisch. Schon die Romantik war wohl eine wesentlich bürgerliche Bewegung, die ohne die Emanzipation der Mittelklassen undenkbar gewesen wäre, die Romantiker gebärdeten sich aber oft noch höchst aristokratisch und kokettierten mit dem Gedanken, sich an den Adel als Publikum zu wenden. Nach 1830 hören diese Velleitäten auf, und es wird offenbar, daß es außer dem Bürgertum kein massives literarisches Publikum mehr gibt. Sobald nun aber die Emanzipation des Bürgertums vollendet ist, beginnt auch schon der Kampf der Arbeiterklasse um den politischen Einfluß. Und das ist die zweite der für das 19. Jahrhundert grundlegenden Bewegungen, die von der Julirevolution und dem Bürgerkönigtum ihren Ausgang nehmen. Bisher waren die Klassenkämpfe des Proletariats mit denen des Bürgertums verquickt, und es waren in der Hauptsache die politischen Ziele der Mittelklassen, für die sich die Arbeiterschaft eingesetzt hat. Erst die Vorgänge nach 1830 öffnen ihr die Augen und erbringen den Beweis, daß sie sich bei dem Kampf um ihre Rechte auf keine andere Klasse stützen darf. Gleichzeitig mit dem Erwachen des Klassenbewußtseins des Proletariats gewinnt die sozialistische Theorie ihre erste konkrete Form, und es entsteht zugleich das Programm eines künstlerischen Aktivismus, der an Intransigenz jede frühere Bewegung ähnlicher Art übertrifft. Das *l'art pour l'art* erlebt seine erste Krise und hat von nun an nicht nur gegen den Idealismus der Klassizisten, sondern auch gegen den Utilitarismus sowohl der „sozialen" wie der „bürgerlichen" Kunst zu kämpfen.

Der wirtschaftliche Rationalismus, der mit der fortschreitenden Industrialisierung und dem vollständigen Sieg des Kapitalismus Hand in Hand geht, der Fortschritt der historischen und der exakten Wissenschaften und der damit verbundene allgemeine Szientismus des Denkens, das abermalige Erlebnis einer mißglückten Revolution und der politische Realismus als Folge – alles bereitet auf den großen Kampf mit der Romantik vor, der die Geschichte der nächsten hundert Jahre ausfüllt. Die Vorbereitung und die Einleitung dieses Kampfes ist ein weiterer Beitrag der Generation von 1830 zu den Grundlagen des 19. Jahrhunderts. Stendhals Schwanken zwischen *logique* und *espagnolisme*, Balzacs widerspruchsvolle Beziehung zum Bürgertum, die Dialektik von Rationalismus und Irrationalismus bei beiden zeigt den Kampf bereits im vollen Schwunge; die Generation Flauberts vertieft nur den Gegensatz, findet die Kampfsituation jedoch fertig vor. Die Kunstanschauung des Julikönigtums ist teils bürgerlich, teils sozialistisch, im ganzen aber unromantisch. Das Publikum ist, wie Balzac im Vorwort zur *Peau de Chagrin* (1831) bemerkt, „satt mit Spanien, dem Orient und der Geschichte Frankreichs à la Walter Scott", und die Zeit der Poesie, das heißt der „romantischen" Poesie, ist, wie Lamartine klagt, vorbei.[1] Der naturalistische Roman, die ursprünglichste Schöpfung dieser Epoche und die wichtigste künstlerische Errungenschaft des Jahrhunderts, bringt, trotz des Romantizismus seiner Begründer, trotz des Rousseauismus Stendhals und der Melodramatik Balzacs, vor allem den unromantischen Geist der neuen Generation zum Ausdruck. Sowohl der wirtschaftliche Rationalismus als auch das politische Denken in den Kategorien des Klassenkampfes verweisen den Roman auf das Studium der sozialen Wirklichkeit und der sozialpsychologischen Mechanismen. Der Gegenstand und der Gesichtspunkt der Beobachtung entsprechen vollkommen den Intentionen des Bürgertums, und das Ergebnis, der naturalistische Roman, dient dieser emporkommenden und nach der restlosen Beherrschung der Gesellschaft strebenden Klasse als eine Art Lehrbuch. Die Schriftsteller des Zeitalters schaffen in ihm ein Instrument der Menschenkunde und der Weltbehandlung und richten sich dabei nach den Bedürfnissen und dem Geschmack eines Publikums, das sie hassen und verachten. Sie trachten ihre bürgerlichen Leser zu befriedigen, gleichviel, ob sie Saint-Simonisten und Fourieristen sind oder nicht, und an die soziale Kunst oder das *l'art pour l'art* glauben – denn ein proletarisches Lesepublikum gibt es nicht, und wenn es ein solches auch gäbe, würde seine Existenz sie nur in Verlegenheit bringen.

Bis zum 18. Jahrhundert waren die Autoren nichts als das Sprachrohr ihres Publikums;[2] sie verwalteten die geistigen

Güter ihrer Leser, so wie die Bediensteten und die Beamten ihre materiellen Güter verwalteten. Sie akzeptierten und bestätigten die geltenden Moralprinzipien und Geschmacksregeln; sie erfanden sie nicht und veränderten sie nicht. Sie schrieben ihre Werke für ein festumrissenes und streng begrenztes Publikum und waren keineswegs bestrebt, neue Interessenten zu gewinnen, neue Leser zu akquirieren. Es bestand demzufolge auch keinerlei Spannung zwischen dem wirklichen und einem seinsollenden Publikum.[3] Der Schriftsteller kannte weder das quälende Problem zwischen verschiedenen subjektiven Möglichkeiten, noch die Gewissensfrage, zwischen verschiedenen Schichten der Gesellschaft wählen zu müssen. Erst im 18. Jahrhundert spaltet sich das Publikum in zwei verschiedene Lager und der Weg der Kunst in zwei miteinander konkurrierende Stilrichtungen. Von nun an steht jeder Künstler zwischen zwei gegensätzlichen Ordnungen, zwischen der Welt der konservativen Aristokratie und der der progressiven Bourgeoisie, zwischen einer Gruppe, die an den alten, hergebrachten, vermeintlich absoluten Werten festhält und einer, die davon ausgeht, daß auch diese Werte, und vor allem diese, zeitlich bedingt sind und daß es auch andere, zeitgemäßere, dem Gemeinwohl entsprechendere gibt. Das Bürgertum sagt sich von seinen aristokratischen Vorbildern los und die Aristokratie selbst beginnt an der Geltung ihrer Wertmaßstäbe zu zweifeln; sie geht zum Teil ins Lager der Bourgeoisie über, um eine Literatur zu fördern, die ihr feindlich und verderblich ist. Für die Schriftsteller entwickelt sich damit eine vollkommen neue Situation; diejenigen, die auch weiterhin im Dienste der konservativen Schichten, der Kirche, des Hofes und des höfischen Adels stehen, werden zu Verrätern an ihren eigenen Standesgenossen; diejenigen dagegen, die die Weltanschauung des aufsteigenden Bürgertums vertreten, erfüllen eine Funktion, wie sie die maßgebenden Schriftsteller bisher, von vereinzelten Persönlichkeiten abgesehen, nie erfüllt hatten: sie kämpfen für eine unterdrückte oder jedenfalls noch nicht im Besitze der Macht befindliche Klasse.[4] Sie finden die Ideologie dieses Publikums nicht mehr fix und fertig vor, sie haben an ihr, an ihrem Begriffssystem, ihren Denkkategorien und Wertmaßstäben selber mitzuarbeiten. Sie sind nicht mehr nur das Sprachrohr ihrer Leser, sie sind zugleich ihre Fürsprecher und Lehrmeister und gewinnen sogar etwas von jener längst verlorenen priesterlichen Würde zurück, die weder die Dichter der Antike noch die der Renaissance besessen hatten, am wenigsten aber die Kleriker des Mittelalters, deren Leser wieder nur Kleriker waren und die als Schriftsteller mit den Laien in gar keine Berührung kamen. Während der Restauration und des Bürgerkönigtums verlieren die Literaten die einzigartige Stellung, die sie im 18. Jahrhundert innehatten; sie sind weder die Beschützer noch die Lehrer ihrer Leser mehr, sie sind im Gegenteil ihre unwilligen, stets revoltierenden, aber nichtsdestoweniger sehr brauchbaren Diener. Sie verkünden wieder eine mehr oder weniger fertig vorgefundene und eindeutig vorgeschriebene Ideologie – den von der Aufklärung abgeleiteten, diese jedoch vielfach verfälschenden Liberalismus des sieghaften Bürgertums. Sie müssen sich auf den Grund dieser Weltanschauung stellen, wenn sie Leser finden und ihre Bücher verkaufen wollen. Eigentümlich ist nur, daß sie es tun, ohne sich mit ihrem Publikum irgendwie zu identifizieren. Auch die Schriftsteller der Aufklärung zählten nur einen Teil des literarischen Publikums zu ihren Anhängern, auch sie waren von einer feindlichen und gefährlichen Welt umgeben, sie standen aber wenigstens mit ihren eigenen Lesern im gleichen Lager. Sogar die Romantiker fühlten sich noch trotz ihrer Heimatlosigkeit mit der einen oder der anderen Schicht der Gesellschaft verbunden und konnten jederzeit sagen, für welche Gruppe, welche Klasse sie eintraten. Mit welchem Teil des Publikums fühlt sich aber denn Stendhal verbunden? Höchstens mit den *happy few* – mit den Outsidern, den Ausgestoßenen, den Besiegten. Und Balzac? Identifiziert er sich mit dem Adel, mit der Bourgeoisie oder mit dem Proletariat? – mit dem Stand, für den er zwar gewisse Sympathien hat, den er aber ohne mit der Wimper zu zucken preisgibt, oder mit der Klasse, deren unverwüstliche Lebenskraft er zwar bewundert, von der er sich aber angewidert fühlt, oder mit den Massen, vor denen er sich wie vor dem Feuer fürchtet? Die Schriftsteller, die nicht bloß die „maîtres de plaisir“ der Bourgeoisie sind, haben kein eigentliches Publikum – der erfolgreiche Balzac ebensowenig wie der erfolglose Stendhal.

Nichts spiegelt das spannungsvolle, disharmonische Verhältnis zwischen dem literarisch produktiven und dem rezeptiven Teil der Generation von 1830 schärfer als der neue, bei Stendhal und Balzac auftretende Typus des Romanhelden. Die Enttäuschung und der Weltschmerz der Helden Rousseaus, Chateaubriands und Byrons, ihre Weltfremdheit und Einsamkeit verwandeln sich in einen Verzicht auf die Verwirklichung ihrer Ideale, in eine Verachtung der Gesellschaft und oft in einen verzweifelten Zynismus den geltenden Normen und Konventionen gegenüber. Aus dem Desillusionsroman der Romantik wird der Roman der Hoffnungslosigkeit und der Resignation. Jeder tragisch-heroische Zug, jeder Wille zur Selbstbehauptung, jeder Glaube an die Vollendung des eigenen Wesens weicht einer Kompromißbereitschaft, der Bereitschaft, ziellos zu leben und ruhmlos zu sterben. Der Desillusionsroman der Romantik enthielt stets noch etwas von der Idee der Tragödie, die den gegen die triviale Wirklichkeit kämpfenden Helden noch in seinem Untergang siegen läßt; im Roman des 19. Jahrhunderts erscheint er dagegen, auch wenn er sein faktisches Ziel erreicht, und oft gerade dann, als innerlich besiegt. Dem jungen Goethe, Chateaubriand oder Benjamin Constant lag nichts ferner als ihre Helden an der Berechtigung ihrer Eigenart und ihrer Lebensziele zweifeln zu lassen; erst der moderne Roman schafft das schlechte Gewissen des mit der bürgerlichen Lebensordnung in Konflikt geratenen Helden und fordert von ihm, die Sitten und Konventionen der Gesellschaft wenigstens als Spielregeln anzuerkennen. Werther ist noch die exzeptionelle Persönlichkeit, der der Dichter das Recht, sich gegen die verständnislose und prosaische Welt aufzulehnen, von vornherein einräumt; Wilhelm Meister beendet dagegen seine Lehrjahre bereits mit der Einsicht, daß man sich in diese Welt, so wie sie nun einmal ist, einzufügen hat. Die äußere Wirklichkeit ist sinnfremder und seelenloser, weil mechanischer und selbstgenügsamer geworden, die Gesellschaft, die bisher das natürliche Gehäuse und das einzige Betätigungsfeld des Individuums war, hat jede Bedeutung, jeden Wert für seine höheren Ziele verloren, die Forderung jedoch, sich ihr anzupassen, in ihr und für sie zu leben, hat sich verstärkt.

Die Politisierung der Gesellschaft, die mit der französischen Revolution begonnen hat, erreicht unter dem Julikönigtum ihren Höhepunkt. Der Streit zwischen Liberalismus und Reaktion, der Kampf um die Vereinbarung der revolutionären Errungenschaften mit den Interessen der privilegierten Klassen geht weiter und erfaßt sämtliche Gebiete des öffentlichen Lebens. Das Finanzkapital siegt über den Grundbesitz, und sowohl die feudale Aristokratie als auch die Kirche hören auf, eine maßgebende politische Rolle zu spielen; den progressiven Elementen stehen die Bankiers und die Fabrikanten gegenüber. Der alte politische und soziale Antagonismus hat sich keineswegs gemildert, die Stellungen haben sich aber verschoben. Die tiefsten Gegensätze bestehen jetzt zwischen dem Industriekapitalismus einerseits und der Lohnarbeiterschaft mit dem Kleinbürgertum andrerseits. Die Ziele des Klassenkampfes klären sich, die Kampfmethoden spitzen sich zu; alles scheint eine neue Revolution anzukündigen. Der Liberalismus gewinnt trotz der fortwährenden Rückschläge neuen Boden, die westeuropäische Demokratie bereitet sich langsam vor. Das Wahlgesetz wird geändert, und die Zahl der Wähler erhöht sich von etwa 100000 auf das Zweieinhalbfache. Es entstehen die Rudimente des parlamentarischen Systems und die Grundlagen der Koalition der Arbeiterschaft. Im Parlament sind freilich trotz der Wahlreform noch immer nur die besitzenden Klassen vertreten, und der Liberalismus, der zur Herrschaft gelangt, stellt lediglich den Liberalismus der Großbourgeoisie dar. Das Julikönigtum ist, mit einem Wort, eine Periode des Eklektizismus, der Kompromisse, der Mitte – wenn auch nicht gerade der „richtigen", wie Louis-Philippe sie bezeichnet und wie sie nun bald zustimmend, bald ironisch von aller Welt genannt wird. Es ist eine Zeit der Mäßigung und der Toleranz nach außen, doch eine Zeit des härtesten Existenzkampfes nach innen, eine Epoche des gemäßigten politischen Fortschritts und des wirtschaftlichen Konservativismus nach englischem Muster. Die Guizot und die Thiers verherrlichen die Idee der konstitutionellen Monarchie, wünschen, daß der König bloß herrsche, doch nicht regiere, sie sind aber das Instrument einer parlamentarischen Oligarchie, einer kleinen Regierungspartei, die die breiteren Schichten des Bürgertums mit dem Zauberwort des „enrichissez-vous!" in ihrem Banne hält. Das Julikönigtum ist eine Periode der Prosperität, eine Blütezeit der industriellen und kommerziellen Unternehmungen. Das Geld beherrscht das ganze öffentliche und private Leben; alles beugt sich vor ihm, alles dient ihm, alles prostituiert sich – genau so oder fast so, wie Balzac es beschrieben hat. Die Herrschaft des Kapitals beginnt zwar keineswegs erst jetzt, der Geldbesitz war aber bisher nur eines der Mittel, durch die man sich in Frankreich Geltung verschaffen konnte, und noch dazu weder das vornehmste noch das wirkungsvollste. Jetzt hingegen wird auf einmal jedes Recht, jede Macht, jede Fähigkeit in Geld ausgedrückt. Alles muß auf diesen Nenner gebracht werden, damit es begreiflich wird. Von hier aus erscheint die ganze bisherige Geschichte des Kapitalismus als ein bloßes Vorspiel. Nicht nur die hohe Politik und die höhere Gesellschaft, nicht nur das Parlament und die Bürokratie tragen einen plutokratischen Charakter, Frankreich wird nicht nur von den Rothschilds und den anderen „Juste-Millionären", wie Heine sie genannt hat, beherrscht, der König selbst ist ein gerissener und hemmungsloser Spekulant. Achtzehn Jahre lang teilen sich König, Parlament und Verwaltung in den fetten Bissen, tauschen untereinander Informationen und Tips aus, lassen einander Geschäfte und Konzessionen zukommen, spekulieren in Aktien und Renten, Wechseln und Pfandbriefen. Der Kapitalist reißt die Führung in der Gesellschaft an sich und erobert eine Stellung, die er vordem nie innehatte. Bisher gehörte zu dieser Rolle die ideologische Verklärung des Besitzes; der Reiche mußte als der Beschützer der Kirche, der Krone oder der Künste und Wissenschaften auftreten, jetzt genießt er die höchsten Ehren, einfach weil er reich ist. „Von nun an werden die Bankiers herrschen!" prophezeit Lafitte, nachdem Louis-Philippe zum König erklärt ist. Und: „Keine Gesellschaft kann ohne eine Aristokratie bestehen" – sagt 1836 ein Abgeordneter im Parlament. – „Wollen Sie wissen, wer die Aristokraten des Julikönigtums sind? Die Großindustriellen; sie sind das Fundament der neuen Dynastie."[5] Die Bourgeoisie steht aber noch immer im Kampfe um ihre Geltung, um das gesellschaftliche Prestige, das der Adel ihr nur widerwillig und zögernd zugesteht. Sie ist noch immer eine „aufsteigende Klasse" und hat noch den Elan der Offensive, das ungebrochene Selbstbewußtsein der Entrechteten. Sie ist allerdings ihres Sieges so sicher, daß ihr Selbstbewußtsein bereits in Selbstzufriedenheit und Selbstgerechtigkeit umzuschlagen beginnt. Ihr gutes Gewissen beruht schon zum Teil auf Selbstbetrug, und sie reift dem Zustand entgegen, wo die Enthüllungen des Sozialismus ihre Selbstsicherheit knicken werden. Sie wird immer unduldsamer und unliberaler und macht aus ihren ärgsten Unzulänglichkeiten, aus ihrer Engherzigkeit, ihrem platten Rationalismus und ihrem idealistisch verkleideten Gewinnstreben, die Grundlagen ihrer Weltanschauung. Jeder wirkliche Idealismus wird ihr verdächtig, jede Weltfremdheit erscheint ihr lächerlich; sie sträubt sich gegen jede Intransigenz, jeden Radikalismus, verfolgt und unterdrückt jede Opposition gegen den Geist des *juste-milieu* und der klugen Verschleierung der Gegensätze. Sie erzieht ihre Satelliten zu Heuchlern und verschanzt sich um so verzweifelter hinter den Fiktionen ihrer Ideologie, je gefährlicher die Angriffe des Sozialismus werden.

Die Grundtendenzen des modernen Kapitalismus, die seit der Renaissance sichtbar geworden sind, treten nun in ihrer schroffen und zugeständnislosen, von jeder Tradition ungemilderten Eindeutigkeit hervor. Am auffallendsten macht sich die Tendenz zur Versachlichung erkennbar, das heißt das Streben, den Apparat einer wirtschaftlichen Unternehmung jedem direkten menschlichen, auf persönliche Umstände Rücksicht nehmenden Einfluß zu entziehen. Die Unternehmung wird zu einem selbständigen, seine eigenen Interessen und Ziele verfolgenden, sich nach den Gesetzen der eigenen Logik richtenden Organismus, zu einem Tyrann, der jeden, der mit ihm in Berührung kommt, zu seinem Sklaven macht.[6] Die vollkommene Hingabe an das Geschäft, die Selbstaufopferung des Unternehmers im Interesse der Konkurrenzfähigkeit, der Prosperität und der Ausdehnung der Firma, sein abstraktes, gegen sich selbst schonungsloses Erfolgsstreben gewinnt einen beängstigenden, monomanischen Charakter.[7] Das System macht sich von seinen Trägern unabhängig und verwandelt sich in einen Mechanismus, dessen Gang keine menschliche Macht aufzuhalten vermag. In dieser Selbstbewegung des Apparats besteht das Unheimliche des modernen Kapitalismus; das verleiht ihm jene Dämonie, die Balzac so erschreckend schildert. In dem Maße, wie die Mittel und die Voraussetzungen des wirtschaftlichen Erfolges sich der individuellen Einflußnahme entziehen, wird in den Menschen das Gefühl der Unsicherheit, die Empfindung, der Willkür eines Ungeheuers ausgeliefert zu sein, immer stärker. Und so wie die Interessen sich verzweigen und verschlingen, wird der Kampf immer wilder, verzweifelter, das Ungeheuer immer vielgestaltiger, der Untergang immer unentrinnbarer. Schließlich ist man überall von Konkurrenten, Gegnern, Feinden umgeben, jeder kämpft gegen jeden, jeder steht in der Frontlinie eines unablässigen, allseitigen, wirklich „totalen" Krieges.[8] Jeder Besitz, jede Stellung, jeder Einfluß muß von Tag zu Tag von neuem erworben, erobert, erzwungen werden; alles wirkt provisorisch, nichts scheint zuverlässig und stabil zu sein.[9] Daher die allgemeine Skepsis, der allgemeine Pessimismus, daher das Gefühl der würgenden Lebensangst, das die Welt Balzacs erfüllt und der vorherrschende Zug der Literatur der kapitalistischen Ära bleibt.

Louis-Philippe und seiner Finanzaristokratie steht eine gewaltige, weitverzweigte Opposition gegenüber, die, außer den Legitimisten des Adels und des Klerus, alle die Elemente in sich faßt, die sich in ihren an die Julirevolution geknüpften Erwartungen getäuscht fühlen, das heißt, einerseits das patriotische und bonapartistische, im Grunde jedoch liberal denkende Kleinbürgertum, andererseits die aus den bürgerlichen Republikanern und den Sozialisten sich zusammensetzende Linke mit der progressiven, in dem einen oder dem andern Lager stehenden Intelligenz. Die sogenannte „liberale" Regierungspartei ist also von einem ganzen Ring oppositioneller und revolutionärer Gruppen umschlossen, und Louis-Philippe, dem „Bürgerkönig", steht die überwältigende Mehrheit seines Volkes vollkommen fremd gegenüber.[10] Die radikalen Tendenzen äußern und entladen sich in der Bildung von demokratischen Vereinigungen, Parteien und Sekten, in Streiks, Hungerrevolten und Attentaten, kurz, in einem Zustand, der mit Recht als die Revolution in Permanenz bezeichnet worden ist. Diese Unruhen bilden keineswegs die einfache Fortsetzung der früheren Revolutionen und Revolten. Schon der Lyoner Aufstand von 1831 unterscheidet sich durch seinen apolitischen Charakter von den älteren revolutionären Bewegungen;[11] er ist der Auftakt und der Anfang jener Massenbewegung, deren Symbol, die rote Fahne, zum erstenmal im Jahre 1832 erscheint. Die Wendung beginnt mit einer für das sozialistische Denken charakteristischen Entdeckung. „Die Lehren der bürgerlichen Ökonomie von der Identität der Interessen von Kapital und Arbeit, von der allgemeinen Harmonie und dem allgemeinen Volkswohlstand als Folge der freien Konkurrenz, wurden" – wie Engels bemerkt – „immer schlagender von den Tatsachen Lügen gestraft."[12] Der Sozialismus als Doktrin entwickelt sich aus der Erkenntnis des Klassencharakters dieser Ökonomie. Sozialistischen Ideen und Tendenzen begegnen wir natürlich schon in der großen Französischen Revolution, namentlich im Konvent und in der Babeufschen Verschwörung, von einer proletarischen Massenbewegung und einem ihr entsprechenden Klassenbewußtsein kann aber erst seit dem Sieg der Industriellen Revolution und der Einführung der maschinellen Großbetriebe gesprochen werden. Das beständige Zusammensein in diesen Betrieben bildet den Ursprung der Arbeitersolidarität und damit der ganzen neuern Arbeiterbewegung.[13] Das moderne Proletariat, als die Integration der früher zerstreuten kleinen Arbeitereinheiten, ist überhaupt erst die Schöpfung des 19. Jahrhunderts und des Industrialismus; die ältere Geschichte kennt nichts Ähnliches.[14] Die sozialistische Theorie, deren Begründer vereinzelte Philanthropen und Utopisten sind und die aus der wirtschaftlichen Not des Volkes, aus dem Wunsch, diese Not zu lindern und eine Lösung für die gerechtere Verteilung der Güter zu finden, entstanden ist, wird erst mit dem Ausbau der städtischen Industriebetriebe und den sozialen Kämpfen nach 1830 zu einem wirksamen Kampfmittel; jetzt tritt sie erst den Weg an, den Engels als ihre Entwicklung „von der Utopie zur Wissenschaft" bezeichnet hat. Schon die Gesellschaftskritik Saint-Simons und Fouriers war aus dem Erlebnis des Industrialismus und der Erkenntnis seiner verheerenden Wirkung erwachsen, bei diesen Denkern war aber der Realismus noch mit viel Romantik, die richtig gestellten Fragen waren noch mit phantastischen Lösungsversuchen verbunden. Die seit der Restauration, ja gewissermaßen schon seit dem Konkordat auftretenden und nach 1830 sich vertiefenden religiösen Tendenzen bestimmten den Charakter ihres ganzen Reformer- und Missionärtums. Von Saint-Simon bis Auguste Comte schwebt den Sozialisten und Sozialphilosophen das Ziel der Romantik vor: alle möchten sie die mittelalterliche Kirche als „organische", synthetische Form, durch eine neue Ordnung, eine neue Organisation der Gesellschaft ersetzen und das „neue Christentum" mit der Hilfe der Dichter und Künstler errichten.

Mit der fortschreitenden Politisierung des Lebens zwischen 1830 und 1848 verstärkt sich auch die politische Richtung der Literatur. Es gibt in diesem Zeitraum fast keine politisch indifferenten Werke; denn auch der Quietismus des *l'art pour l'art* hat eine politische Färbung. Die neue Tendenz kommt am auffallendsten darin zum Ausdruck, daß die politische und literarische Laufbahn sich miteinander verbinden, und daß es zumeist die Mitglieder der gleichen Gesellschaftsschicht sind, die die Politik oder die Literatur als Beruf ausüben. Literarische Fähigkeiten gelten als die selbstverständliche Voraussetzung einer politischen Karriere, und der politische Einfluß ist oft der Lohn für literarische Verdienste. Die schriftstellernden Politiker und die politisierenden Schriftsteller des Julikönigtums – die Guizot, Thiers, Michelet, Thierry, Villemain, Cousin, Jouffroy, Nisard – sind die letzten Nachfolger der „Philosophen" des 18. Jahrhunderts; die Autoren der nächsten Generation haben keinen politischen Ehrgeiz und ihre Politiker keinen geistigen Einfluß mehr. Bis zur Februarrevolution aber absorbiert das politische Leben alle geistigen Kräfte. Die begabten jungen Leute, denen die politische Laufbahn wegen ihrer Mittellosigkeit verschlossen ist, widmen sich dem Journalismus; das ist jetzt der übliche Anfang und die typische Form des Literatenberufes. Als Journalist baut man sich nicht nur eine Brücke zur Politik und zur eigentlichen Literatur, man sichert sich oft schon durch die journalistische Tätigkeit selbst einen namhaften Einfluß und ein beträchtliches Einkommen. Bertin, der Chefredakteur des *Journal des Débats*, wirkt mit seiner Selbstzufriedenheit und Selbstsicherheit wie der Inbegriff des Bürgerkönigtums. Er ist die literarisch gewordene Bourgeoisie und die großbürgerlich gewordene Literatur in Person. Die literarische Tätigkeit verwandelt sich aber nicht nur in ein Geschäft für die Bertin, sondern, wie schon Sainte-Beuve bemerkt, in eine „Industrie" für alle Beteiligten.[15] Sie wird einfach zu einem Mittel der Annoncen- und Abonnentenakquirierung. Die Verbindung der Literatur mit der Tagespresse wirkt nach der Ansicht eines Zeitgenossen ebenso umwälzend wie die Verwendung des Dampfes zu den Zwecken der Industrie; die ganze literarische Produktion ändert ihren Charakter.[16] Wenn diese Analogie aber vielleicht auch übertrieben ist und die Industrialisierung der Literatur nur ein Symptom der allgemeinen geistigen Entwicklung darstellt, das heißt nur eine Tendenz zum Ausdruck bringt, zu der die künstlerische Produktion der Epoche an und für sich neigt, so muß es dennoch als ein historisches Ereignis bezeichnet werden, als Émile de Girardin, ein unbedeutender Schriftsteller, aber ein phantasiereicher Geschäftsmann, die Idee des bis dahin vollkommen unbekannten Dutacq sich zu eigen macht und 1836 die Zeitung *La Presse* gründet. Die epochemachende Neuerung besteht darin, daß er das Abonnement des Blattes mit vierzig Francs jährlich festsetzt, das heißt der Hälfte des damals üblichen Bezugspreises, und den Fehlbetrag durch Annoncen und Anzeigen hereinzubringen gedenkt. Dutacq gründet noch im selben Jahr mit dem gleichen Programm den *Siècle*, und die übrigen Pariser Zeitungen folgen im eigenen Rahmen dem Beispiel. Die Zahl der Abonnenten wächst und beträgt 1846 zweihunderttausend gegenüber der Zahl von siebzigtausend zehn Jahre vorher. Die neuerstandenen Unternehmungen zwingen die Herausgeber dazu, miteinander durch den Inhalt der Blätter zu konkurrieren. Sie müssen ihren Lesern eine möglichst schmackhafte und abwechslungsreiche Kost bieten, um die Anziehungskraft der Zeitungen, vor allem mit Rücksicht auf das Annoncengeschäft, zu steigern. Jeder soll von nun an in seinem Blatt das ihm Gemäße und Nützliche finden; jedem soll es eine kleine Hausbibliothek und eine Enzyklopädie ersetzen.

Die Zeitungen bringen neben fachmännischen Beiträgen Artikel von allgemeinem Interesse, namentlich Reisebeschreibungen, Skandalgeschichten und Gerichtshofberichte. Die größte Attraktion üben sie jedoch mit ihrem Fortsetzungsroman aus. Diesen liest ein jeder, die Aristokratie und die Bourgeoisie, die mondäne Gesellschaft und die Intelligenz, Jung und Alt, Mann und Frau, Herr und Diener. Die *Presse* beginnt die Serie ihrer „Feuilletons" mit der Publikation von Werken Balzacs, der ihr zwischen 1837 und 1847 jährlich einen Roman liefert, und Eugène Sues, der ihr die meisten seiner Werke überläßt. Der *Siècle* spielt gegen die Autoren der *Presse* Alexander Dumas aus, dessen *Drei Musketiere* einen ungeheueren Erfolg haben und der Zeitung einen namhaften Gewinn bringen. Das *Journal des Débats* verdankt seine Popularität vor allem den *Mystères de Paris* Eugène Sues, der seit diesem Roman zu den begehrtesten und bestbezahlten Autoren gehört. Der *Constitutionnel* bietet ihm hunderttausend Francs für seinen *Juif errant*, und dieser Betrag gilt von nun an als Maßstab für die ihm bezahlten Honorare. Das größte Einkommen hat aber noch immer Dumas, der etwa zweihunderttausend Francs im Jahr verdient und dem die *Presse* und der *Constitutionnel* für 220000 Druckzeilen jährlich einen Betrag von 63000 Francs zahlen. Um der unerhörten Nachfrage zu genügen, assoziieren sich die beliebten und gesuchten Autoren mit den literarischen Kulis, die ihnen bei der standardisierten Produktion unschätzbare Dienste leisten. Es entstehen ganze Literaturfabriken, und die Romane werden wie auf dem laufenden Band erzeugt. Bei einer Gerichtsverhandlung wird nachgewiesen, daß Dumas mehr unter seinem Namen veröffentlicht, als er schreiben könnte, auch wenn er Tag und Nacht ununterbrochen arbeiten würde. Tatsächlich beschäftigt er dreiundsiebzig Mitarbeiter und unter diesen einen gewissen Auguste Maquet, den er vollkommen selbständig arbeiten läßt. Das

Literaturwerk wird nun im vollsten Sinne des Wortes zur „Ware"; es hat seinen Preistarif, wird nach Mustern angefertigt und auf Termin geliefert. Es ist ein Handelsartikel, für den man den Preis bezahlt, den er wert ist – den er wieder hereinbringt. Keinem Herausgeber fällt es ein, Herrn Dumas oder Herrn Sue mehr zu bezahlen als er bezahlen muß und kann, und die Autoren der Feuilletonromane werden ebensowenig „überzahlt" wie die Filmstars von heute; ihre Preise richten sich nach der Nachfrage und haben mit dem künstlerischen Wert der Produkte nichts zu tun.

Die *Presse* und der *Siècle* sind die ersten Tagesblätter, die Fortsetzungsromane bringen, die Idee der Veröffentlichung eines Romans in Fortsetzungen ist aber nicht ihr Eigentum. Sie stammt von Véron, der sie bereits in seiner 1829 gegründeten *Revue de Paris* verwirklicht.[17] Buloz übernimmt sie von ihm in der *Revue des Deux Mondes* und veröffentlicht unter anderem Romane von Balzac in dieser Form. Das Feuilleton an und für sich ist aber älter als diese Zeitschriften; man begegnet ihm schon um 1800. Die Zeitungen, die während des Konsulats und des ersten Kaiserreichs infolge der Zensur und der übrigen Beschränkungen der Presse sehr mager sind, geben, um ihren Lesern etwas zu bieten, eine literarische Beilage heraus. Diese stellt zuerst eine Art Chronik der mondänen Welt und des Kunstlebens dar, entwickelt sich aber schon während der Restauration zu einem Literaturblatt. Seit 1830 bilden Erzählungen und Reisebeschreibungen ihren Hauptinhalt, und nach 1840 bringt sie nur mehr Romane. Das Zweite Kaiserreich, das nach jeder Nummer einer Zeitung mit einem Feuilleton eine Steuer von einem Centime einhebt, bereitet dem Fortsetzungsroman ein baldiges Ende. Das Genre erlebt später zwar eine Wiedergeburt, bleibt aber auf die weitere Entwicklung der Literatur ohne Einfluß, im Gegensatz zu den tiefen Spuren, die es in der Literatur der vierziger Jahre hinterläßt.

Der Feuilletonroman ist für ein ebenso gemischtes und in seiner Zusammensetzung ebenso neuartiges Publikum bestimmt wie das Melodrama oder das Vaudeville; es herrschen in ihm die gleichen Formprinzipien und Geschmackskriterien wie auf der gleichzeitigen populären Bühne. Für den Stil des

Darstellung ist auch hier die Vorliebe für das Übertriebene und Pikante, das Krasse und Exzentrische maßgebend; die beliebtesten Sujets drehen sich um Entführungen und Ehebrüche, Gewaltakte und Grausamkeiten. Die Charaktere und die Handlung sind auch hier, wie im Melodrama, typisiert und schematisiert.[18] Das Abbrechen der Erzählung am Ende einer jeden Fortsetzung, die Aufgabe, jedesmal einen Endeffekt zu schaffen und den Leser auf die nächste Fortsetzung neugierig zu machen, legt es dem Autor nahe, sich eine Art Theatertechnik anzueignen und vom Dramatiker die sprunghafte, szenenmäßig gegliederte und pointierte Darstellung zu übernehmen. Alexander Dumas, der Meister der dramatischen Spannung, ist auch ein Virtuose der Feuilletontechnik; denn je dramatischer die Entwicklung eines Fortsetzungsromans ist, um so stärker wirkt er auf sein Publikum. Die Fortführung der Handlung von Tag zu Tag, die Veröffentlichung der einzelnen Teile zumeist ohne genauen Plan und ohne die Möglichkeit, das bereits Veröffentlichte zu ändern und mit dem später Geschriebenen in Einklang zu bringen, bedingt aber andrerseits eine „undramatische", episodische und improvisierende Erzählungsweise, eine flußartige Fortbewegung der Ereignisse und eine unorganische, oft widerspruchsvolle Charakterzeichnung. Die ganze Kunst der „Vorbereitung", die Technik der natürlichen, ungezwungenen, unabsichtlich wirkenden Motivation, geht damit verloren. Die Wendungen der Handlung und die Sinnesänderung der Charaktere wirken manchmal wie bei den Haaren herbeigezogen, und die im Laufe der Erzählung auftretenden Nebengestalten erscheinen oft wie hereingeschneit, nachdem der Autor es versäumt hat, sie rechtzeitig „vorzustellen". Balzac selbst macht sich der unvorbereiteten Einführung von Figuren wiederholt schuldig, obgleich er an der *Chartreuse de Parme* gerade diese improvisierende Technik bemängelt. Bei Stendhal ist aber die nachlässige, lockere Konstruktion die Folge einer an und für sich episodischen, pikaresken, wesentlich undramatischen Erzählungstechnik,[19] bei Balzac hingegen, dem eine dramatische Form des Romans vorschwebt, ist sie eine Unzulänglichkeit, die mit seiner journalistischen Schreibweise, seinem von der Hand in den Mund Leben, zusammenhängt. Ob nun aber die Industrialisierung der Literatur lediglich eine Folge des Journalismus ist und der Unterhaltungsroman seinen starren, stereotypen Charakter zur Gänze dem Feuilleton verdankt, muß dahingestellt bleiben; denn, wie es der Empire- und Restaurationsstil des Romans beweist, war die Konventionalisierung dieser Form um 1830 bereits längst im Gange.[20]

Der Feuilletonroman bedeutet eine beispiellose Demokratisierung der Literatur und eine fast vollkommene Nivellierung des lesenden Publikums. Niemals ist eine Kunst von so verschiedenen Gesellschafts- und Bildungsschichten so einmütig anerkannt und mit so gleichartigen Gefühlen aufgenommen worden. Selbst ein Sainte-Beuve lobt an dem Verfasser der *Mystères de Paris* Qualitäten, die er bei Balzac mit Bedauern vermißt. Die Ausbreitung des Sozialismus und das Wachsen des Lesepublikums gehen Hand in Hand miteinander, die demokratische Einstellung Eugène Sues und sein Glaube an die soziale Bestimmung der Kunst erklären aber nur zum Teil den Erfolg seiner Romane. Es wirkt vielmehr eigentümlich, den Liebling eines zum großen Teil aus bürgerlichen Elementen bestehenden Publikums vom „edlen Arbeiter" schwärmen und über den „grausamen Kapitalismus" wettern zu hören. Das humanitäre Ziel, das er verfolgt, die Enthüllung der Wunden des kranken sozialen Körpers, die er sich in seinen Werken zur Aufgabe macht, erklärt höchstens die Sympathie, mit der ihn die progressive Presse, der *Globe*, die *Démocratie pacifique*, die *Revue indépendante*, die *Phallange*, und ihr Anhang behandeln. Die Mehrheit seiner Leser nimmt die sozialistische Tendenz bei ihm nur mit in den Kauf. Die dichterische Behandlung der sozialen Probleme des Tages erscheint aber zweifellos auch diesem Teil des Publikums als selbstverständlich. Der von M^me^ de Staël betonte Gedanke, daß die Literatur der Ausdruck der Gesellschaft sei, findet allgemeine Anerkennung und wird zu einem Axiom der französischen Literaturkritik. Seit 1830 ist es durchaus die Regel, ein literarisches Werk in seinem Zusammenhang mit den aktuellen politischen und sozialen Problemen zu beurteilen, und es stößt sich, mit der Ausnahme der verhältnismäßig kleinen Gruppe hinter der *l'art pour l'art*-Bewegung, niemand daran, die Kunst in den Dienst von politischen Zielen gestellt zu sehen. Es wurde überhaupt wohl nie so wenig reine, formale, praktisch beziehungslose Ästhetik getrieben wie jetzt.[21]

Bis 1848 gehören die meisten und wichtigsten Schöpfungen der Kunst der aktivistischen, nach 1848 der quietistischen Richtung an. Der Desillusionismus Stendhals ist noch aggressiv, extrovertiert, anarchistisch, die Resignation Flauberts passiv, egozentrisch, nihilistisch. Auch innerhalb der Romantik ist nicht mehr das *l'art pour l'art* Théophile Gautiers und Gérard de Nervals die führende Strömung. Man ist nicht mehr romantisch in dem alten, weltfremden, mystischen und mystifizierenden Sinne. Die Romantik wird fortgesetzt, aber gleichzeitig verwandelt, umgedeutet. Die antiklerikale und antilegitimistische Tendenz, die sich am Ende der Restauration bemerkbar machte, spitzt sich zu einer revolutionären Weltanschauung zu. Die Mehrheit der Romantiker fällt von der „reinen Kunst" ab und geht zu den Saint-Simonisten und Fourieristen über.[22] Die führenden Persönlichkeiten – Hugo, Lamartine, George Sand – bekennen sich zu einem künstlerischen Aktivismus und stellen sich in den Dienst der von den Sozialisten geforderten „populären" Kunst. Das Volk hat gesiegt, und es heißt nun, der revolutionären Wendung auch in der Kunst Ausdruck zu geben. Nicht nur George Sand und Eugène Sue werden zu Sozialisten, nicht nur Lamartine und Hugo begeistern sich für das Volk, auch Schriftsteller wie Scribe, Dumas, Musset, Mérimée und Balzac kokettieren mit den sozialistischen Ideen.[23] Dieser Flirt nimmt allerdings bald ein Ende; denn so wie das Julikönigtum sich von den demokratischen Zielen der Revolution abwendet und zum Regime des konservativen Bürgertums wird, fallen die Romantiker vom Sozialismus ab und kehren zu ihrer früheren, wenn auch modifizierten Kunstanschauung zurück. Es bleibt schließlich kein einziger bedeutender Dichter der sozialen Idee treu, und die Sache der „populären Kunst" scheint einstweilen verloren zu sein. Es vollzieht sich eine innere Beruhigung, eine Verbürgerlichung und Disziplinierung der romantischen Kunst. Es entsteht unter der Führung Lamartines, Hugos, Vignys und Mussets einerseits eine konservativ-akademische, andrerseits eine mondäne Salon-Romantik. Das wilde und gewaltsame Rebellentum ist überwunden und die Bourgeoisie nimmt sich dieser teils akademisch gezähmten, gleichsam „klassisch" gewordenen, teils mit dem Dandysmus der Jünger Byrons sich verquickenden Romantik begeistert an.[24] Sainte-Beuve, Villemain, Buloz sind die höchsten Autoritäten, das *Journal des Débats* und die *Revue des Deux Mondes* die offiziellen Organe des neuen, romantisch gefärbten, akademisch gesinnten, bürgerlichen Literatentums.[25]

Einzelnen Schichten des Publikums erscheint aber die Romantik noch immer zu wild und willkürlich. Man setzt ihr einen neuen, nüchternen, streng bürgerlichen Klassizismus entgegen, die Kunst der sogenannten *école de bon sens* und des ästhetischen *juste-milieu.* Der Erfolg Ponsards, die Renaissance der *tragédie classique* und die Rachel-Mode sind die auffallendsten Symptome der neuen Geschmacksrichtung. Nach den „krankhaften" Übertreibungen und der überhitzten Atmosphäre will man wieder frische Luft atmen. Man will es wieder mit ausgeglichenen, maßvollen, mustergültigen Charakteren zu tun haben, mit normalen, von jedermann verständlichen Gefühlen und Leidenschaften, mit einer Weltanschauung des Gleichgewichts, der Ordnung, des Mittelmaßes, kurz, mit einer Literatur, die auf die Pikanterien, die bizarren Einfälle und die exzentrische Ausdrucksweise der Romantik verzichtet. 1843 ist das Jahr des Erfolges der *Lucrèce* und des Fiaskos der *Burgraves;* es bedeutet aber durchaus nicht nur den Sieg Ponsards über Hugo, sondern zugleich den der Scribe, der Dumas und der Ingres über Stendhal, Balzac und Delacroix. Die Bourgeoisie erwartet von der Kunst keine Erschütterungen, sondern Unterhaltung; sie erblickt im Dichter keinen Vates, sondern einen „maître de plaisir". Auf Ingres folgt die endlose Reihe der korrekten, aber langweiligen akademischen Maler, auf Ponsard die der verläßlichen, aber unbedeutenden Lieferanten der Staats- und Stadttheater. Man will sein Vergnügen und seine Ruhe haben und ändert dementsprechend seine Einstellung zur „reinen", apolitischen Kunst.

Das *l'art pour l'art* ist aus der Romantik entstanden und stellt ein Mittel ihres Freiheitskampfes dar; es ist die Folge und gewissermaßen das Fazit der romantischen Kunsttheorie. Das, was ursprünglich nur eine Auflehnung gegen die klassischen Kunstregeln war, ist zu einer Revolte gegen jede äußere Bindung, zu einer Emanzipation von allen kunstfremden, moralischen und intellektuellen Werten geworden. Die künstlerische Freiheit bedeutet für Gautier bereits die Unabhängigkeit von den Wertmaßstäben des Bürgertums, die Uninteressiertheit an seinen utilitaristischen Zielen und die Weigerung, bei der Verwirklichung dieser Ziele mitzutun. Das *l'art pour l'art* wird für die Romantiker zum Elfenbeinturm, in dem sie sich vor jeder Praxis verschließen. Um den Preis des Einverständnisses mit der bestehenden Ordnung erkaufen sie sich die Ruhe und die Überlegenheit einer rein kontemplativen Haltung. Bis 1830 versprach sich die Bourgeoisie von der Kunst die Förderung ihrer Ziele, sie bejahte daher die politische Propaganda durch die Kunst. „Der Mensch ist nicht allein zum Singen, Glauben, Lieben geschaffen ... Das Leben ist kein Exil, sondern ein Auftrag zum Handeln . . ." schreibt der *Globe* im Jahre 1825.[26] Nach 1830 aber wird das Bürgertum mißtrauisch der Kunst gegenüber und bevorzugt eine Neutralität statt der früheren Allianz. Die *Revue des Deux Mondes* meint jetzt, es sei nicht nötig, es sei sogar unerwünscht, daß der Künstler seine eigenen politischen und sozialen Ideen habe; und das ist der Standpunkt, den die maßgebendsten Kritiker, unter anderen Gustave Planche, Nisard und Cousin, vertreten.[27] Das Bürgertum macht sich das *l'art pour l'art* zu eigen; es betont die ideale Natur der Kunst und den hohen, über den politischen Parteien stehenden Rang des Künstlers. Es sperrt ihn in einen goldenen Käfig ein. Cousin greift auf die Idee der Autonomie in der Philosophie Kants zurück und erneuert die Lehre von der „Interesselosigkeit" der Kunst, wobei ihm die mit dem Kapitalismus zur Herrschaft gelangende Tendenz zur Spezialisierung nur zustatten kommt. Das *l'art pour l'art* ist tatsächlich einerseits der Ausdruck der mit dem Industrialismus fortschreitenden Arbeitsteilung, andrerseits die Schutzwehr der Kunst gegen die Gefahr, von dem industrialisierten und mechanisierten Leben verschlungen zu werden. Es bedeutet einerseits die Rationalisierung, Entzauberung und Verengung der Kunst, gleichzeitig aber den Versuch, ihre Eigenart und Spontaneität, trotz der allgemeinen Mechanisierung, zu bewahren.

Das *l'art pour l'art* stellt zweifellos das widerspruchsvollste Problem der Ästhetik dar. Nichts bringt die dualistische, innerlich geteilte Natur der ästhetischen Haltung so scharf zum Ausdruck. Ist die Kunst sich selbst Ziel und Zweck oder ist sie nur Mittel zu einem Zweck? Man wird diese Frage verschieden beantworten, nicht nur je nach der historischen und soziologischen Lage, in der man sich befindet, sondern auch je nachdem, welches Element man aus dem komplexen Gebilde der Kunst ins Auge faßt. Das Kunstwerk ist mit einem Fenster verglichen worden, durch welches man das Leben betrachten kann, ohne sich von der Struktur, der Transparenz, der Farbe der Fensterscheibe selbst Rechenschaft zu geben.[28] Das Kunstwerk erscheint nach dieser Analogie als ein bloßes Vehikel der Beobachtung und der Erkenntnis, das heißt eben als eine Glasscheibe oder ein Augenglas, das an und für sich indifferent ist und nur als Mittel zu einem Zweck dient. Wie man nun aber seinen Blick auch auf die Struktur der Fensterscheibe einstellen kann, ohne auf das jenseits des Fensters sich eröffnende Bild zu achten, so läßt sich auch das Kunstwerk als ein selbständiges, um seiner selbst willen daseiendes Formgebilde auffassen, als ein Sinnzusammenhang, der in sich abgeschlossen und vollendet ist, und bei dem jedes Transzendieren, jedes „Hinausschauen durch das Fenster", das Verständnis der inneren Zusammenhänge beeinträchtigt. Der Sinn des Kunstwerks schwankt beständig zwischen diesen beiden Aspekten, zwischen einem immanenten, vom Leben und jeder werkjenseitigen Wirklichkeit abgeschnürten Sein, und einer durch das Leben, die Gesellschaft, die Praxis bedingten Funktion. Vom Standpunkt des unmittelbaren ästhetischen Erlebnisses erscheint die Selbstherrlichkeit und Selbstgenügsamkeit als das Wesen des Kunstwerkes, denn nur indem es sich von der Wirklichkeit abtrennt und diese restlos ersetzt, nur indem es einen totalen, in sich vollendeten Kosmos bildet, ist es imstande, eine vollkommene Illusion zu erzeugen. Diese Illusion ist aber keineswegs der ganze Inhalt der Kunst und hat oft gar keinen Anteil an ihrer Wirkung. Die größten Kunstwerke verzichten auf den täuschenden Illusionismus einer in sich abgeschlossenen ästhetischen Welt und weisen über sich hinaus. Sie stehen in einer unmittelbaren Beziehung zu den großen Lebensproblemen ihrer Zeit und suchen stets eine Antwort auf die Frage: Wie läßt sich dem menschlichen Dasein ein Sinn abgewinnen? Wie können wir an diesem Sinn teilhaben?

Die unauflösbarste Paradoxie des Kunstwerkes besteht darin, daß es für sich und wieder nicht nur für sich da zu sein scheint; daß es sich an ein konkretes, historisch-soziologisch bedingtes Publikum wendet, gleichzeitig aber so wirkt, als ob es von einem Publikum überhaupt keine Kenntnis nehmen wollte. Die „vierte Wand" der Bühne scheint bald die selbstverständlichste Voraussetzung, bald die willkürlichste Fiktion der Ästhetik zu sein. Die Aufhebung der Illusion durch eine These, eine moralische Tendenz, eine praktische Absicht, die einerseits den selbstvergessenen Kunstgenuß zerstört, führt andrerseits die eigentliche, das ganze Sein des Beschauers oder des Lesers erfassende Teilnahme am Werk erst herbei. Diese Alternative hat aber mit der jeweiligen Intention des Künstlers nichts zu tun. Auch das politisch und moralisch tendenziöseste Werk kann als reine Kunst, das heißt als bloßes Formgebilde, aufgefaßt werden, wenn es überhaupt ein Kunstwerk ist; andererseits kann jedes künstlerische Produkt, auch ein solches, mit dem sein Schöpfer kein wie immer geartetes praktisches Ziel verbunden hat, als Ausdruck und Mittel der sozialen Kausalität betrachtet werden. Der Aktivismus Dantes schließt eine rein ästhetische Deutung der *Göttlichen Komödie* ebensowenig aus, wie der Formalismus Flauberts eine soziologische Erklärung der *Madame Bovary* und der *Éducation sentimentale*.

Die künstlerischen Hauptrichtungen um 1830 – die „soziale Kunst", die *école de bon sens* und das *l'art pour l'art* – stehen in komplizierten, zumeist widerspruchsvollen Wechselbeziehungen zueinander. Die Saint-Simonisten und Fourieristen sind in ihrem Verhältnis sowohl zur Romantik als auch zum bürgerlichen Klassizismus von diesen Widersprüchen bestimmt. Sie lehnen die Romantik ab wegen ihrer Vorliebe für die

Kirche und die Monarchie, wegen ihres irrealen, romanesken Lebensgefühls, ihres selbstsüchtigen Individualismus, hauptsächlich aber wegen ihres quietistischen *l'art pour l'art*-Prinzips. Sie sympathisieren andererseits mit der Romantik wegen ihres Liberalismus, ihres Prinzips der künstlerischen Freiheit und Spontaneität, ihrer Auflehnung gegen die klassischen Regeln und Autoritäten. Sie fühlen sich aber auch von den naturalistischen Bestrebungen der Romantik stark angezogen; sie erkennen in diesem Naturalismus die Verwandtschaft mit der eigenen lebensbejahenden, der Wirklichkeit aufgeschlossenen Gesinnung. Die Affinität zwischen Sozialismus und Naturalismus erklärt vor allem ihre Sympathien für Balzac, dessen Werke sie, besonders im Anfang, sehr wohlwollend beurteilen.[29] Mit diesen antagonistischen Gefühlen gegenüber der Romantik ist eine ebenso widerspruchsvolle Einstellung zum bürgerlichen Klassizismus verbunden. Die Anerkennung für den Liberalismus der romantischen Kunstanschauung bedeutet die gleichzeitige Verurteilung der Rückkehr zu den klassischen Mustern in der bürgerlichen Kunst; der Widerwille gegen die Willkürlichkeiten und Maßlosigkeiten der romantischen Dichtung, vor allem des romantischen Theaters, äußert sich dagegen als eine teilweise Billigung des Ponsardischen Klassizismus.[30] Dieser Unentschiedenheit der Sozialisten entspricht einerseits die Teilung der Gunst des Bürgertums zwischen der akademischen Romantik und dem Ponsardschen Drama, andrerseits das Schwanken der Romantik selbst zwischen Aktivismus und *l'art pour l'art*. Mit diesen drei Richtungen kreuzt sich aber noch eine vierte, die entwicklungsgeschichtlich wichtigste: der Naturalismus Stendhals und Balzacs. Auch dieser Naturalismus steht in einer widerspruchsvollen Beziehung zur Romantik. Die Ambivalenz entspricht hier hauptsächlich dem Zwiespalt, der zwischen zwei aufeinanderfolgenden Generationen oder zwei sich ablösenden geistigen Richtungen zu bestehen pflegt. Der Naturalismus ist die Fortsetzung und die Auflösung der Romantik; Stendhal und Balzac sind ihre legitimsten Erben und ihre heftigsten Gegner.

Der Naturalismus ist keine einheitliche, eindeutige, stets am gleichen Naturbegriff orientierte Kunstauffassung, sondern eine jeweils verschiedenartige, jedesmal auf ein bestimmtes Ziel, eine konkrete Aufgabe gerichtete und sich auf besondere Erscheinungen beschränkende Interpretation des Lebens. Man bekennt sich zum Naturalismus, nicht weil man die naturalistische Darstellung von vornherein für künstlerischer hält als die stilisierende, sondern weil man an der Wirklichkeit einen Zug, eine Tendenz entdeckt, die man stärker betonen, die man fördern oder bekämpfen möchte. Eine solche Entdeckung ist nicht erst das Resultat der naturalistischen Beobachtung, das naturalistische Interesse ist vielmehr die Folge einer solchen Entdeckung. Die Generation von 1830 fängt ihre literarische Laufbahn mit der Erkenntnis an, daß die Struktur der Gesellschaft sich vollkommen verändert hat; teils bejaht sie, teils bekämpft sie diese Veränderung, sie reagiert aber stets in einer höchst aktivistischen Weise darauf, und von diesem Aktivismus ist ihr naturalistisches Kunstwollen abhängig. Ihr Naturalismus ist also nicht auf die Wirklichkeit schlechthin gerichtet, nicht auf die „Natur" oder das „Leben" überhaupt, sondern auf das gesellschaftliche Sein im besonderen, das heißt auf jenen Bezirk der Wirklichkeit, der für diese Generation besonders wichtig geworden ist. Stendhal und Balzac machen sich die Darstellung der neuen, veränderten Gesellschaft zur Aufgabe; das Ziel, das Neuartige und Eigentümliche an ihr zum Ausdruck zu bringen, führt sie zum Naturalismus und bestimmt ihren Begriff der künstlerischen Wahrheit. Das soziale Bewußtsein der Generation von 1830, ihre Empfindsamkeit für Erscheinungen, bei welchen gesellschaftliche Interessen auf dem Spiele stehen, ihr Scharfblick für soziale Veränderungen und Umwertungen, macht aus ihren Dichtern die Schöpfer des sozialen Romans und des modernen Naturalismus.

Die Geschichte des Romans beginnt mit der ritterlichen Epik des Mittelalters. Diese hat zwar mit dem modernen Roman wenig zu tun, ihre additive Komposition, ihre fortspinnende, Abenteuer an Abenteuer, Episode an Episode reihende Erzählungsweise, bildet aber den Ursprung einer Tradition, die sich nicht nur im pikaresken Roman, nicht nur in den Helden- und Hirtengeschichten der Renaissance und des Barocks, sondern noch im Abenteuerroman des 19. Jahrhunderts und in der Darstellung des Lebens- und Erlebnisstroms bei Proust und Joyce fortsetzt. Abgesehen von der allgemeinen, dem ganzen Mittelalter eigentümlichen Neigung zur additiven Form und der christlichen Konzeption des Lebens als eines untragischen, nicht in einzelnen dramatischen Konflikten sich zuspitzenden, sondern einen wegartigen, stadienmäßigen Charakter tragenden Phänomens, hängt diese Struktur vor allem mit dem mündlichen Vortrag der mittelalterlichen Dichtung und dem naiven Stoffhunger des mittelalterlichen Publikums zusammen. Der Buchdruck, das heißt das unmittelbare Lesen von Büchern, und die zur Konzentration strebende Kunstauffassung der Renaissance bringen es mit sich, daß die expansive Erzählungsweise des Mittelalters einer einheitlicheren, weniger episodischen Darstellung zu weichen beginnt. *Don Quijote* bildet trotz seiner im wesentlichen noch pikaresken Struktur auch in formaler Hinsicht die Kritik der maßlosen Ritterromane. Die entscheidende Wendung zur Vereinheitlichung und Vereinfachung der Romanform bringt allerdings erst der französische Klassizismus mit sich. Die *Princesse de Clèves* ist zwar ein alleinstehendes Beispiel, denn die Helden- und Hirtenromane des 17. Jahrhunderts gehören noch in die Kategorie der lawinenartig anwachsenden und unaufhaltsam dahinrollenden Abenteuergeschichten des Mittelalters, mit dem Meisterwerk der M$^{me}$ de Lafayette war aber die Idee des handlungsmäßig einheitlichen, dramatisch zugespitzten „Liebesromans", der psychologischen Analyse einer einzigen Konfliktsituation, verwirklicht und zu einer jederzeit realisierbaren Möglichkeit geworden. Der Abenteuerroman stellt nunmehr eine Literatur zweiten Ranges dar; er steht außerhalb der Grenzen der repräsentativen Kunst und genießt die Vorteile der Unbedeutsamkeit und Unverantwortlichkeit. Der *Grand Cyrus* und die *Astrée* bilden zwar hauptsächlich die Lektüre der höfischen Aristokratie, man liest sie aber sozusagen in privater Eigenschaft und frönt ihrem Genuß wie einem Laster, oder jedenfalls wie einer Schwäche, auf die stolz zu sein man keinen Grund hat. Bossuet erwähnt es rühmend in seiner Trauerrede auf Henriette d'Angleterre, daß die Verstorbene für die Moderomane und ihre abgeschmackten Helden nichts übrig hatte; das genügt, um sich eine Vorstellung zu machen, wie diese Gattung in der Öffentlichkeit beurteilt wurde. Die Aristokratie ließ sich aber, wenn es sich um ihr privates Vergnügen handelte, nicht von den klassizistischen Kunstregeln leiten, sondern erging sich im Genuß der Abenteuer und Extravaganzen ebenso hemmungslos wie je.

Auch die Romanliteratur des 18. Jahrhunderts gehört zumeist noch der diffusen, pikaresken Gattung an. Nicht nur *Gil Blas* und der *Diable boiteux*, auch die Romane Voltaires sind trotz ihres beschränkten Umfangs episodisch aufgebaut, und *Gulliver* oder *Robinson* verkörpern vollends das Prinzip der Addition. Sogar *Manon Lescaut*, die *Vie de Marianne* und die *Liaisons dangereuses* stellen noch Übergangsformen dar zwischen den alten Abenteuergeschichten und dem Liebesroman, der allmählich zur führenden Gattung wird und die Literatur der Vorromantik zu beherrschen beginnt. Mit *Clarissa Harlowe*, der *Nouvelle Héloïse* und dem *Werther* siegt das dramatische Prinzip im Roman, und es fängt eine Entwicklung an, die ihren Höhepunkt in Werken wie Flauberts *Madame Bovary* und Tolstois *Anna Karenina* erreichen wird. Die Aufmerksamkeit konzentriert sich nunmehr auf die psychologische Bewegung; die äußeren Begebenheiten kommen nur insofern in Betracht, als sie seelische Reaktionen auslösen. Diese Psychologisierung des Romans ist das auffallendste Zeichen der Verinnerlichung und Subjektivierung, die die Kultur des Zeitalters erfährt. Im Bildungsroman, der die nächste Stufe der Entwicklung darstellt und die stilgeschichtlich wichtigste literarische Form des Jahrhunderts ist, kommt die Tendenz zur Verinnerlichung noch stärker zur Geltung. Die Entwicklungsgeschichte des Helden wird zur Entstehungsgeschichte einer Welt. Nur eine Zeit, in der die indivi duelle Bildung zur wichtigsten Quelle der Kultur geworden ist, konnte diese Form des Romans hervorbringen, und sie mußte wohl in einem Lande wie Deutschland entstehen, wo die Gemeinschaftskultur am wenigsten tief wurzelte. Goethes *Wilhelm Meister* ist jedenfalls der erste Bildungsroman im strengen Sinne des Wortes, wenn auch die Ursprünge der Gattung auf ältere Werke, hauptsächlich pikaresker Art, wie Fieldings *Tom Jones* und Sternes *Tristram Shandy*, zurückgehen.

Der Roman wird zur führenden literarischen Gattung des 18. Jahrhunderts, weil er das Kulturproblem des Zeitalters, den Gegensatz zwischen Individualismus und Gesellschaft, am umfassendsten und tiefsten zum Ausdruck bringt. In keiner anderen Form kommen die Antagonismen der bürgerlichen Gesellschaft so intensiv zur Geltung, in keiner werden die Kämpfe und die Niederlagen des Individuums so packend geschildert. Nicht umsonst bezeichnet Friedrich Schlegel den Roman als die romantische Gattung schlechthin. Die Romantik erkennt darin die adäquateste Darstellung des Konflikts zwischen Ich und Welt, Traum und Leben, Poesie und Prosa, und den tiefsten Ausdruck der Resignation, die ihr als die einzige Lösung dieses Konflikts erscheint. Goethe findet im *Wilhelm Meister* eine der romantischen diametral entgegengesetzte Lösung; und sein Werk bildet nicht nur den Höhepunkt der Geschichte des Romans im 18. Jahrhundert, nicht nur den Prototyp, von dem direkt oder indirekt die repräsentativsten Schöpfungen der Gattung, der *Rouge et Noir*, die *Illusions perdues*, die *Éducation sentimentale* und der *Grüne Heinrich*, um nur diese zu nennen, abgeleitet werden können, sondern auch die erste wichtige Kritik der Romantik als Lebensform. Goethe weist hier, und das ist die eigentliche Botschaft des Werkes, auf die vollkommene Unfruchtbarkeit der romantischen Abwendung von der Realität hin; er betont, daß man der Welt nur gerecht wird, wenn man mit ihr innerlich verbunden ist, und daß man sie nur von innen heraus reformieren kann. Er verschleiert und beschönigt keineswegs die Diskrepanz zwischen Innerlichkeit und Welt, dem seelenhaften Ich und der konventionellen Wirklichkeit, er erkennt und beweist aber, daß die romantische Weltverachtung ein Ausweichen vor dem eigentlichen Problem ist.[31] Die Goethische Forderung, mit der Welt und den Regeln der Welt entsprechend zu leben, wurde durch die spätere bürgerliche Literatur trivialisiert und in eine Aufforderung zu unbedingten Kooperation verwandelt. Aus der friedfertigen, aber keineswegs bedingungslosen Anpassung an die gegebenen Verhältnisse ist eine liebedienerische Versöhnlichkeit und eine utilitaristische Weltgläubigkeit geworden. Goethes Anteil an dieser Entwicklung besteht nur darin, daß er die Unmöglichkeit eines friedlichen Ausgleichs der Gegensätze nicht erkannte, und daß sein etwas leichtfertiger Optimismus sich als Ideologie der bürgerlichen Befriedungspolitik von selbst darbot. Stendhal und Balzac sahen die herrschenden Spannungen viel schärfer und beurteilten die Lage mit mehr Realitätssinn als Goethe. Der soziale Roman, in dem sie ihre Einsichten niederlegten, war ein Schritt, der nicht nur über den romantischen Desillusionsroman, sondern auch über den Goethischen Bildungsroman hinausführte. In ihrer Resignation war sowohl die romantische Weltverachtung als auch die Goethische Kritik der Romantik aufgehoben. Ihr Pessimismus ergab sich aus einer Analyse der Gesellschaft, die sich bezüglich der Lösbarkeit der sozialen Frage keinen Illusionen hingab.

Der Realismus, mit dem Stendhal und Balzac die Lage schilderten, ihr Verständnis für die Dialektik, die die Gesellschaft bewegte, war in der Literatur ihrer Zeit beispiellos, die Idee des sozialen Romans aber lag in der Luft. Untertiteln wie „Szenen aus der vornehmen Welt" oder „Szenen aus dem Privatleben" begegnen wir schon lange vor Balzac.[32] „Viele junge Leute schildern die Dinge, so wie sie sich in der Provinz täglich zutragen . . . Es kommt nicht viel Kunst dabei heraus, aber viel Wahrheit", schreibt Stendhal mit Bezug auf den Gesellschaftsroman seiner Tage.[33] Vorzeichen und Versuche gab es längst allenthalben, seit Stendhal und Balzac aber wird der soziale Roman zum modernen Roman schlechthin, und es erscheint nunmehr geradezu unmöglich, einen Charakter unabhängig von der Gesellschaft darzustellen und ihn außerhalb eines bestimmten sozialen Milieus sich entwickeln und wirken zu lassen. Die Tatsache des gesellschaftlichen Seins rückt in das Bewußtsein der Menschen und ist von dort nicht mehr zu verdrängen. Die großen literarischen Schöpfungen des 19. Jahrhunderts, die Werke Stendhals, Balzacs, Flauberts, Dickens', Tolstois und Dostojewskis, und noch die Werke Prousts und Joyces sind soziale Romane, welcher Kategorie immer sie auch sonst noch angehören. Die Verwurzelung der Charaktere in der Gesellschaft wird zum Kriterium ihrer Realität und Glaubwürdigkeit, und die soziale Problematik ihrer Existenz macht sie erst zum Gegenstand des neuen naturalistischen Romans.

Dieser soziologische Begriff des Menschen ist es, den die Schriftsteller der Generation von 1830 für den Roman entdeckt haben und der einen Marx an den Werken von Balzac am meisten interessierte.

Stendhal und Balzac sind beide strenge, oft boshafte Kritiker der Gesellschaft ihrer Zeit; nur beurteilt der eine sie vom liberalen, der andere vom konservativen Standpunkt aus. Balzac ist trotz seiner reaktionären Anschauungen der fortschrittlichere Künstler; er sieht die Struktur der bürgerlichen Gesellschaft schärfer und schildert ihre Entwicklungstendenzen objektiver als der politisch radikalere, in seinem ganzen Denken und Fühlen jedoch widerspruchsvollere Stendhal. Es gibt in der Geschichte der Kunst überhaupt kein Beispiel, aus dem es klarer hervorgehen würde, daß der Dienst, den ein Künstler dem Fortschritt erweist, nicht so sehr von seinen persönlichen Überzeugungen und Sympathien abhängt, als von der Gewalt, mit der er die Probleme und Widersprüche der sozialen Wirklichkeit darstellt. Stendhal beurteilt seine Zeit nach den bereits antiquierten Begriffen des 18. Jahrhunderts und verkennt den historischen Sinn des Kapitalismus. Balzac hält zwar auch diese Begriffe noch für allzu progressiv, kann aber nicht umhin, in seinen Romanen die Gesellschaft so zu schildern, daß ein Zurückkehren zu den vorrevolutionären Verhältnissen und Ideen als vollkommen undenkbar erscheint. Für Stendhal gilt die Kultur der Aufklärung, die geistige Welt Diderots, Helvétius' und Holbachs als schlechthin mustergültig und unvergänglich; er betrachtet ihren Verfall als eine vorübergehende Erscheinung und setzt ihre Wiedergeburt auf den Zeitpunkt, von dem er seine eigene Rehabilitierung als Künstler erwartet. Balzac dagegen sieht, daß die alte Kultur sich bereits aufgelöst hat, erkennt, daß die Aristokratie selber zu einem Instrument dieses Prozesses geworden ist, und erblickt gerade hierin ein Zeichen der Unaufhaltsamkeit der kapitalistischen Entwicklung. Stendhal ist im wesentlichen politisch eingestellt und richtet seine Aufmerksamkeit bei der Schilderung der Gesellschaft vor allem auf den „Mechanismus des Staates".[34] Balzac gründet dagegen seinen Gesellschaftsbau auf die Wirtschaft und nimmt gewissermaßen die Lehren des historischen

Materialismus vorweg. Er ist sich vollkommen bewußt, daß die jeweiligen Formen der Wissenschaft, der Kunst und der Moral, so wie die der Politik, Funktionen der materiellen Wirklichkeit sind und daß die bürgerliche Kultur mit ihrem Individualismus und Rationalismus in den kapitalistischen Wirtschaftsformen wurzelt. An der Fruchtbarkeit dieser Erkenntnis ändert die Tatsache durchaus nichts, daß die feudalen Verhältnisse dem Kulturideal des Dichters besser entsprechen als die bürgerlich-kapitalistischen. Der Realismus und Materialismus seines Weltbildes wirkt trotz seiner Begeisterung für die alte Monarchie, die katholische Kirche und die aristokratische Gesellschaft als eines der geistigen Fermente, die die letzten Reste des Feudalismus zersetzen.

Die Romane Stendhals sind politische Chroniken: der *Rouge et Noir* ist die Geschichte der französischen Gesellschaft während der Restauration, die *Chartreuse de Parme* das Bild Europas unter der Herrschaft der heiligen Allianz, *Lucien Leuwen* die sozialgeschichtliche Analyse des Julikönigtums. Historische und politisch gefärbte Romane gab es natürlich auch früher schon, vor Stendhal wäre es aber niemandem eingefallen, das politische System seiner Zeit zum eigentlichen Gegenstand eines Romans zu machen. Niemand war sich vor ihm des historischen Augenblicks so bewußt, niemand fühlte so stark wie er, daß die Geschichte sich aus lauter solchen Augenblicken zusammensetzt und eine fortgesetzte Chronik der Generationen bildet. Stendhal erlebt seine Gegenwart als die Schicksalsstunde der ersten nachrevolutionären Generation, als eine Zeit der unerfüllten Versprechungen und Erwartungen, der unausgenützten Energien und der enttäuschten Talente. Er erlebt sie als eine furchtbare Tragikomödie, in der die arrivierte Bourgeoisie eine ebenso jämmerliche Rolle spielt wie die konspirierende Aristokratie, als ein grausames politisches Schauspiel, in dem es nur Intriganten gibt, einerlei, ob sie Ultras heißen oder Liberale. Ist in einer solchen Welt, fragt er sich, wo alles lügt und heuchelt, nicht jedes Mittel gut genug, das zum Erfolg führt? Die Hauptsache ist, nicht der Betrogene zu sein, das heißt, besser zu lügen, sich besser zu verstellen als die anderen. Alle die großen Romane Stendhals drehen sich um das Problem der Heuchelei, um das Geheimnis der Menschenbehandlung und der Irreführung der Welt; alle sind sie so etwas wie Lehrbücher der Realpolitik und Lehrgänge im politischen Amoralismus. Balzac bemerkt bereits in seiner Stendhal-Kritik, daß die *Chartreuse de Parme* ein neuer *Principe* sei, den Machiavelli, wenn er im Italien des 19. Jahrhunderts als Emigrant gelebt hätte, nicht anders hätte schreiben können. Die machiavellische Devise Julien Sorels: „Qui veut la fin veut les moyens“ gewinnt hier ihre klassische, von Balzac selbst wiederholt verwendete Formulierung, nämlich, daß man auf die Spielregeln der Welt eingehen muß, wenn man in der Welt mitzählen und mitspielen will.

Für Stendhal unterscheidet sich die neue Gesellschaft von der alten vor allem durch ihre Herrschaftsformen, durch die Verschiebung der Macht und die veränderte politische Bedeutung der Klassen; das kapitalistische System ist für ihn die Folge des politischen Umbaus. Er schildert die französische Gesellschaft auf einer Entwicklungsstufe, auf der das Bürgertum den wirtschaftlichen Sieg bereits errungen hat, um seine gesellschaftliche Geltung aber noch kämpfen muß. Stendhal stellt diesen Kampf aus einem subjektiven, persönlichen Gesichtspunkt dar, so nämlich, wie er sich für die aufsteigende Intelligenz gestaltet. Die Heimatlosigkeit Julien Sorels ist das Leitmotiv seines ganzen Oeuvres, das Thema, das er in seinen anderen Romanen, vor allem in der *Chartreuse de Parme* und in *Lucien Leuwen*, nur variiert und moduliert. Die soziale Frage besteht für ihn im Schicksal jener ehrgeizigen, aus den unteren Schichten aufsteigenden und durch ihre Bildung entwurzelten jungen Leute, die am Ende der Revolutionsepoche ohne Vermögen und ohne Verbindungen dastehen, und die, einerseits von den Chancen der Revolution, andrerseits von dem Glück Napoleons verblendet, in der Gesellschaft eine ihrem Talent und ihren Ambitionen entsprechende Rolle spielen wollen. Sie entdecken nun aber, daß alle Macht, aller Einfluß, alle wichtigen Posten sich im Besitz des alten Adels und der neuen Geldaristokratie befinden und daß die Mittelmäßigkeit die höhere Begabung und die größere Intelligenz überall verdrängt. Das Prinzip der Revolution, daß jeder der Schmied seines Glückes sei, eine Idee, die den Menschen des *ancien régime* vollkommen fremd, der revolutionären Jugend aber um so geläufiger war, verliert seine Geltung. Zwanzig Jahre früher hätte sich das Schicksal Julien Sorels ganz anders gestaltet; er wäre mit fünfundzwanzig Jahren Oberst, mit fünfunddreißig General geworden, – das ist es, was wir immer wieder zu hören bekommen. Er ist zu spät oder zu früh geboren und steht zwischen den Zeiten, so wie er zwischen den Klassen steht. Wohin gehört er, mit wem hält er es eigentlich? Es ist die wohlbekannte alte Frage, das Problem der Romantik, das hier laut wird und ebenso ungelöst bleibt wie je. Der romantische Ursprung der politischen Ideen Stendhals kommt am deutlichsten wohl darin zum Ausdruck, daß er den Anspruch seines Helden auf Erfolg und Geltung lediglich auf das Vorrecht des Talents, der Intelligenz und der Energie gründet. Bei seiner Kritik der Restauration und seiner Rechtfertigung der Revolution geht er davon aus, daß wirkliche Vitalität und Tatkraft nur noch im Volke zu finden seien. Die Umstände des durch den Seminaristen Berthet verübten und berüchtigten Mordes, die er im *Rouge et Noir* als Motiv verwendet, sind ihm ein Beweis dafür, daß die großen Männer von nun an aus jenen energieerfüllten und zu wirklichen Leidenschaften noch fähigen unteren Schichten hervorgehen werden, denen nicht nur Berthet, sondern, wie er betont, auch Napoleon angehörte.

Damit findet nun der bewußte Klassenkampf seinen Eingang in die Literatur. Der Kampf zwischen den verschiedenen Schichten der Gesellschaft wurde von den Dichtern selbstverständlich auch früher schon geschildert; keine lebenswahre Darstellung der sozialen Wirklichkeit konnte diesen unberücksichtigt lassen. Der eigentliche Sinn des Kampfes aber blieb nicht nur den dichterischen Gestalten, sondern auch ihren Schöpfern unbewußt. Der Sklave, der Leibeigene und der Bauer kamen – zumeist als komische Figuren – in der älteren Literatur sogar verhältnismäßig oft vor, und der Plebejer wurde nicht nur als der Vertreter eines trägen sozialen Elements, sondern, wie zum Beispiel in Marivaux' *Paysan parvenu*, auch als Emporkömmling geschildert, nie trat aber ein Repräsentant der unteren Schichten, das heißt der Schichten unter dem mittleren Bürgertum, als der Vorkämpfer einer entrechteten Klasse auf. Julien Sorel ist der erste Romanheld, dem sein Plebejertum bewußt und stets gegenwärtig ist, der jeden Erfolg als einen Sieg über die Herrenklasse und jede Niederlage als eine Demütigung empfindet. Er kann es selbst M$^{me}$ de Rênal, der einzigen Frau, die er wirklich liebt, nicht verzeihen, daß sie reich ist und zu jener Klasse gehört, vor der er, wie er glaubt, stets auf seiner Hut zu sein hat. In seinem Verhältnis zu Mathilde de la Mole ist der Klassenkampf von dem Kampf der Geschlechter überhaupt nicht mehr zu unterscheiden. Und die Ansprache an seine Richter ist nichts als eine Proklamierung des Klassenkampfes, eine Herausforderung seiner Gegner mit dem Nacken unter dem Beil: „Meine Herren, ich habe nicht die Ehre, Ihrer Gesellschaftsklasse anzugehören", sagt er. „Sie erblicken in mir einen Bauern, der sich gegen die Niedrigkeit seines Schicksals empört hat... Ich sehe Männer, die in meiner Person jene Klasse von jungen Leuten bestrafen und für immer entmutigen möchten, die, in einem niederen und von der Armut bedrückten Stand geboren, das Glück hatten, sich auszubilden, und den Mut hatten, mit jenen Kreisen zu verkehren, die der Hochmut der reichen Leute die Gesellschaft nennt..." Und dennoch, es geht dem Autor nicht allein und vielleicht nicht einmal in erster Reihe um den Klassenkampf; seine Sympathie gehört nicht den Armen und Entrechteten schlechthin, sondern den genialen und zartfühlenden Stiefkindern der Gesellschaft, den Opfern der herz- und phantasielosen Herrenklasse. Darum erscheinen Julien Sorel, der Bauernsohn, Fabrice del Dongo, der Abkömmling einer uralten Adelsfamilie, und Lucien Leuwen, der Erbe eines Millionenvermögens, als Waffenbrüder, als Kampf- und Leidensgenossen, die sich in dieser gemeinen und prosaischen Welt gleich fremd und heimatlos fühlen. Die Restauration hat Verhältnisse geschaffen, in denen der Konformismus der einzige Weg zum Erfolg ist und in denen niemand mehr frei atmen, niemand sich frei bewegen kann, welcher Herkunft er auch immer sei.

Das gemeinsame Schicksal der Helden Stendhals ändert freilich nichts an der Tatsache, daß der soziologische Ursprung des neuen Heldentypus der Klassenkampf ist und daß Fabrice und Lucien nichts als ideologische Übertragungen Juliens sind, Abwandlungen des „empörten Plebejers“, Abarten des „Unglücklichen, der gegen die ganze Gesellschaft Krieg führt“. Ohne das Vorhandensein eines durch die Reaktion bedrohten Mittelstandes und jener zur Passivität verurteilten Intelligenz, zu der Stendhal selber gehört, wäre die Gestalt Fabrice del Dongos ebensowenig denkbar wie die Julien Sorels. Henri Beyle, der Funktionär der kaiserlichen Armee, wird 1815 auf Halbsold gesetzt; er bewirbt sich jahrelang um eine neue Stellung, kann es aber nicht einmal zu einem Bibliothekarsposten bringen. Er lebt in freiwilliger Emigration fern von Frankreich, fern von den Karrieremöglichkeiten, als Gestrandeter. Er haßt die Reaktion, denkt aber stets nur an sich, stets an das Recht, sein „Glück zu verfolgen“, wenn er von Freiheit spricht. Das Glück des Individuums, das Glück in einem rein epikureischen Sinne, bedeutet für ihn das Ziel aller politischen Bestrebungen. Sein Liberalismus ist das Ergebnis seines persönlichen Schicksals, seiner Erziehung, seines durch Kindheitserlebnisse bedingten Oppositionsgeistes, seiner Erfolglosigkeit im Leben, nicht aber eines echt demokratischen Gefühls. Er ist ein „enfant de gauche“[35] – vor allem als das Opfer seines Ödipuskomplexes, dann aber auch als der Zögling seines Großvaters, der als treuer Schüler der „Philosophen“ des 18. Jahrhunderts den Geist der Aufklärung auf ihn überträgt. Seine Mißerfolge halten diesen Geist in ihm wach und machen aus ihm einen Rebellen; gefühlsmäßig ist er jedoch ein Individualist und ein Aristokrat, dem jeder Herdeninstinkt fremd ist. Sein romantischer Heroenkult, seine Verherrlichung der starken, begabten, außergewöhnlichen Persönlichkeit, sein Begriff der „happy few“, seine krankhafte Aversion gegen alles Plebejische, sein Ästhetizismus und Dandysmus sind lauter Ausdrucksformen eines zimperlichen, selbstgefällig aristokratischen Geschmacks. Er hat Angst vor der Republik, will mit der Menge nichts zu tun haben, liebt den Komfort und den Luxus und erblickt den idealen politischen Zustand in einer konstitutionellen Monarchie, die der geistigen Elite eine sorgenfreie Existenz sichert. Er liebt die vornehmen Salons, das müßige, genießerische

Leben, die wohlerzogenen, leichtsinnigen und geistreichen Leute. Von der Republik und der Demokratie befürchtet er die Verarmung und Verdüsterung des Lebens, den Sieg der rohen, unkultivierten Massen über die feine, gebildete, die Schönheit des Daseins auf eine raffinierte Art genießende Gesellschaft. „Ich liebe das Volk und hasse die Bedrücker", sagte er, „es wäre aber eine Qual für mich, beständig mit dem Volk zusammenleben zu müssen."

Trotz des Gefühls der Solidarität, das Stendhal für Julien Sorel empfindet, begleitet er ihn mit einem streng kritischen Blick und läßt, bei aller Bewunderung für das Genie und die Unverdorbenheit des jungen Rebellen, die Vorbehalte gegen sein plebejisches Wesen keineswegs verkennen. Er versteht seine Erbitterung, er teilt seine Verachtung gegen die Gesellschaft, er billigt seine skrupellose Heuchelei und seine Ablehnung jeder Kooperation mit den Leuten, die ihn umgeben, was er aber durchaus nicht versteht und billigt, ist die „folle méfiance", das krankhafte, erniedrigende Mißtrauen des von Minderwertigkeitskomplexen und Ressentimentgefühlen geplagten Plebejers, seine impotente, blind um sich schlagende Rachsucht, seinen häßlichen, ihn selbst entstellenden Neid. Die Schilderung der Gefühle Juliens nach dem Brief mit der Liebeserklärung Mathildes zeigt am unverkennbarsten die Distanz, die Stendhal von seinem Helden trennt. Sie bildet faktisch den Schlüssel zum ganzen Roman und erinnert uns daran, daß wir es in der Geschichte Julien Sorels mit keinem bloßen Selbstbekenntnis des Autors zu tun haben. Es ist vielmehr das Gefühl der Fremdheit, der Scheu, des Entsetzens, das den Erzähler angesichts dieses monomanischen Argwohns erfaßt. „Der Blick Juliens war grausam, sein Gesichtsausdruck scheußlich", sagt er ohne jedes Mitgefühl, ohne den geringsten Versuch, ihn zu entschuldigen. Sollte es Stendhal nie zum Bewußtsein gekommen sein, daß die größte Sünde der Gesellschaft gegen Julien gerade die war, daß sie ihn so mißtrauisch und in seinem Mißtrauen so unglücklich, so unmenschlich gemacht hat?

Stendhals politische Anschauungen sind ebenso widerspruchsvoll wie seine Lebensverhältnisse. Herkunftsmäßig gehört er der Bourgeoisie an, infolge seiner Erziehung wird er aber zum Antagonisten dieser Klasse. Er bekleidet einen höheren Beamtenposten unter Napoleon, macht die letzten Kriegszüge des Kaisers mit, ist vielleicht tief beeindruckt, aber keineswegs begeistert – er hat noch seine Vorbehalte gegen den gewaltsamen Despoten und den rücksichtslosen Eroberer.[36] Die Restauration bedeutet zunächst auch für ihn den Frieden, das Ende der langen, unruhigen, ungewissen Revolutionsperiode; er fühlt sich im neuen Frankreich keineswegs von Anfang an fremd und unbehaglich. In dem Maße jedoch, wie er der Aussichtslosigkeit seiner Halbsoldenexistenz gewahr wird und die Restauration ihr wahres Gesicht enthüllt, wächst sein Haß und Ekel gegen das neue Regime und damit gleichzeitig seine Begeisterung für Napoleon. Seine Schwäche für das gute und bequeme Leben macht aus ihm einen Gegner der sozialen Nivellierung, seine Armut und seine Erfolglosigkeit halten aber seinen Argwohn und seine Feindschaft gegen die bestehende Ordnung wach und verhindern, daß er sich mit der Reaktion abfindet. Diese beiden Tendenzen sind in Stendhals Gedankenwelt stets gegenwärtig, und den jeweiligen Umständen seines Lebens entsprechend tritt bald die eine, bald die andere in den Vordergrund. Während der für ihn so erfolglosen Zeit der Restauration wächst seine Unzufriedenheit und sein politischer Radikalismus; als sich dann aber seine persönlichen Verhältnisse bessern, beruhigt er sich, und aus dem Rebellen wird ein Verteidiger der Ordnung und ein gemäßigter Konservativer.[37] Der *Rouge et Noir* ist noch das Bekenntnis eines Entwurzelten und Empörten, die *Chartreuse de Parme* bereits das Werk eines innerlich Beruhigten und still Entsagenden.[38] Aus der Tragödie ist eine Tragikomödie geworden, aus der Genialität des Hasses eine menschenfreundliche, fast konziliante Weisheit, ein offener, überlegener Sinn für Humor, der wohl alles mit unerbittlicher Objektivität betrachtet, gleichzeitig aber die Relativität der Dinge und die Schwäche alles Menschlichen erkennt. Es kommt damit freilich etwas Frivoles in den Ton des Dichters, etwas von der Toleranz des „Alles Verstehens – alles Verzeihens"; wie weit entfernt ist aber Stendhal von dem Konformismus des späteren

Bürgertums, das innerhalb seiner Konventionen alles, außerhalb ihrer nichts verzeiht! Welcher Unterschied zwischen den Lebenswerten hier und dort! Welche Begeisterung bei Stendhal für die Jugend, den Mut, den Geist, das Glücksbedürfnis, die Begabung, das Glück zu genießen und Glück zu erzeugen, und welche Müdigkeit, welche Blasiertheit, welche Scheu vor dem Glück bei dem arrivierten und etablierten Bürgertum! „Ich sollte glücklicher sein als die anderen, weil ich all das besitze, was sie nicht haben...", sagt Graf Mosca. „Aber seien wir ehrlich, dieser Gedanke muß mein Lächeln entstellen . . . muß mir den Ausdruck von Selbstsucht und Selbstzufriedenheit geben . . . Wie reizend dagegen sein Lächeln ist!" (Er meint Fabrice.) „Er hat den Ausdruck des leichten Glücks der ersten Jugend und erzeugt es bei anderen." Und dabei ist Mosca durchaus kein Schurke. Er ist nur schwach und hat sich verkauft. Stendhal gibt sich aber alle Mühe, ihn zu verstehen. Er fragte sich ja schon im *Rouge et Noir:* „Wer weiß, was man auf dem Wege zu einer großen Tat erlebt?" – „Danton hat gestohlen, Mirabeau hat sich verkauft. Napoleon hat in Italien Millionen gestohlen, ohne die er kaum vorwärtsgekommen wäre . . . Nur Lafayette hat nie gestohlen. Muß man stehlen, muß man sich verkaufen?" Es geht hier offenbar um mehr als um die Millionen Napoleons: Stendhal entdeckt die unerbittliche Dialektik des seinsverbundenen Handelns, den Materialismus aller Existenz, aller Praxis. Eine erschütternde Entdeckung für einen geborenen, wenn auch mit noch so starken Hemmungen kämpfenden Romantiker.

Bei keinem Repräsentanten des 19. Jahrhunderts sind die Verführungen der Romantik und die Widerstände gegen sie so gleichmäßig verteilt wie bei Stendhal. Auch darin spiegelt sich die Zwiespältigkeit seiner politischen Weltanschauung. Stendhal ist ein strenger Rationalist und Positivist; jede Metaphysik, jede bloße Spekulation, jeder verschwommene Idealismus ist ihm fremd und verhaßt. Der Begriff der Moral, das Wesen der intellektuellen Rechtschaffenheit besteht für ihn in der Bestrebung, „klar zu sehen in dem, was ist", das heißt, im Widerstand gegen die Verführungen des Aberglaubens und des Selbstbetrugs. „Ihre feurige Phantasie verschleierte ihr manchmal die Dinge", sagt er von einer seiner Lieblingsgestalten, der Herzogin Sanseverina, „jene willkürlichen Illusionen jedoch, die die Feigheit eingibt, waren ihr fremd." Das höchste Ziel in seinen Augen ist das Lebensideal Voltaires und Lucretius': frei von Angst zu leben. Sein Atheismus besteht im Kampf gegen den Despoten der Bibel und der Mythen und ist nur eine Form seines leidenschaftlichen, gegen jede Lüge, jeden Betrug sich sträubenden Realismus. Seine Abscheu vor jeder Rhetorik und Pathetik, vor den großen Worten und Phrasen, dem bunten, üppigen, emphatischen Stil Chateaubriands und de Maistres, seine Vorliebe für den klaren, sachlichen, trockenen Stil des „bürgerlichen Gesetzbuches", für die „guten Definitionen", die kurzen, präzisen, farblosen Sätze, alles ist bei ihm der Ausdruck eines strengen, zugeständnislosen und, wie Bourget sagt, „heroischen" Materialismus – des Wunsches, klar zu sehen und klar sehen zu lassen in dem, was ist. Alle Übertreibung, alle Ostentation ist ihm widerwärtig, und wenn er auch oft begeistert ist, so ist er doch nie hochtrabend. Es ist bemerkt worden, daß er zum Beispiel nie „Freiheit" sagt, sondern immer nur „die zwei Kammern und die Pressefreiheit";[39] auch das ist ein Zeichen seines Widerwillens gegen alles, was irreal ist und exaltiert klingt, auch das gehört zu seinem Kampf gegen die Romantik und sein eigenes romantisches Gefühl.

Denn empfindungsmäßig ist Stendhal ein Romantiker; „er denkt zwar wie Helvétius, er fühlt aber wie Rousseau".[40] Seine Helden sind enttäuschte Idealisten, leidenschaftliche Draufgänger und unverdorbene, vom Schmutz des Lebens unbefleckte Kinder. Sie sind, so wie ihr berühmter Vorgänger Saint-Preux, Liebhaber der Einsamkeit und der weltfernen Höhen, wo sie ungestört träumen und sich ihren Erinnerungen widmen können. Ihre Träume, ihre Erinnerungen, ihre geheimsten Gedanken drehen sich um Zärtlichkeit. Das ist die große Macht, die bei Stendhal der Vernunft die Waage hält, die Quelle der reinsten Poesie und des tiefsten Zaubers in seinen Werken. Seine Romantik ist aber durchaus nicht immer pure Dichtung und reine, ungemischte Kunst. Sie ist vielmehr von romanesken, phantastischen, morbiden und makabren Zügen voll. Sein Geniekult vor allem besteht keineswegs nur in einer

Begeisterung für Größe und Übermenschentum, sondern gleichzeitig in einer Freude am Extravaganten und Sonderbaren; seine Verherrlichung des „gefährlichen Lebens" bedeutet nicht nur Ehrfurcht vor der Unerschrockenheit und dem Heldentum, sondern auch ein Spiel mit der Ruchlosigkeit und dem Verbrechen. Der *Rouge et Noir* ist, wenn man will, ein Schauerroman mit einem pikanten, gruseligen Ende, die *Chartreuse de Parme* ein Abenteuerroman voll von Überraschungen, wunderbaren Rettungen, Grausamkeiten und melodramatischen Situationen. Der „Beylismus" ist nicht nur eine Religion der Kraft und der Schönheit, sondern auch ein Kult des Genusses und ein Evangelium der Gewalt – eine Variante des romantischen Satanismus. Die ganze Kulturkritik Stendhals trägt einen romantischen Charakter; sie ist von der Begeisterung Rousseaus für den Naturzustand inspiriert, ist aber zugleich ein übersteigerter und ein negativer Rousseauismus, der an der modernen Zivilisation nicht nur den Verlust der Spontaneität, sondern auch die Verkümmerung des Muts zu den großen pittoresken Verbrechen beklagt. Der Bonapartismus Stendhals ist das beste Beispiel für den komplexen, teilweise noch stark romantischen Charakter seiner Gedankenwelt. Außer der ästhetizistischen Verherrlichung des Genies besteht dieser Napoleonkult einerseits in der Anerkennung für den Emporkömmling und den Willen zum Aufstieg, andrerseits in der Solidarität mit dem Besiegten, dem Opfer der Reaktion und der Macht der Finsternis. Napoleon ist für Stendhal teils der kleine Leutnant, der zum Herrn der Welt wird, der jüngste Sohn des Märchens, der das Rätsel löst und die Königstochter bekommt, teils der ewige Märtyrer und Geistesheld, der für diese korrupte Welt zu gut ist und den Opfertod stirbt. Der Immoralismus und Satanismus der Romantik mischt sich auch in diesen Napoleonkult und verwandelt ihn aus einer Apotheose der Größe im Guten wie im Bösen, aus einer Bewunderung der Größe trotz des Bösen, das sie oft zu stiften gezwungen ist, in einen Kult der Größe gerade wegen ihrer Bereitschaft auch zum Bösen, auch zum Verbrechen. Stendhals Napoleon gehört, ebenso wie sein Sorel, zu den Ahnen Raskolnikows; sie verkörpern das, was Dostojewski unter dem westlichen Romantizismus verstanden hat und seinem Helden zum Verhängnis werden ließ.

Auch die Resignation Stendhals trägt noch romantische Züge und hängt mit dem Desillusionsroman der Romantik unmittelbarer zusammen als der kalte und nüchterne Pessimismus Balzacs. Die Romane Stendhals enden aber ebenso schlecht wie die Balzacs; der Unterschied besteht in der Art, nicht in dem Grad des Verzichts. Auch seine Helden werden besiegt, auch sie gehen elend zugrunde oder, was noch ärger ist, werden zur Kapitulation, zu Kompromissen gezwungen; sie sterben jung oder ziehen sich von der Welt enttäuscht zurück. Am Ende sind sie alle müde vom Leben, sind verbraucht, aufgerieben, ausgebrannt, geben den Kampf auf und paktieren mit der Gesellschaft. Juliens Tod ist eine Art Selbstmord, und das Ende des Helden der *Chartreuse de Parme* ist eine ebenso traurige Niederlage. Der Ton des Verzichts wird schon in *Armance* angeschlagen, wo das Motiv der Impotenz das unverkennbare Symbol der Entfremdung ist, an der alle die Helden Stendhals leiden. Das Motiv hat noch seinen Nachklang in der Überzeugung des jungen Fabrice, daß er zur wirklichen Liebe unfähig sei, und im Zweifel Julien Sorels an seinem Talent, zu lieben. Die beglückende, jedes egoistisch individuelle Sein auslöschende Macht der Erotik, das restlose Aufgehen im Augenblick und die vollkommene Selbstvergessenheit in der Hingabe an die Geliebte sind ihm jedenfalls unbekannt. Für Stendhals Helden gibt es keine Seligkeit der Gegenwart; das Glück liegt immer hinter ihnen, und sie besinnen sich seiner erst, wenn es bereits vergangen ist. Nichts drückt die Tragik des Stendhalschen Lebensgefühls ergreifender aus als die Trauer, die in der Erkenntnis Juliens liegt, daß die Tage von Vergy und Verrières, die unbewußt und ungeschätzt dahingelebt wurden, die unaufhaltsam und unwiederbringlich dahingeschwunden sind, das Schönste, das Beste, das Kostbarste waren, das das Leben zu bieten hatte. Erst das Vergehen bringt uns den Wert der Dinge zum Bewußtsein; erst im Schatten des Todes lernt Julien das Leben und die Liebe M^me^ de Rênals zu schätzen, und erst im Gefängnis entdeckt Fabrice das wahre Glück und die wirkliche, innere Freiheit. Wer weiß, fragt Rilke einmal vor dem Käfig eines Löwen, wo die Freiheit ist - vor oder hinter dem Gitter? –, eine echt Stendhalsche und höchst romantische Frage.

Stendhal ist trotz seiner Abneigung gegen den farbenreichen und emphatischen Stil auch in formaler Hinsicht ein Erbe der Romantik, und zwar in einem viel strengeren Sinn, als es mehr oder weniger jeder moderne Künstler ist. Das klassische Ideal der Einheit, der Planmäßigkeit, der Subordination der Teile unter eine leitende Idee und der gleichmäßigen, von jeder subjektiven Willkür freien, auf den Leser stets Rücksicht nehmenden Entwicklung des Gegenstandes wird bei ihm vollkommen verdrängt von einer Kunstauffassung, die einzig und allein vom Ausdruckswillen beherrscht ist und das Erlebnismaterial so unmittelbar, so ungekünstelt, so authentisch wie nur möglich wiederzugeben trachtet. Die Romane Stendhals wirken wie eine Sammlung von Tagebuchblättern und Skizzen, die vor allem die seelische Bewegung, den Mechanismus der Gefühle und die Gedankenarbeit des Autors festzuhalten bestrebt sind. Ausdruck, Bekenntnis, subjektive Mitteilung sind das wirkliche Ziel, der Strom der Erlebnisse, der Rhythmus des Erlebnisstroms selbst, der eigentliche Gegenstand der Darstellung; das, was der Strom mit sich treibt und trägt, erscheint dabei fast nebensächlich.

Mehr oder weniger ist jede moderne, jede nachromantische Kunst Improvisation; jede ist von der Vorstellung abhängig, daß das Gefühl, die Stimmung, die Eingebung fruchtbarer und lebensunmittelbarer sind als der Kunstverstand, der kritische Geschmack und der vorgefaßte Plan. Bewußt oder unbewußt geht die ganze moderne Kunstauffassung von dem Glauben aus, daß die wertvollsten Elemente des Kunstwerkes Einfälle, Trouvailles, Geschenke einer göttlichen Inspiration sind, und daß der Künstler am besten tut, wenn er sich von seiner Erfindungsgabe tragen läßt. Darum spielt die Detailinvention eine so vorherrschende Rolle in der modernen Kunst, darum ist der Eindruck, den sie erweckt, von dem Reichtum der unerwarteten Wendungen und der unvorgesehenen Nebenmotive beherrscht. Schon die Werke Beethovens wirken neben denen seiner Vorgänger wie improvisiert, obwohl die

Schöpfungen der älteren Meister, und vor allem die Mozarts, offenbar leichter, unbekümmerter und eingebungsmäßiger entstanden sind als die sorgfältig vorbereiteten und oft zahlreiche skizzenmäßige Fassungen aufweisenden Kompositionen Beethovens. Mozart scheint sich stets nach einem objektiven, notwendigen, unabänderlichen Plan zu richten, bei Beethoven klingt hingegen jedes Thema, jedes Motiv, jeder Ton so, als ob er sagen wollte, „weil ich es so fühle", „weil ich es so höre" und „weil ich es so haben will". Die Werke der älteren Meister sind wohlartikulierte und wohldisponierte Kompositionen, runde und saubere Melodien, die Schöpfungen Beethovens und der späteren Komponisten dagegen Rezitative, Aufschreie aus der Tiefe des bedrängten Herzens.

Sainte-Beuve bemerkt im *Port-Royal*, daß im Zeitalter des Klassizismus derjenige als der größte Dichter galt, der das vollendetste, klarste, angenehmste Werk schuf, daß wir Modernen dagegen von einem Dichter vor allem Anregung erwarten, das heißt, Stoff zum Mitträumen und Mitdichten.[41] Unsere beliebtesten Dichter sind diejenigen, die vieles nur andeuten und immer ein Unausgesprochenes übriglassen, das wir zu erraten, zu erklären, zu ergänzen haben. Das unvollendete, unerschöpfliche, undefinierbare Werk ist für uns das reizvollste, tiefsinnigste, ausdrucksvollste. Stendhals ganze psychologische Kunst ist darauf abgesehen, den Leser zur Mitarbeit, zum Mitbeobachten und Mitanalysieren anzuregen. – Es gibt zwei verschiedene Methoden der psychologischen Analyse. Die französische Klassik geht von der einheitlichen Idee eines Charakters aus und entwickelt aus einer an sich unveränderlichen Substanz die verschiedenen seelischen Attribute. Die überzeugende Kraft des so zustande kommenden Charakterbildes besteht in der logischen Folgerichtigkeit der Züge, das Bild selbst stellt aber eher den Mythus als das Porträt eines Menschen dar. Die Charaktere der klassischen Literatur gewinnen durch die Selbstbeobachtung des Lesers so gut wie nichts an Interessantheit und Wahrscheinlichkeit; sie wirken durch die Größe und die Schärfe ihrer Linien, sie wollen betrachtet und bewundert, nicht nachgeprüft und ausgelegt werden. Stendhals psychologische Methode, die ebenfalls als eine analytische bezeichnet zu werden pflegt, obgleich sie der klassischen diametral entgegengesetzt ist, geht nicht von der logischen Einheit der Persönlichkeit aus, sondern von ihren einzelnen Äußerungen und betont nicht die Konturen, sondern die Nuancen und Valeurs an ihrem Bilde. Die Darstellung setzt sich hier aus lauter Details, aus lauter Einzelbeobachtungen und besonderen Feststellungen zusammen, die in ihrer Vereinigung zumeist so widerspruchsvoll und lückenhaft wirken, daß der Leser immer wieder auf die Selbstbeobachtung und die subjektive Deutung des komplexen und chaotischen Bildes verwiesen wird. Für die Zeit des Klassizismus war die Einheitlichkeit und Eindeutigkeit eines Charakters das Kriterium seiner Glaubwürdigkeit, jetzt hingegen wirkt eine dichterische Figur um so lebendiger und überzeugender, je komplizierter und rhapsodischer sie ist, je mehr Spielraum sie für die Ergänzungen aus der eigenen Lebenserfahrung des Lesers übrigläßt.

Die Stendhalsche Technik der „petits faits vrais“ bedeutet nicht, daß das Seelenleben aus lauter kleinen, ephemeren, an und für sich irrelevanten Erscheinungen besteht, sondern daß ein Charakter unberechenbar und undefinierbar ist und daß er unzählige Züge enthält, die geeignet sind, seine Idee zu modifizieren und seine Einheit zu sprengen. Den Leser zum Mitbeobachten und Mitdichten anzuregen und die Unerschöpflichkeit des darzustellenden Gegenstandes zuzugeben, bedeutet ein und dasselbe, nämlich den Zweifel an dem Vermögen der Kunst, die Wirklichkeit zu bewältigen. Die Kompliziertheit der modernen Psychologie ist ein Zeichen unserer Unfähigkeit, den neuen Menschen so restlos zu begreifen, wie der Klassizismus den Menschen des 17. und 18. Jahrhunderts begriffen hat. Angesichts dieser Unzulänglichkeit aber mit Zola auszurufen „das Leben ist einfacher“,[42] wäre pure Blindheit gegenüber der komplexen Natur des modernen Lebens. Die psychologische Komplikation ergibt sich für Stendhal aus der wachsenden Bewußtheit des Menschen der Gegenwart, aus seiner leidenschaftlichen Selbstbeobachtung, aus der Wachsamkeit, mit der er alle seine Gefühlsregungen und Gemütsbewegungen begleitet. Wenn es aber im *Rouge et Noir* heißt, „der Mensch hat zwei Seelen in sich", so versteht der Dichter darunter noch nicht gerade die Zwiespältigkeit und die Selbstentfremdung Dostojewskis, sondern einfach den Dualismus, der darin besteht, daß der geistige Mensch unserer Tage ein Handelnder und gleichzeitig ein Betrachtender, ein Schauspieler und sein eigener Zuschauer ist. Stendhal kennt seine größte Seligkeit und ärgste Not: die Reflexivität seines Seelenlebens. Wenn er liebt, die Schönheit genießt, sich innerlich frei und unbegrenzt fühlt, empfindet er nicht nur die Seligkeit dieser Gefühle, sondern zugleich das Glück, dieses Glückes bewußt zu sein.[43] Wenn er nun aber in seinem Glück vollkommen aufgehen und sich von allen seinen Halbheiten und Unzulänglichkeiten erlöst fühlen müßte, ist er immer noch voller Probleme und Zweifel: Ist das alles? – fragt er sich. Ist das die berühmte Liebe? Kann man denn überhaupt lieben, empfinden, entzückt sein und sich dabei so kühl und gelassen beobachten? Die Antwort Stendhals ist keineswegs die landläufige, die zwischen Gefühl und Vernunft, Leidenschaft und Reflexion, Liebe und Ehrgeiz einen unüberbrückbaren Abstand annimmt, sondern die, die davon ausgeht, daß der moderne Mensch eben anders fühlt, anders berauscht und begeistert ist als ein Zeitgenosse Racines oder Rousseaus. Für diese waren Spontaneität und Reflexivität des Gefühls unvereinbar, für Stendhal und seine Helden sind sie unzertrennlich; keine ihrer Leidenschaften ist so stark wie der Wunsch, sich beständig Rechenschaft darüber zu geben, was in ihrem Innern vorgeht. Diese Bewußtheit bedeutet der älteren Literatur gegenüber einen ebenso tiefen Wandel wie der Realismus Stendhals; und die Überwindung der klassisch-romantischen Psychologie gehört ebenso streng zu den Voraussetzungen seiner Kunst wie die Aufhebung der Alternative zwischen romantischer Weltflucht und antiromantischer Weltgläubigkeit.

Die Charaktere Balzacs sind kohärenter, weniger widerspruchsvoll und problematisch als die Stendhals; sie bedeuten gewissermaßen eine Rückkehr zur Psychologie der klassischen und romantischen Literatur. Sie sind Monomanen, die unter der Herrschaft einer einzigen Leidenschaft stehen und mit jedem Schritt, den sie machen, mit jedem Wort, das sie aussprechen, einem Diktat zu folgen scheinen. Merkwürdig ist aber, daß ihre Glaubwürdigkeit unter diesem Zwang durchaus nicht leidet und daß sie einen höheren Grad von Realität besitzen als die mit ihren Antinomien unseren psychologischen Begriffen viel entsprechenderen Figuren Stendhals. Wir stehen hier dem Geheimnis einer Kunst gegenüber, deren überwältigende Wirkung bei dem vollkommen ungleichmäßigen Wert ihrer Elemente zu den unerklärlichsten Erscheinungen der Kunstgeschichte gehört. Die Charaktere Balzacs sind übrigens durchaus nicht immer so einfach, wie man sie zu schildern pflegt; ihre manische Einseitigkeit ist oft mit einem außerordentlichen Reichtum der individuellen Züge verbunden. Sie sind wohl weniger schillernd und „interessant“ als die Helden Stendhals, sie wirken aber lebendiger, unverwechselbarer und unvergeßlicher als diese.

Man hat Balzac als den Menschendarsteller par excellence bezeichnet und die unwiderstehliche Wirkung seiner Kunst auf die Gewalt seiner Charakterschilderung zurückgeführt. Tatsächlich denkt man, wenn man von Balzac spricht, vor allem an den menschlichen Dschungel seiner Romane, an die Fülle und Mannigfaltigkeit der Figuren, die er in Bewegung setzt; das Primäre für ihn ist aber nicht das Psychologische. Wenn man die Entstehung seiner Welt zu erklären sucht, sieht man sich immer wieder genötigt, auf seine Soziologie zurückzugehen und von den materiellen Voraussetzungen seines geistigen Kosmos zu sprechen. Es gibt für ihn, im Gegensatz zu Stendhal, Dostojewski oder Proust, ein Wesenhafteres, Unreduzierbareres als die seelische Wirklichkeit. Ein Charakter ist für ihn an und für sich belanglos; interessant und bedeutungsvoll wird er erst als der Agent einer sozialen Gruppe und als der Träger eines Konflikts zwischen gegensätzlichen, klassenmäßig bedingten Interessen. Balzac selbst spricht von seinen Figuren stets wie von Naturerscheinungen, und wenn er seine künstlerischen Ziele bezeichnen will, spricht er nie von seiner Psychologie, sondern immer nur von seiner Soziologie, von seiner Naturgeschichte der Gesellschaft und der Funktion der einzelnen Individuen im Leben des Gesellschaftskörpers. Nicht als der „Doktor der sozialen Wissenschaften“, wie er sich bezeichnet hat, ist er jedoch zum Meister des sozialen Romans geworden, sondern als Begründer der neuen Idee des Menschen, für den „das Individuum nur in Beziehung zur Gesellschaft vorhanden ist“. So wie man von einem geologischen Fund, sagt er in der *Recherche de l'absolu*, eine ganze Welt ablesen kann, drückt jedes Kulturdenkmal, jedes Wohnhaus, jedes Mosaik eine ganze Gesellschaft aus; alles ist Ausdruck und Zeugnis des großen universalen Gesellschaftsprozesses. Es ist ein Rausch, eine Ekstase, die ihn angesichts dieser sozialen Kausalität erfaßt, dieser unentrinnbaren Gesetzlichkeit, die allein geeignet ist, den Sinn der Gegenwart zu erklären und damit das Problem zu lösen, um das sich sein ganzes Werk dreht. Denn die *Comédie humaine* verdankt ihre innere Einheit nicht den Verklammerungen ihrer Handlung, nicht der Wiederkehr ihrer Figuren, sondern der Vorherrschaft dieses Problems und der Tatsache, daß sie faktisch ein einziger großer Roman ist, nämlich die Geschichte der neuern französischen Gesellschaft.

Balzac befreit die Epik von den Beschränkungen der Autobiographie und der bloßen Psychologie, in deren Grenzen sie sich seit der zweiten Hälfte des 18. Jahrhunderts bewegt hat. Er sprengt den Rahmen der individuellen Schicksale, an den sowohl die Romane Rousseaus und Chateaubriands als auch die Goethes und Stendhals gebunden waren, und emanzipiert sich von dem Bekenntnisstil des 18. Jahrhunderts, wenn er auch selbstverständlich nicht alles Lyrisch-Autobiographische auf einmal von sich abzustreifen vermag. Balzac findet überhaupt nur sehr langsam seinen Stil; er setzt zunächst die Modeliteratur der Revolution, Restauration und Romantik fort und bleibt mit Reminiszenzen an den Schundroman seiner Vorgänger bis in seine reifste Zeit hinein behaftet. Er kann die Herkunft seiner Kunst von dem mystischen Schauerroman und dem melodramatischen Feuilletonroman ebensowenig verleugnen wie von dem romantischen Liebes- und Geschichtsroman, und die Werke Pigault-Lebruns und Ducray-Duminils gehören ebenso zu den Voraussetzungen seines Stils wie die Byrons und Walter Scotts.[44] Nicht nur Ferragus und Vautrin, auch Montriveau und Rastignac schließen sich der Reihe der

Rebellen und Geächteten der Romantik an, und nicht nur das Leben der Abenteurer und Verbrecher, auch das bürgerliche Leben trägt bei ihm, wie bemerkt wurde, den Charakter eines Schauerromans.[45] Die moderne bürgerliche Gesellschaft erscheint ihm mit ihren Politikern, Bürokraten, Bankiers, Spekulanten, Lebemännern, Kokotten und Journalisten wie ein Alpdruck, wie der dahinrollende Zug eines Totentanzes. Er faßt den Kapitalismus als eine Krankheit der Gesellschaft auf und trägt sich eine Zeitlang mit dem Gedanken herum, sie in einer „Pathologie des sozialen Lebens" medizinisch zu behandeln.[46] Er stellt als Diagnose eine Hypertrophie des Gewinn- und Machtstrebens fest und erklärt das Übel mit dem Egoismus und der Irreligiosität des Zeitalters. Er erblickt in allem die Folgen der Revolution und führt die Auflösung der alten Hierarchien, namentlich die des Königtums, der Kirche und der Familie, auf den Individualismus, die freie Konkurrenz und den maßlosen, hemmungslosen Ehrgeiz zurück. Balzac beschreibt mit erstaunlicher Schärfe die Symptome der Hausseperiode, in der er sich mit seiner Generation befindet, er durchschaut die verhängnisvollen inneren Widersprüche des kapitalistischen Systems, er setzt aber zuviel Willkür bei ihrer Entstehung voraus, und an die Kur, die er vorschreibt, glaubt er selber nicht recht. Das Gold, der Louis-d'or und das Fünffrankenstück, die Aktien, Wechsel, Lose und Spielkarten, das sind die Götzen und die Fetische der neuen Gesellschaft; der „veau d'or" ist zu einer furchtbareren Realität geworden als er im Alten Testament war, und die Millionen klingen in den Ohren verführerischer als der Ruf des apokalyptischen Weibes. Balzac hält seine bürgerlichen Tragödien, wenn sie sich auch nur ums Geld drehen, für grausamer als das Drama der Atriden, und die Worte des sterbenden Grandet an seine Tochter: „Du wirst mir Rechenschaft darüber ablegen dort unten", sind in der Tat entsetzlicher als die dunkelsten Töne der griechischen Tragödie. Die Zahlen, Summen, Vermögensbilanzen sind hier die Beschwörungsformeln und Orakelsprüche einer neuen Mythologie, einer neuen Zauberwelt. Millionen entstehen aus dem Nichts und verschwinden, zerrinnen wieder wie die Geschenke der bösen Geister im Märchen. Balzac verfällt leicht in den Märchenton, wenn von Geld die Rede ist. Er spielt gern die Rolle der Dschins, die die Bettler beschenken, und flüchtet sich mit seinen Helden gern in die Romantik der hemmungslosen Wunschträume. Über die schließliche Wirkung des Goldes, die Verheerungen, die es anrichtet, die Vergiftung der menschlichen Beziehungen, die es zur Folge hat, täuscht er sich aber nie; da läßt ihn sein Wirklichkeitssinn nie im Stich.

Die Jagd nach dem Geld und Gewinn zerstört das Familienleben, entfremdet die Frau dem Manne, die Tochter dem Vater, den Bruder dem Bruder, verwandelt die Ehe in eine Interessengemeinschaft, die Liebe in ein Geschäft und schmiedet die Opfer mit Sklavenketten aneinander. Kann man sich überhaupt etwas Unheimlicheres vorstellen als die Bindung des alten Grandet an seine Tochter, an die Erbin seines Vermögens! Oder die Grandetschen Züge bei Eugénie, die hervortreten, sobald sie die Herrin des Hauses wird. Gibt es etwas Gespenstischeres als diese Gewalt der Natur, der Materie über die Seelen! Das Geld entfremdet die Menschen sich selber, zerstört die Ideale, depraviert die Talente, prostituiert Künstler, Dichter und Forscher, macht aus Genies Verbrecher, aus geborenen Führern Abenteurer und Hasardeure. Die Gesellschaftsklasse, die für die Unerbittlichkeit der Geldwirtschaft die schwerste Verantwortung trägt und von ihr am meisten profitiert, ist selbstverständlich die Bourgeoisie, an dem wilden, tierischen Kampf ums Dasein, den sie entfesselt, sind aber sämtliche Schichten der Gesellschaft beteiligt – die Aristokratie, die ihr blutigstes Opfer ist, ebenso wie die übrigen Klassen. Balzac findet trotzdem keinen anderen Ausweg aus der Anarchie der Gegenwart als die Erneuerung dieser Aristokratie, als ihre Erziehung zum Rationalismus und Realismus des Bürgertums und die Eröffnung ihrer Reihen für die von unten aufstrebenden Talente. Er ist ein begeisterter Anhänger der feudalen Klassen, bewundert die intellektuellen und sittlichen Ideale, die sie verkörpern, und bedauert ihren Untergang, schildert aber mit einer nur um so schonungsloseren Objektivität ihre Entartung, vor allem ihre Deferenz vor den Geldsäcken der Bourgeoisie. Der Snobismus Balzacs wirkt stets peinlich, seine politischen Seitensprünge sind aber vollkommen harmlos, denn wenn er sich auch der Sache der Aristokratie noch so eifrig annimmt, so ist er doch kein Aristokrat, und das ist, wie mit Recht betont wurde, ein wesentlicher Unterschied.[47] Sein Aristokratismus ist eine spekulative Konstruktion; er kommt nicht vom Herzen, nicht aus dem Instinkt.

Balzac ist nicht nur ein durch und durch bürgerlicher Schriftsteller, bei dem alles Spontane im Lebensgefühl seines Standes wurzelt, er ist zugleich der erfolgreichste Apologet der Bourgeoisie, der seine Bewunderung für die Leistungen dieser Klasse keineswegs verhehlt. Er ist nur von einer hysterischen Angst erfüllt und wittert überall Unordnung und Revolution. Er bekämpft alles, was die Stabilität der bestehenden Verhältnisse bedroht, und verteidigt alles, was sie zu sichern scheint. Die stärkste Schutzwehr gegen Anarchie und Chaos erblickt er im Königtum und in der katholischen Kirche; der Feudalismus ist für ihn nur das System, das aus der Herrschaft dieser Mächte folgt. Es ist ihm keineswegs um die Formen zu tun, die Königtum, Kirche und Adel seit der Revolution angenommen haben, nur um die Ideale, die sie vertreten, und er bekämpft die Demokratie und den Liberalismus nur, weil er weiß, daß der ganze Bau der Hierarchien einstürzen muß, wenn man an ihnen einmal Kritik zu üben beginnt. Denn „eine Macht, die erörtert wird, besteht nicht", meint er.

Die Gleichheit ist eine unrealisierbare Wahnidee; nirgends in der Welt ist sie verwirklicht. Und so wie jede Gemeinschaft, wie vor allem die Familie, auf Autorität beruht, so muß die ganze Gesellschaft auf dem Prinzip der Herrschaft aufgebaut sein. Die Demokraten und Sozialisten sind weltfremde Träumer, und zwar nicht nur, weil sie an die Freiheit und Gleichheit glauben, sondern auch weil sie das Volk und das Proletariat maßlos idealisieren. Die Menschen sind aber im Grunde alle gleich; alle sind sie auf ihre Vorteile bedacht und verfolgen nur die eigenen Interessen. Die Gesellschaft ist in ihrer Gänze von der Logik des Klassenkampfes beherrscht; der Krieg zwischen reich und arm, stark und schwach, den Bevorrechteten und den Rechtlosen kennt keine Grenzen. „Jede Macht strebt nach Selbsterhaltung“ *(Le Médecin de campagne)*, und jede unterdrückte Klasse nach der Zerstörung ihrer Bedrükker – das sind unabänderliche Tatsachen. Balzac ist aber nicht nur bereits mit den Begriffen des Klassenkampfes vertraut, er ist auch schon im Besitze der Enthüllungstechnik des historischen Materialismus. „Einen Einbrecher schickt man auf die Galeeren“ sagt Vautrin in den *Illusions perdues*, „während ein Mensch, der durch betrügerischen Konkurs Familien ruiniert, ein paar Monate bekommt ... Die Richter, die den Dieb verurteilen, wachen über die Schranken zwischen reich und arm ..., sie wissen dagegen, daß der Bankrotteur höchstens eine Verschiebung des Reichtums verursacht.“

Der wesentliche Unterschied zwischen Balzac und Marx aber besteht darin, daß der Dichter der *Comédie humaine* den Kampf des Proletariats genau so beurteilt wie den der übrigen Klassen, das heißt, als einen Kampf um Vorteile und Vorrechte, Marx dagegen im Ringen des Proletariats um die Macht und in seinem Sieg den Beginn eines neuen Weltzeitalters, die Verwirklichung eines idealen, endgültigen Zustandes erblickt.[48] Balzac entdeckt vor Marx, und zwar in einer auch für diesen maßgebenden Form, die Ideologienhaftigkeit des Denkens. „Die Tugend beginnt mit dem Wohlstand“, sagt er in der *Rabouilleuse*, und in den *Illusions perdues* spricht Vautrin vom „Luxus der Ehrenhaftigkeit“, den man sich erst leisten kann, wenn man über eine entsprechende Stellung und ein angemessenes Vermögen verfügt. Schon in seinem *Essai sur la situation du parti royaliste* (1832) weist Balzac auf den Prozeß der Ideologienbildung hin: „Die Revolutionen vollziehen sich“, behauptet er, „zuerst in den Dingen und Interessen, breiten sich dann auf die Ideen aus und verwandeln sich schließlich in Prinzipien.“ Die materielle, seinsmäßige Gebundenheit des Denkens und die Dialektik von Sein und Bewußtsein entdeckt er bereits in *Louis Lambert*, dessen Held, wie er bemerkt, nach dem Spiritualismus seiner Jugend sich der Materialität des Denkens immer bewußter wird. Es war offenbar kein Zufall, daß Balzac und Hegel die dialektische Struktur der Bewußtseinsinhalte fast gleichzeitig erkannt haben. Die kapitalistische Wirtschaft und das moderne

Bürgertum waren voll von Widersprüchen und brachten die doppelseitige Bedingtheit der geschichtlichen Entwicklung deutlicher zum Ausdruck als die früheren Kulturen. Die materiellen Grundlagen der bürgerlichen Gesellschaft aber waren nicht nur an und für sich durchsichtiger als die des Feudalismus, die neue Oberschicht legte auch viel weniger Wert darauf als die alte, die wirtschaftlichen Bedingungen ihrer Herrschaft ideologisch zu verkleiden. Ihre Ideologie war übrigens auch noch viel zu jung, um ihre Herkunft vergessen zu lassen.

Der vorherrschende Zug in Balzacs Weltanschauung ist sein Realismus, seine nüchterne und illusionslose Betrachtung der Tatsachen. Sein historischer Materialismus und seine Ideologienlehre sind nur die Objektivationen seines Realitätssinnes. Und Balzac bewahrt seinen realistischen, kritischen Standpunkt auch jenen Erscheinungen gegenüber, an die er gefühlsmäßig gebunden ist. So betont er trotz seiner konservativen Einstellung vor allem die Unaufhaltsamkeit der Entwicklung, die zur modernen, bürgerlich-kapitalistischen Gesellschaft geführt hat und verfällt nie in den Provinzialismus der Idealisten in der Beurteilung der technischen Kultur. Seine Stellung zur modernen Industrie als der neuen, weltvereinenden Macht ist eine durchaus positive.[49] Er bewundert die moderne Weltstadt mit ihren Maßstäben, ihrem Dynamismus, ihrem Elan. Paris berauscht ihn; er liebt es trotz seiner Lasterhaftigkeit, ja vielleicht gerade wegen der Monstrosität seiner Laster. Denn wenn er von dem „grand chancre fumeux, étalé sur les bords de la Seine“ spricht, verrät er mit jedem Wort die Faszination, die sich hinter seinen Kraftausdrücken verbirgt. Der Mythos von Paris als dem neuen Babylon, der Stadt der nächtlichen Lichter und der heimlichen Paradiese, der Heimat Baudelaires und Verlaines, Constantin Guys und Toulouse-Lautrecs, der Mythos von dem gefährlichen, verführerischen, unwiderstehlichen Paris, hat in den *Illusions perdues*, der *Histoire des Treize* und dem *Père Goriot* seinen Ursprung. Balzac ist überhaupt der erste Dichter, der von einer modernen Weltstadt mit Begeisterung spricht und an einer Industrieanlage Gefallen findet. Von einer solchen Anlage inmitten einer lieblichen Tallandschaft als von „délicieuses fabriques“ zu sprechen, ist vor ihm niemandem eingefallen.[50] Diese Bewunderung für das neue, schöpferische, wenn auch erbarmungslos dahinstürmende Leben ist der Ausgleich seines Pessimismus, der Durchbruch seiner Hoffnung, seines Vertrauens zur Zukunft. Er weiß, daß zum patriarchalischen und idyllischen Dasein der Kleinstadt und des Dorfes kein Weg zurückführt; er weiß aber auch, daß dieses Dasein keineswegs so romantisch und poetisch war, wie man es darzustellen pflegt, und daß seine „Natürlichkeit“ nichts als Unwissenheit, Krankheit und Armut bedeutete (*Le Médecin de campagne*, *Le Curé de village*). Der „soziale Mystizismus“ der Romantik ist Balzac trotz seinen eigenen romanesken Neigungen durchaus fremd,[51] und was im besonderen die „Sittenreinheit“ und „Unverdorbenheit“ der Bauern betrifft, gibt er sich durchaus keinen Illusionen hin. Er beurteilt die guten und die schlechten Eigenschaften des Volkes mit der gleichen Objektivität wie die Tugenden und die Laster der Aristokratie, und sein Verhältnis zu den Massen ist ebenso undogmatisch und ebenso widerspruchsvoll wie seine Haßliebe zum Bürgertum.

Balzac ist, ohne es zu wollen und zu wissen, ein revolutionärer Schriftsteller. Seine wirklichen Sympathien verbinden ihn mit den Rebellen und Nihilisten. Die meisten seiner Zeitgenossen erkennen seine politische Unzuverlässigkeit; sie wissen, daß er im Grunde ein Anarchist ist, der sich mit den Feinden der Gesellschaft, den Entgleisten und Entwurzelten, stets solidarisch fühlt. Louis Veuillot bemerkt, daß er den Thron und den Altar in einer Weise verteidige, für die ihm die Feinde dieser Einrichtungen nur danken könnten.[52] Alfred Nettement schreibt in der *Gazette de France* (Februar 1836), daß Balzac sich an der Gesellschaft für alle Unbill, die er in seiner Jugend erlitten hat, rächen wolle, und daß seine Verherrlichung der antisozialen Naturen nichts als diese Rache sei. Charles Weiß betont in seinen Erinnerungen (Oktober 1833), daß Balzac sich wohl für einen Legitimisten ausgebe, aber stets als ein Liberaler spreche. Victor Hugo behauptet, daß er, ob er es wolle oder nicht, zur Rasse der revolutionären Dichter gehöre und daß in seinen Werken sich das Herz eines echten

Demokraten offenbare. Zola schließlich stellt den Gegensatz zwischen den manifesten und den latenten Elementen seiner Weltanschauung fest und bemerkt, die marxistische Interpretation vorwegnehmend, daß das Talent eines Dichters sehr wohl gegen seine Überzeugungen gehen könne. Den eigentlichen Sinn dieses Antagonismus aber entdeckt und definiert erst Engels. Er behandelt erst in einer wissenschaftlich weiterentwickelbaren Form den Widerspruch zwischen den politischen Anschauungen und den künstlerischen Darstellungen des Dichters und formuliert damit eines der wichtigsten heuristischen Prinzipien der ganzen Kunstsoziologie. Seither ist es offenkundig, daß künstlerischer Fortschritt und politischer Konservativismus sich miteinander sehr gut vertragen und daß jeder ehrliche, die Wirklichkeit treu und aufrichtig schildernde Künstler an und für sich aufklärend und befreiend wirkt. Ein solcher Künstler hilft unwillkürlich, jene Konventionen und Klischees, jene Tabus und Dogmen aufzulösen, auf die sich die Ideologie der reaktionären, den Fortschritt verhindernden Elemente stützt. Engels schreibt in einem berühmt gewordenen Brief aus dem Jahre 1888 an eine Miß Harkness unter anderem folgendes: „Der Realismus, von dem ich spreche, kann sogar trotz den Ansichten des Autors in Erscheinung treten ... Balzac, den ich für einen weit größeren Meister des Realismus halte als alle Zolas der Vergangenheit, Gegenwart und Zukunft, gibt uns in der ‚Comédie humaine' eine vortreffliche realistische Geschichte der französischen ‚Gesellschaft', indem er in der Art einer Chronik fast Jahr für Jahr, von 1816 bis 1848, die immer wieder zunehmenden Verstöße der aufsteigenden Bourgeoisie gegen die Adelsgesellschaft schildert, die sich nach 1815 rekonstituierte und, soweit sie es vermochte, das Banner der vieille politesse française aufrichtete. Er schildert, wie die letzten Überreste dieser für ihn vorbildlichen Gesellschaft allmählich dem Ansturm der vulgären, reichen Emporkömmlinge unterlagen oder von ihm korrumpiert wurden ... Gewiß, Balzac war politisch Legitimist; sein großes Werk ist ein ständiges Klagelied über den unvermeidlichen Verfall der guten Gesellschaft; alle seine Sympathien sind bei der Klasse, die zum Untergang verurteilt ist. Aber trotz alledem ist seine

Satire niemals schärfer, seine Ironie niemals bitterer, als wenn er gerade die Männer und Frauen in Bewegung setzt, mit denen er zutiefst sympathisiert – die Adeligen ... Daß Balzac so gezwungen wurde, gegen seine eigenen Klassensympathien und politischen Vorurteile zu handeln, daß er die Notwendigkeit des Untergangs seiner geliebten Adeligen sah und sie als Menschen schildert, die kein besseres Schicksal verdienen; und daß er die wirklichen Menschen der Zukunft dort sah, wo sie in der damaligen Zeit allein zu finden waren – das betrachte ich als einen der größten Triumphe des Realismus und als einen der großartigsten Züge des alten Balzac."[53]

Balzac ist ein Naturalist, der sich von einem expansiven, auf die Bereicherung und Differenzierung seines Erlebnismaterials gerichteten Kunstwollen leiten läßt. Wenn man aber unter Naturalismus die vollkommene Ausgeglichenheit der Wirklichkeitsdaten versteht, den gleichen Maßstab der Wahrheit in allen Werkschichten, dann wird man zögern, ihn einfach einen Naturalisten zu nennen. Man wird dann vielmehr feststellen müssen, daß ihn seine romantische Phantasie und seine Neigung zum Melodrama immer wieder mit sich reißen und daß er sich oft nicht nur die ausgefallensten Charaktere und die unwahrscheinlichsten Situationen aussucht, sondern auch die Szenerien seiner Geschichten so aufbaut, daß sie konkret unvorstellbar sind und nur durch die Farben und Töne der Beschreibung zum gewollten Stimmungseffekt beitragen. Die Beurteilung Balzacs als eines Naturalisten schlechthin kann nur zu Enttäuschungen führen. Es ist sinn- und zwecklos, ihn als Psychologen oder Milieuzeichner mit den Meistern des späteren naturalistischen Romans, etwa mit Flaubert oder Maupassant, zu vergleichen. Wenn man seine Werke nicht als Wirklichkeitsschilderungen und gleichzeitig als die verwegensten, wildesten Traumbilder genießen kann und von ihnen etwas anderes als die wahllose Mischung dieser Elemente erwartet, wird man sich mit ihnen nie befreunden. Balzacs Kunst ist von dem leidenschaftlichen Wunsch nach der Hingabe an das Leben beherrscht, sie verdankt aber verhältnismäßig wenig der direkten Beobachtung; das meiste an ihr ist erfunden, erdacht, erfühlt.

Jedes Kunstwerk, auch das naturalistischste, ist ein Wunschbild und eine Legende der Wirklichkeit. Wir akzeptieren auch mit dem unkonventionellsten Stil gewisse Züge, wie zum Beispiel die hellen Farben und die konturlosen Flecken der impressionistischen Malerei oder die inkohärenten und inkonsequenten Charaktere des modernen Romans, von vornherein als wahr und richtig. Balzacs Wirklichkeitsschilderung ist aber noch willkürlicher als die der meisten Naturalisten. Den Eindruck der Lebenswahrheit erweckt er hauptsächlich durch den Despotismus, mit dem er den Leser seiner Laune unterwirft, und die mikrokosmische Totalität seiner fiktiven Welt, die die Konkurrenz der empirischen Wirklichkeit von vornherein ausschließt. Seine Gestalten und Szenerien wirken nicht darum so echt, weil die einzelnen Züge, mit denen sie gezeichnet sind, der wirklichen Erfahrung entsprechen, sondern weil sie so genau und umständlich gezeichnet sind, als ob sie beobachtet und der Wirklichkeit nachgebildet wären. Wir haben das Gefühl, einer kompakten Realität gegenüberzustehen, weil die einzelnen Elemente dieses Mikrokosmos unzertrennlich zusammengehören, weil die Gestalten ohne ihre Umwelt, die Charaktere ohne ihren körperlichen Habitus, die Körper ohne die Gegenstände, von denen sie umgeben sind, unvorstellbar sind.

Die klassischen Kunstwerke sind von der Außenwelt abgeschnitten und stehen innerhalb ihrer ästhetischen Sphäre in strenger Isoliertheit nebeneinander. Jeder Naturalismus, das heißt jede offensichtliche Abhängigkeit von einem Modell, durchbricht die Immanenz dieser Sphäre, und jede zyklische Form, die verschiedene künstlerischen Darstellungen in sich vereinigt, hebt die Selbstherrlichkeit des einzelnen Kunstwerkes auf. Die meisten Schöpfungen der mittelalterlichen Kunst sind solche additiv entstandenen, mehrere selbständige Einheiten in sich fassenden Kompositionen. Die Ritterepen und die Abenteuerromane gehören mit ihrer sich endlos fortspinnenden Fabel und ihren zum Teil wiederkehrenden Figuren ebenso in diese Kategorie wie die Bilderzyklen der mittelalterlichen Malerei und die zahllosen Episoden der Mysterienspiele. Als Balzac sein System entdeckte und auf die Idee der *Comédie humaine* als eines die einzelnen Romane zusammenfassenden Rahmens kam, kehrte er eigentlich zu dieser mittelalterlichen Kompositionsweise zurück und machte sich eine Form zu eigen, für die die Selbstgenügsamkeit und die kristallinische Geschlossenheit der klassischen Kunstwerke ihren Sinn und Wert verloren hatten. Wie kam nun aber Balzac auf diese „mittelalterliche" Form? Wie konnte diese überhaupt mitten im 19. Jahrhundert wieder aktuell werden? – Das mittelalterliche Kunstwollen wurde vom Klassizismus der Renaissance, von ihrer Idee der Werkeinheit und der Subordination vollkommen verdrängt. Solange dieser Klassizismus lebendig war, konnte die zyklische Komposition nie zur Geltung kommen, er blieb aber nur solange lebendig, als man die materielle Wirklichkeit beherrschen zu können glaubte. Die Herrschaft der klassizistischen Kunst hört mit der Entstehung des Gefühls der Abhängigkeit von den materiellen Bedingungen des Seins auf. Die Romantiker sind auch in dieser Beziehung die Vorläufer Balzacs.

Zola, Wagner und Proust bezeichnen die weiteren Etappen dieser Entwicklung und bringen die Tendenz zum Zyklischen, Enzyklopädischen, Weltumfassenden, im Gegensatz zum Prinzip der Einheit und der Auswahl, immer stärker zur Geltung. Der moderne Künstler will an einem Sein teilhaben, das scheinbar unerschöpflich ist und sich auf kein einzelnes Werk reduzieren läßt. Er kann Größe nur durch Umfang, Kraft nur durch Unbegrenztheit ausdrücken. Proust war sich seines Zusammenhangs mit der zyklischen Form Wagners und Balzacs offenbar bewußt. „Der Musiker" (das heißt Wagner), schreibt er, „mußte den gleichen Rausch empfinden wie Balzac, als er auf seine Schöpfungen mit den Augen eines Fremden und gleichzeitig eines Vaters blickte ... Er bemerkte da, daß sie, durch wiederkehrende Figuren zu einem Zyklus vereint, viel schöner wären, und fügte seinem Werk noch einen Pinselstrich hinzu, den letzten, erhabensten ... eine nachträgliche, doch keineswegs künstliche ..., eine unerkannt gewesene, doch nur um so realere, vitalere Einheit ..."[54]

Von den zweitausend Charakteren der *Comédie humaine* kehren vierhundertsechzig in mehreren Romanen wieder.

Henry de Marsay kommt zum Beispiel in fünfundzwanzig verschiedenen Werken vor, und in den *Splendeurs et misères des courtisanes* allein erscheinen hundertundfünfzig Figuren, die auch in anderen Teilen des Zyklus eine mehr oder minder prominente Rolle spielen.[55] Alle diese Gestalten sind breiter und inhaltsreicher als die einzelnen Werke, und wir haben stets das Gefühl, daß Balzac uns nicht alles erzählt, was er von ihnen weiß und erzählen könnte. Als man Ibsen einmal fragte, warum er der Heldin seines *Puppenheim* einen so fremd klingenden Namen gegeben habe, antwortete er, daß sie den Namen nach ihrer Großmutter trüge, die eine Italienerin war. Eigentlich hieß sie Eleonora, wurde aber als Kind verzärtelt und Nora genannt. Auf den Einwand, daß all dies im Stück selbst gar keine Rolle spiele, erwiderte er erstaunt: „Die Tatsachen bleiben aber Tatsachen." Thomas Mann hat vollkommen recht, Ibsen gehört mit den zwei anderen großen Theatralikern des 19. Jahrhunderts, mit Zola und Wagner, in eine und dieselbe Kategorie.[56] Auch bei ihm hat das einzelne Werk die mikrokosmische Abgeschlossenheit der klassizistischen Form verloren. Anekdoten wie die Ibsensche gibt es über die Beziehung Balzacs zu seinen Figuren ungemein viele. Die bekannteste ist der Vorfall mit Jules Sandeau, der ihm von seiner kranken Schwester erzählt und den er mit den Worten unterbricht: „Das ist alles sehr schön, kehren wir aber zur Wirklichkeit zurück: mit wem verheiraten wir Eugénie Grandet?" Oder die Frage, mit der er einen seiner Freunde überrascht: „Weißt du, wen Félix de Vaudeville heiraten wird? Eine de Grandville. Das ist doch eine ganz gute Partie!" Die schönste und charakteristischste ist aber die Anekdote Hofmannsthals, der Balzac in einem imaginären Gespräch sagen läßt: „Mein Vautrin hält es (das *Gerettete Venedig* von Otway) für das schönste aller Theaterstücke. Ich gebe viel auf das Urteil eines solchen Menschen."[57] Die werkjenseitige Existenz seiner Charaktere ist für Balzac eine so selbstverständliche und unverkennbare Realität, daß er von jedem beliebigen Stück oder Buch von vornherein sagen könnte, was Vautrin oder de Marsay oder Rastignac davon hält oder halten müßte. Die Transzendierung der Werksphäre geht bei Balzac so weit, daß er sich auf die einzelnen Figuren der *Comédie humaine* oft auch dann beruft, wenn sie in dem betreffenden Roman gar nicht erscheinen, und die Titel von gewissen Teilen des Gesamtwerkes einfach wie wissenschaftliche Referenzen anführt.

Man weiß, wie gern Paul Bourget in dem *Répertoire* der *Comédie humaine*, diesem „Wer ist wer?" der Gestalten Balzacs, blätterte.[58] Seine Liebhaberei gilt heute geradezu als der Ausweis eines richtigen „Balzacien"; sie ist jedenfalls das Zeichen des Verständnisses für die seinsverbundene, nur zum Teil ästhetisch konzipierte und sich nur zum Teil ästhetisch auswirkende Natur der *Comédie humaine*. Balzac repräsentiert einen flüchtigen Augenblick der künstlerischen Entwicklung zwischen der Artistik der klassizistischen und romantischen Dichtung einerseits und dem Ästhetizismus der Flaubert und Baudelaire andrerseits – die kurze Stunde einer in den aktuellen Lebensproblemen vollkommen aufgehenden Kunst. Es gibt keinen Dichter des 19. Jahrhunderts, der dem *l'art pour l'art* ferner gestanden und mit dem künstlerischen Purismus weniger zu tun gehabt hätte als er. Man wird die Werke Balzacs nie ungestört, nie mit gutem Gewissen genießen, wenn man sich nicht von vornherein damit abfindet, daß sie ein unausgeglichenes, teilweise krudes Gemisch sind, die mit den klassizistischen Prinzipien des „Nichts mehr und nichts weniger" und der Übertragung der Wirklichkeitsdaten auf eine einzige Ebene kaum etwas zu tun haben. Das Kunstwerk aus einem Guß ist stets eine Fiktion – auch die vollkommensten Schöpfungen der Kunst sind voll von chaotischen und disparaten Elementen, die Romane Balzacs aber sind einfach das Schulbeispiel des Gelingens gegen das Gebot aller ästhetischen Regeln. Wenn man von den klassischen Werken ausgeht, wird man in ihnen die gröbsten Verstöße auch gegen die liberalsten Gesetze der Kunst feststellen müssen. Man wird, noch ganz in ihrem Banne, wenn einem das selbstzerstörerische Rasen der Figuren, das Gewitter der Szenen, die grausamen Worte der Enttäuschten und Empörten noch in der Seele brennen, zugestehen müssen, daß in diesen Werken fast alles rational Analysierbare „verfehlt" ist. Man wird zugeben müssen, daß Balzac weder komponieren noch die Handlung sauber entwickeln kann, daß seine Charaktere oft ebenso verschwommen und ebenso heterogen zusammengesetzt sind wie seine Milieus und Szenerien, daß sein Naturalismus nicht nur inkomplett, sondern auch inkorrekt, seine Psychologie zuweilen nicht nur unwahrscheinlich, sondern auch unbeholfen und summarisch ist. Und man wird es sich vor allem nicht verhehlen können, daß mit allen diesen Unzulänglichkeiten haarsträubende Geschmacklosigkeiten verbunden sind; daß unserem Dichter jede Selbstkritik fehlt und jedes Mittel gut genug ist, das überrascht und überwältigt; daß er von der Kultur des 18. Jahrhunderts, ihrer Zurückhaltung, ihrer eleganten, spielerischen Beiläufigkeit nichts mehr besitzt; daß sein Geschmack auf dem Niveau des Publikums der Feuilletonromane, und zwar der ärgsten, steht; daß für ihn nichts zu überladen, übertrieben, überspitzt sein kann; daß er ohne Emphase, ohne Superlative überhaupt nichts auszudrücken vermag, was ihm auf dem Herzen liegt; daß er den Mund immer voll hat, daß er aufschneidet und schwindelt, daß er ein widerlicher Scharlatan ist, sobald er sich den Anschein eines Forschers und Philosophen geben will, und daß er als Denker dann am größten ist, wenn er es am wenigsten weiß, wenn er von seinem spontanen Lebensgefühl, seinen unmittelbaren Lebensinteressen und seinem historischen Standort aus denkt und räsoniert.

Am unangenehmsten wirken die Geschmacklosigkeiten seines Stils: sein konfuser Redeschwall, seine dickaufgetragene Pathetik, seine gekünstelten und pompösen Metaphern, seine Begeisterung, die immer brüllt, seine Rührung, die immer erhaben sein will. Nicht einmal seine Dialoge sind tadellos; auch hier gibt es tote Stellen und Töne, die „falsch" klingen, so wie man falsch singen kann. Man kennt den Gedankengang, mit dem Taine die stilistischen Eigentümlichkeiten Balzacs zu erklären und zu rechtfertigen sucht. Er bemerkt, daß es in der Literatur verschiedene gleichberechtigte Ausdrucksweisen gebe, und betont, daß der Autor der *Comédie humaine* sich eben nicht mehr an das Publikum der Salons des 17. und 18. Jahrhunderts wende, an ein Publikum, das schon auf die leisesten Andeutungen und nicht erst auf grelle Farben und schrille Töne reagierte, sondern daß er, im Gegenteil, für Leute schreibe, auf die nur das Neuartige, Sensationelle und Übertriebene wirkt, das heißt für die Leser der Feuilletonromane.[59] Das ist zweifellos ein ausgezeichnetes Beispiel soziologischer Literaturkritik; denn wenn auch viele Autoren der Generation Balzacs seine stilistischen Mißgriffe vermieden haben, so waren doch wenige mit ihrer Zeit so innig verwachsen wie er. Sollte man aber, statt die Schwächen Balzacs zu entschuldigen, nicht lieber versuchen, das unvermittelte Nebeneinander des Großartigen und des Minderwertigen bei ihm zu verstehen? Und sollte man als soziologische Erklärung nicht vor allem darauf hinweisen, daß die Eigentümlichkeiten seines Stils hauptsächlich damit zusammenhängen, daß er selber ein Plebejer und der geistige Ausdruck der neuen, verhältnismäßig unkultivierten, aber außerordentlich regsamen und tüchtigen Bourgeoisie war?

Es ist wiederholt bemerkt worden, daß Balzac in seinen Werken viel mehr das Bild der nächsten Generation zeichnet, als das seiner eigenen, und daß seine „nouveaux riches" und Parvenus, seine Spekulanten und Glücksritter, seine Künstler und Kokotten für das zweite Kaiserreich charakteristischer sind als für die Julimonarchie. Hier scheint tatsächlich das Leben die Kunst nachgeahmt zu haben. Balzac gehört zu den Propheten unter den Dichtern, bei denen die Vision stärker war als die Beobachtung. Propheten- und Visionärentum, das sind freilich nur Worte der Verlegenheit, die unsere Ratlosigkeit angesichts einer Kunst, deren magische Wirkung mit jeder Unzulänglichkeit sich nur zu steigern scheint, bemänteln. Was kann man denn aber von einem Werk wie etwa dem *Chef d'oeuvre inconnu*, das die tiefste Einsicht in den Sinn des Lebens und der Gegenwart mit einer unglaublichen Naivität verbindet, sonst sagen? – Frenhofer, heißt es da, ist der größte Schüler Mabuses, der einzige, auf den der Meister seine Kunst, Leben in die gemalten Figuren zu flößen, übertragen hat. Er arbeitet seit zehn Jahren an einem Werk, dem Bilde einer Frau, in welchem er um das höchste Ziel aller Kunst, um das Geheimnis Pygmalions, ringt. Er fühlt sich mit jedem Tag näher am Ziel, und es bleibt doch stets ein Unüberwindliches, Unlösbares, Unerreichbares übrig. Er glaubt, daß die Wirklichkeit es ihm vorenthalte, daß er das richtige Modell noch nicht gefunden habe. Da führt ihm eines Tages Poussin in seiner Begeisterung für die Kunst seine Geliebte zu, die den vollkommensten Körper haben soll, der je gemalt wurde. Frenhofer ist hingerissen von der Schönheit des Mädchens, doch gleiten seine Augen ab von dem jungen Körper und kehren zu dem unbeendeten, unbeendbaren Bild zurück. Die Wirklichkeit hält ihn nicht mehr fest, er hat das Leben in sich abgetötet. Das Bild aber, sein Lebenswerk, das er, eifersüchtiger als Poussin auf seine Geliebte, bisher keinem fremden Auge enthüllen wollte, das Bild enthält nichts als ein unverständliches Durcheinander von krausen Linien und Flecken, die er im Laufe der langen Jahre übereinandergemalt, aufeinandergetürmt hat und unter denen nur mehr die Formen eines vollkommen gestalteten Beines erkennbar sind. – Balzac hat das Schicksal der Kunst des letzten Jahrhunderts vorausgesehen und künstlerisch unübertrefflich geschildert. Er hat die Folgen ihrer Entfremdung vom Leben und dem Publikum erkannt und den Ästhetizismus, den Nihilismus, die Gefahr der Selbstzerstörung, die sie bedrohte und die unter dem zweiten Kaiserreich zu einer furchtbaren Realität werden sollte, richtiger erfaßt als die gelehrtesten und geistvollsten seiner Zeitgenossen.

## 2. DAS ZWEITE KAISERREICH

Die Romantiker waren sich des Prestigeverlustes, den der Schriftsteller seit der Revolution erlitten hat, vollkommen bewußt und suchten vor der unfreundlichen Öffentlichkeit im Individualismus Zuflucht. Ihr Gefühl der Heimatlosigkeit äußerte sich in einer erbitterten Kampfstimmung, sie erachteten jedoch ihren Kampf gegen die Gesellschaft keineswegs für aussichtslos. Erst die Schriftsteller der Generation von 1830 hatten die Kampflust ihrer Vorgänger verloren und fingen an, sich mit ihrer Isoliertheit abzufinden; ihr Protest beschränkte sich auf die Betonung ihrer Verschiedenheit von dem Publikum, das sie bedienten. Die Schriftsteller der nächsten Generation gingen dann in ihrem Hochmut so weit, daß sie auch auf diese Kundgebung verzichteten und sich in den Schleier einer demonstrativen Unpersönlichkeit und Unempfindsamkeit hüllten. Ihre Zurückhaltung war jedoch von der Objektivität des 17. und 18. Jahrhunderts durchaus verschieden. Die Schriftsteller der klassischen Zeit wollten ihre Leser zerstreuen, belehren oder sich mit ihnen über gewisse Probleme des Lebens unterhalten. Seit der Romantik ist dagegen die Literatur aus einer Unterhaltung und einer Aussprache zwischen Autor und Publikum zu einer Selbstenthüllung und Selbstverherrlichung des Autors geworden. Wenn also Flaubert und die Parnassiens ihre persönlichen Gefühle zu verbergen trachten, so bedeutet ihre Reserviertheit keineswegs eine Rückkehr zum Geiste der vorromantischen Literatur; sie stellt vielmehr die überheblichste, arroganteste Form des Individualismus dar – einen Individualismus, dem es nicht einmal sich mitzuteilen mehr der Mühe wert ist.

1848 und die Folgen haben die wirklichen Künstler dem Publikum vollkommen entfremdet. Die Revolution folgte auch diesmal, so wie 1789 und 1830, auf eine Periode höchster geistiger Regsamkeit und Produktivität und endete, so wie die früheren Revolutionen, mit der schließlichen Niederlage der Demokratie und der geistigen Freiheit. Der Sieg der Reaktion war mit einer beispiellosen Verflachung des Denkens und einer willkommenen Verrohung des Geschmacks verbunden. Die Verschwörung der Bourgeoisie gegen die Revolution, die Denunziation des Klassenkampfes als eines Verrats an der Nation, der die an und für sich friedliche Gesellschaft in feindliche Lager spaltet,[60] die Unterdrückung der Pressefreiheit die Schaffung der neuen Bürokratie als der stärksten Stütze des Regimes, die Etablierung des Polizeistaates als des kompetentesten Richters in allen Fragen der Moral und des Geschmacks führten einen Riß in der Kultur Frankreichs herbei, wie ihn keine frühere Epoche kannte. Damit entstand erst in der Intelligenz jener Gegensatz zwischen Muckertum und Rebellentum, der bis heute unausgeglichen blieb, und jene Opposition gegen den Staat, die einen Teil der Intelligenz zu einem Element der Zersetzung werden ließ.

Der Sozialismus fiel der hergestellten „Ordnung“ widerstandslos zum Opfer. In den ersten zehn Jahren nach dem Staatsstreich gibt es in Frankreich keine nennenswerte Arbeiterbewegung. Das Proletariat ist erschöpft, eingeschüchtert, verwirrt, seine Vereinigungen sind aufgelöst, seine Führer eingesperrt, verjagt oder mundtot gemacht.[61] Die Wahlen von 1863, die ein beträchtliches Anwachsen der Opposition mit sich bringen, sind die ersten Zeichen einer Wendung. Die Arbeiterschaft schließt sich wieder in Genossenschaften zusammen, die Streiks mehren sich und Napoleon III. sieht sich gezwungen, immer neue Zugeständnisse zu machen. Der Sozialismus hätte aber sein Ziel noch lange nicht erreicht, wenn er im liberalen Großbürgertum, das im Cäsarismus Napoleons eine Gefahr für die eigene Macht erblickte, keinen unwillkürlichen Helfer gefunden hätte. In diesem inneren Gegensatz des Regimes ist die Erklärung der politischen Entwicklung nach 1860, des Verfalls der autoritären Regierung und der Dekadenz des Kaiserreichs, zu suchen.[62] Die Herrschaft Napoleons III. stützte sich auf das Finanzkapital und die Großindustrie; das Heer war im Kampfe gegen das Proletariat sehr wertvoll, gegen die Großbourgeoisie aber um so nutzloser, als es überhaupt nur von Gnaden dieser Klasse bestehen konnte. Das Zweite Kaiserreich ist ohne den wirtschaftlichen Aufschwung, mit dem es zusammenfiel, undenkbar. Es hatte seinen Rückhalt und seine Rechtfertigung im Reichtum seiner Bürger, in den neuen technischen Erfindungen, dem Ausbau der Eisenbahnen und der Wasserwege, der Verdichtung und Beschleunigung des Güterverkehrs, der Ausbreitung und der wachsenden Flexibilität des Kreditwesens. Während des Bürgerkönigtums war es noch die Politik, die die jungen Talente am meisten anzog, jetzt absorbiert die Wirtschaft die besten Kräfte. Frankreich wird kapitalistisch nicht nur in den latenten Bedingungen, sondern auch in den manifesten Formen seiner Kultur. Der Kapitalismus und der Industrialismus bewegen sich zwar in längst bekannten Bahnen, sie wirken sich aber erst jetzt im vollen Umfang aus, und das tägliche Leben der Menschen, ihre Behausung, ihre Verkehrsmittel, ihre Beleuchtungstechnik, ihre Nahrung und Kleidung machen seit 1850 radikalere Veränderungen mit, als in all den Jahrhunderten seit dem Beginn der modernen städtischen Zivilisation. Das Luxusbedürfnis und vor allem die Vergnügungssucht sind unvergleichlich größer und allgemeiner als je.

Der Bürger wird selbstbewußt, anspruchsvoll, anmaßend und glaubt über die Bescheidenheit seiner Herkunft und die Gemischtheit der neuen mondänen Gesellschaft, in der die Halbwelt, die Schauspielerinnen und die Fremden eine bisher unerhörte Rolle spielen, durch Äußerlichkeiten hinwegtäuschen zu können. Die Auflösung des *ancien régime* tritt in ihr Endstadium, und mit dem Verschwinden der letzten Vertreter der guten alten Gesellschaft macht die französische Kultur eine empfindlichere Krise mit als zur Zeit ihrer ersten Erschütterung. In der Kunst, vor allem in der Architektur und der Innendekoration, war der schlechte Geschmack nie so tonangebend wie jetzt. Dem neuen Reichtum, der beträchtlich genug ist, um glänzen zu wollen, aber nicht alt genug ist, um ohne Ostentation zu glänzen, ist nichts zu kostbar und zu pompös. Er ist wahllos in seinen Mitteln, in der Verwendung der echten und der falschen Materialien und wahllos in den Stilen, die er sich aneignet und miteinander vermischt. Renaissance und Barock sind für ihn ebenso nur Mittel zum Zweck, wie Marmor und Onyx, Samt und Seide, Spiegel und Kristall. Er ahmt römische Palais und Loireschlösser, pompejanische Atrien und Barocksalons, die Möbel der Louisquinze-Ebenisten und die Tapisserien der Louisseize-Manufakturen nach. Paris erhält einen neuen Glanz, ein neues weltstädtisches Aussehen. Seine Größe ist aber oft nur Scheingröße, das anspruchsvolle Material oft nur ein Surrogat, der Marmor nur Stuck, der Stein nur Mörtel. Die prachtvollen Fassaden sind angeklatscht, die reiche Dekoration ist unorganisch und atektonisch. Es kommt ein unsolider, der Parvenühaftigkeit der herrschenden Gesellschaft entsprechender Zug in die Architektur. Paris wird abermals zur Hauptstadt Europas, doch nicht wie einst zum Mittelpunkt der Kunst und Kultur, sondern zur Vergnügungsmetropolis, zur Stadt der Oper, der Operette, der Bälle, der Boulevards, der Restaurants, der Warenhäuser, der Weltausstellungen, der fix und fertigen und wohlfeilen Genüsse.

Das Zweite Kaiserreich ist das klassische Zeitalter des Eklektizismus – eine Zeit ohne eigenen Stil in der Architektur und dem Kunstgewerbe und ohne stilistische Einheit in der Malerei. Es entstehen neue Theater, Hotels, Mietpaläste, Kasernen, Warenhäuser, Markthallen, es entstehen ganze Straßenzüge und Ringe, Paris wird von Haußmann fast neugebaut, doch geschieht das alles, wenn man von dem Prinzip der Geräumigkeit und den Anfängen der Eisenkonstruktion absieht, ohne jeden originellen baukünstlerischen Gedanken. Es gab selbstverständlich auch in früheren Epochen gleichzeitig verschiedene, miteinander rivalisierende Stile, und auch die Diskrepanz zwischen einem entwicklungsgeschichtlich führenden Stil, der nicht dem Geschmack der repräsentativen Schichten entsprach, und einem minderwertigen, entwicklungsgeschichtlich belanglosen, beim Publikum aber beliebten Stil war längst eine wohlbekannte Erscheinung. Nie fanden jedoch die künstlerisch bedeutenden Richtungen bei den Zeitgenossen so wenig Anklang wie jetzt, und in keiner Epoche empfinden wir es so stark wie in dieser, daß die Kunst- und Literaturgeschichte, die von den ästhetisch wertvollen und historisch maßgebenden Erscheinungen spricht, vom wirklichen Kunstleben des Zeitalters ein unadäquates Bild gibt; daß, mit anderen Worten, die Geschichte der progressiven, in die Zukunft weisenden Richtungen und die Geschichte der durch ihren momentanen Erfolg und Einfluß vorherrschenden Tendenzen sich auf zwei vollkommen divergierende Tatsachenreihen beziehen. Ein Octave Feuillet oder ein Paul Baudry, die in unseren Lehrbüchern zehn Zeilen erhalten, nahmen im Bewußtsein des Publikums ihrer Zeit unvergleichlich mehr Raum ein als Flaubert oder Courbet, denen wir ebenso viele Seiten widmen. Das Kunstleben des Zweiten Kaiserreiches ist von einer unschwierigen und gefälligen, für das bequem und denkfaul gewordene Bürgertum bestimmten Produktion beherrscht. Die Bourgeoisie, die die anspruchsvolle, auf die großartigsten Vorbilder zurückgehende, doch zumeist leere und unorganische Architektur der Zeit ins Leben ruft und ihre Wohnungen mit den kostbarsten, aber oft vollkommen überflüssigen und die historischen Muster verfälschenden Dingen anfüllt, begünstigt eine Malerei, die nichts als ein angenehmer Wandschmuck, eine Literatur, die nichts als eine anstrengungslose Unterhaltung, eine Musik, die leicht und einschmeichelnd ist und ein Theater, das mit den Tricks der *pièce bien faite* seine Triumphe feiert. Der schlechte, unsichere, leicht zu befriedigende Geschmack wird tonangebend, die wirkliche Kunst hingegen zum Besitz einer Kennerschicht, die den Künstlern für ihre Leistungen keine entsprechende Kompensation mehr zu bieten in der Lage ist.

Der Naturalismus, der die ganze weitere Entwicklung im Keime enthält und die bedeutendsten künstlerischen Schöpfungen des Jahrhunderts für sich in Anspruch nehmen darf, ist eine Kunst der Opposition, das heißt, der Stil einer kleinen Minorität sowohl unter den Künstlern als auch im Publikum. Er ist der Gegenstand eines konzentrierten Angriffs seitens der Akademie, der Universität und der Kritik, kurz, aller offiziellen und einflußreichen Stellen. Und die Feindseligkeit verschärft sich, so wie die Ziele und Grundsätze der Bewegung sich präzisieren und der sogenannte „Realismus" sich zum „Naturalismus" entwickelt. Eine solche Trennung der beiden Phasen, deren Grenzen in Wirklichkeit fließend sind, erweist sich allerdings für die Praxis als vollkommen zwecklos, wenn nicht geradezu als irreführend. Es ist jedenfalls zweckmäßiger, die gesamte hier in Frage stehende künstlerische Bewegung als Naturalismus zusammenzufassen und den Begriff des Realismus für die der Romantik und ihrem Idealismus entgegengesetzte Weltanschauung vorzubehalten. Der Naturalismus ist als künstlerischer Stil, der Realismus als philosophische Einstellung durchaus eindeutig, die Unterscheidung eines Naturalismus und eines Realismus in der Kunst kompliziert dagegen nur den Sachverhalt und stellt uns vor ein Scheinproblem. Auch wird mit dem Begriff des „Realismus" der Gegensatz zur Romantik allzustark betont und sowohl die Tatsache, daß wir es hier mit der unmittelbaren Fortsetzung des romantischen Kunstwollens zu tun haben, als auch der Umstand, daß der Naturalismus viel mehr ein beständiges Ringen mit dem Geist der Romantik als einen Sieg über ihn darstellt, vernachlässigt. Der Naturalismus ist eine Romantik mit neuen Konventionen, mit neuen, mehr oder weniger willkürlichen Voraussetzungen der Wahrscheinlichkeit. Der wichtigste Unterschied zwischen Naturalismus und Romantik besteht im Szientismus der neuen Richtung, in der Anwendung der Prinzipien der exakten Wissenschaften auf die künstlerische Schilderung der Wirklichkeit. Die Vorherrschaft der naturalistischen Kunst in der zweiten Hälfte des 19. Jahrhunderts ist überhaupt nur ein Symptom des Sieges der naturwissenschaftlichen Weltanschauung und des rationalistisch-technizistischen Denkens über den Geist des Idealismus und Traditionalismus.

Der Naturalismus leitet so gut wie alle seine Kriterien der Wahrscheinlichkeit von den Forschungsprinzipien der Naturwissenschaften ab. Er gründet seinen Begriff der psychologischen Wahrheit auf das Prinzip der Kausalität, den der korrekten Handlungsführung auf die Ausschaltung der Zufälle und Wunder, seine Milieuschilderung auf den Gedanken, daß jedes Naturphänomen in einer endlosen Reihe von Bedingungen und Motiven steht, seine Verwertung der charakteristischen Details auf die Methode der naturwissenschaftlichen Beobachtung, die keinen Umstand, und sei er noch so unbeträchtlich, vernachlässigt, seine Vermeidung der allzu kunstvollen Komposition auf die Unabgeschlossenheit und Unabschließbarkeit der Naturforschung. Die Hauptquelle der naturalistischen Doktrin aber ist das politische Erlebnis der Generation von 1848: das Mißglücken der Revolution, die Unterdrückung des Juniaufstandes und die Machtergreifung Louis Napoleons. Die Enttäuschung der Demokraten und die allgemeine Ernüchterung, die diese Ereignisse zur Folge haben, findet in der Weltanschauung der sachlichen, illusionslosen, die Erfahrung widerspruchslos hinnehmenden Naturwissenschaften ihren vollkommenen Ausdruck. Nach dem Versagen aller Ideale, aller Utopien hält man sich an die Tatsachen, an nichts als die Tatsachen. Der politische Ursprung des Naturalismus erklärt vor allem seine antiromantischen und moralischen Züge: die Ablehnung der Flucht vor der Realität und die Forderung der unbedingten Aufrichtigkeit in der Schilderung der Tatsachen; das Streben nach Unpersönlichkeit und Unempfindsamkeit als Garantien der Objektivität und der gesellschaftlichen Solidarität; den Aktivismus als die Haltung, die die Wirklichkeit verändern, nicht nur erkennen und schildern will; den Modernismus, der sich an die Gegenwart als den einzigen bedeutenden Gegenstand hält; die Volkstümlichkeit schließlich sowohl in der Wahl der Sujets als auch in der des Publikums. Das Wort Champfleurys, „le public du livre à vingt sous, c'est le vrai public",[63] zeigt, in welcher Richtung die Revolution von 1848 die Literatur beeinflußt hat und wie verschieden der neue Begriff der Volkstümlichkeit von dem der ehemaligen Feuilletonisten ist. Diese schrieben für die breiten Massen, weil sie für jedermann schreiben wollten, die Naturalisten, das heißt Champfleury und sein Kreis, wollen dagegen vor allem für die Massen schreiben. Es gibt immerhin innerhalb der naturalistischen Literatur zwei verschiedene Richtungen: den Naturalismus der aus der Boheme hervorgehenden Schriftsteller, der Champfleury, Duranty und Murger, und den Naturalismus der Rentner, der Flaubert und der Goncourt.[64] Die zwei Lager stehen einander durchaus feindlich gegenüber; der Boheme ist jeder Traditionalismus verhaßt, Flaubert und seinen Freunden dagegen jeder Schriftsteller verdächtig, der um die Volksgunst buhlt.

Der Naturalismus beginnt als eine Bewegung des Künstlerproletariats; sein erster Meister ist Courbet, ein Mann aus dem Volke und ein Künstler, dem jedes Gefühl für die bürgerliche Respektabilität fehlt. Nachdem die alte Boheme sich aufgelöst hat und ihre Mitglieder zu den Lieblingen des romantisierenden bürgerlichen Publikums geworden sind, bildet sich um Courbet ein neuer Kreis, ein zweiter *cénacle* der Boheme. Der Maler der *Steinklopfer* verdankt seine Führerstellung hauptsächlich menschlichen und nicht künstlerischen Qualitäten, vor allem seiner Herkunft, dem Umstand, daß er das Leben des Volkes schildert und sich mit seiner Kunst an das Volk oder jedenfalls an die breiteren Schichten des Publikums wendet, daß er die unsichere und ungebundene Existenz des Künstlerproletariats führt, den Bürger und die bürgerlichen Ideale verachtet, ein überzeugter Demokrat und Revolutionär, ein Verfolgter und Verschmähter ist. Die naturalistische Theorie entsteht geradezu als die Verteidigung seiner Kunst gegen die traditionalistische

Kritik. Champfleury erklärt gelegentlich der Ausstellung vom *Begräbnis von Ornans* (1850): „Von nun an müssen die Kritiker sich für oder gegen den *Realismus* entscheiden." Damit ist das große Wort gefallen.[65] An und für sich ist weder der Begriff noch die Praxis dieser Kunst neu, wenn auch der Alltag mit solcher Brutalität vielleicht noch nie dargestellt wurde; neu ist aber ihre politische Tendenz, die soziale Botschaft, die sie enthält, die Darstellung des Volkes ohne jede Herablassung, ohne jeden mokanten oder genrehaft distanzierenden Zug. Wie neu aber auch diese soziale Attitüde ist, und wie viel man auch im Kreise Courbets von dem humanitären Ziel und der politischen Aufgabe der Kunst spricht, die Boheme ist und bleibt eine Erbin der ästhetisierenden Romantik. Sie schreibt der Kunst oft sogar eine Bedeutung zu, die sie nicht einmal in den exaltiertesten Theorien der Romantiker besaß, und macht aus einem konfus durcheinander schwatzenden Maler einen Propheten und aus der Ausstellung eines unverkäuflichen Bildes ein historisches Ereignis.

Die Leidenschaft aber, die Courbet und seine Anhänger erfüllt, ist im Grunde ein politisches Pathos; ihr Selbstbewußtsein stammt aus der Überzeugung, daß sie die Vorkämpfer der Wahrheit und die Wegbereiter der Zukunft sind. Champfleury behauptet, daß der Realismus nichts als die der Demokratie entsprechende Kunstrichtung sei, und die Goncourts identifizieren einfach die Boheme mit dem Sozialismus in der Literatur. Realismus und politische Revolte sind in den Augen Proudhons und Courbets nur verschiedene Erscheinungsformen der gleichen Haltung, und sie sehen zwischen sozialer und künstlerischer Wahrheit keinen wesentlichen Unterschied. Courbet erklärt in einem Brief von 1851: „Ich bin nicht nur Sozialist, sondern auch Demokrat und Republikaner, mit einem Wort, ein Parteigänger der Revolution und vor allem ein Realist, das heißt der aufrichtige Freund der wahren Wahrheit."[66] Und Zola setzt nur den Courbetschen Gedanken fort, wenn er betont: „La République sera naturaliste ou elle ne sera pas."[67] In der Ablehnung des Naturalismus drückt sich also nichts als der Selbsterhaltungstrieb der herrschenden Klassen aus: ihr durchaus richtiges Gefühl, daß jede das Leben unvoreingenommen und hemmungslos darstellende Kunst an und für sich eine revolutionäre Tat ist. Der Konservativismus verfügt bezüglich dieser Gefahr über klarere Begriffe als die Opposition selber.[68] Gustave Planche spricht es in der *Revue des Deux Mondes* unumwunden aus, daß der Widerstand gegen den Naturalismus ein Glaubensbekenntnis neben der bestehenden Ordnung sei und daß man mit seiner Ablehnung zugleich den Materialismus und die Demokratie des Zeitalters ablehne.[69]

Die konservative Kritik der fünfziger Jahre führt alle die bekannten Argumente gegen den Naturalismus an und sucht die politischen und sozialen Vorurteile, die ihre antinaturalistische Haltung bedingen, mit ästhetischen Einwänden zu bemänteln. Der Naturalismus, heißt es, entbehre jeden Idealismus und jede höhere Moral, schwelge im Häßlichen und Gemeinen, im Krankhaften und Obszönen und stelle eine wahllose, sklavische Nachahmung der Wirklichkeit dar. Das, was die konservativen Kritiker stört, ist aber selbstverständlich nicht der Grad, sondern der Gegenstand der Nachahmung. Sie wissen nur zu gut, daß Courbet mit der Zerstörung der klassisch-romantischen Kalokagathie und der Aufhebung des alten Schönheitsideals, das sich, trotz der Revolutionen und der Umschichtungen der Gesellschaft, bis um 1850 fast unverändert erhalten hat, für einen neuen Menschen und eine neue Lebensordnung kämpft. Sie fühlen, daß die Häßlichkeit seiner Bauern und Arbeiter, die Korpulenz und die Vulgarität seiner Bürgersfrauen ein Protest gegen die bestehende Gesellschaft ist und daß die „Verachtung des Idealismus" und das „Wühlen im Schmutz" zu den revolutionären Kampfmitteln des Naturalismus gehören. Millet malt die Apotheose der körperlichen Arbeit und macht den Bauern zum Helden einer neuen Epopöe. Daumier schildert den staatserhaltenden Bürger in seiner Verstocktheit und Stumpfheit, verhöhnt seine Politik, seine Justiz, seine Vergnügungen und enthüllt die ganze hinter der bürgerlichen Respektabilität sich verbergende, gespensterhafte Komödie. Es ist evident, daß die Motivenwahl hier nicht so sehr durch künstlerische als politische Rücksichten bedingt ist.

Sogar das Landschaftsbild wird zu einer Demonstration gegen die Kultur der herrschenden Gesellschaft. Die moderne

Landschaft ist zwar von vornherein als Kontrast zum Leben der Industriestadt entstanden, die romantische Landschaftsmalerei stellte aber noch eine autonome Welt dar, das Bild eines irrealen, idealen Seins, das mit dem Leben der Gegenwart und des Alltags in keine unmittelbare Beziehung gebracht werden mußte. Diese Welt war von der Szenerie des wirklichen, zeitgenössischen Lebens so verschieden, daß sie wohl als Gegensatz zu ihr, kaum aber als Protest gegen sie aufgefaßt wurde. Der *paysage intime* der modernen Malerei schildert dagegen ein Milieu, das in seiner Ruhe und Innigkeit von der Stadt zwar vollkommen verschieden ist, ihr aber, infolge seines schlichten, unromantischen, alltäglichen Charakters, doch so nahe steht, daß sich der Vergleich zwischen beiden von selbst aufdrängt. Die romantischen Bergspitzen und Meeresspiegel und noch die Wälder und Himmel Constables hatten etwas Märchenhaftes und Mythisches an sich, die Waldlichtungen und Waldränder der Maler von Barbizon wirken hingegen so selbstverständlich und vertraut, scheinen so leicht erreichbar und besitzbar, daß der moderne Städter sie stets als eine Mahnung und einen Vorwurf empfinden muß. In der Wahl dieser trivialen, „unpoetischen" Motive drückt sich der gleiche demokratische Geist aus, wie in der Typenwahl Courbets, Millets und Daumiers; mit dem einzigen Unterschied, daß die Landschaftsmaler zu sagen scheinen: die Natur ist immer und überall schön, man braucht keine „idealen" Motive, um ihrer Schönheit gerecht zu werden, die Figurenmaler dagegen beweisen wollen, daß der Mensch häßlich und jämmerlich ist, einerlei ob er andere unterdrückt oder von anderen bedrückt wird. Die naturalistische Landschaft wird aber, trotz ihrer Ungesuchtheit und Schlichtheit, bald ebenso konventionell, wie es die romantische gewesen ist. Die Romantiker malten die Poesie des Heiligen Haines, die Naturalisten malen die Prosa des ländlichen Lebens – die Lichtung mit dem weidenden Vieh, den Fluß mit der Fähre, den Acker mit dem Heuschober. Der Fortschritt besteht auch hier, wie so oft in der Kunstgeschichte, eher in der Erneuerung als in der Verringerung der stehenden Motive. Die radikalsten Veränderungen folgen aus dem Prinzip der Pleinair-Malerei, das übrigens keineswegs auf einmal und fast nie konsequent durchgeführt wird und sich zumeist darauf beschränkt, so zu wirken, *als ob* das Bild im Freien entstanden wäre. Auch dieser technische Gedanke hat außer seinen offenkundigen naturwissenschaftlichen Elementen einen politisch-moralischen Inhalt und scheint sagen zu wollen: Hinaus ins Freie, hinaus ans Licht der Wahrheit!

Der soziale Charakter der neuen Kunst äußert sich auch in der Tendenz zum engeren Zusammenschluß der Maler, in ihrer Bestrebung, Künstlerkolonien zu gründen und sich in ihrer Lebensführung einander anzupassen. Die „Schule von Fontainebleau", die gar keine Schule ist und keine Koterie, sondern eine lose Gruppe, deren Mitglieder ihre eigenen Wege gehen und miteinander nur durch den Ernst ihrer Ziele verbunden sind, repräsentiert bereits den kollektiven Geist des neuen Zeitalters. Und die späteren Künstler-Brüderschaften und Siedlungen, die gemeinsamen Reformbestrebungen und Avantgarde-Bildungen des 19. Jahrhunderts bringen alle die gleiche Tendenz zur Koalition und Kooperation zum Ausdruck. Das epochale Bewußtsein, das Wissen um den Sinn und die Forderung der Stunde, das mit der Romantik in die Welt kam, beherrscht jetzt vollkommen die Gedankenwelt der Künstler. Courbets Diktum vom „faire de l'art vivant" und Daumiers angeblicher Wahlspruch „Il faut être de son temps" drücken ein und dasselbe aus, nämlich den Wunsch, die Isoliertheit des Romantikers zu durchbrechen und den Künstler von seinem Individualismus zu erlösen. Die Einführung der Lithographie als künstlerischer Ausdrucksform ist gleichfalls ein Symptom dieser sozialen Bestrebung. Sie entspricht aber nicht nur jener Demokratisierung des Kunstgenusses, die in der Literatur durch den Feuilletonroman verwirklicht wurde, sie bedeutet den Sieg der Volkstümlichkeit und des Journalismus auf einem unvergleichlich höheren Niveau. Die Malerjournalistik Daumiers bezeichnet den künstlerischen Höhepunkt seiner Zeit, der Feuilletonismus Balzacs dagegen eine Senkung seines eigenen Niveaus und durchaus keine Hebung des Fortsetzungsromans.

War es aber denn wirklich die Gegenwart, die die Naturalisten repräsentierten, oder, wenn es schon nicht die ganze

Gegenwart war, war es der wichtigste, der größte Teil des zeitgenössischen Kunstpublikums? Die Mehrheit der Leute, die Bilder bestellten, kauften oder öffentlich beurteilten, die die Kunstakademien leiteten und über die auszustellenden Werke zu entscheiden hatten, war es keineswegs. Die Kunstauffassung dieser Leute war im allgemeinen wohl ziemlich liberal, ihre Toleranz hörte jedoch beim Naturalismus auf. Sie liebten und förderten den akademischen Idealismus Ingres' und seiner Schule, die romantische Anekdotenmalerei Decamps' und Meissoniers, die elegante Porträtkunst Winterhalters und Dubufes, die pseudobarocke Historienmalerei Coutures und Boulangers, die mythologisch-allegorischen Dekorationen Bouguereaus und Baudrys,[70] das heißt, die große, prunkvolle, aber leere Form in jeder Spielart. Für die Schöpfungen der naturalistischen Malerei hatten sie aber weder in ihren mit Möbeln und Draperien angefüllten Wohnungen noch in ihren archaisierenden Repräsentationsräumen Platz. Die moderne Kunst wurde heimatlos und begann, jede praktische Funktion zu verlieren. Der gleiche Abstand, der zwischen der naturalistischen Malerei und dem eleganten „Wandschmuck" des Zeitalters bestand, trennte auch Dichtung und Unterhaltungsliteratur, ernste und leichte Musik voneinander. Und ebenso funktionslos wie die progressive Malerei war auch die Literatur oder die Musik, die nicht Unterhaltungszwecken diente. Bisher bildeten auch die wertvollsten, ernsthaftesten Schöpfungen der Literatur, wie die Romane Prévosts, Voltaires, Rousseaus und Balzacs, die Lektüre von verhältnismäßig breiten, literarisch oft indifferenten Schichten. Die Doppelrolle der Literatur als Kunst und Unterhaltung und die Befriedigung der Ansprüche von bildungsmäßig verschiedenen Kreisen durch die gleichen Werke hört nun aber auf. Die künstlerisch wertvollsten Produkte der Literatur kommen als Unterhaltungslektüre kaum mehr in Frage und sind für das allgemeine Lesepublikum vollkommen reizlos, es sei denn, daß sie aus irgendeinem Grunde die Aufmerksamkeit des Publikums auf sich lenken und einen Skandalerfolg erzielen, wie zum Beispiel Flauberts *Madame Bovary*. Eine adäquate Einstellung zu solchen Werken hat nur eine ganz dünne Literaten- und Intelligenzschicht und man darf auch diese Literatur, so wie die ganze progressive Malerei, als „Atelierkunst" bezeichnen: sie ist für Spezialisten, für Künstler und Kenner bestimmt. Die Entfremdung der Künstlerschaft von der Gegenwart und ihr Verzicht auf jede Gemeinschaft mit dem Publikum geht so weit, daß sie die Erfolglosigkeit nicht nur als etwas durchaus Selbstverständliches hinnimmt, sondern den Erfolg als ein Zeichen der künstlerischen Minderwertigkeit betrachtet und im Verkanntsein durch die Zeitgenossen geradezu eine Vorbedingung der Unsterblichkeit erblickt.

Die Romantik enthielt noch ein volkstümliches, auch breitere Schichten ansprechendes Element, der Naturalismus besitzt dagegen wenigstens in seinen bedeutendsten Schöpfungen nichts Anziehendes für das allgemeine Publikum. Mit dem Tode Balzacs ist die Epoche der Romantik abgeschlossen; Victor Hugo steht wohl noch immer auf der Höhe seiner künstlerischen Entwicklung, die Romantik hat aber als massive literarische Bewegung aufgehört, eine Rolle zu spielen. Die Absage der führenden Schriftsteller an das romantische Kunstideal bedeutet zugleich den vollkommenen Bruch mit den maßgebenden Gruppen des Publikums und der Kritik. Die „partie de résistance", die in der Literatur der politischen Ordnungspartei entspricht, stellt sich zur Romantik positiver als der mit ihr entwicklungsgeschichtlich unmittelbar zusammenhängende Naturalismus. Die konservative Kritik bekämpft zwar den Geist der Rebellion in jeder Form, in der romantischen ebenso wie in der naturalistischen, und stellt die Vernünftigkeit über jede Art von Spontaneität, sie fordert aber von der Dichtung den Ausdruck „echter Gefühle" und betrachtet die „Tiefe des Gemüts" als das Kriterium echten Künstlertums. Diese Gefühlsästhetik aber ist nur eine neue, wenn auch nicht immer ganz klare Form der alten Kalokagathie; sie gründet sich auf die vermeintliche Identität der gefühlsmäßig spontanen und der sittlich wertvollen Elemente des Seelenlebens und postuliert eine mystische Übereinstimmung zwischen dem Guten und dem Schönen. Die sittliche Wirkung der Kunst ist ihr wichtigstes Axiom und die Erzieherrolle des Künstlers ihr höchstes Ideal. Der Standpunkt der Bourgeoisie bezüglich des Prinzips des *l'art pour l'art* hat sich abermals geändert. Nach der ursprünglichen Ablehnung und der späteren Anerkennung fixiert sich ihre Haltung der „reinen", moralisch indifferenten Kunst gegenüber als eine durchaus feindliche. Das Rebellentum des Künstlers ist gebrochen, man hat von seiner Einmischung in Fragen der Praxis nichts mehr zu befürchten; das *l'art pour l'art* kann über Bord geworfen und die Kompetenz des Künstlers als geistigen Führers wieder anerkannt werden. Eine Gefahr droht nur von der Seite des Naturalismus; da sich aber seine Vertreter wenn auch nicht für das *l'art pour l'art*, so doch für die unvoreingenommene und rücksichtslose Behandlung der moralischen Fragen, also für einen künstlerischen Amoralismus, aussprechen, richtet sich die Ablehnung des *l'art pour l'art* auch gegen sie. Die Regierung fügt die Kunst und die Künstler in ihr Erziehungs- und Korrektionssystem ein. Die Chefredakteure und die Kritiker der großen Zeitschriften und Zeitungen, die Buloz, Bertin, Gustave Planche, Charles Rémusat, Arnaud de Pontmartin, Émile Montégut, sind ihre höchsten Autoritäten; Jules Sandeau, Octave Feuillet, Émile Augier und Dumas *fils* ihre angesehensten Dichter; die Universität und die Akademie ihre Lehr- und Versuchsanstalten für geistige Hygiene; der Staatsanwalt und der Polizeipräfekt die Hüter ihrer Moralprinzipien. Die Vertreter des Naturalismus haben gegen die Feindseligkeit der Kritik bis um 1860, gegen die Universität zeitlebens zu kämpfen. Die Akademie bleibt für sie verschlossen und auf eine Hilfe staatlicherseits können sie nie rechnen. Flaubert und die Brüder Goncourt werden wegen Sittlichkeitsdelikten angeklagt und Baudelaire wird sogar zu einer empfindlichen Geldstrafe verurteilt.

Der Prozeß gegen Flaubert und der Sensationserfolg der *Madame Bovary* (1857) entscheiden den Kampf um den Naturalismus zugunsten der neuen Richtung. Das Publikum zeigt sich interessiert, und bald streckt auch die Kritik die Waffen; nur die hartnäckigsten und kurzsichtigsten Reaktionäre bleiben in der Opposition. Die progressive Richtung wird der Kritik diesmal von den Lesern aufgezwungen, wenn auch das Interesse des Publikums keineswegs rein künstlerische

Gründe hat. Sainte-Beuve, der für den Kurswechsel geistiger Tendenzen einen sehr feinen Sinn besitzt, findet den Weg zum Liberalismus seiner Jugendjahre zurück. Er schließt sich dem Kreis von Taine, Renan, Berthelot und Flaubert an, kritisiert die Regierung und verkündet den Sieg des Naturalismus. Die Gleichzeitigkeit seiner politischen und künstlerischen Bekehrung ist für die geistige Situation äußerst bezeichnend; sie beweist, daß der Naturalismus, trotz seiner inneren Spaltung in die beiden Lager der Boheme und der „Rentner", im Liberalismus wurzelt. Nicht einmal von Flaubert, dessen politische Anschauungen durchaus konservativ sind, kann man behaupten, daß er einen reaktionären, antisozialen und antiliberalen Standpunkt vertreten würde. Die Opposition gegen das politische System des Zweiten Kaiserreichs und den Opportunismus der Bourgeoisie, so wie sie vor allem in der *Éducation sentimentale* zum Ausdruck kommt, ist für seine Denkart jedenfalls bezeichnender als die Schmähung der Demokratie in seinen oft allzu impulsiven und widerspruchsvollen Briefen. Die regimefeindliche soziale Kritik ist ein gemeinsamer Zug der ganzen naturalistischen Literatur, und Flaubert, Maupassant, Zola, Baudelaire und die Goncourts sind bei aller Verschiedenheit ihrer politischen Einstellung in ihrem Nonkonformismus vollkommen einig.[71] Der „Triumph des Realismus" wiederholt sich und seine Vertreter tragen alle dazu bei, die Grundlagen der bestehenden Gesellschaft zu zerstören. Flaubert beklagt sich in seinen Briefen wiederholt über die Unterdrückung der Freiheit und den Haß gegen die Traditionen der großen Revolution.[72] Er ist unleugbar ein Gegner des allgemeinen Wahlrechts und der Herrschaft der ungebildeten Massen,[73] er ist aber durchaus kein Bundesgenosse der herrschenden Bourgeoisie. Seine politischen Ansichten sind oft verworren und naiv, sie drücken aber stets einen ehrlichen Willen zum Rationalismus und Realismus aus und bekunden eine Haltung, der jede Utopie, auch die der Volksbeglücker und Fortschrittsfanatiker, fremd ist. Er lehnt den Sozialismus überhaupt nicht so sehr wegen seiner materialistischen als wegen seiner irrationalen Elemente ab.[74] Um gegen jeden Dogmatismus, jeden blinden Glauben, jede Bindung gefeit zu sein, verwirft er jeden politischen Aktivismus und kämpft gegen jede Versuchung, die ihn verleiten könnte, aus dem Kreis der rein privaten Beziehungen herauszutreten.[75] Aus Furcht vor Selbstbetrug wird er zum Nihilisten. Er fühlt sich aber als legitimen Erben der Revolution und der Aufklärung und erklärt den geistigen Niedergang mit dem verhängnisvollen Sieg Rousseaus über Voltaire.[76]

Flaubert klammert sich an den Rationalismus als den letzten Rest des unromantischen 18. Jahrhunderts, und es genügt, an die Angstneurosen unserer Zeit zu denken, um den Sinn seiner Warnung vor den irrationalen, selbstzerstörerischen Tendenzen der rousseauischen Romantik zu verstehen. „Für welche Schuld sollten denn die Menschen verantwortlich sein?" fragt er eine nervenkranke, sich mit religiösen Wahnvorstellungen und Selbstvorwürfen quälende Korrespondentin.[77] Das klingt wie ein Notschrei und wirkt wie ein letzter Versuch, sich inmitten einer von allen Seiten gefährdeten Welt im Gleichgewicht zu erhalten. Das Ringen Flauberts mit dem Geiste der Romantik, das fortwährende Wechseln seiner Haltung ihr gegenüber, wobei er stets das Gefühl hat, ein Verräter zu sein, ist nichts als ein Manöver, dieses Gleichgewicht zu bewahren. Sein ganzes Leben und Schaffen besteht in einem Hin- und Herpendeln zwischen zwei Polen, zwischen seinen romantischen Neigungen und seiner Selbstdisziplin, seiner Todessehnsucht und seinem Am-Leben-Bleiben- und Gesund-Sein-Wollen. Er steht, schon infolge seines Provinzlertums, der bereits etwas altmodischen Romantik näher als seine Generationsgenossen in Paris[78] und lebt bis nach seinem zwanzigsten Lebensjahr in der fiktiven Welt und der überhitzten seelischen Atmosphäre einer unverwurzelten und unzeitgemäßen Jugend. Er beruft sich später oft auf die furchtbare, von Irrsinn und Selbstmord bedrohte Verfassung, in der er sich damals mit seinen Freunden befand[79] und aus der er sich nur durch eine unerhörte Willensanstrengung, eine eiserne, gegen sich selbst schonungslose Disziplin, zu retten vermochte. Bis zur Krise, die er mit zweiundzwanzig Jahren durchmacht, ist er ein von Visionen, Depressionen, wilden Gefühlsausbrüchen gequälter Mensch, ein Kranker, dessen Reizbarkeit und Sensibilität zur Katastrophe führen müssen. Sein Leben in der Kunst und für die Kunst, die Regelmäßigkeit und die Kompromißlosigkeit seiner Arbeitsweise, die Unmenschlichkeit seines *l'art pour l'art* und die Unpersönlichkeit seines Stils, mit einem Wort, seine ganze Theorie und Praxis der Kunst, ist nichts als eine verzweifelte Anstrengung, sich vor dem sicheren Untergang zu retten. Der Ästhetizismus spielt bei ihm psychologisch die gleiche Rolle, die er in der Romantik soziologisch gespielt hat: die einer Flucht vor der unerträglich gewordenen Wirklichkeit.

Flaubert schreibt sich von der Romantik frei; er überwindet sie, indem er sie dichterisch darstellt und aus ihrem Liebhaber und Opfer zu ihrem Analytiker und Kritiker wird. Er stellt der Welt der romantischen Träume die Realität des alltäglichen Lebens gegenüber und wird zum Naturalisten, um die Verlogenheit und die Ungesundheit dieser Träumerei zu enthüllen. Er wird aber nie müde zu beschwören, wie er den nüchternen Alltag haßt, wie ihm der Naturalismus der *Madame Bovary* und der *Éducation sentimentale* zuwider ist und wie kindisch ihm die ganze Doktrin vorkommt. Er ist nichtsdestoweniger der erste wirkliche naturalistische Schriftsteller, der erste, dessen Werke ein den Lehren des Naturalismus entsprechendes Bild der Wirklichkeit geben. Sainte-Beuve erkennt mit sicherem Blick die Folgen der Wendung, die *Madame Bovary* in der Geschichte der französischen Literatur bedeutet. „Flaubert führt die Feder", schreibt er in seiner Rezension, „wie andere das Skalpell", und er charakterisiert den neuen Stil als den Sieg der Anatomen und Physiologen in der Kunst.[80] Zola leitet seine ganze Theorie des Naturalismus von den Werken Flauberts ab und betrachtet den Autor der *Madame Bovary* und der *Éducation sentimentale* als den Schöpfer des modernen Romans.[81] Flaubert bedeutet vor allem den Übertreibungen und gewaltsamen Effekten Balzacs gegenüber den vollkommenen Verzicht auf die melodramatische, abenteuerliche, ja auch nur spannende Handlung; die Vorliebe für die Schilderung des eintönigen, abwechslungslosen, platten Alltags; die Vermeidung jedes Extrems in der Gestaltung der Charaktere, den Abstand von jeder Betonung des Guten oder des Bösen in ihnen; den Verzicht auf jede These, jede Tendenz, jede Moral, kurz auf jede unmittelbare Einmischung in die Vorgänge und jede direkte Interpretation der Tatsachen.

Die Unpersönlichkeit und Unparteilichkeit Flauberts folgt aber keineswegs nur aus den Voraussetzungen seines Naturalismus und entspricht nicht nur etwa der ästhetischen Forderung, daß die Dinge in einem Kunstwerk durch ihre unmittelbare Erscheinung und nicht durch die Empfehlung des Autors wirken sollen; sie bildet durchaus nicht nur eine Reaktion gegen die Aufdringlichkeit Balzacs und eine Rückkehr zu dem Begriff des Werkes als eines in sich abgeschlossenen Mikrokosmos, als eines Systems, in dem „der Autor, wie Gott im Weltall, stets gegenwärtig, doch nie sichtbar sein soll“;[82] sie ist auch nicht nur die Folge jener Erkenntnis, die seither von den Goncourts, von Maupassant, Gide, Valéry und anderen so oft wiederholt und bekräftigt wurde, nämlich daß man mit den schönsten Gefühlen die schlechtesten Gedichte macht und daß die persönliche Anteilnahme, die echte Emotion, das Zucken der Nerven und die Tränen im Auge, nur die Schärfe des Blicks beeinträchtigen – nein, die Impassibilität Flauberts ist nicht nur ein kunsttechnisches Prinzip, sie enthält vielmehr eine neue Idee, eine neue Moral des Künstlertums. Sein „nous sommes faits pour le dire, et non pour l'avoir“ ist die zugespitzteste, kompromißloseste Formulierung jenes Verzichts auf das Leben, aus dem die Romantik als Kunst- und Weltanschauung hervorgegangen ist, es ist aber, dem Flaubertschen Zwiespalt der Gefühle entsprechend, zugleich die schärfste Ablehnung der Romantik. Denn wenn Flaubert ausruft, die Dichtung sei nicht der „Abschaum des Herzens“, so will er sowohl die Reinheit des Herzens als auch die der Dichtung bewahren.

Flaubert leitete von der Erkenntnis, daß die wirre, exaltierte, romantische Sinnesart seiner Jugend ihn sowohl als Künstler wie auch als Menschen zu zerstören im Begriffe war, eine neue Lebensordnung und eine neue Ästhetik ab. „Es gibt Kinder“, schrieb er 1852, „auf die die Musik ungünstig wirkt; sie haben große Anlagen, behalten nach dem ersten Hören die Melodien, regen sich beim Klavierspielen auf, bekommen

Herzklopfen, magern ab, werden bleich, erkranken und ihre armen Nerven zucken vor Qual wie die der Hunde, wenn sie Musik hören. Die Mozarts der Zukunft wird man unter solchen Kindern vergeblich suchen. Das Talent hat sich bei ihnen verrückt, die Idee ist in das Fleisch gegangen, wo sie unfruchtbar ist und wobei auch das Fleisch zugrunde geht ...“[83] Flaubert ahnte nicht, wie romantisch seine Scheidung von „Idee“ und „Fleisch“ und sein Verzicht auf das Leben zugunsten der Kunst war, und erkannte nie, daß die wirkliche, unromantische Lösung seines Problems sich nur aus dem Leben selbst ergeben kann. Sein eigener Lösungsversuch gehört nichtsdestoweniger zu den großen symbolischen Attitüden der abendländischen Menschheit; sie stellt die letzte relevante Form des romantischen Lebensgefühls dar, die Form, in der es sich selbst aufhebt und in der die bürgerliche Intelligenz sich ihrer Unfähigkeit, das Leben zu meistern und aus der Kunst ein Instrument des Lebens zu machen, bewußt wird. Die Selbstherabsetzung des Bürgertums gehört zwar, wie Brunetière betont hat, zum Wesen der bürgerlichen Lebenshaltung,[84] diese Selbstkritik und Selbstverneinung wird aber erst seit der Zeit Flauberts zu einem maßgebenden Kulturfaktor. Die Bourgeoisie des Julikönigtums glaubte noch an sich und die Mission ihrer Kunst.

Flauberts Kritik an der Romantik, seine Abscheu vor dem Exhibitionismus und der Prostitution, die die Romantiker mit ihren persönlichsten Erlebnissen und innigsten Gefühlen trieben, erinnert an den Widerwillen Voltaires gegen die krude Naturhaftigkeit Rousseaus. Voltaire war aber von der Romantik noch völlig unberührt und hatte, indem er gegen Rousseau kämpfte, nicht auch gegen sich zu kämpfen; seine Bürgerlichkeit war unproblematisch und ungefährdet. Flaubert ist dagegen voll von Widersprüchen, und seine widerspruchsvolle Beziehung zur Romantik entspricht einem ebenso widerspruchsvollen Verhältnis zum Bürgertum. Sein Haß gegen den Bourgeois ist, wie oft bemerkt wurde, die Quelle seiner Inspiration und der Ursprung seines Naturalismus. Er läßt das bürgerliche Prinzip in seinem Verfolgungswahn zu einer metaphysischen Substanz werden, zu einer Art von „Ding an sich“, das unergründlich, unerschöpflich ist. „Der Bourgeois ist für mich etwas Undefinierbares", schreibt er an einen Freund – ein Wort, in dem neben dem Begriff des Unbestimmten auch der des Unendlichen mitklingt. Die Entdeckung, daß die Bourgeoisie selber romantisch, ja gewissermaßen das romantische Element schlechthin geworden ist, daß die Verse der Romantiker von niemandem mit so viel Gefühl und Rührung deklamiert werden wie von ihr, und daß die Emma Bovarys die letzten Repräsentanten des romantischen Lebensideals sind, hat viel dazu beigetragen, Flaubert von seinem Romantizismus abzubringen. Flaubert ist aber im tiefsten Wesen selber ein Bourgeois, und er weiß es. „Ich verzichte auf die Stellung eines Literaten", erklärt er, „. . . ich bin einfach ein Bürger, der auf dem Lande zurückgezogen lebt und sich mit Literatur beschäftigt."[85] Zur Zeit, als er wegen seines Romans unter Anklage steht und seine Verteidigung vorbereitet, schreibt er seinem Bruder: „Man muß es im Innenministerium wissen, daß wir in Rouen das sind, was man eine Familie nennt, und daß wir tiefe Wurzeln im Lande haben." Flauberts bürgerliche Wesensart äußert sich aber vor allem in seiner Arbeitsweise, seiner Arbeitsdisziplin, seinem Widerwillen gegen die Unverbindlichkeit des „genialischen" Schaffens. Er zitiert die Worte Goethes von der „Forderung des Tages" und macht es sich zur Pflicht, die Schriftstellerei als einen geregelten, bürgerlichen, von Lust und Unlust, von Inspiration und Stimmung unabhängigen Beruf auszuüben. Sein monomanischer Kampf um die vollendete Form und sein sachlicher Ästhetizismus haben in dieser bürgerlich-handwerklichen Konzeption des künstlerischen Schaffens ihren Ursprung. Das *l'art pour l'art* entspricht bekanntermaßen nur zum Teil dem romantischen, der Gesellschaft und der Praxis entfremdeten Lebensgefühl; in gewisser Hinsicht ist es geradezu der Ausdruck eines ganz im Werk, ganz in der Leistung aufgehenden, echt bürgerlichen und handwerkstreuen Arbeitsethos.[86] Flauberts Abneigung gegen die Romantik hängt mit seiner Aversion gegen den Künstler als Typus, seinem Widerwillen gegen den unverantwortlichen Träumer und Idealisten eng zusammen. Er bekämpft im Künstler und Romantiker die

Verkörperung einer Lebensform, durch die er sich in seiner ganzen moralischen Existenz bedroht fühlt. Er haßt den Bürger, er haßt aber den Landstreicher noch mehr. Er weiß, daß in jedem Künstlertum ein Element der Zersetzung enthalten ist, eine gesellschaftsfeindliche, desintegrierende Kraft. Er weiß, daß die künstlerische Lebensweise zur Anarchie und zum Chaos neigt und daß das künstlerische Schaffen sich, schon infolge seiner irrationalen Momente, jeder Disziplin und Ordnung, jeder Beharrlichkeit und Stetigkeit zu entziehen sucht. Das, was schon Goethe empfunden hat[87] und Thomas Mann zum Problem seiner Psychologie der künstlerischen Lebensform macht, der Hang des Künstlers zum Pathologischen und Kriminellen, seine schamlose Selbstenthüllung und sein würdeloses Komödiantentum, mit einem Wort, die ganze Vagantenexistenz, die er führt, muß Flaubert tief beunruhigt und bedrückt haben. Die Askese, die er sich auferlegt, sein Handwerkerfleiß, seine mönchische Verborgenheit hinter dem Werk, soll letzten Endes nur von seinem Ernst, seiner bürgerlichen Wohlanständigkeit und Zuverlässigkeit zeugen und beweisen, daß er mit der „roten Weste“ Gautiers nichts zu tun hat. Das Künstlerproletariat ist zu einer nicht mehr zu negligierenden sozialen Tatsache geworden; die Bourgeoisie empfindet es als eine revolutionäre Gefahr und die bürgerlichen Schriftsteller fühlen sich mit ihr dieser Gefahr gegenüber ebenso solidarisch wie später der Kommune gegenüber, die in ihnen alle die verdrängten bürgerlichen Instinkte zum Leben erweckt.

Eine Lehre wie der Ästhetizismus Flauberts ist aber keine eindeutige, endgültige Lösung, sondern eine dialektische Kraft, die ihre Richtung ändert und sich selbst in Frage stellt. Flaubert sucht in der Kunst Beruhigung und Schutz vor dem romantischen Ungestüm seiner Jugend; in dieser Funktion nimmt sie aber selber phantastische Maßstäbe und eine dämonische Gestalt an. Sie wird nicht nur zum Ersatz für alles, was der Seele Genugtuung und Befriedigung geben könnte, sondern zum Prinzip des Lebens selbst. Nur in ihr scheint es einen Bestand zu geben, einen festen Punkt im Strome des Vergehens und Dahingleitens, des Verderbens und der Auflösung. Die Hingabe des Lebens an die Kunst gewinnt hier einen mystisch-religiösen Charakter; sie ist kein bloßer Dienst und kein bloßes Opfer mehr, sondern ein ekstatisches Anstarren des einzig Seienden, ein restloses, selbstverneinendes Aufgehen in der Idee. „L'art, la seule chose vraie et bonne de la vie“, schreibt Flaubert am Anfang seiner Karriere,[88] und „l'homme n'est rien, l'oeuvre tout“, schreibt er am Ende.[89] Das *l'art pour l'art* des Handwerks, die Verherrlichung der technischen Meisterschaft im Gegensatz zum romantischen Dilettieren, drückte ursprünglich den Wunsch aus, sich in eine soziale feste Lebensordnung einzufügen, der Ästhetizismus, zu dem Flaubert gelangt, stellt dagegen einen antisozialen und lebensfeindlichen Nihilismus dar, eine Flucht vor allem, was mit dem praktischen Leben und dem seinsverbundenen Menschen aus Fleisch und Blut zusammenhängt. Es ist die äußerste Weltverachtung und Weltverneinung, die darin zum Ausdruck kommt. „Das Leben ist so scheußlich“, stöhnt Flaubert, „daß man es nur ertragen kann, wenn man es meidet. Und das tut man, indem man in der Kunst lebt.“[90] Das „nous sommes faits pour le dire, et non pour l'avoir“ ist eine grausame Botschaft, die Hinnahme eines unseligen, unmenschlichen Schicksals. „Du wirst den Wein, die Liebe, die Frauen, den Ruhm nur schildern können, wenn Du weder Trinker noch Geliebter, noch Gatte, noch Soldat bist“, schreibt Flaubert, und fügt hinzu, daß der Künstler „eine Monstrosität sei, etwas das außerhalb der Natur stehe“. Der Romantiker war mit dem Leben, der Sehnsucht nach dem Leben zu innig verbunden; er war lauter Gefühl, lauter Natur. Der Künstler Flauberts hat zum Leben keine unmittelbare Beziehung mehr; er ist nichts als eine Puppe, eine Abstraktion, etwas durchaus Unmenschliches und Unnatürliches.

Die Kunst hat im Widerstand gegen die Romantik ihre Spontaneität verloren und ist zum Preis im Kampfe des Künstlers gegen sich selbst, gegen seine romantische Herkunft, seine Neigungen und Triebe geworden. Bisher hatte man unter künstlerischem Schaffen, wenn auch nicht ein Sich-gehen-Lassen, so doch ein Sich-führen-Lassen vom eigenen Talent verstanden; jetzt wirkt jedes Werk wie ein „tour de force“, wie eine Leistung, die man sich abringen, die man gegen sich selbst erkämpfen muß. Faguet bemerkt, daß Flaubert seine Briefe in einem vollkommen anderen Stil schreibt als seine Romane und daß der gute Stil und die korrekte Sprache ihm keineswegs geläufig und natürlich sind.[91] Nichts beleuchtet den Abstand zwischen dem natürlichen Menschen und dem Künstler in Flaubert schärfer als diese Feststellung. Es gibt wenige Schriftsteller, von deren Arbeitsweise wir so viel wissen wie von seiner, es gab aber sicher keinen, der seine Werke so qualvoll, so krampfhaft, so gegen die eigenen Instinkte geschrieben hätte wie er. Sein beständiges Ringen mit der Sprache, sein Kampf um das richtige, das einzig richtige Wort, ist aber nur ein Symptom – das Zeichen des unüberbrückbaren Abstandes zwischen dem „Besitz“ des Lebens und dem „Sagen“ von ihm. Es gibt kein „einzig richtiges“ Wort, ebensowenig wie es eine einzig richtige Form gibt; sie sind die Erfindung von Ästheten, für die die Lebensfunktion der Kunst verlorengegangen ist. „Ich will lieber wie ein Hund krepieren, als meinen Satz, bevor er reif ist, um einen Augenblick beschleunigen“, so spricht kein Schriftsteller, der zu seinem Werk eine spontane menschliche Beziehung hat. Matthew Arnolds Shakespeare lächelte über solche Ängstlichkeit in den Elysischen Gefilden. Die Klagen über den täglichen, Herz, Hirn und Nerven betäubenden Kampf, über das Dasein des angeketteten Galeerensträflings, das er führt, sind das Leitmotiv der Briefe Flauberts. „Seit drei Tagen wälze ich mich auf allen meinen Möbeln herum, damit mir etwas einfällt“, schreibt er 1853 an Louise Colet.[92] „Ich kann nicht mehr die Tage der Woche voneinander unterscheiden ... Ich führe ein wahnsinniges, absurdes Leben ... Das ist das reine, absolute Nichts“, schreibt er 1858 an Ernest Feydeau.[93] „Sie wissen nicht, was es heißt, einen ganzen Tag mit dem Kopf in den beiden Händen dazusitzen, um sich aus dem armen Gehirn ein Wort herauszupressen“, schreibt er 1866 an George Sand.[94] Bei seiner regelmäßigen siebenstündigen Arbeitszeit schreibt er eine Seite täglich, dann zwanzig Seiten in einem Monat, dann wieder zwei Seiten in einer Woche. Es ist erbärmlich. „La rage des phrases t'a desséché le coeur“, sagt ihm seine Mutter, und es hat wohl niemand ein grausameres und treffenderes Wort über ihn ausgesprochen. Das Schlimmste ist, daß Flaubert trotz seines Ästhetizismus auch an der Kunst zweifelt. Vielleicht ist sie am Ende nichts als eine Art Kegelschieberei, vielleicht ist alles nur Humbug, bemerkt er einmal.[95] Seine ganze Unsicherheit, das Forcierte und Gequälte seines Schaffens, das vollkommene Fehlen des Leichtsinns der alten Autoren, rührt bei ihm daher, daß er seine Werke stets gefährdet fühlt und daß er an sie nicht recht glaubt. „Das, was ich jetzt mache", erklärt er während der Arbeit an *Madame Bovary*, „kann leicht zu so etwas wie Paul de Kock werden . . . In einem Buch wie diesem kann einen die Verschiebung einer einzigen Linie vom Ziel abbringen . . ."[96] Und während er an der *Éducation sentimentale* arbeitet, schreibt er: „Das, was mich zur Verzweiflung treibt, ist das Gefühl, daß ich etwas Unnützes, der Kunst Gegensätzliches mache . . ."[97] Es wird zu einer stehenden Formel seiner Briefe, daß er sich mit Dingen abgebe, die ihm nicht liegen, und daß er dazu, was er wirklich schreiben möchte und so wie er es schreiben möchte, nie komme.[98]

Das Wort Flauberts, „Madame Bovary, c'est moi", ist in einem doppelten Sinne wahr. Er muß oft die Empfindung gehabt haben, daß nicht nur die Romantik seiner Jugendjahre, sondern auch seine Kritik an der Romantik, das dichterische Richteramt, das er sich anmaßte, eine Lebenslüge war. Der Intensität, mit der er das Problem dieser Lebenslüge, die Krisen der Selbsttäuschung und der Verfälschung der eigenen Persönlichkeit erlebte, verdankt *Madame Bovary* die künstlerische Wahrheit und Aktualität. Mit dem Problematischwerden der Romantik enthüllte sich die ganze Fragwürdigkeit des modernen Menschen, der die Gegenwart flieht, der immer anderswo sein möchte, als er sein muß, der stets die Ferne sucht, weil er die Nähe und die Verantwortung für die Gegenwart fürchtet. Die Analyse der Romantik führte zur Diagnose der Krankheit des ganzen Jahrhunderts, zur Erkenntnis der Neurose, deren Opfer unfähig sind, sich über sich selbst Rechenschaft zu geben, und stets in der Haut von anderen stecken möchten; die sich, mit einem Wort, nicht so sehen wie sie sind, sondern so, wie sie sein wollten. Flaubert erfaßt in dieser Selbsttäuschung und Lebensfälschung, diesem „Bovarysmus“, wie seine Philosophie genannt wurde,[99] das Wesen der modernen Subjektivität, die alles verzerrt, womit sie in Berührung kommt. Das Gefühl, daß wir die Wirklichkeit in Deformationen besitzen und daß wir in den subjektiven Formen unseres Denkens eingekerkert sind, findet in *Madame Bovary* seinen ersten künstlerischen Ausdruck. Von hier aus zu Prousts Illusionismus führt ein gerader und fast ununterbrochener Weg.[100] Die Umwandlung der Wirklichkeit durch das Bewußtsein, auf die schon Kant hingewiesen hat, gewann im Laufe des 19. Jahrhunderts den Charakter einer bald mehr oder weniger bewußten, bald unbewußten Täuschung und rief Erklärungs- und Enthüllungsversuche herbei, wie den historischen Materialismus und die Psychoanalyse. Flaubert gehört mit seiner Interpretation der Romantik in die Reihe der großen Enthüller und Entlarver des Jahrhunderts und somit zu den Begründern unserer modernen, reflexiven Weltanschauung.

Die zwei Hauptromane Flauberts, die Geschichte der romantischen, für das Leben unbrauchbar gewordenen Provinzlerin und des wohlhabenden, mittelmäßig begabten, seine geistigen Kräfte und Talente verzettelnden jungen Bourgeois gehören eng zusammen. Man hat Frédéric Moreau das geistige Kind der Emma Bovary genannt; beide sind aber die Kinder jener „müden Zivilisation“,[101] in der sich das Leben der arrivierten Bourgeoisie bewegt. Beide verkörpern die gleiche Verwirrung der Gefühle und stellen den gleichen Typus der für diese Generation der Erben so charakteristischen „ratés“ dar. Zola bezeichnete die *Éducation sentimentale* als den modernen Roman schlechthin, und sie bildet als Generationsgeschichte tatsächlich den Höhepunkt der Entwicklung, die mit dem *Rouge et Noir* beginnt und in der *Comédie humaine* ihre Fortsetzung findet. Sie ist ein „historischer“ Roman, das heißt ein Roman, dessen Held die Zeit ist, in doppeltem Sinne. Einmal erscheint die Zeit in ihr als das Element, das die Gestalten bedingt und belebt, dann als das Prinzip, das sie verbraucht, vernichtet und verschlingt. Die schöpferische produktive Zeit hat die Romantik entdeckt, die depravierende, das Leben aushöhlende und die Menschen aufreibende Zeit der Kampf mit der Romantik. Die Erfahrung, daß man, wie Flaubert sagt, „im Leben nicht die großen Unglücksfälle zu befürchten hat, sondern die kleinen",[102] daß wir, mit anderen Worten, nicht an unseren größten, erschütterndsten Enttäuschungen zugrunde gehen, sondern mit unseren Hoffnungen und Ambitionen langsam dahinschwinden, ist die traurigste Tatsache unseres Daseins. Dieses allmähliche, unmerkliche, unaufhaltsame Versiechen, diese stille Unterhöhlung des Lebens, die nicht einmal den Knalleffekt der großen, imposanten Katastrophen erzeugt, ist das Erlebnis, um das sich die *Education sentimentale*, und mit ihr so gut wie der ganze moderne Roman, dreht – ein Erlebnis, das infolge seines untragischen, ja undramatischen Charakters nur episch dargestellt werden kann. Die konkurrenzlose Stellung des Romans in der Literatur des 19. Jahrhunderts erklärt sich denn auch vor allem aus dem Umstand, daß das Gefühl der unaufhaltsamen Verflachung und Entseelung des Lebens und der Begriff der Zeit als einer zerstörenden Macht sich der Gemüter vollkommen bemächtigt hat. Der Roman entwickelt sein Formprinzip aus dem Begriff der destruktiven, am Leben nagenden Zeit, so wie die Tragödie das Prinzip ihrer Form von der Idee des zeitlosen, den Menschen mit einem Schlag vernichtenden Schicksals ableitet. Und so wie das Verhängnis in der Tragödie eine übermenschliche Größe und eine metaphysische Gewalt besitzt, gewinnt auch die Zeit im Roman eine ungeheure, fast mythische Dimension. Flaubert entdeckt in der *Éducation sentimentale* – und darin besteht die historische Bedeutung des Werkes – die beständige Gegenwart der vergehenden und vergangenen Zeit in unserem Leben. Er erkennt als erster, daß die Dinge mit ihrem Zeitindex auch ihren Sinn und Wert verändern, daß sie für uns bedeutsam und wichtig werden können, nur weil sie einen Teil unserer Vergangenheit bilden, und daß ihr Wert in dieser Funktion vollkommen unabhängig ist von ihrem effektiven Inhalt und ihren objektiven Beziehungen. Diese Umwertung der Vergangenheit und der Trost, der darin liegt, daß die Zeit, die uns und die Trümmer unseres Lebens verschüttet, „überall Keime und Fußspuren des verlorenen Sinnes" erkennen läßt,[103] drückt aber immer noch das romantische Gefühl aus, daß die Gegenwart, daß jede Gegenwart öde und belanglos ist und daß auch die Vergangenheit, solange sie Gegenwart war, jeden Wert und jede Bedeutung entbehrte. Das ist der Sinn der letzten Seiten der *Éducation sentimentale*, die den Schlüssel zum ganzen Roman und zur ganzen Zeitkonzeption Flauberts enthalten. Das ist die Erklärung, daß der Dichter aus der Vergangenheit seines Helden eine Episode aufs Geratewohl herausgreift und sie als das Beste bezeichnet, das er vom Leben haben mochte. Die absolute Nichtigkeit dieses Erlebnisses, seine vollkommene Trivialität und Leere, bedeutet, daß für uns in der Kette des Seins überall ein Glied fehlt und daß jede Einzelheit unseres Lebens von der Melancholie der objektiven Sinnlosigkeit und des bloß subjektiven Sinnes erfüllt ist.

Flaubert bezeichnet den tiefsten Punkt der Kurve, die das Lebensgefühl des 19. Jahrhunderts beschreibt. Das Werk Zolas stellt trotz seiner dunklen Töne bereits eine Hoffnung, eine Wendung zum Optimismus dar. Und Maupassant ist, wenn auch ebenso bitter, so doch leichtsinniger und zynischer als Flaubert; seine Erzählungen bilden weltanschaulich den Übergang zur Unterhaltungsliteratur der Bourgeoisie. Diese Weltanschauung ist, was ihre optimistischen und pessimistischen Elemente anlangt, ebenso kompliziert und widerspruchsvoll wie die der unteren Schichten. Man muß, um hier richtig zu urteilen, zwischen der emotionalen Einstellung der einzelnen Gesellschaftsklassen zur Gegenwart und zur Zukunft streng unterscheiden. Die aufsteigenden Klassen sind, wenn sie die Gegenwart auch noch so pessimistisch beurteilen, was die Zukunft betrifft, zuversichtlich, die herrschenden Klassen dagegen, bei all ihrer Macht und Herrlichkeit, oft von dem würgenden Gefühl ihres bevorstehenden Untergangs erfüllt. Bei den unterdrückten, aber an sich und ihren Aufstieg glaubenden Klassen verbindet sich der Gegenwartspessimismus mit einem Zukunftsoptimismus; bei den zum Untergang verurteilten Schichten ist die Vorstellung von der Gegenwart und der Zukunft ebenso widerspruchsvoll, doch trägt sie die entgegengesetzten Vorzeichen. Darum ist Zola, der sich mit den Unterdrückten und Ausgebeuteten solidarisch fühlt und die Gegenwart durchaus pessimistisch beurteilt, hinsichtlich der Zukunft keineswegs hoffnungslos. Dieser Antagonismus stimmt auch mit seiner naturwissenschaftlichen Weltanschauung überein. Er ist, wie er selber erklärt, Determinist, doch kein Fatalist; das heißt mit anderen Worten: er ist sich der Tatsache vollkommen bewußt, daß die Menschen in ihrem Tun und Lassen von den materiellen Bedingungen ihres Daseins abhängen, er glaubt aber nicht, daß diese Bedingungen unabänderlich sind. Er akzeptiert die Milieutheorie Taines einschränkungslos und überspitzt sie sogar, er betrachtet es aber als die eigentliche Aufgabe und das unbedingt erreichbare Ziel der Sozialwissenschaften, das Lebensmilieu der Menschen umzuwandeln, zu verbessern – zu planen, wie wir heute sagen würden.[104]

Zolas ganzes wissenschaftliches Denken trägt diesen utilitaristischen Charakter und ist von dem reformistisch-zivilisatorischen Geist der Aufklärung erfüllt. Auch seine Psychologie richtet sich auf praktische Ziele; sie steht im Dienste einer seelischen Hygiene und geht von der Doktrin aus, daß man die Leidenschaften, sobald man ihren Mechanismus begreift, auch beeinflussen kann. Der Szientismus, der dem Naturalismus eigen ist, erreicht bei Zola seinen Höhepunkt. Bisher betrachteten die Vertreter des Naturalismus die Wissenschaft als die Handlangerin der Kunst; Zola erblickt in der Kunst die Dienerin der Wissenschaft. Auch Flaubert glaubt, daß die Kunst bei einem Stadium der Wissenschaftlichkeit angelangt sei, und ist nicht nur bemüht, die Wirklichkeit der genauesten Beobachtung entsprechend zu schildern, sondern betont den wissenschaftlichen, namentlich den medizinischen Charakter seiner Beobachtungen. Er nimmt aber für sich nie andere als künstlerische Verdienste in Anspruch, im Gegensatz zu Zola, der als Forscher gelten und sein Ansehen als Künstler durch seine wissenschaftliche Zuverlässigkeit erhöhen will. Es äußert sich hierin dieselbe Vergöttlichung der Wissenschaft, derselbe wissenschaftliche Fetischismus, der den Sozialismus im allgemeinen charakterisiert und den Gesellschaftsschichten eigen ist, die ihren Aufstieg von dem Sieg der Wissenschaft erwarten. Der Mensch ist auch für Zola, so wie für die naturwissenschaftlichsozialistische Weltanschauung überhaupt, ein Wesen, dessen Eigenschaften durch die Gesetze der Vererbung und der Umgebung bedingt sind, und er geht in seiner Begeisterung für die Naturwissenschaften so weit, daß er den Naturalismus im Roman einfach als die Anwendung der experimentellen Methode auf die Literatur definiert. Das Experiment ist aber hier nur ein großes Wort, das gar keinen Sinn hat oder jedenfalls keinen genaueren als die Beobachtung an und für sich.[105] Zolas literarische Lehren sind nicht ganz frei von Scharlatanismus, seine Romane haben aber nichtsdestoweniger einen gewissen theoretischen Wert, denn wenn sie auch keine neuen naturwissenschaftlichen Erkenntnisse enthalten, so sind sie doch, wie mit Recht betont wurde, die Schöpfungen eines bedeutenden Soziologen. Und sie sind, was stilgeschichtlich äußerst bezeichnend ist, das Resultat einer systematischen, in der Kunst vollkommen neuen, wissenschaftlichen Arbeitsweise. Der Künstler erlebt die Welt plan- und systemlos; er sammelt, sozusagen im Vorbeigehen, sein Erfahrungsmaterial, Züge und Daten des Lebens, die er mit sich herumträgt, die er gedeihen und reifen läßt, um aus diesem Vorrat eines Tages unbekannte, ungeahnte Schätze hervorzuholen. Der Forscher wählt den entgegengesetzten Weg. Er geht von einem Problem aus, das heißt von einer Tatsache, von der er nichts weiß oder gerade das nicht weiß, was er eigentlich wissen möchte. Für ihn beginnt hier, mit der Problemstellung, das Sammeln und Sichten des Materials, das heißt die nähere Bekanntschaft mit dem zu behandelnden Ausschnitt des Lebens. Nicht das Erlebnis führt ihn zum Problem, sondern das Problem zum Erlebnis. Das ist auch der Weg und die Methode Zolas. Er fängt einen neuen Roman an wie der Professor der Anekdote ein neues Kolleg, nämlich um sich über einen Gegenstand, der ihm unbekannt ist, genauer zu unterrichten. Das, was Paul Alexis über die Entstehung der *Nana* erzählt, über die Entdeckungsfahrten Zolas in die Welt der Prostitution und des Theaters, erinnert jedenfalls an diese Anekdote.

Die ganze Idee, nach der Zola seinen Romanzyklus anlegt, wirkt wie der Plan zu einer wissenschaftlichen Unternehmung. Die einzelnen Werke bilden nach dem Programm die Teile eines großen, enzyklopädischen Systems, einer Summa der modernen Gesellschaft. „Ich will erklären, wie eine Familie, das heißt eine kleine Gruppe von Wesen, sich in einer Gesellschaft verhält", schreibt er im Vorwort der *Fortune des Rougon*. Und unter dieser Gesellschaft versteht er das dekadente und korrupte Frankreich des Zweiten Kaiserreichs. Genauer, sachlicher, wissenschaftlicher kann kein künstlerisches Programm lauten. Zola entgeht aber dem Schicksal seines Jahrhunderts nicht; er ist trotz seiner Wissenschaftlichkeit ein Romantiker, und zwar ein viel hemmungsloserer als die anderen, weniger radikalen Naturalisten seiner Tage. Schon seine einseitige, undialektische Rationalisierung und Schematisierung der Wirklichkeit ist kühne, rücksichtslose Romantik. Und die Symbole, auf die er das bunte, vielseitige, widerspruchsvolle Leben reduziert – die Stadt, die Maschine, der Alkohol, die Prostitution, das Warenhaus, die Markthalle, die Börse, das Theater usw. –, sind erst recht die Visionen eines romantischen Systematikers, der statt konkreter Einzelerscheinungen überall Allegorien sieht. Zu der Vorliebe Zolas für diese Allegorik kommt die Faszination, mit der auf ihn alles Große und Überdimensionierte wirkt. Er ist ein Fanatiker der Massen, der Zahlen, der rohen, kompakten, unerschöpflichen Faktizität. Er berauscht sich am Stoff, am wuchernden Sein, an den großen Ensembleszenen des Lebens. Nicht umsonst ist er ein Zeitgenosse der „großen Oper" und Baron Haußmanns.

Nüchtern und unromantisch ist in dieser großbürgerlichen und hochkapitalistischen Epoche nicht der Naturalismus, sondern die idealistische Unterhaltungsliteratur der Bourgeoisie. Die naturalistische Literatur bietet trotz ihres radikalen Materialismus, ja oft gerade infolge dieses Materialismus, ein wildphantastisches Bild der Wirklichkeit. Der bürgerliche Rationalismus und Pragmatismus strebt dagegen nach einem ausgeglichenen, harmonischen, friedlichen Weltbild. Unter „idealen" Gegenständen versteht die Bourgeoisie solche, die beruhigend, beschwichtigend, betäubend wirken. Die Aufgabe, die sie der Literatur stellt, ist, die Unglücklichen und Unzufriedenen mit dem Leben zu versöhnen, die Realität vor ihnen zu verschleiern und ihnen die Erlangbarkeit einer Existenz vorzutäuschen, an der sie keinen Anteil haben und keinen haben können. Das Ziel, das sie verfolgt, ist die Betörung und nicht die Aufklärung des Lesers. Dem naturalistischen Roman der Flaubert, Zola und Goncourt, der stets aufwühlend und aufreizend wirkt, setzt die Gesellschaftselite den Roman der *Revue des Deux Mondes*, vor allem die Romane Octave Feuillets, entgegen – Werke, die das Leben der mondänen Welt schildern und ihre Lebensziele als das höchste Ideal der zivilisierten Menschheit darstellen; Werke, in welchen es noch wirkliche Helden, starke, tapfere und selbstlose Ritter gibt, Idealgestalten, die entweder die Mitglieder der höheren Gesellschaft sind oder von Jünglingen verkörpert werden, die diese Gesellschaft in sich aufzunehmen bereit ist. Bisher wurde das Leben der Aristokratie trotz der Revolutionen und der Umschichtung der Gesellschaft immer noch mit einer gewissen Selbstverständlichkeit und Unmittelbarkeit geschildert; es bewahrte trotz seiner Unzeitgemäßheit auch natürliche, spontane Züge. Jetzt verliert aber die Existenz, die die elegante, große Welt in den Romanen führt, jede Beziehung zum wirklichen Leben und erscheint auf einmal in der blassen, verschwommenen, vornehm gedämpften Salonbeleuchtung unserer Hollywooder Filme. Feuillet sieht zwischen Eleganz und Bildung, zwischen guten Manieren und guten Charaktereigenschaften keinen Unterschied; gute Erziehung ist bei ihm gleichbedeutend mit edler Gesinnung und loyale Haltung gegenüber den höheren Ständen ein Beweis dafür, daß man selber „etwas Besseres" ist. Der Held seines *Roman d'un jeune homme pauvre* (1858) ist die Verkörperung dieser Wohlerzogenheit und Wohlgesinntheit; er ist edel und schön, sportlich und geistreich, tugendhaft und zartfühlend, und beweist mit seiner Armut nur, daß die ungleiche Verteilung der materiellen Güter der Verwirklichung der aristokratischen Ideale keine Grenzen setzt. Wir haben es hier mit einem regelrechten Thesenroman zu tun, so wie bei Augier und Dumas mit Thesenstücken. Verkündet und verherrlicht werden die Gebote der christlichen Moral, des politischen Konservativismus und des gesellschaftlichen Konformismus; bekämpft wird die Gefahr der großen chaotischen Leidenschaft, der wilden Verzweiflung und der passiven Resistenz.

Das Muckertum der Bourgeoisie ist mit einer beispiellosen Senkung des Kulturniveaus verbunden. Das Zweite Kaiserreich, das die Kunst Flauberts und Baudelaires hervorbringt, ist zugleich die Geburtsstunde des schlechten modernen Geschmacks und des Kitsches. Es gab natürlich auch früher schon schlechte Maler und talentlose Dichter, roh und flüchtig gearbeitete Werke, verwässerte und verhaute künstlerische Ideen; das Minderwertige war aber unverkennbar minderwertig, war gemein und geschmacklos, anspruchslos und belanglos – den gepflegten Schmarren, den mit Routine und Raffinement gemachten Kitsch, gab es nicht, oder höchstens als Nebenprodukt. Jetzt wird dieser Schmarren jedoch zur Norm und der Ersatz der Qualität durch den bloßen Schein der Qualität zur Regel. Das Ziel ist, den Kunstgenuß möglichst anstrengungslos und angenehm zu machen; ihm jede Schwierigkeit und Komplikation, alles Problematische und Quälende zu nehmen, kurz, das Künstlerische auf das Gefällige und Schmeichelnde zu reduzieren. Die Kunst als „Entspannung", bei der das Publikum bewußter- und vorsätzlicherweise unter sein eigenes Niveau herabsteigt, ist die Erfindung dieser Epoche; sie beherrscht sämtliche Formen der Produktion, vor allem aber jene, die am resolutesten und bedenkenlosesten Publikumskunst ist: das Theater.

Im Roman und in der Malerei herrscht neben den dem Geschmack der Bourgeoisie entsprechenden Richtungen der Naturalismus, im Theater kommt dagegen nichts auf, was den Interessen und Ideen der Bourgeoisie widerstrebt. Die Regierung verläßt sich bei der Abwehr der ihr als gefährlich erscheinenden Tendenzen keineswegs nur auf die Mehrheit der „staatserhaltenden" Elemente im Zuschauerraum, sondern bekämpft sie mit allen möglichen Vorschriften und Verboten. Das Theater, als die Kunst der breiten Öffentlichkeit, wird strenger behandelt als die anderen Gattungen, ebenso wie heute der Film Beschränkungen unterworfen ist, die sich auf das Theater nicht erstrecken. Seit der Mitte des Jahrhunderts richten sich die Bestrebungen der Dramatiker, in Übereinstimmung mit den Absichten der Regierung, auf das Ziel, für die Weltanschauung der Bourgeoisie, ihre wirtschaftlichen, sozialen und moralischen Prinzipien, ein Propagandainstrument zu schaffen. Die Vergnügungssucht der herrschenden Schichten, ihre Schwäche für öffentliche Veranstaltungen, ihre Freude daran, zu sehen und gesehen zu werden, macht aus dem Theater die repräsentative Kunst des Zeitalters. Keine Gesellschaft war so theaterfreudig wie diese, für keine bedeutete eine Premiere so viel wie für das Publikum Augiers, Dumas' und Offenbachs.[106] Die Leidenschaft der Bourgeoisie für das Theater ist den Gestaltern der öffentlichen Meinung höchst willkommen; man ermuntert sie, an dieser Passion festzuhalten, und bekräftigt sie in ihren künstlerischen Geschmacksurteilen. Die Beurteilung des Publikums durch Sarcey, den maßgebendsten Theaterkritiker des Tages, hängt zweifellos mit dieser Tendenz zusammen. Denn es entspricht keineswegs nur dem allgemeinen Fortschritt der Sozialwissenschaften und der Konzentration des Interesses auf kollektive geistige Erscheinungen, wenn er behauptet, daß das Wesen des Theaters das Publikum sei und daß man von der Aufführung eines Stückes alles eher wegdenken könne als den Zuschauer.[107] Für Sarcey ist das Prinzip, daß das Publikum immer recht habe, die Richtschnur aller Kritik, und er hält an diesem Maßstab fest, obgleich er sehr gut weiß, daß das alte kultivierte Publikum sich bereits aufgelöst hat und daß von den alten Habitués, unter denen noch ein wirklicher Konsensus des Geschmacks herrschte, nur mehr eine kleine Gruppe von regelmäßigen und in ihrer Zusammensetzung konstanten Theaterbesuchern vorhanden ist – das Publikum der Premieren.[108] Sarcey faßt die soziale Umschichtung, die das Theaterpublikum der modernen Großstadt hervorgebracht hat, als einen verhältnismäßig neuen und sich im Rahmen des Bürgertums selbst vollziehenden Vorgang auf. Die rapide Zunahme dieses Publikums infolge der Entwicklung der Eisenbahnen, die die Leute aus der Provinz und dem Ausland nach Paris strömen läßt und den verhältnismäßig homogenen Kreis der Theaterhabitués durch die gemischte Gesellschaft von ad-hoc-Besuchern ersetzt, eine Erscheinung, die außer Sarcey auch andere Zeitgenossen betonen und als den wichtigsten

Grund des Stilwandels im Drama darstellen,[109] bezeichnet aber nur die letzte, keineswegs die wichtigste Phase des Prozesses, der bereits mit der Französischen Revolution begonnen hat.

Die entscheidende Wendung in der Geschichte des neueren französischen Dramas repräsentiert Scribe, der nicht nur die am Geld orientierte bürgerliche Weltanschauung der Restauration als erster dramatisch darstellt, sondern mit seinem Intrigenspiel zugleich das Instrument schafft, das am besten geeignet ist, dem Bürgertum als Waffe im Kampf um die Durchsetzung seiner Ideologie zu dienen. Dumas und Augier vertreten nur eine entwickeltere Form seines *bon sens* und bedeuten für das Bürgertum von 1850 das, was er für die Bourgeoisie der Restauration und der Julimonarchie bedeutete. Es ist derselbe platte Rationalismus und Utilitarismus, derselbe oberflächliche Optimismus und Materialismus, den sie verkünden, nur war Scribe aufrichtiger als sie sind und sprach ohne falsche Scham und Affektion von Geld, Karriere und Vernunftehe, wo sie von Idealen, Pflichten und ewiger Liebe sprechen. Aus dem Bürgertum, das in den Tagen Scribes eine aufsteigende und noch um ihre Geltung kämpfende Klasse war, ist eine arrivierte, bereits von unten bedrohte Schicht geworden, die ihre materialistischen Ziele idealistisch bemänteln zu müssen glaubt und damit eine Ängstlichkeit an den Tag legt, die die um ihren Aufstieg kämpfenden Klassen nie empfinden.

Nichts war so geeignet, der Idealisierung des Bürgertums als Substrat zu dienen, wie die Institution der Ehe und der Familie. Man konnte sie im guten Glauben als eine jener Gesellschaftsformen darstellen, in welchen die reinsten, selbstlosesten, edelsten Gefühle zum Ausdruck kommen, zweifellos war sie aber die einzige Einrichtung, die seit der Auflösung der alten feudalen Bindungen dem Besitz Bestand und Dauer zu sichern vermochte. Wie dem aber auch sei, die Idee der Familie wurde als Schutzwehr der bürgerlichen Gesellschaft gegen die gefährlichen Eindringlinge von außen und die zerstörenden Elemente von innen zum geistigen Fundament des Dramas. Sie eignete sich zu dieser Funktion um so mehr, als sie mit dem Liebesmotiv in unmittelbare Beziehung gebracht werden konnte.

Dies geschah allerdings erst, nachdem die Idee der Liebe umgedeutet und von ihren romantischen Zügen befreit wurde. Sie durfte nicht mehr die große wilde Leidenschaft sein und als solche bejaht und verherrlicht werden. Der Romantik erschien die zügellose, rebellische, jeden Widerstand zerstörende Liebe stets begreiflich und verzeihlich – ihre Rechtfertigung lag in ihrer Intensität; für das bürgerliche Drama dagegen besteht der Sinn und der Wert der Liebe in ihrer Dauer, ihrer Bewährung im Alltag der Ehe. Diese Umwandlung der Liebesidee ist in der Entwicklung von Hugos *Marion de Lorme* zu Dumas' *Kameliendame* und *Demi-Monde* Schritt für Schritt zu verfolgen. Schon in der *Kameliendame* ist die Liebe des Helden zu dem gefallenen Mädchen mit den Moralprinzipien einer bürgerlichen Familie unvereinbar, der Autor steht hier aber noch, wenigstens mit seinem Gefühl, wenn auch nicht mit seinem Verstand, auf der Seite des Opfers; im *Demi-Monde* verhält er sich gegenüber der Frau mit dem zweifelhaften Ruf bereits vollkommen ablehnend – sie muß aus dem Gesellschaftskörper wie ein Infektionsherd entfernt werden. Denn sie bedeutet für die bürgerliche Familie eine noch größere Gefahr als ein armes, aber anständiges Mädchen, das ja schließlich eine gute Mutter, eine treue Lebensgefährtin und eine verläßliche Hüterin des Familienbesitzes werden kann. Wenn man also ein solches Mädchen schon verführt hat, soll man es auch heiraten, und zwar nicht nur, um den begangenen Fehler gutzumachen, sondern auch um Ordnung zu schaffen und – wie Zola die Moral von Augiers *Fourchambaults* zusammenfaßt – am Ende nicht bankrott zu werden. Wenn man aber ein uneheliches Kind in die Welt gesetzt hat, was nicht lobenswert ist, soll man es, wie Dumas im *Fils naturel* und in *Monsieur Alphonse* plaidiert, legitimieren, vor allem um die Zahl jener wurzellosen Elemente, die für die bürgerliche Gesellschaft eine beständige Gefahr bedeuten, nicht zu vermehren. Auch der Ehebruch wird hier lediglich aus dem Gesichtspunkt beurteilt, ob er die Familie als Institution gefährdet. Er kann dem Mann unter Umständen verziehen werden, der Frau nie. Eine Frau, die moralisch in Frage kommt, ist übrigens zu einem Ehebruch gar nicht fähig *(Francillon)*. Kurz, alles ist erlaubt, was mit der Idee der Familie vereinbar ist, alles verpönt, was ihr widerspricht. Das sind die Normen und die Ideale, um die es sich in den Stücken Augiers und Dumas' handelt; um diese zu rechtfertigen, sind sie geschrieben worden, und ihr Erfolg beweist, daß die Autoren dem Publikum aus der Seele sprechen.

Die Minderwertigkeit der Stücke – denn sie sind minderwertig – besteht aber nicht etwa darin, daß sie einer Tendenz dienen und daß sie „Thesenstücke" sind – auch die Lustspiele des Aristophanes und die Tragödien Corneilles waren nichts anderes –, sondern daß die Tendenz ihnen von außen angehängt ist und in keiner ihrer Gestalten zu Fleisch und Blut wird. Nichts ist für die unorganische Verbindung von These und Darstellung in diesen Stücken bezeichnender als die stehende Figur des Raisonneurs. Die bloße Tatsache, daß ein Charakter keine andere Funktion hat, als das Sprachrohr des Autors zu sein, zeigt, daß die Doktrin im Abstrakten befangen bleibt und daß die im Hintergrund stehende Weltanschauung mit der künstlerischen Gestaltung keine Einheit bildet. Die Autoren machen sich ihre Gedanken oder akzeptieren vielmehr die Ansichten der herrschenden Gesellschaft über die Sitten und Unsitten der Zeit und verfügen, unabhängig von diesen Gedanken, über ein gewisses Talent zu unterhalten, über eine gewisse Fähigkeit, mit den Mitteln der Bühne Interesse zu erwecken und Spannung zu erzeugen. Sie verbinden nun diese Gegebenheiten miteinander und benützen ihr Bühnentalent dazu, um die Ansichten und Lehren, die sie zu verkünden haben, an den Mann zu bringen. Sie tun es aber auf eine allzu direkte und plumpe Art und tragen viel dazu bei, das Prinzip des *l'art pour l'art* ungewollt zu rechtfertigen. Denn die Propaganda in der Kunst wirkt dann am störendsten, wenn sie die konkreten Formen der Darstellung nicht restlos erfüllt und die zu verkündende Idee mit der Vision des Künstlers sich nicht vollständig deckt.

Das Zweite Kaiserreich ist, im Gegensatz zur Romantik, ein Zeitalter des Rationalismus, der Reflexion und der Analyse.[110] Überall stehen technische Probleme im Vordergrund, in allen Gattungen herrscht der kritische Kunstverstand. Im Roman vertreten Flaubert, Zola und die Brüder Goncourt, in der Lyrik Baudelaire und die Parnassiens, im Drama die Meister der *pièce bien faite* diesen Geist der Kritik. Die formalen Probleme, die in den meisten Gattungen den gefühlsmäßigen Tendenzen nur die Waage halten, beherrschen die Bühne fast unbeschränkt. Und es sind nicht nur etwa die äußeren Umstände der Darbietung, ihre engen zeitlichen und räumlichen Grenzen, der Massencharakter des Publikums und die Unmittelbarkeit seiner Reaktion auf die gewonnenen Eindrücke, die den Dramatiker auf die Probleme der Anordnung und der künstlerischen Ökonomie verweisen, das didaktische und propagandistische Ziel bedingt von vornherein eine formal geklärte, sachliche und zielstrebige Behandlung des zu bewältigenden Stoffes. Autoren und Kritiker werden sich der Tatsache immer bewußter, daß das Theater an und für sich mit Literatur nichts zu tun hat, daß die Bühne sich nach ihren eigenen Gesetzen, ihrer eigenen Logik richtet, und daß das dichterische Element im Drama dem Bühneneffekt oft geradezu zuwiderläuft. Das was Sarcey unter Theaterperspektive *(optique de théâtre)* und Theaterinstinkt *(génie de théâtre)* oder einfach darunter versteht, wenn er „c'est du théâtre" sagt, ist eine um literarische Rücksichten unbekümmerte Bühnengerechtheit, eine Drastik der theatralischen Mittel, ein Losgehen auf die Eroberung des Publikums um jeden Preis, mit einem Wort, eine Einstellung, die „Bühne" mit „Tribüne" übersetzt. Voltaire wußte schon, daß es auf dem Theater wichtiger sei, „de frapper fort que de frapper juste", erst die Praktiker und Theoretiker des „gutgemachten Stükkes" stellen aber die Regeln dieses harten Zuschlagens und sichern Treffens fest. Ihre wichtigste Entdeckung besteht in der Erkenntnis, daß die Bühnenwirksamkeit, ja, die bloße Möglichkeit der Aufführung eines Stückes, auf einer Reihe von Konventionen, Spielregeln, „tricheries", wie Sarcey sie nennt, beruht und daß das stillschweigende Abkommen zwischen den produktiven und rezeptiven Elementen für das Drama noch entscheidender ist als für die anderen Gattungen. Zu den Konventionen des Theaters gehört vor allem die Bereitwilligkeit des Publikums, sich durch die Wendungen der Handlung überraschen zu lassen: seine bewußte Selbsttäuschung, sein widerstandsloses Eingehen auf das Spiel. Ohne diese Bereitschaft wären wir nicht nur außerstande, uns ein mit rein theatralischen Mitteln operierendes Stück zum zweitenmal anzuschauen, wir könnten es kein einziges Mal genießen. Denn in einem solchen Stück muß alles überraschend wirken, obgleich alles voraussehbar ist. Seine *scènes à faire* sind die unvermeidlichen Aussprachen, von welchen, wie Sarcey betont, das Publikum genau weiß, daß es zu ihnen kommen muß und kommen wird,[111] und sein *dénouement* ist die Lösung, die die Zuschauer erwarten und nach der sie verlangen.[112] Das Theater wird somit zu einem Gesellschaftsspiel, das zwar mit den strengsten Konventionen und der größten Virtuosität gespielt wird, das aber trotzdem etwas Naives und Primitives an sich hat. Die Schwierigkeiten ergeben sich nicht aus der Differenziertheit des Materials, mit dem man es zu tun hat, sondern aus der Kompliziertheit der Spielregeln. Sie sollen vor allem den anspruchsvolleren Zuschauer für die Armut und die Plattheit des Inhalts entschädigen. Das präzise Funktionieren des Apparats soll, mit anderen Worten, darüber hinwegtäuschen, daß die Maschine leer läuft. Das Publikum, und zwar auch das bessere Publikum, will leichte, anstrengungslose Unterhaltung; es will keine Unklarheiten, keine unlösbaren Probleme, keine unergründlichen Tiefen. Darum wird hier die Strenge des Aufbaus, die Logik der Zusammenhänge so stark betont. Die Entwicklung der Handlung soll wie eine mathematische Operation sein; die innere Notwendigkeit soll durch eine äußere ersetzt werden, so wie die innere Wahrheit der These durch das Blendwerk der Argumentation ersetzt wird.

Das *dénouement* ist das Fazit des Exempels. Wenn das Ergebnis falsch ist, ist die ganze Operation falsch, sagt Dumas. Darum muß man, wie er meint, ein Stück bei seinem Ende, seiner Lösung, seinem Schlußwort, beginnen. Nichts beleuchtet schärfer als dieser Krebsgang den Unterschied zwischen dem kalkulierenden Verstand, mit dem eine *pièce bien faite* konstruiert wird, und den irrationalen Impulsen, von denen sich der Dichter mitreißen läßt. Der Bühnenschriftsteller muß, wenn er einen Schritt vorwärtsgeht, gleich zwei Schritte zurückgehen; er muß jeden Einfall, jedes neue Motiv, jeden neuen Zug mit den bereits feststehenden Motiven und Zügen vergleichen und in Übereinstimmung bringen. Stücke schreiben bedeutet ein fortwährendes Vor- und Zurückgreifen, ein beständiges Ordnen und Neuordnen, ein Sich-Emportasten und Emporbauen mit fortwährenden Belastungsproben und der stufenweisen Befestigung und Sicherung der einzelnen Schichten. Ein Rationalismus dieser Art charakterisiert mehr oder weniger jedes genießbare künstlerische Produkt und insbesondere jedes aufführbare dramatische Werk – die Werke Shakespeares, die aus dem Geiste der Bühne entstanden sind, ebenso wie die Stücke Augiers und Dumas' –, die Wirkung eines „gutgemachten Stückes" aber beruht lediglich auf dem Nacheinander seiner Effekte und Trümpfe, die eines shakespearischen Dramas dagegen auf einer Unendlichkeit von Komponenten, die außerhalb jeder mathematischen Relation stehen. Emerson las bekanntlich die Dramen Shakespeares mit Vorliebe in der verkehrten Reihenfolge der Szenen und verzichtete geflissentlich auf ihre theatralische Wirkung, um sich ganz auf ihren poetischen Inhalt zu konzentrieren. Eine richtige *pièce bien faite* wäre auf diese Art gelesen nicht nur ungenießbar, sie wäre auch unverständlich, denn die Einzelheiten eines solchen Stückes haben keinen eigenen, inneren Wert, sondern nur einen Stellenwert. Alles ist bei ihrer Entwicklung, so wie in einer Schachpartie, auf das Endspiel angelegt; und wie mechanisch sich dieses Endspiel entwickeln läßt, zeigt am besten die Methode, mit deren Hilfe Sardou sich die Technik Scribes angeeignet hat. Er las nach eigener Aussage immer nur den ersten Akt der Stücke des Meisters und versuchte, aus den so gewonnenen Prämissen die „richtige" Fortsetzung abzuleiten. Er kam mit der Zeit durch diese „rein logische Übung", wie er sie selber bezeichnet, der Lösung, die Scribe im zweiten und dritten Akt seiner Stücke gewählt hat, immer näher und gelangte gleichzeitig zu der Ansicht, zu der sich auch Dumas bekannte, nämlich, daß die ganze Handlung sich aus der Situation, von der man ausgeht, mit einer gewissen Notwendigkeit ergebe. Dumas war der Meinung, daß eine dramatische Situation zu erfinden und einen Konflikt auszudenken überhaupt keine Kunst sei; diese bestehe vielmehr darin, die Szene, in der die Handlung kulminiert, richtig vorzubereiten und den geschürzten Knoten glatt aufzulösen. Die Fabel, die auf den ersten Blick das spontanste, unproblematischste und am unmittelbarsten gegebene Element des Dramas zu sein scheint, erweist sich somit als sein künstlichster und am umständlichsten gewonnener Bestandteil. Sie ist keineswegs bloßer Rohstoff oder reines Phantasieprodukt, sondern besteht aus einer Reihe von strategischen Zügen, die für die spontane Erfindung und die souveräne Willkür des Dichters keinen Spielraum lassen.

Man kann, wenn man will, in dem Gerüst eines gutkomponierten Werkes die Leiter erblicken, die in die Region schwindelnder Höhen emporführt, oder auch nur das Schema einer Routine, die mit echter Kunst und Menschentum nichts zu tun hat. Man kann mit Walter Pater den Kunstverstand, der „das Ende einer Dichtung von Anfang an vorsieht und es für keinen Augenblick aus dem Gesicht verliert, der in jedem einzelnen Teil des Werkes alle die übrigen Teile mit berücksichtigt und – mit unverminderter Gewalt – auch im letzten Satz noch den ersten entwickelt und rechtfertigt", begeistert preisen, man kann aber auch, wie Bernhard Shaw, von der Tyrannei seiner Logik das Schlimmste befürchten für die Dramatiker, bei denen „sich alles so konventionell aus den Prämissen ergibt, daß sie überhaupt keine erträglichen letzten Akte mehr schreiben können". Um aber Shaw aufs Wort zu glauben, daß er die Schliche und Kniffe dieses Kunstverstands wirklich verachtet und verschmäht, müßte man vergessen, daß er der Autor von Stücken wie dem *Teufelsschüler* und der *Candida* ist, die sich bei näherer Betrachtung als regelrechte *pièces bien faites* entpuppen. Doch nicht nur Shaw, auch Ibsen und Strindberg und mit ihnen das ganze bühnengerechte Drama der Gegenwart sind mehr oder weniger von der französischen *pièce bien faite* abhängig. Die Kunst, Verwicklung und Spannung zu erzeugen, den Knoten zu schürzen und seine Auflösung zu verzögern, die Wendungen der Handlung vorzubereiten und den Zuschauer mit ihnen trotzdem zu überraschen, die Regeln der richtigen Verteilung und Tempierung der *coups de théâtre*, die Kasuistik der großen Aussprachen und die Pointen der Aktschlüsse, den Eklat des niedergehenden Vorhangs und der bis zum letzten Augenblick problematischen Lösung haben sie alle von Scribe, Dumas, Augier, Labiche und Sardou gelernt. Das bedeutet keineswegs, daß die moderne Bühnentechnik zur Gänze die Schöpfung dieser Dramatiker sei. Die Linie der Entwicklung läßt sich vielmehr über das Melodrama und das Vaudeville der nachrevolutionären Epoche, das bürgerliche Drama und Lustspiel des 18. Jahrhunderts, die *commedia dell'arte* und Molière bis zur römischen Komödie und der mittelalterlichen Farce zurückverfolgen. Der Beitrag der Meister der *pièce bien faite* zu dieser Tradition ist allerdings außerordentlich.

Das originellste und in vieler Hinsicht ausdrucksvollste künstlerische Produkt des Zweiten Kaiserreichs ist die Operette.[113] Auch sie ist freilich keine vollkommene Neuschöpfung – was ja in einem so vorgeschrittenen Stadium der Theatergeschichte auch kaum denkbar wäre –, sie stellt vielmehr die Fortsetzung von zwei älteren Gattungen, der opera buffa und des Vaudeville dar und überträgt auf diese schwerfällige und humorlose Zeit etwas von dem leichten, heiteren, unromantischen Geist des 18. Jahrhunderts. Sie ist die einzige spielerische, tänzerische, von unbeschwerter Grazie erfüllte Form der Epoche. Neben den konformistischen, dem nüchternen bürgerlichen Geschmack entsprechenden Richtungen und der naturalistischen Oppositionskunst bildet sie eine Welt für sich, – ein Zwischenreich. Sie ist viel reizvoller als das bürgerliche Drama oder der Moderoman und gesellschaftlich repräsentativer als der Naturalismus, und sie stellt als solche das einzige Genre dar, in dem populäre, sich an breitere Schichten richtende und zugleich künstlerisch wertvolle Schöpfungen entstehen.

Der auffallendste und vom naturalistischen Standpunkt eigentümlichste Zug der Operette ist ihre vollkommene Unwahrscheinlichkeit, der irreale, märchenhaft phantastische Charakter ihrer dahinwirbelnden Szenen. Sie bedeutet für das 19. Jahrhundert, was das Schäferspiel für frühere Jahrhunderte bedeutet hat; die Fiktivität ihres Inhalts und die Konventionalität ihrer Verwicklungen und Lösungen sind Spielformen, die jede Beziehung zur Wirklichkeit verloren haben.

Zu der Fiktivität der Fabel gesellt sich der marionettenhafte Mechanismus der Figuren und die scheinbare Improvisiertheit der Darstellung. Schon Sarcey bemerkt die Ähnlichkeit zwischen der Operette und der *commedia dell'arte*[114] und betont den traumhaft irrealen Eindruck, den die Werke Offenbachs auf ihn machen; womit er allerdings nur sagen will, daß ihnen eine merkwürdige Phantastik eigen ist. Erst ein Anhänger Offenbachs in unseren Tagen, der Wiener Karl Kraus, versuchte diesem Zug einen tieferen Sinn zu geben, indem er betonte, daß in der Offenbachschen Operette das Leben ebenso unwahrscheinlich und unsinnig, ebenso grotesk und unheimlich sei wie es die Wirklichkeit von einer gewissen Distanz aus gesehen an und für sich ist.[115] Eine solche Interpretation lag Sarcey natürlich vollkommen fern, und sie war wohl, ehe der Expressionismus und der Surrealismus die Traum- und Gespensterhaftigkeit des Daseins betont hatten, undenkbar. Erst der an diesen Kunstrichtungen geschärfte Blick vermochte festzustellen, daß die Operette nicht nur ein Abbild der frivolen und zynischen Gesellschaft des Zweiten Kaiserreichs war, sondern zugleich ihre Selbstpersiflage, daß sie nicht nur die Realität, sondern auch die Irrealität dieser Welt zum Ausdruck brachte, daß sie, mit einem Wort, aus der Operettenhaftigkeit des Lebens selbst entstanden ist[116] – wenn man von der „Operettenhaftigkeit" einer so ernsten, nüchternen, kritischen Zeit wie dieser sprechen darf. Die Bauern am Pflug, die Arbeiter in den Fabriken, die Kaufleute in den Kontoren, die Maler in Barbizon, Flaubert in Croisset, die waren freilich das, was sie waren, die herrschende Gesellschaft dagegen, der Hof in den Tuilerien und die Welt der prassenden Bankiers, der verbummelten Aristokraten, der emporgekommenen Journalisten und der verwöhnten Kokotten hatte etwas Unwahrscheinliches, etwas gespensterhaft Unwirkliches und Unhaltbares an sich – das war ein Operettenland, eine Bretterbühne, deren Kulissen jeden Augenblick einzustürzen drohten.

Die Operette war das Produkt einer Welt des „laissez faire, laissez aller", das heißt, des wirtschaftlichen, gesellschaftlichen und moralischen Liberalismus, einer Welt, in der jeder tun konnte, was er wollte, es sei denn, daß er das System selbst in

Frage stellte. Diese Beschränkung bedeutete einerseits sehr weite, andrerseits sehr enge Grenzen. Die gleiche Regierung, die Flaubert und Baudelaire vor Gericht zitierte, duldete bei Offenbach die übermütigste Gesellschaftssatire, die respektloseste Verspottung des autoritären Regimes, des Hofes, des Heeres und der Bürokratie. Sie duldete aber den Ulk nur, weil er ungefährlich war oder es zu sein schien, weil er sich auf ein Publikum beschränkte, dessen Loyalität außer Zweifel stand und das zu seiner Befriedigung keines anderen Sicherheitsventils bedurfte als dieses harmlosen Spottes. Der Spaß erscheint erst uns als Spuk; den unheimlichen Unterton, den wir im tollen Rhythmus der Offenbachschen Galoppe und Cancans vernehmen, haben die Zeitgenossen überhört. Die Unterhaltung war aber doch nicht ganz harmlos, denn man suggerierte sich ja nur den Rausch, von dem man mitgerissen sein wollte. Die Operette demoralisierte die Leute, nicht weil sie alles „Ehrwürdige" verhöhnte, nicht weil ihre Verspottung der Antike, der klassischen Tragödie, der romantischen Oper nur die verkappte Form einer Gesellschaftskritik war, sondern weil sie den Glauben an die Autoritäten erschütterte, ohne sie grundsätzlich zu verneinen. Der Immoralismus der Operette bestand in der leichtfertigen Toleranz, mit der sie ihre Kritik an dem korrupten Regierungssystem und der verderbten Gesellschaft der Zeit übte, in dem harmlosen Anschein, den sie der Frivolität der kleinen Dirnchen, der leichtsinnigen Galants und der liebenswürdigen alten Viveurs gab. Ihre laue, zaghafte Kritik ermutigte nur zur Korruption. Man konnte aber auch von Künstlern, die überaus erfolgreich waren, die den Erfolg über alles liebten und deren Erfolg an den Bestand dieser indolenten und vergnügungssüchtigen Gesellschaft gebunden war, nichts als eine solche zweideutige Haltung erwarten. Offenbach war ein deutscher Jude, ein heimatloser, fahrender Musiker, ein in seiner Existenz doppelt bedrohter Künstler; er mußte sich in der französischen Hauptstadt, inmitten dieser korrupten und doch so verführerischen Welt in doppeltem, in vielfachem Sinn als Fremder, Entwurzelter, als teilnahmsloser Zuschauer fühlen. Er mußte die problematische Stellung des Künstlers in der modernen Gesellschaft, den Widerspruch zwischen seinen Ambitionen und seinen Ressentimentgefühlen, seinem Bettlerstolz und seinem Werben um die Gunst des Publikums noch stärker empfinden als die meisten seiner Berufsgenossen. Er war kein Rebell, nicht einmal ein echter Demokrat, er begrüßte vielmehr die Herrschaft der „starken Hand" und genoß mit der größten Seelenruhe die Vorteile, die das politische System des Zweiten Kaiserreichs ihm zuteil werden ließ; er betrachtete aber das ganze Treiben um sich mit dem erstaunten, scharfen, kalten Blick eines Outsiders und beschleunigte wider Willen den Untergang der Gesellschaft, der er seine Existenz verdankte.

Die Entstehung der Operette bedeutet das Eindringen des Journalismus in die Musik. Nach dem Roman, dem Drama und der graphischen Kunst glossiert nun auch das Musiktheater die Ereignisse des Tages. Der Journalismus der Operette beschränkt sich aber nicht etwa auf die aktuellen Beziehungen der Couplets und die Scherze der Komiker; das ganze Genre ist so etwas wie eine stehende Rubrik mit den Skandalgeschichten der vornehmen Gesellschaft. Heine ist mit Recht als der Vorläufer Offenbachs bezeichnet worden. Die Herkunft, die Sinnesart, die gesellschaftliche Stellung der beiden ist im großen und ganzen die gleiche; beide sind sie geborene Journalisten, kritische und praktische Naturen, die nicht abseits der Gesellschaft leben wollen, sondern in ihr, mit ihr, wenn auch durchaus nicht immer im Einverständnis mit ihren Zielen und Mitteln. Heine hatte im kosmopolitischen Paris des Julikönigtums und des Zweiten Kaiserreichs an und für sich die gleichen Erfolgchancen wie Meyerbeer und Offenbach, nur verfügt er nicht über das internationale Verständigungsmittel seiner glücklicheren Landsleute. Sein Ruhm blieb auf einen verhältnismäßig engen Kreis beschränkt, während Meyerbeer und Offenbach die französische Hauptstadt und mit ihr die ganze zivilisierte Welt eroberten. Sie schufen nicht nur zwei der charakteristischsten Gattungen der französischen Kunst, sondern vertraten treuer und umfassender den Pariser Geschmack der Zeit als ihre französischen Kollegen. Offenbach kann geradezu als der Abriß seiner Epoche betrachtet werden; sein Werk enthält manche ihrer eigenartigsten und originellsten Züge. Schon die Zeitgenossen empfanden ihn als so repräsentativ, daß sie ihn mit dem Geist von Paris identifizierten und seine Kunst als die Fortsetzung der klassischen französischen Tradition bezeichneten. Die Offenbachiade vereinigte das Abendland im Gefühl der Lebenslust und des Übermuts.[117] Die *Großherzogin von Gerolstein* erwies sich als die größte und dauerndste Attraktion der Weltausstellung von 1867; die zahlreichen Souveräne und Prinzen, die Paris besuchten, waren von dem Stück mit der unwiderstehlichen Hortense Schneider in der Titelrolle ebenso begeistert wie die Roués der französischen Hauptstadt und die Kleinbürger aus der Provinz. Der russische Zar saß drei Stunden nach seiner Ankunft in Paris bereits in einer Loge der *Variétés*, und Bismarck war, obwohl er seine Ungeduld anscheinend besser bemeistern konnte, ebenso entzückt wie die gekrönten Häupter. Rossini nannte Offenbach den „Mozart der Champs Elysées" und Wagner bestätigte dieses Urteil – allerdings erst nach dem Tode des beneideten Rivalen.

Die Blütezeit der Operette erstreckte sich auf die Periode zwischen den beiden Weltausstellungen von 1855 und 1867. Seit den politischen Unruhen am Ende der sechziger Jahre fehlte ihr das entsprechende, sorglose oder sich in Sorglosigkeit und Sicherheit wiegende Publikum. Mit dem Zweiten Kaiserreich gingen die besten Tage der Operette zu Ende; die Freude, die die späteren Generationen an ihr hatten, galt nicht mehr dem Genre als dem lebendigen, spontanen, unmittelbaren Ausdruck der Gegenwart, sondern den „guten alten Zeiten", die man mit keiner Kunstgattung so unmittelbar assoziierte wie mit dieser. Die Operette überstand dank dieser Gedankenverbindung die Umwälzungen des *fin de siècle* und blieb in einer geistig so haltlosen Stadt wie Wien bis zum zweiten Weltkrieg die populärste Form der sentimentalen Idealisierung der Vergangenheit. Es gehörten die Erlebnisse der letzten zwanzig Jahre dazu, um den Begriff der „guten alten Zeiten", den man in dem einen Teil von Europa mit Napoleon III. und Offenbach, in dem anderen mit Kaiser Franz Joseph und Johann Strauß in Verbindung brachte, zu revidieren. Der Klassenkampf, der zwischen 1848 und 1870 überall unterdrückt wurde, loderte am Ende dieser Periode wieder auf und bedrohte die Herrschaft der Bourgeoisie als der Nutznießerin der Reaktion. Die Operette erschien nun als das Bild eines ungefährdeten, sorglosen, glücklichen Daseins – einer Idylle, die es in Wirklichkeit nie gab.

Die Goncourts behielten mit ihrer Prophezeiung recht, daß der Zirkus, das Variété und die Revue das Theater verdrängen würden. Der Film, der infolge seiner Bildhaftigkeit und seiner Aufmachung zu diesen Schauformen gezählt werden kann, bestätigt vollends ihre Prognose. Am auffallendsten näherte sich dem Variété und der Revue die Operette, sie stellte aber keineswegs die älteste Form dar, in der das Schaustück über das Theaterstück triumphierte. Die eigentliche Wendung vollzog sich mit dem Aufkommen der „großen Oper" während des Bürgerkönigtums, obgleich die Schau von jeher einen integrierenden Bestandteil des Theaters bildete und über das dramatische und akustische Element immer wieder die Oberhand gewann. Dies war vor allem beim Barocktheater der Fall, wo der festliche Charakter der Darbietung, die Dekorationen, Kostüme, Tänze und Aufzüge oft alles andere überwucherten. Die Bourgeoiskultur der Julimonarchie und des Zweiten Kaiserreichs, die eine Parvenukultur war, suchte auch auf dem Theater das Monumentale und Imposante und übertrieb den Schein der Größe um so mehr, als sie die Größe des Formats innerlich vermissen ließ. Es gibt bekanntermaßen zwei verschiedene Impulse, die die Gesellschaft zur Repräsentation, zur grandiosen und anspruchsvollen Form treiben: einmal ist es der Drang zur Größe als ihrer natürlichen Lebensform, dann die Sucht nach dem Kolossalen als der Überkompensation eines mehr oder weniger schmerzhaft empfundenen Mangels. Der Barock des 17. Jahrhunderts entsprach dem großen Format, in dem der Hof und die Aristokratie der absolutistischen Ära sich ihrer Wesensart gemäß bewegten, der Pseudobarock des 19. Jahrhunderts der Ambition, mit der die emporgekommene Bourgeoisie dieses Format auszufüllen bestrebt war. Die Oper wurde zum Lieblingsgenre der Bourgeoisie, weil keine andere Kunst so viel Möglichkeit zur Ostentation, zur Aufmachung und Ausstattung, zur Häufung und Steigerung der

Effekte bot. Der von Meyerbeer verwirklichte Typus vereinigte alle die Attraktionen der Bühne und schuf ein heterogenes Gemisch von Musik, Gesang und Tanz, das ebensowohl gesehen als gehört werden wollte und in dem sämtliche Elemente nur den Zweck hatten, den Zuschauer zu verblenden und zu verblüffen. Die Meyerbeersche Oper war ein großes Varietéprogramm, dessen Einheit eher im Rhythmus des bewegten Bühnenbildes als in der unbedingten Vorherrschaft der musikalischen Form bestand.[118] Sie war für ein Publikum bestimmt, das zur Musik keine innere Beziehung hatte.

Die Idee des „Gesamtkunstwerkes" machte sich hier lange vor Wagner geltend und drückte ein Bedürfnis aus, bevor noch jemand an ihre programmatische Formulierung dachte. Wagner suchte die komplexe Natur der Oper durch die Analogie der griechischen Tragödie, die in Wirklichkeit nichts als ein Oratorium war, zu rechtfertigen; der Wunsch nach solch einer Rechtfertigung aber erwuchs aus der barocken Vielfältigkeit der Gattung, die seit Meyerbeer immer „stil- und formloser" zu werden drohte. Die „große Oper" verdankte ihre Geltung, die auch für die *Meistersinger* und die *Aida* noch maßgebend war und wohl noch eine steifere Konvention darstellte als die ehemalige italienische Oper[119], dem Umstand, daß die Kultur der französischen Bourgeoisie dem ganzen Kontinent als Muster dienen konnte und überall echten, im wirklichen sozialen Leben wurzelnden Bedürfnissen entsprach. Nichts kam diesen Bedürfnissen vollkommener und bereitwilliger entgegen als die Ensemblekunst der Meyerbeerschen Oper, als die Organisation der ihr zur Verfügung stehenden Mittel – des Riesenorchesters, der enormen Bühne und des gigantischen Chores – zu einem Ganzen, das nichts als imponieren, überwältigen und unterjochen wollte. Darauf waren vor allem die großen Finales angelegt, die oft neuartige Bild- und Toneffekte fanden, mit der tiefen Humanität der Mozartschen und der tänzerischen Grazie der Rossinischen Aktschlüsse jedoch nichts gemein hatten. Das, was wir als „opernhaft" zu bezeichnen pflegen, die Kulissenmonumentalität, die leere Emphase, der donnernde Heroismus, das falsche Pathos der Gefühle und der Sprache ist aber keineswegs die Schöpfung Meyerbeers und beschränkt sich durchaus nicht auf die Oper des Zeitalters. Selbst ein Künstler von so streng puritanischem Geschmack wie Flaubert ist nicht vollkommen frei von dieser Theatralik. Sie gehört zur romantischen Erbschaft der Generation, und Victor Hugo hatte an ihrer Entwicklung keinen geringeren Anteil als Meyerbeer.

Richard Wagner steht von sämtlichen bedeutenden Repräsentanten des Zeitalters dem Opernstil Meyerbeers am nächsten, und zwar nicht nur, weil er an eine lebendige Kunstübung anzuknüpfen wünscht, sondern auch, weil niemand auf den Erfolg erpichter ist als er. Er akzeptiert die herrschende Konvention ohne inneren Widerstand und ringt sich, wie richtig bemerkt wurde, zur Originalität erst allmählich durch, im Gegensatz zur typischen künstlerischen Entwicklung, die von einem individuellen Erlebnis, einer persönlichen Entdeckung ausgeht und in einer Manier endet.[120] Viel merkwürdiger jedoch als die Anknüpfung Wagners an die „große Oper" ist sein Festhalten an einer Form, die den Ausdruck der innigsten, intimsten, sublimiertesten Gefühle mit der Prunksucht des Zweiten Kaiserreichs verbindet. Denn nicht nur etwa *Rienzi* und *Tannhäuser* sind noch regelrechte Ausstattungsopern, in denen der Bühnenapparat vorherrscht, auch die *Meistersinger* und *Parsifal* sind gewissermaßen musikalische Schaustücke, die alle Sinne beschäftigen und alle Erwartungen übertreffen wollen. Die Vorliebe für das Großartige und Massenhafte ist bei Wagner ebenso stark wie bei Meyerbeer oder Zola, und er ist, genau so wie Victor Hugo und Dumas, ein geborener Theatraliker, ein „Histrione" und „Mimomane", wie Nietzsche ihn genannt hat.[121] Seine Theatralik ist aber keineswegs erst das Resultat seiner Opern, seine Opern sind vielmehr der Ausdruck seines unwählerischen, theatralischen Geschmacks und seines lauten, ostentativen Wesens. Er liebt ebenso wie Meyerbeer, Napoleon III., die Païva oder Zola das Aufdringliche, Kostbare, Üppige, und man erkennt die gemeinsamen Züge seiner Opern und der mit Seide, Samt, Goldbrokat gepolsterten Möbeln, Teppichen und Portieren angefüllten Salons der Zeit auch ohne zu wissen, daß er sich von Makart Kulissen malen lassen wollte.[122] Die Sucht nach

Größe und Exuberanz hat aber bei Wagner kompliziertere Ursprünge; die Fäden führen nicht nur zu Makart, sondern auch zu Delacroix. Zwischen dem *Tod Sardanapals* und der *Götterdämmerung* bestehen ebenso enge Beziehungen wie zwischen dem Prachtaufwand der Pariser „großen Oper" und der Zelebrierung der Bayreuther Festspiele. Auch damit ist aber noch nicht alles gesagt; Wagners Sensualismus ist nicht nur elementarer als die Prunksucht, sondern auch ursprünglicher und spontaner als die ganze „Blut-, Tod- und Wollust-" Mystik seiner Zeit. Nicht umsonst bedeutete sein Werk für viele der feinfühligsten Geister des Jahrhunderts den Inbegriff der Kunst – das Paradigma, an dem ihnen der Sinn und das Prinzip der Musik aufgegangen ist. Es war sicher die letzte und vielleicht die größte Offenbarung der Romantik, die einzige heute noch lebendige Form, die sie geschaffen hat. Wir können an keiner besser ermessen, mit welchem Rausch der Sinne sie auf die Zeitgenossen wirkte, wie sehr man sie als die Auflehnung gegen alle Konvention und als die Entdeckung einer geheimen, verschütteten Welt empfand. Es ist verständlich, wenn auch zunächst überraschend und eigentlich nur aus der allgemeinen Stimmung der Zeit erklärbar, daß der an und für sich gar nicht musikalische Baudelaire, der einzige von den Zeitgenossen Wagners, dessen Tonfall uns mit dem Glücksgefühl der Tristan-Musik erfüllt, zugleich der erste war, der die Bedeutung der Wagnerschen Kunst erkannte. Mit Baudelaire hat Wagner außer den überreizten Nerven, der Sucht nach narkotischen Zuständen und betäubenden Effekten, die quasireligiösen Gefühle und den romantischen Wunsch nach Erlösung gemein. Und mit Flaubert verbindet ihn außer der Schwäche für glühende Farben und üppige Formen der geniale Dilettantismus und das reflexive Verhältnis zum eigenen Schaffen. Wagner besitzt ebensowenig natürliches, spontanes Talent, ringt sich die Werke fast ebenso gewaltsam, ebenso verzweifelt ab und hat zur Kunst ebensowenig Vertrauen wie Flaubert. Keiner der großen Meister war mit achtundzwanzig Jahren noch ein so schlechter Musiker wie er, betont Nietzsche, und kein großer Künstler zweifelte, mit Ausnahme eben von Flaubert, so lange an der eigenen Begabung. Beide empfanden die Kunst als die Marter ihres Daseins, beide hatten das Gefühl, daß sie zwischen ihnen und dem Genuß des Lebens stehe, und betrachteten den Abgrund zwischen der Wirklichkeit und der Kunst, dem „avoir“ und dem „dire“, als unüberbrückbar. Sie gehörten der gleichen spätromantischen Generation an, die gegen ihren Egoismus und Ästhetizismus einen ebenso unablässigen wie aussichtslosen Kampf führte.

## 3. DER SOZIALE ROMAN IN ENGLAND UND RUSSLAND

Die Industrielle Revolution hat in England begonnen, hier die fruchtbarsten Folgen gehabt und den lautesten, leidenschaftlichsten Protest hervorgerufen. Die Anklagen hinderten aber die herrschenden Klassen keineswegs daran, der sozialen Revolution nur um so energischer und erfolgreicher entgegenzutreten. Das Fehlschlagen der revolutionären Bestrebungen brachte es dann mit sich, daß während in Frankreich ein Teil der Intelligenz und des Literatentums nach den Erfahrungen der Revolution eine antidemokratische Haltung einzunehmen begann, die Gesinnung der Intellektuellen in England wenn auch nicht immer revolutionär, so doch im großen und ganzen radikal blieb. Der auffallendste Unterschied zwischen der Denkart der geistigen Elite in den beiden Ländern aber bestand darin, daß die Franzosen unentwegte Rationalisten waren und blieben, wie immer sie sich auch zur Revolution und zur Demokratie stellten, die Engländer hingegen, trotz ihrer radikalen Gesinnung und ihrer Opposition gegen den Industrialismus, ja oft gerade infolge ihrer Oppositionsstellung zur herrschenden Gesellschaft, zu verzweifelten Irrationalisten wurden und sich in den nebulosen Idealismus der deutschen Romantik flüchteten. Merkwürdigerweise waren hier in England die Kapitalisten und die Utilitarier mit den Aufklärungsideen tiefer verbunden als ihre Gegner, die das Prinzip der freien Konkurrenz und der Arbeitsteilung verneinten. Ideengeschichtlich waren jedenfalls die maschinenstürmenden Idealisten die Reaktionäre, die Materialisten und

Kapitalisten hingegen die Vertreter des Rationalismus und des Fortschritts.

Die Wirtschaftsfreiheit hatte mit dem politischen Liberalismus gemeinsame historische Wurzel; beide gehörten zu den Errungenschaften der Aufklärung und waren logisch untrennbar. Sobald man sich auf den Standpunkt der persönlichen Freiheit und des Individualismus stellte, mußte man die freie Konkurrenz als einen integrierenden Bestandteil der Menschenrechte gelten lassen. Die Emanzipation des Bürgertums war ein notwendiger Schritt in der Liquidierung des Feudalismus, und sie setzte ihrerseits die Befreiung der Wirtschaft von den mittelalterlichen Bindungen und Beschränkungen voraus. Die Gleichberechtigung des Bürgertums erklärt sich überhaupt erst als das Resultat einer Entwicklung, durch die die vorkapitalistischen Wirtschaftsformen allmählich überwunden wurden. Erst nachdem die Wirtschaft das Stadium der vollkommenen Autonomie erreicht und das Bürgertum die starren Grenzen des feudalen Klassensystems durchbrochen hatte, war an die Befreiung der Gesellschaft von der Anarchie der freien Konkurrenz zu denken. Es war auch vollkommen zwecklos, einzelne Erscheinungen des Kapitalismus zu bekämpfen, ohne das System selbst in Frage zu stellen. Solange die kapitalistische Wirtschaft nicht problematisch geworden ist, konnte nur von philanthropischen Milderungen ihrer Auswüchse die Rede sein. Das Festhalten an den Prinzipien des Rationalismus und Liberalismus war der einzige Weg, der zur Abstellung der Mißstände führen konnte; man hatte den Begriff der Freiheit nur in einem weiteren, über seine bürgerliche Begrenzung hinausgehenden Sinne zu fassen. Die Preisgabe der Ratio und der liberalen Idee mußte dagegen, wenn die ursprüngliche Absicht auch noch so gut und ehrlich war, zu einem unkontrollierbaren Intuitionismus und zur geistigen Unmündigkeit führen. Dieser Gefahr ist man sich bei Carlyle stets bewußt, sie bedroht jedoch den Idealismus der meisten viktorianischen Denker, und der sprichwörtliche Kompromiß des Zeitalters, sein Mittelweg zwischen Tradition und Fortschritt, drückt sich in nichts so schlagend aus wie im romantischen, nach der Vergangenheit schielenden Rebellentum seiner geistigen Führer. Keiner der repräsentativen Viktorianer ist völlig frei von dieser Kompromißbereitschaft, und die damit verbundene Zweideutigkeit beeinträchtigt den politischen Einfluß auch eines so echten Radikalen wie Dickens. In Frankreich fühlte sich die Intelligenz gezwungen, zwischen der Revolution und der bürgerlichen Politik zu wählen, und wenn die Wahl oft auch mit geteilten Gefühlen verbunden war, so war sie doch eindeutig und endgültig. In England stand dagegen auch jener Teil der geistigen Oberschicht, der gegen den Industrialismus Opposition machte, auf der Grundlage einer ebenso konservativen und oft sogar einer rückständigeren Weltanschauung als die kapitalistische Bourgeoisie selber.

Die Utilitarier, die die volkswirtschaftlichen Prinzipien des Industrialismus vertraten, waren die Schüler Adam Smiths und die Vertreter der Doktrin, daß die sich selbst überlassene Wirtschaft nicht nur dem Geist des Liberalismus, sondern auch den Interessen der Allgemeinheit am besten entspreche. Das, was bei den Idealisten den stärksten Widerstand gegen sie auslöste, war aber nicht so sehr die Unhaltbarkeit dieser These als der Fatalismus, mit dem sie die egoistischen Triebe als das letzte und unwandelbarste Prinzip des Handelns darstellten, und die mathematische Notwendigkeit, mit der sie die Gesetze der Wirtschaft und des gesellschaftlichen Seins von der Tatsache des menschlichen Egoismus ableiten zu können glaubten. Die Verwahrung der Idealisten gegen diese Reduktion des Menschen auf den *homo economicus* war der ewige Protest der romantischen „Lebensphilosophie“ – des Glaubens an die logische Unerschöpflichkeit und die theoretische Unbewältigbarkeit des Lebens – gegen den Rationalismus und das von der Erlebniswirklichkeit abstrahierende Denken. Die Reaktion gegen den Utilitarismus war eine zweite Romantik, bei der der Kampf gegen das soziale Unrecht und die Opposition gegen die konkreten Lehren der *dismal science* eine viel geringere Rolle spielten als die Flucht vor der Gegenwart, deren Probleme man nicht lösen konnte und nicht lösen wollte, in den Irrationalismus der Burke, der Coleridge und der deutschen Romantik. Der Schrei nach staatlicher Intervention war namentlich bei Carlyle ebensowohl das Zeichen von antiliberalen, autoritären Neigungen als der Ausdruck eines humanitären, altruistischen Gefühls, und in seiner Klage über die Atomisiertheit der Gesellschaft drückte sich sowohl der Wunsch nach Gemeinschaft als auch die Sehnsucht nach dem geliebten und gefürchteten Führer aus.

Nach dem Ende der Blütezeit der englischen Romantik beginnt um 1815 ein antiromantischer Rationalismus, der mit der Wahlreform von 1832, dem neuen Parlament und dem Sieg des Bürgertums seinen Höhepunkt erreicht. Die arrivierte Bourgeoisie wird immer konservativer und setzt den demokratischen Bestrebungen eine Reaktion entgegen, die wieder einen wesentlich romantischen Charakter trägt. Neben dem rationalistischen England macht sich ein sentimentales England geltend, und die hartgesottenen, klar und nüchtern denkenden Kapitalisten kokettieren mit philanthropischen, menschenfreundlich-reformistischen Ideen. Die ideelle Reaktion gegen den wirtschaftlichen Liberalismus wird zu einer inneren Angelegenheit, einer moralischen Selbstrettung der Bourgeoisie. Sie wird von derselben Schicht getragen, die in der Praxis das Prinzip der Wirtschaftsfreiheit vertritt, und bildet im viktorianischen Kompromiß das den Materialismus und Egoismus ausgleichende Element.

Die Jahre zwischen 1832 und 1848 sind eine Periode der schärfsten sozialen Krise, voll Unruhen, voll blutiger Kämpfe zwischen Kapital und Arbeit. Das englische Proletariat hat nach der Reformbill durch die Bourgeoisie die gleiche Behandlung erfahren wie seine Brüder in Frankreich nach 1830. Es entsteht damit so etwas wie eine Schicksalsgemeinschaft zwischen der Aristokratie und dem Volk gegenüber dem gemeinsamen Feind, dem kapitalistischen Bürgertum. Diese ephemere Beziehung kann zwar nie zu einer wirklichen Interessengemeinschaft und Waffenbrüderschaft führen, aber sie genügt, um den Sachverhalt in den Augen eines so emotional gestimmten Denkers wie Carlyle zu verschleiern und seinen Kampf gegen den Kapitalismus in eine romantisch-reaktionäre Geschichtsschwärmerei zu verwandeln. Im Gegensatz zu Frankreich, wo der Haß gegen die Bourgeoisie in einem strengen und nüchternen Naturalismus zum Ausdruck kommt, entsteht in England, das seit dem 17. Jahrhundert keine Revolution erlebt hat und wo die politischen Erfahrungen und Enttäuschungen der Franzosen fehlen, jene zweite Romantik. In Frankreich ist um die Mitte des Jahrhunderts die Romantik als Bewegung überwunden und die Auseinandersetzung mit ihr gewinnt einen mehr oder weniger privaten Charakter. In England gestaltet sich die Lage anders, hier beschränkt sich der Antagonismus der rationalistischen und irrationalistischen Neigungen keineswegs auf einen inneren Kampf, wie etwa bei Flaubert, sondern spaltet das Land in zwei Lager, die in Wirklichkeit viel heterogener zusammengesetzt sind als die „zwei Nationen" Disraelis. Die richtunggebende Tendenz der Entwicklung ist auch hier, wie im ganzen Abendland, eine positivistische, das heißt eine den Prinzipien des Rationalismus und Naturalismus entsprechende. Nicht nur die politischen und wirtschaftlichen Machthaber, nicht nur die Techniker und Forscher, auch der gemeine Mann und der mit dem gewöhnlichen Berufsleben verbundene Praktiker denken rationalistisch und untraditionalistisch. Die Literatur des Zeitalters aber ist von einer romantischen Nostalgie, einer Sehnsucht nach dem Mittelalter und einer Utopia erfüllt, in der die Gesetze der kapitalistischen Wirtschaft, des Kommerzialismus, der Versachlichung und Entzauberung des Lebens keine Geltung haben. Der Feudalismus Disraelis ist politische Romantik, die „Oxford-Bewegung" religiöse Romantik, die Kulturkritik Carlyles soziale Romantik, die Kunstphilosophie Ruskins ästhetische Romantik; alle diese Lehren und Richtungen verneinen den Liberalismus und Rationalismus und nehmen ihre Zuflucht vor der Problematik der Gegenwart zu einer höheren, überpersönlichen, übernatürlichen Ordnung, einem Zustand, der dauert und der Anarchie der liberalen und individualistischen Gesellschaft nicht unterworfen ist. Die lauteste und verführerischste Stimme ist die Carlyles, des ersten und originellsten der Rattenfänger, die den Weg für Mussolini und Hitler vorbereiten. Denn so wichtig und fruchtbar auch in gewisser Hinsicht die von ihm ausgehende Wirkung war, und so viel auch die Gegenwart in ihrem Kampf um die seelische Unmittelbarkeit der Kulturformen ihm zu verdanken hat, so war er doch ein Wirrkopf, der mit den Dunst- und Rauchwolken seiner Unendlichkeits- und Ewigkeitsschwärmerei, seiner Übermenschenmoral und Heldenmystik die Tatsachen für Generationen verdunkelte und verschleierte.

Ruskin ist der unmittelbare Erbe Carlyles; er übernimmt von ihm die Argumente gegen den Industrialismus und Liberalismus, wiederholt seine Klagen über die Entseelung und Entgöttlichung der modernen Kultur, teilt seine Begeisterung für das Mittelalter und die Gemeinschaftskultur des christlichen Abendlandes. Er verwandelt aber die abstrakte Heldenverehrung seines Meisters in einen sinnvollen Schönheitskult, seine vage soziale Romantik in einen ästhetischen Idealismus mit konkreten Aufgaben und genau definierbaren Zielen. Nichts beweist die Zeitgemäßheit und Seinsverbundenheit der Lehren Ruskins besser, als daß er zum Wortführer einer so repräsentativen Bewegung wie des Präraffaelismus werden konnte. Seine Ideen und Ideale, vor allem seine Ablehnung der Kunst der Renaissance, der großen, schwungvollen, selbstgenügsamen und selbstherrlichen Form und die Rückkehr zur vorklassischen, „gotischen" Kunst, zur befangenen und beseelten Ausdrucksweise der „Primitiven", lagen in der Luft; sie waren die Symptome einer allgemeinen, die ganze Gesellschaft erfassenden Kulturkrise. Die Lehren Ruskins und die Kunst der Präraffaeliten stammen aus der gleichen seelischen Verfassung und äußern sich in dem gleichen Protest gegen die konventionelle Welt- und Kunstanschauung des viktorianischen England. Das, was Ruskin unter der Entartung der Kunst seit der Renaissance versteht, erblicken und bekämpfen die Präraffaeliten im Akademismus ihrer Zeit. Ihr Kampf gilt vor allem dem Klassizismus, dem Schönheitskanon der Raffaelschule, das heißt dem leeren Formalismus und der glatten Routine einer Kunstübung, mit der die Bourgeoisie des Zeitalters den Beweis ihrer Respektabilität, ihrer puritanischen Moral, ihrer hohen Ideale und ihres poetischen Sinns erbringen will. Das viktorianische Bürgertum ist von der Idee der „hohen Kunst" besessen[123], und der schlechte Geschmack, der seine Architektur, seine Malerei und sein Kunsthandwerk beherrscht, ist im wesentlichen die Folge einer Selbsttäuschung und Überhebung, die den spontanen Ausdruck seines Wesens verhindern.

Die viktorianische Malerei wimmelt von historischen, poetischen, anekdotischen Motiven; sie ist eine „literarische" Malerei par excellence, eine Zwitterkunst, an der allerdings eher zu bedauern ist, daß sie so wenig malerische Werte, als daß sie so viel Literatur enthält. Es ist vor allem die Angst vor jeder Sinnlichkeit, jeder Spontaneität, die hier der Verbreitung der echten, üppigen malerischen Technik der französischen Malerei im Wege steht. Die verscheuchte Natur aber schleicht sich über die Hintertreppe zurück. – Es gibt in der Chantrey-Sammlung, diesem einzigartigen Monument viktorianischer Geschmacklosigkeit, ein Bild, das eine junge Nonne darstellt, die mit der Welt auch die weltlichen Kleider von sich abgestreift hat. Sie kniet splitternackt vor dem Altar einer nächtlich beleuchteten Kapelle und wendet den hinter ihr stehenden Mönchen die verführerischen Formen ihres zarten Körpers zu. Man kann sich kaum etwas Peinlicheres vorstellen als dieses Bild, das zur ärgsten, weil unaufrichtigsten Art von Pornographie gehört.

Die präraffaelitische Malerei ist ebenso literarisch, ebenso „poetisch" wie die ganze viktorianische Kunst; sie verbindet jedoch mit ihren an und für sich unmalerischen, das heißt malerisch nie völlig zu bewältigenden Sujets gewisse malerische Werte, die oft nicht nur sehr reizvoll, sondern auch neuartig sind. Sie vereint mit ihrem viktorianischen Spiritualismus, ihren historischen, religiösen und dichterischen Gegenständen, ihrer moralischen Allegorik und Märchensymbolik einen Sensualismus, der in einer Freude am minutiösen Detail, an der spielerischen Wiedergabe jedes Grashalms und jeder Rockfalte zum Ausdruck kommt. Diese Präzision entspricht hier nicht nur der naturalistischen Tendenz der allgemeinen europäischen Kunstentwicklung, sondern zugleich jenem bürgerlichen Arbeitsethos, das in der handwerklich einwandfreien, altmeisterlich sorgfältigen Ausführung ein Kriterium des künstlerischen Wertes erblickt. Die Präraffaeliten übertreiben, diesem viktorianischen Kunstideal entsprechend, die Merkmale des technischen Könnens, der imitativen Fertigkeit, der Vollendung der letzten Hand. Ihre Bilder sind ebenso sauber herausgeputzt wie die der akademischen Maler, und wir empfinden den Gegensatz zwischen den Präraffaeliten und den übrigen viktorianischen Malern viel weniger als etwa den zwischen den Naturalisten und den Akademikern in Frankreich. Die Präraffaeliten sind Idealisten, Moralisten und eingeschüchterte Erotiker, so wie die meisten Viktorianer. Sie haben den gleichen widerspruchsvollen Begriff von der Kunst, verraten die gleiche Verlegenheit, die gleichen Hemmungen bei dem künstlerischen Ausdruck ihrer Erlebnisse, und die puritanische Verlegenheit gegenüber dem Medium, in dem sie sich ausdrücken, geht so weit, daß wir vor ihren Werken stets das Gefühl eines befangenen, wenn auch genialen Dilettantismus haben. Diese Distanz zwischen Schöpfer und Werk vertieft noch den Eindruck des kunstgewerblichen Charakters, der der präraffaelitischen Malerei an und für sich eigen ist. Darum wirkt diese Malerei so artistisch, so gekünstelt, so zierlich und geziert und hat stets etwas von der Stilisiertheit, der Irrealität und der Ornamentik kunstreicher Teppiche an sich. Der preziöse, intellektuelle und trotz seiner lyrischen Natur kalte Ton des modernen Symbolismus, die herbe Grazie und die etwas gesuchte Eckigkeit der Neuromantik, die affektierte Befangenheit und Verhaltenheit, das Geheimnisvolle und Geheimtuerische der Kunst um die Jahrhundertwende geht zum Teil auf diese Stilisiertheit zurück.

Der Präraffaelismus war eine ästhetizistische Bewegung, ein extremer Schönheitskult, eine an der Kunst orientierte Bewertung des Lebens; er darf aber ebensowenig wie die Kunstphilosophie Ruskins mit dem *l'art pour l'art* identifiziert werden. Die These, daß der höchste Wert der Kunst im Ausdruck einer „guten und großen Seele" bestehe,[124] entsprach der Überzeugung aller Präraffaeliten. Sie waren wohl verspielte und genießerische Formalisten, sie lebten aber im Glauben, daß ihr Formspiel einen höheren Zweck, eine erhebende, erzieherische Wirkung habe. Zwischen ihrem Ästhetizismus und ihrem Moralismus besteht ein ebenso krasser Widerspruch wie zwischen ihrem Archaismus und ihrer naturalistischen Behandlung des Details.[125] Der gleiche viktorianische

Widerspruch klafft auch in den Schriften Ruskins; seine schöngeistige Kunstschwärmerei ist mit der sozialen Botschaft, die er verkündet, durchaus nicht immer vereinbar. Nach dieser Botschaft ist vollkommene Schönheit nur in einer Gemeinschaft möglich, in der Gerechtigkeit und Solidarität herrschen. Große Kunst ist der Ausdruck einer moralisch gesunden Gesellschaft; in einem Zeitalter des Materialismus und Mechanismus muß der Sinn für die Schönheit und die Fähigkeit, vollwertige Kunst zu schaffen, verkümmern. Die stereotype Anklage gegen die moderne kapitalistische Gesellschaft, die mit ihrem *cash nexus* und ihrer mechanischen Produktionsweise die Seelen tötet, hat bereits Carlyle erhoben; Ruskin wiederholt nur die Worte seines Vorgängers. Auch die Klagen über den Verfall der Kunst sind nicht neu. Seitdem es eine Legende von dem Goldenen Zeitalter gab, hatte man die Kunst der Gegenwart gegenüber den Schöpfungen der Vergangenheit als minderwertig empfunden und man glaubte in ihr Zeichen des gleichen Verfalls zu erkennen, den man in den Sitten feststellte. Nie hatte man aber den Kunstverfall als das Symptom einer den ganzen Gesellschaftskörper ergreifenden Krankheit betrachtet, und man war sich der organischen Verbundenheit der Kunst mit dem Leben der Gesellschaft nie so klar bewußt wie seit Ruskin.[126] Er war zweifellos der erste, der den Niedergang der Kunst und des Geschmacks als das Zeichen einer allgemeinen Kulturkrise auffaßte und das grundlegende, auch heute noch nicht genügend gewürdigte Prinzip aussprach, daß man vor allem die Lebensbedingungen der Menschen ändern müsse, um ihren Sinn für die Schönheit und ihr Verständnis für die Kunst zu erwecken. Dieser Erkenntnis zufolge vertauschte Ruskin das Studium der Kunstgeschichte mit dem der Volkswirtschaft und rückte vom Idealismus Carlyles ab, indem er dem Materialismus dieser Wissenschaft gerechter wurde. Ruskin war auch der erste in England, der betonte, daß die Kunst eine öffentliche Angelegenheit und ihre Pflege eine der wichtigsten Aufgaben des Staates sei, daß sie mit anderen Worten eine soziale Notwendigkeit darstelle und daß keine Nation sie ohne Gefahr für ihre geistige Existenz vernachlässigen könne. Er war schließlich der erste, der die Botschaft verkündete, daß die Kunst kein Privileg der Künstler, Kenner und Gebildeten sei, sondern zu jedermanns Erbschaft und Besitz gehöre. Er war aber trotzdem kein Sozialist, ja, er war nicht einmal ein wirklicher Demokrat.[127] Der platonische Philosophenstaat, in dem die Schönheit und die Weisheit regieren, stand seinem Ideal am nächsten, und sein „Sozialismus" beschränkte sich auf den Glauben an die Erziehbarkeit der Menschen und ihr Recht zur Bildung. Der wirkliche Reichtum besteht nach ihm nicht in dem Besitz von materiellen Gütern, sondern in der Fähigkeit, die Schönheit des Lebens und der Kunst zu genießen. Dieser ästhetische Quietismus und der Abstand von jeder Gewalt bezeichnen die Grenzen seines Reformismus.[128]

William Morris, der dritte in der Reihe der repräsentativen Kulturkritiker der viktorianischen Epoche, denkt viel konsequenter und geht praktisch viel weiter als Ruskin. Er ist in gewisser Hinsicht tatsächlich der Größte,[129] das heißt der Tapferste, der Intransigenteste unter den Viktorianern, obgleich auch er nicht ganz frei von ihren Widersprüchen und Kompromissen ist. Er hat aber aus der Lehre Ruskins von der Verbundenheit des Schicksals der Kunst mit dem der Gesellschaft die letzte Konsequenz gezogen und ist zu der Überzeugung gelangt, daß „Sozialisten zu machen" eine dringendere Aufgabe sei, als gute Kunst zu machen. Er hat den Ruskinschen Gedanken, daß die Minderwertigkeit der modernen Kunst, der Niedergang der künstlerischen Kultur und der schlechte Geschmack des Publikums nur die Symptome eines tiefer wurzelnden und weiter reichenden Übels seien, zu Ende gedacht und eingesehen, daß es keinen Sinn habe, Kunst und Geschmack verbessern zu wollen, die Gesellschaft aber unverändert zu lassen. Er wußte, daß eine direkte Beeinflussung der künstlerischen Zielsetzungen zwecklos ist und daß alles, was man tun kann, in der Schaffung von gesellschaftlichen Verhältnissen besteht, die ein besseres Kunstverständnis ermöglichen. Er war sich des Klassenkampfes, in dessen Formen der soziale Prozeß und somit auch die Kunstentwicklung sich abspielt, vollkommen bewußt und betrachtete es als die wichtigste Aufgabe, dieses Bewußtsein auf das Proletariat zu übertragen.[130] Bei aller Klarheit über die grundlegenden Tatsachen enthalten aber seine Lehren und Forderungen, wie gesagt, zahlreiche Widersprüche. Er ist, trotz seiner realistischen Auffassung vom gesellschaftlichen Sein und der Funktion der Kunst im Leben der Gesellschaft, ein romantischer Liebhaber des Mittelalters und des mittelalterlichen Schönheitsideals. Er predigt die Notwendigkeit einer Kunst, die von dem Volke geschaffen und für das Volk bestimmt ist, er ist und bleibt aber ein verspielter Dilettant, der Dinge erzeugt, die nur für die Reichen erschwinglich und nur für die Gebildeten genießbar sind. Er betont die Entstehung der Kunst aus der Arbeit, dem praktischen Gewerbe, verkennt aber die Bedeutung des wichtigsten und praktischsten modernen Produktionsmittels – der Maschine. Die Quelle der Widersprüche, die zwischen seinen Lehren und seiner künstlerischen Tätigkeit bestehen, ist im gleichen kleinbürgerlichen Traditionalismus zu suchen, mit dem seine Lehrer, Carlyle und Ruskin, das technische Zeitalter beurteilen und von deren Provinzialismus er sich nie vollkommen befreien kann.

Ruskin leitete den Verfall der Kunst von dem Umstand ab, daß die moderne Fabrik mit ihrer mechanischen Produktionsweise und ihrer Arbeitsteilung eine innere Beziehung des Arbeiters zu seiner Arbeit verhindert, das heißt, die Entseelung der Arbeit und die Entfremdung des Produzenten von dem Produkt seiner Hände mit sich bringt. Der Kampf gegen den Industrialismus verlor bei ihm die gegen die Proletarisierung der Massen gerichtete Spitze und verwandelte sich in eine romantische Begeisterung für etwas Unwiederbringliches, nämlich für die Handarbeit, den Hausfleiß, die Zunft, mit einem Wort die mittelalterlichen Produktionsformen. Das Verdienst Ruskins bestand darin, daß er auf die Häßlichkeit vor allem der kunstgewerblichen Erzeugnisse der viktorianischen Zeit hinwies und gegenüber den unechten Materialien, der sinnlosen Formgebung und der rohen, billigen Ausführung dieser Produkte den Reiz der gediegenen, sorgfältigen Handarbeit in das Gedächtnis seiner Zeitgenossen zurückrief. Seine Wirkung war ungeheuer, unvergleichlich, fast unabschätzbar. Die Arbeit im Rahmen einer verhältnismäßig kleinen Werkstatt, unter Beibehaltung der persönlichen Beziehungen der

Arbeiter zueinander, bei unbedingter Vorherrschaft der Handarbeit, mit individuellen, stets auf das einzelne, in sich vollendete Werk gerichteten Aufgaben wurde zum Ideal der modernen künstlerischen und kunstgewerblichen Produktion. Die Sachlichkeit und die Gediegenheit der neuern Architektur und Kunstindustrie sind zum großen Teil das Ergebnis der Bestrebungen und Lehren Ruskins. Seine unmittelbare Wirkung äußerte sich allerdings in einem übertriebenen, die Aufgaben und Möglichkeiten der Maschinenindustrie verkennenden Kult des Manuellen, und im Erwecken einer Hoffnung, die unerfüllt bleiben mußte. Es war ärgste Romantik, ärgster Irrealismus, zu glauben, daß technische Errungenschaften, die aus wirklichen wirtschaftlichen Bedürfnissen entstanden waren und greifbare wirtschaftliche Vorteile sicherten, einfach verdrängt werden könnten. Es war höchst naiv, die technische und wirtschaftliche Entwicklung durch Streitschriften und Proteste aufhalten zu wollen. Ruskin und seine Jünger hatten insofern recht, als die Herrschaft über die Maschine den Menschen tatsächlich verloren ging, die Technik sich selbständig gemacht und namentlich im Gebiete der Kunstindustrie die geschmacklosesten, abstoßendsten Dinge hervorgebracht hat; sie vergaßen aber, daß es zur Beherrschung der Maschine keinen anderen Weg gab, als ihre bereitwillige Hinnahme und geistige Aneignung.

Der Gedankenfehler lag vor allem in der allzu engen Definition der Technik, im Verkennen der technischen Beschaffenheit jeder wie immer gearteten sachlichen Produktion, jeder Handhabung der Dinge, jeder Berührung mit der objektiven Wirklichkeit. Die Kunst bedient sich bei ihren Schöpfungen stets einer materiellen, technischen, werkzeugartigen Vorrichtung, eines Apparats, einer „Maschine", und tut es so ostentativ, daß man gerade diese Mittelbarkeit, diesen Materialismus der Ausdrucksmittel, diese technische Bindung als eines ihrer wesentlichsten Merkmale bezeichnen könnte. Die Kunst ist vielleicht überhaupt die sinnlichste, sinnfälligste „Äußerung" des Geistes und schon als solche an ein Dingliches, eine Technik, ein Instrument gebunden, einerlei ob dieses Instrument nun ein Webstuhl oder eine Webemaschine, ein Pinsel oder eine Filmkamera, eine Geige oder – um etwas wirklich Furchtbares zu nennen – eine Kinoorgel ist. Sogar die menschliche Stimme – und auch der Gesangsapparat eines Caruso – ist ein materielles Instrument und nichts Seelisches mehr. Unmittelbar, unvermittelt, „instrumentlos" strömt die Seele zur Seele nur in der mystischen Ekstase, im Liebesglück, im Mitleid – vielleicht nur im Mitleid –, im Erlebnis eines Kunstwerkes aber nie.

Die ganze Geschichte der Kunst läßt sich als die fortwährende Erneuerung, Erweiterung und Vervollkommnung der technischen Mittel des Ausdrucks darstellen, und man kann die normale, krisenlose Entwicklung als den Prozeß der restlosen Ausnützung und Beherrschung dieser Mittel, als den harmonischen Ausgleich zwischen Können und Wollen, Ausdrucksmöglichkeit und Ausdrucksstreben definieren. Die Stockung, die seit der Industriellen Revolution in dieser Entwicklung eingetreten war, der Vorsprung, den die technische Entwicklung über die geistige gewonnen hat, erklärt sich nicht so sehr aus der Tatsache, daß man kompliziertere und mannigfaltigere Maschinen zu benützen begann, als aus dem Phänomen, daß die technische Entwicklung, von der wirtschaftlichen Konjunktur angetrieben, ein so schnelles Tempo annahm, daß ihre Errungenschaften geistig nicht bewältigt werden konnten. Das heißt mit anderen Worten: jene Elemente, die die Tradition des Handwerks auf die mechanische Produktion hätten übertragen können, die selbständigen Meister und ihre Gehilfen, wurden aus der Wirtschaft ausgeschieden, bevor sie sich mit den Überlieferungen ihres Gewerbes den neuen Produktionsmethoden angepaßt hätten. Das, was die Gleichgewichtsstörung im Verhältnis der technischen und der geistigen Entwicklung zueinander herbeiführte, war also eine Organisationskrise und keineswegs eine grundlegende Änderung der Natur der Technik, – es gab auf einmal zu wenig Sachverständige in den Industrien, die sich aus dem alten Handwerk entwickelt haben.

Morris teilte sowohl die Vorurteile Ruskins gegen die mechanische Produktion als auch seine Begeisterung für das Handwerk, er beurteilte aber die Funktion der Maschine viel fortschrittlicher und rationaler als sein Lehrer. Er warf der

Gesellschaft seiner Zeit den Mißbrauch der Technik vor, aber er wußte bereits, daß diese unter Umständen zum Segen der Menschheit werden konnte.[131] Sein sozialistischer Optimismus äußerte sich auch in seiner an die Technik geknüpften Hoffnung. Er definiert die Kunst als den Ausdruck der Arbeitsfreude des Menschen;[132] sie ist für ihn nicht nur eine Quelle des Glücks, sondern vor allem das Ergebnis eines Glücksgefühls. Ihr eigentlicher Wert besteht im Schaffensprozeß; der Künstler genießt im Werk die eigene Produktivität, und es ist die Arbeitsfreude, die künstlerisch produktiv wird. Diese Autogenese der Kunst ist zwar ziemlich geheimnisvoll und enthält eine starke Dosis von Rousseauismus, sie ist aber keineswegs mystischer und romantischer als der Gedanke, daß die Maschinentechnik das Ende der Kunst bedeute.

Die sozialen Erscheinungen, die die Kunst- und Kulturkritik der viktorianischen Epoche beschäftigen, bilden auch den Gegenstand des gleichzeitigen englischen Romans. Auch dieser dreht sich um das Problem, das Carlyle als die „condition-of-England"-Frage bezeichnet hat, und schildert die sozialen Verhältnisse, die mit der Industriellen Revolution entstanden sind. Er wendet sich aber an ein gemischteres Publikum als die kunst- und kulturkritische Literatur des Zeitalters, trägt einen heterogeneren Charakter und spricht eine buntere, weniger gewählte Sprache. Er sucht Schichten zu erfassen, in die die Werke Carlyles und Ruskins nie gedrungen sind, und will Leser erobern, für die die sozialen Reformen keine bloße Gewissensfrage, sondern eine Lebensfrage bedeuten. Da nun aber diese Leser in der Minderheit sind, bleibt der Roman in der Hauptsache an den Interessen der höheren und mittleren Schichten des Bürgertums orientiert und dient zur Abreagierung der moralischen Konflikte, die sich für die Sieger im Klassenkampf ergeben. Die Anregung mag, wie bei Disraeli, von patriarchalisch-feudalistischen Wunschphantasien, wie bei Kingsley und Mrs. Gaskell von einem christlich-sozialen Lebensideal, oder, wie bei Dickens, von der Sorge über die Verelendung des Kleinbürgertums ausgehen, das Fazit ist immer die prinzipielle Bejahung der herrschenden Ordnung. Sie beginnen alle mit den heftigsten Angriffen auf die kapitalistische Gesellschaft, gelangen aber schließlich zu einer optimistischen oder quietistischen Hinnahme ihrer Voraussetzungen, als ob sie die Mißstände nur bloßstellen und bekämpfen wollten, um tiefere revolutionäre Umwälzungen zu verhüten. Bei Kingsley kommt die versöhnliche Tendenz in einer offenen Sinnesänderung zum Ausdruck, bei Dickens wird sie nur verschleiert durch die radikale und sich immer mehr nach links verschiebende Haltung des Dichters. Ein Teil der Autoren sympathisiert mit den höheren Klassen, ein anderer mit den Erniedrigten und Beleidigten, wirkliche Revolutionäre gibt es aber unter ihnen nicht. Sie schwanken im besten Fall zwischen echten demokratischen Impulsen und der Überlegung, daß die Klassenunterschiede trotz allem ihre Berechtigung und ihre wohltätige Wirkung haben. Die Unterschiede zwischen ihnen sind jedenfalls von untergeordneter Bedeutung im Verhältnis zu den gemeinsamen Zügen ihres philanthropischen Konservativismus.[133]

Der moderne soziale Roman entsteht auch in England, so wie in Frankreich, in der Zeit um 1830 und erlebt in den turbulenten Jahren zwischen 1840 und 1850, da das Land am Rande der Revolution steht, seine Blüte. Er wird auch hier zur wichtigsten literarischen Ausdrucksform der Generation, für die die bürgerliche Gesellschaft mit ihren Zielsetzungen und Wertmaßstäben problematisch geworden ist und die sich den plötzlichen Aufstieg und den drohenden Untergang dieser Klasse erklären will. Die erörterten Probleme sind aber im englischen Roman konkreter, allgemeingültiger, weniger intellektualistisch und raffiniert als im französischen; der Standpunkt der Autoren ist humaner, altruistischer, zugleich aber auch konzilianter und opportunistischer. Disraeli, Kingsley, Mrs. Gaskell und Dickens sind die ersten Jünger Carlyles und gehören zu den Schriftstellern, die seine Ideen am bereitwilligsten akzeptieren.[134] Sie sind Irrationalisten, Idealisten, Interventionisten, verhöhnen den Utilitarismus und die Nationalökonomie, verurteilen den Liberalismus und den Industrialismus und stellen ihre Romane in den Dienst des Kampfes gegen das Prinzip des *laisser-faire* und die wirtschaftliche Anarchie, die sie von diesem Prinzip herleiten. Der Roman war als Vehikel einer solchen sozialen Tendenz vor 1830 vollkommen unbekannt, obwohl der moderne Roman in England von Anfang an, das heißt seit Defoe und Fielding, „sozial" war. Er hing mit den Essays Addisons und Steeles viel unmittelbarer und tiefer zusammen als mit dem Schäfer- und Liebesroman Sidneys und Lylys, und seine ersten Meister verdankten den Anregungen, die sie vom Journalismus erhielten, den Blick für die aktuellen Verhältnisse und den moralischen Sinn für die sozialen Probleme des Tages. Dieser Sinn stumpfte sich zwar mit dem Ende der ersten großen Epoche des englischen Romans ab, ging aber keineswegs verloren. Der Schauer- und Sensationsroman, der in der Gunst des Publikums an die Stelle der Werke Fieldings und Richardsons trat, hatte zu den sozialen Tatsachen, so wie zur Wirklichkeit überhaupt, keine unmittelbare Beziehung, und in den Romanen Jane Austens war die gesellschaftliche Realität wohl der Boden, in dem die Charaktere wurzelten, sie bildete aber keineswegs ein Problem, das die Dichterin zu lösen oder zu deuten bestrebt gewesen wäre. Erst mit Walter Scott wird der Roman wieder „sozial", wenn auch in einem ganz anderen Sinne als er es bei Defoe, Fielding, Richardson oder Smollett war. Bei Scott ist die soziologische Bedingtheit der Charaktere viel bewußter als bei seinen Vorgängern; er zeigt die Figuren stets als die Repräsentanten einer sozialen Klasse, das Bild der Gesellschaft, das er zeichnet, ist aber viel programmatischer und abstrakter als im Roman des 18. Jahrhunderts. Er begründet eine neue Tradition und hängt mit der Defoe-Fielding-Smollettschen Linie der Entwicklung nur sehr locker zusammen. Dickens, der nächste Erbe Walter Scotts, sein Nachfolger vor allem als der beste Erzähler und der populärste Autor seiner Zeit, knüpft aber gerade an diese Linie an, denn wenn er auch ein Schüler Walter Scotts ist – und wer ist es von den Romanschriftstellern der ersten Hälfte des Jahrhunderts nicht? –, so hat doch die Gattung, die er schafft, mit der pikaresken Form der alten Autoren viel mehr Ähnlichkeit als mit der dramatischen Schreibweise Scotts. Dickens hängt mit dem 18. Jahrhundert namentlich auch durch die moralisch-didaktische

Tendenz seiner Kunst zusammen; er erneuert außer der pikaresken Tradition Fieldings und Sternes die philanthropische Richtung Defoes und Goldsmiths, die von Scott ebenfalls vernachlässigt wurde.[135] Er verdankt seine Popularität der Wiederbelebung beider literarischer Traditionen und kommt dem Geschmack des neuen Lesepublikums sowohl durch die pikareske Buntheit als auch den sentimentalisch-moralischen Ton seiner Werke entgegen.

Zwischen 1816 und 1850 erscheinen in England im Durchschnitt hundert Romane jährlich,[136] und die im Jahre 1853 veröffentlichten Bücher, die zum großen Teil der erzählenden Literatur angehören, betragen das Dreifache der vor fünfundzwanzig Jahren erschienenen Werke.[137] Das Anschwellen des Lesepublikums und die Verbilligung der Bücher bedingen einander gegenseitig. Die erste sprunghafte Erhöhung der Leserzahl seit der Entstehung des literarischen Publikums im 18. Jahrhundert war mit der Entwicklung der Leihbibliotheken verbunden; diese aber veranlaßten nur eine lebhaftere verlegerische Tätigkeit, trugen jedoch nichts zur Reduzierung der Bücherpreise bei. Mit ihrem wachsenden Bedarf halfen sie vielmehr die Preise auf einem verhältnismäßig hohen Niveau zu stabilisieren. Der Preis eines Romans in der üblichen dreibändigen Ausgabe betrug anderthalb Guineas, eine Summe, die nur die wenigsten Leute für einen Roman auszugeben in der Lage waren. Die Leserschaft der Unterhaltungsliteratur blieb demzufolge hauptsächlich auf die Abonnenten der Leihbibliotheken beschränkt. Eine grundlegende Veränderung in der Zusammensetzung und im Umfang des Lesepublikums trat erst mit der Veröffentlichung der Romane in Monatsheften ein. Die ratenweise Bezahlung des Preises, obgleich dieser im ganzen sich nur um ein Drittel verringerte, erlaubte es vielen Leuten, die als Käufer bisher kaum in Frage kamen, die Anschaffung der Werke ihrer Lieblingsautoren. Die Publikation von Romanen in Monatslieferungen stellte somit eine buchhändlerische Neuerung dar, die im wesentlichen der Einführung des Feuilletonromans entsprach und sowohl soziologisch als auch künstlerisch ähnliche Folgen hatte. Die Rückkehr zur pikaresken Form des Romans war nur eine dieser Folgen.

Dickens, dessen Erfolge zugleich den Sieg der neuen Verlagsmethode bedeuten, genießt alle die Vorteile und leidet unter allen den Nachteilen, die mit der Demokratisierung der literarischen Konsumtion verbunden sind. Der beständige Kontakt mit breiten Schichten des Publikums hilft ihm, einen im besten Sinne volkstümlichen Stil zu finden; er gehört zu den nicht allzu zahlreichen Künstlern, die nicht nur groß und volkstümlich, nicht groß, obgleich sie volkstümlich, sondern die groß, weil sie volkstümlich sind. Er verdankt der Treue seines Publikums und dem Gefühl der Sicherheit, mit dem die Anhänglichkeit seiner Leser ihn erfüllt, seinen großen epischen Stil, die Gleichmäßigkeit seiner künstlerischen Sprache und jene spontane, unproblematische, fast vollkommen naive Schaffensart, die im 19. Jahrhundert so gut wie beispiellos ist. Seine Popularität erklärt freilich nur zum Teil seine dichterische Größe, denn Alexander Dumas und Eugène Sue sind ebenso populär, ohne groß zu sein. Und seine Größe erklärt seine Beliebtheit noch viel weniger, denn Balzac ist unvergleichlich größer, ebenso vulgär und doch viel weniger erfolgreich, obgleich er seine Werke unter ganz ähnlichen äußeren Bedingungen schafft. Die Nachteile der Popularität für Dickens sind viel leichter zu erklären. Die Treue zu seinen Lesern, die geistige Solidarität mit der großen naiven Menge und der Wunsch, die Herzlichkeit dieses Verhältnisses aufrechtzuerhalten, erzeugen in ihm den Glauben an den unbedingten künstlerischen Wert der Mittel, die bei den emotional gestimmten Massen Anklang finden und damit den Glauben an den untäuschbaren Instinkt und das unverdorbene, nach einem einheitlichen Rhythmus schlagende Herz des breiten Publikums.[138] Er hätte es nie zugegeben, daß die künstlerische Qualität eines Werkes oft im verkehrten Verhältnis steht zu der Zahl der Leute, die sich davon bewegt fühlen. Es gibt gewisse Mittel, mit denen man uns alle zu Tränen rühren kann, wenn wir uns auch nachher schämen, dem „allgemeinmenschlichen" Appell dieser Mittel nicht widerstanden zu haben. Über das Schicksal der Helden Homers, Sophokles', Shakespeares, Corneilles, Racines, Voltaires, Fieldings, Jane Austens, Stendhals und Flauberts vergießen wir keine Tränen, bei Dickens empfinden wir dagegen die gleiche gedankenlose, selbstgefällige Rührung, mit der wir auf die meisten Filme von heute reagieren.

Dickens ist einer der erfolgreichsten Schriftsteller aller Zeiten und vielleicht der populärste große Dichter der neueren Zeit. Er ist jedenfalls der einzige wirkliche Dichter seit der Romantik, dessen Werk nicht im Gegensatz zu seiner Zeit, nicht in einer Spannung zu seiner Umgebung entsteht, sondern mit den Ansprüchen seines Publikums vollkommen übereinstimmt. Er genießt eine Popularität, für die es seit Shakespeare kein Beispiel gibt und die am meisten dem Begriff entspricht, den wir uns von der Volkstümlichkeit der alten Mimen und Spielleute machen. Dickens verdankt die Totalität und Bruchlosigkeit seines Weltbildes dem Umstand, daß er keine Zugeständnisse zu machen hat, wenn er zu seinem Publikum spricht, daß er einen ebenso engen Gesichtskreis, einen ebenso unwählerischen Geschmack und eine ebenso naive, wenn auch eine unvergleichlich reichere Phantasie hat als seine Leser. Chesterton bemerkt sehr richtig, daß die populären Schriftsteller unserer Tage im Gegensatz zu Dickens stets das Gefühl haben, zu ihrem Publikum herabsteigen zu müssen.[139] Es besteht zwischen ihnen und ihren Lesern ein ebenso empfindlicher, wenn auch ganz anders gearteter und viel weniger tief begründeter Bruch wie zwischen den wirklichen Dichtern und dem Durchschnittspublikum des Zeitalters. Bei Dickens ist von einem solchen Bruch keine Rede. Er ist nicht nur der Schöpfer der umfangreichsten Galerie von Gestalten, die in das allgemeine Bewußtsein gedrungen sind und die Phantasiewelt des englischen Lesepublikums bevölkern, seine innere Beziehung zu diesen Figuren ist die gleiche wie die seines Publikums. Die Lieblinge seiner Leser sind auch seine Lieblinge, und er spricht von der kleinen Nell oder dem kleinen Dombey mit den gleichen Gefühlen und im gleichen Ton wie der harmloseste kleine Greisler oder die einfältigste alte Jungfer.

Die Serie der Triumphe begann für Dickens mit seinem ersten größern Werk, den *Pickwickiern*, deren einzelne Lieferungen vom 15. Heft angefangen in vierzigtausend Exemplaren verkauft wurden. Dieser Erfolg bestimmte die buchhändlerische Form, in welcher die englische Unterhaltungsliteratur des nächsten Vierteljahrhunderts sich entfalten sollte. Die Anziehungskraft des mit einem Schlage berühmt gewordenen Autors ließ während seiner ganzen Karriere nicht nach. Die Welt konnte sich an seinen Büchern nicht sattlesen, und er arbeitete fast ebenso fieberhaft, ebenso atemlos wie Balzac, um der ungeheueren Nachfrage zu entsprechen. Sie gehören zusammen, diese beiden Kolosse; sie sind die Exponenten der gleichen literarischen Konjunktur, die Lieferanten des gleichen lesehungrigen Publikums, das nach den Erschütterungen einer revolutionär bewegten und von Enttäuschungen erfüllten Zeit in der fiktiven Welt der Romane Ersatz für die Wirklichkeit, einen Wegweiser im Chaos des Lebens und einen Trost für die verlorenen Illusionen sucht. Dickens aber dringt in breitere Schichten als Balzac. Er erobert mit Hilfe der billigen Monatshefte ein vollkommen neues Publikum für die Literatur, eine Klasse von Leuten, die vordem nie Romane lasen und neben welchen die Leser der älteren Romanliteratur lauter Schöngeister zu sein scheinen. Eine Scheuerfrau erzählt, daß in dem Haus, wo sie wohnte, die Leute sich am ersten Montag eines jeden Monats bei dem Inhaber eines Schnupftabakladens versammelten und gegen die Entrichtung eines kleinen Betrages Tee bekamen; nach dem Tee las der Hausherr die letzte Monatslieferung von *Dombey* vor und zu dieser Vorlesung wurden sämtliche Bewohner des Hauses ohne Bezahlung zugelassen.[140] Dickens war ein Produzent von Unterhaltungsliteratur für die Massen, der Fortsetzer des alten Schauerromans und der Erfinder des modernen „thrillers“,[141] mit einem Wort, der Verfasser von Büchern, die, abgesehen von ihrer dichterischen Qualität, in jeder Hinsicht unseren „best-sellers“ entsprechen. Es wäre aber irrig, anzunehmen, daß er seine Romane lediglich für die ungebildeten oder halbgebildeten Massen schrieb; auch ein Teil des höheren Bürgertums und sogar ein Teil der Intelligenz gehörte zu seinem begeisterten Publikum. Seine Romane waren die zeitgemäße, aktuelle Literatur, so wie der Film die „Gegenwartskunst“ unserer Zeit ist und auch für Leute, die sich seiner künstlerischen Unzulänglichkeiten vollkommen bewußt sind, den unschätzbaren Wert des Lebendigen und in die Zukunft Weisenden besitzt.

Dickens war von Anfang an der Repräsentant der neuen, geschmacksmäßig und weltanschaulich fortschrittlichen Literatur; er interessierte auch dort, wo er nicht gefiel, und man fand seine Romane unterhaltsam, auch wenn man an seiner sozialen Botschaft keinen Gefallen finden konnte. Seine künstlerische und politische Weltanschauung konnten voneinander geschieden werden. Er wetterte in flammenden Worten gegen die Sünden der Gesellschaft, die Herzlosigkeit und den Übermut der Reichen, die Härte und die Verständnislosigkeit der Justiz, die grausame Behandlung der Kinder, die unmenschlichen Verhältnisse in den Gefängnissen, Fabriken und Schulen, mit einem Wort, gegen die Rücksichtslosigkeit, die jeder institutionellen Einrichtung eigen ist. Seine Anklagen dröhnten in allen Ohren und erfüllten die Herzen mit dem bangen Gefühl eines Unrechts, an dem die ganze Gesellschaft schuld war. Es blieb jedoch beim Notschrei und bei der Genugtuung, die man empfindet, wenn man sich ausgeschrien hat. Die soziale Botschaft des Dichters war politisch fruchtlos und seine Philanthropie trug auch künstlerisch sehr gemischte Früchte. Sie vertiefte seine Einfühlung in die Psychologie der Charaktere, sie erzeugte aber gleichzeitig eine Gefühlsseligkeit, die seinen Blick zu verschleiern geeignet war. Seine ganze kritiklose Humanität, sein „Cheeryblismus", sein Vertrauen, daß die private Wohltätigkeit und das Wohlwollen der Besitzenden die sozialen Schäden reparieren können, stammte aber letzten Endes aus seinem unklaren sozialen Bewußtsein, aus seiner kleinbürgerlich unentschiedenen Stellung zwischen den Klassen. Er konnte den Schock seiner Jugend, das Erlebnis, aus dem Mittelstand herausgeschleudert und an den Rand des Proletariats geraten zu sein, nie überwinden; er fühlt sich stets als Deklassierter oder vielmehr als einer, der vom Deklassiertwerden bedroht war.[142] Er war ein radikaler Philanthrop, ein liberal denkender Volksfreund, ein leidenschaftlicher Gegner des Konservativismus, aber er war durchaus kein Sozialist und kein Revolutionär, – höchstens ein revoltierender Kleinbürger, ein Erniedrigter, der es nie vergaß, was ihm in seiner Jugend angetan wurde.[143] Und er blieb zeitlebens der Kleinbürger, der sich nicht nur gegen eine Gefahr von oben, sondern auch gegen eine von unten schützen zu müssen glaubte. Er fühlte und dachte wie ein Kleinbürger, und seine Lebensideale waren die des Kleinbürgertums. Den Inhalt des Lebens bildete für ihn die Arbeit, das Streben, das Sparen, der Aufstieg zur Sicherheit, Sorglosigkeit und Respektabilität. Das Glück bestand für ihn im bescheidenen Wohlstand, im Idyll eines gegen die feindliche Außenwelt geschützten Daseins, im Familienkreis, in der Geborgenheit eines gutgeheizten Zimmers, einer gemütlichen Wirtsstube oder der Postkutsche, die einen zum sicheren Ziel führt.

Dickens ist unfähig, die inneren Widersprüche seiner sozialen Weltanschauung zu überwinden. Einerseits klagt er die Gesellschaft in der erbittertsten Weise an, andererseits aber unterschätzt er die Tragweite der sozialen Übel, weil er sie nicht wahrhaben will.[144] Eigentlich hält er noch bei dem Prinzip: „alles für das Volk – nichts mit dem Volk", denn er kann von dem Vorurteil, daß das Volk unfähig sei zu regieren, nicht loskommen.[145] Er fürchtet sich vor dem „Pöbel" und identifiziert das „Volk" im idealen Sinne mit dem Mittelstand. Flaubert, Maupassant und die Goncourts sind trotz ihres Konservativismus unbeugsame Rebellen, Dickens ist dagegen, trotz seiner politischen Fortschrittlichkeit und seiner Opposition gegen die bestehenden Verhältnisse, ein friedfertiger Bürger, der die Voraussetzungen des herrschenden kapitalistischen Systems ohne weiteres akzeptiert. Er kennt nur die Bürden und Beschwerden des Kleinbürgertums und kämpft nur gegen Übel, denen, ohne die Grundlagen der bürgerlichen Gesellschaft zu erschüttern, abgeholfen werden kann. Von der Lage des Proletariats, dem Leben in den großen Industriestädten weiß er fast nichts, und von der Arbeiterbewegung hat er ganz schiefe Vorstellungen. Es bekümmert ihn nur das Schicksal des Handwerks, der kleinen Meister und Händler, der Gehilfen und Lehrlinge. Die Forderungen der Arbeiterschaft, der großen, stets wachsenden Macht der Zukunft, beängstigen ihn nur. Die technischen Errungenschaften seiner Zeit interessieren ihn nicht besonders, und der Romantizismus, mit dem er an den altväterlichen Lebensformen hängt, ist viel spontaner und tiefer als die Begeisterung Carlyles und Ruskins für das Mittelalter mit seinen Klöstern und Zünften. Neben der großstädtischen, neuerungsfreudigen, technizistischen Weltanschauung Balzacs wirkt dies alles als feiger, denkfauler Provinzialismus. In den Werken der Spätzeit, namentlich in *Hard Times*, ist wohl eine gewisse Erweiterung des Ideenkreises zu beobachten: die Industriestadt tritt als Problem in seine Gedankenwelt, und er diskutiert mit wachsendem Interesse das Schicksal des Industrieproletariats als Klasse. Wie unzulänglich ist aber noch immer das Bild, das er sich von der inneren Struktur des Kapitalismus macht, wie befangen und naiv sein Urteil über die Ziele der Arbeiterbewegung, wie kleinbürgerlich sein Standpunkt, daß die sozialistische Agitation nichts als Demagogie und die Streikparole nichts als Erpressung sei![146] Die Sympathie des Autors gehört dem braven Stephen Blackpool, der sich am Streik nicht beteiligt und aus atavistischer, hündischer Treue eine unwiderstehliche, wenn auch stark verschleierte Solidarität mit seinem Brotherrn empfindet. Die „Hundemoral" spielt bei Dickens eine große Rolle. Je entfernter eine Attitüde von der reifen, kritischen, intellektuellen Einstellung eines geistigen Menschen ist, um so mehr Verständnis und Sympathie bringt er ihr entgegen. Die ungebildeten, einfachen Leute stehen ihm immer näher als die gebildeten und die Kinder näher als die Erwachsenen.

Dickens mißversteht vollkommen den Sinn des Kampfes zwischen Kapital und Arbeit; er begreift es einfach nicht, daß hier zwei unversöhnliche Mächte einander gegenüberstehen und daß es nicht an dem guten Willen des einzelnen liegt, den Streit zu schlichten. Die evangelische Wahrheit, daß der Mensch nicht nur von Brot lebt, wirkt in einem Roman, der den Kampf des Proletariats um das tägliche Brot schildert, nicht gerade überzeugend. Dickens kann aber seinen kindischen Glauben an die Versöhnbarkeit der Klassen nicht aufgeben. Er wiegt sich in der Illusion, daß patriarchalisch-philanthropische Gefühle auf der einen und ein geduldiges, opferwilliges Verhalten auf der anderen Seite den sozialen Frieden sichern könnten. Er predigt Verzicht auf die Gewalt, weil er Aufruhr und Umsturz für größere Übel hält als die Unterdrückung und Ausbeutung. Wenn er ein so hartes Wort wie das bewußte „lieber Unrecht als Unordnung" nie ausgesprochen hat, so war es nur, weil er weniger tapfer und mit sich selbst viel weniger im klaren war als Goethe. Er verwandelte den gesunden, unsentimentalen Egoismus des älteren Bürgertums in eine verpanschte, zuckersüße „Weihnachtsphilosophie", die am besten Taine charakterisiert: „Seid gut und liebt euch; das Gefühl des Herzens ist die einzige wirkliche Freude ... Überlasset die Wissenschaft den Gelehrten, den Stolz den Vornehmen, den Luxus den Reichen ..."[147] Dickens wußte nicht, wie hart der Kern dieser Liebesbotschaft war und wie teuer sein Friede den Schwächeren zu stehen gekommen wäre. Er fühlte es aber, und die inneren Widersprüche seiner Weltanschauung spiegeln sich unverkennbar in den schweren neurotischen Störungen, die ihn plagten. Die Welt dieses Friedensapostels ist durchaus keine friedliche und harmlose Welt. Seine Gefühlsseligkeit ist oft nur die Maske einer erschreckenden Grausamkeit, sein Humor ist ein Lächeln unter Tränen, seine gute Laune kämpft mit einer würgenden Lebensangst, hinter den Zügen seiner gutmütigsten Figuren verbirgt sich eine Grimasse, seine bürgerliche Wohlanständigkeit grenzt stets an die Kriminalität, die Szenerie seiner geliebten altväterlichen Welt ist eine unheimliche Rumpelkammer, seine ungeheuere Vitalität, seine Lebensfreude steht im Schatten des Todes, und seine Naturtreue ist ein fieberhaftes Halluzinieren. Dieser scheinbar so dezente, korrekte, respektable Viktorianer entpuppt sich als ein verzweifelter, von Angstträumen geplagter Surrealist.

Dickens ist nicht nur ein Vertreter der Lebenswahrheit und der Naturtreue in der Kunst, nicht nur ein vollendeter Meister der „petits faits vrais", sondern gerade jener Künstler, dem die englische Literatur die wichtigsten naturalistischen Errungenschaften verdankt. Der ganze moderne englische Roman leitet seine Kunst der Milieuschilderung, der Charaktererziehung, der Dialogführung von ihm her. In Wirklichkeit aber sind alle die Charaktere dieses Naturalisten Karikaturen, alle die Züge des Lebens sind bei ihm überspitzt, überdimensioniert, übertrieben, alles wird zu einem phantastischen Schatten- und Puppenspiel, alles verwandelt sich in die stilisierten, bis zur Stereotypik vereinfachten Beziehungen und Situationen des Melodramas. Seine liebenswürdigsten Gestalten sind ausgemachte Narren, seine harmlosesten Kleinbürger unmögliche Sonderlinge, Monomanen, Kobolde; seine sorgfältig gezeichneten Milieus wirken wie romantische Opernkulissen, und sein ganzer Naturalismus erzeugt oft nur die Schärfe und die Grellheit von Traumgesichten. Die ärgsten Absurditäten Balzacs wirken logischer als manche seiner Visionen. Die viktorianischen Verdrängungen und Kompromisse erzeugen bei ihm einen vollkommen unausgeglichenen, unbeherrschten, „neurotischen" Stil. Neurosen aber sind durchaus nicht immer kompliziert und Dickens hatte tatsächlich nichts Kompliziertes und Differenziertes an sich. Er war nicht nur einer der ungebildetesten englischen Schriftsteller, nicht nur ebenso unbelehrt und unbelesen wie etwa Richardson oder Jane Austen, sondern, im Gegensatz vor allem zur letzteren, primitiv und in mancher Hinsicht stumpf, eine großes Kind, das für die tieferen Probleme des Lebens unempfindlich war. Er hatte nichts Intellektuelles an sich und hatte für Intellektuelle nichts übrig. Wenn er einmal einen Künstler oder Denker schilderte, so machte er sich lustig über sie. Er bewahrte der Kunst gegenüber die feindliche Einstellung des Puritaners und steigerte sie noch durch die ungeistige und kunstfeindliche Gesinnung des nüchternen Bürgertums; er betrachtete sie eigentlich als etwas Überflüssiges, ja, Liederliches. Seine Geistesfeindschaft war ärger als bürgerlich, sie war kleinbürgerlich, philisterhaft. Er verleugnete jede Gemeinschaft mit Künstlern, Dichtern und ähnlichen Windbeuteln, als ob er die Solidarität mit seinem Publikum auch damit bezeugen wollte.[148]

Das Lesepublikum war in der viktorianischen Epoche bereits in zwei genau unterscheidbare Kreise geteilt und Dickens galt, trotz seiner Anhänger aus den höheren Schichten, als der Autor des ungebildeten, unwählerischen Publikums. Diese

Spaltung bestand zwar schon im 18. Jahrhundert und man kann namentlich Richardson, im Gegensatz zu Defoe und Fielding, als den Vertreter des gehobeneren bürgerlichen Geschmacks betrachten; die Leser Richardsons, Defoes und Fieldings aber waren im großen und ganzen noch dieselben Leute. Seit 1830 wurde dagegen der Abstand zwischen den zwei Bildungsschichten viel empfindlicher, und das Publikum von Dickens konnte gegen dasjenige von Thackeray und Trollope ziemlich genau abgegrenzt werden, wenn auch viele Leser sich noch an der Grenze von beiden bewegten. Es gab offenbar schon im 18. Jahrhundert Leute, die sich mit den Helden und Heldinnen Richardsons leichter und vollkommener identifizieren konnten als mit denen Fieldings, jetzt gibt es aber bereits solche, die Dickens einfach nicht vertragen können, und andere, die Thackeray oder gar George Eliot kaum mehr verstehen. Die für die heutigen Verhältnisse so charakteristische Erscheinung, daß es neben dem gebildeten, kritischen Lesepublikum einen Kreis von ebenso regelmäßigen Lesern gibt, die in der Literatur nichts als eine leichte, flüchtige Unterhaltung suchen, war vor der viktorianischen Epoche unbekannt. Das Publikum der bloßen Unterhaltungsliteratur bestand zumeist noch aus Gelegenheitslesern, das regelmäßige Lesepublikum beschränkte sich dagegen auf die Gebildeten. In den Tagen von Dickens gibt es aber bereits, genau so wie heute, zwei Gruppen von regelmäßigen Interessenten für schöne Literatur. Der Unterschied zwischen dieser Zeit und unseren Tagen besteht lediglich darin, daß die populäre Unterhaltungsliteratur von damals noch die Werke eines Dichters wie Dickens enthielt und daß es noch viele Leute gab, die beide Arten von Literatur genießen konnten,[149] heute dagegen die gute Literatur grundsätzlich unpopulär und die populäre Literatur für Leute von Geschmack ungenießbar ist.

Die Weltausstellung von 1851 bezeichnet eine Wendung in der Geschichte Englands; die mittlere viktorianische Periode ist, im Gegensatz zur frühviktorianischen, eine Zeit der Prosperität und der Beruhigung. England wird zur „Werkstatt der Welt“, die Preise steigen, die Lebensbedingungen der Arbeiterschaft verbessern sich, der Sozialismus wird unschädlich gemacht, die politische Herrschaft der Bourgeoisie konsolidiert sich. Die sozialen Probleme werden zwar nicht gelöst, es wird ihnen aber die Spitze abgebrochen. Die Katastrophe von 1848 erzeugt in den progressiven Schichten eine Müdigkeit und Passivität, und damit verliert auch der Roman seinen unduldsamen, aggressiven Charakter. Thackeray, Trollope und George Eliot schreiben nicht mehr in dem gleichen Sinne „soziale Romane" wie Kingsley, Mrs. Gaskell und Dickens. Sie entwerfen wohl große soziale Gemälde, erörtern aber selten die sozialen Probleme des Tages und verzichten auf die Propagierung einer sozialpolitischen These. Bei George Eliot, deren Weltanschauung für die geistige Atmosphäre dieser Periode besonders charakteristisch ist,[150] steht die gesellschaftliche Realität nicht mehr im Vordergrund der Darstellung, wenn sie auch, ähnlich wie bei Jane Austen, das Lebenselement ist, in dem die Figuren sich bewegen und einander zum Schicksal werden. George Eliot schildert stets die gegenseitige Abhängigkeit der Menschen voneinander, das magnetische Feld, das sie um sich schaffen und dessen Wirkung sie mit jeder Handlung, jedem Wort steigern;[151] sie zeigt, daß innerhalb der modernen Gesellschaft niemand ein isoliertes, autonomes Dasein führen kann[152], und in diesem Sinne sind ihre Werke soziale Romane. Der Akzent hat sich indessen verschoben: die Gesellschaft erscheint wohl als eine positive, alles umfassende Wirklichkeit, sie ist aber eine Tatsache, die man hinnimmt und nicht diskutiert.

Mit George Eliot vollzieht sich in der Geschichte des englischen Romans die Wendung zur Introversion. Die wichtigsten Ereignisse sind bei ihr von geistiger und moralischer Natur, und der Schauplatz der großen schicksalhaften Kämpfe ist die Seele, die Innerlichkeit, das moralische Bewußtsein der Menschen. In diesem Sinne sind ihre Werke psychologische Romane.[153] Statt äußerer Vorgänge und Abenteuer, statt sozialer Fragen und Konflikte stehen bei ihr moralische Probleme und Krisen im Mittelpunkt der Handlung. Ihre Helden sind geistige Menschen, für die die intellektuellen und moralischen Erlebnisse die Unmittelbarkeit von physischen Tatsachen besitzen. Ihre Werke sind psychologisch-philosophische Essays, die gewissermaßen dem Ideal des Romans, das der deutschen Romantik vorschwebte, entsprechen. Und trotzdem bedeutet ihre Kunst einen Bruch mit der Romantik und den ersten erfolgreichen Versuch, die durch die Romantik geschaffenen geistigen und moralischen Werte durch andere, grundsätzlich unromantische zu ersetzen. Der Roman erhält bei George Eliot einen neuen geistig-emotionalen Inhalt, – einen geistigen Inhalt, dessen emotionaler Wert seit dem Klassizismus verlorengegangen war; er dreht sich statt um sentimentale Erlebnisse irrationaler Natur um eine Attitüde, die George Eliot selbst als „intellektuelle Leidenschaft" bezeichnet.[154] Analyse und Interpretation des Lebens, Erkenntnis und Verständnis der geistigen Werte, das ist der eigentliche Gegenstand ihrer Romane. Verstehen ist das Wort, das bei ihr stets wiederkehrt;[155] wach sein, verantwortlich sein, streng gegen sich selbst sein die Forderung, die sie beständig wiederholt. „Das Zeichen des Berufen- und Erwähltseins ist der Verzicht auf Opium, das Ertragen der Leiden mit vollem Bewußtsein und offenen Augen", schreibt sie in einem Brief von 1860.[156]

Nur in dem Werke eines Autors, der mit dem intellektuellen Leben seiner Zeit so tief verbunden war wie George Eliot, konnte das Schicksal von geistigen Menschen mit seinen Problemen und Widersprüchen, seinen Tragödien und Niederlagen die Unmittelbarkeit und die Gewalt gewinnen, die es in *Middlemarch* besitzt. Die besten und fortschrittlichsten Denker des damaligen England, u. a. Mill, Spencer und Huxley, gehören zu den Freunden George Eliots; sie übersetzt Feuerbach und D. F. Strauß und steht im Mittelpunkt der rationalistischen und positivistischen Bewegung ihrer Zeit. Der ernste, kritische, von jeder Leichtfertigkeit und Leichtgläubigkeit freie Sinn, der ihrer moralischen Haltung eigen ist, charakterisiert ihr ganzes Denken. Sie ist die erste, die im englischen Roman einen Intellektuellen in angemessener Weise zu schildern versteht. Keiner der zeitgenössischen Romanciers kann außer ihr von einem Künstler oder Forscher sprechen, ohne ihn lächerlich zu machen oder selber lächerlich zu werden. Auch für Balzac sind sie fremdartige, exotische Wesen, die ihn in ein naives Erstaunen setzen und zu einem mehr oder weniger gutmütigen Lächeln zwingen. Neben George Eliot erscheint er als ein halbgebildeter Autodidakt, wenn er auch, wie im *Chef-d'oeuvre inconnu*, Perspektiven eröffnet, deren Tiefe und Weite jenseits von all dem liegen, was für George Eliot als Künstlerin erreichbar war. Die Stärke Balzacs ist die Darstellung, die George Eliots die Analyse der Erlebnisse. Sie kennt aus eigener Erfahrung die Qual des Ringens mit geistigen Problemen, und sie kennt oder ahnt die Tragödien, die mit den Niederlagen des Geistes verbunden sind, sonst hätte sie nie eine Figur von der Originalität Dr. Casaubons schaffen können.[157] Sie gelangt dank ihrer Intellektualität zu einem neuen Lebensideal und einer neuen Konzeption des „verfehlten Lebens" und bereichert die Reihe jener „manqués", zu denen die meisten Helden des modernen Romans gehören, um einen neuen Typus.

Der Intellektualismus George Eliots ist aber nicht der eigentliche und letzte Grund der Psychologisierung des sozialen Romans, sondern selbst nur ein Symptom der Entwicklung, die das Zurücktreten der sozialen Probleme gegenüber der psychologischen mit sich bringt. Der psychologische Roman ist die literarische Gattung der Intelligenz, als der vom Bürgertum sich emanzipierenden Bildungsschicht, so wie der soziale Roman die literarische Form der mit dem Bürgertum im großen und ganzen noch solidarischen Bildungsschicht war. Die Intelligenz tritt als ungebundene, „freischwebende",[158] „klassenjenseitige",[159] zwischen den verschiedenen Klassen „vermittelnde"[160] Gruppe in England erst am Anfang der mittleren viktorianischen Periode hervor. Bis zu diesem Zeitpunkt gibt es hier keine „Intelligenz", die sich als eine selbständige soziale Gruppe fühlen und gegen die Bourgeoisie revoltieren würde. Die Bildungsschicht bleibt mit dem Bürgertum so lange verbunden, als diese Klasse sie frei gelten läßt. Jene Entfremdung, die mit der Romantik zwischen dem progressiven Literatentum und dem konservativen Bürgertum eingetreten war, wurde mit der Bekehrung der Romantiker zur konservativen Idee wieder ausgeglichen. Die Schriftsteller der frühviktorianischen Periode kämpften um Reformen innerhalb der bürgerlichen Gesellschaft, dachten aber nie an die Zerstörung dieser Gesellschaft. Das Bürgertum hatte sie auch keineswegs als Fremdlinge oder gar als Verräter betrachtet; es verfolgte vielmehr ihre sozial- und kulturkritische Tätigkeit mit Sympathie und Wohlwollen. Die Bildungsschicht erfüllte im Leben der bürgerlichen Gesellschaft eine Funktion, deren Wichtigkeit den herrschenden Klassen mehr oder weniger bewußt war. Sie bildete das Sicherheitsventil, das eine Explosion verhütete, und leitete im Bürgertum innere Spannungen ab, indem sie Gewissenskonflikten Ausdruck gab, die sonst verdrängt zu werden drohten.

Erst nach seinem Sieg über die Revolution und der Niederlage des Chartismus fühlte sich das Bürgertum in seiner Macht so sicher, daß es keine Gewissenskonflikte und Gewissensbisse mehr hatte und einer Kritik nicht mehr zu bedürfen glaubte. Damit ging aber für die Bildungsschicht, namentlich für ihren literarisch produktiven Teil, das Gefühl verloren, daß sie in der Gesellschaft eine Mission zu erfüllen habe. Sie sah sich von der Gesellschaftsklasse, deren Wortführerin sie bisher war, abgeschnitten und fühlte sich zwischen den ungebildeten Schichten und dem Bürgertum, das ihrer nicht mehr bedurfte, vollkommen isoliert. Mit diesem Gefühl entstand erst aus der früheren, bürgerlich verwurzelten Bildungsschicht das soziale Gebilde, das wir als „Intelligenz" bezeichnen. Diese Entwicklung stellte aber eigentlich nur die letzte Phase des Emanzipationsprozesses dar, mit dem die Vertreter der Bildung sich von den Vertretern der Macht allmählich absonderten. Der Humanismus und die Aufklärung sind die ersten Etappen dieser Entwicklung; sie vollziehen die Emanzipation der Bildung einerseits von dem Dogma der Kirche, andererseits von dem Geschmacksdiktat der Aristokratie. Die Französische Revolution bezeichnet das Ende des Bildungsmonopols, das bis dahin von den zwei oberen Ständen ausgeübt wurde, und bahnt den Weg zum Bildungsmonopol der Bourgeoisie, das seit dem Julikönigtum gesichert erscheint. Den letzten Schritt zur Emanzipation der Bildungsschicht von den herrschenden Klassen und den ersten Schritt zur Schaffung der „Intelligenz" im engeren Sinne bezeichnet der Abschluß der Revolutionsära um die Mitte des Jahrhunderts.

Die Intelligenz ist aus der bürgerlichen Klasse entstanden und hat ihre Vorläuferin in jener Avantgarde des Bürgertums, die an der Wiege der Französischen Revolution stand. Ihre Kulturidee ist eine aufklärerisch-liberale, ihr Humanitätsideal an dem Begriff der freien, fortschrittlichen, traditionell ungebundenen Persönlichkeit orientiert. Als das Bürgertum die Intelligenz von sich abstößt und die Intelligenz von der Klasse, aus der sie hervorgegangen und mit der sie durch unzählige Fäden verbunden ist, abfällt, vollzieht sich eigentlich ein unnatürlicher, widersinniger Prozeß. Die Emanzipation der Intelligenz kann als eine Phase der allgemeinen Spezialisierung betrachtet werden, das heißt als ein Teil jenes Abstrahierungsprozesses, der seit der Industriellen Revolution die „organischen" Zusammenhänge zwischen den verschiedenen Gesellschaftsschichten, Berufsfächern und Kulturgebieten aufhebt, sie kann aber auch als eine Reaktion gerade gegen diese Spezialisierung gedeutet werden, nämlich als ein Versuch, das Ideal des totalen, allseitigen, die Kulturwerte integrierenden Menschen zu verwirklichen. Die scheinbare Unabhängigkeit der Intelligenz vom Bürgertum und damit von jeder sozialen Bindung entspricht der Illusion der Klassenjenseitigkeit des Geistes sowohl beim Bürgertum wie bei der Intelligenz. Die Intellektuellen wollen an die Absolutheit der Wahrheit und der Schönheit glauben, weil sie damit als die Repräsentanten einer „höheren" Wirklichkeit erscheinen und ihre soziale Einflußlosigkeit kompensieren; die Bourgeoisie wieder läßt diesen Anspruch der Intelligenz auf eine Stellung zwischen und über den Klassen gelten, weil sie damit die Existenz von allgemeinmenschlichen Werten und die Möglichkeit der Überbrückung der Klassengegensätze erwiesen zu sehen glaubt. Die Wissenschaft der Wissenschaft wegen oder die Wahrheit der Wahrheit wegen aber ist ebenso wie das *l'art pour l'art* nur ein Produkt der Entfremdung der Intellektuellen von der Praxis. Der darin enthaltene Idealismus kostet die Bourgeoisie die Überwindung ihres Hasses gegen den Geist, die Intelligenz ihrerseits bringt aber damit vor allem ihre Eifersucht gegen das mächtige Bürgertum zum Ausdruck. Das Ressentiment der Bildungsschichten gegen ihre Brotherren ist nicht neu; schon die Humanisten kämpften damit und produzierten dabei die wohlbekannten neurotischen Symptome ihres Minderwertigkeitsgefühls. Wie sollte aber auch ein Stand, der sich im Besitze der Wahrheit wähnte, gegen die Klasse, die sich im Besitze der ganzen wirtschaftlichen und politischen Macht befand, nicht Eifersucht, Neid und Haß empfinden? Im Mittelalter verfügte der Klerus über alle Machtmittel der „Wahrheit", zum Teil aber auch über die Mittel der wirtschaftlichen und politischen Gewalt. Dank dieser Koinzidenz waren die pathologischen Erscheinungen, die die spätere Teilung dieser Machtsphären zur Folge hatte, noch unbekannt.

Die moderne Intelligenz rekrutiert sich, im Gegensatz zum mittelalterlichen Klerus, aus verschiedenen Vermögens- und Berufsklassen und vertritt die Interessen und Anschauungen von verschiedenen, oft antagonistischen Schichten. Diese Heterogeneität bestärkt in ihr das Gefühl, daß sie über den Klassengegensätzen steht und das lebende Gewissen der Gesellschaft repräsentiert. Infolge ihrer gemischten Herkunft empfindet sie die Grenzen der verschiedenen Ideologien und Kulturen von vornherein stärker als die früheren Bildungsschichten und verschärft den Ton der Gesellschaftskritik, zu der sie sich schon früher, noch als Verbündete des Bürgertums, berufen fühlte. Ihre Aufgabe bestand von Anfang an in der Bewußtmachung der Voraussetzungen der Kulturwerte; sie formulierte die Ideen, die der bürgerlichen Weltanschauung zugrunde lagen, sie arbeitete die Einheit der Prinzipien heraus, die den Inhalt des bürgerlichen Lebensgefühls bildeten, sie erfüllte in einer Welt der Praxis die Funktion des kontemplativen Denkens, der Introversion und der Sublimierung, sie war, mit einem Wort, das Sprachrohr der bürgerlichen Ideologie. Jetzt, nachdem aber die Bande zwischen ihr und dem Bürgertum sich gelockert haben, verwandelt sich die einst sich selbst auferlegte Zensur der herrschenden Klasse in eine destruktive Kritik, das Prinzip der Dynamik und der Erneuerung in ein Prinzip der Anarchie. Die mit dem Bürgertum noch einige Bildungsschicht war die Wegbereiterin von Reformen, die vom Bürgertum abgefallene Intelligenz wird zu einem Element der Revolte und der Zersetzung. Bis um 1848 ist die Intelligenz noch die geistige Avantgarde des Bürgertums, nach 1848 wird sie bewußt oder unbewußt zur Vorkämpferin der Arbeiterschaft. Infolge der Unsicherheit ihrer eigenen Existenz empfindet sie eine gewisse Schicksalsgemeinschaft mit dem Proletariat, und dieses Gefühl der Solidarität steigert ihre beständige Bereitschaft, gegen die Bourgeoisie zu konspirieren und an der Vorbereitung der antikapitalistischen Revolution teilzunehmen.

Bei der Boheme gehen die Berührungspunkte der Intelligenz mit dem Proletariat weit über die Grenzen dieses allgemeinen Sympathiegefühls hinaus. Die Boheme ist ja selbst nur ein Teil des Proletariats. Sie stellt in gewisser Hinsicht die Vollendung, zugleich aber auch die Karikatur der Intelligenz dar. Sie vollendet die Emanzipation der Intelligenz vom Bürgertum, sie verwandelt aber gleichzeitig den Kampf gegen die bürgerliche Konventionen in eine fixe Idee, oft in eine Art von Verfolgungswahn. Sie verwirklicht einerseits das Ideal der vollkommenen Konzentration auf geistige Ziele, sie vernachlässigt aber zugleich die übrigen Werte des Lebens und bringt den über das Leben siegenden Geist um den Sinn seines Sieges. Ihre Unabhängigkeit von der bürgerlichen Welt erweist sich als eine Scheinfreiheit, denn sie empfindet ihre Entfremdung von der Gesellschaft als eine schwere, wenn auch uneingestandene Schuld; ihre Arroganz enthüllt sich als überkompensierte Schwäche; ihr übertriebenes Selbstgefühl als Zweifel an der eigenen Schöpferkraft. In Frankreich vollzieht sich diese Entwicklung früher als in England, wo um die Mitte des Jahrhunderts mit Ruskin, J. S. Mill, Huxley, George Eliot und ihrem Anhang wohl die ersten Vertreter einer „ungebundenen“, „selbständig denkenden“ Intelligenz hervortreten, wo aber vorläufig weder von einer Wendung zur proletarischen Revolution, noch von der Bildung einer Boheme die Rede ist. Der Zusammenhang mit dem Bürgertum ist hier noch immer so eng, daß die Intelligenz sich lieber in ein „aristokratisches Moralistentum“ flüchtet,[161] als daß sie mit den breiten Massen gemeinsame Sache machen würde. Auch George Eliot faßt das, was in Wirklichkeit ein soziologisches Problem ist, als eine wesentlich psychologisch-moralische Frage auf und sucht im psychologischen Roman die Antwort auf Fragen, die nur soziologisch beantwortet werden können. Sie verläßt damit den Weg, den nun der russische Roman betritt und auf dem er seine Vollendung findet.

Der moderne russische Roman ist im wesentlichen die Schöpfung der russischen Intelligenz, das heißt jener vom offiziellen Rußland sich lossagenden geistigen Oberschicht, die unter Literatur vor allem soziale Kritik und unter einem Roman von vornherein einen „sozialen" Roman versteht. Der Roman als bloße Unterhaltungsliteratur oder als pure Seelenanalyse, ohne jeden Anspruch auf soziale Bedeutsamkeit und Nützlichkeit, ist in Rußland bis zum Anfang der achtziger Jahre eine unbekannte Gattung. Die Nation befindet sich in einer so heftigen Gärung und im Lesepublikum ist das politische und soziale Bewußtsein so stark entwickelt, daß ein Prinzip wie das *l'art pour l'art* hier gar nicht aufkommen kann. Der Begriff der Intelligenz verbindet sich in Rußland stets mit dem des Aktivismus, und ihr Zusammenhang mit der demokratischen Opposition ist viel inniger als im Westen. Die konservativen Nationalisten können keineswegs zu dieser intransigenten, sich sektenmäßig abschließenden Intelligenz gezählt werden,[162] und gerade die größten Meister des russischen Romans, namentlich Dostojewski und Tolstoi, gehören ihr nur in beschränktem Maße an; sie sind aber in ihrer kritischen Einstellung zur Gesellschaft von der Denkweise der Intelligenz abhängig, und sie beteiligen sich mit ihrer Kunst an ihrer destruktiven Arbeit, wenn sie auch mit ihr persönlich nichts zu tun haben wollen.[163]

Die ganze neuere russische Literatur entsteht aus dem Geiste der Opposition. Ihre erste Blüte ist der dichterischen Tätigkeit der fortschrittlichen, kosmopolitischen Gentry zu verdanken, die gegen den Despotismus der Zaren die Ideen der Aufklärung und der Demokratie geltend zu machen strebt. Der liberale, nach dem Westen orientierte Adel ist zur Zeit Puschkins die einzige gebildete Gesellschaftsschicht in Rußland. Mit der Entstehung des kommerziellen und industriellen Kapitalismus erhält zwar die Klasse der geistigen Arbeiter, die bisher hauptsächlich aus Beamten und Ärzten bestanden hat, durch die neuen Techniker, Anwälte und Journalisten einen beträchtlichen Zuwachs,[164] die dichterische Produktion aber bleibt in den Händen der adeligen Offiziere, die in ihrem Beruf keine Genugtuung finden und sich von der freien bürgerlichen Welt mehr versprechen als von dem wankenden Feudalismus ihrer Zeit.[165] Der nach der Niederlage des Dekabristenaufstandes mit neuer Kraft einsetzenden Reaktion gelingt es zwar, die Rebellen zu zersprengen, es gelingt ihr aber nicht, die Bildung einer neuen politischen und literarischen Avantgarde – die der Intelligenz – zu verhindern. Mit der Entstehung dieser Bildungsschicht nimmt die Herrschaft des Adels in der russischen Literatur, die bis zum Ausgang der dreißiger Jahre eine fast ausschließliche war, ein Ende. Der Tod Puschkins bezeichnet den Abschluß eines Zeitalters: die geistige Direktive geht in die Hände der Intelligenz über und bleibt in ihrer Tendenz bis zur bolschewistischen Revolution im großen und ganzen unverändert.[166]

Die neue Bildungsschicht ist eine gemischte, aus adeligen und plebejischen Elementen bestehende, aus Deklassierten von oben und unten sich rekrutierende Gruppe. Ihre Mitglieder setzen sich einerseits aus den sogenannten „bußfertigen Adeligen“ zusammen, die den Dekabristen weltanschaulich noch ziemlich nahestehen, andererseits aus den Söhnen kleinerer Kaufleute, subalterner Staatsbeamten, städtischer Geistlichen und freigelassener Leibeigenen, die man als die „Leute von gemischter Herkunft“ zu bezeichnen pflegt und die zumeist die unsichere Existenz von „freien Künstlern“, Studenten, Hauslehrern und Journalisten führen. Bis zur Mitte des Jahrhunderts sind diese Plebejer gegenüber den Adeligen in der Minorität, allmählich werden sie aber zahlreicher und lösen schließlich die übrigen Elemente der Intelligenz in sich auf. Die wichtigste Rolle im neuen Gebilde spielen die Geistlichensöhne, die von zu Hause eine gewisse Bildung und geistige Empfänglichkeit mit sich bringen, dabei aber, infolge der natürlichen Opposition der Söhne gegen die Väter, die religions- und traditionsfeindliche Gesinnung der Intelligenz am schärfsten zum Ausdruck bringen. Sie erfüllen im großen und ganzen die gleiche Funktion wie die Pastorensöhne im Abendland des 18. Jahrhunderts, wo während der Aufklärung ähnliche Verhältnisse herrschten wie im vorrevolutionären Rußland. Es ist also kein Zufall, daß zwei der wichtigsten Vorkämpfer des russischen Rationalismus und Radikalismus, Tschernischewski und Dobroljubow, die Söhne von Priestern sind und aus der bürgerlichen Bevölkerung der großen Handelsstädte emportauchen.

Die Moskauer Universität ist mit ihren Studentenvereinigungen und Selbstbildungsvereinen der Mittelpunkt der neuen „klassenlosen“ Intelligenz. Der Gegensatz zwischen der alten, vergnügungssüchtigen, blasierten Residenz, mit ihren hohen Beamten und Generälen und der modernen Universitätsstadt, mit ihrer begeisterungsfähigen und wißbegierigen Jugend, bildet den Ursprung des Kulturwandels, der nun vor sich geht.[167] Der arme, auf sich selbst angewiesene Student ist der Prototyp der neuen Intelligenz, so wie der adelige Gardeoffizier der Repräsentant der alten geistigen Elite war. Die Moskauer gebildete Gesellschaft bewahrt wohl noch eine Zeitlang ihr halbaristokratisches Gepräge, und die philosophischen Diskussionen finden bis ums Ende der vierziger Jahre zumeist noch in den Salons statt,[168] diese haben aber keinen exklusiven Charakter mehr und verlieren allmählich ihre frühere Bedeutung. In den sechziger Jahren ist die Demokratisierung der Literatur und die Bildung der neuen Intelligenz vollendet. Nach der Bauernbefreiung erfährt diese wohl noch eine beträchtliche Erweiterung durch den Zustrom aus den Reihen des verarmten Kleinadels, die neuen Elemente ändern jedoch nichts mehr an der inneren Struktur der Gruppe. Die ruinierten Landbesitzer müssen sich zum Teil durch geistige Arbeit ernähren und sich den Lebensbedingungen der bürgerlichen Intelligenz anpassen. Sie vermehren allerdings nicht nur die Zahl der progressiven, kosmopolitischen Westler, sondern auch die der Slawophilen, und fördern damit die Herstellung des Gleichgewichts zwischen den beiden Gruppen.

Die geistige Reaktion, die der Rationalismus der westlich orientierten Intelligenz in der Form des Slawophilentums hervorruft, entspricht dem romantischen Historismus und Traditionalismus, mit dem das Abendland ein halbes Jahrhundert vorher auf die Revolution reagiert hat. Die Slawophilen sind die indirekten und zumeist wohl unbewußten geistigen Erben der Burke, de Bonald, de Maistre, Herder, Hamann, Möser und Adam Müller, so wie die Westler die Schüler Voltaires, der Enzyklopädisten, des deutschen Idealismus und nachher einerseits der Sozialisten Saint-Simon, Fourier und Comte, andererseits der Materialisten Feuerbach, Büchner, Vogt und Moleschott sind. Sie betonen gegenüber dem Kosmopolitismus und dem atheistischen Freidenkertum der Westler den Wert der nationalen und religiösen Traditionen und verkünden ihren mystischen Glauben an den russischen Bauer und ihre Treue zur orthodoxen Kirche. Sie erklären sich im Gegensatz zum Rationalismus und Positivismus für die irrationale Idee des „organischen" historischen Wachstums und stellen das alte Rußland mit seinem „echten Christentum" und seiner Freiheit vom abendländischen Individualismus als das Ideal und das Heil Europas dar, so wie die Westler ihrerseits in Europa das Ideal und die Rettung Rußlands erblicken. Das Slawophilentum selbst ist zwar sehr alt, noch älter als der Widerstand gegen die Reformen Peters d. Gr., sein offizielles Dasein aber beginnt es erst mit dem Kampf gegen Belinski. Ihren Elan und ihr Programm verdankt die Bewegung jedenfalls erst der Opposition gegen die „Männer der vierziger Jahre". Die Vertreter dieses theoretisch geklärten und programmatisch bewußten Slawophilentums sind im Anfang hauptsächlich adelige Gutsbesitzer, die noch unter den alten feudalen Verhältnissen leben und ihren politischen und sozialen Konservativismus in die Ideologie des „heiligen Rußland" und der „messianischen Aufgabe des Slawentums" kleiden. Ihr Kult der nationalen Traditionen ist zumeist nur ein Mittel zur Bekämpfung der fortschrittlichen Ideen der Westler und ihre rousseauisch-romantische Begeisterung für den russischen Bauer nur die ideologische Form ihrer Bestrebung, an den patriarchalisch-feudalen Verhältnissen festzuhalten.

Das Slawophilentum aber ist nicht vollkommen identisch mit Konservativismus und Reaktion. Es gibt unter den Slawophilen wirkliche Volksfreunde, so wie es unter den Westlern auch Gegner der Demokratie gibt. Herzen selbst hatte ja bekanntlich gewisse Vorbehalte gegen die demokratischen Einrichtungen des Westens. Die ersten Slawophilen sind jedenfalls Gegner der zaristischen Autokratie und bekämpfen die Regierung Nikolaus' I. Die späteren Slawophilen stellen sich zwar positiver zum Zarentum, dessen Idee einen integrierenden Bestandteil ihrer Staatstheorie und Geschichtsphilosophie bildet, aber sie zählen immer noch auch Demokraten zu ihren Parteigängern. Man muß überhaupt zwei Phasen der slawophilen Bewegung unterscheiden, genau so wie man von zwei verschiedenen Generationen der Westler sprechen muß. Denn so wie der Reformismus und Rationalismus der vierziger Jahre sich zum Sozialismus und Materialismus der sechziger und siebziger Jahre entwickelt, verwandelt sich das Slawophilentum der feudalen Gutsbesitzer in den Panslawismus und Populismus der Danilewski, Grigorjew und Dostojewski. Die neuere, demokratische Richtung steht im scharfen Gegensatz zur ehemaligen aristokratischen Tendenz.[169] Nach der Bauernbefreiung wenden sich viele der älteren Schriftsteller von der Intelligenz und dem Westlertum ab und schließen sich den Nationalisten an, so daß man kaum mehr behaupten kann, daß „die konservative Kritik in jeder Beziehung quantitativ und qualitativ bedeutend schwächer sei als die fortschrittliche".[170]

Die Slawophilen und die Westler unterscheiden sich jetzt eher in ihren Kampfmethoden als in ihren Zielen voneinander. Das ganze geistige Rußland macht sich die „slawische Idee" zu eigen; alle Intellektuellen sind Patrioten und Verkünder der „russischen Sendung". Sie „knien mystisch vor dem russischen Schafspelz",[171] studieren die russische Seele und begeistern sich für die „ethnographische Dichtung". Das Diktum Peters d. Gr.: „Wir brauchen Europa für ein paar Jahrzehnte, dann können wir ihm den Rücken kehren", entspricht noch immer der Meinung der meisten Reformer. Das Wort „narod", das gleichzeitig „Volk" und „Nation" bedeutet, ermöglicht an und für sich die Verwischung des Unterschieds zwischen Demokraten und Nationalisten.[172] Die slawophilen Velleitäten der Radikalen erklären sich vor allem mit dem Umstand, daß die Russen, die noch am Anfang des Kapitalismus stehen, als Nation viel einheitlicher, das heißt klassenmäßig viel weniger differenziert sind als die Völker des Abendlandes. Die ganze geistige Elite ist in Rußland rousseauistisch eingestellt und verhält sich mehr oder weniger kunst- und kulturfeindlich; sie empfindet die Kulturtraditionen des Abendlandes, die Antike, die Römische Kirche, die mittelalterliche Scholastik, die Renaissance und die Reformation und zum Teil sogar den modernen Individualismus, Szientismus und Ästhetizismus als ein Hindernis bei der Verwirklichung ihrer eigenen Ziele.[173] Der ästhetische Utilitarismus der Belinski, Tschernischewski und Pisarew ist ebenso antitraditionalistisch wie die Kunstfeindlichkeit Tolstois. Nicht einmal in der großen Kontroverse zwischen Subjektivismus und Objektivismus, Individualismus und Kollektivismus, Freiheit und Autorität sind die Rollen zwischen Westlern und Slawophilen genau geteilt, obwohl die Westler natürlich mehr zum liberalen, die Slawophilen mehr zum autoritären Ideal neigen. Belinski und Herzen ringen aber ebenso verzweifelt und oft ebenso ratlos mit dem Problem der individuellen Freiheit wie Dostojewski und Tolstoi. Die ganze philosophische Spekulation der Russen dreht sich um dieses Problem, und die Gefahr des moralischen Relativismus, das Gespenst der Anarchie, das Chaos des Verbrechens beschäftigt und beängstigt alle russischen Denker. Die große europäische Schicksalsfrage der Entfremdung des Individuums von der Gesellschaft, der Vereinsamung und Isolierung des modernen Menschen, formulieren die Russen als das Problem der Freiheit. Nirgends ist dieses Problem tiefer, intensiver, aufwühlender erlebt worden als in Rußland, und niemand hat die mit seiner Lösung verbundene Verantwortung quälender empfunden als Tolstoi und Dostojewski. Der Held der *Memoiren aus dem Kellerloch*, Raskolnikow, Kirilow, Iwan Karamasow, alle ringen sie mit diesem Problem, alle kämpfen sie gegen die Gefahr, vom Abgrund der unbeschränkten Freiheit, der Willkür und des Egoismus verschlungen zu werden. Dostojewskis Ablehnung des Individualismus, seine Kritik am rationalistischen und materialistischen Europa, seine Apotheose der menschlichen Solidarität und der Liebe haben durchaus keinen anderen Sinn, als einer Entwicklung vorzubeugen, die zum Nihilismus Flauberts führen muß. Der abendländische Roman endet mit der Darstellung des von der Gesellschaft entfremdeten, unter der Last seiner Einsamkeit zusammenbrechenden Individuums; der russische Roman schildert von Anfang bis zu Ende den Kampf gegen die Dämonen, die das Individuum zum Abfall von der Welt und der Gemeinschaft bringen. Dieser Wesenszug erklärt nicht nur die Problematik von Figuren wie Dostojewskis Raskolnikow und Iwan Karamasow oder Tolstois Pierre Besuchow und Lewin, nicht nur die Liebes- und Glaubensbotschaft dieser Dichter, sondern den Messianismus der ganzen russischen Literatur.

Der russische Roman ist in einem viel strengeren Sinne Tendenzliteratur als der abendländische Roman. Die sozialen Probleme nehmen darin nicht nur einen größeren Raum und eine zentralere Stellung ein, sie bewahren auch länger und unbestrittener ihre Vorherrschaft als in der Literatur des Abendlandes. Der Zusammenhang mit den politischen und sozialen Fragen des Tages ist hier von vornherein enger als in den Werken der gleichzeitigen französischen und englischen Schriftsteller. Der Despotismus bietet in Rußland den geistigen Energien keine andere Geltungsmöglichkeit als die der Literatur, und die Zensur drängt die soziale Kritik in die Formen der Dichtung als den einzigen Ableitungskanal.[174] Der Roman als die Form der Gesellschaftskritik par excellence gewinnt hier infolgedessen einen aktivistischen, pädagogischen, ja, prophetischen Charakter, wie er ihn im Westen niemals besaß, und die russischen Autoren bleiben die Lehrer und Propheten ihres Volkes, als die Literaten in Europa bereits in eine vollkommene Passivität und Isoliertheit sinken. Das 19. Jahrhundert ist für die Russen das Aufklärungszeitalter; sie bewahren den Enthusiasmus und Optimismus der Vorrevolutionsepoche hundert Jahre länger als die Völker des Westens. Rußland hat die Enttäuschung der verratenen, besiegten und verfälschten Revolutionen Europas nicht erlebt; von der Ermüdung, die sich nach 1848 in Frankreich und England bemerkbar macht, ist hier nichts zu empfinden. Der jugendlichen Unerfahrenheit der Nation und der Unbesiegtheit der sozialen Idee ist es zu verdanken, daß zu einer Zeit, als der

Naturalismus in Frankreich und England sich in einen passiven Impressionismus zu entwickeln beginnt, der naturalistische Roman in Rußland frisch und entwicklungsfähig bleibt. Die russische Literatur, die aus den Händen der müden und vom Untergang bedrohten Gentry in die einer aufsteigenden Schicht übergeht, als das kulturtragende Bürgertum im Westen sich bereits erschöpft und von unten bedroht fühlt, überwindet nicht nur den Weltschmerz, der sich in der Dichtung des romantisch gestimmten Adels geltend zu machen anfing, sondern auch die Stimmung der Resignation und der Skepsis, die die neuere abendländische Literatur beherrscht. Der russische Roman ist trotz seiner dunklen Töne der Ausdruck eines unbesiegbaren Optimismus, ein Zeugnis des Glaubens an die Zukunft Rußlands und der Menschheit; er ist und bleibt von einem hoffnungsvollen Kampfgeist, einer evangelischen Erlösungssehnsucht und Erlösungsgewißheit erfüllt. Dieser Optimismus äußert sich keineswegs in bloßen Wunschträumen und billigen *happy endings*, sondern in dem sichern Vertrauen, daß die Leiden und die Opfer der Menschheit einen Sinn haben und nie vergeblich sind. Die Werke der großen russischen Dichter enden fast immer versöhnlich, wenn auch oft sehr traurig; sie sind ernster als die Romane Flauberts, Maupassants und der Goncourts, sie sind aber nie so bitter, nie so hoffnungslos.

Das Wunder des russischen Romans besteht darin, daß er trotz seiner Jugend nicht nur die Höhe des französischen und des englischen Romans erreicht, sondern von diesen die Führung übernimmt und die progressivste, lebenskräftigste literarische Form des Zeitalters darstellt. Neben den Werken Dostojewskis und Tolstois erscheint die ganze abendländische Literatur der zweiten Hälfte des Jahrhunderts als erschöpft und stagnierend. *Anna Karenina* und die *Brüder Karamasow* bezeichnen den Gipfel des europäischen Naturalismus; sie resümieren und überbieten die psychologischen Errungenschaften des französischen und des englischen Romans, ohne je den Sinn für die großen überindividuellen Zusammenhänge zu verlieren. Wie der soziale Roman mit Balzac, der Bildungsroman mit Flaubert, der pikareske Roman mit Dickens seine

Vollendung erreicht, so tritt der psychologische Roman mit Dostojewski und Tolstoi in das Stadium der vollen Reife. Diese beiden Dichter stellen erst den Abschluß der Entwicklung dar, die einerseits von dem sentimentalen Roman Rousseaus, Richardsons und Goethes, andrerseits von dem analytischen Roman Marivaux', Benjamin Constants und Stendhals ausgeht. Die moderne Psychologie beginnt mit der Darstellung der Zerrissenheit der Seele – eines Zwiespalts, der nicht einfach auf einen inneren Konflikt reduzierbar ist. Schon Antigone schwankt zwischen Pflicht und Neigung und die Helden Corneilles kennen sozusagen nichts anderes als diesen Kampf. Bei Shakespeare wird die Unschlüssigkeit des Helden selbst zum Gegenstand des Dramas. Die Hemmungen des Wollens kommen hier nicht bloß von einem moralischen Impuls her wie bei Sophokles und Corneille, sondern auch von den Nerven, das heißt von einer unbewußten und unbeherrschten Region der Seele. Die gegensätzlichen psychologischen Neigungen aber treten immer noch getrennt voneinander auf, und das moralische Urteil der Charaktere über ihre eigenen Impulse ist durchaus eindeutig und konsequent. Sie schwanken höchstens zwischen verschiedenen Trieben und Gefühlen, sie schwanken aber nie in ihrer moralischen Identifizierung mit dem einen oder dem anderen Teil ihrer Impulse. Die Desintegration der Persönlichkeit, bei der der Antagonismus der Gefühle so weit geht, daß das Individuum mit sich nicht mehr im reinen ist und der Mensch sich selbst zum Problem wird, beginnt erst am Anfang des letzten Jahrhunderts. Die Begleiterscheinungen des modernen Kapitalismus, die Romantik und die Entfremdung des Individuums von der Gesellschaft, schaffen erst die sich ihrer Zwiespältigkeit bewußte Seele und damit den modernen problematischen Charakter. Die psychologischen Widersprüche sind bei Shakespeare und den Elisabethanern zumeist nur Ungereimtheiten; sie stellen eine Entwicklungsstufe dar, die vor der Synthese des Klassizismus liegt. Das heißt mit anderen Worten: die Dramatiker haben es noch nicht erlernt, wie man einheitliche und konsequent handelnde Charaktere zeichnet, und legen auch keinen besonderen Wert auf die Einheitlichkeit des Charakterbildes. In den widerspruchsvollen Charakteren der romantischen Dichtung kommt dagegen eine bewußte und programmatisch betonte Reaktion gegen den Rationalismus der klassizistischen Psychologie zum Ausdruck. Man bevorzugt wilde und phantastische Figuren, weil man das chaotische Gefühl für echter und ursprünglicher hält als die konsequente und methodische Vernunft. Der sinnfälligste, wenn auch noch etwas krude Ausdruck der mit sich selbst zerfallenen, auf keine rationale Einheit mehr reduzierbaren Seele ist die Idee des Doppelgängers, die Dostojewski selbst als ein stehendes Requisit der Charakterzeichnung von der Romantik übernimmt und bis zuletzt bewahrt. Die vollkommene Auflösung der Charaktereinheit, das heißt den Zerfall, der nicht nur in der Inkohärenz der seelischen Inhalte, sondern auch in ihrer fortwährenden Verschiebung und Verwandlung, Umwertung und Umdeutung besteht, bringt aber erst der Kampf gegen die Romantik und das beständige Hin- und Herpendeln zwischen den romantischen und antiromantischen Attitüden mit sich. Bei Stendhal, der diese Entwicklungsphase einleitet, verändern die verschiedenen Seeleninhalte ihre Natur vor unseren Augen. Der provisorische Charakter eines Seelenbildes und die Undefinierbarkeit der seelischen Haltungen werden jetzt zum Kriterium jeder in Frage kommenden Psychologie, und als künstlerisch interessant gilt nur noch ein irisierendes und kaleidoskopisches Charakterbild. Die letzte Stufe dieser Entwicklung wird mit der vollkommenen Unberechenbarkeit und Irrationalität der Charaktere Dostojewskis erreicht. Jetzt wird erst der Aspekt des „Du bist nicht, der Du zu sein scheinst" zur psychologischen Norm, und von nun an gilt erst das Fremde und Unheimliche, das Dämonische und Abgründige im Menschen als die Voraussetzung seiner psychologischen Bedeutsamkeit. Die unkomplizierten Charaktere der älteren Literatur machen neben den Gestalten Dostojewskis immer einen mehr oder weniger idyllischen und unverbindlichen Eindruck. Heute erkennen wir freilich, daß auch die Dostojewskische Psychologie noch voll von konventionellen Zügen ist und daß sie von den Überbleibseln der Schauerromantik und des Byronismus den ausgiebigsten Gebrauch macht. Wir sehen, daß Dostojewski kein Anfang, sondern ein

Ende ist und daß er bei aller Originalität und Produktivität die Errungenschaften des abendländischen psychologischen Romans bereitwillig übernimmt und konsequent weiterentwickelt.

Dostojewski entdeckt das wichtigste Prinzip der modernen Psychologie: die Ambivalenz der Gefühle und die Zwiespältigkeit jeder exzessiven, sich in übertriebenen und allzu demonstrativen Formen äußernden seelischen Haltung. Nicht nur Liebe und Haß, Stolz und Demut, Selbstüberhebung und Selbsterniedrigung, Grausamkeit und Masochismus, die Sehnsucht nach dem Erhabenen und die „Nostalgie nach dem Schmutz" verbinden sich bei ihm miteinander; nicht nur Figuren wie Raskolnikow und Swidrigailow, Myschkin und Rogoschin, Iwan Karamasow und Smerdjakow gehören wie die Abwandlungen eines und desselben Prinzips zusammen; jeder Impuls, jede Regung, jeder Gedanke erzeugt seinen Gegensatz, sobald er im Bewußtsein dieser Menschen auftaucht. Die Helden Dostojewskis stehen überall vor Alternativen, zwischen denen sie wählen sollten und nicht wählen können; darum ist ihr Denken, ihre Selbstanalyse und Selbstkritik ein beständiges Rasen und Wüten gegen sich selbst. Die Parabel von den Schweinen, in die der böse Geist gefahren ist, bezieht sich nicht nur auf die Gestalten seiner *Dämonen*, sondern mehr oder weniger auf das ganze Geschlecht, das er als Dichter schildert. Seine Romane spielen am Vorabend des Jüngsten Tages; alles befindet sich im Zustande der furchtbarsten Spannung, der tödlichsten Angst, des wildesten Chaos; alles wartet auf die Klärung, Beruhigung, Rettung durch ein Wunder – auf eine Lösung nicht durch die Macht und die Schärfe des Geistes, nicht durch die Dialektik der Vernunft, sondern durch den Verzicht auf diese Macht und die Opferung der Vernunft. In dem Gedanken des intellektuellen Selbstmordes, für den Dostojewski plädiert, äußert sich die ganze Fragwürdigkeit seiner Philosophie, die wirkliche Probleme und richtig gestellte Fragen auf eine vollkommen irreale Art zu lösen sucht.

Dostojewski verdankt die Tiefe und die Feinheit seiner Psychologie der Intensität, mit der er die Problematik des modernen intellektuellen Menschen erlebt. Die Naivität seiner

Moralphilosophie aber rührt von seinen antirationalistischen Eskapaden her, von seinem Verrat am Intellektuellen und seiner Unfähigkeit, den Verführungen der Romantik und des abstrakten Idealismus zu widerstehen. Sein mystischer Nationalismus, seine religiöse Orthodoxie und seine intuitive Ethik bilden eine geistige Einheit und gehen offenbar auf das gleiche Erlebnis, die gleiche seelische Erschütterung zurück. Dostojewski gehörte in seiner Jugend zu den Radikalen und war ein Mitglied des sozialistisch gesinnten Kreises um Petraschewski. Er wurde wegen der Rolle, die er hier spielte, zum Tode verurteilt und, nachdem er sämtliche Vorbereitungen zu seiner Hinrichtung mitgemacht hatte, begnadigt und nach Sibirien verschickt. Dieses Erlebnis und die Jahre der Gefangenschaft scheinen sein Rebellentum gebrochen zu haben. Als er nach einer Abwesenheit von zehn Jahren nach Petersburg zurückkehrt, ist er kein Sozialist und kein Radikaler mehr, obgleich er von seinem späteren politischen und religiösen Mystizismus noch weit entfernt ist. Erst die furchtbaren Entbehrungen der nachfolgenden Zeit, seine sich verschlimmernde Krankheit und sein Vagabundentum in Europa brachen zur Gänze seinen Widerstand. Schon der Autor von *Schuld und Sühne* und dem *Idiot* sucht bei der Religion Schutz und Frieden, der Schöpfer der *Dämonen* und der *Brüder Karamasow* aber ist bereits ein begeisterter Apologet der kirchlichen und weltlichen Autorität und ein Verkünder des positiven Dogmas. Zu dem Moralisten, Mystiker und Reaktionär, als den man ihn summarisch zu charakterisieren pflegt, wird Dostojewski jedenfalls erst in seiner Spätzeit.[175] Es ist aber auch mit dieser Einschränkung nicht leicht, ihn politisch zu definieren. Seine Kritik des Sozialismus ist reiner Unsinn, die Welt, die er schildert, schreit jedoch nach dem Sozialismus und der Befreiung der Menschheit von der Armut und Demütigung. Man wird auch bei ihm von dem „Triumph des Realismus" sprechen müssen, dem Sieg des klarblickenden, realistisch gesinnten Künstlers über den konfusen, romantischen Politiker. Bei Dostojewski aber ist der Sachverhalt viel komplizierter als bei Balzac. In seiner Kunst ist eine tiefe Sympathie und Solidarität mit den „Erniedrigten und Beleidigten" wirksam, von der bei

Balzac keine Rede ist, und es gibt bei ihm so etwas wie einen Adel der Armut, obwohl auch an seiner Arme-Leute-Dichtung vieles nur literarische Konvention und romantische Schablone ist. Dostojewski ist jedenfalls einer der wenigen echten Dichter der Armut, und zwar nicht nur aus Mitleid mit den Armen wie George Sand und Eugène Sue, oder infolge von blassen Erinnerungen wie Dickens, sondern wie jemand, der den größten Teil seines Lebens im Elend verbracht und zeitweise buchstäblich gehungert hat. Darum wirkt Dostojewski, auch wenn er von seinen religiösen und moralischen Problemen spricht, aufreizender und revolutionärer, als wenn George Sand, Eugène Sue und Dickens von der Not und dem Unrecht ihrer Zeit sprechen. Er ist aber durchaus kein Wortführer der revolutionären Massen. Mit dem Arbeiterproletariat und der Bauernschaft hat er trotz seiner Idealisierung des „Volkes" und seines Slawophilentums keinen inneren Kontakt.[176] Nur zum geistigen Proletariat fühlt er sich wirklich hingezogen. Er nennt sich selbst einen „literarischen Proletarier" und einen „Postgaul", der stets unter dem Druck eines Liefertermins arbeitet, der noch nie im Leben ein Werk anders als gegen Vorauszahlung verkauft hat und der oft das Ende eines Kapitels noch nicht kennt, wenn der Anfang davon sich bereits in der Druckerei befindet. Die Arbeit habe ihn erdrückt, aufgezehrt, stöhnt er; er habe gearbeitet, bis sein Hirn abgestumpft und gebrochen war. Wenn er nur einen einzigen Roman so schreiben könnte wie die Turgenjew und Tolstoi ihre Werke schreiben! Aber er nennt sich stolz und herausfordernd einen „Literaten" und betrachtet sich als den Repräsentanten einer neuen Generation und einer neuen Gesellschaftsklasse, die in der Dichtung bisher noch nicht zu Worte gekommen sind. Und er ist trotz seiner Opposition gegen die politischen Bestrebungen der Intelligenz der erste vollwertige Vertreter dieser Schicht im russischen Roman. Gogol, Gontscharow und Turgenjew bringen noch das Lebensgefühl der Gentry zum Ausdruck, wenn sie auch zum Teil sehr progressive Ideen darstellen und im Gegensatz zu ihren klassenmäßigen Interessen zu den Vorkämpfern der Verbürgerlichung Rußlands gehören. Dostojewski zählt mit Recht auch Tolstoi noch zu den Vertretern dieser

„Gutsherrenliteratur" und nennt ihn den „Historiographen der Aristokratie", der in seinen großen Romanen, vor allem im *Krieg und Frieden*, die Form der Aksakowschen Familienchronik beibehält.[177]

Die meisten von Dostojewskis Helden, namentlich Raskolnikow, Iwan Karamasow, Schatow, Kirilow, Stepan Werchowenski, sind bürgerliche Intellektuelle, und Dostojewski orientiert seine Analyse der Gesellschaft an ihren Gesichtspunkten, wenn er sich auch nie mit ihnen ausdrücklich identifiziert. Ausschlaggebend für die Weltanschauung eines Dichters aber ist nicht so sehr, wessen Partei er ergreift, als mit wessen Augen er die Welt betrachtet. Dostojewski faßt die sozialen Probleme seiner Zeit, vor allem die Atomisierung der Gesellschaft und den sich vertiefenden Abgrund zwischen den Klassen, vom Standpunkt der Intelligenz ins Auge und erblickt die Lösung in der Wiedervereinigung der Gebildeten mit dem naiven, gläubigen Volk, von dem sie sich entfremdet haben. Tolstoi beurteilt die gleichen Probleme vom Standpunkt des Adels aus und erwartet die Gesundung der Gesellschaft von der Verständigung zwischen den Gutsherren und den Bauern. Sein Denken bleibt an patriarchalisch-feudale Begriffe gebunden, und auch diejenigen Figuren, die der Verwirklichung seiner Ideen am nächsten kommen, die Lewin und Pierre Besuchow, sind höchstens Volksbeglücker, aber keine eigentlichen Demokraten. In der Welt Dostojewskis herrscht dagegen eine vollkommene geistige Demokratie. Alle seine Gestalten, sowohl die Reichen wie die Armen, die Aristokraten wie die Plebejer, ringen mit den gleichen moralischen Problemen. Der reiche Fürst Myschkin und der arme Student Raskolnikow sind beide heimatlose Landstreicher, Deklassierte und Ausgestoßene, die in der modernen bürgerlichen Gesellschaft keinen Platz haben. Alle seine Helden stehen gewissermaßen außerhalb dieser Gesellschaft und bilden eine klassenlose Welt, in der nur rein seelische Beziehungen herrschen. Sie sind in ihrem Tun und Lassen stets mit ihrem ganzen Wesen, ihrer ganzen Seele gegenwärtig und vertreten inmitten der Routine der modernen Welt eine rein geistige, seelenhafte, utopische Wirklichkeit. „Wir haben keine Klasseninteressen, weil wir streng genommen keine Klassen haben und weil die russische Seele breiter ist als die Klassengegensätze, die Klasseninteressen und das Klassenrecht", schreibt Dostojewski im *Tagebuch eines Schriftstellers*, und nichts ist für seine Gedankenwelt charakteristischer als der Widerspruch zwischen dieser Behauptung und dem Bewußtsein seiner klassenmäßig bedingten Verschiedenheit von seinen adeligen Kollegen. Derselbe Dostojewski, der zwischen sich und den Vertretern der „Gutsherrenliteratur" eine so scharfe Zäsur zieht und seine Daseinsberechtigung als Schriftsteller auf sein plebejisches Intellektuellentum gründet, leugnet andererseits das Vorhandensein von Klassen und glaubt an den Primat der asozialen seelischen Beziehungen.

Auf die Ähnlichkeit der sozialen Stellung Dostojewskis und Dickens' ist wiederholt hingewiesen worden. Man bemerkte, daß beide die Söhne von gesellschaftlich nicht ganz fest verwurzelten Vätern waren und daß sie das Gefühl der sozialen Unsicherheit und Entwurzeltheit von Jugend auf kannten.[178] Dostojewski war der Sohn eines Stabsarztes und einer Kaufmannstochter. Sein Vater erwarb ein kleines Gut und ließ seine Söhne in einer Schule erziehen, in die sonst nur die Kinder von Adeligen gingen. Die Mutter starb früh und der Vater, der sich dem Trunke ergab, wurde von seinen eigenen Bauern erschlagen, die er sehr schlecht behandelt haben soll. Dostojewski sank nun von einem verhältnismäßig respektablen sozialen Niveau zu dem Stand jenes geistigen Proletariats herab, von dem er sich bald angezogen, bald abgestoßen fühlte. Nichts ist wahrscheinlicher, als daß die widerspruchsvolle und vielfach ungeklärte soziale Haltung Dostojewskis ebenso wie die von Dickens tatsächlich mit der schwankenden Stellung ihrer Väter und ihrer eigenen frühzeitigen Bekanntschaft mit dem Gefühl der Deklassiertheit zusammenhing.

Die Stellung Dostojewskis in der Geschichte des sozialen Romans ist vor allem dadurch gekennzeichnet, daß die erste naturalistische Darstellung der modernen Großstadt mit ihrer kleinbürgerlichen und proletarischen Bevölkerung, ihren kleinen Kaufleuten und Beamten, ihren Studenten und Prostituierten, Tagedieben und Hungerleidern seine Schöpfung ist.

Balzacs Paris war noch eine romantische Wildnis, der Schauplatz von phantastischen Abenteuern und wunderbaren Begegnungen, eine im Chiaroscuro der Gegensätze gemalte theatralische Szenerie, ein Märchenland, wo der blendende Reichtum und die pittoreske Armut Tür an Tür wohnten. Dostojewski malt das Bild der Großstadt dagegen ganz grau in grau, ganz als eine Stätte des dunklen, farblosen Elends. Er zeigt ihre nüchternen Amtsgebäude, ihre dumpfen Schnapsbuden, ihre möblierten Zimmer, diese „Särge" von Zimmern, wie er sie nennt, in welchen die traurigsten Opfer des Großstadtlebens ihre Tage verbringen. All das hat eine unverkennbare soziale Bedeutung und eine politische Spitze; Dostojewski trachtet aber, seinen Gestalten die klassenmäßigen Koeffizienten wieder zu nehmen. Er reißt die wirtschaftlichen und gesellschaftlichen Schranken zwischen ihnen nieder und mischt sie durcheinander, als ob es tatsächlich so etwas wie ein gemeinsames menschliches Schicksal gäbe. Sein Spiritualismus und sein Nationalismus erfüllen die gleiche Funktion: sie schaffen die Legende eines moralischen Wesens, das seine nach höheren Gesetzen geregelte Existenz jenseits von Geburt, Klasse und Bildung führt. Bei Gontscharow, Turgenjew und Tolstoi bleiben die klassenmäßigen Züge der Gestalten unverwischt; der Umstand, daß sie dem Adel, dem Bürgertum oder dem Volk angehören, wird für keinen Augenblick übersehen oder vergessen. Dostojewski vernachlässigt dagegen oft diese Unterschiede, ja, er scheint sie zuweilen geflissentlich zu übergehen. Daß der Klassencharakter seiner Figuren trotzdem zur Geltung kommt und daß wir namentlich seine Intellektuellen als eine genau definierte soziale Gruppe empfinden, gehört zum Triumph jenes Realismus, der aus Dostojewski wider Willen einen Materialisten macht.

Dieser „Materialismus" gehört freilich nur zu den unsichtbaren und zumeist unbewußten Voraussetzungen seiner Geistigkeit – einer Geistigkeit, die eine wirkliche Leidenschaft ist, eine Besessenheit vom Zwange, die Erlebnisse zu zerfasern, die Gefühle bis zum letzten Impuls zu ergründen, die Gedanken immer weiter und weiter zu denken, mit allen ihren Konsequenzen zu experimentieren und bis zu ihren tiefsten unterbewußten Quellen hinabzusteigen. Die Helden Dostojewskis sind passionierte, unerschrockene, manische Denker, die mit ihren Ideen und Visionen ebenso verzweifelt ringen wie die Helden der Ritterromane mit den Riesen und Ungeheuern. Sie leiden, morden, sterben für Ideen; das Leben ist für sie eine philosophische Aufgabe, und ihre einzige ununterdrückbare Lebensfunktion, ihr einziger Lebensinhalt ist das Denken. Sie kämpfen mit wirklichen Ungeheuern, mit noch ungeborenen, undefinierbaren, ungestaltbaren Ideen, mit Problemen, die sich nicht lösen, ja nicht einmal formulieren lassen. Dostojewski ist nicht nur der erste moderne Denker, der ein intellektuelles Erlebnis ebenso konkret und unmittelbar zu gestalten versteht wie eine sinnliche Erfahrung, er stößt zugleich in geistige Regionen vor, in die sich noch niemand vorgewagt hat. Er entdeckt eine neue Dimension, eine neue Tiefe, eine neue Intensität des Denkens. Die Entdeckung verdankt allerdings den Eindruck der Neuheit vor allem dem Umstand, daß die Romantik uns daran gewöhnt hat, Gedanken und Gefühle, Ideen und Leidenschaften streng voneinander zu scheiden und nur die Gefühle und Leidenschaften als angemessene Gegenstände der Dichtung zu betrachten.[179] Das wirklich Neue an der Geistesart Dostojewskis besteht darin, daß er ein Romantiker des Denkens ist und daß die Bewegung der Gedanken bei ihm die gleiche emotionale Triebkraft und den gleichen pathetischen, ja pathologischen Impetus besitzt wie bei den Romantikern die Flut und der Drang der Gefühle. Die Synthese des Intellektualismus und der Romantik ist das Epochemachende an der Kunst Dostojewskis; aus ihr geht die progressivste literarische Form der zweiten Hälfte des letzten Jahrhunderts hervor, die Form, die den künstlerischen Bedürfnissen dieser mit der Romantik unlösbar verbundenen und dem Intellektualismus unaufhaltbar zustrebenden Zeit am besten entsprach. Der Verzicht sowohl auf das eine als auch auf das andere dieser Bildungselemente, das heißt, sowohl der affektierte Neoklassizismus als auch die hysterische Neoromantik hatten sich als Sackgassen erwiesen; der Dostojewskische Expressionismus konnte dagegen fortgesetzt und dem neuen Lebensgefühl angepaßt werden.

Dostojewski bewegte sich aber nicht nur auf den Höhen, sondern auch in den Niederungen der Romantik. Sein Werk stellte nicht nur die Fortsetzung der romantischen Bekenntnisliteratur dar, sondern zugleich die des romantischen Schauer- und Abenteuerromans.[180] Er war auch in dieser Beziehung der echte Zeitgenosse von Dickens – ein Schriftsteller, der sich, was die Wahl seiner künstlerischen Mittel betraf, als ebenso wahllos zeigte wie die anderen Produzenten der Feuilleton- und Fortsetzungsliteratur. Vielleicht hätte er tatsächlich gewisse Geschmacklosigkeiten und Nachlässigkeiten vermieden, wenn er so hätte arbeiten können wie Tolstoi und Turgenjew. Die Melodramatik seines Stils hing allerdings mit seiner Konzeption des psychologischen Romans unzertrennlich zusammen, und die Drastik der Mittel war für ihn nicht nur ein Vehikel des spannenden Vortrags, sondern gehörte zur Herstellung jener überhitzten seelischen Atmosphäre, ohne die die dramatischen Situationen seiner Romane undenkbar wären. Wenn man will, sind die *Brüder Karamasow* ein Kriminalroman, *Schuld und Sühne* ein Detektivroman, die *Dämonen* ein Abenteuerroman, der *Idiot* ein Sensationsroman; Mord und Verbrechen, Geheimnisse und Überraschungen, Rühr- und Greuelszenen, morbide und makrabe Stimmungen spielen in ihnen eine Hauptrolle; es wäre jedoch ein Irrtum, anzunehmen, daß all dies nur zur Entschädigung des Lesers für die Abstraktheit des geistigen Inhalts da sei, der Dichter will vielmehr das Gefühl erzeugen, daß die seelischen Vorgänge, um die es sich handelt, ebenso elementar sind wie die primitivsten Triebhandlungen.

Wir finden bei Dostojewski die ganze Heldengalerie des romantischen Abenteuerromans wieder: den schönen, starken, geheimnisvollen und einsamen Byronschen Helden (Stawrogin), den wilden, hemmungslosen, gefährlichen, aber gutmütigen Triebmenschen (Rogoschin und Dimitri Karamasow), die engelhaften Lichtgestalten (Myschkin und Aljoscha), die seelisch reine Prostituierte (Sonja und Natascha Phillippowna), den alten Wollüstling (Fedor Karamasow), den entlaufenen Sträfling (Fedka), den verkommenen Säufer (Lebjadkin) usw. Wir finden bei ihm sämtliche Requisiten des Schauer- und Abenteuerromans: das verführte und verlassene Mädchen, die heimliche Trauung, die anonymen Briefe, den mysteriösen Mord, den Wahnsinn, die Ohnmachtsanfälle, die sensationelle Ohrfeige und vor allem und immer wieder die explosionsartig wirkenden öffentlichen Skandalszenen.[181] Diese Szenen zeigen am besten, was Dostojewski aus den Mitteln des Sensationsromans zu machen imstande ist. Sie dienen ihm nicht nur, wie man meinen sollte, zur Herstellung von Schluß- und Knalleffekten, sie sind als drohende Gefahr eigentlich von Anfang an gegenwärtig und erzeugen das Gefühl, daß die großen Leidenschaften und die elementaren seelischen Beziehungen stets an die Grenzen des Konventionellen und gesellschaftlich Zulässigen stoßen. Die utopische Seeleninsel, auf der die Helden Dostojewskis ihr moralisches Dasein führen, erweist sich als ein enger Käfig; wo immer die Immanenz ihres Daseins durchbrochen wird, kommt es zum gesellschaftlichen Skandal. Es gehört zum Wesen dieser Skandalszenen, daß sie sich in der Gegenwart der denkbar gemischtesten Gesellschaft, unter der Beteiligung der sozial unvereinbarsten Elemente abspielen. Sowohl in der großen Skandalszene bei Natascha Phillippowna im *Idiot* als auch in der bei Warwara Petrowna in den *Dämonen* sind sämtliche Teilnehmer des Dramas versammelt, als ob der Autor beweisen wollte, daß der allgemeinen Auflösung die soziale Differenzierung am wenigsten standzuhalten vermag. Jede dieser Szenen wirkt wie ein Angsttraum, in dem eine Menge Menschen in einem unglaublich engen Raum zusammengepfercht ist, und der alpdruckartige Charakter, der ihnen eigen ist, zeigt, was für eine unheimliche Macht die Gesellschaft mit ihren Klassen- und Rangunterschieden, ihren Tabus und Vetos für Dostojewski besitzt.

Die meisten Kritiker betonen die dramatische Struktur der großen Romane Dostojewskis; sie interpretieren aber diese formale Eigentümlichkeit gewöhnlich nur als ein Mittel, bühnenmäßige Effekte zu erzeugen, und kontrastieren sie mit dem breit dahinrollenden epischen Fluß der Romane Tolstois. Die dramatische Technik hat jedoch bei Dostojewski durchaus nicht nur die Funktion, aktschlußartige Höhepunkte zu schaffen, in welchen die Fäden der Handlung zusammenlaufen und der drohende Konflikt zum Ausbruch kommt, sie erfüllt vielmehr die ganze Handlung mit dramatischem Leben und drückt eine vom epischen Lebensgefühl vollkommen verschiedene Weltanschauung aus. Der Sinn des Daseins ist für Dostojewski nicht in seiner Zeithaftigkeit enthalten, nicht im Entstehen und Vergehen seiner Ziele, nicht in den Erinnerungen und Illusionen, nicht in den Jahren, Tagen und Stunden, die aufeinander fallen und uns verschütten, sondern in jenen hohen Augenblicken, in welchen die Seelen völlig entblößt und auf eine einfache, eindeutige Formel gebracht zu sein scheinen, in welchen sie sich wesenhaft und unproblematisch fühlen, sich mit sich selbst als identisch und mit ihrem Schicksal einverstanden erklären. Daß es solche Augenblicke gibt, darauf beruht der tragische Optimismus Dostojewskis, jene Versöhnung mit dem Schicksal, die die Griechen in ihren Tragödien die Katharsis nannten. Darauf beruht seine dem Pessimismus und Nihilismus Flauberts entgegengesetzte Weltanschauung. Dostojewski hat das Gefühl der größten Glückseligkeit und der vollkommensten Harmonie stets als ein Erlebnis der Zeitlosigkeit bezeichnet; so vor allem den Zustand Myschkins vor seinen epileptischen Anfällen und die „fünf Sekunden" Kirilows, deren Wonne, wie er betont, länger nicht zu ertragen wäre. Um ein in solchen Augenblicken kulminierendes Dasein zu schildern, mußte die Flaubertsche Konzeption des Romans, die gänzlich im Zeitgefühl begründet war, so wesentlich verändert werden, daß das Resultat mit dem Roman im herkömmlichen Sinne oft kaum mehr etwas zu tun zu haben scheint. Die Dostojewskische Form stellt zwar die unmittelbare Fortsetzung des sozialen und des psychologischen Romans dar, sie bedeutet aber zugleich den Anfang einer neuen Entwicklung. Das, was man als ihre dramatische Struktur zu bezeichnen pflegt, richtet sich nach einem ganz anderen Formprinzip als der Einheit des romantischen Liebes- und Bildungsromans, von der die alte pikareske Form abgelöst wurde. Sie stellt vielmehr eine Rückkehr zum pikaresken Roman dar, schon indem die dramatischen Momente in ihr zerstreut sind und mehrere selbständige Konzentrationspunkte bilden. Mit dieser

Aufhebung der Kontinuität zugunsten einer Serie von wesenhaften, ausdrucksvollen, aber mosaikhaft zusammengesetzten Episoden nimmt sie das Formprinzip des modernen expressionistischen Romans vorweg. Die Erzählung tritt gegenüber der Aussprache, der psychologischen Analyse und der philosophischen Diskussion zurück und aus dem Roman wird eine Sammlung von Dialogszenen und inneren Monologen, die der Autor mit Kommentaren und Exkursen begleitet.

Diese Methode entfernt sich von dem Naturalismus als Stil oft ebenso weit wie von dem Roman als epischer Gattung. Dostojewski repräsentiert zwar, was die Schärfe der psychologischen Beobachtung betrifft, die entwickelteste Form des naturalistischen Romans, wenn man aber unter Naturalismus die Darstellung des Normalen, Durchschnittlichen, Alltäglichen versteht, so muß man in seiner Vorliebe für traumhaft überspitzte Situationen und phantastisch übersteigerte Charaktere eine Reaktion gegen den Naturalismus erblicken. Dostojewski definiert selber seine stilgeschichtliche Stellung mit vollkommener Exaktheit: „Man nennt mich“, sagt er, „einen Psychologen, das ist falsch, ich bin nur in einem höheren Sinne ein Realist, das heißt, ich schildere alle Tiefen der menschlichen Seele.“ Diese Tiefen bedeuten eben bei ihm das Irrationale, Dämonische, Traum- und Gespensterhafte im Menschen; sie erfordern einen Naturalismus, der nicht die Wahrheit der Oberfläche ist; sie weisen auf Erscheinungen hin, in welchen die Elemente des wirklichen Lebens sich in einer phantastischen Weise vermischen, verschieben und überspitzen. „Ich liebe den Realismus in der Kunst über alle Maßen“, erklärt er, „den Realismus, der sozusagen an das Phantastische hinanreicht ... Was kann für mich phantastischer und unerwarteter sein als die Wirklichkeit? Ja, was kann unwahrscheinlicher sein als die Wirklichkeit?“ Es gibt keine Definition des Expressionismus und des Surrealismus, die genauer wäre. Das, was bei Dickens noch eine bloß gelegentliche und zumeist unbewußte Berührung mit dem Grenzgebiet zwischen Realität und Traum, Erfahrung und Vision war, wird hier zu einer beständigen Aufgeschlossenheit den „Geheimnissen des Lebens“ gegenüber. Der Bruch mit dem Szientismus der naturalistischen Kunst bereitet sich vor. Ein neuer Spiritualismus ist im Entstehen aus der Reaktion gegen die Wissenschaftlichkeit, aus der Revolte gegen den Naturalismus, aus dem Mißtrauen gegen die naturwissenschaftliche Weltanschauung und die rationalistische Bewältigung der Lebensprobleme. Das Leben selbst wird als etwas wesentlich Irrationales empfunden, man vermutet, von überallher geheimnisvolle Stimmen zu vernehmen, und die Kunst wird zur Resonanz dieser Stimmen.

Trotz der denkbar tiefsten Gegensätze besteht zwischen Dostojewski und Tolstoi in ihrer Einstellung zum Problem des Individualismus und der Freiheit eine fundamentale Gemeinschaft. Beide betrachten die Emanzipation des Individuums von der Gesellschaft, seine Einsamkeit und Isoliertheit als das denkbar größte Übel. Beide wollen mit allen Mitteln, die ihnen zu Gebote stehen, das Chaos, das über die von der Gesellschaft entfremdeten Menschen hereinzubrechen droht, verhüten. Bei Dostojewski im besonderen dreht sich alles um das Problem der Freiheit, und seine großen Romane sind im Grunde nichts als Analysen und Interpretationen dieser Idee. Das Problem selbst war keineswegs neu; die Romantiker hatte es stets beschäftigt, und seit 1830 stand es im Mittelpunkt des politischen und philosophischen Denkens. Für die Romantik bedeutete die Freiheit den Sieg des Individuums über die Konvention; als frei und schöpferisch galt ihr eine Persönlichkeit, die die geistige Kraft und den Mut besaß, sich über die moralischen und ästhetischen Vorurteile ihrer Zeit hinwegzusetzen. Stendhal formulierte das Problem als das des Genies, namentlich als das Napoleons, für den der Erfolg, wie er meinte, eine Frage der rücksichtslosen Durchsetzung seines Willens, seiner Persönlichkeit, seiner großen Natur war. Die Willkür des Genies und die Opfer, die es forderte, erschienen ihm als der Preis, den die Welt für die Taten des Geisteshelden zu zahlen hatte. Dostojewskis Raskolnikow repräsentiert die nächste Etappe der Entwicklung. Der geniale Individualismus findet in ihm eine abstrakte, virtuose, sozusagen spielerische Form. Die Persönlichkeit fordert ihre Opfer nicht mehr im Interesse einer höheren Idee, eines objektiven Zieles, einer sachlich wertvollen Leistung, sondern lediglich um zu beweisen, daß sie zum freien und souveränen Handeln fähig ist. Die Tat selbst wird vollkommen nebensächlich; die Frage, die entschieden werden soll, ist eine rein formale: Bedeutet die persönliche Freiheit einen Wert an sich? Die Antwort Dostojewskis ist keineswegs so eindeutig, wie sie auf den ersten Blick zu sein scheint. Der Individualismus führt wohl zur Anarchie und zum Chaos – wohin führen denn aber der Zwang und die Ordnung? Das Problem findet seine letzte und tiefste Fassung in der Erzählung vom *Großinquisitor*, und die Lösung, zu der Dostojewski hier gelangt, darf als das Resultat seiner ganzen Moral- und Religionsphilosophie betrachtet werden. Die Aufhebung der Freiheit erzeugt die starren Institutionen und ersetzt die Religion durch die Kirche, das Individuum durch den Staat, die Unruhe des Fragens und Suchens durch die Beruhigung beim Dogma. Christus bedeutet die innere Freiheit, damit aber einen endlosen Kampf; die Kirche einen inneren Zwang, zugleich aber Ruhe und Sicherheit. Man sieht, wie dialektisch Dostojewski denkt und wie schwierig es ist, seinen moralischen und sozialpolitischen Standpunkt eindeutig zu definieren. Der verschrieene Reaktionär und Dogmatiker beschließt sein Werk mit einer offenen Frage.

Das Problem des Individualismus spielt bei Tolstoi zwar bei weitem keine so wichtige Rolle wie bei Dostojewski, es bildet aber auch bei ihm den Schlüssel zum Verständnis seiner psychologisch interessantesten und moralisch aufschlußreichsten Figuren. Lewin vor allem ist ganz als Exponent dieses Problems entworfen, und die Heftigkeit seiner inneren Kämpfe läßt erkennen, wie schwer Tolstoi mit dem Gedanken der Entfremdung und dem Gespenst des sich selbst überlassenen Menschen gerungen hat. Dostojewski hatte recht: *Anna Karenina* ist kein harmloses Buch. Es ist voll von Zweifeln, Bedenken, Befürchtungen. Der Grundgedanke des Buches und das Motiv, das die Geschichte Annas mit der Lewins verbindet, ist auch hier das Problem der Absonderung des Individuums von der Gesellschaft und die Gefahr der Heimatlosigkeit. Das gleiche Schicksal, dem Anna infolge ihres Ehebruches zum Opfer fällt, bedroht Lewin infolge seines Individualismus, seiner unkonventionellen Weltanschauung, seiner sonderbaren Probleme und Zweifel. Beide bedroht die Gefahr, von der Gesellschaft der normalen und respektablen Menschen ausgestoßen zu werden. Nur indem Anna auf die Zustimmung der Gesellschaft von vornherein verzichtet, tut Lewin alles, um den Halt, den er an der Gesellschaft hat, nicht zu verlieren. Er trägt das Joch seiner Ehe, bewirtschaftet sein Gut wie seine Nachbarn, beugt sich vor den Konventionen und Vorurteilen seiner Umgebung, kurz, er ist zu allem bereit, nur um kein Entwurzelter, kein Ausgestoßener, kein Eigenbrötler und Sonderling zu werden.[182]

Im Antiindividualismus Dostojewskis und Tolstois enthüllt sich aber auch die ganze Verschiedenheit ihrer Denkweise. Die Einwände Dostojewskis sind irrationaler und mystischer Art; das *principium individuationis* bedeutet für ihn den Abfall vom Weltgeist, vom Ureinen, von der göttlichen Idee, die in historisch-konkreter Form als Volk, Nation, soziale Gemeinschaft erkennbar wird. Tolstoi dagegen lehnt den Individualismus lediglich aus rational-eudämonistischen Gründen ab; die persönliche Ungebundenheit kann dem Menschen kein Glück und keine Genugtuung bringen; Beruhigung und Zufriedenheit findet er nur in der Aufgabe seines Ichs und in der Hingabe an andere.

In dem Verhältnis von Tolstoi und Dostojewski zueinander wiederholt sich die bedeutungsvolle, paradigmatische, urtypische geistige Beziehung, die zwischen Voltaire und Rousseau bestanden hat und die im Verhältnis zwischen Goethe und Schiller ein Analogon hat.[183] In allen diesen Fällen stehen Rationalismus und Irrationalismus, Sinnlichkeit und Geistigkeit oder, wie sich Schiller selbst ausdrückt, das Naive und das Sentimentalische einander gegenüber. In allen drei Fällen läßt sich der Gegensatz der Weltanschauungen auf den sozialen Abstand zwischen ihren Vertretern zurückführen; jedesmal steht ein Aristokrat oder Patrizier gegenüber einem Plebejer und Rebellen. Mit dem Aristokratentum Tolstois hängt es vor allem zusammen, daß seine ganze Kunst und Gedankenwelt in der Idee des Körperlichen, Organischen, Naturhaften wurzelt. Dostojewskis Spiritualismus, sein spekulativer Geist, seine dynamische, dialektische Art zu denken läßt sich dagegen mit seiner bürgerlichen Herkunft und seiner plebejischen Ungebundenheit erklären. Der Aristokrat verdankt seine Geltung seinem bloßen Sein, seiner Geburt, seiner Rasse, der Plebejer hingegen seinem Talent, seinen persönlichen Fähigkeiten und Leistungen. Das Verhältnis zwischen Feudalherren und Schreibern hat sich im Laufe der Jahrhunderte kaum verändert, – auch wenn die Herren selbst zum Teil zu so etwas wie „Schreibern" geworden sind.

Der Gegensatz zwischen der Diskretion Tolstois und dem Exhibitionismus Dostojewskis, der vornehmen Zurückhaltung bei dem einen und dem „nackt vor den Leuten herumtanzen" – wie es in den *Dämonen* heißt – bei dem andern, ergibt sich aus dem gleichen sozialen Abstand, der Voltaire von Rousseau trennt. Schwieriger ist die soziologische Zurechnung von Stil- und Charaktereigenschaften wie Maß, Disziplin und Ordnung auf der einen und Formlosigkeit, Chaos und Anarchie auf der andern Seite. Die Maßlosigkeit ist unter Umständen ein ebenso charakteristischer Zug der aristokratischen wie der plebejischen Lebenshaltung und das bürgerliche Kunstwollen weist, wie wir wissen, oft ebenso rigoristische Tendenzen auf wie die höfische. Tolstoi ist, was die Komposition seiner Werke betrifft, ebenso maßlos und willkürlich wie Dostojewski; beide sind sie in dieser Hinsicht Anarchisten. Tolstoi ist nur zurückhaltender in der Enthüllung der seelischen Tiefen und wählerischer in den Mitteln der emotionalen Effekte. Seine Kunst ist viel eleganter, gediegener und angenehmer als die Dostojewskis, und er ist im Gegensatz zu diesem typischen Vertreter des nervösen 19. Jahrhunderts mit Recht als ein Kind des 18. Jahrhunderts bezeichnet worden. Er wirkt neben dem romantischen, mystischen, „dionysisch" ekstatischen Dostojewski stets mehr oder weniger klassisch, oder, um bei der Terminologie Nietzsches zu bleiben, „apollinisch", plastisch, statuarisch. Seine ganze Geistesart hat, im Gegensatz zur problematischen Natur Dostojewskis, einen positiven Charakter in dem Sinne wie es Goethe verstand, als er die Meinung von anderen in „positiver" Form ausgesprochen hören wollte, denn „Problematisches" hatte er, wie er sagte, in sich selbst genug. Der Ausspruch könnte dem Inhalt, wenn auch nicht der Form nach, von Tolstoi sein, der gerade im Zusammenhang mit Dostojewski einmal etwas Ähnliches sagte. Er verglich Dostojewski mit einem Pferd, das auf den ersten Blick einen ganz prächtigen Eindruck mache und tausend Rubel wert zu sein scheine; plötzlich bemerke man aber, daß es einen Gehfehler habe und hinke, und man stellt mit Bedauern fest, daß es keine zwei Groschen wert sei. Dostojewski hatte tatsächlich einen Gehfehler, und er macht neben dem robusten „gesunden" Tolstoi, so wie Rousseau neben dem vernünftigen und ausgeglichenen Voltaire, stets einen gewissermaßen pathologischen Eindruck. Die Kategorien lassen sich hier aber nicht mehr so reinlich scheiden wie bei Voltaire und Rousseau. Tolstoi selbst weist eine ganze Reihe rousseauischer Züge auf und steht dem Rousseauismus in mancher Hinsicht näher als Dostojewski. Sein Ideal der Einfachheit, Natürlichkeit und Wahrhaftigkeit ist nur eine Variante des rousseauischen „Unbehagens in der Kultur" und seine Sehnsucht nach dem patriarchalischen Dorfidyll nichts als die Erneuerung der alten zivilisationsfeindlichen Romantik. Er zitiert nicht umsonst die Worte Lichtenbergs, daß es mit der Menschheit aus sein werde, wenn es keine Wilden mehr geben wird.

Auch in diesem Rousseauismus aber kommt nur die Furcht vor der Einsamkeit, der Entwurzelung, der sozialen Obdachlosigkeit zum Ausdruck. Tolstoi verurteilt die moderne Kultur wegen ihrer differenzierenden Wirkung und verdammt die Kunst Shakespeares, Beethovens und Puschkins, weil sie die Menschheit in verschiedene Schichten spaltet, statt sie zu vereinen. Das, was in den Lehren Tolstois als Kollektivismus und die Bekämpfung der Klassenunterschiede angesprochen werden könnte, hat mit Demokratie und Sozialismus kaum etwas zu tun; es ist vielmehr die Nostalgie eines sich einsam fühlenden Intellektuellen nach einer Gemeinschaft, vorr der er vor allem die eigene Rettung erwartet. – Als Christus den reichen Jüngling aufforderte, alles, was er besaß, unter den Armen zu verteilen, wollte er, nach der Exegese Henry Georges, nicht den Armen, sondern dem reichen Jüngling helfen. Auch nach dem Sinne Tolstois sollte vor allem dem „reichen Jüngling" geholfen werden. Selbstvervollkommnung und Seelenrettung sind sein eigentliches Ziel. Dieser Spiritualismus und Egozentrismus bedingt den irrealen, utopischen Charakter seiner sozialen Botschaft und die inneren Widersprüche seiner politischen Doktrin. Dieses private Sittenideal bringt seinen Quietismus mit sich, seine Ablehnung des gewaltsamen Widerstandes gegen das Böse und seine Bestrebung, statt der sozialen Wirklichkeit die Seelen zu reformieren. „Nichts ist für die Menschen schädlicher", schreibt er in seinem Aufruf *An das Arbeitervolk* nach der Revolution von 1905, „als der Gedanke, daß die Ursachen ihrer Notlage nicht in ihnen selbst, sondern in den äußeren Bedingungen lägen." Tolstois Passivität gegenüber der äußeren Wirklichkeit entspricht dem Pazifismus der saturierten Herrenklasse und bringt mit ihrem grüblerischen, selbstanklagenden, selbstquälerischen Moralismus eine dem Denken und Fühlen des Volkes vollkommen fremde Haltung zum Ausdruck.

Tolstoi läßt sich aber ebensowenig in eine allzu enge politische Kategorie zwängen wie Dostojewski. Er ist ein unbestechlicher Beobachter der sozialen Wirklichkeit, ein aufrichtiger Freund der Wahrheit und Gerechtigkeit und ein schonungsloser Kritiker des Kapitalismus, obgleich er die Unzulänglichkeiten und Sünden der modernen Gesellschaft einzig und allein vom Standpunkt der Bauern und der Landwirtschaft beurteilt, er verkennt aber andererseits die wirklichen Ursachen der Mißstände und predigt eine Moral, die von vornherein einen Verzicht auf jede politische Aktivität bedeutet.[184] Tolstoi ist nicht nur kein Revolutionär, sondern ein ausgesprochener Feind jeder revolutionären Haltung; was ihn jedoch von den Fürsprechern der „Ordnung" und des sozialen Friedens im Westen, den Balzac, Flaubert und Goncourt, unterscheidet, ist, daß er für den Terror der Regierung noch weniger Verständnis aufbringt als für den der Revolutionäre. Die Ermordung Alexanders II. läßt ihn vollkommen unbewegt, auf die Hinrichtung der Attentäter aber reagiert er mit einem Protest.[185] Tolstoi stellt trotz seiner Vorurteile und Irrtümer eine ungeheure revolutionäre Macht dar. Sein Kampf gegen die Lügen des Polizeistaates und der Kirche, seine Begeisterung für die bäuerliche Gemeinschaft und das Beispiel seines eigenen Lebens gehören, was auch immer die inneren Beweggründe seiner „Bekehrung“ und seiner schließlichen Flucht gewesen sein mögen, zu den Fermenten, die die alte Gesellschaft zersetzten und nicht nur die Russische Revolution, sondern die antikapitalistische revolutionäre Bewegung in ganz Europa förderten. Bei Tolstoi kann man tatsächlich nicht nur von einem „Triumph des Realismus“, sondern zugleich von einem „Triumph des Sozialismus“ sprechen, nicht nur von der vorurteilslosen Gesellschaftsschilderung eines Aristokraten, sondern auch von der revolutionären Wirkung eines geborenen Reaktionärs.

Der zugeständnislose Rationalismus bewahren die Kunst und die philosophische Doktrin Tolstois vor dem Schicksal der Unfruchtbarkeit und Unwirksamkeit. Sein scharfer, nüchterner Blick für die physischen und psychischen Tatsachen und seine Abneigung, sich selbst und andere zu belügen, halten seine Religiosität von jedem Mystizismus und Dogmatismus frei und lassen seinen christlichen Moralismus zu einem wirkungsvollen politischen Faktor werden. Die Begeisterung Dostojewskis für die russische Orthodoxie ist ihm ebenso fremd wie die Kirchengläubigkeit der Slawophilen im allgemeinen. Auch zum Glauben gelangt er auf einem rationalen, pragmatischen, unspontanen Weg.[186] Seine sogenannte Bekehrung ist ein durchaus vernünftiger, ohne jede unmittelbare religiöse Erfahrung sich vollziehender Prozeß. Es war, wie er in seiner *Beichte* sagt, „ein Gefühl der Angst, Verwaistheit, Einsamkeit“, das ihn zum Christen machte. Nicht ein mystisches Gottes- und Jenseitserlebnis, sondern die Unzufriedenheit mit sich selbst, das Streben, einen Sinn und ein Ziel des Lebens zu finden, die Verzweiflung über die eigene Nichtigkeit und Haltlosigkeit, vor allem aber seine maßlose Angst vor dem Tode machen aus ihm einen gläubigen Menschen. Er wird zum Apostel der Liebe aus dem Bewußtsein der eigenen Lieblosigkeit, er verherrlicht die menschliche Solidarität, um sein Mißtrauen gegen die Menschen und seine Menschenverachtung wettzumachen, und er verkündigt die Unsterblichkeit der menschlichen Seele, weil er den Gedanken des Todes nicht ertragen kann. Seine ganze religiöse Praxis ist eine

„zweckrationale" Askese, eine Einübung im Christentum nach orientalischem Muster. Seine Weltflucht aber hat eher einen aristokratisch herrischen als einen christlich demütigen Charakter; er verzichtet auf die Welt, weil sie sich nicht vollkommen bemeistern und in Besitz nehmen läßt.

Der Begriff der Gnade ist das einzige irrationale Element in der religiösen Weltanschauung Tolstois. – Der Dichter nimmt in seine *Volkserzählungen* eine alte, auf mittelalterliche Quellen zurückgehende Legende auf: In uralten Zeiten lebte auf einer einsamen Insel ein heiliger Eremit. Eines Tages landeten Fischer in der Nähe seiner Hütte, unter ihnen ein Greis, der so einfältig war, daß er sich kaum richtig ausdrücken, ja nicht einmal beten konnte. Der Einsiedler war über solche Unwissenheit tief bestürzt und brachte ihm mit viel Müh und Plag das Vaterunser bei. Der Greis bedankte sich schön und verließ mit den anderen Fischern die Insel. Nach einiger Zeit, als das Boot in der Ferne bereits verschwunden war, erblickte der Heilige plötzlich eine menschliche Gestalt am Horizont, die auf dem Wasserspiegel schreitend sich der Insel näherte. Bald erkannte er den Greis, seinen Schüler, und ging ihm, als dieser den Boden der Insel betrat, wortlos und betroffen entgegen. Stammelnd gab der Greis ihm zu verstehen, daß er das Gebet vergessen habe. „*Du* brauchst nicht zu beten" – antwortete der Eremit und entließ den Alten, der über dem Wasser schwebend dem Fischerboot nacheilte. – Der Sinn dieser Geschichte besteht in der Idee einer Heilsgewißheit, die an keine moralischen Kriterien gebunden ist. In einer anderen Geschichte seiner Spätzeit, in *Vater Sergius*, stellt Tolstoi das Motiv von der entgegengesetzten Seite dar; die Gnade, die dem einen ohne Mühe und scheinbar ohne Verdienst zuteil wird, bleibt dem andern, trotz aller Qual und Pein, trotz der übermenschlichsten Opfer und der heroischsten Selbstüberwindung, versagt. Diese Konzeption der Gnade, die das Auserwähltsein über das Verdienst stellt und Prädestination mit Geburt und Glück übersetzt, hängt offenbar mit Tolstois Aristokratentum tiefer zusammen als mit seinem Christentum.

Der Optimismus des gesunden, selbstsicheren Aristokraten, der im *Krieg und Frieden* noch durchaus vorherrscht und den

Roman zu einer Apotheose des animalischen, vegetativen, organisch schöpferischen Lebens macht, zu einem großen Idyll, einem „naiven Heldenepos“, auf dessen höchster Spitze, wie Mereschkowski mit so viel Gusto bemerkt, der Dichter „als wegweisendes Banner der Menschheit“ die Windel von Nataschas Kindern pflanzt[187] – dieser pantheistische Optimismus verdunkelt sich zwar in *Anna Karenina* und nähert sich dem Pessimismus der abendländischen Literatur, die Enttäuschung über die Konventionalität und die Seelenlosigkeit der modernen Kultur trägt hier aber einen völlig anderen Charakter als bei Flaubert oder Maupassant. Der Triumph des realen Lebens über die Romantik der Gefühle war bereits im *Krieg und Frieden* mit etwas Melancholie gemischt und Tolstoi hatte auch schon früher, so zum Beispiel im *Familienglück*, Flaubertsche Töne angeschlagen, indem er die Entartung der großen Leidenschaften, namentlich die Verwandlung der Liebe in Freundschaft, schilderte. Die Diskrepanz zwischen Ideal und Wirklichkeit, Poesie und Prosa, Jugend und Alter aber wirkt bei Tolstoi nie so trostlos wie bei den Franzosen. Seine Enttäuschung führt nie zum Nihilismus, nie zur Anklage gegen alles, was leibt und lebt. Der abendländische Roman ist von einem zimperlichen Selbstmitleid und einer Selbstdramatisierung des mit der Wirklichkeit in Konflikt geratenen Helden erfüllt; die Schuld an dem Zusammenstoß tragen hier immer die äußeren Bedingungen, die Gesellschaft, der Staat, die soziale Umwelt. Bei Tolstoi hingegen ist das subjektive Ich ebenso schuldig wie die objektive Wirklichkeit, wenn es zu einer Kollision kommt.[188] Denn wenn das ernüchternde Leben zu seelenlos ist, so ist der enttäuschte Held zu seelenvoll, zu poetisch, zu utopisch; wenn dem einen die Toleranz für Träumer fehlt, so fehlt dem andern der Sinn für die Realität.

Es hängt in der Hauptsache mit diesem von der Flaubertschen Konzeption abweichenden Begriff von Ich und Welt zusammen, daß die Romanform Tolstois von der abendländischen so verschieden ist. Der Abstand von der naturalistischen Norm ist hier tatsächlich ebenso groß wie bei Dostojewski, nur entfernt sich Tolstoi von ihr in der entgegengesetzten Richtung.

Wenn die Romane Dostojewskis eine dramatische Struktur haben, so haben die seinigen einen epischen – eposartigen – Charakter. Es gibt keinen aufmerksamen Leser, der den breit sich dahinwälzenden, homerischen Fluß dieser Romane nicht empfunden hätte, dem ihr panoramisches Weltbild und ihr pantheistisches, alles Sein umfassendes Lebensgefühl nicht zum Erlebnis geworden wäre. Tolstoi hatte sich selbst mit Homer verglichen, und der Vergleich ist zu einer stehenden Formel der Tolstoi-Kritik geworden. Homerisch empfand man stets bei Tolstoi das Unromantische, Undramatische, Unpointierte der Form, den Verzicht auf dramatische Zuspitzung und Intensität. Die dramatische Konzentration des Romans, die sich mit dem Übergang von der pikaresken Form des 18. Jahrhunderts zur biographischen Form der Vorromantik vollzogen hat, macht sich Tolstoi im *Krieg und Frieden* noch nicht zu eigen. Er betrachtet den Konflikt zwischen Individuum und Gesellschaft nicht als eine unverhütbare Tragödie, sondern als eine Kalamität, die er im Sinne des 18. Jahrhunderts auf den Mangel an Einsicht, Verständnis und moralischem Ernst zurückführt. Er lebt noch immer im Zeitalter der russischen Aufklärung, in einer geistigen Atmosphäre der Welt- und Zukunftsgläubigkeit. Er verliert aber während der Arbeit an *Anna Karenina* diesen Optimismus, vor allem seinen Glauben an die Kunst, und erklärt sie als vollkommen nutzlos, ja schädlich, es sei denn, daß sie auf die Feinheiten und Spitzfindigkeiten des modernen Naturalismus und Impressionismus verzichtet und aus einem Luxusartikel zum allgemeinen Besitz der Menschheit wird. Tolstoi hat in der Entfremdung der Kunst von den breiten Massen und der Beschränkung ihres Publikums auf einen immer engeren Kreis eine wirkliche Gefahr erkannt. Daß die Erweiterung dieses Kreises und die Berührung mit bildungsmäßig weniger exklusiven Schichten für die Kunst vorteilhaft gewesen wäre, steht außer Zweifel. Wie sollte aber eine solche Wendung plan- und programmäßig herbeigeführt werden, wenn man die Künstler, die in der Tradition der modernen Kunst aufgewachsen waren, am Produzieren von Kunstwerken nicht verhindern und den Dilettanten, die dieser Tradition fremd gegenüberstanden, die künstlerische Tätigkeit – zum Nachteil der anderen – nicht mit allen möglichen Mitteln erleichtern wollte? In Tolstois Ablehnung der hochentwickelten Kunst der Gegenwart und seiner Vorliebe für die primitiven, „allgemeinmenschlichen“ künstlerischen Ausdrucksformen äußert sich der gleiche Rousseauismus, mit dem er gegen die Stadt das Dorf ausspielt und die soziale Frage mit der Bauernfrage identifiziert. Daß Tolstoi für Shakespeare zum Beispiel nicht viel übrig hatte, ist durchaus verständlich. Wie hätte auch ein Puritaner, der jeden Überschwang und jede Virtuosität haßte, am Manierismus eines Dichters, und wenn dieser gleich der größte war, Gefallen finden sollen? Unbegreiflich ist aber, daß ein Mann, der künstlerisch so anspruchsvolle Werke wie *Anna Karenina* und den *Tod des Iwan Iljitsch* schuf, von der ganzen modernen Literatur, außer *Onkel Toms Hütte*, nur Schillers *Räuber*, Hugos *Misérables*, Dickens' *Weihnachtsgeschichten*, Dostojewskis *Memoiren aus einem Totenhaus* und George Eliots *Adam Bede* ohne Vorbehalt anerkannte.[189] Tolstois Verhältnis zur Kunst ist nur als das Symptom einer Zeitwende zu verstehen, nur als das Zeichen einer Entwicklung, mit der die ästhetische Kultur des 19. Jahrhunderts ihren Abschluß findet und die eine Generation aufkommen läßt, die die Kunst wieder vor allem als die Vermittlerin von Ideen beurteilt.[190]

Diese Generation verehrte im Autor von *Krieg und Frieden* durchaus nicht nur den großen Dichter, nicht nur den Schöpfer des größten Romans der Weltliteratur, sondern vor allem den Sozialreformer und Religionsstifter. Tolstoi genoß den Ruhm Voltaires, die Popularität Rousseaus, die Autorität Goethes, und mehr als das – er wurde zu einer legendenhaften Figur, deren Ansehen an das der alten Seher und Propheten erinnerte. Jasnaja Poljana wurde zu einem Wallfahrtsort, wohin die Angehörigen aller Nationen, Gesellschaftsklassen und Bildungsschichten pilgerten und den alten Grafen im Bauernkittel als einen Heiligen bewunderten. Gorki wird nicht der einzige gewesen sein, der ihn sah und dachte: „Dieser Mann ist Gott gleich!“ – ein Bekenntnis, womit der Ungläubige seine Erinnerungen an Tolstoi beendet.[191] Viele werden wohl auch, wie Thomas Mann, das Gefühl gehabt haben, daß Europa nach seinem Tod „herrenlos" geworden sei.[192] Das waren aber doch nur Gefühle und Stimmungen, Worte der Dankbarkeit und Treue. Tolstoi war zweifellos so etwas wie das lebende Gewissen von Europa, der große Lehrer und Erzieher, der die moralische Unruhe und den geistigen Erneuerungswillen seiner Generation wie kein anderer zum Ausdruck brachte, mit seinem naiven Rousseauismus und Quietismus hätte er aber nie der „Herr" Europas bleiben können – wenn er es je war. Denn für einen Künstler mochte es wohl, wie Tschechow meinte, genügen, die Fragen richtig zu stellen, ein Mann jedoch, der über sein Jahrhundert herrschen sollte, mußte sie auch richtig beantworten.

## 4. DER IMPRESSIONISMUS

Die Grenzen zwischen Naturalismus und Impressionismus sind fließend; die beiden Richtungen lassen sich voneinander weder geschichtlich noch begrifflich genau scheiden. Die Allmählichkeit des Stilwandels entspricht der Kontinuität der gleichzeitigen wirtschaftlichen Entwicklung und der Stabilität der gesellschaftlichen Machtverhältnisse. 1871 ist in der Geschichte Frankreichs nur von vorübergehender Bedeutung. Die Herrschaft der Großbourgeoisie bleibt im wesentlichen unverändert und an die Stelle des „liberalen" Kaiserreichs tritt die konservative Republik – jene „Republik ohne Republikaner",[193] mit der man sich nur abfindet, weil sie die reibungsloseste Lösung der politischen Probleme zu sichern scheint. Man befreundet sich aber mit ihr erst, nachdem man die Anhänger der Kommune ausgerottet und bei der Theorie vom notwendigen und heilsamen Aderlaß Beruhigung gefunden hat.[194] Die Intelligenz steht den Ereignissen vollkommen ratlos gegenüber. Flaubert, Gautier, die Goncourts und mit ihnen die meisten geistigen Repräsentanten des Zeitalters ergehen sich in wilden Beschimpfungen und Verwünschungen gegen die Ruhestörer. Sie erwarten von der Republik höchstens Schutz gegen den Klerikalismus und erblicken in der Demokratie nur das kleinere Übel von beiden.[195] Der Finanz- und Industriekapitalismus entwickelt sich in der längst vorgezeichneten Richtung konsequent weiter; unter der Oberfläche gehen jedoch bedeutende, wenn auch einstweilen noch unauffällige Veränderungen vor sich. Die Wirtschaft tritt in das Stadium des Hochkapitalismus und verwandelt sich aus einem „freien Spiel der Kräfte" in ein streng durchorganisiertes und durchrationalisiertes System, ein engmaschiges Netz von Interessensphären, Zollterritorien, Monopolgebieten, Kartellen, Trusts und Syndikaten. Und so wie diese Normierung und Konzentration der Wirtschaft als eine Alterserscheinung bezeichnet werden konnte,[196] können in der bürgerlichen Gesellschaft allenthalben Merkmale der Unsicherheit und Vorzeichen der Auflösung festgestellt werden. Die Kommune endet zwar mit einer so vollständigen Niederlage der Aufständischen wie keine der früheren Revolutionen, sie ist aber die erste, die von einer internationalen Arbeiterbewegung getragen wird und aus der die Bourgeoisie wohl sieghaft, doch mit dem Gefühl einer akuten Gefahr hervorgeht.[197] Diese Krisenstimmung führt zu einer Erneuerung der idealistischen und mystischen Tendenzen und ruft als Reaktion gegen den vorherrschenden Pessimismus eine starke Glaubensbewegung hervor. Erst im Laufe dieser Entwicklung verliert der Impressionismus seinen Zusammenhang mit dem Naturalismus und verwandelt sich, namentlich in der Dichtung, in eine neue Form der Romantik.

Die gewaltigen Fortschritte der Technik dürfen über die innere Krisenhaftigkeit der Zeitstimmung nicht hinwegtäuschen. Man muß vielmehr in der Krise selbst eine Anregung zu den technischen Errungenschaften und den Verbesserungen der Produktionsmethoden erblicken.[198] Gewisse Züge der Krisenstimmung machen sich in allen Erscheinungsformen dieser Technik fühlbar. Es ist vor allem das rasende Tempo der Entwicklung und die Forciertheit der Veränderungen, die einen pathologischen Eindruck machen, besonders wenn man sie mit dem Gang der älteren Kulturgeschichte vergleicht und ihre Auswirkungen in der Kunst verfolgt. Die rapide Entwicklung der Technik beschleunigt nämlich nicht nur den Wechsel der Moden, sondern auch die Verschiebung der künstlerischen Geschmackskriterien; sie führt eine oft sinnlose und unfruchtbare Neuerungssucht herbei, ein rastloses Streben nach dem Neuen der bloßen Neuigkeit wegen. Die Unternehmer müssen das Bedürfnis nach modernisierten Erzeugnissen künstlich steigern und dürfen das Gefühl, daß das Neuere stets das Bessere sei, nie erlahmen lassen, wenn sie von den Errungenschaften der Technik wirklich profitieren wollen.[199] Der fortwährende und in immer kürzeren Abständen erfolgende Ersatz der alten Gebrauchsgegenstände durch neue bringt aber ein Nachlassen des Hangens an dem materiellen und bald auch dem geistigen Besitz mit sich und paßt das Tempo der weltanschaulichen und künstlerischen Umwertungen dem des Modewechsels an. Die moderne Technik führt damit eine unerhörte Dynamisierung des Lebensgefühls herbei, und es ist vor allem dieses neue dynamische Gefühl, das im Impressionismus zum Ausdruck kommt.

Mit dem Fortschritt der Technik verbindet sich als auffallendstes Phänomen die Entwicklung der Kulturzentren zu Großstädten im heutigen Sinne; diese bilden den Boden, in dem die neue Kunst wurzelt. Der Impressionismus ist eine par excellence städtische Kunst, und zwar nicht nur weil er die Stadt als Landschaft entdeckt und die Malerei vom Lande in die Stadt zurückbringt, sondern auch weil er die Welt mit den Augen des Städters sieht und auf die Eindrücke von außen mit den überspannten Nerven des modernen technischen Menschen reagiert. Er ist ein städtischer Stil, weil er die Wandelbarkeit, den nervösen Rhythmus, die plötzlichen, scharfen, sich aber sogleich wieder verwischenden Eindrücke des städtischen Lebens schildert. Und gerade als solcher bedeutet er eine ungeheuere Expansion der sinnlichen Wahrnehmung, eine neue geschärfte Sensibilität, eine neue Reizbarkeit der Nerven und stellt neben der Gotik und der Romantik einen der wichtigsten Wendepunkte der abendländischen Kunstgeschichte dar. In dem dialektischen Prozeß, den die Geschichte der Malerei beschreibt, dem Wechsel von Statik und Dynamik, Zeichnung und Farbe, abstrakter Ordnung und organischem Leben, bildet der Impressionismus den Höhepunkt der dynamischen Entwicklungstendenz und die vollkommene Auflösung des statischen mittelalterlichen Weltbildes. So wie von der spätmittelalterlichen Wirtschaft zum Hochkapitalismus, führt auch von der Gotik zum Impressionismus ein kontinuierlicher Weg, und der moderne Mensch, der seine ganze Existenz als Kampf und Wettstreit auffaßt, der alles Sein in Bewegung und Veränderung umsetzt, für den das Welterlebnis immer mehr zum Zeiterlebnis wird, ist das Produkt dieser doppelseitigen, im Grunde jedoch einheitlichen Entwicklung.

Die Herrschaft des Moments über Dauer und Bestand, das Gefühl, daß jede Erscheinung eine flüchtige und einmalige Konstellation ist, eine dahingleitende Welle des Flusses, in welchen man nicht zweimal steigt, ist die einfachste Formel, auf die der Impressionismus gebracht werden kann. Die ganze impressionistische Methode mit allen ihren Kunstmitteln und Kunstgriffen will vor allem dieses heraklitische Weltgefühl zum Ausdruck bringen und betonen, daß die Wirklichkeit kein Sein, sondern ein Werden, kein Zustand, sondern ein Geschehen ist. Jedes impressionistische Bild ist der Niederschlag eines Moments im *perpetuum mobile* des Daseins, die Darstellung eines stets gefährdeten, labilen Gleichgewichts im Spiel der widerstreitenden Kräfte. Das impressionistische Sehen verwandelt das Naturbild in einen Prozeß, in ein Entstehen und Vergehen. Alles Stabile und Festgefügte löst es in Metamorphosen auf und verleiht der Realität den Charakter des Unfertigen und Unvollständigen. Die Wiedergabe des subjektiven Sehaktes statt des objektiven Substrats des Sehens, womit die Geschichte der modernen, perspektivischen Malerei beginnt, gelangt hier zu ihrer Vollendung. Die Darstellung des Lichts, der Luft und der Atmosphäre, die Zerlegung der Farbenfläche in Flecke und Tupfen, die Auflösung der Lokalfarbe in Valeurs, in perspektivische und atmosphärische Ausdruckswerte, das Spiel der Lichtreflexe und der aufgehellten Schatten, das zukkende, zitternde Farbenkomma und der offene, lockere, unverbundene Pinselstrich, die ganze Primamalerei mit ihrer geschwinden, skizzierenden Zeichnung, das flüchtige, scheinbar unaufmerksame Hinsehen und das virtuose Ungefähr der Wiedergabe drücken letzten Endes nichts anderes aus, als jenes Gefühl einer bewegten, dynamischen, in fortwährender Veränderung begriffenen Wirklichkeit, das mit der Subjektivierung der malerischen Darstellung durch die Perspektive begonnen hat.

Eine Welt, deren Erscheinungen sich stets und durch unzählige, unmerkbare Übergänge verändern, erzeugt den Eindruck eines Kontinuums, in dem alles zusammenfließt und in dem es keine anderen Unterschiede gibt als die verschiedenen Einstellungen und Gesichtspunkte des Beschauers. Eine dieser Welt angemessene Kunst wird nicht bloß das Momentane und Transitorische der Erscheinungen betonen, im Menschen nicht nur einfach das Maß der Dinge erblicken, sondern im hic et nunc des Individuums das Kriterium der Wahrheit suchen. Der Zufall wird ihr als das Prinzip alles Seins erscheinen und die Wahrheit des Moments jede andere Wahrheit entkräftigen. Der Primat des Augenblicks, des Wechsels und des Zufalls bedeutet ästhetisch ausgedrückt die Herrschaft der Stimmung über das Leben, das heißt die Prävalenz einer Beziehung zu den Dingen, der außer der Wandelbarkeit die Unverbindlichkeit eigen ist. Es äußert sich in dieser Stimmungshaftigkeit der künstlerischen Darstellung zugleich eine grundsätzlich passive Haltung dem Leben gegenüber, ein Sichabfinden mit der Rolle des Zuschauers, des rezeptiven und kontemplativen Subjekts, ein Standpunkt der Distanzhaltung, des Zuwartens, des Nichtengagiertseins – mit einem Wort, die ästhetische Attitüde schlechthin. Der Impressionismus bildet den Höhepunkt der ästhetischen Kultur und bedeutet die äußerste Konsequenz der romantischen Verzichtleistung auf ein praktisch tätiges Leben.

Der Impressionismus ist stilistisch eine ungemein komplexe Erscheinung. In gewisser Beziehung stellt er nur die konsequente Weiterbildung des Naturalismus dar. Wenn man nämlich unter Naturalismus den Fortschritt vom Allgemeinen zum Besonderen, vom Typischen zum Individuellen, von der abstrakten Idee zum konkreten, zeitlich und räumlich bestimmten Erlebnis versteht, so bedeutet die impressionistische Wiedergabe der Wirklichkeit mit ihrer Betonung des Momentanen und Einmaligen eine wichtige naturalistische Errungenschaft. Die Darstellungen des Impressionismus stehen der sinnlichen Erfahrung näher als die des Naturalismus im engeren Sinne und ersetzen den Gegenstand des theoretischen Wissens durch den des unmittelbaren optischen Erlebnisses restloser als irgendeine frühere Kunst. Indem aber der Impressionismus die optischen Elemente der Erfahrung von den begrifflichen ablöst und die Visualität in ihrer Autonomie herausarbeitet, entfernt er sich von der gesamten älteren Kunstübung und damit auch vom Naturalismus. Die Eigenart der Methode besteht darin, daß während die vorimpressionistische Kunst ihre Darstellungen an einem wohl einheitlich wirkenden, doch heterogen zusammengesetzten, aus begrifflichen und sinnlichen Elementen bestehenden Bewußtseinsbild orientiert, der Impressionismus eine Homogenität der reinen Sichtbarkeit anstrebt. Jede frühere Kunst ist das Ergebnis einer Synthese, der Impressionismus das einer Analyse. Er konstruiert seinen jeweiligen Gegenstand aus den nackten Daten der Sinne, greift also auf den unbewußten psychischen Mechanismus zurück und gibt zum Teil rohes Erfahrungsmaterial, das unserem gewöhnlichen Wirklichkeitsbild ferner steht als die begrifflich verarbeiteten Sinneseindrücke. Der Impressionismus ist weniger illusionistisch als der Naturalismus; statt der Illusion des Gegenstandes gibt er Elemente desselben, statt eines Totalitätsbildes die Bausteine, aus denen die Erfahrung sich zusammensetzt. Vor dem Impressionismus reproduzierte die Kunst die Gegenstände durch Zeichen, jetzt repräsentiert sie sie durch ihre Komponenten, durch Teile des Materials, aus dem sie bestehen.[200]

Der Naturalismus bezeichnete gegenüber der älteren Kunst einen Zuwachs der Darstellungselemente, das heißt eine Erweiterung der Motive und eine Bereicherung der technischen Mittel. Die impressionistische Methode bringt dagegen eine Reihe von Reduktionen, ein System von Beschränkungen und Vereinfachungen mit sich.[201] Nichts ist für ein impressionistisches Gemälde bezeichnender, als daß es aus einer gewissen Distanz betrachtet werden muß und daß es die Dinge mit den Auslassungen der Fernsicht schildert. Die Reihe der Reduktionen, die es aufweist, beginnt mit der Beschränkung der Darstellungselemente auf die Visualität und der Eliminierung von allem, was nicht von optischer Natur oder in die Kategorien der Optik übertragbar ist. Der Verzicht auf die sogenannten literarischen Elemente des Sujets, auf die Fabel oder die Anekdote, ist der auffallendste Ausdruck dieser „Besinnung der Malerei auf die eigenen Mittel". Die Reduktion der darzustellenden Motive auf die Landschaft, das Stilleben und das Porträt, oder die Behandlung jedes wie immer gearteten Gegenstandes als „Landschaft" und „Stilleben", ist nichts als ein Symptom der Vorherrschaft des spezifischen „malerischen" Prinzips in der Malerei. „Die Behandlung eines Sujets der Töne und nicht des Sujets wegen ist, was die Impressionisten von den anderen Malern unterscheidet", stellt bereits einer der ersten Historiker und Theoretiker der Bewegung fest.[202] Man kann diese Versachlichung und Neutralisierung der Motive als den Ausdruck der antiromantischen Gesinnung der Zeit auffassen und in ihr die vollständige Entheroisierung und Trivialisierung der künstlerischen Gegenstände erblicken, man kann sie aber auch als eine Entfernung von der Wirklichkeit betrachten und die Beschränkung der Malerei auf „arteigene" Sujets als einen Verlust vom naturalistischen Standpunkt ansehen. Das Lächeln, das die Griechen für die bildende Kunst entdeckt hatten und das, wie bemerkt wurde, in der modernen Kunst verlorengeht,[203] fällt dem „malerischen" Sehen zum Opfer; es verschwindet aber damit zugleich jede Psychologie und jeder Humanismus aus der Malerei.

Die Ersetzung des Tastbildes durch das Sehbild, das heißt die Übertragung des körperlichen Volumens und der raumhaft plastischen Form auf die Fläche, ist ein weiterer, mit dem „malerischen" Kunstwollen zusammenhängender Schritt in der Reihe jener Reduktionen, die der Impressionismus am naturalistischen Wirklichkeitsbild vollzieht. Diese Reduktion ist allerdings nicht das Ziel, sondern nur ein Nebenprodukt der Methode. Es ist die Betonung der Farbe und der Wunsch, die Bildfläche in eine Harmonie von Farb- und Lichteffekten zu verwandeln, was den Raum absorbiert und die Tektonik der Körper auflöst. Der Impressionismus reduziert aber die Wirklichkeit nicht nur auf eine zweidimensionale Fläche, sondern innerhalb dieser Zweidimensionalität auf ein System von konturlosen Flecken; er verzichtet, mit anderen Worten, nicht nur auf die Plastik, sondern auch auf die Zeichnung, nicht nur auf die raumhafte, sondern auch auf die lineare Gegenstandsform. Der Gewinn der Darstellung an Dynamik und sensuellem Reiz für den Verlust an Deutlichkeit und Evidenz ist unverkennbar, und dieser Gewinn war für die Impressionisten die Hauptsache. Das Publikum aber empfand den Verlust viel stärker als den Gewinn, und wir können uns heute, nachdem das impressionistische Sehen zu einer der wichtigsten Komponenten unseres optischen Weltbildes geworden ist, keine Vorstellung mehr davon machen, wie ratlos es diesem Durcheinander von Flecken, Tupfen und Klecksen gegenüberstand. Der Impressionismus bildete wohl nur den letzten Schritt in einem seit Jahrhunderten fortschreitenden Prozeß der Verunklärung. Seit dem Barock bedeutete die malerische Darstellung für die Auffassung des Beschauers eine immer schwierigere Aufgabe; sie wurde immer undurchsichtiger und ihre Beziehung zur Wirklichkeit immer verwickelter. Der Impressionismus stellt aber einen so gewagten Sprung dar wie keine einzelne Etappe der früheren Entwicklung, und die Schockwirkung der ersten impressionistischen Ausstellungen war mit nichts zu vergleichen, was man an Neuem in der Kunst je erlebt hatte. Die Leute empfanden das Schnellmalen und die Formlosigkeit der Impressionisten als eine Herausforderung; sie glaubten, daß man sich über sie lustig machen wollte, und rächten sich dafür in der grausamsten Weise.

Mit diesen Neuerungen ist jedoch die Reihe der Reduktionen, der sich die impressionistische Methode bedient, keineswegs erschöpft. Die Farben selbst, die der Impressionismus verwendet, verändern und entstellen das Bild unserer gewöhnlichen Erfahrung. Wir fassen ein Stück „weißes" Papier zum Beispiel in jeder Beleuchtung und trotz der farbigen Reflexe, die es bei Tageslicht zeigt, als weiß auf. Das heißt mit anderen Worten: die „Gedächtnisfarbe", die wir mit einem Gegenstand assoziieren und die das Resultat einer langen Erfahrung und Gewöhnung ist, verdrängt den konkreten, durch das wirkliche Erlebnis gewonnenen Eindruck;[204] der Impressionismus greift nun hinter die gewußte, theoretisch geltende Farbe auf die wirkliche Wahrnehmung zurück, was übrigens durchaus kein spontaner Akt ist, sondern einen höchst künstlichen und äußerst komplizierten psychologischen Prozeß darstellt.

Das impressionistische Sehen vollzieht schließlich noch eine weitere, sehr empfindliche Reduktion am gewöhnlichen Bild der Wirklichkeit, indem es die Farben nicht als konkrete, an den jeweiligen Gegenstand gebundene Qualitäten zeigt, sondern als abstrakte, körperlose, immaterielle Farbenphänomene – gleichsam Farben an sich. Wenn wir vor einen Gegenstand einen Schirm mit einer kleinen Öffnung halten, die nur so groß ist, daß sie wohl eine Farbe erkennen läßt, über die Form des Gegenstandes und die gegenständliche Beziehung der betreffenden Farbe jedoch keine Aufklärung gibt, gewinnen wir bekanntermaßen einen lockeren, unkörperlichen, schwebenden Farbeneindruck, der von dem Charakter der plastischen Gegenstandsfarben, die wir zu sehen pflegen, sehr verschieden ist. Die Farbe des Feuers verliert auf diese Art ihren Glanz, die der Seide ihren Seidenreflex, die des Wassers ihre Durchsichtigkeit usw.[205] Der Impressionismus malt nun die Gegenstände stets in diesen unkörperlichen Flächenfarben, die infolge ihrer Frische und ihrer intensiven Sinnlichkeit sehr unmittelbar wirken, die aber die illusionistische Wirkung der Darstellung beträchtlich herabsetzen und die Konventionalität der impressionistischen Methode am deutlichsten erkennen lassen.

In der zweiten Hälfte des 19. Jahrhunderts wird die Malerei zur führenden Kunst. Ihr Impressionismus entwickelt sich zu einem selbständigen Stil, als in der Literatur noch um den Naturalismus gekämpft wird. Die erste kollektive Ausstellung der Impressionisten findet 1874 statt, die Geschichte des Impressionismus beginnt jedoch etwa zwanzig Jahre früher und endet mit der 8. Gruppenausstellung bereits im Jahre 1886. Der Impressionismus löst sich um diese Zeit als massive Gruppenbewegung auf und es beginnt eine neue, postimpressionistische Periode, die bis um 1906, das Todesjahr Cézannes, dauert.[206] Nach der Vorherrschaft der Literatur im 17. und 18. Jahrhundert und der führenden Rolle der Musik im Zeitalter der Romantik vollzieht sich um die Mitte des 19. Jahrhunderts eine Wendung zugunsten der Malerei. Der Kunstkritiker Asselineau stellt schon um 1840 die Entthronung der

Dichtung durch die Malerei fest[207], und die Brüder Goncourt rufen ein Menschenalter später bereits begeistert aus: „Was für ein glücklicher Beruf ist doch der des Malers, mit dem des Schriftstellers verglichen!"[208] Die Malerei beherrscht nicht nur als die progressivste Kunst der Epoche alle die anderen Künste, ihre Schöpfungen übertreffen auch qualitativ die gleichzeitigen literarischen Leistungen, namentlich in Frankreich, wo man mit Recht behaupten konnte, daß die großen Dichter dieser Periode die impressionistischen Maler sind.[209] Die Kunst des 19. Jahrhunderts bleibt zwar gewissermaßen romantisch, das heißt „musikalisch", und die Dichter des Jahrhunderts bekennen sich zur Musik als dem höchsten künstlerischen Ideal, was sie aber unter diesem Ideal verstehen, ist eher ein Symbol des souveränen, von der gegenständlichen Wirklichkeit unabhängigen Schöpfertums als das konkrete Beispiel der Musik. Die impressionistische Malerei entdeckt dagegen Sensationen, die in der Folge auch die Dichtung und die Musik auszudrücken bestrebt sind und ihre Ausdrucksmittel dabei den malerischen Formen anpassen. Die atmosphärischen Eindrücke, namentlich das Erlebnis des Lichts, der Luft und der farbigen Helligkeit, sind Wahrnehmungen, die in der Malerei zu Hause sind, und wenn in den anderen Künsten die Wiedergabe von Stimmungen dieser Art gesucht wird, so ist von einem „malerischen" Stil der Dichtung und Musik zu sprechen durchaus berechtigt. „Malerisch" aber ist der Stil dieser Künste auch, indem sie sich in „konturlosen" Formen, mit der Hilfe von Farb- und Lichteffekten ausdrükken und auf die Lebhaftigkeit der Einzelheiten größeren Wert legen als auf die Einheitlichkeit des Gesamteindrucks. Wenn Paul Bourget von dem literarischen Stil seiner Zeit feststellt, daß der Eindruck der einzelnen Seite hier immer stärker ist als der des ganzen Buches, der eines Satzes tiefer als der einer Seite und der der einzelnen Worte packender als der eines Satzes,[210] so ist es die Methode des Impressionismus, die er charakterisiert – des Stils einer atomisierten, dynamisch geladenen Weltanschauung.

Der Impressionismus ist aber nicht nur der Zeitstil, der sämtliche Künste beherrscht, er ist auch der letzte allgemeingültige „europäische“ Stil – die jüngste Kunstrichtung, die auf einem Konsensus des Geschmacks beruht. Seit seiner Auflösung lassen sich weder die verschiedenen Künste noch die verschiedenen Nationen und Kulturen stilistisch zusammenfassen. Der Impressionismus hört aber weder auf einmal auf, noch kommt er auf einmal zustande. Delacroix, der das Gesetz der Komplementärfarben und der Farbigkeit der Schatten entdeckt, und Constable, der die komplexe Zusammensetzung der Farbwirkungen in der Natur feststellt, nehmen bereits viel von der impressionistischen Methode vorweg. Die Dynamisierung des Sehens, die das Wesen des Impressionismus bildet, beginnt jedenfalls schon bei ihnen. Die Ansätze zum Pleinairismus bei den Malern von Barbizon stellen einen weiteren Schritt der Entwicklung dar. Zur Entstehung des Impressionismus als kollektiver Bewegung aber gehört vor allem einerseits das malerische Erlebnis der Stadt, dessen erste Zeichen bei Manet und Monet zu finden sind, andererseits der durch den Widerstand des Publikums herbeigeführte Zusammenschluß der jungen Kräfte. Auf den ersten Blick mag es überraschend erscheinen, daß die Großstadt mit ihrer Zusammenpferchung und Durcheinandermischung der Leute diese intime, im Gefühl der individuellen Einzigartigkeit und Einsamkeit wurzelnde Kunst erzeugt haben soll. Bekanntermaßen wirkt aber nichts so isolierend wie das enge Beisammensein von allzu vielen Menschen und nirgends fühlt man sich so allein und verlassen wie in einer großen Menge von fremden Leuten. Die beiden Grundgefühle, die das Leben in einer solchen Umgebung mit sich bringt, das Gefühl des Allein- und Unbeobachtetseins einerseits und der Eindruck des rasenden Verkehrs, der unablässigen Bewegung, der beständigen Abwechslung andererseits, erzeugen das impressionistische Lebensgefühl, das die subtilsten Stimmungen mit dem schnellsten Wechsel der Sensationen verbindet. Die ablehnende Haltung des Publikums als Motiv der Entstehung des Impresionismus als Bewegung mag zunächst ebenso überraschend wirken. Die Impressionisten verhielten sich der Öffentlichkeit gegenüber nie aggressiv; sie wünschten durchaus im Rahmen der Tradition zu bleiben und machten oft verzweifelte Anstrengungen, um von den offiziellen Stellen, vor allem dem Salon, den sie als den normalen Weg zum Erfolg betrachteten, anerkannt zu werden. Jedenfalls spielt bei ihnen der Geist des Widerspruchs und der Wunsch, die Aufmerksamkeit durch Verblüffung auf sich zu lenken, eine viel geringere Rolle als bei den meisten Romantikern und vielen Naturalisten. Trotzdem gab es vielleicht noch nie eine so tiefe Spaltung zwischen den offiziellen Kreisen und der jungen Künstlergeneration, und das Gefühl, verhöhnt zu werden, war im Publikum noch nie so stark wie jetzt. Die Impressionisten machten es den Leuten sicher nicht leicht, ihren künstlerischen Ideen zu folgen – wie mußte es aber mit dem Kunstverständnis eines Publikums bestellt gewesen sein, das so große, ehrliche und friedliche Künstler wie Monet, Renoir und Pissarro fast verhungern ließ!

Der Impressionismus trägt auch durchaus keinen plebejischen Charakter, der das bürgerliche Kunstpublikum befremden konnte; er ist vielmehr ein „Aristokratenstil", ist elegant und geistreich, nervös und empfindlich, sinnlich und genießerisch, auf Kostbarkeiten und Seltenheiten erpicht, auf streng persönliche Erlebnisse ausgehend, auf Erfahrungen der Einsamkeit und Abgeschiedenheit, auf Sensationen der überfeinerten Sinne und Nerven. Er ist allerdings die Schöpfung von Künstlern, die nicht nur zum großen Teil aus dem Volk und dem Kleinbürgertum stammen, sondern sich um intellektuelle und ästhetische Probleme viel weniger bekümmern als die Künstler der älteren Generation; sie sind viel einseitiger und undifferenzierter, sind viel restloser Handwerker und „Techniker" als ihre Vorgänger. Es befinden sich aber auch Angehörige der wohlhabenden Bourgeoisie und sogar der Aristokratie unter ihnen. Manet, Bazille, Berthe Morisot und Cézanne sind die Kinder reicher Leute, Degas ist aristokratischer und Toulouse-Lautrec hocharistokratischer Herkunft. Die feine, geistreiche Art und die gepflegten weltmännischen Manieren Manets und Degas', die Eleganz und die raffinierte Artistik Constantin Guys' und Toulouse-Lautrecs zeigen die vornehme bürgerliche Gesellschaft des Zweiten Kaiserreichs, die Welt der Krinoline und der Décolletés, der Equipagen und der Reitpferde im Bois von ihrer anziehendsten Seite.

Die Geschichte der Literatur weist ein viel komplizierteres Bild auf als die der Malerei. Der Impressionismus ist als literarischer Stil eine an und für sich nicht sehr scharf umrissene Erscheinung; seine Anfänge sind im Gesamtkomplex des Naturalismus kaum erkennbar und seine späteren Entwicklungsformen fließen mit den Erscheinungen des Symbolismus vollkommen zusammen. Auch chronologisch ist zwischen dem literarischen und dem malerischen Impressionismus eine gewisse Inkongruenz zu beobachten; die produktivste Zeit des Impressionismus ist in der Malerei bereits vorbei, als seine Stilmerkmale in der Literatur erst hervorzutreten beginnen. Der wesentlichste Unterschied aber besteht darin, daß der Impressionismus in der Literatur den Zusammenhang mit dem Naturalismus, Positivismus und Materialismus verhältnismäßig früh verliert und fast von Anfang an zum Träger jener idealistischen Reaktion wird, die in der Malerei erst nach der Auflösung des Impressionismus zum Ausdruck kommt. Dies erklärt sich vor allem damit, daß die konservative Bildungselite in der Literatur eine unvergleichlich größere Rolle spielt als in der Malerei, die schon infolge ihrer stärkeren handwerksmäßigen Gebundenheit den spiritualistischen Bestrebungen einen stärkeren Widerstand leistet.

Die Krise des Naturalismus, die nur ein Symptom der Krise der positivistischen Weltanschauung ist, wird zwar erst um 1885 offenkundig, ihre Vorzeichen können aber schon um 1870 festgestellt werden. Die Feinde der Republik sind zumeist auch Feinde des Rationalismus, Materialismus und Naturalismus; sie bekämpfen den wissenschaftlichen Fortschritt und erwarten die geistige Wiedergeburt von einer religiösen Erneuerung. Sie sprechen von dem „Bankrott der Wissenschaft“, dem „Ende des Naturalismus“, der „seelenlosen Mechanisierung der Kultur“, sie meinen aber stets die Revolution, die Republik und den Liberalismus, wenn sie gegen die Geistlosigkeit des Zeitalters wettern. Die Konservativen haben zwar ihren Einfluß auf die Regierung verloren, sie haben aber ihre Machtstellung im öffentlichen Leben bewahrt. Sie besetzen noch immer die wichtigsten Posten in der Verwaltung, der Diplomatie, dem Heer, und beherrschen den öffentlichen Unterricht, namentlich auf höherer Stufe.[211] Die Lyzeen und die Universität gehören nach wie vor zur Domäne des Klerus und der Hochfinanz, und die von hier verbreiteten Kulturideale kommen in der Literatur stärker zur Geltung als je. Wir begegnen akademisch gebildeten Autoren in viel größerer Anzahl als früher, und das geistige Leben gewinnt unter ihrem Einfluß einen vorwiegend reaktionären Charakter. Flaubert, Maupassant und Zola waren keine gelehrten Schriftsteller, Bourget und Barrès repräsentieren dagegen den Geist der Akademie und der Universität; sie fühlen sich gewissermaßen verantwortlich für die Kulturgüter der Nation und treten als die berufenen geistigen Führer der Jugend auf.[212] Diese Intellektualisierung der Literatur ist vielleicht der auffallendste und allgemeingültigste Zug des Zeitalters; sie kommt sowohl bei den progressiven als auch den konservativen Schriftstellern zum Ausdruck.[213] Anatole France unterscheidet sich in dieser Beziehung von seinen klerikalen und nationalistischen Kollegen nicht im geringsten. Und wenn es neben den Bourget, Barrès, Brunetière, Bergson und Claudel auch nur einen Anatole France gibt, das Ansehen dieses Voltairianers beweist, daß der Aufklärungsgeist in Frankreich noch keineswegs tot ist. Es gehören allerdings Vorfälle wie die Dreyfus-Affäre und der Panama-Skandal dazu, um ihn vom Scheintod zu erwecken.

Frankreich macht um 1870 eine seiner schwersten geistigen und moralischen Krisen mit, sein „intellektuelles Sedan" aber hängt keineswegs mit seiner militärischen Niederlage zusammen, wie Barrès behauptet,[214] und seine „tödliche Lebensmüdigkeit" rührt nicht von seinem Materialismus und Relativismus her, wie Bourget meint. Von dieser Lebensmüdigkeit sind Bourget und Barrès ebensowenig frei wie Baudelaire und Flaubert. Sie gehört zur romantischen Krankheit des Jahrhunderts, und der Zolasche Naturalismus, den die Generation von 1885 als Sündenbock behandelt, stellt eigentlich den einzigen ernsten, wenn auch unzulänglichen Versuch dar, den Nihilismus, der sich der Gemüter bemächtigt hat, zu überwinden. Die literarische Situation ist seit den späteren achtziger Jahren von den Angriffen gegen Zola und der Auflösung des Naturalismus als führender Bewegung beherrscht. Das geht aus den Antworten auf die von Jules Huret, einem Mitarbeiter des *Écho de Paris*, veranstaltete Umfrage, die 1891 unter dem Titel *Enquête sur l'évolution littéraire* auch in Buchform erscheinen und eines der wichtigsten geistesgeschichtlichen Dokumente der Epoche bilden, als stärkster Eindruck hervor. Huret befragte die vierundsechzig prominentesten französischen Schriftsteller darüber, was sie vom Naturalismus hielten, ob er ihrer Meinung nach bereits tot sei oder ob er noch gerettet werden könne, und wenn nicht, welche literarische Richtung an seine Stelle treten würde. Die überwältigende Mehrheit der Befragten, mit den meisten ehemaligen Jüngern Zolas voran, gaben den Kranken auf. Nur der treue Paul Alexis beeilte sich zu telegraphieren: „Naturalisme pas mort. Lettre suit", als ob er die Verbreitung eines gefährlichen Gerüchts verhindern wollte. Seine Eile nützte aber nichts. Das Gerücht verbreitete sich, und der Naturalismus wurde auch von denjenigen verleugnet, die ihre ganze künstlerische Existenz ihm zu verdanken hatten. Zu diesen aber gehörten eigentlich die meisten schöpferischen Schriftsteller des Zeitalters. Denn was war die maßgebende Literatur bis um die Jahrhundertwende, und was ist sie zum Teil heute noch, wenn nicht naturalistische, formzertrümmernde, auf die Expansion der Erlebnisinhalte ausgehende Literatur? Was war vor allem der „psychologische Roman" Bourgets, Barrès', Huysmans' und noch Prousts, wenn nicht das Ergebnis naturalistischer, am „document humain" interessierter Beobachtung? Gewisse antinaturalistische Züge hängen freilich mit dem Impressionismus in der Literatur ebenso untrennbar zusammen wie in der Malerei, aber auch diese wachsen aus dem Boden des Naturalismus hervor. Die Heftigkeit der Reaktion beim Publikum erscheint daher auf den ersten Blick unerklärlich. Die Argumente gegen den Naturalismus waren durchaus nicht neu, merkwürdig war nur, daß man in einem Zeitpunkt, als der Naturalismus bereits gesiegt zu haben schien, sich mit solcher Erbitterung gegen ihn wandte. Was war es, was man dem Naturalismus nicht verzeihen konnte oder nicht verzeihen zu können vorgab? Der Naturalismus sei eine undelikate, indezente, obszöne Kunst, behauptet man, der Ausdruck einer platten, materialistischen Weltanschauung, das Mittel einer plumpen, dickaufgetragenen demokratischen Propaganda, eine Sammlung von langweiligen, belanglosen, wüsten Banalitäten, eine Wirklichkeitsdarstellung, die im Menschen nur das wilde, reißende, zuchtlose Tier und in der Gesellschaft nur das Werk der Vernichtung, die Auflösung der menschlichen Beziehungen, die Zersetzung der Familie, der Nation und der Religion schildere, er sei, mit einem Wort, destruktiv, naturwidrig, lebensfeindlich. Die Generation von 1850 verteidigte gegen den Naturalismus nur die Interessen der höheren Schichten, die von 1885 verteidigt gegen ihn die Menschheit, das schöpferische Leben, den lieben Herrgott. Man ist vielleicht religiöser, doch keineswegs aufrichtiger geworden.

Man faselt von den Mysterien des Seins und den Tiefen der Seele; man nennt das Vernünftige flach und will das Unbekannte, Unerkennbare erforschen, erfühlen. Man bekennt sich zu weltverneinenden, „asketischen Idealen", man versäumt nur, mit Nietzsche danach zu fragen, warum man sie eigentlich braucht. Der Symbolismus ist die gefeierte literarische Richtung des Tages; Verlaine und Mallarmé stehen im Mittelpunkt des Interesses. Die größten Namen der romantischen Bewegung, Chateaubriand, Lamartine, Vigny, Musset, Mérimée, Gautier, George Sand, werden in den Antworten, die Huret erhält, gar nicht erwähnt.[215] Man entdeckt dafür Stendhal und Baudelaire, begeistert sich für Villiers de l'Isle-Adam und Rimbaud, schafft die Mode des russischen Romans, des englischen Präraffaelismus und der deutschen Philosophie. Die tiefste und fruchtbarste Wirkung aber geht von Baudelaire aus; er gilt als der wichtigste Vorläufer der symbolistischen Dichtung und als der Schöpfer der modernen Lyrik überhaupt. Er ist es, der die Generation Bourgets und Barrès', Huysmans' und Mallarmés auf den Weg des romantischen Ästhetizismus zurückführt und den neuen Mystizismus mit dem alten Kunstfanatismus zu vereinbaren lehrt.

Der Ästhetizismus erreicht im Zeitalter des Impressionismus den Höhepunkt seiner Entwicklung. Seine charakteristischen Merkmale, die passive, rein kontemplative Haltung dem Leben gegenüber, die Flüchtigkeit und Unverbindlichkeit der Erlebnisse und der hedonistische Sensualismus, bilden jetzt die Kriterien der Kunst schlechthin. Das Kunstwerk gilt nicht nur als Selbstzweck, nicht nur als ein selbstgenügsames Spiel, dessen Reiz von jeder fremden, außerästhetischen Zielsetzung zerstört zu werden geeignet ist, nicht nur als das schönste Geschenk des Lebens, auf dessen Genuß man sich hingebungsvoll vorzubereiten hat, es wird in seiner Selbstherrlichkeit, seiner Rücksichtslosigkeit gegen alles, was außerhalb seiner Sphäre liegt, zum Modell des Lebens, nämlich des Lebens eines Dilettanten, der jetzt in der Wertschätzung der Dichter die Geisteshelden der Vergangenheit zu verdrängen beginnt und zur Idealgestalt des fin de siècle wird. Was ihn vor allem auszeichnet, ist eben, daß er „aus seinem Leben ein Kunstwerk zu machen" sucht, das heißt etwas Kostspieliges und Nutzloses, etwas frei und verschwenderisch Dahinströmendes, etwas der Schönheit, der reinen Form, der Harmonie der Farben und Linien Dahingeopfertes. Die ästhetische Kultur bedeutet den Lebensstil der Funktionslosigkeit, der Überflüssigkeit, das heißt den Inbegriff der romantischen Resignation und Passivität. Sie überspitzt aber noch die Romantik; sie verzichtet nicht nur auf das Leben wegen der Kunst, sie sucht die Rechtfertigung des Lebens in der Kunst selbst. Sie betrachtet das Kunstwerk als die einzige wirkliche Entschädigung für die Enttäuschungen des Lebens, als die eigentliche Verwirklichung und Vollendung des an sich stets unvollständigen und unartikulierten Daseins. Das bedeutet aber nicht nur, daß das Leben in den Formen der Kunst schöner und versöhnlicher wirkt, sondern daß es – wie Proust, der letzte große Impressionist und ästhetische Hedonist, meint – erst in der Erinnerung, der Vision, dem ästhetischen Erlebnis zur sinnvollen Realität gedeiht. Nicht wenn wir den Menschen und Dingen in der Wirklichkeit begegnen, sind wir in unseren Erlebnissen mit der größten Intensität gegenwärtig – die „Zeit" und Gegenwart dieser Erlebnisse ist stets „verloren" –, sondern wenn wir „die Zeit wiederfinden", wenn wir nicht mehr die Akteure, sondern die Zuschauer unseres Lebens sind, wenn wir Kunstwerke schaffen oder Kunstwerke genießen, das heißt, wenn wir uns erinnern. Hier, bei Proust, nimmt die Kunst erst in

Besitz, was Plato ihr verweigert hat: die Ideen – die adäquate Erinnerung an die wesenhaften Formen des Seins.

Der moderne Ästhetizismus als die Weltanschauung der durchaus passiven und rein kontemplativen Haltung gegenüber dem Leben geht in seiner theoretischen Begründung auf Schopenhauer zurück, der die Kunst als die Erlösung vom Willen, als das Quietiv, das die Begierden und Leidenschaften zum Schweigen bringt, definiert. Die ästhetische Weltanschauung beurteilt und bewertet das ganze Dasein vom Standpunkt dieser willen- und begierdelosen Kunst. Ihr Ideal ist ein Publikum, das aus lauter wirklichen oder potentiellen Künstlern besteht, aus Künstlernaturen, für die die Wirklichkeit bloß das Substrat von ästhetischen Erlebnissen bildet. Die zivilisierte Welt ist für sie ein großes Künstleratelier und der beste Kunstkenner der Künstler selbst. D'Alembert sagt noch: „Wehe der Kunst, deren Schönheit nur für die Künstler da ist!" Die Tatsache, daß er eine solche Warnung auszusprechen sich veranlaßt fühlte, beweist allerdings, daß die Gefahr des Ästhetizismus schon für das 18. Jahrhundert bestanden hat; im 17. wäre noch niemand auf einen solchen Gedanken gekommen. Für das 19. Jahrhundert wieder hat die Befürchtung D'Alemberts aufgehört, eine Gefahr zu bedeuten. Die Goncourts bezeichnen seine Worte als die größte Dummheit, die man sich denken könne,[216] und sind von nichts tiefer überzeugt, als daß die Voraussetzung des adäquaten Kunstverständnisses ein der Kunst geweihtes Leben, das heißt die praktische Ausübung der Kunst sei.

Die ästhetische Weltanschauung des Impressionismus bezeichnet den Anfang einer vollkommenen Inzucht der Kunst. Die Künstler schaffen ihre Werke für Künstler, und die Kunst, das heißt das Formerlebnis der Welt sub specie artis, wird der Kunst zum eigentlichen Gegenstand. Die rohe, ungeformte, von der Kultur unberührte Natur verliert ihren ästhetischen Reiz und das Ideal der Natürlichkeit wird von einem Ideal der Künstlichkeit verdrängt. Die Stadt, die städtische Kultur, die städtischen Vergnügungen, die „vie factice" und die „paradis artificiels", erscheinen nicht nur unvergleichlich anziehender, sondern auch viel geistiger und seelenvoller als die sogenannten Reize der Natur. Die Natur ist an und für sich häßlich, gewöhnlich, formlos, erst durch die Kunst wird sie genießbar. Baudelaire haßt das Land, die Goncourts erblicken in der Natur eine Feindin, und die späteren Ästheten, namentlich Whistler und Wilde, sprechen von ihr im Tone einer verächtlichen Ironie. Es ist das Ende des Pastorals, der romantischen Naturbegeisterung und des Glaubens an die Identität von Natur und Vernunft. Die Reaktion gegen Rousseau und den von ihm ausgehenden Kult des Naturzustandes findet ihren endgültigen Abschluß. Alles Einfache und Klare, alles Instinktive und Unraffinierte verliert seinen Wert; man betont die Bewußtheit, den Intellektualismus und die Unnatürlichkeit der Kultur. Man entdeckt den Kunstverstand und die verstandesmäßigen Funktionen im Prozeß des künstlerischen Schaffens. Die Phantasie des Künstlers produziere fortwährend Gutes, Mittelmäßiges und Schlechtes – sagt Nietzsche –, erst seine Urteilskraft verwerfe, wähle aus und organisiere das zu verwendende Material.[217] Auch dieser Gedanke rührt im Grunde, wie die ganze Philosophie der „vie factice“, von Baudelaire her, der seine „Wollust in Erkenntnis verwandeln“ und im Dichter stets auch den Kritiker zu Worte kommen lassen will,[218] bei dem die Begeisterung für alles, was künstlich ist, so weit geht, daß er die Natur auch moralisch für minderwertig hält. Das Böse geschehe, behauptet er, ohne Anstrengung, das heißt natürlich, das Gute sei dagegen stets das Produkt einer Kunst, sei künstlich, unnatürlich.[219]

Die Begeisterung für die Künstlichkeit der Kultur aber ist gewissermaßen wieder nur eine Form der romantischen Weltflucht. Man wählt das künstliche, fiktive Leben, weil die Wirklichkeit nie so schön sein könne wie die Illusion und weil jede Berührung mit der Realität, jeder Versuch, die Träume und Wünsche zu verwirklichen, zu ihrer Depravierung führen müsse. Man flüchtet sich aber jetzt vor der sozialen Wirklichkeit nicht zur Natur, wie es die Romantiker getan hatten, sondern zu einer höheren, sublimierteren, künstlicheren Welt. In Villiers de l'Isle-Adams *Axel* (1890, posth.), einer der klassischen Darstellungen des neuen Lebensgefühls, stehen die geistigen und imaginären Formen des Seins stets über den natürlichen und praktischen, und die unverwirklichten Wünsche wirken immer vollendeter und befriedigender als ihre Umsetzung in die gewöhnliche und triviale Wirklichkeit. Axel will mit Sara, die er liebt, Selbstmord begehen. Sie ist gern bereit, mit ihm in den Tod zu gehen, sie möchte aber, bevor sie sterben, das Glück einer Liebesnacht erleben. Axel befürchtet jedoch, daß er nachher nicht mehr den Mut haben werde zu sterben und daß ihre Liebe, so wie alle verwirklichten Träume, die Prüfung der Zeit nicht bestehen werde. Die vollkommene Illusion ist ihm lieber als die unvollkommene Wirklichkeit. Die ganze Gedankenwelt der Neuromantik ist mehr oder weniger von diesem Gefühl abhängig; allenthalben stoßen wir auf Lohengrine, die, wie Nietzsche sagt, ihre Elsas in der Hochzeitsnacht im Stich lassen. „Leben?" – fragt Axel – „Das besorgen unsere Dienstboten für uns." In Huysmans' *À rebours* (1884), der Hauptschrift dieses natur- und weltscheuen Ästhetizismus, ist der Ersatz der Praxis durch das Leben im Geiste noch restloser durchgeführt. Des Esseintes, der berühmte Held des Romans, der Prototyp aller Dorian Grays, isoliert sich so hermetisch von der Welt, daß er nicht einmal mehr eine Reise zu unternehmen wagt, denn er befürchtet, durch die Wirklichkeit enttäuscht zu werden. Es ist der gleiche lähmende, lebensfeindliche Subjektivismus, der im Naturüberdruß des Ästhetizismus zum Ausdruck kommt. „Die Zeit der Natur", sagt Des Esseintes, „ist um; sie hat durch die widerliche Einförmigkeit ihrer Landschaften und Himmel die Geduld der feinen Geister endgültig erschöpft." Für diese Geister gibt es nur einen Weg: sich vollkommen unabhängig machen und die Natur durch den Geist, die Wirklichkeit durch die Fiktion ersetzen. Es heißt für sie, alles Gradgewachsene zu krümmen, alle natürlichen Triebe und Neigungen in ihr Gegenteil umzubiegen. Des Esseintes lebt in seinem Haus wie in einem Kloster, er besucht niemanden und empfängt niemanden, er schreibt und erhält keine Briefe, er schläft bei Tag und liest, phantasiert, spekuliert bei Nacht; er schafft sich seine „künstlichen Paradiese" und verzichtet auf alles, was den gewöhnlichen Sterblichen Vergnügen macht. Er erfindet Symphonien in Farben, Düften, Getränken, künstlichen Blumen, seltenen Edelsteinen; denn selten und kostbar müssen die Mittel seiner seelischen Akrobatik sein. Natürlich, billig, abgeschmackt und plebejisch sind in seinem Wörterbuch Synonyme.

Der Mystizismus dieser ganzen Weltanschauung aber kommt vielleicht nirgends so stark zum Ausdruck wie in der Novelle *Véra* von Villiers de l'Isle-Adam.[220] Véra ist die abgöttisch geliebte, früh dahingeschiedene Gattin des Helden, der ihren Tod nicht zur Kenntnis nehmen will, weil er das Bewußtsein davon nicht ertragen könnte. Er wirft den Schlüssel der Gruft, in der sie begraben liegt, zurück durch das Gitter, geht nach Hause und fängt ein neues, künstliches Leben an, das heißt, er setzt das alte fort, als ob nichts geschehen wäre. Er geht aus und ein, spricht und handelt, als ob sie leben und sich neben ihm befinden würde. Sein Verhalten ist ein so konsequentes, lückenloses Gefüge der Attitüden und Handlungen, daß zur vollkommenen Sinnhaftigkeit seines Benehmens nichts als die körperliche Gegenwart Véras fehlt. Sie ist aber geistig so restlos gegenwärtig und die Ausstrahlung ihres Wesens so unmittelbar, so überwältigend, daß ihr fiktives Leben eine viel tiefere, wahrere, echtere Realität besitzt als ihr faktischer Tod. Sie stirbt erst, als dem Nachtwandler einmal die Worte entschlüpfen: „Ich erinnere mich ... Du bist ja tot!“ – Kein intelligenter Leser wird die Analogie zwischen dieser hartnäckigen Weigerung, die Wirklichkeit als relevant gelten zu lassen, und der christlichen Weltverneinung übersehen, keiner wird aber auch den Unterschied zwischen der Unerschütterlichkeit einer fixen Idee und der Unbeirrbarkeit eines religiösen Glaubens verkennen. Man kann sich überhaupt nichts Unchristlicheres, nichts dem Geiste des Mittelalters Fremderes vorstellen als den *ennui*, diese neue, impressionistische Form des romantischen Weltschmerzes. Es drückt sich darin ein Gefühl des Angewidertseins von der Monotonie des Lebens aus,[221] also gerade das Gegenteil des Unbefriedigtseins, das, wie bemerkt wurde, frühere, an eine göttliche Ordnung glaubende Zeitalter über die Widerwärtigkeiten des Daseins empfunden hatten.[222] Damals empfand man den Wankelmut der Fortuna, die Unbeständigkeit und Unberechenbarkeit des Schicksals als beunruhigend, man sehnte sich nach Ruhe und Sicherheit, nach der Eintönigkeit und Langeweile des Friedens; dem modernen Ästheten erscheint dagegen das bürgerliche Geordnet- und Gesichertsein des Lebens am unerträglichsten. Das Streben des Impressionismus, die wandelbare Stunde festzuhalten, seine Hingabe an den Stimmungsgehalt des Augenblicks als den höchsten, schlechthin unreduzierbaren und undefinierbaren Lebenswert, sein Ziel, im Augenblick zu leben, in ihm aufzugehen, ist nur die Folge dieser unbürgerlichen Weltanschauung, dieser Empörung gegen die Routine und die Disziplin des bürgerlichen Lebens. Auch der Impressionismus ist eine Oppositionskunst, wie seit der Romantik jede progressive Kunstrichtung, und das latente Rebellentum, das der impressionistischen Einstellung zum Leben an und für sich eigen ist, ohne es den Impressionisten immer bewußt zu sein, gehört zur Erklärung der Ablehnung der neuen Kunst seitens des bürgerlichen Publikums.

In den achtziger Jahren bezeichnet man den ästhetischen Hedonismus der Zeit mit Vorliebe als „Dekadenz“. Des Esseintes, der feine Genießer, ist zugleich der Prototyp des verwöhnten *décadent*. Der Begriff der Dekadenz aber enthält auch Züge, die in dem des Ästhetizismus nicht unbedingt enthalten sind, so vor allem die Kulturuntergangs- und Krisenstimmung, das heißt das Bewußtsein, am Ende eines Lebensprozesses und vor der Auflösung einer Zivilisation zu stehen. Die Sympathie mit den alten, müden, überfeinerten Kulturen, dem Hellenismus, der römischen Spätzeit, dem Rokoko und dem „impressionistischen“ Altersstil der großen Meister, gehört zum Wesen des Dekadenzgefühls. Die Empfindung, vor einer Wendung der Kulturgeschichte zu stehen, hatte man zwar auch früher schon, indem man aber bisher das Schicksal, einer alternden Kultur anzugehören, tief beklagte, wie es zum Beispiel noch Musset tat, verbindet man jetzt mit dem Begriff des Alt- und Müdeseins, der Überkultiviertheit und Degeneriertheit die Idee eines Geistesadels. Es bemächtigt sich ein richtiger Verfallsrausch der Menschen – ein Gefühl, das ebenfalls nicht mehr ganz neu, aber viel stärker ist, als man es bisher empfunden hatte. Die Zusammenhänge mit dem

Rousseauismus, dem Byronschen Lebensüberdruß und der romantischen Todessucht sind unverkennbar. Es ist derselbe Abgrund, der den Romantiker und den Dekadenten anzieht, dieselbe Lust an der Zerstörung, der Selbstzerstörung, die sie berauscht. Für den Dekadenten aber ist „alles Abgrund", alles von Lebensangst und Unsicherheit erfüllt:

Tout plein de vague horreur, menant on ne sait où,

wie es bei Baudelaire heißt.

„Wer weiß, ob die Wahrheit nicht traurig ist", sagte Renan – Worte der tiefsten Skepsis, die keiner der großen Russen unterschrieben hätte. Denn alles konnte für sie traurig sein, nur die Wahrheit nicht. Wieviel unheimlicher sind aber die Worte Rimbauds: „Was man nicht weiß, ist vielleicht entsetzlich" *(Le Forgeron)*. Man ahnt, von was für unerforschlichen und unerschöpflichen Rätseln er sich umgeben fühlt, wenn er auch gleich hinzufügt: „Wir werden es wissen." Der Abgrund, der für den Christen die Sünde, den Ritter die Ehrlosigkeit, den Bürger die Gesetzwidrigkeit war, ist für den Dekadenten alles, wofür er keine Begriffe, keine Worte, keine Formulierung hat. Daher sein verzweifelter Kampf um die Form und sein unüberwindlicher Abscheu vor allem Ungeformten, Ungebändigten und Natürlichen. Daher seine Vorliebe für die Epochen, die die meisten, wenn auch nicht immer die tiefsten Formulierungen besaßen, die für alles ein Wort, wenn auch oft nur ein mattes, zur Verfügung hatten.

Verlaines „Je suis l'empire à la fin de la décadence" wird zur Signatur der Zeit, und obgleich er als Apologet der römischen Verfallszeit in Gérard de Nerval,[223] Baudelaire und Gautier seine Vorläufer hat,[224] so spricht er doch das Stichwort im richtigen Augenblick aus und verleiht dem, was bisher der Ausdruck einer bloßen Stimmung war, den Charakter eines Kulturprogramms. Es gab Perioden der Kultur, die von einem Goldenen Zeitalter nichts wußten oder nichts wissen wollten, es gab aber vor der Dekadenz des 19. Jahrhunderts keine Generation, die gegen das Goldene Zeitalter für das Silberne optiert hätte. Diese Wahl bedeutete nicht nur das Bewußtsein des Epigonentums, nicht nur die Bescheidenheit des späten Erben, sondern auch eine Art von Schuldbewußtsein und

Minderwertigkeitsgefühl. Die *décadents* waren Hedonisten mit schlechtem Gewissen, Sünder, die sich wie Barbey d'Aurevilly, Huysmans, Verlaine, Wilde, Beardsley der katholischen Kirche in die Arme warfen. In nichts kam dieses Schuldgefühl unmittelbarer zum Ausdruck als in ihrer Konzeption der Liebe, die gänzlich von der Pubertätspsychologie der Romantik beherrscht war. Für Baudelaire ist die Liebe das schlechthin Verbotene, der Sündenfall, der nie gutzumachende Verlust der Unschuld; „faire l'amour, c'est faire le mal", sagt er. Sein romantischer Satanismus verwandelt aber diese Sündhaftigkeit selbst in eine Quelle der Wollust: die Liebe ist nicht nur an und für sich das Böse, ihr höchster Genuß besteht gerade im Bewußtsein, das Böse zu tun.[225] In der Sympathie mit der Prostituierten, die die Dekadenz mit der Romantik teilt, und bei der wieder Baudelaire der Vermittler ist, äußert sich die gleiche gehemmte, mit dem Gefühl der Schuld belastete Beziehung zur Liebe. Diese Sympathie ist natürlich vor allem der Ausdruck der Revolte gegen die bürgerliche Gesellschaft und die in der bürgerlichen Familie begründete Moral. Die Prostituierte ist die Entwurzelte und Ausgestoßene schlechthin, die Rebellin, die sich nicht nur gegen die institutionelle bürgerliche Form der Liebe, sondern auch gegen ihre „natürliche" seelische Form empört. Sie zerstört nicht nur die moralische Organisation des Gefühls, sie zerstört die Grundlagen des Gefühls selbst. Sie ist kalt inmitten der Stürme der Leidenschaft, sie ist und bleibt die überlegene Zuschauerin der Wollust, die sie erregt, sie fühlt sich einsam und teilnahmslos, wo andere fühlen und sich berauschen – sie ist, mit einem Wort, die Doppelgängerin des Künstlers. Aus dieser Gefühls- und Schicksalsgemeinschaft erwächst das Verständnis, das die Künstler der Dekadenz ihr entgegenbringen. Sie wissen, wie sie sich selber prostituieren, wie sie ihre heiligsten Gefühle preisgeben und wie billig sie ihre Geheimnisse hergeben.

Die Solidaritätserklärung mit der Prostituierten vollendet die Entfremdung des Künstlers von der bürgerlichen Gesellschaft. Der schlechte Schüler setzt sich in die „letzte Bank", wie Thomas Mann von einem seiner Helden sagt, und empfindet die Erleichterung, die man fühlt, wenn man den Schauplatz des allgemeinen Wettbewerbs verläßt und in der „letzten Bank" wohl verachtet, aber unbehelligt bleibt. Es wäre merkwürdig, wenn bei einem Denker wie Thomas Mann, dessen ganze Weltanschauung sich um ein einziges zentrales Problem dreht, nämlich um die Stellung des Künstlers in der bürgerlichen Welt, auch diese scheinbar wohl harmlose Bemerkung nicht mit seiner Beurteilung des Künstlertums zusammenhinge. Die im bürgerlichen Sinne ambitionslose Sonderexistenz, die der Künstler führt, ist tatsächlich so etwas wie eine „letzte Bank", die ihn jeder Verantwortung und Rechenschaft enthebt. Jedenfalls ist die betont „bürgerliche" Haltung Thomas Manns, so wie zum Beispiel auch die „korrekte" soziale Einstellung Henry James', nur als Reaktion gegen die Lebensformen einer Künstlerschaft zu verstehen, die sich demonstrativ in die „letzte Bank" gesetzt hat und mit der man nichts zu tun haben will. Thomas Mann und Henry James wissen es aber nur zu gut, daß der Künstler eine notgedrungen außermenschliche und unmenschliche Existenz führt, daß die Wege des normalen Lebens für ihn ungangbar und die spontanen, naiven, warmen Gefühle der Menschen für seine Zwecke unbrauchbar sind. Die Paradoxie seines Daseins besteht darin, daß er das Leben schildern soll und vom Leben selbst ausgeschlossen ist. Aus dieser Situation ergeben sich schwere, oft unlösbare Komplikationen. Paul Overt, der jüngere der beiden Schriftsteller, die in Henry James' *The Lesson of the Master* einander gegenüberstehen, revoltiert umsonst gegen die grausame Mönchszucht, der ein der Kunst gewidmetes Leben unterworfen ist, sträubt sich umsonst gegen den Verzicht auf jedes persönliche, private Glück, den Henry St. George, der Meister, von ihm fordert. Er ist voller Ungeduld und Erbitterung gegen die unbarmherzige Tyrannei der Macht, der er sich verschrieben hat. „Sie glauben doch nicht, daß ich die Kunst verteidige?" – erwidert ihm der Meister. „Glücklich ist die Gesellschaft, die sie nicht kennt." Und Thomas Mann ist gegenüber der Kunst ebenso streng, ebenso unversöhnlich. Denn wenn er alle die problematischen, zweideutigen und anrüchigen Existenzen, alle die Schwachen, Kranken und Degenerierten, alle die Abenteuerer, Hochstapler und Verbrecher, und zuletzt sogar Hitler als seelische Verwandte des Künstlers erscheinen läßt,[226] so bedeutet das die furchtbarste Anklage, die gegen die Kunst je erhoben wurde.

Das Zeitalter des Impressionismus bringt zwei extreme Formen des modernen asozialen, der Gesellschaft entfremdeten Künstlertums hervor: die neue Boheme und die Flüchtlinge vor der abendländischen Zivilisation in ferne, exotische Länder. Beide sind das Produkt des gleichen Gefühls, des gleichen „Unbehagens in der Kultur", nur daß die einen die „innere Emigration", die anderen die wirkliche Flucht wählen. Beide führen aber das gleiche abstrakte, von der konkret gegebenen Wirklichkeit und Praxis losgetrennte Leben; beide drücken sich in Formen aus, die der Mehrheit des Publikums immer fremder, immer unverständlicher erscheinen müssen. Die Reise in die Ferne als Flucht vor der modernen Zivilisation ist ebenso alt, wie es die Boheme als Protest gegen die bürgerliche Lebensordnung ist. Beide gehen auf den romantischen Irrealismus und Individualismus zurück, sie haben sich aber mittlerweile stark verwandelt, und die Form, in der die Generation der achtziger Jahre sie erlebt, verdanken sie abermals vor allem Baudelaire. Die Romantiker waren noch auf der Suche nach der „blauen Blume", nach dem Land der Träume und der Ideale, „mais les vrais voyageurs", sagt Baudelaire, „sont ceux-là seuls qui partent pour partir". Das ist die wirkliche Flucht, die Reise ins Ungewisse, die man unternimmt, nicht weil einen etwas anlockt, sondern weil einen etwas anwidert.

O Mort, vieux capitaine, il est temps! levons l'ancre!
Ce pays nous ennuie, o Mort! Appareillons!
Si le ciel et la mer sont noirs comme l'encre,
Nos coeurs que tu connais sont remplis de rayons!

Rimbaud steigert noch den Schmerz des Abschiednehmens – „La vie est absente, nous ne sommes pas au monde" –, er steigert aber kaum die Schönheit jener Abschiedsworte, die in der modernen Dichtung nicht ihresgleichen haben. Dennoch ist es der einzige wirkliche Erbe Baudelaires, der einzige, der die imaginären Reisen des Meisters verwirklicht und daraus, was vor ihm bloße Eskapaden in die Welt der Boheme waren, eine Lebensform macht.

Die Boheme ist in Frankreich keine einheitliche und eindeutige Erscheinung. Daß die leichtsinnigen und liebenswürdigen jungen Leute in Puccinis Oper mit dem vom bösen Geist besessenen Rimbaud und dem zwischen Verbrechertum und religiösem Mystizismus schwankenden Verlaine nichts zu tun haben, bedarf keiner besonderen Betonung. Der Stammbaum Rimbauds und Verlaines ist aber sehr verzweigt, und man hat, um sie darzustellen, drei verschiedene Phasen und Formen des Künstlertums zu unterscheiden: die Boheme der romantischen, der naturalistischen und der impressionistischen Zeit.[227] Die Boheme bedeutete ursprünglich nichts als eine Demonstration gegen die bürgerliche Lebensart. Sie bestand aus jungen Künstlern und Studenten, die größtenteils die Söhne wohlhabender Leute waren und bei denen die Opposition gegen die herrschende Gesellschaft zumeist nur jugendlicher Übermut und Widerspruchsgeist war. Théophile Gautier, Gérard de Nerval, Arsène Houssaye, Nestor Roqueplan und wie sie alle hießen, sagten sich von der bürgerlichen Gesellschaft los, nicht weil sie anders leben mußten, sondern weil sie anders leben wollten als ihre bürgerlichen Väter. Sie waren echte Romantiker, die auch in ihrer Lebensweise originell und extravagant sein wollten, weil sie unter Kunst und Dichtung etwas höchst Originelles und Extravagantes verstanden. Sie unternahmen ihren Ausflug in die Welt der Ausgestoßenen und Geächteten, so wie man eine Reise in ein fernes, exotisches Land unternimmt; sie wußten von dem Elend der späteren Boheme nichts, und der Rückweg in die bürgerliche Gesellschaft stand ihnen jederzeit offen. Die Boheme der nächsten Generation, die des militanten Naturalismus mit dem Bierkeller als Hauptquartier, der u. a. Champfleury, Courbet, Nadar und Murger angehörten, war dagegen eine wirkliche Boheme, das heißt ein Künstlerproletariat, das aus Leuten bestand, deren Existenz vollkommen ungesichert war, die außerhalb der Grenzen der bürgerlichen Gesellschaft standen und bei deren Kampf gegen das Bürgertum es sich um kein übermütiges

Spiel, sondern um eine bittere Notwendigkeit handelte. Ihre unbürgerliche Lebensart war die adäquate Form der fragwürdigen Existenz, die sie führten, und durchaus keine bloße Maskerade mehr. So wie Baudelaire, der chronologisch zu dieser Generation gehört, seiner Geistesart nach aber einen Übergang bildet einerseits nach rückwärts zur romantischen Boheme, andererseits nach vorwärts zur impressionistischen, stellt auch Murger, wenn auch in einem anderen Sinn, eine Übergangserscheinung dar. Jetzt, als die Boheme aufhört, „romantisch" zu sein, fängt die Bourgeoisie an, sie zu romantisieren und zu idealisieren. Murger spielt dabei den maître de plaisir und führt ihr das Quartier Latin gezähmt und reingewaschen vor. Er selber avanciert dafür, wie er's verdient, in die Reihe der bürgerlich akkreditierten Autoren. Der Philister verhält sich zur Boheme im großen und ganzen wie zur Unterwelt. Sie zieht ihn an und stößt ihn ab. Er kokettiert mit der Freiheit und Unverantwortlichkeit, die in ihr herrschen, schreckt aber vor der Unordnung und Anarchie zurück, die die Verwirklichung dieser Freiheit bedeutet. Die Idealisierung Murgers hat den Zweck, die Gefahr, die die bürgerliche Gesellschaft von hier aus bedroht, harmloser erscheinen zu lassen, als sie ist, und den ahnungslosen Bürger auch weiterhin in seinen zweideutigen Wunschträumen schwelgen zu lassen. Die Figuren Murgers sind zumeist lustige, etwas leichtfertige, aber durchaus gutmütige junge Leute, die sich an ihr Bohemeleben einst so erinnern werden, wie der bürgerliche Leser sich an seine tollen Studentenjahre erinnert. Dieser Eindruck eines Provisoriums nahm der Boheme in den Augen des Philisters den letzten Stachel. Und Murger stand mit seiner Anschauung keineswegs allein. Auch Balzac bezeichnete das Bohemeleben der jungen Künstler als ein Übergangsstadium. „Die Boheme besteht", schreibt er in *Un Prince de la Bohème*, „aus jungen Leuten, die noch unbekannt sind, die aber einst bekannt und berühmt sein werden."

Doch nicht nur das Murgersche, auch das wirkliche Leben der Boheme ist im Zeitalter des Naturalismus noch eine Idylle im Verhältnis zur Existenz der sich von der bürgerlichen Gesellschaft ausschließenden Dichter und Künstler der nächsten

Generation, – der Rimbaud, Verlaine, Tristan Corbière und Lautréamont. Die Boheme ist zu einer Gesellschaft von Vagabunden und Ausgestoßenen geworden, zu einer Gruppe von Verzweifelten, die sich nicht nur von der bürgerlichen Gesellschaft, sondern von der ganzen europäischen Zivilisation lossagen. Baudelaire, Verlaine und Toulouse-Lautrec sind schwere Alkoholiker, Rimbaud, Gauguin und van Gogh Landstreicher und herumirrende Weltenbummler, Verlaine und Rimbaud sterben im Spital, van Gogh und Toulouse-Lautrec kommen ins Irrenhaus, und die meisten von ihnen verbringen ihr Leben in Kaffees, Variétés, Bordellen, Krankenhäusern oder auf der Straße. Sie zerstören in sich alles, was der Gesellschaft nützlich sein könnte, sie wüten gegen alles, was dem Leben Bestand und Dauer verleiht, und sie wüten gegen sich selbst, als ob sie in ihrem eigenen Wesen alles vertilgen wollten, was sie mit anderen gemein haben. „Ich töte mich“, schreibt Baudelaire in einem Brief von 1845, „weil ich den anderen nutzlos und mir selber eine Gefahr bin.“ Es ist aber nicht nur das Bewußtsein des eigenen Unglücks, das ihn erfüllt, sondern auch die Empfindung, daß das Glück der anderen etwas Banales und Vulgäres sei. „Sie sind ein glücklicher Mensch“, schreibt er in einem späteren Brief. „Ich bemitleide Sie, mein Herr, daß Sie so leicht glücklich sind. Ein Mensch muß tief gesunken sein, um sich für glücklich zu halten.“[228] Tschechow gibt in der Novelle *Stachelbeeren* der gleichen Verachtung für das billige Glücksgefühl Ausdruck. Und das ist bei einem Schriftsteller, der für die Boheme so viel Sympathie empfindet, kein Zufall. „Sagen Sie, warum leben Sie so langweilig, so farblos?“ fragt der Held einer seiner Künstlernovellen seinen Gastgeber. „Mein Leben ist traurig, ist schwer, eintönig, weil ich ein Künstler bin, ein seltsamer Mensch, seit frühester Jugend zerrissen durch Neid, Unzufriedenheit mit mir selber, Zweifel an meiner Arbeit, ich bin arm, ich bin ein Vagabund; aber Sie, Sie, ein gesunder, normaler Mensch, ein Gutsbesitzer, ein Herr – warum leben Sie so uninteressant, nehmen so wenig vom Leben?“[229] Das Leben der älteren Boheme hatte wenigstens Farben; sie fand sich mit ihrem Elend ab, um farbig und interessant zu leben. Die neue Boheme aber lebt unter dem

Druck einer dumpfen, muffigen, würgenden Langeweile; die Kunst berauscht nicht mehr, sie betäubt nur.

Doch weder Baudelaire noch Tschechow, noch die anderen hatten eine Ahnung davon, zu welcher Hölle das Leben für einen Menschen wie Rimbaud werden konnte. Die abendländische Kultur mußte das Stadium ihrer gegenwärtigen Krise erreichen, damit wir eine solche Existenz überhaupt begreifen. Ein Neurastheniker, ein Tunichtgut, ein Tagedieb, ein durch und durch bösartiger, gefährlicher Mensch, der, von Land zu Land wandernd, sich als Sprachlehrer, Straßenhändler, Zirkusangestellter, Hafenarbeiter, landwirtschaftlicher Tagelöhner, Matrose, Freiwilliger der holländischen Armee, Mechaniker, Forschungsreisender, Kolonialwarenhändler und wer weiß was noch, durchbringt, sich irgendwo in Afrika eine Infektion zuzieht, in einem Spital von Marseille sich ein Bein amputieren lassen muß, um schließlich, siebenunddreißig Jahre alt, unter den furchtbarsten Qualen stückweise zugrundezugehen; ein Genie, das mit siebzehn Jahren unsterbliche Gedichte schreibt, mit neunzehn das Dichten vollständig aufgibt, und in dessen Briefen während der restlichen Jahre seines Lebens von Literatur nie mehr die Rede ist; ein Verbrecher an anderen und sich selbst, der seine kostbarsten Schätze von sich wirft und vollkommen vergißt, vollkommen verneint, daß er sie je besaß; einer der Wegbereiter und, wie viele behaupten, der eigentliche Begründer der modernen Dichtung, der, als die Nachricht seines Ruhmes ihn in Afrika erreicht, von diesem Ruhm durchaus nichts wissen will und dafür nur ein „merde pour la poésie“ übrig hat: kann man sich etwas Unheimlicheres, dem Begriff eines Dichters Widersprechenderes vorstellen? Ist es nicht, wie Tristan Corbière sagt: „Seine Verse waren von einem anderen; er hat sie nicht gelesen“? Ist es nicht der furchtbarste Nihilismus, die äußerste Selbstverleugnung, die denkbar ist? Und das ist die Frucht der Saat, die der gutbürgerliche, wohlanständige und wählerische Flaubert und seine feinen, kultivierten und kunstsinnigen Freunde bestellt haben.

Nach 1890 verliert das Wort „Dekadenz“ seinen suggestiven Klang und man beginnt vom „Symbolismus“ als der führenden Kunstrichtung zu sprechen. Moréas führt die Bezeichnung ein und definiert den Begriff als die Bestrebung, die Wirklichkeit in der Dichtung durch die „Idee“ zu ersetzen.[230] Die neue Terminologie entspricht dem Siege Mallarmés über Verlaine und der Verschiebung der Entwicklung vom sensualistischen Impressionismus zum Spiritualismus. Es ist oft sehr schwierig, den Symbolismus vom Impressionismus zu unterscheiden; die beiden Begriffe sind zum Teil antithetisch, zum Teil synonymisch. Verlaines Impressionismus und Mallarmés Symbolismus unterscheiden sich ziemlich scharf voneinander, bei einem Schriftsteller wie Maeterlinck aber ist die richtige stilistische Bezeichnung durchaus nicht so einfach. „Impressionistisch“ sind im Symbolismus die optischen und akustischen Effekte, die Vermischung und Verwechslung der verschiedenen Sinnesdaten, die Wechselwirkung der Kunstformen, vor allem jedoch das, was Mallarmé unter der Zurückeroberung des Eigentums der Dichtung von der Musik verstanden hat. Der Symbolismus bedeutet aber mit seiner irrationalistischen und spiritualistischen Einstellung zugleich eine scharfe Reaktion gegen den naturalistischen und materialistischen Impressionismus. Für diesen ist die sinnliche Erfahrung etwas Endgültiges und Unreduzierbares, für den Symbolismus dagegen ist die ganze empirische Wirklichkeit nur das Gleichnis einer Ideenwelt.

Der Symbolismus stellt einerseits das Resultat der Entwicklung dar, die mit der Romantik, das heißt, der Entdeckung der Metapher als der Keimzelle der Dichtung begonnen und zum impressionistischen Bilderreichtum geführt hat, er verneint aber nicht nur den Impressionismus wegen seiner materialistischen Weltanschauung, nicht nur den Parnasse wegen seines Formalismus und Rationalismus, sondern auch die Romantik selbst wegen ihres Emotionalismus und der Konventionalität ihrer Bildersprache. Der Symbolismus kann in gewisser Hinsicht als die Reaktion gegen die ganze ältere Dichtung betrachtet werden;[231] er entdeckt etwas, was bis dahin entweder unbekannt war oder unbetont blieb – die *poésie pure*,[232] die Dichtung aus dem irrationalen, begriffsfremden, der logischen Sinndeutung widerstrebenden Geist der Sprache. Dichtung bedeutet für den Symbolismus nichts als den Ausdruck jener Beziehungen und Entsprechungen, die die sich selbst überlassene Sprache zwischen dem Konkreten und dem Abstrakten, dem Materiellen und dem Ideellen, sowie zwischen den verschiedenen Sinnesgebieten selbst schafft. Die Dichtung sei die Andeutung von schwebenden und sich stets verflüchtigenden Bildern, meint Mallarmé; einen Gegenstand benennen, behauptet er, heiße drei Viertel des Vergnügens vernichten, das in seinem allmählichen Erraten besteht.[233] Das Symbol bedeutet aber nicht nur die absichtliche Vermeidung der direkten Benennung, sondern den indirekten Ausdruck eines Sinnes, der direkt gar nicht darstellbar, der seinem Wesen nach unformulierbar und undefinierbar ist.

Die Generation Mallarmés hat das Symbol als Ausdrucksmittel keineswegs erfunden; eine symbolische Kunst gab es auch früher schon. Sie hat nur den Unterschied zwischen Symbol und Allegorie entdeckt und den Symbolismus als dichterischen Stil zum bewußten Ziel ihrer Bestrebungen gemacht. Sie erkannte, wenn sie es auch nicht ausdrücklich sagte, daß die Allegorie nichts als die Übersetzung einer abstrakten Idee in die Form eines konkreten Bildes ist, wobei die Idee von ihrem bildhaften Ausdruck gewissermaßen unabhängig bleibt und sich auch in einer andern Form ausdrücken ließe, das Symbol dagegen die Idee und das Bild in eine untrennbare Einheit bringt, so daß die Umwandlung des Bildes hier zugleich die Verwandlung der Idee bedeutet. Der Inhalt eines Symbols läßt sich, mit einem Wort, in keine andere Form übersetzen, ein Symbol läßt sich dagegen sehr verschiedenartig interpretieren, und diese Wandelbarkeit der Interpretation, diese scheinbare Unerschöpflichkeit der zu interpretierenden Bedeutung, ist gerade das Wesentliche an ihm. Die Allegorie wirkt neben dem Symbol stets als die einfache, eindeutige und gewissermaßen überflüssige Transkription eines Gedankens, der durch diese Übertragung aus einer Sphäre in die andere nichts gewinnt. Die Allegorie ist eine Art Rätsel, deren Lösung auf der Hand liegt; das Symbol dagegen kann nur gedeutet, doch nicht gelöst werden. Die Allegorie ist der Ausdruck statischen, das Symbol der Ausdruck dynamischen Denkens; jene setzt der Ideenassoziation ein Ziel und eine Grenze, dieses setzt die Gedanken in Bewegung und hält sie in Bewegung. Die hochmittelalterliche Kunst drückt sich hauptsächlich in Symbolen, die spätmittelalterliche in Allegorien aus; die Abenteuer Don Quijotes sind symbolisch, die der Helden der Ritterromane, die Cervantes als Muster dienen, allegorisch. Es gibt aber fast jederzeit eine symbolische und eine allegorische Kunst nebeneinander, und selbst in den Werken eines und desselben Künstlers findet man sie oft miteinander vermischt. Lears „Feuerrad“ *(wheel of fire)* ist ein Symbol, Romeos „Kerzen der Nacht“ *(night's candles)* sind eine Allegorie; die nächste Zeile aber in Romeo selbst – *the jocund day Stands tiptoe on the misty mountain tops* – hat schon einen mit dem Symbolismus verwandten Klang. Sie enthält eine Fülle von Beziehungen und Anspielungen, deren Bilderkraft aufschlußreicher ist als die einer Allegorie.

Der Symbolismus geht davon aus, daß die Dichtung etwas schlechthin Ungestaltbares und auf direktem Wege Unzugängliches auszudrücken habe. Da man mit klaren Bewußtseinsmitteln über die Dinge nichts Relevantes aussagen könne, die Sprache dagegen ihre geheimen Beziehungen sozusagen automatisch aufdecke, muß sich der Dichter, wie Mallarmé betont, „der Initiative der Wörter überlassen“; er muß sich von dem Strom der Sprache, der spontanen Folge der Bilder und Visionen tragen lassen. Womit nicht nur gesagt ist, daß die Sprache dichterischer, sondern daß sie auch philosophischer ist als die Vernunft. Der Rousseauische Begriff des Naturzustandes, der vermeintlich besser ist als die Zivilisation, und die Burkesche Idee der organischen historischen Entwicklung, die angeblich Wertvolleres produziert als der neuerungssüchtige Reformismus, sind die eigentlichen Quellen, auf die diese mystische Poetik zurückgeht und die noch in dem Tolstoischen und Nietzscheschen Gedanken vom Leib, der weiser ist als der Geist, und in der Bergsonschen Lehre von der Intuition, die tiefer ist als der Intellekt, erkennbar sind. Auch dieser Mystizismus der Sprache, diese „alchimie du verbe“, rührt, wie die ganze halluzinatorische Auslegung des dichterischen Schaffens, von Rimbaud her. Er war es, der das für die moderne Dichtung entscheidende Wort aussprach, daß der Dichter zum Seher werden müsse und daß er sich durch die systematische Entwöhnung der Sinne von ihren normalen Funktionen, durch ihre Denaturalisierung und Dehumanisierung zu diesem Sehertum vorzubereiten habe. Die Praxis, die Rimbaud empfahl, entsprach nicht nur dem Ideal der Künstlichkeit, das der ganzen Dekadenz vorschwebte, sondern enthielt bereits ein neues Element, nämlich das der Deformation und der Grimasse als Ausdrucksmittel, das für die moderne expressionistische Kunst so bedeutungsvoll werden sollte. Sie gründete sich im wesentlichen auf das Gefühl, daß die normalen, spontanen seelischen Attitüden künstlerisch unergiebig seien und daß der Dichter den natürlichen Menschen in sich überwinden müsse, um den verborgenen Sinn der Dinge zu entdecken.

Mallarmé war ein Platoniker, der die gewöhnliche sinnliche Wirklichkeit für die depravierte Form eines ideellen, zeitlosen, absoluten Seins hielt, der aber die Ideenwelt, wenigstens zum Teil, schon im irdischen Leben verwirklichen wollte. Er lebte im luftleeren Raum seines Intellektualismus, von der gewöhnlichen Praxis vollkommen abgeschieden, und hatte zur Welt außerhalb der Literatur so gut wie gar keine Beziehungen. Er tötete in sich jede Spontaneität ab und wurde gleichsam zum anonymen Verfasser seiner Werke. Es gibt niemanden, der das Beispiel Flauberts treuer befolgt hätte. „Tout au monde existe pour aboutir à un livre“ – der Meister selber hätte es nicht flaubertischer formulieren können. „À un livre“ – sagt Mallarmé; es ist aber kaum ein Buch, das dabei herauskommt. Er verbringt sein ganzes Leben mit dem Schreiben, Umschreiben und Korrigieren von einem Dutzend Sonetten, zwei Dutzend kleinerer und etwa sechs größerer Gedichte, einer dramatischen Szene und einigen theoretischen Fragmenten.[234] Er wußte, daß seine Kunst eine Sackgasse war, die nirgendhin führte,[235] darum nimmt in seiner Dichtung das Motiv der Sterilität einen so großen Raum ein.[236] Das Leben des feinen, gebildeten, gescheiten Mallarmé endete mit einem ebenso furchtbaren Fiasko wie die Vagabundenexistenz Rimbauds. Beide verzweifelten am Sinn der Kunst, der Kultur, der menschlichen Gesellschaft und man weiß nicht, wer sich zuletzt von beiden konsequenter verhielt.[237] Balzac erwies sich mit seinem *Chef-d'oeuvre inconnu* als guter Prophet; der Künstler ist mit seiner Entfremdung vom Leben zum Zerstörer seines eigenen Werkes geworden.

Flaubert dachte schon an ein Buch ohne Sujet, das reine Form, purer Stil, bloßes Ornament sein sollte, und er war es, dem die Idee der *poésie pure* zuerst aufging. Mallarmé hätte sich vielleicht das Diktum, daß „ein schöner Vers ohne Bedeutung wertvoller sei als ein weniger schöner, der etwas bedeutet“ nicht wörtlich zu eigen gemacht; der Verzicht auf jeden Ideengehalt in der Dichtung entsprach keineswegs seiner Auffassung, er forderte aber, daß der Dichter auf die Erregung von Emotionen und Leidenschaften und auf die Verwendung von außerästhetischen, praktischen und rationalen Motiven verzichten sollte. Die Konzeption der „reinen Dichtung“ kann jedenfalls als die beste Zusammenfassung seiner Kunstanschauung und als der Inbegriff von all dem, was ihm als Dichter vorschwebte, betrachtet werden. Mallarmé fing ein Gedicht zu schreiben an, ohne genau zu wissen, wohin das erste Wort, die erste Zeile führen wird; das Gedicht entstand als die Kristallisation von sich fast automatisch zusammensetzenden Worten und Zeichen, als die Verbindung von Visionen und Assoziationen, die sich auseinander entwickelten und sich gegenseitig modifizierten.[238] Die Lehre von der *poésie pure* setzt das Prinzip dieser Schaffensmethode in eine Theorie des rezeptiven Verhaltens um und stellt fest, daß zur Entstehung des dichterischen Erlebnisses es nicht unbedingt nötig sei, das ganze Gedicht, und sei es noch so kurz, zu kennen; oft genügen ein bis zwei Zeilen, manchmal sogar einige Wortfetzen, um in uns die dem Gedicht entsprechende Stimmung zu erzeugen. Das heißt mit anderen Worten: um ein Gedicht zu genießen, ist es nicht nötig, oder es genügt jedenfalls nicht, seinen rationalen Sinn zu begreifen, ja es ist, wie die Volksdichtung zeigt, gar nicht nötig, daß das Gedicht selbst einen eindeutigen „Sinn“ habe.[239] Die Ähnlichkeit der hier beschriebenen Rezeptionsweise mit der Betrachtung eines impressionistischen Gemäldes aus entsprechender Ferne ist unverkennbar, die Konzeption der „reinen Dichtung“ enthält jedoch Züge, die in der des Impressionismus an und für sich nicht enthalten sind. Sie stellt die reinste, intransigenteste Form des

Ästhetizismus dar und drückt im wesentlichen die Idee aus, daß eine von der gewöhnlichen, praktischen, rationalen Wirklichkeit gänzlich unabhängige dichterische Welt, ein autonomer, in sich bestehender, sich um die eigene Achse drehender ästhetischer Mikrokosmos, durchaus möglich sei.

Die aristokratische Erhabenheit, die sich in dieser Entfremdung und Isolierung des Dichters von der Wirklichkeit äußert, wird durch die absichtliche Unklarheit des Ausdrucks und die gesuchte Schwierigkeit des dichterischen Gedankens noch gesteigert. Mallarmé ist der Erbe des „dunklen Reimens" der Troubadours und der Gelehrsamkeit der Humanistendichter. Er sucht das Unbestimmte, Rätselhafte, Schwerverständliche nicht nur, weil er weiß, daß der Ausdruck um so beziehungsreicher zu sein scheint, je vager er ist, sondern auch weil ein Gedicht seiner Meinung nach „etwas Geheimnisvolles sein muß, zu dem der Leser den Schlüssel suchen soll."[240] Catulle Mendès weist auf diesen Aristokratismus der dichterischen Praxis Mallarmés und seiner Anhänger ausdrücklich hin. Auf die Frage Jules Hurets, ob er den Symbolisten einen Vorwurf aus ihrer Dunkelheit mache, antwortet er: „Durchaus nicht. Die reine Kunst wird in dieser Zeit der Demokratie immer mehr zum Besitz einer Elite, einer bizarren, krankhaften, charmanten Aristokratie. Es ist recht, daß ihr Niveau hochgehalten wird."[241] Mallarmé leitet von der Feststellung, daß die charakteristische geistige Haltung der Dichtung gegenüber nicht das rationale Verstehen ist, die Folgerung ab, daß der grundlegende Zug jeder großen Dichtung das Unbegreifliche und Inkommensurable sei. Die künstlerischen Vorteile der elliptischen Ausdrucksweise, an die er denkt, sind augenfällig; das Überspringen von gewissen Gliedern der Assoziationen ermöglicht eine Schnelligkeit und damit eine Intensität der Wirkung, die bei einer langsamen Entwicklung der Effekte verlorengeht.[242] Mallarmé macht von diesen Vorteilen vollen Gebrauch, und seine Dichtung verdankt ihren Reiz vor allem der Komprimiertheit der Ideen und der Sprunghaftigkeit der Bilder. Die Schwierigkeit des Verständnisses hat aber bei ihm durchaus nicht immer innere, in dem künstlerischen Gedanken liegende Gründe, sondern rührt oft von willkürlichen, spielerisch wirkenden sprachlichen Manipulationen her.[243] Und die Ambition, schwierig zu sein der Schwierigkeit wegen, enthüllt erst die Absicht des Dichters, der sich von der Menge absondern und auf einen möglichst kleinen Kreis von Anhängern beschränken will. Die Symbolisten waren trotz ihrer scheinbaren Indifferenz in politischen Dingen im wesentlichen Reaktionäre; sie waren, wie Barrès bemerkt, so etwas wie die Boulangisten der Literatur.[244] Auch die Schwierigkeit der heutigen Dichtung macht zum Teil aus den gleichen Gründen wie die der Dichtung Mallarmés einen esoterischen, undemokratischen, vor dem breiten Publikum sich absichtlich verschließenden Eindruck, so verschieden auch die politischen Überzeugungen der einzelnen Dichter sind und so gut wir auch wissen, daß diese Schwierigkeit das Ergebnis einer sich seit langem vorbereitenden und für die moderne Kultur unabwendbaren Entwicklung ist.

England stand seit der Restauration nie so stark unter französischem Einfluß wie im letzten Viertel des 19. Jahrhunderts. Das Britische Reich macht jetzt, nach einer langen Periode der Prosperität, eine wirtschaftliche Krise mit, die sich zu einer Krise des Viktorianischen Geistes entwickelt. Die „große Depression“ fängt um die Mitte der siebziger Jahre an und dauert kaum länger als ein Jahrzehnt, das englische Bürgertum verliert aber während dieser Zeit sein früheres Selbstvertrauen. Es beginnt die wirtschaftliche Konkurrenz fremder, zumeist jüngerer Nationen wie der Deutschen und der Amerikaner zu empfinden und sieht sich in einen scharfen Wettkampf um den Besitz der Kolonien hineingezogen. Die unmittelbare Folge der neuen Verhältnisse ist die Rückbildung des wirtschaftlichen Liberalismus, der für das englische Bürgertum bisher trotz aller Kritik den Charakter eines unumstößlichen Dogmas besaß.[245] Die Abnahme des Exports verringert die Produktion und wirkt drückend auf das Lebensniveau der Arbeiterschaft. Die Arbeitslosigkeit wächst, die Streiks mehren sich, und die sozialistische Bewegung, die seit den Revolutionsjahren der Jahrhundertmitte zum Stillstand gekommen war, gewinnt nicht nur neue Kraft, sondern wird hier in England zum erstenmal ihrer eigentlichen Ziele und ihrer Macht bewußt. Diese Wendung hat für die geistige Entwicklung des Landes weitreichende Folgen. Das Bewußtsein, einem konkurrenzfähigen Ausland gegenüberzustehen, bringt das Ende des britischen Isolationismus mit sich[246] und bereitet den Boden für fremde geistige Einflüsse vor. Unter diesen steht der Einfluß der französischen Literatur an erster Stelle; die Wirkung des russischen Romans, Wagners, Ibsens und Nietzsches ergänzt die von Frankreich ausgehenden Anregungen. Viel wichtiger als die äußeren Einflüsse, ja ihre eigentliche Voraussetzung ist der Umstand, daß mit der Erschütterung des bürgerlichen Selbstbewußtseins und des Glaubens an die göttliche Sendung Englands in der Welt, vor allem aber mit der neuen sozialistischen Bewegung der achtziger Jahre ein erneuter Kampf um die individuelle Freiheit einsetzt und der ganzen geistigen Entwicklung, der progressiven Literatur und der Lebensweise der jungen Generation das Gepräge eines Freiheitskampfes gibt. Der geistige Habitus der Zeit weist so gut wie keinen Zug auf, der nicht den Charakter dieses Kampfes gegen Tradition und Konvention, Puritanismus und Philistertum, öden Utilitarismus und sentimentalen Romantizismus an sich trüge. Man kämpft gegen die ältere Generation um den Besitz und den Genuß des Lebens. Der Modernismus wird zum ästhetischen und moralischen Schlagwort der Jugend, die an die Tür klopft und Einlaß fordert. Die Ibsensche Selbstverwirklichung, der Wille, der eigenen Persönlichkeit Ausdruck zu geben und Geltung zu verschaffen, wird zum Ziel und Inhalt des Lebens. Und so ungeklärt es auch zumeist bleibt, was man unter dieser „Selbstverwirklichung" versteht, die moralische Sekurität der alten bürgerlichen Welt bricht unter dem Angriff der neuen Generation zusammen. Bis um 1875 steht die Jugend einer im großen und ganzen stabilen, in ihren Traditionen und Konventionen selbstsicheren und sich auch bei ihren Opponenten Respekt verschaffenden Gesellschaft gegenüber. Man fühlt nicht nur bei einer Jane Austen, sondern auch noch bei einer George Eliot, daß sie sich auf eine wenn auch nicht gerade ideale und unbedingt zu bejahende, so doch keineswegs negligierbare oder einfach ersetzbare soziale Ordnung stützt.

Jetzt verlieren aber auf einmal sämtliche Normen des gesellschaftlichen Lebens ihre Geltung; alles wird schwankend, problematisch und diskutierbar.

Die liberale Tendenz in der englischen Literatur und Kunst der achtziger Jahre stellt einen unpolitischen Individualismus dar, obwohl der Selbstverwirklichungsdrang der Jugend und ihr Kampf gegen die alten überindividuellen Formen mit der neuen politisch-sozialen Lage selbstverständlich eng zusammenhängen.[247] Diese Jugend ist durchaus bourgeoisfeindlich, sie ist aber keineswegs demokratisch oder gar sozialistisch. Ihr Sensualismus und Hedonismus, ihr Programm, das Leben zu genießen und sich an ihm zu berauschen, aus dem eigenen Leben ein Kunstwerk und aus jeder Stunde dieses Lebens ein unvergeßliches und unersetzliches Erlebnis zu machen, nimmt sogar oft einen gesellschaftsfeindlichen und amoralischen Charakter an. Die Antiphilisterbewegung richtet sich nicht gegen das kapitalistische, sondern gegen das kunstfeindliche Bürgertum. Von diesem Philisterhaß, der übrigens zu einer neuen mechanischen Konvention wird, ist in England der ganze Modernismus beherrscht. Davon sind auch die meisten Veränderungen abhängig, die der Impressionismus hier erfährt. Die impressionistische Kunst und Literatur trug in Frankreich keinen ausdrücklich antibürgerlichen Charakter; die Franzosen hatten den Kampf gegen den Philister bereits hinter sich, und die Symbolisten empfanden sogar eine gewisse Sympathie für das konservative Bürgertum. Die Literatur der Dekadenz in England dagegen hat eine Zersetzungsarbeit zu leisten, die in Frankreich teils die Romantik, teils der Naturalismus erledigt haben. Der auffallendste Zug, den die englische Literatur des Zeitalters im Gegensatz zur französischen aufweist, ist der Hang zum Paradoxen, zur überraschenden, bizarren, absichtlich schockierenden Ausdrucksweise, zu einer Geistreichelei, deren kokette, um die Wahrheit völlig unbekümmerte Selbstgefälligkeit heute so abgeschmackt wirkt. Es ist klar, daß diese Vorliebe für das Paradoxe nichts als Widerspruchsgeist ist und im Wunsch „épater le bourgeois" ihren eigentlichen Ursprung hat.

Alle Eigentümlichkeiten und Manieriertheiten sowohl in der Sprache und der Denkweise als auch in der Kleidung und den

Lebensformen der Künstler ist als Protest gegen die Weltanschauung des amusischen, phantasielosen, verlogenen und heuchlerischen Philisters aufzufassen. Ihr extravaganter Dandysmus ist es genau so wie ihre farbenreiche, mit allen Reizen des impressionistischen Stils prunkende Sprache. Das englische Dekadententum ist mit Recht als eine Vereinigung von Mayfair und Bohemia bezeichnet worden. In England finden wir weder eine Boheme in der Reinkultur der französischen, noch so reine, unnahbare Elfenbeinturm-Existenzen wie Mallarmé. Das englische Bürgertum besitzt noch immer genügende Lebenskraft, um diese zu absorbieren oder aus sich auszuscheiden. Oscar Wilde ist ein erfolgreicher bürgerlicher Schriftsteller, solange er der herrschenden Klasse als tragbar erscheint, sobald er sie aber anzuwidern beginnt, wird er unbarmherzig „liquidiert". In England nimmt zum Teil der Dandy die Stelle des Bohemiens ein, wie er ja auch in Frankreich schon sein Gegenspieler war. Er ist der nach oben deklassierte bürgerliche Intellektuelle, während der Bohemien der zum Proletariat herabgesunkene Künstler ist. Die gewählte Eleganz und Extravaganz des Dandys erfüllt die gleiche Funktion wie die Verwahrlosung und Verlotterung der Boheme. Sie verkörpern den gleichen Protest gegen die Routine und die Trivialität des bürgerlichen Lebens, nur daß die Engländer sich mit der Sonnenblume im Knopfloch leichter abfinden als mit dem offenen Kragenknopf. Bekanntlich waren schon die Vorbilder Mussets, Gautiers, Baudelaires und Barbey d'Aurevillys Engländer; Whistler, Wilde und Beardsley übernehmen dafür von den Franzosen die Philosophie des Dandysmus. Für Baudelaire ist der Dandy die lebende Anklage gegen die nivellierende Demokratie. Er vereinigt für ihn sämtliche heute noch möglichen Herrntugenden in sich; er ist jeder Situation gewachsen und ist über nichts erstaunt, er wird nie vulgär und bewahrt stets das kühle Lächeln des Stoikers. Das Dandytum ist die letzte Offenbarung des Heroismus in einer Zeit der Dekadenz, ein Sonnenuntergang, ein letzter leuchtender Strahl des menschlichen Stolzes.[248] Die Eleganz der Kleidung, die Gewähltheit der Lebensformen, die Strenge des Geistes sind nur die äußere Disziplin, die die Menschen dieser höheren Ordnung sich in der heutigen banalen Welt auferlegen; worauf es wirklich ankommt, ist die innere Überlegenheit und Unabhängigkeit, die praktische Ziellosigkeit und Unmotiviertheit des Seins und Handelns.[249] Baudelaire setzt den Dandy über den Künstler;[250] denn dieser begeistert sich noch, tut noch, schafft noch – ist noch Banause im Sinne der Alten. Die Grausamkeit der Vision Balzacs wird hier noch übertroffen: der Künstler zerstört nicht nur sein Werk, er vernichtet auch seinen Anspruch auf Ruhm und Ehre. Wenn nun Oscar Wilde das Kunstwerk, das er aus seinem Leben machen zu wollen behauptet, die Kunst, womit er seine Gespräche, Beziehungen und Lebensformen gestaltet, über seine literarischen Werke stellt, so hat er vor allem den Dandy Baudelaires vor Augen – das Ideal einer vollkommen nutzlosen, motivlosen, zwecklosen Existenz.

Wie selbstgefällig und kokett aber dieser Verzicht auf Künstlerehre und Künstlerruhm ist, zeigt die sonderbare Verbindung von Dilettantentum und Ästhetizismus, die die englische Dekadenz charakterisiert. Nie wurde die Kunst eigentlich ernster genommen als jetzt; nie hatte man sich mehr Mühe gegeben, meisterhaft ziselierte Verse, eine tadellose Prosa, vollkommen gegliederte und ausbalancierte Sätze zu schreiben. Nie hat das dekorative Element, die „Schönheit", das Elegante, Exquisite und Kostbare in der Kunst eine größere Rolle gespielt; nie wurde sie mit mehr Preziosität und Virtuosität geübt. War in Frankreich die Malerei das Vorbild der Dichtung, so ist es in England die Goldschmiedekunst. Wilde spricht nicht umsonst mit so viel Begeisterung von Huysmans' „jewelled style". Farbeneffekte wie die „jade-green piles of vegetables" in Covent Garden sind sein persönlicher Beitrag zur Erbschaft der Franzosen. G. K. Chesterton bemerkt irgendwo, daß das Schema des Shawschen Paradoxons darin bestehe, daß der Autor statt „weiße Trauben" „hellgrüne Trauben" sagt. Auch Wilde, der mit Shaw trotz aller Unterschiede so viel gemein hat, geht in seinen Metaphern oft vom Evidentesten und Trivialsten aus, und gerade in der Verbindung des Trivialen mit dem Exquisiten äußert sich der charakteristischste Zug seines Stils. Es ist als ob er sagen wollte, daß auch in der gewöhnlichsten Wirklichkeit noch Schönheit enthalten sei, so wie er es von Walter Pater gelernt hat. „Nicht die Frucht des Erlebnisses, das Erlebnis selbst ist das Ziel ... Im Zustand der Ekstase ist unser Erfolg im Leben“, heißt es im Schlußwort zur *Renaissance*, und in diesen Sätzen ist das Programm der ganzen ästhetischen Bewegung enthalten. Walter Pater vollendet die Entwicklung, die mit Ruskin beginnt und sich in William Morris fortsetzt, die sozialen Ziele seiner Vorläufer aber beschäftigen ihn nicht mehr; sein einziges Ziel ist ein hedonistisches: die Steigerung der Intensität des ästhetischen Erlebnisses. Der Impressionismus ist bei ihm nichts als eine Form des Epikureismus. Da im heraklitischen Sinne „alles fließt“ und das Leben mit unheimlicher Schnelligkeit dahinrauscht, gibt es für uns nur eine Wahrheit – die des Augenblicks, und nur so viel Wonne und Lust, als wir dem Augenblick abgewinnen können. Alles, was wir vermögen, ist, keinen Augenblick vergehen zu lassen, ohne seinen eigenen Reiz, seine innere Kraft, seine Schönheit zu genießen.

Wie weit sich dabei die ästhetische Bewegung in England vom französischen Impressionismus entfernt, begreift man am besten, wenn man an eine Erscheinung wie Beardsley denkt. Man kann sich keine „literarischere“ Kunst vorstellen als die seinige, keine, in der die Psychologie, das gedankliche Motiv, die Anekdote eine größere Rolle spielen. Die kunstgewerbliche Kalligraphie, die die französischen Meister so peinlich zu vermeiden trachten, ist das wesentlichste Element seines Stils. Und diese Kalligraphie bildet den Ausgangspunkt jener ganzen, dem Impressionismus entgegengesetzten Entwicklung, die zu den mondänen, bei der halbgebildeten und wohlsituierten Bourgeoisie so beliebten Illustratoren und Theaterdekorateuren führt.

Der Intellektualismus, der in der französischen Literatur, trotz der starken intuitionistischen Strömung, die vorherrschende Tendenz bildet, stellt auch in England den Grundzug der neuen Literatur dar. Wilde akzeptiert nicht nur die Ansicht Matthew Arnolds, daß es der Kritiker sei, der die geistige Atmosphäre eines Jahrhunderts bestimmt,[251] und pflichtet nicht nur den Worten Baudelaires bei, daß jeder echte Künstler auch ein Kritiker sein müsse, er stellt den Kritiker sogar über den Künstler und neigt dazu, die Welt mit den Augen des Kritikers zu betrachten. Das erklärt die Tatsache, daß seine Kunst, sowie auch die seiner Zeitgenossen oft einen so dilettantischen Eindruck macht. Fast alles, was sie hervorbringen, wirkt wie das virtuose Spiel von sehr begabten Leuten, die jedoch keine Berufskünstler sind. Diesen Eindruck wollten sie aber auch, wenn man ihnen glauben darf, erwecken. Auf dem Boden des gleichen Intellektualismus, wenn auch auf einem höheren Niveau, bewegen sich Meredith und Henry James. Wenn es im englischen Roman eine Tradition gibt, die George Eliot mit Henry James verbindet,[252] so besteht sie zweifellos in diesem Intellektualismus. In soziologischer Beziehung begann mit George Eliot eine neue Phase in der Geschichte der englischen Literatur – die Entstehung eines neuen, anspruchsvolleren Lesepublikums. George Eliot aber war noch, obgleich sie eine hoch über dem Dickens-Publikum stehende geistige Schicht repräsentierte, für verhältnismäßig breite Schichten des Publikums genießbar, die Leserschaft von Meredith und Henry James beschränkt sich dagegen bereits auf eine ganz dünne Intelligenzschicht, die von einem Roman nicht mehr, wie das Publikum von Dickens oder George Eliot, eine packende Handlung und farbenreiche Figuren, sondern vor allem einen tadellosen Stil und reife, maßgebende Urteile über das Leben erwartet. Das, was bei Meredith zumeist bloße Manier ist, ist bei Henry James oft wirkliche intellektuelle Leidenschaft, beide aber sind die Repräsentanten einer Kunst, die zur Wirklichkeit wesentlich abstrakte Beziehungen hat und deren Gestalten sich, mit der Welt Stendhals, Balzacs, Flauberts, Tolstois und Dostojewskis verglichen, wie im luftleeren Raum bewegen.

Der Impressionismus wird gegen Ende des Jahrhunderts zum vorherrschenden Stil in ganz Europa. Es gibt von nun an überall eine Dichtung der Stimmungen, der atmosphärischen Eindrücke, der Erlebnisse der dahinschwindenden Jahres- und Tageszeiten. Man tüftelt an einer Lyrik der flüchtigen, kaum erfaßbaren Sensationen, der unbestimmten, undefinierbaren

Sinnenreize, der zarten Farben und der müden Stimmen. Das Unentschiedene, Vage, das an der unteren Grenze der sinnlichen Wahrnehmung sich Bewegende wird zum Hauptmotiv der Dichtung; es ist aber nicht die objektive Wirklichkeit, um die es sich dabei handelt, sondern die Emotion des Dichters über die eigene Empfindsamkeit, die eigene Erlebnisfähigkeit. Diese substanzlose Stimmungskunst beherrscht jetzt sämtliche Formen der Literatur; alle verwandeln sich in Lyrismen, in Bild und Musik, in Ton und Nuancen. Die Fabel reduziert sich auf bloße Situationen, die Handlung auf lyrische Szenen, die Charakterzeichnung auf die Schilderung von seelischen Dispositionen und Zuständen. Alles wird zur Episode, zur Peripherie eines Daseins ohne Zentrum.

In der Literatur außerhalb Frankreichs sind die impressionistischen Züge der Darstellung stärker ausgeprägt als die symbolistischen. Wenn man die französische Literatur allein vor Augen hat, neigt man leicht dazu, den Impressionismus mit dem Symbolismus zu identifizieren.[253] So hat auch Victor Hugo den jungen Mallarmé „mon cher poète impressionniste" genannt. Die Unterschiede sind aber bei näherer Betrachtung unverkennbar: der Impressionismus ist materialistisch und sensualistisch, wenn seine Motive auch noch so delikat sind, der Symbolismus hingegen idealistisch und spiritualistisch, obgleich seine Ideenwelt nur eine sublimierte Sinnenwelt ist. Der wesentlichste Unterschied aber besteht darin, daß, während der französische Symbolismus, zu dem auch der belgische gerechnet werden muß, mit seinen Ausläufern, das heißt der „Lebensphilosophie" Bergsons auf der einen und dem Katholizismus und Royalismus der *Action française* auf der anderen Seite, eine jederzeit in Aktivismus umzuschlagen bereite Tendenz darstellt, der Impressionismus der Wiener, der Deutschen, der Russen und der Italiener, mit Schnitzler, Hofmannsthal, Rilke, Tschechow und D'Annunzio als Hauptvertretern, eine Weltanschauung der Passivität, der restlosen Hingabe an die Umwelt und des widerstandslosen Aufgehens im Augenblick zum Ausdruck bringt. Wie tief aber trotzdem die Beziehungen zwischen Impressionismus und Symbolismus sind, wie leicht in beiden das irrationale Moment die Oberhand gewinnt und die Passivität sich in einen leichtfertigen Aktivismus verwandelt, zeigt die Entwicklung von Dichtern wie Stefan George und D'Annunzio. Man wäre gern bereit, die Geschmacklosigkeiten des letzteren, seine chronische Berauschtheit vom Leben und seine üppigen Wortdraperien, mit seinen faschistischen Neigungen in Zusammenhang zu bringen, wenn bei Barrès und Stefan George die gleiche politische Velleität nicht mit einem so viel besseren Geschmack und so viel besseren literarischen Manieren verbunden wäre.

Die reinste Form des auf jede Aktivität, auf jeden Widerstand gegen den Strom der Erlebnisse verzichtenden Impressionismus vertreten die Wiener. Vielleicht ist es die alte, müde Kultur dieser Stadt, der Mangel an jeder aktiven nationalen Politik und der große Anteil der Fremden, namentlich der Juden, am literarischen Leben, die dem Wiener Impressionismus den ihm eigentümlichen subtilen und passiven Charakter verleihen. Wir haben es hier mit einer Kunst von reichen Bürgerssöhnen zu tun, dem Ausdruck des freudelosen Hedonismus jener gewissen „zweiten Generation", die die Früchte der Arbeit ihrer Väter genießt. Sie sind nervös und traurig, müde und ziellos, skeptisch und selbstironisch, diese Dichter der exquisiten, sich im Nu verflüchtigenden Stimmungen, die nichts zurücklassen als das Gefühl des Vergehens, des Versäumens und das Bewußtsein der Untauglichkeit fürs Leben. Der latente Inhalt jedes Impressionismus, die Koinzidenz der Nähe und der Ferne, die Fremdheit der nächsten, alltäglichsten Dinge, das Gefühl, von der Welt für immer abgetrennt zu sein, wird hier zum Grunderlebnis.

> Wie kann das sein, daß diese nahen Tage
> fort sind, für immer fort und ganz vergangen?

fragt Hofmannsthal, und in dieser Frage sind im Keime auch die übrigen Fragen enthalten: das Erschaudern über das „Jetzt und Hier, das zugleich ein Jenseits ist", das Erstaunen darüber, daß „diese Dinge anders sind und die Worte, die wir brauchen, wieder anders", die Bestürzung darüber, daß „alle Menschen ihre Wege gehen", und schließlich die letzte, große Frage: „Wenn ein Mensch dahin ist, nimmt er ein Geheimnis mit sich:

wie es ihm, gerade ihm – im geistigen Sinn zu leben möglich gewesen sei." Wenn man an das Balzacsche „Nous mourons tous inconnus" denkt, sieht man, wie konsequent sich das europäische Lebensgefühl seit 1830 entwickelt. Dieses Lebensgefühl hat einen konstanten, stets vorherrschenden, sich immer mehr vertiefenden Zug: das Bewußtsein der Entfremdung und der Einsamkeit. Es mag zum Gefühl der vollkommenen Verlassenheit von Gott und der Welt herabsinken oder im Augenblick des Übermuts, der oft der der größten Verzweiflung ist, zur Idee des Übermenschentums emporsteigen; der Übermensch fühlt sich in der dünnen Luft seiner Bergeshöhen ebenso einsam und unglücklich wie der Ästhet in seinem Elfenbeinturm.

Die merkwürdigste Erscheinung der Geschichte des Impressionismus in Europa ist seine Adoptierung durch Rußland und das Auftreten eines Schriftstellers wie Tschechow, den man als den reinsten Repräsentanten des ganzen Stils bezeichnen kann. Nichts ist überraschender, als einem solchen Künstler in einem Lande zu begegnen, das noch nicht lange her in der geistigen Atmosphäre der Aufklärung lebte und dem der Ästhetizismus und das Dekadententum, die die Entstehung des Impressionismus im Westen begleiten, vollkommen fremd sind. In einem technischen Jahrhundert aber wie dem 19. geht die Verbreitung der Ideen rasch vor sich, und die Übernahme der industriellen Wirtschaftsformen des Westens schafft auch hier Verhältnisse, die zur Entstehung eines der westlichen Intelligenz entsprechenden sozialen Gebildes und eines dem *ennui* ähnlichen Lebensgefühls führen.[254] Gorki begriff von allem Anfang an die entscheidende Rolle, die Tschechow in der russischen Literatur spielen sollte; er sah, daß mit ihm eine ganze Epoche zum Abschluß gelangt war und daß seine Schreibweise für die neue Generation einen Reiz besaß, auf den sie einfach nicht mehr zu verzichten vermochte. „Wissen Sie, was Sie tun?" – schreibt er ihm im Jahre 1900. „Sie vernichten den Realismus ... Nach einer Ihrer Geschichten, und wie unbedeutend sie auch sei, erscheint alles roh, als ob es mit einem Knüttel und nicht mit einer Feder geschrieben wäre."[255]

Tschechow hat als Apologet der Untüchtigkeit und der Erfolglosigkeit im Leben zwar seine Vorläufer in Dostojewski und Turgenjew, diese betrachten aber den Mißerfolg und die Vereinsamung noch nicht als das unabwendbare Schicksal gerade der Besten. Erst die Weltanschauung Tschechows dreht sich um das für den Impressionismus charakteristische Erlebnis der Beziehungslosigkeit der Menschen zueinander, ihrer Unfähigkeit, die letzte Distanz, die sie voneinander trennt, zu überbrücken oder, wenn dies ihnen auch einmal gelingt, in einer distanzlosen Nähe zueinander zu verharren. Es ist das Gefühl der vollkommenen Hilflosigkeit und Hoffnungslosigkeit, der unheilbaren Lähmung der Willenskraft einerseits und der Fruchtlosigkeit aller Bemühungen andererseits, das die Menschen Tschechows erfüllt. Diese Weltanschauung der Passivität und der Indolenz, dieses Gefühl, daß im Leben nichts zum Ziel und Ende gelangt, hat weitgehende formale Konsequenzen; sie führt zur Betonung der Episodenhaftigkeit und der Irrelevanz alles äußern Geschehens, bringt den Verzicht auf jede formale Gliederung, jede Konzentration und Integration mit sich und drückt sich mit Vorliebe in einer exzentrischen, den gegebenen Rahmen vernachlässigenden und vergewaltigenden Komposition aus. So wie Degas wichtige Teile der Darstellung ganz an den Rand der Bildfläche rückt und sie durch den Rahmen überschneidet, endet Tschechow seine Novellen und Dramen mit einem „Auftakt", um auch damit den Eindruck der Unabgeschlossenheit, der Abgebrochenheit, der zufälligen, willkürlichen Beendigung der Werke zu betonen. Er verfolgt ein der „Frontalität" in jeder Hinsicht entgegengesetztes Formprinzip, eines, wobei alles darauf angelegt ist, der Darstellung den Charakter des zufällig Erlauschten, zufällig Festgehaltenen, zufällig Vorgefallenen zu geben.

Das Gefühl der Sinnlosigkeit, Belanglosigkeit und Bruchstückartigkeit der äußeren Geschehnisse führt im Drama zur Reduktion der Handlung auf ein Mindestmaß und zum Verzicht auf die Effekte, die für die *pièce bien faite* so bezeichnend waren. Das bühnengerechte Drama verdankt seine Wirkung letzten Endes klassischen Formprinzipien: der Einheitlichkeit, Abgeschlossenheit und der ebenmäßigen Gliederung der Handlung. Das dichterische Drama, das heißt sowohl das symbolische Drama Maeterlincks als auch das impressionistische Drama Tschechows, verzichtet auf diese strukturellen Wirkungsmittel im Interesse der Unmittelbarkeit des lyrischen Ausdrucks. Die Tschechowsche Form des Dramas ist vielleicht die am wenigsten theatralische der Weltliteratur – eine Form, in der die *coups de théâtre*, die Überraschungs- und Spannungseffekte der Bühne, die geringste Rolle spielen. Es gibt kein Drama, in welchem weniger geschieht, in welchem weniger dramatische Bewegung, weniger dramatischer Kampf zu finden ist. Die Charaktere kämpfen nicht, wehren sich nicht, werden nicht besiegt – sie gehen einfach unter, versinken langsam, werden vom Alltag ihres ereignislosen, aussichtslosen Lebens verschlungen. Sie lassen ihr Schicksal über sich ergehen, ein Schicksal, das sich nicht in der Form von Katastrophen, sondern von Enttäuschungen vollzieht.

Seitdem es nur ein solches Drama ohne Handlung und Bewegung gibt, zweifelt man an seiner Berechtigung und fragt sich, ob es auch wirklich ein Drama, ob es wirklich Theater sei, das heißt, ob es sich auf der Bühne als lebensfähig erweisen werde.

Die *pièce bien faite* war noch Drama im alten Sinne, das zwar gewisse Elemente des Naturalismus in sich aufnahm, im großen und ganzen jedoch sowohl an den bühnentechnischen Konventionen als auch dem Heldenideal des klassisch-romantischen Dramas festhielt. Der Naturalismus erobert erst in den achtziger Jahren die Bühne, das heißt in einem Zeitpunkt, in dem der Naturalismus im Roman bereits im Abflauen begriffen ist. Henri Becques *Les Corbeaux*, das erste naturalistische Drama, stammt aus dem Jahre 1882, und Antoines *Théâtre libre*, die erste naturalistische Bühne, wird 1887 gegründet. Das bürgerliche Publikum verhält sich zunächst vollkommen ablehnend, obgleich Henri Becque und seine unmittelbaren Nachfolger für die Bühne nur verwerten, was durch Balzac und Flaubert längst literarisches Gemeingut geworden ist. Das naturalistische Drama im engeren Sinne entsteht im Ausland, in den nordgermanischen Ländern, in Deutschland und Rußland. Das Publikum akzeptiert allmählich seine Konventionen, so wie es die des naturalistischen Romans akzeptiert hat, und protestiert bei Ibsen, Brieux und Shaw nur gegen die allzu aggressiven Angriffe auf die bürgerliche Moral. Schließlich aber erobert auch das bourgeoisfeindliche Drama das bürgerliche Publikum, und selbst das sozialistische Drama Gerhart Hauptmanns feiert seine ersten und größten Triumphe im bürgerlichen Westen Berlins. Das naturalistische Theater ist nichts als der Weg zur intimen Bühne, zur Verinnerlichung der dramatischen Konflikte und zu einer unmittelbareren Verbindung zwischen Bühne und Publikum. Die allzu handgreiflichen Mittel der Bühnenwirkung, die komplizierte Intrige und die forcierte Spannung, die künstlichen Retardierungen und Überraschungen, die großen Konfliktszenen und die starken Aktschlüsse werden zwar länger in Ehren gehalten als die entsprechenden Kunstmittel im Roman, plötzlich fangen sie aber an, lächerlich zu wirken und müssen durch subtilere Effekte ersetzt oder verschleiert werden. Ohne die Eroberung von verhältnismäßig breiten Schichten des Publikums wäre das naturalistische Drama nie zu einer theatergeschichtlichen Realität geworden; denn ein lyrischer Gedichtband kann in ein paar hundert, ein Roman in ein- bis zweitausend Exemplaren erscheinen, die Aufführung eines Theaterstückes muß jedoch von Zehntausenden gesehen werden, um sich bezahlt zu machen. Das neue naturalistische Drama hat sich in diesem Sinne bereits längst als lebensfähig erwiesen, als die Kritiker und Ästhetiker sich noch immer über seine Möglichkeit den Kopf zerbrachen. Sie konnten sich vom klassizistischen Begriff des Dramas durchaus nicht befreien, und auch die vernünftigsten und kunstsinnigsten unter ihnen betrachteten das naturalistische Theater als eine „contradictio in adjecto".[256] Sie konnten sich namentlich darüber nicht hinwegsetzen, daß die Ökonomie des klassischen Dramas vernachlässigt wurde, daß man sich auf der Bühne miteinander ungezwungen unterhielt, Probleme diskutierte, Erlebnisse schilderte, vom Hundertsten ins Tausendste kam, als ob die Vorstellung nie enden sollte. Sie bemängelten, daß das naturalistische Drama „nicht aus einer Betrachtung von Schicksal, Charakter und Handlung entstanden ist, sondern aus einer Detailwiedergabe der Wirklichkeit",[257] eigentlich ist aber nichts anderes geschehen, als daß die Wirklichkeit mit ihren konkreten Bedingungen selbst als Schicksal empfunden wurde und daß man unter „Charakteren" keine eindeutigen Bühnenfiguren mehr verstand, sondern vielseitige, komplizierte, inkonsequente, im alten Sinne „charakterlose" Menschen, die, wie Strindberg in seinem Vorwort zu *Fräulein Julie* von 1888 ausführte, ein Produkt der Verhältnisse, der Vererbung, des Milieus, der Erziehung, des Naturells, der Einflüsse des Ortes, der Jahreszeit und des Zufalls waren, und deren Entscheidungen nicht ein einziges Motiv, sondern eine ganze Reihe von Motiven hatten.

Bei dem Übergewicht der Innerlichkeit, Stimmung, Atmosphäre und Lyrik über die Handlung im Drama haben wir es mit der gleichen Entfabelung zu tun wie in der impressionistischen Malerei. Die ganze Kunst des Zeitalters zeigt eine Tendenz zum Psychologismus und Lyrismus, und die Flucht vor der Fabel, die Ersetzung der äußeren Bewegung durch eine innere, der Handlung durch Weltanschauung und Lebensdeutung, kann geradezu als der Grundzug des neuen, überall zur Geltung kommenden Kunstwollens bezeichnet werden. Während aber die Anekdotenmalerei unter den Kunstkritikern kaum Verteidiger fand, protestierten die Dramaturgen gegen die Vernachlässigung der Handlung im Drama aufs nachdrücklichste. Sie sprachen, namentlich in Deutschland, von einer verhängnisvollen Loslösung des Dramas vom Theater, der entscheidenden Rolle der Bühnengerechtheit für das Theatererlebnis, dem Massencharakter dieses Erlebnisses und der prinzipiellen Widersinnigkeit des intimen Theaters. Die Motive der Opposition gegen das naturalistische Drama waren sehr verschiedenartig; die reaktionäre politische Tendenz spielte dabei nicht immer die Hauptrolle und kam oft nur auf Umwegen zum Ausdruck; entscheidender war das Liebäugeln mit dem Gedanken des „monumentalen Theaters", das man, wieder vor allem in Deutschland, gegen das den wirklichen seelischen Bedürfnissen entsprechende intime Theater ausspielte, und die Ambition, ein „Massentheater" zu schaffen für die Massen, die wohl da waren, die aber kein Theaterpublikum bildeten. Bezeichnend für die ganze Begriffsverwirrung war, daß man statt des mit der demokratischen Weltanschauung verwachsenen Naturalismus, als dem adäquaten Stil des zukünftigen Volkstheaters, den Klassizismus der alten Aristokratie und Bourgeoisie darstellte.

Den schwersten Vorwurf gegen das neue Drama machte man aus seinem von der naturalistischen Weltanschauung untrennbaren Determinismus und Relativismus. Man betonte, daß dort, wo es keine innere und äußere Freiheit und keine absoluten Werte, keine objektiven, allgemeingültigen, undiskutierbaren Sittenregeln gibt, auch kein wirkliches, nämlich kein tragisches Drama möglich sei. Die Bedingtheit der sittlichen Normen und das Verständnis für gegensätzliche moralische Standpunkte schließe einen wirklichen dramatischen Konflikt von vornherein aus. Wenn man alles verstehen und alles verzeihen kann, so müsse der auf Leben und Tod kämpfende Held schließlich den Eindruck eines eigensinnigen Narren machen, der Konflikt seine Notwendigkeit verlieren und das Drama einen tragikomischen und pathologischen Charakter gewinnen.[258] Der ganze Gedankengang wimmelt von Begriffsverwechslungen, Scheinproblemen und Sophismen. Vor allem wird hier das tragische Drama mit dem Drama schlechthin identifiziert oder jedenfalls als seine ideale Form dargestellt und damit ein Werturteil ausgesprochen, das an und für sich sehr relativ, nämlich historisch und soziologisch bedingt ist. In Wirklichkeit ist nicht nur das untragische, sondern auch das konfliktlose Drama eine durchaus legitime Form des Theaters; dieses ist also mit einer relativistischen Weltanschauung sehr wohl vereinbar. Aber auch wenn man den Konflikt als ein unerläßliches Element des Dramas betrachtet, ist es schwer einzusehen, warum es nur da zu erschütternden Konflikten kommen könnte, wo absolute Werte in Frage stehen. Wirkt es nicht ebenso erschütternd, wenn Menschen um ihre ideologisch bedingten Moralprinzipien kämpfen? Und selbst wenn ihr Kampf ein notwendigerweise tragikomischer ist, ist die Tragikomik in einem Zeitalter des Rationalismus und Relativismus nicht einer der stärksten dramatischen Effekte? Fragwürdig ist aber die Voraussetzung der ganzen Argumentation, die Annahme nämlich, daß die soziale Unfreiheit und der moralische Relativismus die Tragödie von vornherein ausschließen. Es steht keineswegs fest, daß nur vollkommen freie, gesellschaftlich unabhängige Menschen, also nur etwa Könige und Heerführer, die geeigneten Helden für Tragödien sind. Ist das Schicksal von Hebbels Meister Anton, Ibsens Gregers Werle, Hauptmanns Fuhrmann Henschel nicht tragisch? Auch wenn man zugibt, daß tragisch und traurig nicht eins und dasselbe sind. Es wäre jedenfalls „undemokratisch", mit Schiller zu behaupten, daß am Diebstahl von Silberlöffeln nichts tragisch sein könne. Ob eine Situation tragisch ist oder nicht, hängt lediglich davon ab, mit welcher Kraft und Unbedingtheit verschiedene, miteinander unvereinbare moralische Prinzipien in der Seele eines Menschen auftreten. Zur Entstehung der tragischen Wirkung ist es nicht einmal unbedingt erforderlich, daß ein Publikum, das an absolute Werte glaubt, diese in Frage gestellt sehe, geschweige denn ein Publikum, das den Glauben an solche Werte verloren hat.

Die zentrale Figur in der Geschichte des modernen Dramas ist Ibsen, und zwar nicht nur, weil er der größte Theatraliker des Jahrhunderts ist, sondern auch weil er den Weltanschauungsproblemen seiner Zeit den stärksten dramatischen Ausdruck gibt. Die Abrechnung mit dem Ästhetizismus, der Schicksalsfrage seiner Generation, bezeichnet den Anfang und das Ende seiner künstlerischen Entwicklung. Er schreibt schon 1865 an Björnson: „Wenn ich in diesem Augenblick bekennen sollte, worin die wesentliche Ausbeute meiner Reise besteht, so würde ich sagen, sie besteht darin, daß ich das Ästhetische aus mir selbst ausgetrieben habe, so wie es früher Macht über mich hatte: nämlich isoliert und mit dem Anspruch, für sich selbst Geltung zu haben. Der Ästhetizismus in diesem Sinn scheint mir jetzt ebensosehr ein Fluch für die Poesie zu sein, wie die Theologie es für die Religion ist."[259] Ibsen gelangt zur Bewältigung dieses Problems allem Anschein nach unter den Einfluß Kierkegaards, der in seiner Entwicklung eine sehr wichtige Rolle gespielt haben wird, obgleich er von den Lehren des Philosophen, wie er selbst behauptet, nicht viel verstanden hat.[260] Kierkegaard wird mit seinem „Entweder – Oder" vor allem zur Entwicklung von Ibsens moralischem Rigorismus den entscheidenden Anstoß gegeben haben.[261] Die ethische Leidenschaft Ibsens, das Bewußtsein des Wählen- und Sich-Entscheiden-Müssens, seine Konzeption des Dichtens als eines „Gerichtstag-Haltens über sich selbst", all das wurzelt in Kierkegaardschen Gedanken. Daß Brands „Alles oder Nichts" dem „Entweder – Oder" Kierkegaards entspricht, ist oft bemerkt worden, Ibsen verdankt aber der Intransigenz seines Lehrers viel mehr als dies – er verdankt ihm seinen ganzen unromantischen und von jedem Ästhetizismus freien Begriff der ethischen Haltung. Die Kurzsichtigkeit der Romantik bestand vor allem darin, daß sie alles Geistige in den Kategorien des Ästhetischen sah und daß in ihren Augen sämtliche Werte einen mehr oder weniger genialischen Charakter trugen. Kierkegaard war der erste, der im Gegensatz zur Romantik betonte, daß das religiöse und ethische Erlebnis mit Schönheit und Genialität nichts zu tun habe und daß ein Glaubensheld etwas vollkommen anderes sei als ein Genie. Außer ihm gab es im nachromantischen Abendland niemanden, der die Grenzen des Ästhetischen erfaßt hätte und Ibsen in dieser Richtung zu beeinflussen fähig gewesen wäre. Wieweit Ibsen in seiner Kritik der Romantik sonst von Kierkegaard beeinflußt war, ist schwer zu sagen. Der Irrealismus der Romantik stellte ein allgemeines Zeitproblem dar, und er bedurfte sicher keiner besonderen Anregung, um sich damit auseinanderzusetzen. Der ganze französische Naturalismus drehte sich um den Konflikt zwischen Ideal und Wirklichkeit, Dichtung und Wahrheit, Poesie und Prosa, und alle die bedeutenden Denker des Jahrhunderts erkannten im Mangel an Realitätssinn den Fluch der modernen Kultur. Ibsen setzte in dieser Beziehung nur den Kampf seiner Vorgänger fort und stand am Ende einer langen Reihe, in der die Bekämpfer der Romantik vereint waren. Der tödliche Streich, den er gegen den Feind führte, bestand in der Enthüllung der Tragikomik des romantischen Idealismus. Das war zwar seit dem *Don Quijote* kein vollkommen neuer Aspekt, Cervantes behandelte aber seinen Helden noch mit Sympathie und Nachsicht, wogegen Ibsen seinen Brand, Peer Gynt und Gregers Werle moralisch vernichtet. Die wirklichkeitsfremde „ideale Forderung" seiner Romantiker enthüllt sich als purer Egoismus, dessen Härte durch die Naivität der Egoisten kaum gemildert wird. Don Quijote machte seine Ideale vor allem gegen sich selbst geltend, die Idealisten Ibsens zeichnen sich dagegen nur durch ihre Unduldsamkeit anderen gegenüber aus.

Ibsen verdankte seinen Ruhm in Europa der sozialen Botschaft seiner Dramen, die letzten Endes auf eine einzige Idee reduzierbar war, nämlich auf die Pflicht des Individuums gegen sich selbst, die Aufgabe der Selbstverwirklichung, der Durchsetzung des eigenen Wesens gegen die engherzigen, dummen und überlebten Konventionen der bürgerlichen Gesellschaft. Es war sein Evangelium des Individualismus, seine Verherrlichung der souveränen Persönlichkeit und seine Apotheose des schöpferischen Lebens, also abermals ein gewissermaßen romantisches Ideal, das auf die Jugend den tiefsten Eindruck machte und das nicht nur mit dem Übermenschentum Nietzsches und der Lebensphilosophie Bergsons wesensverwandt war, sondern noch im Mythos der Lebenskraft bei Shaw einen Nachklang fand. Ibsen war im Grunde ein anarchistischer Individualist, der den höchsten Wert des Lebens in der persönlichen Freiheit erblickte und davon ausging, daß der freie, von allen äußeren Bindungen unabhängige einzelne für sich sehr viel, die Gesellschaft dagegen für ihn sehr wenig zu tun vermag. Seine Idee der Selbstverwirklichung der Persönlichkeit hatte an und für sich eine sehr weitgehende soziale Bedeutung, die „soziale Frage" als solche kümmerte ihn aber kaum. „Für das Solidarische habe ich eigentlich nie ein starkes Gefühl gehabt", schreibt er 1871 an Brandes.[262] Sein Denken drehte sich um privatethische Probleme; in der Gesellschaft selbst drückte sich für ihn nur das Prinzip des Bösen aus. Er sah in ihr nichts als die Herrschaft der Dummheit, der Voreingenommenheit und des Zwanges. Schließlich gelangte er zu jener aristokratisch konservativen Herrenmoral, die er am eindeutigsten in *Rosmersholm* darstellte. In Europa galt er infolge seines Modernismus, seines Antiphilistertums und seines erbitterten Kampfes gegen jede Konvention als ein durchaus progressiver Geist, zu Hause aber, wo man seine politischen Ansichten in einem adäquateren Zusammenhang sah, betrachtete man ihn, im Gegensatz zum radikalen Björnson, als den großen konservativen Dichter. Im Ausland beurteilte man nur seine geistesgeschichtliche Bedeutung richtiger. Hier galt er als eine der wenigen repräsentativen Figuren des Zeitalters – wenn nicht als die einzige, die mit Tolstoi verglichen werden konnte. Auch er verdankte, wie Tolstoi selber, sein Ansehen und seinen Einfluß nicht so sehr seiner dichterischen als seiner agitatorisch-pädagogischen Tätigkeit. Man ehrte in ihm vor allem den großen Moralprediger, den leidenschaftlichen Ankläger und den unerschrockenen Verfechter der Wahrheit, für den die Bühne nur ein Mittel zu einem höheren Zweck war. Ibsen hatte aber als Politiker seinen Zeitgenossen nichts Positives zu sagen. Durch seine ganze Weltanschauung ging ein tiefer Widerspruch: er kämpfte gegen die konventionelle Moral, die bürgerlichen Vorurteile, die herrschende Gesellschaft im Namen der Idee einer Freiheit, an deren Realisierbarkeit er selbst nicht glaubte. Er war ein Kreuzfahrer ohne Glauben, ein Revolutionär ohne Gesellschaftsideal, ein Reformer, der sich schließlich als arger Fatalist entpuppte.

Am Ende hielt er genau dort, wo Balzacs Frenhofer oder Rimbaud und Mallarmé hielten. Rubek, der Held seines letzten Dramas, die reinste Verkörperung seiner Idee des Künstlertums, verleugnet sein Werk und empfindet, was seit der Romantik mehr oder weniger jeder Künstler empfunden hat, daß ihm nämlich das Leben über der Kunst verlorenging. „Eine Sommernacht auf den Bergen mit Dir, ja mit Dir, Irene, das wäre das Leben gewesen!" In diesem Ausruf ist das Urteil über die ganze moderne Kunst enthalten. Aus der Apotheose der „Sommernächte" des Lebens ist ein unbefriedigender Ersatz und ein Opiat geworden, das die Sinne abstumpft und die Menschen unfähig macht, das Leben unmittelbar zu genießen.

Der einzige wirkliche Jünger und Nachfolger Ibsens ist Shaw – der einzige, der den Kampf gegen die Romantik wirkungsvoll fortsetzt und die große europäische Diskussion des Jahrhunderts vertieft. Die Demaskierung des romantischen Helden, die Erschütterung des Glaubens an die große, theatralische, tragische Geste wird durch ihn vollendet. Alles rein

Dekorative, großartig Heroische, Erhabene und Idealische wird verdächtig; jede Sentimentalität und jeder Irrealismus enthüllt sich als Schwindel und Betrug. Die Psychologie der Selbsttäuschungen ist die Quelle seiner Kunst, und er gehört nicht nur zu den tapfersten und zugeständnislosesten, sondern auch zu den heitersten und amüsantesten Entlarvern der Selbstbetrüger. Er kann seine Herkunft von der Aufklärung, dem Ursprung seines ganzen Legenden zerstörenden und Fiktionen enthüllenden Denkens, keineswegs verleugnen, durch seine Geschichtsphilosophie, die im historischen Materialismus wurzelt, ist er aber zugleich der progressivste, modernste Schriftsteller seiner Generation. Er zeigt, daß die perspektivische Verschiebung, in der die Menschen die Welt und sich selbst sehen, die Lügen, die sie als Wahrheit verkünden oder als solche gelten lassen und für die sie unter Umständen zu allem fähig sind, ideologisch, das heißt durch wirtschaftliche Interessen und gesellschaftliche Aspirationen, bedingt sind. Das Ärgste ist nicht, daß sie irrationalistisch denken – oft denken sie sogar zu rationalistisch –, sondern daß sie keinen Wirklichkeitssinn haben, daß sie die Tatsachen nicht für Tatsachen gelten lassen wollen. Darum ist Realismus und nicht Rationalismus das, wonach Shaw strebt, und der Wille, nicht die Vernunft, die faculté maitresse seiner Helden.[263] Das erklärt auch zum Teil, daß er zum Dramatiker geworden ist und die adäquateste Form seiner Ideen in der dynamischsten Gattung der Literatur gefunden hat.

Shaw wäre nicht der vollwertige Repräsentant seiner Zeit, wenn er ihren Intellektualismus nicht teilte. Seine Stücke haben trotz des bewegten dramatischen Lebens, das in ihnen pulsiert, trotz ihrer oft an die *pièce bien faite* erinnernden Bühnenwirksamkeit und ihrer zuweilen etwas vulgären Melodramatik, einen wesentlich intellektualistischen Charakter; sie sind in noch viel höherem Grade Diskussionsdramen als die Stücke Ibsens. Die Selbstbesinnung des Helden und die gedankliche Auseinandersetzung zwischen den dramatis personae sind keine dem modernen Drama eigentümlichen Züge; der dramatische Konflikt erfordert vielmehr, wenn er die entsprechende Schärfe und Bedeutsamkeit erreichen soll, bei den im Kampfe verwickelten Personen stets das volle Bewußtsein dessen, was mit ihnen vorgeht. Es gibt keine wirklich dramatische, vor allem keine tragische Wirkung ohne diese Intellektualität der Charaktere. Die naivsten, impulsivsten Helden Shakespeares werden im Augenblick der Entscheidung ihres Schicksals genial. Die „dramatischen Debatten“, wie man die Stücke Shaws bezeichnete, wirkten nur nach der mageren geistigen Kost der damals erfolgreichen Unterhaltungsstücke so unverdaulich, daß Kritiker und Publikum sich erst an die neue Diät gewöhnen mußten. Shaw hielt sich wohl strenger an den traditionellen Intellektualismus des dramatischen Dialogs als seine Vorgänger, kein Publikum war aber an und für sich geeigneter, an einer solchen Darbietung Vergnügen zu finden als die intelligenteren Theaterbesucher der Jahrhundertwende. Und sie unterhielten sich auch bei den ihnen dargebotenen geistigen Akrobatenkünsten ohne Bedenken, sobald sie sich überzeugten, daß die Angriffe Shaws auf die bürgerliche Gesellschaft bei weitem nicht so gefährlich waren, wie sie zu sein schienen, und daß er ihnen vor allem ihr Geld nicht wegnehmen wollte. Zu guter Letzt stellte es sich heraus, daß er sich mit dem Bürgertum im wesentlichen solidarisch fühlte und daß er nur das Sprachrohr jener Selbstkritik war, die von jeher zum geistigen Habitus dieser Klasse gehörte.

Die für die Weltanschauung der Jahrhundertwende richtunggebende Psychologie ist eine „Enthüllungspsychologie“. Sowohl Nietzsche als auch Freud gehen davon aus, daß das manifeste Seelenleben, das heißt das, was die Menschen über die Beweggründe ihres Verhaltens wissen und zu wissen vorgeben, oft nur die Verschleierung und Verzerrung der wirklichen Motive ihrer Gefühle und Handlungen ist. Nietzsche erklärt das Faktum dieser Fälschung mit der seit dem Christentum im Zuge befindlichen Dekadenz und der Bestrebung, die Schwäche und die Ressentiments der entarteten Menschheit als ethische Werte, als altruistische und asketische Ideale darzustellen. Freud gelangt zum Phänomen der Selbsttäuschung, das Nietzsche mit Hilfe seiner historischen Kulturkritik enthüllt, auf dem Wege der individuellen Seelenanalyse und stellt fest, daß hinter dem Bewußtsein der Menschen, als wirklicher Motor ihrer Haltungen und Handlungen, das Unbewußte steht und daß alles bewußte Denken nur die mehr oder minder durchsichtige Hülle der Triebe ist, die den Inhalt des Unbewußten bilden. Was immer nun auch Nietzsche und Freud zur Zeit der Entstehung ihrer Lehren von Marx wußten und hielten, sie befolgten bei ihren Enthüllungen die gleiche Denktechnik, die zum erstenmal im historischen Materialismus zur Anwendung gelangte. Auch Marx betont, daß das Bewußtsein der Menschen verzerrt und verdorben sei und daß es die Welt aus einer schiefen Perspektive betrachte. Der Begriff der „Rationalisierung" in der Psychoanalyse entspricht genau dem, was Marx und Engels unter Ideologienbildung und „falschem Bewußtsein" verstehen. Engels[264] und Jones[265] definieren im gleichen Sinn die beiden Begriffe. Die Menschen handeln nicht nur, sondern motivieren und rechtfertigen auch ihre Handlungen im Sinne ihrer besonderen, soziologisch und psychologisch bestimmten Einstellung. Marx ist der erste, der darauf hinweist, daß sie, von ihren Klasseninteressen getrieben, nicht nur einzelne Irrtümer, Fälschungen und Mystifikationen begehen, sondern daß ihr ganzes Denken, ihr ganzes Weltbild ein schiefes und falsches ist und daß sie die Wirklichkeit gar nicht anders als jenen Voraussetzungen entsprechend sehen und beurteilen können, die in den Tatsachen ihres wirtschaftlichen und sozialen Seins niedergelegt sind. Die Doktrin, auf die er seine ganze Geschichtsphilosophie gründet, besteht darin, daß in einer klassenmäßig differenzierten und zerklüfteten Gesellschaft das korrekte Denken von vornherein unmöglich sei.[266] Die Erkenntnis, daß es sich dabei zumeist um Selbsttäuschungen handelt und daß die einzelnen Individuen sich der Motive ihres Handelns durchaus nicht immer bewußt sind, war für die weitere Entwicklung der Psychologie von grundlegender Bedeutung.

Der historische Materialismus war aber mit seiner Enthüllungstechnik selbst ein Produkt jener bürgerlich-kapitalistischen Weltanschauung, deren Hintergründe er enthüllen wollte. Ehe die Wirtschaft zu ihrem Primat im Bewußtsein der abendländischen Menschheit gelangt war, wäre eine solche

Theorie undenkbar gewesen. Das entscheidende Erlebnis des nachromantischen Zeitalters war die Dialektik alles Geschehens, die antithetische Natur des Seins und des Bewußtseins, die Ambivalenz der Beziehungen und Vorstellungen. Das Grundprinzip der neuen Denktechnik war der Verdacht, daß hinter allem Manifesten ein Latentes, allem Bewußten ein Unbewußtes, allem scheinbar Einheitlichen ein Zwiespältiges verborgen sei. Bei der Allgemeinheit dieser Einstellung war es keineswegs notwendig, daß die einzelnen Denker und Forscher sich ihrer Abhängigkeit von der Methode des historischen Materialismus bewußt gewesen seien; die Idee des entlarvenden Denkens und der Enthüllungspsychologie gehörte zum Eigentum des Jahrhunderts, und Nietzsche war nicht so sehr von Marx, Freud nicht so sehr von Nietzsche, als alle zusammen von der Krisenstimmung des Zeitalters abhängig. Sie entdeckten, jeder auf die eigene Art, daß die Selbstbestimmung des Geistes eine Fiktion ist und daß wir die Sklaven einer Macht sind, die in uns und oft gegen uns selbst arbeitet. Die Doktrin des historischen Materialismus war ebenso wie später die der Psychoanalyse, wenn auch mit einer optimistischeren Schlußwendung, der Ausdruck einer Verfassung, in der das Abendland den übermütigen Glauben an sich selbst verloren hat.

Auch die rationalsten und selbstbewußtesten Denker gehen bei der Entwicklung ihrer Lehren durchaus nicht immer von den letzten weltanschaulichen Voraussetzungen ihrer Gedanken aus. Diese werden ihnen oft erst späterhin und manchmal überhaupt nie bewußt. Auch Freud besann sich erst in einem verhältnismäßig späten Stadium seiner Entwicklung des Erlebnisses, in dem die Problematik seiner Psychoanalyse wurzelte. Dieses Erlebnis, das zugleich der Ursprung jeder relevanten denkerischen und künstlerischen Äußerung der Jahrhundertwende war, bezeichnete Freud selber als das „Unbehagen in der Kultur“. Es kam darin das gleiche Gefühl der Entfremdung und der Verlorenheit zum Ausdruck wie in der Romantik und im Ästhetizismus des Zeitalters, die gleiche Lebensangst, das gleiche Irrewerden an dem Sinn der Kultur, die gleiche Empfindung, von unbekannten, unergründlichen, undefinierbaren Gefahren umgeben zu sein. Freud führte dieses Unbehagen, dieses Gefühl eines labilen und prekären Gleichgewichts, auf die Beeinträchtigung des Trieblebens, namentlich der erotischen Impulse zurück, den Anteil der wirtschaftlichen Unsicherheit, des Mangels an sozialer Geltung und politischem Einfluß vollkommen vernachlässigend. Die Neurosen gehören zweifellos mit zu dem Preis, den wir für unsere Kultur zu zahlen haben, sie sind aber nur ein Teil und oft nur eine abgeleitete Form unseres Tributs an die Gesellschaft. Freud ist infolge seiner streng naturwissenschaftlichen Weltanschauung außerstande, die soziologischen Faktoren im Seelenleben der Menschen zu würdigen, und obwohl er im Über-Ich eine soziale Instanz erblickt, leugnet er gleichzeitig, daß die soziale Entwicklung an unserer biologisch-triebhaften Konstitution wesentliche Veränderungen herbeiführen könne. Die Kulturformen sind bei ihm keine historisch-soziologischen Gebilde, sondern die mehr oder minder mechanischen Äußerungen der Triebe. In der bürgerlich-kapitalistischen Gesellschaft kommen analerotische Instinkte zum Ausdruck, die Kriege sind das Werk des Todestriebes, das Unbehagen in der Kultur geht auf die Unterdrückung der Libido zurück. Selbst die Theorie der Sublimation, die zu den großartigsten Leistungen der Psychoanalyse gehört, führt zu einer bedenklichen Vereinfachung und Vergröberung des Begriffes der Kultur, wenn der Sexualtrieb zur alleinigen oder auch nur wichtigsten Quelle der schöpferischen geistigen Arbeit gemacht wird. Die Marxisten haben recht, wenn sie der Psychoanalyse vorwerfen, daß sie sich mit ihrer ahistorischen und unsoziologischen Methode in einem luftleeren Raum bewege und daß in ihrem Festhalten an der Idee einer konstanten menschlichen Natur noch ein Überrest des konservativen Idealismus stecke. Ihr anderer Einwand hingegen, daß die Psychoanalyse die Schöpfung der dekadenten Bourgeoisie sei und mit ihr untergehen müsse, ist um so dogmatischer. Was besitzen wir denn an lebendigen geistigen Werten – den historischen Materialismus mit inbegriffen –, das nicht die Schöpfung dieser „dekadenten“ Kultur ist? Wenn die Psychoanalyse eine Dekadenzerscheinung ist, so ist es der ganze naturalistische Roman und die ganze impressionistische Kunst auch, – so ist alles Dekadenz, was den Zwiespalt des 19. Jahrhunderts an sich trägt.

Thomas Mann betont, daß Freud durch die Natur seines Untersuchungsmaterials, des Unbewußten, der Affekte, Triebe und Träume, mit dem Irrationalismus der Jahrhundertwende tief verbunden sei.[267] Freud hängt aber eigentlich nicht nur mit diesem neuromantischen, die Nachtseiten des Seelenlebens in den Mittelpunkt des Interesses rückenden Irrationalismus eng zusammen, sondern zugleich mit dem Anfang und Ursprung des ganzen romantischen, auf das Vorzivilisatorische und Vorvernünftige zurückgreifenden Denkens. Es steckt noch eine ausgiebige Portion Rousseauismus im Vergnügen, mit dem er die Freiheit des unzivilisierten Triebmenschen charakterisiert. Denn wenn er auch nicht etwa behauptet, daß der natürliche Mensch, der seinen Vater erschlug und sich des Beischlafs mit den Frauenmitgliedern seiner Familie erfreute, im Sinne Rousseaus als „gut“ bezeichnet werden könne, so bezweifelt er jedenfalls, daß er im Laufe des Zivilisationsprozesses viel besser oder gar glücklicher geworden sei. Die wirkliche Gefahr des Irrationalismus besteht für die Psychoanalyse nicht in der Wahl ihres Untersuchungsmaterials und in ihrer Sympathie für den von der Kultur unbehelligten Primitiven, sondern in ihrer triebhaft-organisch begründeten Seelenlehre. Jeder undialektische, von einem von vornherein gegebenen, historisch unwandelbaren Wesen ausgehende Begriff des Menschen enthält einen irrationalistisch-konservativen Zug. Wer an die Entwicklungsfähigkeit des Menschen nicht glaubt, will zumeist auch nicht, daß er sich und mit ihm die Gesellschaft verändere. Pessimismus und Konservativismus bedingen sich hier gegenseitig. Freud ist aber ebensowenig ein wirklicher Pessimist wie ein Konservativer oder gar ein Irrationalist. Sein Werk trägt, trotz all der bedenklichen Momente, die unverkennbare Evidenz einer spontanen Menschenfreundlichkeit und Fortschrittlichkeit an sich, die keines besonderen Beweises bedarf. Es fehlen aber auch die Beweise nicht. Freud zweifelt wohl an der Macht der Vernunft über die Triebe, er betont jedoch, daß wir zu ihrer Beherrschung kein anderes Mittel haben als unsere Intelligenz. Und das klingt durchaus nicht hoffnungslos. „Die Stimme des Intellekts ist leise“, sagt er, „aber sie ruht nicht, ehe sie sich Gehör verschafft hat. Am Ende, nach unzählig oft wiederholten Abweisungen, findet sie es doch. Dies ist einer der wenigen Punkte, in denen man für die Zukunft der Menschheit optimistisch sein darf, aber er bedeutet an sich nicht wenig. An ihn kann man noch andere Hoffnungen anknüpfen. Der Primat des Intellekts liegt gewiß in weiter, weiter, aber wahrscheinlich doch nicht in unendlicher Ferne.“[268]

Freud ist ein Überwinder seiner Zeit, ein Bekämpfer der dunklen, irrationalen Mächte, denen sie sich verschrieben hat, er ist und bleibt aber mit unzähligen Fäden sowohl an ihre Errungenschaften als auch an ihre Unzulänglichkeiten gebunden. Das Prinzip seiner Enthüllungspsychologie selbst, in der die individuellen Unterschiede eine so viel größere Rolle spielen als bei Marx, hängt mit dem impressionistischen Lebensgefühl und der relativistischen Weltanschauung dieser Zeit aufs engste zusammen. Jener Begriff der Täuschung, der in dem Erlebnis wurzelt, daß unsere Empfindungen und Eindrücke, unsere Stimmungen und Vorstellungen sich fortwährend wandeln, daß die Wirklichkeit sich in jeweils verschiedenen, sich niemals stabilisierenden Formen zu erkennen gibt, daß also jeder Eindruck, den wir von ihr gewinnen, gleichzeitig Erkenntnis und Illusion ist, ist ein impressionistischer Gedanke, und die entsprechende Freudsche Idee, daß die Menschen ihr Leben in einem Inkognito vor anderen und sich selbst verbringen, wäre vor dem Impressionismus kaum denkbar gewesen. Der Impressionismus ist sowohl der Denkstil als auch der Kunststil der Epoche. Die ganze Philosophie der letzten Dezennien des Jahrhunderts ist durch ihn bedingt. Relativismus, Subjektivismus, Psychologismus, Historismus, Antisystematik, das Prinzip der Atomisiertheit der geistigen Welt und die Doktrin von der perspektivischen Natur der Wahrheit sind gemeinsame Elemente der Lehren Nietzsches, Bergsons, des Pragmatismus und sämtlicher von dem akademischen Idealismus unabhängigen philosophischen Richtungen.

„Niemals noch hängte sich die Wahrheit an den Arm eines Unbedingten“, sagt Nietzsche. Die Wissenschaft als Selbstzweck, die voraussetzungslose Wahrheit, die interesselose

Schönheit, die selbstlose Moral sind für ihn und seine Zeitgenossen Fiktionen. Das, was wir Wahrheiten nennen, sind in Wirklichkeit nichts als lebensfördernde, lebensnotwendige, machtsteigernde Lügen und Täuschungen, behauptet er,[269] und auch der Pragmatismus macht sich im wesentlichen diesen aktivistischen und utilitaristischen Wahrheitsbegriff zu eigen. Wahr ist, was wirksam, brauchbar und nützlich ist, was sich bewährt und „bezahlt macht", wie William James sagt. Man kann sich keine dem Impressionismus entsprechendere Erkenntnistheorie denken. Jede Wahrheit hat eine gewisse Aktualität; sie gilt nur in ganz bestimmten Situationen. Eine Behauptung kann an und für sich wahr und unter Umständen doch vollkommen sinnlos, weil beziehungslos sein. Wenn jemand auf die Frage: „Wie alt sind Sie?" die Antwort gibt: „Die Erde dreht sich um die Sonne", so stellen diese Worte, trotz der eventuellen Wahrheit der Aussage, in der gegebenen Situation eine vollkommen irrelevante und sinnlose Behauptung dar. Die Wirklichkeit ist ein unauflösbares Subjekt-Objekt-Verhältnis, dessen einzelne Komponenten voneinander unabhängig uneruierbar und undenkbar sind. Wir verändern uns, und die Objektwelt verändert sich mit uns. Feststellungen über natürliche und geschichtliche Vorgänge, die vor hundert Jahren wahr gewesen sein mögen, sind es heute nicht mehr, denn die Wirklichkeit ist ebenso wie wir selber in fortwährender Bewegung, Entwicklung, Veränderung begriffen, sie ist die Summe von stets neuen, unerwarteten, zufälligen Erscheinungen und kann nie als abgeschlossen betrachtet werden. Der ganze Pragmatismus erwächst aus dem impressionistischen, künstlerisch wandelbaren Erlebnis der Wirklichkeit; denn hier, in der Sphäre der Kunst, verhält es sich mit der Wahrheit tatsächlich so, wie diese Philosophie es für die Erfahrung überhaupt annimmt. Der Shakespeare Dr. Johnsons, Coleridges, Hazlitts und Bradleys existiert nicht mehr; die Werke des Dichters sind nicht mehr die gleichen, die sie einmal waren. Die Worte mögen die gleichen sein; Dichtungen bestehen aber nicht nur aus Worten, sondern auch aus dem Sinn der Worte, und dieser Sinn verändert sich von Generation zu Generation.

Seinen reinsten Ausdruck findet das impressionistische Denken in der Philosophie Bergsons, und zwar vor allem in der Bergsonschen Interpretation der Zeit, – des Mediums, das das Lebenselement des Impressionismus ist. Die Einmaligkeit des noch nie dagewesenen und sich nie wiederholenden Augenblicks war das Grunderlebnis des 19. Jahrhunderts, und der ganze naturalistische Roman, namentlich der Roman Flauberts, war die Darstellung und die Analyse dieses Erlebnisses. Flauberts Weltanschauung aber unterschied sich hauptsächlich darin von der Bergsonschen, daß er in der Zeit noch ein Element der Zersetzung erblickte, das den ideellen Gehalt des Lebens zu vernichten geeignet war. Die Wendung in unserer Beurteilung der Zeit und damit der ganzen Erlebniswirklichkeit vollzog sich schrittweise, zunächst in der impressionistischen Malerei, dann in der Philosophie Bergsons und schließlich – am ausdrücklichsten und bedeutungsvollsten – im Werke Prousts. Die Zeit ist nicht mehr das Prinzip der Auflösung und der Zerstörung, nicht mehr das Element, in dem die Ideen und die Ideale ihren Wert, das Leben und der Geist ihre Substanz verlieren, sie ist vielmehr die Form, in der wir unseres geistigen Seins, unseres lebendigen, der toten Materie und der starren Mechanik gegensätzlichen Wesens habhaft und bewußt werden. Das, was wir sind, werden wir nicht nur in der Zeit, sondern durch die Zeit. Wir sind nicht nur die Summe der einzelnen Augenblicke unseres Lebens, sondern das Ergebnis der Aspekte, die diese Augenblicke durch jeden neuen Augenblick gewinnen. Wir werden nicht ärmer durch die vergangene und „verlorene" Zeit; sie erfüllt erst unser Leben mit Inhalt. Die Rechtfertigung der Bergsonschen Philosophie ist der Proustsche Roman; hier kommt erst die Zeitkonzeption Bergsons voll zur Geltung. Das Dasein gewinnt erst Leben, Bewegung, Farbe, ideelle Transparenz und seelischen Gehalt aus der Perspektive einer Gegenwart, die das Resultat unserer Vergangenheit ist. Es gibt kein anderes Glück als das der Erinnerung, als das der Erweckung, Belebung, Eroberung der vergangenen und verlorenen Zeit; denn die wirklichen Paradiese sind die verlorenen Paradiese, wie Proust sagt. Seit der Romantik machte man immer wieder die Kunst für den Verlust des Lebens verantwortlich und betrachtete das *dire* und das *avoir* Flauberts als eine tragische Alternative; Proust ist der erste, der in der Kontemplation, der Erinnerung und der Kunst nicht nur eine mögliche Form, sondern die einzig mögliche Form erblickt, in der wir das Leben besitzen. Der neue Zeitbegriff ändert freilich nichts am Ästhetizismus des Zeitalters, er gibt ihm nur einen versöhnlicheren Anschein, – und nichts als den Anschein der Versöhnlichkeit, denn Prousts Umwertung der Lebenswerte ist nichts als der Selbsttrost und die Selbsttäuschung eines Kranken, – eines lebend Begrabenen.

## VIII

## IM ZEICHEN DES FILMS

Das „20. Jahrhundert" beginnt nach dem ersten Weltkrieg, das heißt, in den zwanziger Jahren, so wie auch das „19. Jahrhundert" erst um 1830 begonnen hat. Der Krieg bezeichnet nur insofern einen Einschnitt in der Entwicklung, als er eine Wahl unter den vorhandenen Möglichkeiten veranlaßt. Alle drei Hauptrichtungen der Kunst des neuen Jahrhunderts haben ihre Vorläufer in der vorhergehenden Periode: der Kubismus in Cézanne und den Neoklassizisten, der Expressionismus in van Gogh und Strindberg, der Surrealismus in Rimbaud und Lautréamont. Die Kontinuität der künstlerischen Entwicklung entspricht der Stetigkeit der gleichzeitigen Wirtschafts- und Sozialgeschichte. Sombart beschränkt die Lebensdauer des Hochkapitalismus auf hundertfünfzig Jahre und beschließt sie mit dem Ausbruch des Weltkrieges. Er will sogar schon im Prinzip des Kartell- und Trustwesens der Jahre 1895–1914 eine Alterserscheinung des Systems und ein Vorzeichen der bevorstehenden Krise erkennen. In der Zeit vor 1914 aber sprechen nur die Sozialisten von dem Zusammenbruch des Kapitalismus, in bürgerlichen Kreisen ist man sich der sozialistischen Gefahr zwar bewußt, glaubt aber weder an die „inneren Widersprüche" der kapitalistischen Wirtschaft noch an die Unüberwindlichkeit ihrer gelegentlichen Krisen. An eine Krise des Systems selbst denkt man in diesen Kreisen nicht. Die im großen und ganzen zuversichtliche Verfassung hält sogar in den ersten Jahren nach der Beendigung des Weltkrieges an und die Stimmung ist in der Bourgeoisie, abgesehen vom Mittelstand, der mit furchtbaren Schwierigkeiten zu kämpfen hat, durchaus nicht hoffnungslos. Die eigentliche Wirtschaftskrise beginnt im Jahre 1929 mit dem Krach in Amerika, der der Kriegs- und

Nachkriegskonjunktur ein Ende bereitet und die Folgen des Mangels an einer internationalen Planung der Produktion und der Verteilung deutlich erkennen läßt. Jetzt hört man auf einmal allenthalben von der Krise des Kapitalismus reden, dem Versagen der freien Wirtschaft und der liberalen Gesellschaft, von einer bevorstehenden Katastrophe und einer drohenden Revolution. Die Geschichte der dreißiger Jahre ist die Geschichte einer Periode der sozialen Kritik, des Realismus und des Aktivismus, der Radikalisierung der politischen Einstellungen und der sich verbreitenden Überzeugung, daß nur eine radikale Lösung helfen kann, mit anderen Worten, daß die Mittelparteien ihre Rolle ausgespielt haben. Nirgends aber ist man sich der Krise der bürgerlichen Lebensordnung bewußter als in der Bourgeoisie selber, nirgends spricht man mehr von dem Ende der bürgerlichen Epoche. Der Faschismus und der Bolschewismus stimmen darin überein, daß sie den Bürger als einen lebenden Leichnam betrachten und sich mit gleicher Intransigenz gegen das Prinzip des Liberalismus und Parlamentarismus wenden. Die Intelligenz nimmt zum großen Teil neben den autoritären Regierungsformen Stellung, fordert Ordnung, Disziplin, Diktatur, begeistert sich für eine neue Kirche, eine neue Scholastik, einen neuen Byzantinismus. Die Attraktion des Faschismus besteht für das entnervte und durch den Vitalismus Nietzsches und Bergsons beirrte Literatentum in der Illusion von absoluten, festen, undiskutierbaren Werten und der Hoffnung, sich der Verantwortung zu entledigen, die mit jedem Rationalismus und Individualismus verbunden ist. Vom Kommunismus aber verspricht sich die Intelligenz einen unmittelbareren Kontakt mit den breiten Schichten des Volkes und die Erlösung von ihrer Isoliertheit in der Gesellschaft.

Die Wortführer der liberalen Bourgeoisie wissen sich in dieser prekären Lage keinen besseren Rat, als die gemeinsamen Züge des Faschismus und des Bolschewismus zu betonen und sie gegenseitig zu kompromittieren. Sie weisen auf den unbedenklichen Realismus hin, der beiden eigentümlich ist, und finden in der hemmungslos zugreifenden Technokratie den gemeinsamen Nenner, auf den ihre Organisations- und Herrschaftsformen gebracht werden können.[1] Sie vernachlässigen geflissentlich die weltanschaulichen Unterschiede zwischen den verschiedenen autoritären Regierungsformen und stellen sie als bloße „Techniken" dar, das heißt als eine Provinz des Parteifachmanns, des politischen Administrators, des Ingenieurs der sozialen Maschinerie, mit einem Wort der „Direktoren", – der „managers". Es besteht zweifellos eine gewisse Analogie zwischen den verschiedenen Formen der sozialen Regulierung, und wenn man von der bloßen Tatsache des Technizismus und der damit verbundenen Nivellierung ausgeht, besteht eine solche sogar zwischen Rußland und Amerika.[2] Kein Staatsapparat vermag heute auf die „Direktoren" gänzlich zu verzichten. Sie üben für die mehr oder minder breiten Massen die politische Gewalt aus, so wie die Techniker ihre Fabriken leiten und die Künstler für sie malen und dichten. Die Frage ist immer nur, in wessen Interesse eine Gewalt ausgeübt wird. Kein Machthaber der Welt wagt es heute einzugestehen, daß er nicht einzig und allein das Wohl des Volkes vor Augen habe. In diesem Sinne befinden wir uns tatsächlich in einer Massengesellschaft und einer Massendemokratie. Die breiten Schichten haben jedenfalls insoweit teil am politischen Leben, als man sich die Mühe nehmen muß, sie irrezuführen.

Nichts ist für die vorherrschende Kulturphilosophie des Zeitalters bezeichnender, als daß man diesen „Aufstand der Massen"[3] für die Entseelung und Veräußerlichung der modernen Kultur verantwortlich machen will und ihn im Namen des Geistes und der Seele bekämpft. Zu dem zumeist etwas wirren Spiritualismus, der dieser Philosophie zugrunde liegt, bekennen sich die Extremisten von rechts und links fast ohne Unterschied. Die beiden Parteien verstehen allerdings oft zwei vollkommen verschiedene Dinge darunter und führen ihren Kampf gegen die „seelenlose" mechanistische Weltanschauung, indem sie einerseits den Positivismus, andererseits den Kapitalismus im Auge haben. Die Verteilung der Intelligenz auf die beiden Lager aber ist bis zu den dreißiger Jahren sehr ungleich. Die Mehrzahl ist bewußt oder unbewußt reaktionär und bereitet im Banne der Ideen von Bergson, Barrès, Charles Maurras, Ortega y Gasset, Chesterton, Spengler, Keyserling, Klages und wie sie alle heißen, den Faschismus vor. Das „neue Mittelalter", das „neue Christentum", das „neue Europa" ist das alte romantische Land der Gegenrevolution und die „Revolution in der Wissenschaft", die Mobilisierung des „Geistes" gegen den Mechanismus und Determinismus der Naturwissenschaften, nichts als „der Beginn der großen Weltreaktion gegen die demokratische und soziale Aufklärung".[4]

In dieser Epoche der „Massendemokratie" trachtet man, seine Ansprüche und Forderungen im Namen von je größeren Gruppen zu erheben, und Hitler bringt sogar das Kunststück zustande, die überwiegende Mehrheit seines Volkes zu nobilitieren. Dieser neue, „demokratische" Aristokratisierungsprozeß beginnt mit dem Ausspielen des Abendlandes gegen den Orient, gegen Asien und Rußland. Westen und Osten werden einander als Ordnung und Chaos, Autorität und Anarchie, Stabilität und Umsturz, disziplinierter Rationalismus und wilder Mystizismus gegenübergestellt,[5] und das von der russischen Literatur faszinierte Nachkriegseuropa wird nachdrücklich gewarnt vor dem Chaos, dem es mit seinem Dostojewski-Kult und Karamasowismus zusteuert.[6] Zur Zeit de Vogüés waren Rußland und die russische Literatur noch keineswegs „asiatisch", sie waren im Gegenteil die Vertreter des echten Christentums, das man dem heidnischen Westen als Musterbild hinstellte. Damals gab es allerdings noch einen Zaren in Rußland. Die neuen Kreuzfahrer glauben übrigens gar nicht mehr recht an die Rettbarkeit des Abendlandes und kleiden die Aussichtslosigkeit ihrer Politik in einen allgemeinen Kulturpessimismus. Sie sind entschlossen, mit ihren politischen Hoffnungen die ganze abendländische Kultur zu begraben, und als echte Erben der Dekadenz bejahen sie den „Untergang des Abendlandes".

Die große Reaktionsbewegung des Jahrhunderts wirkt sich im Gebiete der Kunst als Ablehnung des Impressionismus aus, – eine Wendung, die in gewisser Hinsicht einen tieferen Einschnitt in der Geschichte der Kunst bildet als sämtliche anderen Stilwandel seit der Renaissance, durch die die künstlerische Tradition des Naturalismus im wesentlichen unberührt blieb. Es gab zwar stets eine Pendelbewegung zwischen Formalismus und Antiformalismus, die Aufgabe der Kunst, lebenswahr und naturgetreu zu sein, wurde aber seit dem Ende des Mittelalters prinzipiell nie in Frage gestellt. Der Impressionismus bildete in dieser Beziehung den Höhepunkt und das Ende einer mehr als vierhundertjährigen Entwicklung. Erst die nachimpressionistische Kunst verzichtet grundsätzlich auf jede Wirklichkeitsillusion und drückt ihr Lebensgefühl durch die bewußte Deformation der Naturobjekte aus. Kubismus, Konstruktivismus, Futurismus, Expressionismus, Dadaismus und Surrealismus wenden sich mit der gleichen Entschiedenheit von dem naturgebundenen und wirklichkeitsbejahenden Impressionismus ab. Der Impressionismus selbst bereitet aber insofern diese Entwicklung vor, als er keine integrierende Darstellung der Wirklichkeit, keine Konfrontierung des Subjekts mit der Objektwelt als Ganzem anstrebt, sondern vielmehr den Beginn jenes Prozesses bezeichnet, den man die „Annektierung" der Wirklichkeit durch die Kunst genannt hat.[7] Die nachimpressionistische Kunst kann keineswegs mehr als eine Wiedergabe der Natur angesprochen werden; ihr Verhältnis zur Natur besteht in ihrer Vergewaltigung. Hier kann höchstens von einer Art magischen Naturalismus' die Rede sein, der Herstellung von Objekten, die neben der Wirklichkeit bestehen, diese jedoch nicht etwa ersetzen wollen. Den Werken Braques, Chagalls, Rouaults, Picassos, Henri Rousseaus, Paul Klees gegenüber haben wir, bei all ihrer Verschiedenheit, stets das Gefühl, uns in einer zweiten Welt, einer Überwelt zu befinden, die, wenn sie auch noch so viele Züge der gewöhnlichen Wirklichkeit aufweist, eine über diese Wirklichkeit hinausgehende und mit ihr inkongruente Daseinsform darstellt.

Die moderne Kunst ist aber auch in einer andern Hinsicht noch antiimpressionistisch: sie ist eine grundsätzlich „häßliche", auf den Wohlklang und die Schönfarbigkeit des Impressionismus verzichtende Kunst. Sie zerstört in der Malerei die „malerischen" Werte, in der Dichtung die Stimmung und die kunstvoll ausgeführten Bilder, in der Musik die Melodie und die Tonalität. Sie bedeutet eine ängstliche Flucht vor allem Angenehmen und Gefälligen, allem rein Dekorativen und Schmeichlerischen. Schon Debussy spielt gegen die deutsche Gefühlsromantik den kalten Ton und die pure harmonische Struktur aus, und diese Antiromantik steigert sich bei Strawinsky, Schönberg und Hindemith zu einem Anti-Espressivo, das den Zusammenhang mit der Musik des sensitiven 19. Jahrhunderts durchaus verleugnet. Man will aus dem Intellekt und nicht aus dem Gefühl heraus dichten, malen, komponieren; man betont bald die reine Struktur, bald die Ekstase einer metaphysischen Leidenschaft, dem selbstgefälligen Ästhetizismus der impressionistischen Epoche aber will man unbedingt entgehen. Wohl war sich schon der Impressionismus der Krisenhaftigkeit der modernen ästhetischen Kultur bewußt, die Groteskheit und die Verlogenheit dieser Kultur betont aber erst die nachimpressionistische Kunst. Daher der Kampf gegen jedes sinnenfrohe, hedonistische Gefühl, daher das Düstere, Gedrückte, Gequälte bei Picasso, Kafka und Joyce. Die Aversion gegen den Sensualismus der älteren Kunst, der Wunsch, ihre Scheinwelt aufzulösen, geht so weit, daß man sich nicht einmal ihres Zeichensystems mehr bedienen will und sich wie Rimbaud eine eigene Kunstsprache schaffen möchte. Schönberg erfindet sich sein Zwölftonsystem, und von Picasso ist mit Recht bemerkt worden, daß er jedes seiner Bilder so male, als ob er die Kunst der Malerei neu entdecken wollte.

Der systematische Kampf gegen die Verwendung der konventionellen Ausdrucksmittel und damit die Auflösung der künstlerischen Tradition des 19. Jahrhunderts beginnt mit dem Dadaismus im Jahre 1916, einer Kriegserscheinung, einem Protest gegen die Kultur, die zum Kriege geführt hat, also einer Form des Defaitismus.[8] Der Sinn der ganzen Bewegung besteht im Widerstand gegen die Verführungen der fertigen Formen und der bequemen, aber wertlosen, weil verbrauchten, den darzustellenden Gegenstand verfälschenden und die Spontaneität des Ausdrucks zerstörenden Klischees der Sprache. Der Dadaismus sowie auch der mit ihm in dieser Hinsicht vollkommen übereinstimmende Surrealismus ist ein Ringen um die Unmittelbarkeit des Ausdrucks, das heißt eine im wesentlichen romantische Bewegung. Der Kampf gilt jener Verlogenheit der Formen, deren sich schon Goethe bewußt war und die den entscheidenden Anstoß zur romantischen Revolution gab. Seit der Romantik bestand die ganze literarische Entwicklung in einer Auseinandersetzung mit den traditionellen und konventionellen Formen der Sprache, so daß die Literaturgeschichte des letzten Jahrhunderts gewissermaßen die Geschichte einer Spracherneuerung ist. Während aber das 19. Jahrhundert stets nur einen Ausgleich sucht zwischen dem Alten und dem Neuen, den hergebrachten Formen und der Spontaneität des Individuums, fordert der Dadaismus die restlose Vernichtung der gangbaren und verbrauchten Ausdrucksmittel. Er fordert den vollkommen spontanen Ausdruck und gründet damit seine Kunsttheorie auf einen Widerspruch in sich. Denn wie soll man sich verständlich machen – was wenigstens der Surrealismus tun will – und dabei alle Verständigungsmittel negieren und destruieren? – Der französische Kritiker Jean Paulhan unterscheidet, je nach ihrem Verhältnis zur Sprache, zwei verschiedene Kategorien von Schriftstellern.[9] Er nennt die Sprachzerstörer, das heißt die Romantiker, Symbolisten und Surrealisten, die den Gemeinplatz, die konventionellen Formen, die fertigen Klischees aus der Sprache vollkommen ausscheiden möchten und die vor den Gefahren der Sprache zur puren, jungfräulichen, ursprünglichen Inspiration ihre Zuflucht nehmen, die „Terroristen". Diese kämpfen gegen jede Befestigung und Erstarrung des lebendigen, flüssigen, intimen Lebens des Geistes, gegen jede Veräußerlichung, jede Veranstaltlichung, das heißt gegen jede „Kultur". Paulhan bringt sie mit Bergson in Zusammenhang und stellt in ihrer Bestrebung, die Unmittelbarkeit und Ursprünglichkeit der seelischen Inhalte zu bewahren, den Einfluß des Intuitionismus und der Lehre vom *élan vital* fest. Das andere Lager, das heißt die Schriftsteller, die genau wissen, daß der Preis des Sichverständigens die Gemeinplätze und die Klischees sind und daß Literatur Mitteilung, also Sprache, also Tradition, also auch „verbrauchte" und eben deshalb unproblematische, ohne weiteres verständliche Form ist, nennt er die Redekünstler, die „Rhetoriker". Er hält ihren Standpunkt für den einzig möglichen, da die konsequente Durchführung des „Terrors" in der Literatur absolutes Schweigen bedeuten würde, das heißt geistigen Selbstmord, vor dem die Surrealisten sich nur durch einen beständigen Selbstbetrug zu retten vermögen. Denn es gibt an und für sich keine steifere und engherzigere Konvention als die Doktrin des Surrealismus, und keine fadere, monotonere Kunstübung als die der eingeschworenen Surrealisten. Die „automatische Schreibweise" ist viel unelastischer als die rational und kunstkritisch beherrschte, und das Unbewußte – oder jedenfalls das, was man davon ans Tageslicht fördert – viel ärmer und simpler als das Bewußtsein. Die kunstgeschichtliche Bedeutung des Dadaismus und Surrealismus besteht aber nicht in den Werken ihrer offiziellen Vertreter, sondern in ihrem Hinweis auf die Sackgasse, in der sich die Literatur am Ende des Symbolismus befand, auf die Unfruchtbarkeit einer literarischen Konvention, die keinen Zusammenhang mehr mit dem Leben hatte.[10] Mallarmé und die Symbolisten dachten, daß alles, was ihnen gerade einfiel, der Ausdruck ihres Wesens sei; es war ein mystischer Glaube an die „Magie des Wortes", der sie zu Dichtern machte. Die Dadaisten und Surrealisten zweifeln nun daran, daß ein Objektives, Äußerliches, Formhaftes, rational Organisiertes den Menschen überhaupt auszudrücken fähig sei, zweifeln aber auch an dem Wert eines solchen Ausdrucks an und für sich. Es sei eigentlich „unzulässig" – meinen sie –, „daß ein Mensch eine Spur hinter sich zurücklasse".[11] Der Dadaismus ersetzt somit den Nihilismus der ästhetischen Kultur durch einen neuen Nihilismus, der nicht nur die Kunst, sondern den ganzen menschlichen Stand in Frage stellt. Denn wie es in einem ihrer Manifeste heißt, „am Maßstab der Ewigkeit gemessen, ist jede menschliche Handlung eitel".[12]

Die Mallarmésche Tradition aber ist keineswegs abgerissen. Die „Rhetoriker" André Gide, Paul Valéry, T. S. Eliot und etwa der späte Rilke setzen, trotz ihrer Affinität mit dem Surrealismus, die symbolistische Richtung fort. Sie sind die Vertreter einer schwierigen und exquisiten Formkunst, die Gläubigen an die „Magie des Wortes", die Dichter aus dem Geiste der Sprache, der Literatur, der Tradition. Joyces *Ulysses* und T. S. Eliots *The Waste Land* erscheinen gleichzeitig im Jahre 1922 und schlagen die beiden Grundtöne der neuen Literatur an; das eine Werk bewegt sich in expressionistischer und surrealistischer, das andere in symbolistischer und formalistischer Richtung. Beiden ist die intellektualistische Einstellung gemein, nur ist bei Eliot das „Bildungserlebnis“, bei Joyce das „Urerlebnis“ das Ausschlaggebende. Die Unterscheidung dieser Begriffe stammt von Friedrich Gundolf, der sie in der Einleitung seines Goethebuches verwendet und damit einen typischen Gedanken seiner Zeit zum Ausdruck bringt.[13] Beim Bildungserlebnis ist die historische Kultur, die geistige Tradition, der Gedanken- und Formenschatz der Literatur die Quelle der Inspiration, beim Urerlebnis sind es die unmittelbaren Lebenstatsachen und Daseinsfragen. Bei T. S. Eliot und Paul Valéry ist das Primäre immer ein Gedanke, eine Idee, ein Problem, bei Joyce und Kafka ein irrationales Erlebnis, eine Vision, ein metaphysisch-mythologisches Bild. Die Begriffsunterscheidung Gundolfs registriert eine im ganzen Gebiete der neuen Kunst sich vollziehende Dichotomie. Der Kubismus und Konstruktionismus auf der einen, der Expressionismus und Surrealismus auf der anderen Seite verkörpern formrigoristische und formsprengende Tendenzen, die in so scharfer Antinomie nebeneinander jetzt zum erstenmal auftreten. Die Situation ist um so eigentümlicher, als die zwei gegensätzlichen Stile die merkwürdigsten Mischformen und Kombinationen aufweisen, so daß man oft eher den Eindruck einer Bewußtseinsspaltung als den von zwei miteinander konkurrierenden Richtungen gewinnt. Picasso, der die verschiedenen stilistischen Tendenzen am unvermitteltsten in sich vereinigt, ist zugleich der repräsentativste Künstler der Gegenwart. Damit aber, daß man ihn als Eklektiker bezeichnet und als einen „Meister des Pasticcio“ charakterisiert,[14] daß man darauf hinweist, daß er nur zeigen wolle, in welchem Maße er die Regeln der Kunst beherrscht, gegen die er revoltiert,[15] daß man ihn mit Strawinsky vergleicht und daran erinnert, wie auch dieser seine Vorbilder wechselt und einmal Bach, dann Pergolesi, dann wieder Tschaikowski für die moderne Musik „auswertet“,[16] ist noch nicht alles gesagt. Der Eklektizismus Picassos bedeutet die bewußte und vorsätzliche Zerstörung der Einheit der Persönlichkeit; seine Nachahmungen sind Proteste gegen den Kult der Originalität; seine Deformation der Wirklichkeit, die immer neue Formen sucht, um ihre Willkürlichkeit nur um so eindringlicher zu demonstrieren, will vor allem die These bekräftigen, daß „Natur und Kunst zwei vollkommen verschiedene Dinge sind". Picasso macht aus sich einen Tausendkünstler, einen Gaukler, einen Parodisten, aus Opposition gegen den Romantiker mit seiner „inneren Stimme", seinem „so und nicht anders können", seiner Selbstachtung und Selbstvergötterung. Und er verneint nicht erst die Romantik, sondern schon die Renaissance, die mit ihrem Geniebegriff und ihrer Idee der Werk- und Stileinheit die Romantik gewissermaßen vorwegnimmt. Er stellt einen vollkommenen Bruch mit dem Individualismus und Subjektivismus dar, den restlosen Verzicht auf die Kunst als unverkennbaren Persönlichkeitsausdruck. Seine Werke sind Bemerkungen und Kommentare zur Wirklichkeit; sie erheben keinen Anspruch, als Welt- und Totalitätsbild, als Synthese und Epitome des Daseins zu gelten. Picasso kompromittiert die künstlerischen Ausdrucksmittel durch die wahllose Verwendung der verschiedenen künstlerischen Stile ebenso gründlich, wie es die Surrealisten durch ihren Verzicht auf die überlieferten Formen tun.

Das neue Jahrhundert ist von so tiefen Gegensätzen erfüllt, die Einheit seiner Weltanschauung so tief bedroht, daß die Vereinigung des möglichst weit Auseinanderliegenden, die Vereinheitlichung des am meisten Widerspruchsvollen zum Hauptthema, oft zum einzigen Thema seiner Kunst wird. Der Surrealismus, der, wie André Breton bemerkt, im Anfang sich ausschließlich um das Problem der Sprache, das heißt des dichterischen Ausdrucks drehte, und der, wie wir mit Paulhan sagen würden, eine Verständigung ohne Verständigungsmittel suchte, entwickelte sich zu einer Kunst, die die Paradoxie jeder Form und die Absurdität des ganzen menschlichen Daseins zur Grundlage ihrer Weltanschauung machte. Der Dadaismus plädierte noch aus Verzweiflung über die Unzulänglichkeit der Kulturformen für die Vernichtung der Kunst und die Rückkehr zum Chaos, also für den romantischen Rousseauismus im extremsten Sinne. Der Surrealismus, der die Methode des

Dadaismus durch die „automatische Schreibweise“ ergänzt,[17] drückt schon damit den Glauben aus, daß aus dem Chaos – das heißt dem Unbewußten, dem Irrationalen, dem Traum, den unbeherrschten Regionen der Seele – eine neue Erkenntnis, eine neue Wahrheit, eine neue Kunst entstehen würde. Die Surrealisten erwarten die Rettung der Kunst, die sie als solche ebenso wie die Dadaisten verneinen und nur als Vehikel einer irrationalen Erkenntnis gelten lassen, vom Untertauchen ins Unbewußte, ins Vorvernünftige und Chaotische, und sie übernehmen die psychoanalytische Methode der freien Assoziation, das heißt, der automatischen Entwicklung der Gedanken und ihrer Wiedergabe ohne jede rationale, moralische und ästhetische Zensur,[18] weil sie darin ein Rezept für die Herstellung der guten alten romantischen Inspiration gefunden zu haben glauben. Sie nehmen also ihre Zuflucht schließlich doch zur Rationalisierung des Irrationalen und zur Methodisierung des Spontanen, nur daß ihre Methode unvergleichlich pedantischer, dogmatischer und starrer ist als die künstlerische Schaffensweise, in welcher das Irrationale und Intuitive durch den Kunstverstand, den Geschmack und die Kritik beherrscht ist, und die statt der Wahllosigkeit die Überlegung zu ihrem Prinzip macht. Um wie viel fruchtbarer als das Rezept der Surrealisten war doch das Vorgehen Prousts, der sich ebenfalls in einen von Hemmungen ungestörten, nachtwandlerischen Zustand versetzte und sich dem Strom seiner Erinnerungen und Assoziationen mit der Passivität eines hypnotischen Mediums überließ,[19] der aber zugleich ein disziplinierter Denker und ein im höchsten Maße bewußt schaffender Künstler blieb.[20] Freud selbst scheint den Trick des Surrealismus durchschaut zu haben. Er sagte zu Salvador Dali, der ihn in London kurz vor seinem Tod aufgesucht hat: „Was mich an ihrer Kunst interessiert, ist nicht das Unbewußte, sondern das Bewußte.“[21] Sollte er damit nicht gemeint haben: „Mich interessiert nicht ihre simulierte Paranoia, sondern die Methode ihrer Simulierung“?

Das grundlegende Erlebnis der Surrealisten besteht in der Entdeckung einer „zweiten Wirklichkeit“, die mit der gewöhnlichen, empirischen Realität zwar unzertrennlich verquickt, von dieser aber dennoch so verschieden ist, daß wir von ihr nur Negatives auszusagen und auf ihre Existenz nur durch die Lücken und Löcher in unserer Erfahrungswirklichkeit hinzuweisen vermögen. Nirgends kommt dieser Dualismus schärfer zum Ausdruck als in den Werken von Kafka und Joyce, die, wenn sie auch mit dem Surrealismus unmittelbar nichts zu tun haben, im weiteren Sinne Surrealisten sind, so wie übrigens die meisten progressiven Künstler des Jahrhunderts. Es ist auch das Erlebnis dieses doppelseitigen, in zwei verschiedenen Sphären beheimateten Seins, das den Surrealismus der Eigenart des Traumes gewahr werden und in seiner gemischten Realität das eigene Stilideal erkennen läßt. Der Traum wird zum Paradigma des ganzen Weltbildes, in dem die Realität und die Irrealität, die Logik und die Phantastik, die Banalität und die Sublimiertheit des Daseins eine unauflösbare und unerklärbare Einheit bilden. Der peinliche Naturalismus der Details und die unnatürliche Willkür ihrer Beziehungen, die der Surrealismus dem Traum nachbildet, drücken aber nicht nur das Gefühl aus, daß wir auf zwei verschiedenen Niveaus, in zwei verschiedenen Sphären leben, sondern auch, daß diese Regionen des Seins einander so vollkommen durchdringen, daß die eine der anderen weder subordiniert[22] noch als Antithese gegenübergestellt werden kann.[23]

Der Dualismus des Seins ist sicher kein neuer Gedanke und die Idee der *coincidentia oppositorum* ist uns aus der Philosophie von Nikolaus Cusanus und Giordano Bruno hinlänglich bekannt, kaum ist aber je der Doppelsinn und die Doppelbödigkeit des Daseins, die Falle und die Verleitung, die für den menschlichen Verstand in jeder einzelnen Erscheinung der Wirklichkeit verborgen liegt, so intensiv erlebt worden wie jetzt. Nur der Manierismus hat den Gegensatz zwischen dem Konkreten und dem Abstrakten, dem Sensuellen und dem Spirituellen, dem Traum und dem Wachsein in einer ähnlich grellen Beleuchtung gesehen. An den Manierismus erinnert auch der Nachdruck, den die moderne Kunst gar nicht so sehr auf die Koinzidenz der Gegensätze selbst, als auf die Phantastik dieser Koinzidenz legt. Der scharfe Gegensatz zwischen der photographisch treuen Wiedergabe der Einzelheiten und dem wilden Durcheinander ihrer Gruppierungen bei Dali zum Beispiel entspricht auf einer sehr niedrigen Stufe der Vorliebe für das Paradoxe in der Dramatik der Elisabethaner und der Lyrik der „metaphysischen Dichter" des 17. Jahrhunderts. Zwischen dem Stil von Kafka und Joyce, der eine nüchterne und oft triviale Prosa mit der zartesten Transparenz der Ideen verbindet, und dem der manieristischen Dichter des 16. und 17. Jahrhunderts aber ist der Niveauunterschied nicht mehr so groß. Der eigentliche Gegenstand der Darstellung ist hier wie dort die Ungereimtheit des Lebens, die um so überraschender und chokierender wirkt, je realistischer die Elemente des phantastischen Ganzen sind. Die Nähmaschine und der Regenschirm auf dem Seziertisch, der Eselskadaver auf dem Klavier oder der nackte Frauenkörper, der wie eine Kommode geöffnet werden kann, kurz, alle die Formen des Nebeneinanders und der Gleichzeitigkeit, in die das Ungleichzeitige und Unvereinbare gebracht wird, drücken nur den Wunsch aus, in die atomisierte Welt, in der wir leben, auf eine wohl sehr paradoxe Art Einheit und Zusammenhang zu bringen. Es bemächtigt sich eine wahre Totalitätsmanie der Kunst.[24] Alles scheint in Beziehung zueinander gebracht werden zu können, alles scheint noch etwas anderes als sich selbst auszudrücken, alles das Gesetz des Ganzen in sich zu schließen. Damit hängt gewissermaßen auch die Herabsetzung des Menschen, die sogenannte „Enthumanisierung" der Kunst zusammen. In einer Welt, in der alles bedeutungsvoll ist oder alles die gleiche Bedeutung hat, verliert der Mensch seine Vorzugsstellung und die Psychologie ihre Autorität.

Die Krise des psychologischen Romans ist vielleicht die auffallendste Erscheinung der neuen Literatur. Die Werke von Kafka und Joyce sind keine psychologischen Romane mehr in dem Sinne, wie es die großen Romane des letzten Jahrhunderts waren. Bei Kafka ist die Psychologie durch eine Art von Mythologie ersetzt und bei Joyce sind die Detailanalysen psychologisch zwar durchaus korrekt, so wie die Einzelheiten in einem surrealistischen Gemälde naturalistisch einwandfrei sind, es gibt bei ihm aber nicht nur keinen Helden im Sinne eines psychologischen Zentrums der Darstellung, sondern auch keine besondere psychologische Seinssphäre in der Gesamtheit der Lebenserscheinungen. Die Entpsychologisierung des Romans beginnt eigentlich schon mit Proust,[25] der als der größte Meister der Gefühls- und Gedankenanalyse zwar den Höhepunkt des psychologischen Romans bedeutet, zugleich aber die beginnende Desintegrierung der Psyche als besondere Entität darstellt. Indem nämlich die ganze Wirklichkeit zum Bewußtseinsinhalt wird und die Dinge ihren Sinn einzig und allein durch das seelische Medium, das sie erlebt, gewinnen, kann hier von keiner Psychologie mehr im Sinne Stendhals, Balzacs, Flauberts, George Eliots, Tolstois oder Dostojewskis die Rede sein. Im Roman des 19. Jahrhunderts bedeutet Seele und Charakter den Gegenpol von Welt und Wirklichkeit und die Psychologie die Auseinandersetzung zwischen Subjekt und Objekt, Ich und Nicht-Ich, Innerlichkeit und Außenwelt. Die Herrschaft dieser Psychologie hört nun bei Proust auf. Ihm liegt nicht mehr so viel an der Charakterisierung der einzelnen Persönlichkeit, obwohl er ein leidenschaftlicher Porträtist und Karikaturist ist, als an der Analyse des seelischen Mechanismus an und für sich. Sein Werk ist eine „Summa" nicht nur in dem wohlbekannten Sinn, daß es ein Gesamtbild der modernen Gesellschaft enthält, sondern auch daß es den ganzen seelischen Apparat des modernen Menschen mit allen seinen Neigungen, Trieben, Talenten, Automatismen, Rationalismen und Irrationalismen zur Darstellung bringt. Joyces *Ulysses* ist die direkte Fortsetzung des Proustschen Romans; hier haben wir es buchstäblich mit einer Enzyklopädie der modernen abendländischen Kultur zu tun, so wie diese sich im Gespinst der Motive spiegelt, die den Inhalt eines Tages aus dem Leben einer Großstadt bilden. Dieser Tag ist der wirkliche Held des Romans. Der Flucht vor der Fabel folgt die Flucht vor dem Helden. Statt einer Flut von Ereignissen schildert Joyce eine Flut von Gedanken und Assoziationen, statt eines individuellen Helden einen Bewußtseinsstrom, einen unendlichen, zäsurlosen inneren Monolog. Der Nachdruck liegt überall auf der Zäsurlosigkeit der Bewegung, dem „heterogenen Kontinuum", dem kaleidoskopischen Bild einer desintegrierten Welt. Der Bergsonsche Zeitbegriff erfährt eine neue Interpretation, eine Zuspitzung und Umbiegung. Betont wird nunmehr vor allem die Simultaneität der Bewußtseinsinhalte, die Immanenz der Vergangenheit des Individuums, der Rasse, der Menschheit in der Gegenwart, das beständige Zusammenfließen der verschiedenen Zeitabschnitte, das amorphe Fluidum der inneren Erfahrung, die Uferlosigkeit des Zeitstroms, von dem die Seele getragen wird, die Relativität von Raum und Zeit, das heißt die Ununterscheidbarkeit und Unabgrenzbarkeit der Medien, in welchen sich das Subjekt bewegt. In dieser neuen Zeitkonzeption laufen so gut wie sämtliche Fäden der Textur zusammen, die den Stoff der modernen Kunst bilden: die Entfabelung der künstlerischen Motive, die Entheroisierung der Literatur, die Entpsychologisierung des Romans, die „automatische Schreibweise" des Surrealismus, und vor allem die Montagetechnik und die zeitlich-räumlichen Mischformen des Films. Denn in keiner Gattung drückt sich der neue Zeitbegriff, dessen Grundzug die Simultaneität ist und dessen Wesen in der Verräumlichung der Zeit besteht, so eindrucksvoll aus wie in dieser jüngsten, mit der Bergsonschen Konzeption gleichaltrigen Kunst. Die Übereinstimmung zwischen den technischen Mitteln des Films und den Kennzeichen des neuen Zeitbegriffs ist so vollkommen, daß man die Zeitkategorien der modernen Kunst wie aus dem Geiste der filmischen Form entstanden empfindet und den Film selbst als die stilgeschichtlich repräsentative, wenn auch nicht gerade als die qualitativ ergiebigste Kunstgattung der Gegenwart zu bezeichnen geneigt ist.

Das Theater ist in vieler Beziehung das dem Film ähnlichste künstlerische Medium; es stellt namentlich mit seiner Verbindung der räumlichen und der zeitlichen Formen die einzige wirkliche Analogie des Films dar. Das, was aber auf der Bühne vor sich geht, ist teilweise räumlich, teilweise zeitlich; in der Regel räumlich und zeitlich; nie aber zeit-räumlich, wie es die Vorgänge im Film sind. Der Film unterscheidet sich von den anderen Künsten am wesentlichsten gerade dadurch, daß in seinem Weltbild Raum und Zeit fließende Grenzen haben, – der Raum mit einem quasi-zeitlichen, die Zeit mit einem gewissermaßen räumlichen Charakter. In der bildenden Kunst, so wie übrigens auch auf der Bühne, ist und bleibt der Raum statisch, unbewegt und unverändert, ziel- und richtungslos; wir bewegen uns vollkommen frei in ihm, weil er in allen seinen Teilen homogen ist, und weil keiner dieser Teile den anderen zeitlich voraussetzt. Die Bewegungsphasen sind hier keine Stadien, keine Entwicklungsstufen, ihre Reihenfolge ist ungebunden. Die Zeit der Dichtung – vor allem des Dramas – hat dagegen eine bestimmte Richtung, eine Entwicklungstendenz, ein objektives, von dem Zeiterlebnis des Zuschauers unabhängiges Ziel; sie ist kein bloßes Reservoir, sondern eine geordnete Reihe. Diese dramaturgischen Kategorien des Raumes und der Zeit verändern nun im Film ihre Eigenart und ihre Funktion von Grund aus. Der Raum verliert seine Statik, seine in sich ruhende Passivität und gewinnt einen dynamischen Charakter; er entsteht sozusagen vor unseren Augen. Er ist fließend, unbegrenzt, unabgeschlossen, ein Element, das seine Geschichte, seine einmaligen Momente, Etappen und Stadien hat. Der homogene physikalische Raum nimmt hier die Merkmale der heterogen zusammengesetzten historischen Zeit an. Die einzelnen Bewegungsphasen sind in diesem Raume nicht mehr gleichartig, die einzelnen Raumteile nicht gleichwertig; es gibt darin besonders qualifizierte Positionen, solche, die in der Entwicklung des Raumbildes eine gewisse Priorität besitzen, und solche, die die Kulmination des Raumerlebnisses bedeuten. Der Aspekt der Großaufnahme zum Beispiel hat nicht nur räumliche Kriterien, er vertritt auch ein zu erreichendes oder zu überholendes Stadium im zeitlichen Ablauf des Films. In einem guten Film sind die Großaufnahmen nicht willkürlich und einfallsmäßig verteilt. Sie werden von der inneren Entwicklung der Szene nicht unabhängig, nicht wo und wann immer eingeschnitten, sondern nur dort, wo ihre virtuelle Energie sich auswirken kann und soll. Denn eine Großaufnahme ist kein ausgeschnittenes und eingerahmtes Bild; sie ist immer nur der Teil eines Bildes, so wie jene Repoussoir-Figuren der Barockmalerei, die im Vordergrunde der Komposition stehen und die in den malerischen Raum eine ähnliche Bewegung und Unruhe bringen wie die Großaufnahmen in die räumliche Struktur des Films.

Als ob nun aber Raum und Zeit im Film durch eine Austauschbarkeit der Funktionen miteinander verbunden wären, gewinnen die zeitlichen Beziehungen, so wie der Raum sich aktualisiert und zeitliche Merkmale annimmt, einen fast räumlichen Charakter, das heißt, eine gewisse Ungebundenheit in der Reihenfolge ihrer Momente. Wir bewegen uns im Zeitmedium des Films wie sonst nur im Raume, das heißt, der Richtung nach vollkommen frei, begeben uns aus einer Zeitphase in die andere, so wie man aus einem Zimmer in ein anderes geht, trennen die einzelnen Etappen der Geschehnisse voneinander ab und gruppieren sie im großen und ganzen nach räumlichen Ordnungsprinzipien. Kurz, die Zeit verliert hier einerseits ihre ununterbrochene Kontinuität, andererseits ihre unumkehrbare Richtung. Sie kann zum Stehen gebracht werden: in Großaufnahmen; zurückgeschraubt werden: in Retrospektionen; wiederholt werden: in Erinnerungsbildern; und übersprungen werden: in Zukunftsvisionen. Parallellaufende, simultane Vorgänge können nacheinander, und zeitlich auseinanderliegende – durch Zusammenkopieren oder durch alternierende Montage – gleichzeitig gezeigt werden; das Frühere kann später, das Spätere vorzeitig erscheinen. Diese filmische Zeitkonzeption hat der empirischen, aber auch der dramatischen gegenüber einen durchaus subjektiven und scheinbar unregelmäßigen Charakter. Die Zeit der Erfahrungswirklichkeit ist eine gleichmäßig progressive, lückenlos kontinuierliche, durchaus irreversible Ordnung, in welcher die Vorgänge einander wie „auf dem laufenden Band" folgen. Die dramatische Zeit ist zwar mit dieser empirischen keineswegs identisch – der peinliche Eindruck, den eine richtiggehende Uhr auf der Bühne macht, rührt von dieser Diskrepanz her – und die Zeiteinheit im Drama, die die klassizistische Dramaturgie vorschreibt, kann sogar als die grundsätzliche Ausschaltung der gewöhnlichen Zeit gedeutet werden; trotzdem haben die Zeitbeziehungen im Drama mit der Chronologie der empirischen Wirklichkeit mehr Berührungspunkte als der Zeitablauf im Film. So bleibt im Drama, oder wenigstens in ein und demselben Akte eines Dramas, die Zeitkontinuität der Empirie gewahrt. Die Ereignisse folgen einander auch hier, so wie im Leben, nach dem Gesetz einer Progression, die weder Unterbrechungen und Sprünge, noch Wiederholungen und Umkehrungen zuläßt, und richtet sich nach einem Zeitmaß, das durchaus konstant ist, das heißt, innerhalb der einzelnen Abschnitte (Akte oder Verwandlungen) keine wie immer geartete Beschleunigung, Retardierung oder Sistierung erfährt. Im Film dagegen ändert sich nicht nur das Tempo des Geschehens, nicht nur die Geschwindigkeit der aufeinanderfolgenden Ereignisse, der chronometrische Maßstab selber ist oft von Einstellung zu Einstellung verschieden, je nachdem, ob die Zeitlupe oder der Zeitraffer, der kurze oder der lange Schnitt, viele oder wenige Großaufnahmen verwendet werden.

Die Logik der Szenenführung verbietet dem Dramatiker die Wiederholung von Zeitpunkten und Zeitphasen, ein Mittel, das im Film oft die Quelle der intensivsten ästhetischen Wirkung ist. Ein Teil der Fabel wird zwar auch im Drama oft retrospektiv behandelt und die Vorgeschichte nach rückwärts verfolgt, diese erscheint aber zumeist – sei es in der Form einer zusammenhängenden oder einer sich auf zerstreute Andeutungen beschränkenden Erzählung – indirekt dargestellt. Im Laufe einer in Progression begriffenen Handlung auf vergangene Entwicklungsstadien zurückzugreifen und diese in die Kontinuität des aktuellen Geschehens, in die dramatische Gegenwart, direkt einzuschalten, erlaubt die Technik des Dramas nicht – das heißt, sie erlaubt es erst neuerdings, vielleicht gerade unter dem Einfluß des Films, oder unter dem Einfluß der neuen, aus dem modernen Roman bekannten Zeitkonzeption, die am zugespitztesten im Film zur Geltung kommt. Die technische Möglichkeit, die Kameraeinstellung ohne weiteres zu ändern, weist dem Film von vornherein die Wege der diskontinuierlichen Zeitbehandlung und gibt ihm mühelos die Mittel an die Hand, die Spannung einer Szene entweder durch die Interpolation heterogener Vorgänge oder durch die Verteilung der einzelnen Phasen der Szene auf auseinanderliegende Abschnitte des Werkes zu steigern. Der Film erzeugt damit oft eine Wirkung, als ob jemand auf den Tasten einer Klaviatur spielen und beliebig hin und her, nach rechts und nach links greifen würde. Oft sehen wir im Film zuerst den Helden am

Anfang seiner Karriere als jungen Mann, später, auf die Vergangenheit zurückgreifend, als Kind; wir sehen ihn dann im weiteren Verlauf der Handlung als reifen Mann wieder, und nachdem wir seine Lebensbahn eine Zeitlang verfolgt haben, sehen wir ihn schließlich nach seinem Tode, etwa in der Erinnerung eines seiner Angehörigen, noch einmal lebend. Bei dieser Diskontinuität der Zeit wird die rückläufige Entwicklung der Fabel mit der vorgreifenden anscheinend vollkommen frei, ohne jede chronologische Bindung, kombiniert, und es wird durch die wiederholten Wendungen des Zeitkontinuums jene Beweglichkeit, in der das Wesen des filmischen Erlebnisses besteht, bis zum Äußersten gesteigert. Die eigentliche Verräumlichung der Zeit im Film kommt aber erst mit der Darstellung der Simultaneität von Parallelhandlungen zustande. Erst das Erlebnis der Gleichzeitigkeit verschiedener, räumlich getrennter Vorgänge versetzt den Zuschauer in jenen schwebenden Zustand, der sich zwischen Raum und Zeit bewegt und die Kategorien beider Ordnungen für sich in Anspruch nimmt. Erst durch die gleichzeitige Nähe und Ferne der Dinge – ihre Nähe zueinander in der Zeit und ihre Ferne voneinander im Raume – konstituiert sich jene Zeit-Räumlichkeit, jene Zweidimensionalität der Zeit, die das eigentliche Medium des Films und die Grundkategorie seiner Gegenstandsbildung ist.

Man entdeckte verhältnismäßig früh, daß die Darstellung der Gleichzeitigkeit zweier Ereignisreihen zum Grundbestand der filmischen Form gehört. Zunächst wurde diese Simultaneität nur einfach registriert und dem Zuschauer durch gleichgestellte Uhren oder ähnliche Zeitzeichen rein mechanisch zur Kenntnis gebracht; die künstlerische Technik der intermittierenden Führung einer Doppelhandlung und der alternierenden Montage einzelner Handlungsphasen entwickelte sich erst nach und nach. Beispiele dieser Technik finden wir aber in der späteren Entwicklung auf Schritt und Tritt. Und einerlei, ob wir dann zwischen zwei konkurrierenden Parteien, zwei Rivalen oder zwei Doppelgängern stehen, die Struktur des Films ist jedesmal von der Kreuzung und Überschneidung der Linien, der Doppelseitigkeit des Geschehens und der Simultaneität der gegnerischen Aktionen beherrscht. Das berühmte Finish der frühen, heute bereits klassischen Griffith-Filme, das den Ausgang der aufgeregten Handlung davon abhängig macht, ob ein Zug oder ein Auto, der Intrigant oder der „reitende Bote des Königs", der Würger oder der Retter als erster ans Ziel kommt, mit der seinerzeit revolutionären Technik der fortwährend wechselnden, blitzartig aufleuchtenden und verlöschenden Bilder, ist das Muster des Duktus geworden, den die meisten Filme seither in ähnlichen Situationen befolgen.

Das Zeiterlebnis der Gegenwart besteht vor allem in der Bewußtheit des Augenblicks, in dem wir uns befinden – im Gegenwartsbewußtsein. Alles Aktuelle, Zeitgenössische, im gegenwärtigen Moment miteinander Verbundene besitzt einen besonderen Sinn und Wert für den heutigen Menschen, und von diesem Bewußtsein erfüllt, gewinnt das bloße Faktum der Gleichzeitigkeit einen bedeutungsvollen Zug in seinen Augen. Seine geistige Welt ist von einer Gegenwarts- und Gleichzeitigkeitsstimmung erfüllt, so wie die des Mittelalters von einer Jenseitsstimmung und die der Aufklärung von einer Zukunftsstimmung erfüllt ist. Er erlebt die Größe seiner Städte, die Wunder seiner Technik, die Differenziertheit seiner Gedankenwelt, die Hintergründigkeit seiner Psychologie im Nebeneinander, in der Verbundenheit und Verschränktheit der Dinge und Vorgänge. Die Faszination des „Zugleich", die Entdeckung, daß einerseits der gleiche Mensch in ein und demselben Augenblick so viel Verschiedenes, Unzusammenhängendes und Unvereinbares erlebt und daß andererseits verschiedene Menschen an verschiedenen Orten oft dasselbe erleben, daß sich an verschiedenen, voneinander völlig isolierten Punkten der Erde gleichzeitig dasselbe ereignet, dieser Universalismus, den die moderne Technik dem heutigen Menschen zum Bewußtsein gebracht hat, ist vielleicht der eigentliche Ursprung der neuen Zeitkonzeption und der ganzen Sprunghaftigkeit, mit der die moderne Kunst das Leben schildert. Diese Rhapsodik, die den neuen Roman von dem älteren am schärfsten unterscheidet, ist zugleich der Zug, der an ihm am filmischsten wirkt. Die Diskontinuität der Fabel und der Szenenführung, die Unvermitteltheit der Gedanken und

Stimmungen, die Relativität und die Inkonsequenz der Zeitmaße ist es, was uns bei Proust und Joyce, bei Dos Passos und Virginia Woolf an die Schnitte, Überblendungen und Interpolationen des Films erinnert, und es ist einfach Filmzauber, wenn bei Proust zwei Vorfälle, zwischen denen vielleicht dreißig Jahre vergangen sind, näher aneinander rücken als solche, die in der Wirklichkeit nur durch zwei Stunden voneinander getrennt sind. So wie bei Proust Vergangenheit und Gegenwart, Traum und Meditation einander über Raum und Zeit die Hand reichen, wie die stets auf neue Spur gesetzte Sensibilität im Raume und in der Zeit herumschweift und wie in diesem end- und uferlosen Strom der Beziehungen die Grenzen des Raumes und der Zeit schwinden, all das entspricht genau jenem zeiträumlichen Medium, in dem sich der Film bewegt. Proust nennt nie Jahreszahlen und Lebensalter; wir wissen nie genau, wie alt der Held seines Romans ist, und auch die chronologischen Beziehungen der Vorgänge untereinander bleiben zumeist undurchsichtig. Die Erlebnisse und Ereignisse hängen bei ihm nicht durch ihre zeitliche Nachbarschaft zusammen, und der Versuch, sie chronologisch abzugrenzen und einzuteilen, wäre für ihn um so sinnloser, als seiner Einsicht nach jeder Mensch seine typischen Erlebnisse hat, die sich periodisch wiederholen. Der Knabe, der Jüngling, der Mann erlebt im Grunde immer wieder dasselbe; der Sinn eines Vorfalls geht ihm oft erst viele Jahre später auf, als er ihn erlebt und erleidet; den Niederschlag der vergangenen Jahre kann er aber von der Errungenschaft der aktuellen Stunde kaum je unterscheiden. Ist man denn nicht in jedem Augenblick seines Lebens dasselbe Kind oder derselbe Kranke oder derselbe einsame Fremde mit den wachen, empfindlichen, ungestillten Nerven? Ist man nicht in jeder Situation des Lebens der Mensch, der das und jenes zu erleben fähig ist, und der in der Typik seiner Erlebnisse den einzigen Schutz gegen die vergehende Zeit besitzt? Spielen sich nicht alle unsere Erlebnisse gleichzeitig ab? Und ist diese Gleichzeitigkeit nicht eigentlich die Negation der Zeit? Und diese Negation, ist sie nicht ein Kampf um die Wiedererlangung jener Innerlichkeit, die uns durch Raum und Zeit verlorengeht?

Joyce kämpft um die gleiche Innerlichkeit, die gleiche Unmittelbarkeit der Erlebnisse, wenn er wie Proust die wohlartikulierte, chronologisch geordnete, an fixe Punkte gebundene Zeit auflöst und zusammenfließen läßt. Auch bei ihm ist es die Substituierbarkeit der Bewußtseinsinhalte, die über die chronologische Ordnung der Erlebnisse siegt; auch für ihn ist die Zeit eine richtungslose Bahn, auf der man sich hin und her bewegt. Nur treibt er die Verräumlichung der Zeit noch weiter als Proust und zeigt die inneren Vorgänge nicht nur in Längs-, sondern auch in Querschnitten. Die Bilder, die Gedanken, die Einfälle, die Erinnerungen stehen bei ihm vollkommen abrupt und unvermittelt nebeneinander; auf ihre Herkunft wird fast gar keine Rücksicht genommen, betont wird nur ihr Nebeneinander, ihre Gleichzeitigkeit. Die Verräumlichung der Zeit geht bei Joyce so weit, daß man die Lektüre von *Ulysses* bei einer auch nur ungefähren Kenntnis der Zusammenhänge – also gar nicht erst beim zweiten Lesen, wie bemerkt wurde – dort beginnen kann, wo man will und die einzelnen Kapitel des Buches in jeder beliebigen Reihenfolge zu lesen vermag. Das Medium, in dem sich der Leser befindet, ist eben ganz und gar räumlich, denn der Roman schildert nicht nur das Bild einer Großstadt, sondern übernimmt gewissermaßen auch ihre Struktur, das Netzwerk ihrer Straßen und Plätze, in welchen man herumschlendert, hin und her wandert, und mit der Wanderung aufhört, wann und wo man will. Es ist für die filmische Eigenart dieser Technik höchst bezeichnend, daß Joyce seinen Roman nicht in der schließlichen Reihenfolge der Kapitel niederschrieb, sondern – wie es bei der Herstellung von Filmen zu geschehen pflegt – sich von der handlungsmäßigen Ordnung unabhängig machte und an mehreren Kapiteln gleichzeitig arbeitete.

Der Bergsonschen Zeitkonzeption des Films begegnen wir – wenn auch nicht immer so unverkennbar wie hier – in allen Kunstgattungen und Kunstrichtungen der Gegenwart. Die Gleichzeitigkeit der Bewußtseinsinhalte, die „simultanéité des états d'âme", ist das grundlegende Erlebnis, das auch die verschiedenen Richtungen der modernen Malerei miteinander verbindet, den Futurismus der Italiener mit dem Expressionismus Chagalls und den Kubismus Picassos mit dem Surrealismus Giorgio de Chiricos. Bergson entdeckte den Kontrapunkt der seelischen Prozesse und die musikalische Struktur ihres Zusammenhangs. So wie wir beim richtigen Anhören eines Musikstückes die Wechselbeziehung eines jeden Tones mit allen den bereits verklungenen Tönen im Ohr haben, besitzen wir auch in unseren tiefsten, vitalsten Erlebnissen stets alles, was wir je erlebt und im Leben uns zu eigen gemacht haben. Wenn wir uns selbst verstehen, lesen wir in der eigenen Seele wie in einer Partitur; wir lösen das Chaos der verschlungenen Töne auf und verwandeln sie in einen kunstvollen Satz der Stimmen. – Alle Kunst ist ein Spiel mit dem Chaos; sie rückt in eine immer gefährlichere Nähe zu ihm und entreißt ihm immer weitere Seelenbereiche. Wenn es in der Geschichte der Kunst einen Fortschritt gibt, so besteht er im beständigen Wachsen dieser dem Chaos abgerungenen Gebiete. Mit seiner Analyse der Zeit steht der Film in der Linie dieser Entwicklung: es sind durch ihn Erlebnisse, die vorher nur musikalisch ausgedrückt werden konnten, optisch darstellbar geworden. Der Künstler, der diese offene Möglichkeit, diese noch leere Form mit wirklichem Leben erfüllen sollte, ist allerdings noch nicht da.

Die geistige Krise des Films, die sich zu einer chronischen Krankheit zu entwickeln scheint, hängt vor allem damit zusammen, daß der Film seine Dichter nicht findet oder besser gesagt, daß die Dichter den Weg zum Film nicht finden. Gewohnt, in ihren vier Wänden frei zu schalten und zu walten, sollen sie nun auf Produzenten, Produktionsleiter, Regisseure, Drehbuchautoren, Kameraleute, Architekten und Techniker aller Art Rücksicht nehmen, ohne daß der Geist dieser Kooperation, ja, die Idee einer künstlerischen Produktionsgemeinschaft überhaupt, in ihren Augen die erwünschte Autorität besäße. Ihr Gefühl sträubt sich dagegen, daß die Schöpfung von Kunstwerken einem Kollektiv, einem „Betrieb" überantwortet werde, und empfinden es als eine Herabsetzung der Kunst, daß bei Entscheidungen, über deren Motive man sich oft selber keine Rechenschaft zu geben vermag, ein fremdes Diktat, im besten Fall eine Majorität, das letzte Wort haben soll. Vom Standpunkt des 19. Jahrhunderts ist es eine durchaus ungewohnte und unnatürliche Situation, mit der sie sich da abfinden sollen. Die atomisierten und unkontrollierten künstlerischen Bestrebungen der Gegenwart stoßen hier zum erstenmal auf ein ihrer Anarchie gegensätzliches Prinzip. Denn im bloßen Faktum einer auf Zusammenarbeit basierten Kunstproduktion kündigt sich eine integrierende Tendenz an, für die es – wenn man vom Theater, wo es aber nur um die Reproduktion und nicht um die Produktion von Kunstwerken geht, absieht – eigentlich seit dem Mittelalter, namentlich der Bauhütte, kein vollwertiges Beispiel gab. Wie entfernt freilich die Filmproduktion noch von der allgemeingültigen Lösung einer künstlerischen Arbeitsgemeinschaft ist, zeigt nicht nur die Unfähigkeit der meisten Schriftsteller, den Anschluß an den Film zu finden, sondern auch eine Zeiterscheinung wie Chaplin, der bei seinen Filmen möglichst alles – die Darstellung der Hauptrolle, die Regie, das Buch, die Musik – selber machen zu müssen glaubt. Aber sei es auch nur der Ansatz zu einer Regulierung und der vorläufig noch leere Rahmen einer Integration, so wird dennoch auch hier, so wie im ganzen ökonomischen, sozialen und politischen Leben der Gegenwart, um eine Planung gerungen, ohne die unsere geistige und materielle Welt auseinanderzufallen droht. Wir stehen hier der gleichen Spannung gegenüber, wie überall im sozialen Leben unserer Zeit: Demokratie und Diktatur, Differenzierung und Integration, Rationalismus und Irrationalismus stoßen hart aneinander. Kann aber eine Planung schon im Gebiete der Ökonomie und Politik nicht immer durch Oktroyierung von Ordnungsprinzipien gelöst werden, um so weniger in der Kunst, wo jede Vergewaltigung der Spontaneität, jede gewaltsame Nivellierung des Geschmacks, jede institutionelle Regulierung der persönlichen Initiative mit großen, wenn auch sicher nicht mit so tödlichen Gefahren verbunden ist, wie man denkt.

Wie soll nun aber in einer Zeit der äußersten Differenzierung und des raffiniertesten Individualismus eine Übereinstimmung und eine Integration der persönlichen Bestrebungen herbeigeführt werden? Wie soll, praktisch gesprochen, dem Zustand ein Ende gemacht werden, daß den technisch gelungensten Filmen oft die armseligsten schriftstellerischen Erfindungen zugrunde liegen? Nicht fähige Regisseure und unfähige Schriftsteller, sondern zwei ungleichzeitige Erscheinungen – der einsame, isolierte, auf sich selbst gestellte Dichter und die kollektiv zu lösenden Aufgaben des Films – stehen hier einander gegenüber. Der gemeinschaftliche Produktionsapparat der Filmkunst nimmt eine soziale Technik vorweg, der wir nicht gewachsen sind, ebenso wie seinerzeit die neuerfundene Kamera eine künstlerische vorwegnahm, von der damals noch kein Mensch recht wußte, was damit anzufangen. Die Wiedervereinigung der geteilten Funktionen, zunächst die Personalunion der Regie und des Drehbuches, die man zur Behebung der Krise des Films vorgeschlagen hat, wäre eher ein Ausweichen vor dem Problem als eine Lösung, denn es würde die zu überwindende Differenzierung verhindern, nicht aufheben, die vermißte Planung nicht herbeiführen, sondern ihrer Notwendigkeit ausweichen. Das monistisch-individuelle Prinzip in der Versehung der Funktionen, statt einer kollektiv organisierten Arbeitsteilung, entspricht übrigens nicht nur äußerlich-technisch der amateurhaften Arbeitsmethode, es bringt auch eine innere Spannungslosigkeit mit sich, die an die Einfachheit der Amateurfilme erinnert. Oder sollte vielmehr der ganze Anlauf zu einer auf Planung angelegten Kunstproduktion nur eine vorübergehende Störung, eine bloße Episode gewesen sein, die vom reißenden Strom des Individualismus wieder weggeschwemmt wird? Sollte der Film etwa doch nicht der Anfang einer neuen künstlerischen Kultur, sondern nur die etwas zögernde Fortsetzung jener am Ende noch immer lebensfähigen alten sein, der individualistischen, der wir die ganze nachmittelalterliche Kunst verdanken? – Nur in diesem Fall wäre die Krise des Films durch die Personalunion gewisser Funktionen, das heißt durch die Aufgabe des kollektiven Arbeitsprinzips, zu lösen.

Die Krise des Films aber hängt auch mit einer Krise des Publikums zusammen. Die Millionen und Millionen, die täglich und stündlich die vielen tausend Kinos der Welt von Hollywood bis Schanghai und von Stockholm bis Kapstadt füllen, dieser einzige weltumspannende Menschheitsbund hat ein sehr konfuses soziales Gefüge. Nichts, als daß sie in die Kinos strömen, verbindet diese Menschen miteinander, und gestaltlos, wie sie in die Kinos hineingepumpt werden, quellen sie aus diesen wieder heraus; sie bleiben eine uneinheitliche, ungegliederte, amorphe Masse mit fließenden Konturen und dem einzigen, aber eben nur negativen allgemeinen Charakterzug, daß sie alle sozialen Kategorien durchkreuzen und weder klassen- noch bildungsmäßig einer organisch gewachsenen und klar definierbaren Schicht zurechenbar sind. Diese Masse ist gar kein „Publikum" im eigentlichen Sinne, denn als solches kann nur eine mehr oder weniger beständige Anhängerschaft bezeichnet werden, eine, die die Kontinuität einer Kunstproduktion gewissermaßen zu garantieren vermag. Publikumsartige Gebilde beruhen auf einer Plattform der jederzeitigen Verständigungsmöglichkeit; wenn die Meinungen in ihrer Mitte auch nicht immer übereinstimmen, so divergieren sie doch auf der gleichen Ebene. Bei den Massen aber, die in den Kinos beisammensitzen und die keine wie immer geartete gemeinsame geistige Vorformung durchgemacht haben, wäre es vergeblich, nach einer solchen Plattform zu suchen. Wenn ihnen ein Film mißfällt, gibt es unter ihnen über die Motive der Ablehnung eine so geringe Chance der Verständigung, daß man annehmen muß, daß auch die allgemeine Zustimmung jeweils auf einem Mißverständnis beruht.

Jene homogenen und konstanten Publikumseinheiten, die als Vermittler zwischen den Kunstschöpfern und den kunstfremden Schichten stets eine im großen und ganzen konservierende Funktion ausgeübt haben, wurden bekanntermaßen mit der fortschreitenden Demokratisierung des Kunstgenusses zersetzt. Das bürgerliche Abonnementpublikum der Staats- und Stadttheater des letzten Jahrhunderts bildete noch einen solchen mehr oder weniger einheitlichen, organisch gewachsenen Körper, doch mit dem Ende des Repertoiretheaters zerstreute sich auch der letzte Rest dieses Publikums und es gab seither nur noch ein von Fall zu Fall, wenn auch fallweise in größeren Massen als vorher sich integrierendes Auditorium. Es war im allgemeinen identisch mit den Zufallsbesuchern der Kinos, die immer wieder, und jedesmal mit neuen, unverbrauchten Attrappen eingefangen werden müssen. Das täglich spielende Repertoiretheater, das Serienstück-Theater und das Kino bezeichnen die aufeinanderfolgenden Stufen der Demokratisierung der Kunst und der allmählichen Einbuße jenes festlichen Charakters, der vorher jeder Form des Theaters mehr oder weniger eigen war. Den letzten Schritt auf diesem Wege der Profanierung macht das Kino, denn auch noch der Besuch des modernen Großstadttheaters, das irgendein Zugstück spielt, erfordert eine gewisse innere und äußere Vorbereitung – in den meisten Fällen hat man die Eintrittskarte im voraus zu besorgen, sich an eine fixe Stunde zu halten und auf eine abendausfüllende Beschäftigung vorzubereiten –, das Kino besucht man dagegen im Vorübergehen, man geht im Alltagskleid hinein und hat zu den fortlaufenden Vorstellungen jederzeit Zutritt. Die Alltagsperspektive des Films entspricht gewissermaßen dieser Improvisiertheit und Anspruchslosigkeit des Kinobesuchs.

Seit dem Anfang unserer individualistisch orientierten Kultur bedeutet der Film den ersten Versuch, Kunst für ein Massenpublikum herzustellen. Den eigentlichen Anfang der Demokratisierung der Kunst, die im Massenbesuch der Kinos ihren Höhepunkt erreicht, bildete wie wir wissen jener Schichtwechsel in der Zusammensetzung des Theater- und Lesepublikums, der zu Beginn des letzten Jahrhunderts mit der Entstehung des Boulevardstückes und des Feuilletonromans verbunden war. Der Übergang vom Privattheater der Fürstenhöfe zum bürgerlichen Staats- und Stadttheater und dann zu den Theatertrusts, von der Oper zur Operette und zur Revue, bezeichnete die einzelnen Phasen einer Entwicklung, die immer breitere Massen von Konsumenten zu erfassen bemüht war, um die Kosten des wachsenden Kunstbetriebes hereinzubringen. Die Ausstattung einer Operette konnte noch von einem mittleren Theater getragen werden, die einer Revue oder eines großen Balletts mußte bereits von Großstadt zu Großstadt wandern, um die Investitionen des Unternehmers zu amortisieren; zur Finanzierung eines großen Films müssen die Kinobesucher der ganzen Welt beisteuern. Damit entscheidet sich aber der Einfluß der Massen auf die Kunstproduktion. Durch ihre bloße Anwesenheit bei den theatralischen Darbietungen in Athen oder im Mittelalter konnten sie die Wege der Kunst nie direkt bestimmen, erst seitdem sie als Konsumenten auftreten und für ihren Kunstgenuß den vollen Preis bezahlen, sind die Bedingungen, unter welchen sie ihr Geld hergeben, zu einem Kunstfaktor geworden.

Die Qualität und die Popularität der Kunst standen von jeher in einem gespannten Verhältnis zueinander; womit keineswegs gesagt ist, daß die breiten Schichten sich irgendwo und irgendwann prinzipiell gegen die qualitativ gute Kunst und konsequent für die minderwertige entschieden hätten. Das Verständnis der differenzierten Kunst bereitet ihnen natürlich größere Schwierigkeiten als die der einfacheren und unentwickelteren, der Mangel an adäquatem Verständnis aber hindert sie nicht unbedingt daran, diese Kunst – wenn auch nicht gerade wegen ihrer ästhetischen Qualität – zu akzeptieren. Der Erfolg richtet sich bei ihnen nach qualitätsjenseitigen Kriterien. Sie reagieren nicht auf künstlerisch Gut und Schlecht, sondern auf Eindrücke, durch die sie sich in ihrer Lebenssphäre beruhigt oder beunruhigt fühlen. Sie nehmen sich auch dem künstlerisch Wertvollen an, wenn es ihnen entsprechend, das heißt motivisch anziehend, präsentiert wird. Die Erfolgschancen eines guten Films sind dabei von vornherein besser als die eines guten Bildes oder eines guten Gedichts. Denn außer im Film ist heute die progressive Kunst für die nicht Eingeweihten so gut wie unzugänglich; sie ist an und für sich unpopulär, weil ihre Verständigungsmittel sich im Laufe einer langen, geschlossenen Entwicklung in eine Art Geheimsprache verwandelt haben. Dagegen konnte auch das primitivste Kinopublikum die sich eben erst ausbildende Sprache des Films spielend erlernen. Man wäre geneigt, für den Film aus dieser Konstellation weitgehende optimistische Folgerungen zu ziehen, wenn man nicht wüßte, daß solche geistige Eintracht nichts als der Besitz einer paradiesischen Kindheit ist und sich wohl ebenso oft wiederholt, wie neue Künste entstehen. Vielleicht werden schon der nächsten Generation nicht mehr sämtliche filmische Ausdrucksmittel verständlich sein, und sicher wird früher oder später der Riß entstehen, der auch in diesem Gebiet Kenner und Laien voneinander trennt. Populär kann nur eine junge Kunst sein, denn jede ältere erfordert zu ihrem Verständnis die Kenntnis der früheren, bereits überwundenen Entwicklungsstufen. Eine Kunst verstehen heißt die Adäquatheit ihrer formalen und inhaltlichen Elemente durchblicken; solange eine Kunst jung ist, besteht eine natürliche, unproblematische Verbindung zwischen ihrem Ausdrucksgehalt und ihren Ausdrucksmitteln, das heißt, es führt zu ihren Formen ein direkter Weg vom Thematischen her. Mit der Zeit lösen sich diese Formen als autonome Gebilde vom Stofflichen ab, sie werden immer leerer und sind schließlich nur mehr für eine ganz dünne Bildungsschicht zugänglich. Beim Film hat dieser Prozeß der Verselbständigung der Formen noch kaum begonnen, und ein großer Teil der Kinobesucher gehört noch jener Generation an, die die Entstehung des Films miterlebt hat und Zeuge der Sinnerfülltheit seiner Formen war. Der Prozeß der Entfremdung ist aber bereits im Gange und macht sich im Verzicht der heutigen Produktion auf die meisten der sogenannten „filmischen" Ausdrucksmittel geltend. Die einst so beliebten Effekte mit den verschiedenen Kameraeinstellungen und Manövrierungen, dem Wechsel der Distanzen und der Tempi, den Tricks der Montage und der Kopiertechnik, den Großaufnahmen und den Panoramas, den Einschnitten und den „flash-backs", den Auf-, Ab- und Überblendungen wirken heute gesucht und unnatürlich, weil die Regisseure und Kameraleute ihre Aufmerksamkeit, unter dem Druck einer zweiten, bereits weniger filmverständigen Generation, auf die klare, glatte und spannende Erzählung einer Geschichte richten und von den Meistern der *pièce bien faite* mehr lernen zu können glauben als von den Meistern des stummen Films.

Daß eine Kunst auf der heutigen Stufe der Entwicklung, auch wenn sie über so völlig neue Mittel verfügt wie der Film, ganz von vorn anfangen könnte, ist undenkbar. Auch die einfachste Fabel ist vorgeformt und trägt gewisse epische und dramatische Formeln der älteren Literatur in sich. Der Film, dessen Publikum auf dem Durchschnittsniveau des Kleinbürgers steht, entlehnt diese Formeln der Unterhaltungsliteratur des Bürgertums und unterhält die Kinobesucher von heute mit den Theatereffekten von gestern. Der Erkenntnis, daß die Seele des Kleinbürgers die psychologische Mitte ist, in der die Menschen der Masse sich treffen, verdankt die Filmproduktion ihre größten Erfolge. Die sozialpsychologische Kategorie dieses Menschenschlages hat einen viel weiteren Umfang als die rein soziologische Kategorie des Mittelstandes; sie umfaßt die Absplitterungen von oben und unten, das heißt, die sehr beträchtlichen Elemente, die überall, wo sie nicht unmittelbar im Lebenskampf stehen, also vor allem bei ihren Unterhaltungen, sich den mittleren Schichten vorbehaltslos anschließen. Das Massenpublikum des Films ist das Produkt dieser Nivellierung; und der Film muß sich, wenn er einträglich sein soll, vor allem auf jene Schicht stützen, von der die geistige Gleichmacherei ausgeht. Der Mittelstand schwebte von jeher, besonders aber seitdem der „neue Mittelstand" mit seinem Heer der „Angestellten", der kleinen Staats- und Privatbeamten, der Handlungsreisenden und Gehilfen ins Leben getreten ist, „zwischen den Klassen" und wurde von jeher dazu benützt, die sozialen Gegensätze nach Möglichkeit zu überbrücken.[26] Er fühlte sich stets von oben und von unten bedroht, gab aber lieber seine tatsächlichen Interessen als seine Hoffnungen und eingebildeten Aussichten auf. Er wollte zur bürgerlichen Oberschicht gezählt werden, obwohl er in Wirklichkeit das Schicksal der Unterschicht teilte. Ohne eine eindeutige und geklärte soziale Position ist aber auch kein einheitliches Bewußtsein und keine konsequente Weltanschauung möglich; und auf die Desorientiertheit dieser wurzellosen Elemente konnte sich die Filmproduktion ruhig verlassen. Ein leichtfertiger, kritikloser Optimismus charakterisiert das Lebensgefühl des Mittelstandes. Er glaubt an die schließliche Belanglosigkeit der sozialen Gegensätze und will dementsprechend Filme sehen, in welchen man aus der einen Gesellschaftsschicht in die andere einfach hinüberspaziert. Für ihn ist das Kino der Erfüllungsort der Sozialromantik, die das Leben nie erfüllt und die Leihbibliotheken nie so täuschend erfüllen, wie es der Film mit seinem Illusionismus tut. „Jeder ist der Schmied seines Glückes" – das ist sein höchster Glaubenssatz und das Emporkommen das Grundmotiv der Wunschphantasien, die ihn ins Kino locken. Das wußte Will Hays, der ehemalige „Filmzar", sehr genau, als er in seinen Vorschriften für die amerikanischen Filmindustrie unter anderem die Weisung gab, „das Leben der gehobenen Stände zu zeigen".

Die Entwicklung der bewegten Photographie zur Filmkunst war von zwei Errungenschaften abhängig: von der – dem amerikanischen Regisseur D. W. Griffith zugeschriebenen – Erfindung der Großaufnahme und einer neuen, durch die Russen entdeckten Methode der Bildinterpolation, dem sogenannten Kurzschnitt. Die oftmalige Unterbrechung der Kontinuität einer Szene haben freilich nicht die Russen erfunden, dieses Ausdrucksmittel für erregte Stimmungen und dramaturgisch bedingte Tempobeschleunigungen stand den Amerikanern schon lange vorher zur Verfügung; neu an der russischen Methode war aber die Beschränkung der im Kurzschnitt verwendeten Bildteile auf Großaufnahmen – bei Verzicht auf die Einfügung von orientierenden Gesamtaufnahmen – und die bis an die Grenze der Perzeptibilität gehende Kürzung der einzelnen Montagebilder. Damit gelang es den Russen, für den Ausdruck schwebender Stimmungswerte, nervöser Rhythmen und rasanter Tempi einen eigenen expressionistischen Filmstil zu finden, der ganz neue, in keiner anderen Kunst erzielbare Wirkungen ermöglichte. Das Umwälzende dieser Montagetechnik aber bestand eigentlich nicht in der Kürze des Schnittes, nicht im Tempo nd in der Rhythmik des Bildwechsels, auch nicht in der Erweiterung der Grenzen des filmisch Darstellbaren, sondern darin, daß hier nicht mehr die Phänomene einer homogenen Gegensta dswelt, sondern durchaus heterogene Seinselemente miteinander konfrontiert wurden. So zeigte Eisenstein in *Panzerkreuzer Potemkin* etwa folgende Bildersequenz: erregt arbeitende Männer, Maschinenraum des Kreuzers; hastige Hände, rotierende Räder; vor Anstrengung verzerrte Gesichter, Maximalstand des Manometers; eine verschwitzte Brust, ein glühender Kessel; ein Arm, ein Rad; ein Rad, ein Arm; Maschine, Mensch; Maschine, Mensch; Maschine, Mensch. Zwei durchaus verschiedene Wirklichkeiten, eine seelische und eine dingliche, wurden hier miteinander verbunden und nicht nur verbunden, sondern identifiziert, ja, die eine aus der anderen entwickelt. Eine solche bewußte und vorsätzliche Grenzüberschreitung aber setzte eine Weltanschauung voraus, die die Autonomie der einzelnen Lebensbezirke leugnet, so wie es auch der Surrealismus tut, und wie es der historische Materialismus von Anfang an getan hat.

Daß wir es hier nicht einfach mit Gleichnissen, sondern mit Gleichungen zu tun haben und daß die Konfrontierung der verschiedenen Sphären keine bloß metaphorische ist, wird noch evidenter, wenn die Montage gar nicht mehr beide miteinander verbundene Phänomene zeigt, sondern nur noch eines, und zwar statt des im Zusammenhang zu erwartenden das substituierte. So zeigt Pudowkin im *Ende von St. Petersburg* für die erschütterte Herrschaft der Bourgeoisie einen scheppernden Kristallüster; für die Beamtenhierarchie, ihre tausend Instanzen und ihren unerreichbaren Gipfel eine steile, endlose Treppe, an der eine kleine menschliche Figur mühsam emporsteigt. In Eisensteins *Oktober* wird die Götterdämmerung des Zarentums durch dunkle Reiterstatuen auf schiefen Postamenten, zitternde, als Nippes benutzte Buddhastatuen und zerschlagene Negergötzen dargestellt. Im *Streik* werden Hinrichtungen durch Schlachthofszenen ersetzt. Überall stehen hier Dinge an Stelle von Ideen; Dinge, die die Ideologienhaftigkeit der Ideen enthüllen. Kaum hat je eine sozialgeschichtliche Situation einen direkteren künstlerischen Ausdruck gefunden als die Krise des Kapitalismus und die Geschichtsphilosophie des Marxismus in dieser Montagetechnik. Eine Brust voller Orden, aber ohne den dazugehörigen Kopf, bedeutet in diesen russischen Filmen den Automatismus der Kriegsmaschine; neue, feste Soldatenstiefel die blinde, brutale Militärmacht. So sehen wir in *Potemkin* statt der vorwärtsdrängenden Kosaken immer wieder nur diese schweren, unverwüstlichen und unbarmherzigen Stiefel. Gute Stiefel sind die Voraussetzung der Militärmacht, das ist der Sinn dieser *pars pro toto*-Montage, so wie es der Sinn des früheren Beispiels aus *Potemkin* war, daß die siegende Masse nichts als die Personifikation der sieghaften Maschine ist. Der Mensch ist mit seinen Ideen, seinem Glauben, seiner Hoffnung nur eine Funktion der dinglichen Welt, in der er lebt; die Doktrin des historischen Materialismus wird im russischen Film zum künstlerischen Formprinzip. Man darf dabei allerdings nicht vergessen, wie weit die Darstellungsweise des Films, besonders seine Technik der Großaufnahme, die die Schilderung des Requisits von vornherein begünstigt und ihm eine wichtige motivierende Rolle einzuräumen geeignet ist, diesem Materialismus entgegenkommt. Freilich ist die Frage, ob diese ganze, das Requisit in den Vordergrund rückende Technik nicht selbst schon ein Produkt des Materialismus ist, nicht von der Hand zu weisen. Denn es wird ebensowenig reiner Zufall sein, daß der Film die Schöpfung der gleichen historischen Epoche ist, die die Ideologienhaftigkeit des Denkens enthüllt hat, als daß gerade die Russen zu den ersten Klassikern dieser Kunst geworden sind.

Die stehenden Formen des russischen Films haben sich die Regisseure der ganzen Welt, ungeachtet der nationalen und weltanschaulichen Unterschiede, zu eigen gemacht, und damit bestätigt, daß, sobald einmal in der Kunst die Übertragung aus dem Stofflichen ins Formale vollzogen ist, die Form als ein rein Technisches, ohne den weltanschaulichen Hintergrund, aus dem sie hervorgegangen ist, übernommen und verwendet werden kann. In dieser Verselbständigung der Formen wurzelt jene Paradoxie der Geschichtlichkeit und Zeitlosigkeit in der Kunst, auf die Marx in der *Kritik der politischen Ökonomie* mit seiner Bemerkung über Homer hinweist. „Ist Achilles möglich mit Pulver und Blei?" – fragt er. „Oder überhaupt die Iliade mit der Druckerpresse und der Druckmaschine? Hört das Singen und Sagen und die Muse mit dem Preßbengel nicht notwendig auf, also verschwinden nicht notwendige Bedingungen der epischen Poesie? Aber die Schwierigkeit liegt nicht darin, daß griechische Kunst und Epos an gewisse gesellschaftliche Entwicklungsformen geknüpft sind. Die Schwierigkeit ist, daß sie für uns noch Kunstgenuß gewähren und in gewisser Beziehung als Norm und unerreichbare Muster gelten." – Die Werke Eisensteins und Pudowkins sind so etwas wie die Heldenepen der Filmkunst; daß sie auch unabhängig von den gesellschaftlichen Bedingungen, die ihre Entstehung ermöglichten, als Muster gelten, ist nicht verwunderlicher als daß uns Homer heute noch den höchsten Kunstgenuß gewährt.

Der Film ist die einzige Kunst, in der Sowjetrußland Bedeutendes geschaffen hat. Die Affinität zwischen dem jungen kommunistischen Staat und der neuen Ausdrucksform ist offensichtlich. Beide sind revolutionäre, in neuen Bahnen sich bewegende Erscheinungen, die keine historische Vergangenheit, keine verbindlichen und lähmenden Traditionen, keine bildungsmäßigen und routineartigen Voraussetzungen haben. Der Film ist eine elastische, beliebig gestaltbare, unverbrauchte Form, die dem Ausdruck der neuen Idee keinerlei inneren Widerstand leistet. Er ist ein naives, populäres, die breiten Massen unmittelbar ansprechendes Verständigungsmittel, ein ideales Propagandainstrument, dessen Wert Lenin sofort erkannt hat. Sein Reiz als einwandfreie, das heißt historisch unkompromittierte Unterhaltung war vom Standpunkt der kommunistischen Kulturpolitik von Anfang an so groß, die Faßbarkeit seiner bilderbuchmäßigen Vortragsweise so leicht, die Möglichkeit, die zu propagierenden Ideen durch ihn sinnfällig zu machen, so einfach, daß er für die Ziele einer Revolutionskunst wie geschaffen zu sein schien. Der Film ist überdies eine aus dem Geiste der Technik geschaffene Kunst und entsprach um so eher der ihm zugedachten Aufgabe. Die Maschine ist sein Ursprung, sein Medium und sein adäquatester Gegenstand. Filme werden „fabriziert" und sie bleiben in einen engeren Sinne als die Produkte der übrigen Künste an einen Apparat, eine Maschine gebunden. Die Maschine steht hier überall sowohl zwischen dem schöpferischen Subjekt und seinem Werk als zwischen dem rezeptiven Subjekt und seinem Kunstgenuß. Das Motorische, Mechanische, das sich automatisch Bewegende ist das filmische Urphänomen. Das Laufen und Rennen, das Fahren und Fliegen, die Flucht und die Verfolgung, die Überwindung der räumlichen Hindernisse ist das filmische Thema par excellence. Nie fühlt sich der Film so sehr in seinem Element, als wenn er Bewegung, Geschwindigkeit, Tempo darzustellen hat. Die Wunder und die Tücken der Instrumente,

Apparate, Automaten, Fahrzeuge gehören zu seinen ältesten und wirkungsvollsten Motiven. Die ehemalige Filmgroteske drückte bald naive Bewunderung, bald übermütige Geringschätzung für die Technik aus, zumeist war sie aber eine Selbstpersiflage des zwischen die Räder einer mechanisierten Welt geratenen Menschen. Der Film ist vor allem „Photographie" und ist schon als solche eine technische, das heißt mechanisch entstandene und auf Reproduzierbarkeit angelegte Kunst,[27] mit anderen Worten, eine dank der Billigkeit ihrer Reproduktion populäre, schlechthin „demokratische" Kunst. Es ist durchaus verständlich, daß sie dem technizistischen, zur Romantisierung der Maschine und zum Fetischismus der Technik neigenden, auf Tüchtigkeit und Leistung gestellten Bolschewismus von vornherein konvenierte. So wie es auch verständlich ist, daß die Russen und die Amerikaner, als die zwei am meisten technisch gesinnten Völker, in der Ausbildung dieser Kunst Partner und Gegenspieler waren. Der Film entsprach aber nicht nur ihrem Technizismus, sondern auch ihrem Interesse für das Dokumentarische, das Faktische und Authentische. Alle die bedeutenderen Werke der russischen Filmkunst sind gewissermaßen Dokumentarfilme, historische Dokumente der Aufbauarbeit am neuen Rußland, und das Beste, was wir dem amerikanischen Film verdanken, besteht in der dokumentarischen Wiedergabe des amerikanischen Lebens, des Alltags und der Routine des amerikanischen Wirtschafts- und Verwaltungsapparats, der Wolkenkratzerstädte und der Middle-West Farms, der amerikanischen Polizei und Gangsterwelt. Denn ein Film ist um so filmischer, je mehr Anteil die außermenschlichen, dinglichen Tatsachen an seiner Realität haben, das heißt, je enger der Zusammenhang in dieser Realität zwischen Mensch und Welt, Persönlichkeit und Milieu, Ziel und Mittel ist.

In dem Hang zum Tatsächlichen und Authentischen – zum „Dokument" – bekundet sich aber nicht nur der gesteigerte Wirklichkeitshunger der Gegenwart, sondern auch die Absage an das Kunstwollen des letzten Jahrhunderts, die vor allem in der Flucht vor der Fabel und dem individuellen, psychologisch differenzierten Helden zum Ausdruck kommt.

Diese Tendenz, die im Dokumentarfilm mit einer Flucht vor dem Berufsschauspieler verbunden ist, bedeutet jedoch nicht nur die aus der Geschichte der Kunst so wohlbekannte Bestrebung, unkonstruierte Wirklichkeit, ungeschminkte Wahrheit, unverfälschte Tatsachen, das heißt das Leben „so wie es ist“, zu zeigen, sondern oft eine Absage an die Kunst überhaupt. Das Ansehen des Ästhetischen erscheint in unseren Tagen stark kompromittiert. Der Dokumentarfilm, die Photographie, die Reportage, der journalistische Zeitroman sind keine Kunst im alten Sinne mehr. Gerade die vernünftigsten und begabtesten Vertreter dieser Gattungen bestehen gar nicht darauf, daß man ihre Geistesprodukte als „Kunstwerke“ qualifiziert; sie bekennen sich vielmehr zu der Ansicht, daß die Kunst immer nur ein Nebenprodukt gewesen und im Dienste eines weltanschaulich bedingten Zieles entstanden sei.

Vollends als Mittel zum Zweck betrachtet man sie in Sowjetrußland. Dieser Utilitarismus ist selbstverständlich vor allem durch die Notwendigkeit bedingt, alle verfügbaren Mittel in den Dienst des aufzubauenden Kommunismus zu stellen und den Ästhetizismus der bürgerlichen Kultur, der mit seinem *l'art pour l'art*, seiner kontemplativen und quietistischen Einstellung für die soziale Revolution die größte Gefahr bedeutet, auszutilgen. Es ist das Bewußtsein dieser Gefahr, das es den Vertretern der bolschewistischen Kulturpolitik unmöglich macht, der Kunstentwicklung der letzten hundert Jahre gerecht zu werden, und es ist die Verneinung dieser Entwicklung, die ihren Kunstanschauungen den altmodischen Charakter gibt. Sie möchten den historischen Stand der Kunst am liebsten auf das Niveau des Julikönigtums zurückstellen, und es schwebt ihnen nicht nur etwa im Roman der Realismus der letzten Jahrhundertmitte vor, sie fordern auch in den anderen Künsten, namentlich in der Malerei, die gleiche Tendenz. Man kann natürlich in einem System der allgemeinen Regulierung und inmitten eines Kampfes um die bloße Existenz das Schicksal der Kunst nicht auf sich gestellt sein lassen. Ihre Reglementierung ist aber sogar vom Standpunkt des verfolgten Zieles mit Gefahren verbunden; sie muß dabei auch als Propagandainstrument viel von ihrem Wert verlieren.

Es ist wohl richtig, daß die Kunst viele ihrer größten Schöpfungen unter Zwang und Diktat hervorgebracht hat und daß sie sich im Alten Orient nach den Wünschen eines rücksichtslosen Despotismus, im Mittelalter nach den Erfordernissen einer starren Autoritätskultur richten mußte. Aber auch Zwang und Zensur haben in den verschiedenen Perioden der Geschichte eine verschiedene Bedeutung und Wirkung. Der Unterschied zwischen der heutigen Situation und der früheren besteht vor allem darin, daß wir uns in einem Zeitpunkt nach der Französischen Revolution und dem Liberalismus des 19. Jahrhunderts befinden und daß jeder Gedanke, den wir denken, jede Regung, die wir fühlen, von diesem Liberalismus durchdrungen ist. Man könnte wohl vorbringen, daß auch das Christentum eine differenzierte und verhältnismäßig ungebundene Kultur zu zerstören hatte und daß die mittelalterliche Kunst von sehr bescheidenen Anfängen ihren Ausgang nahm, man darf jedoch nicht vergessen, daß die frühchristliche Kunst wirklich fast „von vorn anfing", die sowjetrussische Kunst dagegen von einem geschichtlich bereits sehr entwickelten, wenn auch heute sehr rückständigen Stil ausgeht. Wenn man aber auch annehmen wollte, daß die geforderten Opfer der Preis einer neuen „Gotik" sind, so besteht doch keine wie immer geartete Garantie dafür, daß diese „Gotik" sich nicht wieder, so wie im Mittelalter, zu dem ausschließlichen Besitz einer verhältnismäßig dünnen Bildungsschicht entwickeln würde.

Die Aufgabe ist nicht die Verengung der Kunst dem heutigen Gesichtskreis der breiten Massen entsprechend, sondern die mögliche Erweiterung des Gesichtskreises dieser Massen. Der Weg zum echten Kunstverständnis führt über die Bildung. Nicht die gewaltsame Simplifizierung der Kunst, sondern die Erziehung zur künstlerischen Urteilsfähigkeit ist das Mittel, womit man die beständige Monopolisierung der Kunst durch eine ganz kleine Minderheit verhüten kann. Die große Schwierigkeit besteht auch hier, wie im ganzen Gebiet der Kulturpolitik, darin, daß jede willkürliche Unterbrechung der Entwicklung dem zu lösenden Problem ausweicht, das heißt, eine Situation schafft, in der das Problem nicht vorkommt, daß sie also die Aufgabe der Lösung nur hinausschiebt. Es gibt heute keinen gangbaren Weg zu einer primitiven und dabei wertvollen Kunst. Eine solche Kunst wird nie für alle gleich genießbar und verständlich sein, der Anteil der breiteren Schichten an ihr kann aber vergrößert und vertieft werden. Die Lockerung des Kulturmonopols hat vor allem wirtschaftliche und soziale Voraussetzungen. Wir können nichts anderes tun, als daß wir für die Schaffung dieser Voraussetzungen kämpfen.

# ANMERKUNGEN

## I. VORGESCHICHTLICHE ZEITEN

**1.** Dieser Gegensatz bildet auch den Hintergrund der für die Archäologie grundlegenden Ausführungen, in welchen Alois Riegl (Stilfragen. 1893) sich mit der Semperschen Theorie von der Entstehung der Kunst aus dem Geiste der Technik auseinandersetzt. Für Gottfried Semper (Der Stil in den technischen und tektonischen Künsten. 1860) ist die Kunst nichts als ein Nebenprodukt des Handwerks und der Inbegriff jener dekorativen Formen, die aus der Eigenart des Materials, den Verfahren seiner Bearbeitung und dem Gebrauchszweck des herzustellenden Gegenstandes sich ergeben. Riegl betont dagegen, daß jede Kunst, auch die ornamentale, einen naturalistisch-imitativen Ursprung hat, und daß die geometrisch stilisierten Formen keineswegs am Anfang der Kunstgeschichte stehen, sondern eine verhältnismäßig späte Erscheinung, die Schöpfung einer bereits sehr raffinierten Kunstempfindung sind. Er setzt, als das Resultat seiner Untersuchungen, der mechanisch-materialistischen Theorie Sempers, die er „die Übertragung des Darwinismus auf ein Gebiet des Geisteslebens" nennt, seine an dem „kunstschaffenden Gedanken" orientierte Lehre entgegen, nach der die künstlerischen Formen keineswegs einfach dem Diktat des Rohstoffs und des Werkzeugs folgen, sondern gerade im Kampfe des zielsetzenden „Kunstwollens" gegen diese materiellen Gegebenheiten gefunden und errungen werden. Es ist ein für die gesamte Theorie der Kunst maßgebender methodischer Gedanke, den Riegl hier bei der Erörterung der Dialektik des Geistigen und des Stofflichen, des Ausdrucksgehalts und der Ausdrucksmittel, des Willens und des Willenssubstrats, einführt und durch den er die Sempersche Lehre wenn auch nicht entkräftet, so doch wesentlich ergänzt.

Die Zugehörigkeit zu dem einen oder dem anderen der beiden weltanschaulich getrennten Lager kommt in den archäologischen Lehrmeinungen der einzelnen Forscher überall zum Ausdruck. Alexander Conze (Zur Gesch. der Anfänge griechischer Kunst. Sitzungsberichte der Wiener Akademie. 1870, 1873 – Sitzungsberichte der Berliner Akademie. 1896 – Ursprung der bildenden Kunst. 1897), Julius Lange (Darstellungen des Menschen in der älteren griech. Kunst. 1899), Emmanuel Löwy (Die Naturwiedergabe in der ältern griech. Kunst. 1900), Wilhelm Wundt (Elemente der Völkerpsychologie. 1912), Karl Lamprecht (Bericht über den Berliner Kongreß für Ästhetik und allg. Kunstwiss. 1913) neigen als konservative Akademiker alle dazu, das Wesen und den Anfang der Kunst mit den Prinzipien der geometrischen Ornamentik und der kunstgewerblichen Funktionalität in Zusammenhang zu bringen. Und wenn sie schon, wie Löwy oder wie Conze in seiner späteren Zeit, die Priorität des Naturalismus zugeben, so trachten sie, die Bedeutung dieses Zugeständnisses insofern einzuschränken, als sie die wichtigsten Stilmerkmale der sogenannten „archaischen" Kunst, die Frontalität, das Fehlen der Perspektive und der Raumhaftigkeit, den Verzicht auf die Gruppenbildung und die Integrierung der Bildelemente, auch in den Denkmälern des primitiven Naturalismus nachweisen wollen. – ERNST GROSSE (Die Anfänge der Kunst. 1894), SALOMON REINACH (Répertoire de l'art quartenaire. 1913 – La sculpture en Europe. L'Anthropologie. V–VII. 1894–96), HENRY BREUIL (La Caverne d'Altamira. 1906 – L'âge des peintures d'Altamira. Revue préhistorique. 1906, I pp. 237–49) und seine Anhänger, G. H. LUQUET (Les origines de l'art figuré. Jahrbuch f. prähist. u. ethnogr. Kunst. 1926. pp. 1 ff. – L'Art primitif. 1930 – Le réalisme dans l'art paléolithique. L'Anthropologie. 1923, XXXIII pp. 17–48), HUGO OBERMAIER (El hombre fósil. 1916 – Urgesch. der Menschheit. 1931 – Altamira. 1929), HERBERT KÜHN (Kunst und Kultur der Vorzeit Europas. 1929 – Die Kunst der Primitiven. 1923), M. C. BURKITT (Prehistory. 1921 – The Old Stone Age. 1933), V. GORDON CHILDE (Man Makes Himself. 1936) anerkennen dagegen vorbehaltlos den Primat der naturalistischen Kunst und betonen an ihr gerade die „unarchaische", auf unbedingte Natürlichkeit und Lebendigkeit gerichtete Tendenz.

2. In der schwierigsten Lage befindet sich ADAMA VAN SCHELTEMA (Die Kunst unserer Vorzeit. 1936), der weltanschaulich zu den rückständigsten, seinen sachlichen Kenntnissen nach jedoch zu den kompetentesten Archäologen gehört.

3. E. B. TYLOR: Primitive Culture. 1913. I p. 424.

4. LÉVY-BRUHL: Les Fonctions mentales dans les sociétés inférieures. 1910. p. 42.

5. WALTHER BENJAMIN: L'oeuvre d'art à l'époque de sa reproduction mécanisée. Zeitschr. f. Sozialforsch. 1936. V p. 45.

6. Zur Deutung der paläolithischen Kunst als Magie s. H. OBERMAIER in Reallexikon der Vorgeschichte. 1926. VII S. 145. – Ders.: Altamira, S. 19–20. – H. OBERMAIER-H. KÜHN: Bushman Art. 1930. S. 57. – H. KÜHN: Kunst u. Kultur der Vorzeit S. 457–75. – M. C. BURKITT: Prehistory pp. 309–313.

7. ALFRED VIERKANDT: Die Anfänge der Kunst. Globus. 1907. – K. BETH: Religion und Magie. 2. Aufl. 1927.

8. G. H. LUQUET: Les origines de l'art figuré. IPEK 1926.

9. CARL SCHUCHHARDT: Alteuropa. 1926. S. 62.

10. V. GORDON CHILDE: Man Makes Himself. p. 80.

11. KARL BÜCHER: Die Entstehung der Volkswirtschaft. I 1919. S. 27.

12. Den Gegensatz zwischen dem magischen und dem animistischen

Weltbild in Beziehung zur Kunst hat HERBERT KÜHN in seiner „Kunst und Kultur der Vorzeit" ausführlich behandelt.

13. H. HÖRNES-O. MENGHIN: Urgeschichte der bildenden Kunst in Europa. 3. Aufl. 1925. S. 90.

14. V. GORDON CHILDE, op. cit. p. 109.

15. HENRI BREUIL: Stylisation des dessins à l'âge du renne. L'Anthropologie. 1906. VIII pp. 125 ff. – Cf. M. C. BURKITT: The Old Stone Age, pp. 170–73.

16. HEINRICH SCHURTZ: Die Anfänge des Landbesitzes. Zeitschr. f. Sozialwiss. III. 1900.

17. Vgl. H. OBERMAIER-H. KÜHN: Bushman Art. 1930. – H. KÜHN: Die Kunst der Primitiven. 1923. – HERBERT READ: Art and Society. 1936. – L. ADAM: Primitive Art. 1940.

18. WILHELM HAUSENSTEIN: Bild und Gemeinschaft. 1920. – Zuerst erschienen unter dem Titel „Versuch einer Soziologie der bildenden Kunst" im Archiv für Sozialwiss. und Sozialpolit. Bd. 36. 1913.

19. Vgl. Fr. M. HEICHELHEIM: Wirtschaftsgesch. des Altertums. 1938. S. 23/24.

20. H. OBERMAIER: Urgesch. der Menschheit. 1931. S. 209. – M. C. BURKITT: The Old Stone Age pp. 215/16.

21. HÖRNES-MENGHIN, op. cit. S. 574.

22. Ibid. S. 108.

23. Ibid. S. 40.

24. FR. M. HEICHELHEIM, op. cit. S. 82/83.

25. HÖRNES-MENGHIN, op. cit. S. 580.

## II. ALTORIENTALISCHE STADTKULTUREN

1. Vgl. LUDWIG CURTIUS: Die antike Kunst. I. 1923. S. 71.

2. J. H. BREASTED: A History of Egypt. 1909. p. 102.

3. A. ERMAN-H. RANKE: Ägypten u. ägypt. Leben im Altertum. 1923. S. 503.

4. RÖDER: Ägyptische Kunst. In Max Eberts „Reallexikon der Vorgesch." VII. 1926. S. 168.

5. LUDWIG BORCHARDT: Der Porträtkopf der Königin Teje. 1911.

6. ERMAN-RANKE, op. cit. p. 504.

7. Ibid.

8. Vgl. TH. VEBLEN: The Theory of the Leisure Class. 1899. III. Conspicuous Leisure.

9. S. R. K. GLANVILLE: Daily Life in Ancient Egypt. 1930. p. 33.

10. MAX WEBER: Wirtschaftsgeschichte. 1923. S. 147.

11. Vgl. W. M. FLINDERS PETRIE: Social Life in Ancient Egypt. 1923. S. 27.

12. H. SCHÄFER: Von ägyptischer Kunst. 1903. 3. Aufl. S. 59.

13. Ibid. p. 68.

14. F. M. HEICHELHEIM: Wirtschaftsgesch. des Altertums. 1938. S. 151.

15. L. CURTIUS, l. c.

16. Vgl. W. SPIEGELBERG: Gesch. der ägypt. Kunst. 1903. S. 22.

17. GEORG MISCH: Gesch. der Autobiographie. I. 1931. 2. Aufl. S. 10.

18. W. SPIEGELBERG, op. cit. S. 5.

19. Vgl. H. SCHÄFER, op. cit. S. 57.

20. W. HAUSENSTEIN hat bereits auf den Zusammenhang der Frontalität mit der Gesellschaftsstruktur der „feudalen und hieratischen" Kulturen hingewiesen. S. Arch. f. Sozialwiss. 1913. Bd. 36 S. 759/60.

21. RICHARD THURNWALD: Staat und Wirtschaft im alten Ägypten. Zeitschr. f. Sozialwiss. 1901. Bd. IV. S. 699.

22. J. H. BREASTED, op. cit. pp. 356, 377.

23. Ibid. p. 378.

24. EDUARD MEYER: Die wirtsch. Entw. des Altertums. Kleine Schriften. I. 1924. S. 94.

25. J. H. BREASTED, op. cit. p. 169.

26. FLINDERS PETRIE, op. cit. p. 21.

27. H. SCHÄFER, op. cit. S. 62.

28. ROEDER, l. c. S. 168. – Cf. H. SCHÄFER, op. cit. S. 60.

29. O. NEURATH: Antike Wirtschaftsgesch. 1926. 3. Aufl. S. 12/13.

30. WALTER OTTO: Kulturgesch. des Altertums. 1925. S. 27.

31. ECKHARD UNGER: Vorderasiatische Kunst. In Max Eberts „Reallexikon der Vorgesch." VII. 1926. S. 171.

32. BRUNO MEISSNER: Babylonien und Assyrien. I. 1920. S. 274.

33. Ibid. S. 316.

34. G. GLOTZ: La Civilisation égéenne. 1923. pp. 162/64.

35. H. HÖRNES-O. MENGHIN: Urgesch. der bild. Kunst. 1925. S. 391.

36. G. RODENWALDT: Die Kunst der Antike. 1927. S. 14/15.

37. L. CURTIUS erblickt in der kretischen Kunst „die erste Offenbarung eines neuen europäischen Geistes, der sich . . . in seiner leidenschaftlichen Beweglichkeit auf das schärfste von der orientalischen unterscheidet". (Die antike Kunst. II S. 56.) – G. KARO spricht dagegen von ihrem „ungriechischen, sogar uneuropäischen Charakter". (Eberts Reallexikon, VII S. 93.)

38. Cf. G. KARO: Die Schachtgräber von Mykenai. 1930. S. 288. – G. A. S. SNIJDER: Kretische Kunst. 1936. S. 47, 119.

39. Vgl. D. G. HOGARTH: The Twilight of History. 1926. p. 8.

40. HÖRNES-MENGHIN, op. cit. S. 378, 382. – C. SCHUCHHARDT: Alteuropa. 1926. S. 228.

41. G. RODENWALDT: Nordischer Einfluß im Mykenischen? Jahrb. des Deutschen Archäolog. Inst. Beiblatt. XXXV. 1920. S. 13.

42. Zur Fragwürdigkeit des kretischen Geschmacks vgl. G. GLOTZ, op. cit. p. 354 und A. R. BURN: Minoans, Philistines and Greeks. 1930. p. 94.

## III. ANTIKE

1. H. M. Chadwick: The Heroic Age. 1912. pp. 450ff. – A. R. Burn: The World of Hesiod. 1936. pp. 8ff.

2. H. M. Chadwick, op. cit. pp. 347/48, 365. – George Thomson: Aeschylus and Athens. 1941. p. 62.

3. „Eins gibt es, was die Besten allem andern vorziehen: den ewigen Ruhm den vergänglichen Dingen" – sagt noch Herakleitos, Fragment 29, in H. Diels: Die Fragmente der Vorsokratiker. I. 1934. 5. Aufl. S. 157.

3a. Es wurden übrigens auch wohl in der Vorzeit nicht sämtliche Gattungen chorisch vorgetragen.

4. H. M. Chadwick, op. cit. p. 87.

5. W. Schmid – O. Stählin: Gesch. d. griech. Lit. I, 1. 1929. S. 59. In I. Müllers „Handbuch der Altertumswiss.".

6. Ibid. S. 60.

7. Ibid. S. 664.

8. Vgl. O. Neurath: Antike Wirtschaftsgeschichte. 1926. 3. Aufl. S. 24.

9. Schmid-Stählin, op. cit. I, 1. S. 157.

10. Vgl. Hermann Reich: Der Mimus. 1903. I S. 547.

11. E. A. Gardner: Early Athens. In „The Cambridge Ancient History". III. 1929. p. 585.

12. G. Thomson beruft sich bei der Darstellung dieser Theorie (op. cit. p. 45) auf V. Grönbeck: Culture of the Teutons. 1931.

13. H. M. Chadwick, op. cit. p. 228.

14. Ibid. p. 234.

15. A. R. Burn: Minoans, Philistines and Greeks. 1930. p. 200.

16. Paul Cauer: Grundfragen der Homerkritik. 1909. 2. Aufl. S. 420–23.

17. Schmid-Stählin, op. cit. I, 1. S. 79–81.

18. U. v. Wilamowitz-Möllendorff: Die griech. Lit. des Altertums. 1912. 3. Aufl. S. 17.

19. Bernhard Schweitzer: Untersuchungen zur Chronologie und Geschichte der geometrischen Stile in Griechenland. Athen. Mitt. XLIII. 1918. S. 112.

20. Vgl. W. Jäger: Paideia. Die Formung des griechischen Menschen. 1934. S. 249.

21. Wilamowitz-Möllendorff: Einleitung in die griech. Tragödie. 1921. S. 105.

22. Vgl. Edgar Zilsel: Die Entstehung des Geniebegriffs. 1926. S. 19.

23. Jakob Burckhardt: Griech. Kulturgesch. IV. 1902. S. 115.

24. Ludwig Curtius meint, daß vom 6. Jahrhundert an „zu jedem bedeutenden griechischen Bildhauerwerk die auf der Basis angebrachte Inschrift gehörte, die außer dem Namen des Stifters und dem Namen des Gottes, dem das Bildwerk geweiht war, . . . regelmäßig den oder die Namen der Künstler nannte." Die Antike Kunst. 1938. II, 1 S. 246.

25. W. Jäger: op. cit. S. 301. – Vgl. C. M. Bowra: Sociological Remarks on Greek Poetry. Zeitschr. f. Sozialforsch. 1937. VI S. 393.

26. B. Schweitzer: Der bildende Künstler und der Begriff des Künstlerischen in der Antike. 1925. S. 45.

27. T. B. L. Webster: Greek Art and Literature 530–400 B. C. 1939 – will im Sensualismus die besondere Stilrichtung des polykratischen, im Intellektualismus die des peisistratischen Hofes erblicken.

28. Periegesis. V 21.

29. J. D. Beazley: Early Greek Art. Cambridge Anc. Hist. IV. 1926. p. 589.

30. G. Thomson, op. cit. p. 353.

31. Gilbert Murray: A Hist. of Ancient Greek. Lit. 1937. p. 279.

32. Auch Victor Ehrenberg: The People of Aristophanes. A Sociology of Old Attic Comedy. 1943 – gelingt es nicht, von der demokratischen Gesinnung des Dichters zu überzeugen.

33. Vgl. Adolf Römer: Über den literarisch-ästhetischen Bildungsstand des attischen Theaterpublikums. Abhandl. der philos.-philolog. Klasse der kgl. bayr. Akad. d. Wiss. 1905. Bd. 22.

34. Vgl. J. Harrison: Ancient Art & Ritual. 1913. p. 165.

35. W. Jäger, op. cit. S. 366.

36. Ibid. S. 434.

37. M. Pohlenz: Die griech. Tragödie. 1930. I S. 236, 456.

38. G. Thomson, op. cit. p. 347.

39. W. Jäger, op. cit. S. 437/38.

40. Die Bezeichnung stammt von Alfred Weber: Die Not der geistigen Arbeiter. In „Schriften des Vereins für Sozialpolitik". 1920.

41. Wilamowitz-Möllendorff: Griechische Tragödien. II. 1907. 5. Aufl. S. 137.

42. T. B. L. Webster: Introduction to Sophokles. 1936. p. 41.

43. G. Murray, op. cit. p. 253.

44. E. Zilsel, op. cit. S. 14/15.

45. Ibid. S. 78.

46. Vgl. K. Mannheim: Wissenssoziologie. In Vierkandts „Handwörterbuch der Soziologie". 1931. S. 672.

46a. P.-M. Schuhl: Platon et l'art de son temps. 1933. pp. 14, 21.

47. Wilamowitz-Möllendorff: Einl. in die griech. Tragödie. S. 111.

48. L. Whibley: A Companion to Greek Studies. 1931. p. 301.

49. K. J. Beloch: Griech. Gesch. 1925. 2. Aufl. IV, 1 S. 323/25. – M. Rostovtzeff: The Social and Economic Hist. of the Hellenistic World. 1941. I pp. 206/07.

50. O. Neurath, op. cit. S. 49.

51. Julius Kärst: Geschichte d. Hellenismus, II. 2. Aufl. 1926. S. 166/67.

52. Ibid. S. 163.

53. Georg Misch: Gesch. der Autobiographie. I. 1931. 2. Aufl. S. 96ff.

54. Ibid. S. 105, 113, 179.

55. Wilamowitz-Möllendorff: Die griech. Lit. S. 185/87.

56. E. Bethe: Die griech. Poesie. In Gercke-Norden, Einl. i. d. Altertumswiss. I, 3. 1924. S. 38.

57. Das Wort stammt in dem hier gemeinten Sinn von Max Weber.

58. FRANZ WICKHOFF: Römische Kunst. Die Wiener Genesis. Schriften III. 1912. S. 23.

58a. ARNOLD SCHOBER: Zur Entstehung und Bedeutung der provinzialrömischen Kunst. Jahresberichte des Österr. Archäolog. Instituts. 1930. XXVI S. 49–51. – SILVIO FERRI: Arte romana sul Reno. 1931. p. 268.

58b. Vgl. GUIDO KASCHNITZ-WEINBERG: Studien zur etrusk. u. frührömischen Porträtkunst. Mitteil. d. Deutschen Archäolog. Inst. Röm. Abt. Bd. XLI. 1926. S. 178ff.

58c. TH. MOMMSEN: Römisches Staatsrecht. 1887. 3. Aufl. I S. 442, III. S. 465.

58d. A. ZADOKS-JITTA: Ancestral Portraiture in Rome. 1932. p. 34.

59. HERBERT KOCH: Spätantike Kunst. In „Probleme der Spätantike". Vorträge auf dem 17. Deutschen Historikertag. 1930. S. 41/42.

60. G. RODENWALDT: Die Kunst der Antike. 1927. S. 67.

61. TH. BIRT: Zur Kulturgesch. Roms. 1917. 3. Aufl. S. 138.

62. Ibid.

63. Op. cit. passim., besonders S. 14–16.

64. Ibid.

65. Vgl. MAX DVOŘÁK: Katakombenmalereien: Anfänge der christl. Kunst. In „Kunstgeschichte als Geistesgeschichte". 1924. S. 16/17.

66. Zum Expressionismus der Spätantike s. RUDOLF KAUTZSCH: Die bildende Kunst der Gegenwart und die Kunst der sinkenden Antike. 1920.

67. Vgl. H. KOCH, op. cit. S. 49, 53. – G. RODENWALDT, op. cit. S. 87. – M. DVOŘÁK, op. cit. S. 21.

68. MAX WEBER: Die sozialen Gründe des Untergangs der antiken Kultur. In „Gesammelte Aufsätze zur Sozial- und Wirtschaftsgesch." 1924. S. 307/08.

69. TH. VEBLEN: The Theory of the Leisure Class. 1899.

70. E. ZILSEL, op. cit. S. 35.

71. Op. cit. p. 36.

72. J. BURCKHARDT, op. cit. IV S. 125/26.

73. Ibid. S. 123/24.

74. Der bildende Künstler und der Begriff des Künstlerischen. S. 47.

75. J. P. MAHAFFY: Social Life in Greece from Homer to Menander. 1888. p. 439.

76. Op. cit. S. 60, 124ff.

77. Enneaden, V 8, 9.

78. O. NEURATH, op. cit., S. 68.

79. E. ZILSEL, op. cit. S. 26.

80. LACTANTIUS: Div. Inst. II 2, 14.

81. PLUTARCH: Perikles 2, 1.

82. L. FRIEDLÄNDER: Darstellungen aus der Sittengeschichte Roms. III. 10. Aufl. 1923. S. 103. – B. SCHWEITZER: Der bildende Künstler usw. S. 30.

## IV. MITTELALTER

1. Max Dvořák: Katakombenmalereien. Die Anfänge der christlichen Kunst. In „Kunstgesch. als Geistesgesch." 1924.

2. Oskar Wulff: Die umgekehrte Perspektive und die Niedersicht. In „Kunstwiss. Beiträge A. Schmarsow gewidmet". 1907. – Ders.: Die Kunst des Kindes. 1927.

3. Wilhelm Neuss: Die Kunst der alten Christen. 1926. S. 117/18. Abbildung in H. Pierce-R. Tyler: L'Art byzantin. II. 1934. Tafel 143.

4. Vgl. E. v. Garger: Über Wertungsschwierigkeiten bei mittelalterlicher Kunst. Kritische Berichte zur kunstgesch. Lit. 1932/33. S. 104.

5. M. Dvořák: Idealismus und Naturalismus i. d. got. Skulptur und Malerei. 1918. S. 32. (Hier im Zusammenhang mit der späteren karolingischen Kunst.)

6. Rudolf Koemstedt: Vormittelalterliche Malerei. 1929. passim. Vgl. für das Folgende S. 14–18 und 20–23.

7. Ibid. S. 40.

8. Henri Pirenne: Le mouvement écon. et social. In Hist. du Moyen Age, hrsg. von G. Glotz. VIII. 1933. S. 20.

9. Steven Runciman: Byzantine Civilisation. 1933. p. 204.

10. Lujo Brentano: Die byzantinische Volkswirtschaft. Schmollers Jahrbuch. 1917. 41. Jahrg. 2. Heft S. 29.

11. Georg Ostrogorsky: Die wirtsch. und soz. Entwicklungsgrundlagen des byzantinischen Reiches. Vierteljahrsschr. f. Sozial- und Wirtschaftsgesch. 1929. XXII S. 134.

12. Richard Laqueur: Das Kaisertum und die Gesellschaft des Reiches. In „Probleme der Spätantike". 17. Deutscher Historikertag. 1930. p. 10.

13. J. B. Bury: History of the Later Roman Empire. 1889. I pp. 186/87.

14. Georg Grupp: Kulturgesch. des Mittelalters. III. 1924. S. 185.

15. Erst seit dem 6. Jahrhundert wird eine „Schwächung der Staatsgewalt durch die Adelsgeschlechter" bemerkbar. H. Sieveking: Mittlere Wirtschaftsgesch. 1921. S. 19.

16. G. Ostrogorsky, op. cit. S. 136.

17. Charles Diehl: La Peinture byzantine. 1933. p. 41. – Vgl. auch Emile Mâle: Art et artistes du moyen âge. 1927. p. 9.

18. Ch. Diehl: Manuel d'art byzantin. 1925. I p. 231.

19. N. Kondakoff: Hist. de l'art byz. considéré principalement dans les miniatures. 1886. I p. 34.

20. R. Koemstedt, op. cit. S. 28.

21. L. Brentano, op. cit. S. 41/42.

22. Vgl. E. J. Martin: A History of Iconoclastic Controversy. 1930. pp. 18/21.

23. Zitiert von Karl Schwarzlose: Der Bilderstreit, ein Kampf der griech. Kirche um ihre Eigenart und ihre Freiheit. 1890. S. 7.

24. G. Grupp, op. cit. I. 1921. p. 352.

25. Carl Brinkmann: Wirtschafts- und Sozialgesch. 1927. S. 24.

26. O. M. Dalton: Byzantine Art and Archaeology. 1911. p. 13. – Carl Neumann: Byz. Kultur und Renaissancekultur. Historische Zeitschrift. 1903. S. 222.

27. K. Schwarzlose, op. cit. S. 241.

28. Louis Bréhier: La Querelle des images. 1904. pp. 41/42. – E. J. Martin, op. cit. S. 28, 54.

29. Vgl. O. M. Dalton, op. cit. pp. 14/15. – O. Wulff: Altchristl. und byz. Kunst. 1918. II S. 363.

30. Ch. Diehl: La Peinture byz. p. 21.

31. C. Schuchhardt: Alteuropa. 1926. S. 265 ff.

32. Vitzthum-Volbach: Die Mal. und Plast. des Mittelalters in Italien. 1924. S. 15/16.

33. Georg Dehio: Gesch. der deutschen Kunst. I. 4. Aufl. 1930. S. 15.

34. Alfons Dopsch: Die Wirtschaftsentw. der Karolingerzeit. 1912/13. – Ders., Wirtsch. u. soz. Grundlagen der europ. Kulturentw. 1918/24.

35. Kuno Meyer: Bruchstücke der älteren Lyrik Irlands. Abh. der Preuß. Akad. d. Wiss. 1919. Philos.-Hist. Klasse. Nr. 7. p. 65.

36. Ibid. S. 66.

37. Ibid. S. 68.

38. Ibid. S. 4.

39. Eleanor Hull: A Text Book of Irish Lit. I. 1906. pp. 219/20.

40. Zitiert nach P. W. Joyce: A Social History of Ancient Ireland. 1913. II p. 503.

41. A. Dopsch: Wirtsch. u. soz. Grundl. I S. 103, 185/87.

42. Ferdinand Lot: La Fin du monde antique et le début du moyen âge. 1927. p. 421.

43. Ibid. p. 411.

44. A. Dopsch: Wirtsch. u. soz. Grundl. II S. 98.

45. Henri Pirenne: A History of Europe from the Invasion to the XVI Cent. 1939. p. 69.

46. Samuel Dill: Roman Society in Gaul in the Merovingian Age. 1926. p. 215.

47. Ibid. p. 224.

48. F. Lot: La Civilisation mérovingienne. In Hist. du Moyen Age. Hrsg. v. G. Glotz. I. 1928. p. 362.

49. Ibid. p. 380.

50. H. Pirenne: A Hist. of Europe. p. 58.

51. Ibid. pp. 111/12.

52. F. Lot: La Fin du monde ant. p. 438.

53. Gaston Paris: Esquisse hist. de la litt. franç. au moyen âge. 1907. p. 75.

54. C. H. Becker: Vom Werden und Wesen der islamischen Welt. Islamstudien. I. 1924. S. 34.

55. Georg Dehio, op. cit. S. 63.

56. Ibid. S. 60.

57. H. Gräven: Die Vorlage des Utrechtspsalters. Repert. f. Kunstwiss. 1898. XXI pp. 28 ff.

58. Roger Hinks: Carolingian Art. 1935. p. 117.

59. Georg Swarzenski: Die karoling. Mal. u. Plast. in Reims. Jahrb. d. kgl. Preuß. Kunstsamml. XXIII. 1902.

60. Louis Réau-Gustave Cohen: L'Art du moyen âge et la civ. franç. 1935. pp. 264/65. – R. Hinks, op. cit. p. 109.

61. Georg Dehio, op. cit. S. 63.

62. R. Hinks: op. cit. pp. 105, 209.

63. Anreas heusler: Die altgerm. Dicht. 1929. S. 107. – Ders., in Joh. Hoops: Reallex. d. germ. Altertumskunde. I. 1911/13. S. 459.

64. Hermann Schneider: Germanische Heldensage. I. 1928. S. 11, 32.

65. H. M. Chadwick: The Heroic Age. 1912. p. 93.

66. Koberstein-Bartsch: Gesch. d. deutschen National-Lit. I. 1872. 5. Aufl. S. 17, 41/42.

67. Rudolf Koegel: Gesch. der deutschen Lit. I, 1. 1894. S. 146.

68. A. Heusler in Hoops, Reallexikon. I S. 462.

69. W. P. Ker: Epic and Romance. 2nd edit. 1908. p. 7.

70. H. Schneider, op. cit. S. 10.

71. A. Heusler: Die altgerm. Dicht. S. 153.

72. Joseph Bédier: Les Légendes épiques. I. 1914. p. 152.

73. Romania. XIII S. 602.

74. Pio Rajna: Le origini dell'epopea francese. 1884. pp. 469–85.

75. J. Bédier, op. cit. III. 1921. pp. 382, 390.

76. Ibid. IV. 1921. p. 432.

77. Wilhelm hertz: Spielmannsbuch. 1886. p. IV.

78. Hermann Reich: Der Mimus. 1903. passim.

79. Edmond Faral: Les Jongleurs en France au moyen âge. 1910. p. 5.

80. Wilhelm Scherer: Gesch. d. deutschen Lit. 1902. 9. Aufl. S. 60.

81. Ibid. S. 61.

82. H. Schneider, op. cit. S. 36.

83. Ch. H. Haskins: The Renaissance of the 12th Century. 1927. p. 33.

84. Alois Schulte: Der Adel und die deutsche Kirche im Mittelalter. 1910.

85. Ernst Troeltsch: Die Soziallehren der christl. Kirchen und Gruppen. 1912. S. 118. – G. Grupp, op. cit. I S. 109.

86. A. Dopsch: Die wirtschaftl. u. soz. Grundl. II S. 427.

87. Lewis Mumford: Technics and Civilization. 1934. p. 13. – Vgl. Werner Sombart: Der mod. Kapit. II, 1. 1924. 6. Aufl. S. 127. – Heinr. Sieveking: Wirtschaftsgesch. II. 1921. S. 98.

88. Vgl. zum folgenden J. W. Thompson: The Medieval Library. 1939. pp. 594/99, 612.

89. P. Boissonade: Le Travail dans l'Europe chrét. au moyen âge. 1921. p. 129.

90. G. G. Coulton: Medieval Panorama. 1938. p. 267.

91. Jos. Kulischer: Allg. Wirtschaftsgesch. I. 1928. S. 75.

92. Ibid. S. 70/71.

93. Viollet-le-Duc: Dictionnaire raisonnée. I. 1865. p. 128.

94. K. Th. v. INAMA-STERNEGG: Deutsche Wirtschaftsgesch. I. 1909. 2. Aufl. S. 571.

95. JULIUS V. SCHLOSSER: Quellenbuch zur Kunstgesch. des abendländ. Mittelalters. 1896. S. XIX.

96. WILHELM VÖGE: Die Anfänge des monumentalen Stiles im Mittelalter. 1894. S. 289.

97. Recueil de textes relatifs à l'histoire de l'architecture et à la condition des architectes en France au moyen âge. XII–XIIIe siècles. Publ. par V. MORTET-P. DESCHAMPS. 1929. p. XXX.

98. F. DE MÉLY: Les Primitifs et leurs signatures. 1913.

99. Ders., Nos vieilles cathédrales et leurs maîtres d'oeuvre. Revue Archéologique. 1920. XI p. 291, XII p. 95.

100. MARTIN S. BRIGGS: The Architect in History. 1927. p. 55.

101. A. SCHULTE, op. cit. S. 221.

102. HEINRICH V. EICKEN: Gesch. u. System der mittelalterlichen Weltanschauung. 1887. p. 224.

103. E. TROELTSCH: Soziallehren, S. 242.

104. JOHANNES BÜHLER: Die Kultur des Mittelalters. 1931. S. 95.

105. KARL BÜCHER: Die Entstehung der Volkswirtschaft. I. 1919. S. 92 ff.

106. GEORG V. BELOW: Probleme der Wirtschaftsgesch. 1920. S. 178/79, 194 ff. – A. DOPSCH: Wirtsch. und soz. Grundl. II. S. 405/06.

107. H. PIRENNE: Le mouvement écon. p. 13.

108. WERNER SOMBART: Der mod. Kapit. I. 1916. 2. Aufl. S. 31.

109. J. BÜHLER, op. cit. S. 261/62.

110. E. TROELTSCH, op. cit. S. 223.

111. Vgl. OSWALD SPENGLER: Der Untergang des Abendlandes. I. 1918. S. 262.

112. H. PIRENNE: A History of Europe. p. 171.

113. G. DEHIO, op. cit. S. 73.

114. E. TROELTSCH, op. cit. S. 215.

115. G. DEHIO, op. cit. S. 73.

116. Ibid. S. 144.

117. A. FLICHE: La Civilisation occindentale aux Xe et XIe siècles. In Histoire du Moyen Age. Hrsg. v. G. Glotz. II. 1930. pp. 597–609.

118. ANTON SPRINGER: Die Psalterillustrationen im frühen Mittelalter. Abh. d. kgl. Sächs. Ges. d. Wiss. VIII. 1883. S. 195.

119. H. BEENKEN: Romanische Skulptur in Deutschland. 1924. S. 17.

120. G. V. LUECKEN: Burgundische Skulpturen des 11. und 12. Jahrh. Jahrb. der Kunstw. 1923. S. 108.

121. G. KASCHNITZ-WEINBERG: Spätrömische Porträts. Die Antike. II. 1926. S. 37.

122. G. DEHIO, op. cit. S. 193/94.

123. JULIUS BAUM: Die Mal. und Plastik des Mittelalters in Deutschl., Frankr. u. Britannien. 1930. S. 76.

124. J. Prochno: Das Schreiber- und Dedikationsbild in der deutschen Buchmal. I. 1929. passim.

125. G. Dehio, op. cit. S. 183.

126. Max Weber: Wirtschaftsgesch. 1923. S. 124.

127. K. Bücher, op. cit. S. 397.

128. Ebda. S. 139 ff.

129. R. Génestal: Le Rôle des monastères comme établissements de crédit. 1901.

130. Vgl. zum folgenden Georg Simmel: Philosophie des Geldes. 1900. pass. und E. Troeltsch, op. cit. S. 244.

131. Alfred Rambaud: Hist. de la civ. franç. I. 1885. p. 259.

132. H. Pirenne: Les Villes du moyen âge. 1927. p. 192.

133. Vgl. Charles Seignobos: Essai d'une hist. comparée des peuples d'Europe. 1938. p. 152. – H. Pirenne: Les Villes, p. 192.

134. P. Boissonnade, op. cit. p. 311.

135. W. Cunningham: Essay on Western Civilisation in its Econ. Aspects. Ancient Times. 1911. p. 74.

136. Albert Hauck: Kirchengesch. Deutschlands. IV. 1913. S. 569/70.

137. Gioacchino Volpe: Eretici e moti ereticali dal XI al XIV sec. nei loro motivi e riferimenti sociali. Il Rinnovamento. I, 1. 1907. p. 666.

138. Vgl. zum folgenden: J. Bühler, op. cit. S. 228.

139. H. Pirenne: Hist. of Europe. p. 238. – Ders., Les Villes, p. 201.

140. J. W. Thompson: The Literacy of the Laity in the Middle Ages. 1939. p. 133.

141. Hans Naumann: Deutsche Kultur im Zeitalter des Rittertums. 1938. S. 4. – Über den Unterschied der deutschen und der französischen Verhältnisse in dieser Beziehung: Louis Reynaud: Les Origines de l'influence franç. en Allemagne. 1913. pp. 167 ff.

142. Marc Bloch: La Ministérialité en France et en Allemagne. Revue historique de droit franç. et étranger. 1928. p. 80.

143. Viktor Ernst: Mittelfreie. 1920. S. 40.

144. Paul Kluckhohn: Ministerialität und Ritterdichtung. Zeitschr f. Deutsches Altertum. Bd. 52. 1910. S. 137.

145. Marc Bloch: La Société féodale. II. 1940. p. 49.

146. Alfred v. Martin: Kultursoziologie des Mittelalters. Handwörterbuch d. Soziologie. Hrsg. v. A. Vierkandt. 1931. S. 379. – J. Bühler, op. cit. S. 101.

147. Gustav Ehrismann: Die Grundlagen des ritterlichen Tugendsystems. Zeitschr. f. deutsches Altertum. Bd. 56. 1919. S. 137 ff.

148. Hans Naumann: Ritterliche Standeskultur um 1200. In „Höfische Kultur". Hrsg. mit Günther Müller. 1929. S. 35.

149. Hennig Brinkmann: Die Anfänge des modernen Dramas. 1933. S. 9 Anm. 8.

150. Erwin Rhode: Der griech. Roman. 1900. 2. Aufl. S. 68 ff.

151. H. O. Taylor: The Medieval Mind. 1925. I p. 581.

152. Ed. Wechssler: Das Kulturproblem des Minnesangs. 1909. S. 72.

153. Vgl. zum folgenden ALFRED KÖRTE: Die hellenistische Dichtung. 1925. S. 166/67.

154. WILIBALD SCHRÖTER: Ovid und die Troubadours. 1908. S. 109.

155. E. K. CHAMBERS: Some Aspests of Medieval Lyric. In Early English Lyrics. Chosen by E. K. Chambers and F. Sidgwick. 1907. pp. 260/61.

156. M. FAURIEL: Hist. de la poésie provençale. 1847. I pp. 503ff. – E. HENRICI: Zur Gesch. der mittelhochdeutschen Lyrik. 1876.

157. ED. WECHSSLER: Frauendienst und Vasallität. Zeitschr. f. franz. Spr. u. Lit. Bd. 24. 1902. – Ders., Das Kulturproblem des Minnesangs. 1909.

158. JACQUES FLACH: Les Origines de l'ancienne France. II. Les Origines communales, la féodalité et la chevalerie. 1893.

159. ED. WECHSSLER: Das Kulturproblem, S. 113.

160. FRIEDRICH DIETZ: Die Poesie der Troubadours. 1826. S. 126.

161. ED. WECHSSLER: Das Kulturproblem, S. 214.

162. Ibid. S. 154.

163. Ibid. S. 182.

164. I. FEUERLICHT: Vom Ursprung der Minne. Archivum Romanicum. XXIII. 1939. S. 36.

165. ALFRED JEANROY: La Poésie lyrique des troubadours. I. 1934. p. 89.

166. P. KLUCKHOHN, op. cit. S. 153.

167. M. FAURIEL, op. cit. I p. 532.

168. Vgl. zum folgenden I. FEUERLICHT, op. cit. S. 9–11. – E. HENRICI, op. cit. S. 43. – FRIEDRICH NEUMANN: Hohe Minne. Zeitschr. f. Deutschkunde. 1925. S. 85.

169. H. v. EICKEN, op. cit. S. 468.

170. KONRAD BURDACH: Über den Ursprung des mittelalterlichen Minnesangs, Liebesromans und Frauendienstes. Sitzungsberichte der Preuß. Akad. d. Wiss. 1918. – Die Elemente dieser Theorie finden sich schon in SISMONDI: De la litt. du Midi de l'Europe. I. 1813. p. 93.

171. A. PILLET: Zur Ursprungsfrage der altprovenzalischen Lyrik. Schriften der Königsberger Gelehrten Ges. 1928. Geisteswiss. Hefte. Nr. 4 S. 359.

172. JOSEF HELL: Die arabische Dichtung im Rahmen der Weltliteratur. Erlanger Rektoratsrede. 1927.

173. Vgl. D. SCHELUDKO: Beiträge zur Entstehungsgesch. der altprovenzalischen Lyrik. Klassisch-lateinische Theorie. Archivum Romanicum. 1927. XI. S. 309ff.

174. ALFRED JEANROY: Les Origines de la poésie lyrique en France au moyen âge. 3e édit. 1925. – GASTON PARIS: Les Origines de la poésie lyrique en France au moyen âge. Journal des Savants. 1892.

175. G. PARIS: Les Origines, pp. 424, 685, 688.

176. Ibid. pp. 425/26.

177. WILHELM GANZENMÜLLER: Das Naturgefühl im Mittelalter. 1914. S. 243.

178. HENNIG BRINKMANN: Entstehungsgesch. des Minnesangs. 1926. S. 45.

179. WERNER MULERTT: Über die Frage nach der Herkunft der Troubadourkunst. Neuphilolog. Mitteilungen. XXII. 1921. S. 22/23.

180. K. BURDACH, op. cit. p. 1010.

181. H. BRINKMANN: Entstehungsgesch. d. Minnesangs. S. 17.

182. F. R. SCHRÖTER: Der Minnesang. Germ.-Roman. Monatsschr. XXI. 1933. S. 186.

183. FR. v. BEZOLD: Über die Anfänge der Selbstbiographie u. ihre Entw. im Mittelalter. In „Aus Mittelalter u. Renaissance". 1918. S. 216.

184. ED. WECHSSLER: Das Kulturproblem, S. 305.

185. A. W. SCHLEGEL: Vorlesungen über dramat. Kunst. I. 14.

186. ÉTIENNE GILSON: La Théologie mystique de Saint Bernard. 1934. p. 215.

187. BÉDIER-HAZARD: Hist. de la litt. franç. I. 1923. p. 46.

188. ED. WECHSSLER: Das Kulturproblem, p. 93.

189. EDMOND FARAL: Les Jongleurs en France au moyen âge. 1910. pp. 73/74.

190. A. THIBAUDET: Le Liseur des romans. 1925. p. XI.

191. KARL VOSSLER: Frankreichs Kultur im Spiegel seiner Sprachentw. 1921. 3. Aufl. S. 59.

192. Ebda.

193. ÉMILE FREYMOND: Jongleurs und Menestrels. 1883. p. 48.

194. JOS. BÉDIER: Les Fabliaux. 1925. 4e éd. pp. 418, 421.

195. E. FARAL, op. cit. p. 114.

196. HOLM SÜSSMILCH: Die lateinische Vagantenpoesie des 12. u. 13. Jahrh. als Kulturerscheinung. 1917. S. 16. – Vgl. die Rezension von WOLFGANG STAMMLER in den Mitteilungen aus der hist. Lit. 1920. Bd. 48 S. 85 ff. und GEORG v. BELOW: Über hist. Periodisierungen. 1925. S. 33.

197. CARMINA BURANA. Hrg. von ALFONS HILKA und OTTO SCHUMANN. II (Kommentar). 1930. S. 82.

198. J. BÉDIER: Les Fabliaux, p. 395.

199. HENNIG BRINKMANN: Werden und Wesen der Vaganten. Preuß. Jahrbücher. 1924. S. 195.

200. Vgl. zum folgenden HILKA-SCHUMANN: Carmina Burana. II pp. 84/85.

201. MAX SCHELER: Wesen und Formen der Sympathie. 1923. S. 99/100.

202. W. GANZENMÜLLER, op. cit. S. 225.

203. ALFRED BIESE: Die Entwicklung des Naturgefühls im Mittelalter und in der Neuzeit. 1888. S. 116.

204. WILHELM VÖGE: Die Bahnbrecher des Naturstudiums um 1200. Zeitschr. f. bild. Kunst. N. F. XXV. 1914. S. 193 ff.

205. HENRI FOCILLON: Origines monumentales du portrait français. In „Mélanges offerts à M. Nicolas Jorga". 1933, p. 271.

206. ARNULF PERGER: Einortsdrama und Bewegungsdrama. 1929.

207. GOTTFRIED SEMPER: Der Stil in den technischen und tektonischen Künsten. I. 1860. S. 19.

208. VIOLLET-LE-DUC: Dictionnaire raisonnée de l'arch. franç. du XIe au XVIe siècle. I. 1865. p. 153.

209. „Dans un bel édifice de commencement du XIIIe siècle ... il n'y a pas un ornement à enlever". Viollet-le-Duc, op. cit. I p. 146.

210. ERNST GALL: Niederrheinische und normannische Architektur im Zeitalter der Frühgotik. 1915. – Ders., Die got. Baukunst in Frankreich u. Deutschl. I. 1925.

211. VICTOR SABOURET: Les voûtes nervurées: rôle simplement décoratif des nervures. Le Génie Civil. 1928. – POL ABRAHAM: Viollet-le-Duc et le rationalisme médiéval. 1934. pp. 45, 60. – H. FOCILLON: L'Art occidental. 1938. pp. 144, 146.

212. Vgl. DAGOBERT FREY: Gotik und Renaissance. 1929. p. 67.

213. POL ABRAHAM, op. cit. p. 102.

214. PAUL FRANKL: Meinungen über Herkunft und Wesen der Gotik. In Walter Timmlings „Kunstgeschichte und Kunstwissenschaft". 1923. S. 21.

215. Vgl. LUDWIG COELLEN: Der Stil der bildenden Kunst. 1921. S. 305.

215a. RICHARD THURNWALD: Staat und Wirtsch. im alten Ägypten. Zeitschr. f. Sozialwiss. 1901. IV S. 789.

216. CARL HEIDELOFF: Die Bauhütte des Mittelalters in Deutschland. 1844. S. 19.

217. G. KNOOP-G. P. JONES: The Medieval Mason. 1933. pp. 44/45.

218. Vgl. HANS HUTH: Künstler und Werkstatt der Spätgotik. 1923. S. 5.

219. H. v. LÖSCH: Die Kölner Zunfturkunden. 1907. I. S. 99ff.

220. OTTO v. GIERKE: Das deutsche Genossenschaftsrecht I. 1868. S. 199, 226.

221. WERNER SOMBART: Der mod. Kapit. I S. 85.

222. WILHELM PINDER: Die deutsche Plastik vom ausgehenden Mittelalter bis zum Ende der Renaissance. 1914. S. 16/17.

223. WILHELM VÖGE: Die Anfänge des monumentalen Stiles. S. 271.

224. W. PINDER, op. cit. p. 19.

225. F. J. C. HEARNSHAW: Chivalry and its Place in History. „Chivalry" Ed. by Edgar Prestage. 1928. p. 26.

226. MAX LENZ: Rezension über Lamprechts Deutsche Gesch. 5. Bd. Hist. Zeitschr. Bd. 77. 1896. S. 411/13.

227. W. SOMBART, op. cit. S. 80.

228. KARL KAUTSKY: Die Vorläufer des neuern Sozialismus. I. 1895. S. 47, 50.

229. BÉDIER-HAZARD, op. cit. p. 29.

230. W. SCHERER, op. cit. S. 254.

231. W. PINDER, op. cit. S. 144.

232. H. SCHRADE: Künstler und Welt im deutschen Spätmittelalter. Dtsche Vierteljahrsschr. f. Litwiss. u. Geistesgesch. 1931. IX S. 16/40.

233. J. HUIZINGA: Herbst des Mittelalters. 1928. S. 389.

234. H. KARLINGER: Die Kunst der Gotik. 1926. 2. Aufl. S. 124.

235. G. DEHIO, op. cit. II. p. 274.

236. WALTER BENJAMIN: L'oeuvre d'art à l'époque de sa reproduction mécanisée. Zeitschr. f. Sozialforsch. 1936. V, 1 pp. 40–66.

## V. RENAISSANCE, MANIERISMUS, BAROCK

1. Vgl. J. Huizinga: Das Problem der Renaissance. In „Wege der Kulturgeschichte". 1930. S. 134ff. – G. M. Trevelyan: English Social History. 1944. p. 97.

2. Jules Michelet: Histoire de la France. VII. Renaissance. 1855. p. 6.

3. Vgl. Adolf Philippi: Der Begriff der Renaissance. 1912. S. 111.

4. Ernst Troeltsch: Renaissance und Reformation. Hist. Zeitschr. 1913. Bd. 110 S. 530.

5. Ernst Walser: Studien zur Weltanschauung der Renaissance. 1920. In „Gesammelte Studien zur Geistesgesch. der Renaissance". 1932. S. 102.

6. Vgl. Karl Borinski: Der Streit um die Renaissance und die Entstehungsgesch. der hist. Beziehungsbegriffe Renaissance u. Mittelalter. Sitzungsberichte der Bayer. Akad. d. Wiss. 1919. S. 1ff.

7. Karl Brandi: Die Renaissance. In Propyläen-Weltgesch. IV. 1932. S. 160.

8. Werner Kägi: Über die Renaissanceforschung Ernst Walsers. In Ernst Walsers Ges. Studien. 1932. S. XXVIII.

9. So z. B. auch bei Georges Renard: Hist. du travail à Florence. II. 1914. p. 219.

10. E. Walser, op. cit. p. 118.

11. Über die Beziehung Nietzsches zu Heinse s. Walter Brecht: Heinse und der ästh. Immoralismus. 1911. S. 62.

12. W. Kägi, op. cit. S. XLI.

13. J. Huizinga: Herbst des Mittelalters. 1928. S. 468.

14. Dagobert Frey: Gotik und Renaissance. 1929. S. 38.

15. Vgl. zum folgenden D. Frey, op. cit. S. 194.

16. J. C. Scaliger: Poetices libri septem. 1591. VI, 21.

17. Dagobert Frey, der die Verschiedenheit der Kunstauffassung des Mittelalters und der Renaissance durch den Unterschied des sukzessiv und simultan erfaßten Bildraumes kennzeichnet, stützt sich bei seinen Ausführungen offenbar auf Erwin Panofskys Unterscheidung eines „Aggregat-" und eines „Systemraumes" (Die Perspektive als „symbolische Form". 1927). Panofskys These setzt wieder Wickhoffs Lehre von der „kontinuierenden" und der „distinguierenden" Darstellungsweise voraus, wobei Wickhoff selber von dem Lessingschen Gedanken des „fruchtbaren Moments" angeregt worden sein mag.

18. Scaliger, l. c.

19. Jakob Strieder: Werden und Wachsen des europ. Frühkapitalismus. Propyläen-Weltgesch. IV. 1932. S. 8.

20. Jakob Strieder: Jacob Fugger. 1926. S. 7/8.

21. Werner Weisbach: Renaissance als Stilbegriff. Hist. Zeitschr. 1919. Bd. 120 S. 262.

22. Henry Thode: Franz von Assisi und die Anfänge der Kunst der Renaissance. 1885. – Ders., Die Renaissance. Bayreuther Blätter. 1899. – Émile Gebhardt: Origines de la Renaissance en Italie. 1879. – Ders.,

Italie mystique. 1890. – Paul Sabatier: Vie de Saint François d'Assise. 1893.

23. Konrad Burdach: Reformation Renaissance Humanismus. 1918. S. 138.

24. Carl Neumann: Byzantinische Kultur und Renaissancekultur. Hist. Zeitschr. 1903. Bd. 21 S. 228, 231, 215.

25. Louis Courajod: Leçons professées à l'Ecole du Louvre. 1901. II p. 142.

26. Jakob Strieder: Studien z. Gesch. der kapit. Organisationsformen. 1914. S. 57.

27. Julien Luchaire: Les Sociétés italiennes du XIIIe au XVe siècle. 1933. p. 92.

28. Max Weber: Wirtschaft und Gesellschaft. 1922. S. 573.

29. Robert Davidsohn: Forschungen zur Gesch. von Florenz. IV. 1908. S. 268.

30. Max Weber, op. cit. S. 562.

31. Ibid. S. 565.

32. Alfred Doren: Italien. Wirtschaftsgesch. I. 1934. S. 358. – Vgl. dagegen Robert Davidsohn: Gesch. von Florenz. IV, 2. 1925. S. 1/2.

33. Alfred Doren: Studien zu der Florentiner Wirtschaftsgesch. I. Die Florent. Wollentuchindustrie. 1901. S. 399.

34. Alfred Doren: Studien zu der Florentiner Wirtschaftsgesch. II. Das Florent. Zunftwesen. 1908. S. 752.

35. Alfred Doren: Die Florent. Wollentuchindustiie. S. 458.

36. Robert Davidsohn: Gesch. v. Florenz. IV. 2. 1925. S. 5.

37. Vgl. Georges Renard, op. cit. pp. 132/33.

38. A. Doren: Das Florent. Zunftwesen S. 726.

39. R. Davidsohn: Gesch. v. Florenz. IV, 2 S. 6/7.

40. Ferdinand Schewill: History of Florence, p. 362.

41. A. Doren: Die Florent. Wollentuchindustrie. S. 413.

42. Werner Sombart: Der moderne Kapitalismus. I. 1902. S. 174ff. – Georg v. Below: Die Entstehung des mod. Kapit. Hist. Zeitschr. 1903. Bd. 91. S. 453/34.

43. Werner Sombart: Der Bourgeois. 1913.

44. Vgl. Jakob Burckhardt: Die Kultur der Renaissance. 1908. 10. Aufl. I S. 26, 51.

44a. Max Dvořák: Die Illuminatoren des Johann Neumarkt. Jahrb. d. kunsthist. Samml. des Allerhöchsten Kaiserhauses. 1901. XXII. S. 115ff.

45. Vgl. zum folgenden Georg Gombosi: Spinello Aretino. 1926. p. 7–11.

46. Ibid. pp. 12–14.

47. Bernard Berenson: The Italian Painters of the Renaissance. 1930. p. 76. – Vgl. Roberto Salvini: Zur florent. Mal. des Trecento. Kritische Berichte zur kunstgesch. Lit. VI. 1937.

48. Adolfo Gaspary: Storia della lett. ital. I. 1887. p. 97.

49. Werner Weisbach: Francesco Pesellino u. die Romantik der Renaissance. 1901. S. 13.

50. JULIUS V. SCHLOSSER: Ein veronesisches Bilderbuch u. die höfische Kunst des XIV. Jahrh. Jahrb. d. kunsthist. Samml. d. Allerh. Kaiserhauses. 1895. Bd. XVI. S. 173ff.

51. A. GASPARY, op. cit. I pp. 108/09.

52. WILHELM PINDER: Das Problem der Generation. 1926. S. 12 u. passim.

53. WILHELM V. BODE: Die Kunst der Frührenaissance in Italien. 1923. S. 80.

54. RICHARD HAMANN: Die Frührenaissance der ital. Mal. 1909. S. 2/3, 16/17. – Ders., Gesch. d. Kunst. 1932. S. 417.

55. FRIEDRICH ANTAL: Studien zur Gotik im Quattrocento. Jahrb. der Preuß. Kunstsamml. 1925. Bd. 46 S. 18ff.

56. Vgl. HENRI PIRENNE: Les périodes de l'hist. sociale du capitalisme. Bulletins de l'Académie Royale de Belgique. 1914. pp. 259/60, 290, passim.

57. A. DOREN: Die Florent. Wollentuchind. S. 438.

58. Ibid. S. 428.

59. Vgl. MARTIN WACKERNAGEL: Der Lebensraum des Künstlers in der florent. Renaissance. 1938. S. 214.

60. A. DOREN: Ital. Wirtschaftsgesch. I S. 561/62.

61. A. DOREN: Das florent. Zunftwesen S. 706.

62. Ibid. S. 709/10.

63. Vgl. zum folgenden M. WACKERNAGEL, op. cit. S. 234.

64. Vgl. ibid. S. 9/10.

65. Ibid. S. 291.

66. Ibid. S. 289/90.

67. ROBERT SAITSCHICK: Menschen und Kunst der ital. Renaissance. 1903. S. 188.

68. Zitiert nach ALFRED V. REUMONT: Lorenzo de' Medici. 1883. II S. 121.

69. ERNST CASSIRER: Individualismus u. Kosmos in der Philos. der Ren. 1927. S. 177/78.

70. RICHARD HÖNIGSWALD: Denker der ital. Renaissance. 1938. S. 25.

71. Vgl. ANTHONY BLUNT: Artistic Theory in Italy. 1940. p. 21.

72. WILHELM V. BODE: Bertoldo und Lorenzo di Medici. 1925. S. 14.

73. Ders., Die Kunst der Frühreraissance. S. 81.

74. JAKOB BURCKHARDT: Beiträge zur Kunstgesch. Italiens. 1911. 2. Aufl. S. 397.

75. LOTHAR BRIEGER: Die großen Kunstsammler. 1931. S. 62.

76. J. V. SCHLOSSER, op. cit. S. 194.

77. GEORG VOIGT: Die Wiederbelebung des classsischen Altertums. 1893. 3. Aufl. I S. 445.

78. J. BURCKHARDT: Die Kultur der Ren. I S. 53.

79. M. WACKERNAGEL, op. cit. S. 307.

80. Ibid. S. 306.

81. Ibid. S. 307.

82. M. Wackernagel: Aus dem florent. Kunstleben der Renaissancezeit. In „VierAufsätze über gesch. u. gegenwärtige Faktoren des Kunstlebens". 1936. S. 13.

83. Ders., Das ital. Kunstleben u. die Künstlerwerkstatt im Zeitalter der Ren. Wissen und Leben. 1918. Heft 14 S. 39.

84. Thieme-Becker: Allg. Lexikon der bild. Künstler. III. 1909.

85. Giov. Batt. Armenini: De' veri precetti della pittura. 1586.

86. Vgl. Albert Dresdner: Die Entstehung der Kunstkritik. 1915. S. 86/87.

87. Kenneth Clark: Leonardo da Vinci. 1939. pp. 11/12.

88. Vgl. zum folgenden M. Wackernagel: Der Lebensraum des Künstlers S. 316ff.

89. A. Dresdner, op. cit. S. 94.

90. Gaye: Carteggio inedito d'artisti di sec. XIV–XVI. 1839/40. I p. 115.

91. Maud J. Jerrold: Italy in the Renaissance. 1927. p. 35.

92. H. Lerner-Lehmkuhl: Zur Struktur u. Gesch. des florent. Kunstmarktes im XV. Jahrh. S. 28/29.

93. Ibid. S. 38/39.

94. Ibid. S. 50.

95. M. Wackernagel: Der Lebensraum des Künstlers, S. 355.

96. R. Saitschick, op. cit. S. 199.

97. Paul Drey: Die wirtsch. Grundlagen der Malkunst. 1910. S.46.

98. Ibid. S. 20/21.

99. H. Lerner-Lehmkuhl, op. cit. S. 34.

100. R. Saitschick, op. cit. S. 197.

101. H. Lerner-Lehmkuhl, op. cit. S. 54.

102. A. Dresdner, op. cit. S. 77–79.

103. Ibid. S. 95.

104. Joseph Meder: Die Handzeichnung. Ihre Technik u. Entwicklung. 1919.

105. Leonardo Olschki: Gesch. der neusprachl. wiss. Lit. I. 1919. S. 107/08.

106. A. Dresdner, op. cit. S. 72.

107. J. P. Richter: The Literary Work of Leonardo da Vinci. 1883. I Nr. 653.

108. R. Saitschick, op. cit. S. 185/86.

109. Vgl. die Schilderung der sprunghaften Arbeitsmethode Leonardos am Abendmahl bei Bandello – zitiert von Kenneth Clark, op. cit. S. 92/93.

110. Edgar Zilsel: Die Entstehung des Geniebegriffs. 1926. S. 109.

111. Vgl. Dietrich Schäfer: Weltgeschichte der Neuzeit. 9. Aufl. 1920. S. 13/14. – J. Huizinga: Wege der Kulturgesch. 1930. S. 130.

112. Julius Schlosser: Die Kunstliteratur. 1924. S. 139.

113. Joseph Meder, op. cit. S. 169/70.

114. Karl Borinski, op. cit. S. 21.

115. E. WALSER: Ges. Schriften. S. 104/05.

116. K. BORINSKI, op. cit. S. 32/33.

117. PHILIPPE MONNIER: Le Quattrocento. 1901. II p. 229.

118. WILHELM DILTHEY: Weltanschauung u. Analyse des Menschen seit Renaiss. u. Reformation. Ges. Schr. II. 1914. S. 343 ff.

119. ADOLF HILDEBRAND: Das Problem der Form in der bild. Kunst. 1893. – B. BERENSON, op. cit.

120. S. zum folgenden ERWIN PANOFSKY: Die Perspektive als „symbolische Form". Vorträge der Bibl. Warburg. 1927. S. 270.

121. Ibid. S. 260.

122. Vgl. JACQUES MESNIL: Die Kunstlehre der Frührenaissance im Werke Masaccios. Vorträge der Bibl. Warburg. 1928. S. 127.

123. Gerühmt wird die Schnelligkeit der Arbeitsweise auch in den Briefen ARETINOS an Tintoretto aus den Jahren 1545 und 1546.

124. E. ZILSEL, op. cit. S. 112/13.

125. E. WALSER, op. cit. S. 105.

126. Vgl. J. HUIZINGA: Erasmus. 1924. S. 123. – KARL BÜCHER: Die Anfänge des Zeitungswesens. In: Die Entstehung der Volkswirtschaft. 12. Aufl. 1919. I S. 233.

127. HANS BARON: Franciscan Poverty and Civic Wealth as Factors in the Rise of Humanistic Thought. Speculum. XIII. 1938. pp. 12, 18 ff. – Zitiert von CH. E. TRINKAUS: Adversity's Noblemen. 1940. pp. 16/17.

128. ALFRED V. MARTIN: Soziologie der Renaissance. 1932. S. 58 ff.

129. JULIEN BENDA: La Trahison des clercs. 1927.

130. PH. MONNIER, op. cit. I p. 334.

131. Vgl. zum folgenden CASIMIR V. CHLEDOWSKI: Rom. Die Menschen der Renaissance. 1922. S. 350/52.

132. HERMANN DOLLMAYR: Raffaels Werkstätte. Jahrb. d. kunsthist. Samml. d. Allerh. Kaiserhauses. XVI. 1895. S. 233

133. LEON BATT. ALBERTI: De re aedificatoria. 1485. VI, 2.

134. ED. MÜLLER: Gesch. der Theorie der Kunst bei den Alten. I. 1834. S. 100.

135. L. B. ALBERTI: Della pittura. lib. II.

136. BALDASSARE CASTIGLIONE: Il Cortegiano. II. 23–28.

137. Vgl. HEINRICH WÖLFFLIN: Die klass. Kunst. 1904. 3. Aufl. S. 223/24.

138. BELLORI: Vita dei pittori etc. 1672. – Vgl. WERNER WEISBACH: Der Manierismus. Zeitschr. f. bild. Kunst. 1918/19. Bd. 54S. 162/63.

139. R. BORGHINI: Il Riposo. 1584. – Vgl. A. BLUNT, op. cit. p. 154.

140. WILHELM PINDER: Zur Physiognomik des Manierismus. In „Die Wissenschaft am Scheidewege". Ludwig-Klages-Festschrift. 1932. S. 149.

141. MAX DVOŘÁK: Über Greco u. den Manierismus. In „Kunstgesch. als Geistesgesch." 1924. S. 271.

142. Ders., Pieter Bruegel der Ae. Ibid. S. 222.

143. W. PINDER: Das Problem der Generation. S. 140. – Ders., Die deutsche Plastik vom ausgehenden Mittelalter bis zum Ende der Renaiss. 1928. II S. 252.

144. Das geschieht vor allem bei W. WEISBACH: Der Manierismus, S. 162, und MARGARETE HÖRNER: Der Manierismus als künstl. Anschauungsform. Zeitschr. f. Ästh. Bd. 22. 1926. S. 200.

145. ERNEST LAVISSE: Histore de France. V, 1. 1903. p. 208.

146. LUDWIG PFANDL: Spanische Kultur u. Sitte des 16. u. 17. Jahrh. 1924. S. 5.

147. L. BRIEGER, op. cit. S. 109/10.

148. H. DOLLMAYR, op. cit. S. 363.

149. H. A. L. FISHER: A History of Europe. 1936. p. 525.

150. Vgl. BENEDETTO CROCE: La Spagna nella vita ital. del Rinascimento. 1917. p. 241.

151. RICHARD EHRENBERG: Das Zeitalter der Fugger. 1896. I S. 415.

152. FRANZ OPPENHEIMER: The State. 1923. pp. 244/45.

153. Vgl. W. CUNNINGHAM: Western Civilisation in its Economic Aspects. Med. and Mod. Times. 1900. p. 174.

154. R. EHRENBERG, op. cit. II. S. 320.

155. HENRI SÉE: Les Origines du capitalisme mod. 1926. pp. 38/39.

156. FR. v. BEZOLD: Staat u. Ges. des Reformationszeitalters. In „Staat u. Ges. d. neuern Zeit". Die Kultur der Gegenwart. II. 5/1. 1908. S. 91.

157. E. BELFORT BAX: The Social Side of the German Reformation. II. The Peasant War in Germany 1525/26. 1899. pp. 275 ff.

158. FRIEDRICH ENGELS: Der deutsche Bauernkrieg. Passim.

159. WALTER FRIEDLÄNDER: Die Entstehung des antiklassischen Stils in der ital. Mal. um 1520. Repertorium f. Kunstwiss. Bd. 46. 1925. S. 58.

160. GEORG SIMMEL: Michelangelo. In „Philosophische Kultur". 1919. 2. Aufl. S. 159.

161. Vgl. NIKOLAUS PEVSNER: Gegenreformation und Manierismus. Repert. f. Kunstwiss. Bd. 46. 1925. S. 248.

162. MACHIAVELLI: Il Principe. cap. XVIII.

163. Vgl. PASQUALE VILLARI: Machiavelli e i suoi tempi. III. 1914. p. 374.

164. ALBERT EHRHARD: Kathol. Christentum u. Kirche Westeuropas in der Neuzeit. In Gesch. d. christl. Relig. Kultur der Gegenwart. I 4/1. 1909. 2. Aufl. S. 313.

165. GIOV. PAOLO LOMAZZO: Idea del tempio della pittura. 1590. cap. VIII. 1884. p. 263.

166. CHARLES DEJOB: De l'influence du Concile de Trente.

167. R. V. LAURENCE: The Church and the Reformation. Cambridge Mod. Hist. II. 1903. p. 685.

168. EMILE MÂLE: L'Art religieux après le Concile de Trente. 1932. p. 2.

169. JULIUS SCHLOSSER: Die Kunstliteratur. p. 383.

170. EUGÈNE MUENTZ: Le Protestantisme et l'art. Revue des Revues. 1900. ler Mars. pp. 481/82.

171. Ibid. p. 486.

172. GUSTAVE GRUYER: Les Illustrations des écrits de Jérôme Savonarola publiés en Italie au XVe et XVIe siècle et les paroles du Savonarola sur l'art. 1879. – JOSEF SCHNITZER: Savonarola. 1924. II S. 809 ff.

173. WERNER WEISBACH: Der Barock als Kunst der Gegenreformation. 1921. – NIKOLAUS PEVSNER, op. cit.

174. FRITZ GOLDSCHMIDT: Pontormo, Rosso und Bronzino. 1911. S. 13.

175. Nach einem Brief des Malers Giulio Clovio. Vgl. H. KEHRER, Kunstchronik. Bd. 34. 1923. S. 784.

176. ERWIN PANOFSKY: „Idea". 1924. S. 45.

177. GIOV. PAOLO LOMAZZO: Trattato dell'arte della pittura, scultura et architettura. 1584. – Idea del tempio della pitt. 1590.

178. FEDERIGO ZUCCARI: L'Idea de' pittori scultori e architetti. 1607.

179. E. PANOFSKY: „Idea". S. 49.

180. GIORDANO BRUNO: Eroici furori. I. Opere italiane. Ed. Paolo de Lagarde. 1888. p. 625.

181. NIKOLAUS PEVSNER: Academies of Art. 1940. p. 13.

182. Ibid. pp. 47/48.

183. Vgl. A. DRESDNER, op. cit. S. 96.

184. N. PEVSNER: Academies of Art. p. 66.

185. J. SCHLOSSER: Die Kunstliteratur. S. 338. – A. DRESDNER, op. cit. 98.

186. OSWALD SPENGLER: Der Untergang des Abendlandes. I. 1918. S. 262/63.

187. POMPONIUS GAURICUS: De scultura. 1504. Zitiert von PANOFSKY: Perspektive S. 280.

188. W. PINDER: Zur Physiogn. d. Manierismus.

189. Vgl. E. v. BERCKEN-A. L. MAYER: Tintoretto. 1923. I S. 7.

190. L. PFANDL, op. cit. S. 137.

191. O. GRAUTOFF: Spanien. In PEVSNER-GRAUTOFF: Barockmal. i. d. roman. Ländern. Handb. d. Kunstwiss. 1928. S. 223.

192. GUSTAV GLÜCK: Bruegel und der Ursprung seiner Kunst. In „Aus drei Jahrhunderten europ. Mal." 1933. S. 154.

193. Ibid. S. 163.

194. Vgl. CH. DE TOLNAI: P. Bruegel l'Ancien. 1935. p. 42.

195. MAX DVOŘÁK und WILHELM PINDER haben auf den manieristischen Charakter der Werke Shakespeares und Cervantes' hingewiesen, ohne jedoch auf eine Analyse einzugehen.

196. J. F. KELLY: Cervantes und Shakespeare. 1916. S. 20.

197. MIGUEL DE UNAMUNO: Vida de Don Quijote y Sancho. 1914.

198. W. P. KER: Collected Essays. 1925. II p. 38.

199. W. CUNNINGHAM: The Growth of English Industry and Commerce in Modern Times: The Mercantile System. 1921. p. 98.

200. E. M. W. TILLYARD: The Elizabethan World Picture. 1943. p. 12.

201. T. A. JACKSON: Marx and Shakespeare. International Literature. 1936. Nr. 2 p. 91.

202. Vgl. A. A. SMIRNOV: Shakespeare. A Marxist Interpretation. Critics Group Series. 1937. pp. 59/60.

203. SERGEI DINAMOV: King Lear. Intern. Lit. 1935. Nr. 6 p. 61.

204. Vgl. WYNDHAM LEWIS: The Lion and the Fox. 1927. p. 237.

205. MAX J. WOLFF: Shakespeare. 1908. II S. 56/58.
206. Vgl. JOHN PALMER: Political Characters of Shakespeare. 1945. p. VIII.
207. PHOEBE SHEAVYN: The Literary Profession in the Elizabethan Age. 1909. p. 160.
208. DAVID DAICHES: Literature and Society. 1938. p. 90.
209. J. R. GREEN: A Short Hist. of the Engl. People. 1936. p. 400.
210. E. K. CHAMBERS: The Elizabethan Stage. 1923.
211. C. J. SISSON: The Theatres and Companies. In: A Companion to Shakespeare Studies. Ed. by H. Granville-Barker and G. B. Harrison. 1944. p. 11.
212. PH. SHEAVYN, op. cit. pp. 10/12, 21/22, 29.
213. ALFRED HARBAGE: Shakespeare's Audience. 1941. p. 136.
214. J. DOVER WILSON: The Essential Shakespeare. 1943. p. 30.
215. A. HARBAGE, op. cit. p. 90.
216. C. J. SISSON, op. cit. p. 39.
217. H. J. C. GRIERSON: Cross Currents in English Lit. of the 17th Century. 1929. p. 173. – A. C. BRADLEY: Shakespeare's Theatre and Audience. 1909. p. 364.
218. Vgl. ROBERT BRIDGES: On the Influence of the Audience. The Works of Shakespeare. Shakespeare Head Press. Vol. X. 1907.
219. L. L. SCHUECKING: Die Charakterprobleme bei Shakespeare. 1932. 3. Aufl. S. 13.
220. Vgl. ALLARDYCE NICOLL: British Drama. 1945. 3rd ed. p. 42.
221. Vgl. HENNIG BRINKMANN: Anfänge des modernen Dramas in Deutschland. 1933. S. 24.
222. Vgl. L. L. SCHÜCKING: Die Charakterprobleme bei Shakespeare. Passim. – E. E. STOLL: Art and Artifice in Shakespeare. 1934.
223. OSKAR WALZEL: Shakespeares dramatische Baukunst. Jahrb. der Deutschen Shakespeare-Ges. Bd. 52. 1916. – L. L. SCHÜCKING: The Baroque Character of the Elizabethan Hero. The Annual Shakespeare Lecture. 1938. – WILHELM MICHELS: Barockstil in Shakespeare und Calderón. Revue Hispanique. 1929. LXXV. pp. 370–458.
224. Vgl. FRANCESCO MILIZIA: Dizionario delle belle arti del disegno. 1797.
225. BENEDETTO CROCE: Storia della età barocca in Italia. 1929. p. 23.
226. HEINRICH WÖLFFLIN: Kunstgeschichtliche Grundbegriffe. 1929. 7. Aufl. S. 23/24.
227. Ibid. S. 136.
228. WILHELM DILTHEY: Ges. Schr. II. 1914. S. 320.
229. EMILE MÂLE, op. cit. p. 6.
230. ALBERT EHRHARD, op. cit. p. 356.
231. EBERHARD GOTHEIN: Staat und Gesellschaft des Zeitalters der Gegenreformation. Kultur der Gegenwart. II, 5/1. 1908. S. 200.
232. REINHOLD KOSER: Staat und Gesellschaft zur Höhezeit des Absolutismus. Kultur der Gegenwart. II, 5/1. 1908. S. 255.

233. Ibid. S. 242.

234. E. Lavisse, op. cit. VII. 1. 1905. p. 379.

235. Walter Platzhoff: Das Zeitalter Ludwigs XIV. Propyläen-Weltgesch. VI. 1931. S. 8.

236. F. Funck-Brentano: La Cour du Roi Soleil. 1937. pp. 142/43.

237. Vgl. zum folgenden Henry Lemonnier: L'Art français au temps de Richelieu et Mazarin. 1893. pass., besonders p. 28.

238. Ibid. p. 38.

239. La Gloire de Val-de-Grâce. v. 85/86.

240. René Bray: La Formation de la doctrine classique en France. 1927. p. 285.

241. E. Lavisse, op. cit. VII, 2. 1906. p. 82.

242. Vgl. Hans Rose: Spätbarock. 1922. S. 11.

243. Vgl. Henryk Grossman: Mechanistische Philosophie und Manufaktur. Zeitschr. f. Sozialforsch. 1935. IV. 2. pass., u. a. S. 191/92.

244. A. Dresdner, op. cit., S. 104/05.

245. André Fontaine: Les doctrines d'art en France. 1909. p. 56.

246. A. Dresdner, op. cit. S. 121 ff.

247. E. Lavisse, op. cit. VIII, 1. 1908. p. 422.

248. Josef Aynard: La Bourgeoisie française. 1934. p. 255.

249. Werner Weisbach: Französische Malerei des XVII. Jahrhunderts im Rahmen von Kultur und Gesellschaft. 1932. S. 140.

250. H. Lemonnier, op. cit. p. 104. – W. Weisbach: Franz. Mal. S. 95.

251. Karl Vossler: Frankreichs Kultur im Spiegel seiner Sprachentw. 1921. S. 366.

252. Bédier-Hazard: Hist. de la litt. franç. I. 1923. p. 232.

253. Viktor Klemperer: Zur französischen Klassik. Oskar-Walzel-Festschr. 1924. S. 129.

254. Roger Picard: Les Salons littéraires et la société franç. 1943. p. 32.

255. Henri Pirenne: Histoire de Belgique. IV. 1911. pp. 437/38.

256. P. J. Block: Gesch. der Niederlande. IV. 1910. S. 7.

257. S. zum folgenden J. Huizinga: Holländische Kultur des XVII. Jahrhunderts. 1933. S. 11/14. – G. J. Renier: The Dutch Nation. 1941. pp. 11 ff.

258. G. J. Renier, op. cit. p. 32.

259. Vgl. Franz Mehring: Zur Literaturgesch. von Calderon bis Heine. 1929. S. 111.

260. J. Huizinga: Holl. Kultur. S. 13.

261. Kurt Kaser: Gesch. Europas im Zeitalter des Absolutismus. L. M. Hartmann-Weltgesch. VI, 2. 1923. S. 59, 61.

262. Fr. v. Bezold: Staat u. Ges. d. Ref. S. 92.

263. J. Huizinga: Holl. Kultur. S. 28/29.

264. F. Schmidt-Degener: Rembrandt u. der holl. Barock. Studien der Bibl. Warburg. 1928. IX S. 35/36.

265. Alois Riegl: Das holländische Gruppenporträt. Jahrb. d. kunsthist. Samml. d. Allerhöchsten Kaiserhauses. 1902. Bd. 23 S. 234.

266. John Evelyn: Memoirs. 1818. p. 13.
267. W. Martin: The Life of a Dutch Artist. VI. How the painter sold his work. The Burlington Magazine. 1907. XI p. 369.
268. Hanns Flörke: Studien zur niederländ. Kunst- u. Kulturgesch. 1905. S. 154.
269. Vgl. N. Pevsner: Academies, p. 135.
270. W. v. Bode: Die Meister der holl. u. vlämischen Malerschulen. 1919. S. 80, 174.
271. H. Flörke, op. cit. S. 74/75.
272. Ibid. S. 92/94.
273. Siehe zum folgenden ibid. S. 89/90.
274. Ibid. S. 120.
275. N. S. Trivas: Frans Hals. 1941. S. 7.
276. W. Martin, l. c. S. 369.
277. Adolf Rosenberg: Adrian und Isaak Ostade. 1900. S. 100.
278. H. Flörke, op. cit. p. 180.
279. Ibid. S. 54.
280. G. d'Avenal: Les Revenus d'un intellectuel de 1200 à 1913. 1922. p. 231.
281. Ibid. p. 237.
282. Ibid. pp. 293, 300, 341.
283. Paul Drey: Die wirtsch. Grundlagen der Malkunst. 1900. S. 50.
284. A. Dresdner, op. cit. S. 309.
285. Rud. Oldenburg: P. P. Rubens. 1922. S. 116.
286. Ibid. S. 118.
287. Alois Riegl, op. cit. S. 277.
288. Carl Neumann: Rembrandt. 1902. S. 406.
289. Max J. Friedländer: Die niederländ. Mal. des XVII. Jahrh. 1923. S. 32.
290. Willi Drost: Barockmalerei in den german. Ländern. Handb. d. Kunstwiss. 1926. S. 171.
291. F. Schmidt-Degener, op. cit. S. 27.

## VI. ROKOKO, KLASSIZISMUS UND ROMANTIK

1. Paul Hazard: La Crise de la conscience européenne. 1935. I pp. I–V.
2. Vgl. Bédier-Hazard: Hist. de la litt. franç. II. 1924. pp. 31/32.
3. Germain Martin: La Grande industrie en France sous le règne de Louis XV. 1900. p. 15.
4. F. Funck-Brentano: L'Ancien régime. 1926. pp. 299/300.
5. Alexis de Tocqueville: L'Ancien régime et la Révolution. 1859. 4. Aufl. p. 171.
6. Henri Sée: La France écon. et soc. au 18e siècle. 1933. p. 83.
7. Albert Mathiez: La Révolution franç. I. 1922. p. 8.

8. KARL KAUTSKY: Die Klassengegensätze im Zeitalter der Franz. Revol. 1923. S. 14.

9. FRANZ SCHNABEL: Das XVIII. Jahrh. in Europa. In „Das Zeitalter des Absolutismus". Propyläen-Weltgesch. VI. 1931. S. 277.

10. JOSEPH AYNARD: La Bourgeoisie française. 1934. p. 462.

11. F. STROWSKI: La Sagesse française. 1925. p. 20.

12. J. AYNARD, op. cit. p. 350.

13. Ibid. S. 422.

14. ANDRÉ FONTAINE: Les Doctrines d'art en France. 1909. p. 170.

15. PIERRE MARCEL: La Peinture franç. au début du 18e siècle. 1906. pp. 25/26.

16. LOUIS RÉAU: Hist. de la peinture franç. au 18e siècle. I. 1925. p. X.

17. LOUIS HOURTICQ: La Peinture franç. au 18e siècle. 1939. p. 15.

18. WILHELM V. CHRIST: Gesch. d. griech. Lit. In v. Müllers Handb. d. klass. Altertumswiss. VII 2/1. 1920. S. 183.

19. FRANCESCO MACRI-LEONE: La bucolica latina nella lett. ital. del sec. XIV. 1889. p. 15. – WALTER W. GREG: Pastoral Poetry and Pastoral Drama. 1906. pp. 13/14.

20. T. R. GLOVER: Virgil. 1942. 7th edit. pp. 3/4.

21. M. SCHANZ-C. HOSIUS: Gesch. d. röm. Lit. In v. Müllers Handb. d. klass. Altertumswiss. II. 1935. S. 285.

22. W. W. GREG, op. cit. p. 66.

23. J. HUIZINGA: Herbst des Mittelalters. 1928. S. 185.

24. M. FAURIEL: Hist. de la poésie prov. 1846. II pp. 91/92.

25. MUSSIA EISENSTADT: Watteaus Fêtes galantes. 1930. p. 98.

26. G. LANSON: Hist. de la litt. franç. 1909. 11e éd. pp. 373/74.

27. Vgl. ALBERT DRESDNER: Von Giorgione zum Rokoko. Preuß. Jahrb. 1910. Bd. 140. – WERNER WEISBACH: Et in Arcadia ego. Die Antike. VI. 1930. S. 140.

28. BOILEAU: L'Art poétique. III v. 119 ff.

29. PIERRE MARCEL, op. cit. p. 299.

30. NIKOLAUS PEVSNER: Academies of Art. 1940. p. 108.

31. G. LANSON, op. cit. p. 374.

32. Vgl. PETIT DE JULLEVILLE: Hist. de la litt. franç. IV. 1897. p. 419.

33. Ibid. IV p. 459, V p. 550.

34. ÉMILE FAGUET: Dixhuitième siècle. 1890. p. 123.

35. ARTHUR ELÖSSER: Das bürgerliche Drama. 1898. S. 65.

36. DIDEROT: Oeuvres. 1821. VIII p. 243.

37. PAUL MANTOUX: La Révolution industrielle au 18e siècle. 1906. p. 78.

38. The English Revolution. 1640. Three Essays. Ed. by CHRISTOPHER HILL. 1940. p. 9.

39. R. H. GRETTON: The English Middle Class. 1917. p. 209.

40. W. WARDE FOWLER: Social Life at Rome in the Age of Cicero. 1922. pp. 26 ff. – J. L. AND B. HAMMOND: The Village Labourer (1760–1832). 1920. pp. 306/07.

41. A. DE TOCQUEVILLE, op. cit. p. 146. – J. AYNARD, op. cit. p. 341.

42. G. LEFÈBVRE, G. GUYOT, Ph. SAGNAC: La Révolution franç. 1930. p. 21.
43. A. de TOCQUEVILLE, op. cit. pp. 174/75.
44. HERBERT SCHÖFFLER: Protestantismus und Literatur. 1922. S. 181.
45. ALEXANDRE BELJAME: Le Public et les hommes de lettres en Angleterre au 18e siècle. 1881. p. 122.
46. H. SCHÖFFLER, op. cit. pp. 187/88.
47. Ibid. p. 192.
48. Ibid. pp. 59, 151 ff. und passim.
49. A. S. COLLINS: The Profession of Letters. 1928. p. 38.
50. G. M. TREVELYAN: English Social History. 1944. p. 338.
51. A. BELJAME, op. cit. pp. 236, 350.
52. LESLIE STEPHEN: Engl. Lit. and Society in the 18th century. 1940. p. 42.
53. A. BELJAME, op. cit. pp. 229/32.
54. Ibid. p. 368.
55. A. S. COLLINS: Authorship in the Days of Johnson. 1927. p. 161.
56. LEVIN L. SCHÜCKING: The Sociology of Literary Taste. 1944. p. 14.
57. A. S. COLLINS: Authorship, pp. 269/70.
58. LESLIE STEPHEN, op. cit. p. 148. – GEORGE SAMPSON: The Concise Cambridge History of Lit. 1942. p. 508.
59. Zitiert von F. GAIFFE: Le Drame en France au 18e siècle. 1910. p. 80.
60. L. L. SCHÜCKING, op. cit. pp. 62 ff.
61. J. L. & B. HAMMOND: The Rise of Modern Industry. 1944. 6th ed. p. 39.
62. J. L. & B. HAMMOND: The Town Labourer (1760–1832). 1925. pp. 37 ff.
63. PAUL MANTOUX, op. cit. pp. 376 ff. – JOHN A. HOBSON: The Evolution of Modern Capitalism. 1930. p. 62.
64. WERNER SOMBART: Der moderne Kapitalismus. II 1. 1924. 6. Aufl. – Vgl. OTTO HINTZE: Der mod. Kapitalismus als hist. Individuum. Hist. Zschr. 1929. Bd. 139 S. 478.
65. Vgl. LEWIS MUMFORD: Technics and Civilisation. 1934. pp. 176/77.
66. ARNOLD TOYNBEE: Lectures on the Industrial Revolution of the 18th Century in England. 1908. p. 64.
67. LEO BALET-E. GERHARD: Die Verbürgerlichung der deutschen Kunst, Literatur und Musik im 18. Jahrh. 1936. S. 116/17.
68. DANIEL MORNET: La Nouvelle Héloïse de J.-J. Rousseau. 1943. pp. 43/44.
69. OSWALD SPENGLER: Der Untergang des Abendlandes. I. 1918. S. 362/63.
70. GEOFFREY WEBB: Architecture and Garden. In „Johnson's England". Ed. by A. S. Turberville. 1933. p. 118.
71. W. L. PHELPS: The Beginnings of the English Romantic Movement. 1893. pp. 110/11.
72. Vgl. JOSEPH TEXTE: J.-J. Rousseau and the Cosmopolitan Spirit in Literature. 1899. p. 152.

73. H. Schöffler, op. cit. p. 180.

74. W. L. Cross: The Development of the English Novel. 1899. p. 38.– H. Schöffler, op. cit. p. 168.

75. Vgl. Q. D. Leavis: Fiction and the Reading Public. 1932. p. 138.

76. W. L. Cross, op. cit. p. 33.

77. Diderot: De la poésie dramatique. Oeuvres compl. Éd. J. Assézat. 1875–77. VII p. 371.

78. Vgl. Irving Babbitt: Rousseau and Romanticism. 1919. pp. 75 ff.

79. Vgl. Jean Luc: Diderot. 1938. pp. 34/35.

80. J. S. Petri: Anleitung zur prakt. Musik. 1782. S. 104. Zitiert von Hans Joachim Moser: Gesch. d. deutschen Musik. II 1. 1922. S. 309.

81. Zur motivischen und stimmungsmäßigen Einheitlichkeit der Sätze: Hugo Riemann: Handb. d. Musikgesch. II 3 S. 132/33.

82. Über den Gegensatz des „Fortspinnungstypus" und des „Liedtypus": Wilhelm Fischer: Zur Entwicklung des Wiener klass. Stils. In Beihefte der Denkmäler der Tonkunst in Österr. III. 1915. S. 29 ff. – Zum Gegensatz der Fugen- und der Sonatenform vgl. August Hahn: Von zwei Welten der Musik. 1920.

83. H. J. Moser, op. cit. S. 314/15.

84. L. Balet-E. Gerhard, op. cit. p. 403.

85. H. J. Moser, op. cit. p. 312.

86. George Lillo: The London Merchant or the History of George Barnwell. 1731. IV 2. – Deutsche Übersetzung 1781. IV 12.

87. Leslie Stephen, op. cit. p. 66.

88. Mercier: Du Théâtre ou Nouvel essai sur l'art dramatique. 1773. Zitiert von F. Gaiffe, op. cit. p. 91.

89. Clara Stockmeyer: Soziale Probleme im Drama des Sturmes und Dranges. 1922. S. 68.

90. Beaumarchais: Essai sur le genre dramatique sérieux. 1767.

91. Rousseau: La Nouvelle Héloïse. II Lettre XVII.

92. Diderot: Entretiens sur le Fils naturel. Oeuvres. VII p. 150.

93. Georg Lukacs: Zur Soziologie des mod. Dramas. Archiv für Sozialwiss. u. Sozialpolit. 1914. Bd. 38 S. 330 ff.

94. Arthur Elösser, op. cit. p. 13. – Paul Ernst: Ein Credo. 1912. I S. 102.

95. Vgl. G. Lukacs, l. c. p. 343.

96. A. Elösser. op. cit. p. 215.

97. Fritz Brüggemann: Der Kampf um die bürgerliche Welt- und Lebensanschauung i. d. deutschen Lit. d. 18. Jahrhunderts. Deutsche Vierteljahrsschr. für Literaturwiss. u. Geistesgesch. III 1. 1925.

98. Karl Biedermann: Deutschland im 18. Jahrh. 1880. 2. Aufl. I S. 276 ff.

99. Werner Sombart: Der Bourgeois. 1913. pp. 183/84.

100. Jacques Bainville: Histoire de deux peuples. 1933. p. 35.

101. Vgl. Geoffrey Barraclough: Factors in German History. 1946. p. 68.

102. Graf Manteuffel in einem Brief an den Philosophen Wolf. Zitiert von K. BIEDERMANN, op. cit. II 1 S. 140.

103. Ibid. S. 23.

104. Ibid. S. 134.

105. W. H. BRUFORD: Germany in the 18th Century. 1935. pp. 310/11.

106. WILHELM DILTHEY: Leben Schleiermachers. I. 1870. S. 183 ff. – Ders., Das Erlebnis und die Dichtung. 1910. S. 29.

107. W. DILTHEY: Das Erlebnis u. die Dichtung S. 30.

108. JOHANN GOLDFRIEDRICH: Gesch. des deutschen Buchhandels. 1908/09. III S. 118 ff.

109. Vgl. GEORG LUKACS: Fortschritt u. Reaktion i. d. deutschen Lit. Internationale Literatur. 1945. XV 8/9. S. 89.

110. FRANZ MEHRING: Die Lessing-Legende. 1893. S. 371.

111. Vgl. KARL MANNHEIM: Das konservative Denken. I. Archiv für Sozialwiss. u. Sozialpolit. 1927. Bd. 57 S. 91.

112. A. DE TOCQUEVILLE, op. cit. S. 247/48. – Vgl. K. MANNHEIM, l. c.

113. CHRISTIAN FRIEDR. WEISER: Shaftesbury u. das deutsche Geistesleben. 1916. S. IX, XII.

114. Vgl. RUDOLF UNGER: Hamann u. die Aufklärung. 1925. 2. Aufl. I S. 327/28.

115. Vgl. B. SCHWEITZER: Der bildende Künstler u. der Begriff des Künstlerischen in der Antike. 1925. S. 130. – ALFRED STANGE: Die Bedeutung des subjektivistischen Individualismus für die europäische Kunst von 1750–1850. Deutsche Vierteljahrsschr. f. Literaturwiss. u. Geistesgesch. IX 1 S. 94.

116. L. BALET-E. GERHARD, op. cit. S. 228.

117. HAMANN's Leben und Schriften von C. H. Gildenmeister. 1857–73. V S. 228.

118. K. MANNHEIM, l. c. S. 470.

119. FRIEDRICH MEUSEL: Edmund Burke u. die franz. Revolution 1913. S. 127/28.

120. HANS WEIL: Die Entstehung des deutschen Bildungsprinzips. 1930. S. 75.

121. JULIUS PETERSEN: Die Wesensbestimmung der deutschen Romantik. 1926. S. 59.

122. H. A. KORFF: Die erste Generation der Goethezeit. Ztschr. f. Deutschkunde. 1928. Bd. 42 S. 641.

123. VIKTOR HEHN: Gedanken über Goethe. 1887. S. 65.

124. Ibid. S. 74.

125. Ibid. S. 89.

126. HEINE: Die romantische Schule. I. 1833.

127. THOMAS MANN: Goethe als Repräsentant des Bürgertums. 1932. S. 46.

128. Vgl. ALFRED NOLLAU: Das literarische Publikum des jungen Goethe. 1935. S. 4.

129. GEORG KEFERSTEIN: Bürgertum und Bürgerlichkeit bei Goethe. 1933. S. 90/91.

130. Vgl. G. KEFERSTEIN, op. cit. S. 174/75.

131. Vgl. H. A. KORFF: Geist der Goethezeit. II. 1930. S. 353. – LUDWIG W. KAHN: Social Ideals in German Lit. (1770–1830). 1938. pp. 32/34.

132. Vgl. FRITZ STRICH: Goethe und die Weltliteratur. 1946. S. 44.

133. Wie z. B. WILHELM HAUSENSTEIN: Der nackte Mensch. 1913. S. 151 und F. ANTAL: Reflections on Classicism and Romanticism. The Burlington Magazine. 1935. Vol. 66 p. 161.

134. POPE: Essay on Man. I. v. 233 ff.

135. HEINRICH WÖLFFLIN: Kunstgeschichtliche Grundbegriffe. 1927. 7. Aufl. S. 252. – HANS ROSE: Spätbarock. 1922. S. 13.

136. Vgl. H. WÖLFFLIN, op. cit. S. 35.

137. CARL JUSTI: Winckelmann und seine Zeitgenossen. 1923. 3. Aufl. III S. 272.

138. MAURICE DREYFOUS: Les Arts et les artistes pendant la période révolutionnaire. 1906. p. 152.

139. ALBERT DRESDNER: Die Entstehung der Kunstkritik. 1915. pp. 229/30.

140. WALTER FRIEDLÄNDER: Hauptströmungen der franz. Malerei von David bis Cézanne. I. 1930. S. 8.

141. FRANÇOIS BENOIT: L'Art français sous la Révolution et l'Empire. 1897. p. 3.

142. Ibid. pp. 4/5.

143. JULES DAVID: Le Peintre David. 1880. p. 117.

144. EDMOND et JULES GONCOURT: Hist. de la société française pendant la Révolution. 1880. p. 346.

145. LOUIS MADELIN: La Révolution. 1911. pp. 490 ff.

146. GEORGE PLEKHANOV: Art and Society. 1937. p. 20. – LOUIS HOURTICQ: La Peinture française. XVIIIe siècle. 1939. pp. 145 ff. – ALBERT THIBAUDET: Hist. de la litt. franç. de 1789 à nos jours. 1936. p. 5.

147. JULES DAVID, op. cit. p. 57.

148. KARL MARX: Der 18. Brumaire des Louis Napoleon. 1852.

149. LOUIS HAUTECOEUR: Les Origines du Romantisme. In Le Roman tisme et l'art. 1928. p. 18.

150. LÉON ROSENTHAL: La Peinture romantique. 1903. pp. 25/26.

151. FRANÇOIS BENOIT, op. cit. p. 171.

152. LOUIS MADELIN: La Contre-Révolution sous la Révolution. 1935. p. 329.

153. Ibid. pp. 162, 175.

154. JULES RENOUVIER: Hist. de l'art pendant la Révolution. 1863. p. 31.

155. JOSEPH AYNARD: La Bourgeoisie française. 1934. p. 396.

156. Vgl. ÉTIENNE FAJON: The Working Class in the Revolution of 1789. In Essays on the French Revolution. Ed. by T. A. Jackson. 1945. p. 121.

157. PETIT DE JULLEVILLE: Hist. de la langue et de la litt. franç. VII. 1899. p. 110.

158. HENRI PEYRE: Le Classicisme français. 1942. p. 37.

159. A. DRESDNER, op. cit. p. 128.

160. Ibid. pp. 128/29.

161. ANDRÉ FONTAINE: Les Doctrines d'art en France. 1909. p. 186. – F. BENOIT. op. cit. p. 133.

162. A. DRESDNER, op. cit. p. 180.

163. Ibid. p. 150.

164. JOSEPH BILLIET: The French Revolution and the Fine Arts. In Essays on the French Rev. Ed. by T. A. Jackson. 1945. p.203.

165. F. BENOIT, op. cit. p. 180.

166. M. DREYFOUS, op. cit. p. 155.

167. F. BENOIT, op. cit. p. 132.

168. Ibid. p. 134.

169. Zitiert nach F. L. LUCAS: The Decline and Fall of the Romantic Ideal. 1937. p. 36.

170. Vgl. zum Begriff des „epochalen Bewußtseins": KARL JASPERS: Die geistige Situation der Zeit. 1932. 3. Aufl. S. 7 ff.

171. G. LANSON, op. cit. p. 943.

172. MARCEL PROUST: Pastiches et mélanges. 1919. p. 267.

173. JOSEPH AYNARD: Comment définir le romantisme? Revue de litt. comparée. 1925. V p. 653.

174. F. BENOIT, op. cit. pp. 62/63.

175. Vgl. ALBERT PÖTZSCH: Studien zur frühromantischen Politik u. Geschichtsauffassung. 1907. S. 62/63.

176. ORTEGA Y GASSET: History as a System. In „Philosophy and History". Essays presented to Ernst Cassirer. Ed. by R. Klibansky et J. H. Paton. 1936. p. 313.

177. EMIL LASK: Fichtes Idealismus und die Geschichte. 1902. S. 56 ff., 83 ff. – Vgl. ERICH ROTHACKER: Einleitung in die Geschichtswissenschaften. 1920. S. 116/18.

178. ARNOLD RUGE: Die wahre Romantik. Ges. Schriften. III S. 134 Zitiert nach CARL SCHMITT: Politische Romantik. 1925. 2. Aufl. S. 35.

179. KONRAD LANGE: Das Wesen der Kunst. 1901.

180. COLERIDGE: Biographia Literaria. XIV.

181. Vgl. ALBERT SALOMON: Bürgerlicher und kapitalistischer Geist. Die Gesellschaft. 1927. IV S. 552.

182. LOUIS MAIGRON: Le Romantisme et les moeurs. 1910. p. V.

183. Zitiert nach RICARDA HUCH: Ausbreitung und Verfall der Romantik. 1908. 2. Aufl. S. 349.

184. ERWIN KIRCHNER: Die Philosophie der Romantik. 1906. S. 42/43.

185. DIDEROT: Paradoxe sur le comédien.

186. C. SCHMITT, op. cit. pp. 24 ff., 120 ff., 148/49.

187. Vgl. A. PÖTZSCH, op. cit. p. 17.

188. FRITZ STRICH: Die Romantik als europäische Bewegung. Wölfflin-Festschrift. 1924. S. 54.

189. GEORG BRANDES: Hauptströmungen der Lit. des 19. Jahrh. 1924. I S. 13 ff.

190. Vgl. Ernst Troeltsch: Die Restaurationsepoche am Anfang des 19. Jahrhunderts. Vorträge der Baltischen Lit. Ges. 1913. S. 49.

191. Charles-Marc des Granges: La Presse litt. sous la Restauration. 1907. p. 44.

192. A. Thibaudet, op. cit. p. 107.

193. Pierre Moreau: Le Classicisme des romantiques. 1932. p. 132.

194. Henry A. Beers: A History of English Romanticism in the 19th Century. 1902. p. 173.

195. A. Thibaudet, op. cit. p. 121.

196. G. Brandes, op. cit. III p. 9.

197. Ibid. p. 225.

198. Ibid. II p. 224.

199. Grimrod de la Reynière in „Le Censeur dramatique". I. 1797.

200. Maurice Albert: Les Théâtres des Boulevards (1789–1848). 1902.

201. Ch.-M. des Granges: La Comédie et les moeurs sous la Restauration et la Monarchie de Juillet. 1904. pp. 35–41, 43–46, 53–54.

202. W. J. Hartog: Guilbert de Pixérecourt. 1913. pp. 52–54.

203. Paul Ginisty: Le Mélodrame. 1910. p. 14.

204. Alexander Lacey: Pixerécourt and the French Romantic Drama. 1928. pp. 22/23.

205. Émile Faguet: Propos de théâtre. II. 1905. pp. 299 ff.

206. W. J. Hartog, op. cit. p. 51.

207. Ibid.

208. Pixerécourt: Dernières réflexions sur le mélodrame. 1843. Zitiert von Hartog, op. cit. pp. 231/32.

209. Faguet, op. cit. p. 318.

210. Alfred Cobban: Edmund Burke and the Revolt against the 18th Century. 1929. pp. 208/09, 215.

211. C. Day Lewis: The Poetic Image. 1947. p. 54.

212. H. N. Brailsford: Shelley, Godwin and their Circle. 1913. p. 226.

213. Francis Thompson: Shelley. 1909.. p. 41.

214. Vgl. Fritz Strich: Die Romantik als europ. Bewegung. S. 54.

215. H. Y. C. Grierson: The Background of English Literature. 1925. pp. 167/68.

216. Julius Bab: Fortinbras oder der Kampf des 19. Jahrhunderts mit dem Geist der Romantik. 1914. p. 38.

217. W. P. Ker: Collected Essays. 1925. I p. 164.

218. Henry A. Beers, op. cit. p. 2.

219. J. M. S. Tompkins: The Popular Novel in England (1770-1800). 1932. pp. 3/4.

220. Louis Maigron: Le Roman historique à l'époque du romantisme. 1898. p. 90.

221. Georg Lukacs: Walter Scott and the Historical Novel. The International Literature. 1838. p. 80.

222. W. Scott: Ivanhoe. Kap. XLI.

223. Léon Rosenthal: La Peinture romantique. 1903. pp. 205/06.

224. „Le premier mérite d'un tableau est d'être une fête pour l'oeil.
225. DELACROIX: Journal. U. a. die Eintragung vom 26. April 1824
226. Ibid. 14. Februar 1850.
227. L. ROSENTHAL, op. cit. pp. 202/03.
228. PAUL JAMOT: Delacroix. In „Le Romantisme et l'art." 1928. p. 116.
229. Ibid. p. 120.
230. Ibid. pp. 100/01.
231. ANDRÉ JOUBIN: Journal de Delacroix. 1932. I pp. 284/85.
232. ALFRED EINSTEIN: Music in the Romantic Era. 1947. p. 39.
233. DELACROIX: Journal. Passim. u. a. die Eintragung vom 30. Jan. 1855.

## VII. NATURALISMUS UND IMPRESSIONISMUS

1. HENRI GUILLEMIN: Le Jocelyn de Lamartine. 1936. p. 59.
2. Vgl. zum folgenden JEAN-PAUL SARTRE: Qu'est-ce que la littérature? Les Temps Modernes. 1947. II pp. 971ff. – Auch in Situations II. 1948.
3. Ibid. p. 976.
4. Ibid. p. 981.
5. S. CHARLÉTY: La Monarchie de Juillet. In E. LAVISSE: Histoire de France contemporaine. V. 1921. pp. 178/79.
6. WERNER SOMBART: Der moderne Kapitalismus. III 1 S. 35/38, 82, 657–61.
7. WERNER SOMBART: Der Bourgeois. 1913. S. 220.
8. Vgl. LOUIS BLANC: Histoire de dix ans. III. 1843. pp. 90/92. – W. SOMBART: Die deutsche Volkswirtschaft des 19. Jahrhunderts. 7. Aufl. 1927. S. 399ff.
9. EMIL LEDERER: Zum sozialpsychologischen Habitus der Gegenwart. Archiv für Sozialwiss. u. Sozialpolit. 1918. Bd. 46 S. 122ff.
10. PAUL LOUIS: Histoire du socialisme en France de la Révolution à nos jours. 1936. 3. Aufl. pp. 64, 97. – J. LUCAS-DUBRETON: La Restauration et la Monarchie de Juillet. 1937. pp. 160/61.
11. P. LOUIS, op. cit. pp. 106/07.
12. FRIEDRICH ENGELS: Die Entwicklung des Sozialismus von der Utopie zur Wissenschaft. 4. Aufl. 1891. S. 24.
13. ROBERT MICHELS: Psychologie der antikapitalistischen Massenbewegungen. Grundr. d. Sozialökonomie. IX 1. 1926. S. 244/46, 270.
14. W. SOMBART: Die deutsche Volkswirtschaft. S. 471.
15. SAINTE-BEUVE: De la littérature industrielle. Revue des Deux Mondes. 1839. Auch in Portraits contemporains. 1847.
16. JULES CHAMPFLEURY: Souvenirs et portraits. 1872. p. 77.
17. EUGÈNE GILBERT: Le Roman en France pendant le 19e siècle. 1909. p. 209.
18. NORA ATKINSON: Eugène Sue et le roman-feuilleton. 1929. p. 211. – ALFRED NETTEMENT: Études critiques sur le feuilleton-roman. 1845. I p. 16.

19. Vgl. MAURICE BARDÈCHE: Stendhal romancier. 1947.
20. ANDRÉ LE BRETON: Le Roman français au 19e siècle I. 1901. pp. 6/7, 73. – M. BARDÈCHE: Balzac romancier. 1947. pp. 2–8, 12/13.
21. CH.-M. DES GRANGES: La Presse littéraire sous la Restauration. 1907. p. 22.
22. H. J. HUNT: Le Socialisme et le romantisme en France. 1935. pp. 195, 340.
23. Ibid. pp. 203/04. – ALBERT CASSAGNE: La Théorie de l'art pour l'art en France. 1906. pp. 61–71.
24. Vgl. EDMOND ESTÈVE: Byron et le romantisme français. 1907. p. 228.
25. Vgl. PIERRE MOREAU: Le Classicisme des romantiques. 1932. pp. 242ff.
26. CHARLES RÉMUSATS Artikel vom 12. März 1825. Zitiert von A. CASSAGNE, op. cit. p. 37.
27. A. CASSAGNE, ibid.
28. JOSÉ ORTEGA Y GASSET: La Deshumanización del Arte. 1925. p. 19.
29. H. J. HUNT, op. cit. pp. 157/58.
30. Ibid. p. 174.
31. GEORG LUKACS: Goethe und seine Zeit. 1947. S. 39/40.
32. M. BARDÈCHE: Balzac romancier. pp. 3, 7.
33. Zitiert von JULES MARSAN: Stendhal. 1932. S. 141.
34. M. BARDÈCHE: Stendhal romancier. p. 424.
35. ALBERT THIBAUDET: Stendhal. 1931. – HENRI MARTINEAU: L'Oeuvre de Stendhal. 1945. p. 198.
36. Vgl. JEAN MÉLIA: Stendhal et Taine. La Nouvelle Revue. 1910. p. 392.
37. PIERRE MARTINO: Stendhal. 1934. p. 302.
38. H. MARTINEAU, op. cit. p. 470.
39. ÉMILE FAGUET: Politiques et moralistes. III. 1900. p. 8.
40. M. BARDÈCHE: Stendhal romancier. p. 47.
41. SAINTE-BEUVE: Port-Royal. 1888. 5. Aufl. VI pp. 266/67.
42. ÉMILE ZOLA: Les Romanciers naturalistes. 1881. 2. Aufl. p. 124.
43. Vgl. PAUL BOURGET: Essais de psychologie contemporaine. 1885. p. 282.
44. ANDRÉ LE BRETON: Balzac. 1905. pp. 70/73.
45. M. BARDÈCHE: Balzac romancier. p. 285.
46. BERNARD GUYON: La Pensée politique et sociale de Balzac. 1947. p. 432.
47. V. GRIB: Balzac. Critics Group Series. No. 5. 1937. p. 76.
48. MARIE BOR: Balzac contre Balzac. 1933. p. 38.
49. E. BUTTKE: Balzac als Dichter des modernen Kapitalismus. 1932. S. 28.
50. BALZAC: Correspondance. 1876. I p. 433.
51. ERNEST SEILLIÈRE: Balzac et la morale romantique. 1922. p. 61.
52. ANDRÉ BELLESSORT: Balzac et son oeuvre. 1924. p. 175.

53. KARL MARX-FRIEDRICH ENGELS: Über Kunst und Literatur. Herausg. von I. K. Luppol. 1937. S. 53/54. – Auch in „International Literature". July, 1933. No. 3 p. 114.

54. MARCEL PROUST: La Prisonnière I.

55. E. PRESTON: Recherches sur la technique de Balzac. 1926. pp. 5, 222.

56. THOMAS MANN: Die Forderung des Tages. 1930. S. 273 ff.

57. HUGO V. HOFMANNSTHAL: Unterhaltungen über literarische Gegenstände. 1904. S. 40.

58. A. CERFBERR-J. CHRISTOPHE: Répertoire de la Comédie humaine. 1887.

59. TAINE: Nouveaux essais de critique et d'histoire. 1865. pp. 104–13.

60. Vgl. Tocquevilles Rede in der Nationalversammlung zitiert von PAUL LOUIS: Histoire du socialisme en France. 3. Aufl. 1936. II p. 191.

61. Ibid. pp. 200/01.

62. Ibid. p. 197.

63. PIERRE MARTINO: Le Roman réaliste sous le Second Empire. 1913. p. 85.

64. A. THIBAUDET: Histoire de la litt. franç. de 1789 à nos jours. 1936. p. 361.

65. ÉMILE BOUVIER: La Bataille réaliste. 1913. p. 237.

66. JULES COULIN: Die sozialistische Weltanschauung i. d. franz. Mal. 1909. S. 61.

67. ÉMILE ZOLA: La République et la litt. 1879.

68. OLIVER LARKIN: Courbet and his Contemporaries. In Science and Society. 1939. III 1 p. 44.

69. É. BOUVIER, op. cit. p. 248.

70. Vgl. LÉON ROSENTHAL: La Peinture romantique. 1903. pp. 267/68. – HENRI FOCILLON: La Peinture aux 19e et 20e siècles. 1928. pp. 74–101.

71. H. J. HUNT: Le Socialisme et le romantisme en France. 1935. pp. 342/44.

72. Vgl. u. a. den Brief an Victor Hugo vom 15. Juli, 1853. Correspondance. Ed. Conard. 1910. III p. 6.

73. Ibid. II pp. 116/17, 366.

74. Ibid. III pp. 120, 390.

75. E. et J. DE GONCOURT: Journal. 29. Jan. 1863. Éd. Flammarion-Fasquelle. II p. 67.

76. FLAUBERT: Corresp. III pp. 485, 490, 508. – Éducation sentimentale. II 3. – ERNEST SEILLIÈRE: Le Romantisme des réalistes: Gustave Flaubert. 1914. p. 257. – EUGEN HAAS: Flaubert und die Politik. 1931. S. 30.

77. Brief an Mlle Leroyer de Chantepie vom 18. Mai 1857. Corresp. III p. 119.

78. EUGÈNE GILBERT: Le Roman en France pendant le 19e siècle. 1909. p. 157.

79. Corresp. III pp. 157, 448, etc.

80. Le Moniteur. 4. Mai 1857. – Causeries de Lundi. XIII.

81. ÉMILE ZOLA: Les Romanciers naturalistes. 1881. 2. Aufl. pp. 126/29.

82. Corresp. II p. 182. III p. 113.
83. Ibid. II p. 112.
84. ALBERT THIBAUDET: Gustave Flaubert. 1922. p. 12.
85. Corresp. II p. 155.
86. GEORG LUKACS: Die Seele und die Formen. (Theodor Storm oder die Bürgerlichkeit und l'art pour l'art.) 1911. – THOMAS MANN: Betrachtungen eines Unpolitischen. 1918. S. 69/70.
87. GEORG KEFERSTEIN: Bürgertum und Bürgerlichkeit bei Goethe. 1933. S. 126–223.
88. Corresp. I p. 238. Sept. 1851.
89. Ibid. IV p. 244. Dez. 1875.
90. Ibid. III p. 119.
91. ÉMILE FAGUET: Flaubert. 1913. p. 145.
92. Corresp. II p. 237.
93. Ibid. III p. 190.
94. Ibid. III p. 446.
95. Ibid. II p. 70.
96. Ibid. II p. 137.
97. Ibid. III p. 440.
98. Ibid. II pp. 133, 140/41, 336.
99. JULES DE GAULTIER: Le Bovarysme. 1902.
100. ÉDOUARD MAYNIAL: Flaubert. 1943. pp. 111/12.
101. PAUL BOURGET: Essais de psychologie contemporaine. 1885. p. 144.
102. Corresp. I p. 289.
103. GEORG LUKACS: Die Theorie des Romans. 1920. S. 131.
104. ÉMILE ZOLA: Le Roman experimental. 1880. 2. Aufl. pp. 24, 28.
105. CHARLES-BRUN: Le Roman social en France au 19e siècle. 1910. p. 158.
106. ANDRÉ BELLESSORT: La Société française sous le second Empire. La Revue Hebdomaire. 1932. 12 pp. 290, 292.
107. FRANCISQUE SARCEY: Quarante ans de théâtre. I. 1900. pp. 120, 122.
108. Ibid. pp. 209/12.
109. J.-J. WEISS: The Théâtre et les moeurs. 1889. pp. 121/22. – Vgl. RENAN: Vorwort zu den „Drames philosophiques". 1888.
110. A. THIBAUDET, op. cit. pp. 295 ff.
111. SARCEY, op. cit. V p. 94.
112. Ibid. p. 286.
113. Vgl. JULES LEMAITRE: Impressions de théâtre. I. 1888. p. 217.
114. SARCEY, op. cit. VI. 1901. p. 180.
115. S. KRACAUER: Jacques Offenbach und das Paris seiner Zeit. 1937. S. 349.
116. Ibid. p. 270.
117. Vgl. FLEURY-SONOLET: La Société du second Empire. III. 1913. p. 387.
118. PAUL BEKKER: Wandlungen der Oper. 1934. S. 86.

119. LIONEL DE LA LAURENCIE: Le Goût musical en France. 1905. p. 292. WILLIAM L. CROSTEN: French Grand Opera. 1948. p. 106.

120. ALFRED EINSTEIN: Music in the Romantic Era. 1947. p. 231.

121. FRIEDR. NIETZSCHE: Der Fall Wagner. 1888. – Nietzsche contra Wagner. 1888.

122. Vgl. THOMAS MANN: Betrachtungen eines Unpolitischen. 1918. S. 75. – Leiden und Größe der Meister. 1935. S. 145 ff.

123. A. PAUL OPPÉ: Art. In „Early Victorian England". Ed. by G. M. Young. 1934. II p. 154.

124. RUSKIN: Stones of Venice. III. Works. 1904. XI p. 201.

125. H. W. SINGER: Der Präraffaelismus in England. 1912. S. 51.

126. Vgl. A. CLUTTON-BROCK: William Morris. His Work and Influence. 1914. p. 9.

127. D. C. SOMERVELL: English Thought in the 19th Century. 1947. 5. Aufl. p. 153.

128. CHRISTIAN ECKERT: John Ruskin. Schmollers Jahrbuch. 1902. XXVI S. 362.

129. E. BATHO-B. DOBRÉE: The Victorians and After. 1938. p. 112.

130. A. CLUTTON-BROCK, op. cit. p. 150.

131. Ibid. p. 228.

132. WILLIAM MORRIS: Art under Plutocracy. 1883.

133. M. LOUIS CAZAMIAN: Le Roman social en Angleterre (1830–1850). II 1935. pp. 250/51.

134. Ibid. I. 1934. pp. 11/12, 163.

135. W. L. CROSS: The Development of the English Novel. 1899. p. 182.

136. M. L. CAZAMIAN, op. cit. I p. 8.

137. A. H. THORNDIKE: Literature in a Changing Age. 1920. pp. 24/25.

138. Vgl. Q. D. LEAVIS: Fiction and the Reading Public. 1939. p. 156.

139. G. K. CHESTERTON: Charles Dickens. 1917. 11. Aufl. pp. 79, 84.

140. AMY CRUSE: The Victorians and their Books. 1936. 2. Aufl. p. 158.

141. OSBERT SITWELL: Dickens. 1932. p. 15.

142. Vgl. L. CAZAMIAN, op. cit. I pp. 209 ff.

143. T. A. JACKSON: Charles Dickens. 1937. pp. 22/23.

144. HUMPHREY HOUSE: The Dickens World. 1941. p. 219.

145. Vgl. die Rede, die Dickens am 27. Sept. 1869 in Birmingham hielt.

146. Vgl. HUMPHREY HOUSE, op. cit. p. 209.

147. TAINE: Histoire de la litt. anglaise. 1864. IV p. 66.

148. O. SITWELL, op. cit. p. 16.

149. Q. D. LEAVIS, op. cit. pp. 33/34, 42/43, 158/59, 168/69.

150. M. L. CAZAMIAN: Le Roman et les idées en Angleterre. I. 1923. p. 138. – ELIZABETH S. HALDANE: George Eliot and her Times. 1927. p. 292.

151. P. BOURL'HONNE: George Eliot. 1933. pp. 128, 135.

152. ERNEST A. BAKER: History of the English Novel. VIII. 1937. pp. 240, 254.

153. E. BATHO-B. DOBRÉE, op. cit. pp. 78/79, 91/92.

154. Middlemarch, XV.

155. M. L. Cazamian, op. cit. p. 108.

156. J. W. Cross: George Eliot's Life as related in her Letters and Journals. 1885. p. 230.

157. F. R. Leavis: The Great Tradition. 1948. p. 61.

158. Alfred Weber: Die Not der geistigen Arbeiter. Schriften des Vereins für Sozialpolitik. 1920.

159. Georg Lukacs: Moses Heß und die Probleme der idealistischen Dialektik. Archiv für die Geschichte des Sozialismus und die Arbeiterbewegung. 1926. XII p. 123.

160. Karl Mannheim: Ideology and Utopy. 1936. pp. 136ff. – Man and Society in an Age of Reconstruction. 1940. pp. 79ff.

161. Vgl. Hans Speier: Zur Soziologie der bürgerlichen Intelligenz in Deutschland. Die Gesellschaft. 1929. II S. 71.

162. D. S. Mirsky: Contemporary Russian Literature. 1926. pp. 42/43.

163. D. S. Mirsky: A History of Russian Lit. 1927. pp. 321/22.

164. M. N. Pokrovsky: Brief History of Russia. I. 1933. p. 144.

165. D. S. Mirsky: Russia. A Social History. 1931. p. 199.

166. Janko Lavrin: Pushkin and Russian Literature. 1947. p. 198.

167. D. S. Mirsky: A History of Russian Literature. pp. 203/04.

168. Ibid. p. 204.

169. Ibid. p. 282.

170. Th. G. Masaryk: Zur russischen Geschichts- und Religionsphilosophie. 1913. I p. 126.

171. Turgenjew in einem Brief an Herzen vom 8. November 1862.

172. E. H. Carr: Dostoevsky. 1931. p. 268.

173. Nicolas Berdiaeff: L'Esprit de Dostoievski. 1946. p. 18.

174. D. S. Mirsky: A Hist. of Russ. Lit. p. 219.

175. E. H. Carr, op. cit. pp. 281ff.

176. Ibid. pp. 267/68.

177. Dostojewskij: Tagebuch eines Schriftstellers. Februar 1877.

178. Edmund Wilson: The Wound and the Bow. 1941. p. 50. – Rex Warner: The Cult of Power. 1946. p. 41.

179. Vgl. D. S. Mereschkowski: Tolstoi und Dostojewskij. 1903. S. 232.

180. Vladimir Pozner: Dostoievski et le roman d'aventure. Europe. XXVII. 1931.

181. Ibid. pp. 135/36.

182. Vgl. Leo Schestow: Dostojewskij und Nietzsche. 1924. S. 90/91.

183. Thomas Mann: Goethe und Tolstoi. In „Bemühungen". 1925. S. 33.

184. N. Lenin: L. N. Tolstoi (1910). In N. Lenin-G. Plechanow: L. N. Tolstoi im Spiegel des Marxismus. 1928. S. 42/44.

185. D. S. Mirsky: Contemp. Russ. Lit. p. 8.

186. Ibid. p. 9. – Janko Lavrin: Tolstoy. 1944. p. 94.

187. D. S. Mereschkowski, op. cit. p. 183.

188. LUKACS GYÖRGY: Nagy orosz realisták. Budapest. 1946. p. 92.
189. TOLSTOI: Was ist Kunst? XVI.
190. Vgl. TH. MANN: Die Forderung des Tages. 1930. S. 283.
191. MAXIM GORKI: Literature and Life. 1946. p. 74.
192. TH. MANN: Die Forderung des Tages. S. 278.
193. ANDRÉ BELLESSORT: Les Intellectuels et l'avènement de la troisième République. 1931. p. 24.
194. PAUL LOUIS: Histoire du socialisme en France de la Révolution à nos jours. 3. Aufl. 1936. pp. 236/37.
195. A. BELLESSORT, op. cit. p. 39.
196. WERNER SOMBART: Der moderne Kapitalismus. III 1. 1927. S. XII/XIII.
197. PAUL LOUIS, op. cit. pp. 242, 216/17.
198. Vgl. HENRY FORD: My Life and Work. 1922. p. 155.
199. W. SOMBART, op. cit. III 2 pp. 603–07. – Die deutsche Volkswirtschaft im 19. Jahrhundert. 7. Aufl. 1927. S. 397/98.
200. Vgl. PIERRE FRANCASTEL: L'Impressionnisme. 1937. pp. 25/26, 80.
201. GEORG MARZYNSKI: Die impressionistische Methode. Zschr. f. Ästh. u. allg. Kunstwiss. XIV. 1920.
202. GEORGES RIVIÈRE: L'Exposition des Impressionnistes. L'Impressionniste. Journal d'art. 6 avril 1877. Abgedruckt in L. VENTURI: Les Archives de l'Impressionnisme. 1939. II p. 309.
203. ANDRÉ MALRAUX: The Psychology of Art. Horizon. 1948. 103 p. 55.
204. G. MARZYNSKI, op. cit. p. 90.
205. Ibid. p. 91.
206. JOHN REWALD: The History of Impressionism. 1946. pp. 6/7.
207. ALBERT CASSAGNE: La Théorie de l'art pour l'art en France. 1906. p. 351.
208. E. et J. DE GONCOURT: Journal. 1 mai 1869. Ed. cit. III p. 221.
209. HENRI FOCILLON: La Peinture aux 19e et 20e siècles. 1928. p. 200.
210. PAUL BOURGET: Essais de psychologie contemporaine. 1885. p. 25.
211. CHARLES SEIGNOBOS: L'Évolution de la troisième République. In E. LAVISSE: Hist. de la France contemp. VIII. 1921. pp. 54/55.
212. HENRY BÉRENGER: L'Aristocratie intellectuelle. 1895. p. 3.
213. ALBERT THIBAUDET: Hist. de la litt. franç. de 1789 à nos jours. 1936. p. 430.
214. E. R. CURTIUS: Maurice Barrès. 1921. p. 98.
215. JULES HURET: Enquête sur l'évolution littéraire. 1891. pp. XVI, XVII.
216. E. et J. DE GONCOURT: Idées et sensations. 1866.
217. NIETZSCHE: Menschliches Allzumenschliches. 155.
218: BAUDELAIRE: Richard Wagner et Tannhäuser à Paris. 1861.
219. BAUDELAIRE: Le Peintre de la vie moderne. 1863. In L'Art romantique. Ed. Ernest Raynaud. 1931. p. 79.
220. VILLIERS DE L'ISLE-ADAM: Contes cruels. 1883. pp. 13ff.

221. ÉMILE TARDIEU: L'Ennui. 1903. pp. 81 ff.
222. E. VON SYDOW: Die Kultur der Dekadenz. 1921. S. 34.
223. PETER QUENNEL: Baudelaire and the Symbolists. 1929. p. 82.
224. MAX NORDAU: Entartung. 1896. 3. Aufl. II S. 102.
225. BAUDELAIRE: Journaux intimes. Ed. Ad. van Bever. 1920. p. 8.
226. THOMAS MANN: Kollege Hitler. Das Tagebuch. Hg. v. Leopold Schwarzschild. 1939.
227. Vgl. RENÉ DUMESNIL: L'Époque réaliste et naturaliste. 1945. pp. 31 ff. – ERNEST RAYNAUD: Baudelaire et la religion du dandysme. 1918. pp. 13/14.
228. BAUDELAIRE: Oeuvres posthumes. Éd. J. Crépet. I pp. 223 ff.
229. ANTON TSCHECHOW: Missius. Erzählung eines Künstlers. In Meistererzählungen. Hg. v. Iwan Schmeljow. Übers. v. R. Candreia. 1946. pp. 551 ff.
230. LE FIGARO. 18 sept. 1886.
231. A. THIBAUDET, op. cit. p. 485.
232. Ibid. p. 489.
233. J. HURET, op. cit. p. 60.
234. Vgl. ERNEST RAYNAUD: La Mêlée symboliste. 1920. II p. 163.
235. JOHN CHARPENTIER: Le Symbolisme. 1927. p. 62.
236. CHARLES MAURON: Einleitung zu Roger Fry's Übersetzung von Mallarmés Gedichten. 1936. S. 14.
237. GEORGES DUHAMEL: Les Poètes et la poésie. 1914. pp. 145/46.
238. Vgl. ROGER FRY: An Early Introduction to Mallarmé's Poems. 1936. pp. 296, 302, 304/06.
239. HENRI BREMOND: La Poésie pure. 1926. pp. 16–20.
240. E. et J. DE GONCOURT: Journal. 23 février, 1893. IX p. 87.
241. J. HURET, op. cit. p. 297.
242. Vgl. C. M. BOWRA: The Heritage of Symbolism. 1943. p. 10.
243. G. M. TURNELL: Mallarmé. Scrutiny. 1937. V p. 432.
244. J. HURET, op. cit. p. 23.
245. H. M. LYND: England in the Eighteen-Eighties. 1945. p. 17.
246. Ibid. p. 8.
247. BERNHARD FEHR: Die engl. Lit. des 19. u. 20. Jahrh. 1931. S. 322.
248. BAUDELAIRE: Le Peintre de la vie moderne. pp. 73/74.
249. J.-P. SARTRE: Baudelaire. 1947. pp. 166/67.
250. BAUDELAIRE: Le Peintre etc. p. 50.
251. M. L. CAZAMIAN: Le Roman et les idées en Angleterre (1880–1900). 1935. p. 167.
252. F. R. LEAVIS: The Great Tradition. 1948. pass.
253. H. HATZFELD: Der französische Symbolismus. 1923. S. 140.
254. Vgl. D. S. MIRSKY: Modern Russian Lit. 1925. pp. 84/85.
255. JANKO LAVRIN: An Introduction to the Russian Novel. 1942. p. 134.
256. TH. MANN: Versuch über das Theater. In Rede und Antwort. 1916. S. 55.

257. PAUL ERNST: Ein Credo. 1912. I S. 227.
258. PAUL ERNST: Der Weg zur Form. 1928. 3. Aufl. S. 42ff.
259. IBSEN: Sämtl. Werke. X. 1904. S. 40. Brief vom 12. Sept. 1865.
260. HALVDAN KOHT: The Life of Ibsen. 1931. p. 63.
261. M. C. BRADBROOK: Ibsen. 1946. S. 34/35.
262. IBSEN: Sämtl. Werke. X S. 169.
263. HOLBROOK JACKSON: The Eighteen Nineties. 1939 (1913). p. 177.
264. Brief an Mehring vom 14. Juli 1893. MARX-ENGELS: Correspondence. 1934. pp. 511/12.
265. ERNEST JONES: Rationalism in Everyday Life. Read at the First Internat. Psycho-Analytic Congress. 1908. In Papers on Psycho-Analysis. 1913.
266. KARL MANNHEIM: Ideology and Utopia. 1936. pp. 61/62.
267. TH. MANN: Die Stellung Freuds in der modernen Geistesgesch. In Die Forderung des Tages. 1930. S. 201ff.
268. S. FREUD: Die Zukunft einer Illusion. Ges. Werke. XIV. 1948. S. 377.
269. NIETZSCHE: Werke. 1895ff. XVI S. 19.

## VIII. IM ZEICHEN DES FILMS

1. HERMANN KEYSERLING: Die neuentstehende Welt. 1926. – JAMES BURNHAM: The Managerial Revolution. 1941.
2. M. J. BONN: The American Experiment. 1933. p. 285.
3. JOSÉ ORTEGA Y GASSET: La Rebelión de las Masas. 1930.
4. ERNST TROELTSCH: Die Revolution in der Wissenschaft. Ges. Schriften. IV. 1925. S. 676.
5. HENRI MASSIS: La Défense de l'Occident. 1927.
6. HERMANN HESSE: Blick ins Chaos. 1923.
7. ANDRÉ MALRAUX: Psychologie de l'art. 1947.
8. ANDRÉ BRETON: What is Surrealism? 1936. pp. 45ff.
9. JEAN PAULHAN: Les Fleurs de Tarbes. 1941.
10. JACQUES RIVIÈRE: Reconnaissance à Dada. Nouvelle Revue Française. 1920. XV pp. 231ff. – MARCEL RAYMOND: De Baudelaire au surréalisme. 1933. p. 390.
11. ANDRÉ BRETON: Les Pas perdus. 1924.
12. TRISTAN TZARA: Sept Manifestes dada. 1920.
13. FRIEDRICH GUNDOLF: Goethe. 1916.
14. MICHAEL AYRTON: A Master of Pastiche. New Writing and Daylight. 1946. pp. 108ff.
15. RENÉ HUYGHE-GERMAIN BAZIN: Histoire de l'art contemporain. 1935. p. 223.
16. CONSTANT LAMBERT: Music ho! 1934.
17. EDMUND WILSON: Axel's Castle. 1931. p. 256.
18. ANDRÉ BRETON: (Premier) Manifeste du surréalisme. 1924.

19. LOUIS REYNAUD: La Crise de notre littérature. 1929. pp. 196/97.

20. Vgl. CHARLES DU BOS: Approximations. 1922. – BENJAMIN CRÉMIEUX: XXe siècle. 1924. – JACQUES RIVIÈRE: Marcel Proust. 1924.

21. J. TH. SOBY: Salvador Dali. 1946. p. 24.

22. ANDRÉ BRETON: Le Surréalisme ct la peinture. 1928. – What is surrealism? p. 67.

23. ANDRÉ BRETON: Second Manifeste du surréalisme. 1930. – MAURICE NADEAU: Histoire du surréalisme. 1945. 2. Aufl. p. 176.

24. JULIEN BENDA: La France byzantine. 1945. p. 48.

25. Vgl. E. R. CURTIUS: Französischer Geist im neuen Europa. 1925. pp. 75/76.

26. Vgl. EMIL LEDERER-JAKOB MARSCHAK: Der neue Mittelstand. Grundriß der Sozialökonomik. IX 1. 1926. S. 121ff.

27. WALTER BENJAMIN: L'Oeuvre d'art à l'époque de sa reproduction mécanisée. Zschr. für Sozialforschung. 1936. V 1 S. 45.

NAMENVERZEICHNIS

# SACHVERZEICHNIS

## BECK'SCHE SONDERAUSGABEN

*Eine Auswahl*

### DEUTSCHE ERZÄHLUNGEN DES MITTELALTERS

*Ins Neuhochdeutsche übertragen von Ulrich Pretzel.*
*XIX, 252 Seiten mit 6 Holzschnitten. Leinen DM 17,80*

Die deutsche Literatur des Mittelalters hat, wie dieser Band zeigt, Meisterwerke der Erzählkunst aufzuweisen, Texte, deren Frische und Raffinement erst die Goethezeit wieder erreichte. Der Herausgeber bietet Prosaübersetzungen, die dem Sinn der mittelhochdeutschen Originale genau folgen.

### DEUTSCHE VOLKSSAGEN

*Herausgegeben und erläutert von Leander Petzoldt.*
*XVI, 491 Seiten. Mit 20 Holzschnitten und 5 Karten.*
*Leinen DM 24,–*

Der vorliegende Band ist Lesebuch und zugleich wissenschaftliches Arbeitsmittel. Die Ausgabe beruht auf der berühmten Rankeschen Sammlung, wurde jedoch um nahezu die Hälfte erweitert. In der Anordnung der Sagenkreise folgt die Ausgabe den durch die internationale Sagenforschung in den letzten Jahren erarbeiteten Typenkatalogen.

### HERMANN HETTNER
### LITERATURGESCHICHTE DER GOETHEZEIT

*Herausgeber Johannes Anderegg. XII, 800 Seiten. Leinen DM 25,–*

«Hettner wollte, im Gegensatz zu den Germanisten seiner Zeit, die Tradition der Aufklärung im 19. Jahrhundert weiterführen ... Seine Literaturgeschichte ist hundert Jahre alt, aber veraltet ist sie schlimmstenfalls in einigen Details. ... Die Germanistik, deren bessere Vertreter ihre Wissenschaft heute in Frage stellen, hat allen Grund, auf Hettner zurückzugreifen.» *Abendzeitung, München*

### DEUTSCHE SELBSTBIOGRAPHIEN AUS DREI JAHRHUNDERTEN

*Herausgegeben von Gisela Möller. 606 Seiten. Leinen DM 24,–*

«Für den Liebhaber erzählter Lebensläufe ist diese Anthologie charakteristischer Stücke aus der deutschen Memoirenliteratur ein Buch nach seinem Herzen.» *Friedhelm Kemp*

VERLAG C. H. BECK MÜNCHEN